# 南昌年鉴

南昌年鉴编辑委员会编

方志出版社出版

红谷大厦

图书在版编目(CIP)数据

南昌年鉴.2006/《南昌年鉴》编辑委员会编.—北京:方志出版社,2007.2
ISBN 978-7-80192-989-1

Ⅰ.南… Ⅱ.南… Ⅲ.南昌市-2006-年鉴 Ⅳ.Z525.61

中国版本图书馆 CIP 数据核字(2007)第 012941 号

南昌年鉴(2006)

编　　者:《南昌年鉴》编辑委员会
责任编辑:张秉意
出 版 者:方志出版社
(地址:北京市建国门内大街 5 号中国社会科学院科研大楼 12 层)
邮编　100732
网址　http://www.fzph.org
发　　行:方志出版社出版发行部
(010)85195814　85196281
经　　销:新华书店总店北京发行所
法律顾问:北京市京诚律师事务所
印　　刷:江西省地方志四方印刷厂
开　　本:889×1194　1/16
印　　张:28.25
字　　数:1417 千
版　　次:2007 年 2 月第 1 版　2007 年 2 月第 1 次印刷
印　　数:0001—2000 册

ISBN 978-7-80192-989-1/K·767　定价:260.00 元



如有印、装错误,影响阅读,请及时与印刷厂联系调换
联系电话:(0791)8195880

# 南昌市全图

新建县
安义县
南昌县
进贤县
鄱阳湖
新祺周
铁河
大塘坪
金桥
象山镇
西门村
昌邑
联圩
樵舍镇
李家
十八户
玉丰
南新
蒋巷镇
五星农场
新联
昌东镇
麻丘镇
塘南镇
幽兰镇
罗亭镇
溪霞镇
乐化镇
蛟桥镇
扬子洲
叶楼
长埠镇
万埠镇
长均
龙津镇
鼎湖镇
东阳镇
新民
庙前
峤岭
黄洲镇
石鼻镇
向坊
乔乐
梅岭镇
太平
红星
招贤镇
望城镇
新建
(长堎镇)
石埠
生米镇
西山镇
厚田
流湖
石岗镇
松湖镇
文渡
南昌
桃花镇
罗家镇
青云谱镇
东新
小蓝
八一
谢埠街
富山
(莲塘镇)
高坊
武阳镇
塔城
渡头
向塘镇
冈上镇
广福镇
黄马
三江镇
章家
三里
梅庄镇
赵埠
前坊镇
下渡
大石村
南台
二塘
罗溪镇
架桥镇
彭宗
泉岭
温圳镇
进贤
(民和镇)
张公镇
下埠集
衙前
文港镇
白圩
长山晏
李渡镇
池溪
钟陵
七里
城上
罗盘
105
316
320

# 南昌市区街

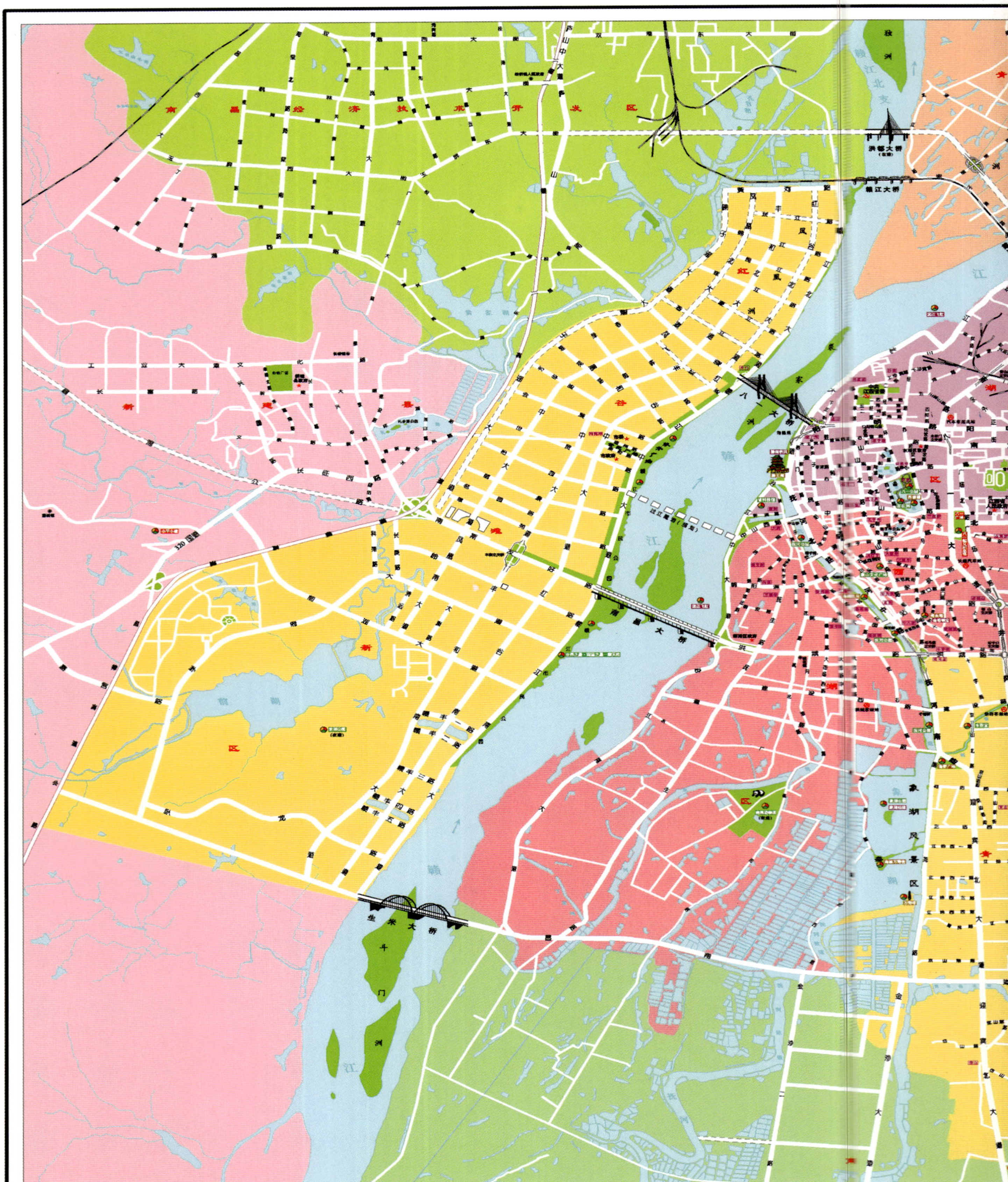


南昌市地名委员会办公室 编制　主编 王洪昌　执行主编 陶端正

# 标准地名图

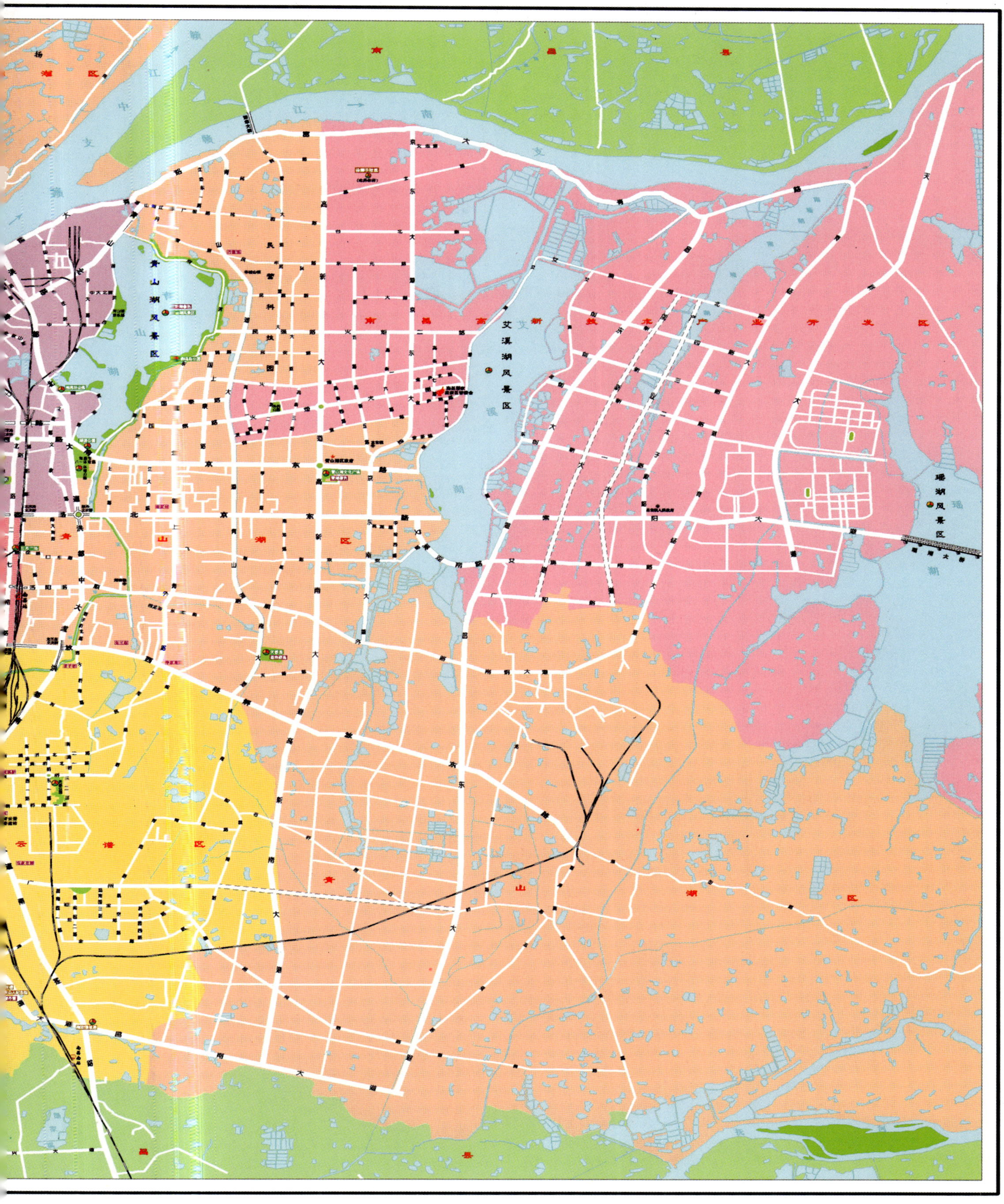

# 南昌市积极发展开放型经济

市委、市政府坚持大开放主战略，对接长珠闽，巩固港澳台，突出东南亚，拓展日欧美，实现招商引资总量扩大、品质提升。全年全市新批合同外资千万美元以上项目33个，合同外资6.6亿美元，增长10.6%；内资超亿元项目34个，合同金额137.2亿元，增长87%，外资直接拉动全市经济增长7.1个百分点。

省委常委、市委书记余欣荣出席台湾詠倡企业集团投资南昌微电子科技园项目签约仪式

市委、市政府在福州市举行承接沿海产业梯度转移推介会

省委常委、市委书记余欣荣出席南昌保税物流中心开工庆典

市长李豆罗，常务副市长龚建华会见外国朋友

市长李豆罗出席江西出入境检验检疫局南昌高新区办事处开工奠基仪式

# 南昌市努力打造现代制造业重要基地

市委、市政府围绕打造现代制造业重要基地，坚持以企业为中心，突出园区主战场，搭建服务新平台，调度油电煤供应，实现了工业总量增长、园区实力增强、创新水平增高、名牌产品增多。真正实现了制造业越叫越响，园区工业越做越旺，支柱产业越来越强。

省委常委、市委书记余欣荣，市委副书记王詠参观第二届制造业博览会

市长李豆罗出席华春集团三防幕栅板生产线投产庆典仪式并致辞

省委常委 市委书记余欣荣出席江铃陆风牌汽车首批出口欧洲发车仪式

省、市领导余欣荣、李豆罗出席中兴软件技术（南昌）有限公司开业庆典

市委副书记王詠出席台湾新索丽科技有限公司生产线搬迁投产庆典仪式并致辞

常务副市长龚建华出席江铃集团陆风牌汽车下线仪式并致辞

# 南昌市积极发展县域经济

市委、市政府按照“打牢基础、优化结构、扩大开放、市场运作、提升素质、增强活力”的工作思路，进一步完善加快县域经济发展的措施。全年“三农”工作全面提升，做到了“产业出特色、龙头成规模、基地有品牌、示范增亮点”，实现了产量稳中有升、结构优化提升、基础巩固提高、村镇面貌一新。

省、市领导余欣荣、雷武江、蔡社宝、戴和旺等到进贤县，就发展县域经济进行调研。

市长李豆罗出席县域经济科学发展（南昌）论坛并致辞

南昌县加快城乡建设步伐，投资1.34亿元完成昌南高速公路5.8千米的沥青、排水、绿化、亮化工程。

新建县着力优化农业结构，生米镇3000余公顷藠头基地获华夏有机食品认证中心授牌。

进贤县积极发展军山湖“清水大闸蟹”养殖，并通过举办“军山湖杯”螃蟹节，向国内外展示进贤县发展螃蟹产业的资源优势。

安义县进一步做大做强个私民营经济，并掀起以发展塑钢产业为重点的全民创业热潮，被国家建设部授予“中国塑钢门窗型材流通示范基地”。

# 南昌市积极发展会展经济

全市以建设富有特色的会展城市为目标，以会议、展览及大型赛事、演出和节庆活动为载体，大力推进会展业品牌化、国际化、专业化、市场化和规范化进程，推动全市经济社会全面进步。全年成功承办中国辣文化美食节等会展活动 80 余项。

10月15～24日，第二届南昌服装节暨全国品牌服装服饰（南昌）博览会在省展览馆举行

9月24～26日，“劲霸·詹王杯”中国辣文化美食节分别在绳金塔、民意食府举行

10月10～12日，第十届江西美发美容体育用品博览会暨江西第三届美容文化节在省展览中心举行

6月，中国·南昌首届傩文化艺术旅游节在南昌市胜利路步行街举行

南昌市会展中心获得2005年度中国会展业展馆新锐奖

# 南昌市努力健全城乡救助体系

市委、市政府坚持以人为本、关注民生，提高人民生活水平。做到事事为百姓着想，时刻关心下岗就业，低保五保应保尽保，生活经费足额发放，真情帮扶弱势群众。

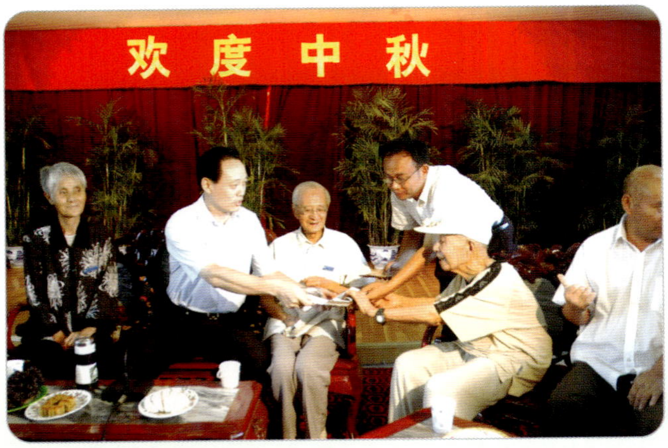


省委常委、市委书记余欣荣与老年朋友欢度中秋节

市长李豆罗、市委农工部部长蔡社宝慰问贫困农民

市委、市政府积极开发就业岗位，扶持下岗职工再就业

省委常委、市委书记余欣荣出席在新建县举行的农村部分计划生育家庭奖励扶助金发放仪式

省、市领导余欣荣、李豆罗等出席南昌市工伤医疗康复中心开业庆典

# 南昌市开展向凌美龙同志学习活动

2005年6月28日，中共南昌市委做出开展向凌美龙同志学习活动的决定，号召全市各级党组织要把开展向凌美龙同志学习的活动，作为保持共产党员先进性教育的重要内容，作为加强基层党组织建设的重要抓手，作为深入推进各项工作、不断增强工作实效的重要动力；号召全市广大党员要以凌美龙同志为榜样，对照检查，找出差距，明确努力方向，为南昌在全省率先崛起做出新的更大贡献。

市委举行建设社会主义新农村的为民楷模——凌美龙先进事迹报告会

省委常委、市委书记余欣荣到安义县新民乡尚礼村看望凌美龙同志家属

省、市领导余欣荣、史蓉蓉、熊焕高、蔡社宝等会见凌美龙同志先进事迹报告团成员

# 南昌市“六小”店面和集

省委常委、市委书记余欣荣视察“六小”店面整治情况

2005年，全市在全面推进创建国家卫生城市工作中，对9000余个“小餐馆（饮食店）、小副食（熟食）店、小美容美发店、小旅馆（招待所）、小歌舞厅、小浴室”等“六小”店面，严格证照审批，取缔无照经营，配备卫生设施，规范行业行为；对91个集贸市场，加强硬件建设、配备环卫设备、推广集中宰杀、强化市场监管，“六小”店面整治成效显著，集贸市场“脏、乱、差”现象得到明显的改观。

市城市管理行政执法局举行局长接待日，接受市民咨询

执法人员亮证执法

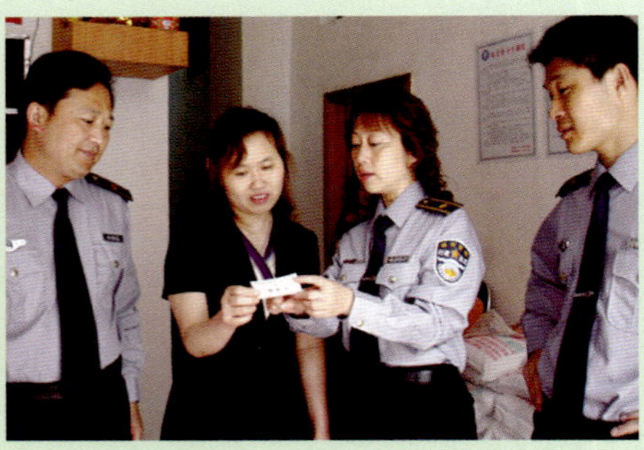
执法人员为小旅店送上“提示卡”

执法人员为小饮食店送上宣传品

执法人员文明执法

执法人员帮助残疾人遵章营业

执法人员在社区设置服务站

执法人员清理占道广告牌

# 贸市场整治赢得市民称赞

市长李豆罗视察“六小”店面整治情况

执法人员整治集贸市场周边环境

执法人员整治沿街店面占道营业

市城市管理行政执法局在《江南都市报》设立投诉热线

执法人员整治非法家禽交易市场

整治后的集贸市场

# 南昌市玉带河整治

玉带河，即原南昌市城南排渍道和城北排渍道，位于南昌市旧城区南部和西北部。由西支（4.77公里）、南支（2.76公里）、东支（1.93公里）、干渠（2.74公里）组成，用于截流城南地区污水。2002年8月29日，南昌市成立八湖两河整治换水工程领导小组及办公室。市长李豆罗任总指挥长，副市长罗为民任副总指挥长，领导小组办公室由6位刚退居二线的领导同志和年轻人组成，工作重点在西支、南支、东支、艾溪湖。玉带河整治换水工程首先启动干渠和西支的施工。它纵横穿越老城区，其拆迁、施工难度前所未有。在市委、市政府的领导下，在各辖区政府、各市直部门的通力协作下，在沿线企业单位和广大市民热心支持下，工程采取“规划设计先行、拆迁安置开路、保质保量施工、园林绿化造景、文化品位提升、千方百计融资”的办法，日夜苦干.努力做到整治后的玉带河，白天是景点，晚上是亮点。

市长李豆罗察看玉带河（西支）污染状况

省委常委、市委书记余欣荣察看玉带河（西支）绿化工程

整治前的玉带河（西支）部分地段污染状况

市长李豆罗察看玉带河（西支）工程进展情况

玉带河（西支）整治工程建设工地

# 换水工程取得成效

2005年1月1日，玉带河（西支）和干渠实现通船通水

2005年10月12日，玉带河（北支）综合改造一期工程竣工

借来洪门水，豫章生灵气；
乞取西山树，绿色染大地。
鱼翔蛙声畔，蝶飞百鸟啼；
英雄城画卷，人民铸丰碑。

玉带河风景

# 南 昌 市 荣 获 国 家 卫

省、市领导余欣荣、李豆罗等视察创建国家卫生城市进展情况

省、市领导余欣荣、李豆罗等参加创建国家卫生城市劳动

省、市领导余欣荣、李豆罗等在创建国家卫生城市直播现场接听市民电话

青云谱区组织机关干部开展庭院卫生整治

东湖区开展铁路沿线卫生整治

青山湖区开展多种形式的创建国家卫生城市宣传活动

西湖区街道干部组织沿街店面人员对人行道进行整治

1989年10月，全国爱国卫生运动委员会下发《关于开展创建卫生城市的通知》，南昌市从1990年开始创建“国家卫生城市”活动，进程大体分为初创、发展、攻坚3个阶段。1990年～1995年为初创阶段，以1995年获得“全省创建卫生城市进步奖”为标志；1996年～1999年为发展阶段，以1999年获得“全国卫生先进城市”称号为标志；2000年以来为攻坚阶段，以誓夺“全国卫生城市”为标志。2006年，根据江西省爱卫会的推荐，在暗访调研和技术考核的基础上，全国爱卫办组织有关专家于10月15～18日对全市创建国家卫生城市工作进行考核鉴定。对照《国家卫生城市标准》，考核组采取听取汇报、现场抽查、查阅资料和走访群众等方式，对全市创建国家卫生城市工作进行了认真细致的检查，并对2006年8月全国爱卫办技术考核组所提出问题的整改情况进行复核。在此基础上，考核组提出考核鉴定意见。经过认真的考核和研究，考核组专家一致认为，在江西省爱卫会的帮助指导下，经过市委、市政府的高度重视，各级、各有关部门的齐抓共管和广大群众的积极参与，南昌市环境卫生面貌发生了显著变化，市民文明卫生意识得到了逐步增强，整体卫生水平基本达到了《国家卫生城市标准》的要求，考核组将报请全国爱卫会命名南昌市为“国家卫生城市”。12月5日，卫生部

# 生 城 市 称 号

市长李豆罗代表南昌市从卫生部疾控局副局长、全国爱卫办考核鉴定组组长白呼群手中接受了《考核意见鉴定书》。

网站发布了“全国爱卫会关于命名江西省南昌市为国家卫生城市的决定”。

在南昌市16年创建国家卫生城市工作中，历届政府高度重视，四套班子通力配合，全市上下齐心协力。尽管南昌市创建国家卫生城市工作经历了许多挫折和坎坷，但全市广大干部仍然坚持不懈、持之以恒地围绕创建国家卫生城市工作的总体目标，认真地抓落实。实践证明，16年的创建国家卫生城市工作凝聚了人心、振奋了人心，推动了城市环境卫生面貌的全面改善，促进了城市基础设施建设的快速发展，提高了城市卫生综合管理能力，改善了群众的生产生活环境。

考核组组长白呼群等到墩子塘集贸市场检查

考核组副组长张传枝宣读考核意见

考核组成员管纪惠、曾晓芃在《考核意见鉴定书》上签字

考核鉴定组成员：曾晓芃、姚辉、高启发、白呼群、张传枝、卢英方、包大跃、管纪惠、梁鸿出席南昌市创建国家卫生城市考核鉴定反馈会

各县(区)、市委各部门、市直各单位负责人出席创建国家卫生城市考核鉴定反馈会

# 南昌警备区全面

2005年，南昌警备区按照适应新的军事变革，实现部队和民兵预备役工作跨越式发展的总要求，突出抓根本、抓班子、抓龙头、抓安全，圆满完成以反“台独”应急作战准备的各项任务，全区部队和民兵预备役建设迈上新的台阶。

省长黄智权在省军区领导的陪同下，视察南昌市防空兵训练中心

省委常委、市委书记余欣荣在南昌警备区司令员陈健、政委张国华的陪同下视察民兵舟艇分队

民兵高炮（机动）分队赴吉安市安福县严田靶场进行实弹射击考核

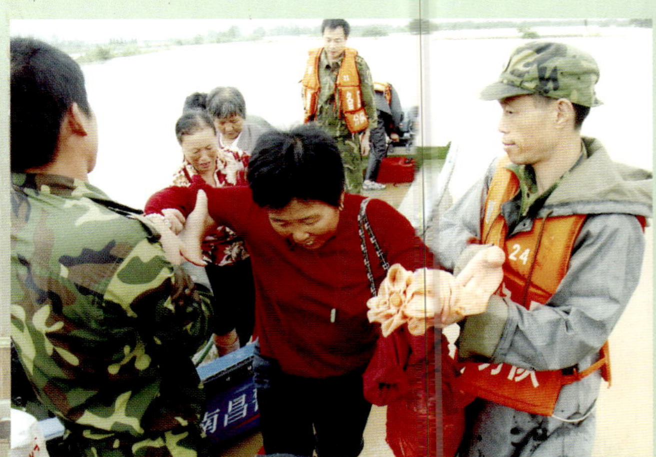

民兵舟艇分队积极投入安义县抗洪抢险战斗

# 建 设 迈 上 新 台 阶

省委常委、市委书记余欣荣及市4套班子成员参加军事日活动

市长李豆罗参加南昌警备区现场办公会

南昌警备区党委在全体党员中开展保持共产党员先进性教育活动

南昌警备区开展队列考核

南昌警备区干休所营院营房管理和征兵工作被评为全军及南京军区先进单位

# 中共南昌市纪委（监察局）积极优化经济发展环境

2005年，全市各级纪检监察机关以优化经济发展环境为己任，加快构建惩防体系，深入推进反腐倡廉，积极开展机关“效能年”活动和专项治理损害群众利益不正之风工作，为实现南昌快速崛起提供有力的保证。

省委常委、市委书记余欣荣出席在南昌市召开的中央纪委党风室工作联系点先进单位表彰会议

市委副书记、纪委书记马承祖到西湖区参观廉政文化进社区成果展

市纪委（监察局）、市公安局、市交通局春节前联合检查公路乱设卡、乱查车、乱罚款现象。

市纪委组织召开“双评”工作总结表彰暨开展机关“效能年”活动动员大会

市纪委组织召开南昌市2005年“投资环境、作风行风”评议评价工作动员大会

市纪委组织召开全市治理损害群众利益突出问题会议

# 中共南昌市委办公厅荣获全国党委系统信息工作先进单位称号

中共南昌市委办公厅以“政治坚定，业务过硬；作风严谨，务实高效；敬业奉献，勤政廉洁”为总要求，以确立“胸襟宽、眼界宽、思路宽 ”、“特别能吃苦、特别能奉献、特别能战斗”的作风为抓手，以努力实现将市委办公厅打造成为全市的思想智囊中心、指挥中心、调度中心、信息中心、督查效率中心和紧急事件处置中心的中枢机关为重点，以努力做到让领导满意、群众满意、上级部门满意、基层满意为目标，紧紧围绕市委中心工作和全面建设小康社会的发展大局，增强干部素质，提高工作水平，提升整体形象，圆满完成各项工作任务。2005年，信息报送工作连续7年被中共中央办公厅评为“全国党委系统信息工作先进单位”；同时被中共江西省委办公厅授予“2005年度向省委办公厅报送信息先进单位”、“督查工作先进单位”。

省委常委、市委书记余欣荣由市委秘书长雷武江陪同到农村视察

举办学习《中国共产党章程》心得交流会

在塔城乡青岚村（扶贫点）与村委会干部共商扶贫兴业之计

2006年2月，市委、市政府授予市委办公厅招商引资服务奖

2005年11月，市委、市政府授予市委办公厅（中国南昌第四届金秋经贸活动月）服务奖

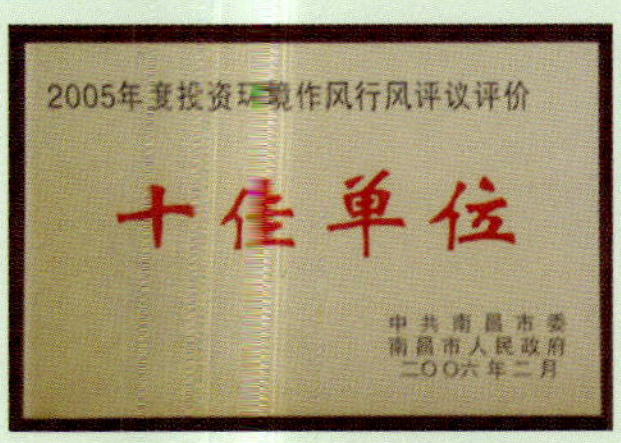


2006年2月，市委、市政府授予市委办公厅2005年度投资环境作风行风评议评价“十佳单位”称号

组织开展“重温入党誓词”活动

通过“民声通道”处理群众反映问题

# 中共南昌市委组织部为南昌快速崛起提供组织保证

2005年，中共南昌市委组织部牢牢抓住党的执政能力建设这条主线，把扎实开展保持共产党员先进性教育活动作为加强党的执政能力建设的基础工程，各项工作注重求创新、抓特色、出亮点，领导班子思想政治建设、干部队伍建设、人才队伍建设、基层党组织和党员队伍建设及组织部门自身建设取得新的成效。

省、市领导余欣荣、史蓉蓉、侯捷等参观全市保持共产党员先进性教育活动图片展

举行市县（区）联合公开选拔领导干部任职暨培训开学典礼

市委副书记史蓉蓉，市人大副主任、市委组织部副部长何友德到基层开展党建工作调研

召开全市严格按照《干部任用条例》和有关规定选拔任用干部工作会议

举办全市国有企业党务干部培训班

召开全市农村离任“两老”人员生活困难补助工作会议

# 中共南昌市委宣传部为南昌快速崛起提供精神动力

2005年，中共南昌市委宣传部认真贯彻落实中央及省、市委战略决策和工作部署，坚持用科学发展观统领全局，围绕“和谐创业”，积极为改革开路、为开放造势、为发展鼓劲、为稳定尽责，为南昌市快速崛起提供了强有力的理论指导、舆论支持、精神动力和文化条件。

2005年[illegible]月16日，市委、市政府举行文明南昌行动总结表彰暨再动员大会，省、市领导余欣荣、李豆罗、蔡社宝出席并讲话。

市委宣传部等六个单位举办“为了孩子、为了明天”文艺演出

全市出租汽车行业开展“文明车、文明人、文明风”评选表彰活动。

南昌市评选出的“十大爱心人物”即：（从左至右）李爱珍、徐宁娟、黄剑霞、罗先风、罗细妹、罗淑兰、赵凌、阎志强、张小兰、张代表

# 中共南昌市委统战部荣获全省统战系统目标管理考核"全面先进"称号

中共南昌市委统战部进一步加强中国共产党领导的多党合作和政治协商制度建设，努力做好党外干部培养选拔、民族宗教等各项工作。同时努力服务经济社会发展，协助市政府与省委统战部成功举办2005年中国"五会"（南昌）经贸恳谈会，配合市委、市政府举办2005年南昌（福州）招商推介会、南昌（青岛）招商推介会，支持各民主党派建立9个和谐社区建设服务基地，荣获全省统战系统目标管理考核"全面先进"称号。

2005年5月18日，江西省医药产业发展高层论坛暨中国·南昌医药保健品博览会在南昌市举行开幕式

市委常委、统战部部长雷武江参加民革西湖总支与福田社区居委会共建和谐社区揭牌仪式

召开2005年南昌市统战理论研究会第四次会员代表大会

举办2005年南昌市光彩事业项目示范企业授牌仪式

# 中共南昌市委政法委努力维护社会稳定

2005年，市委、市政府坚持警钟长鸣，敲打不停，做到“稳定无小事，没事当有事，小事当大事，有事不怕事”。全年全市刑事案件立案比上年下降3.5%，破获刑事案件上升34.6%，全年未发生重大安全事故和恶性火灾事故。

市长李豆罗到基层检查火灾隐患整改情况

市委副书记王祥生，市委政法委书记罗为民到东湖公安分局开展工作调研

部分社区开辟宣传栏，积极向社区居民宣传社会治安综合治理知识

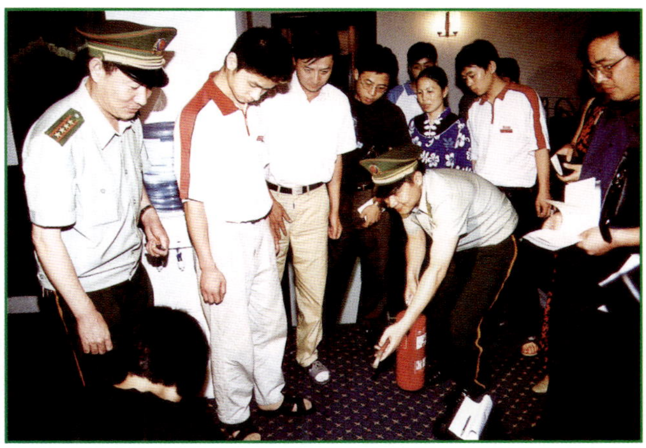

市公安消防支队组织人员到基层讲授安全使用消防器材方法

青少年在“远离毒品，珍爱生命”条幅上踊跃签名

# 南昌市史志办公室荣获全国地方志先进集体称号

2005年12月，中国地方志指导小组授予南昌市史志办公室“全国方志先进集体”称号

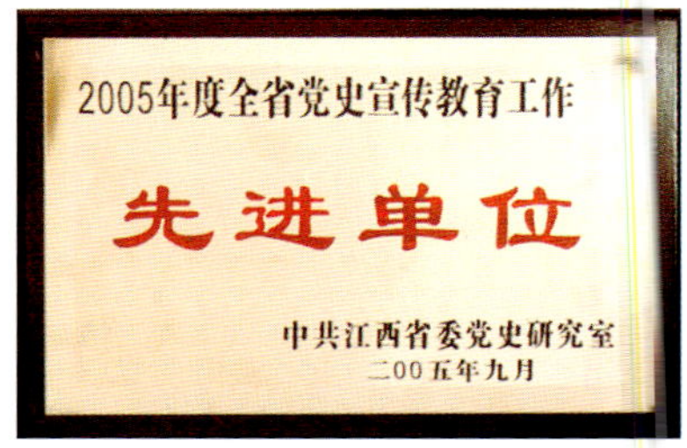


2005年5月，省委党史研究室授予南昌市史志办公室全省党史宣传教育“先进单位”称号

南昌市史志办公室按照全市党史工作“二五”规划、方志工作“十五”规划和年度工作要点，紧紧围绕全市“和谐创业、富民强市”的目标、任务，切实加大史志工作服务现实、服务大局的力度，史志工作取得丰硕成绩。分别荣获“全国方志先进集体”、“全省党史宣传教育工作先进单位”称号。

市政府召开第二轮修志协调会，市政府副市长周关出席，市政府副秘书长朱敏华，市史志办主任姜爱兰参加

省委党史研究室副主任王翰秋，市史志办主任姜爱兰到南昌县史志地名办调研

原中央党史研究室副主任石仲泉等来市史志办调研

市史志办党组织中心组理论学习

# 编辑说明

一、《南昌年鉴》是中共南昌市委、南昌市人民政府主办的综合性地方年鉴。

二、《南昌年鉴》是一部内容充实，资料具有权威性、系统性、连续性的综合性地方年鉴，他为南昌市实现在江西省率先崛起目标提供决策依据，为实现南昌市经济社会快速、协调、持续发展提供借鉴，为国内外读者了解南昌市提供资料和信息。

三、本年鉴采用分类编辑法，以“部类”为单元。“部类”划分在2005年卷的基础上略有调整。现设42个部类：(1)特载；(2)特辑；(3)南昌概貌；(4)中国共产党南昌市委员会；(5)南昌市人民代表大会；(6)南昌市人民政府；(7)中国人民政治协商会议南昌市委员会；(8)纪律检查与行政监察；(9)群众团体；(10)民主党派・工商联；(11)政法；(12)国防；(13)制造业；(14)城市水电气生产和供应；(15)建筑・房地产业(16)农、林、牧渔、业；(17)交通运输；(18)国内贸易；(19)邮电・信息化；(20)金融・保险・证券；(21)旅游业；(22)科学技术・社会科学；(23)文化・教育・出版；(24)卫生・体育；(25)信息传媒；(26)水利・气象；(27)开放型经济；(28)非公有制经济；(29)行业协会；(30)授权经营公司；(31)城市建设管理；(32)开发园区建设；(33)市场建设；(34)财政・税收；(35)经济管理与监督；(36)社会管理和服务；(37)县区概况；(38)社情民意；(39)人物；(40)大事记；(41)统计资料；(42)文件索引。

四、“部类”由“分目”和有关“条目”组成。“条目”是本年鉴收录资料信息的主要形式，特约各县(区)、市直各部门及驻南昌中央、省属单位熟悉情况的同志撰写，并经撰稿单位领导审核，由本编辑部精选精编。

五、本年鉴中的综合性资料、数据，截至2005年底。重要事件和成就跨年度选编，截至日期为2006年6月底。“统计资料”由南昌市统计局供稿。因统计口径等原因，有关部门所用个别数据与“统计资料”中的数据不尽一致，采用时请予注意。凡涉及南昌市国民经济和社会发展的主要数据，概以南昌市统计局公布的数据为准。

六、本年鉴编辑出版，是在中共南昌市委、南昌市人民政府的领导下进行的，得到了各县(区)、市直各部门及驻南昌市中央、省属单位领导的支持，广大撰稿人员为年鉴撰稿付出了辛勤劳动，在此表示衷心感谢。由于编辑水平有限，书中难免有疏漏错误之处，恳请广大读者批评指正。

# 《南昌年鉴》编辑委员会

# 《南昌年鉴(2006)》编辑人员

主　　　编：史蓉蓉

副 主 编：朱敏华　姜爱兰　熊月宝　谭小荣　晏　芳
　　　　　辜　锋

执行副主编：熊庆滨

编　　　辑：揭淑琴　徐金水

彩页编辑：熊庆滨

特邀摄影：涂俊彦　刘惊天

编　　　务：罗长江　张润生　姜云艳　张永华　邓水龙
　　　　　涂俊彦　邓国华　谢小萍　汤华宁　喻学辉
　　　　　邹　霞　孙国强　黄　飞　曹　欣

# 各撰稿单位审稿人名单

（按姓氏笔画为序）

万仁毅　万加良　万宗明　万忠明　马　健　毛本源
王乃营　王华武　王克勤　王宝军　王建华　王洪昌
王翔东　王锡高　王肇赣　邓春元　卢晓健　申少平
白　波　刘　闯　刘　懿　刘大堂　刘建洋　吕汉清
孙秀全　庄西翻　成冰冰　朱　萍　朱艳萍　许国才
严伟民　何友德　余礼生　况志强　吴　晨　吴祖讲
宋　铀　应学全　张　力　张正新　张吉民　张卓群
张录光　张知明　张诗超　张根水　张鸿雁　张智富
李　敏　李广振　李文勤　李电花　李全勇　李安海
李其祥　李国华　李国根　李建平　李章作　李新玲
李韶峰　杨显峰　杨瑞华　汪德清　沈　彬　沙闻麟
邵夫翊　邹书玲　陈小媛　陈守国　陈献忠　周　亮
周南昌　孟灵源　宗才友　宗云彪　易海英　林　刚
林用力　罗　林　罗小明　罗木水　罗慧芬　郑景平
金栋林　侯　捷　俞剑平　姚向红　姚晓明　姚燕平
姜　波　姜爱兰　柳　华　祖日保　胡　焘　胡伟平
胡序环　胡国光　赵　刚　赵　波　钟玉民　唐飞来
唐春生　唐席平　唐毓瑞　徐永立　徐玉龙　殷国华
涂世友　涂宗勤　郭　曙　陶年根　陶　志　陶寒光
陶森民　崇江林　曹吉清　梁礼伦　梁安国　梅仕灿
淦建平　章柏岗　章　磊　章晋槟　黄　俊　龚亚立
龚来水　傅　勇　傅玉芳　傅俊德　喻德火　彭　皓
彭江山　曾建宁　曾茂明　程其蔚　程恩纲　程晓林
舒新政　谢光忠　谢善名　雷武江　廖治中　熊　琳
熊伟伟　熊晓武　熊慧平　蔡　飚　蔡安东　漆永亮
樊保仁　滕富连　戴　琼　戴熙敏　鞠锦璋　魏　平
魏运花　魏国华

# 目　录

## 中国共产党南昌市委员会

## 南昌市人民代表大会



## 南昌市人民政府

## 中国人民政治协商会议南昌市委员会

## 纪律检查与行政监察



## 群众团体

## 民主党派·工商联

## 政　　法



## 国　　防

## 制造业

## 城市水电气生产和供应

## 建筑·房地产业



## 农、林、牧、渔业

## 交通运输

## 国内贸易

## 邮电·信息化

## 金融·保险·证券

## 旅游业

## 科学技术·社会科学



## 文化·教育·出版

## 卫生·体育



## 信息传媒

## 水利·气象



## 开放型经济



## 非公有制经济

## 行业协会

## 授权经营公司



## 城市建设管理

## 开发园区建设

## 市场建设

## 财政 · 税收



## 经济管理与监督

## 社会管理和服务

## 县区概况

## 社 情 民 意



## 人 物



## 大事记



## 统计资料



## 文件索引



## 彩页专辑

# 特　　载

## 在中共南昌市委八届十次全体(扩大)会议上的讲话

中共江西省委常委、南昌市委书记　余欣荣

(2005 年 12 月 27 日)

中共江西省委常委、南昌市委书记　余欣荣

同志们:

这次市委全会的主要任务是:深入学习贯彻党的十六届五中全会、中央经济工作会和省委十一届十次全会精神,讨论审议《市委常委会 2005 年度工作报告》和《中共南昌市委关于制定南昌市国民经济和社会发展第十一个五年规划的建议》,总结“十五”时期的工作,谋划“十一五”的发展,研究部署明年的工作,为到 2010 年把南昌市建成中部地区重要的制造业基地和物流、商贸、科教中心,基本实现现代区域经济中心城市和现代文明花园英雄城市的目标而努力奋斗!

下面,我受市委常委会的委托,主要讲三个方面的意见。

### 一、“十五”时期的建设成就

“十五”时期的五年,是南昌经济社会发展不平凡的五年,是南昌人引以自豪的五年。在这五年里,全市上下紧紧围绕省委、省政府提出的做好“两篇文章”的目标,按照省委孟书记三年前提出的“南昌要一年有个新变化,三年有个阶段性大变化”的要求,解放思想,善谋实干,开拓奋进,克服了非典、禽流感、国际石油和铁矿石价格大幅上涨等一个个困难,经受住了国家加强宏观调控等一系列的考验,实现了经济社会的快速、协调、持续发展,达到了“三年有个阶段性大变化”的要求,为“十一五”基本实现“两篇文章”的目标和未来南昌更大的发展奠定了较好的基础。

(一)经济增长一路高歌。2001 ~ 2005 年全市 GDP 的增速分别是 12.1%、13.8%、15.5%、16.5% 和 16.8%,财政总收入的增速分别是 17.6%、16.0%、22.9%、23.3% 和 23.5%,全社会固定资产投资的增速分别是 21.3%、41.4%、67.9%、54.0% 和 45%。2005 年全市 GDP、财政总收入、社会固定资产投资比 2000 年分别增长 1.1 倍、1.8 倍和 5.5 倍。在全国省会城市中,南昌经济增长速度排位由“九五”期末的第 23 位跃进到“十五”期末的前 5 位,城市综合竞争力在全国 200 个主要城市中排名进入前 30 位。南昌经济总量的迅速扩张特别是经济增长速度进入全国省会城市前沿梯队,使南昌崛起的态势日益明显。

(二)开放型经济取得突破性进展。全市以大开放为主战略,2001 ~ 2005 年全市实际利用外资分别为 1.28 亿美元、3.67 亿美元、5.83 亿美元、7.3 亿美元、9 亿美元;实际利用内资分别是 38.2 亿元、65 亿元、134 亿元、185 亿元和 270 亿元。“十五”期末,全市开放型经济对经济增长的贡献率达 42.4%。开放型经济发展的功能不断完善,南昌昌北机场国际航线开通,南昌至深圳、厦门的海铁联运成功运行,南昌保税物流中心和国家级出口加工区加紧申报和建设,上海浦发银行已经开业,福建兴业银行正式入驻,现代物流、信息、金融、人才、进出关等五大体系建设日臻完善。投资环境不断优化,行风建设积极推进,南昌在台湾电机电子同业公会公布的大陆投资环境综合排名中,2002 年为“不予推荐的城市”,2003 年为“予以推荐的城市”,2004 年和 2005 年连续两年被列为“极力推荐的城市”。南昌开放型经济的迅速发展,加快了南昌由内陆型城市向开放型城市转变。

(三)工业发动机日益强劲。“十五”期间,市委作出了关于加快建设现代制造业重要基地的决定,推动了南昌经济的迅速发展。预计“十五”期间,全市规模以上工业增加值、销售收入、利税年分别平均增长 24.3%、23.2%、19.7%。工业投资力度不断加大,全市工业投资总量由 2000 年的 17.29 亿元增加到 2005 年预计的 136.7 亿元。特别是工业园区蓬勃发展,促进了高新技术产业迅猛发展,成为全市经济发展的新增长极。

全市已初步形成汽车、医药和食品、电子信息、光机电一体化、家电、新材料、纺织服装等七大支柱产业以及汽车、飞机、家电、食品、电子信息、造纸、纺织服装、医药和医疗器械、机电、冶金及新材料等十大产业(产品)制造基地。一批支柱性、战略性的产业项目,如江铃年产30万辆汽车,晶湛、兴昌年产100万片晶元片,奥克斯、东元等年产1000万台空调,以及以微软、中兴为带动的软件项目等有的已经投产,有的正在顺利建设之中。工业的快速发展,拉动了产业结构的迅速升级,全市三次产业的比例由2000年的10.6 : 47.2 : 42.2优化为2005年7.1 : 54.5 : 38.4。工业已成为南昌最大的产业、最大的税源、最大的就业岗位提供者,像强力的发动机,拉动着南昌经济社会快速发展。

(四)市场取向的改革不断深化。国企改组改制稳步推进,洪城水业、金鼎软件、行知软件、长运股份、长力板簧等成功上市,江纸股份成功重组并复牌,江铃、福特、长安实现战略合资。特别是2005年以来,全民创业的热潮兴起,进一步激发了经济发展的活力。行政管理体制改革进一步深化,成立了市国有资产监督管理委员会,加强了对国有资产的监管力度。改革了城市执法管理体制,变多元执法为综合执法,提高了城市执法水平。积极平稳地调整了老城区的行政区划,为城市更快更好发展打好了基础。金融体制改革取得成效,成功地进行了商业银行的股权多元化改造,解决了一直以来制约商业银行发展的历史债务问题。按照安全、有效、低成本的原则,处理全市历史积累下来的20.32亿元的债务,为下一步的改革发展创造了条件。全面推开了街道社区管理体制改革,进行了林业产权制度改革,全面取消了农业税,水利管理体制改革进入到实质性实施阶段。各项改革的不断深化,进一步消除了制约经济社会发展的机制体制性障碍,为南昌的发展注入了强大的活力。

(五)城市面貌焕然一新。"十五"期间,市委努力塑造南昌历史名城、山水都城、现代新城的特色。城市美化、绿化、亮化工程取得显著成绩,大规模推进了市政工程、交通能源、工业园区和生态环境建设,实现了到周边省会城市6小时左右通达、市到县30分钟左右通达、行政村道路基本硬化,市郊公路城市化改造取得阶段性重大成果,建设了生米大桥、绕城高速、玉带河、阳明东路等一批重点城市基础设施工程和22座总容量376.3万千伏安的输变电工程,城区三轮百路大会战顺利完成,基本根治了老城区的积水问题,城市每年新增绿地面积100公顷,集中污水处理率达45%,空气质量优良率进入全国省会城市前10名,"碧水蓝天"成为南昌发展的重要品牌,城市的建成区面积由2000年的75平方公里扩大到现在的210平方公里,市区人口由2000年的123.9万人增加到现在的209万人,红谷滩新区建设取得阶段性成就,"一江两岸"的格局初步形成,城市功能日益完善,城市品位不断提升,先后获得"全国卫生先进城市"、"中国优秀旅游城市"和"全国创建文明城市工作先进市"等荣誉称号。南昌城市面貌的巨大改变,凝聚了人心,振奋了精神,做大了英雄城品牌。

(六)县域经济快速发展。"十五"期间,市委坚持"多予、少取、放活"的方针,按照"打牢基础、优化结构、扩大开放、市场运作、提升素质、增强活力"的工作思路,进一步完善了加快县域经济发展的措施,认真落实一系列增加农民收入、提高粮食综合生产能力、巩固和加强农业基础地位的政策,促进了县域经济迅猛增长。现在市区到各郊县的一级公路都已竣工通车,农村小城镇建设进程加快,农业综合生产能力进一步增强,县区工业园正在成为打造现代制造业重要基地的重要力量。与此同时,农业发展的条件和农民生活的环境进一步改善,农村发展的支持保障体系进一步强化,社会主义新农村试点工作进展顺利,这些都为促进全市城乡一体化发展奠定了良好的基础。

(七)城乡人民生活节节高。全市经济的快速发展,推动了城乡居民收入稳步增长,2001~2005年城市居民人均可支配收入的增长速度分别是8.3%、13.1%、11%、12.2%和16.4%;农民人均纯收入的增速分别是5.3%、5.8%、5.4%、21.6%和20.5%。"十五"期间,全市共实现社会消费品零售总额1084亿元,比"九五"时期净增487亿元。社会保障事业稳步推进,有效地将城镇登记失业率控制在3.5%,城乡救助体系进一步健全。科教文卫体等各项社会事业全面进步,特别是高中级职业教育异军突起,成为全国三大职教城市之一,推动了"学在南昌"品牌的形成。精神文明建设不断加强,社会安全稳定,秩序井然。"十五"期间,是南昌市广大城乡居民分享改革开放和经济发展所带来实惠比较多的五年。

(八)党的建设成效显著。"十五"期间,全市按照以党的建设新的伟大工程促进南昌崛起事业快速发展的思路,扎实推进党的建设新的伟大工程。突出抓了领导班子思想政治建设、干部队伍建设、人才队伍建设和基层党组织建设。特别是以贯彻"三个代表"重要思想和科学发展观为主线,突出抓了领导干部的理论学习;以提高素质和能力为目的,选派大批干部到国外、境外和沿海发达地区学习培训;以提高基层党组织的战斗力、凝聚力和创造力为目的,开展了"三项创建"活动和星级党组织评定等。特别是在"两篇文章"的伟大实践中,在市场经济的洗礼下,全市广大干部的素质和能力有了明显提高,一大批胸襟宽、眼界宽、思路宽的干部正在茁壮成长,基层党组织的凝聚力、战斗力和创造力有了明显增强。与此同时,坚持和完善人民代表大会和政治协商制度,切实加强了社会主义民主政治建设,党风廉政建设取得明显的成效。

2005年是鸡年,全市上下继续发扬"闻鸡起舞"的昂扬精神,一路拼搏,为取得"十五"的"大满贯"作出了新的贡献。这突出体现在几个重要的发展指标上:全市GDP接近1000亿元,现代经济的血液金融机构各项贷款余额首次突破1000亿元,全社会固定资产投资跨过500亿元台阶,城市居民人均可支配收入首次突破1万元,这些变化都标志着全市经济迈上了一个大台阶。

"十五"期间这些成绩的取得,归功于党中央、国务院和省委、省政府的正确领导以及省直部门的大力支持,归功于历届班子打下的良好基础和一任接着一任干,归功于全市广大干部群众在南昌千载难逢的机遇面前无私的奉献和努力地创造。站在南昌发展新的起点,回顾总结五年来的工作,市委深切体会到,南昌之所以能取得这样的成绩,关键得益于市委以科学发展为主题,牢牢把握"做好两篇文章、实现富民强市"的目标,在继承中创新,在创新中发展,推动全市经济社会快速协调持续发展;关键得益于市委以解放思想为先导,努力克服思想上的保守和观念上的陈旧,进一步开阔胸襟、开阔眼界、开阔思路,努力探索适合南昌发展的路子;关键得益于市委以改革开放为动力,用改革的思路突破体制上的束缚,用创新的办法不断破解发展中的难题,抢抓扩大对外开放、承接国际国内产业转移的新机遇,为南昌的发展增添了强大的活力和后劲;关键得益于市委坚持以人为本的原则,更加注重统筹城乡发展,加强"三农"工作,更加注重统筹经济社会发展,积极化解各方面利益矛盾,促进发展的良性互动和社会的安定和谐。这些既是"十五"时期的基本经验,也是"十一五"乃至更长时期需要把握的重要原则。

"十五"的成就只能说明过去。全面地看,进一步加快发展的挑战还不小,南昌市在相当长的时期还将处于追赶阶段:

一是经济基数小、基础差的状况尚未根本改变，从自身看，起步晚、起点低，基础差、底子薄，历史积累的问题多、包袱重；横向看，与东部的差距明显，与中部的差距客观存在，参与竞争的优势还不明显。二是在发展过程中还存在经济结构不合理、城市管理和城市功能适应不了南昌快速变化和人民群众要求的问题。三是干部队伍的素质和能力还有待于进一步提高。四是社会稳定的基础还不牢固。我们必须正视这些困难和挑战，巩固和发展"十五"来之不易的发展势头，努力开创"十一五"工作的新局面。

## 二、以科学发展观统领全局，推动南昌经济社会又快又好发展

关于"十一五"的发展和明年的工作，豆罗同志在讲话中将作全面部署，我完全赞成。我只就一些原则性的重要问题给大家理理思路。

"十一五"时期是南昌全面落实科学发展观的重要时期，也是南昌加快经济社会发展，促进快速和谐崛起的重要战略机遇期。我们正处在南昌崛起大业中的追赶阶段。南昌既面临严峻的挑战，又面临很多加快发展的机遇，总体来讲是机遇大于挑战。从国际看，一方面，随着经济全球化趋势不断发展，国家对外开放程度不断提高，南昌的外向型经济依存度越来越大，再加上明年中国加入WTO的后过渡期就要结束，南昌将和全国其他地方一样，面临着更为激烈的竞争与挑战，受世界经济波动的影响也将越来越大。另一方面，世界经济正处于新一轮的增长期，特别是随着经济全球化和区域经济一体化进程的加快，发达国家纷纷加快了向发展中国家尤其是中国进行产业转移的步伐，产业转移的方向由沿海地区逐步转向中西部地区，这就为南昌发挥后发优势，主动地、有选择性地承接现代制造业和现代服务业转移带来了良机。从国内看，一方面，现在东部大跨越、西部大开发、东北大振兴、中部大崛起，全国各地都在进一步加快发展。特别是中部六个省会城市之间你追我赶，都想率先在中部地区实现崛起，在这样一种加快发展的竞争形势面前，我们是不进则退，慢进也是退，稍不留神就要掉队。另一方面，中国共产党执政理论越来越科学，提出的科学发展观和构建社会主义和谐社会的重大战略思想，为南昌加快发展指明了前进的方向；中部崛起战略正在上升为国家战略，为南昌发展提供了能动力。从省内看，一方面，省委十一届十次全会进一步提出了支持南昌做强做大的要求，必将对南昌在"十一五"时期的发展产生强大的推动作用；南昌作为区域中心城市，对周边地区的辐射力和集聚力进一步增强，有利于吸引各类生产要素加快南昌的发展。从南昌自身看，一方面，随着南昌经济规模的增大，要在较大的基数上持续较快地增长，难度越来越大；要在较大的规模上进行调控，困难越来越多。但要看到"十五"时期经济社会发展的成就，增强了克服各种困难的实力，特别是我们努力探索了一条符合科学发展观要求的具有南昌特色的崛起之路，打下了产业、市政、体制、干部人才、环境与生态等基础，这为"十一五"和今后长远的发展增添了强大的后劲。

在省委十一届十次全会上，孟书记、黄省长对南昌的发展提出了新的要求，寄予厚望，要求支持加快南昌的发展，大力发展现代制造业和现代服务业，增强集聚力和辐射力。根据省委、省政府对南昌的新要求，和南昌尚处在"追赶阶段"的特殊条件，要在未来五年取得更大成就：必须坚定不移地以邓小平理论和"三个代表"重要思想为指针，以科学发展观为统领；必须坚定不移地以做好"两篇文章"、实现富民强市为目标；必须坚定不移地从追赶阶段特点、要求、任务出发，坚持打基础、蓄势能、快追赶；必须坚定不移地实施大开放主战略、建设现代制造业重要基地核心战略；必须坚定不移地在推进城市化战略的同时，加快社会主义新农村建设。着力建设开放活力南昌、文明和谐南昌、诚信创业南昌、生态园林南昌，为实现全省在中部地区崛起和全面建设小康社会作出更大贡献。

奋斗目标是：地区生产总值年均递增15%，财政总收入年均递增16%，地方财政收入年均递增17%；城市居民人均可支配收入年均增长10%，农村居民人均可支配收入年均增长12%。到2010年，经济总量再翻一番，人均GDP超过4500美元，把南昌建成中部地区具有较强竞争力的现代制造业重要基地和区域性物流、商贸、职教中心，基本建成现代区域经济中心城市和现代文明花园英雄城市。

要实现"十一五"时期的奋斗目标，关键是要以科学发展观为指导，促进南昌经济社会又快又好地发展。又快又好地发展，首先要快，快是前提；关键在好，好是准则。快速发展是前提，协调发展是关键，持续发展是目的。"快"，就是要坚持把发展作为执政兴国的第一要务，牢牢抓住重要战略机遇期，保持经济平稳快速发展，继续扩大经济规模，增强总体实力，提高人均水平；"快"，就是按照小平同志提出的："能发展就不要阻挡，有条件的地方要尽可能搞快点，只要讲效益，讲质量，搞外向型经济，就没有什么可担心的。低速度等于停步，甚至等于后退"。"好"，就是要以结构调整为主线，以转变增长方式为主攻方向，以提高人民生活水平为目的，推动经济增长方式由粗放型向集约型转变，由抓好经济发展向经济社会全面协调可持续发展转变；"好"，就是要扎扎实实、稳步协调地发展，力争经济社会整体实力隔几年上一个台阶。要实现南昌经济社会又快又好地发展，在具体工作中要把握好以下几个重要原则：

### （一）正确把握速度与结构质量效益相统一的原则

只强调速度而不讲质量是"没有后劲的高速度"，单纯追求质量而忽略速度是"没有生机的慢增长"。"十一五"期间，一是要进一步提高开放型经济的水平。要按照"优势互补、错位发展、区域集中、产业集聚、开发集约"的要求，集约利用土地资源，又快又好地加快推动工业园区建设。在继续加快招商引资数量增长的同时，国家级开发区、有条件的省级开发区和城区，要把招商引资的着力点放在引进战略投资者、重大项目、先进技术和高素质人才上，特别是要加强引进世界500强和国内200家重点企业的工作，同时还要多引进"总部经济"、"税源经济"、研发中心、结算中心、营运中心和采购中心，让南昌成为国际国内企业的集聚地。要千方百计为已引进的项目搞好服务，促使其尽快达产达标，并引导其进行新的投资计划，提高已落户企业对全市经济增长的贡献力。要把发展开放型经济与壮大内生型本土经济结合起来，形成相互促进，机制互补的格局。泰豪集团近年来把招商引资与企业改革结合起来，在与欧洲ABB贴牌生产后，又以股份合资的办法建立紧密的联系，提高了企业竞争力。要实施"走出去"战略，鼓励有条件的、具有比较优势的企业"走出去"，到外地或国外投资办厂，进行低成本扩张。二是要大力发展有竞争力的现代制造业。要牢固树立开放的理念，无论是中央、省属企业还是市属、县区属企业，无论是外来企业还是本地企业，无论是国有还是股份、民营企业，都要切实支持他们在南昌的发展。尤其是要加快支持江铃、南飞、南钢、南烟、江中、汇仁等一批优强大企业集团，以他们为龙头，进一步延伸产业链、放大产业集聚效应，壮大制造基地规模，形成富有竞争力的优势产业集群。要发挥后发优势，把扶持高新技术产业发展摆在更加突出的位置，强力打造汽车、光机电一体化、电子信息、新材料、生物医药等高科技产业集群。三是要切实提高自主创新能力。大力实施科教兴市战略，是提高自主创新能力的关键。要继续支持鸿源数显、联

创光电、微软、中兴、晶湛、兴昌科技公司等科技型企业的发展。要以中央职教会议精神为新动力,继续贯彻执行南昌市发展职业教育的政策措施,把南昌市建成享誉全国的职业教育中心城市,为全市、为全国培养大批中高级技工人才作出贡献。要按照构建"优强企业为主体、科研机构为支撑、市场需求为导向、优惠政策为扶持"的自主技术创新体系的要求,鼓励和支持优强大企业以提高自主创新能力为核心,研制开发一批具有自主知识产权和核心技术的拳头产品,逐步变"南昌制造"为"南昌创造"。要把引进、创新作为提高自主创新能力的有效手段,坚持有重点、有选择地引进国外、省外先进技术,注重将单项先进技术组合起来再创新。要强化引进技术的消化吸收与二次创新的能力,从而增强南昌的核心竞争力。

**(二)正确把握立足当前与着眼长远相统一的原则**

处理好"快"与"好"的关系,从深层次上讲,就是要处理好当前发展与长远发展的关系。既要加快当前的发展,又要保持可持续发展,坚决不干以牺牲长远的"好"换取眼前一时之"快"的事,为此:一是要不断打牢产业基础。实力看工业,繁荣看三产,竞争力在产业。要以招商引资为主渠道,通过引进外资、争取国债资金、上市融资、扩大信贷资金、盘活存资、激活民资等多种途径,加快现代制造业的发展。与此同时,还要打牢与发展现代制造业相适应的现代服务业基础。发达的服务业是城市现代化的重要标志。重点要积极引进境内外金融保险、信托、证券、风险投资机构,形成多层次、多领域、多主体的金融服务体系。要以保税物流中心和出口加工区的申报和建设为动力,继续搞好现代进出口物流体系建设,以降低企业的商务成本和物流成本,填补南昌口岸发展的空白。要不断完善商贸流通体系,继续引进、培育一批象沃尔玛、麦德龙、好又多、南昌百货、洪城大厦、洪城大市场等大的品牌批发、零售企业,提升全市商贸业态水平,加快形成城内大商场、城外大市场、城郊大物流的格局。要加快皇冠假日大酒店和红谷滩园林式酒店的建设,引进更多的国内外知名星级酒店落户南昌。要积极推动现代会展业、文化传媒业、咨询、中介服务业的发展。二是要不断打牢市政基础。围绕建设历史名城、山水都城、现代新城的总体要求,发挥山脉、水脉、文脉、人脉优势,不断塑造融历史文化遗产、现代城市文明、生态景观文明和产业文明为一体的城市风格和城市魅力。要加快道路交通网络体系建设,全面完成城市一、二、三环快速路的建设,抓紧新赣江大桥、过江隧道等设施的研究、规划和实施,启动南昌铁路西客站、白水湖铁路货运枢纽站、城市轨道交通等项目。要稳步有序地推进老城区危旧房改造,完善电网、水网、气网,加强宽带通信网、数字电视网和下一代互联网等信息基础设施建设。要举全市之力加快推进红谷滩新区的开发建设,加快红谷滩中央商务区和红角洲"南昌水城"的建设进度,尽快实现红谷滩"人气兴旺、经济繁荣、功能完善、特色鲜明、环境优美"的目标,进一步彰显"一江两岸、南北两城、滨江依湖"的城市特色。三是要不断打牢体制基础。针对南昌经济社会发展中的主要矛盾和突出问题,力争在一些重点领域和关键环节的改革上取得实质性突破。要加快国企改革,把股份制作为公有制的主要实现形式,将全市国有大中型企业改制为规范的股份有限公司或有限责任公司。要进一步掀起全民创业的热潮,积极支持和引导非公有制经济的发展,抓紧研究放宽非公有制经济市场准入的有关具体办法,鼓励和支持社会资本参与国有企业改造,进入基础设施、公用事业及其他行业和领域,加快个私民营经济公共服务体系建设。要深化财政体制改革,进一步强化税收依法征管的力度,完善公共服务体系,一方面,要加大对公共医疗、基础教育和社会保障等领域的财政支出;另一方面,要继续实施积极的财政政策,充分发挥财政用于支工、支农和支持服务业等发展资金的拉动作用,引导社会资本加大投资,促进经济社会的快速发展。要加强商标注册的工作,防止注册资源流失。要深化行政管理体制改革,进一步转变政府职能,努力建设服务型、法制型的责任政府。要进一步巩固和完善城市管理体制的改革成果,理顺规划、投资、建设、管理的关系,逐步实行投资主体、建设主体、运营主体、管理主体相互分离;要进一步完善土地储备制度,坚定不移地推进土地市场化运作,实现土地资源的合理、节约、集约性配置,缓解土地瓶颈制约。要深化农村税费及配套制度改革,探索建立农民增收的长效机制。四是要不断打牢环境基础。国内外的经验教训反复证明,环境是一种生产力。环境主要包括自然环境和人文环境。首先,要打造好生态园林环境,南昌城市的自然形态特色一是水多,二是园林美。既要金山银山,又要绿水青山。要在加快工业化的同时,把建设资源节约型城市和环境友好型社会作为一项重要的战略任务。要针对当前土地、原材料、能源等生产要素"瓶颈"制约日趋严峻的新形势,积极发展循环经济。特别是在招商引资过程中,要坚持"三个不搞",从源头上杜绝一切环境污染重、资源消耗大的项目落户南昌,为子孙留下绿水青山,留下可以永续利用的发展资源。其次,要用更大的力气,坚持不懈地优化经济环境。要牢记:招商引资,增加动力是发展;整治环境,消除阻力同样是发展。要在继续落实"四最"品牌的基础上,根据全市开放扩大产业发展的新形势,牢固树立客商为贵、诚信为本、效率为重、配套为要、回报为先的理念,达到招商、安商和富商的目的。要继续开展行风整治,加强机关作风建设,强化实施《南昌市优化投资环境条例》,为投资商营造公平、公正的竞争环境。

**(三)正确把握经济发展与社会进步相统一的原则**

经济与社会的协调统一,是又快又好发展的前提。在加快南昌发展的过程中,要辩证地认识物质财富的增长和人的全面发展的关系。始终坚持以人为本,把提高全市人民的物质文化生活水平和健康水平作为发展的出发点和归宿,努力构建和谐社会,促进南昌快速和谐崛起。一是要不断提高城市管理水平。变化看建设,水平看管理;新城区主要看建设,老城区主要看管理。坚持城市建设与管理并重原则,进一步加大城市管理的力度,不断提升城市文明程度,提升城市形象和品位。要进一步完善"两级政府、三级管理、六级网络"的城市管理体制,围绕网络化、数字化、信息化、人性化的要求,继续深化街道社区管理体制改革,建设好新型城市社区。形成市、区、街相互衔接、合理分工和规范高效的城市管理框架。要加大城市管理的综合执法力度,提高执法效率和执法水平。要加快城市基础设施养护的市场化、社会化,提高养护效率。要加大力度,深入开展"文明南昌行动计划"和创建国家卫生城市、国家文明城市、国家园林城市、国家环保模范城市的"四城"创建工作,不断提高城市的管理水平。二是要不断加快社会主义新农村建设。要充分发挥南昌中心城市的辐射和带动作用,以城带乡,以工促农,进一步加强"三农"工作,全面加快社会主义新农村建设。要切实防止和克服以新村建设代替新农村建设,不搞形式主义。要按照"生产发展、生活宽裕、乡风文明、村容整洁、管理民主"的要求规划建设好新农村。要把发展生产、改善生活、提高素质作为新农村建设的重点;要根据"立足当前、着眼长远,科学规划、稳步推进,因地制宜、分类指导,依靠群众、惠及农民"的原则,从实际出发,加强村镇规划建设。在抓好一批重点示范镇、重点示范村的基础上,积累建设社会主义新农村的经验。要加大财政转移支付力度,全面提升农村基础设施建设,改善农村和农民的生产生活条件,加强农村医疗、教育、文化和对特困群众的社会救助等农村社会事业的发展。目前，市里正在研究制定推进社会主义新农村建设的实施意见，不久将正式下发。三是要不断促进人的全面发展。促进人的全面发展，不仅要在经济发展的基础上不断满足人们日益增长的物质文化需要，而且要相应提高人自身的各种素质，同时在体制上保障人民群众参与政治生活和社会生活的权利得以实现。为此，要千方百计扩大就业，健全就业服务体系。要努力完善城乡社会保障体系，不断提高保障水平。要大力发展教育事业，全面实施素质教育。要加大人才培养力度，着力抓好党政人才、企业经营人才、专业技术人才和城乡技能人才队伍建设，带动各类人才队伍协调发展。要加强先进文化建设，推进文化体制改革，大力发展文化事业和文化产业，积极开展群众性文化活动，提高全民文化素质。要加快医疗卫生体制改革，完善公共卫生和医疗服务体系，提高人民群众健康水平。要大力发展新闻、出版、广播、电视、科技、体育等事业，满足人民群众日益增长的文化生活需求。四是要不断建立健全和谐社会的运行机制。要建立健全正确引导发展的激励机制，千方百计激发各行各业人们的创造活力。要抓紧建立和完善科学的政绩评价标准、考核制度和奖惩制度，教育和引导领导干部树立科学发展观和政绩观。要建立健全合理的利益表达和协调机制，使各阶层的利益诉求都有通畅的表达渠道。要建立健全既能体现效率原则又能体现公平原则的社会分配机制，使各行业、各地区、社会各阶层和群体都能享受社会成果而彼此和谐相处。要健全党委领导、政府负责、社会协同、公众参与的社会管理体系，形成强有力的社会管理和社会整合机制。要建立健全有效地疏导和化解人民内部矛盾的机制，建立健全信访和督查工作责任制，完善矛盾纠纷排查调处机制。要建立社会舆情和分析机制，畅通社情民意反映渠道；建立全方位的社会预警体系和应急机制，提高保障公共安全和处置突发事件的能力。

## 三、加强和改进党对经济社会发展工作的领导，为做好明年工作和实现“十一五”发展目标提供坚强的保证

办好中国的事情，关键在党；同样，实现南昌快速和谐崛起和“十一五”发展目标，关键也在党。以党的建设新的伟大工程促进党的伟大事业，是中国共产党的一条基本经验，也是市委要牢牢把握的一个重要方针。在南昌，党的事业具体体现为实现南昌快速和谐崛起。做好明年的工作，实现“十一五”时期的发展目标，是南昌崛起过程中的重要一环。要以加强执政能力建设和先进性建设为重点，全面推进党的建设新的伟大工程，为做好明年的工作和实现“十一五”发展目标提供坚强的思想、组织、作风和制度保证。全市各级党组织、广大共产党员特别是各级领导干部，都要切实增强机遇意识、发展意识、大局意识和创新意识，改进作风，增强本领，不断提高各级党组织的创造力、凝聚力和战斗力，为实现南昌又快又好地发展而不懈奋斗。

（一）要善于驾驭全局。“不谋全局者不足以谋一域，不谋万世者不足以谋一时”。各级领导干部既要有见微知著、洞幽察微的“显微镜”的本领，又要努力培养高瞻远瞩、能掌握发展趋向的“望远镜”的能力，成为下活全局这盘棋的高手。一是要切实增强主动性。实践证明：积极进取的主动精神是做好工作的活力之源。发挥了主动性，才能有效履职，否则就会碌碌无为；发挥了主动性，才能有所建树，否则就难有作为。现在，一些干部解决问题、推进工作的主动性不够，“等、靠、要”的惯性思维还在影响着前进的步伐。“主动”是一种观念、一种态度、一种方法。增强主动性，就是要有一种主人翁的姿态，主动地去考虑自己负责的整个工作，提出有益建议，想出各种办法，把自己负责的工作做好；就是要主动应对机遇和挑战，主动应对发展、市场和变化中的各种新情况、新问题，形成能办事、会办事、办得成事的良好作风。二是要切实增强预见性。工作预见性是领导干部综合能力的反映。有的同志存在这方面的缺陷，或是思想懒惰，过于依赖上级，认为当前主要工作是什么、怎么干，上级都已规划好了，自己执行好就行；或是对客观情况缺乏了解，判断分析问题能力不强，不能准确把握事物的发展规律，无法预知下一步工作的走向，尤其是一旦出现新情况、新问题时，拿不出有效的办法和措施，所以在工作上总是处于被动，打不开局面。增强预见性，就必须开阔视野、掌握知识。随着市场经济和现代科学技术的发展，新技术、新学科不断涌现，对社会各方面的发展都有着重大的影响。在这种情况下，要想准确地预见未来，就必须时刻注意学习新知识，接受新事物，不断开阔新视野。增强预见性，就必须深入实际、调查研究。有的领导干部之所以能够把工作做在前面，把问题消除在萌芽状态，就是因为坚持深入实际，对当前的情况有深刻的认知，对存在的问题和可能出现的结果了如指掌。增强预见性，就必须总结经验、吸取教训。善于总结的领导者是明智的领导者。不善于总结，找不到事物的客观规律，就会停留在原有水平上，不能适应不断发展变化的形势，也就谈不上善于驾驭全局。总结的过程也是吸取教训的过程。失败是成功之母。领导干部只有善于从失误和挫折中吸取教训，才能更加准确、科学地预见未来，把工作做得更好。增强预见性，就必须超前研究、超前思维。当今社会节奏快、变化多，新情况新问题层出不穷。要想在未来的竞争中赢得主动、抢占先机，就必须善于超前思维，审时度势，把握大势，辨清走势；就必须善于抓住发展中具有全局性、长远性、根本性的重大问题，超前研究，力求有“先见之明”，切实把对策想在前，把工作做在先。三是切实增强责任心。俗话说“当官不为民做主，不如回家卖红薯”；现在的人也爱说“在其位、谋其政、做其事、尽其责”。忠于职守、勤勉尽责是一名干部起码的职业操守和道德品质，也是善于驾驭全局的主观条件。只有肩负重担、勇于承担责任的人，意志才坚定，脚步才稳健。凌美龙同志31年来在村官这个岗位上，不求做大官，但求做“民事”。在平凡的岗位上干出了不平凡的业绩，体现出不平凡的精神。他虽然“走”了，但全村的人都怀念他，纪念他，每位同志都要学习他这种崇高的品德，要一心扑在工作上，做到不因事大而难为、不因事小而不为、不因事多而忘为、不因事杂而错为，努力做一个高尚的人、平凡的人，无愧于事业、无愧于人民的人。

（二）要善于领导发展。发展是硬道理，是第一要务。作为一位领导干部，必须善于领导发展。首先，要善于解决抓住机遇的问题。机遇对于发展非常重要。抓住一次机遇，就会赢得一次跨越；错过一次机遇，就会失去一个时代。当前，就全市来说，经济社会发展正面临着难得的机遇。能不能抓住这一机遇，实现南昌又快又好地发展，是对每个干部特别是领导干部的一大考验。必须积极而为，主动争取，在自己的岗位上紧紧抓住机遇，做出成绩。其次，要善于解决能够发展的问题。经过这几年的摸索和实践，全市正在逐步走出一条符合南昌实际的快速和谐崛起之路。现在就是要进一步增强加快发展的责任感和紧迫感，每个同志都是推动崛起的亲历者、责任人。每个人都有义务、有责任坚持发展不动摇、推进发展不放松、加快发展不停步，以做好自己的本职工作，为加快南昌的发展尽职尽责尽力。再次，要善于解决科学发展的问题。市委确立的发展目标，不仅包括经济指标，而且包括社会发展指标；不仅对加强民主、健全法制提出了要求，而且对人民的思想道德、科学文化和健康素质等提出了要求。在加快发展的实践中，必须始终坚持以人为本和快速、协调、持续发展的原则，真正全面落实科

2005年12月27日，中共南昌市委召开八届十次全体（扩大）会议

学发展观，使自己的政绩成为没有水分、群众需要的政绩，成为有利于经济社会长远发展，经得起实践和历史检验的政绩。

（三）要善于凝心聚力。保护好、引导好、发挥好各方面的积极性，始终是推进改革发展最具决定性的因素。要在了解群众、教育群众、帮助群众上下苦功，处理好群众之间的利益关系，扎扎实实做好群众工作，把广大人民群众的心思、智慧和力量凝聚到干事创业上来。要坚持党委总揽全局、协调各方的原则，充分发挥人大、政协、统一战线各方面的积极作用，充分发挥工会、共青团、妇联等人民团体联系群众的桥梁纽带作用，集中各方面的智慧，凝聚全社会的力量，共同为做好明年的工作和实现“十一五”发展目标献计出力。善于凝心聚力，是一种本领、一种能力。不仅要体现在调动方方面面的积极性上，更应体现在维护各级领导班子的团结中。实践证明：团结则事业兴，搞内耗，一伤事业，二伤同志，最终还是伤自己。这几年南昌之所以发展得这么快、这么好，关键在于全市干部队伍齐心协力，关键在于各级领导班子团结和谐。明年既是“十一五”的开局之年，也正值市四套班子和县（区）、乡（镇）党委班子相继换届。在这样一个关键时刻，是保持一份平和的心态，一如既往地抓工作、促发展，还是心浮气躁、患得患失；是埋头苦干，干好每一天，干好每件事，还是墨守成规、敷衍了事，做一天和尚撞一天钟；是讲政治、讲原则、讲大局，一切听从组织安排，还是整天考虑自己的进退去留，甚至明争暗斗、跑官要官？这是衡量领导干部作风和境界的风向标，也是对各级领导班子和领导干部的一次重大考验。各级干部特别是领导干部要带头正确对待、带头经受住这种考验。要做到这一点，我想关键是经常教育干部有志气、朝气、豪气、正气这“四气”。志气是一种积极进取、自强不息的精神。一个人没有志气，就不可能有作为；一个领导没有志气，那里的工作必然停滞不前。古人讲“有志者事竟成”就是这个道理。有志气，就是要有富民强市之志，不靠天，不靠地，靠自己；就是要审时度势，制定科学的发展战略，争分夺秒，迅速地壮大自己。朝气是一种奋发向上、斗志旺盛的状态。一个人没有朝气，必然萎靡不振；一个领导没有朝气，那里的气氛必然死气沉沉。有朝气，就是要与时俱进、蓬勃向上、开拓进取；就是要正视困难不气馁、负重奋进不低头、奋力开拓不后退，以新观念、新办法、新机制开创新局面。豪气是一种海纳百川、容人容事的气度。一个人没有豪气，必然斤斤计较；一个领导没有豪气，那里的干部必然勾心斗角。有豪气，就是要有宽广的胸怀，做人做事有格调、有档次、有气量；就是要搞五湖四海，不搞小圈子，不以个人好恶定是非，不以一己恩怨分亲疏。正气是一种刚正不阿、坚如磐石的境界。一个人没有正气，必然随波逐流；一个领导没有正气，那里的环境必然乌烟瘴气。有正气，就是要坚持和发扬共产党人的政治本色和革命气节，不怕鬼、不信邪，堂堂正正做人，勤勤恳恳做事，清清白白做官；就是要以苦养德、以贫励志，为人廉洁自律，处事公道正派。

（四）要善于务实创新。务实创新既是思想路线的要求，又是一种思维方法；既是一条历史经验，又是一种工作要求。成效源自务实。要把心思凝聚到干事业上，把精力集中到办实事上，把功夫下到抓落实上，把本领用在促发展上，在务实中创新，在创新中落实，在落实中发展。要发扬脚踏实地、真抓实干的作风，紧密联系全市快速和谐崛起的实践，坚持讲实话、出实招、办实事、务实效，不喊空口号，不搞花架子，不盲目攀比，不急功近利，真正把工作的着力点放到研究解决改革发展稳定中的重大问题上来，放到研究解决群众生产生活中的紧迫问题上来，放到研究解决党的建设中的突出问题上来。务实创新，关键要干在点子上，这个点子就是上情与下情的结合，就是党的要求与人民利益的结合，就是各项工作与实际情况的结合。结合点就在于创新。创新，既是一种意识，也是一种能力，他要求在充分调查和认真研究的基础上，思想再解放，观念再更新，用超常规的思维谋发展，用超常规的思路抓发展，用超常规的举措促发展，不断闯出新路子、拼出新局面、实现新跨越。创新，可以是就某一局部的工作，也可以是就整个全局的工作；可以是某项工作的一个点、一个环节，也可以是这项工作的全过程。创新的目的不是标新立异，不是哗众取宠，而是要通过超常规的思路与举措，使工作效率更高、成效更大。务实创新，最重要的是增强执行力。所谓执行力，就是自己保质、保量完成上级交给任务的能力。当前和今后一个时期，首要任务就是要贯彻执行好党的十六届五中全会和省委十一届十次全会精神，执行好这次市委全会的部署。各地各部门要结合实际，把这次全会通过的《建议》所提出的各项目标任务一项一项地分解，一步一步地展开，一件一件地落实，推动“十一五”时期全市经济社会又快又好发展。

随着经济社会的发展，社会利益关系日益复杂，价值观念日趋多元。各级干部特别是领导干部要自觉加强党性修养，正确认识和处理奉献精神和利益原则、党的事业和个人价值、全局利益和局部利益的关系，时刻把党和人民的利益放在首位，自觉抵御拜金主义、享乐主义和极端个人主义的侵蚀，抓好本地、本部门的党风廉政建设。要抓紧构建教育、制度、监督并重的惩治和预防腐败体系。对腐败分子，要毫不手软，坚决惩治。

同志们，我们正站在加快南昌发展的新的起点上。做好明年的工作，实现南昌“十一五”发展目标，是我们的共同愿望，更是我们的共同责任。让我们紧密团结在以胡锦涛同志为总书记的党中央周围，高举邓小平理论和“三个代表”重要思想伟大旗帜，全面落实科学发展观，同心同德，扎实工作，为实现南昌快速和谐崛起而努力奋斗！

# 政 府 工 作 报 告

## ——在南昌市第十二届人民代表大会第七次会议上

南昌市人民政府市长 李豆罗

（2006年1月17日）

南昌市人民政府市长 李豆罗

各位代表：

现在，我代表南昌市人民政府，向大会作政府工作报告，请予审议，并请各位市政协委员和列席会议的同志提出意见。

### 一、2005年工作回顾

过去的一年，是全民创业的一年，是全力过关的一年，是全面跨越的一年。在市委的正确领导下，市政府坚持以科学发展观为指导，围绕"富民强市"目标，着力做好"两篇文章"，实现了经济运行高位增长、招商引资人来客往、三个文明协调发展、城市建设有模有样、各项保障健全有力、社会稳定人民安康，全面完成了市十二届人大六次会议确定的工作任务。

地区生产总值预计为1008亿元，增长16.8%；财政总收入126.1亿元，增长23.6%；地方财政一般预算收入58.3亿元，增长38.1%；全社会固定资产投资520亿元，增长44%；社会消费品零售总额预计为308亿元，增长15.9%；实际利用外资9.1亿美元，增长24.5%；实际利用内资260.5亿元，增长40.5%；出口总额12.4亿美元，增长15.3%；城市居民年人均可支配收入10301元，增长12.8%；农民年人均纯收入3879元，增长13.6%；城镇居民登记失业率3.5%；人口出生率13.39‰。

（一）经济运行高位增长。围绕打造现代制造业重要基地，坚持企业为中心，突出园区主战场，搭建服务新平台，调度油电煤供应，实现了工业总量增长、园区实力增强、创新水平增高、名牌产品增多。全年工业投入130亿元，增长33%；政府贴息3740万元。预计完成工业增加值373亿元，增长17.3%。其中规模以上工业增加值增长26%，销售收入增长28%，利税增长12%。美国微软、中兴通讯等正式落户，江铃VM发动机、雪津啤酒等项目正在实施，晨鸣纸业、晶湛科技等58个项目竣工投产。南昌高新区实现"三个200亿元"（技工贸总收入230亿元，增长31%；工业总产值205亿元，增长35%；销售收入200亿元，增长32%），南昌经开区列中西部地区同类开发区第3位，小蓝工业园汽车产业基地正在形成。全市工业园区完成工业总产值552亿元，实现利税73亿元。工业拥有国家级企业技术中心2个，博士后工作站5个，江铃陆风SUV车成为中国首个出口欧洲的自主汽车品牌。"汪氏蜂蜜"获中国驰名商标称号，"草珊瑚牙膏"获中国名牌产品称号；7个产品荣获江西名牌称号，名牌产品占全省的四分之一。真正是制造业越叫越响，园区工业越做越旺，支柱产业越来越强。

围绕提高农业综合生产能力，落实党的农村政策，坚持"多予、少取、放活"，优化结构，夯实基础，抓好示范，"三农"工作全面提升，做到了"产业出特色、龙头成规模、基地有品牌、示范增亮点"，实现了产量稳中有升、结构优化提升、基础巩固提高、村镇面貌一新。全年免征农业税1.65亿元，直补农民8978万元。全市粮食播种面积33.76万公顷，比上年增加9800公顷，产量195.2万吨，再创历史新高。除险加固病险水库，修建门塘、山塘，检修机电泵站，硬化堤顶路面，基本实现农村公路村村通（病险水库开工120座，山塘、门塘修建3810座，机电泵站检修3.4万千瓦，堤顶公路开工319.8千米，农村公路硬化1900千米，退耕还林1.61公顷）。全市正在形成"县有品牌、乡有产业、村有基地"的特色经济板块。培植了国家级农业产业化龙头企业6家，省级龙头企业25家。新增绿色食品、有机食品标志51个，拥有省级无公害农产品基地52个、无公害农产品论证品牌32个。全市建成国家级重点镇6个，省级重点镇14个，省、市级文明小康示范村34个，建设社会主义新农村示范点11个，青山湖区进顺村被评为"全国十佳小康示范村"、"全国十大名村"。一年来，整个"三农"工作，可谓是"党恩浩荡，免税免粮，风调雨顺，老天帮忙，增产增收，五业兴旺，科技兴农，农村变样"。

围绕集聚人流、物流、资金流、信息流，提升传统商贸，做大物流平台，拓展现代服务业，第三产业亮点频显。商贸流通是：特色街车水马龙，大卖场人流如潮，大物流吞吐八方。打造了洪都大道、建德观、师大南路、绳金塔西街等一批商业特色街。百货大楼销售额15亿元，增长11.3%，跃居全国第14位。全市交易额超亿元商品市场28个，其中，洪城大市场年交易额122.7亿元，增长3.8%；南昌（深圳）农产品批发市场年交易额34.8亿元，增长22.5%。城南兴发物流园区初具规模，城北白水湖物流园区已完成规划，保税物流中心第一期动工。房地产业是：土地出让规范有序，房屋开发稳健推进，市场交易持续活跃。全市"招拍挂"出让土地353.3公顷，新增融资5亿元。竣工商品房面积413万平方米，经济适用房面积19万平方米；商品房交易面积395万平方米，增长5.6%；全市商品房预售均价涨幅低于全国水平。旅游会展是:打造品牌、规范管理、培育市场、兴建国际展览中心。全年游客达到725万人次,旅游总收入46.3亿元,增长17.3%;成功承办了中国(江西)首届红色旅游博览会、第26届中国柴油车配件展示交易会、中国辣文化美食节等会展活动80余项。金融领域是:引进股份制银行,推动政银企合作。上海浦东发展银行南昌分行已经开业,兴业银行南昌分行已获批准;举办首届政银企洽谈会,融通资金113.6亿元。截至年底,全市金融机构各项存款余额为1556.7亿元,增加218亿元;贷款余额1027.5亿元,增加173.8亿元。整个三产实现了"生意兴隆通豫章、财源茂盛达南昌"。

围绕"放开、平等、服务",转变思想观念,吸收外地经验,提供优惠政策,奖励创业典型。全年新增个体工商户2.9万户,新增私营企业4637户;全市个私经济完成增加值353.1亿元,比上年增长35.3%,占全市地区生产总值的比重由上年的30.7%上升到35%,上缴税金的比重由19.6%上升到24.1%。个私经济是"三分天下过其一"。

(二)招商引资人来客往。坚持大开放主战略,对接长珠闽,巩固港澳台,突出东南亚,拓展日欧美,实现了招商引资总量扩大、品质提升。全市新批合同外资千万美元以上项目33个,合同外资6.6亿美元,比上年增长10.6%;内资超亿元项目34个,合同金额137.2亿元,增长87%,外向型经济直接拉动全市经济增长7.1个百分点。境内推介会、招商会,会会硕果累累;境外大组团、小分队,队队满载而归。特别是中国南昌第四届金秋经贸活动月期间,共举办大型活动32场,参与人数超过500万人次,来南昌客商1.8万人次,境外国外客商近千人,共签约项目173个,合同外资5.5亿美元,合同内资126.9亿元。可以说是:活动一场连一场,客人一批又一批,项目一个接一个,天天是节日的气氛,处处是欢乐的景象。

(三)三个文明协调发展。实施文明南昌行动,推动国家"四城"创建:"四城"创建相互联动、宣传部门积极鼓动、机关单位闻风而动、百万市民人人行动,荣获全国文明城市工作先进市称号。在"五大文明工程"上,倡导文明新风,组织"四进"社区活动;狠抓文明执法,开展机关"双评";推进街居改革,共建和谐社区;狠抓机关作风,建设小康示范村(全市创建县级以上文明小康示范村108个);在交通整治上,实施畅通工程,做到:人要文明礼貌,车要各行其道;标明路牌线道,执法公正公道。在市容环境整治上,抓好三大项(市民行为、交通秩序、楼道路道)、整治三专项(建筑工地、集贸市场、六小场所)、攻克三难点(垃圾、污水、噪声)、突破一重点(除四害)。全年对全市1.7万栋房屋,进行清楼顶、整楼道、刷墙壁、扫庭院、清阴沟、掏粪池;对940条大街小巷,取缔占道摊点,拆除违章搭建,规范商家经营,装好电灯电线;对37条景观路,上整天线,下整路面,两边美化店面;对"五车营运",实行外面强力整治,里面真情帮扶,发放残疾人代步车1242辆,落实帮扶对象1070人;对81个农贸市场,加强硬件建设、配备环卫设备、推广集中宰杀、强化市场监管;对9000余个"六小"店面,严格证照审批,取缔无照经营,配备卫生设施,规范行业行为;对600余个建筑工地,推动文明作业,实行围档施工,强化安全生产,注重标化管理,做到了:工地文明花,城市风景线;对城乡结合部、铁路沿线,划清责任区域,加大整治力度,建立保洁机制,实行长效管理。在环境保护上:坚持在发展中保护,在保护中发展,既要金山银山,更要绿水青山,开展了蓝天、碧水、宁静、绿化、固废、宣教六大创模工程。全年空气质量优良率达93%,生活污水处理率达70%,工业废水排放达标率达95%,集中式饮用水源水质达标率达98.1%,主要水体水质满足功能要求,工业固体废料处置利用率达89%;噪声达标区覆盖率达70%,烟尘控制区覆盖率达100%。

民主法制:制定规范文件,接受民主监督,加强普法教育,推进依法治市。全年提请市人大常委会审议地方性法规草案5件,制定规章7件,核查规章41件,报请省政府备案的规范性文件9件,受理行政复议案件78件。认真执行人大及常委会的决议,自觉接受人大法律监督、工作监督和政协民主监督。加强广大干群普法教育,加大惩治腐败、纠风治乱力度,推进依法治市进程。

社会事业:统筹经济社会发展,做到经济社会同步规划、同步部署、同步落实。科技:组织实施科技项目(379项),表彰奖励科技明星(8名),加快数字南昌建设。2项科技成果分获中国发明展览金奖和铜奖,2项科技成果获省级科技进步一等奖,申报专利1150项。教育:均衡提升基础教育,重点发展职业教育,新建一批教育网点。小学、初中入学率分别达99.6%和98.1%,高中入学率达77%,高考录取率达59%。按计划完成了农村中小学危房改造,新建改建扩建校舍17万平方米。人才:优化人才发展环境,加大人才培训力度。当年人才进出比为1.2∶1,实现了流入大于流出的历史性突破。加强党政人才培训,选派269名领导干部赴国内外高等学府深造。文广:弘扬传统文化,活跃群众文化,加强文化交流,举办大型活动,实现有线电视村村通。组织大型文艺活动30余场、社区文艺展演560余场、送戏送电影下乡1700余场,承办中国(江西)国际傩文化艺术周、《徐悲鸿书画特展》,市歌舞团赴马来西亚、澳门成功演出。筹资近亿元,数字化改造广播电视网络。卫生:健全公共卫生体系(建设两级疾病预防控制中心国债建设项目7个、医疗救治项目9个),加强农村卫生机构建设(启动新、改、扩建乡镇卫生院48所、村卫生所104个),扩大新型农村合作医疗试点,探索血吸虫病防治新模式,荣获社区卫生工作全国先进市。体育:群众体育方兴未艾,竞技体育摘金夺银。举办华东地区龙舟邀请赛暨全市第四届龙舟赛、全市社区运动会,开展全民健身月活动,获全运会、东亚运动会金牌11块、银牌2块,八一衡源队晋级全国甲级足球队。

(四)城市建设有模有样。坚持"五高"目标(高起点规划、高标准设计、高质量建设、高水平管理、高素质塑造)、注重"四增"举措(增绿、增亮、增色、增净)、把握"四脉"传承(山脉、水脉、人脉、文脉),实行"四网"并举(路网、线网、水网、管网)。完成一批重点区域规划,推进一批重点工程建设。按照"提升昌南、加速昌北、启动朝阳"要求,在昌南:挖掘文化底蕴,打响英雄品牌,保护都市候鸟,改善人居环境。再现"滕阁金塔、双峰并峙"之雄浑,"东湖夜月、徐亭烟柳"之妩媚。在昌北:东沿赣江摆开、西揽梅岭入怀,孕育山水灵气、传承豫章文化,构筑大板块、做美红谷滩、打造大昌北。在朝阳:加大基础投入,强化功能配套。在具体工作中,重点是:修路开河,建园架桥,加强绿化,治理污水,兴建客运站,扩建八一馆。城市道路是:东外环竣工通车,西外环完成路基;完成青山南路、上海路改造;阳明路东拓延伸进展顺利,机场路、南高公路、高新南大道二期基本完工;青山湖湖东路网三横二纵全面竣工。开展了第3轮百路大会战,按照"路要平、线要直、沟要通、灯要亮,到边到角到旮旯"的要求,改造小街巷路143条。玉带河是:先求其通,再求其宽,后求其美。西支4.7千米、主支1.8千米、北支1.8千米已竣工;东支1.9千米、南支4.7千米,正在抓紧实施。象湖景区二期:重点是一塔、二路、三桥、千灯、万树,打造成为"远看似画卷、近看是公园,江南水乡尽在象湖"的现代湖景。梅湖景区:多栽树、修小路、原地貌、老水系、铸精品、绘蓝图。动物园搬迁:正在抓紧设计施工、动物引进。赣江市民公园:举头清风明月,俯首波光粼粼;上溯千年历史,又现西江风情;万米春秋画卷,一道文化长城。生米大桥是:长龙卧波锁赣江,一道彩虹落南昌,大笔丹青墨重彩,鲲鹏展翅著华章。城市绿化是:全市动员,全民参与,全年植树994.5万株,完成绿地面积232.2公顷,新铺草皮104.5万平方米。城市绿化覆盖率达38.2%,建成区绿地率36.2%,人均公共绿地面积7.5平方米。治理污水:投资3.7亿元,新建红谷滩、象湖污水处理厂。昌南客运站是:造型新颖,气势恢宏,设施完备,管理一流,提升了公交服务水平,方便了群众安全出行。八一起义纪念馆是:本着“纪念性、教育性、艺术性、观赏性”原则,兴建陈列大楼,复原“江西大旅社”,再现八一“烽火”,打响英雄城品牌。另外,在市区城南河、玉带河、抚河、梅湖,开放水面,投放鱼苗,制定规则,健康垂钓。让广大市民走出家门,融入自然,形成“满目秀色山川翠、万人垂钓万人舞”的生动景象。

(五)各项保障健全有力。坚持以人为本、关注民生,提高人民生活水平。事事都为百姓着想,天天关顾下岗就业,“低保”、“五保”应保尽保,生活经费月月发放,真情帮扶弱势群众。重点是:新增就业,扩大保险,强化保障,救济帮扶。全年新增城镇从业人员7.3万人,完成任务的111%;向省外劳务输出20.8万人,完成任务的104%;免费职业介绍6万人,完成任务的103%;发放小额贷款6556万元,完成任务的207%。扩大社保面,提高征缴率,社会保障扩面征缴工作有新突破。到年末,全市养老保险参保60.3万人,增长1.9%;失业保险参保46.5万人,增长0.67%;基本医疗保险参保36.8万人,增长28%;工伤保险参保45.9万人,增长1.7%;生育保险参保36.7万人,增长0.5%。统筹范围内的离退休人员养老金100%按时足额发放,支付养老金15.2亿元。特困“低保”做到应保尽保,发放低保资金9817万元;农村特困户、“五保”户做到“摸清户头、落到人头”,共下拨农村特困户救助资金1215万元,五保户供养资金1115万元,1.1万农村“五保”统一实行低保,扩大了集中供养的范围。真正是带着感情,饱含深情,贴近市民,关爱百姓,做到一枝一叶总关情。

(六)社会稳定人民安康。坚持警钟常鸣,敲打不停,做到“稳定无小事,没事当有事,小事当大事,有事不怕事”。在社会治安上,强化110,夯实派出所,加强特警队,控制社会面,提高破案率。全市刑事案件立案比上年下降3.5%,破获刑事案件比上年上升34.6%;在安全生产、消防安全上:宣传大喊大叫,隐患大排大查,问题大整大改,队伍大操大练,设备大置大添。全年未发生重大安全事故和恶性火灾事故;在信访工作上,注重舆论引导,领导定期接访,妥处群体事件,解决实际问题,维护群众利益。实现了上访大幅减少,社会一派祥和。

与此同时,认真落实三大基本国策:完成计划生育指标任务,重视资源环境保护,实现耕地占补平衡。开展国防教育,做好双拥工作,加强人防建设,荣获全国人防先进城市称号。外事侨务、民族宗教、对台事务工作继续加强,统计、审计、参事、档案、地名、地方志、保密、老龄、妇女、儿童、残疾人、消费者权益保护、防震减灾等,勤勤恳恳,扎扎实实,做了大量工作,取得骄人业绩,在全国赢得块块奖牌(43项),在全省捧回了座座奖杯(14项),为南昌争得了荣誉。

## 二、过去五年工作回顾

在省委、省政府的正确领导下,在历届班子打下的坚实基础上,2001年以来的五年,是南昌确定“市管县体制”后,思想解放力度最大的五年,全民创业热情最高的五年,投资发展环境最优的五年,经济实力增长最快的五年,城乡面貌变化最大的五年,群众得到实惠最多的五年;过去的五年,战胜了前所未有的“非典”,抗御了百年难遇的旱涝,破解了制约发展的难题,唤起了全民创业的热情,呈现出“人心思上、事业兴旺、经济提速、城乡变样”的良好态势,南昌做大了规模、做强了实力、做优了环境、做美了面貌、做响了名声。

(一)经济总量五年翻番。财政收入超百亿,生产总值跨千亿,城市居民人均收入过万元,南昌跃居全国综合实力百强城市第35位。2005年预计完成地区生产总值1008亿元,是2000年的2倍;财政总收入126.1亿元,是2000年的2.8倍;一、二、三产比例由10.6 : 47.2 : 42.2调整为7.3 : 52.6 : 40.1。工业:实现了“三年翻番”,形成了十大集群,产生了百亿企业,提升了园区水平。农业:壮大了十大基地,形成了特色板块,培育了一批龙头,提升了生产能力。商贸物流:城内是大商场,城中是特色街,城郊是大市场,城外是大物流。旅游会展:景点宾馆、餐饮客运连成线,境内境外、省内省外联成网;产品展销、商品交易好戏连台,文化活动、经贸洽谈好歌连唱。2005年,全市已拥有世界500强投资的企业20家,国内200强投资的企业22家。全市金融机构存款余额1556.7亿元,比2000年增长1.3倍;贷款余额1027.5亿元,比2000年增长1.4倍。整个五年,南昌经济可谓是总量迅速扩大,结构不断优化,质量明显提升。

出席市人大十二届六次会议的代表听取市长李豆罗作《政府工作报告》

(二)城市面貌全面改观。五年来,全社会城市建设投入200余亿元。按照“一江两岸,南北双城,张开双翼,敞开四门,内外有环,外带五个组团”格局,昌北,新建新城展新貌;昌南,拆建旧城换新颜。在昌北,重点把握“三线”(梅岭、乌石河、赣江),启动“三片”(凤凰洲、红角洲、红谷滩),美化“三湖”(碟子湖、前湖、黄家湖),注重“三点”(高校园区、工业园区、港口码头)。在昌南,居民住宅控制少建,工业企业退二进三,发展商贸、繁荣三产,优化环境、市民休闲。整个南昌,城区面积成倍扩张。东过瑶湖,西至梅岭,北至乐化,南至小蓝,东西南北130千米(周长)。2005年,城市人口209万人,比2000年增加39万人;建成区面积206平方公里,比2000年增加121平方公里。承载功能日益增强。城市防洪:城建、防洪统一规划,道路、圩堤融为一体,环境设施综合配套,东西南北70千米(周长)。建成城市防洪安全包围圈,城防标准提高到百年一遇。城市路网:打通了城市出口通道,改造了城中道路,修建了环城高速,整治了小街巷路。城市水网:构筑了东至昌东、西扩湾里、南达莲塘、北抵乐化的城市供水体系;投入12亿元,实施雨污分流、排水改造。城市线网:强电弱电,统一规划,合理布局,成片规范:新建了110千伏、220千伏、500千伏变电站15座,加大了老城区电网改造,确保了生产生活用电,做到了寒冬不拉闸、酷暑不限电。城市管网:对供水管、下水管、排污管、燃气管,实施同沟共井工程,新修道路,一次布管、同时下地;道路改造,一次开挖、多管齐下。改造了老城区燃气管道,实施了新城区管道液化气工程,为"川气东送"进入南昌做好了准备。服务平台:打造数字南昌信息平台,开通政府门户网站。开辟昌北机场国际航线;实行南昌—深圳、南昌—厦门海铁联运,新建国际集装箱码头,启动铁路西站,开工南昌保税物流中心。城市管理水平提高。按照"财权与事权统一"原则,调整界定了东湖、西湖、青云谱、青山湖四个城区区划;坚持"两级政府、三级管理、四级网络",组建了城市管理行政执法局,加大了城市管理力度,提高了城市管理水平。城市品位全面提升。挖掘文化底蕴,弘扬八一精神,装点江河湖泊,彰显城市魅力。八一广场:以八一精神为灵魂,以纪念塔为标志,经历三个寒暑春秋,奋战六百日日夜夜。改造后的八一广场融继承性与开创性、纪念性与休闲性、广场主题与周边环境融于一体,更加宽广壮丽、更加庄严雄伟、更加特色鲜明。青山湖:重规划、截污流、清淤泥、换活水,兴建环湖一路,打造东西南北各一园。白天胜似西湖,晚上恰如彩虹。象湖:截断污流换活水,叠起重山植万树;打造楼台敬贤圣,翰墨诗赋入画图;水中荷花岸边柳,一城春色半城湖。梅湖:调转五干水(渠),开通城南河;碧波荡梅湖,青云谱青波。玉带河:原来是:洪都排渍道,纵横四十里;脏乱加破烂,污水伴污泥;人道龙须沟,半点不差厘。现在是:拆迁数千户,万人大转移;桥涵几十座,管线过百里;跨道穿"京九",雨污两分离。将来是:借来洪门水,豫章生灵气;乞取西山树,绿色染大地;鱼翔蛙声伴,蝶飞百鸟啼;英雄城画卷,人民铸丰碑。绳金塔:着眼"传承豫章传统文化,打造南昌文化品牌",在院内形成了六景,在院外开辟了三街,即"一塔、一寺、一村、一庙、一园、一院,北门街、西门街和豫章驿道"。可谓是:绳金古塔始大唐,千年佑民佑南昌;七番修葺两重建,最是今朝著辉煌。赣江:正呈现"一江两岸、四桥贯通"的都市滨江胜景。在东岸,登临滕王高阁,可以:远眺西山积翠,中观红谷新府,近看秋水喷泉、赣江市民公园;在西岸,漫步秋水广场,可以:静观章江晓渡,领略滕阁秋风,纵览南浦飞云。同时大力推进"四增"举措,增绿是,依托江河、湖泊、广场、景点,见缝插绿,密密麻麻,大树栽成森林,小树栽成苗圃;增亮是,围绕街道、水岸、高楼、亭阁、桥梁、绿地,打造灯光点,构筑灯光带,营造灯光群;增色是,实现"一路一色、一街一景、色彩协调、轮廓清晰";增净是,改善天上空气质量,改变地面市容市貌,保护江河水源水质,整治内河湖泊水系。实现了"蓝天常现,碧水常流,绿色常驻,春色满城";南昌正在成为"美的空间、人的乐园"。

(三)现代文明快速提升。文明创建矢志不渝:南昌创建,可谓是风雨兼程,一路艰辛,一路收成;前十年,三次落榜,屡败屡战,不弃不馁;近几年,愈挫愈奋,一路高歌,连克四城。可以说,文明创建:创齐了人心,创活了商机,创优了环境,创响了名声。现在的南昌,在全国200个重点城市综合竞争力排名中,名列第30位。其中,政府服务能力第5位,政府社会凝聚力第6位,政府管理竞争力第8位,文化竞争力第9位。依法治市稳步推进:全面完成了政府机构改革,各级政府工作部门精简28.6%,市县乡人员编制总体精简32%;加强机关作风效能建设,先后开展优化投资环境年、机关作风年、机关效能年活动;大力推进行政审批制度改革,削减行政审批事项694项,保留行政审批事项359项,为全国最少城市之一;着力打造"四最"品牌,连续被台湾权威机构评为中国内陆地区十大最具投资吸引力城市之一。社会事业全面进步:荣获国家级、省级科技进步奖442项,跻身全国科技进步先进市;新建高校园区2个,跻身全国职业教育"前三强";广播剧"马克思的一天"荣获中宣部"五个一工程"创作奖;城市二级医疗预防保健网络基本形成,农村三级卫生服务网络基本建立,传染病疫情直报信息网络覆盖率达100%,保持了"非典"、"人感染高致病性禽流感"疫情零的记录;体育获世界冠军10个、亚洲冠军9个、全国冠军38个,蝉联省运会金牌总数、奖牌总数、团体总分三个第一。

(四)城乡稳定社会祥和。维稳战线的干部职工,水线火线线线在一线,白天晚上时刻在岗位,用全心的投入,无私的奉献,换来了南昌五年来:全市没有发生大规模群体事件、严重暴力性事件、重大治安事件、恶性火灾事件、重特大安全生产事故,确保了社会稳定,一方安宁,荣获了全国综治工作先进市荣誉称号。五年来,人民生活不断改善。城市居民年人均可支配收入由2000年的5734元上升到2005年的10301元,城市人均住房面积由2000年10.4平方米上升到2005年20.8平方米,农民年人均纯收入由2000年的2390元上升到2005年的3879元。

五年来,市政府的工作经验和体会是:

**一是坚持以解放思想为先导,更新思想观念,创新发展思路。**思路决定出路,观念就是财富。五年来,在省委、省政府的正确领导下,从做好"两篇文章"到落实"科学发展观",从实施"大开放主战略"到建设"一个基地、三个中心",从推进"全民创业"到实现"中部崛起",南昌树立了发展新观念、注入了发展新活力、闯出了发展新路子。

**二是坚持以大开放为主战略,主动对接长珠闽,积极融入全球化。**坚持大开放,开展大招商,主动对接长珠闽,积极融入全球化,做到:"城门大开,十里相迎,诚招天下客,善待来昌人",突出好环境,打好四最牌(成本最低、回报最快、效率最高、信誉最好)。以好的环境招商、以好的环境安商、以好的环境富商,知名企业落户南昌,外资、内资流入南昌。现在的南昌,可谓是一派生机、一片商机、一方沃土。

**三是坚持以工业化为核心,突出园区主战场,打造现代制造业重要基地。**坚持让工业、农业、商贸三产、个私民营齐头并进,让劳动、知识、技术、管理、资本活力竞相迸发,制造业成为经济增长的"火车头",园区成为工业发展的主战场。现在的南昌,工业形成了六大支柱、十大产业,拥有工业园区11个,上市公司16家,规模企业近千家。特别是在工业园区,举全市之力,集各方智慧,调精兵强将,摆开主战场,各工业园区、开发区从小到大、从弱到强,今天是南昌经济增长的亮点,明天是南昌经济发展的希望。

**四是坚持以文明创建为抓手,优化发展环境,改善生活质量。**"栽好梧桐树,自有凤凰来",从"创卫创优"到"四城创建",从基础设施到政务环境,从基础教育到人才培养,南昌的环境不断优化,市民素质不断提高,服务能力不断增强,城市形象不断攀升。现在的南昌,外圈比内圈好看,晚上比白天好看,水边比岸上好看;只要坚持不懈,南昌的明天会更好。

**五是坚持以城市建设为依托,完善城市功能,提高承载能力。**一座城市,规划、建设、管理如何,标志着这座城市的整体形象,反映着这座城市的领导者水平,体现着这座城市市民的文明程度。这五年,南昌着力描绘历史画卷、勾画世纪蓝图、奠定千秋伟业,坚持人性化、个性化、灵性化,做好水的文章、彰显山水灵气,完善城市基础、增强承载功能,挖掘文化底蕴、提升城市品位。现在的南昌,"两篇文章"齐头并进、经济城建比翼齐飞。

**六是坚持以人为本,统筹城乡发展,促进社会和谐。**做强城市经济实力,大力发展县域经济。突出城镇就业,狠抓农民增收,关爱弱势群体,健全保障体系。整个南昌,人与自然是友好相处、一片和谐,百姓是安居乐业、一片祥和,社会是繁荣稳定、一片安宁。

各位代表,上述成绩的取得,应归功于党中央、国务院方针政策的指引,归功于省委、省政府的正确领导,归功于省直部门的大力支持,归功于社会各界的热情帮助,归功于来昌投资创业有识之士的积极参与,归功于全市上下的同心协力、拼搏进取。在此,我代表南昌市人民政府,向全市广大工人、农民、知识分子和干部,向社会主义劳动者、创业者、建设者,向各民主党派、工商联、无党派人士和社会团体,向驻南昌人民解放军、武警官兵、公安干警,致以崇高的敬意!向所有关心支持南昌发展的同志们、朋友们和海内外友好人士,表示衷心的感谢!

但是,前进中还存在着不少困难和问题,主要是:经济总量仍然偏小,优强企业仍然不多,农村基础仍然薄弱,就业压力仍然较大,不稳定因素不容忽视,政务环境还要加强。对此,市政府将采取切实措施,认真加以解决。

## 三、"十一五"规划时期发展构想

今后五年,是全面建设小康社会的关键时期,也是南昌做好两篇文章、实现快速崛起的重大机遇期,"十一五"期间政府工作总的要求是:以邓小平理论和"三个代表"重要思想为指导,坚持以科学发展观统领经济社会发展全局,全面贯彻落实党的十六大、十六届五中全会和省委十一届十次全会精神,按照市委八届十次全会确定的工作部署,紧紧围绕实现"富民强市"目标,做好"两篇文章",建设"一个基地、三个中心、四个南昌"(现代制造业重要基地,物流、商贸、职教中心,开放活力南昌、文明和谐南昌、诚信创业南昌、生态园林南昌),打基础、蓄势能、快追赶,坚定不移地实施"追赶进位、互动发展、加速超越"三步走战略,不断完善机制体制、不断转变增长方式、不断增强创新能力、不断提升城市品位、不断加快城乡发展、不断提高文明程度,为提前实现全面小康社会、促进南昌快速崛起而不懈奋斗。

"十一五"规划预期总体目标:地区生产总值年均增长14%;人均地区生产总值年均增长13%;单位生产总值能源消耗比"十五"期末下降20%;三次产业比例为5.1∶56.4∶38.5;财政总收入年均增长15%;地方财政一般预算收入年均增长16%;全社会固定资产投资年均增长23%以上;实际利用外资年均增长11%;实际利用内资年均增长15%;出口总额年均增长16%;社会消费品零售总额年均增长15%;非公有制经济实现增加值占地区生产总值比重达80%;旅游总收入占地区生产总值的6%;城市人口260万人,建成区面积266平方公里,镇化水平60%;城市居民年人均可支配收入年均增长9%;农民年人均纯收入年均增长8%;人口出生率14‰以内;人口自然增长率8‰以内。"十一五"规划时期主要举措:

(一)坚持大开放主战略,建设活力城市。南昌要对接长珠闽,连接港澳台,融入全球化;做到政策对接,环境优化,机制创新,产业互动。与沿海发达地区相比,我们有共同的理想、共同的目标、共同的舞台,但彼此扮演着不同的角色。他们有成功的经验、我们有崛起的信念,他们有雄厚资金、我们有丰富资源,他们有研发中心、我们有产业基地,他们有先发优势、我们有良好态势。总之,要让一切劳动、知识、资本、技术、管理的活力竞相迸发,让一切创造社会财富的源泉充分涌流,使南昌成为投资者的热土、创业者的乐园、成功者的福地。

(二)坚持工业化核心战略,建设实力城市。走新型工业化道路,坚持三次产业互动。大力发展先进制造业、循环经济和节约型工业,全面增强自主创新能力,重点实施"增强工业实力、提高工业竞争力、增强工业后劲、提高工业集聚力"的"四大计划";巩固"农村基础设施、农业技术推广、农产品市场开拓"三大支撑体系,发展特色农业、品牌农业、城郊农业、观光农业;全面提升传统服务业,大力发展现代服务业。确保实现工业两个"三年翻番",形成一批年销售收入超过百亿元的产业、一批百亿企业集团;形成一大批超亿元的龙头企业;形成市级商务网络、旅游会展网络、金融服务体系、现代物流体系。

(三)坚持城市化战略,建设魅力城市。按照"两个300"规划要求,拉开城市框架,夯实城市基础,丰富城市功能,突出城市特色,提升城市品位。构建"一江两岸、一核五片"的城市框架,形成"功能齐全、相互配套"的城市基础,完善"方便快捷、布局合理"的交通体系,彰显"碧波相连、活水绕城、城在湖中、湖在城中、城湖相融"的城市特色,把南昌打造成为"文化底蕴深厚,经济实力雄厚,社会文明祥和,生态环境优美"的现代都市。

(四)坚持科教兴市战略,建设创新城市。坚持科技第一生产力,推进科技与经济相结合,强化科技成果转化应用,使南昌成为自主创新能力强、产业化水平高的区域研发中心,推进数字化建设,打造数字南昌;坚持教育优先,全面提升基础教育,突出发展职业教育,推进基础教育均衡化、高等教育大众化,打响"学在南昌"品牌;坚持人才第一资源理念,创新人才工作机制,优化人才成长环境,让南昌各类人才汇聚、优秀人才辈出,使南昌成为有识之士各展风采的大擂台、成就事业的大平台、尽显风流的大舞台。

(五)坚持可持续发展战略,建设和谐城市。坚持经济与社会协调发展,完善社会保障,加强各项安全,确保社会稳定,提高文明素质,净化社会风气;坚持人与自然和谐发展,控制人口,节约资源,保护环境,改善生态;坚持统筹城乡发展,消除体制障碍,实现以工哺农,建设"生产发展、生活宽裕、乡风文明、村容整洁、管理民主"的社会主义新农村;坚持依法治市,打造诚信南昌,营造有序竞争的创业环境、公平公正的执法环境、和谐安宁的社会环境、健康向上的人文环境。

## 四、2006年工作重点

2006年,是"十一五"规划时期的开局之年,是深化改革之年、科学发展之年、促进和谐之年。要遵循中央的路线、方针、政策,按照省委、省政府的部署和要求,以科学发展观为指导,在市委的领导下,突出"六个工作重点",为"十一五"规划时期开好局、起好步。

地区生产总值1170亿元,增长14.5%;全社会固定资产投资650亿元,增长25%;财政总收入146.3亿元,增长16%;地方财政一般预算收入62.9亿元,同口径增长15%;实际利用外资10亿美元,增长11.1%;实际利用内资300亿元,增长15%;出口总额14.4亿美元,增长16%;社会消费品零售总额354.2亿元,增长15%;城市居民年人均可支配收入11228元,增长9%;农民年人均纯收入4189元,增长8%;城镇居民登记失业率4%;人口出生率13.81‰。

(一)突出环境建设,推动全民创业。要营造"全民创业、和谐崛起"的氛围,倡导劳动就是文明、创业无尚光荣新风尚;优化"全民创业、和谐崛起"的环境,重在政务环境、法治环境、市场环境、人文环境、生态环境、人居环境;制定"全民创业、和谐崛起"的举措,强化政策引导、科技扶持、金融支持、技能培训;加强对"全民创业、和谐崛起"的领导,做到统筹安排、周密部署,舆论先行、服务跟进,精心指导、兑现奖励,形成百姓创家业、能人创企业、干部创事业的生动局面。

(二)突出经济质量,加快经济发展。主要抓好六个方面:招商引资、工业园区、支柱企业、第三产业、县域经济、个私民营。招商引资:大开城门,十里相迎;诚招天下客,善待来昌人;营造好环境,打好"四最"牌(成本、回报、效率、信誉)。组织招商引资会、项目推介会、投资洽谈会,办好泛珠三角省会城市市长论坛、南京区域经济协调会、金秋经贸活动月。工业园区:要成为:产业基地、经济板块、发展亮点,做到:功能全、吞吐快、成本低;既有"高精尖",又有"主力舰",既要聚钱财,又要聚人才。支柱企业:突出产品研发、科技创新,创响品牌、抢占市场,做大规模、做强实力。第三产业:要认真贯彻市委、市政府《关于加快现代服务业发展的决定》,促进传统商业上档次、上规模、上水平,现代服务业创业绩、创品牌、创效益。整合旅游资源,搭建会展平台,大力发展旅游会展经济。扩大政银企三方合作,提高资金融通能力。县域经济:一是免征农业税费,二是夯实发展基础(水、电、路),三是加强政策引导,四是推进科技兴农,五是加大财政帮扶,六是鼓励"双带"致富,七是做大主导产业。尤其要加强农村基础设施,重点是"九个方面":修好一条路(乡村公路),护好一条堤(圩堤);整好一根线(农村用电),挖好一口塘(农村用水),绿化一座山(植树造林),盖好一所校(农村中小学校),建好一个站(乡镇客运站),绿化县乡路(培好路肩、开好路沟、选好大苗、包栽包活、一举成林),建设新农村(村容、村貌、村风、村规)。个私民营:融入"全民创业"之中,改变观念、优化环境,兑现政策、小额贷款,人人创业、各显其能,形成气候、壮大产业。

(三)突出重点项目,加强城市建设。重点抓好五大工程:一是路网工程。城市外环:西外环高速公路全线通车、生米大桥顺利竣工。完成昌东大道二期、昌南大道工程、红谷滩路网工程。城市中环:全面完成高新南大道二期、青山湖大道综合整治二期,抓紧解放东路延伸段改造、洛阳东路改造、胡惠元堤向东延伸,新开工高新南大道三期(解放路至昌南大道)。出城道路:完成105国道二级公路改造17.3千米。二是水网工程:建成红谷滩污水处理厂、象湖污水处理厂及其污水收集系统,完成玉带河综合治理,改造双港水厂、长堎水厂和昌北、湾里地区供水主管网,启动东、西桃花河及艾溪湖综合治理工程。三是电网工程:加快新城区变电站建设,推进老城区低压电网改造。四是管网工程:增设地下管网,实现雨污分流,完善燃气管网,重点建设红角洲天然气储配母站,铺设红角洲、南昌县、新建县管网。五是景观工程:完成"一江两岸"景观亮化工程,新建朝阳公园,搬迁动物园,加快前湖景区、铁线湖公园、八大山人文化广场等一批公园绿地建设,启动秋水广场至赣江大桥沿江绿化带建设,抓紧火车站广场改造。全市新增绿地面积100公顷,人均公共绿地达8.1平方米。

(四)突出文明创建,发展社会事业。继续抓好"四城"创建,力争国家卫生城、国家环保模范城榜上有名;加强科技创新,重视知识产权保护,掌握一批核心技术;优先发展教育,新建一批教育网点,扶持农村义务教育,不断壮大职业教育;加强人才工作,构筑人才高地;繁荣文广事业,推进八一起义纪念馆、新四军军部旧址陈列馆改扩建工程,加紧广播电视网络数字化改造;尽快建立平价医院,完善社区医疗机构网络,扩大农村医疗合作试点,抓紧市疾控中心、传染病综合大楼建设;广泛开展全民健身活动,积极申办2011年全国第七届城运会。

(五)突出生活质量,确保社会稳定。注重基层,关注底层,同情可怜人,帮助困难人,关心残疾人。2006年确保城镇新增就业6.5万人,下岗再就业3万人,"4050"人员再就业0.65万人,转移农村富余劳动力20万人。城市居民生活保障,实行分类施保、动态管理,城镇低保户应保尽保。农村特困户实行分类分栏救助,加大转移支付,开展慈善事业,使农村特困户受灾有救助、生活得帮助;加大农村敬老院、卫生院建设力度,拿出专项资金,抽调精干力量,组成专门班子,加大推进力度。实现农村五保户集中供养,做到老有所养、老有所乐。要从根本上解决农民群众看病难的问题,扭转少数困难群众"小病拖、大病挨、等到病危才向医院抬"的情形,真正使农村群众就近看病,看得起病,看得好病。坚持稳定压倒一切,切实保障"五项安全":政治安全、社会安全、治安安全、公共安全、经济安全,重点是维护群众利益,妥处群体事件,注重舆论引导,强化综治创安,执法文明公正,优化法治环境,让南昌人民生活安宁,维护英雄城社会稳定。

(六)突出勤政廉政,打造责任政府。围绕"科学行政、民主行政、依法行政"要求,做到"遵章办事、和衷共事、自律行事、共谋大事",打造"求真务实、廉洁高效"政府。遵章办事:严格程序,照章办事,行而有章,言而有据。坚持依法行政,规范行政执法,推进综合执法,强化执法监督。建立和健全政府重大决策的公共参与、专家论证、社会公示、集体讨论等制度。和衷共事:大事讲原则,小事讲风格,多补台不拆台,多补位不缺位。认真贯彻《中华人民共和国公务员法》,建设一支政治坚定、业务精通、作风优良、人民满意的公务员队伍。自律行事:遵守中纪委"四大纪律、八项要求"、省纪委和市纪委廉政建设的规定,时刻做到自警、自省、自律。自觉接受人大及其常委会的法律监督、工作监督和政协民主监督,认真听取民主党派、工商联、无党派人士和各人民团体的意见,及时办理人大代表议案、建议和政协委员提案。共谋大事:抓住有利时机,推进南昌发展,促进快速崛起。继续推进政企分开、政资分开、政事分开、政府部门与中介组织分开。坚持求真务实,精简会议文件,大力推进政务公开,加强电子政务建设,不断增强行政效能和工作透明度。坚持执政为民,真心实意为群众办实事、做好事、解难事,真正实现好、维护好、发展好最广大群众的根本利益。总之,就是要使我们的政府成为依法行政的政府、诚实守信的政府、廉洁高效的政府、勤政为民的政府。

各位代表,让我们紧密团结在以胡锦涛同志为总书记的党中央周围,在省委、省政府的正确领导下,在市委的团结带领下,乘十六届五中全会东风,扬南昌快速崛起之豪情,一切为了南昌经济发展、一切为了社会全面进步、一切为了人民生活改善,昂首阔步,奋勇向前!

出席市人大十二届六次会议人大代表进行选举

# 特　　辑

## 南昌市保持共产党员先进性教育活动

【概况】　自2005年1月到2006年7月，全市9082个党组织、18.5万余名党员分三个批次参加保持共产党员先进性教育活动。第一批活动自2005年1月5日开始，到2005年6月28日基本结束，全市有88个机关事业单位，2585个党组织，3.52万名党员参加。第二批活动自2005年6月28日开始，到2005年12月12日基本结束。参加第二批活动的单位主要有城市基层和乡镇机关，包括街道社区和社会团体、社会中介组织，党组织关系在南昌的高等院校、中等专业学校、城市中小学，尚未参加第一批集中教育活动的党组织关系在南昌的中央、省属企业及其他企事业单位、乡镇机关及其直属单位、县区派驻乡镇的基层单位。共涉及基层党组织4730个，党员9.07万名。第三批活动自2005年12月12日开始，到2006年7月初基本结束，全市农村基层及部分市县（区）党政机关共2182个党组织、6.70万名党员参加。每一批次集中教育活动分学习动员、分析评议、整改提高三个阶段，时间约三个月左右。集中教育活动结束后，再用两到三个月的时间进行巩固和扩大整改成果工作，并对活动进行“回头看”。

【领导小组成立】　2005年1月20日，中共南昌市委保持共产党员先进性教育活动领导小组成立。省委常委、市委书记余欣荣任组长，市委副书记史蓉蓉任常务副组长，市委常委、宣传部部长、农工部部长蔡社宝，市委常委、政法委书记罗为民任副组长。成员有市纪委副书记徐荷娣，市委副秘书长、办公厅主任侯捷，市委副秘书长、政研室主任王国龙，市委组织部副部长梅仕灿，市委宣传部副部长李建一，市委统战部副部长甘水英，市委政法委副书记吕建民，市委农工部副部长、农业开发办主任陶海龙，市委农工部副部长、市扶贫办主任吴久铭，市直机关工委书记傅俊德，市委党校校长罗木水，市政府办公厅纪检组长沈杰，市国资委党委书记王铁汉，市财政局局长张根水，市教育局局长熊晓武，市民政局局长梁礼伦，市农业局局长胡细泉。同时下设办公室，办公室设在市委组织部。市委组织部副部长梅仕灿任主任，市委组织部副县级组织员罗小平、市委党校副校长陈和茂、市委政研室副主任李福如、市委农工部副部长、市扶贫办主任吴久铭、市纪委纪检监察综合室主任林厚道任副主任。办公室下设指导协调一组（陈奇勇任组长）、指导协调二组（廖宇峰任组长）、指导协调三组（殷红锋任组长）、综合组（魏福水任组长）、宣传组（徐小鹏任组长）、秘书组（周丽任组长）等6个组。

【组成第一批督导组】　2005年1月27日，市委从部分县区和部分单位抽调84名干部（其中副县级领导干部21名），组成21个市委第一批保持共产党员先进性教育活动督导组。

【侯捷任领导小组副组长】　2005年3月15日，经市委研究决定，市政协副主席、市委先进性教育活动领导小组成员侯捷任市委先进性教育活动领导小组副组长。

【下派第二批督导组】　2005年7月6日，市委向29个直管单位下派6个第二批先进性教育活动督导组（共24人），向26个下管一级单位下派4个第二批先进性教育活动巡回检查组（共12人）。

【领导小组成员调整】　2005年9月14日，经市委研究决定，市委组织部副部长邹绍辉任市委先进性教育活动领导小组成员、办公室主任；梅仕灿不再担任市委先进性教育活动办公室主任职务；李福如不再担任市委先进性教育活动办公室副主任职务。

【下派第三批督导组和巡回检查组】　2005年12月9日，市委向10个第三批先进性教育活动市直单位下派1个督导组（5人），向14个有第三批先进性教育活动下管任务的单位下派2个巡回检查组（6人）。

【组成工作指导组驻村】　2005年12月21日，市委决定，从市、县、乡党政机关和事业单位抽调约4000名熟悉党建工作、具有农村工作经验的党员干部组成工作指导组，驻村帮助抓好农村先进性教育活动。

【先进性教育活动特点】　一是坚持超前谋划、试点先行，创造不少好的经验做法。先后挑选三批共46个不同性质和类别的单位，采取与整个先进性教育活动同纲实施、先行一步的方式，率先在全省进行试点工作。通过试点摸索经验，指导面上工作，取得很好的效果。该做法得到省委先进性教育活动办公室的充分肯定，并作为经验在全省推广。特别是针对基层党员难组织、难联系等问题，创造“十学”方法（即领导带学、结对帮学、远程送学、典型引学、参观辅学、交流互学、反面警学、娱乐助学、专题讲学、实践促学），被中央六大家新闻媒体集中报道。第三批先进性教育活动中，针对前两批有的党员因各种原因没参加活动的情况，通过组建临时党组织，组织缺学、漏学党员“补课”，确保参加活动的党员“一个不少”，被省委先进性教育活动办公室推广。

二是坚持整改提高、解决问题，为群众办了许多好事实事。在征求意见、查摆问题一开始，市委常委带头整改，定时整改到位，使一批久拖未决的问题得到解决，为全市的整改工作起到示范作用。全市各级党组织采取“盘点销号”（即对每个问题进行部门对号入座，领导对号

先进性教育活动中,市四套班子党员领导干部集体参观"小平小道",追忆伟人足迹、缅怀伟人功绩

入座,整改对号销号,以台账管理模式实行项目推进)、"三统五制"("三统"即统一部署、统一整改标准、统一整改问题销号;"五制"即实行项目负责制、整改措施公开制、整改到位销号制、整改结果反馈制、整改效果评价制)、"整改回访"等多种形式,落实整改任务,提高整改效果,使群众的意见条条有着落,事事有回音。活动过程中,全市共查摆出问题2.41万个,2006年上半年得到解决的18159个,整改的4325个,整改率达93%。

三是坚持优化环境、和谐发展,促进了全民创业。把优化环境、全民创业作为先进性教育活动中的重要载体和平台,制定并下发《关于推动全民创业,加快富民强市,促进快速和谐崛起的若干意见》、《关于进一步推动全民创业,促进个体私营经济发展的若干意见》、《在先进性教育活动中动员和组织广大共产党员为和谐创业作贡献的通知》,引导各级党组织和广大党员进一步贯彻落实科学发展观,投身到"百姓创家业、能人创企业、干部创事业"的"三创"活动中来。坚持把先进性教育活动与打造"四最"(即"成本最低、效率最高、信誉最好、回报最快")品牌、营造和谐创业环境结合起来。各级机关、窗口单位的服务意识显著增强、服务机制和服务措施不断创新。2005年,南昌市人民政府审批与管理指数在全国排名第6位,政府服务能力指数排名第5位,均在中部地区六个省会城市中排名第一。

四是坚持典型引路、固本强基,激励了基层党组织和广大共产党员争先创优。注重发挥基层优秀共产党员的示范作用,在全市广泛开展"我身边的共产党员"专题学习宣传活动,分别从企业、农村、事业单位等基层党组织挑选10余名优秀基层共产党员,组成"我身边的共产党员"事迹报告团,深入各县区各单位及农村基层作巡回报告近百场次。编印《我身边的共产党员》先进事迹汇编1万册,作为先进性教育活动的辅助教材。举办《感动南昌》先进性教育活动摄影展以及《学习贯彻党章、争当崛起先锋》系列知识竞赛活动。推出袁政海班组、李克辉、刘勇等先进典型,形成南昌基层党员的先进群体,出现"一个党员一面旗、一个党员一盏灯"的喜人局面。在第三批先进性教育活动中,大力开展学习凌美龙同志主题活动,提高农村基层党组织的战斗力。市委和省委先后作出关于开展向凌美龙同志学习的决定。中央先进性教育活动办公室组织12家中央新闻媒体报道凌美龙同志先进事迹,凌美龙同志先进事迹在中央电视台新闻联播《时代先锋》栏目播出,吸引许多外地党员不远千里前来参观学习,为全市、全省争得了荣誉。

总之,在党中央和省、市委的正确领导下,在上级督导组、巡回检查组的有力指导下,全市先进性教育活动达到"提高党员素质,加强基层组织,服务人民群众,促进各项工作"的目标要求,为实现建设"一个基地、三个中心、四个南昌"(一个基地:把南昌建成中部地区重要的制造业基地。三个中心:物流中心、商贸中心、职业教育中心。四个南昌:开放活力南昌、文明和谐南昌、诚信创业南昌、生态园林南昌)目标增添新的动力。经全市范围抽样调查统计,全市先进性教育活动群众满意度达99.59%。

**【先进性教育活动取得实践、制度、理论三大成果】** 一是取得一批看得见、摸得着的实践成果。在先进性教育活动中,广大党员普遍接受了一次深刻的马克思主义再教育和严格的党性锻炼,进一步加深对"三个代表"重要思想的理解,打扫了思想上的灰尘,党性观念和先进性意识明显增强,进一步树立科学的发展观、正确的政绩观和社会主义荣辱观。在抗击禽流感、抗震救灾、创建"四城"等重大活动中,党员的先锋模范作用得到充分的发挥。各级党组织进一步增强了凝聚力、战斗力和号召力。活动中,整顿软弱涣散基层党组织166个,新组建党组织153个,发展党员6400余名,筹集资金和党费540余万元,解决了全市171个村级组织无活动场所的问题,并顺利完成县区、乡镇、村级换届工作。群众反映的行路难、饮水难、上学难、看病难、就业难等问题,得到高度重视和认真解决。活动中,走访党员群众6.43万余名,送慰问金共计2217.5万元,结对帮扶群众52170户,落实帮扶项目5417个,帮助群众解决实际困难6.9万余件,实现了"党员受教育,群众得实惠"的有机统一。各级党组织把开展先进性教育活动与推动当前工作紧密结合起来,坚持围绕发展抓党建、抓好党建促发展,实现了"两不误、两促进"。

二是取得一批强基础、管长远的制度成果。按照"重在实效,贵在长效"的要求,为确保党的先进性教育活动规范化、制度化,在扎实推进先进性教育活动的同时,积极寻找新的历史条件下做好党员经常性教育管理工作的方法和途径。全市结合实际在联系群众、服务群众、加强党员教育管理监督、发展党内外民主、优化发展环境、加强基层党组织及干部队伍等方面,制定并下发《关于加强基层党组织建设和建立党员教育管理长效机制的意见》、《关于学好党章,增强党性,建设高素质干部队伍的意见》等一系列文件,有效建立起促使党员受教育、组织得加强、群众得实惠的长效机制。

三是取得一批建设性、指导性的理论成果。在保持共产党员先进性教育活动火热的实践中,全市各级党组织和广大党员发扬理论联系实际的优良作风,坚持边实践边总结边提高,形成浓厚的理论研讨氛围，掀起多年来罕见的理论研讨热潮。全市共收到理论研讨文章115篇，在全省"保持共产党员先进性教育活动与党的先进性建设"理论研讨会上，全市共有10篇理论文章获奖，名列全省各设区市第一。特别是省委常委、市委书记余欣荣撰写的《在保持共产党员先进性教育活动中建立群众监督机制的实践启示》一文，入选全国"保持共产党员先进性教育活动与党的先进性建设"理论研讨会，集中体现全市在先进性建设理论探索方面取得的重大成果。

**【先进性教育活动大事摘编】** 2005年1月5日上午，市委在中央、省委召开保持共产党员先进性教育活动电视电话会议后随即召开电视电话会议，省委常委、市委书记、市委先进性教育活动领导小组组长余欣荣出席并讲话，对全市先进性教育活动进行动员部署。市四套班子的领导、市直单位的主要领导在主会场参加会议，各县区均设分会场收看。会议由市委副书记、市长李豆罗主持。

2005年1月5日下午，市委召开常委会审议并原则通过《关于在全市开展以实践"三个代表"重要思想为主要内容的保持共产党员先进性教育活动实施办法》及市委保持共产党员先进性教育活动领导小组及其办公室成员名单。

2005年1月17日，天津市人大常委会副主任、中央第一批保持共产党员先进性教育活动驻江西省督导组组长左明一行到南昌市督导保持共产党员先进性教育工作。省委常委、市委书记、市委先进性教育活动领导小组组长余欣荣，市委副书记、市委先进性教育活动领导小组常务副组长史蓉蓉向中央督导组作工作情况汇报。市委常委、宣传部长、农工部长、市委先进性教育活动领导小组副组长蔡社宝出席汇报会。

2005年1月25日，市委保持共产党员先进性教育活动领导小组召开第一次会议，讨论研究了关于《第一批先进性教育活动实施方案的通知》等八个方面的问题。省委常委、市委书记余欣荣主持会议并讲话。

2005年1月27日上午，省人大环境资源委员会副主任委员、省委第一批先进性教育活动驻南昌市督导组组长刘祖三等一行听取南昌市开展保持共产党员先进性教育活动的情况汇报。省委常委、市委书记余欣荣出席汇报会。

2005年1月28日，市委在红谷滩会展中心东厅召开保持共产党员先进性教育活动工作会议，对全市第一批先进性教育活动进行再动员和部署。市委副书记史蓉蓉出席并讲话。会议由市委常委、宣传部长、农工部长蔡社宝主持。

2005年1月29日～30日，市委保持共产党员先进性教育活动领导小组组织市委督导组成员，各县区委组织部、市直各单位党（工）委先进性教育活动领导小组办公室负责人，第二批先进性教育活动试点单位党组织负责人，市委先进性教育活动领导小组办公室工作人员在市委党校进行先进性教育活动骨干培训。

2005年1月30日，市委召开市四套班子党员干部先进性教育专题学习会，省委常委、市委书记余欣荣在会上作专题讲话。

2005年3月4日上午，市委召开先进性教育征求意见座谈会，共分四个组就党的十六大以来市委常委会工作情况征求意见。市委常委、各县区党政主要负责同志，市委工作部门、市政府组成部门及部分重点企业主要负责同志参加座谈会。

2005年3月4日下午，全省"基层优秀共产党员先进事迹报告团"到南昌市作先进事迹报告。报告会由市委副书记、市委先进性教育活动领导小组常务副组长史蓉蓉主持。会前，省委常委、市委书记余欣荣会见报告团全体成员。各县、区设立电视电话会议分会场，全市共有3000余名党员干部分别在主会场和分会场聆听报告。

2005年4月16日，全市先进性教育活动工作交流会召开。市委各督导组组长、各县区委先进性教育活动领导小组常务副组长、办公室主任、市委先进性教育活动办公室全体工作人员参加。市政协副主席、市委副秘书长、市委办公厅主任、市委先进性教育活动领导小组副组长侯捷出席并讲话。

2005年5月8日，召开市委常委专题民主生活会情况通报会和先进性教育活动第三次工作会。省委常委、市委书记余欣荣通报市委常委参加先进性教育活动专题民主生活会情况。会议全面总结全市先进性教育活动分析评议阶段的情况，研究部署整改提高阶段的工作。

2005年6月1日下午，省委常委、市委书记余欣荣主持召开常委扩大会，听取各位常委作为第一责任人所牵头的整改提高工作进展情况的汇报。

2005年6月23日上午，市委在组织收看收听完中央和省委第二批保持共产党员先进性教育活动电视电话会议实况后，随即召开全市先进性教育活动电视电话会议，迅速贯彻落实中央和省委的会议精神，回顾总结全市第一批先进性教育活动的开展情况，对即将启动的第二批先进性教育活动工作进行部署。省委常委、市委书记余欣荣出席并讲话。市人大、市政府、市政协班子党员领导干部，市法院，市检察院党组书记出席会议。

2005年6月28日上午，召开全市保持共产党员先进性教育活动第四次工作会议。省委常委、市委书记余欣荣出席并讲话，市委副书记、市长李豆罗主持，省委第一批先进性教育活动驻南昌督导组组长刘祖三出席并讲话。会议对全市第一批先进性教育活动进行回顾，并对第二批先进性教育活动进行动员部署。

2005年7月12日，召开全市第二批先进性教育活动市委督导组、巡回检查组成员和先进性教育活动办公室主任培训会议。市委副书记史蓉蓉出席并讲话，市政协副主席侯捷主持会议并作小结。

2005年7月18日下午，贵州省政协副主席、党组副书记、中央第三巡回检查组副组长刘也强一行8人，在省、市委先进性教育活动领导小组及其办公室有关负责同志的陪同下，到青山湖区塘山镇检查指导先进性教育活动试点工作，并召开座谈会。座谈会由省委政法委副书记、省委先进性教育活动办公室副主任周萌主持。

2005年7月19日，贵州省政协副主席、党组副书记、中央第三巡回检查组副组长刘也强一行，在省委组织部副部长、省委先进性教育活动办公室主任张宝瑜，市政协副主席侯捷等陪同下到西湖区广润门街道检查指导第二批先进性教育工作。

2005年7月22日，《人民日报》四版、《经济日报》三版、《光明日报》三版分别以《南昌塘山镇："十学"解决"三多三难"》、《南昌塘山镇"十学"活动解难题》、《一个都不能少——南昌市青山湖区塘山镇开展先进性教育活动小记》为题，报道南昌市先进性教育中的好做法。

2005年8月19日上午，召开全市第二批先进性教育活动转入分析评议工作座谈会，市政协副主席、市委先进性教育活动领导小组副组长侯捷出席并作会议小结，省工商联党组书记、省委第二批先进性教育活动第一巡回检查组组长舒国华出席并讲话。

2005年8月25日，全国政协常委、黑龙江省政协主席、中央先进性教育活动巡回检查组组长王巨禄一行，在省先进性教育活动办公室有关领导及市政协副主席侯捷陪同下，到南昌高新技术产

先进性教育活动中,基层党组织纷纷开展"重温入党誓词"等多种形式的教育活动,广大党员党性观念和先进性意识明显增强

业开发区先锋集团党委调研非公有制企业先进性教育活动开展情况。

2005年9月3日下午,市委召开常委会专题听取全市第二批先进性教育活动开展情况的汇报,就如何确保先进性教育活动取得更大实效进行具体部署。省委常委、市委书记余欣荣主持会议并讲话。

2005年9月9日,全省"两新"组织先进性教育活动现场会在青山湖区进园宾馆召开。省委先进性教育活动领导小组办公室有关成员及全省11个设区市先进性教育活动领导小组办公室负责人、11个"两新"组织代表共40余人参加会议。会议由省委先进性教育活动领导小组办公室副主任王少东主持,省委组织部副部长、省委先进性教育活动领导小组办公室主任张宝瑜出席并讲话,市委常委、宣传部长、农工部长蔡社宝、市政协副主席侯捷出席会议。

2005年9月13日下午,全市召开"深入推进先进性教育活动,加强基层党组织建设工作"座谈会。会议由市政协副主席侯捷主持,市委副书记史蓉蓉出席并讲话。

2005年11月9日,召开全市第三批先进性教育活动试点工作经验交流现场会。市政协副主席侯捷出席并讲话。

2005年12月8日,《人民日报》、《经济日报》、《科技日报》、《工人日报》、《光明日报》分别以《为了村民脱贫致富》、《青山自有忠魂在》、《时代先锋:好支书凌美龙》、《记村支书凌美龙》、《生命的最后华章》为题,报道凌美龙同志的感人事迹。

2005年12月12日上午,召开全市先进性教育活动第五次工作会议,对全市第二批先进性教育活动进行总结,对第三批先进性教育活动作出全面部署。市委副书记史蓉蓉出席并讲话,市委常委、政法委书记罗为民,市政协副主席侯捷出席会议。

2005年12月19日上午,中央第三批先进性教育活动巡回检查组组长敬正书一行3人在南昌参观小平小道,省委组织部副部长、省委先进性教育活动办公室主任张宝瑜,市委副书记史蓉蓉陪同。

2005年12月28日,省人大常委、省林业厅党组书记、省委第三批先进性教育活动巡回检查一组组长严金亮等一行到南昌市检查指导第三批先进性教育活动开展情况。市政协副主席侯捷出席汇报会并陪同检查组深入到进贤县李渡镇北田村和南昌县莲塘镇斗门村实地察看先进性教育活动开展情况。

2006年3月1日下午,召开全市保持共产党员先进性教育活动第六次工作会议。省委常委、市委书记余欣荣对全市先进性教育活动工作作出批示,市委副书记史蓉蓉出席并讲话。会议由市委常委、宣传部长、农工部长蔡社宝主持。市政协副主席侯捷出席会议。

2006年3月18日上午,召开全市"保持共产党员先进性教育活动与党的先进性建设理论研讨会",总结交流党的先进性建设理论成果,表彰先进。市委副书记史蓉蓉出席并讲话,市委常委、宣传部长、农工部长蔡社宝主持,市委常委、政法委书记罗为民,市政协副主席侯捷出席。

2006年5月15日,《人民日报》在第九版刊发以洪献文署名,题为《发挥群众监督作用,打造"群众满意工程"》的理论文章,对南昌市在先进性教育活动中取得的理论和实践成果进行报道。

2006年6月7日,召开全市先进性教育活动群众满意度测评大会。会议由市委常委、宣传部长、农工部长蔡社宝主持,市委副书记史蓉蓉出席并讲话。市委常委、政法委书记罗为民,市政协副主席侯捷出席会议。

2006年6月29日,召开全市纪念建党85周年暨先进性教育活动总结表彰大会。会议由市委副书记、市长李豆罗主持,市委副书记史蓉蓉对全市先进性教育活动作总结讲话。市委副书记王样生宣读《中共南昌市委关于表彰先进基层党组织、优秀共产党员、优秀党务工作者和先进性教育活动先进集体、先进工作者的决定》,对31个先进基层党组织、51名优秀共产党员、50名优秀党务工作者和62个先进性教育活动先进集体、116名先进性教育活动先进工作者予以表彰,省委常委、市委书记余欣荣出席并讲话。

(陈和茂)

## "十五"成就回顾

**【概况】** 2001年以来的5年,是南昌市综合实力显著提升的5年,是城市面貌变化最大的5年,是人民生活质量明显改善的5年,是取得辉煌成就,实现跨越发展的5年。

**【综合实力迈上新台阶】** 经济增长逐年加快。GDP增速由2001年的12.1%提高到2005年的16.8%,创下了自1995年以来的最高,年均增长14.9%,高出"十五"计划5.9个百分点,高出"九五"时期4.1个百分点。2005年1~11月,在12项主要经济指标增幅中,有8项指标增幅位居全国省会城市前十位,有4项指标增幅进入全国省会城市前五位,有8项指标增幅位居中部省会城市前三位。经济总量快速膨胀。2005生产总值首次突破1000亿元大关,达到1008亿元,比2000年翻了一番。"十五"期间,累计实现生产总值3457亿元,相当于"九五"期间的1.84倍;人均GDP突破2万元大关,比2000年增长一倍。城市综合实力不断提升,在2005年年末国家统计局公布的2005年中国综合实力百强城市评比结果中,南昌市在参评的286个城市中位列第35位,比

2004年前移了6位。

**【经济结构呈现新变化】** 一是产业结构不断优化，三次产业的比例关系调整为7.3 ：52.6 ：40.1。其中，农业生产出现新变化，粮食生产得到稳定和发展，2005年粮食总产量创下了195.2万吨的历史新高，比2000年增长25%，农业产业化进程不断加快；工业生产实现新目标，在全力打造现代制造业重要基地核心战略的推动下，工业总量迅速扩张，在2004年实现规模以上工业增加值、销售收入、利税三大指标分别比2001年翻一番的目标基础上，2005年继续保持快速增长，规模以上工业实现增加值235.78亿元，是2000年的3倍，年均增长24.3%；服务业发展呈现新景象，教育、信息、会展、物流业得到加强和发展。二是所有制结构多元发展，形成了国资、民资、外资三足鼎立，公有制经济与民营经济竞相发展的新格局。股份制和外商及港澳台投资企业实现增加值占规模以上工业的比重达到71.9%；非国有投资占城镇以上固定资产投资比重达57.5%；个私民营经济实现增加值占GDP的比重达到34.5%，个私民营企业（含个体工商户）超过12万户，从业人员约70万人；三是高新技术产业发展迅猛，占全市工业的比重由2000年的8%提升到2005年的18%。

**【对外开放跨上新层次】** "十五"期间，实际引进外资累计达27亿美元，相当于"九五"期间的4.95倍，年平均增长93.7%，实际引进内资694亿元，年平均增长53.5%。利用外资占全省的比重由2000年的30%上升到2005年的36.3%，利用外资数近三年来连续位居中部省会城市第二位、全国省会城市前十强。5年内有来自美、日、法、韩、德等50余个国家和中国港澳台地区以及内地20余个省区的企业投资落户，外资企业达到751家，内资企业达1759家，其中世界500强中有20家进驻，国内200强中有22家扎根。5年来，外贸出口累计达到48.33亿美元，开放型经济已成为南昌快速崛起的主动力。

**【投资需求实现新突破】** "十五"时期是南昌市历史上投资规模最大，增长速度最快的时期。投资总量快速扩张，"十五"期间累计完成全社会固定资产投资总量突破1000亿元，是"九五"期间的4.1倍，占新中国成立以来南昌市投资总量的近七成，年均增速达45.5%，比"九五"时期年均增速高36.3个百分点，5年间投资总量年均净增额超过百亿元。投资结构不断优化，工业投资迅速增长，"十五"全市城镇以上工业投资年均增长51.2%，工业投资总量由2000年的17.29亿元迅速增加到2005年的136.7亿元；城市基础设施、房地产开发投资呈现突破性增长；科技、教育、文化、卫生和社会福利等社会事业发展的投入进一步增强。

**【消费市场形成新格局】** "十五"期间，南昌市消费品市场多种经济成分并存的商贸流通体制基本形成，新型业态形式发展较快。消费品市场呈现出以连锁超市经营为特征、以会展经济为亮点、以国际商业巨头进驻为潮流的三大趋势，在住房、汽车、通讯器材、教育、旅游等消费热点带动下，极大地推动了消费品市场的全新发展，消费品市场繁荣活跃。社会消费品零售总额由2000年的144亿元增至2005年的308亿元。"十五"期间全市共实现社会消费品零售总额1085亿元，比"九五"期间净增488亿元，年平均增长16.4%，高于同期GDP年均增幅1.5个百分点。

**【经济效益攀上新高度】** 一是工业企业效益大幅度提升，工业经济效益综合指数创出新高。"十五"期间，全市规模以上工业经济效益综合指数由2001年的113.63%迅速上升到2005年的173.99%；工业企业每万元产值耗能由2001年的0.93吨标煤/万元下降到2005年的0.71吨标煤/万元；全员劳动生产率达到11.19万元/人年，是2000年的4.7倍。二是财政收入加速增长，财政收入占生产总值的比重不断上升。全市财政总收入在2004年首次突破百亿元大关的基础上，继续保持了两位数增长，2005年达到126.1亿元，比2000年增长1.83倍，其中地方财政一般预算收入58.3亿元，比2000年增长2.19倍，"十五"期间累计完成财政总收入418亿元，是"九五"期间的2.48倍。

**【城市面貌呈现新景象】** 城市框架迅速拉开，城市建设力度空前，"十五"期间，用于城市基础设施建设的投入达200余亿元，比"九五"增加90余亿元。城市面貌日新月异：城市更绿，人均公共绿地面积不断扩大，城区绿化覆盖率36.9%；河水更清，"一江两河八湖"大规模整治，增添了城市水的灵性，生活污水处理率达70%，工业废水排放达标率达95%；天空更蓝，全市空气质量优良率为93%，在中部六省会城市中排名第一；夜色更美，拥有各类公共灯饰10万余盏，管线总长2051千米，在中部省会城市中走在了前列；道路更宽，连续3年实施"百路大会战"，让城市道路更加平坦、宽敞；交通更顺，基本建成市至县半小时经济圈公路网络，实现了"10分钟到主干道、20分钟到外环线"的目标。随着经济的快速发展，城市面貌的显著变化，城市的名声也在不断扩大，"南昌现象"受到了国内外媒体的高度关注和广泛报道。近年世界银行发布的《对中国23个城市投资环境调查报告》中，南昌被列为"B+"类，与北京、深圳等特大城市并列；中国社会科学院2005年发表的《中国城市竞争力报告》显示，南昌在全国200个城市中，综合竞争力排名由上年度的第40位上升到第30位，位居中部省会城市前列；台湾电机电子同业公会连续两年把南昌纳入台商在内地投资的"极力推荐"城市行列。

**【人民生活跃上新水平】** "十五"期间，是南昌市广大城乡居民分享经济发展和改革所带来的实惠最多的5年。2005年城市居民人均可支配收入首次突破1万元，达10301元；农民人均纯收入3879元；全市在岗职工年平均工资17060元，分别比2000年增长79.6%、62.3%和94.8%；生活质量进一步提高，城市居民恩格尔系数由2000年的46%下降到2005年的44.8%，农村居民恩格尔系数由2000年的56.3%下降到2005年的50.3%；居住条件继续改善，城市居民人均居住面积由2000年的10.4平方米提高到2005年的20.8平方米，增长了一倍，洗衣机、彩电、摩托车、移动电话、电脑等耐用消费品拥有量显著增加。

**【和谐发展取得新进展】** 在经济快速发展的同时，各项社会事业也取得新的进展。一是就业再就业工作开创了新局面。2005年新增城镇从业人员7.54万人，完成任务的114%；年末城镇人口登记失业率处于调控指标以内。二是社会保障事业稳步推进。全市养老金当期支付率、下岗职工基本生活费足额发放率和社会保险费足额代缴率保持100%。三是教育事业欣欣向荣。南昌市已成为全国三大职业教育基地，打造了"学在南昌"品牌。四是文化、卫生和体育事业健康发展。创作了一大批文化精品，医疗卫生条件得到进一步改善。五是围绕创建"四城"，实施文明行动。进一步提升了市民文明素质和城市文明程度，获得"全国文明城市先进单位"称号，实现经济社会的和谐发展。　（熊泽荣）

# 南昌概貌

## 地理与资源

**【地理位置与面积】** 南昌市地处江西省中部偏北，赣江、抚河下游，濒临鄱阳湖，是一个与长江三角洲、珠江三角洲和闽中南三角洲相毗邻的省会城市。京九、浙赣、皖赣三条铁路交汇于此，是京九线上惟一的省会城市。全市土地面积7402.36平方公里，其中市辖区面积617.07平方公里。

**【地貌】** 境内以平原为主，东南地势平坦，西北丘陵起伏，主要山脉是西山山脉。全市最高点是海拔841.1米的梅岭洗药湖。在全市土地面积构成中，平原占35.8%，水域占29.8%，岗地、低丘占34.4%。

**【江河湖泊】** 境内江河有赣江、抚河、锦河和潦河。湖泊有军山湖、金溪湖、青岚湖、瑶湖等数百个大小湖泊。市区湖泊主要有城外4湖：青山湖、艾溪湖、象湖、黄家湖（含礼步湖、蝶子湖），城内4湖：东湖、西湖、南湖、北湖。

**【自然资源】** 全市耕地面积21.04万公顷，其中有效灌溉面积18.98万公顷，占90.2%。在有效灌溉面积中，旱涝保收面积15.57万公顷，占82%。

全市年均产水量为66.25亿立方米，地表水资源为61.53亿立方米，地表径流量为51.42亿立方米，还原水量为4.07亿立方米，地下水资源为14.97亿立方米。水资源蕴藏量为7.27万千瓦，可供开发的资源3.45万千瓦，占蕴藏量的33.7%。

林地面积13.2万公顷，森林覆盖率17.1%，活立木蓄积量220万立方米。野生动、植物资源品种繁多。

矿藏以非金属建材矿为主，兼有燃料、矿泉水等各类矿产28种，其中有工业开采价值的8处。已发现矿点、矿化点100余处，其中建筑用砂、砖瓦粘土、饰面石材、石灰石和矿泉水等具有较好的开发前景。花岗岩、砂卵石储量巨大，开采历史悠久。

## 历史概况

**【概况】** 早在五千多年前，原始先民在南昌建有若干个原始居民点。至三千年前，南起青云谱、北至艾溪湖，形成了古代南昌居民的聚集区。汉高祖五年（前202年）灌婴定豫章郡，次年筑南昌城。城址在今南昌火车站东南约4000米的黄城寺，城周长十里八十四步，辟六门，称为“灌城”或“灌婴城”，为南昌建城之开始。首建“南昌县”为豫章郡之附廓，寓“昌大南疆”、“南方昌盛”之意。南昌在历史上曾数度更易名称，西汉称南昌县，隋改名为豫章县，唐宝历元年（762年）又改名钟陵县，贞元中复名南昌县，为洪洲治。北宋为隆兴府治，元为龙兴路治，明又为南昌府治。隋唐称“洪州”，南唐建“南都”后称“南昌府”，宋称“隆兴府”，元改“龙兴路”，明初改“豫章道”，后称“南昌府”。1926年北伐军攻克南昌后，设南昌市。

南昌历代都是郡、府、州、县治所在地，文化昌盛，经济繁荣，“物华天宝、人杰地灵”。古代南昌在青瓷器的烧造，漆器、纺织品的生产，青铜器制造及金、银手饰品的生产工艺方面都有很高的声誉，一度是江南的冶炼、纺织、造船中心和商业都市。唐代“洪州窑”是当时全国六大名瓷窑之一。南昌文化发达，人才辈出。春秋战国时期，孔丘弟子澹台灭明（字子羽）“南游至江”，中原文化开始传入。西汉至清代，南昌孕育了西汉高士徐稚（徐孺子），晋代治水专家许逊，五代南唐的丹青家董源，宋代词宗晏殊，元代散曲作家刘时中，航海家汪大渊，明代研究日食的杰出天文学家欧阳斌元，明末清初“四大画僧”之一的八大山人（朱耷）和“三大医家”之一的喻嘉言，清代《四库全书》编辑彭元瑞、裘曰修和曹秀先等杰出人物。历代许多名人文士，如澹台灭明、梅福、王勃、张九龄、孟浩然、白居易、杜牧、韩愈、欧阳修、苏辙、朱熹、辛弃疾、陆游、杨万里、文天祥、唐寅、汤显祖、宋应星等，都在南昌留下了传诵千古的佳话轶事或不朽诗文，丰富了中国的文化宝库。

南昌人民有反帝反封建的优良传统。历史上为反对封建统治阶级的剥削与压迫，曾进行无数次的反抗和斗争。鸦片战争后，南昌人民始终站在反帝反封建斗争的前列。1927年8月1日，周恩来、朱德、贺龙、叶挺、刘伯承等中国共产党人在南昌领导和指挥了震撼世界的武装起义，南昌成为中国人民解放军的诞生地，被誉为“英雄城”，是“军旗升起的地方”。

1949年5月22日，南昌解放。新中国的诞生给古城带来勃勃生机。在中国共产党和人民政府的领导下，南昌人民继承和发扬光荣的革命传统，艰苦创业，开拓进取，在“一穷二白”的废墟上建设社会主义的新型城市。新中国的第一架飞机、第一辆轮式拖拉机、第一辆摩托车和第一枚海防导弹都诞生在南昌。党的十一届三中全会以来，南昌社会主义建设更是突飞猛进，多次荣获“全国文明城市”、“全国卫生先进城市”、“中国优秀旅游城市”、“全国双拥模范城”称号。

跨入新世纪，南昌迎来新的发展机遇。市委、市政府紧紧围绕“富民强市”的目标，全力以赴做好建设“现代区域中心城市和现代文明花园英雄城市”两篇文章，坚定不移地实施大开放主战略，工业化核心战略，全力打造现代制造业重要基地，用新思路、新观念深化改革、优化环境，努力实现经济社会持续发展。2005年，全市生产总值突破1千亿元大关，城市居民人均可支配收入突破1万元；城市的建成区面积由2000年的75平方公里扩大到206平方公里，市区人口由2000年的123.9万人增加到209万人；先后荣获“全国创建文明城市工作先进市”、“全国科技进步先进市”称号。

（年鉴处）

## 行政区划

【概况】 2005年，南昌市下辖南昌、新建、进贤、安义4个县，东湖、西湖、青云谱、青山湖、湾里5个区，及南昌经济技术开发区、南昌高新技术产业开发区、红谷滩新区、桑海经济技术开发区、英雄经济技术开发区。全市共设29个街道办事处，38个乡，47个镇，487个居民委员会，1143个村民委员会。

南昌县辖9个镇，7个乡（255个村民委员会，33个居民委员会）。分别是：莲塘镇、向塘镇、蒋巷镇、幽兰镇、塘南镇、武阳镇、冈山镇、广福镇、三江镇、泾口乡、南新乡、八一乡、黄马乡、塔城乡、富山乡、东新乡。

新建县辖10个镇，9个乡（286个村民委员会，28个居民委员会）。分别是：长堎镇、松湖镇、石岗镇、西山镇、生米镇、望城镇、乐化镇、溪霞镇、樵舍镇、象山镇、昌邑乡、联圩乡、石埠乡、金桥乡、流湖乡、铁河乡、厚田乡、南矶乡、大塘乡。

进贤县辖9个镇，12个乡（274个村民委员会，25个居民委员会）。分别是：民和镇、温圳镇、李渡镇、文港镇、张公镇、梅庄镇、架桥镇、罗溪镇、前坊镇、白圩乡、下埠集乡、衙前乡、长山晏乡、泉岭乡、池溪乡、南台乡、钟陵乡、二塘乡、三里乡、七里乡、三阳集乡。

安义县辖7个镇，3个乡（109个村民委员会，11个居民委员会）。分别是：龙津镇、万埠镇、石鼻镇、鼎湖镇、长埠镇、东阳镇、黄洲乡、乔乐乡、长均乡、新民乡。

东湖区辖9个街道办事处（105个居民委员会，6个村民委员会）。分别是：董家窑街道办事处、大院街道办事处、公园街道办事处、百花洲街道办事处、墩子塘街道办事处、豫章街道办事处、八一桥街道办事处、滕王阁街道办事处、彭家桥街道办事处。

西湖区辖10个街道办事处11个镇（127个居民委员会、13个村民委员会）。分别是：绳金塔街道办事处、桃源街道办事处、朝阳洲街道办事处、广润门街道办事处、南浦街道办事处、西湖街道办事处、系马桩街道办事处、十字街街道办事处、丁公路街道办事处、南站街道办事处、桃花镇。

青云谱区辖5个街道办事处、1个镇（55个居民委员会、12个村民委员会）。分别是：三家店街道办事处、洪都街道办事处、京山街道办事处、徐家坊街道办事处、岱山街道办事处、青云谱镇。

湾里区辖2个街道办事处，3个镇，1个乡（10个居民委员会、35个村民委员会）。分别是：站前街道办事处、幸福街道办事处、招贤镇、梅岭镇、罗亭镇、太平乡。

青山湖区辖2个街道办事处，4个镇，1个乡（78个居民委员会、75个村民委员会）。分别是：蛟桥街道办事处、上海路街道办事处、湖坊镇、京东镇、罗家镇、塘山镇、扬子洲乡。

南昌经济技术开发区辖1个镇（19个村民委员会）。高桥镇。

南昌高新技术产业开发区辖2镇（48个村民委员会）。分别是：昌东镇、麻丘镇。

红谷滩新区辖1个街道办事处（10个居民委员会、11个村民委员会）。沙井街道办事处。

【南昌英雄经济技术开发区成建制移交南昌市】 2004年12月底，为做大做强做优南昌市，中共江西省委、江西省人民政府将南昌英雄经济技术开发区成建制移交南昌市人民政府，并于2005年2月定位为中共南昌市委、南昌市人民政府派出机构，正县级单位。该开发区创建于2003年5月，由金牛开放开发区和银三角开放开发区合并组建。辖区面积44.6平方公里，人口4万余人。2005年6月1日正式揭牌成立。

【进贤县赵埠乡更名为“三阳集乡”】 赵埠乡驻地三阳集。“三阳集”乃千年古镇，是历代商贾云集之地，也是进贤县水陆重要口岸之一。为进一步加快赵埠乡及周边乡镇经济发展，经江西省人民政府批准，赵埠乡更名为“三阳集乡”。这样不仅有利于该乡承接历史文化底蕴，突出现代经贸发展，打造“三阳集乡”的品牌，更有利于增强进贤县作为北部中心乡镇的集聚和辐射功能，带动周边乡镇更快更好的发展。

（年鉴处）

## 风景名胜

【概况】 南昌是一座有着悠久历史的江南古城，古人谓之“星分翼轸，地接衡庐，襟江带湖，物华天宝，人杰地灵”。南昌又是一座红色新城，1927年8月1日，周恩来等中国共产党人在南昌组织举行武装起义，标志着中国共产党独立地领导革命战争、创建人民军队和武装夺取政权的开始，因此称为“英雄城”，被喻为“军旗升起的地方”。全市拥有文化遗址600余处，人文景观18处，自然景观26处。其中，国家级、省级、市级的重点文物保护单位共50余处；古迹及建筑资源单位283余处。同时全市水网密布，湖泊众多，古老的名胜交融于奇妙的自然风光之中，秀丽的山水装点着江南文化古城的独特风貌，构成南昌特有的旅游资源。南昌市东有京东、瑶湖水上娱乐区；南有青云谱“八大山人”纪念馆文化游览区；西有梅岭、梦山度假、宗教旅游区；北有鄱阳湖、南矶山、象山候鸟观赏区。名列江南三大名楼之首的“滕王阁”耸立在赣江之滨，再现“落霞与孤鹜齐飞，秋水共长天一色”的壮丽景观。当年举行武装起义的革命旧址，如起义总指挥部旧址、军官教育团旧址、朱德旧居等，经南昌市人民政府的维修保护，成为革命传统教育基地。

【八一广场】 位于南昌市中心，是一座集纪念性、标志性、群众性、休闲性为一体的综合广场。为纪念八一南昌起义五十周年，1977年在此建八一起义纪念塔。2002年对广场进行全面改造，突出“八一”历史文化主题，设有南部纪念区、中部中央文化区和北部休闲区。改造后的广场更加通透。“八一恒辉”的主题设计丰富了广场空间，提升了城市文化品位，拓宽了历史内涵的表述。

【小平小道】 位于南昌市新建县望城岗。北起原南昌步兵学校，南至原新建县拖拉机配件修造厂，全长1500米。1969年10月至1973年2月，居住在步兵学校的邓小平顺着小道前去拖拉机配件修造厂劳动。（后来人们把这条小道称做“小平小道”。）

【方志敏烈士陵园】 始建于1962年，1965年竣工，位于南昌市昌北梅岭山下，占地面积9.07公顷，设有烈士陵、台阶、碑石、纪念碑、灵堂。2001年6月，被中央宣传部批准为第二批全国爱国主义教育示范基地。

【滕王阁】 滕王阁、黄鹤楼、岳阳楼并称江南三大名楼。唐永徽四年（公元653年），唐太宗之弟“滕王”李元婴任洪州都督时所创建，因初唐诗人王勃所作《滕王阁序》而名传千古。文学家韩愈曾赞美“江南多临观之美，而滕王阁独为第一,有瑰伟绝特之称”,故又素享“西江第一楼”之美誉。物换星移,人世沧桑,历代滕王阁迭废迭兴达28次之多。现阁于1989年10月8日第29次重建落成。主阁碧瓦重檐,画栋丹柱。登阁远眺,纵览山川秀色。阁内古朴典雅,玲琅满目。步入殿堂,尽享璀灿文化。

【绳金塔】 始建于唐天佑年间(904年~907年)。相传建塔时,掘地得铁函1只,内有金绳4匝,古剑3把,金瓶1个,盛有舍利子300粒,绳金塔因此而得名。绳金塔为江南典型的砖木结构楼阁式塔,塔高50.86米,塔身7层11面,青砖砌筑,平面为内正八边形。塔内设步梯直通顶层,“直视湖山千里道,下窥城郭万人家”。该塔为南昌市仅存的高层古建筑。一年一度的绳金塔庙会,已经成为具有浓郁南昌特色的旅游经贸盛会。

【八大山人纪念馆】 八大山人,姓朱名耷,明皇后裔,世居南昌。明朝灭亡后,隐姓埋名,为僧为道,隐居于此。八大山人为清初画坛革新“四大画僧”之一,作品幽深玄远,宁静纯洁,超凡脱俗,浑然天成。其画风影响中国画坛三百年。馆内现存有八大山人的代表作《双鹰图》、《荷花图》、《松鹤图》、《山水图》和《七绝草书法轴》等。

【象湖风景区】 位于市区西南面,呈楔形状,全长3.7千米,总面积53.33余公顷。湖面波光碧影,堤上杨柳依依,构成极具江南水乡意境的景观。象湖不仅有美丽的景色,而且包含有深厚的文化。座落在象湖湖畔的南昌万寿宫,始建于晋代永嘉六年(312年),为纪念道教净明派祖师许逊“诛蛟治水”而建。

【安义古村群】 位于南昌市安义县城南面约10千米的西山梅岭之麓。由京台、罗田和水南三大古村落组成,面积约3平方公里。古村群至今保存着明清宅院古屋120余幢,古戏台、寺庙、祠堂、香火堂、祖宗堂十余处。

【佑民寺】 位于南昌市区民德路中段,始建于南朝梁代,初称为上蓝寺,1929年起称为佑民寺,1997年重建。寺内供奉的巨大铜佛高9.8米,重1.8万公斤,是一座享誉东南亚的古刹。

【西山万寿宫】 位于南昌市区西南30千米的西山逍遥山下,又名玉隆万寿宫,为纪念道家著名人物“净明派”始祖许逊而建,距今已有1600余年的历史。

【汪山土库】 位于南昌市新建县大塘乡,迄今有180余年历史,是座典型的江南民居与皇家建筑相结合的清代建筑。其建筑风格、规模和建筑艺术在江南实属罕见,享有“江南小朝廷”的美誉。

【梅岭风景区】 梅岭风景区面积150平方公里,景区有江南最大的“飞来峰”上,是著名的避暑胜地,中国古典音律和道教净明宗的发源地。梅岭主峰洗药湖海拔841米,共有大小山峰99座,天然和人工湖泊50余个,岩洞、奇石、泉瀑、幽谷、云海佛光、古树名木处处皆景,融雄、秀、奇、幽于一体。自古以来,“洪崖丹井”、“西山积翠”、“神龙飞瀑”、“雄师天吼”、“铜源六群”是文人骚客争相题咏的著名景观。

【青山湖风景区】 位于城区东部青山湖,湖面宽阔,波光摇曳,满湖青青。近年来,湖区出土不少新石器时代的文物,表明远古先民早已在此开拓渔猎。现建有湖滨、相思林、燕鸣岛三个公园,总面积400公顷,是集游乐、垂钓,水上运动为一体的综合旅游区。

【秋水广场】 位于南昌市赣江北岸,与腾王阁隔江相望。该广场以喷泉为设计主题,同时具有旅游、购物、休闲等功能。整个广场占地面积8万平方米,其中喷水池面积1.2万平方米,主喷高度达128米,成为南昌市居民休闲娱乐的好去处。

【天香园】 位于南昌市区,园内野生鸟群众多,共32个品种,10万余只。经联合国教科文组织专家考察后指出,这里鸟类密度之大、之美,堪称世界城市第一,已收入基尼斯记录。

【象山森林公园】 位于赣江中下游鄱阳湖之滨,与著名的旅游胜地庐山隔湖相望,与世界候鸟保护区鄱阳湖紧连一体,紧紧接壤南昌昌北国际机场、昌九高速公路,地理位置优越、交通条件便利。公园总面积1666.67公顷,森林面积1200公顷。在茂密葱郁的森林里,每年都有几十万羽各种不同种类的鹭鸟在林间栖息、繁衍。

(年鉴处)

## 民族宗教

【概况】 全市共有42个民族,汉族占总人口的99%以上。少数民族占总人口的0.23%(第五次人口普查数据)。少数民族有回族、满族、蒙古族、壮族、藏族、维吾尔族、苗族、彝族、布依族、朝鲜族、侗族、瑶族、白族、土家族、哈尼族、哈萨克族、傣族、黎族、傈僳族、佤族、畲族、高山族、拉祜族、水族、纳西族、景颇族、柯尔克孜族、土族、达斡尔族、仫佬族、羌族、布朗族、撒拉族、毛南族、仡佬族、锡伯族、塔吉克族、乌孜别克族、德昂族、裕固族、独龙族共41个少数民族,人口9973人。全市少数民族属杂、散居性质,主要居住城区,从事二、三产业。进贤县池溪乡兰家畲族村是南昌市惟一的少数民族自然村,全村人口53人,主要从事农业。南昌市少数民族联谊会成立于1988年11月,会员来自全市各行各业,是市委、市政府联系少数民族的桥梁和纽带。自1990年以来,到南昌就学、经商等少数民族人口剧增。据不完全统计达3000余人,其中以回、维、藏族居多。

南昌市有佛教、道教、天主教、基督教、伊斯兰教。随着宗教信仰自由政策的落实,宗教纳入法制化、规范化管理轨道,许多寺观教堂得到修复重建,宗教活动日趋活跃,信教群众发展较快。截至年底,全市(含县区)五种宗教中,佛教有寺庙105座,僧尼300人,信徒约5万人;道教有道院宫观23座,道士94名,道徒约10万人(不稳定的信仰人数);天主教有教堂8座,神职人员17名,信徒约5000人;基督教有堂点150座,教牧人员591名,教徒约5万人;伊斯兰教有教职人员2名,教徒约3000人。年内市区基督教有志道堂、清钟堂两座;伊斯兰教有清真寺1座,。南昌市有天主教爱国会、基督教三自爱国会和基督教协会、佛教协会、道教协会、伊斯兰教协会五大宗教团体。南昌县、新建县、进贤县、安义县先后成立基督教三自爱国会和基督教协会;南昌县、进贤县、湾里区成立佛教协会;进贤县成立天主教爱国会;新建县成立道教协会。

(涂绪盛)

## 人口发展

【概况】 2005 年，全市总户数 127.62 万户，比上年增长 1.57%。全市人口总数 475.17 万人，比上年增长 5.41%。其中，男性 250.57 万人，比上年增长 5.83%；女性 224.60 万人，比上年增长 4.95%。年平均 467.98 万人，比上年增长 2.68%。据 2005 年全市 1% 人口抽样调查结果显示，全市常住人口为 451.61 万人，人口出生率为 13.39‰，死亡率为 5.36‰，自然增长率为 8.03‰。

全市人口分布：市辖区总户数 54.17 万户，人口总数 214.52 万人。其中，农业人口 47.73 万人，非农业人口 166.79 万人。市辖县总户数 73.45 万户，人口总数 260.65 万人。其中，农业人口 207.50 万人，非农业人口 53.15 万人。人口密度 632 人／平方公里，比上年增长 2.60%。

（年鉴处）

### 2005 年南昌市人口及其变动情况一览表

表 1

| 公安单位 | 年末总户数(户) | 年末总人口(人) | | | | | | | | | 本年度人口变动(人) | | | | | | | | | |
|---|---|---|---|---|---|---|---|---|---|---|---|---|---|---|---|---|---|---|---|---|
| | | 合 计 | 合计 | | 性 别 | | 年 龄 | | | | 出 生 | | | 死 亡 | | | 迁 入 | | 迁 出 | |
| | | | 非农业人口 | 未落常住户口人员 | 男 | 女 | 18岁以下 | 18－35岁 | 35－60岁 | 60岁以上 | 合计 | 男 | 女 | 合计 | 男 | 女 | 省内迁入 | 省外迁入 | 迁往省内 | 迁往省外 |
| 南昌市公安局 | 127[illegible]188 | 4751679 | 2199366 | 35773 | 2505666 | 2246013 | 1140008 | 1585562 | 1494331 | 531778 | 75500 | 41432 | 34068 | 12323 | 6926 | 5397 | 110865 | 66754 | 56051 | 28168 |
| 东湖区公安分局 | 12[illegible]494 | 449704 | 441736 | 178 | 226100 | 223604 | 81623 | 141799 | 170023 | 56259 | 4491 | 2348 | 2143 | 1361 | 717 | 644 | 9760 | 3083 | 8161 | 3824 |
| 西湖区公安分局 | 12[illegible]716 | 413263 | 391032 | 581 | 208761 | 204502 | 79364 | 129135 | 152362 | 52402 | 5184 | 2740 | 2444 | 1667 | 921 | 746 | 5542 | 2202 | 1183 | 1534 |
| 红谷滩公安分局 | 1[illegible]35 | 86674 | 58508 | 3200 | 49173 | 37501 | 16714 | 50696 | 14430 | 4834 | 1187 | 678 | 509 | 92 | 62 | 30 | 12125 | 8356 | 1392 | 172 |
| 经济技术开发区公安分局 | 24[illegible]25 | 206584 | 169684 | 400 | 121641 | 84943 | 23187 | 141491 | 31134 | 10772 | 957 | 530 | 427 | 160 | 99 | 61 | 18396 | 31072 | 4253 | 9316 |
| 青云谱区公安分局 | 52[illegible]04 | 189086 | 163875 | 5995 | 100365 | 88721 | 39533 | 55114 | 66020 | 28419 | 1882 | 1000 | 882 | 516 | 304 | 212 | 5858 | 1049 | 5095 | 715 |
| 青山湖区公安分局 | 10[illegible]414 | 406730 | 257355 | 2028 | 214829 | 191901 | 90213 | 135870 | 135859 | 44788 | 5020 | 2872 | 2148 | 952 | 548 | 404 | 14017 | 7738 | 7650 | 6907 |
| 高新经济技术开发区 | 41[illegible]85 | 215012 | 54630 | 0 | 117757 | 97255 | 60534 | 85615 | 51096 | 17767 | 9194 | 5223 | 3971 | 165 | 103 | 62 | 11294 | 8367 | 354 | 196 |
| 湾里区公安分局 | 28[illegible]12 | 80752 | 33703 | 89 | 42836 | 37916 | 18950 | 27029 | 26330 | 8443 | 1241 | 732 | 509 | 157 | 98 | 59 | 1923 | 2185 | 1345 | 221 |
| 洪都公安分局 | 16[illegible]07 | 59299 | 59229 | 70 | 30425 | 28874 | 10061 | 15293 | 23421 | 10524 | 647 | 322 | 325 | 262 | 176 | 86 | 528 | 262 | 251 | 299 |
| 江铃公安分局 | 3[illegible]5 | 11807 | 11807 | 0 | 6538 | 5269 | 1891 | 4357 | 4416 | 1143 | 163 | 92 | 71 | 20 | 8 | 12 | 113 | 87 | 18 | 54 |
| 齐城岗公安分局 | 9[illegible]76 | 26315 | 26315 | 0 | 14773 | 11537 | 4870 | 7429 | 10300 | 3716 | 287 | 162 | 125 | 71 | 43 | 28 | 101 | 133 | 23 | 98 |
| 南昌县公安分局 | 25[illegible]218 | 917258 | 161192 | 12518 | 482452 | 434806 | 241535 | 259666 | 305230 | 110827 | 12568 | 7084 | 5484 | 3432 | 1845 | 1587 | 15817 | 879 | 12372 | 1837 |
| 新建县公安分局 | 17[illegible]262 | 675532 | 151420 | 2761 | 356016 | 319516 | 207132 | 210880 | 190155 | 67365 | 19001 | 10056 | 8945 | 1075 | 656 | 419 | 7319 | 554 | 7245 | 879 |
| 安义县公安分局 | 81[illegible]72 | 253591 | 64089 | 683 | 134934 | 118657 | 71140 | 78944 | 79556 | 23951 | 5190 | 2966 | 2224 | 387 | 247 | 140 | 2249 | 156 | 1010 | 626 |
| 进贤县公安分局 | 21[illegible]953 | 760072 | 154791 | 7270 | 399061 | 361011 | 193261 | 242244 | 233999 | 90568 | 8488 | 4627 | 3861 | 2006 | 1099 | 907 | 5823 | 631 | 5699 | 1490 |

（市公安局）

## 气　候

【概况】 2005 年，南昌市主要天气气候特点是：气温偏高；降水偏多，且时空分布不均；气象灾害局域性、突发性强，但没有出现全区性的重大气象灾害。天气气候条件对粮食生产、防汛和重点工程建设等生产的影响相对较小，农业年景总体偏好。

全年全市年平均气温为 18.1℃，比常年偏高 0.5℃；年降水量全市平均为 1930 毫米，比常年偏多 21%；年日照时数全市平均为 1583.2 小时，比常年偏少 139.1 小时。

【主要天气气候事件】 2005 年，南昌市出现台风、暴雨、强雷电、大风、冰雹、大雾等灾害性天气，给全市国民经济和人民生命财产造成了一定的损失。

1. 夏秋季台风影响频繁。7～10 月先后有“海棠”、“珊瑚”、“泰利”、“龙王”等 4 个台风减弱的热带风暴或低气压进入江西影响南昌市。其中台风“泰利”对全市影响最严重，带来了大风和连续暴雨天气。南昌县在 9 月 1～2 日连续出现 8 级大风，9 月 1 日 20 时～4 日 20 时（72 小时）全市平均降水量达 235 毫米。

2. 暴雨造成局部洪涝。全年全市共出现 40 站次暴雨。其中 5 月出现 3 次暴雨过程，月降水量达 369 毫米，比历史平均偏多 45%，致使防汛形势紧张；9 月 2～4 日受台风“泰利”影响，全市出现连续暴雨天气，造成安义县发生严重洪涝灾害；11 月受高空低槽、西南气流和低层切变的共同影响，全市出现秋季罕见的连续暴雨天气过程，8 日 20 时～11 日 20 时全市平均降水量达 225 毫米，使得防汛形势再度紧张。

3. 春季爆发强寒潮，出现罕见大雪天气。受北方强冷空气影响，3 月 11～13 日全市出现强寒潮天气，日最低气温由 10 日的 15.3℃到 12 日下降至零下 1.2℃，48 小时内下降了 16.5℃，同期日平均气温也下降了 16.8℃，12 日全市还出现大雪天气，积雪深度达到 4～6 厘米。这次降雪是全市近 30 年来最晚的春雪，对油菜、蔬菜等作物有不利影响。

4. 大雾危及交通安全。全年全市共出现 79 站次大雾。其中 1 月 13～18 日全市连续出现大雾天气，能见度一般在500米以下，曾一度小于50米。大雾天气对交通安全造成严重的影响，致使高速公路被迫临时关闭，机场航班延误和造成严重交通事故。1月17日昌万公路因大雾发生造成8人死亡的特大交通事故。

5. 雷电、大风、冰雹等强对流天气危害严重。全年全市强对流天气频繁、突发性强。全年共出现183站次雷雨天气、12站次大风天气、2站次冰雹天气。雷电、大风、冰雹等强对流天气造成人员伤亡、交通通信等财产损失和农作物受灾等灾害，危及全市人民生命和财产安全。5月1日上午新建县有3人务农时遭雷击身亡。 （唐传师）

**2005年南昌市主要气候要素一览表**

表2

| 要素 | 月份<br>项目 | 1 | 2 | 3 | 4 | 5 | 6 | 7 | 8 | 9 | 10 | 11 | 12 | 全年 |
|---|---|---|---|---|---|---|---|---|---|---|---|---|---|---|
| 降水（毫米） | 累计值 | 91.7 | 225.8 | 129.2 | 166.7 | 362.7 | 156.3 | 97.0 | 47.1 | 216.9 | 90.9 | 292.1 | 32.3 | 1908.7 |
| | 距平值 | 17.7 | 125.1 | -46.4 | -57.1 | 118.9 | -150.4 | -47 | -81.8 | 148.2 | 31.2 | 235.3 | -9.2 | 284.3 |
| 气温(℃) | 累计值 | 3.7 | 4.7 | 10.7 | 20.5 | 22.8 | 27.5 | 30.4 | 28.5 | 27.1 | 19.9 | 15.6 | 7.0 | 18.2 |
| | 距平值 | -1.6 | -2.2 | -0.2 | 3.2 | 0.5 | 1.8 | 1.2 | -0.3 | 2.5 | 0.5 | 2.2 | -0.8 | 0.6 |
| 降水日数（天） | 累计值 | 10 | 20 | 15 | 11 | 21 | 10 | 11 | 7 | 4 | 6 | 15 | 10 | 140 |
| | 距平值 | -3.0 | 6.8 | -3.0 | -6.7 | 4.4 | -5.5 | 0.2 | -3.3 | -3.7 | -2.8 | 7.1 | 2.2 | -7.3 |
| 相对湿度（%） | 累计值 | 74 | 78 | 71 | 68 | 79 | 74 | 67 | 69 | 70 | 66 | 73 | 57 | 71 |
| | 距平值 | -3 | 0 | -10 | -13 | -1 | -10 | -11 | -9 | -7 | -7 | 1 | -14 | -6 |
| 日照（小时） | 累计值 | 43.7 | 51.6 | 109.2 | 200.0 | 106.9 | 183.4 | 274.3 | 222.7 | 214.7 | 165.0 | 86.8 | 136.2 | 1794.5 |
| | 距平值 | -48.2 | -32.1 | 24.0 | 85.6 | -44.2 | 23.2 | 25.6 | -20.5 | 28.9 | -2.0 | -60.7 | -5.5 | -25.9 |
| 蒸发量（毫米） | 累计值 | 26.1 | 22.8 | 45.4 | 78.5 | 70.3 | 96.5 | 150.2 | 129.1 | 109.6 | 94.4 | 39.4 | 50.5 | 912.8 |
| | 距平值 | -8.9 | -17.6 | -0.8 | 14.8 | -17.4 | 9.6 | 13.4 | -5.9 | -4.3 | 3.0 | -23.5 | 1.1 | -35.2 |
| 气压（百帕） | 累计值 | 1019.5 | 1017.6 | 1016.0 | 1008.2 | 1002.0 | 997.7 | 999.1 | 999.7 | 1005.7 | 1013.8 | 1014.6 | 1022.1 | 1009.7 |
| | 距平值 | -0.8 | -0.3 | 2.1 | -0.5 | -2.7 | -0.6 | 0.3 | -0.2 | -1.0 | 0.6 | -3.4 | 1.3 | -0.6 |

（市气象局）

## 城市环境

【概况】 2005年，全市空气质量优61天，良278天，轻微污染26天，全年优良率为92.88%，比上年增加2.7%。其中$SO_2$（二氧化硫）下降13.8%，PM10（可吸入颗粒物）下降11.0%；API（空气污染指数）指数在全国47个重点城市排名第19位，比上年上升4位；生活污水处理率70%以上，工业废水排放达标率95%以上；集中式饮用水源水质达标率98.1%；区域环境噪声均值控制在56分贝以下，交通干线噪声均值控制在70分贝以下，噪声达标区覆盖率达到70%；工业固废处置利用率89%以上，烟尘控制区覆盖率达标100%。空气质量连续3年在中部6省会城市排名第一，在全国各大城市中排名第八。为近年来空气质量最好的一年。

【工业废气排放量有所上升】 据统计，全年工业废气排放量为444.71亿标立方米，其中燃烧废气177.51亿标立方米，占总量的40%；生产工艺废气267.19亿标立方米，占60%。废气中主要污染物为二氧化硫、氮氧化物、工业烟尘和工业粉尘，排放总量为37.89万吨。与上年相比，废气及污染物排放总量均有所增长。

【饮用水源地水质优良】 全年对六大水厂（即青云水厂、朝阳水厂、下正街水厂、长埈水厂、双港水厂及2005年新增的牛行水厂）的监测表明，六大水厂水源地水质年平均值达到国家Ⅱ类水质标准。全市城市集中式饮用水源达标率达98.3%。

【饮用水环境质量总体趋好】 与上年相比，高锰酸盐指数、挥发酚和粪大肠菌群浓度、氨氮浓度均有不同程度下降，但总磷略有上升。所有断面的水质基本介于Ⅱ类和Ⅲ类之间。只是由于受到六孔闸排放的污水影响，双港水厂断面的水质较差，出现多个项目多次超标的现象。全年赣江主支和抚河均以Ⅱ类水质为主，赣江主支和抚河出现粪大肠菌群超标现象，其中赣江主支还出现石油类超标现象。赣江南支从上年的劣Ⅴ类好转为Ⅴ类，但仍存在溶解氧、生化需氧量、铅、石油类、化学需氧量、氨氮超标现象。

【废水排放达标率持续提高】 全年工业废水排放量7173万吨，废水排放的主要去向是赣江（容纳全市废水排放总量的98%），主要的排污口集中于赣江南支。排放污染物主要是化学耗氧量、氨氮、石油类，排放达标率继续保持较高的水平。

【声环境质量有所改善】 全年交通噪声统计声级为69.9分贝，低于国家70分贝标准。同时超标干道数大幅下降。区域环境噪声统计声级为55.9分贝。噪声主要来自生活和交通。与上年相比，生活噪声比率进一步上升，交通噪声、工业噪声所占比率有所下降。

【固体废物和生活垃圾利用率仍保持较高的水平】 全年工业固体废物和生活垃圾产生量分别为153.59万吨和60.00万吨，比上年均有一定程度的下降。工业固体废物利用率为88.1%，生活垃圾无害化处理率为100%，市内垃圾全部采用卫生填埋方式进行无害化处理。医疗垃圾实行统一管理和集中处理。

（吴慧云）

# 国民经济和社会发展

【概况】 2005年是实施“十五”计划的最后一年。全市人民在市委、市政府的正确领导下，以邓小平理论和“三个代表”重要思想为指导，围绕做好“两篇文章”（即建设现代区域中心城市，建设现代文明花园英雄城市）和实现“富民强市”奋斗目标，牢固树立以人为本的科学发展观，全面贯彻落实中央各项宏观调控政策，紧紧抓住国家促进中部地区崛起的战略机遇，真抓实干，开拓进取，坚持走科学发展、和谐崛起之路，全市国民经济实现又快又好的发展，各项社会事业全面进步，居民生活水平显著提高，圆满完成“十五”计划的各项任务和预期目标，为“十一五”规划的起步奠定了坚实的物质基础。

【经济总量】 全年全市生产总值1007.7亿元，按可比价格计算，比上年增长16.8%。其中第一产业增加值73.39亿元，增长5.0%；第二产业增加值532.13亿元，增长21.2%；第三产业增加值402.19亿元，增长13.4%。三次产业构成比例为7.3 ：52.8 ：39.9，对经济增长的贡献率分别为2.5%、65.6%和31.9%。人均GDP突破2万元，达2.23万元，增长15.9%。

【财政税收】 全年全市财政总收入126.10亿元，比上年增长23.6%，其中地方财政一般预算收入58.3亿元，增长38.1%。从收入完成情况看，增值税6.03亿元，增长25.9%；营业税20.14亿元，增长17.0%；企业所得税4.84亿元，增长45.3%。地方财政一般预算支出75.79亿元，增长45.1%。其中，基本建设、企业挖潜改造资金、社会保障补助支出、科教文卫事业费分别增长29%、4.7倍、25.8%和24.5%。

【物价水平】 全年居民消费价格总水平比上年上涨1%，其中消费品价格上涨1%；服务价格上涨1.1%。商品零售价格持平，工业品出厂价格上涨3.3%。

【农业生产】 全年完成农林牧渔及服务业现价总产值115.76亿元，比上年增长5.0%。其中农业产值46.31亿元，增长3.5%；林业产值1.39亿元，下降2.7%；牧业产值38.21亿元，增长3.6%；渔业产值27.34亿元，增长8.1%。

【农牧产品产量】 全年粮食总产量195.16万吨，比上年增长3.3%；油料总产量7.94万吨，增长8.1%。肉类总产量24.20万吨，增长5.1%；生猪出栏数238.29万头，增长4.7%；家禽出笼3305.18万羽，增长1.7%；禽蛋总产量11.58万吨，增长6.2%；奶类总产量6.45万吨，增长5.1%。

【渔业】 全年水产品总产量28.40万吨，比上年增长4.1%，其中特种水产品产量9.66万吨，增长7.9%。

【林业】 全年造林1533公顷，退耕还林还草666公顷，零星植树732万株，比上年增长11.2%。新建和完善高速公路的绿色通道87.97千米。全市森林覆盖率达到17.1%。

【生产条件】 年末农业机械总动力209.32万千瓦，比上年末增长20.0%。年内完成机耕面积16.82万公顷、机播面积0.11万公顷；化肥施用量（折纯）13.88万吨，增长11.2%；农用塑料薄膜使用量0.22万吨，下降6.7%。

【工业生产】 全市实现全部工业增加值374.93亿元，按可比价格计算，比上年增长17.3%。规模以上工业企业（即全部国有及国有控股和年销售收入500万元及以上非国有工业企业，下同）完成增加值235.78亿元，比上年增长26.0%。

【工业产品】 部分适销对路的工业产品产量快速增长。其中卷烟、房间空调器、彩色电视机分别增长9.1%、3.6倍和22.7%；汽车、钢材分别增长18.7%、20.2%。电力供应稳定增长，发电量增长4.3%。

【制造业基地建设】 十大产品制造基地集聚效应进一步增强。汽车基地、空调基地、医药和医疗器械基地等十大重点发展产品制造基地共完成增加值185.35亿元，比上年增长27.4%，总量占全市规模工业的78.6%，增幅高出全市规模工业平均水平1.4个百分点。其中，空调基地、造纸基地、医药和医疗器械基地、机电产品基地分别增长5倍、8.9倍、42%和30%。

【工业经济效益】 工业经济效益总体水平稳步提高。规模以上工业企业经济效益综合指数为173.99，比上年提高14.3个百分点。实现产品销售收入733.33亿元，增长29.5%；盈亏相抵后实现利润总额35.02亿元，增长15.6%。产品销售率为98.9%，比上年提高0.2个百分点。

【投资总量】 全年完成全社会固定资产投资总额520亿元，比上年增长44%。其中城镇以上投资完成476.94亿元，增长46.5%；农村投资43.06亿元，增长18.8%。

【投资结构】 按产业划分，第一产业投资0.61亿元，比上年下降39.6%；第二产业投资132.07亿元，增长33.4%；第三产业投资344.26亿元，增长52.6%。三次产业投资比重由上年的0.3 ：31.6 ：68.1调整为0.1 ：27.7 ：72.2。

按注册登记类型划分，国有经济投资202.49亿元，增长39.7%；非国有经济投资274.35亿元，增长51.8%。国有经济与非国有经济投资比例为42.5 ：57.5。

【城市建设】 投资规模扩大，大项目进展顺利。全年全市城市基础设施建设项目完成投资158.55亿元，比上年增长43.7%，总量占城镇以上固定资产投资的33.2%。其中，几个重大项目的投资中，乐温高速公路13.1亿元、西外环高速公路5.8亿元、生米大桥3.3亿元。东外环竣工通车，西外环完成路基；完成青山南路、上海路改造；阳明路东拓延伸进展顺利，机场路、南高公路、高新南大道二期基本完工；青山湖湖东路网三横二纵全面竣工。开展了第3轮百路大会战，改造小街巷路143条。玉带河西支4.7千米、主支1.8千米、北支1.8千米年内竣工；东支1.9千米、南支4.7千米，年内抓紧实施。

【利用外资】 全年协议合同外资金额11.15亿美元，比上年增长6.4%；实际利用外资9.09亿美元，增长24.4%。其中第二产业4.65亿美元，第三产业3.88亿美元，所占份额分别为51.2%和42.7%。实际引进内资260.5亿元，增长40.5%。新批外商投资企业187家，内资共达成合同项目574个，其中省外项目506个。新批合同总投资额超1000万美元的大项目有33个，引资额超亿元的内资项目有34个，其中省外项目29个。

【对外贸易】 据海关统计,全年南昌地区内企业(含中央、省属公司)完成进出口总额17.45亿美元,比上年增长5.2%,其中海关出口总值12.4亿美元,增长15.4%,实现贸易顺差7.35亿美元。

【旅游】 全年共接待国内游客718.45万人次,比上年增长22.4%;接待海外游客6.52万人次,增长20%。实现国内旅游收入44.79亿元,增长18.6%;旅游创汇0.18亿美元,增长4.9%。截至年底,全市拥有星级宾馆(饭店)40家;拥有旅行社150家,其中从事国际旅游业务的旅行社16家。旅行社组团国内游35.9万人次,比上年增长12.7%。

【建筑业】 全年全市建筑企业完成施工产值234.07亿元,比上年增长30.6%。房屋施工建筑面积2451.2万平方米,增长31.9%;房屋竣工建筑面积1241万平方米,增长58.0%。按施工产值计算的全员劳动生产率为11.04万元/人,比上年增长19.5%。

【房地产开发】 全年房地产开发施工面积1193万平方米,比上年增长11.8%;竣工面积426.5万平方米,增长63.7%。完成商品房销售额62.47亿元,比上年增长20.8%,其中住宅销售额57.34亿元,增长23.9%。商品房销售面积249万平方米,比上年增长17%,其中住宅销售233.2万平方米,增长22.3%。全市二手房累计成交2.51万宗,比上年增长15.4%;成交面积251.7万平方米,增长16.9%;成交额36亿元,增长22.7%。

【消费品市场】 全年实现社会消费品零售总额307.49亿元,比上年增长15.7%。分销售地域看,城市实现零售额244.69亿元,增长16.8%,农村实现零售额62.80亿元,增长11.6%;分销售行业看,批发零售贸易业实现零售额279.43亿元,比上年增长15.7%,餐饮业实现零售额27.49亿元,增长16.3%。

【居民消费】 随着居民生活水平的逐步提高,汽车、通讯器材、文化办公用品、家用电器等仍是居民消费的热点。全年汽车销售额2.88亿元,比上年增长6.1%;通讯器材类0.66亿元,增长1.3倍;家用电器及音像器材类1.86亿元,增长9.2%;文化办公用品类0.27亿元,增长76.1%。

【商贸流通】 努力打造洪都大道、建德观、师大南路、绳金塔西街等一批商业特色街。全市共有各类商品交易市场242个,全年成交额在亿元以上的商品交易市场有28个,成交总额达279.4亿元。其中,洪城大市场年交易额122.7亿元,比上年增长3.8%;南昌(深圳)农产品批发市场年交易额34.8亿元,增长22.5%。城南兴发物流园区初具规模,城北白水湖物流园区已完成规划,保税物流中心第一期动工。年末,全市最大的"八大商场和六大超市"共实现零售额42.68亿元,其中百货大楼销售额15亿元,增长11.3%,跃居全国第14位。

【交通运输】 交通基础设施建设和运输生产实现较快增长。年末全市城区道路总长度达833.04千米,道路总面积1673万平方米。全市汽车保有量达16.19万辆,比上年增长17.6%。其中,载货汽车4.46万辆,增长7.3%;载客汽车10.4万辆,增长25.4%。全年全市各种运输方式完成货物运输周转量158.77亿吨千米,比上年增长44.4%。其中铁路、公路、水运、民航分别完成128.2、21.05、8.29和1.23亿吨千米;实现旅客周转量88.79亿人千米,增长6.5%。其中铁路、公路、水运、民航分别完成51.24、23.78、0.04和13.73亿人千米。

【邮电通信业】 全年完成邮电业务总量33.48亿元,比上年增长17.9%。其中发送特快专递137.7万件,增长39.5%;发送包裹58.72万件,下降5.3%。城乡固定电话用户达154万户,新增16万户。无线市话(小灵通)用户39.11万户,新增8.61万户。移动电话用户217.68万户,新增53.37万户,增长32.5%。互联网窄带接入用户41.33万户,增长0.6%。国内长途通话量1.87亿次,国际与港澳台电话业务量41万次。年末全市电话交换机总容量达197.27万门,新增19.1万门。其中,长途自动交换机容量达16万门;移动通信交换机容量达340.44万门。

【银行】 全市金融机构各项贷款余额1027.5亿元,比年初增加173.77亿元。其中短期贷款419.74亿元,占全部贷款的40.9%。中长期贷款累计投放506亿元,占全部贷款的49.2%。短期贷款以工业贷款和商业贷款为主,两者共计219.55亿元,占短期贷款的52.3%。中长期贷款以基本建设贷款和个人中长期消费贷款为主,共计364.59亿元,占中长期贷款的比重达72.1%。年末,金融机构各项存款余额1556.65亿元,比年初增加218.02亿元,其中企业存款545.13亿元,增加25.88亿元。

【保险】 截至年底,全市共有保险公司14家,比上年增加2家。保险中介机构34家,增加10家。全年保费收入20.4亿元,增长9.9%。其中,产险公司保费收入4.2亿元,增长9.7%;寿险公司保费收入16.2亿元,增长10.1%。全年赔款及给付合计3.4亿元,其中产险公司2.1亿元,寿险公司1.3亿元。

【证券】 全市证券业法人公司2家,证券营业部29家,证券机构股民累计开户数50.49万户。年内客户交易结算资金12.57亿元;A股交易额520.22亿元,B股交易额1.72亿元。

【农村信用联社】 年末全市共有240家农村信用社,累计发放各项贷款39.55亿元,其中农业贷款29.79亿元,比上年增长53.6%;农户贷款15.25亿元,增长21%。

【民营经济】 据初步统计,全年全市个私民营经济实现增加值347.27亿元,比上年增长33.1%,占全市生产总值的比重为34.5%。年内全市个私民营企业(含个体工商户)累计超过12万户,从业人员近70万人。2005年共上交税金30.42亿元,比上年增长51.9%,占全市财政总收入的24.1%,同比提高4.4个百分点。

【科学技术】 全市共签订各类技术合同2400项,比上年增长1.7倍;成交额5.51亿元,增长48.1%;专利申请1150件。全年实施各类科技计划项目374项,其中获得市级科技进步奖的有40项。

【文化事业】 全市年末共有专业艺术表演团体12个,公共图书馆11个,博物馆8个,综合档案馆11个,群众艺术馆和文化馆11个。城乡广播电视覆盖率提高。全市广播电台2座,电视台2座,中短波广播发射和转播台2座,调频广播台和传输台89座,电视转播发射台和差转台30座。全年出版报纸4.5亿份,杂志0.5亿份,各类图书1.69亿册。

【基础教育】 全市小学适龄儿童入学率为99.6%,初中入学率为98.1%,初中毕业生升学率为77%。普通高中在校生9.45万人，比上年增长8%；高考录取率为69.0%，其中一本本科院校录取率为9%。

【中等职业教育】 中等职业学校在校生19.65万人，比上年增长38.9%。其中普通中等专业学校14.14万人，增长56.3%；职业高中1.57万人，增长24.3%；技工学校在校生3.95万人，增长2.6%。全市各类中等职业学校毕业生达3.59万人。

【普通高等教育】 全年全市招收研究生3879人，比上年增加934人，在校研究生9150人，增加2209人；普通高等学校招生12.27万人，增加0.61万人，在校学生39.47万人，增加10.49万人，毕业生5.32万人，增加1.72万人。

【成人教育】 成人高等院校在校生6.36万人。全年参加高等教育自学考试约达2.6万人，获得单科合格6.7万科次，获得本科毕业证书的9871人，大专毕业证书的14531人。

【医疗卫生】 年末全市共有医疗卫生机构850个，其中医院、卫生院167家，疾病预防控制中心12家，卫生监督所3家，妇幼卫生机构11家。全市医院、卫生院实有床位数1.45万张，平均每千人拥有医院床位3.06张；拥有各类卫生技术工作人员2.06万人，其中医生8186人，护师、护士7680人，每千人中拥有医生1.72人。人均期望寿命76.7岁。全市每10万孕产妇死亡率为37.08，婴儿死亡率为6.7‰。

【医学科研】 全市共组织申报科研课题148项，有130项列入科研计划，组织了20项科研成果的鉴定工作。

【体育事业】 年内共举办、承办市级以上比赛23项。共参加省级以上赛事29次，市级比赛12次。南昌市运动员在国际比赛中获1项世界冠军和7项亚洲冠军，在全国比赛中，共获20枚金牌，6枚银牌和6枚铜牌，蝉联省运会金牌总数、奖牌总数、团体总分三个第一。

【环境质量】 全年空气质量优良率达到93%；生活污水处理率达70%以上，工业废水排放达标率达95%以上；集中式饮用水源水质达标率达到98.1%；区域环境噪声均值控制在56分贝以下，交通干线噪声均值控制在70分贝以下，噪声达标区覆盖率达到70%；工业固废处置利用率达到89%以上；烟尘控制区覆盖率达标在100%；环境保护投资指数达到2.0%以上；年征收市本级排污费2639万元。

【环境管理与防治】 实施了《南昌市高污染燃料禁燃区管理办法》，对27家省属单位下达限期整改，15家市属单位列入市限期治理项目计划；围绕赣江水环境综合整治，制订实施了《赣江（南昌段）水环境综合整治工作方案》，加大了对赣江饮用水源的保护力度，对“八湖两河”沿线企业加强监管、执法，促使工业废水达标排放；针对整治违法排污专项行动，建立了“专项治理行动联席会议制度”，全市出动检查1855人次，检查企业740家，排查2批共9家。

【城市园林绿化】 2005年全市新增绿地232.2公顷，新铺草皮104.5万平方米，植树994.5万株，城市绿化覆盖率达到38.2%，人均公共绿地面积达到7.5平方米。

【人口和计划生育】 据公安机关户籍统计，全市年末户籍总人口为475.17万人，比上年末净增14.82万人，其中非农业人口219.94万人，比重为46.3%。据2005年全市1%人口抽样调查结果显示，全市常住人口为451.61万人，人口出生率为13.39‰，死亡率为5.36‰，自然增长率为8.03‰。

【从业人员】 全市年末社会从业人员244.28万人，比上年末增加4.68万人，增长2%。其中第一产业80万人，第二产业63.29万人，第三产业100.99万人。年末在岗职工53.56万人，增长4.3%，其中国有单位在岗职工人数34.91万人，比上年末增加1.01万人。

【城镇再就业】 全年全市城镇新增就业人员7.54万人，已超额完成年初计划。安置下岗职工失业人员再就业3.33万人，其中“4050”等困难群体0.91万人；各类职业技能培训人数达8.2万人；办理登记失业人数3.41万人，登记失业率为3.4%。发放小额贷款2578笔，共计9389万元，带动下岗失业人员就业5417人。

【住房公积金】 2005年，全市归集公积金（未含本年利息）11.88亿元，比上年增长23%。发放住房公积金贷款12.36亿元，增长13%，发放户数8574户，增长4%。提取住房公积金3.24亿元，增长76%。

【社会保险】 全市养老保险参保人数达60.35万人，比上年增长2.7%；保险费征缴12.88亿元，增长13.2%。其中企业参保56.94万人，保险费征缴11.86亿元，分别增长2.8%和15.6%。22.57万名离退休人员全部按时足额领取了基本养老金，96.7%的企业退休人员纳入社会化管理。失业保险参保46.5万人，征缴失业保险费1.15亿元，增长9.8%。医疗保险参保51.9万人，比上年增长7.9%。企业工伤保险参保职工57.41万人，增加12万人。

【最低生活保障】 截至年底，城市（镇）低保对象10.48万人，发放农村定期救济金1393.7万元，救济人数9.26万人。

【社会福利事业】 截至年底，全市社会福利机构达101家，机构床位数达5119张；共完成社区老年福利项目67个；社会孤儿院、SOS村等4家，共收养842名孤儿。

（宣　治）

表3　**2005年南昌市在全省位置一览表**

| 指标 | 江西省 | 南昌市 | 南昌占全省% |
|---|---|---|---|
| 人口(万人,常住人口) | 4311.24 | 451.61 | 10.5 |
| 地区生产总值(亿元) | 4056.16 | 1007.7 | 24.8 |
| #第三产业增加值 | 1371.28 | 402.19 | 29.3 |
| 城镇以上固定资产投资(亿元) | 1933.93 | 476.94 | 24.7 |
| 社会消费品零售总额(亿元) | 1236.17 | 307.49 | 24.9 |
| 海关出口总额(亿美元) | 24.4 | 17.45 | 71.5 |
| 实际利用外资(亿美元) | 24.2 | 9.09 | 37.6 |
| 财政总收入(亿元) | 425.9 | 126.1 | 29.6 |
| #一般预算收入 | 252.9 | 58.28 | 23.0 |
| 财政支出(亿元) | 562.79 | 75.79 | 13.5 |
| 规模以上工业增加值(亿元) | 828.5 | 235.78 | 28.5 |
| 农业总产值(亿元) | 1143.0 | 115.76 | 10.1 |
| 在岗职工人数(万人) | 264.76 | 53.56 | 20.2 |
| 居民储蓄存款(亿元) | 2752.9 | 643.75 | 23.4 |
| 接待海外旅游者(万人次) | 37.28 | 6.52 | 17.5 |

注：表中“#”符号用来表示其中。

（市统计局）

## 城乡居民生活水平

【概况】 全年城乡居民收入水平实现快速增长。城市居民年人均可支配收入突破1万元,达10301元,比上年增长17.8%;年人均消费性支出7064元,增长20.5%。农村居民年人均纯收入3879元,比上年增长13.6%;农村居民年人均生活消费支出2472元,增长13.6%。城市居民家庭恩格尔系数为44.8%,农村居民家庭恩格尔系数为50.4%。

【城市居民人均可支配收入增长17.8%】 据对全市300户城市住户抽样调查结果显示,全年城市居民人均可支配收入达10301元,比上年增长17.8%,增加1558元。城市居民收入保持较快增长的主要原因:一是工薪收入持续增长。全年全市居民人均工薪收入达7083元,比上年增加374元,增长5.6%,占可支配收入的比重为68.8%,二是转移性收入的大幅度增加。从2004年下半年开始增加的全市离退休人员离退休金当年全部补发到位,人均月增加退休工资50元左右。当年全市人均离退休金收入为2779元,比上年增加1260元,增长83.0%,占可支配收入的比重为27.0%。

【城市居民人均消费性支出增长20.5%】 全年城市居民人均消费性支出为7064元,比上年增长20.5%,增幅比上年提高5个百分点。城市居民生活质量有了明显改善,食品消费逐步向营养、科学、多样化方向发展。其消费特点:

1. 居民食品和居住两大消费支出趋于平稳增长。全年全市城市居民人均食品消费3163元,比上年增长13%;人均居住消费支出628元,增长0.5%。

2. 通讯产品消费继续增长。全年全市每百户家庭拥有移动电话105.7部,人均通信消费436元,比上年增长8.9%。

3. 居民服务性消费不断提高。生活水平提高后,人们的消费理念开始由数量型向质量型、健康型转变,服务性消费支出呈现强劲的上升势头。全年城市居民人均服务支出1726元,比上年增长35%,服务消费的比重占总消费支出的24.4%。

4. 医疗保健和教育文化娱乐服务支出仍保持旺盛的增长势头。全年城市居民人均用于医疗保健、教育文化娱乐支出分别为498元和880元,比上年分别增长76.6%和32.1%。

【农民人均纯收入增长13.6%】 全年全市认真贯彻落实中央及省关于农村工作的一系列政策措施,农村经济形势继续发生积极变化,农民收入明显增加。据抽样调查结果显示,全市农民人均年纯收入为3879元,比上年增加464元,增长13.6%。农民收入快速增长的主要原因:一是农民工资性收入大幅增长。全年全市农民人均工资性收入1469元,比上年增加257元,增长21.2%,占全年农民人均纯收入的37.9%,增收贡献率为55.4%。二是家庭经营纯收入继续增长。全年农民人均家庭经营纯收入为2099元,占全年农民人均纯收入的54.1%,比上年增加122元,增长6.2%,对全年农民增收的贡献率达25.6%。

【农民生活消费水平与质量稳步提高】 据对全市400户农户抽样调查结果显示,全年全市农村居民人均生活消费支出达2472元。比上年增加304元,扣除价格因素,实际增长12.9%。农民消费结构已由温饱生存型向发展享受型转变。其消费特点:

1. 饮食消费讲究多元化、营养化。全年全市农村居民人均食品消费1246元,比上年增加113元,增长10%,食品消费支出中,人均主食消费支出303元,比上年减少24元,下降7.5%;副食和食品消费服务性支出中,人均副食消费支出532元,比上年增加82元,增长18.3%;人均食品消费服务性支出116元,比上年增加11元,增长10.2%。农村居民的恩格尔系数(即食品支出占生活消费支出的比重)由上年的52.3%降至50.4%。

2. 衣着消费讲究时尚化、成衣化。全年全市农村居民人均衣着消费支出139元,比上年增加22元,增长18.6%。其中服装消费支出97.35元,增长12.4%。服装消费支出占衣着消费的比重由上年的70.6%上升为74.4%。人均鞋类消费支出32元,增长32.9%。

3. 住房支出快速增长,居住条件继续改善。全年农村居民人均居住消费支出332元,比上年增加100元,增长43.1%。同时居住消费服务性支出也有所增加。全年支出109元,增长2.9%。农村居民人均年末住房面积达38.66平方米,增长9.0%。基本实现从平房到楼房,由土坯结构到砖木结构进而向钢筋混凝土结构住房的转变。

4. 中高档耐用消费品拥有量迅速增加。全年农民人均家庭设备、用品服务消费支出112元,比上年增加32元,增长39.8%。

5. 交通通讯消费方兴未艾。全年全市农村居民人均交通和通信消费支出有了较快增长,支出达234元,比上年增加83元,增长55.0%。

(宣　治)

表4　2005年南昌市人均水平一览表

|  |  |
|---|---|
| 生产总值 | 22390元 |
| 财政总收入 | 2792元 |
| 社会消费品零售总额 | 6809元 |
| 在岗职工平均工资 | 18045元 |
| 城市居民可支配收入 | 10301元 |
| 农民纯收入 | 3879元 |
| 储蓄存款余额 | 14254元 |
| 市区居民居住面积 | 20.82平方米 |
| 居民生活用电量 | 377千瓦时 |
| 城市每万人拥有公交车 | 8.09辆 |
| 每万人拥有在校学生 | 3025人 |
| 每万人中大专以上学历 | 894人 |
| 市区公共绿地面积 | 7.32平方米 |

(市统计局)

## 体制改革

【概况】 2005年,全市国有企业和国有资产管理体制、行政管理体制等改革工作紧紧抓住开放型经济和市场取向改革两个关键,围绕解决影响经济和社会发展的突出矛盾和问题,不断深化各项改革,进一步消除制约经济社会发展的机制体制性障碍,为南昌市的发展注入了强大的活力。

【国有企业和国有资产管理体制改革平稳推进】 全市按照"产权关系清晰化、产权主体多元化、产权代表人格化、产权交易制度化、产权保障法制化、劳动用工市场化"的要求,继续通过多种形式推进企业改制。建立起与法院对企业实施破产的联动机制、与公安部门对不稳定事件的快速反应处理防范工作机制、与金融部门对债务协调处理机制三大机制,及时处理改制中出现的不稳定因素,妥善处置改制企业的银行债务。全年工业共有8户企业基本完成改制工作,对23户企业(其中工业企业10户、非工企业13户)的改制方案进行初审和规范。同时各县、区属国有企业也在加快改革,共有64户国有企业进行改制,涉及职工1万余人。进一步加强国有产权转让监管,规范国有产权交易行为,促进国有、集体资产合理流动。全年完成26宗国有、集体产权交易,成交总金额2.87亿元。

【农村经济体制改革顺利推进】 全面取消农业税,累计为农民减免税赋负担1.76亿元,并发放直接补贴8978万元。同时建立起农民负担监督管理制度,完善农民负担县、乡领导责任制、涉农税费政策公示制和农民负担举报查处制度。林业产权制度改革全面铺开。5月召开全市林改工作动员大会,年内完成宣传发动、技术培训、调查摸底、张榜公示、通过方案等基础性工作,进入外业勘界阶段。全市共完成勾图面积10.21万公顷,排查山林纠纷面积1193.33公顷,调处面积1146.67公顷。水利工程管理体制改革正式启动。成立市水管体制改革领导小组,确定试点单位,制订改革初步方案,全市水管体制改革进入实质性的实施阶段。乡镇机构改革继续推进。全市乡镇行政机构精简42.5%,事业站所精简54%,乡镇行政人员分流409人,事业人员精简1436人。乡镇由101个减为80个,行政村由1200个减为1133个,村干部由5747人减为4904人。全市农村中小学校由1508所调减为1306所,农村中小学教师由22568人调减为20610人,清退临时代课教师、不合格老师、借用人员、在编不在岗人员和非教学人员1958人。

【社会保障体制进一步健全完善】 就业体制不断完善。全市新增城镇从业人员7.54万人,安置下岗职工、失业人员再就业3.33万人,各类职业技能培训人数8.2万人,发放小额贷款9389万元,带动5417名下岗失业人员就业,兴办非正规就业组织129家,审核认定再就业基地11家。社会保障制度改革不断深化。坚持扩大覆盖面与接续社会保险关系并重,以非公有制企业职工参保和下岗失业人员续保为重点,大力推进非公有制经济和灵活就业人员参加养老、医疗、失业保险。全市养老保险参保人数60.35万人,比上年增长2.7%;保险费征缴12.88亿元,增长13.2%;统筹范围内的离退休人员养老金100%按时足额发放,支付养老金15.2亿元;全市纳入社会化管理服务的企业退休人员为20.33万人,覆盖率达96.7%;失业保险参保46.5万人,征缴失业保险费1.15亿元,比上年增长9.8%;医疗保险参保51.9万人,增长7.9%;企业工伤保险参保职工57.41万人,增加12万人。并轨工作取得实质性的进展,基础准备工作全面落实,各项工作已进入正常运转。全年全市并轨人数达到14695人。最低生活保障发放到位,特困低保做到应保尽保。发放低保资金9817万元;农村特困户、"五保户"做到"摸清户头、落到人头",共下拨农村特困户救助资金1215万元,"五保户"供养资金1115万元。同时1.1万农村"五保户"统一实行低保,扩大了集中供养的范围。

【行政管理体制改革步伐加快】 行政审批制度改革不断深化。下发《关于进一步做好全市行政许可事项和实施机关及收费项目清理工作的通知》,对全市各部门上报的行政许可事项、实施主体及收费情况进行清理审核;完善行政许可运作机制,对19个部门的49项许可事项实行"一审一核"制;推进电子政务建设,完成南昌市办证中心电子政务二期系统开发与建设,实现行政许可网上公告、网上下载、网上咨询、网上查询、网上评议、网上申报等远程服务功能,打造高效便捷的网上服务平台;完善建设项目并联审批制度,制定并下发《关于严格建设工程项目并联审批程序的通知》;完善重点投资项目"绿色通道"服务,对纳入绿色通道服务体系的重点投资项目专人进行全程跟踪服务,实行特事特办,各审批环节在承诺时限的基础上再缩短35%。街道社区管理体制改革全面铺开。按照"两级政府、三级管理、六级网络"的城市管理体制要求,围绕网络化、数字化、信息化、人性化,大力推进街道社区管理体制改革,在西湖区南浦街道和系马桩街道试点取得成功经验的基础上,下发《关于全面推开全市街道社区管理体制改革工作的通知》,全市街道社区管理体制改革工作全面推开。行政执法体制改革深入推进。1月11日挂牌成立南昌城市管理行政执法局,出台《南昌市城市管理相对集中行政处罚权实施办法》,市城市管理行政执法局被授权履行市容环境卫生管理、城市规划管理、城市绿化管理、市政管理、房产管理等12个方面共160项城市管理行政处罚权,城市建设管理由分散执法变为集中执法,由部门委托执法步入政府授权执法的法制轨道。全年南昌城市管理行政执法局共查处各类案件8767件,实施处罚1475起。

【社会事业领域改革取得新进展】 科技体制改革稳步推进。制定并下发《关于市属科研机构体制改革的意见》,进一步推进市属科研机构体制改革;强化产学研结合,加速科技成果转化,建立与驻南昌九所高校及"二院"的科技合作与交流的组织机构和市校联席会议制度,并通过一系列科技合作活动的开展,促进市校科技合作,年内合作项目共有153项;全市新培育市工程技术研究中心10家,新培育市级制造业信息化工程应用示范企业20家,新组织认定市级科研示范基地3家,新组织认定特色农业科技示范基地6家。教育体制改革进展顺利。下发《南昌市人民政府关于进一步加强农村教育工作若干问题的决定》,巩固和完善农村教育管理体制;印发《南昌市人民政府关于进一步巩固发展"两基"成果,提高农村义务教育办学水平的意见》,义务教育"以县为主"的管理体制不断完善,统筹教育经费、统发教师工资、统一调配教职工的"三统"工作基本得到落实。改革职业教育。制定《南昌市职业教育2004~2007年实训基地建设规划》,围绕五大支柱产业及十大产业优势,逐步实施"3510"工程(3个国家级实训基地、5个省级实训基地、10个市级实训基地)。整合职教资源。采取股份制运作模式筹建南昌职业技术学院。改革民办教育,建立和完善民办学校办学许可制度,加大招商引资力度,引进外资4亿元兴办4所民办学校。文化体制改革逐步推进。认真落实国务院《关于深化文化体制改革的若干意见》精神,加快文化体制改革步伐,制定十条措施建立文化长效管理机制,不断加强文化产品和文化市场建设,推进文化领域所有制结构调整。卫生体制改革有序推进。按照《中共南昌市委、南昌市人民政府关于进一步加强南昌市公共卫生体系建设的意见》的要求,积极推进疾病预防控制和医疗救治体系建设,年底全市有8个县(区)完成卫生监督与疾病预防控制体制改革;进一步加强疫情报告系统的网络建设,在全市乡镇卫生院以上医疗机构、疾病预防控制机构、社区及乡村卫生机构建立疫情报告、突发公共卫生信息网络,覆盖率达100%;制定《南昌市突发公共卫生事件应急预案》，市、县(区)分别成立突发公共卫生事件应急处理专业队伍、专家组、医疗机构及疾病预防控制机构。大力发展城市社区卫生服务，年内全市设立195所社区卫生服务机构，占全省的60%，服务人口约125.10万人，覆盖率达67.7%。加强农村医疗卫生基础设施建设，农村医疗服务条件得到切实改善，以县级医院、乡镇卫生院、村卫生所为主体的农村三级医疗卫生服务网络日趋完善。新型农村合作医疗试点工作进展顺利，继2003年在南昌县开展新型农村合作医疗试点后，2005年11月，新增新建县、进贤县为新型农村合作医疗试点县。截至年底，全市参保农民134.5万人，参保率73.82%，全市大多数农民看病有了保障。

(马池花)

## 对外开放

【概况】 2005年，全市开放型经济工作紧紧围绕做好现代文明花园英雄城市和现代区域经济中心城市及“一年有个新变化，三年有个阶段性大变化”的目标要求，充分发挥南昌市承东启西、沟通南北的区位优势，积极把握承接国际产业和沿海发达地区产业梯度转移的发展契机，坚定不移地实施“大开放”主战略和“打造现代制造业重要基地”核心战略，努力提升园区经济、都市经济、县域经济板块，全市上下形成发展开放型经济的良好氛围，实现招商引资高位增长、出口创汇显著提高、投资环境进一步优化的喜人局面，全面超额完成了“十五”确定的目标任务。全年新批外商投资企业187家；合同外资11.15亿美元，比上年增长6.43%；实际利用外资9.09亿美元，增长24.42%。开放型经济对全市GDP的贡献率为42.4%，直接拉动GDP增长7.1个百分点。全年全市共达成内资项目574个，实际进资260.5亿元，比上年增长40.48%。全年实际利用外资、实际利用内资、实际利用境内5000万元以上(含5000万元)工业项目、出口创汇四项指标均位居全省各设区市首位，其中实际利用外资占全省实际利用外资总量的1/3强，增长率是全省平均水平的5.5倍。利用外资自2003年起连续三年位居中部省会城市第二位、全国省会城市前十强。南昌市荣获江西省人民政府颁发的“2005年度开放型经济发展综合奖(设区市)”，南昌县、青山湖区荣获江西省人民政府颁发的“2005年度开放型经济发展综合奖(县、市、区)”，南昌市外经贸委荣获江西省人民政府颁发的“2005年度设区市利用外资工作先进单位”奖，青云谱区荣获江西省人民政府颁发的“2005年度利用外资先进县(市、区)”奖。

【实施新一轮“百千万”招商活动】 全年继续实施“百、千、万”(即百场招商活动、千批次招商小分队、万人次招商队伍)招商计划，形成省级以上、市级、市县联办、县、区自办四个层次全方位招商活动推进模式。共组织参加107场境内外大中型招商引资活动，其中参加国家、省、区域主办的招商活动15场，以市委、市政府名义举办大型招商活动24场，市与县区、部门联办招商活动6场，县、区部门自行开展专题招商活动62场。如中国南昌第四届金秋经贸活动月期间，共举办大型活动32场，参与人数超过500万人次，来南昌客商1.8万人次，境外国外客商约千人，签约项目173个，合同外资5.54亿美元，合同内资126.9亿元，有效地增强了全市人流、物流、商流的集聚和辐射功能。

【小分队招商取得明显成效】 全年小分队招商的数量、规模、层次、效果及组织工作等方面均取得可喜的进展。先后在日本、韩国、法国、德国、英国、土耳其、东南亚等国家和中国香港地区开展大型招商活动。并在中国澳门、青岛、南非、韩国、马来西亚、印度尼西亚等地组织首次招商活动。全年市、县、乡镇各级小分队赴境内重点地区招商活动1010批次，外出招商人数超过3600人次，达成协议33个、合同43个，其中各县区、开发区、市直有关部门等主要领导外出招商343批次，外出招商人次超过271人次，签订合同56个。

【紧盯世界500强和国内200家重点企业新动向】 全年全市各单位结合自身基础条件和目标，重点推进世界500强和国内200家重点企业的招商引资工作，不断加强信息收集等基础工作，及时掌握拟在南昌投资重点企业的动向，努力促成重点企业来南昌进行商务考察。同时市委、市政府主要领导高度重视引进世界500强和国内200家重点企业工作，并率队赴深圳、上海、北京等走访世界500强和国内200家重点企业，上门“推销”，以情感商。截至年底，全市共引进世界500强企业20家、国内200家重点企业22家。

**2005年南昌市百场招商活动一览表**

表5

| 主办者 | 场次 | 地　　点 |
|---|---|---|
| 省级以上 | 15 | 北京、西安、香港(3场)、成都(2场)、厦门、庐山、南昌、东莞、巴黎、海牙、东京、首尔 |
| 市委、市政府 | 24 | 约翰内斯堡、莱迪布兰德、莱索托王国、香港(2场)、澳门、南昌(7场)、福州、昆山、吉隆坡、雅加达、成都、厦门(2场)、庐山、樟树、东莞、青岛 |
| 联办 | 6 | 南昌(2场)、深圳、新加坡、庐山、上海 |
| 南昌县 | 12 | 泉州(2场)、广州(2场)、上虞、台州、南昌(4场)、福州、上海 |
| 新建县 | 10 | 深圳(2场)、南昌、温州、台州(2场)、香港、昆山、成都、东莞 |
| 进贤县 | 3 | 温州、台州、宁波 |
| 安义县 | 3 | 南昌、上海、泉州 |
| 东湖区 | 1 | 福州 |
| 西湖区 | 6 | 南昌(4场)、厦门、上海 |
| 青云谱区 | 4 | 福州、温州、南昌(2场) |

续表 5－1

| 主办者 | 场次 | 地　　点 |
|---|---|---|
| 湾里区 | 7 | 永康、北京、广州、韩国、成都、上海 |
| 青山湖区 | 8 | 深圳、福州、上海、成都、南昌（2 场）、厦门、北京 |
| 高新区 | 5 | 深圳（3 场）、杭州、北京 |
| 红谷滩新区 | 3 | 南昌（2 场）、福州 |

（市外经贸委）

【不断拓展区域合作力度】 3 月 31 日，2005 年南昌市青山湖区“加快三产发展，促进城东繁荣”主题招商会在青山湖区召开。4 月 5～10 日，组团随省合作办赴西安参加第九届“西洽会”。5 月 18 日，由市委统战部、农工党南昌市委、市外经贸委共同承办的南昌医药保健品产业投资推介会在赣江宾馆举行。6 月 7 日，南昌承接沿海产业梯度转移（福州）推介会在福州市召开，会上推出的投资南昌“十大理由”在海内外客商中产生了巨大的积极影响。7 月 26～28 日，为积极响应省委、省政府关于加强泛珠三角地区经贸合作、促进区域资源整合，实现区域共同发展的号召，组团参加在四川成都举行的第二届“泛珠三角”区域经贸合作洽谈会、江西与四川企业家座谈会，并于 7 月 25 日在新华国际大酒店举行南昌投资环境（成都）说明会。9 月～10 月，中国南昌第四届金秋经贸活动月期间，举办南昌与驻华商务机构、跨国公司经贸合作恳谈会（9 月 25 日）；2005 年中国（南昌）第四届百花洲金秋艺术节暨崛起南昌、放歌东湖大型中秋晚会（9 月 18 日）；中国（南昌）中部崛起与制造业基地建设论坛暨民营企业家投资洽谈会（9 月 22 日）；中国柴油机主机与配套经贸合作恳谈暨南昌小蓝汽车工业园环境推介会（9 月 25 日）；南昌市第一届政银企融资洽谈会（9 月 26 日）等经贸活动。截至年底，全市共达成合同项目 574 个，合同引资额 316.11 亿元，实际进资 260.50 亿元，完成年计划的 118.41%，比上年增长 40.48%。其中，一产项目 13 个，实际进资 2.56 亿元；二产项目 276 个，实际进资 157.08 亿元；三产项目 285 个，实际进资 100.86 亿元。超亿元项目 34 个，引资额 137.23 亿元，实际进资 38.96 亿元。

【不断加强区域协作往来】 5 月 26～28 日，由市长李豆罗，副市长梁小康率团赴福州参加第二届泛珠三角省会城市市长论坛。该论坛的主题是“加强泛珠三角省会城市经贸合作、推动海峡两岸经济区建设和对台经贸合作”，李豆罗在论坛上作“加强区域合作，共创两岸繁荣”的精彩发言。泛珠三角省会城市市长论坛组委会决定第三届泛珠三角省会城市市长论坛将在南昌市举行。6 月，南昌市与江西省抚州市签订《关于进一步推进两市经济合作与交流的协议》，为增进两市的合作往来创造更多条件。7 月 1 日，市长李豆罗率政府代表团赴吉林省四平市学习考察，并与四平市缔结友好城市。两座城市将本着“友好合作、平等互利、优势互补、共同发展”的原则，在制造业、现代农业、旅游业、人才、科技、城市建设与管理工作以及社会事业等方面加强交流与合作；每年不定期举办一次两市市领导会晤。9 月 28 日，南京区域经济协调会第十三届市长联席会在扬州市隆重召开，市委副书记、常务副市长龚建华在会上作“加快富民强市、实现和谐崛起、努力把南昌建设成为现代区域经济中心城市和现代文明花园城市”的发言。11 月 18～19 日，市长李豆罗率团赴长沙市参加武汉经济协作区第十一届市长联席会。该联席会主题为“抓住国家促进中部崛起的战略机遇，促进区域经济密切协作、共同发展”。李豆罗在联席会上的发言得到各城市与会代表较好的评价，为宣传推介南昌、扩大南昌市在协作区的影响起到积极的推动作用。

【进一步优化投资环境】 市委、市政府坚持把投资环境作为第一生产力，采取强有力措施，全力营造和谐稳定的社会环境，依法行政的法制环境，诚实守信的信用环境，鼓励创业的投资环境。制定《关于加强机关效能建设的暂行规定》等一系列规范、配套文件，出台《关于鼓励台商在昌投资的实施意见》、《关于进一步提高工作效率和服务水平若干意见》等鼓励、扶持发展的一系列政策。县区政府、开发区成立投资服务中心，全面推行首席代表制、承诺告知制和并联审批制，做到“一个窗口”、“一站式”服务，项目推进中的一切问题有专人代办，使投资者“上不必见政府、下不必见农民”。继开展“服务年”、“作风年”之后，当年又在全市各级机关开展机关“效能年”活动。开通南昌至深圳和厦门的海铁联运，构建进出口货物跨关区通关的快速通道，改善投资硬环境。经过坚持不懈地努力，南昌市的投资环境发生显著变化。在台湾电机电子工业同业公会对祖国大陆“投资环境及风险”调查中，南昌市从 2002 年的“暂不推荐城市”上升到 2005 年“极力推荐”的城市。

【进一步加强园区建设】 牢固树立开发区“招商是主旋律、项目是生命线”的意识，按照“稳固基础，错位发展，互为补充，完善功能，一流服务”的方针，把招商引资作为开发区的工作主题。一是加强园区基础建设，提高园区的承载能力。各工业园区合理设计承载规模和功能区分布，大力投入推进园区基础设施建设，并采取灵活互利的合作方式，积极引进民间资金参与建设，引导银行资本扶持园区建设。截至年底，全市 11 个开发区累计基础建设投入达 103.92 亿元，共建设路网 335.84 千米、水电管网 735.85 千米，实现 908.3 兆伏安的供电容量、91.5 万吨的日供水能力和 294.72 万吨的日排水能力，基本实现“五通一平”，为企业入驻运营提供了完善的硬件基础。同时初步规划建立医院、商业、学校等功能性配套设施，形成规划科学、布局合理、环境优美、功能完美的现代科技城区。二是科学定位产业布局，开拓各具特色的产业发展道路。各工业园区结合自身资源优势和产业特点，以龙头企业推动产业板块形成、以品牌企业增强集聚效应，加速园区产业发展，推进产业集群化。南昌高新技术产业开发区形成软件、光机电一体化、IT、新材料、生物医药等产业集群；南昌经济技术开发区形成微电子、家电、造纸、汽车制造、建材等产业集群；南昌县江西南昌小蓝工业园形成电子信息、轻纺服装、食品加工、汽车及机械汽配等产业集群；青山湖区南昌民营科技园形成食品饮料、纺织服装、包装等产业集群。三是突出产业配套，增强产业聚集效应和链式效应。各工业园区贯彻市委关于“突出产业配套、做大支柱产业”的指导精神，围绕园区支柱产业，大力推进配套产业招商和链式化招商。通过努力，各园区培养出一批规模逐渐扩大、产业链不断延伸的产业集群。如年产800万套的空调产业,零部件在南昌可实现80%配套供应。同时由晶湛、富昌等项目构成的投资高达16亿美元的微电子产业集群,有望形成继汽车、医药食品、电子信息和家电、新材料、纺织服装之后的南昌市又一个新兴支柱产业。南昌高新技术产业开发区、南昌经济技术开发区、江西南昌小蓝工业园区、南昌民营科技园、南昌昌东工业园区被省政府评为“2005年度先进工业园区”。

**【全市开放型经济工作会议召开】** 2月25~26日在红谷滩会展中心召开。会议组织与会代表来到南昌县江西南昌小蓝工业园内的新龙化纤厂、南昌高新区内的方大新材料科技园、南昌经济技术开发区内的奥克斯空调生产基地、青山湖区内的锦江麦德龙现购自运有限公司、南昌昌东工业区内的东方电缆公司、南昌民营科技园内的银志服装二期工程工地等地察看开放型经济发展情况。会议总结上年全市开放型经济工作,通报上年全市招商引资、出口创汇的任务完成情况,表彰上年度全市招商引资先进单位24个,招商引资突出贡献奖单位4个,出口创汇突出贡献奖单位3个,招商引资服务奖单位30个;部署当年全市招商引资和出口创汇计划;印发四县五区、两个国家级开发区、红谷滩新区以及市发改委、经贸委等21个单位的经验材料汇编。省委常委、市委书记余欣荣出席会议讲话时强调,要突出重点,围绕增强持续发展的能力,切实把各项工作落到实处。要着重以结构调整、提升产业层次为主线,提高招商引资的质量;以深化改革、激活发展动力为主线,扩大招商引资容量;以做优、做特、做强、做精园区为主线,充分发挥园区招商引资主战场作用,提高招商活动效率;以多管齐下化解瓶颈制约为主线,增添开放型经济发展新动力。与此同时,要脚踏实地、开阔胸襟、勇担责任,进一步提高领导开放型经济发展的能力。市委副书记、市长李豆罗主持。市领导王詠、熊焕高、陈守朴、雷武江、卢晓健等出席。

**【全市外经贸局(处)长会议召开】** 元月31日~2月1日,全市外经贸局(处)长会议在南昌县翠林高尔夫度假酒店举行。会上总结各县区、国家级开发区、红谷滩新区、市直有关部门上年开放型经济工作,交流工作体会,研究当年开放型经济工作思路。省委常委、市委书记余欣荣到会并讲话。

**2005年南昌市招商引资获市政府表彰先进单位一览表**

表6

| 招商引资先进单位奖 | 招商引资突出贡献奖 | 出口创汇突出贡献奖 | 出口创汇先进单位 | 招商引资综合奖 | 招商引资服务奖 | 世界500强企业引进奖 | 国内200家重点企业引进奖 | 招商引资先进基层单位奖 |
|---|---|---|---|---|---|---|---|---|
| 市农办、市商贸委、市发改委、市政府驻北京联络处、市政府驻上海联络处、市政府驻广州办事处、市政府驻南京办事处、市政府驻厦门办事处、市政府驻深圳办事处、南昌海关、江西出入境检验检疫局、南昌铁路局、国家外汇管理局江西省分局、南昌边防检查站、省口岸办、市外办、市侨联、市工商联 | 南昌经济技术开发区管委会、青山湖区人民政府、南昌县人民政府、高新技术产业开发区管委会、红谷滩新区管委会、东湖区人民政府、西湖区人民政府、市建委 | 西湖区人民政府、青山湖区人民政府、高新技术产业开发区管委会 | 市经贸委、南昌经济技术开发区管委会、南昌县人民政府、东湖区人民政府、青云谱区人民政府、新建县人民政府、安义县人民政府、湾里区人民政府、进贤县人民政府 | 新建县人民政府、安义县人民政府、青云谱区人民政府、进贤县人民政府、湾里区人民政府、市经贸委、市外经贸委、市审批办证中心管委会、市台办 | 市委办公厅、市纪委办公厅、市人大办公厅、市政府办公厅、市政协办公厅、市委统战部、市监察局、市优化投资环境领导小组办公室、市利用外资管理委员会办公室、市委市政府接待办公室、市公安局、市财政局、市工商局、市规划局、市国土资源局、市国税局、市地税局、市质量技术监督局、市外宣办、市警卫处、南昌供电公司 | 高新技术产业开发区管委会 | 南昌县人民政府、高新技术产业开发区管委会、青山湖区人民政府 | 南昌海关驻高新区办事处、南昌铁路局南昌南车站、南昌经济技术开发区招商局、南昌高新技术产业开发区招商局、青山湖区外经贸局、南昌县对外合作局、红谷滩新区招商局、东湖区外经贸委、西湖区外经贸委 |

(市外经贸委)

## 南昌市文明创建工作

**【概况】** 2005年,全市文明创建工作围绕实现创建“四城”(即创建国家卫生城市、全国文明城市、环保模范城市、国家园林城市)的目标,坚持以人为本和科学发展观,把创建国家卫生城市、全国文明城市、环保模范城市、国家园林城市纳入文明行动计划的总体部署中,大力开展以提高城市环境质量、改善人民生活环境、加强城市基础设施等为主要内容的一系列创建活动,取得明显成效。

### 创建国家卫生城市

**【开展“市容环境百日整治”活动】** 为改善城市面貌,给市民创造一个整洁优美、舒适的人居环境,从3月底开始,集中100天时间,在全市范围内开展“市容环境百日整治”活动。全市69个市直机关分别挂点42个街办(镇、场)和挂点督导39条主干道的整治工作。通过清除占道摊点、修补坑洼道路、清理乱吊乱挂、拆除违章建筑、完善行道绿化,使市区街道和主干道环境面貌一新。截至年底,整治全市900余条小街巷,共清理取缔各类占道摊点4.67万个(次),规范出店经营3.75万个(次),清理乱吊乱挂2.5万余处,拆除违章建筑1272处,共计100余万平方米。

**【启动创建“卫生街区”工作】** 根据全市实际,学习借鉴兄弟城市创卫工作经验,组织城区创建办、爱卫办干部到广州市实地学习考察,并启动创建"卫生街区"工作。10～11月,组织人员对16个申报卫生街区的街办创卫工作进行检查验收,共有12个街办达到卫生街区标准。通过开展"卫生街区"创建活动,为全市创卫工作打造新载体,推动创卫工作向街道、社区、居民户延伸。同时继续深入开展创建"卫生单位"和"卫生村镇"活动。年内共评出"爱国卫生工作先进单位"100个,"爱国卫生工作先进个人"200人。

**【开展"百千万"活动】** 为巩固创建文明城市成果,8月全市轰轰烈烈地开展"百千万"活动,即修百条街巷、增双千队伍(千名保洁员、千名交通协管员)、整万家店面。修百条街巷方面,在前两年顺利完成两百条街巷的整治任务基础上,组织开展第三次"百路大战"活动,全市共改造小街巷143条,进一步方便了市民的出行。增双千队伍方面,年内双千队伍的招聘工作基本结束。整万家店面方面,各城区按照"整灯、整线、整管、整地面,刷墙、刷壁、刷店面"的要求,共粉刷墙面119万平方米;整治各种管线16.8万米;更换店面招牌9953块。同时对影响居民生活的"三类"店(即砂石店、废品收购店、金属切割店)进行搬迁整治。截至年底,全市2.4万余家店面中,整治到位2.3万余家,整治率达99.3%。

**【规范集贸市场管理】** 围绕"转变观念、夯实基础、求真务实、规范管理"的工作思路,一是加强综合整治。对非法占道市场加强整治,成立专项整治领导机构,并下发通告,明确责任,坚决取缔23个非法占道集贸市场。同时对市内集贸市场的食品经营加强监管,尤其是对卤熟食店的销售严格把关,保障群众食品安全。二是加大资金投入。采取市、区财政和市场业主三方各拿一点的方法,共筹集资金162万元(不含业主资金)对市场设施进行改造、提升,年内市区内70个市场的家禽隔离宰杀间改造完毕,基本达到卫生标准;水产品摊位血水、鱼鳞乱溅和熟食品经营店硬件设施不规范等现象基本解决。三是强化日常管理。逐步建立健全长效管理机制,制定《南昌市集贸市场长效管理的实施方案》,层层签定了责任状。同时市创建办、市商贸委坚持对市内各集贸市场每月一次进行定期检查,不定期进行暗访,并通报检查有关情况,表扬先进,鞭策后进。

**【扎实开展除四害工作】** 一是组织开展春、秋季全市统一灭鼠和夏季全市统一灭蚊、蝇、蟑螂活动。动员和组织各县区利用横幅、标语、板报、墙报、宣传品等形式,广泛发动群众参加以"清垃圾、清楼道、查三盖、清蟑迹、封鼠洞"为重点的"四害"孳生地清理活动。期间,共投放灭鼠药33万份,使用杀虫剂7吨、灭蚊片12万份、灭蟑药12万份,清理卫生死角5550处,清除楼道垃圾杂物1万吨,封堵鼠洞1万个,清理蟑迹1200余处,全市"四害"密度得到有效控制。二是大力开展外环境的除"四害"工作。采取招标办法择优聘用PCO公司,从4月～11月底,采取地面投放鼠药、下水道吊挂灭鼠蜡块、磷化铝封杀鼠洞等综合防制措施,负责城区外环境灭鼠工作,控制城区鼠密度常年达到国家标准。组织市、区、街办(乡镇)三级消杀队,从5月～11月底,对城区大街小巷、绿化带、湖泊沿岸定期喷洒灭蚊、蝇、蟑螂杀虫剂,较好地控制了城区的蚊、蝇密度。三是探索除"四害"工作新路子。借鉴兄弟城市经验,在城区20余个街办组建"街道消杀站",开展除四害有偿服务,为建立除四害工作市场化机制打下良好基础。

**【精心组织健康教育活动】** 按照新的国家卫生城市标准,修订《南昌市健康教育工作规范》,举办全市社区健康教育师资培训班、南昌市社区健康教育志愿者培训班,并在东湖区大院街道办事处建立"南昌市社区健康教育基地",并与《今日家庭报》联合举办全市首届"健康知识进万家"有奖竞赛活动,参与人数5055人。4月组织开展"第十七个爱国卫生活动月"活动,充分利用广播、电视、宣传栏、展版、宣传车、横幅、标语广泛宣传爱卫月活动的意义,掀起全市爱国卫生运行新高潮。积极开展控烟宣传教育,开展创"无烟单位、无烟学校和无烟家庭"的"三创"评选活动,共评选出无吸烟单位23家,无吸烟家庭1728家。

**【抓好施工工地管理】** 以"先进的施工理念、严谨的施工管理和标准化、文明化、景观化、花园化的施工现场"为标准,以"强化管理、严格执法"为手段,以"整治建筑工地文明施工"为重点,认真开展一系列建筑工地专项整治、创建全国文明城市和建筑工地百日整治等活动,建筑工程安全管理和卫生管理水平得到提高。全年共整治36个闲置工地,并根据闲置工地专项整治总体情况,规划绿化一批闲置地,使全市又增添一批新的绿化景观。活动中涌现出市级文明施工安全达标样板工程52个,省级文明施工安全达标样板工程19个。

**【强化交通安全管理】** 以"建设和谐平安南昌"为中心,以"开展道路交通'疏堵治乱压事故'集中整治"活动为主线,以缓解城市交通拥堵为目标,持续不断开展交通秩序整治。先后开展"疏堵治乱压事故"交通安全专项整治、摩托车专项整治、车辆超速及客车超员专项整治、客运车辆整治、危险化学品整治、道路运输安全专项整治,红色旅游景区安全管理、"打造畅通文明交通、构建和谐平安江西"等专项整治20余次。共纠处各类交通违法行为92.61万起,比上年增长42%。

**【开展全市化粪池盖专项整治活动】** 对全市1.3万余个化粪池进行清查摸底造册,对经常外溢的化粪池进行彻底开挖、维修、整治。全年共清换化粪池1687余个(次),更换化粪池盖1023个,疏通下水道管2.55万余米(次),新建窨井958座,改造化粪池15座,共投入资金200余万元。

**【加大市政设施维护力度】** 截至11月15日,完成修补沥青路面4.41万平方米,调整及换铺人行道板4.03万平方米,换装及整治路沿7211米,广场砖维修1706平方米,水泥人行道维修3060平方米,疏通下水道6455米,清掏雨水井、检查井73112座,更换井盖1340块,整修井556座、修补地道瓷板486.4万平方米。

**【进一步加强市容管理】** 为实现长效管理打好基础,积极实施九项措施。1. 增加晚间保洁队伍,延长晚间保洁时间。全市主次干道增加一个班次的晚间保洁人员,将保洁时间延长为春、夏、秋季23时,冬季22时。2. 增加小街巷保洁人员,确保小街巷环境卫生。全市600条小街巷合理地调整保洁人员,保持小街巷的长效市容卫生整洁状况。3. 增加垃圾收集次数,确保街道干净整洁。全市沿街单位、店面每晚8时～11时增加一次袋装垃圾上门收集服务,将垃圾收集时间与晚间保洁时间同等延长。4. 增加垃圾广告清理人员,确保消除城市"牛皮癣"。全市各街道环卫所各配备数名垃圾广告清理人员,建立垃圾广告粉刷清理专业队伍,每天及时清理覆盖新发现的垃圾广告。5. 提高一线清扫工待遇,稳定全市清扫保洁队伍。

适当提高清扫保洁一线临时工工资待遇,确保全市清扫保洁队伍的稳定。6. 增加洒水车车辆,扩大道路冲洗范围。全市四个城区各增加2辆洒水车,扩大道路冲洗范围,减少尘土污染。7. 增加垃圾站管理人员,延长垃圾站开放时间。全市垃圾站开放时间定为每天早晨5时至夜间23时,每个垃圾站增加一名管理人员,确保全市生活垃圾及时入站。8. 增加环卫设施投入,确保硬件设施到位。全市环卫系统和社会单位的木制垃圾车全部更换到位,杜绝滴、漏及不密闭现状。9. 增加门前三包管理力量,完善各项规章制度。各区市容局与沿街单位、个体工商户签订《门前三包责任状》100%到位。

【努力做好创建群众信访工作】 创建工作坚持以人为本,不断畅通群众信访渠道,并认真解决群众信访问题。全年先后组织5次"市长与市民对话"活动,直接倾听群众对创建工作的意见、建议。共接听群众热线电话1057个,实际反映问题共910个,整改791个,整改率达86.92%。同时为有效解决群众重访问题,建立整改情况通报制度,加大信访件的督办力度,及时做好协调工作,切实解决好群众反映的重点、难点问题。全年共受理群众来电、采访、来信投诉问题1697件,解决问题1663件,处理率达98%。

【加强城市亮化设施建设】 本着"档次要高,品位要好,色彩要美"的整体要求,共完成主要道路亮化工程25项,新安装路灯2185基。同时把直接关系到居民日常生活的小街巷路灯恢复工作作为工作重点,先后完成团结路、桃苑北路、马家池等60条小街小巷的路灯新改建工程。更换灯泡1.9万只,灯头、灯罩2459只,镇流器3693只,触发器3849只,共插保险5242只,电缆8.7万米,各类线材11.43万米,各类管材15.56万米,立交桥亮化一体化灯管2650套。

【全面推进环卫设施建设】 认真实行从规划用地、设计招标、施工监理、预算决算等方面项目责任制,狠抓落实。全年市财政共投资650万元,完成大修改造公厕26座、新建公厕17座,新建垃圾中转站13座、大修30座的任务。同时投资46.5万元,更新垃圾集装箱75只,并投资152万元,在市区街巷增设果壳箱4000只,添置6辆环卫专用车辆。投资100万元新建粪便处理场一座,并调试运行。

## 创建国家环保模范城市

【全面启动"蓝天"工程】 开展防治城市扬尘污染、淘汰手烧炉、餐饮业油烟治理等一系列环境保护整治工作。并结合建筑工地百日整治活动,对工地进出车辆、施工等产生的扬尘污染,进行综合治理。对全市32.9平方公里的高污染燃料禁燃区内56个燃用高污染燃料的单位实行禁止使用高污染燃料。对其中27家省属单位下达限期整改,14家市属单位报请市政府列2005年度市级限期治理项目计划。年内共有54台燃煤锅炉停用、迁出、拆除或改为气炉或电热设施。对未安装油烟净化器的51家省市属餐饮单位要求限期整改。年内34家单位完成安装油烟净化器治理任务,6家单位搬迁或因道路扩建而拆除、停用。对重点污染企业建立定期巡查监督机制。同时成立6个督查组,对全市范围内36家重点污染企业进行定期巡查监督,在帮助督促下,江氨公司、南钢公司分别完成废气治理。同时占南昌市大气污染负荷的50%以上的南昌发电厂,正式启动脱硫工程。

【全面开展"碧水"工程】 编制《南昌市水环境综合整治工作方案》,对赣江饮用水水源一、二级保护区内餐饮船进行严肃查处,取缔非法游泳场,清理沙石码头和采沙船;全面展开象湖、玉带河和抚河故道两侧截污工程。

【积极实施"宁静"工程】 对金属切割噪声、建筑施工噪声、服务行业噪声进行整治。对各类噪声源进行查处,努力为市民营造安静的生活环境。

【实施"固体废物污染防治"工程】 督促企业加强固体废物综合利用,同时积极筹建市医疗危险废物处置中心。年底,日处理15吨的医疗废物处置中心项目完成选址。

【实施"宣传教育"工程】 利用13块噪声显示屏、绿色南昌网站和在市区主要街道、立交桥悬挂10块广告宣传牌做创建国家环保模范城市公益宣传,并开展环保宣传进社区活动,印发宣传单、发放市民环保手册。

## 创建国家园林城市

【绿化植树】 春季植树呈现计划周密组织好,重点突出进度快,种植质量意识强等特点。3月29~31日园林部门派出两个督导组,对全市各城区、开发区、新区的绿化植树情况进行督查,对各区所报的数字进行核实,有力推动了全市绿化任务的全面完成。截至年底,全市共植乔木28.28万株,灌木966.26万株,铺植草坪104.55万平方米。全市建成区绿化覆盖率37.8%,绿地率36%,人均绿地面积7.5平方米。

【"百路会战"绿化战役】 列入全市第三轮百路大会战的143条道路,要求其凡可以栽树的必须栽上树,提高道路绿化达标率。如果受环境、场地限制无法栽行道树的,也要见缝插绿,建花坛或垂直绿化,最大限度地提高绿化覆盖率。

【加强日常管护】 园林部门组织人员对四个城区进行检查督促,下发整改通知百余条。6月下旬以来,全市持续高温少雨,树木花草旱情、虫情严重。为确保树木花草安全度过伏旱季节,下发抗旱灭虫的紧急通知,要求市直各有关部门、各级园林专业单位、各在建绿化工程建设单位把绿化抗旱灭虫、修剪养护作为首要任务,组织足够的人力、物力投入抗旱保苗工作,防止出现大面积苗木花草的枯死缺损。

## 创建全国文明城市

【宣传公民道德基本规范】 针对市民中存在的不文明,不讲公德的行为,充分利用各种宣传工具重点宣传"爱国守法、明礼诚信、团结友善、勤俭自强、敬业奉献"20字公民道德基本规范,并在主要街道建筑物上悬挂,在公交车、出租车等公共场所喷印,印制宣传品下发到社区的千家万户,努力做到家喻户晓,人人熟读背诵。

【开展公民道德实践活动】 以环境优美、秩序井然、生活便利、社会和谐为目标,在全市积极开展"五进(即市民手册进家庭,公益广告进楼道、文明宣讲进社区、先进典型进报台、文明礼仪进课堂)公民道德教育"活动,并编印出版《文明南昌"三字经"》。组织全市"十大文明之星"宣讲团深入全市各社区和江铃集团公司等单位宣传文明、传播文明。

【全民动员争创全国文明城市】 市委、市政府将创建首届全国文明城市作为精神文明建设的重要工作目标后,根据《全国文明城市测评体系》,制定下发《南昌市创建全国文明城市责任分解表》、《南昌市创建全国文明城市实施方案》、《实地考察任务分解表》等,明确责任单位和创建任务。为确保工作到位,由纪检部门抽调工作人员组成监察组，制定下发《南昌市创建工作监督检查及责任追究暂行办法》，定期对各部门、各单位创建工作进行通报，实行责任追究制；根据《南昌市创建全国文明城市责任分解表》，制定“创建全国文明城市责任状”，市长李豆罗与4个城区、68个市直单位和窗口行业及231个实地考察点的主要负责人签订责任状，使创建工作真正落到实处。同时市、区、街道、社区层层召开动员会，进行宣传发动，市长李豆罗多次接听群众热线，直接与百姓对话，解决实际问题；各社区召开对话座谈会，上门解难释疑，引导群众齐心协力创建文明城市。南昌市获得全国创建文明城市工作先进城市称号后，及时制定下发《关于巩固创建成果坚持长效管理的若干意见》，召开“巩固创建成果坚持长效管理”千人动员大会，推出新举措，并开展“修百条道路，增双千队伍，整万家店面”活动等。中央文明办安排中央电视台《新闻调查》栏目记者先后两次到南昌采访，并制作一期节目予以报道。

【创建文明社区】 以“四进社区”为载体，举办南昌市第三届“四进社区”文艺展演，并选送优秀节目参加全省第二届“四进社区”文艺展演。市文明办还会同市委组织部组织开展南昌市首届“十大文明社区”评选活动，并将建设桥社区、上营坊社区等优秀社区推荐参评江西省首届“十大文明社区”。

【提高文明单位创建水平】 10月19日～25日，举办三期省、市级文明单位培训班，共有735个文明单位派人及各县区文明办主任参加培训。全年全市共推出国家级文明单位14个、全省文明行业11个和一大批省、市级文明单位。

【加强未成年人思想道德建设工作】 一是以学校为教育的主渠道，积极开展中小学生道德教育实践活动。充分利用南昌市建城历史悠久、人文景观丰富、革命遗址众多和人民军队诞生地等得天独厚的德育资源，积极推广以“博文国学启蒙馆”为主要形式的传统美德教育，认真组织实施“弘扬和培育民族精神月”教育活动和“文明南昌校园行动”、“我为英雄城添光彩”等各种形式的主题教育活动和社会实践活动。二是以家庭教育为基础，把家庭教育作为全社会齐抓共管的系统工程。充分发挥家长学校在学校教育、家庭教育和社会教育“三结合”教育网络的重要作用，积极创办中小学、幼儿园家长学校，散居儿童社区家长学校，“为孩子父母学校”等，开展“为国教子，以德育人——我做合格好母亲”教育活动。三是以社区教育为主阵地，发挥社区在构建“三位一体”教育网络中的平台作用。充分整合、利用社区教育资源和活动场所，广泛开展“小手拉大手”、“美我小家，亮我社区”、“我为社区添光彩”、“我是文明小市民”等社区道德实践活动。四是抓理论探索，积极探索未成年人思想道德工作的新途径。为积极配合南昌市承办的全国公民道德建设论坛会议，向省文明办报送公民道德建设典型案例50余个，其中“小包公断案”模拟法庭和小使者进社区实践活动两个案例还被报送中共中央宣传部。

（年鉴处）

# 市、市直机关和中央、省属在南昌单位领导人

## 中国共产党南昌市委员会

（截至时间为2005年12月。下同）

书　记：余欣荣
副书记：李豆罗　王样生（正厅级）
　　史蓉蓉（女，正厅级）
　　王　詠　马承祖　龚建华
常　委：雷武江（女）　蔡社宝
　　卢晓健（女）　张国华
　　罗为民　胡　焯（10月任职）
秘书长：雷武江
副秘书长：侯　捷（任至6月）
　　魏国俊（正县级）
　　谢善名　王国龙　张卓群
　　胡振正　李福如（6月任职）
　　刘德辉（10月任职）

## 南昌市人民代表大会常务委员会

主　任：熊焕高
副主任：姜任保　肖永政　余根水
　　熊全柏　姚燕平（女）
　　连樟寿（2月任职）
　　何友德（2月任职）
　　万先勇（2月任职）
秘书长：万加良
副秘书长：胡群正

## 南昌市人民政府

市　长：李豆罗
常务副市长：龚建华
副市长：卢晓健（女）
　　戴和旺（任至6月）
　　罗慧芬（女）
　　梁小康（任至9月）　凌学仁
　　黄春平　周　关
市长助理：周　明　汤成奇　刘建洋
秘书长：郭　曙
副秘书长：李国根　季智勇（正县级）
　　辛利杰（正县级）
　　朱敏华（正县级）
　　王肇赣（正县级）
　　吕汉清　吴长金（正县级）
　　应学全　金德福（4月任职）
　　罗增明（7月任职）

## 中国人民政治协商会议江西省南昌市委员会

主　席：陈守朴
副主席：雷武江　吴延林（任至2月）
　　钟乐初（任至2月）　王水苟
　　曹连甲　雷元江
　　罗文华（任至2月）　关德华
　　万宗明　侯　捷（2月任职）
　　万玉明（2月任职）
秘书长：黄　凯
副秘书长：李建平　龚代如（正县级）

## 中国人民解放军江西省南昌警备区

第一书记：余欣荣
司令员：李贤水
政治委员：张国华
参谋长：谢光忠
政治部主任：刘希文
政治部副主任：罗水长（任至3月）
后勤部部长：罗承农（任至7月）
　　陈任保（8月任职）

## 中国共产党南昌市纪律检查委员会

书　记：马承祖
副书记：徐荷娣（女）　曾亦冰
常　委：杨俊峰　陈辉林
　　刘德辉（任至10月）
　　李紫敬　陶寒光　朱　斌
秘书长：刘德辉（任至10月）

## 南昌市中级人民法院

院　长:江　涛
副院长:陈　坚(正县级)
　　　董浩明(正县级)
　　　廖治中(正县级)
　　　谭绍木(12月任职)
纪检组长:郅江南
政治部主任:帅国庆
执行局局长:李　军

## 南昌市人民检察院

检察长:沙闻麟
副检察长:罗庆华(正县级)
　　　　宫正明(正县级)
　　　　刘莉芬(女,5月任,正县级)
纪检组长:徐仁杰

## 长垵地区检察院

检察长:刘　敏
副检察长:张小欧(女)　兰小平
纪检组长:徐国华

## 市委工作机构

**办公厅**
主　任:侯　捷(任至6月)
　　　李福如(6月任职)
副主任:谭三国　邹国星(任至6月)
　　　唐席平(6月任职)
　　　于立山(12月任职)
**组织部**
副部长:何友德(兼)
　　　高鹰群(女,正县级,任至4月)
　　　崇江林(兼,3月任职)
　　　邹书玲(女,兼,3月任职)
　　　梅仕灿(正县级组织员,任至4月)
　　　邹绍辉(6月任职)
**宣传部**
部　长:蔡社宝
副部长:李建一(正县级)
　　　马　健(任至10月)
　　　魏运花(女)
　　　李家旺(10月任职)
外宣办主任:邹时光
**统一战线工作部**
部　长:雷武江(女)
副部长:甘水英(女,正县级)
　　　任美清(女)　姚向红(女)
　　　邓春元(兼,3月任职)
　　　杨启棠　钮润荪
**市委政法委**
书　记:罗为民
副书记:胡振正(正县级)
　　　季智勇(正县级)
　　　梁安国(正县级,5月任职)
　　　方华清(5月任正县级)
　　　邓小满
　　　吕建民(任至5月)
　　　樊幽兰(女,5月任职)
市维稳办副主任:蔡卫卫
　　　　　　　李小华(7月任职)
**社会治安综合治理委员会办公室**
主　任:胡振正
副主任:樊幽兰(女)
　　　邹智敏(12月任职)
**农村工作部(市政府农村工作办公室)**
部　长:蔡社宝
副部长:王肇赣(正县级,市农办主任)
　　　陶海龙(正县级,兼市农业综合开发办主任)
　　　利盛生(正县级,兼市农办副主任)
　　　吴久铭(市农办副主任)
　　　刘荣根(市农办副主任)
**台湾工作办公室(市政府台湾事务办公室)**
主　任:李　伟(10月任职)
副主任:周俊华　陶森民　饶小敏
　　　余　刚
**市政府台湾同胞接待处**
处　长:贺飞娜(女,副县级)
**政策研究室**
主　任:王国龙(兼)
副主任:魏文斌(任至6月)
　　　邹爱智
　　　李福如(任至6月)
　　　樊学良(10月任职)
　　　胡友胜(10月任职)
**市委保密机要局**
局　长:刘德辉(10月任职)
副局长:吴凤泉(6月任职)
　　　余俊杰(6月任职)

## 议事协调机构的办事机构

**市机构编制委员会办公室(与市人事局合署办公,正县级)**
主　任:崇江林(3月任职)
副主任:万淑华(女)

## 其他机构

**老干部局(归口组织部管理,正县级)**
局　长:邹书玲(女)
副局长:袁金如　万群英　周世平
关工委办公室主任:龚春凤(女)
**市直机关工作委员会(组织部管理,正县级)**
书　记:傅俊德
副书记:魏荣华　王新平　刘建忠
　　　卢淑兰(女,12月任职)
纪工委书记:龚小荣
工委委员:姚文勇　黄　萍　龚小荣
**督查办公室(市委办公厅内设机构)**
**基层党组织建设办公室(组织部内设机构)**
主　任:邹艾民(10月任职)
**精神文明委建设指导委员会(归口宣传部管理)**
主　任:杨显峰
副主任:袁井红(女,3月任职)
　　　罗小红　李伟佳
**对外宣传办公室(宣传部内设机构)**
主　任:邹时光
**扶贫工作办公室(市委农村工作部、市政府农村工作办公室内设机构)**
主　任:吴久铭(兼,任至10月)
　　　符开辉(10月任职)

## 市人大机关

**办公厅**
主　任:胡群正
副主任:徐永立
　　　王应才(12月任职)
**法制委员会**
主任委员:杭竞生
副主任委员:吴　迈(兼)
　　　　　詹洪武(12月任职)
**内务司法委员会**
主任委员:孙曼云
副主任委员:耿承军(女,12月任职)
**财政经济委员会**
主任委员:孙育平(女)
副主任委员:饶绍清
**城乡建设环境保护委员会**
副主任委员:熊保根
**教育科学文化卫生委员会**
主任委员:李承先
副主任委员:万仁余
**农业和农村工作委员会**
主任委员:俞　新
副主任委员:邓卫东
　　　　　姜宗祥(3月任职)
**法制工作委员会**
主　任:吴　迈
副主任:王志民
**选举任免联络工作委员会**
主　任:高鹰群(女,任至4月)
副主任:万　丽(女,任至10月)
　　　胡万能　谢文[illegible](11月任职)

## 政府工作部门

**办公厅**

主　任:郭　曙

副主任:陈　武(正县级)

　　　黄　文　程一征　梁超伟

纪检组长:沈　杰

党组成员:朱龙宝(任至3月,副县级,民族宗教局副局长)

**公安局**

书　记:罗为民(任至10月)

　　　胡　焯(10月任职)

局　长:胡　焯

副书记、副局长:刘海滨(正县级,5月任职)

　　　宋永尚

副书记:马世国(正县级)

　　　胡振正(正县级,兼,3月任职)

副局长:张安平(正县级,任至10月)

　　　李　勇　李国华

政治部主任:胡金保(10月兼特警支队党委书记,正县级)

纪委书记:钟田力

党委委员:吴大保(正县级,兼市警校校长)

　　　杨子进(兼市公安交通管理局局长)

　　　于晓光(兼东湖公安分局局长)

**监察局(与市纪委合署)**

局　长:曾亦冰

副局长:杨俊峰(正县级纪检员)

　　　陈辉林

　　　黄清玉(女,10月任职)

**民政局**

局　长:梁礼伦

副局长:刘晓平　钟爱国　曾建华

　　　严　平(女,3月任职)

纪委书记:冯中阳

**司法局**

局　长:黄才和(任至5月)

　　　吕建民(5月任职)

副局长:胡磊明(正县级)

　　　章仲云

　　　毛本源(5月兼劳教所政委,正县级)

　　　刘宗光　邓兴国

纪检组长:熊江燕

**经贸委**

主　任:程晓林

书　记:陈清华(10月任职)

副主任:万秋远(正县级)

　　　谭惠如　詹水发

　　　宗伟民(任至5月)

　　　戴　斌(女)　姜博诚

　　　黎建武(6月任职)

纪委书记:张理国

**财政局**

局　长:张根水

副局长:万小平　曾林林(7月正县级)

　　　陈以荻　万昱原

纪检组长:黄五根

总会计师:胡丽华(女)

**市人事局**

局　长:何友德(任至3月)

　　　崇江林(3月任职)

副局长:魏　兵　杨荣华　伍三根

纪检组长:程恩纲

党组成员:万淑华(市编办副主任)

**城乡建设委员会**

主　任:刘建洋

副书记、副主任:郑　炜(正县级,3月任职)

　　　周光华(正县级)

副主任:周　雷(任至10月)

　　　王　俊　王向阳(挂职)

　　　翟圣智

纪检书记:甘　钧

**城市管理行政执法局(城市管理行政执法支队)**

书记、城管支队政委:刘建洋

局长、支队长:龚亚立

副书记、副政委:李新建(3月任职)

副局长:李新建(任至3月)

　　　宋亮生　殷小林

　　　吴　斌(10月任职)

纪委书记:刘建潮(6月任职)

**城乡规划局**

局　长:宋　铀

副局长:龙国英(7月为正县级)

罗剑云　李　勇(10月任职)

纪检组长:成时配

**房产管理局**

局　长:白　波

副局长:刘凤林　罗其昌　易裕斌

　　　周华安(10月任职)

纪委书记:杨卫东

**交通局**

局　长:鞠锦璋

副局长:卞玉信(7月为正县级)

　　　戢才金　吴毛俚　彭孝福

纪委书记:闵小平

**法制办公室**

主　任:廖南萍(女)

副主任:任　烈(正县级)

　　　周国龙

　　　韩德保(12月任职)

　　　宗云彪

纪检组长:韩德保(任至12月)

　　　邱　荣(12月任职)

**物价局**

局　长:吴　晨

副局长:章慧琼(女,正县级)

　　　李　斌　詹善平

　　　孟宪君(任至12月)　谷建勇

纪检组长:李三然

**农业局(市水产局、市蔬菜管理局)**

局　长:胡细泉

副局长:章晋槟

　　　樊林乔(任至4月)

　　　郭子东　胡才水　涂鹤龄

　　　李淑英(女)　郭晓流(4月任职)

纪检书记:郭晓流(任至3月)

　　　万　俊(3月任职)

**林业局**

局　长:宗才友

副局长:樊三宝　李金水　徐建平

纪委书记:宋宏申

**商贸委**

主　任:喻德火

副主任:陈寿明　贺新华　游志卫

　　　高辉红(10月任职)

纪委书记:游水杨

**对外贸易经济合作委员会**

主　任:崇江林(任至4月)

　　　涂宗勤(女,4月任职)

副主任:丁勇利(7月正县级)

　　　陆　萍(7月任职,正县级)

　　　高　健　陈　强　赵　俊

　　　胥　萍(女,任至7月)

纪检组长:肖小美(女)

**文化局**

党委书记、局长:黄中平

副局长:龙任平　喻凤林

　　　李小龙(任至3月)

　　　贺思敏(女)

纪委书记:唐毓瑞

**卫生局**

局　长:魏国华

副局长:宋顺有(正县级,兼市卫校党委书记)

　　　吴春玉(女)　陈天鹏　唐旭平

纪委书记:姚由乐

**人口和计划生育委员会**

主　任:胡伟平(女)

副主任:孟　军　俞宗英(女)　万保平

　　　陆春华

纪检组长:姚玉珍(女)

**审计局**

局　长:李广辉

副局长:刘　鹏　赵　波

　　　陈国广(10月任职)

纪检组长:彭中秋

总审计师:郑克里

**统计局**

局　长:熊一江

副局长:张大军　李鸿胜

张根全(12 月任职)
纪检组长:熊崇东
总统计师:张　宁

**粮食局**

局　长:杨小林
副局长:魏小俊　刘大堂　陈钢文
纪委书记:赵智平

**环保局**

局　长:申少平
副局长:熊晓峰　袁永昌　高　峰
周启珠
纪检书记:周同根

**广播电视局**

局　长:王国昌
副局长:张吉民　杨　虹
纪委书记:林乃祚

**外事侨务办公室**

主　任:张知明(女)
副主任:刘笃安　黄小燕(女)　陈吉炜
纪检组长:刘崇盛

**发展和改革委员会**

主　任:陈韦人
副主任:程其调(正县级)
刘达辉(正县级)
邓建新(正县级)
张小飞(援疆三年)
涂建平
纪检组长:曹　靖

**信息化办公室(市信息化领导小组办事机构,挂靠市发展和改革委员会,正县级)**

主　任:邓建新(正县级)
副主任:邱　胜(12 月任职)
姜方保
钟　坚(7 月任职)

**市招标投标市场管理委员会办公室(归口发展和改革委员会管理)**

主　任:沈　杰(10 月任职)
副主任:徐海仁(10 月任职)
黄洪喜(10 月任职)
纪检组长:万　丽(10 月任职)

**教育局**

局　长:熊晓武
副局长:喻水保(正县级)
王安娅(女)　邵梅珍(女)
黄小华
纪委书记:涂孟达(任至 10 月)
李春明(10 月任职)

**科技局**

局　长:陈喜民
副局长:刘　涛　卢洪献
万卫国(任至 7 月)
胡向萍
纪检组长:曾茂明

**体育局**

局　长:姜　波
副局长:史晓婍(女,6 月兼市体校校长,正县级)
韩匡楷　黄成军　戴国荣
纪检组长:鄢云华

**市政公用事业局**

局　长:胡　焘
副局长:胡梅生　陈安安
周华安(任至 10 月)
柯　斌
朱立安(任至 11 月,挂职)
张春禄(7 月任职)
李跃华(10 月任职)
纪委书记:周来明

**园林绿化局**

局　长:万仁毅
副局长:邓锦辉　邓　敏　余秀莲(女)
童历生
纪委书记:马荣贵

**水利局**

局　长:黄　俊
副局长:万广玉
林　军(兼总工程师)
李克荣
黄文华(12 月任职,挂职)
纪检组长:邓文茂
防汛办主任:周洪都

**国土资源局**

局　长:周宏伟(7 月任职)
副局长:万里明(正县级)
钟效光　曾治平
周宏伟(任至 7 月)
肖修武
纪检组长:徐荣丽(女)

**劳动和社会保障局**

局　长:陶年根
副局长:万江泓(女,兼市高级技校党支部书记,正县级)
刘平嵛(7 月明确为正县级)
王明文　高运龙
刘卫东(6 月任职)
纪检组长:涂贵生

**市容环境管理局**

局　长:张鸿雁
副局长:傅任保　肖鲁健　施晓兰
刘琪珏
纪委书记:万家吉

**个私办(中小企业局)**

主任(局长):余礼生
副主任(副局长):吴柏坚(任至 5 月)
周永红(任至 5 月)
黄广新　周保明
李　碧(7 月任职)
纪委书记:吴高强

**安全生产监督管理局(安全生产委员会办公室)**

局　长:程其蔚
副书记、副局长:王　竞(正县级)
副局长:张安平(10 月任职,正县级)
吴国荣　孙群力
纪检组长:吴跃华

## 议事协调机构的办事机构

**人民防空办公室(市民防局)**

主任(局长):胡序环
副主任(副局长):杨水保　肖育松
熊焕标
纪检组长:廖晓峰

## 其他机构

**信访局**

局　长:吕汉清
副局长:张国兴　李耀辉　黄玖金
聂嘉平
纪检组长:万明凤(12 月任职)

**参事室(市政府办公厅内设机构)**

主　任:江春贵(副县级)
副主任:黄风骚(正县级)
杨松林

**市民族宗教事务局**

党组书记、局长:邓春元(3 月任职)
副局长:朱龙宝(3 月任职)
姚嗣缘(3 月任职)
纪检组长:王新兴(10 月任职)

**供销合作社**

主　任:陈国凤(女)
副主任:李有补　戴龙宝　李建华
樊保仁
纪委书记:杨剑波

**国有资产监督管理委员会**

党委副书记、主任:王英汗
党委书记、副主任:梅士灿
副主任:刘　明　李来平
纪委书记:傅志红(女,6 月任职)

## 市直属事业单位

**市委党校**

第一校长:史蓉蓉(女,兼)
校　长:罗木水
副校长:胡频亚
庄西翻(任至 12 月)
陈和茂
蔡水珍(女,10 月任职)

**南昌日报社**

社长、党委书记:陈清华(任至 6 月)
总编辑:马　健(任至 6 月)
党委书记、社长、总编辑:马　健(6 月任职)
副总编:王国祥　黄敏建　黄洪涛
纪委书记:张祥华

**档案局**
局　长：李国华
副局长：樊林乔（3月任职）
　　丁莱香（女）　彭　青　赵乐临
**接待办公室（市委接待办公室、市政府接待办公室）**
主　任：谈善名
副主任：郑　罡
　　高革霞（女，12月任职）
纪委书记：高革霞（女，任至12月）
　　徐勇华（12月任职）
**机管局**
局　长：张卓群
副局长：高继友　罗金根　高道理
　　陈　武
纪检组长：寇立洋（女）
**史志办公室**
主　任：姜爱兰（女）
副主任：熊月宝　谭小荣　晏　芳
纪检组长：辜　峰
**旅游局**
局　长：李　芸（女）
副局长：殷国华　林　军　甘春瑞
　　佟焕哲
纪检组长：傅志红（女，任至6月）
　　陈　丹（6月任职）
**农业综合开发办公室**
党组书记、主任：陶海龙
副主任：陶青山　易海英（女）　张　磊
**公路管理局**
党委书记：黄维豪
副局长：杨宗富
　　俞剑平（7月任职）
　　毛顺茂（7月任职）
纪委书记：陈　丹（任至6月）
　　杨玉江（6月任职）
**新闻出版局**
局　长：王建华（6月任职）
副局长：赵　军（12月任职）
　　熊　伟（6月任职）
纪检组长：郭俭良（10月任职）

## 市驻外机构

**驻北京联络处**
主　任：金德福（兼）
副主任：严　平（女，任至3月）
**驻上海联络处**
主　任：李小保
副主任：傅新灿
**驻深圳办事处**
主　任：李　伟（任至10月）
　　张东理（10月任职）
副主任：张东理（任至10月）
**驻广州办事处**
主　任：孙功礼（副县级）
**驻南京办事处**
副主任：周国群
**驻厦门办事处**
主　任：徐迎晨（副县级）
副主任：黄信红

## 派出机构

**南昌高新技术产业开发区**
工委书记、管委会主任：
　　黄春平（副市长，任至7月）
　　曾光辉（7月任职）
工委副书记、管委会副主任：
　　章小刚（正县级）
　　李有才（正县级）
　　宋双鹏（正县级，6月任职）
工委委员、区公安分局局长：李祖宏
工委委员、管委会副主任：
　　刘斯彬
　　万润生（6月任职）
　　邬裕江（6月任职）
　　黄正东（挂职）
　　李　莉（挂职，任至11月）
工委委员、纪工委书记：
　　杨伟红（女，6月任职）
管委会副主任：
　　曲世友（挂职，10月任职）
　　张晓晖（挂职，11月任职）
**南昌经济技术开发区**
工委书记、管委会主任：
　　汤成奇（市长助理，副厅级）
工委副书记：
　　汤家喜（正县级，6月任职）
工委委员、管委会副主任：
　　章柏岗（正县级）
　　郑美华（任至7月）　赵永林
　　陆　萍（女，任至6月）
　　王建平（任至6月）
　　胡觉荣（6月任职）
　　万文浩（6月任职）
　　赖育雷（6月任职）
纪工委书记：
　　汤家喜（正县级）
工委委员、区公安分局局长：王绍伟
工委委员、社会发展局局长：
　　胡觉荣（任至7月）
　　吴海保（6月任职）
管委会主任助理、办公室主任：
　　周兰仕
管委会科技副主任：
　　邓于慧（女，6月任职，挂职）
纪工委副书记：刘功映
**市红谷滩新区**
工委书记、主任：卢晓健（女，市委常委、副市长，任至6月）
工委书记、第一主任：
　　卢晓健（7月任职）
主　任：雷元江（7月任职）
工委副书记、副主任：
　　罗蜀强
　　周　亮（任至4月）
　　郭　毅（正县级，6月任职）
工委副书记：刘长城（挂职）
　　邹国星（6月任职）
工委委员、副主任：
　　郭　毅（任至6月）
　　吴扎平（6月任职）
　　张春禄（任至6月）
　　黄学观　吴韶宸
工委委员、纪工委书记：袁小兰（女）
工委委员、区公安分局局长：吁小平
**江西桑海经济技术开发区**
工委书记、管委会主任：
　　应学全（市政府副秘书长）
工委副书记：徐美宏（正县级）
工委委员、管委会副主任：
　　张云宽（正县级）
　　刘小平（正县级）　黄宜顺
　　吴官华（7月任职）
工委委员、纪工委书记：
　　陈萍华（12月任职）
**南昌英雄经济技术开发区**
工委书记、管委会主任：罗增明
工委副书记：王建平（正县级，6月任职）
工委委员、管委会副主任：
　　刘东平（正县级）
　　万仁如（正县级）
　　况志强（正县级）　杨宏富
　　余　颖（7月任职）
工委委员：文瑞平（正县级）
工委委员、区纪工委书记：张兹俊
**办证中心**
党组书记、主任：李国根（兼）
副主任：邓九藩　刘木生
　　席建平（10月任职）
纪检组长：肖　虹

## 政协办公厅和各专门委员会

**办公厅**
主　任：李建平（兼副秘书长）
副主任：龚代如（正县级，兼副秘书长）
**提案委员会**
主　任：李佩文
副主任：周笑蓓（女，任至6月）
　　黄　杰（女，6月任职）
**经济科技委员会**
主　任：刘海涛
副主任：宋易平
**城乡建设委员会**
主　任：龚玉水（任至11月）
　　王洪昌（11月任职）

副主任:刁　旭(任至11月)
**教卫文体委员会**
主　任:王建水
副主任:徐尤良
**社会和法制委员会**
主　任:葛静先
副主任:潘建华(6月任职)
**港澳台侨委员会**
主　任:饶　兵

## 市纪委工作部门

**办公厅**
主　任:陶寒光
**干部室**
主　任:李紫敬
**监察综合室**
主　任:林厚道
**调宣室**
主　任:傅碧波(2月任至6月)
　　　李　林(6月任职)
**党风廉政建设室**
主　任:王小文(任至6月)
**纠正部门和行业不正之风室**
主　任:郭俭良(任至10月)
　　　徐友根(10月任职)
**执法监察室**
主　任:李联明(2月任职)
**纪检监察一室**
主　任:朱　斌
**纪检监察二室**
主　任:黄洪喜(任至10月)
**纪检监察三室**
主　任:杨玉江(任至6月)
**案件审理室**
主　任:刘建潮(任至6月)
　　　傅碧波(女,6月任职))
**纪委效投中心**
主　任:陈伟明(2月任职)
**信访室**
主　任:刘　彪
**纪委干部培训中心**
主　任:赖卫余(2月任职)

## 民主党派

**中国国民党革命委员会南昌市委员会**
主　委:陈守国(兼)
副主委:陈国云(兼)　马名先(兼)
　　　王晓玲(女)
**中国民主同盟南昌市委员会**
主　委:罗慧芬(女,兼)
副主委:杜晓晖(兼)　谢　弘(兼)
　　　王永南
**中国民主建国会南昌市委员会**
主　委:万宗明
副主委:陶晓林(兼)　祝小平(兼)
　　　唐国琴(女,兼)
**中国民主促进会南昌市委员会**
主　委:姚燕平(女)
副主委:舒斯会(兼)　胡显勇(兼)
　　　党　钢
**中国农工民主党南昌市委员会**
主　委:孟灵源
副主委:龙国英(女、兼)　陈东亮(兼)
　　　伍目连(兼)　王　英(兼)
**九三学社南昌市委员会**
主　委:李广振(兼)
副主委:陈　刚(兼)
　　　符垂荣(兼)
　　　黄立发

## 社会团体

**南昌市总工会**
主　席:万先勇(兼,12月任职)
　　　傅玉芳(女,任至12月)
副主席:傅玉芳(12月任职)
　　　李美珍(女)　何庆华
　　　喻细根　金　宏
纪检组长:刘本昆
**中国共产主义青年团南昌市委员会**
书　记:刘　闯
副书记:邱　胜　周仁斌
　　　万　欣(12月任职)
　　　阎志强(12月任职)
**南昌市妇女联合会**
主　席:李电花(女)
副主席:黄　杰(女,任至6月)
　　　徐雪莲(女)
　　　周笑蓓(女,6月任职)
　　　管琳丽(女)
　　　盛爱凤(女,12月任职)
**南昌市工商业联合会**
会　长:雷元江
党组书记:任美清(女,兼)
副会长:钟用贤　熊幸平　李传秀
　　　余登伟
**归国华侨联合会**
主　席:姚向红(女)
副主席:吴欣康
**南昌市科学技术协会**
主　席:姚晓明
副主席:李美和　龚绍华
　　　刘友务(10月病故)
　　　柯雪琴(女,10月任职)
　　　罗春来(12月任职)
**南昌市社会科学学会联合会**
党组书记、主席:邓春元(任至3月)
党组书记:李建一(6月兼任)
党组副书记、主席:庄西翻(12月任职)
党组成员、副主席:吴远清　白　冰
　　　哈晓兰　盛建昌
　　　张恒立(12月任职)
**南昌市文学艺术界联合会**
主　席:李　敏
副主席:赵　军(任至12月)
　　　杨菊妹(女)　程国骏　黄振民
**南昌市残疾人联合会**
理事长:赵文庭
副理事长:漆永亮(任至12月)
　　　孙秀全
　　　卢淑兰(女,任至12月)
　　　蒋跃东
　　　丁慧兴(12月任职)

## 中央、省、市属企事业单位

(截至时间为2005年12月30日,下同)

### 江西洪都航空工业集团有限责任公司

董事长、党委书记:田　民
董事、总经理、党委副书记:吴方辉
董事、副总经理:金栋林　陶国飞
　　　姚　志　傅俊旭
董事、党委副书记、工会主席:车德云
党委副书记、纪委书记:焦　敏
副总经理:胡曙光　叶喜根　谢根华
　　　黄俊勇　徐晓飞　黄　临
科技委主任:姜　亮

### 江西机场集团公司

党委书记、董事长:余当贵
党委副书记、总经理:邵登祥
党委副书记、纪委书记、工会主席:刘振升
副总经理:周敏生　万　林　胡正银
　　　李运昌
财务总监:刘亚红(女)

### 中国联通南昌分公司

总经理:彭小龙
党委书记:陶伟华
副总经理:左红卫　郑景平　韩智洪

### 江西省电信公司南昌分公司

党委书记、总经理:许叶茂(7月任党委书记)
党委副书记、纪检书记、工会主席:
　　　余小妹(7月任党委副书记)
副总经理:涂丁老(任至7月)
　　　张建军(7月任职)　许　洪
　　　谢涣亮

总会计师:龚卫红
总经理助理:廖　春　程　晖(7月任职)

## 江西移动通信有限责任公司南昌营销中心

党委书记、总经理:胡中华(任至8月)
　　雷振国(8月任职)
副总经理:邓庆林　汪　平
纪检书记、工会主席:陈小媛(女)

## 南昌海关

关　长:陈华山
副关长:胡　泽(任至4月)　唐赟峰
　　魏　斌　林建平(4月任职)
纪检组长:方幸福
稽师局长:柳　丹

## 江铃汽车集团公司

董事长、党委副书记:王锡高
党委书记、董事:蒋林生
董事、党委副书记、纪委书记、工会主席:
　　吴　涌
董　事:卢水芳　涂洪锋　熊春英(女)
　　刘年凤(女)　江亚东　罗　军
　　周　明(任至10月)

## 中国石化南昌石油分公司

经　理:林　刚
书　记:陈永长
副经理:李　星　李晓吟
经理助理:涂星星　徐琦佳

## 南昌铁路局

局　长:黄桂章
党委书记:吴　伟
副书记:赵庆国
常务副局长:佟永刚
副局长:陈为坤　朱惠刚　范钦爱
纪委书记:方兰珍(女)
工会主席:卢文星

## 南昌钢铁有限责任公司

董事长:傅民安
党委书记、副董事长:李其祥
副董事长、总经理:肖飞来
党委副书记、纪委书记:孙家玉
工会主席:信维克
副总经理:肖　锋　常　健　尧武平

## 南昌卷烟厂

厂长(兼):郑　伟
党委委员、纪委书记、党委主要负责人(兼):王志彬
党委委员、副书记、常务副厂长:王迪汗
党委委员、副书记、工会主席:叶华英
党委委员:刘一华(井冈山卷烟厂厂长)
　　缪　波(兴国卷烟厂厂长)
副厂长:赵明强　张胜健　黄剑文
　　付武军
总会计师:曾　平

## 江西南华医药有限公司

董事长、党委书记:王克勤
副董事长、党委副书记:罗方民
总经理:陈正辉
监事长:翁锦川
副总经理:周镇灏　谢小民
纪委书记:于学敏(女)
工会主席:周　勇
财务总监:陈志诚
总会计师:扬力平
工会主席:卢文星

## 武警南昌市支队

**合并升格前南昌市支队负责人**
支队长:李　峰(任至5月)
政　委:宋金昌(任至5月)
副支队长:朱旺生　潘学东(任至5月)
副政委:胡新科(任至5月)
政治处主任:雷进先(任至5月)
后勤处处长:崔　峰(任至5月)
**合并升格后南昌市支队负责人**
支队长:周智源(5月任职,大校警衔)
政　委:周庆民(5月任职,大校警衔)
副支队长:顾自力(5月任职)
　　陈日顺(5～12月)
　　朱旺生(12月任职)
副政委:宋金昌(5～12月)
　　黄绿光(12月任职)
参谋长:陈鹏程(5～9月)
　　朱小明(9月任职)
政治部主任:黄绿光(5～12月)
　　李文勤(12月任职)
后勤部部长:金百春(5～12月)
　　周思东(12月任职)

## 南昌市公安消防支队

支队长:刘柏芬(任至9月)
　　蔡安东(9月任职)
政　委:丁荟平
副支队长:蔡卫国　万　军
副政委:张友保
参谋长:刘　辉
政治处主任:曹　力
后勤处处长:孙海平
防火监督处处长:熊　伟

## 南昌市工商局

党组书记、局长:刘东庚
副局长:刘林茂(任至5月)
　　樊松廷　胡荣发　陶　成
　　张　琳(女,6月任职)
纪检组长:吴瑞金

## 南昌市邮政局

局　长:吴祖讲
党委书记:戴书华
副局长:王全江(7月任职)　彭华彬
　　姚仕萍　陈凤鸣(7月任职)

## 南昌市食品药品监督管理局

局长、党组书记:张　力
副局长:刘金生(任至5月)
　　吴宜芳　谭友文
纪检组长:罗丽华(女)

## 南昌市烟草专卖局(分公司)

局长(经理)、党委书记:魏平(1月任职)
纪委书记:任梦暾(女)
副经理:蔡晓荣　唐胜团(1月任职)
副局长:齐波浪(1月任职)

## 南昌市质量技术监督局

局　长:周南昌
党组书记、副局长:张正新
党组书记:冯金兆(任至10月)
副局长:杨晚才　张新华　康剑川
纪检组长:邹建华

## 南昌市无线电管理局

局　长:曾建宁
副局长:张旭奇

## 南昌供电公司

总经理:滕富连
党委书记:陈　冰

副总经理:朱仲扬(任至5月) 熊东生
邵玉琴(女,6月任职)
高 斌 邓南平 周其平
胡晓华
党委副书记兼纪委书记:
邵玉琴(任至5月)
傅 强(6月任职)
工会主席:张伟光
总会计师:黄 青(女)
总工程师:龚建平

## 南昌市城市建设投资发展有限公司

董事长、总经理:孙水应
董事、副总经理:姚 俊 涂小毛
副总经理:童铁男 涂凤全
徐海仁(任至10月)

## 南昌市市政公用控股集团公司

党委书记、董事长:胡国光
党委副书记、纪委书记、监事会主席:
胡高仔
董事、副总经理:郑克一
党委委员、副总经理:陈忠红
党委委员、董事、总经理助理:钟上游

## 南昌市国有工业资产经营管理有限公司

党委书记、董事长:舒新政
党委副书记、副董事长、总经理:
刘建平(正县级)
党委副书记、纪委书记:
张 萍(女,正县级)
副总经理:刘焕敏 罗国填 沈建骅
陈小勤 黎应发 汤洪潮
应 皓 吴坤荣
彭小英(女)

## 南昌旅游集团有限公司

董事长、总经理:熊 伟
副董事长、副总经理:李虹虹(女)
副总经理:傅荣志 熊贤祥
柳晓梅(女) 章 磊

## 南昌物资集团公司

党委书记、总经理:黎 刚
副总经理:李树华(正县级)

## 金融、保险、税务单位

**江西银监局**
党委书记、局长:徐云香(女)
党委委员、副局长:林勇力 罗昕宁
袁管华
党委委员、局长助理:
方春树(任至4月) 胡德海
彭川西
**中国人民银行南昌中心支行**
行 长:高小琼
副行长:曾祥仁(任至9月) 张智富
张鉴君 郭云喜(7月任职)
纪委书记:边宏琪
工会主任:石 南
**中国农业发展银行江西省分行营业部**
党委书记、总经理:张学谦
党委委员、纪检书记、副总经理:胡信江
党委委员、副总经理:金春明
**中国工商银行江西省分行营业部**
总经理:苏南宏
副总经理:林秋萍(女,任至5月)
李淑华(5月任职)
徐幼林 贾传宝
纪委书记:罗颂华
总经理助理:徐国保 颜 颐
**中国农业银行江西省分行营业部**
党委书记、总经理:彭元煌
党委副书记、副总经理:任筱燕(女)
党委委员、副总经理:
陈希柏 陈 安(12月任职)
王朝霞(12月任职)
万银苟(12月任职)
翁新平(任至8月)
喻性前(任至11月)
工会主席:周长江
**中国银行股份有限公司江西省分行**
行 长:方红光
副行长:汪长安(女) 杨展鹏 罗小明
纪委书记:邵宪康
总稽核:梅顺来
**中国建设银行南昌市各城区支行**
阳明支行行长:李新农
永叔支行行长:黄 坚(任至6月)
张中科(6月任职)
洪都支行行长:刘 忠
青云支行行长:彭家彬
铁路支行行长:王建国
城建支行行长:涂国平
**招商银行南昌分行**
党委书记、行长:文行赤
党委委员、副行长:胡德明
党委委员、行长助理:彭 俊(1月任职)
沈 彬(1月任职)
党委委员、纪委书记、行长助理:
陈中宇(任至3月)
祝建民(1月任职)
**南昌市商业银行**
董事长、党委书记、行长:徐荣生
副董事长、党委副书记:
林怡璋(正县级)
副行长:陈标有 蒋少强 陈凯慧
党委副书记、工会主席:陈 勇
纪委书记:张达根
**南昌市农村信用社**
党组书记、总经理:刘 [illegible]
党组委员、副总经理:杨国平
**中国人民财产保险股份有限公司南昌市分公司**
总经理:夏 霖(女)
副总经理:郭新武 闵志成
纪委书记:陈 信
工会主席:童燕冰(女)
**中国人寿保险股份有限公司南昌分公司**
总经理:肖 明
纪检书记:黄金如
副总经理:罗 林 王 峥
江慧蓉(女)
安重军(任至11月)
总稽核:李有泉
党委委员:陈其义(兼新建县支公司经理)
**中国太平洋人寿保险股份有限公司江西分公司南昌营业部**
总经理:李 冉(任至8月)
彭 皓(8月任职)
副总经理:宁广锋(任至8月)
总经理助理:饶桂兰(女)
**中国平安财产保险股份有限公司江西分公司**
总经理:彭江山
总经理助理:孙 朝 王长青
**中国平安人寿保险股份有限公司江西分公司**
总经理:成冰冰(1月任职)
副总经理:赵 勇 张文宪 张庭宏
**南昌市国税局**
党组书记、局长:曾光辉
副局长:戴朝琦 寿晓南(女) 王宝军
纪检组长:吴自立
总经济师:陈国富
总会计师:朱忠恩
**南昌市地方税务局**
党组书记、局长:朱文保
党组成员、副局长:高炎生 郭 峰
李瑞平
钟 胜(11月任职)
党组成员、纪检组长:江 华

## 县　区

**南昌县县委**
书　记:杨伟东
副书记:张晓方　王建华(任至6月)
　　梅　梅(女)
　　梅茂发(正县级,兼纪委书记)
　　周　军(挂职)
常　委:周建东(人武部长)
　　徐十斗(公安局长)
　　涂仕华(组织部长)
　　胡小明(宣传部长)
　　杨保根(政法委书记)
　　李传强(农工部长)
　　肖王文(常务副县长)
　　胡　炜(女统战部长,6月任常委)
　　樊哲本(10月任职)

**南昌县人大常委会**
主　任:罗炳贵
副主任:吴和平　袁春秀(女)　黄连科
　　李木旺　崇林凤(女)　陈秀梅(女)

**南昌县政府**
县　长:张晓方
副县长:肖王文　邓炳根
　　徐海波(7月任职)
　　胡　炜(女,任至6月)
　　胡昱勇　魏根金
　　邹晓东(6月任职)
　　熊丽克(女,挂职,任至9月)
　　万　敏(女,挂职科技副县长)
　　江伟斌(挂职科技副县长)
　　刘　丽(女,挂职,10月任职)

**南昌县政协**
主　席:王火生
副主席:万德珍(女)
　　吴克芳(女)　张　军　李信谆
　　姜润根　伍目连　李　植

**南昌县法院**
院　长:范云远

**南昌县检察院**
检察长:张留春

**新建县县委**
书　记:曾文明
副书记:姜王林　胡　敏(正县级)
　　戴晓明　肖子振(挂职,任至9月)
　　刘红灿(女,挂职,7月任职)
常　委:曾志毅(常务副县长)　谌　伟
　　屈燕疆(公安局长,任至12月)
　　赵刚平(女,组织部长)
　　熊运浪(宣传部长)
　　易小毛(政法委书记)
　　刘承万(人武部长)
　　王　伟(公安局长,12月任职)

**新建县人大常委会**
主　任:张云晃
副主任:何爱国　张学坤　蔡顺庭
　　熊家云　夏英英(女)
　　熊长春(6月任职)

**新建县政府**
县　长:姜玉林
副县长:曾志毅
　　符垂荣(兼九三学社市委会副主委)
　　徐才保　叶保平　凌　菲(女)
　　陈锦文(女,挂职科技副县长,12月任职)

**新建县政协**
主　席:胡邦金
副主席:熊全珍(兼统战部长)
　　邓志平　夏禾香(女)　熊贤莉
　　李万汲　刘　川(兼)
　　熊忠义(6月任职)

**新建县法院**
院　长:张友芹

**新建县检察院**
检察长:刘献榜

**进贤县县委**
书　记:陶和平
副书记:曹吉清　熊汗峨
　　邹绍辉(兼纪委书记,任至6月)
　　梅树华(兼政法委书记)
　　龚小山
　　王桂玲(女,挂职,任至9月)
常　委:龚小山(常务副县长)
　　陈圣栋(组织部长)　万晓鸣
　　王桂珍(女,农工部长)
　　杨文斌(宣传部长)
　　王小文(纪委书记)
　　万荣春(人武部长,任至6月)
　　丁　乐(人武部政委,6月任职)

**进贤县人大常委会**
主　任:傅木和
副主任:王安仂　郦浙驹　卢仁贵
　　焦官印　邹祥仁　唐四保

**进贤县政府**
县　长:曹吉清
副县长:龚小山　吴来忠　樊哲文
　　程建兵　胡　彬(女)
　　王　帆(挂职科技副县长)
　　陈国盛(挂职,10月任职)

**进贤县政协**
主　席:张茂华
副主席:艾燕飞(兼统战部长)
　　胡党先　何慧明　吴友金
　　许方清　黄春树(6月任职)

**进贤县法院**
院　长:李雪琴(女,任至10月)
　　罗　辉(10月任职)

**进贤县检察院**
检察长:易志华

**安义县县委**
书　记:连樟寿(任至3月)
　　邱向军(4月任职)
副书记:邱向军(任至3月)
　　周　亮(4月任职)
　　朱　东(兼纪委书记)
　　杜　勇(兼政法委书记)
　　胡荣棣(7月任职)
　　万剑平(挂职,任至9月)
　　黄晓发(挂职,7月任职)
常　委:刘晓燕(女,常务副县长)
　　吴学春(农工部长)
　　唐于禄(宣传部长)
　　涂和平(组织部长)
　　许建平(人武部政委,任至6月)
　　熊季翔(人武部长,6月任职)

**安义县人大常委会**
主　任:连樟寿(兼,任至5月)
　　邱向军(兼,5月任职)
副主任:涂赞贵　王礼能　刘金章
　　张晓阳　彭　兰(女)

**安义县政府**
县　长:邱向军(任至4月)
　　周　亮(5月任职)
副县长:刘晓燕(女)　杨　斯　熊墨明
　　徐海波(任至6月)　熊荣根
　　刘万勇(6月任职)

**安义县政协**
主　席:张　芸(女)
副主席:杨晓天(兼统战部长)
　　熊诵党　高宗良
　　胡长富(兼公安局长)
　　涂赞珠　陈华香(女)

**安义县法院**
院　长:梁　洪

**安义县检察院**
检察长:詹太健

**东湖区区委**
书　记:熊墨辉(任至4月)
　　高鹰群(4月任职)
副书记:莫继明(任至4月)
　　邹传坚(4月任职)
　　刘维祯
　　谢为民(兼纪委书记)
　　陶　志(兼政法委书记)
常　委:于晓光(公安分局局长)
　　王　玮(女,宣传部长)
　　罗毛则(组织部长)
　　张　虎(常务副区长)
　　马广军(人武部长)
　　黄国农(10月任职)

**东湖区人大常委会**
主　任:陈伍都
副主任:涂精智　熊金英(女)　殷晓欣
　　陈道如　唐沐杨　黄立发(兼)

**东湖区政府**
区　长:莫继明(任至4月)
　　邹传坚(5月任职)
副区长:张　虎　黄国农(任至10月)
　　张　伟　吴　强　黄　琰
　　朱和平(10月任职)
　　陶卓凡(挂职科技副区长,12月任职)

**东湖区政协**
主　席:赵　波
副主席:熊凤姝(女,兼统战部长)
　　张水源　童萍如(女)　敖晓焕
　　胡中平　欧阳桃花(女)
　　吴飞云(10月任职)

**东湖区法院**
院　长:雷　虹(女)

**东湖区检察院**
检察长:万水清

**西湖区区委**
书　记:刘卫平
副书记:薄成诚
　　张　平(兼纪委书记)
　　徐冬莲(女)　周智安
常　委:胡频庚(公安分局局长,任至12月)
　　胡晓海(常务副区长)
　　马　力(组织部长)
　　喻国泰(宣传部长)
　　熊保良(政法委书记)
　　王立团(人武部长,任至6月)
　　张　敏(人武部政委,6月任职)
　　屈燕疆(公安分局局长,12月任职)

**西湖区人大常委会**
主　任:赵伟雄
副主任:沈浩澄　张爱军　余鹏飞
　　吴国庆　杨美萍(女)　余小伶

**西湖区政府**
区　长:薄成诚
副区长:胡晓海　胡赣龄(女)
　　王　敏(女)　唐仁让　王　强

**西湖区政协**
主　席:余茂生
副主席:李晓林(兼统战部长)
　　汪益文　张淑琳(女)　万长权
　　胡南生　吴汝宜(女)　陈国云(兼)

**西湖区法院**
院　长:熊承俊

**西湖区检察院**
检察长:邓修作

**青云谱区区委**
书　记:万先勇(任至4月)
　　张录光(4月任职)
副书记:朱志群　陈匡辉(正县级)
　　李小逢(兼纪委书记)
　　万国根(挂职,任至9月)
常　委:余毛毛(政法委书记)
　　袁耕宇(组织部长)
　　黄之猛(常务副区长)
　　陈茂林(女,宣传部长)
　　陈　宇
　　黄耀华(青云谱镇党委书记,6月任职)
　　曾崇新(人武部政委,任至6月)
　　简敏锋(人武部长,6月任职)

**青云谱区人大常委会**
主　任:万桂英(女)
副主任:朱玉松　程卫平　樊孝荣
　　易　斌　喻　洪

**青云谱区政府**
区　长:张录光(任至4月)
　　朱志群(5月任职)
副区长:黄之猛　陈东亮
　　雷学知(任至6月)
　　万卫国(6月任职)　孙乐水
　　杨晓辉(女)
　　崔建芳(挂职,10月任职)

**青云谱区政协**
主　席:王　华
副主席:陈　峰(兼统战部长)
　　雷学知(7月任职)
　　邓仰成(兼公安分局局长)
　　曹赣中　杜晓晖(兼)　李家彬(兼)

**青云谱区法院**
院　长:黄耀华(任至6月)
　　李雪琴(7月任职)

**青云谱区检察院**
检察长:蔡建樵

**湾里区区委**
书　记:万玉明(任至4月)
　　莫继明(4月任职)
副书记:勒世标　闵建波(兼纪委书记)
　　万贤赛　邱　钧(挂职,10月任职)
常　委:杨光才(常务副区长)
　　孙　毅(组织部长)
　　喻　玫(女,宣传部长)
　　涂慧玲(女,政法委书记)
　　黄招员(人武部长)

**湾里区人大常委会**
主　任:万晓云
副主任:刘金海　谢瑞芳(女)　李立华
　　方卫红(女)　李重苏(10月任职)

**湾里区政府**
区　长:勒世标
副区长:杨光才　刘　琰　胡崇敬
　　贺志平(女)　张春辉(10月任职)
　　涂晓斌(挂职科技副区长,任至11月)
　　陶　菁(女,挂职)

**湾里区政协**
主　席:兰玉华(女)
副主席:刘行羽(兼统战部长)
　　郑学明
　　陈　刚(兼九三学社市委会副主委)
　　胡　昆　孙卫平

**湾里区法院**
院　长:廖　群

**湾里区检察院**
检察长:余声汉

**青山湖区区委**
书　记:吴志明
副书记:熊桂金　胡小洪(正县级)
　　熊庆华(兼纪委书记)
　　燕晓华(挂职)
常　委:王继军(宣传部长)
　　胡咸训(政法委书记)
　　周红业(组织部长)
　　李云峰
　　陶　亮(公安分局局长)
　　邹晓东(6月任职)
　　谢景平(人武部政委,8月任职)

**青山湖区人大常委会**
主　任:黄茶花(女)
副主任:章琴颐　万芳根
　　熊　杰(任至7月)　赵荣三
　　邹马鼓　陈康信　王　谦(10月任职)

**青山湖区政府**
区　长:熊桂金
副区长:胡小洪(正县级)　陈　斌
　　吴扎平(任至7月)　田　辉
　　吴腊根　熊　杰(7月任职)
　　陈　蒙(挂职科技副区长)
　　潘海峰(挂职,任至2月)
　　陈　微(女,挂职)

**青山湖区政协**
主　席:虞信远
副主席:杨祖达(兼统战部长)
　　谌水莲(女)　龚晓新　丰常明
　　余天平(女,兼财政局长)
　　魏宏平　姜　宏

**青山湖区法院**
院　长:张　萍(女)

**青山湖区检察院**
检察长:郭云水

(市委组织部　市史志办)

# 中国共产党南昌市委员会

## 市委全委(扩大)会议

【概况】 2005年,中共南昌市委共召开2次全委(扩大)会,由市委常委会主持。

【中共南昌市委八届九次全体(扩大)会议】 7月14~15日召开。市委常委会主持。会议原则通过《中共南昌市委、南昌市人民政府关于推动全民创业,加快富民强市,促进快速和谐崛起的若干意见》和《中共南昌市委、南昌市人民政府关于加快现代服务业发展的决定》。会议传达全省领导干部会议精神,围绕和谐创业、富民强市主题,研究部署下半年工作,组织和动员全市人民把快速发展中凝聚起来的民心、民智、民力引导到"百姓创家业、能人创企业、干部创事业"上来,为全面实现"一年有个新变化,三年有个阶段性大变化"的目标任务而努力奋斗。

【中共南昌市委八届十次全体(扩大)会议】 12月27日召开。市委常委会主持。会议审议通过《中共南昌市委关于制定南昌市国民经济和社会发展第十一个五年规划的建议》和《中共南昌市委常委会2005年度工作报告》。会议传达党的十六届五中全会、中央经济工作会议和省委十一届十次全会精神,总结"十五"时期的工作,谋划"十一五"的发展,研究部署2006年的工作。全会认为,"十五"时期的五年,全市上下紧紧围绕省委、省政府提出的做好"两篇文章"的目标,实现经济社会的快速、协调、持续发展,达到了"一年有个新变化,三年有个阶段性大变化"的要求,为"十一五"基本实现"两篇文章"的目标和未来南昌更大的发展奠定了较好的基础。要实现"十一五"时期的奋斗目标,关键是要以科学发展观为指导,促进南昌经济社会又快又好发展。

(喻德霏)

## 市委常委会议

【概况】 2005年,中共南昌八届市委共召开28次常委会议。主持人为省委常委、市委书记余欣荣。

【八届市委(2005)第1次常委会议】 1月5日召开。会议研究部署在全市开展保持共产党员先进性教育活动的有关工作,审议并原则同意市委组织部代市委草拟的《中共南昌市委关于在全市开展保持共产党员先进性教育活动的实施方案》及市委保持共产党员先进性教育活动工作领导小组成员名单;审议《中共南昌市委、南昌市人民政府关于统筹城乡经济社会发展,进一步加快县域经济发展的若干意见》;审议并原则同意市人大常委会党组报送的《关于提请审查〈南昌市2005年立法计划(草案)〉的请示》;听取并同意市委组织部关于贯彻全省组织部长会议精神的意见;审议市盘活办报送的《关于请求下发〈红谷大厦机关办公用房分配暨盘活方案〉的请示》;听取市委政法委关于全国、全省两级有关会议精神及我市有关情况的汇报;同意市委政法委关于贯彻全国、全省两级有关会议精神,做好相关工作的意见;审议并同意市纪委报送的《关于给予杨建平开除党籍处分的请示》。

【八届市委(2005)第2次常委会议】 1月11日召开。会议听取市委政法委《关于全国、全省政法工作会议主要精神及我市贯彻意见的汇报》及市公安局《关于全省设区市公安局长会议主要精神及贯彻意见的汇报》,审议并原则同意《2005年全市社会治安综合治理工作意见》、《南昌市贯彻〈江西省社会治安综合治理及维护社会稳定领导责任制实施意见〉的实施细则》;研究部署全市春节期间的有关工作,对全市春节期间有关活动进行安排。

【八届市委(2005)第3次常委会议】 1月30日召开。会议审议并同意市政府党组报送的《关于要求审定〈关于进一步做好我市政府参事工作的意见〉的请示》;听取并同意市委统战部报送的《关于贯彻全省统战部长会议精神的请示》、市信访局《关于贯彻落实全国、全省部署集中处理信访突出问题及群体性事件第二阶段工作电视电话会议精神的意见》;审议并原则同意市编委办代市委办公厅、市政府办公厅草拟的《关于创新机制规范事业单位进人管理的意见》;听取市纪委《关于传达省纪委六次全会主要精神和我市贯彻意见的报告》,审议并同意《市纪委五次全会工作报告》;听取市优化投资环境领导小组报送的《全市2004年优化投资环境工作总结》,审议并同意《2005年优化投资环境工作实施方案》;听取市纪委《关于2004年"双评"工作汇报》、审议并同意《2004年开展机关"作风年"活动工作汇报和2005年开展机关"效能年"活动方案》和《关于召开2004年全市优化投资环境、"双评"、机关"作风年"总结表彰暨2005年优化投资环境、开展机关"效能年"活动动员大会的请示》;审议并同意市纪委报送的《关于对魏朝和违纪问题立案的请示》、《关于给予吴庶元开除党籍处分的请示》;研究有关人事问题。

【八届市委(2005)第4次常委会议】 2月2日召开。会议审议并同意市人大常委会党组报送的《关于市十二届人民代表大会第六次会议筹备工作具体事项的请示》和《市人大常委会工作报告》;审议并同意市政府党组报送的《关于报请审定〈政府工作报告〉的请示》、《关于审定南昌市2004年国民经济和社会发展计划执行情况与2005年国民经济和社会发展计划(草案)的报告的请示》、《关于审定南昌市2004年市级财政总预算执行情况和2005年市级财政总预算(草案)的报告的请示》、《关于审定2004年度享受市政府特殊津贴人选的请示》、

《关于审定〈关于加快林业发展的若干意见〉的请示》；审议并通过市政协党组报送的《关于报请审定〈政协南昌市第十一届委员会常务委员会工作报告〉的请示》；审议市综合目标管理考核领导小组办公室报送的《南昌市2005年度综合目标管理考核实施意见》和《2005年县区综合管理考核指标》；审议并原则通过市委办公厅报送的《中共南昌市委常委领导班子参加保持共产党员先进性教育活动工作方案》；审议市委统战部报送的《关于增补政协南昌市第十一届委员会委员建议人选的请示》；审议市委组织部报送的有关议题。

【八届市委（2005）第5次常委会议】 2月16日召开。会议研究有关人事问题。

【八届市委（2005）第6次常委会议】 3月26日召开。会议审议并原则同意市委先进性教育活动领导小组办公室报送的《关于由市委常委牵头立即着手整改的问题的请示》；审议并同意市委组织部报送的《关于在"七一"前夕表彰全市先进基层党组织和优秀共产党员、优秀党务工作者的请示》；审议并同意市委组织部代市委草拟的《中共南昌市委关于成立中共南昌市国有资产监督管理委员会有关问题的通知》；研究有关干部任免事项。

【八届市委（2005）第7次常委会议】 3月29日召开。会议传达全省先进性教育活动第二次工作会议精神；总结市委、市人大常委会、市政府、市政协四套班子先进性教育活动第一阶段的工作；对市级四套班子先进性教育活动第二阶段的工作进行认真研究，审议并通过有关工作方案。

【八届市委（2005）第8次常委会议】 4月5日召开。会议审议并原则同意市政府党组报送的《关于审定下岗职工基本生活保障制度向失业保险制度并轨工作通知的请示》、《关于审定我市2005年重大重点项目及政府投融资项目投资计划、重点工程项目、民心工程项目的请示》；审议并通过市政府党组报送的《关于表彰2004年度全市信访工作先进集体和先进个人的请示》；审议并原则同意市委宣传部代市委办公厅、市政府办公厅草拟的《关于加强我市新闻和政务类网站建设和管理的意见》；审议并同意市纪委报送的《关于对我市2005年党风廉政建设和反腐败工作任务分工进行审定的请示》、《关于给予惠本善开除党籍处分的请示》、《关于给予万里鹏开除党籍处分的请示》和《关于给予林龙河开除党籍处分的请示》；研究有关人事问题。

【八届市委（2005）第9次常委会议】 4月24日召开。会议审议并原则同意市政府党组报送的《关于审定2005年南昌市劳动模范名单的请示》及《关于召开全市劳模表彰大会有关事项的请示》、《关于审定南昌市朝阳农场改革与发展实施方案的请示》；审议市政府党组报送的《关于审定江西长运集团有限公司增资扩股方案的请示》；审议并原则通过市委办公厅、市政府办公厅《关于贯彻落实效能年活动抓督查、精减会议和文件、控制检查评比活动的实施细则》；审议并同意市编办报送的《关于审定中共江西省南昌英雄经济技术开发区工作委员会、江西省南昌英雄经济技术开发区管理委员会职能配置、内设机构和人员编制规定的请示》。

【八届市委（2005）第10次常委会议】 5月7日召开。会议听取《关于市委常委参加保持共产党员先进性教育活动专题民主生活会情况的报告》；总结市委常委领导班子先进性教育活动第二阶段工作，对市级四套班子先进性教育活动第三阶段工作进行初步安排；研究并同意市委先进性教育活动领导小组办公室报送的《关于召开市委常委专题民主生活会情况通报会和全市先进性教育活动第三次工作会有关事项的请示》；审议并修改市政府党组报送的《关于审定〈建立南昌市招标投标统一市场，进一步加强和规范招标投标管理工作意见〉的请示》；审议并同意市纪委报送的《关于给予刘贵盛留党察看二年的请示》。

【八届市委（2005）第11次常委会议】 5月14日召开。会议讨论和审议《中共南昌市委常委会先进性教育活动整改方案》；审议并同意南昌警备区代市委、市政府草拟的《关于进一步加强民兵基层建设的意见》；审议并同意市委政法委报送的《关于下发〈关于开展"规范执法行为、促进执法公正"专项整改活动的实施方案〉的请示》及《关于建议表彰2004年度全市社会治安综合治理目标管理先进县区、单位和个人等有关事项的请示》；研究有关人事问题。

【八届市委（2005）第12次常委会议】 5月24日召开。会议审议并同意市政府党组报送的《南昌市公费医疗管理办法修改意见（暂行）》；审议并同意文明南昌行动委员会秘书处报送的《关于表彰文明南昌行动先进集体和先进个人有关事项的请示》；审议并修改市纪委、市委组织部报送的《南昌市市管干部涉嫌违法违纪停止职务试行办法》；审议市纪委报送的《关于给予邹共先留党察看一年处分的请示》；研究有关人事问题。

【八届市委（2005）第13次常委会议】 6月1日召开。会议听取市委常委先进性教育活动整改落实情况通报；听取并同意市教育局关于全省加强和改进大学生思想政治教育工作会议暨第十五次全省高等学校党的建设工作会议精神汇报；审议并同意市委宣传部、安义县委报送的《关于推荐安义县优秀党支部书记凌美龙作为全市先进典型的请示》、市委政法委报送的《关于提请审议〈关于加强"两所一庭"建设的意见〉的请示》；听取市公安局党委《关于加强我市特警队伍建设的情况汇报》。

【八届市委（2005）第14次常委会议】 6月15日召开。会议听取全市党政代表团赴福州、苏州考察和招商情况的汇报；审议并同意市关工委报送的《关于召开纪念南昌市关工委成立十周年暨全市关心下一代工作"双先"表彰会的请示》、文明南昌行动委员会报送的《关于提请审定文明南昌行动先进集体和先进个人的请示》、市委组织部报送的《关于审定全市先进基层党组织、优秀共产党员、优秀党务工作者名单和召开表彰大会有关事项的请示》；听取市信访局《关于1～5月份信访工作情况汇报》，审议《关于在全市开展领导干部集中接访月实施方案》。

【八届市委（2005）第15次常委会议】 6月30日召开。会议观看警示教育片《被金钱买断的人生》；审议市委组织部报送的《关于建立健全基层党组织建设和党员教育管理长效机制的意见》；审议并原则同意市编办报送的《南昌市新闻出版局（版权局）主要职责、内设机构和人员编制规定》；审议并同意市委组织部报送的《关于江西省新闻出版局南昌分局划归我市管理后党组织设置的请示》；研究有关人事问题。

【八届市委（2005）第16次常委会议】 7月3日召开。会议研究有关人事问题。

【八届市委（2005）第17次常委会议】

7月10日召开。会议审议中共南昌市委、南昌市人民政府《关于推动和谐创业、富民强市、快速崛起的若干意见》、《关于加快现代服务业发展的决定》；听取市文明办《关于我市创建文明城市工作的情况汇报》，同意市文明办在汇报时提出的请示意见；审议并同意市委办公厅报送的《关于召开市委八届九次全体（扩大）会议工作方案》，市人大常委会党组报送的《关于2005年述职评议对象的请示》；听取市计委《关于梅岭风景区开发问题的调查报告》；审议并同意市纪委报送的《关于重申党政领导干部交流工作纪律的通知》、《关于给予万仁蝗开除党籍处分的请示》、《关于对陶海龙违纪问题立案的请示》和市委组织部报送的《关于昌东高校园区管委会机构更名后调整党组织设置的请示》、《南昌市公开选拔党政领导干部实施意见》；研究有关人事问题。

**【八届市委（2005）第18次常委会议】**
7月21日召开。会议听取市信访局《关于郑州、太原、石家庄等五城市信访、维稳工作考察情况汇报》，同意在《汇报》中就进一步做好全市信访、维稳工作提出的建议意见；审议并同意市委先进性教育活动领导小组办公室报送的《关于在先进性教育活动中动员和组织全市广大共产党员为和谐创业作表率的通知》，市人大常委会党组报送的《关于对拟任人员进行任前法律知识考试办法的请示》，市委组织部报送的《关于我市市、县（区）两级联合公开选拔领导干部的请示》；研究有关人事问题。

**【八届市委（2005）第19次常委会议】**
7月25日召开。会议审议市信访局报送的《关于进一步加强信访工作的意见》；听取市文明办关于全市创建全国文明城市有关工作的汇报；听取我市创建国家园林城市有关工作的汇报。

**【八届市委（2005）第20次常委会议】**
8月16日召开。会议听取全市创建全国文明城市测评情况汇报，专题研究如何巩固创建成果、坚持长效管理的问题。审议讨论市文明南昌行动委员会、市创建指挥部《关于巩固创建成果，坚持长效管理的意见（讨论稿）》。

**【八届市委（2005）第21次常委会议】**
9月3日召开。会议听取关于全市第二批先进性教育活动情况汇报，讨论并同意市委保持共产党员先进性教育活动领导小组办公室就今后工作提出的思路和建议；听取全省第二次反恐工作会议精神汇报。

**【八届市委（2005）第22次常委会议】**
9月25日召开。会议听取全市1～8月份经济运行情况通报，分析当前经济形势，研究下一步全市的经济工作；审议并原则同意市政府党组报送的《关于审定加快现代服务业发展实施办法的请示》；审议市委政研室代市委、市政府草拟的《关于进一步深化经济改革的若干意见》；审议并同意市政府党组报送的《关于审定南昌市国有企业经营者年薪制试行办法的请示》；审议并同意市纪委报送的《关于对谢昌文受贿问题予以立案的请示》、《关于给予达式林开除党籍处分的请示》和《关于给予陶海龙党内警告处分的请示》。

**【八届市委（2005）第23次常委会议】**
10月19日召开。会议听取市委先进性教育活动领导小组办公室《关于全省先进性教育活动第四次工作会议精神及我市贯彻意见的汇报》，同意市委先进性教育活动领导小组办公室就开展好当前及下一阶段全市先进性教育活动提出的意见和建议；审议并同意市政府党组报送的《关于呈报审定〈关于市以下国土资源管理体制改革的实施意见〉的请示》；听取市委组织部关于全国、全省“严格按照《干部任用条件》的有关规定选拔任用干部视频会议”主要精神和全市贯彻落实意见的汇报，同意就贯彻落实全国、全省视频会议精神提出的意见；审议并同意市委组织部报送的《关于南昌市招标投标管理委员会办公室党组织设置的请示》；研究有关人事问题。

**【八届市委（2005）第24次常委会议】**
10月22日召开。会议研究有关人事问题。

**【八届市委（2005）第25次常委会议】**
10月28日召开。会议听取市委宣传部《关于王志刚工作室汇报南昌城市营销战略策划纲要的汇报》；听取市信访局《关于市领导公开接访活动情况的汇报》，审议市信访局代市委办公厅、市政府办公厅草拟的《关于切实做好全市各级党政领导公开接待群众来访工作的意见》；审议并原则同意市纪委报送的《南昌市关于贯彻落实〈建立健全教育、制度、监督并重的惩治和预防腐败体系实施纲要〉的意见》及《南昌市关于贯彻落实〈建立健全教育、制度、监督并重的惩治和预防腐败体系实施纲要〉的意见》的任务分工方案；听取全市全民创业有关情况汇报；听取市总工会党组报送的《全省工会工作会议精神及我市贯彻意见、我市工会工作基本情况及存在的主要问题的汇报》，审议市总工会代拟的《中共南昌市委关于进一步加强和改进新时期工会工作的实施意见》。

**【八届市委（2005）第26次常委会议】**
11月14日召开。会议审议《中共南昌市委关于制定南昌市国民经济和社会发展第十一个五年计划的建议（送审稿）》；听取南昌警备区《江西省民兵预备役部队“一线指挥部”建设总结表彰大会精神》及《江西省国防动员委员会第七次全体会议主要精神和贯彻意见》的汇报，原则同意南昌警备区就贯彻落实两个会议精神提出的意见；审议并同意市委宣传部报送的《关于评选全市“十大文明社区”、“十大文明村庄”、“十大平安卫士”、“十大创业先锋”的请示》；审议并同意市总工会、团市委、市妇联、市文联、市社联、市残联、市科协党组分别报送的《关于召开南昌市总工会第十二次代表大会的请示》、《关于召开共青团南昌市委第十五次代表大会的请示》、《关于召开南昌市妇联第十一次代表大会的请示》、《关于召开南昌市文联第七次代表大会进行换届的请示》、《关于筹备召开南昌市第四次社会科学工作者代表大会的请示》、《关于筹备召开南昌市残疾人联合会第三次代表大会的请示》、《关于要求召开南昌市科学技术协会第七次代表大会的请示》；审议并同意市纪委报送的《关于给予杨先义留党察看二年处分的请示》及《关于邹洪先违纪案的情况报告》；研究人事问题。

**【八届市委（2005）第27次常委会议】**
12月17日召开。会议传达学习省委十一届十次全会精神；审议并原则同意《中共南昌市委关于制定南昌市国民经济和社会发展第十一个五年规划的建议（送审稿）》；审议并原则同意《中共南昌市委常委会2005年度工作报告（送审稿）》；审议并同意市人大常委会党组报送的《关于呈请审批〈中共南昌市人大常委会党组关于进一步加强市人大代表工作和市人大常委会制度建设的意见〉的请示》、《关于召开南昌市第十二届人民代表大会第七次会议有关建议事项的请示》、《关于我市部分省人大代表职务变动的情况报告》、《关于补选我市部分市人大代表职务的请示》、《关于提请审查〈南昌市2006年立法计划（草案）的请示》和市政协党组报送的《关于召开政协南昌市第十一届委员会第六次全体会议的请示》、市综合目标管理考核领导小组办公室报送的《关于提请市委常委会审定2005年度全市综合目标考核工作几个问题的请示》；审议并原则同意市法制宣传教育工作领导小组报送的《关于申报全国、全省“四五”普法先进集体、先进个人的请示》、《关于做好我市“四五”普法先进集体、先进个人评选表彰工作的请示》；审议并同意市纪委报送的《关于给予李江南开除党籍处分的请示》、《关于给予李钦开除党籍处分的请示》；审议并同意市委组织部报送的《市委协管干部工作程序》、《关于成立中共南昌市纪律检查委员会驻市信访局纪检组的请示》；研究有关人事问题。

【八届市委（2005）第28次常委会议】 12月25日召开。会议审议并原则同意《中共南昌市委关于制定国民经济和社会发展第十一个五年规划的建议（送审稿）》，《中共南昌市委常委会2005年度工作报告（送审稿）》；审议市委组织部报送的有关议题。

（喻德菲）

## 市委重要工作会议

【全市保持共产党员先进性教育活动工作会议】 1月28日召开。会议对全市第一批开展先进性教育活动的单位进行动员并进行工作部署。

【全市宣传工作会议】 1月29日召开。会议传达贯彻全省宣传部长会议精神，总结上年度工作，研究部署当年全市宣传思想工作；表彰上年度全市宣传思想工作先进单位和先进个人。

【全市工业工作会议】 2月2日召开。会议贯彻落实市委八届八次全会精神，总结上年度全市工业经济改革发展工作，分析当前工业发展面临的新形势、新任务，确定当年工业经济发展奋斗目标、主要任务和工作重点，部署全年工业工作，为实现第二个“三年翻番”目标打下扎实基础。

【市纪委第五次全体（扩大）会议】 2月3日召开。会议传达中纪委五次全会、省纪委六次全会精神，总结上年度全市党风廉政建设和反腐败工作，研究部署当年党风廉政建设和反腐败工作。

【全市人口与计划生育工作会议】 2月24日召开。会议全面总结上年度计划生育工作，表彰上年度计划生育工作先进单位和个人，研究部署当年的计划生育工作。

【全市优化投资环境、机关“作风年”、“双评”工作总结表彰暨2005年优化投资环境、机关“效能年”动员大会】 2月28日召开。会议总结全市开展优化投资环境、机关“作风年”、“双评”工作，表彰先进，部署当年全市开展优化投资环境、机关“效能年”活动工作。

【全市劳动模范表彰大会】 4月30日召开。会议表彰当年的市劳动模范。

【全市建设和谐平安南昌动员暨2004年度社会治安综合治理表彰大会】 5月26日召开。会议对全市综治工作先进集体、先进个人进行表彰，就建设“和谐平安南昌”进行动员。

【纪念南昌市关工委成立十周年暨全市关心下一代工作“双先”表彰会】 6月24日召开。庆祝市关心下一代工作委员会成立十周年，表彰一批十年来为全市青少年的健康成长作出过突出贡献的先进单位、先进个人。

【全市领导干部会议】 10月17日召开。会议传达全省领导干部会议精神，学习贯彻党的十六届五中全会精神。

（喻德菲）

## 市委重要决策

【开展保持共产党员先进性教育活动】 1月5日，市委发出《关于开展以实践“三个代表”重要思想为主要内容的保持共产党员先进性教育活动的实施意见》。《意见》要求通过活动使党员素质切实得到提高，基层组织切实得到加强，服务群众切实见到成效，各项工作切实得到推进。

【加快县域经济发展】 1月19日，市委、市政府发出《关于统筹城乡经济社会发展，进一步加快县域经济发展的若干意见》。《意见》要求全市以“打牢基础、优化结构、扩大开放、市场运作、提升素质、增强活力”为基本方针，以大开放为主战略，以建设现代制造业重要基地为核心战略，以县城、中心镇、卫星镇和工业园区建设为载体，以农业产业化经营为依托，以民营经济为主攻方向，以创新完善机制体制为保障，切实提高县域经济发展水平，促进县域经济大发展。

【发展开放型经济】 1月20日，市委、市政府发出《关于2005年全面提升开放型经济工作效能和整体水平的若干意见》。《意见》从八个方面提出要求：一、深刻认识经济发展形势，切实增强发展开放型经济的自觉性和责任感；二、明确指导思想和目标任务，着力提升开放型经济工作整体水平；三、集中力量主攻招商重点，力求实现开放型经济增长质量的新突破；四、不断创新亲商、招商、安商、富商方式，合力延伸政务服务的联动效应；五、切实扩大外经贸规模，提高开放型经济综合竞争力；六、努力化解发展瓶颈制约，增添开放型经济发展的新动力；七、全力优化投资环境，形成全社会发展开放型经济的大合力；八、加强组织领导，营造促进开放型经济发展的新机制和新优势。

【优化投资环境】 2月[illegible]日，市委、市政府发出《关于印发〈2005年优化投资环境工作实施方案〉的通知》。《通知》要求进一步营造高效快捷的政务环境；营造诚实守信的市场环境；营造重商安商的服务环境；营造安全文明法制环境。

【加快林业发展】 2月6日，市委、市政府发出《关于加快林业发展的若干意见》。《意见》从以下九个方面提出要求：一、加快林业发展是实现南昌市可持续发展的战略选择；二、加快林业发展的指导思想、基本原则和主要任务；三、实施三大工程，巩固和加强生态建设；四、优化产业结构，加快发展林业产业；五、深化林业体制改革，增强林业发展动力；六、完善和落实政策，保障林业长期稳定发展；七、推进科技兴林，努力提高林业产业的科技含量；八、坚持依法治林，切实加强森林资源的保护和管理；九、切实加强领导，确保林业加速健康发展。

【开展机关“效能年”活动】 2月25日，市委、市政府发出《关于印发〈南昌市开展机关“效能年”活动实施方案〉的通知》。《通知》要求市直机关围绕中心，开展效能督查，确保政令畅通；围绕提高效率，开展专项清理，解决“四多”（即会议多、文件多、检查多、培训多）问题；围绕依法行政，开展诚信服务，解决行为不规范问题；围绕优化环境，开展专项整治，解决“四乱”问题。

【完善招标投标管理】 5月11日，市委、市政府发出《关于建立南昌招标投标统一市场，进一步加强和规范招标投标管理工作的意见》。《意见》要求进一步加强全市招标投标管理体制建设，依法将各类招标投标事项全部纳入统一市场规范交易，进一步规范招标投标统一市场的运行机制，进一步强化招标投标统一市场的监管体系，高度重视招标投标统一市场队伍建设，不断加大招标投标统一市场交易场所建设的力度，按照市级模式建设县级招标投标统一市场。

【开展向凌美龙学习活动】 6月22日，市委发出《关于开展向凌美龙同志学习活动的决定》。《决定》要求全市各级党组织把开展向凌美龙学习的活动，作为保持共产党员先进性教育的重要内容，作为加强基层党组织建设的重要抓手，作为深入推进各项工作、不断增强工作实效的重要动力，认真安排部署，切实抓紧抓好。进一步发挥全市各级党组织在实现南昌崛起事业中的战斗堡垒作用，进一步发挥全市广大党员干部在实现富民强市工作实践中的先锋模范作用，为南昌在江西、在中部地区率先崛起做出新的更大贡献。

【加快现代服务业发展】 7月27日，市委、市政府发出《关于加快现代服务业发展的决定》。《决定》要求全力发展金融保险业，大力发展现代物流业，加快发展旅游会展业，积极发展大文化产业，做大做强商贸流通业，完善提高中介服务业，着力拓展社区服务业，高起点发展信息软件业；加强规划指导，放宽市场准入，加大改革力度，加快开放步伐，加大财政扶持，实施名牌战略，打造骨干企业，优化人才环境，打造发展平台，营造发展环境；健全组织领导体系，建立统计指标体系，完善目标考核体系。

【推动全民创业】 8月1日，市委、市政府发出《关于推动全民创业，加快富民强市促进快速和谐崛起的若干意见》。《意见》要求广泛动员城乡群众不拘形式、不限规模自主创业。通过创业，提高收入，改善生活。以开放的事业，开明的政策，鼓励、引导和支持各类能人创办、领办各类企业，努力形成企业兴旺发达、蓬勃发展的生动局面。坚持正确的用人导向，激励各级干部立足岗位，胸怀大志，不断进取，争创一流业绩。创新机制体制，加速推进全民创业。打造服务平台，全方位支持全民创业。优化政策环境，大力扶持全民创业。牢牢抓住关键，用干部创事业带动全民创业。落实科学发展观，科学指导全民创业。切实加强领导，确保全民创业取得实效。

【做好农村税费改革工作】 9月22日，市委、市政府发出《关于做好2005年农村税费改革工作的意见》。提出不折不扣落实免征农业税政策，切实做好粮食直补和良种补贴发放工作；巩固乡镇机构改革成果，转变乡镇政府职能；加大农村义务教育管理体制改革力度，巩固以政府投入为主的经费保障体制；进一步完善县、乡财政管理体制；继续整治和规范涉农收费；坚持和完善防止农民负担反弹的长效机制；认真清理审核乡村债务，坚决制止新债发生；完善村内"一事一议"筹资筹劳管理制度；切实减轻国有农场职工负担；稳定和完善农村土地家庭承包经营体制，做好产权发证工作；大力推进社会主义新农村建设；切实加强领导，确保农村税费改革工作顺利进行。

【工会工作】 11月11日，市委、市政府发出《关于进一步加强和改进新时期工会工作，充分发挥工会组织重要作用的意见》。《意见》要求坚持走中国特色社会主义工会发展道路，培养和造就一支高素质的职工队伍，组织广大职工积极开展多种形式的群众性经济技术创新活动，认真做好劳动模范的评选、表彰和管理工作；建立工会干部维权保障机制，坚持和完善以职代会和厂务公开为基本形式的基层企事业单位民主政治建设，建立健全和谐稳定的劳动关系，认真做好下岗失业职工再就业工作，大力发展职工互助保险，积极参与社会保障体系建设，认真抓好职工的安全生产和劳动保护工作；依法加强基层工会组织建设，不断扩大工会组织的覆盖面；加强和改进党对新时期工会工作的领导，为工会开展工作提供必要的条件。

（喻德菲）

## 市委常委中心组学习会

【概况】 2005年，中共南昌八届市委常委中心组共举行6次学习会。其中，部分学习会采取集中学习、讲座、论坛等方式进行。

【市级四套班子成员集中学习】 1月30日在市委第一会议室举行。集中学习以《保持共产党员先进性教育读本》和《江泽民论加强和改进执政党建设（专题摘编）》为主要教材，重点学习《中国共产党章程》、党的十六大报告，十六届三中、四中全会决定及省委十一届七次、八次全会，市委八届八次全会精神；中央、省、市委领导有关先进性教育活动的重要讲话精神；中央先进性教育活动领导小组编写的《保持共产党员先进性教育参考教材》和省委组织部选编的《建设高素质干部队伍》。省委常委、市委书记余欣荣主持并讲话。李豆罗、王样生、史蓉蓉、王詠、马承祖、熊焕高、陈守朴等市委、市人大常委会、市政府、市政协四套班子领导及党组成员参加集中学习。省委督导组组长刘祖三及省委督导组成员，市委先进性教育活动领导小组成员、市委督导组组长也参加了集中学习。余欣荣强调，面对南昌发展的新形势、新任务，我们要借在全党开展以实践"三个代表"重要思想为主要内容的保持共产党员先进性教育活动的东风，把保持共产党员先进性教育同落实省委十一届八次全会和市委八届八次全会确定的各项任务结合起来，以高度的政治责任感，把开展先进性教育活动作为关系全局和长远工作的一件大事，切实抓紧抓好。

【全市领导干部学法讲座】 2月16日上午在红谷滩会展中心举行。市领导余欣荣、李豆罗、王样生、王詠、马承祖、熊焕高、陈守朴等出席，各县区主要领导、市委各部门、市直各单位副县级以上领导干部近1000人参加。讲座中，国务院办公厅应急预案工作小组副组长、国务院参事闪淳昌采取理论与实践相结合的方式，就《以人为本，依法行政，开创安全生产工作新局面》这一课题进行深入阐述。省委常委、市委书记余欣荣在讲座上强调，各级领导干部要不断提高政策法律水平，切实提高综合素质和执政能力，进一步在全市形成"政通人和、心齐气顺、百业俱兴"的生动局面，确保南昌率先崛起的宏伟目标顺利实现。

【市四套班子党员领导干部进行封闭学习】 3月7日晚~9日下午举行。市领导王样生、史蓉蓉、马承祖、龚建华、熊焕高、陈守朴及市委、市人大、市政府、市政协四套班子党员领导干部参加，省委常委、市委书记余欣荣主持并讲话。他强调，广大党员领导干部要集中精力、静下心来参加学习，通过学习查找问题，力求学有所获，最后达到学以致用地完成保持共产党员先进性教育活动的任务。他指出，市委开展保持共产党员先进性教育活动以来，市四套班子党员领导干部按照先进性教育方案的要求，正确处理好学习和当前工作的关系，达到了预期的效果，并在此项活动中充分发挥党员领导干部的带头表率作用，使全市形成浓厚的先进性教育学习氛围。在先进性教育活动初步取得成效的基础上，要进一步将学习抓实、抓紧、抓好。特别是要强化学习，加强理论武装，不断把学习引向深入。余欣荣强调，检验学习的成效如何，关键是看通过此次学习能够解决多少问题。这里的问题既包括南昌市在发展中遇到的问题，也包括个人在思想、作风上存在的问题。必须对照党员的标准，认真查找问题，切实把解决问题作为学习的出发点和落脚点。要时刻牢记百姓关心的热点和当前工作的难点，就是此次开展先进性教育活动要解决的重点。集中学习后，市四套班子党员领导干部还认真进行自学。除集中学习、自学和座谈交流外，市四套班子党员领导干部还统一前往"小平小道"参观学习邓小平坚定信念，不怕困难，勇于创新的精神。

**【城市发展(南昌)论坛】** 6月14日上午召开，市委、市政府和新华社音像中心联合举办，省委常委、市委书记余欣荣出席论坛并致辞。市领导李豆罗、马承祖、熊焕高、蔡社宝、张国华、熊全柏、姚燕平、连樟寿、何友德、罗慧芬、凌学仁、曹连甲、雷元江、关德华、侯捷出席。市委副书记史蓉蓉主持论坛开幕仪式。新华社音像中心主任景旭锋，国务院发展研究中心发展战略与区域经济研究部长李善同，国务院国资委研究中心宏观战略部部长赵晓，中国行政管理学会副秘书长张学栋等应邀出席论坛。余欣荣在致辞中指出，在建设和发展城市的生动实践中，南昌市已经逐步走出了一条紧密结合自身实际的发展新路。这条具有南昌特色的城市发展和建设新路，首先体现在明确提出符合自身实际的城市发展战略目标，为加快城市发展描绘了蓝图；其次是积极探索科学高效的城市建设、经营、管理模式，为加快城市发展提供了保证；再次是努力做大做强城市经济，不断增强城市活力和竞争力；最后是努力构建和谐社会，夯实加快城市发展的基础。余欣荣强调，大发展小困难，小发展大困难，不发展才是真困难。现在南昌城市的发展才刚刚起步，一方面要始终牢牢抓住快速发展这根主线，全力以赴推进大开放主战略和建设现代制造业重要基地核心战略的实施；一方面要始终保持清醒的头脑，沉下心、鼓足劲、埋头干，用做十件事的精力做好一件事，把城市发展的基础打牢、打实、打好，从而给历史和子孙后代留下更为广阔的空间。

**【和谐·创业·先进性——县域经济科学发展(南昌)论坛】** 6月18日下午在红谷滩会展中心拉开帷幕。该论坛由市委、市政府和《经济日报》联合主办。经济日报社总编辑冯并在论坛上作总结发言。国务院发展研究中心副主任谢伏瞻，中央政策研究室经济局局长李连仲，财政部财政科学研究所所长贾康，北京大学经济管理学院院长刘伟等国内知名经济专家作主题演讲。省委常委、市委书记余欣荣在论坛开幕式上致辞。论坛开幕式由市长李豆罗主持。市领导王詠、龚建华、熊焕高、陈守朴、蔡社宝、肖永政、熊全柏、姚燕平、连樟寿、梁小康、凌学仁、王水苟、曹连甲、雷元江、万宗明及市委助理巡视员杨伟东、市政府助理巡视员戴和旺及来自全国20个百强县(市)的代表出席。余欣荣在致辞中指出，郡县足，天下安。一直以来，南昌市始终坚持紧紧依靠自身的特点和优势，在实现城市经济快速发展的同时，下大力发展农业和县域经济，并以此作为解决"三农"问题的重要举措和实现南昌崛起的重要支撑。在发展县域经济的过程中，南昌始终坚持以中心城市为依托，依靠中心城市的辐射和带动作用，以工业化、城市化和农业产业化来加快全市县域经济的发展步伐，形成以市带县、市县互动，以城带乡、城乡互动，以工促农、工农互动的好局面。

**【全市领导干部"坚持科学发展观，推动南昌和谐创业"学习研讨班】** 12月22～26日举办。学习期间，举办系列报告会，邀请中央财经办副主任刘鹤，北京大学金融研究中心主任何小峰，省人事厅厅长揭赣元开展讲座。省委常委、市委书记余欣荣结合南昌"十五"期间取得的成效，就如何谋划南昌"十一五"时期的发展作专题报告。他强调，南昌要崛起，必须经历"追赶，互动，超越"三个阶段，"十一五"期间，南昌相对于经济先发展起来的城市尚处于追赶阶段。在追赶阶段，要紧紧抓住打基础这个主题，以科学发展观为指导，鼓干劲、争时间、打基础，全力做大、做强、做优南昌，为全面实现南昌崛起奠定坚实基础。坚持"打基础，蓄能量，快追赶"的指导思想，其中最突出的是"打基础"，关键是打牢思想、物质、体制、组织四个基础。实现又快又好发展，关键是要充分利用各种有利条件努力促进发展，防止片面追求"快"而忽视"好"的倾向，防止以"好"压"快"的倾向，防止实现又快又好发展中的畏难情绪。南昌市"十一五"时期必须坚定不移地实施大开放主战略、现代制造业重要基地核心战略、城市化发展战略、科教兴市战略、投资拉动战略。要完成"赶超"的阶段性目标事在人为，贵在干部的努力奋发。衡量干部是不是努力奋发，关键是看精神状态，看稳健，看基础。通过这次学习活动，进一步把广大干部群众的思想和行动统一到十六届五中全会精神上来，把力量和智慧凝聚到全市经济社会快速、协调、持续发展上来，以全面推进南昌市经济社会新一轮发展。

(付长庚)

## 市委重要调研

**【概况】** 2005年，中共南昌市委书记、副书记及常委们坚持集中精力抓大事、议大事，经常深入基层调查研究，有力地推动了各项工作。

**【重点市政园林工程建设调研】** 1月1日，余欣荣、雷武江、黄春平及市长助理刘建洋一行来到贤士湖公园建设工地，详细询问工程规划设计及建设进展情况。余欣荣强调，贤士湖公园的规划设计要由点到面，做好与周边环境的衔接，特别是要科学统筹，一丝不苟地做好路、水、公用设施、商业设施等配套建设，体现精致、亮丽的特点，努力把贤士湖公园建设成一流的现代都市园林。随后余欣荣一行来到青山湖综合整治工程工地，实地察看工程施工建设情况，并向坚守岗位的建设者表示节日问候。余欣荣强调，贤士湖公园和青山湖综合整治等正在建设的重点市政园林工程，既是为民造福、为民办实事的民心工程，也是建设现代文明花园英雄城市的基础工程。各县区、各有关部门和施工单位一定要高度重视、科学调度，集中优势力量，在确保质量的前提下进一步加快工程进度，把重点性、关键性的工程建设好，力争尽早向全市人民交上一份满意的答卷。

**【机场路及西外环高速公路建设调研】** 1月14日下午，余欣荣、雷武江、黄春平、周关一行察看机场路及西外环高速公路的筹备及建设进展情况。余欣荣强调，机场路及西外环高速公路建设对奠定未来南昌的框架及发展基础都具有重要意义。作为南昌的"北大门"，机场路景观不仅是展示南昌乃至江西形象的第一门户，而且也改善沿线的市容市貌、镇容镇貌、村容村貌。因此，该路的景观建设要高标准设计、严要求实施。各有关部门要抓紧时间、加速推进，把机场路建成现代化、文化型、生态型的绿色景观走廊，全力打造"江西景观第一路"。余欣荣指出，作为南昌道路史上规模最大的工程，西外环高速公路对全市社会经济发展起着举足轻重的作用，他将和东外环一起形成南昌未来900多平方公里的城市发展框架。在省委、省政府及省直有关部门对该工程给予了极大的信任和支持的前提下，全市各级领导、各相关部门要明确目标，合理安排工程计划，高效益做好每个工程环节，攻坚克难、落实责任，确保工程按时完工。

【县域经济发展调研】 2月5日，余欣荣、雷武江、戴和旺先后到位于安义县凤凰工业开发区内的江西鑫隆泰建材工业有限公司、江西丰纺实业有限公司、安义宏达纺织有限公司等企业的建设工地和车间，就县域经济发展等情况进行调研。余欣荣强调，安义县要进一步按照省委书记孟建柱在安义县调研时提出的要求，发挥特色优势，科学民主规划，进一步提高发展的眼界，开阔发展的胸怀，做活农业产业和旅游业，全力推动工业化、城市化、农业产业化。要充分融入大南昌"半小时经济圈"，提升基础设施建设和服务配套水平，充分运用市场经济的杠杆，用好"观念"这个财富，形成工业是强县、三产是旺县、农业是特色县、环境是模范县的格局。

【城区经济发展调研】 2月5日，余欣荣先后到解放东路改造工程，青山湖区昌东工业园部分企业和罗家新区进行调研。余欣荣要求，青山湖区要以市委八届八次全会精神为指导，深刻认识把握现阶段经济社会发展的新形势、新机遇，坚持加速推进由城郊经济向城市经济和由边缘城区向中心城区两个根本转变的方向不变，壮大经济实力与促进繁荣并重。继续实施工业强区的战略，在操作性、坚韧性和干创性上下功夫，着力提升开放型经济的服务水平和工业园区的发展与管理水平，使昌东工业园区成为青山湖区新的经济增长点。在依靠园区壮大经济实力的同时，也要体现繁荣，加快三产发展，营造和谐有序的居住与创业环境，打造一个生态文明新区、经济强区。

【开展保持共产党员先进性教育活动调研】 3月1～2日，王样生在进贤县就开展保持共产党员先进性教育活动进行调研。王样生强调，开展保持共产党员先进性教育的最终目的是要推动经济发展，推动各项工作开展，解决群众的困难和问题。要紧紧围绕经济发展这个中心，通过学习不断提高工作能力和水平，促进经济社会的发展，要争当先锋，创造一流工作业绩，确保2005年的各项工作有更大的发展，真正做到工作学习两不误、两促进，真正使保持共产党员先进性教育活动取得实效。

【街道、社区管理体制改革调研】 3月3日，余欣荣、马承祖、雷武江到西湖区就"街居"体制改革进行专题调研。余欣荣强调，要在前阶段开展试点工作的基础上，进一步总结、完善和丰富经验，按照大力构建和谐社会的要求，积极探索出一条街道社区管理以人为本、党群干群关系融洽互动的发展新路子，并在适当的时候向全市推广，使全市的"街居"体制真正步入网络化、数字化、信息化和人性化轨道。

【发展现代服务业调研】 3月12日，余欣荣、王詠、龚建华、雷武江、万先勇、凌学仁走访上海浦东发展银行南昌分行。余欣荣强调，南昌市要进一步加快推进现代服务业的发展，通过大力引进商业、金融、保险等新型业态，提升南昌市的整体发展水平，为做强做大、做优做美南昌奠定坚实的基础。

【城市基础工程建设调研】 3月27日，余欣荣、黄春平、侯捷及市长助理刘建洋一行来到青山湖西渠综合整治工程和阳明东路延伸段拆迁安置小区的施工现场，实地察看全市部分城市基础性工程的建设进展情况。余欣荣强调，城建部门和广大建设施工单位一定要按照规划先行、拉开框架、打好基础、市区联动的原则，精心组织、科学调度，发扬高效协作、敢打硬仗的作风，再接再厉，顺利推进各项既定的工程建设，通过扎扎实实地做美做优城市环境，为南昌建设现代文明花园英雄城市增辉添彩。

【全市工业经济发展调研】 3月30日，王詠及市长助理汤成奇在南昌经济技术开发区和青山湖区，就全市工业经济发展情况进行调研。王詠指出，各区要充分利用自己的优势，抓强项目、大项目，实现产业链、集约化发展。特别是要按照打造现代制造业重要基地以及建设现代区域经济中心城市的要求，不追求小而全，把目标放在大而专、专而特上，并突出主导产业，形成集聚效应。

【红角洲建设调研】 4月3日，余欣荣、雷武江、卢晓健来到卧龙山，察看红角洲的建设进展情况。余欣荣指出，要加快卧龙山林网、水网、路网的建设，尤其是路网要打通，让卧龙山能够敞开胸怀迎接人们的到来。同时要进一步保护好山体的植被，多种一些四季常绿的树木，构筑更加完备的林网，使卧龙山成为南昌市城区最大的绿地。

【园区发展开放型经济调研】 4月8日，余欣荣、梁小康来到新建县长堎外商投资工业区新园区，就园区发展开放型经济情况进行考察。余欣荣强调，开放型经济始终是带动南昌市发展的重要动力，各大工业园区必须切实贯彻落实科学发展观，千方百计为落户企业做好服务，通过政企良性互动，进一步做强做大工业园区，助推南昌经济更快更好地发展。

【生米大桥建设调研】 4月25日，余欣荣来到生米大桥建设工地，察看生米大桥建设进展情况。余欣荣强调，作为南昌建设现代文明花园英雄城市的基础性工程，生米大桥的建设必须对历史和人民负责，广大建设者一定要全力以赴抓进度、抓质量、抓安全，把这件功在当代、利及后人的实事办好，好事办实。余欣荣指出，生米大桥的景观设计首先要有一个整体风格，在体现国际化的同时，也要有南昌化、本土化的特点。生米大桥景观在总体上要体现欧式的后现代主义风格，在亮化设计上要体现动感，而且绿化设计要尽量少用草坪，多用乔木、灌木，让绿柱点缀其间，使大桥景观呈现自然、靓丽、大气和沉稳的特点。

【开发区及工业园区建设调研】 5月9日，余欣荣、雷武江、汤成奇到南昌经济技术开发区内的华春环保、晶湛科技、旺尔康科技等企业，就开放型经济发展情况进行调研。余欣荣强调，作为发展开放型经济的主战场，各类开发区和工业园区必须切实贯彻落实科学发展观，进一步加快园区建设的步伐和加大招商引资的力度，并千方百计为落户企业做好服务，通过政企互动，助推南昌市经济在新的起点上实现更快更好地发展。

【帮扶工作调研】 5月17日，史蓉蓉到南昌县塘南镇新光村就该村帮扶项目的落实及推进情况进行实地调研。史蓉蓉指出,帮扶工作是一件十分具体的工作,各有关部门要认真对照扶贫标准,找准存在的差距,切实使各项工作得到顺利开展。

【电网改造工程建设调研】 6月13日,余欣荣、雷武江到部分电网改造工程现场,实地察看南昌电网迎峰度夏工程的建设情况。针对在高峰时期确保居民生活用电需求的同时,保证众多重点企业特别是高新技术企业用电的合理要求的重大课题,余欣荣指出,用电需求的增长,不仅仅是体现在量上,还有对质的需求。特别是对很多工业企业而言,他们的用电需求完全可以用苛刻两字来形容。这就对南昌先行的电力基础提出了更高的要求。为此,电力部门既要保量同样也要保质,要在调度、服务以及基础设施建设上狠下功夫,切实加强与现代工业特别是科技型企业的对接。

【文明南昌行动调研】 6月22日,余欣荣、马承祖、雷武江到文明南昌行动委员会进行调研。余欣荣强调,文明南昌行动没有止境,大家要在一年来取得成绩的基础上再接再厉,在方法上创新、工作上抓实,全面、深入、持久地推进文明南昌行动,从而为南昌市成功创建"四城"和构建和谐平安南昌奠定更加坚实的基础。

【发挥企业家创业积极性调研】 6月25日,余欣荣、雷武江、蔡社宝到进贤县就如何进一步保护、引导和发挥企业家的创业积极性进行调研。余欣荣强调,南昌在推进城市化、工业化和农业产业化的进程中,必须充分调动企业家的创业积极性,通过形成企业与政府、企业家与政府经营的良性互动,促使企业家成为推动南昌经济社会快速、协调、持续发展的重要力量,从而在全市上下更好地营造出百姓创家业、能人创实业、干部创事业的浓厚氛围。

【开发区高新技术产业发展调研】 7月22日,王詠到南昌高新技术产业开发区,就园区规划、招商引资等进行调研。王詠强调,南昌高新技术产业开发区在发展过程中,要坚持规划先行,在搞好园区总体规划的同时,搞好土地使用规划、功能区划和产业布局规划,明确重点产业,引导传统产业聚集发展。需要注意的是,规划要与南昌城市总体规划相衔接,进一步扩大发展空间,提升开发区品位,形成以企业为主体、项目为载体、政府搞好协调服务的招商新思路,加强对有自主知识产权企业的支持力度,注重引进世界知名企业和高新技术企业入驻高新区,通过"以商招商",带动其他企业入驻。

【红谷滩新区发展调研】 7月24日,余欣荣、李豆罗到红谷滩新区建设现场,就新区在建的城市功能和生活配套项目进行调研。余欣荣强调,红谷滩新区的建设,关键是要抓好当前,充分依托南昌整个城市经济的发展,争创新区发展的新优势。要进一步深化对新区发展思路以及重要意义的认识,切实按照"人气兴旺、经济繁荣、功能完备、特色鲜明、环境优美"的20字方针,围绕"抓重点、上功能、出形象",迅速把各项工作落到实处,建设一个在全国有特色魅力和竞争力的新区。李豆罗指出,红谷滩新区不是开发区,而是城市,是南昌市做好"两篇文章"的标志性区域,是南昌市未来的靓丽的名片。希望红谷滩新区政府上下再接再厉,进一步创新发展思路和工作办法,奋力耕耘、夯实基础,力争开发建设和经济社会各项事业再上一个新台阶。

【会展经济调研】 8月9日,余欣荣、卢晓健、雷元江先后到南昌国际展览中心和南昌世界贸易中心施工现场,察看部分重点会展场馆的建设进展情况。余欣荣强调,红谷滩新区要深入贯彻落实好市委八届九次全会精神,高质量、高效率、高速度地推进各大会展场馆建设,为加快全市会展经济发展搭建良好平台,从而进一步推动南昌市现代服务业的发展,使会展经济成为加速南昌市工业化进程的一个新亮点。

【开发区落户企业及基础设施建设调研】 8月25日,余欣荣、雷武江先后到英雄经济技术开发区和桑海经济技术开发区的部分落户企业及基础设施建设工地进行调研。余欣荣强调,各级党委、政府以及领导干部要进一步提高对办好开发区的认识,鼓足干劲抓紧每一天,扬长避短谋求新路子,并充分调动大家的主动性、积极性和创造性,迅速把开发区的综合优势转变为加快发展的经济优势,切实把开发区建设成为推动南昌大开放、打造现代制造业重要基地以及进行科技创新的主战场,成为南昌市做好"两篇文章"的新增长极和新的亮点、新的平台。

【第二批先进性教育调研】 8月29日,余欣荣、雷武江、侯捷到南昌县冈上镇,就该县第二批先进性教育活动的开展情况进行调研。余欣荣强调,各级党组织要进一步增强搞好第二批先进性教育活动的自觉性、针对性、创造性和时效性,切实把先进性教育活动和加强基层党组织建设以及推进全民创业、和谐创业紧密结合起来,团结和带领广大群众为实现南昌快速崛起、全面建设小康社会做出更大的贡献。

【南昌县工业经济发展调研】 9月1日,王詠到南昌县,就该县工业经济运行情况进行调研。王詠强调,要进一步做好规划和融资工作,特别要做好县城经济和工业园区规划;要为企业发展创造良好条件,掌握情况,搞好协调,及时解决企业发展中存在的问题。

【县区经济发展和生态保护调研】 9月27日,余欣荣、雷武江前往湾里区,就该区的经济发展和生态保护情况进行调研。余欣荣强调,随着南昌市开放程度的不断提升,加强与南昌市城区的对接是时代赋予湾里区的重要责任,全区上下一定要按照打造生态环境保护区、城市组团新城区、新型产业开发区以及城郊休闲后花园"三区一花园"的明确定位,千方百计谋求在新的起点上实现更快更好地发展。

【第二批先进性教育整体提高及做好第三批先进性教育试点工作调研】 9月30日,史蓉蓉就全市第二批先进性教育整体提高及做好第三批先进性教育试点工作,深入到南昌县、青山湖区部分企业、社区调研。史蓉蓉指出,大家要创造性地开展先进性教育活动,为第三批先进性教育试点单位提供好的做法和经验。在转入第三批先进性教育活动时期,大家要继续抓好先进性教育,扩大成果,结合实情,制定有针对性、可操作性的方案,发挥基层党员坚韧不拔的战斗力作用,为地方经济发展再立新功。

【开发区工业项目建设调研】 10月9日,余欣荣、王詠、雷武江、周关察看昌东工业区、高新技术产业开发区部分在建以及投产工业项目企业的建设发展情况。余欣荣强调,上工业项目是硬道理,能不能加快建设使其尽快见效是真本事。各级党委、政府在发展工业的过程中,一定要把解决问题作为重要指导思想,通过实行政企联动、千方百计解决工业项目建设发展中遇到的各种难题,从而使各大重点工业项目进来的尽快开工、开工的尽快投产、投产的尽快达标。

【进贤县工业制造基地建设调研】 10月15日，余欣荣、王詠、姚燕平、周关到进贤县，就该县工业制造基地建设发展以及招商引资等情况进行调研。余欣荣强调，南昌市要实现快速崛起，后劲在于工业。在全力以赴打造现代制造业重要基地过程中，各级党委、政府一定要把扶持工业企业发展作为自己的重要责任，把帮助工业企业解决问题作为重要指导思想，通过实行行政企联动，迅速做大服务平台、做强产业配套，为企业发展创造各种良好条件。

【华源凯马南昌生产基地调研】 11月2日，王詠到华源凯马南昌生产基地进行调研。王詠鼓励该公司再接再厉，瞅准时机，做大做强，力争多占领一些市场。

【禽流感防控工作调研】 11月9日。余欣荣、雷武江、蔡社宝到南昌县莲塘岗前村，实地检查该村防控高致病性禽流感工作的开展情况。余欣荣强调，南昌是候鸟迁徙的重要途径之一。随着气温的逐渐下降，将给全市防控禽流感工作带来一定的压力。为此，在进一步提高认识的同时，要不断建立健全各项领导体系、组织体系、责任体系。

【江铃汽车生产调研】 11月15日，余欣荣、雷武江、周关及市长助理汤成奇到江铃汽车集团昌北基地，实地察看江铃控股有限公司开业以来的生产经营情况。余欣荣强调，应对今后的发展，江铃汽车要坚定目标、快速、高效地推进项目实施。特别是要坚持速度和质量两手抓，一手抓好建设进度和产品开发，一手抓好产品质量建设。要坚持加强硬件建设和软件建设两手抓，一手抓好硬件投入，一手抓好职工队伍、企业文化和制度建设。要坚持拓展国内市场和开发国际市场两手抓，坚持新项目建设与老项目管理两手抓。通过有力实施"四个两手抓"，着力打造百年企业，并逐步缩小与国内知名品牌汽车制造企业的差距，使江铃在强手如林的汽车市场中拥有一席之地，为南昌市建设现代制造业重要基地做出更大的贡献。

【全市公共交通发展情况调研】 11月17日，余欣荣、雷武江、黄春平到昌南汽车客运站，就全市公共交通发展情况进行调研。余欣荣强调，公交部门一定要本着对历史、对人民负责的高度责任感和使命感，切实加快公共交通建设，使之在展示南昌新形象的同时，更多、更好地为广大群众带来舒适和便利。

【开发区调研】 11月23日，马承祖到南昌经济技术开发区部分企业，就该区投资发展环境和企业生产经营有关情况进行调研。马承祖指出，要吸引大批客商到南昌市发展，从而凝聚浓厚的创业氛围，最关键的是要有优越的投资发展环境。所以各有关部门应当加大工作力度，完善氛围体系，深入基层，了解企业生产经营情况，及时获得并反馈企业有关信息，积极帮助解决企业在生产经营中遇到的问题，全力打造南昌市"成本最低、回报最快、效率最高、信誉最好"的"四最"投资品牌，从而进一步促进全市经济的和谐快速发展。

【"双评"工作调研】 12月3日，马承祖来到市外事侨务办公室，就该单位"双评"工作开展情况进行调研。马承祖指出，随着南昌市对外开放力度的不断加大，外事办要再接再厉、与时俱进，引进更多的专家级人才，做好为外商、侨眷的服务工作，发挥好桥梁和纽带作用，服务大局、服务经济。

【第三批保持共产党员先进性教育活动调研】 12月5日，余欣荣、史蓉蓉、雷武江、侯捷一行到安义县新民乡尚礼村，看望慰问凌美龙同志的家属，并到安义县部分乡村，就开展第三批保持共产党员先进性教育活动进行调研。余欣荣强调，各级党组织一定要把深入开展向凌美龙学习的活动与开展第三批先进性教育活动结合起来，围绕建设社会主义新农村和全面建设小康社会，切实提高基层党组织的凝聚力和战斗力，从而为南昌市做好"两篇文章"和实现快速崛起奠定更加扎实的基础。

【昌南汽车客运站建设调研】 12月6日，马承祖到昌南汽车客运站，察看工程建设进展情况。马承祖指出，昌南汽车客运站是一项民心工程，也是全市的一个标志性的建筑。建成通车后，将成为英雄城崭新亮点，对改善全市的交通环境，方便百姓出行都具有十分重要的意义。希望公交战线要以新站的投入和使用为契机，进一步提升公交系统的服务意识和管理水平，把南昌公交不断做强做大做优。

（年鉴处）

## 办公厅工作

【督查工作】 全年共上报《南昌督查专报》26期，被《江西督查》综合或单篇采用12篇；编发《南昌督查》（普刊）21期，《南昌督查》（增刊）33期，重大项目《督查快报》14期；撰写督查调研文章2篇；承办市委领导重要批示64条，受理省委办公厅"民声通道"及省委督查室专项查办件165件。市委办公厅被中共江西省委办公厅评为督查工作先进单位。

【信息工作】 全年共编发《南昌信息》（平刊）236期，编写《南昌信息》（增刊）112期，编写电子邮件信息和手机短信信息（专报）95期，共受到市领导批示315批（次），其中省委常委、市委书记余欣荣批示150批（次）。共向中共中央办公厅、省委办公厅报送信息1518期（条）。在上年8月开通电子邮箱的基础上，及时公布"手机短信平台"和手机号码。全年共收到电子邮件600余件、手机短信300余条，来信处理率达到80%。市委办公厅被省委办公厅评为"2005年度向省委办公厅报送信息先进单位"，并连续7年被中共中央办公厅评为"全国党委系统信息工作先进单位"，是全省惟一获此殊荣的单位。

（喻德霏）

## 组织工作

【概况】 2005年，市委组织部牢牢抓住党的执政能力建设这条主线，把扎实开展保持共产党员先进性教育活动作为加强党的执政能力建设的基础工程，各项工作注重求创新、抓特色、出亮点，卓有成效地抓好领导班子思想政治建设、干部队伍建设、人才队伍建设、基层党组织和党员队伍建设以及组织部门自身建设，为南昌快速崛起提供了强有力的组织保证。

【开展保持共产党员先进性教育活动】 按照中央和省委的统一部署，从1月开始，全市党政机关、企事业单位、街道社区、社会团体、社会中介组织和中央（省）直驻南昌市单位先后开展第一、二批以实践"三个代表"重要思想为主要内容的保持共产党员先进性教育活动。据统计，全市共有142个单位、7315个党组织和12.70万名党员参加,党员参学率达到99%以上。活动期间,市委组织部紧紧把握"关键是要取得实效"的要求,着眼于把教育活动办成"群众满意工程",统筹谋划、周密安排,加强领导、扎实推进,第一、二批先进性教育活动开展得扎实深入,取得实效,基本达到中央和省、市委提出的各项目标要求。

【增强班子的整体功能和综合素质】 结合开展保持共产党员先进性教育活动,组织各级干部学习领会党的十六届四中、五中全会精神和中共中央总书记胡锦涛等中央领导同志的系列讲话精神,突出科学发展观、人才观、政绩观和党内监督两个《条例》等专题教育,并通过主动沟通联系,参加民主生活会等形式,了解掌握领导班子的思想作风建设情况,督促各级领导干部强化大局意识。注重抓好县、区和市直单位"123"先进县级党政领导班子和乡镇(街道)"三民"好班子创建活动,进一步打造学习型、发展型领导班子。将创建活动由县、区延伸到全市市直单位领导班子,制定下发《关于在全市深入开展"123"先进县级党政领导班子创建活动的意见》,要求各县(区)、各单位创新载体,将创建活动与先进性教育活动同步研究、同步推进,不断丰富创建内容,为进一步打造学习型、发展型的领导班子打下了坚实基础。

【推动全民创业】 为贯彻落实市委提出的"大力推进全民创业、加速实现富民强市"要求,制定下发《关于为推动全民创业、实现富民强市提供强有力的组织保证和人才支持的若干意见》,并在全市组织系统就全民创业工作进行层层动员和部署,激励广大干部、党员、人才带头创业,带领和带动群众创业。9月邀请省委常委、组织部长董君舒到南昌市就干部创事业的问题作专题报告,推动广大干部、党员增强创业意识。

【实施"人才强市"战略】 一是加强对人才工作的指导和督促。将当年人才工作要点细化成"2005年南昌市人才工作项目推进表",逐项落实到责任单位,并对市级和县、区党政领导班子科技目标责任制的完成情况进行考核检查。同时对全市"十一五"人才规划编制工作进行部署,明确其指导思想、基本内容、课题设置、实施步骤和组织领导,并对确定的1个主课题和8个子课题进行专题调研,草拟形成与《南昌市"十一五"国民经济和社会发展规划》相衔接的《南昌市"十一五"人才发展规划》(送审稿)。二是加强优秀人才队伍建设。通过建立《南昌市市级党政领导干部联系优秀人才制度》和创办《南昌人才工作通讯》,拓宽党政领导干部与全市各类优秀人才联系的渠道。积极参加省"突出贡献人才"评选活动,对来自29个单位报送的55名候选人,经审核并报市委审定后,推荐4名优秀人才到省委组织部参加"江西省突出贡献人才"评选,其中有3名被列为考察对象。三是加强调查研究,摸清人才底数。协调有关单位在全市各级国家机关、社会团体、企事业单位和在工商、民政部门登记注册的各类组织(单位)、民营企业、个体经营户、农村实用人才等范围内进行各类人才分类调查摸底。同时对全市3年来引导和鼓励高校毕业生面向基层就业的有关数据、主要做法、成效、问题、意见和建议进行调查和梳理,并形成汇报材料上报省委组织部。四是继续做好下派科技干部的管理和服务工作。对各县(区)、开发区和市直有关单位"高级专家服务团"、科技副县(区)长的专业需求情况进行调查了解,并配合有关单位对当年到期的"博士服务团"成员、"高级专家服务团"成员和科技副县区长进行考察。

【加大干部教育培训力度】 注重办好市委党校主体班和专题班。全年在市委党校举办县级干部政治理论进修班和青年干部政治理论培训班各两期,共培训县级领导干部182名,优秀青年科级干部98名。为保证完成全市县处级干部"五年内轮训一遍"的任务,及时将县干班的学制由一个半月调整为一个月,并要求市委党校在主体班课程设置中增加共产党员先进性教育专题教学单元,突出"执政能力建设"和"和谐创业"主题教学单元。同时依托国内名牌高校的教育资源优势,会同有关单位举办5个专题班次。其中在同济大学举办两期城建专题培训班,共培训城建口干部103名;在复旦大学举办一期环保专题培训班,培训城建、环保口干部50名;在上海财经大学举办一期金融财经专题培训班,培训金融财经口干部50人;在清华大学举办一期国有企业高层管理人员进修班,培训市属国企经营管理人员50名。继续选送市直机关优秀年轻干部赴国家部委学习锻炼。一方面要求上年度有"上挂"干部的单位继续选派干部到对口部委学习锻炼,另一方面新增加国资委等6个单位作为选派单位。全年共有13个市直单位的14名干部在对口国家部委学习锻炼。同时选派44名市直机关干部到4个开发区(新区)挂职锻炼。并会同市信访局继续选派8名市直机关干部到信访部门跟班学习。制定下发《南昌市干部培训办班申报审批制度》。该《制度》明确规定今后举办各类班次以及各级各类干部参训必须按干部管理权限向组织部门申报审批,明确了组织部门开展干部教育工作的职责。

【积极拓展国(境)外培训渠道】 在上年度全面启动干部国(境)外培训工作的基础上,新拓展香港、澳门两处培训地点。注重增强培训内容的针对性,采取专业培训与综合培训并举的方针,切实搞好国(境)外培训。全年在新加坡南洋理工大学举办一期廉政建设专题培训班和一期公共行政管理专题培训班;在香港理工大学举办一期人力资源管理培训班;在澳门科技大学举办一期公共行政管理培训班,每期培训班学员为30名,培训时间均为3周。

【深化干部人事制度改革】 加强对干部人事制度改革工作的科学指导,制定下发《南昌市公开选拔党政领导干部工作实施意见》、《南昌市党政群机关竞争上岗实施办法》和《南昌市党政领导干部任职试用期制暂行办法》等一系列配套性文件,并认真抓好组织实施。根据市委办公厅、市政府办公厅《关于市政府部分机构调整中离岗退养和提前退休的实施办法》精神,对全市上报的离岗退养和提前退休干部进行认真审核,年内有600余名干部办理离岗退养和提前退休手续。加大对干部人事制度改革相关内容的研究力度,在深入调研的基础上,形成《完善党政领导干部交流制度和任职回避制度研究》课题报告。按照地方组织法、干部任用条例和政协章程的有关规定,认真做好"两会"选举的前期准备和选举的组织工作。切实做好县、区和乡、镇换届前的准备工作,结合全市实际,草拟《关于认真做好乡镇领导班子换届工作的通知(草稿)》,同时针对县乡两级领导班子换届顺序和党委、人大、政府、政协换届选举不同步的情况,提出有关工作建议,并就换届调研中发现的县(区)、乡(镇)领导班子和领导干部思想作风建设方面存在的问题,制定相应的对策措施;召开各县区委组织部门干部科长会议,重点对县(区)、乡(镇)换届的相关业务进行指导和培训。制定下发《南昌市培养选拔党外干部工作近期规划》,做好党外副厅级后备干部的推荐工作,并采取面向社会公开选拔的方式,在市中级人民法院、市监

市委副书记史蓉蓉、市政协副主席侯捷及市委组织部副部长高鹰群到南方电器等企业了解基层先进性教育活动开展情况

察局领导班子各配备1名党外副职干部。

【开展联合公开选拔领导干部工作】为进一步深化全市干部选拔任用制度改革,扩大干部工作中的民主,努力创造公开、平等、竞争、择优的用人环境,促使优秀人才脱颖而出,根据市委的部署和安排,在全省率先启动市、县(区)联动机制,面向社会公开选拔10名副县级和67名科级领导干部。经过公开报名、资格审查、笔试面试、组织考察、任免试用等程序,共有76名优秀年轻干部走上领导岗位,在全社会产生了积极的反响和良好的效果。

【认真做好人民团体换届选举工作】年内有7个人民团体均已达到或超过规定任期。为切实做好换届工作,组织人员先后到7个人民团体开展调研,研究确定人民团体换届代表大会名额、结构、提名条件,新一届委员会及其常委会名额、结构、提名条件,以及换届的步骤和大致的时间安排。通过卓有成效的工作,换届后各人民团体领导班子年龄、文化、知识结构较换届前有明显改善。

【加强干部监督管理工作】 认真贯彻落实中央视频会议精神,切实加强对贯彻实施《干部任用条例》情况的检查。制定下发《关于认真贯彻落实严厉整治用人上不正之风和腐败现象的十一条措施,切实解决干部选拔任用工作中几个突出问题的实施意见》,从加强宣传教育力度等5个方面制订20条具体措施。规范和完善领导干部经济责任审计工作。全年共对11名任期较长的领导干部进行经济责任审计。同时继续做好"12380"专用举报电话的受理和干部群众的信访工作。全年共收到举报电话15个,干部群众信访件83件,均按照领导的批示和有关规定进行了落实处理。

【基层党组织建设取得新成效】 在农村,将社区党组织星级评定工作向村级党组织延伸,指导有关县区制定《村党组织星级评分办法》。同时加大村党组织星级创建工作宣传力度,印制下发宣传资料5000份,为全面铺开村党组织星级创建工作和开展农村党员先进性教育活动做好有关准备工作。坚持做到实施"三培两带"工程与加强产业协会党建、建立党员群众经济联合实体和部门包扶工作"三项结合",力求在"创、培、带、优"四个方面取得新突破。全市共创办"三培两带"基地818个,12043名党员被培养成致富能手,2254名党员致富能手被培养成村组干部,2647名致富能手被培养成党员;村党员干部带动群众致富的有36437户。村级党组织的换届工作基本结束。在城市社区,建立健全社区组织网络。年内全市成立社区党委15个,总支11个,楼栋党组织210余个。进一步加大"星级创建"工作力度,对第二批三星级以上社区进行了评定,并在全市开展"十大文明社区"和"十大社区工作者标兵"的评选活动。截至年底,全市共有三星级以上社区党组织72个,占全市纯居民社区的25%。在国有企业和"两新"组织(即新经济组织和新社会组织),对部分国有企业和"两新"组织党建工作进行调研指导,分别形成内容详实的调研报告。进一步加大组建力度,扩大党组织覆盖面。全市新增"两新"组织党组织192个。会同有关部门分别举办1期国有企业党务干部培训班和"两新"组织党组织书记、经营业主培训班,共培训人员241人。在"两新"组织中深入开展"三争四新"活动(即党组织保证监督争一流、党建业务争一流、协调服务争一流,党员树立新观念、学习新知识、塑造新形象、争做新贡献),制定下发有关活动的实施意见,促使党组织和党员较好地发挥了政治核心作用和先锋模范作用。

【做好发展党员工作】 本着优化和改善党员队伍知识和年龄结构的原则,制定下发《南昌市2005~2010年发展党员规划》,着重在强化党组织和入党培养人、介绍人、考察人的责任意识,建立健全一套严密的发展党员质量监控体系等方面提出了明确的目标要求。同时对近年来发展党员的工作情况进行检查,指出和纠正了存在的问题,并将检查结果进行通报,推动了全市发展党员工作健康有序地发展。

【规范党员日常管理】 协调指导各城区和市国资委,妥善解决市国资公司5000余名退休党员和与企业解除劳动关系的党员组织关系转移到社区党组织管理事宜,为开展先进性教育活动创造了条件。代市委起草下发《中共南昌市委关于加强基层党组织建设和建立党员教育管理长效机制的意见》,为党员发挥先进性提供了长效的制度保障。同时继续在农村实施科普致富的"十百千"工程,帮助农村党员利用科技知识发家致富。大力开展党员电教工作,在南昌电视台开办《崛起先锋》栏目,共播出80余期。

【开拓自身建设新途径】 围绕"外树形象,内强素质"的要求,深入扎实地开展"两项建设"(即组工文化建设和组织部门能力建设),在全省率先制定下发《关于进一步加强全市组织部门和组工干部能力建设的实施意见》和《关于加强以公道正派为核心的组工文化建设的实施意见》,举办"两项建设"活动的理论研讨和征文活动,率先进行"干部创事业"的大讨论,筹备并拍摄了一部以《正气·才气·大气》为主题的反映组织部门自身建设题材的电教片,在全市组织部门营造了浓厚的组工文化和能力建设氛围。同时深入开展机关“效能年”建设活动,通过强化机关内部管理,推行党务公开,切实改进了部机关工作作风,使组工干部队伍的精神面貌有了崭新的变化。

(黄国平)

## 宣传思想工作

**【概况】** 2005年,市委宣传部认真贯彻落实市委、市政府战略决策和工作部署,坚持贴近实际、贴近生活、贴近群众,唱响主旋律、打好主动仗,着力拓展理论学习宣传深度广度,努力扩大新闻宣传声势影响,积极创新精神文明创建和思想道德教育方式手段,进一步繁荣群众文化生活,大力构建大外宣格局,全市宣传思想工作呈现出积极健康、昂扬向上、整体推进、蓬勃发展的良好局面。

**【举办第二届中国公民道德论坛】** 9月19~21日,由中共中央宣传部宣教局、中国伦理学会、中共江西省委宣传部和南昌市委主办的第二届中国公民道德论坛在南昌举行。中央有关部门和全国各省、市、自治区代表、伦理道德专家、公民道德建设典型以及江西省代表共400余人参加。论坛围绕“公民道德建设与和谐社会”主题,交流探索新形势下加强公民道德建设新经验和新方法。中共中央政治局委员、中宣部部长刘云山发了贺信,全国人大常委会副委员长何鲁丽、全国政协副主席罗豪才出席论坛活动并讲话,中宣部副部长、中央文明办主任胡振民作总结讲话。论坛举办期间,中央、省、市三级新闻媒体联动,对论坛活动和南昌大力实施公民道德实践工程的做法进行集中宣传。其中,中央电视台对市委主要领导进行专访,中央电视台《焦点访谈》节目对东青在线延伸关爱空间进行深度报道;省、市新闻媒体以专题、专栏形式,对活动进行广泛宣传。市委宣传部作为承办主要职能部门,对论坛活动进行认真组织,周密部署,编辑印发《道德实践在南昌》一书,精选南昌八一起义纪念馆、江铃集团袁振海班组等一批实践公民道德建设工程的先进典型供与会代表参观、考察。论坛的成功举办,得到中宣部和与会省、市、区代表的充分肯定,为进一步提升公民道德建设水平,推动南昌经济社会快速和谐发展注入新的强大动力。

**【精心选树宣传凌美龙等一批重大先进典型】** 市委宣传部了解凌美龙的先进事迹后,从市属新闻单位抽调联合调查采访组,深入凌美龙家庭、所在村党支部和村民中进行调查采访,整理挖掘凌美龙的先进事迹。在认真调查核实凌美龙先进事迹的基础上,对建设社会主义新农村的为民楷模凌美龙进行广泛宣传、积极推介。6月28日,市委印发《关于开展向凌美龙同志学习的决定》,9月7日,在红谷滩会展中心举办首场凌美龙先进事迹报告会。并积极向省委宣传部、中宣部推介凌美龙先进事迹。11月8日,省委作出《关于开展向凌美龙同志学习的决定》,12月1日,召开凌美龙同志先进事迹报告会。12月初,中宣部组织中央主要新闻媒体记者到安义县新民乡尚礼村进行实地采访。此后,中宣部、中央先进性教育办公室联合发出通知,新华社发通稿,中央13家主要媒体在《时代先锋》栏目中进行集中宣传报道。同时结合先进性教育活动,广泛宣传袁政海班组等几十位优秀党员的先进事迹和青山湖区塘山镇“十学”(即领导带学、远程送学、结对帮学、典型引学、参观辅学、交流互学、反面警学、娱教助学、专家讲学、实践促学),解决“三多”(即年老体弱和文化层次低的党员多、流动党员多、离退休党员多)、“三难”(即基层党员参与教育难集中、难联系、难组织)、东湖区先进性教育与和谐创业“两不误、双促进”等一批在全国颇有影响的典型,充分展示南昌市广大党员干部的精神风貌。

**【组织策划争创全国文明城市系列活动】** 为争创全国文明城市,组织开展“市民手册进家庭、公益广告进楼道、文明宣讲进社区、先进典型进报台、礼仪教育进课堂”为主要内容的“新五进”活动。编辑出版《文明南昌“三字经”》一书,在南昌电视台推出“文明南昌三字经”系列宣传短片,在学校广泛组织开展以“重培养、塑文明、讲礼仪”为主题的“四个一百”(即100场《文明南昌三字经》知识竞赛、100次主题班会评选、100篇文明礼仪征文征集、100名文明礼仪宣传员培训)活动。在迎检期间,根据市委、市政府要求,制定“南昌市创建全国文明城市责任分解表”、《南昌市创建全国文明城市实施方案》、《关于创建全国文明城市迎检宣传工作实施方案》和《南昌市创建全国文明城市宣传提纲》。充分利用宣传橱窗、社区宣传队和公益广告栏等阵地,宣传创建常识,解读创建内容,印制、张贴各类宣传海报50余万份,发放各类宣传资料80余万份。在市属新闻媒体开设创建专栏、专题,举办大型创建现场直播,开通市领导与市民沟通热线。对全市有关责任单位工作人员及街办、居委会干部进行全面培训,完成创建文明城市119个项目的资料审核整理、归档和数据上网工作,开展231个实地考核点的迎检工作和800户问卷调查的上户发放。通过组织开展扎实有效的创建活动,形成党委领导、政府主导、社会协同、全民参与的生动局面,南昌市被中央文明办授予“全国创建文明城市工作先进城市”称号。中央文明办专门组织中央电视台《新闻调查》栏目对南昌市深入开展文明城市创建的经验做法进行重点报道。

**【深入开展“三下乡”活动】** 3月底~4月初,会同市直有关单位,举行五场大规模的以“文明科学促发展,富民兴农奔小康”为主题的文化、科技、卫生“三下乡”活动。期间,以送书、送戏、送电影,发放宣传资料,开展科技、卫生、法律咨询,进村入户提供现场服务为主要内容,向广大农村群众传授科学种养技术,普及法律、卫生、科技知识,吸引8万余人到现场参加活动。在五场集中活动中,共选派专家和工作人员1000余人参加,发放各类图书和宣传资料30余万份,接受群众科技、卫生、法律等方面的咨询5万余人次。活动受到新闻媒体的广泛关注,《光明日报》、《江西日报》、《南昌日报》、江西电视台、南昌电视台等新闻媒体进行系列报道。

**【推出“南昌论坛”品牌】** 为进一步加强对论坛、报告会、讲座、研讨的规范管理,构筑社会化宣传文化工作新阵地,开设“南昌论坛”,在南昌新闻网开设《南昌论坛》网页,在报纸、广播电视开设《南昌论坛》专栏,打造覆盖南昌各阶层的普及性、社会性、标志性、公益性的文化品牌项目。论坛围绕市委、市政府中心工作,聚焦南昌市重大发展战略,关注市民工作生活热点,把握国家重大政策走向和国际经济发展趋势,从理性上思考南昌市经济社会发展,从理论上解读“南昌崛起”,从思想上引领工作实践,整体提升南昌市快速、协调、持续发展水平。4月3日,邀请全国著名经济学家、中央党校教育长、博士生导师李兴山作《当前我国经济形势与经济政策》讲座。5月14~17日,邀请中国社科院博士倪鹏飞作《构建和谐江西提升南昌发展水平——点评南昌城市竞争力》报告。6月14日,举办“南昌论坛”——“全球通”城市发展(南昌)论坛。7月26日,举办“南昌论坛”——《经济全球化与世界经济发展》报告会。

【积极开展文艺创作和群众文化活动】 围绕重大节庆纪念日，举办“南昌市迎新春文艺晚会”、“省市欢庆‘六一’文艺晚会”、“军旗飘飘——‘八一’主题晚会”、“第二届中国公民道德论坛专场文艺晚会”、“金秋百花艳，群文大展演——大型群众文艺表演”，“南昌市国庆文艺晚会”等大型群众文化活动，丰富了广大人民群众的精神文化生活。进一步加大文艺创作力度，组织拍摄MTV《把城里的哥哥娶回家》，在全省“崛起颂”优秀歌曲征集活动中获一等奖，并在中央电视台、北京电视台相继播出。组织创作的文艺作品和节目在全省“和谐·创业”优秀歌曲征集活动中获奖项5个，其中一等奖2个；在“第三届江西艺术节暨第八届省少儿艺术节”评选中获奖项20个，其中一等奖7个；获全省“六一”赛歌会表演金奖6个。

【策划开展城市形象宣传】 为切实解决南昌在对外宣传中“说什么、怎么说”的问题，邀请国内知名策划公司——王志纲工作室对南昌进行城市营销战略策划。王志纲工作室从4月26日开始在南昌市开展深入调研，进行项目研究和策划。8月15日，就策划工作向市委、市政府领导作阶段性汇报，并根据省委常委、市委书记余欣荣的意见进行调整修订，形成《发现南昌——城市营销战略策划纲要》（以下简称《纲要》）。《纲要》围绕南昌的战略定位、功能定位、形象定位，以经济社会发展为中心，提升南昌核心竞争力为目的，围绕南昌工业化、城市化、国际化这条主线，提出南昌城市营销战略重点，策划出以两大动作（即英雄会和春水节）、五大道具（即征集新滕王阁序、拍摄城市形象大片，打造春水画船、时尚傩面、南昌采茶戏）为主要内容营销南昌的战略性纲要。10月市委常委（扩大）会议听取王志纲工作室关于南昌城市形象策划的汇报。

【强力打造网络宣传平台】 重点从强化管理、积极建设、主动引导、营造环境方面加强互联网新闻宣传管理。一是建立健全网络管理机制。4月代市委、市政府草拟《关于加强全市新闻和政务类网站建设和管理的意见》等文件，成立专门的网站建设和管理领导小组，明确各相关部门的管理职责和分工，建立上网信息审批和更新维护制度。二是着力建设重点新闻网站。在市委、市政府主要领导的重视下，下拨专项资金500万元，正式启动“南昌新闻网”建设，并将其列入全市重点项目和重点工程。三是主动引导网络媒体聚焦南昌。与人民网签订网络宣传协作体协议，在人民网《地方领导在线》专栏登载南昌市重大新闻稿件，全年发稿85篇；邀请新华网、人民网和新浪、搜狐等国内36家大型新闻网站和商业门户网站集中报道南昌，发稿100余篇。四是积极掌控网络舆情。积极筹建网络评论员队伍，对重要网络舆情，特别是针对网络中恶意歪曲丑化南昌的言论，组织快速辟谣，遏制网上负面言论的传播。

【广泛开展“六个十大”系列评选活动】 根据全市“建设和谐平安江西、共创富民兴赣大业、提升南昌发展水平”主题教育活动要求，会同有关部门在全市范围内组织开展六个“十大”（即十大文明社区、十大文明村庄、十大爱心人物、十大创业先锋、十大平安卫士、第二届“十大文明之星”）系列评选活动。在各县（区）、各单位层层考察、推荐的基础上，市评选活动领导小组组织有关部门对报送的候选人事迹进行考核审查，广泛征求各界意见，并将候选人名单及先进事迹在《南昌日报》、《南昌晚报》同时公示。根据公示结果，经市委、市政府审批，东湖区公园街道上营坊社区等10个社区、南昌县塔城乡北洲湾里村等10个村以及罗淑兰、朱星河、丁志华等人分别当选为南昌市十大文明社区、十大文明村、十大爱心人物、十大创业先锋、十大平安卫士。六个“十大”系列评选活动，涉及面广、参与人数多，在社会上引起强烈反响。

【开展“文明信用农户”创评活动】 会同有关部门在全市广泛开展创评“文明信用农户”活动。创评活动以小额信用贷款为评价平台，延伸到邻里互助、尊老爱幼、扶贫济困、善于合作等社会美德的方方面面，搭建起道德建设新载体，进一步丰富道德评价的内涵。全市开展创评活动的乡（镇）74个，评出道德优秀家庭4680户，道德良好家庭10109户，“文明信用农户”11501户，并对8676户“文明信用农户”授牌，授信金额2.58亿元。使农民受到教育，得到实惠，有效地推动社会主义新农村建设。

【在中央、省级新闻媒体刊发稿件创历史新高】 加大向中央主要新闻媒体报送新闻稿件力度，通过制定下发《关于上中央级主要报台新闻稿件指标及奖励实施意见》，加强与中央、省级媒体沟通和合作，定期召开中央驻站和省级主要媒体新闻联席会，构建新闻宣传网络等有效措施，及时向中央、省级媒体提供宣传南昌的信息。全年在中央、省级主要新闻媒体刊播新闻稿件呈现出上稿总量增多，头版头条增多，大稿重稿增多，内参情况反映增多的明显特点。在中央主要新闻媒体上稿量分别为《人民日报》245篇，新华社397篇，《光明日报》43.5篇，《经济日报》62篇，《新闻与报摘》49.5条，新闻联播49.5条，继续名列全省设区市首位。

【组织承办“中央媒体、城市党报总编辑、资深记者南昌行”大型采访活动】 会同南昌日报社组织策划“中央媒体、城市党报总编辑、记者南昌行”大型采访活动，邀请全国19家中央媒体和城市党报的32名总编辑、知名记者汇聚南昌。从不同角度对南昌市经济社会发展进行大篇幅报道，发表各类新闻稿40余篇。其中，《人民日报》刊登的《南昌统筹发展促和谐》、《光明日报》内参刊发的《南昌写好“两篇文章”为“十一五”规划开好局》、《经济日报》头版头条刊登的《南昌：三个对接促进经济崛起》等新闻稿，扩大了南昌市的知名度和影响力。

【开展重大新闻宣传战役】 全市宣传工作围绕中心，服务大局，先后组织实施贯彻落实市委八届八次、八届九次全会，开展“树立和落实科学发展观、建设和谐平安江西、共创富民兴赣大业、提升南昌发展水平”为主题的教育活动，保持共产党员先进性教育活动，南昌实施公民道德建设实践工程及第二届中国公民道德建设论坛，南昌创建全国文明城市，开展机关“效能年”活动，“百姓创家业，能人创企业，干部创事业”重点创业典型，南昌市“双带”致富工程，2005年第四届金秋经贸活动月，“十五”回眸等10余场系列新闻宣传，市新闻媒体开辟专栏、专题50余个，推出系列评论员文章及短评80余篇（条）。通过开展系列声势浩大的新闻宣传战役，为南昌经济社会又快又好、协调持续发展营造了良好的氛围。

（付长庚）

## 统战工作

【概况】 2005年，市委统战部坚持以邓小平理论和“三个代表”重要思想为指导,认真落实科学发展观,扎实推进各个领域的工作。获全省统战系统目标管理考核“全面先进”称号;连续第四年获全市招商引资服务奖。

**【推进多党合作】** 贯彻《中共中央关于进一步加强中国共产党领导的多党合作和政治协商制度建设的意见》。市委把政治协商纳入决策程序,先后8次召开协商会、通报会,其中三次协商会议由省委常委、市委书记余欣荣主持;邀请市级领导班子中的党外人士列席市委常委会,研究全市发展的重大问题。市领导加强与民主党派、工商联的分工联系,在“党委政府出题、党派调研”活动中,分别为所联系的民主党派出题选题,增强民主党派调研的针对性、实效性。该活动形成的一批高质量的调研成果,有12篇得到省、市领导的批示。其中,省委常委、市委书记余欣荣对市委统战部呈送的《议政专报》和民主党派的意见、建议先后11次作出重要批示。有不少成果得到市政府采纳和有关部门的关注。成立无党派知识分子联谊会。市委统战部协调检察、监察、教育、审计等部门共同做好第五批党外特约“四员”聘请工作;会同市环保局组织各民主党派、无党派人士参加以环境保护为主题的考察和情况通报活动;支持民主党派、工商联开展促进全民创业“六个一”活动;组织创业文化宣传队深入社区进行演出。协助各民主党派建立健全议事决策制度、学习和培训制度、组织发展制度。争取市财政支持,为民主党派、工商联机关增拨26万元办公经费;为市农工党、市工商联落实专项招商经费120万元;为民盟、九三学社市委会新购2辆工作用车;为每个党派增加工作用房和微机,进一步改善了民主党派的工作条件。

**【服务经济社会发展】** 协助市政府与省委统战部举办2005年中国“五会”(南昌)经贸恳谈会,欧美、东南亚32个国家和中国台港澳地区、部分省市的华侨、工商界知名人士781人应邀赴会,或到南昌市考察。共签订合作项目17个,引进内资15亿元、外资2.6亿美元。与市工商联联合举办中国(南昌)中部崛起论坛暨民营企业投资洽谈会,邀请全国部分城市400余名民营企业负责人到南昌考察洽谈,清华大学经济外交中心主任何茂春,海尔集团副总裁喻子达在论坛上作主题发言。会上签订项目14个,签约金额33.45亿元。会同市农工党举办2005年中国(南昌)医药保健品博览会暨招商会。云南白药、台湾顺天堂等境内外100余家知名医药企业和营销公司参加博览会,全国人大常委会副委员长蒋正华发了贺信。会同市侨联、市文化局等单位先后组团赴马来西亚、印度尼西亚及中国港澳地区开展经济文化交流,举办招商推介会,为华文教育基金募资200余万马币(合人民币400余万元)。省委常委、市委书记余欣荣批示“出访扩大影响,探索了新路子”。会同市工商联及部分县(区),组织12个招商推介小分队赴全国40余个城市开展招商推介活动。配合市委、市政府举办南昌(福州)招商推介会、南昌(青岛)招商推介会,邀请当地民营企业家150余人参加。协助九三学社市委会举办“南昌制造业发展”高层讲座,邀请机械制造著名专家、博士生导师冯培恩到南昌讲学;支持各民主党派建立9个“和谐社区建设服务基地”;在全市非公有制经济人士中开展“争当优秀中国特色社会主义建设者”活动;争取各方面支持,为5个民企扶贫项目申请贴息贷款2140万元。

**【做好党外干部培养选拔】** 认真贯彻全省培养选拔党外干部工作座谈会精神,会同市委组织部制定《关于培养选拔党外干部工作的近期规划》;制定当年培训工作计划,全年举办党外代表人士培训班18期;制定《南昌市无党派代表人士培养工作三年规划》,实施“1511”工程(即在三年内物色培养100名在各领域有影响、有贡献的无党派代表人士、50名重点联系的无党派主要代表人士、10名无党派县级后备干部、10名无党派专业拔尖人才);重点建立一支有党外市级后备干部7名、县级后备干部97名的党外后备干部队伍。通过面向全省公开选拔,在市法院首次任命一名党外副院长。安义县也率先在县、区法院中安排一名党外副院长。同时在商贸、文化、财政、监察等部门新配备党外领导干部,在红谷滩新区安排一名党外干部任正职,在市城乡规划局提拔一名党外正县级干部,在市政府部门安排党外领导干部13名。各县(区)党委也积极做好党外干部安排工作,安义县、进贤县和东湖区、西湖区、青山湖区都分别安排党外干部5~6名。

**【推进统战部门自身建设】** 认真开展以实践“三个代表”重要思想为主要内容的保持共产党员先进性教育活动。在各县区委统战部、有关高等院校党委统战部、市直统战系统各有关单位广泛开展“树统战干部形象、建党外人士之家”活动,同时在部机关建立完善目标管理考评机制,组织开展机关“效能年”及廉政教育活动。

**【各界人士迎春茶话会】** 2月1日上午在红谷滩会展中心召开。省委常委、市委书记余欣荣出席并讲话,市长李豆罗主持。市领导王样生、史蓉蓉、马承祖、熊焕高、陈守朴、雷武江、蔡社宝、张国华等出席。各民主党派代表,政协委员代表,老同志代表,各条战线优秀知识分子代表,文化、教育、理论、宣传界代表,港澳台侨代表,参事代表,民族、宗教代表,各界劳模代表,非公有制经济人士代表近400余人参加。

余欣荣代表市委、市政府,向在座的各位同志、各位朋友,并通过他们向全市各民主党派、工商联、各人民团体和无党派人士,向全市工人、农民、知识分子和干部,向海内外乡亲及各界朋友致以诚挚的问候和良好的祝愿。余欣荣强调,2005年是落实省委、省政府要求南昌“一年有个新变化,三年有个阶段性大变化”的最后一年,是完成“十五”计划的最后一年,希望各民主党派、工商联、各人民团体和各族各界人士在新的形势下,高举爱国主义和社会主义两面旗帜,以树立和落实科学发展观、加强党的执政能力建设、构建社会主义和谐社会为重点,紧紧围绕市委、市政府中心工作,发挥大团结、大联合的优势,进一步做好政治协商、民主监督、参政议政工作,多谋良策,多进诤言;积极主动地协助市委、市政府协调关系、理顺情绪、化解矛盾、增进共识,为实现南昌快速崛起宏伟目标提供最广泛的力量支持和智力支持,共同推动南昌经济的跨越式发展和社会全面进步。茶话会上,各界人士代表结合实际,就南昌发展畅谈自己的感想和体会。

**【全市统战工作会议】** 2月6日在市委第一会议室召开。会议传达学习全省统战部长会议精神,总结交流上年度全市统战工作,表彰统战工作目标管理先进单位,部署当年的任务。市委副书记史蓉蓉,市委常委、市政协副主席、市委秘书长、统战部长雷武江出席会议。会议由雷武江主持。史蓉蓉讲话时强调,全年全市的统战工作:一是要突出围绕学习贯彻党的十六届四中全会精神,抓好全市统一战线的学习教育活动;二是要突出围绕经济建设这个中心,不断提高为南昌经济社会发展服务的水平;三是要突出围绕“以人为本”的宗旨,为构建社会主义和谐社会服务;四是要突出围绕人才强市战略，努力发挥统一战线在人才工作中的积极作用。她要求各级统战部门要深刻认识和把握新时期、新阶段统一战线面临的新形势、新任务，不断增强对做好统战工作重要性的认识；要结合实际，沉下身子抓好各项工作的落实。雷武江对上年度全市统战工作进行总结，对当年全市统战工作进行了部署。会议表彰上年度统战工作目标管理先进单位。

【南昌海外联谊会四届二次理事会】 9月22日在南昌召开。市委副书记史蓉蓉，市委常委、市政协副主席、市委秘书长、统战部部长、南昌海外联谊会会长雷武江及100余名理事出席。史蓉蓉讲话时说，希望海联会以开展联谊活动为基础，不断增进与港澳台海外朋友的友谊；以服务经济建设为中心，不断推进全市各项社会事业的发展；以促进祖国和平统一为重点，不断发展壮大反独促统的爱国力量；以加强队伍建设为根本，不断提高海外联谊会的工作水平，为推进南昌市改革开放、现代化建设和祖国和平统一大业作出新的更大的贡献。会议由雷武江主持，市委统战部副部长、南昌海外联谊会副会长兼秘书长姚向红作四届一次理事会工作报告；大会增补海联会名誉会长、副会长、常务理事共8名。

【学习辅导报告会】 6月23日下午在红谷滩会展中心宾厅举办。主要内容是学习辅导《中共中央关于进一步加强中国共产党领导的多党合作和政治协商制度建设的意见》，邀请省政协副主席、省委统战部部长王林森主讲。市领导史蓉蓉、雷武江、罗慧云、周关、曹连甲、雷元江、关德华、万宗明出席，各县（区）委、市委各部门、市直各单位党政领导以及政协机关、组织部门、统战系统干部共400余人参加。王林森从统一战线理论的哲学基础和发展趋势，认真学习贯彻中央5号文件、进一步增强走中国特色社会主义政治发展道路的自觉性，切实加强和改善党对统战工作的领导，进一步加强中国共产党领导的多党合作和政治协商制度建设等三个方面进行深入阐述和说明，并就如何贯彻落实好中央5号文件提出了明确、具体的要求。

市委副书记史蓉蓉主持报告会，并对学习贯彻《意见》提出具体要求。一是要领会《意见》精神实质，进一步提高思想认识。二是要紧密结合实际，进一步抓好贯彻落实。三是要发挥制度优势，进一步促进南昌率先崛起。

【举办宣传创业文艺晚会】 为深入贯彻市委八届九次全会精神，掀起全民创业的宣传热潮，10月13日，市各民主党派、工商联在西湖区绳金塔公园内举办宣传创业文艺晚会。市领导雷武江、姚燕平、雷元江、关德华、万宗明及市委统战部、各党派工商联、西湖区的领导出席并观看了演出。晚会节目分别从不同侧面热情讴歌了南昌近几年的深刻变化，激励广大市民积极投身到全民创业的热潮中去。

【举行2005年光彩事业项目示范企业授牌仪式】 11月30日，市委统战部、市工商联、市光彩事业促进会在江西省李渡烟花集团有限公司联合举行授牌仪式，授予江西省李渡烟花集团有限公司等6家企业2005年南昌市光彩事业项目示范企业称号。

市委统战部部长雷武江出席并讲话。她对荣获南昌市光彩事业项目示范企业称号的6家企业表示祝贺，向多年来积极支持并投身光彩事业的全市非公有制经济人士表示诚挚的问候和衷心的感谢，同时对全市光彩事业的发展提出四点要求。一是深刻认识新时期光彩事业对于非公有制经济健康发展和成长的重要意义和独特作用；二是全力支持光彩事业项目，为光彩事业持续健康发展提供有效的物质载体；三是加大宣传力度，弘扬先进事迹，充分发挥示范企业的示范效应；四是加强自身建设，提高办事效能，为光彩事业持续健康发展创造良好环境。

【成立南昌市无党派知识分子联谊会】 12月22日上午在市委第一会议室举行，市委副书记史蓉蓉到会并讲话，省委统战部副部长、省党外高级知识分子联谊会顾问严平，省党外高级知识分子联谊会会长张文海出席。会议审议通过《南昌市无党派知识分子联谊会章程》，选举产生南昌市无党派知识分子联谊会会长、副会长、秘书长、常务理事。瞿祖一当选为会长，王河涌当选为副会长；许日强当选为秘书长，马进等32人当选为理事会常务理事。

市委副书记史蓉蓉在讲话中指出，要充分发挥党外知识分子联谊会的教育作用，全面提高会员的政治素质和思想水平，不断提高会员的政策理论水平、把握大局的能力与合作共事的能力；充分发挥联谊会的纽带作用，切实加强党和政府与无党派知识分子的沟通；要充分发挥联谊会的参谋助手作用，努力促进党和政府决策的科学化和民主化；要充分发挥联谊会的基地作用，努力为党外干部队伍输送优秀的后备力量。

【南昌市统战理论研究会第四次会员代表大会】 12月22日下午在市委第一会议室召开。市委常委、市政协副主席、市委秘书长、统战部长雷武江，市人大副主任、民进市委会主委姚燕平，市政协副主席、民建市委会主委万宗明等出席，与会的全市各单位的市统战理论研究会会员代表100余人参加。会议听取并审议通过南昌市统一战线理论研究会第三届理事会工作报告，修改并审议《南昌市

2005年12月8日，市委常委、市政协副主席、市委秘书长、统战部部长雷武江到南昌县开展调研

统战理论研究会章程》（草案），选举产生南昌市统战理论研究会第四届理事会会长、副会长、秘书长、理事。雷武江当选为南昌市统战理论研究会第四届理事会会长，邓春元等15人当选为副会长，农小兵当选为秘书长，万小华等39人当选为理事。

（农小兵）

## 政法与综治工作

**【概况】** 2005年，市委政法工作委员会认真落实科学发展观，紧紧围绕建设和谐平安南昌的目标，充分发挥职能作用，维护国家安全和社会稳定，全市实现“三无三升三下降”的好局面，即未发生对社会安全稳定有重大影响的重大案件和群体性事件、群死群伤特大恶性治安灾害和安全生产责任事故、“法轮功”邪教组织人员进京滋事和在当地聚众滋事；破案率、抓获犯罪嫌疑人、查处治安案件同比上升；群体性事件、刑事发案、安全生产事故同比下降。为全市经济快速发展创造了和谐稳定的社会环境，提供了有力的法治保障。

**【维护社会稳定】** 紧紧围绕和谐平安建设目标，以稳定促和谐，以和谐保稳定，精心组织，上下联动，快速推进，在全市形成浓厚的创建氛围。建立健全矛盾纠纷预防、排查、调处工作机制，发挥各级基层组织和维稳信息督查员的作用，实行不稳定因素排查调处月报、季报、重点问题专报制度，以及处置不稳定因素高层决策协调例会制度。全年全市共排查调处各类矛盾纠纷和不稳定因素2382起。中央、省交办的涉法涉诉案件15件全部办结。确保10.8万城市低保对象的低保金的足额发放，救助农村特困户3.9万户、8.1万人；救助流浪乞讨人员3675人，有效保障了城乡困难群众的基本生活。积极做好预防和妥善处置群体性突发事件工作，群体性事件比上年下降88.4%。

**【打击邪教活动】** 加强隐蔽战线的工作，严密防范和严厉打击敌对势力的渗透破坏活动和“法轮功”邪教组织的非法活动，扎实开展教育转化工作。在全市农村开展反邪教警示教育活动，采取通俗易懂和多种宣传教育形式引导群众认清邪教的本质和危害，遏制邪教活动在农村的发展。在全市成立四种健身气功辅导总站，活跃全市群众的健身活动，

市委副书记王样生，市委常委、政法委书记罗为民到东湖公安分局开展调研

使“法轮功”等邪教活动无立足之地。对不够劳教判刑的顽固“法轮功”邪教组织分子举办法制教育学习班，达到预期效果。适时开展深挖打击工作。全市公安机关在开展深挖打击的专项行动中，有力地打击了“法轮功”邪教组织的非法活动。

**【维护社会治安秩序】** 坚持严打方针，有针对性地组织开展侦破命案、打击“两抢一盗”、禁毒、禁赌和打假等专项行动。全市公安机关侦破各类现案1.11万起，抓获犯罪嫌疑人5844人，比上年分别上升29.9%和19%；检察机关依法批准逮捕3670人，提起公诉3530人；法院共审结刑事案件2835件，有力地打击震慑了犯罪。监所秩序保持稳定。武警部队做好重要目标的守卫和节日巡逻，确保安全。消防和交通管理进一步加强，火灾事故损失比上年下降47%，杜绝了特大火灾事故；交通事故起数下降32.1%，死亡人数下降3.3%，损失下降37%，杜绝了一次死亡10人以上的特大交通事故。加大对校园、企业周边和铁路沿线等治安复杂地区的重点整治力度，整治治安乱点735个，着力解决突出治安问题，促进了治安状况进一步好转。加强治安防控体系建设，落实人防、物防、技防措施，在市区道路形成三级治安巡防网络，新添30辆110巡逻车，安装1000余个电子监控探头，全市重点部位技防覆盖面达90%以上，进一步提升防范控制犯罪的能力。

**【服务全民创业】** 围绕市委、市政府关于推动全民创业、加快富民强市的总体部署，全市政法系统掀起新一轮解放思想、更新理念的热潮，形成服务发展第一要务，亲民、安民、富民和尊重创业、服务创业、保护创业的浓厚氛围。各级政法机关和广大政法干警强化宗旨意识、大局意识、法治意识、人权意识和公正意识，坚持打击与保护统一、调节与促进统一，做到管理与服务并重、实体与程序并重。全年全市破获经济犯罪案件268起；审理民事案件12382件；立案查处贪污贿赂、渎职侵权案件105件139人，为国家挽回直接经济损失3551万元；办理民事、经济、行政诉讼代理3282件，办理公证29349件。同时适应社会经济不断发展的需要，出台并落实了一系列服务发展的新举措，为实现全市经济社会在新的起点上更快更好地发展营造了良好的法治环境。

**【强化综治基层基础建设】** 扎实推进基层综治组织规范化、制度化建设，一线警力增加24%，群防群治队伍进一步充实加强。“两所一庭”建设得到较大发展，解决部分所、庭无房办公问题按计划顺利实施。全面推进综治“六进”战略。全市社区、村庄、企业、景区、市场、校园综治工作室、警务室设立面达95%以上；基层人民调解组织调处各种民间纠纷5546件，调解成功率达98%。大力推进和谐平安建设。制定下发全市平安乡镇（街道）、村、单位、社区等创建标准，对已命名挂牌的，按照“抓巩固、促完善、重提高、求实效”的要求，重新进行检查验收。平安社区、平安乡村、平安湖区等基层创建活动深入开展。采取“抓精品、创特色、重实效、以点带面”的

办法,在全市各县区抓好33个各种类型的示范点,为基层创建树立了样板。同时不断拓展创建内容和范围,逐步扩展到创建平安县区、平安交通线,平安边际走廊,平安湖区等。通过全市和谐平安建设流动现场会,起到了很好的推广作用。

【规范执法行为】 根据中央和省委政法委的统一部署,全市政法各部门围绕市委、市政府提出的服务全民创业这一重点,结合实际,精心组织开展"规范执法行为,促进执法公正"专项整改活动。活动期间,紧紧抓住人民群众最关心,反映最强烈的问题,突出执法为民的宗旨教育,开展向先进典型和模范人物学习活动,深入查摆和整改突出问题,找准并初步解决一批执法思想不端正、执法作风不严谨、执法程序不严格、执法监督不到位等影响公正执法的突出问题。各部门普遍从制度建设入手,加强规范执法的机制建设,开展对政法干警的全员培训考核,进一步提高政法机关的执法水平。活动中,全市共修改完善各项制度139项,新制定工作制度137项,有效地遏制了执法不严格、不公正、不文明、不作为等问题。

【集中处理涉法涉诉案件】 根据中央联席会议要求,确定领导包案和跟踪督办制度,对新排查出的149件涉法涉诉的重点案件,通过市、县(区)两级政法委的大力督办、协调和各办案单位的共同努力,办结136件,办结率91.3%;处置涉法涉诉信访案件379件,处置率达95.09%。对群众反映的执法人员执法不公、违法违纪的问题,通过成立联合调查组,开展个案调查,进行督办查处。

【全市政法工作会议】 1月15日在市中级法院七楼会议室召开。会议传达全国、全省政法工作会议精神,总结上年度政法工作,分析当前面临的形势,部署当年政法工作任务及"两会"、春节期间全市的安全、信访、维护稳定工作,并下达当年综治责任书。省委常委、市委书记余欣荣,市委副书记、市长李豆罗和市委副书记王祥生出席并分别讲话。会议强调,要着重抓好五个方面工作。一是不断强化人民内部矛盾的排查化解,切实提高构建和谐社会的能力;二是不断强化新形势下的对敌斗争,切实提高维护国家安全的能力;三是不断强化对社会治安的综合治理,切实提高驾驭治安局势的能力;四是不断强化率先崛起的法律保障,切实提高服务经济社会发展的能力;五是不断强化政法队伍的教育管理,切实提高建设高素质政法队伍的能力。

（王 琦）

## 农村工作

【概况】 2005年,市委农村工作部(市政府农村工作办公室)按照"希望在山、潜力在水、重点在田,后劲在畜,出路在工"的要求,统筹城乡发展,全面提高农业综合生产能力,大力促进粮食增产、农业增效和农民增收,改善农村生产生活条件。全年农业增加值65亿元,比上年增长5%;农业总产值102.7亿元,增长5.1%;农民人均消费性支出2255元,增长4%;农民人均纯收入3879元,增加465元,增长11%。

【农民致富系统工程】 村党支部书记"双带"(即带头致富、带领群众致富)工程深入推进。创办"双带"致富项目的村支书发展到818人,占全市村支书总数的73.2%;项目总投资5.66亿元。有716名村支书实现"双带"目标,带动农户达1.5万余户。

农业产业化龙头企业裂变扩张工程取得新成效。全市市级以上农业产业化龙头企业由原来的47家增至63家,带动农户达到75万户,其中南昌地区42万户。为支持农业产业化龙头企业做大做强,全年市财政安排1000万元资金,重点用于龙头企业的技术改造和生产性贷款贴息,以促进企业上档次、出品牌。全市有6家被认定为国家级龙头企业,25家被认定为省级龙头企业,并有10个企业、13个项目得到省级农业产业化技术创新及品牌培植。当年南昌市被国家农业部评为"全国农业产业化经营先进集体"。

农村商品经纪人富集南昌工程势头良好。先后举办新建县"菖头节"、进贤县"鄱阳湖螃蟹节"、南昌县"三江蔬菜节"等大型农产品促销活动。各县、区十分注重培养壮大自己的农产品商品经纪人队伍。如新建县生米镇菖头和望城镇的花卉苗木等,每年有8000余人在外走南闯北;青云谱区有70%以上的农民从事各种经营活动。截至年底,全市年销售额100万元以上的农村商品经纪人发展至2360余户。"一村一品"工程发展迅速。全市具有特色的专业乡镇占全市乡镇总数的60%以上,"一村一品"专业村发展到236个。从事"一村一品"生产的农民从主导产业中获得的纯收入占家庭经营年收入的80%以上。

扶贫开发工程再现新绩。坚持开发式扶贫的方针,变"输血型"为"造血型"扶贫,市级以上财政投入资金1046.8万元,动员社会资金4000万元以上。全年共安排各类财政扶贫项目85个(含50个扶贫开发重点村安排的74个财政扶贫开发项目),专项用于改善贫困村组生产生活条件,培植主导产业和农民培训,不断提高贫困农户和低收入农民自我发展能力。

【社会主义新农村建设】 按照"一年抓点、两年提高、三年推广"的工作要求,全市因地制宜、采取一镇一策、一村一策,推进社会主义新农村建设。组织实施中,以建设"工业主导型、交通枢纽型、生态示范型、商贸流通型、历史文化型"等特色城镇和"改造城中村、建设小康村"、"撤并小型村、建设中心村"、"整治自然村、建设示范村"、"培育专业村、建设特色村"四种模式区别对待、分类指导、整体推进。通过实施"三清三改、三整三造、三通三新"(即清垃圾、清污垢、清路障,改水、改厕、改路;整屋顶、整墙面、整管线,造林、造塘、造栏;通有线电视、通电话、通路灯,新村庄规划、新管理制度、新服务中心),大力整治村容村貌,示范村镇建设取得可喜成效。一是确定社会主义新农村重点示范村镇。经市有关部门综合考评,确定进贤县李渡镇等11个镇和南昌经济技术开发区下罗村等10个村作为全市社会主义新农村重点示范村镇。各县、区结合本地实际,每个县、区分别确定3~6个县级新农村建设示范村。二是加快村镇规划编制进度。完成全市80个集镇及30%的行政村的规划编制。三是加大重点示范村镇建设的协调、督查力度。市委农工部、市财政局、市规划局、市建委、市文明办30余个部门明确新农村建设的相关职责和任务,并从市直有关部门抽调工作人员组成督查组,专门负责重点示范村镇的项目推进协调、督导工作。同时各重点示范村镇结合自身实际制订三年创建工作方案和"每周一调度"制度,有效地加快社会主义新农村的建设速度。四是强力推进重点项目建设。各重点示范镇普遍实行"五个一"(即一个项目、一套方案、一支队伍、一个责任人、一抓到底)的项目推进责任制,有效地促进全市重点项目的建设。

【农村几项重大改革】 农村税费改革。一是减轻农民的负担。当年全面取消农

2006年9月26日,市委常委、农工部部长蔡社宝出席全市新农村建设现场会

业税,共为农民减免税赋负担1.76亿元(其中农业税为1.65亿元,特产税为0.11亿元),发放粮食直补资金和良种补贴7584.14万元(其中粮食直补资金4861.74万元,早、中稻良种补贴2722.4万元)。二是建立农民负担监督管理制度。完善农民负担县乡领导责任制、涉农税费政策公示制和农民负担举报查处制度,各级新闻媒体向全社会公布农民负担监督举报电话,市、县税改办安排专人受理农民群众的咨询、上访、投诉,对上访信件的办结率达100%。林业产权制度改革。以“明晰产权,减轻税费,放活经营,规范流转”为主要内容的林业产权制度改革工作4月在全省全面铺开后,南昌市按照省里要求成立机构、制订工作方案,确定林改工作完成时间表,并于5月召开全市林改工作动员大会。此次林改的范围主要是县(区)人民政府区划界定的商品林,涉及南昌、新建、进贤、安义、湾里等5个县(区)共63个乡(镇、场)、661个行政村、4056个村小组,林改面积8.96万公顷。水利工程管理体制改革。根据国务院体改办和江西省水利工程管理体制改革实施意见,南昌市于7月底成立市水管体制改革领导小组,确定试点单位,制定改革方案,对水管单位的管理责权、定岗定编、社会保障、确权划界、养护资金来源等做出明确规定,年内全市水管体制改革进入实质性的实施阶段。乡镇机构改革。全市共有80个乡(镇),农业人口250余万人,平均每个乡镇3.1万人。乡镇平均设置事业站、所7个(不含县派驻乡镇机构),站、所事业编制合计3840名(含县派驻乡镇机构),平均每个乡镇事业编制48名。乡镇机构改革后,全市乡镇行政机构由673个减为387个,精简42.5%;事业站、所由1121个减为513个,精简54%。乡镇行政人员分流409人,事业人员精简1436人。乡镇由101个减为80个,撤并20.8%。行政村由1200个减为1133个,撤并5.6%。村干部由5747人减为4904人,减少14.6%。全市农村中小学校由1508所调减为1306所,减少13.4%。农村中小学教师由22568人调减为20610人,精简8.7%。清退临时代课教师、不合格教师、借用人员、在编不在岗人员和非教学人员1958人。

【三大支农体系】 农产品市场开拓服务体系。全市已建成年交易额超1000万元的粮食、水产品、生猪、禽蛋、花鸟、竹木、肉食品、果品、蔬菜等大中型农产品专业批发市场20个,其中年成交额超亿元的有8个。建立“民办、民营、民管、民受益”性质的市级农产品行业协会13个,会员1503人;县级协会16个,会员2169人;乡级协会24个,会员860人。在南昌农经网上举办南昌市名特优新农产品网上展销会,分三个层面展示全市优质农产品。网上农展共展出各类名特优新农产品181个,其中无公害农产品49个、绿色农产品25个、有机农产品28个、名牌农产品23个、特色农产品56个,提升了南昌市农产品的知名度和竞争力。

农业支持保护体系。市、县两级继续加大对农业的财政支持力度,市级财政用于支持农业产业化经营、“双带”致富等农民致富系统工程的专项资金达4400余万元。加大农业招商引资力度,市直农口完成招商引资内资6280万元,外资310万美元。通过组织龙头企业、“双带”致富村支书与金融机构进行对接服务等,加大金融系统对农业的信贷支持力度。

农业科技支撑体系。积极组织科技、文化、卫生“三下乡”活动,加快良种良法推广步伐。全市送科技下乡43次,参与专业技术人员624人次,赠送资料39.86万份,赠送良种100公斤,农药500余瓶,推广新品种、新技术、新成果13项。全年举办农业实用技术培训93期,共培训1万余人。全年新增绿色(有机)食品标志产品90个,其中有机食品标志产品52个。截至年底,绿色(有机)食品标志产品累计达175个。组织农技人员进村入户维修、保养农业机械,检修和维护农机具8200余台(部),帮助农民与机手签订作业服务合同4397份,合同作业面积达4万公顷。同时抓好农机购置补贴政策的落实。制定地方财政农机补贴实施方案,全市发放购买农机补贴150万元。组织三期农机操作手培训班,共培训440人次。

(袁一旦)

## 对台工作

【概况】 2005年,市委台湾工作办公室紧紧围绕南昌市大开放和打造现代制造业重要基地战略,充分发挥台办系统在开放型经济中的独特优势和重要作用,在对台经济、联络交流、台胞接待、对台宣传和自身建设等方面取得显著成绩,圆满完成市委、市政府赋予的各项任务。全年共有8个台资企业落户南昌,项目合同金额4490万美元,项目注册资本3490万美元;5个台资项目已经签约,总投资4.1亿美元。全市现有台资企业401家,总投资达12.24亿美元。投资环境进一步优化,在台湾电机电子工业同业公会“2005年中国大陆地区投资环境与风险调查”中,南昌再次被评为“极力推荐”城市,跻身全国调查城市的第10名,在中部地区排名第一。先后组织6个团组共64人赴台招商引资,学习交流。共接待到南昌探亲、观光、考察、投资的台胞11201人次,其中团组73个、775人次。有483人次因私赴台。及时处理多起涉台突发事件。完成对台宣传用稿402篇，网络用稿200余篇；完成对台宣传电视片1部，编印8期《南昌对台工作信息》。被评为全省对台工作目标管理全面先进单位，荣获全市招商引资综合奖。在省委台湾工作办公室办举行的“台湾在我心中”全省涉台知识电视竞赛中，荣获第一名。

【举办大型对台招商活动】 举办2005年南昌（昆山）投资环境说明会、南昌台湾经贸合作推介会、南昌台湾商贸服务业投资环境说明会暨台湾知名连锁品牌（南昌）推介会，参加2005年赣台经贸合作研讨会等一系列大型专项对台招商活动。台办系统还参与香港招商会、福州招商会、厦门洽谈会等，共有台商1000余人次参会，其中600余名台商到南昌考察，4个台资项目签约，总投资额4.2亿美元。

【对台经贸交流有序发展】 东元电机、华新丽华、远东集团、詠倡集团等诸多台湾大企业及海峡两岸共同市场基金会、台湾商业同业公会、台湾连锁加盟促进协会等诸多知名行业协会到南昌考察，市委副书记、常务副市长龚建华和副市长凌学仁等率团入台考察，拜访仁宝电子、华邦电子、宝成国际、蓝天电脑、江陵机电、登峰国际和王永庆、焦廷标、蔡其建、黄茂雄、林美兵、李金恭等多家台湾上市公司和一批台湾工商界重要人士。

【昌台交流日趋活跃】 全年共接待7批台湾团组到南昌交流考察。台北县立莺歌高职教育参访团，台湾中华中小企业研究发展学会，台湾知名人士、前“行政院长”萧万长、唐飞先后到南昌参观考察。台湾学者陈明璋应邀参加在南昌市举办江西企业管理创新高峰论坛。10月20日，台湾的60名道教人士，到南昌参加海峡两岸净明道归宗传度祈福大法会，并参加江西首届海峡两岸道教文化论坛”；24日，台北江西同乡会会长黄玠应南昌科技大学邀请，参加南昌万寿宫文化研讨会。

【做好涉台教育和对台宣传工作】 3月《中华人民共和国反分裂国家法》颁布实施。市委台湾工作办公室抓住契机，大力推进涉台教育。组织全市干部参加“连、宋来访与两岸关系”报告会，邀请有关人士作《反分裂国家法》辅导报告。各县、区也采取各种形式，开展生动活泼的宣传活动。邀请台湾地区主流媒体到南昌采访，提升南昌在台湾及海内外的知名度。参与由中共中央台湾工作办公室新闻局和中华全国新闻工作者协会台港澳办公室共同主办的“海峡两岸记者赣鄂行联合采访”活动，并取得圆满成功。

（杨　翔）

## 政策研究工作

【概况】 2005年，市委政策研究室按照“出思路、出谋略、出成果、出人才”的工作要求，努力完成调研任务及各项工作，较好地发挥了市委、市政府的“参谋部”、“智囊团”和“思想库”的作用，得到市领导和各县（区）、市直各单位的充分肯定。全年完成重点调研课题18篇，市委、市政府政策文件起草任务6项，市领导讲话稿和汇报材料23篇；撰写理论文章8篇，编发《决策参考》12期。

【决策研究】 围绕全市中心工作，在全市经济、社会、城市建设和党的执政能力建设等方面开展重点专题调研。完成《关于我市“十一五”期间人才资源整体开发目标和对策问题的调研报告》、《关于南昌中小企业信用担保体系的调研报告》、《关于我市社会主义新农村建设的社会事业、社会保障制度、社会服务体系的调查与建议》、《规划先行带来村镇快速发展》、《关于加快提升红谷滩新区人气的调研报告》、《关于南昌市“十一五”期间沿鄱阳湖地区发展研究报告》、《关于“十一五”期间建设和谐南昌的研究》、《南昌市科技园区发展现状及对策研究》、《关于农民建房情况的调查及有关对策建议研究》、《关于南昌发展进程研究》、《“准财政”：街道财政体制的新模式》、《推进“四化”管理构建和谐社区》、《建立“四位一体”管理体制开创社区工作新局面》等调研课题18项，为市委、市政府提供了科学的决策依据。

【起草市委重要文件】 根据全市发展的需要，遵照市领导的指示，全面完成《关于统筹城乡经济社会发展，进一步加快县域经济发展的若干意见》、《关于加快林业发展的若干意见》、《关于加快现代服务业发展的决定》、《关于推动全民创业，加快富民强市，快速和谐崛起的若干意见》、《关于加快现代服务业发展实施办法的通知》、《关于制定南昌市国民经济和社会发展第十一个五年规划的建议》等六个政策文件的起草工作。

【起草市委重要会议材料】 根据市委政研室的工作职能和市委领导的指示，起草完成省委常委、市委书记余欣荣在市委八届九次全会上的讲话，在省委十一届八次全会上的发言，在全市领导干部大会上的讲话，在全市领导干部理论研讨会上的讲话，在全市一季度经济形势分析会上的讲话，在全市街道社区管理体制改革试点现场会上的讲话，在欢迎南宁市党政代表团仪式上的致辞，在省委常委会议上讨论推动全民创业有关文件时的发言等讲话材料。起草完成市委副书记、市长李豆罗在市委八届十次全会上所作的《关于制定南昌市国民经济和社会发展第十一个五年规划建议的说明》。起草完成市委副书记王詠同志在全市工业经济运行分析会上的讲话，在南昌制造业发展高层讲座上的讲话，在南昌市第四次社会科学工作者代表大会上的讲话，在第二届南昌博览会上的讲话，在南昌汽车零部件产业投资环境（上海）推介会上的致辞等讲话材料。起草完成市委、市政府《关于贯彻落实省委书记孟建柱讲话精神的情况汇报》，《关于服务大局、服务全省、为江西崛起做更大贡献的汇报》。起草完成市领导署名文章《正确处理经济社会发展中“快”与“好”的关系》（已在《人民日报》上发表）、《树立和落实科学发展观，加快实现人口与计划生育工作的两个转变》（已在《中国人口报》和《江西日报》上发表）等。

【《决策参考》编辑工作】 《决策参考》作为市委、市政府重大决策和领导重要言论发布的载体，各县（区）、市直各部门工作交流的平台，专家学者理论探讨的园地，全市经济社会发展成果展示的窗口，较好地发挥了党委喉舌作用。在高质量完成市委机关刊物《决策参考》全年12期编发任务的同时，在栏目开设、内容充实和形象设计上作了新的尝试，其中第12期特刊全彩印发，取得良好的社会效果。与全国200余个城市的市委办公厅、市委政研室和机关党刊建立刊物交流网络，扩大影响，树立形象，在2005年度全国城市党刊研究年会上，被评为全国城市十佳党刊。

（徐桂华）

## 老干部工作

【概况】 2005年，市委老干部局认真落实老干部的政治待遇和生活待遇。先后安排市16名曾担任过副地级以上实职的老干部赴萍乡、宜春、长沙、湘潭等地市参观考察;结合老干部实际情况,开展送书上门、送教上门等活动,先后举办7期全市离退休干部党员理论培训班,对1320名离退休党员干部进行理论培训,2次组织老干部聆听省委常委、市委书记余欣荣作形势报告;开展对离退休干部节日慰问、生病住院看望及赠送生日蛋糕等活动,看望生病住院老干部30余人次,为52名老干部赠送生日蛋糕,走访慰问34名特困离休干部、老红军遗孀及享受副省级待遇的老红军。春节期间,陪同市领导走访离休干部51人;组织市直有关单位的37名副地级以上离休干部赴西安、深圳等地进行健康休养;协调促成市属企业离休干部参照党政机关离休干部同等享受年终奖金待遇;从元月份起,将企业离休干部菜篮子费的标准从每人每月150元提高到200元。全年共接待离退休干部到访100余人次,处理信访78件,回复电话咨询800余个,对老干部提出的问题做到了件件有回音,事事有落实。

**【立足“三个机制”良性运行　确保“两费”落实】**　为全面保障离休干部离休费和医药费的落实,将确保“三个机制”(即离休干部离休费保障机制、医药费保障机制和财政支持机制)良性运行作为大事来抓。一是对发生大额门诊费用的部分离休干部医疗情况进行调查后,与有关部门联合下发《关于对17名离休干部违规医疗情况的通报》,做好违规医疗费用的退赔工作;二是会同有关部门制定下发《关于加强离休干部医药费用管理的意见(试行)》,在保障离休干部医疗待遇的前提下,进一步加强和完善管理制度,确保离休干部医药费单独统筹机制落到实处;三是积极参与对无力缴纳离休干部医药单独统筹金的市属特困企业、事业单位的界定工作。全年共为1315位特困企事业单位的离休干部解决医药费统筹金1038.58万元。

**【为老干部办实事见成效】**　原市委大院改建为阳明公园对外开放后,市老干部活动中心和市老年大学搬入新址后对全市老干部开放,并组织老干部开展形式多样、丰富多彩的文体活动。全年共接待老干部3万余人次。老年大学共开办23个专业班,招收学员970人。与有关部门联合举办全市第二届“夕阳红”老年书画大赛。在省委、省政府及市委、市政府的关心支持下,市老红军公寓楼于9月29日开工兴建,为老红军安度晚年提供良好的生活环境。

**【离退休干部“双先”表彰暨形势报告电视电话会】**　12月28日上午召开。该会在红谷滩会展中心中大厅设主会场,九个县区设分会场,全市3000余名离退休干部参加。市委副书记、常务副市长龚建华主持,市委副书记史蓉蓉宣读《关于表彰全市离退休干部先进个人和先进离退休干部党支部的决定》,省委常委、市委书记余欣荣为全市离退休老干部作形势报告。他要求各级党委、政府要进一步加强和重视老干部工作,从政治上关心、生活上照顾老干部,努力把全市的老干部工作提高到一个新的水平。

**【纪念中国人民抗日战争暨世界反法西斯战争胜利六十周年座谈会】**　8月23日上午在阳明楼召开。市委副书记、市长李豆罗出席并讲话。全市60名参加过抗日战争的老干部、老红军参加。

**【关心下一代“十个一”活动】**　市委组织部、市委老干部局、市关工委联合下发《关于组织全市老同志参与关心下一代“十个一”活动的通知》,要求老同志按就近就地的原则积极投身到活动中。全年市关工委组织老同志开展青少年教育问题专题调查726次,为青少年作宣讲或辅导报告281场次,撰写对青少年健康成长有教育意义的文章197篇,为营造良好的育人环境提有益建议1262条,为维护青少年合法权益办实事442件,与青少年进行谈心活动3107次,为贫困学生提供资助107万元,向青少年传授科学技术353项,帮教失足、有不良行为的青少年或帮助转化双差生535人,为青少年健康成长办好事、实事381件。关心下一代“十个一”活动得到上级部门充分肯定。市关工委被评为全国关心下一代先进集体。

**【信息、宣传工作有新亮点】**　每月刊发一期《南昌老干部工作》简报;在南昌电台开辟7期《共产党员风采》老干部专题栏目,每期邀请一名优秀老干部共产党员和优秀老干部党支部书记作客演播厅;着眼于新形势下的老干部工作热点、难点问题,开展调查研究工作,撰写多篇调研文章,其中《老干部工作要求真务实》、《在构建和谐社会中做好老干部工作》、《强化自身建设做好新时期老干部工作》等稿件分别被《人民日报时代周刊》、《老友》等报刊杂志采用。

(张　芳)

## 市直机关党的工作

**【概况】**　2005年,中共南昌市直属机关工作委员会(简称市直工委,下同)围绕提高党的执政能力、永葆党的先进性、促进和谐社会建设,坚持融入中心、服务大局,切实履行职责、开拓进取,全面推进机关党的思想、组织、作风和制度建设,并取得新的进步。市直机关党的工作在原有基础上,呈现出目标更高、主题更显、内容更实、措施更硬、领域更广、影响更大、效果更佳的规范运作、稳步推进、全面发展态势,为推动南昌快速和谐崛起发挥了独特优势和应有作用。

**【不懈推动理论武装工作】**　市直各机关党组织以开展保持共产党员先进性教育活动为契机,以创建学习型机关和学习型组织为目标,以学习邓小平理论、“三个代表”重要思想、科学发展观、党的十六大和十六届四中全会精神为重点,周密制订学习计划、采取集中培训、专题讨论、辅导讲座、撰写论文、知识竞赛和上党课等形式落实各项学习任务。市直工委在加强对市直机关党员干部理论学习面上督促和检查的同时,发挥自身优势,适时举办入党积极分子和预备党员培训班,努力办好函授学历班,加强市机关党建学会工作,提高工委机关《机关党建》和《机关简讯》两个内刊的办刊质量,促使市直机关的理论学习与时俱进地不断向广度和深度推进。

**【规范机关党组织基础工作】**　着重规范党员发展和基层党支部建设两项基础性工作。在党员发展上,进一步健全和落实工作责任制,严把党员发展标准关、程序关,严防超计划发展、突击性发展及标准不太高、把关不够严、程序不到位等问题出现,确保发展质量。在基层党支部建设上,各机关党组织按照市直工委《关于进一步加强市直机关基层党支部工作的若干意见(试行)》,采取有效措施,抓好对所辖基层党支部工作的规范化管理和年度考评,依据考评结果评定档次、兑现奖罚。

**【深入实施“文明南昌行动”】**　市直各机关党组织按照市委、市政府年度和阶段性工作部署,坚持“文明南昌行动、机关率先垂范”,组织机关党员干部大力开展创建“四城”(即国家卫生城市、全国文明城市、国家环保模范城市、国家园林城市)、“创文明机关、做人民好公仆”等创建活动,持续实施文明表率工程等“五大文明工程”。市直工委及时制定和印发市直机关环境卫生整治工作方案、文明表率工程年度工作计划,督促各部门和单位抓好创建工作各项任务的落实。从3月底开始,市直机关69个单位分别挂点42个街办(乡、镇)和39条主干道督导整治创建工作。通过清除占道摊点、修补坑洼道路、清理乱吊乱挂、拆除违章建筑、完善道路绿化,使市区街道和主干道环境面貌焕然一新。8月上、中旬,在创建全国文明城市迎检的最后冲刺阶段,各机关党组织密切配合本部门和单位党委(党组),组织机关党员干部深入市区各街镇、社区以及各主干道、小街巷进行督导帮创。市直工委组成五个督导组,分别由工委领导带队,对市直部门和单位挂点督导帮创工作反复进行现场督查,并建立市直机关挂点督导帮创工作日报制,在第一时间内将当日督导和日报情况综运呈报市领导和市创建办。在创建迎检期间,市直机关共出动干部职工1.2万余人次,解决问题600余个。

【开展建设节约型机关活动】 市直工委就动员和组织市直机关党团员和干部职工开展建设节约型机关活动发出通知,要求把这一活动作为促进和谐社会建设和南昌快速崛起的一项重要工作来抓。各机关党、工、团组织按照市直工委的部署,采取各种形式,大张旗鼓地宣传资源节约工作的重要性,引导、组织机关党团员和干部职工增强资源节约的紧迫感和责任感,树立科学的消费理念,倡导健康的消费方式,结合自身实际,坚持从我做起、从点滴做起,养成时时处处注重节约的行为习惯,并开动脑筋,建言献策,向上级及本机关行政组织提合理化建议,在市直机关形成人人讲节约、人人谋节约、人人比节约的风气。

【机关党组织与社区党组织结对共建】 市直工委以“建设和谐平安江西、共创富民兴赣大业,提升南昌发展水平”为主题,联合市委宣传部、市社区建设办组织市直84个机关党组织与城区84个社区党组织结对开展互助共建活动。市直各机关党组织按照市直工委等部门的部署和要求,深入结对社区,开展调查研究,从社区建设和基层群众最现实、最关心、最直接的困难和问题入手,拟订活动方案,确定助建内容,落实具体措施,切实为基层和群众办实事、做好事、解难事,以机关的模范行动影响和带动基层群众为快速和谐崛起南昌共作贡献。自开展主题实践活动以来,市直机关党组织共为社区捐款捐物折合人民币60余万元,办实事数千件。

【强化机关党内监督】 市直各机关党组织认真贯彻执行市直工委《关于市直机关党组织贯彻执行〈中国共产党党内监督条例(试行)〉的实施意见》,进一步完善机关党员科级干部廉政档案等各项廉政建设制度,积极配合本部门和单位党委(党组)开展“五种不良风气”的整治工作。信访件处理和案件审理工作机制进一步健全,信访件处理和案件查办工作稳中求进。

【开展机关“效能年”活动】 市直各机关党组织根据市委、市政府关于开展机关“效能年”活动的部署,以推进依法治市进程和“服务提优、效率提速、素质提高”为目的,积极协助本部门和单位党委(党组),针对影响机关效能的“中梗阻、下搁浅”、“文件多、会议多、检查多、培训多”、“行政不作为、乱作为”及“乱收费、乱检查、乱摊派”等现象,联系本机关实际,发动和组织机关各部门及党员干部认真对照检查,广泛征求基层和群众的意见,有针对性地加以整改,进一步完善机关各项规章制度并抓好落实。机关作风和效能建设在前两年连续开展“服务年”、“作风年”活动的基础上进一步深化,机关党员干部敬业勤政、高效理政、依法行政、廉洁从政的意识和能力进一步增强。

【举办市直机关群众性文体活动】 市直各机关党组织坚持以人为本,以满足机关干部群众文化需求和营造积极向上、健康文明、团结友爱的机关文化氛围为目标,大力支持机关群团组织结合自身特点,因地制宜地开展各种主题鲜明、格调高雅、喜闻乐见的群众性文娱体育活动。机关工会先后组织学练《大众广播体操》,举办棋牌赛、拔河比赛。机关团组织部署开展以学习实践“三个代表”重要思想为主要内容的增强共青团员意识主题教育活动,举办以“和谐创业作表率、建设节约型机关”为主题的演讲比赛。同时市直各机关工会、共青团组织持续深入地开展“职工之家”和“青年文明号”等创建活动。一系列群众性文体活动的开展,陶冶了机关干部职工的情操,提高了机关干部职工的健康素质,增强了机关的凝聚力和向心力,有效地发挥了在机关建设、和谐创业中的推进器和粘合剂作用。

【实施全市综合目标管理考核】 根据市委、市政府关于从2005年起实施全市综合目标管理考核的决定,在市考核领导小组的直接领导下,市直工委协调相关职能部门,围绕全市经济社会发展年度目标任务,实行目标与职责相称、内容与实际相符、考核与奖罚挂钩,在全市组织实施综合目标管理考核,有效地调动了全市各县区、市直各部门和单位以及各级机关干部职工的积极性和创造性,为推动全市和谐创业发挥目标牵引和激励功效。

(廖文生)

## 接待工作

【概况】 2005年,市委、市政府接待办认真贯彻落实省委书记孟建柱对接待工作提出的“服务热情、接待精细、开明开放”的重要指示精神,及时转变观念,主动创新思路,狠抓规范管理,围绕全市工作大局,认真履行接待工作职能,充分发挥接待工作载体和窗口作用。全年共完成1083批33834人次的接待任务,接待出车620次,安全行驶24.66万千米。其中,接待中央和国家机关副部级以上领导50余批;接待河南省、安徽省、南宁市、黄石市、洛阳市等省、市党政代表团;接待来自法国、美国、芬兰、德国和中国香港、台湾等商界知名人士。接待工作中,紧紧围绕全市实施大开放主战略这个重点,突出做好商务接待工作,充分发挥接待部门在招商引资方面的作用。一方面直接参与每一批到南昌考察投资的海内外客商的接待工作,无论是安排迎送、食宿和考察,还是安排会见、洽谈和参观,都坚持认真对待每一个环节,精心组织每一次活动,特别是在面对面的接待过程中,积极向海内外客商宣传招商引资优惠政策,推介招商项目;另一方面直接参与2005年中国·南昌第四届金秋经贸活动月、中国“五会”(南昌)经贸恳谈会和南昌市党政代表团赴福州、昆明、厦门、青岛等地大型招商引资活动,做好活动的对外联络和接待保障工作。荣获2005年中国·南昌第四届金秋经贸活动月服务奖、2005年度招商引资服务奖、南昌市2004～2005年度文明单位、南昌市“三八红旗集体”称号。

(熊　玮)

## 2005年市接待办接待重要客人一览表

表7

| 日期 | 代表团 | 领队及职务 |
| --- | --- | --- |
| 1月10日 | 国家旅游局 | 何光暐　局长 |
| 1月23日 | 卫生部 | 王陇德　副部长 |
| 3月22日 | 外交部 | 李　辉　部长助理 |
| 3月22日 | 国家审计署 | 余效明　副审计长 |
| 4月5日 | 中央统战部 | 楼志豪　副部长 |
| 4月26日 | 卫生部 | 王陇德　副部长 |
| 4月27日 | 民政部 | 贾治邦　常务副部长 |
| 5月2日 | 中央党校 | 虞云耀　常务副校长 |
| 5月6日 | 国务院 | 曾培炎　副总理 |
| 5月9日 | 全国政协 | 张梅颖　副主席 |
| 5月10日 | 全国政协 | 张思卿　副主席 |
| 6月7日 | 全国政协 | 黄孟复　副主席 |
| 6月17日 | 信息产业部 | 王旭东　部长 |
| 7月18日 | 中组部 | 沈跃跃　副部长 |
| 8月3日 | 建设部 | 汪光焘　部长 |
| 8月3日 | 农业部 | 范小健　副部长 |
| 8月9日 | 台湾六福村集团 | 吴令辰　经理 |
| 8月9日 | 美国瑞阳集团<br>美国大汗投资管理公司<br>香港恒茂集团<br>广州欧亚印象公司 | 林吉荣　董事长<br>郭士昂　总裁<br>潘晓江　副总经理<br>姜洪庆　总经理 |
| 8月9日 | 国家信访局 | 王学军　党组书记、局长 |
| 8月10-11日 | 美国经济考察团 | 参议院预算委员会主席助理　莫琳·奥尼尔 |
| 8月11日 | 日本高松市中国投资环境考察团 | 株式会社日本总险营业部长　盐田光好 |
| 8月15日 | 日本经济考察团 | 石垣株式会社国际本部顾问　横山彰介 |
| 8月27-28日 | 中央督查组 | 李智勇　中组部副部长兼秘书长 |
| 8月25-26日 | 美国EDS公司 | 大中国区总经理　约翰·宜根 |
| 9月6-7日 | 中直机关纪检干部培训班 | 李占永　中央直属机关工委副书记 |
| 9月6日 | 海关总署 | 盛光祖　党组副书记、常务副署长 |
| 9月7日 | 国防大学基本系正团职指挥员培训班 | 李殿仁　国防大学副政委 |
| 9月10日 | 海峡两岸共同市场基金会 | 萧万长　董事长 |
| 9月10日 | 人民日报社 | 米博华　副总编辑 |
| 9月11日 | 欧洲友好协会 | 林根生　秘书长 |
| 9月11日 | 国家开发银行 | 刘克崮　副行长 |
| 9月12日 | 中国台商发展协会 | 蒋孝严　理事长 |
| 9月12日 | 甘肃省金昌市人大常委会 | 王多民　主任 |

续表 7－1

| 日期 | 代表团 | 领队及职务 |
|---|---|---|
| 9 月 14 日 | 台湾化学纤维股份有限公司 | 王文渊　总经理 |
| 9 月 16 日 | 全国人大常委会 | 武连元委员、全国人大民族委员会副主任委员 |
| 9 月 16 日 | 民政部 | 贾治邦　常务副部长 |
| 9 月 18 日 | 印度商业发展贸易团 | |
| 9 月 20 日 | 国家统计局 | 李德水　局长 |
| 9 月 20－23 日 | 香港南益实业集团 | 林树哲　董事总经理 |
| 9 月 21－23 日 | 芬兰瓦尔基考斯基市代表团 | 特乌沃涅米宁　议长 |
| 9 月 23 日 | 法国家乐福集团 | 中国南区总裁　贝多拉 |
| 9 月 23 日－10 月 23 日 | 2005 中国·南昌第四届金秋经贸活动月<br>中国"五会"（南昌）经贸恳谈会 | |
| 10 月 9 日 | 宜春市党政代表团 | 宋晨光　市委书记<br>杨宪萍　市长 |
| 10 月 12 日 | 商务部 | 马秀红　副部长 |
| 10 月 23 日 | 全国妇联 | 黄晴宜　党组书记、副主席、书记处第一书记 |
| 11 月 2 日 | 美国 AECOM 集团 | 全球首席执行官　Mr. JohnDionisio |
| 11 月 8－9 日 | 河南省党政代表团 | 省委书记、省人大常委会主任　徐光春<br>省长　李成玉 |
| 11 月 10 日 | 法国第戎市代表团 | 副市长　阿莱尔 |
| 11 月 10－11 日 | 安徽省党政代表团 | 省委书记、省人大常委会主任　郭金龙<br>省长　王金山 |
| 11 月 16 日 | 德国奈尔斯－西蒙斯－赫根塞特集团 | 汉斯·诺曼　董事长 |
| 12 月 21－22 日 | 土耳其 KOC 集团 ARCELIK 公司 | 副总裁　NadirYalcinalp |
| 12 月 22－23 日 | 池州市党政代表团 | 市委书记、市人大常委会主任　童怀伟 |
| 12 月 23－25 日 | 中华民族文化促进会 | 全国政协常委　高占祥 |

（熊　玮）

## 机关事务管理工作

【概况】　2005 年，市机关事务管理局（简称市机管局，下同）进一步深化机关后勤改革，紧紧围绕市委、市政府的中心工作，全年共承担市委、市人大、市政府、市政协、市纪委（简称五大家，下同）会务工作 2454 次，接待参加会议人员 90848 人；协助五大家机关接待来访单位 523 个，接待 5462 人，圆满完成市委全委会和市人大、市政协"两会"保障工作以及"傩文化艺术节"、"金秋经贸月"和两次大型龙舟赛等大型重要会务的后勤保障工作；负责行政中心 5 万余平方米办公区周边环境的卫生保洁工作，做到垃圾日扫日清，认真做好四栋办公大楼的管理、维护工作，全年维修办公室门锁、窗帘、给排水设施，疏通下水道，维修电路电器设备故障等大小维修 6435 次；加强生活楼院的物业管理工作，为市委生活楼院、福田花园等职工住宅疏通下水道 160 处，翻修屋顶 3000 平方米，粉刷墙壁 5000 平方米，维修和检修水电设施 500 次，为 25 栋 51 个单元的楼道配备 92 个灭火器、85 套消防水带；承担红谷滩行政中心安全保卫工作，全年各门岗共接待来访人员 149524 人次、参观人员 85385 人次，劝导上访群众 24302 人次；办好机关食堂、浴室、理发室，每日接待就餐人员 2000 余人次，每个开放日接待洗浴人员 1000 余人次。

【《南昌市机关事务管理局工作制度汇编》正式印发执行】　按照机关事务工作的职责定位，结合新形势下机关事务工作特点和实际，制定评价标准，建立和健全局系统各项规章制度，编印《南昌市机关事务管理局工作制度汇编》。《汇编》从政务管理、岗位职责、干部人事劳资管理、财务管理、行政管理、后勤保障管理、安全生产管理等七个方面制订 47 项规章制度，科学规范后勤保障服务工作，逐步形成依法行政、遵章办事，以制度管人管事的良好局面。

【盘活资产】　历时三年的老城区资产盘活工作圆满结束。共清理老城区行政机关房产 3 万余平方米，盘活的资金，有力地支持了红谷大厦的建设。同时平稳有序地组织完成红谷大厦办公用房的分配，并协调解决大厦的水、电、宽带网等后勤保障难点问题。

【机关后勤服务社会化工作迈出实质性步伐】　为落实市委、市政府领导的指示精神，做好红谷大厦的后勤保障工作，充分发挥市直机关集中办公的优势，积极开展社会合作,引进两家懂管理、有实力的公司参与红谷大厦物业管理和餐饮保障服务,实现优势互补,提高管理效率和保障能力。

【圆满完成市委常委会议室改造工程】 为落实好市委第一会议室改造工程,局领导亲自挂帅组织精干力量,精心策划、论证类比设计方案,全力以赴组织施工,建成集手拉手发言系统、液晶显示屏自动升降系统、全市电视电话会议中枢系统和电子表决系统为一体的,可通过网络和电话实现远程控制的现代化高智能会议室。

【以人为本完善服务设施】 在行政中心四栋办公大楼的卫生间安装配备给皂器、擦手纸和卷筒纸,为机关干部职工提供了便利,受到市领导、机关干部职工和到访群众的一致好评。

【开展争做文明带头人活动】 自2004年5月在全市党政机关牵头开展“遵守交通安全法规、争做文明带头人活动”以来,向全市党政机关驾驶员发出争做文明带头人的倡议,积极配合交警等部门,组织全体驾驶员强化交通法规学习,提高业务素质与能力,增强驾驶员自觉遵守交通安全法规,接受交警管理的自觉性。截至年底,驾驶员普遍受到教育,驾驶行为得到规范,历史遗留的交通违章得到清理,并有效遏制开“特权车”、“霸王车”的不良现象,在全市驾驶员中起到模范带头作用。

【幼教事业得到喜人发展】 市保育院在省级示范园复评工作中顺利通过复评,荣获江西省人民满意十大品牌幼儿园称号;教科研成果走出国门,主题课例《电影与体育运动》被选送在美国举行的第十六届超常儿童世界会议上发言交流,并赴欧洲参加交流研讨,教育理念逐步与国际接轨;研究课题《幼儿英语与文明行为习惯的培训》获全国一等奖。为解决居住红谷滩地区机关干部子女的入托难题,市保育院积极筹备在红谷滩地区设立市保育院分院,扩大保育院办学规模。

【开展建设节约型机关活动】 为响应党中央、国务院关于建设节约型政府的号召,在行政中心大力开展节能减耗活动,及时下发《关于切实做好红谷滩行政中心节约用电工作的通知》,从减少设备起动次数、电脑待机模式、降低照明能耗、科学使用空调等一系列后勤小事做起,努力打造节约型政府机关。

(陈俊平　罗　勇)

## 史志工作

【概况】 2005年,市史志办公室按照全市史志工作规划和年度工作要点,紧密结合机关开展以实践“三个代表”重要思想为主要内容的保持共产党员先进性教育活动,切实加大服务现实、服务大局工作力度,着力拓展党史领域,全面推进市志续修,不断创新年鉴编辑,较好地完成全年各项工作任务,被评为市文明单位,并分别荣获全国地方志先进集体、全省党史宣传教育工作先进单位称号。

【进行党史编纂】 在2004年月度大事记基础上,按照编辑要求,进行精选、修改和补充,编辑出版《全市大事记(2004年)》,共26万字、图片355张;继续抓紧《当代中国城市发展丛书(南昌卷)》编纂工作,完成送审稿;做好《崛起中的南昌制造》编辑工作,并形成送审稿;组织编纂2003年~2005年《南昌对外开放大事记》,展现南昌市对外开放取得的成就;着手编纂《花园城市建设的实践与思考》,并征集图片1200余张。开展党史专题研究,完成《南昌市“文革”运动中“斗、批、改”的全面开展》、《南昌市“文革”运动对经济发展的严重破坏》党史专题综述撰写任务。按照省委党史研究室统一部署和要求,广泛征集、查阅、核实有关历史资料,完成《抗战时期南昌人口伤亡和财产损失》撰写任务。

【开展党史宣传教育】 与南昌人民广播电台联合推出“七一”特别专栏——《让历史告诉我们》等为题的13次联播,讴歌南昌人民革命斗争的丰功伟绩;为纪念抗战胜利60周年,配合省电视台拍摄以南昌人民抗日斗争为主题的电视资料片,撰写并在《江西日报》发表2篇反映南昌人民抗日斗争的文章,歌颂南昌人民不畏强暴、勇于斗争的革命精神;组织撰写《党的“七大”与实事求是思想路线的历史思考》等3篇理论研讨文章,宣传党的光辉历史和革命先辈的精神风范;会同市委宣传部举办纪念方志敏殉难70周年理论研讨会,收到论文8篇。参与《庆祝南昌八一起义暨建军八十周年活动方案》八一起义陈列馆工程建设和审阅《江西人民抗战史》展览陈列大纲工作。

【采拍提供重要照片】 为及时收集、保存现时全市重要会议、重大活动资料,派专人全过程参与拍摄市委、市政府重大活动和重要会议照片,全年采拍照片1.4万余张。利用采拍和征集的照片资料,为现实服务,为中国南昌网站提供照片180余张,为有关部门提供照片600余张。

【编辑《南昌大事记》】 为适应全市工作发展变化,调整和更新全市月度大事记摘编栏目,撤销改革开放、城市建设与管理栏目,增设城市规划与管理、市政公用事业、城市绿化与美化、土地和房产管理等4个栏目,使大事记更加贴近现实。举办一期大事记业务知识培训班,讲授大事记的特点、要求等。全年征集大事记资料180万余字,编辑《南昌大事记》12期、计30万余字。

【全面推进市志续修】 以抓进度、抓质量为着力点,加强指导和督促,推动续志工作顺利开展。为抓好续志工作进度,一方面跑单位,走部门,上门指导、协调,督促各承编单位落实编撰任务,抓好工作进度,及时完成续志初稿任务;另一方面为解决部分中央、省属驻南昌单位续志工作进展缓慢问题,主动争取市领导支持,并由市政府组织召开中央、省属驻南昌单位续志工作协调会,促进续志工作顺利开展。截至年底,全市180个承编单位有166个完成初稿。为确保志稿质量,协调组织召开各承编单位志稿评审会,提出意见和建议,帮助解决修志工作中存在的问题。认真落实总纂会审制,严把志稿政治观点、体例、事实、文字、记述、保密关。全年组织召开总纂工作会议7次,验收志稿[illegible]00万余字。

【指导县志和专业部门志编修】 加强县志续修工作的督促指导,推广南昌县续志工作经验,促进各县续志工作开展。《南昌县志》、《进贤县志》交付出版;《安义县志》进入县委、县政府评审阶段;《新建县志》进入总纂校核阶段。市、县两级续志工作的开展,带动了专业部门志的编修。《南昌市志政法卷·公安篇(1902~2004年)》、《南昌电信志》、《南昌市审计志》等6部志书相继出版;《南昌水利志》等志书有关单位年内组织编纂。

【编辑《南昌年鉴》2005年卷】 年鉴工作以调整框架结构、注重精选入鉴内容、规范年鉴编辑、提高编辑质量为着力点,拓展信息容量,推进规范管理,努力形成

"南昌风格"。在调整年鉴框架结构方面,做到大稳定,小调整,增加行业协会、社会科学、社情民意、房地产业等类目。在精选入鉴内容方面,增加市委、市政府年度工作中的大事、要事和市领导重要调研活动等,并要求各承编单位入鉴内容增添本单位落实市委、市政府重大决策的措施及成效等。为规范年鉴编辑,组织召开组稿会,以会代训,讲评编写要求,总结工作经验,帮助年鉴作者了解和掌握年鉴条目撰写技巧。在提高编辑质量方面,加大年鉴业务指导力度,采取上门等方式逐一落实组稿任务,强化责任意识,实行"三审三校"分工负责制,严把"三关",力争做到编出的稿件领导满意、供稿单位满意、社会满意。年鉴正文总字数135.5万余字,共设类目43个,分目303个,条目2616个,随文表格135个,随文图片45幅,宣传彩页158页。

(邓水龙)

## 党校工作

【概况】 2005年,市委党校紧紧围绕实现南昌快速、协调、持续发展的目标,努力做好以教学为中心的各项工作,不断强化和突出党校在加强党的执政能力建设过程中所肩负的干部培训"主渠道"作用,服务南昌经济社会发展大局。全年共举办各类培训、轮训班15期,培训、轮训各类干部1420人次,其中县干班2期184人次,青干班2期100人次;举办2期公务员任职培训班、1期党外中青年干部政治理论培训班、1期非公有制经济组织党组织书记培训班、1期私营业主培训班、2期领导干部出国(境)外语强化班、1期《中华人民共和国公务员法》培训班等。把培训办班设置与南昌经济社会发展紧密联系,调整班次设置,实行长短班结合,取得较好效果。同时树立大教育、大培训的观念,按照"从严办学,质量第一"的要求,进一步规范学历办学,努力发挥党校资源优势;巩固联合办学体制,不断拓宽办学渠道,挖掘办学潜力,稳定办学规模。全年函授全校共招收新生832人,其中大专239人,本科593人。市委党校被中央党校函授学院江西分院评为招生工作先进单位。全年毕业学员1331人。与中国人民解放军军事经济学院联合办学,招收学员381人,新增瑞昌、上高、新干3个联合办学点,办学网络不断拓展。

【大力推进研究式、互动式教学】 积极探索实现教学新布局的有效形式,体现分类别、分层次教学。对主体班原有的教学专题进行调整,进一步强调针对性和效果性,充实40余个新专题,设置科学发展观、和谐南昌和全民创业等一批新专题,初步形成不断更新、滚动发展的教学专题库,并全过程推行单元制授课。首次在全市范围内选择南昌经济技术开发区、南昌十字街建设桥社区、青山湖湖坊村工业园、西湖区人民法院等7家在不同领域具有代表性的单位作为合作伙伴,建立党校教学实践基地,充分挖掘、利用地区丰富的现场教学资源,构筑党校教学与南昌经济社会发展紧密联系的平台,实现理论联系实际的新突破。积极探索党性教育和社会调研有机结合的模式,组织2期青干班学员赴西柏坡、延安、太原、郑州等地开展革命传统教育和社会调研活动。

【不断提升科研工作水平】 进一步强化课题立项工作,加强课题论证,提高课题申报质量。组织申报国家级课题6项,由罗木水、蔡水珍、李蓉等申报的《坚持全心全意依靠工人阶级的方针,巩固党执政的阶级基础研究》,经国家社科基金项目评审专家评审,入围当年国家社科基金项目。承担的4项市社科课题,全部顺利结项,另有一个课题首次获市科技局立项。完成省委党校下达的全省党校系统协作课题《南昌市下岗职工再就业情况调查》。组织30余人次、40余篇理论文章和科研成果参加全省执政党理论研讨会、全省党校系统马克思主义执政理论研讨会、全市"提高执政能力,构建和谐社会,促进南昌发展"理论研讨会等一系列学术交流活动。全年共公开发表各类文章78篇,其中在国家级刊物或核心期刊上发表11篇,获得省级以上科研奖励5项、市级奖励10余项。先后被市委宣传部、市社联评为科研组织先进单位。《中共南昌市委党校学报》严格遵守新闻宣传出版管理制度,始终坚持正确的办刊方向和舆论导向,大胆尝试,推陈出新,突出特色,形成优势,较好地发挥了理论研究、思想宣传、决策参考等作用。全年出刊6期,自筹办刊经费17万元,提高办刊质量,扩大刊物的社会影响。

【打造具有党校特色的学科体系】 将原有9个教学教辅机构整合为4个教研部,并根据教育发展形势,科学增设2个教辅机构。通过开展以教学机构整合和教学队伍重组为主要内容的新一轮机构改革,促进相关学科强强联手,互相渗透,形成教研合力,为打造具有南昌党校特色的学科品牌奠定了扎实的基础。

【进一步推动信息化建设】 围绕打造一流的教学、科研、办公服务平台,更新和完善党校网站,开发建立了一套校内网上教学办公系统。同时添置电脑、服务器等一系列教学设备,提高党校的信息化水平。截至年底,电子阅览室共计建设专题数据库5个,数据总量达到300G。

(刘庆远　万　强)

## 精神文明建设工作

【概况】 2005年,市精神文明建设指导委员会办公室(简称市文明办,下同)紧紧围绕"和谐创业,富民强市"主题,动员全市人民创建全国文明城市,广泛开展群众性精神文明创建活动,进一步提升城市文明程度和市民文明素质,努力构建和谐社会,为实现南昌在中部地区快速崛起提供强大的精神动力和智力支持。

【市文明办重新挂牌】 根据市委办公厅关于印发《南昌市精神文明建设指导委员会办公室职能配置,内设机构和人员编制规定的通知》,1月,市文明办重新挂牌成立,为市精神文明建设指导委员会的办事机构,正县级建制,内设精神文明建设工作综合处、精神文明创建活动协调处、未成年人思想道德建设工作处。主要职责是对全市精神文明建设工作进行指导、协调、检查和督促等六项。

【文明·和谐江西(南昌)市长访谈节目】 为推动全市开展"建设和谐平安江西,共创富民兴赣大业,提升南昌发展水平"主题教育活动。5月29日晚8时,在红谷滩行政中心市政府接待室,省、市文明办与江西今视网和江西精神文明网联合举办"文明、和谐江西"市长访谈节目。市委副书记、市长李豆罗,南昌市"十大文明之星",西湖区十字街社区居委会主任陈亚玲,全国劳模、青山湖区湖坊镇湖坊村党委书记魏牛庚,江铃集团工人刘辉共同走进演播室与市民共话和谐文明,接受网友的采访、畅谈城市文明的建设,受到社会各界的关注和好评。

【文明市民工程】 4月27日,文明南昌行动委员会下发《南昌市2005年"五大文明工程”工作要点》，其中要求在争创全国文明城市的过程中，充分利用各种宣传工具，重点宣传“爱国守法、明礼诚信、团结友善、勤俭自强、敬业奉献”二十字公民道德基本规范。同时大力开展公民道德实践活动，以环境优美、秩序井然、生活便利、社会和谐为目标，在全市开展“市民手册进家庭、公益广告进楼道、文明宣讲进社区、先进典型进报台、文明礼仪进课堂”的公民道德教育新“五讲”活动。

**【创建全国文明城】** 6月8～12日，全省创建全国文明城市检查团通过查阅资料、明察暗访等形式了解南昌市创建工作情况。6月10日，在市政府小礼堂召开创建全国文明城市工作汇报会，市长李豆罗汇报创建文明城市工作情况。通过检查考核，省检团对南昌市的创建工作给予了充分肯定。8月8～15日，国家创建文明城市考察组一行15人在南昌进行考核。该组采取暗访和明察，在全市各社区发放问卷调查表800余份。8月11日，在红谷滩会展中心东厅召开南昌市创建全国文明城市工作汇报会，省委常委、市委书记余欣荣出席会议并致欢迎词，市委副书记、市长李豆罗代表市委、市政府向国检团汇报创建文明城市工作情况，市委副书记史蓉蓉主持。10月，南昌市被中央文明委授予“全国创建文明城市工作先进城市”称号。

**【中央电视台《新闻调查》栏目到南昌采访】** 11月7～10日，中央电视台安排央视《新闻调查》栏目记者在南昌就创建全国文明城市工作的做法和成果进行选点和采访。11月21～27日，中央电视台记者，专程到南昌进行采访和拍摄工作，并对市长李豆罗就创建工作进行专访。

**【未成年人思想道德建设】** 以学校为教育主渠道，认真组织实施“弘扬和培育民族精神月”教育活动和“文明南昌校园行动”、“我为英雄城添光彩”等各种形式的主题教育活动和社会实践活动。利用南昌市教育信息网开辟一个服务于未成年人思想道德建设工作的绿色网站，网站命名为“习德网站”。以西湖区图书馆电子阅览室为依托，在全省率先成立“大眼睛”少儿网络中心。围绕“文明礼仪进课堂”，在全市中小学校开展“重培养、塑文明、讲礼仪”行为习惯养成主题教育实践活动。以家庭教育为基础，充分发挥学校教育、家庭教育和社会教育“三结合”教育网络的重要作用，积极创办中小学、幼儿园家长学校，散居儿童社区家长学校等。全市各级各类学校开办的家长学校达590余所，教育或培训家长累计达60余万人次。以社区教育为主阵地，广泛开展“小手拉大手”、“美我小家，亮我社区”、“我为社区添光彩”、“我是文明小市民”等社区道德实践活动。为配合南昌市承办的全国公民道德建设论坛，不断探索未成年人思想道德工作的新思路、新途径、新载体，向省文明办报送公民道德建设典型案例50余个。开展未成年人思想道德建设理论研讨工作，征集经验总结及理论研讨文章60余篇，46篇入选参加全省加强和改进未成年人思想道德建设理论研讨暨经验交流会。其中，《对聋生开展思想道德教育的思考与实践》等2篇论文获二等奖，《浅谈批评教育的“先后艺术”》等2篇论文获三等奖。与市教育局、团市委、市妇联、市科协等单位联合推荐的南昌市中小学生活动中心、东湖青少年宫等2个单位获“全省青少年校外活动示范基地”称号。

**【“西部开发助学工程”和“百县千乡宣传文化工程”】** 5月16日，市文明办与市委宣传部、市教育局联合制订下发《关于做好2005年度“西部开发助学工程”组织实施工作的通知》，各县区通过筛选提出受助学生的推荐名单，省、市文明办还对受助学生对象进行家访和生活状况调查，确保推荐的质量。全市选送“西部开发助学工程”受助大学生5名，有3名高中生被选送到赣州市一中“宏志班”就读。7月底，配合省文明办举办为期5天的“西部开发助学工程”受助大学生2005年暑期社会实践活动。按照中央、省文明办的有关要求，在县区开展“百县千乡宣传文化工程”立项申报工作。经上级审定，安义县获当年中央、省文明办150万元项目资助。“安义县宣传文化中心”通过正式立项并已开工兴建。

**【精神文明创建活动成效显著】** 为推动文明社区建设不断上水平、上质量，开展南昌市首届“十大文明社区”评选活动。上营坊社区等10个社区被评为文明社区，南昌市建设桥社区被评为江西省首届“十大文明社区”。市委、市政府授予南昌市育新学校等783个单位为（2004～2005年）市级文明单位；南昌市东湖区公园街办等127个单位被评为第十届省级文明单位；南昌供电公司等14个单位被评为国家级文明单位；进贤县文港镇、青山湖区进顺村被评为全国文明村镇；南昌县蒋巷镇等4个村镇被评为全国文明村镇工作先进村镇。

**【文明村镇建设】** 为抓好重点示范村、镇创建工作，全市推选1[illegible]个镇、30个村作为市级创建文明村镇示范点，组织部分省、市文明单位进行帮建，并确定国家级重点镇6个，省级文明村、镇28个，省级重点镇14个，省级重点建设村13个。按照“重在建设，协调发展”的总体思路，采取精心规划管理、突出整治环境，重视素质提高，分类重点帮扶，加大创建投入等措施，进一步推动文明村镇创建工作，并取得明显成效。青山湖区进顺村被评为“全国十佳小康村”；南昌县北洲村、南昌经济技术开发区下罗村被评为江西省“十大文明村镇”；南昌县塔城乡北洲湾里村等10个村庄被评为南昌市“十大文明村庄”。

**【第二届全市“十大文明之星”评选活动】** 11月，市文明办开展评选第二届“十大文明之星”活动。通过各县区、开发区及各有关部门推荐，共产生30名候选人。12月10日，《南昌日报》、《南昌晚报》刊登30名候选人照片和主要事迹，并附选票。经新闻媒体公示后，广大市民踊跃参与投票，全市共收到选票5万余张。在群众评选的基础上，报市委、市政府审定，南昌县公安局交警大队退休干部熊玉明、新建县市政管理所机械科科长欧阳民、进贤县民和镇苗圃居委会主任魏小兰（女）、东湖区城建环保局党政办公室干部李良清、西湖区桃源街道抚河园社区居民许光桢、湾里区环卫所副所长于芬（女）、青山湖区青山路街办纺园社区居委会党支部书记翁学军（女）、青云谱区徐坊学校副校长徐成、南昌经济技术开发区蛟桥镇下罗村党支部书记邓小毛、江西大众交通运输有限责任公司出租车驾驶员刘国友被授予第二届南昌市“十大文明之星”。

（阙加楠）

# 南昌市人民代表大会

## 概　述

【概况】　2005年，市人大常委会在中共南昌市委的正确领导下，围绕做好“两篇文章”，全面推进立法工作，依法开展监督工作，认真决定重大事项和完善人事任免工作，强化代表工作，加强自身建设，圆满地完成市十二届人大六次会议提出的各项任务，为南昌经济社会跨越式发展作出了应有的贡献。

## 代表大会及常务委员会会议

【市十二届人大六次会议】　2月19～22日举行。会议应到代表433人，实到代表394人。会议听取和审议市政府工作报告、市2004年国民经济和社会发展计划执行情况与2005年国民经济和社会发展计划草案的报告（书面）、2004年市财政总预算执行情况和2005年市级财政总预算草案的报告（书面），市人大常委会工作报告、市中级人民法院工作报告、市人民检察院工作报告，并通过关于上述各项报告的决议；选举连樟寿、何友德、万先勇为市十二届人大常委会副主任。会议结束时，省委常委、市委书记余欣荣作重要讲话。

【市十二届人大常委会第32次会议】
2月4日举行，会期半天。会议审议通过《关于召开南昌市第十二届人民代表大会第六次会议的决定》，南昌市第十二届人民代表大会第六次会议议程、日程（草案），关于补选南昌市第十二届人民代表大会代表资格审查报告，南昌市第十二届人民代表大会第六次会议有关名单（草案），南昌市第十二届人民代表大会第六次会议选举办法（草案）；听取市人大常委会选任联工委关于2004年市人大代表小组活动情况的报告（书面）；审议通过有关人事任免事项。

【市十二届人大常委会第33次会议】
3月9日举行，会期1天。会议听取和审议市政府关于2003年度南昌市本级预算执行和其他财政收支审计整改情况的报告；审议通过《南昌市社会保险条例修正案》、《南昌市人民代表大会常务委员会议事规则》、《南昌市城市水土保持条例》；审议通过人事任免事项。

【市十二届人大常委会第34次会议】
4月28日举行，会期1天半。会议听取和审议市政府关于预算外资金及土地出让收益金管理使用、《中华人民共和国义务教育法》执法检查审议意见交办函办理情况的汇报，听取和审议市政府关于全市环境保护工作情况的汇报，并作出《关于进一步加强环境保护工作的决议》；审议《南昌市人民代表大会常务委员会监督司法工作条例（草案）》、《南昌市城市湖泊保护条例（草案）》、《南昌市安全生产条例（修订草案）》、《南昌市防雷减灾条例（草案）》，审议通过《南昌市城市供水用水管理条例》等9件地方性法规修正案；审议通过人事任免事项。

【市十二届人大常委会第35次会议】
6月29日举行，会期1天。会议学习《中华人民共和国反分裂国家法》；听取和审议市政府关于南昌市人口计划生育工作情况的汇报；审议《南昌市流动人口计划生育管理和服务办法（草案）》；审议通过人事任免事项。

【市十二届人大常委会第36次会议】
8月30日举行，会期1天半。会议听取和审议市中级人民法院关于执行工作情况的汇报；审议《南昌市城市建设档案管理条例（草案）》、《南昌市公共娱乐场所治安管理条例（草案）》、审议通过《南昌市人民代表大会常务委员会监督司法工作条例》、《南昌市流动人口计划生育管理办法》、《南昌市防雷减灾条例》、《南昌市安全生产条例》；审议并原则通过《南昌市人民代表大会常务委员会对

2005年5月11日，全国人大代表在省市领导余欣荣、彭崑生、熊焕高等陪同下视察南昌市环境保护等项工作

拟任人员进行任前法律知识考试的办法》;审议通过人事任免事项。

【市十二届人大常委会第37次会议】9月29日举行,会期1天。会议听取和审议市政府关于南昌市2005年1~8月国民经济和社会发展计划执行、2004年市本级财政决算的报告和2005年1~8月财政预算执行、2004年南昌市本级预算执行情况和其他财政收支的审计工作报告,审查和批准了2004年市本级财政决算;听取和审议市人民检察院关于预防职务犯罪工作情况的汇报(书面);审议通过人事任免事项。

【市十二届人大常委会第38次会议】10月31日举行,会期2天。会议听取和审议全市旅游资源开发利用情况的视察报告(书面);审议《南昌市公共娱乐场所治安管理条例(草案)》;审议通过《关于同意授予郑小爱等3人"南昌市荣誉市民"称号的决定》;对市政府4名组成人员和3名检察官进行述职评议;审议通过人事任免事项。

【市十二届人大常委会第39次会议】12月29日举行,会期1天半。会议听取和审议市政府关于南昌市国民经济和社会发展第十个五年计划完成和第十一个五年规划编制、市2005年超收收入安排使用、市十二届人大六次会议代表建议办理情况的汇报;听取和审议市人大常委会执法检查组关于《传染病防治法》执法检查情况的汇报(书面);听取和审议市人大常委会选任联工委关于市十二届人大六次会议代表建议办理情况的汇报(书面);听取和审议述职评议对象整改情况的报告(书面);听取和审议关于全市体育工作检查情况的汇报(书面);审议通过《关于召开南昌市第十二届人民代表大会第七次会议的决定》;审议南昌市第十二届人民代表大会第七次会议议程(草案)、《市人大常委会工作报告(草稿)》;审议通过《南昌市城市湖泊保护条例》;审议通过有关人事任免事项。

## 重要会议和活动

【"一府两院"向市人大代表通报工作会议】8月4日召开。市长李豆罗通报上半年市政府工作,市中级人民法院、市人民检察院书面通报上半年主要工作。市人大常委会主任熊焕高主持会议。

【全国部分城市人大常委会联席会第二十七次会议】10月16日召开,会期5天。会议围绕在新形势下人大如何做好立法、监督、代表工作等,总结、交流工作经验,畅谈体会。省委常委、市委书记余欣荣,省人大常委会副主任万学文到会祝贺并讲话,市委副书记、市政府常务副市长龚建华,市人大常委会主任熊焕高,副主任肖永政、余根水、熊全柏、姚燕平、连樟寿、何友德、万先勇出席。会议分别由市人大常委会主任熊焕高,副主任姜任保、肖永政主持。

【地方性法规新闻发布会】10月28日在市人大机关一楼会议室举行《南昌市人民代表大会常务委员会监督司法工作条例》、《南昌市流动人口计划生育管理办法》、《南昌市防雷减灾条例》、《南昌市安全生产条例(修订)》4件地方性法规新闻发布会。市人大常委会副主任余根水作法规介绍,市委副书记、常务副市长龚建华,市人民检察院检察长沙闻麟,市中级人民法院副院长董浩明发言。市人大秘书长万加良主持会议。

【外事活动】7月15~24日,市人大常委会主任熊焕高率南昌市人大代表团一行9人出访芬兰瓦尔甘济考斯基市,考察城市管理、教育及卫生发展情况,并参加南昌市茶艺代表团茶艺表演开幕式。

## 地方立法工作

【制定法规】审议通过《南昌市人民代表大会常务委员会监督司法工作条例》、《南昌市城市湖泊保护条例》、《南昌市安全生产条例(修订案)》、《南昌市公共娱乐场所治安管理条例》、《南昌市防雷减灾条例》。

【立法调研】开展政府投资项目审计审核、循环经济生态城市、梅岭风景区保护、机动车尾气排放管理、人才市场管理等立法调研。通过网络查询、实地走访、学习考察等各种调研形式广泛收集信息和意见,为完善法规草案奠定了良好的基础。

【立法反馈】通过实地察看、听取汇报等形式,从内容设置、操作性等方面对《南昌市人民防空设施管理规定》的立法质量进行全面客观的评估,为进一步完善修改法规,提供了可资借鉴的依据。

【改进立法方式】坚持开门立法、科学立法、民主立法,不断探索立法方式的新途径。一是探索法规起草的新机制。在原有自主起草、部门起草的基础上,拓宽起草新渠道,制定法规草案委托起草办法和工作意见。二是建立立法咨询制度。充分发挥专业人士的智囊作用,成立立法研究组,所有法规草案在常委会二审前都征求立法研究组的意见,进一步保障法规的科学性。三是召开立法听证会,对关系到人民切身利益的《南昌市城市湖泊保护条例》等法规草案,广泛听取社会各界的意见,收集很多有价值的修改意见。

## 监督工作

【听取工作汇报】听取和审议"十五"计划完成和"十一五"规划编制、1~8月国民经济和社会发展计划执行、政府投资项目建设及管理、财政超收收入使用、预算外资金和土地出让收益金管理使用、财政管理体制改革、审计工作等情况汇报,加快推进现代区域经济中心城市建设;听取和审议环境保护工作、实施《南昌市液化石油气管理条例》和《南昌市城市管道燃气管理条例》、乡镇规划和建设等情况汇报,加快推进现代文明花园英雄城市建设;听取和审议市中级人民法院执行工作、市人民检察院预防职务犯罪等情况汇报,推进公正司法、廉洁执法;听取和审议预防禽流感、加强人才队伍建设、人口与计划生育工作、退耕还林工作、残疾人就业保障金征收和使用等情况汇报,推进社会各项事业全面发展。

【执法检查】组织开展对《南昌市优化投资环境条例》、《中华人民共和国传染病防治法》、《南昌市蔬菜质量安全管理办法》、南昌市公安机关打击经济犯罪情况等执法检查。针对检查中发现的问题,以交办函形式分别向有关部门进行交办,并督促整改,取得明显效果。如针对全国部分地区出现禽流感疫情以及人感染高致病性禽流感病例的情况,对全市范围内的《中华人民共和国传染病防治法》执行情况进行检查,促进防控高致病性禽流感工作,切实维护公共卫生安全,保障人民群众身体健康。

【视察工作】组织市人大常委会组成人员和部分市人大代表对下岗职工再就业基地建设、体育工作、农田水利建设、市政重点工程、红谷滩新区配套项目建设、旅游资源开发利用情况等进行视察。视察意见及时向市政府进行反馈。

【调研工作】 开展对梅岭国家森林公园及国家重点风景名胜区保护建设管理、城市卫生体制改革、文明村镇建设、生猪定点屠宰、房地产开发和经济适用房建设、城乡饮用水水源污染防治和《中华人民共和国水污染防治法》、《南昌市新型墙体材料管理条例》落实情况的调研，其中《积极推进城市医疗体制改革，构建新型城市医疗服务体系》、《关于南昌市赣江南昌段河道采砂的调查和建议》、《关于对南昌市市政府投资项目管理情况的调查报告》，得到市委领导的充分肯定，为市领导决策提供了参考。

【述职评议】 对市商贸委主任喻德火、市教育局局长熊晓武、市环保局局长申少平、市水利局局长黄俊，市检察院控告申诉处处长孙文新、反贪污贿赂局一科科长朱国根、公诉处检察员李霞开展述职评议。通过座谈会、个别谈话、查阅案卷、民主测评、公示、经济责任审计等形式，调查了解评议对象履行职责的情况，并对述职人员履行职责情况进行测评。为提高述职评议工作的透明度，首次对述职评议过程进行电视录播。

【信访工作】 全年共受理人民群众信访865件，接待群众到访962批2662人次。举行主任信访接待日12次，编写《人大信访信息》6期。组织召开全市信访工作会议，明确要求所有的信访件件登记，件件记录在案，达到100%；所有的信访都有人拆阅，有人接访，进行分析、归档，达到100%；所有的信访都交办，并有办理责任单位和责任人，达到100%；所有信访件件有回音，达到100%的信访工作目标。

【决定重大事项】 为全面落实科学发展观，市人大常委会在开展调研，广泛听取各方面意见的基础上，依法作出《关于进一步加强环境保护工作的决议》、《关于批准2004年市本级财政决算的决议》等5项决议。

## 人事任免

【完善任免程序】 为进一步增强拟任人员的法律意识和责任意识，制定《南昌市人民代表大会常务委员会对拟任人员进行任前法律知识考试的办法》，完善了任免程序。

【人事任免名单】全年共任免国家机关工作人员42人次。

市十二届人大常委会第32次会议审议通过南昌市人民代表大会常务委员会关于接受孔炯辞去市人大常委会副主任职务请求的决定。

市十二届人大常委会第33次会议决定任命姜宗祥为市人大常委会农业和农村委员会副主任委员、饶绍清为市人大常委会财政经济委员会副主任委员。

市十二届人大常委会第34次会议决定任命崇江林为市人事局局长、涂宗勤为市对外经济贸易合作委员会主任、邓春元为市民族宗教事务局局长，姜伟杰为市中级人民法院立案庭副庭长、周浩为民事审判第四庭副庭长，陈健、赖婞华为市中级人民法院审判员；免去高鹰群的市人大常委会选举任免联络工作委员会主任、崇江林的市对外经济贸易合作委员会主任、何友德的市人事局局长、王献江的市中级人民法院审判员职务。

市十二届人大常委会第35次会议审议通过南昌市人民代表大会常务委员会关于接受戴和旺辞去市人民政府副市长职务请求的决定；决定任命吕建民为南昌市司法局局长；免去黄才和的南昌市司法局局长，王来生的南昌市中级人民法院副院长、审判委员会委员职务，免去孙晓光、方审坤、王迪忠、王燕的南昌市中级人民法院审判员职务。

市十二届人大常委会第36次会议决定任命余礼生为市中小企业局局长，钟瑛为市中级人民法院民事审判第一庭庭长、叶纺为市中级人民法院民事审判第四庭庭长、张青为市中级人民法院民事审判第一庭副庭长、秦斌为市中级人民法院民事审判第三庭副庭长、胡美保为市中级人民法院民事审判第四庭副庭长、刘东为市中级人民法院行政审判庭副庭长；决定免去叶纺的市中级人民法院民事审判第一庭庭长、钟瑛的市中级人民法院民事审判第一庭副庭长、秦斌的市中级人民法院民事审判第一庭副庭长、胡美保的市中级人民法院民事审判第三庭副庭长、张青的市中级人民法院民事审判第四庭副庭长、万卫红的市中级人民法院行政审判庭副庭长职务。

市十二届人大常委会第37次会议审议通过南昌市人民代表大会常务委员会关于接受梁小康辞去南昌市人民政府副市长请求的决定。

市十二届人大常委会第38次会议决定任命谢文斌为南昌市人大常委会选任联工委副主任；免去万丽的南昌市人大常委会选任联工委副主任职务。

市十二届人大常委会第39次会议决定任命詹洪武为市人大常委会法制委员会副主任委员、耿承军为市人大常委会内务司法委员会副主任委员、王应才为市人大常委会办公厅副主任，谭绍木为市中级人民法院副院长、审判委员会委员。

## 代表工作

【督办代表建议】 采取市人大常委会领导带队督办，组织代表对意见建议办理工作进行检查，向代表征询对办理情况的意见等形式，加大督办力度。对办理结果不满意的，要求承办单位重新研究并再次答复。市十二届人大六次会议代表提出意见建议170件，解决86件，占52%。

【健全代表工作机制】 健全代表激励机制，首次开展优秀市人大代表和先进代表小组评选活动，表彰上年市人大代表好建议，激发代表依法履职的积极性和创造性。健全代表约束机制，坚持和完善代表小组活动向市人大常委会或主任会议汇报制度，增强代表履行职责的自觉性。

【畅通代表工作渠道】 坚持邀请代表列席常委会会议、常委会组成人员联系走访代表、常委会领导接待代表等制度，使市人大常委会的工作充分体现人民群众的意愿；畅通代表联系选民渠道，指导县、区人大常委会开展人大代表向选民述职和人大代表进社区活动，充分发挥人大代表的桥梁和纽带作用；组织代表700余人次参加执法检查、视察、“双评”工作等活动，为代表履行职责创造了良好条件。

（刘玉国　周徐生）

# 南昌市人民政府

## 市政府全体会议

【概况】 2005年,市政府共召开1次市政府全体会议,主持人为市长李豆罗。

【市政府全体会议】 2月2日召开。议程是讨论即将提交市十二届人大六次会议的《政府工作报告》。会议认为,2004年是满怀激情的一年、满载辛苦的一年、满市丰收的一年。全市遵循党中央、国务院的宏观调控政策,破解制约发展的各种难题,唤起广大市民的创业激情,实现经济发展高位增长、城市建设有模有样、三个文明协调发展、社会稳定人民安康。《政府工作报告》结构严谨、言简意赅,讲成绩实实在在,谈思路清清楚楚,贯彻党的十六届四中全会和市委八届八次全会精神,突出全面落实科学发展观的要求,实事求是地总结上年的工作,明确提出当年的目标任务。会议赞同《报告》的基本结构和主要内容,并就《报告》的具体修改,提出意见和建议。

## 市政府常务会议

【概况】 2005年,市政府共召开7次市政府常务会议,主持人为市长李豆罗。

【市政府第32次常务会议】 2月1日晚召开。会议审议并原则同意市发改委草拟的《关于南昌市2004年国民经济和社会发展计划执行情况与2005年国民经济和社会发展计划草案的报告》;市财政局草拟的《关于2004年市级总预算执行情况和2005年市级总预算(草案)的报告》;市人事局草拟的《关于审定2004年度享受市政府特殊津贴人员人选的请示》。

【市政府第33次常务会议】 3月28日晚召开。会议审议并原则同意市发改委草拟的《关于呈报审定南昌市2005年重大重点项目及政府投融资项目投资计划、重点工程项目、民心工程项目的请示》、《关于建立南昌市招标投标统一市场,进一步加强和规范招标投标管理工作的意见》;市法制办草拟的《南昌市建设工程造价管理办法》、《南昌市人民政府全面推进依法行政工作五年规划》(2004~2008)和《南昌市人民政府2005依法行政工作方案》;市规划局草拟的《关于制定〈南昌市违法建设举报奖励规定〉和〈关于对预防和制止违法建设实施奖惩的办法〉的请示》;市教育局草拟的《关于进一步加强农村教育工作若干问题的决定》、《南昌市进城务工就业农民子女义务教育工作暂行办法》;市劳动局草拟的《关于呈送〈南昌市人民政府关于下岗职工基本生活保障制度向失业保险制度并轨工作的通知〉的报告》、《关于报请申批〈南昌市工伤保险实施办法〉的请示》;市物价局草拟的《关于确定康桥绿城经济适用住房价格意见的请示》;市财政局草拟的《关于进一步完善公费医疗管理的请示》;市规费联审小组第25次市规费联审小组会议初审意见。

【市政府第34次常务会议】 4月15日晚召开。会议审议并原则同意市法制办草拟的《南昌市防雷减灾条例》、《南昌市安全生产条例》;市林业局草拟的《关于审批〈南昌市朝阳农场改革与发展实施方案〉的请示》;市总工会草拟的《关于审定2005年南昌市劳动模范名单的报告》;市城建口改制办草拟的《关于江西长运集团有限公司增资扩股方案报批的请示》;市物价局草拟的《关于调整南昌市管道液化气石油价格的请示》;市文化局草拟的《关于要求将灌婴城楼交予博物馆管理使用的报告》。

【市政府第35次常务会议】 6月14日晚召开。会议审议并原则同意南昌警备区草拟的《关于印发进一步支持驻昌部队后勤保障社会化有关问题实施办法的通知》;市法制办草拟的《南昌市流动人口计划生育管理和服务办法》;市财政局草拟的《关于对江铃等6户企业兑现奖励的请示》、《关于兑现江西富豪酒店实业有限公司奖励资金的请示》、《关于兑现江西洪客隆实业有限公司奖励资金的请示》、《关于兑现市商业银行优惠政策的请示》;市廉政办草拟的《关于审核〈南昌市市直机关工作人员公务移动通讯费补贴办法〉的请示》;市商贸委草拟的《南昌市商贸口国有(集体)企业改制实施办法》;市科研体制改革领导小组办公室草拟的《关于〈印发市属科研机构体制改革的实施意见〉的请示》;市民政局草拟的《关于对梁礼伦同志记二等功的请示》;市政府办公厅草拟的《南昌市人民政府工作规则》;市第26次规费联审小组会议初审意见。

【市政府第36次常务会议】 8月17日晚召开。会议审议并原则同意市水利局草拟的《南昌市水利工程管理体制改革若干意见》;市卫生局草拟的《南昌市艾滋病防治暂行办法》;市监察局草拟的《南昌市行政过错责任追究暂行办法》;市外经贸委、市财政局草拟的《关于修订〈南昌市鼓励外贸出口资金管理暂行办法〉的请示》;市法制办草拟的《南昌市公共娱乐场所治安管理条例》、《南昌市城市建设档案管理条例》;市委政研室草拟的《关于加快现代服务业发展的实施办法》;市国资委草拟的《关于报批〈南昌市国有企业经营者年薪制试行办法〉的请示》、《关于要求兑现2004年度南昌水业集团有限公司主要经营者年薪收入的请示》、《关于江铃集团公司主要经营者任期考核中有关问题的请示》;市财政局草拟的《关于对南昌奥林匹克大厦有限公司(天圆饭店)兑现奖励的请示》、《关于兑现洪城大厦优惠政策奖励资金的请示》、《关于兑现南昌百货大楼优惠政策奖励资金的请示》;市外办草拟的《关于推荐苏小爱女士、史蒂芬·库克斯先生和埃里克·伏泊格先生为南昌市荣誉市民的请示》；市民政局草拟的《关于申报追认张君、黎海龙、黄广福同志为革命烈士的请示》。

【市政府第37次常务会议】 8月30日晚召开。会议审议并原则同意市国土局草拟的《关于呈报〈市以下国土资源管理体制改革实施意见〉的请示》、《关于呈请审定南昌市城市规划区基准地价更新成果的请示》；市民政局草拟的《关于开展城市医疗救助试点工作的请示》；市财政局草拟的《关于对南昌卷烟厂上交城建税奖励的请示》；《关于兑现和泰（江西）置业有限公司优惠政策的请示》；市第27次规费联审小组会议初审意见。

【市政府第38次常务会议】 11月21日晚召开。会议审议并原则同意市环保局草拟的《关于要求颁发〈关于加强畜禽养殖污染防治管理的通告〉的请示》；市林业局草拟的《关于呈报〈关于分离市属农口企业自办中小学校的实施方案〉的请示》；市科技局草拟的《关于请求市政府下发〈南昌市农业科技型龙头企业认定办法〉的请示》；市财政局草拟的《关于呈报〈南昌市对乡镇奖励政策实施办法（暂行）〉修改意见的请示》、《关于对江西煌上煌集团有限公司兑现奖励的请示》；市法制办草拟的《南昌市社会用字管理规定》、《南昌市战时宣传媒体资源征集办法》、《南昌市人民政府关于加强环境保护工作的实施意见》、《南昌市城区河流垂钓管理规定》、《南昌市城市管理相对集中行政处罚权实施办法》；市国资委草拟的《关于南昌宾馆实施改制重建工作的请示》；市监察局草拟的《关于给予刘贵盛行政撤职处分的请示》；市第28次规费联审小组会议初审意见。

## 市长办公会

【概况】 2005年，市政府共召开23次市长办公会，主持人为市长李豆罗及分管副市长。

【玉带河等景观管理现场办公会】 2月22日，市长李豆罗到玉带河西支园林绿化指挥部，就玉带河、灌婴广场、象湖等景观带管理问题进行现场办公。在认真听取有关部门情况汇报后，李豆罗指出，玉带河的建设到目前为止，只是西支和干渠开始通水，沿线的绿化和景观建设还没有完成，只能算是取得阶段性的成果。李豆罗强调，各部门和施工单位要按照边规划、边建设、边管理的原则，早部署，早落实，做美景观，做优环境，让玉带河真正成为镶嵌在洪城大地上的一条玉带，成为深受百姓赞美的精品景观；要通过充分挖掘城市文化内涵，通过有效管理，提升象湖、玉带河、灌婴广场的文化底蕴，做旺南昌的人气，做活南昌的商机，实实在在地把经济搞上去。

10月21日，市长李豆罗与规划、土地、房管等相关部门及“八湖两河”指挥部负责同志在玉带河南支施工现场进行办公，协调解决玉带河南支综合改造工程中遇到的困难和问题。李豆罗强调，规划设计部门制订景观规划要充分体现自然、生态和以人为本原则；房管部门要加快周边房屋的拆迁进度；施工单位要保持良好的工作状态，科学施工，抓紧工程路桥管网建设。各相关部门要密切配合，使整个工程上档次、上品位、上水平。

【闲置工地绿化现场办公会】 4月1日，市长李豆罗召集各城区和部分闲置工地负责人，就全市32个闲置工地的绿化问题进行部署。李豆罗要求各闲置工地负责同志迅速行动起来，拿出措施，指定专人，通过拆围墙、清垃圾、搞绿化等工作，把闲置工地建成市民的休闲地。对拒不改建绿化的工地，市有关部门要采取有效措施，对其强制执行；各城区要坚持以人为本原则，配合全市市容环境百日大整治活动，抓紧搞好本区内闲置工地的绿化规划，充分利用闲置工地改建、新建一批绿地广场，为花园城市营造一批新的绿化景观。

【象湖建设现场办公会】 3月24日，市长李豆罗召集象湖工程项目领导小组各成员单位负责人，就象湖景区二期工程建设中存在的问题进行现场办公，副市长黄春平出席。李豆罗指出，水是城市之灵。象湖是南昌市水环境最好的湖泊之一，同时也是全市人民瞩目的一项民心工程，其建设规模还在不断扩大。在建设过程中一定要严格遵循规则要求，合理调度资金。各项目要尽快施工，加快施工进度，确保工程质量。在完善外环境的同时，更要注重整个景区文化的塑造，不断提升景区的文化底蕴。会上，领导小组成员就象湖二期工程道路、路灯、绿化、景观建设的规划和施工安排等工作进行部署，明确各自的责任和任务。

【城市管理警察支队工作现场办公会】 6月2日，市长李豆罗到市城管警察支队，就该支队在工作中遇到的问题进行现场办公。在听取该支队有关工作汇报后，李豆罗指出，成立南昌市城市管理警察支队是城市管理的需要。各警务人员在行政执法过程中要按照严格执法、规范执法、公正执法、文明执法的要求，充分发挥好城市检查、监督的功能，依法打击扰乱、阻碍城市管理行政执法工作的违法行为，维护城市管理行政执法的正常工作秩序和广大市民的正当、合法权益。

【华春集团现场办公会】 4月12日，市长李豆罗带领市科技局等有关部门负责人到位于南昌经济技术开发区的华春集团进行现场办公，协调解决企业在发展和经营中遇到的各种困难和问题。市长助理汤成奇参加。李豆罗参观企业正在安装的产品生产线，并了解企业建设中遇到的各种问题后说，华春集团是全市一家生产环保产品的企业，落户经济开发区后，企业发展很快，每年都有新项目和新产品面世，并取得良好的经济效益和市场效益。希望企业始终保持旺盛的发展势头。希望各级政府部门尽职为企业搞好服务，不仅要招商，更要安商富商，要千方百计为扎根南昌的客商解决问题，让企业安心发展，安心经营。

【西外环高速公路建设现场办公会】 4月15日，市长李豆罗，副市长周关在西外环高速公路项目指挥部现场办公，协调解决工程建设中遇到的各种问题。李豆罗听取项目负责人有关情况汇报，详细了解工程拆迁、征地和建设进展情况后指出，西外环高速公路建设项目时间紧、要求高，广大工程建设者要精心组织、周密部署、严格管理、密切协同、科学施工。同时加大宣传，让沿线群众提高对建设这条道路重要性的认识，支持并主动配合工程各项建设，确保工程顺利进行。新建县、湾里区和经济开发区主要领导就工程建设中遇到的与自身有关的问题作了表态发言，表示要积极配合，为西外环高速公路建设创造良好的施工环境。

8月19日，市长李豆罗、副市长周关到西外环高速公路建设项目实地进行现场办公，协调解决工程建设中遇到的问题。李豆罗要求各单位和相关部门都要有大局意识，主动服务、密切合作，做到责任明确、协同作战，共同努力把西外环高速公路打造成精品工程、样板工程。同时要树立以人为本的思路，在工程建设中，主动服务周边百姓，积极为他们改善出行条件和生活环境。

【桃花变电站建设现场办公会】 4月15日,市长李豆罗带领市直有关部门负责人深入桃花变电站工程建设工地,就该变电站在建设过程中遇到的问题进行现场办公,市领导卢晓健陪同。在桃花变电站工地,李豆罗实地察看工程设计布局并听取施工单位负责人对施工建设情况的汇报。李豆罗指出,桃花变电站的建设关系到全市经济发展的大局,要以发展的眼光看待问题,立足长远。施工单位要做到线下地,改变以前架线周围就出现"蜘蛛网"式的做法;要科学施工,加快工程进度,保证工程质量和工期;各相关部门要全力支持并监督工程的建设,确保工程如期完工。

【血吸虫重点流行村血防综合治理工作现场办公会】 6月13日,市长李豆罗在进贤县三里乡现场办公,协调解决三里乡新和、爱国、光辉三个血吸虫重点流行村血防综合治理工作中遇到的各种问题。省卫生厅厅长蒋如铭,副市长戴和旺、罗慧芬参加现场办公会。在听取有关部门对新和、爱国、光辉三个试点村血防工作的汇报后,李豆罗指出,血防工作是一项光荣的事业,将从根本上改善滨湖地区农民的生产和生活条件。血防工作任务艰巨,各级政府和相关部门要增强责任感和紧迫感,把控制和消灭血吸虫病与农民致富、与建设社会主义新农村、与构建和谐社会结合起来。要成立专门的队伍,落实专人、专队来抓这项工作;要逐家逐户上门做工作,让农民了解血防综合治理的必要性和紧迫性,积极主动支持、并参与到这项工作中来;要让这三个村成为全国血防工作的一面旗帜,同时通过三个村的试点,为滨湖地区血防工作提供可以借鉴的经验。

8月17日,市长李豆罗,副市长罗慧芬率市卫生、水利等部门负责人到进贤县三里乡现场办公,协调解决三里乡新和、爱国、光辉三个血吸虫重点流行村在血防综合治理工作中遇到的各种问题。李豆罗指出,血防工作任务艰巨,既要增强责任感、紧迫感,又要站在"以人为本"、努力实践"三个代表"重要思想的高度抓紧抓好。要通过整治村容村貌,加强耕牛放牧管理、实行"以机代牛"、推动农村改水改厕工程等措施,从源头上控制血吸虫病的传播。

【青山湖区开放型经济发展现场办公会】 6月23日,市委副书记、常务副市长龚建华率有关职能部门负责人来到青山湖区,就该区开放型经济发展中遇到的困难和问题、工业园区建设及重大项目的推进等问题进行现场办公。龚建华指出,各职能部门要立足于解决实际问题,切实解决青山湖区在发展中的问题和面临的困难。对于青山湖区提出的问题,要依照相关的政策和规定,落实专门的机构、专门的人员,做到有计划、有部署、有落实。对于急需解决的问题,各职能部门要认真协调,一项一项地抓紧落实。各部门要立足于务实,立足于实效,服务于该区的经济发展。

【百路大会战部分在建道路项目及高新南大道建设现场办公会】 6月23日,市长李豆罗率市建委、市商贸委等相关部门负责人实地察看城区百路大会战部分在建道路项目和南昌市重点工程之一的高新南大道建设进展情况,就一些施工单位提出的具体问题进行现场办公。李豆罗指出,城市道路改造既是造福老百姓,也是完善城市功能的工程,对于推进南昌市城市景观建设,不断提升花园城市品位有着非常重要的意义。其路面的建设一定要按照精品工程的标准进行建设;要将施工进行到边、到角、到旮旯,建设新亮点,做到边边角角整洁完美。

【各县区、开发区发展开放型经济现场办公会】 6月27日前后,市委副书记、常务副市长龚建华率有关职能部门负责同志到进贤县、青云谱区、高新区、英雄开发区等地,就各县(区)、开发区在开放型经济发展中遇到的困难和问题进行现场办公。龚建华指出,各部门要高度重视各县(区)、开发区在发展中遇到的问题和面临的困难,从各方面予以支持和解决。在解决实际问题的过程中,要依照相关的政策和规定,落实专门的机构、专门的人员,做到有计划、有部署、有落实。各相关职能部门要站在全市发展的高度,立足当前、着眼未来,多沟通、多联系,切实解决各县区、开发区在发展过程中遇到的实际问题。

【绳金塔景区周边基础设施和环境建设现场办公会】 7月11日,市长李豆罗召集房管、土地、规划、供电、西湖区等相关责任部门负责人就绳金塔景区周边基础设施和环境建设问题召开协调会。副市长黄春平,市长助理刘建洋出席。李豆罗指出,绳金塔是南昌留存下来不多的古建筑之一,周边配套建筑要注重风格和建设水平,与古塔建筑风格相得益彰、相互衬托。李豆罗强调,在工程建设现有基础上,要继续完善其功能,做好美化、亮化和绿化,精心打造周边景观,合理布置配套设施,让这些为民造福的工程,经得起历史的考验;要畅通景区四面的道路,边规划、边建设、边管理、边经营、边提升,把绳金塔打造成为展示古南昌文化、风情、民俗的场所。

【抚河公园建设现场办公会】 7月12日,市长李豆罗召集市政公用、环保、园林、公安、执法等有关部门负责同志,就提升抚河水质及抚河沿线环境整治问题进行现场办公。李豆罗强调,从今日开始,各相关部门要调集精兵强将,集中精力,继续完善抚河公园的功能,做好美化、亮化和绿化,以及市容环境综合整治,精心打造周边景观,合理布置配套设施,让其真正成为造福市民、扮靓城市的民心工程。

【武警支队日常管理和队伍建设现场办公会】 7月19日,省武警总队总队长施文求,政委张生枝和市长李豆罗,市委副书记王样生来到武警南昌市支队,就该支队在日常管理和队伍建设等方面遇到的困难和问题现场办公。现场办公会由市委常委、政法委书记罗为民主持。李豆罗强调,市委、市政府和南昌人民将一如既往地关心、支持和帮助支队的建设和发展,对支队在发展过程中遇到的困难和问题,将积极协调解决。同时也希望支队继续支持南昌发展,保障南昌的安全稳定。

【经济适用房建设办公会】 7月23日下午,市长李豆罗召集物价、房管及各城区有关部门负责人,就全市经济适用房的施工进展和建设情况召开调度会。副市长周关,市长助理刘建洋出席。李豆罗强调,经济适用房的建设既是开发新城带动老城改造的关键性工程,也是经营城市的先导性工程。各相关部门和单位在建设过程中一定要按照品牌小区的标准来开发建设经济适用房,使经济适用房的开发建设真正成为老百姓的满意工程、安居工程、民心工程。

【洪都大道沿线店面整治现场办公会】

8月27日上午,市长李豆罗率市商贸委、市政等部门负责同志到洪都大道,就沿线店面整治情况召开现场会,并对该商业街建设提出具体要求。李豆罗强调,洪都大道街景建设要高起点、高质量、高要求进行规划;要着眼长远,突出整体,注重点、线、面、带的结合,将沿线公园、湖泊、绿地连为一个汇聚商机的整体。通过大家共同努力,做活商机、做足商气,把洪都大道商业街建设成为南昌商业的一大特色,一个品牌。

【“万店整治”现场办公会】 9月22日下午，参加“万店整治”现场会的市直各单位、各城区主要负责人及街办、社区居委会负责人实地参观青山湖区师大南路及沿街店面的整治情况。市长李豆罗到会讲话时强调，在整治万家店面时，各级部门要抖擞精神、善始善终。针对存在的问题，对照国家卫生城的标准，坚持“市里指挥、区自为战、街办牵头、店家为主、单位包点、全城行动”的原则，通过整灯、整线、整管、整地面，刷墙、刷壁、刷店面，控油烟、控噪音、控污水、控时间等措施来进行一次彻底整治。

【重点工程规划设计现场办公会】 9月28日，市长李豆罗到市规划局进行现场办公，听取规划部门对南昌市部分重点工程规划设计，并现场协调解决规划建设中遇到的问题。李豆罗强调，城市要发展，规划必须先行。没有城市规划，经营城市与建设一座富有竞争力的城市就是一句空话。在具体的城市规划工作实践中，必须按照城市规划一般具有的公益性、政策性、科学性、综合性的要求，牢固树立群众意识、特色意识、精品意识、生态意识和超前意识；必须本着对历史负责、对人民负责、对子孙后代负责的态度，主动自觉地维护规划的严肃性、权威性。

【天香园景区建设现场办公会】 10月19日，市长李豆罗与市土地、规划、建委等部门有关负责人一道到天香园景区现场办公，协调解决天香园景区建设中遇到的困难和问题。李豆罗强调，各城区和相关部门要全力支持天香园景区的发展，帮助其做强做大做美；要加大对景区周边环境的整治力度，为天香园创造一个好的发展环境。在景区扩建的过程中，一定要严格规划、完善功能，控制园内的建筑；要多种树，营造一个生态与自然、人与鸟类和谐相处的良好环境。

【规范非机动车停放管理现场会】 4月23日，市长李豆罗，市委常委、政法委书记罗为民出席规范非机动车停放管理现场会，决定从5月1日起，全面规范城区非机动车占道停放收费管理。李豆罗讲话时强调，规范非机动车管理是全市创建国家四城的需要。各级各部门要以此次现场会为契机，按照“区里领导、街办实施、中心牵头（即非机动车停放管理中心）、部门配合、市民参与”的原则，各负其责，各司其职。交管、规划、市政等单位通力配合，合理规划，协调设置非机动车停放点。相关部门分别做好各自的工作，早日规范城区非机动车的停放管理。

## 重要工作会议

【全市人口和计划生育工作会议】 2月24日召开。会议传达全省人口与计划生育工作会议精神，总结上年度全市人口和计划生育工作，分析当前面临的形势，部署当年主要任务，并对全市上年度人口与计划生育工作先进县（区）、先进单位和先进个人进行表彰。省委常委、市委书记余欣荣出席会议讲话时强调，各级党委政府，市直各部门、各级领导干部要充分认识到做好人口与计划生育工作，是服务群众、维护人民群众利益、实践“三个代表”重要思想、体现共产党员先进性的具体要求；充分认识到做好人口与计划生育工作，是坚持科学发展观、实现南昌快速崛起的现实需要。余欣荣对进一步做好计划生育工作提出要求。

【全市农村工作会议】 2月24日召开。会议传达全省农村工作会议精神，总结上年度农业和农村工作，并对当年工作进行具体部署；向受表彰的先进单位和个人颁奖。省委常委、市委书记余欣荣出席会议讲话时强调，推进城乡经济的协调发展是实现南昌快速崛起和可持续发展的重要战略，全市上下要牢固树立科学发展观，扎实做好农村工作，推动农村社会主义物质文明、政治文明和精神文明的协调发展，促进农村经济发展和社会全面进步。

【全市林业工作会议】 2月25日召开，市长李豆罗出席会议讲话时强调，林业建设对实现全市经济社会的可持续发展，维护生态南昌有着重要的意义。要从全局和战略的高度出发，在贯彻可持续发展战略中，赋予林业重要地位；在生态建设中，赋予林业首要地位；在农业综合开发中，赋予林业基础地位。会议对一批林业先进集体和个人、劳动模范进行表彰。

【全市开放型经济工作会】 2月25日召开。会议由市长李豆罗主持，市委副书记、常务副市长龚建华宣读《市委、市政府关于表彰2004年度招商引资及出口创汇先进单位的决定》，副市长梁小康对上年度全市招商引资、出口创汇的任务完成情况进行通报。省委常委、市委书记余欣荣出席会议讲话时强调，上年度开放型经济工作所取得的骄人成绩，为全市开放型经济取得长远发展奠定了坚实的基础。在新的一年里，要认清形势，明确任务，把握重点，推动全市开放型经济在新的起点上实现更好更快地发展。会议还对南昌县等上年度招商引资、出口创汇工作取得优异成绩的先进单位进行表彰。

【创建“四城”千人动员大会】 2月27日召开。会议号召全市上下迅速行动起来，克服畏难、厌战、盲目情绪，再鼓干劲、再加压力，团结一致勇夺“四城”，使南昌的城市管理水平提高到一个新的阶段。省委常委、市委书记余欣荣作动员讲话，市长李豆罗对创建工作进行部署。市容、卫生、环保、市直机关工委、园林、文明办等部门负责人分别作表态发言。

【“一村一品”培训成果汇报会】 3月10日召开。市委副书记、常务副市长龚建华在听取学员们的学习汇报后对他们在学习中取得的成果给予充分肯定，并对新形势下全市“一村一品”培训工作提出希望和要求。

【全市食品监管工作会议】 3月14日召开，市委副书记、常务副市长龚建华出席会议讲话时强调，各级政府和相关部门要始终绷紧食品安全这根弦。要统筹做好食品安全监管，做到统筹食品放心工程和食品安全专项整治；统筹行政手段和技术手段互补作用；统筹城区和乡镇食品市场的统一监管；统筹日常监管、长效监管机制；统筹食品监管和食品产业的协调工作。要严格监管职责，共同把关系老百姓切身利益的食品安全工作做好。

【人口与计划生育领导小组工作会议】 3月22日召开。会议决定，从当年起，夫妻双方均为农业人口的只生一个孩子或两个女儿，并且年龄在60周岁以上，每人每月可得到不低于50元的奖励扶助，直到亡故为止。李豆罗出席会议讲话时强调，在奖励扶助款具体发放时，各相关部门在落实、操作的时候要做真、做实、做好，绝不要因为某个工作人员的失误而使一个人、一户漏领；对奖励扶助对象一定要公开、透明，自上而下张榜公示，尤其是基层干部和管理服务人员，要有政策观念、法制观念和服务意识，认真履行职责，严格执行政策，做到程序公开、方案透明，执行公平；要实行谁调查、谁签名，谁负责的工作责任制，对出现虚报、冒领、克扣、贪污、挪用、挤占等现象的，要追究有关部门、有关领导的责任，情节严重的，要依法追究刑事责任。

【市政府廉政工作会议】 3月24日召开。会议认真贯彻中纪委第五次全会精神、国务院第三次廉政工作会议和省纪委第六次全会、省政府第三次廉政工作会议精神，研究部署2005年市政府系统廉政建设和反腐败工作。市长李豆罗出席会议讲话时强调，全市各级政府和部门要统一思想，提高认识，认真贯彻中央关于反腐倡廉的战略部署，增强政治意识、大局意识、忧患意识和责任意识，加强队伍建设，创新各项制度，严查违纪违法现象，领导自我表率，进一步加大从源头预防和治理腐败的工作力度，深入推进政府系统廉政建设和反腐败工作。市监察局、房管局、国资委、农业局、国土局和执法局的主要负责同志作表态发言。

【全市出租车和交警构建和谐平安南昌誓师大会】 3月25日召开。会上约百名出租汽车驾驶员带头向全市出租车驾驶员发出倡议，号召广大驾驶员增强规范行车意识，自觉遵守交通法规，不违法变道，不争道抢行，不闯信号灯，不酒后驾车，不开“霸王车”，开好安全车；不乱停乱放，不随意上下客，开好文明车；发生交通事故时，按照《交通事故快速处置方法》处理，以最快的速度将车移至不影响交通的地点，杜绝人为造成交通堵塞。交管局的警察们也发出倡议，号召全体交警严格执法，热情服务，与出租车驾驶员共同为城市交通的畅通、有序、和谐贡献力量。

【创建“中国楹联文化城市”总结表彰大会】 3月25日召开。大会授予新建县、进贤县等5个单位“创建中国楹联文化城市”突出贡献奖，市楹联协会和市书法协会优秀创作奖，并授予中国(南昌)首届楹联文化艺术节组委会办公室优秀组织奖。市长李豆罗出席会议讲话时说，文化是城市的立城之本，创建“楹联文化城市”只有起点，没有终点。在新的一年里，必须瞄准新目标，拿出新举措，继续抓好楹联文化街的管理，加强楹联新区的建设，深化象湖、玉带河等地的楹联宣传工作，提高市民的楹联素养，打响南昌这一特色文化品牌和城市文化名片，从而扩大南昌的影响力，增强南昌的凝聚力，提升南昌的竞争力，使全市的楹联文化工作再上新台阶，再创新辉煌。

【市容环境百日整治动员大会】 3月27日召开。会议通报南昌创卫考察团赴沈阳、四平、长春三市学习考察的情况，并决定从即日起到6月底，重点围绕市容市貌，小街小巷，市政设施维护等13项内容，在全市范围内掀起为期100天的市容环境整治新高潮，从而将文明南昌行动不断引向深入。省委常委、市委书记余欣荣作动员讲话，市长李豆罗主持会议并就整治活动做具体部署。

【全市防汛工作会议】 3月31日召开。省委常委、市委书记余欣荣在会上强调，各县(区)和各部门要立足防大汛、抗大灾的要求，切实加强领导，密切配合，从早从严从实做好防汛各项准备工作，努力夺取当年防汛工作的全胜，为推动南昌经济社会发展以及做好“两篇文章”提供坚实的保障。市长李豆罗出席会议并讲话。会议对获得全省“鄱湖杯”水利建设先进县称号的南昌县进行表彰；市防总分别与各县、区签订防汛目标任务书。

【全市制止违法建设动员大会】 3月31日召开。来自创卫办、执法局和全市各县、区共500余人参加。会议决定，为有效遏制违法建设行为，将通过行政管理，行政执法，行政监察，司法介入等多种形式，制止和拆除城市规划区内拒不停工整改、强行施工的违法建设。市长李豆罗出席会议讲话时指出，各级各部门要充分认清形势，明确自己职责；要以此次动员大会为契机，加大对违法建设的打击力度，各执法部门在履行职责时要认真排查，登记造册；要从那些知法犯法、带头违法建设的党员干部拆起，做到治违有道、不畏权贵；要采取切实可行的措施，奖励勇于举报违法建设的市民。

【市容环境“百日会战”动员大会】 4月5日召开。市长李豆罗出席会议讲话时指出，创建国家卫生城市是一项艰巨的系统工程，创建的过程只有起点，没有终点。因此，各级各部门都要加强对创建国家卫生城市工作的领导，建立强有力的指挥体系，全面落实创建工作责任制，层层分解任务，落实到人；要形成一把手亲自抓的创建格局，带领广大干部群众，咬紧目标，以倒计时的工作方式抓好各项工作的落实。在开展市容环境“百日会战”过程中，要结合实际，理清思路，从更加细微的方面入手，将影响南昌市容的问题一一解决；要克服厌战情绪，明确整治任务，拿出过硬措施；各责任部门要相互协调，积极配合，保证市容环境的整治有效开展，集合众人智慧和力量管好南昌，扮靓南昌，让美丽的英雄城更加洁净、文明。

【全市创建环保模范城百日整治暨赣江水环境综合整治动员会】 4月6日召开。市长李豆罗出席会议讲话时说，经过几年的不懈努力，南昌已经实现活水绕城的梦想，但水污染仍然没有得到彻底控制，如何进一步提高环境质量，改善城市环境成了摆在各级政府部门领导面前的一大重要问题。李豆罗指出，各级各部门要坚持科学发展观和可持续发展战略，以人为本、以小取胜的创建方略，以提高环境质量、改善城市环境为出发点，以创建“四城”为载体，突出重点、攻克难点，按照“条块结合、以块为主、综合治理”的原则，加强联合执法，不断强化城市管理水平，严格控制污水和废气的排放，对拒不整治的要采取强制措施铁腕整治，促进经济社会全面健康协调发展。

【全市物价工作会议】 4月6日召开。会议明确，2005年全市物价部门将围绕全市价格水平增长4%以内的调控目标，结合全市开展“效能年”和优化投资环境活动，继续实行重要提价项目申报制度，不断加大价格调控力度，抑制价格总水平的过快增长。在建全完善价格监督预测、预警预报制度的同时，建立稳定的检测网络，确保检测数据的真实性、准确性和可比性；对所有行政事业性收费以及行政许可、行政审批相关联的服务性收费、培训收费进行全面清理，对各种收费，包括行政事业性收费全面推行收费公示制度。在农村以化肥价格检查为重点，加强农药、柴油、农膜等农资价格、农村中小学教育收费检查，确保农民增收减负，保持农村稳定。会上，市领导李豆罗、连樟寿、凌学仁、王水苟为2004年度全市物价系统先进集体、先进个人颁奖。

【全市信访工作会】 4月7日召开。会议强调，安全稳定高于一切，重于泰山。各级、各部门思想认识务必到位，各项工作务必做实，责任制度务必从严，切实增强做好信访安全稳定工作的责任感和紧迫感，力争做到早准备、严部署、细检查、真落实，为构建和谐社会和平安南昌奠定坚实的基础。会议表彰2004年度全市信访工作和安全生产工作先进集体和先进个人。

【首次兑现乡镇(街道)发展经济、增强财力奖励大会】 5月21日召开。来自全市73个乡镇、26个街办分别拿到数额不等的奖励资金。

【全市公安机关开展“规范执法行为,促进执法公正”专项整改活动暨深入开展大练兵工作动员大会】 5月22日召开。会议决定从现在起,用半年时间,在全市公安机关开展“规范执法行为,促进执法公正”专项整改活动,按照执法为民和建设和谐平安南昌的要求,以规范执法行为为主要内容,集中整改群众最关心、反映最强烈的问题,着重搞好“四查四纠”:一查执法不公的表现,纠正执法不严的现象;二查以权谋私的表现,纠正权钱交易的现象;三查特权思想的表现,纠正滥用职权的现象;四查玩忽职守的表现,纠正执法不规范的现象,使公安执法行为进一步规范,执法工作中的突出问题得到有效遏止,进一步提高公安队伍素质。

【城区农房普查工作会议】 5月19日召开。会议就掌握城区农房的基本情况相关工作进行部署,目的是加快全面建设小康社会进程,为全市制定相关规划提供决策参考。市委副书记、常务副市长龚建华出席会议讲话时强调,城区农房普查是南昌的一次重要的市情调查,主要是为了了解全市城区内农民住房现状,使政府决策心中有数、管理有力、整治有方,对加快城乡建设步伐,提高农民生活水平,构建和谐南昌,全面建设小康社会有着重要的指导意义。他要求各有关部门切实加强领导,充分认识到普查工作的重要性和艰巨性,做好宣传动员,依法开展工作。

【文明南昌行动委员会调度会】 5月7日召开。会议就联合国可持续发展国际研讨会在南昌市召开的有关事项,及迎接全国人大常委会《中华人民共和国水污染防治法》检查组到南昌市检查的准备工作情况进行部署。市长李豆罗讲话时强调,活动在南昌举行,不仅将扩大南昌、江西在全国乃至全世界的知名度,还是展示南昌开放新形象的一次难得机遇,各城区和各相关单位要高度重视,层层动员,加强协调和调度;要制定有效的工作方案,以主人翁的姿态认真做好接待、服务等各项工作。

【文明南昌行动委员会第38次调度会】 6月4日召开。会议通报全市近期创建国家卫生城市进展情况并就迎接省全国文明城市测评组来南昌检查做动员部署。市长李豆罗讲话时强调,创建国家卫生城市和全国文明城市的目的都是在于提升南昌竞争力,打造南昌的城市名片。各级各部门要加强领导,周密部署,同时要通过强力宣传,营造全民参与创建的氛围。要按照高起点规划、高质量建设、高水平管理、高效益经营、高素质塑造的要求,努力使城市增绿、增亮、增色、增净,从而营造一个和谐有序的发展环境。

【创建全国文明城市工作会】 7月29日召开。会议就全市百城万店无假货商业街和城市整体形象整治工作再次进行部署。会议要求有关部门加强整治力度,全面提升南昌市整体形象。市长李豆罗出席会议讲话时指出,全国文明城市是反映一个城市整体文明水平的综合性荣誉称号,是城市的最高荣誉。南昌创建全国文明城市已经进入了关键时刻,这是对全市多年工作的一次最好的检验。李豆罗强调,创建全国文明城市就是要达到人人都有好形象、处处都是好环境、231个迎检点个个都是好榜样;在创建文明城市过程中一定要力争硬件少丢分、软件争高分,管理求满分。

【全市建设和谐平安南昌动员暨2004年度社会治安综合治理表彰大会】 5月26日召开。会议围绕贯彻落实全省建设和谐平安江西动员会精神,就全市开展建设和谐平安南昌工作进行动员和部署,并对上年度全市综治工作先进单位、先进个人和见义勇为模范、先进分子进行表彰。省委常委、市委书记余欣荣在会上强调,发展是硬道理,稳定是硬任务,解决问题是真功夫。在南昌当前大发展、大建设的关键时期,全市各级党政机关和政法部门必须进一步提高认识、强化任务措施,扎扎实实推进和谐平安南昌建设,营造有利于快速发展的最佳人居和创业环境,为实现南昌快速崛起奠定坚实的基础。市委副书记王样生在会上作建设和谐平安南昌活动动员讲话。

【全市林业产权制度改革工作会】 5月13日召开。会议传达省委常委、市委书记余欣荣就林改工作所作的批示。余欣荣在批示中指出,深化林业产权制度改革,是一项涉及面广、政策性强、难度很大的工作,关系发展全局和农村社会稳定。全市各级党委政府要进一步增强责任感和紧迫感,精心组织,稳步推进,切实做好这项工作。市长李豆罗出席会议讲话时指出,推进林业产权制度改革是落实省委、省政府“既要金山银山,又要绿水青山”和“山上办绿色银行,山下建优质粮仓”的重要举措,事关林地保护,群众利益,事关经济发展和生态建设。各级党委和政府要充分认识全面推进林改工作的重要性和艰巨性;要把他作为解决“三农”问题的大事来抓,层层落实责任;要认真把握林权改革的指导思想、总体目标和政策要求,制定具体实施方案。

【全市科研体制改革小组会】 4月20日召开。与会代表讨论审议《关于市属科研机构改革的实施意见》。市长李豆罗出席会议讲话时强调,深化科技体制改革是优化科技资源配置,促进科技与经济相结合,加快科技产业化进程的必然要求。要通过推进科技体制改革为科研单位注入活力,整合资源,提升科研实力。各科研单位及主管部门要统一思想,顾全大局,充分认识到做好这项工作的意义,精心组织,确保改革顺利进行。

【全市赣江水环境综合整治动员大会】 4月16日召开。市长李豆罗出席会议讲话时强调,赣江是我们的母亲河,保护赣江就是保护我们的生存条件。要从市民最关心的环境污染难点、重点入手,有计划有步骤地实施整治方案。要加大投入,增加设施,拿出过硬的举措,重点清理各种沙石码头,采沙船,运输船,餐饮船等水上污染源;要加强对赣江流域污染源进行详细调查摸底,按照水环境保护工作职责,协调工作,齐抓共管,确保整治工作落实到位。

【全市公共卫生百日整治动员大会】 4月11日召开。市长李豆罗出席会议讲话时强调,创建国家卫生城市,卫生系统毫无疑问要充当前锋,打头阵。要对照标准,咬准分值,真抓实干,打好这场攻坚战;对在创卫工作中有关单位和个人因不履行或不正确履行规定职责导致工作延误,工作不达标或工作过错并造成不良影响的,将对其进行责任追究。

【全市工业经济座谈会】 6月24日召开。市委副书记王詠出席会议讲话时强调,要抓住当前有利时机,加快工业经济发展。各县、区及开发区要抓住重点,搞好协调服务,为企业营造良好的发展环境。尤其要帮助协调解决重点企业在生产过程中遇到的困难和问题,提高为重点企业服务的效率和水平。同时要进一步抓好支柱产业配套体系的招商引资,打造完整的产业链,降低企业生产成本。

【“民主法治示范村”创建经验交流会】

7月21日在西湖区桃花镇一村召开。会议传达全省“民主法治示范村”创建工作经验交流现场会精神，并对下一阶段的创建工作进行部署。市委常委、副市长卢晓健出席会议讲话时强调，各有关单位要认清形势，统一思想，进一步做好“民主法治示范村”创建工作；在创建工作中，目标任务要明，质量品位要高，工作作风要实，方式方法要活，保障措施要强。通过强有力的持续工作，使全市越来越多的村步入国家级、省级“民主法治示范村”的行列。

【创建全国文明城市工作会】 8月7日下午召开。市长李豆罗出席会议讲话时强调，各城区、各部门负责同志一定要树立全局一盘棋的意识，深入一线，靠前指挥，切实做到指挥有力、调度有方、守土有责、创建有功，确保南昌创建全国文明城市获得全胜。创建全国文明城好比是一场全市百万人的大合唱，每一个南昌人都要扮好角色，闪亮登场，练好歌词，唱准音调，在全国的大舞台上，唱齐英雄城的人心，唱出南昌人的志气，唱响文明城的品牌。

【全市开放型经济工作调度会】 8月10日下午召开。市委副书记、常务副市长龚建华出席会议讲话时指出，各县(区)及市直有关部门要高度重视开放型经济发展中出现的新形势、新情况，以“食不甘味，寝不安眠”的实干精神，把工作落到实处，避免“开花多，结果少”，多引进有带动力、有影响力的项目。同时要把现汇投入、设备投入、利润再投入作为下一步工作的重中之重；要充分把握开放型经济发展中出现的新机遇。

【全市实施国家卫生城市新标准部署大会】 8月23日召开。市长李豆罗出席会议讲话时强调，要层层举办新的《国家卫生城市标准》培训班，对照新标准、认真组织学习、查遗补漏，熟练掌握并制定切实可行的措施，狠抓各项创卫任务目标的落实，努力实现全市跨入国家卫生城市的既定目标，向全国爱卫会、向全市人民交上一份满意的答卷。

【全市预防制止违法建设工作会】 9月28日下午召开。会议通报元月以来查处违法建设的情况，并就“十一”期间加大查处违法建设力度的相关工作进行部署。会议要求，各区(县)政府、管委会、镇(乡)、村及规划部门要进一步强化认识、明确责任、加强监督，加大对规划法律、法规的宣传，从源头上杜绝违法建设的发生；要采取切实有效措施，在加大巡查力度的同时，加大对农民公寓建设的管理力度，从全局的角度出发把实事办好，坚决杜绝未批先建以及不按批准的内容进行建设的现象，确保全市总体规划的顺利实施。

【水管体制改革动员大会】 9月30日召开。会议要求各级分管单位明确责任，落实改革政策，严格做到定岗、定责、定人，对改革中出现的分流富余人员进行妥善安置的同时，加强基层水管队伍建设，采取有力措施，尽快实现体制改革取得圆满成功。

【2005年“投资环境、作风行风”评议评价工作动员大会】 10月13日召开。市长李豆罗出席会议讲话时指出，开展“双评”工作，就是要创造一个有序竞争的创业环境、公平公正的法制环境，和谐安宁的人居环境。全市88个机关和部门要秉承诚信、公正、公平的工作态度，围绕加强作风效能建设，创优政务环境、推动全民创业，加快富民强市；按照科学执政、民主执政、依法执政的要求，进一步优化投资环境，提高办事效率和服务质量，努力健全和完善优化投资环境的长效机制，巩固和发展“双评”工作成果，为促进全市经济社会全面协调可持续发展提供保证。

【全市开放型经济调度会】 10月14日在南昌县召开。市委副书记、常务副市长龚建华出席讲话时说，环境是招商第一品牌，服务是招商第一责任，热情是招商第一手段。在全年目标冲刺的最后阶段，大家要全力以赴，增强主要招商负责人的危机感和责任感。这样才能在确保完成目标任务的同时，做到招商动真情，安商讲真诚，吸引更多的内资和外资来南昌，从而补充南昌在中部地区快速崛起的“能量”。

【全市乡镇卫生院建设工作现场会】 10月24日上午在新建县召开。市长李豆罗出席讲话时强调，各级部门要高度重视、精心组织，严格工期，要坚持“无条件改造、有条件改建”的原则，加大资金和人员的投入，在保证质量的前提下使各项目如期完工，尽早投入使用，让广大农民早日受益。

【农村敬老院建设现场会】 11月4日召开。会议明确，2005年~2006年，全市将按照“八个一”的要求，确保农村五保对象集中供养率达到80%以上，使全市农村敬老院的硬件水平迈上一个新台阶。市长李豆罗出席会议讲话时强调，敬老院的建设一定要高起点规划、高标准建设，高水平管理；要积极整合资源，多措并举，加快敬老院的建设，建设一批精品、样板工程，让五保老人过得舒心，让广大群众满意。

【创建国家园林城市暨城市绿化工作动员大会】 11月15日晚召开。会议提出从现在开始全面推进园林创建工作，争取2007年正式申报“国家园林城市”，2007年10月迎接国家检查验收。

【全市外贸出口工作会】 11月19日召开。市委副书记、常务副市长龚建华出席会议讲话时强调，各县、区和各重点企业必须清醒地认识到，全年的外贸出口计划一定要完成；要发动每一个细胞，绷紧每一根神经，挖掘每一分潜力，打好40天的决战；要把工作做好做实，全力以赴争取这场决战的胜利。

【全市中小学危房改造工作现场会】 12月1日上午在南昌县召开。市长李豆罗出席会议讲话时强调，中小学危房改造工作是一项动态工作，各级各部门一定要做到警钟常鸣，常抓不懈。要建立健全中小学危房改造的长效管理机制，精益求精，对照任务，查找差距，彻底解决农村中小学危房问题，为全面改善农村办学条件，提高农村教育水平，为全面提高农村人口素质，建设小康社会作出积极贡献。

【全市冬季消防工作会议】 12月6日召开。会议明确全市将以整治“六小场所”火灾隐患为重点，充分发挥点多面广优势，发动基层组织和群众全面开展一次消防安全大检查，确保全市重大火灾隐患在年底前全部整改到位。市长李豆罗出席会议讲话时强调，各部门要加大宣传力度，做到警钟常鸣、敲打不停，增强市民群众消防安全意识和掌握逃生自救等基本知识和技能；要以保安全为目标，舍得投入，搞好消防栓等城市公共消防设施的建设；要加大排查和整改力度，消除火灾隐患，确保社会的祥和平安。

【全市妇女儿童工作会议】 12月12日下午召开。会议传达贯彻第四次全国妇女儿童工作会议和第二次全省妇女儿童工作会议精神，总结五年来全市实施《南昌市妇女发展纲要》和《南昌市儿童发展纲要》的成绩和经验，部署今后五年实施任务。李豆罗出席会议讲话时强调,各级各部门要认真贯彻男女平等基本国策,将妇女儿童工作与经济社会发展同步规划、同步部署、同步落实,为妇女儿童事业的发展,提供政策、制度、资金和组织保障;要积极引导、支持广大妇女参与政治、经济、文化、社会事业,发扬自尊、自信、自立、自强精神,发挥"半边天"的作用,切实保护妇女儿童合法权益。

【安全生产"百千万"活动动员大会】 12月14日召开。会议要求用百天的时间,组织千个检查组,对万家单位的安全生产情况进行检查,确保人民群众度过欢乐祥和的"两节"。

【语言文字评估工作组考评会】 12月14日,经过两天紧张的考察评估,国家评审组和省评估团正式宣布:南昌市语言文字工作认识有高度、领导有力度、管理有强度、治理有广度,达到"普通话初步普及,汉字的社会应用基本规范"的新世纪初语言文字工作的目标要求。

## 调研决策

【概况】 2005年 市政府市长、副市长及市长助理按照"求真务实,廉洁高效"的要求,经常深入基层开展调查研究,有力地推动了各项工作。

【园林绿化建设调研】 3月25日上午,市长李豆罗,副市长卢晓健等先后到省博物馆、八一桥桥头公园、富大有堤、高新大道、火炬大道、丰和北大道、庐山南大道、机场路、红角洲卧龙山和赣江十里景观带,实地察看各地绿化情况。李豆罗强调,一年之计在于春,园林部门和各城区都要加强领导,搞好绿色林带建设,做到一路一景、一路一特色,打造一批绿化的亮点,提升城市形象,优化城市环境,服务经济建设,以实际行动向国家园林城市挺进。

4月13日,市长李豆罗等察看全市的园林绿化工程建设情况。李豆罗指出,要进一步加强城区绿化规划和作业设计,认真总结成功经验,尽快理顺城区绿化林木管护体制,不断巩固和提高城区绿化水平,扎扎实实做好各项工作,真正使南昌的山更绿、水更清、城市更美,把一个个绿化区培育成英雄城的"绿色银行"。

【梅湖景区规划建设调研】 3月23日,市长李豆罗,市人大常委会副主任万先勇等察看梅湖景区规划建设情况。在察看城南护城河最东端的引水闸、穿越京九线涵洞等几个引水工程的枢纽地段,了解到虽然已经实现通水,但部分地段的河道还比较窄,污染源还没有完全堵住,引水效果受到一定影响时,李豆罗要求,各部门要加快工程建设进展,早建设、早完工;青云谱区要组织人员清理河道垃圾;有关部门要拿出堵住污染源的方案。

4月8日,市长李豆罗,市长助理刘建洋等就梅湖景区规划建设情况在青云谱区调研。李豆罗一行绕着八大山人纪念馆实地察看周边地理环境,详细了解梅湖景区规划建设情况,并就清理湖面漂浮物和提高水位等问题和相关部门负责同志进行探讨。李豆罗指出,五干渠水向西引入梅湖后,城南地区的生态自然环境将得到根本改善,青云谱区要组织人员清理河道垃圾,拿出堵住污染源的方案;在提升水位的同时,疏通沿线的管涵闸桥,确保水流通畅,全面提升梅湖沿线的景观品位。

【人行道建设调研】 3月26日上午,市长李豆罗等察看部分人行道板铺设工作,详细询问正在改造的象山北路等主干道的施工进展情况,并听取各部门对采用新广场砖的意见。李豆罗指出,城市的飞速发展,政府领导城市建设和管理水平也要不断提高,人行道从一个侧面展示了南昌的形象;各施工单位要保证质量,注重美观,抓好长远,使畅通、平整、美观的人行道成为南昌城市建设的一个特色,成为市民眼里的一道风景。

【城市道路交通管理调研】 3月21日,市长李豆罗,市委常委、政法委书记罗为民就如何加强城市道路交通管理到市交通管理局进行调研并与交警交谈。在听取交警对道路设计,市民交通法制意识的建议、想法之后,李豆罗指出,虽然南昌市的道路交通管理水平有了很大提高,但仍有不少问题需要完善。交管部门要继续加大执法力度,加大软硬件的投入;在设置道路标志标线时,要充分体现以人为本的原则,做到标线清楚、标志清晰、停车点合理;交警上路执法要做到公平、公正、公开,罚要严格公道。同时还呼吁全市各级部门和广大市民都要理解、关心和支持交警的工作,从自身做起,争做文明市民,以实际行动为南昌争光添彩。

【沈阳、长春、四平"创建"调研】 3月15~18日,市长李豆罗率领市考察团赴东北,考察学习沈阳、长春、四平等城市创建国家环保模范城和国家卫生城的先进经验。在沈阳,考察团一行先后参观沈阳市环保局环境监控中心、沈家湾污水处理厂,沈阳卫生监督所和永环社区等。在四平市,考察团一行参观英雄广场,并深入长征社区和四热社区了解社区建设。在长春市,考察团一行详细了解长春创建国家环保模范城的经验。李豆罗说,四平虽小,但只用短短三年时间,就夺得"国家卫生城市"桂冠,值得我们学习。要学习他们全市上下,万众一心,志在必得的精神,充分发动群众,引导他们积极参与到创卫活动中来,变政府创卫为全民创卫;学习他们不畏艰难,敢克难点的精神,遇到问题不推不躲,沉下心来,将重点难点问题一一解决。3月19日,李豆罗召集考察团全体成员对活动进行总结,并对全市下一阶段的创建工作提出要求。

【绳金塔等景区建设调研】 2月23日,市长李豆罗在绳金塔景区认真听取景区管理部门的建设和管理方案后强调说,绳金塔历史悠久,是南昌现存最古老的一座建筑,景区已经初具规模,景区内可以听南昌话,看南昌戏,品南昌味,购南昌特产,但重要的是要畅通景区四面的道路。要边规划、边建设、边管理、边经营、边提升,把绳金塔打造成展示南昌古文化、风情、民俗的场所。在察看杏花楼上新增的楹联后,李豆罗说,南昌有2200余年的历史,这些悠久的历史要通过滕王阁、八大山人、绳金塔、杏花楼等南昌历史和文化沉淀最为深厚的景点中挖掘和展现。李豆罗强调,景观建设要突出高品位,管理要体现高水平,不断挖掘南昌悠久的历史文化,打造一批精品景观,使名楼、名园、名湖、名塔成为南昌最精彩的城市名片。

【玉带河建设调研】 4月4日,市长李豆罗等调研察看玉带河的美化和绿化工作。李豆罗向园林部门负责同志了解沿线的绿化进展情况后指出,玉带河景观建设成功的关键之一就是绿化。园林部门要本着边建设,边管理,边提升的思路,高水平、高标准地搞好绿化设计,做到沿河一片绿、移步一个景。此外,李豆罗还详细询问象湖东岸廊桥工程建设进展情况及玉带河拦河堰升船机的升船试验,并察看西渠建设情况,对西渠沿线景观建设提出要求。

6月27日,市长李豆罗等察看北玉

带河综合改造工程施工进展情况。李豆罗指出,北玉带河不仅是城市的一道景观,更是市委、市政府解决城区内涝,为民办实事的一项重要举措。各有关部门一定要再接再厉,把这件造福百姓的实事办好,让市民生活环境得到切实改善、生活质量得到切实提高。

7月10日上午,市长李豆罗在市长助理刘建洋的陪同下,察看玉带河北支综合改造工程施工进展情况。李豆罗要求各部门、各单位要加紧调度,加紧施工,高质量、高标准、严要求,确保工程如期完工。

7月19日上午,市长李豆罗等察看玉带河西支拦河堰改造工程。李豆罗强调,目前玉带河西支工程已基本完工,各相关部门在抓紧工程的扫尾工作的同时,要开始着手提升整个景区的文化品位,把玉带河工程打造成为一个具有深厚文化底蕴的城市亮点,打造成为一个经得起历史考验、群众满意的民心工程。

8月24日,市长李豆罗等实地察看即将开展整治工作的玉带河东支。李豆罗指出,玉带河东支的改造要统一规划,分步实施。有关单位和部门要开始着手实施河道的清淤工作,先求其通;规划部门要高起点规划,高标准设计,景观规划要充分体现自然、生态和以人为本的原则;沿线城区和乡镇要密切配合。作为工程的指挥部门玉带河指挥部要精心调度,破解难题,在工程实施过程中坚持公开、公平的原则,确保工程建设顺利进行。

8月30日上午,市长李豆罗察看玉带河东支工程施工进展情况。李豆罗详细了解施工进展情况后说,玉带河东支是整个玉带河水系的最后一条改造的水道,也是让玉带河整体水环境得到彻底改善的关键。玉带河东支的改造要统一规划,分步实施,先求其通,再求其宽,后求其美。

9月28日下午,市长李豆罗等察看玉带河北支综合改造工程施工进展情况。李豆罗指出,玉带河北支不仅是城市的一道景观,更是市委、市政府解决城区内涝,为民办实事的一项重要举措,各有关部门一定要再接再厉,把这件造福百姓的实事办好,让市民生活环境得到切实改善、生活质量得到切实提高。

10月1日,市长李豆罗等实地察看玉带河南支改造工程施工现场。李豆罗指出,玉带河南支的改造涉及面广,建设难度大,各相关城区和部门都要明确自己的责任和任务,相互密切配合,为南支的改造提供良好的工作环境,齐心协力推进这项工程顺利实施;规划部门要高起点规划,高标准设计,景观规划要充分体现自然、生态和以人为本原则。

10月10日,市长李豆罗等察看玉带河北支综合改造工程。李豆罗指出,玉带河不能简单建设成为一条通活水的渠道,而是要把他作为花园城市建设的一部分。要高标准地规划和建设,充分营造出山水园林的特色,做足做好水文章,并把南昌深厚的历史文化融入其中,反映出这座千年古城的历史文脉。

【赴印度考察调研】 2月18~23日,市委副书记、常务副市长龚建华率领南昌科技代表团访问印度,目的是为做大做强全市软件产业,加强与国外科技交流合作。在访问期间,龚建华一行先后考察EDS公司等软件企业,并就有关合作项目和印度方面进行洽谈。

【市民出行情况调研】 2月14日,市长李豆罗登上5路公交车,与市民同行,倾听群众的意见和建议,交流乘公交车出行的感受。李豆罗一边向乘客致以春节的问候,一边询问大家对南昌公交和市容环境的感受和意见。当得知5路车经常比较拥挤的情况后,李豆罗说,等明后两年南昌城区各条交通要道全部修建完后,交通状况将得到明显改善,市民乘车也会更方便。对市民群众的意见和建议,李豆罗表示,各级各部门将继续加大对城市基础设施的投入,坚持"以人为本"原则,不断提高城市管理水平,进一步改善人民群众生活环境,提升人民群众的生活质量。

【农村公路建设调研】 4月22日,市长李豆罗,副市长黄春平等到新建县、安义县和湾里区等地,实地察看部分农村公路建设情况。李豆罗强调,农村公路是改善农民生产、生活条件的重要基础设施,农村公路建设是广大农民奔小康的必要条件。各级领导干部一定要站在实践"三个代表"重要思想的高度,把握机遇,严格质量,强化管理,落实责任,加快农村公路建设步伐,使全市农村公路建设适应社会和经济发展的需要,为农村发展创造良好的基础条件。

【城区排水情况调研】 4月26日,市长李豆罗等察看正在施工的昌南闸、城南护城河等部分涉水工程进展情况后,叮嘱有关人员要全力抓好各项工作,保证工程按进度有序进行,确保在雨季来临时不出现大面积积水。

4月27日,市长李豆罗等实地察看廿四联圩丰产电排站。李豆罗强调,要强化责任,硬化措施,精心组织,严密部署,为防汛工作提供强大的物资保障,制度保障和技术保障,掌握防汛工作的主动权。

5月4日,市长李豆罗等察看朝阳地区新洲闸排水情况,要求有关部门一定要高度重视,周密安排、科学调度,确保城区安全度汛。在察看西渠施工现场后,要求市政部门加快施工进度,使工程尽快投入使用。

【百路大会战部分道路改造情况调研】 6月2日和8月9日,市长李豆罗等前往部分百路大会战的施工现场,实地察看工程进展情况,听取市民对全市百路大会战的意见和建议。李豆罗强调,各施工单位要在坚持高标准、高质量建设的基础上,进一步加快各道路工程的建设进度,并切实按照以人为本的理念,通过实施民心工程,为广大市民带来更多的实惠。李豆罗反复强调,群众需求的就是我们要做的。要抓住施工的有利时机,抢时间、抓进度,高质量地建设好这些造福百姓的工程,把他们建设成花园城市的亮点,奉献给英雄城人民。

【西外环高速公路建设调研】 6月21日,市长李豆罗等察看正在建设中的西外环高速公路建设项目,并慰问一线建设者。李豆罗指出,西外环高速公路的建设是全市加快一江两岸城市建设的重大举措;是打造大昌北、构筑大板块、建设大都市的重点工程,是全市绕城高速公路的重要组成部分。施工单位、当地百姓之间要进一步加强协调沟通,携手解决施工中出现的问题和矛盾。各相关部门要进一步增强大局意识、服务意识,克服困难,尽快解决施工中的问题,为施工创造良好环境,保证工程按计划顺利进行。

【浦东正大广场调研】 7月7日,市长李豆罗考察由泰国正大集团在上海投资开发的浦东正大广场。李豆罗说,南昌经济发展,招商引资工作很重要,但更重要的是安商、富商,只有让所有的投资者落得下户、扎得下根、发得了财,才能够实现真正可持续发展。南昌既有世界零售巨头沃尔玛,还有商业巨舰麦德龙。他真诚邀请正大集团的负责人到南昌参观考察,南昌也将为外商提供最好的投资和发展环境。正大集团表示,南昌将成为正大集团下一步发展的首选城市之一。

【青山湖南大道改造工程施工进展调

研】 7月31日，市长李豆罗察看青山湖南大道改造工程施工进展情况。李豆罗指出，城市道路改造既是造福老百姓，也是完善城市功能的工程，希望大家再接再厉，抢时间、争速度、高质量地完成好各项在建工程，使这些道路成为花园城市的新亮点。

【大环境整治进展情况调研】 8月4日、5日、8日、13日、20日、28日，市长李豆罗与有关部门负责同志一道，对照创建全国文明城市标准，深入大街小巷实地察看全市大环境整治进展情况。每到一处，李豆罗都要详细询问有关负责同志在整治方面是否还存在疑难问题，并通过认真察看，不时地对照创建全国文明城市标准，向责任部门提出进一步加强整治的目标。调研期间，李豆罗指出，创建文明城市最终的落脚点还是为人民群众服务，为广大市民创造最好的人居环境。创建活动中，一定要发动群众，让广大市民都参与到这项活动中来；要让每一位市民都认识到自己不仅是创建活动的受益者，更是创建工作的参与者，这样创建工作才更有意义，更有成效，更有信心。创建工作是一项长期的工作，只能加强，不能放松。各部门、各单位要认真总结前一阶段整治中的好经验、好做法，振奋精神，再鼓干劲，协同作战，推动全市的市容环境综合整治工作再上新台阶，确保城市面貌有更大的改观。小街巷整治是全市创建成功的关键，小街巷也是下一阶段整治工作的重点，针对目前还存在不足的"六小"店面、集贸市场，各城区各单位要调集精兵强将，重点整改；要通过整街、整店、整路面，刷墙、刷壁、刷店面等措施，达到使全市"六小"店面店容整洁、证照齐全、文明经营的良好效果。要耐心细致地做好各店主的思想工作，从内到外，从上到下，保质保量地开展整治工作。在具体整治过程中既要分工明确，又要通力协作；要加强调度，做到上下结合、左右同力，确保条条街巷都有个大改观，让广大市民满意。

【赴日、韩考察调研】 9月1日下午，副市长周关率团一行22人赴日本、韩国进行为期15天的工业招商和考察访问。其间，周关分别拜访日本的NEC公司、韩国浦项制铁公司和大宇公司等企业，分别在东京和韩国汉城举办两场工业招商引资推介会，并参加省赴日、韩代表团招商的一系列活动。

【欧洲三国考察调研】 9月1～14日，应瑞士苏黎世州政府、马其顿首都斯科普里市政府和英国英中贸易协会的邀请，以市长李豆罗为团长的南昌市政府代表团一行，前往三地进行为期12天的考察访问。期间，代表团一行带着增进友谊、结识朋友的愿望，推介南昌、寻求合作的期盼，与瑞士苏黎世州政府及当地企业界人士进行广泛接触，实地考察两个城市、三家企业、一所学校，举办一次大型推介会，召开一次小规模的恳谈会，签订两个合作项目，签订两市友好备忘录，有13家企业当即表示要带团来南昌开展投资考察。

【赣江市民公园建设调研】 9月30日和10月31日，市长李豆罗，副市长卢晓健察看赣江公园建设情况。李豆罗指出，赣江公园建设中一定要注重自然、大气、休闲；要注重文化内涵的塑造，使赣江公园成为一个赣文化精髓集中展示的生态场所，让游人尽享沿江风景的同时，又能得到一次赣文化的洗礼。李豆罗希望红谷滩新区在建设中要合理设计景观，完善各主题区的功能，注重文化内涵的塑造，把赣江公园建设成为"依托一江两岸、展现都市风采，构造特色魅力"的城市建设经典之作。

【血防综合治理工作调研】 10月7日，市长李豆罗就全市血防综合治理工作，深入到重点疫区进贤县三里乡新和村、学屋村等地进行实地调研。李豆罗指出，血吸虫病综合防治就必须从传染的源头抓起，一方面要全力压缩有螺面积，改善疫区环境，加强畜牧放牧管理；一方面要在农村，特别是血防重点地区开展血防基本知识宣传教育，让每一位村民都知道如何来预防血吸虫病。当前，关键要从村容村貌治理上下功夫，调动村民的自觉性，从地面、墙面、屋里面入手进行全方位整治，彻底改变村容村貌，精心建设新农村。12月19日，市长李豆罗再次到进贤县三里乡新和村等3个村，实地察看当地血防工作的进展情况，并就下一阶段如何加快血防工作进度提出要求。李豆罗希望市、县、乡有关部门要在巩固血防成果的基础上，将血防建设的重心转移到建立项目长效管理机制上来，共同制定好科学规范的长效管理制度，进一步加强领导，明确责任，发动群众，真正把以机代牛、改水改厕和农业开发等方面工作办成民心工程。

【在建工程建设调研】 10月8日，常务副市长龚建华先后察看南昌国际会展中心、红谷大厦和西外环高速公路龙泉大桥等部分重点工程的建设情况。龚建华要求施工单位必须对红谷大厦每层楼的用水用电及细节部位抓好落实；在加快施工进度时，要确保质量和人员安全。对西外环高速公路龙泉大桥的施工现场，龚建华要求施工单位要认真对大桥上的每个焊接点进行焊接，杜绝漏洞出现，确保大桥顺利畅通。

11月7日，市长李豆罗察看正在建设中的梅湖景区1号桥和八大山人文化广场建设情况。李豆罗指出，八大山人文化广场不仅要建成国内一流的园林景观，还要将赣文化的精髓融入其中，让人们在流连于美景的同时，感悟博大的艺术神韵。

11月23日下午，市长李豆罗先后来到两个工程施工现场，实地察看工程施工的进展情况。他强调，阳明路拓展工程和南昌火车站西广场改造工程既是适应经济社会发展和做好"两篇文章"的需要；也是提升南昌发展水平和城市竞争力的需要。各部门一定要加强协调配合，加快施工进度，高质量、高效率地建设，确保工程施工顺利推进。

11月29日上午，市长李豆罗察看胡惠元堤拓宽工程建设情况。李豆罗指出，胡惠元堤拓宽延伸工程，是连接东西外环线的重要通道，是构筑防洪包围圈的重要屏障，对构建城市防洪体系、完成城市路网建设、缓解城市交通压力具有重要意义。同时道路穿越风景优美的象湖景区和梅湖风景区，建设中要注重与沿线景观的融合，注重生态、自然，突出江南水乡的特色，打造一条亲水景观大道，使车辆与行人在行程中能感受南昌优美的城市环境。

12月4日，市长李豆罗察看正在建设中的西外环高速公路建设工程进展情况。李豆罗要求工程建设人员在确保建设工期的同时，必须要把工程的质量放在首位，确保工程的每一个项目、每一个细节都达到设计要求，力求完美。

12月20日，市长李豆罗等到昌北机场景观路和庐山南大道的绿化带改造工程施工现场，实地察看工程的进展情况，并要求有关部门紧紧抓住冬季移植树木的好时机，保质保量完成绿化进度。

12月27日，市长李豆罗察看十字街道路、排水改扩建工程施工进展情况。李豆罗指出，作为今年百路大会战的收尾工程之一，十字街道路综合改造工程时间紧，任务重，施工单位在加快施工进度的同时，一定要严把质量关，确保工程按时完工，为2005年百路大会战画上一个圆满的句号。

【交通安全问题调研】 11月24日,副市长周关来到市公安交管局,就贯彻落实公安部关于预防特大交通事故紧急电视电话会议精神,扎实开展全市预防特大交通事故百日竞赛活动进行调研。周关要求,为做好今冬明春全市道路交通安全工作,努力预防和减少交通事故,杜绝群死群伤特大交通事故的发生。各有关部门和人员一定要重点强化路面管控力量,强化单位内部管理和安全责任,强化对司机的安全意识和知识教育,营造全社会关注交通安全的浓烈氛围。

【公共交通发展情况调研】 12月2日,市长李豆罗等到正在建设中的昌南汽车客运站,就全市公共交通发展情况进行深入调研。李豆罗指出,城市公共交通是与人民群众生产、生活息息相关的重要基础设施。各有关部门一定要本着对历史、对人民负责的高度责任感和使命感,切实规划设计好城市交通体系,使之更好地体现南昌的风格,成为时代的标志。

【水利冬修调研】 12月18日上午,市长李豆罗等先后到安义县长均乡水田埠门塘建设工程、万埠镇小刘村新农村建设、长埠镇夏家水库除险加固工程、鼎湖镇榨下村文明新村建设等地,就安义县水利冬修情况进行考察。李豆罗要求各部门要进行再部署、再动员、再宣传;要进一步强化农田水利基本建设领导责任制度。县乡政府要把农田水利基本建设列入重要议事日程,主要领导要亲自抓,分管领导要深入一线现场督导,同时各相关部门要选派技术人员深入工程一线解决施工中的技术难题,把好施工技术和质量关。

## 市长热线

【概况】 2005年,市政府值班室、市长热线办公室(统称市长热线)按照市委、市政府及市政府办公厅的要求,充分利用市长热线这个平台,以"上为领导分忧,下为群众解难"为宗旨,认真履行职责,创新服务机制,及时反映社情民意,有效化解社会矛盾,协调处理一大批群众关心的热点和难点问题,为构建和谐南昌作出了积极贡献。全年完成领导交办、上级来电、110指挥中心及有关单位来电转办5000余次,协调处理紧急突发事件400余次,接待群众到访387人次;接听群众来电58357次,协调处理各类问题3076件,出简报12期,先后收到群众锦旗10面,平均办结率90%左右,得到群众的充分肯定。《信息日报》、《江南都市报》、《南昌日报》、中央电视台《新闻调查》节目均对市长热线2005年的工作情况予以报道和充分肯定。市长热线电话已成为政府联系群众的桥梁和纽带、展示政府机关文明形象的重要窗口、为民办实事的服务平台,加强了党和政府与人民群众的血肉联系。

【有效处置紧急重大突发事件】 严格遵守值班制度,严明各项工作纪律,坚持全年365天、全天24小时,时刻坚守在电话机旁。值班工作人员圆满完成全年的连接上下、协调左右、沟通四方的值班任务,尤其是为市领导有效处置相关事件提供了有力支撑。如11月27日,九江县、瑞昌市发生地震,南昌有明显震感,值班电话和市长热线一时间响个不停。市民由于不了解情况,非常紧张焦虑。值班人员及时联系有关部门,详细了解地震等级、震中及余震等情况,及时向市政府领导报告有关情况,并向广大市民解释说明,稳定市民情绪,为安抚市民、维护稳定发挥了不可替代的作用。

【及时反映社情民意】 为促进社会热点、难点问题的解决,把收集、整理、分析和反映社情民意,作为发挥市长热线电话作用的一项重要工作。在每月《市长热线摘报》中将群众普遍关心和反映的问题,集中向市委、市政府及有关责任单位领导呈报,并提出解决问题的建议。对群众反映强烈的热点、难点问题,在调查研究的基础上,通过《市长热线专报》等形式向领导提供有情况、有分析、有建议的报告,为市民解决所反映的问题。

【确保市长热线正常运行】 市长热线自2003年12月正式开通以来,基本状况良好,但在实际工作中也暴露出诸如网络安全与信息保密等突出问题。为确保市长热线正常、安全、高效运行,购置系统备份服务器一台,做好"12345"呼叫系统容灾备份;购买安装北信源网络安全管理软件,有效保证网络信息安全;安装瑞星杀毒软件网络版,全面预防计算机病毒对系统可能造成的损害,确保呼叫系统安全、稳定。

【做好干部轮换的交接工作】 按照市委组织部、市人事局文件规定,市长热线呼叫中心借调干部每半年实行一次轮换。为做好干部轮换的交接工作,认真对新到岗人员进行岗前培训。上岗前一个月,邀请与市民生活关系密切的供电、供水、城管、民政、劳动等部门对借调干部进行集中培训,使借调干部充分了解各部门的相关职能、办事程序与规定,为正式上岗工作打下坚实基础。

【考核网络单位】 在每月的"热线摘报"中增加《网络单位办件情况通报》,对各网络单位当月的办件情况进行通报,督促承办单位认真、及时处理问题。同时采取不定期走访,征求意见,准确把握各网络单位的工作情况,进一步密切与各网络单位的联系,为进一步提高办件处理率打下良好基础。

【增强横向联系】 积极学习借鉴兄弟城市先进经验。10月参加第十二届全国市长公开电话年会,发表会议交流材料,与各兄弟城市交流座谈,探讨在构建和谐社会的新时代中,如何开拓创新、改进工作,充分发挥市长热线的积极作用。

## 驻外办事机构

【概况】 全市驻外办事机构共6个,分别是市政府驻广州办事处、市政府驻厦门办事处、市政府驻南京办事处、市政府驻深圳(珠海)办事处、市政府驻北京联络处、市政府驻上海联络处,均位于全国政治、经济、文化中心城市。

2005年,各驻外机构按照省委书记孟建柱提出的驻外机构是"窗口、桥梁、纽带、抓手"和省委常委、市委书记余欣荣提出的驻外机构是"文明的窗口、友好的使者、招商引资的主力军"要求,全力以赴做好宣传南昌、招商引资、信息调研和接待服务等方面的工作,为全市经济和社会发展做出积极的贡献。

【宣传南昌】 驻广州办事处积极参加广州市组织的有关活动,主动上门拜访广东省和广州市各相关部门、行业协会、知名企业和人士,促进南昌与广州两市经济合作化交流,被广州市人民政府授予"全国各地驻穗机构先进单位"称号。驻厦门办事处积极参加厦门经济发展局等部门组织的活动,主动与各地驻厦办和内联企业、台商企业协会进行交流与沟通,将世界500强在闽企业和福建省内100强作为联络重点,全年共走访45家企业。驻南京办事处加强与在宁的赣籍、昌籍各级领导、知名人士的联络,积极参加南京市外地驻宁机构协会的活动,并协助搞好南京市党政代表团赴南昌考察工作。驻深圳（珠海）办事处积极和港澳、珠三角主流媒体密切合作，传递南昌的最新信息；会同深圳发改委、贸工局、工业联合会、总商会等部门，向深圳各大行业协会宣传南昌；坚持走访江西籍知名人士。驻北京联络处积极做好中央、国家有关部门的联络工作，认真协助开展出口加工区、保税物流中心的申报工作。驻上海联络处积极与上海市工商联、台资企业协会联系，拜访跨国公司地区总部，直接参与上海市江西商会、上海市振兴江西促进会活动。

【积极开展招商引资】 驻广州办事处实际利用外资120万美元、内资2000万元。积极协助和配合全市知名企业参展广州博览会，分别获得广博会组委会"优胜单位"和广州市协作办"先进单位"称号。驻厦门办事处实际利用外资150万美元、内资2000万元。先后陪同厦门二轻联社等企业负责人赴南昌考察，并就有关项目投资达成初步共识；组织厦门外商企业代表团赴南昌考察。积极参与海铁联运工作，被评为南昌海铁联运工作先进单位。驻南京办事处实际利用外资120万美元、内资2000万元。广泛联络中外客商60余家，选定20余家重点跟踪；组织南京太平洋建设集团公司等10余家企业赴南昌考察。驻深圳（珠海）办事处实际利用外资170万美元、内资2500万元。组织深圳各行业分会50余家会员企业赴南昌投资考察，与在深圳的世界500强、国内200家及重点企业建立良好的联系，并定期走访。驻北京联络处实际利用外资170万美元、内资3000万元。组织美国日新（中国）日用品保健品有限公司等外商投资考察团赴南昌考察。在南昌至厦门、深圳海铁联运工作中获得先进单位奖。驻上海联络处实际利用外资170万美元、内资3500万元。主动与各县区沟通协调，促成青山湖区、东湖区、西湖区、青云谱区、桑海开发区派员到沪设立招商引资办事处；协助有关县区在沪举办企业家恳谈会等推介活动；组织中外客商赴南昌考察18批次。各驻外机构均完成或超额完成2005年度招商引资任务，荣获"招商引资先进单位"称号。

【做好信息调研】 驻广州办事处传递信息48期，420余条，被转载采用39条；驻厦门办事处编发《厦门信息》110期，收集信息200余条；驻南京办事处向市委、市政府办公厅信息部门发送600余条信息；驻深圳（珠海）办事处向市委、市政府信息处及有关部门发送信息200余期，完成多篇调研报告，并被《决策参考》、《理论导报》等刊物选登；驻北京联络处向市委、市政府报送信息701条，专递14条，被全国各省、市、区驻京办事处信息协会评为年度先进单位；驻上海联络处向市委、市政府报送各类信息480余条，采用56条，被评为2005年度全市政府系统信息工作先进单位。

【做好接待服务】 驻广州办事处接待省、市领导及市直各部门、县区领导工作考察和走访及招商人员420人次；驻厦门办事处接待市领导、考察团、港澳台客商等400余人次；驻南京办事处接待市领导及市直单位、县（区）人员360余人次；驻深圳（珠海）办事处41次接待市领导赴深圳、珠海、香港、澳门、台湾举办重大招商恳谈会，接待人数501人；驻北京联络处接待市领导、部门和县区主要领导650人次，并认真做好南昌进京上访人员工作，共接待上访86人次，没有发生问题；驻上海联络处认真做好党政领导到沪和江浙地区学习考察工作，接待内外宾客1700人次。

## 参事工作

【概况】 2005年，市政府参事室组织参事，围绕市委、市政府的中心工作，开展参政咨询，建言献策。全年完成集体调研课题4个，个人调研课题3个；上报调研考察报告10篇，参事书面建议7条。上报的调研报告和参事建议领导批示率达92.3%。参与修改地方法规规章草案4部。

【参政咨询】 全年上报的参事调研报告和参事建议，为市委、市政府领导及政府有关部门决策，提供参考依据。其中参事陈中漳《关于加强对外宣传报道的建议》得到省委常委、市委书记余欣荣批示，"言之有理。宣传报道要注重科学、制度、细节建设"。陈中漳参事《关于整治我市集贸市场的建议》得到省委常委、市委书记余欣荣批示"很好。请学仁（副市长）同志协调"。副市长周关出题并亲自指导的《关于南昌市十大工业产品产业发展规划》研究课题，由参事室牵头，与市经贸委和江西财经大学组成联合课题组。该课题受到市委、市政府主要领导的关注。参事邹盛森、张燕关于制作《中国·南昌》系列礼品宣传品的建议，得到市长李豆罗的肯定和批准，并要求参事室策划制作。参事王天锡、朱美娥撰写的《关于我市引资落户企业的现状调查及发展对策的建议》、《南昌市招商引资环境调研的报告》均得到市政府领导批示。市委副书记、常务副市长龚建华批示："此报告有价值，请专送一份给我。报告的意见，分别送有关部门参阅"。参事朱美娥等组成的调研组《关于江西农产品出口突破绿色贸易壁垒的宏观对策》的课题报告，呈送省、市政府，受到省、市领导和相关部门的肯定和重视。

【统战联谊】 全年参事通过邮寄贺卡、通信、电话等方式，宣传介绍全市改革开放和经济建设，创建文明城市，招商引资发展等政策。动员和利用参事们联系广泛的优势，为南昌市经济社会发展牵线搭桥，宣传推介。原市政府参事邹战在美国向参事室索要指控日本侵占南昌的罪行材料。参事室经过多方协调收集发给邹战，取得较好的政治效果。全年先后到江苏、安徽、南京、广州、昆明、贵州等参事室考察，学习外地全新的观念和经验，有力的促进全市参事工作的发展。

（杨　涛　袁茂华）

## 政府财政预决算

【概况】 2005年，全市财政收入在上年实现快速增长的基础上又实现大幅度增长，财政收入再上新台阶，财政支出结构进一步优化，公共支出保障能力进一步增强；财政改革进一步深化，财政管理日趋规范；财政监督进一步强化，资金使用效益有所提高；财源建设工作取得新成效，各项预算指标如期完成或超额完成，全年财政收支保持平衡。

【市级财政总预算执行情况】 全年全市财政总收入完成126.1亿元，比上年增长23.6%，比2000年增长1.83倍，"十五"期间年均增长23.1%。全市地方财政一般预算收入完成58.3亿元，完成汇总各级人大批准收入预算的123.0%，比上年增长38.1%，比2000年增长2.05倍，"十五"期间年均增长24.9%。主要项目完成情况是：工商税收34.21亿元，增长17.9%。其中，增值税6.03亿元，比上年增长9.7%；营业税20.14亿元，增长17.0%；城市维护建设税3.7亿元，增长4.2%。农业二税5.07亿元，增长25.5%，其中契税4.51亿元，增长14.4%。企业所得税4.84亿元，增长46.3%。国有资产经营收益

7.29 亿元,增长 117.7 倍。行政性收费与罚没收入 4.23 亿元,增长 25.8%。教育费附加收入 1.54 亿元,增长 16.5%。

全市财政一般预算支出(包括上级财政专项补助、上年结转等支出)75.8 亿元,比上年增长 45.1%。其中,科技支出 1.09 亿元,增长 19.0%;支农支出 3.98 亿元,增长 48.0%;教育支出 8.14 亿元,增长 22.3%;抚恤和社会福利救济支出 2.42 亿元,增长 42.4%;社会保障补助支出 5.81 亿元,增长 25.8%。

全市基金预算收入完成 11.1 亿元,完成汇总各级人大批准收入预算的 135%,比上年增长 45.2%;全市基金预算支出完成 10.8 亿元,增长 73%。

【市本级财政预算执行情况】 全年市本级地方财政一般预算收入 34.5 亿元,完成市十二届人大六次会议批准预算的 132.6%,比上年增长 48.1%。各收入项目完成情况是:工商税收 17.34 亿元,增长 15.5%。其中,增值税 2.86 亿元,比上年增长 9.1%;营业税 9.28 亿元,增长 13.2%;个人所得税 1.92 亿元,增长 14.7%;城建税 2.55 亿元,下降 1.8%。企业所得税 3.08 亿元,增长 38.3%。契税 2.65 亿元,增长 7.7%。国有资产经营收益 7.29 亿元,增长 128.7 倍,主要是江铃股份公司股权转让收益。行政性收费与罚没收入 2.23 亿元,增长 10.6%。专项收入 1.23 亿元,增长 15.4%。其中,教育费附加收入 1.04 亿元,增长 16.4%。其他收入 6930 万元。

全年市本级财政一般预算支出 31.3 亿元,比上年增长 28.6%。各支出项目执行情况是:基本建设支出 9130 万元,比上年增长 11.5%;企业挖潜改造资金 7.13 亿元,增长 12.9%;科技支出 4532 万元、支农支出 8670 万元、教育支出 1.78 亿元,分别增长 24.3%、82.8%、18.4%,增幅均高于财政经常性收入 16.2% 的增幅,达到法定要求;医疗卫生支出 1.3 亿元,增长 28.9%;各部门事业费 1.39 亿元,增长 15.8%;抚恤和社会救济费 4276 万元,增长 28.6%;行政事业单位离退休支出 1 亿元,增长 55.2%;行政管理费 1.8 亿元,增长 27.4%;公检法司支出 2.97 亿元,增长 18.3%;城市维护费 5.14 亿元,增长 41.5%;社会保障补助支出 4.48 亿元,增长 22.9%;专项支出 8606 万元,增长 36.3%;其他各项支出 8168 万元,增长 85.3%。

全年市本级基金收入 10.1 亿元,完成市十二届人大六次会议批准预算的 129.8%,比上年增长 41.7%。市本级基金支出 9.4 亿元。

为确保全年预算任务的完成,着重抓好以下几项工作。一是促进财源建设,支持经济发展。积极利用财政安排的专项资金,通过贴息、奖励等手段,引导企业技术升级、产品更新、促进产业结构调整,激励企业做强做大,并及时兑现各项优惠政策,调动企业增收的积极性;灵活运用财税政策,支持支柱产业和大中型企业加快发展,加强基础财源、效益财源、骨干财源的培育工作。二是增强县域经济活力,拓宽全民创业、富民强市的发展空间。认真落实城镇土地使用税、土地增值税、房产税、印花税、资源税和耕地占用税增量部分下放县、区的有关政策;安排奖励资金用于对乡镇财源建设和街道协税护税的奖励;鼓励和支持县、区开发建设工业园区。三是进一步优化财政支出结构,促进"和谐南昌"建设。按照公共财政和统筹发展的要求,进一步优化财政支出结构,集中财力办大事、办实事,确保国家政权建设、农业、教育、科技、卫生、社会保障、城市建设、环境保护等重点支出需要,促进了全市各项社会事业的健康发展。四是继续深化财政体制改革,加快公共财政体系建设。进一步完善部门预算,细化定员定额标准,制定预算内外公用经费综合定额最低标准;继续完善财政国库管理信息系统,指导县、区大力推进国库集中支付制度改革,规范财政资金管理;清理和规范行政事业性收费,取消违规收费项目,完善收支脱钩管理办法,严格实行预算内外资金收支统管,增强政府宏观调控能力;加强政府采购制度建设,进一步扩大政府采购规模和范围,强化政府采购监督,提高采购效率和质量;加强财政制度建设,规范财政资金的使用,加强财政资金的监管。五是坚持促进农民增收,全面落实惠农政策。在进一步加大支农投入的基础上,全面免征农业税,继续落实粮食直补、良种补贴等政策,全力促进农民增收、农业增产和农村经济社会发展。六是强化收入征管,保证财政收入稳定增长。坚决维护税法的统一性、权威性和严肃性,严厉打击偷、逃、骗税等涉税违法活动,加强财税库信息沟通,加大对主体税种和重点税源的调研和监控力度,强化税收稽查工作,努力挖掘增收潜力。

(彭承京)

# 民族宗教工作

【概况】 2005 年,市民族宗教事务局紧紧围绕全市做好"两篇文章"和构建和谐社会的工作大局,以学习宣传贯彻《宗教事务条例》为总抓手,依法管理宗教事务,大力加强自身建设,着力提高依法管理民族宗教事务的能力和水平,团结和引导全市少数民族和信教群众为建设和谐平安南昌作出积极贡献。被国家宗教局授予全国宗教系统"四五"普法工作先进集体称号。王小文被评为全国民族团结进步模范个人;市财政局、市十七中西藏班被评为全省民族团结进步模范集体;朱龙宝、罗淑兰被评为全省民族团结进步模范个人;虞远被省教育厅评为全省教育援藏先进个人。

【维护民族团结】 汇编印刷《少数民族权益保障法规宣传手册》2000 册,免费发放到有关单位和部门,并召集公安、城管、学校等有关单位开座谈会,研究探讨少数民族工作,推进少数民族政策法规和民族风俗习惯的宣传教育工作。充分发挥城市民族"三级网络"作用,强化城市"市、区、街道联动机制",加强对外来少数民族人口的管理。通过对少数民族流动人口的调查,了解他们的生产、生活状况。同时与少数民族流动人口较多的地区加强联系,并帮助他们解决实际问题,维护少数民族群众合法权益,协调处理民族纠纷。先后妥善处理 5 起民族纠纷,促进了民族团结。

【为少数民族群众办实事】 支持市伊斯兰教协会做好回民清真牛羊肉供应工作。全年供应牛羊肉 2 万余公斤,基本满足禁食猪肉民族群众的需求。加大对全市"兰州拉面"等清真饮食的监管力度,缓解清真饮食难的状况。帮助少数民族联谊会开展座谈、文体等活动。中秋节在滨江宾馆举办全市少数民族中秋茶话会,各界少数民族代表 100 余人共聚一堂。规范少数民族考生高考报名、更改民族成份工作程序。全年办理少数民族高考证明 130 人次,办理民族成份更改 90 人次,解答少数民族群众政策咨询 1000 余次。

【学习宣传《宗教事务条例》】 3 月 1 日《宗教事务条例》颁布施行后,把学习宣传贯彻《宗教事务条例》当作工作重点,并组织市、县分管宗教领导干部参加全省学习贯彻《宗教事务条例》培训班；组织召开市、县、乡宗教干部学习贯彻《宗教事务条例》工作会议；指导县区和宗教团体举办各类学习《宗教事务条例》培训班。全市培训党政干部（含乡镇村干部）3066人次，培训宗教界人士1319人次。印发《宗教事务条例》单行本7000册发放到各县、区和有关单位。

4月21～22日，市政府在爱德宾馆召开全市学习贯彻《宗教事务条例》工作会议。市委副书记、市宗教工作领导小组组长史蓉蓉出席并讲话，市委常委、市委秘书长、市委统战部长、市宗教工作领导小组副组长雷武江主持，副市长凌学仁出席，省民族宗教事务局副局长张国培就《宗教事务条例》的学习贯彻作专题报告，市宗教局副局长朱龙宝、市法制办副主任唐国龙就《宗教事务条例》作专题学习辅导。

【依法管理宗教事务】 认真开展设立宗教活动场所筹备审批和登记工作，新登记场所22个，审定并报省局审批筹备设立场所61个。加强对宗教团体的指导，强化宗教教职人员队伍建设。实施教职人员备案制度，全市共认定备案教职人员共700余人。市各宗教团体举办培训班8期，培训人员700余人次。推动西山万寿宫恢复重建后首次举办传度法会，共传度弟子48人，使道教道士人员缺乏的状况得以改变。大力制止非法宗教活动，巩固依法管理宗教事务专项工作成果。制止、关闭红谷滩新区红角洲大神庙和南昌县南新乡新建的非法寺庙，责令改正毫金塔假僧假道的非法活动。协助出版部门查处文教路一非法活动点出售非法出版物的违法行为。

【民宗信息调研硕果丰厚】 7月～9月，组织人力到新建县、南昌县、进贤县部分乡镇进行调研，了解县、乡宗教管理工作基本情况和各自特点，掌握基督教堂点的建设情况，督导对非法宗教活动的整治，并撰写4篇调研文章，依法管理宗教的能力和水平有了提高。二是以走访清真寺、召开座谈会等形式，对城市民族工作进行专题调研。针对少数民族工作中存在的清真饮食难、清真寺场地狭小、少数民族人员违法、回民公墓等一些突出问题进行深入的探讨，撰写调研文章，提出解决城市民族工作难题的新办法。三是加大信息调研工作力度。全年编发《工作简讯》及《情况反映》9期，其中11篇文稿被省民宗局和市委、市政府等信息刊物采用，为领导决策提供了有价值的信息，并促进民族宗教工作信息交流。四是信访工作扎实开展。认真接待来电来访群众，办结各类信访件11件，到省信访局协调处理涉及民族宗教上访事件3起。

【行政执法工作扎实开展】 始终围绕贯彻落实《宗教事务条例》和保障少数民族合法权益工作目标，努力打造一支业务精、作风正、执法严的民族宗教行政执法队伍。按《中华人民共和国行政许可法》要求，组织人员参加市行政执法培训班和全省行政执法统一考试。有6人取得江西省行政执法证，3人取得江西省行政执法监督证。认真贯彻落实《中华人民共和国行政许可法》，清理民族宗教方面的行政许可事项，规范行政审批和执法程序，提升行政执法工作水平。指导县、区加强执法队伍的建设。要求县、区民族宗教事务干部，认真学习相应的法律法规，熟悉执法程序，做到热情服务，严格执法，大力提倡执法为民的意识。严格程序，依法行政。依法取缔红谷滩新区理想家园一处非法庙宇“大神庙”。制订宗教团体和宗教场所内部管理条例，按照管理民主、规范有序的要求，对宗教场所的教职人员、宗教生活、宗教财产等进行规范化管理。

【南昌佑民寺开山1500周年纪念系列庆典活动】 为加强对外佛教文化交流，深入挖掘佑民寺佛教文化深厚的底蕴和精髓，弘扬佛教“爱国、爱民、爱教”的优秀文化传统，经江西省民族宗教事务局批准，10月15～30日，佑民寺举办开山1500周年系列庆典活动。系列活动包括佑民寺全寺落成，佛像开光暨方丈升座、盛唐佛教文物珍宝展、全国名家书画邀请展、第二届万人水陆大法会、传授三皈五戒菩萨戒法会等。15日，举行开山1500周年庆典纪念大会，省政协主席钟起煌，市领导雷武江、凌学仁及海内外1500余名佛教信众和社会各界人士出席。庆典活动期间，展出1985年西安临潼庆山寺地宫精室出土的珍稀文物，展出的珍品有金棺、银椁、三彩护法狮子、三彩南瓜、释迦牟尼真身舍利及舍利宝帐，参观者络绎不绝。

【海峡两岸净明道归宗传度祈福大法会】 经国家宗教局批准，西山万寿宫和南昌万寿宫联合台湾净明忠孝道教会，于10月16～18日在南昌万寿宫和西山万寿宫举办海峡两岸净明道归宗传度祈福大法会，中央统战部和国家宗教局有关领导应邀出席，中国道教协会会长任法融，全国人大常委、中国道教协会副会长、西山万寿宫住持张继禹，中道协副会长、江西省道协副会长张金涛，台湾“中华道教总会”理事长张柽，马来西亚道教总会会长陈文龙等出席开幕式。来自海内外的有关人士400余人应邀出席。

（涂绪盛）

## 法制工作

【概况】 2005年，市法制办不断加强政府立法和法制监督工作，进一步提高立法质量和监督水平，发挥依法行政的参谋、助手和法律顾问作用。全年完成5件地方性法规草案和7件规章项目的审查；审查市政府规范性文件9件；审理行政复议案件78件；受理群众投诉4件；批复部门年度行政检查计划28件；审查规范性文件、转南昌市征求意见的法律、法规、规章草案以及市政府有关文件、合同、协议等材料200余件，出具审查意见214件；对初次申领行政执法证件的1100余人进行综合法律知识培训，组织市本级行政执法人员3240人参加全省综合法律知识考试，市本级发放行政执法证1793个，执法监督证151个；完成相对集中行政处罚权工作。市法制办获全省县级政府行政复议工作组织奖。

【贯彻落实《全面推进依法行政实施纲要》】 一是代拟《南昌市人民政府全面推进依法行政五年规划（2004－2008）》和《南昌市人民政府2005年依法行政工作方案》，对2005年及以后几年依法行政工作提出具体意见，明确责任部门。二是召开全市依法行政工作会议，总结交流依法行政工作经验，对贯彻落实《纲要》工作进行动员部署。三是组织开展督促检查。1月对县、区贯彻《纲要》情况进行检查；5月对市直37个部门贯彻《纲要》情况进行考核；9月会同市政府督查室就贯彻《纲要》等情况对县、区进行督查，并在全市通报督查情况。

【审查5件地方性法规】 完成《南昌市安全生产条例（草案）》、《南昌市防雷减灾条例（草案）》、《南昌市流动人口计划生育管理和服务办法（草案）》、《南昌市公共娱乐场所治安管理条例（草案）》和《南昌市城市建设档案管理条例（草案）》共5件地方性法规的审查工作，经市政府常务会议讨论通过后，提请市人大常委会审议。前4件已经市人大常委会通过并经省人大常委会批准后公布。

**【审查7件政府规章】** 完成《南昌市建设工程造价计价管理办法》、《南昌市城区河流垂钓管理规定》、《南昌市城市管理相对集中行政处罚权实施办法》、《南昌市社会用字管理规定》、《南昌市战时宣传媒体资源征集办法》、《南昌市禁止非医学需要鉴定胎儿性别和选择性别终止妊娠规定》和《南昌市城市照明设施管理办法》共7件规章项目的审查，经市政府常务会议讨论通过后，以市政府令发布。

**【城市管理领域实施相对集中行政处罚权】** 为提高城市管理水平，市委、市政府决定对城市管理行政执法体制进行重大改革，实行相对集中行政处罚权。市法制办全程参与、圆满完成各项任务。一是做好准备工作。会同有关部门对城市管理领域行政执法情况进行全面调查摸底；对拟集中行使的行政处罚权所涉及的法律、法规、规章依据进行梳理，列出详细目录；对拟集中行使的行政处罚权范围与有关部门进行协调、沟通。二是做好申报工作。代拟《南昌市开展相对集中行政处罚权工作方案》等申报材料；与省政府法制办进行沟通；积极参加省政府组织的征求意见和协调工作。三是做好规范工作。省政府批复同意后，为使新成立的执法局依法行使行政处罚权，审查《南昌市相对集中行政处罚权实施办法》；对执法局的行政执法文书进行全面规范；对执法局的全部行政执法人员进行综合法律知识培训，核发行政执法证件。

**【调研行政检查情况】** 在《南昌市优化投资环境条例》颁布实施一周年之际，于4月27日下午在洪城大市场召集部分经营户座谈，宣传《南昌市优化投资环境条例》，发放“行政检查登记簿”，介绍“行政检查登记簿”的使用方法，并听取经营户对行政检查的意见，帮助经营户依法维护自身合法权益，监督行政执法机关依法行政。针对经营户反映的问题，认真研究，并加大规范和监督力度，促进行政执法机关依法开展行政检查。

**【全市换发新版行政执法证件】** 根据《江西省行政执法证件管理办法》和省政府法制办要求，认真组织开展全市行政执法人员换发行政执法证工作。一是下发《关于做好换发〈江西省行政执法证〉和〈江西省行政执法监督证〉工作的通知》，召开全市政府法制机构负责人会议，对换发“两证”工作进行布置；二是对各部门、各单位报送的行政执法人员和行政执法监督人员名单进行资格审查；三是对1100名初次申领行政执法证件的人员分6期进行综合法律知识培训；四是组织市本级3240名行政执法人员参加全省统一举行的综合法律知识考试，并将考试成绩向有关单位和本人公布；五是将人员名单汇总上报省政府法制办；六是发放行政执法证件。市本级共发放行政执法证1793个，执法监督证151个。

**【提高行政复议案件审理质量】** 全年共立案审理行政复议案件78件，审结68件。为提高办案质量，实行一人主办负责、两人交叉审理、多人审核把关的审理方式，使办理的案件考虑问题全面周到，法理分析清楚透彻，拟办意见合法合理。对影响大、涉及面广、案情复杂的案件，集体讨论决定。同时积极依法协调，及时化解行政争议。

**【宣传行政复议知识】** 为深入宣传和贯彻执行《中华人民共和国行政复议法》，努力提高公民、法人和其他组织的维权意识，促进行政机关依法行政，积极开展宣传活动。7月在《南昌日报》公布市、县(区)两级政府行政复议机构的咨询电话；9月在八一广场和红谷滩会展中心先后开展宣传活动，现场解答群众咨询，受理复议申请，散发宣传资料；11月在《信息日报》、《南昌晚报》宣传行政复议受理范围、审理期限等行政复议知识；11月22日19时～20时，组织行政复议工作人员在信息日报社接听热线电话，现场解答市民提出的有关问题，指明解决行政争议的法律救济途径，有关内容在11月24日的《信息日报》上刊登。这些宣传活动，受到市民欢迎。

**【行政复议工作】** 全年各县(区)政府共收到行政复议申请205件，受理67件，分别比上年增长925%和253%。其中，新建县政府收到行政复议申请33件，受理27件，列全市县、区第一位。

(陈万红)

## 人事工作

**【概况】** 2005年，市人事局围绕“和谐创业，富民强市”目标，抓重点，突难点，做亮点，努力创工作特色，争一流成绩，取得明显成效，为南昌市经济社会发展提供了有力的人才智力保证。

**【认真贯彻落实公务员法】** 与市委组织部联合下发《关于认真组织学习〈中华人民共和国公务员法〉(以下简称《公务员法》)并做好培训工作的通知》，组织2期《公务员法》师资培训班，1期县、区组织部副部长、人事局长、市直单位人事处长《公务员法》研讨班，邀请省人事厅厅长揭赣元为全市领导干部讲授《公务员法》。同时通过新闻媒体、宣传栏标语牌等，积极开展《公务员法》宣传活动。

**【积极探索建立以业绩为核心的公务员量化考核机制】** 会同有关部门出台《南昌市机关工作人员年度绩效考评和奖励试行办法》，按不同标准对不同层次、不同岗位公务员进行量化考核。与市委组织部共同制定下发《关于在全市党政群机关推行竞争上岗工作的意见》，大力推进竞争上岗工作深入展开。

**【坚持“凡进必考”择优录用公务员】** 全年全市确定面向社会公开招考72个部门(单位)共135个公务员职位，吸引7000余名考生参与竞争。通过严格考试、考核程序，从中择优录用858名国家公务员。

**【加强公务员培训和党政人才培养】** 重点抓好公务员初任、任职、更新知识、专门业务等培训，上年度新录公务员初任培训率达到100%、全市任职培训率达到100%。全市8382名机关工作人员参加全省MBA主要课程《政府组织行为学》和《管理学原理》培训考试，培训率达90.6%。全年先后选派119名领导干部分4批赴新加坡南洋理工大学、香港理工大学、澳门科技大学培训，选派城市规划、经济与金融、环境保护等专业的194名高层次人才分4期赴上海同济、上海财经、上海复旦等国内著名高校深造，使参训人员开阔了视野，提高了素质。

**【注重业务创新】** 为提高工资审批效率，市人事局与北京鼎晟高科技有限公司合作研制开发出适合市直机关事业单位人事工资管理电脑软件，不仅使工资审批效率比过去提高数十倍，还能对部分单位历年来工资中出现的问题进行处理和纠正，得到省人事厅工资处的充分肯定，并在全省设区市人事局工资业务研讨会上作经验介绍。市人事局职称处针对现有职称工作队伍人员流动快、新手多、业务不熟等现象，在全省率先编印《职称管理工作基本业务及操作指南》，对19年来职称工作的有关政策规定和相关操作流程进行梳理和整理，并编印成册，帮助职称队伍人员快速熟悉掌握工作业务。

【推进事业单位人事制度改革】 出台《关于进一步规范市直机关事业单位进人管理的意见》，进一步规范事业单位新进人员办理程序。市、县两级面向社会公开招聘事业单位工作人员共1911人，并全部实行人事代理。积极推进以合同聘用为核心的事业单位人事制度改革，对市劳动和社会保障局3个社保经办机构实行按岗聘用、岗位管理，搞活内部分配，为全市事业单位人事制度改革进行有益的探索。

【完善人事争议仲裁机构】 结合事业单位人事制度改革试点，努力推动人事争议仲裁工作，进贤县、南昌县、青山湖区、湾里区等县、区先后成立人事争议仲裁机构，提高了调解处理人事纠纷的能力。

【坚持实施依法行政】 认真贯彻执行国务院《全面推进依法行政实施纲要》和《江西省行政执法责任制办法》，研究制定南昌市人事局《贯彻实施〈全面推进依法行政实施纲要〉的实施意见》、《南昌市人事行政执法责任制暂行办法》和《南昌市人事局依法行政五年规划》，并对依法行政进行年度考核。大力推行政务公开，积极开展“一站式”服务，认真落实纪检监察部门全程参与公务员招录、职称评审、人事考试工作的做法，人事人才工作透明度不断增强。

【妥善做好军转干部安置和企业军转干部解困维稳工作】 妥善安置军转干部253名。其中，计划安置195人，自主择业安置58人。在计划安置中，分配到党政机关112人，政法、执法监管部门39人，事业单位44人。同时完成26名随调家属的安置任务。通过加强领导，健全预案和长效机制，明确责任，抓好政策落实，帮助企业军转干部最大限度地解决实际困难，确保企业军转干部的稳定。

（喻田华）

## 编制工作

【概况】 2005年，市机构编制委员会办公室以深化行政管理体制改革为核心，切实加强机构编制日常监管和事业单位法人登记，各项工作取得突出成效。在行政管理体制改革和调整方面，努力创新招投标管理体制，积极推进水利工程管理体制和国土资源管理体制改革，顺利完成英雄经济技术开发区和江西省新闻出版局（版权局）南昌分局移交南昌市管理的相关工作。在机构编制日常管理方面，严把机构编制“事前”审批关，同时为加强机构编制的“事后”监管，成立监督检查处。对事业单位用人机制进行改革和创新，事业单位新进人员实行合同聘用制管理。完成市辖老城区区划调整中涉及的编制划转、移交地方管理的省属企业自办中小学校和市属企业自办中小学校编制核定工作。按照中央编办《关于对吃“空饷”问题开展督促检查的通知》要求，在全市机关事业单位开展对吃“空饷”问题的督促检查工作。在事业单位法人登记管理方面，按照国家、省事业单位登记管理局的要求，全面启动事业单位网上登记管理系统，稳步提升事业单位网上登记管理水平。在加强指导县、区机构编制工作方面，根据全省农村税费改革工作会议精神，确定安义县为乡镇机构改革试点县。调整县、区精神文明建设指导委员会办公室机构规格，统一规范县、区外事侨务机构的设置，完成乡镇机构编制总量控制工作。年底，被省编办评为“十五”期间全省机构编制工作先进集体。

【规范机关事业单位进人管理】 1月，为推进事业单位人事制度改革，优化机关事业单位人员结构，报请市委、市政府出台《关于进一步规范市直机关事业单位进人管理的意见》，对市直机关事业单位进人管理进行规范和创新。一是机关进人坚持“凡进必考”。除国家政策性安置外，市直党政群机关、人大机关、政协机关、法院机关、检察院机关和依照（参照）国家公务员管理的事业单位补充主任科员以下工作人员，必须通过全省统一组织的公务员录用考试择优录用；机关新进工勤人员，严格执行市委办公厅、市政府办公厅《关于市直机关工勤人员编制使用和管理的意见》，坚持实行编制内聘用。二是事业单位进人实行合同聘用。除引进人才、国家政策性安置和事业单位调整任用领导干部外，市属事业单位新进（聘）人员（含逆向流动）均在编制内实行聘用合同制管理，不再办理调配和上编手续，其档案及人事关系由人事中介服务机构代理。三是严格机关事业单位进人核编制度。除市委任命的领导干部外，市直机关事业单位调配和新进（聘）人员必须先到机构编制部门办理进人核编手续。

【乡镇机构编制总量控制】 根据省委办公厅、省政府办公厅《关于印发〈江西省乡镇机构编制总量控制实施办法〉的通知》精神，对全市80个乡镇的机构编制实行省一级总量控制。同时为认真贯彻落实国务院《关于做好2004年深化农村税费改革试点工作的通知》和中编办《关于严格控制乡镇机构和人员编制的通知》精神，报请市委、市政府下发《关于严格控制乡镇机构和人员编制的通知》，规范乡镇机构编制管理，严格控制乡镇机构编制增长，确保乡镇机构编制5年内只减不增。一是从严控制编制总量。按照省编办批复南昌市的乡镇机构编制总量，及时制定县、区、乡（镇）机构编制分配标准。共核定乡（镇）行政编制2669名、事业站所编制3200名。其中，南昌县乡（镇）行政编制645名，事业站、所编制792名；新建县乡（镇）行政编制624名，事业站、所编制684名；进贤县乡（镇）行政编制659名，事业站、所编制756名；安义县乡（镇）行政编制277名，事业站、所编制352名；西湖区乡（镇）行政编制34名，事业站、所编制40名；湾里区乡（镇）行政编制100名，事业站、所编制120名；青云谱区乡（镇）行政编制31名，事业站、所编制36名；青山湖区乡（镇）行政编制185名，事业站、所编制200名；高新技术产业开发区乡（镇）行政编制87名，事业站、所编制100名；南昌经济技术开发区乡（镇）行政编制27名，事业站、所编制50名；市本级预留事业站、所待分配编制70名。二是限定机构设置数额。通过督查整改，南昌市乡（镇）党政机关的内设机构均按省委、省政府《关于实施市县乡党政机构改革的通知》规定的限额，设置在5个以内。今后需调整的必须在限额内进行。乡（镇）事业站所均按省委办公厅、省政府办公厅《关于乡镇事业单位机构改革的意见》规定的限额，设置在7个以内。今后乡（镇）不再新设自收自支的事业单位。三是严格进人核编制度。在乡（镇）实行《进人核编通知单》和《机构编制管理册》制度。乡（镇）新增人员，要先报县（区）机构编制部门审核，再按程序办理有关增人手续。《进人核编通知单》是乡（镇）向组织、人事、劳动等部门申请办理增人手续的必要凭证。《机构编制管理册》是人事部门核定工资、财政部门核拨经费的主要依据。四是建立健全监督机制。建立乡

(镇)机构编制公示制度和机构编制管理举报制度。各县(区)将核定后的乡(镇)机构、编制和人员名单以及变化的动态情况,分别在县(区)和乡(镇)政府进行张榜公布;市、县(区)两级机构编制部门均按上级规定设立举报电话,并在媒体进行公布,以便接受乡镇干部群众和社会各界监督。

(周云鹏)

## 国有资产监督工作

【概况】 2005年是市国有资产监督管理委员会(简称市国资委,下同)全面开展国有资产监管工作的起步之年,也是开局之年。自2005年1月10日组建以来,按照全省国有资产监督管理工作会议的总体要求,认真贯彻落实市委、市政府的决策部署,把探索新时期国资监管的方法途径,加快推进全市国企改革作为工作重点,紧紧围绕依法履行出资人职责这个根本,大胆探索,积极创新,在国有资产监管各项基础工作的起步,推进国有企业的改革发展稳定和加强企业党的建设等方面都取得初步的成效。国资监管机构运转顺利,实现良好开局,全市国有经济保持平稳增长态势。全年所有出资企业(不含市商业银行)实现总产值113.73亿元,比上年增长16.66%;增加值28.76亿元,增长21.6%;主营业务收入127.78亿元,增长15.22%,实现利税总额8.17亿元,增长17.3%;国有净资产35.18亿元,增长7.6%。

【国有资产监管机构组建工作进展顺利】 市国资委成立后,立即着手制定"三定方案",并按照市委、市政府的要求较快地完成与市直有关部门的职能交接、转移及整合工作,实现内设机构人员的全面到位,转换机关干部的工作角色、思维模式和监督方式,强化机关干部依法履职和自觉做到不错位、不缺位、不越位、不虚位的责任意识。在组建过程中做到边组建边理顺内外关系,边组建边开拓工作局面,实现了各项工作的快速起步和平稳衔接。市国资委与各出资监管企业之间初步形成相互信赖,运转协调,目标一致的新型关系。

【国有资产监管运营机制初步形成】 市委、市政府发文明确南昌国有工业资产经营管理有限公司、市政控股集团公司、南昌市城市投资开发建设总公司、南昌市商业银行、南昌旅游集团、江铃汽车集团公司等6户企业为市国资委出资监督企业,由市国资委代表市委、市政府依法履行出资人职责。各县区、开发区均明确国资监督部门,全市国有资产的监管体系初步建立。

【国有资产监督管理基础工作得到夯实】 为全面掌握市国资委履行出资人职责的企业情况,委领导带领机关各处室负责同志深入6户监管企业开展调研,详细了解掌握企业及子企业基本情况、企业资产状况、企业党团工作和企业改制情况等第一手材料,为今后开展工作夯实基础。

【建立国有企业经营者经营业绩考核体系】 在充分对出资监管企业进行认真调查研究、分析和核实的基础上,起草《南昌市国有企业经营者年薪制试行办法》和《南昌市国有企业经营者年度经营业绩考核试行办法》,结合行业特点确定2005年度各出资监管企业经营业绩目标,与6家监管企业法人代表签订以利润总额、税收总额、国有资产保值增值率和职工人均收入为主要经济指标的"经营业绩责任书",视其完成情况来确定企业经营者薪酬收入以及奖惩办法等。两个试行办法的出台,标志着南昌市国有企业经营者经营业绩考核体系逐步建立。

【产权交易行为逐步规范】 草拟《南昌产权交易实施细则》和《南昌市国有企业不良资产核销及处置管理办法》,形成市国资委与各职能部门共同把好规范交易关口的全市国有产权交易的监管网络和联动机制。建立"国资把好规范交易和资产评估关,工商、房管、土地等职能部门把好产权变动关,纪检监察部门把好告知关并对全过程进行监督检查"的有效机制。完成25户企业资产评估项目的核准及备案工作。共审核企业评估前账面资产30.62亿元,评估后资产34.57亿元;完成26宗国有、集体产权交易,标的评估总金额为3.18亿元,成交总金额2.87亿元;办理报废资产处置事项9项,核销资产价值共计1660万元。

【稳步推进上市公司股权分置】 为使上市公司非流通股和流通股同股同利,上市公司必须以送股或派发现金的形式支付一定的对价给流通股,以使非流通股合理流动。国资委和省国资委、证券公司、上市公司多次沟通,反复论证,积极、稳妥推进江铃汽车、江西长运、洪城水业等上市公司股权分置工作。

【市属企业清产核资取得阶段性成果】 完成清产核资工作立项批复52户;完成清产核资资金核实批复25户;在企业清产核资申报资产损失的基础上,减少损失8000余万元。

【加强出资监管企业财务监控】 制定下发《南昌市国资委关于会计师事务所办理委托审计、评估事项的暂行办法》,并在反复考查征求多方意见的基础上,确定11家中介机构作为市国资委2005年度授权委托备案的审计、评估会计师事务所。进一步规范中介机构的业务委托行为,建立健全国有企业监督机制和财务监管体制。

【组建市属国有、集体企业清偿资产管理公司】 为妥善解决长期制约企业发展的历史债务问题,市委、市政府批准成立企业清偿四大资产管理公司债务工作领导小组,领导小组办公室设在市国资委,由市国资委负责日常工作。市国资委与各大资产管理公司及企业主管部门充分交流沟通,并进行调查摸底以及数据对接核实工作。组建南昌雍盛资产经营管理公司,搭建南昌市债务清偿的市场化运作平台,妥善解决企业的历史债务问题。

【市属国企改革取得新的突破】 按照"产权关系清晰化、产权主体多元化、产权代表人格化、产权交易制度化、产权保障法制化、劳动用工市场化"的要求,通过靠大招商、兼并重组、产权出让、整体收购、租赁经营、依法破产等多种形式,一厂一策,因企制宜,有计划有步骤地推进全市国有企业改制。截至年底,全市工业企业有8户企业基本完成改制工作;对23户企业(其中工业企业10户、非工企业13户)的改制方案进行初审和规范;尚未进行改制的70户企业中有36户改制方案已经市工业领导小组成员会议审议并原则通过,正在实施之中。

【江铃资产重组取得进展】 江铃集团与重庆长安集团共同出资在南昌设立江西江铃控股有限公司,并在小兰工业园启动生产基地建设,形成江铃、长安、福特三方的战略联盟。江铃控股的成立有利于加强江铃集团与长安汽车两个优势企业的强强联合,建立进一步合作的纽带。

【构建市国资委党委工作平台】 一是

认真做好企业党组织关系的接转工作，理顺所出资监管企业的党组织关系。二是研究制定《市国资委党委会议事规则》，实现党委会议事的规范化、制度化，确保重大问题决策的民主化、科学化。三是制定下发《南昌市国资委党委2005年工作要点》，明确工作总体思路、工作内容和具体工作任务，为各监管企业党组织有条不紊地开展工作提供及时的指导和帮助。

【对重要子企业实施重点有效监管】为加强对出资监管企业进行有效监管，确保国有资产保值增值，市国资委将江西印刷集团公司、南昌建材大市场、南昌市工业企业土地储备中心、南昌洪都无线电厂、江西江铃控股有限公司、江铃汽车集团财务有限公司、江西江铃底盘股份有限公司、江西江铃进出口有限责任公司、南昌市公共交通总公司、南昌市市政工程开发有限公司、南昌水业集团有限责任公司、江西洪城水业股份有限公司、南昌洪银资产经营管理有限责任公司、南昌市滕王阁管理处等14户出资监管单位子企业明确为重要子企业，实行重点有效监管。

【努力提高企业经营管理队伍素质】以教育培训为抓手，努力提高企业经营管理队伍素质。一是与市委组织部联合举办国有企业党务干部培训班，培训党务干部80人；二是在清华大学举办南昌市企业高级经营管理人员培训班，培训国有企业领导人员13人；三是举办两期企业清产核资业务培训班，参加对象为国有控股公司财务副总和财务科长，基层企业财务负责人和主办会计，参训人员150余人；四是举办企业产权登记培训班，进一步规范企业开办、变更、停业等经济行为；五是与市经贸委联合举办“职业经理人”国家执业资格认证培训班。通过培训，加快和造就一支优秀的企业经营管理人才队伍。

（张绍华）

## 信访工作

【概况】2005年，群众来市信访总量1.79万件次，比上年减少4%。其中，办理来信3106件，减少18.7%；接待来访1.48万人次，上升0.5%。来访中集体访781批1.29万人次，批次比上年增加3.9%，人次减少1.8%。群众到省上访3319人次，比上年减少26.5%。其中，集体访130批2249人次，批次、人次比上年分别减少33.3%和34%。群众赴京上访81批121人次，批次、人次比上年分别减少3.6%和9%。

【群众信访特征】全市信访工作取得“两下降一持平”的成绩，即赴京访比上年下降9%；到省访下降26.5%；到市访基本持平。全年信访工作的主要特征，一是群众上访反映的问题较为集中。主要有五方面：工资福利问题占19.7%，征地拆迁问题占17.7%，企业改制问题占14.5%，各类纠纷问题占14%，涉法涉诉问题占7.3%。二是群体性上访增多，组织化倾向明显。在全年到市上访中，集访占总量的87.6%；在到省上访中，集访占上访总量的67.8%。三是无序上访问题比较突出。一些上访群众经常采取围人墙冲击省、市机关大门，穿孝衣、打横幅、喊口号、静坐等方式，要求政府解决问题。四是重复上访问题较严重。在到市上访中，重访率占32%；赴京上访返流率占15.6%。五是县、区上访量呈下降趋势，市直单位上访量继续呈上升趋势。

【群众上访原因】分析全年全市群众上访的主要原因，归纳起来主要有六个方面。一是上访群众合理诉求未能得到及时解决，主要是对一些涉及多单位的信访问题得不到及时解决；群众反映的合理问题在初访过程中处理不到位，导致上访人“回流”重访。二是上访群众的法制观念淡薄，存在信“访”不信“法”的陈旧观念。突出表现在各种合同纠纷、交通肇事、刑事案件等问题的当事人到党政机关上访，提出种种难以解决的要求。三是政策法规不完善配套。有些方面的政策法规滞后，使有的信访问题解决陷入无法可依的境地。五是解决问题的力度不够，方法简单，导致矛盾激化引发上访。六是机制不够完善。主要是信息不灵、排查不细、接访不及时、领导不到位、处置不到位，导致上访群众滞留，增加了处置难度。

【落实信访工作责任制】市委、市政府牢固树立“发展是政绩，维护稳定也是政绩”和“发展是第一要务，稳定是第一责任”的理念，坚持把信访工作摆上重要议事日程，严格落实党政一把手负总责的信访工作领导负责制。落实信访工作“一岗双责”制，建立以市政府领导按分工归口的维稳工作机制，成立七个行业的维稳领导小组。落实各级党委政府包案处理信访问题责任制，省委常委、市委书记余欣荣，市委副书记、市长李豆罗等领导亲自包办信访案，集中解决了60余件疑难信访问题。坚持领导信访接待日制度。全年共安排市领导接待日41个，接待群众1800余人，解决问题120余个。

【加强决策调研】信访调研工作取得较大成绩，特别是6月～7月，市委副书记王梓生，市政协副主席关德华率市维稳考察组深入郑州、石家庄、太原、洛阳、长治等五城市考察，学习借鉴外地经验，并在此基础上，制订《关于进一步加强信访工作的若干意见》、《关于切实做好全市各级党政领导公开接待群众来访工作的意见》等两个文件，为指导、规范、推动信访工作提供政策保障。

【健全完善机制】建立健全处理信访问题的“五个工作机制”。一是建立“部门联动、归口调处”机制。二是落实排查机制。全年开展排查21次，排查问题430余个，做到有问题早发现、早处理。三是完善集体访、异常访、越级访和重复访处置机制。四是落实督办机制。全年对370余个上访问题进行督办，促进问题的解决。五是建立重点管理机制。全年对13个信访量多的单位进行预警通报，对7个单位的信访工作实行重点管理。

【领导集中接访月】6月在全市开展领导干部“集中接访月”活动，省委常委、市委书记余欣荣带问题下访，对城市拆迁中农民安置到经济适用房办不到产权证问题进行协调。其他市领导对各自分管范围和包案处理的信访问题进行认真处理，集中解决了一批积案和缠访户。

【开展领导公开接访】9月2日，在《南昌日报》刊登市委、市政府领导接待群众来访公告，将公开接访的时间、地点、接访的范围对社会进行公布。市委副书记、常务副市长龚建华，市委常委、副市长卢晓健，市委常委、政法委书记罗为民，副市长黄春平、周关共接访受理信访事项699件，其中直接接谈128件。通过接谈与交办，促进问题的解决，收到很好的社会效果。

【开展集中处理工作】按照中共中央处理信访突出问题及群体性事件联席会议办公室的要求，扎实开展此项工作，并针对全市范围内存在的信访突出问题进行专项治理，集中处理解决各类突出问题168个，中央和省联席会议交办结率达到100%。

【夯实基层基础】 2005年是基层信访工作“巩固年”。为巩固基层信访工作,一是抓好西湖区信访进社区和“链条式”管理及青山湖区信访工作“宝塔式”管理经验的推广工作。二是强化基层网络建设。健全并巩固以县、区信访局为龙头,信访协理员为基点,乡(镇)、村委会、街道、社区为基础的基层信访工作网络,形成县、乡、村、组四级信访工作网络。年内全市有信访信息员600余名。三是加强考评工作。按照《南昌市信访工作目标管理考评办法》,对基层信访工作进行年度考评,对84个单位和99名先进个人进行表彰。

【信访机构建设】 9月根据市委办公厅、市政府办公厅《关于进一步加强信访工作的若干意见》文件精神,市编委在市直行政机关编制总额内给市信访局调剂增加6名行政编制;10月根据市委办公厅、市政府办公厅《关于设立“南昌市赴京信访接待处”的通知》精神,成立赴京信访接待处;11月根据市编委批复精神,市信访局内设机构调整,撤销局内设的接访一处、接访二处,设立接访处(对外挂南昌信访接待中心牌子)和人秘处;12月经市委研究同意,成立中共南昌市纪律检查委员会驻市信访局纪检组。

(顾国强)

## 外事工作

【概况】 2005年,市外事侨务办紧紧围绕“两篇文章”(即建设现代区域经济中心城市、建设现代文明花园英雄城市)、优化“两个服务”(即为改革开放服务、为经济建设服务)、强化“四种意识”(即机遇意识、创新意识、参与意识、效益意识)做好“四项工作”(即开辟城市交往渠道、开拓民间交流空间、开展国际经贸合作、开启外事工作未来)。同时按照“办大外事、促大发展”的工作要求,采取“走出去、请进来”的有效方法,拓展空间,使全市的对外交流有个新面貌。

【对外交往势头旺】 全年接待芬兰瓦尔济考斯基市议长涅米宁、市长奥维宁率领的代表团,日本慈善机构Rotary俱乐部代表团,日本高松市中国投资环境考察团,日本香川县农协代表团,联合国可持续发展实施目标国际研讨会代表团,瑞士驻华大使马提内利率领的经贸代表团,马来西亚留台联合总会访赣团,法国第戎市政府代表团,美国纽约江西协进会代表团,2005海外华裔青年杰出人士、世界华文传媒看江西代表团,法国驻武汉总领事德盖义,欧斯朗(中国)有限公司总裁拉司;菲律宾上好佳(国际)有限公司董事长施恭旗;香港经济发展及劳动局局长叶树坤等外宾、华侨华人、港澳同胞1100余人次,比上年的800人次增加300余人次;认真办理市领导率团出访美国、英国、土耳其、德国及市长李豆罗率团访问马其顿共和国、英国、瑞士等出访团组的相关手续,并派出翻译随团出访。批办招商引资、经贸考察等因公出国(境)团组330批1036人次,比上年增加91批219人次。

【友好城市关系日益密切】 积极巩固发展友好城市关系。全年共接待日本、芬兰等国友好城市考察团共计16批165人次。派员陪同市委、市人大、市政府、市政协领导出访日本、芬兰、马其顿等国的友好城市,友好关系有了新的发展。8月,以市委副书记史蓉蓉为团长的南昌市友好代表团访问法国第戎市,就两市友好交流进行深入探讨,并签订两市友好交流备忘录。11月,法国第戎市副市长阿莱尔对南昌市进行回访,就两市政府间高层互访以及文化教育领域的交流签订协议书。此外,瑞士下瓦尔登州也表达将推荐该州有关城市与南昌市建立友好关系的意愿。开辟海外学习、就业渠道,选派农业研修生、留学生赴日本研修和留学,为全市搭建人才高地、培养高素质、外向型、实用型人才做了大量工作。

【出国(境)审批与严格把关】 根据中共中央办公厅、国务院办公厅《关于省部级人员因公临时出国的若干规定》,草拟《关于加强领导干部因公临时出国管理工作的通知》报市委、市政府以“两办”名义下发,使因公出国(境)审批工作进一步得到规范。本着提高质量、讲求实效、精简节约的原则,对出访团组的申报材料、出访任务、人员结构、出访时间、路线费用等认真进行审核;对无实质内容出访团组不予批准。全年拒批不符合要求的团组29个69人次,减少14个团组20人,压缩时间71天,节约经费360万元。在市统一办证中心设立审批窗口,对审批程序、收费、办理时限、投诉电话实行公开,对招商引资等团组的审批做到特事特办、急事急办。加强出国(境)人员出国前的培训力度。对选派赴新加坡和中国香港、澳门的人员进行涉外知识培训,没有出现违反外事纪律的人和事。

【妥善处理涉外事件】 江西省瑞华对外经济技术合作有限公司组织30余名劳务人员赴马来西亚非法打工,引起诸多矛盾和纠纷,致使劳务人员群访中国驻马来西亚大使馆,在外造成了不良影响。市外事侨务办积极与中国驻马来西亚大使馆取得联系,摸清情况,了解事态发展,并向市委、市政府主要领导汇报。市领导十分重视,立即组成市政府工作组紧急赶往马来西亚。经过工作组不懈努力,妥善处理此批劳务人员的遣返事宜,得到大使馆的高度评价。同时配合市旅游局等部门查处江西省环球海外商务咨询有限公司非法组织南昌市民出境进行涉外劳务问题。

【着力打造“四型机关”】 (1)着力打造学习型机关。结合保持共产党员先进性教育等党建活动,大兴学习之风。进一步健全中心组、党总支、机关干部学习制度,掀起学习邓小平理论和“三个代表”重要思想、科学发展观、党的外事侨务方针政策、法律法规、廉政建设、业务知识热潮;为提高干部对外交流能力,开设韩语课程,聘请韩国老师授课,利用业余时间自学英语、日语等,干部政治、业务素质进一步提高。(2)着力打造服务型机关。结合机关效能年,进一步完善政务公开和事务公开,简化办事程序,做到能办的事立即办,重要的事全力办。办证窗口和机关各处室,做到耐心、细心、诚心、热心。积极开展挂点帮扶小康示范村的工作,多次深入实地了解帮扶对象的基本情况,研究帮扶办法,多渠道筹集资金,帮助该村兴建希望小学和科教文化中心,并选派8名农民赴日本研修农业。(3)着力打造廉洁型机关。领导干部带头遵守廉洁自律各项规定,严禁公款吃喝和公费旅游,做到勤俭办外交,从严掌握外事礼品和宴请标准,领导干部出差不乘飞机,不住高档宾馆,不出入娱乐场所,起到模范带头作用。对因公出国(境)审批工作严格把关,对不符合规定的团组坚决不予批准。(4)着力打造文明型机关。在“投资环境、作风行风评议评价活动”中,除向社会各界广泛征求意见建议外,还向在南昌侨资企业和国外友人宣传该项活动,引导他们积极参与。经报市“双评”领导小组同意,11月,市外事侨务办和“双评”小组办公室组织50名在南昌外国友人对市机关的作风行风进行问卷调查。

(章伟荣 李桂清)

## 侨务工作

【概况】 2005年,侨务工作牢固树立“办大侨务,促大发展”的思想,按照“摸清侨情、凝聚侨心、打好侨牌、弘扬侨声、搞活侨务”的要求,积极开展“办好一件实事,树立一批典型,帮扶一家侨属企业,联系一批华侨华人,引进一批项目,建立一批项目”的“六个一”活动,把侨务工作落到实处。

【宣传落实归侨侨眷权益保护法】 为宣传落实《中华人民共和国归侨侨眷权益保护法》(以下简称《保护法》),一是加大宣传力度。采取座谈会、培训班、报告会、印发小册子等形式,利用广播、电视、彩色板报等宣传媒体宣传新修改的《保护法》和江西省《江西省实施〈中华人民共和国归侨侨眷权益保护法〉办法》。11月组织全市县、区外侨办和8位退休老中医在八一广场开展“宣传侨法、维护侨益、凝聚侨心、发挥侨力”宣传、义诊活动并发放宣传品,收到良好的社会效果。二是维护合法权益,积极帮助归侨侨眷解决住房、子女就业升学、社会保障、下岗就业培训、低保等问题。为解决退休归侨享受50元退休津贴,经市政府同意,将归侨津贴纳入企业改制成本之中,受到广大归侨的好评。

【关爱侨胞】 市侨商国际联合会副会长郑小爱(侨胞)为市归侨侨眷、残疾人员、困难学生捐赠价值30万元的食品和轮椅、助学金;为新建、南昌两县的170名白内障患者提供免费治疗;给进贤县塔岗村3.5万元发展经济作物。她的义举行动受到市民的好评,市长李豆罗向她颁发“南昌市荣誉市民”证书。美国欣欣教育基金会捐资1万美元兴建进贤县罗溪镇日下小学教学楼。南昌市荣誉市民,日本高松市友人中山武信临终前仍心系南昌贫困学子,嘱咐其妻子在他去世后向贫困学生捐赠10万日元资助继续求学。市外侨办全体机关干部与18位困难归侨侨眷结成帮扶对子,向他们捐款赠物,并为50名下岗归侨侨眷免费培训就业前的有关技能。

【招商引资】 按照市委、市政府要求,根据自身工作特点,充分发挥外事侨务工作在对外开放中的前沿优势,积极利用信息灵、渠道广、朋友多的有利条件,广采信息,多方联络。在南昌市举办的第四届金秋经贸活动月中,邀请芬兰、澳大利亚、印度、马来西亚政府官员和重要外商51人到南昌参加经贸活动。促成深圳正晖实业有限公司在南昌投资4亿元兴建药物公司、深圳锦俊达实业有限公司和兰州旭盛华工有限公司投资6亿元在高新区兴建炭化硅工厂的意向、西班牙斯普马特克思公司在小蓝工业园区投资360万美元兴建乳胶垫加工企业项目、三友集团在新建县投资5亿元兴建塑料加工厂项目、西班牙菲泊公司投资500万元兴建服装加工厂;邀请世界500强企业西门子公司、日本丸红公司、三井物业、伊藤忠公司、香港中华电力、美国惠普公司到南昌考察洽谈。利用各种对外活动、加强对外宣传工作,共发送南昌宣传、投资项目画册光盘1700余册(盘)。

(章炜荣　李桂清)

## 档案工作

【概况】 2005年,市档案局全面提高档案工作服务创新能力,狠抓档案信息化建设,开通市档案局、档案馆局域网和市档案信息网站,不断丰富档案服务内容,拓展档案服务领域。市档案馆利用馆藏资源积极宣传南昌历史文化,传播档案知识。进一步推进政务公开,完善现行文件利用服务制度,免费为群众提供查阅。全市各级档案部门共接待查档人员1662人次,提供利用各类档案7411卷(件)次;4个单位实现档案目标管理达标升级。

【档案征集、接收、利用】 积极参加市人大、市政协“两会”、第四届金秋经贸月和社区党组织星级评定等重大活动,保证重大活动档案齐全完整和及时归档;加大对市直单位到期档案接收力度。市档案馆全年共接收、征集档案资料5047卷(件)。其中,接收11个市直单位到期档案3320卷(件),重大活动照片539张。坚持抓好馆藏档案资源的提供利用,完善档案服务功效。全年市档案馆共接待查档单位132个,共计216人次,提供利用档案1498卷(件)次。为纪念抗战胜利70周年,依托南昌档案信息网站和档案馆文化走廊两个平台,开展“纪念抗战胜利70周年馆藏抗战史料珍品展”。利用馆藏档案资源,积极宣传南昌市历史文化,传播档案知识,免费为大中学生提供参观、讲解。市档案馆被授予全市第三批爱国主义教育基地称号。

【档案信息化建设】 启动全市各级国家综合档案馆馆藏档案信息化工程,加快建设市档案局(馆)局域网和市档案信息网站,并于9月顺利建成开通。利用局域网对馆藏全部档案建立档案目录数据库,实现案卷目录级计算机检索,对其中重点档案和专题档案逐步建立全文数据库。网站建设方面,共设计一级栏目12个、二级栏目47个;收集编辑网站信息资料188篇、图片212张、上传档案数据11982条,其中民国档案数据10492条。依托南昌市政府信息网,实现档案信息互联网查询、档案与现行文件网上检索服务,达到档案信息资源共享。

【档案管理与业务指导】 积极参与重大活动档案的收集、整理,派专人参加第四届金秋经贸月组委会工作,指导完成经贸月活动档案资料归档;指导正邦集团、江西家常饭饮业有限公司等民营企业开展建档试点工作,并拟写“致民营企业领导的公开信”,征求民营企业对档案工作的意见建议,为民营企业发展壮大提供档案服务;开展市直单位归档文件检查工作,抽查18个市直单位档案管理制度、归档文件整理、档案保管条件和现代化管理的情况,并及时进行业务指导;配合市委组织部开展全市社区党组织星级评定工作,认真做好社区档案工作评定。全年共评定社区54家,社区档案工作整体水平得到提高。在全市286个纯居民社区中,建档267个,建档率达93%。推进档案目标管理认定工作,全市4个单位实现档案目标管理达标升级。

【档案法制建设、人员培训】 加大对贯彻执行《中华人民共和国档案法》、《江西省档案管理条例》的执法检查力度,与市人大教科文卫委共同开展《档案法》执法情况调研,并对全市7个县区档案局贯彻实施《档案法》和《江西省档案管理条例》情况进行执法检查。通过调研和执法检查,切实维护档案法律、法规的严肃性,提高了全市档案行政部门执法工作水平。11月,省档案局、省法制办领导到市档案局召开调研座谈会,并到县、区调研,听取对《江西省档案登记办法》出台的建议和意见,为《江西省档案登记办法》贯彻落实奠定了良好基础。继续加强档案队伍建设。全市共有234人参加档案专、兼职培训。通过系统的培训考试,提高了档案行政执法人员的业务水平。

(雷志伟)

# 地名管理

【概况】 2005年，市地名办紧跟城市建设的发展步伐，着力抓好城市新建道路的命名、更名，完善道路标志的设置与维护；配合市公安局对全市的门楼牌进行整顿、更新；启动地名公共服务工程建设，编绘新版标准地名图；加强地名管理，纠正擅自命名、滥用非标准地名等违章行为，有效消除地名混乱状况，优化了地名环境。

【科学命名、更名】 随着近年来南昌城市建设的飞速发展，红谷滩新区、南昌经济技术开发区等地出现了许多新的道路。为使新区的道路名称与新区定位相适应，体现当地的时代、地理特征，经过实地勘察，从备用地名库中遴选出相应的地名，与当地主管部门协商形成命名方案后，邀请专家论证，然后报市政府审批。全年向社会公布103条新建、14条更名道路的标准名称。同时注销49条因城市改扩建而消失的道路名称。

【获评全国城市地名设标先进城市】 继上年完成全市原有的道路设标工作任务后，当年完善新增道路的设标工作，建立与健全地名标志的长效管理机制，达到地名设标与城市建设同步的要求。3月全国地名标志检查验收小组到南昌市进行检查验收，听取汇报后，实地察看地名标志设置情况，对南昌市的地名标志设置工作给予充分的肯定。5月12日在全国地名公共服务工程视频会上，南昌市荣获全国城市地名标志设置工作先进城市称号。

【启动地名公共服务工程】 为使地名工作适应信息时代的要求，按照国家和省地名主管部门的统一部署，于10月正式启动全市地名公共服务工程建设，派人参加全国、全省的相关工作培训，并到先进城市上海、南京等地学习取经。同时对各县地名工作人员进行相关知识培训。

【制作新版地名图】 随着南昌城市建设的发展，城市框架迅速扩大，新建道路大量涌现，社会各界急需一张全新的标准地名图。经前期准备、收集资料，于9月开始制作出新版标准地名图初稿。图中涵盖红谷滩新区、南昌经济技术开发区、南昌高新技术产业开发区、昌东高校园区、昌南工业园区等新区新增的道路，是一张全景展示一江两岸、东西两城新的标准地名图，预计2006年出版发行。

【整顿门号更新门牌】 在上年度全面摸清全市门楼号情况的基础上，当年在全市全面开展整顿门号、更新门牌工作。针对有门无号、一门多号、无序编号、主号多于附号等混乱现象，制定量化编号、预留空号的科学编码方案，既可做到编码有序，又可确保门号长期稳定。为确保整顿门号更新门牌顺利实施，市地名办向公安部门提供了全市的门楼牌的编码资料和各派出所的地名图，还派出一名工作人员驻公安部门帮助他们制作清单，进行实际编码、核对地名等基础性的工作。11月完成全市整顿门号更新门牌工作。

【强化地名管理】 从消除地名混乱着手，结合创建文明城市活动，对全市的公交站牌、道路指示牌进行全面的清理，确保公交、道路指示牌全部使用标准地名，进一步优化地名环境。接待地名咨询和免费向群众提供地名咨询服务，做到有求必应。

## 2005年南昌市新增地名一览表

表8

| 序号 | 标准名称 | 起　止　点 | 位置 |
|---|---|---|---|
| 1 | 昌北大道 | 西起昌西大道，东至下庄湖路 | 南昌经济技术开发区 |
| 2 | 蛟桥路 | 西起皇姑路，东至秀先路 | 南昌经济技术开发区 |
| 3 | 梅林大街 | 西起庐山中大道，东至港口大道 | 南昌经济技术开发区 |
| 4 | 北山路 | 西起皇姑路，东至港口大道 | 南昌经济技术开发区 |
| 5 | 荷风路 | 西起芙蓉路，东至紫荆路 | 南昌经济技术开发区 |
| 6 | 菊圃路 | 西起麦园路，东至桂苑大道 | 南昌经济技术开发区 |
| 7 | 瑞香路 | 西起丁香路，东至青岚大道 | 南昌经济技术开发区 |
| 8 | 昌西大道 | 北起昌北大道，南至新建县界 | 南昌经济技术开发区 |
| 9 | 丁香路 | 北起玉屏西大街，南至新建县界 | 南昌经济技术开发区 |
| 10 | 龙潭路 | 北起瑞香路，南至黄家湖西路 | 南昌经济技术开发区，沿用村名 |
| 11 | 麦园路 | 北起枫林西大街，南至瑞香路 | 南昌经济技术开发区，沿用地片名 |
| 12 | 海棠北路 | 北起桂苑大道，南至枫林西大街 | 南昌经济技术开发区 |
| 13 | 海棠南路 | 北起枫林西大街，南至新建县界 | 南昌经济技术开发区 |
| 14 | 芙蓉路 | 北起双港西大街，南至玉屏西大街 | 南昌经济技术开发区 |
| 15 | 范家路 | 北起玉屏西大街，南至黄家湖西路 | 南昌经济技术开发区，沿用村名 |

续表 8－1

| 序号 | 标准名称 | 起　止　点 | 位置 |
|---|---|---|---|
| 16 | 紫荆路 | 北起双港西大街，南至菊圃路 | 南昌经济技术开发区 |
| 17 | 榴云路 | 北起枫林西大街，南至玉屏东大街 | 南昌经济技术开发区 |
| 18 | 筠霁路 | 北起海棠北路，南至双港西大街 | 南昌经济技术开发区 |
| 19 | 皇姑路 | 北起昌北大道，南至枫林东大街 | 南昌经济技术开发区，历史名人 |
| 20 | 巨修路 | 北起昌北大道，南至双港东大街 | 南昌经济技术开发区，历史名人 |
| 21 | 白水湖路 | 北起昌北大道，南至双港东大街 | 南昌经济技术开发区 |
| 22 | 金港路 | 北起昌北大道，南至港口大道 | 南昌经济技术开发区 |
| 23 | 秀先路 | 北起昌北大道，南至梅林大街 | 南昌经济技术开发区，历史名人 |
| 24 | 晨鸣路 | 北起昌北大道，南至港口大道 | 南昌经济技术开发区 |
| 25 | 下庄湖路 | 北起昌北大道，南至港口大道 | 南昌经济技术开发区 |
| 26 | 港口大道 | 西起金港路，东至下庄湖路 | 南昌经济技术开发区 |
| 27 | 枫林东大街 | 西起庐山中大道，东至皇姑路 | 南昌经济技术开发区 |
| 28 | 广兰大道 | 北起玉屏东大街，南至新建县界 | 南昌经济技术开发区 |
| 29 | 桂苑路 | 东起丰和中大道，西至碟子湖大道 | 红谷滩新区 |
| 30 | 芳华路 | 东起丰和中大道西侧规划路，西至碟子湖大道 | 红谷滩新区 |
| 31 | 茗园路 | 东起丰和中大道，西至碟子湖大道 | 红谷滩新区 |
| 32 | 洹河路 | 东起赣江北大道，西至红谷北大道 | 红谷滩新区 |
| 33 | 岭口路 | 东起赣江南大道，西至长庚路 | 红谷滩新区，沿用村名 |
| 34 | 科苑路 | 南起学府大道，北至昌樟高速 | 红谷滩新区，科大东侧 |
| 35 | 长庚路 | 南起学府大道，北至昌樟高速 | 红谷滩新区，历史名人 |
| 36 | 嘉言路 | 东起学府大道，西至望城岗 | 红谷滩新区，古代名医 |
| 37 | 赣丰一路 | 东起赣江南大道，西至丰和南大道 | 红谷滩新区 |
| 38 | 赣丰二路 | 东起赣江南大道，西至丰和南大道 | 红谷滩新区 |
| 39 | 赣丰三路 | 东起赣江南大道，西至丰和南大道 | 红谷滩新区 |
| 40 | 赣丰四路 | 东起赣江南大道，西至丰和南大道 | 红谷滩新区 |
| 41 | 赣丰五路 | 东起赣江南大道，西至丰和南大道 | 红谷滩新区 |
| 42 | 赣丰六路 | 东起赣江南大道，西至丰和南大道 | 红谷滩新区 |
| 43 | 赣丰七路 | 东起赣江南大道，西至丰和南大道 | 红谷滩新区 |
| 44 | 清远路 | 南起前湖大道，北至学府大道 | 红谷滩新区，历史名人 |
| 45 | 九渊路 | 南起前湖大道，北至学府大道 | 红谷滩新区，历史名人 |
| 46 | 阳明东路 | 西起八一大道，东至洪都北大道 | 东湖区 |
| 47 | 中大路 | 北起青山北路，南至中大南路 | 东湖区 |
| 48 | 中大北路 | 西起中大路，东至湖滨西路 | 东湖区 |
| 49 | 中大南路 | 西起中大路，东至湖滨西路 | 东湖区 |
| 50 | 赣桥北路 | 北起赣江大桥，南至青山北路 | 东湖区 |

续表 8－2

| 序号 | 标准名称 | 起　止　点 | 位置 |
|---|---|---|---|
| 51 | 赣桥南路 | 北起赣江大桥,南至青山南路 | 东湖区 |
| 52 | 文教支路 | 东起文教路,西转北靠福州路 | 东湖路 |
| 53 | 中山东路 | 西起八一大道,东至广场北路 | 东湖区 |
| 54 | 中山西路 | 西起沿江中大道,东至中山桥 | 东湖区,西湖区 |
| 55 | 新洲路 | 北起沿江中大道,南至朝阳洲中路 | 东湖区,西湖区 |
| 56 | 金塔东街 | 北起站前西路,南至绳金塔街 | 西湖区 |
| 57 | 金塔西街 | 东起绳金塔街,西至抚河中路 | 西湖区 |
| 58 | 沿江南大道 | 北起南昌大桥,南至生米大桥(暂用名) | 西湖区 |
| 59 | 子安路 | 北起中山西路,南至朝阳洲中路 | 西湖区,历史名人 |
| 60 | 安石路 | 北起洪城路,南至灌婴路 | 西湖区,历史名人 |
| 61 | 鸿顺德路 | 北起建设西路,南至水厂路 | 西湖区 |
| 62 | 鸿顺德横街 | 东起龙河,西至桃花公寓 | 西湖区 |
| 63 | 赣通路 | 南起洪城路,北至桃苑大街 | 西湖区 |
| 64 | 灌婴路 | 东起抚河南路,西至沿江南大道 | 西湖区,通灌婴广场 |
| 65 | 朝新路 | 南起朝阳洲中路,北至团结路 | 西湖区 |
| 66 | 朝安路 | 东起抚生路,西至郭家庄路 | 西湖区 |
| 67 | 双桃路 | 东起桃苑东路,西至桃花路 | 西湖区 |
| 68 | 双苑路 | 东起桃苑东路,西至桃苑西路 | 西湖区 |
| 69 | 兴农路 | 西起团结路,东至子安路 | 西湖区 |
| 70 | 月池路 | 北起洪城路,南至水厂路 | 西湖区,沿用村名 |
| 71 | 池湾路 | 西起抚生路,东至月池路 | 西湖区,村名衍化 |
| 72 | 孺子东路 | 西起八一大道,东至广场南路 | 西湖区,历史名人 |
| 73 | 孺子西路 | 西起新洲路,东转北至孺子桥 | 西湖区,历史名人 |
| 74 | 博览路 | 南起广州路,北至城南路 | 青云谱区 |
| 75 | 上海南路 | 北起解放西路,南至新溪桥北二路 | 青云谱区 |
| 76 | 利民路 | 西起洪都南大道,东转北至解放西路 | 青云谱区 |
| 77 | 塔子桥北路 | 南起解放西路,北转西至洪都中大道 | 青山湖区 |
| 78 | 孙家亭路 | 南起顺外路,西至洪都中大道 | 青山湖区,沿用村名 |
| 79 | 天香路 | 东起高新大道,西至青山湖南大道 | 青山湖区,天香园旁 |
| 80 | 龙街 | 东起湖坊工业园,西转北至湖坊村 | 青山湖区 |
| 81 | 进明路 | 南起解放西路,北至进明村 | 青山湖区,沿用村名 |
| 82 | 桃竹路 | 南起顺外路,北至飞燕路 | 青山湖区,沿用村名 |
| 83 | 青文一路 | 西起青山湖文化广场,东至京东大道 | 青山湖区,青山湖文化广场旁 |
| 84 | 青文二路 | 西起高新大道,东至京东大道 | 青山湖区,青山湖文化广场旁 |
| 85 | 中院西路 | 北起北京东路,南至京安路 | 青山湖区 |

续表 8－3

| 序号 | 标准名称 | 起　止　点 | 位置 |
|---|---|---|---|
| 86 | 杉湖路 | 西起京东大道，东至中院西路 | 青山湖区 |
| 87 | 芝竹路 | 南起石桥路，北至竹山村 | 青山湖区，沿用村名 |
| 88 | 石桥路 | 东起谢佛路，西至城南路 | 青山湖区，沿用村名 |
| 89 | 志强路 | 北起石桥路，南至谢佛路 | 青山湖区 |
| 90 | 慈母路 | 西起解放东路，东至罗家镇边界 | 青山湖区，沿用村名 |
| 91 | 昌安路 | 南起南京东路，北至湖滨东路 | 青山湖区 |
| 92 | 昌康路 | 南起南京东路，北至燕鸣路 | 青山湖区 |
| 93 | 昌威路 | 东起青山湖大道，西至湖滨东路 | 青山湖区 |
| 94 | 昌泰路 | 东起青山湖大道，西至湖滨东路 | 青山湖区 |
| 95 | 燕鸣路 | 东起青山湖大道，西至燕鸣岛公园 | 青山湖区 |
| 96 | 扬新路 | 南起扬子洲路，北至扬子洲北端 | 青山湖区 |
| 97 | 北江路 | 南起扬子洲路，北至扬子洲北端 | 青山湖区 |
| 98 | 星江路 | 东起南江路，西至北江路 | 青山湖区 |
| 99 | 富大有路 | 西起赣江大桥，东至天祥大道 | 青山湖区，沿用堤名 |
| 100 | 文明南路 | 南起磨盘山北路，北至工农路 | 湾里区 |
| 101 | 文明北路 | 南起工农路，北至翠岩路 | 湾里区 |
| 102 | 云屏路 | 北起工农路，南至佘牟陈家 | 湾里区 |
| 103 | 丹井路 | 北起工农路，南至磨盘山北路 | 湾里区 |
| 104 | 隆鑫广场 | 洪都中大道与解放西路交汇处东北侧 | 青山湖区 |
| 105 | 中大紫都 | 解放西路中段南侧 | 青云谱区 |
| 106 | 蓝天碧水购物广场 | 青山南路南段西侧 | 东湖区 |
| 107 | 蓝天碧水·新世界 | 青山南路南段西侧 | 东湖区 |

## 2005 年南昌市更改地名一览表

表 9

| 序号 | 标准名称 | 原用名称 | 起　止　点 | 位置 |
|---|---|---|---|---|
| 1 | 黄家湖东路 | 麦园东路 | 西起广兰大道，东至松鹤路 | 南昌经济技术开发区 |
| 2 | 黄家湖西路 | 麦园西路 | 西起昌西大道，东至广兰大道 | 南昌经济技术开发区 |
| 3 | 富樱路 | 天宝大道 | 北起双港西大街，南至玉屏东大街 | 南昌经济技术开发区 |
| 4 | 桂苑大道 | 物华大道 | 北起志敏大道，南至玉屏东大街 | 南昌经济技术开发区 |
| 5 | 玉屏东大街 | 麦庐大街 | 西起广兰大道，东至铁路线 | 南昌经济技术开发区 |
| 6 | 玉屏西大街 | 麦庐大街 | 西起昌西大道，东至广兰大道 | 南昌经济技术开发区 |
| 7 | 枫林西大街 | 枫林大街 | 西起昌西大道，东至庐山中大道 | 南昌经济技术开发区 |
| 8 | 南江路 | 南新路 | 南起杨子洲路，北至南新乡界 | 青山湖区 |
| 9 | 南钢大道 | 南钢中路 | 东起南钢南一路，西至昌东大道 | 青山湖区 |

续表 9－1

| 序号 | 标准名称 | 原用名称 | 起　止　点 | 位置 |
|---|---|---|---|---|
| 10 | 冶金大道 | 南钢西一路 | 南起解放东路,北至南钢北四路 | 青山湖区 |
| 11 | 沿江北大道 | 沿江北路 | 北起赣江大桥,南至滕王阁地道 | 东湖区 |
| 12 | 沿江中大道 | 沿江南路 | 东起抚河北路,西转南至南昌大桥 | 东湖区,西湖区 |
| 13 | 青云堂巷 | 隐秀庵巷 | 北起孺子路,南至小桃花巷 | 西湖区 |
| 14 | 淘沙塘巷 | 淘沙塘南巷 | 北起孺子路,南至筷子街 | 西湖区 |

## 2005 年南昌市注销地名一览表

表 10

| 序号 | 注销路名 | 位置 | 序号 | 注销路名 | 位置 |
|---|---|---|---|---|---|
| 1 | 坡头下巷 | 东湖区 | 26 | 章家巷 | 西湖区 |
| 2 | 西龙须巷 | 东湖区 | 27 | 吴家厂巷 | 西湖区 |
| 3 | 二二弄 | 东湖区 | 28 | 干鱼街 | 西湖区 |
| 4 | 三台巷 | 东湖区 | 29 | 九郎巷 | 西湖区 |
| 5 | 凤凰坡侧巷 | 东湖区 | 30 | 煤炭街 | 西湖区 |
| 6 | 县前街侧巷 | 东湖区 | 31 | 米市街 | 西湖区 |
| 7 | 瓦巷 | 东湖区 | 32 | 西瓜套巷 | 西湖区 |
| 8 | 青莲庵巷 | 东湖区 | 33 | 桂花巷 | 西湖区 |
| 9 | 炮局巷 | 东湖区 | 34 | 珠市尾巷 | 西湖区 |
| 10 | 万井巷 | 东湖区 | 35 | 宋家巷 | 西湖区 |
| 11 | 华光庙巷 | 东湖区 | 36 | 淘沙塘北巷 | 西湖区 |
| 12 | 西濠街 | 东湖区 | 37 | 地藏巷 | 西湖区 |
| 13 | 义渡局巷 | 东湖区 | 38 | 抚亭巷 | 西湖区 |
| 14 | 裘家厂一巷 | 东湖区 | 39 | 马家井巷 | 西湖区 |
| 15 | 裘家厂二巷 | 东湖区 | 40 | 大桃花巷 | 西湖区 |
| 16 | 裘家厂三巷 | 东湖区 | 41 | 岱山南路 | 青云谱区 |
| 17 | 裘家厂四巷 | 东湖区 | 42 | 下尧路 | 青云谱区 |
| 18 | 裘家厂五巷 | 东湖区 | 43 | 南墙路 | 青云谱区 |
| 19 | 裘家厂六巷 | 东湖区 | 44 | 南镇路 | 青山湖区 |
| 20 | 芭茅一巷 | 东湖区 | 45 | 南钢东一路 | 青山湖区 |
| 21 | 芭茅二巷 | 东湖区 | 46 | 南钢东二路 | 青山湖区 |
| 22 | 抚元巷 | 西湖区 | 47 | 南钢西二路 | 青山湖区 |
| 23 | 双塘巷 | 西湖区 | 48 | 临江路 | 红谷滩新区 |
| 24 | 麻花巷 | 西湖区 | 49 | 下罗路 | 经济开发区 |
| 25 | 羊行巷 | 西湖区 | | | |

(龚敏春)

## 无线电管理

【概况】 2005 年,市无线电管理局,坚持依法行政,增强服务意识,落实目标责任制,较好地完成全年无线电管理工作。

【机构更名】 5 月 25 日,经省编办批准,江西省信息产业厅南昌市无线电管理处正式更名为南昌市无线电管理局,正县级建制,属江西省信息产业厅的派出机构,接受省信息产业厅和南昌市政府的双重领导,履行无线电管理行政职能。

【无线电监督检查执法典型案例】 为

全面推进无线电管理依法行政，根据省信息产业厅的要求，认真做好2002年以来典型案例分析材料上报工作。将典型案例及时上报国家无线电管理局，其中，南昌某大酒店擅自架设超短波通讯网案例获得全国无线电管理系统优秀行政执法案例评选活动单项奖。

【做好频率台站管理工作】 认真贯彻落实国家信息产业部《关于蜂窝无线电通信基站设置使用管理有关问题的通知》精神，要求全市各运营公司遵照《通知》有关规定，对以前设置的蜂窝基站完善各种手续；对新设基站按季度分批提出书面申请，办理基站设置审批手续，领取电台执照后，方可建设投入运营。

【开展无线电设备年检工作】 根据全省无线电管理工作要点，为进一步提高无线电台站通信质量，有效地抑制有害电波辐射，维护空中电波的正常秩序，市无线电管理局于5月10日~8月31日，对全市各设台单位的无线电发射设备进行年检。涉及的台站有超短波电台、广播电视台、校园调频台、微波站(MMDS)、卫星地球站、数传电台、寻呼台、公众蜂窝基站。第一次对GSM、CDMA、PHS基站进行检测。此次年检，共检测台站206个。

【改变机关作风，认真处理群众投诉】 在工作中，认真改进政风，坚持群众满意、用户满意、自己满意的原则，力求实效，不走过场。在日常行政工作中，对能够及时整改且有明确来源的意见和建议，均能到现场进行协调或者上门向意见来源单位或个人进行反馈，局领导也多次在新闻媒体上解答群众对公众蜂窝基站电磁辐射的问题。

【做好无线电监听监测工作】 认真开展无线电日常监听监测工作，加强对大专院校外语调频台的管理，并结合民航频率整顿工作，重点加强对84~108兆赫和108~137兆赫民航频段的监听工作。同时根据国家、省厅有关通知精神，认真执行重大节日的24小时值班制度。

（张旭奇）

## 地震工作

【概况】 2005年，市地震局积极编制《南昌市防震减灾事业"十一五"规划》，积极稳妥地处置九江地区地震波及对南昌市造成的负面影响，积极开展防震减灾宣传教育活动，被中国地震局授予全国地震系统优秀集体并记一等功和全国市（地）防震减灾工作综合评比优秀奖。

【编制《南昌市防震减灾事业"十一五"规划》】 市地震局结合全市防震减灾事业发展现状，编制《南昌市防震减灾事业"十一五"规划》。其主要内容是明确2010年前全市防震减灾工作任务，即2010年前南昌市要组织完成本市和所辖地震重点监视防御区城市建筑物抗震性能普查工作，搞好抗震加固；2015年前工作目标，即2015年前，南昌市要完成城市地震活断层探测与地震危险性评价工作；2020年防震减灾能力达到全国大中城市的中上水平。今后五年的防震减灾重点建设项目是：1. 完成城市地震活断层探测工作；2. 加强地震应急指挥技术系统和灾情速报系统建设，包括12个县（区）、市直的应急部门信息平台的建设；3. 城市应急避险场所建设；4. 普查辖区内已建重大重点工程和可能发生严重次生灾害源的建筑工程，并进行抗震性能鉴定工作；5. 地震应急救援队伍建设和救援装备的备置等。

【积极稳妥地处置"11·26"九江地震波及对南昌市造成的负面影响】 11月26日8时49分，九江县与瑞昌县间发生ML5.7级地震，强烈震感，波及南昌市全境，对南昌市造成一定程度的财产损失和人员伤亡。京东镇京东小区一位妇女，闻知发生地震，立即抱起八个月的女婴欲下楼，正下到楼道阳台处，身体失去平衡，怀中女婴从5楼阳台滑落跌到1楼当场死亡；向塘镇有一女居民被地震跌落的水泥块砸伤；房屋损失16687间，经济损失8500万元。部分市民对地震十分恐慌，举家外逃户外，少部分甚至夜不敢归宿，部分企业停产、学校停课外避地震。得知震情后，立即启动该局《地震应急预案》，并及时向市政府领导和相关部门进行汇报。召开全局工作人员参加的震情会商会，对全局工作人员进行详细分工，一组负责与省地震局随时保持联系，了解震情；二组负责接待市民到台和电话咨询，安抚民心；三组负责收集灾害损失情况；四组负责联络各县、区兼管地震工作的部门，要求他们及时向当地政府汇报震情及灾害损失。同时加强震情值班，24小时在岗在位，接受群众咨询，安抚民心，避免造成恐慌致灾的情况发生。通过本局及各县、区兼管地震工作部门工作人员的努力，有效地缓解市民的恐震心里，及时平息流传在群众中的还要发生更大地震的传言。

【积极开展防震减灾宣传教育活动】 为纪念《中华人民共和国防震减灾法》施行7周年，2月25~28日，与西湖区科技局、青云谱区城建局联合分别在南昌市建设桥社区组织开展防震减灾知识竞赛活动和地震科普咨询宣传活动。为纪念"7·28"唐山大地震29周年，7月28日，与省地震局分别在南昌市14条公交车线路利用《巴士在线》进行为期一周的以"地震灾害警示、城市抗震设防、地震科普知识"为主题内容的宣传活动；并于当晚在八一广场水幕电影黄金时段播放《99抗灾警示录》录像片，使市民受到一次生动的防震减灾知识教育，为进一步提高广大市民防震减灾意识起到了积极的作用。

【出台《南昌市地震应急检查工作制度》】 为加强地震应急工作，规范地震应急检查，增强地震应急快速反应能力，有效减轻地震灾害损失，经市政府同意，市科技局、发改委、民政局、安全生产监督管理局、地震局联合制定出台《南昌市地震应急检查工作制度》。其主要内容为：1. 政府对地震应急工作的领导，《南昌市地震应急预案》及防震减灾工作领导小组成员的落实情况，领导小组工作制度；2. 政府及防震减灾工作领导小组成员单位地震应急预案的编制、备案、修订情况；3. 地震应急工作机构与队伍建设，应急工作程序、管理职责与协调机制；4. 地震应急指挥系统、通讯系统、震情和灾情速报网建设；5. 地震应急救援队伍、社区、乡（镇）志愿者队伍、应急避难场所、医疗救治能力建设；6. 救援的资金、物资及设备储备情况；7. 重点目标的应急保障措施；8. 政府及有关部门、社会团体、公众的防震减灾意识和地震应急反应能力、自救互救能力；9. 地震应急知识的宣传、普及工作情况等。

（马小娟）

# 中国人民政治协商会议南昌市委员会

## 概　述

【概况】　2005 年，中国人民政治协商会议南昌市委员会（简称市政协，下同）在市委的领导下，牢牢把握团结民主两大主题，组织和动员政协各组成单位和广大政协委员，围绕全市经济社会的重大问题和中心工作，开展视察考察活动，提出许多富有前瞻性、创造性、建设性的意见和建议；对人民群众关心的热点、难点问题进行民主监督；较好地完成本届五次会议确定的各项任务，为推动全市经济社会发展作出了积极贡献。

## 全体委员会议和常务委员会会议

【十一届五次全体委员会议】　2 月 18 日～21 日召开。中共南昌市委、市人大常委会、市人民政府、市纪律检查委员会、南昌警备区的领导出席开幕式和闭幕式。省委常委、市委书记余欣荣在开幕式上讲话，市政协主席陈守朴致闭幕词。会议听取并审议通过市政协副主席雷武江代表常务委员会所作的工作报告和市政协副主席关德华作的关于十一届四次会议以来提案工作情况的报告；列席市十二届人大六次会议；听取和讨论市政府工作报告及其他专项报告。会议选举侯捷、万玉明为政协南昌市十一届委员会副主席；审议通过《政协南昌市第十一届委员会第五次会议决议》。会议期间，市领导余欣荣、李豆罗看望各界人士代表，并参加小组讨论，听取委员们的意见建议。大会共收到提案 279 件，其中集体提案 33 件。依据《中国人民政治协商会议南昌市委员会提案工作条例》审查，立案 277 件，并案 2 件，立案率为 99.28%。

本次会议的特点：一是中共南昌市委、市政府高度重视。会前，中共南昌市委多次召开会议，进行研究，做出安排，提出要求。会中，市委、市政府统筹协调，五套班子领导参与小组讨论，认真听取委员发言，与委员们共商全市改革、发展和稳定大计。二是主题突出。常委会工作报告和委员的提案、大会发言、小组讨论，都紧紧围绕打造南昌现代制造业重要基地和建设现代区域经济中心城市认真讨论。三是政协委员参政议政积极性高涨。四个专题协商会议场场人满，委员们发言踊跃，提出许多有价值的意见和建议。

【十一届第 18 次常委会议】　2 月 4 日举行。会议审议通过《关于召开政协南昌市十一届委员会第五次会议的决定》；协商审议市政协十一届委员会第五次会议议程、日程和会议组织名单等有关文件；协商审议政协南昌市十一届委员会常务委员会工作报告和提案工作情况的汇报；市政协各专门委员会向常委会议书面汇报 2004 年工作总结。市政协主席陈守朴主持会议并讲话。会议审议通过增补侯捷、万玉明、张万山、陈哲、温志立、崇林凤、付廷美为市十一届政协委员；审议通过徐铁夫、张璇辞去市十一届政协委员，审议通过撤销李和祥市十一届政协委员。

【十一届第 19 次常委会议】　2 月 17 日举行。会议协商讨论政协南昌市十一届委员会第五次会议执行主席名单；审议通过吴延林、钟乐初、罗文华辞去市十一届政协副主席职务。市政协主席陈守朴主持会议并讲话。

【十一届第 20 次常委会议】　2 月 18 日举行。会议协商酝酿补选侯捷、万玉明为市政协十一届委员会副主席候选人建议名单（草）；协商讨论修改《选举办法》（草）；协商审议总监票人、监票人名单（草）。市政协主席陈守朴主持会议并讲话。

【十一届第 21 次常委会议】　2 月 20 日举行。会议听取大会秘书处关于各组讨论情况的汇报；听取委员协商酝酿补选市政协十一届委员会副主席候选人名单

2005 年 2 月 20 日，市政协在十一届五次会议专题常委会议上表彰一批优秀提案先进集体

（草）、总监票人、监票人名单（草）和《选举办法》（草）的情况汇报并进行审议；协商讨论《政协南昌市十一届委员会第五次会议提案审查情况的报告》（草）；协商讨论《政协南昌市十一届委员会第五次会议决议》（草）。市政协主席陈守朴主持会议并讲话。

【十一届第22次常委会议】 6月16日举行。会议审议通过市政协副主席曹连甲所作的《关于我市主要水体和机动车尾气污染防治情况的调研报告》；围绕全市创建国家环保模范城市，加快南昌经济发展集思广益，献计献策。副市长黄春平到会并通报全市城市建设和创建国家环保模范城市及南昌主要水体和机动车尾气污染防治的情况。市政协主席陈守朴围绕全市创建国家环保模范城市、加大全市环境保护工作力度、营造优美人居环境讲了几点意见：一是水体和机动车尾气的环保问题是城市环保工作的重中之重，围绕创建国家卫生城市、全国文明城市、环保模范城市和国家园林城市积极建言献策；二是坚持科学发展观，进一步贯彻落实市委八届八次全会精神，紧扣党委、政府的中心工作开展视察考察活动；三是结合以学习实践"三个代表"重要思想为主要内容的保持共产党员先进性教育活动，努力提高围绕全市中心工作，履行职能的水平和实效。

【十一届第23次常委会议】 11月2日举行。会议审议通过市政协副主席万玉明作的《关于加强全市青少年思想道德建设和法制教育 优化青少年健康成长环境》的调研报告；围绕"关于加强青少年健康成长环境"进行专题协商发言；市委常委、副市长卢晓健就全市青少年思想道德建设和法制教育所面临的新形势进行全面分析，通报加强全市青少年思想道德建设和法制教育、优化青少年健康成长环境的工作任务。市政协主席陈守朴主持会议并讲话。会议审议通过有关人事任免事项。任命王洪昌为市政协城乡建设委员会主任，黄杰为市政协提案委员会副主任，潘建华为市政协社会和法制委员会副主任。免去龚玉水市政协城乡建设委员会主任职务，周笑蓓市政协提案委员会副主任职务，刁旭市政协城乡建设委员会副主任职务。

【十一届第24次常委会议】 12月30日举行。会议审议通过《关于召开政协南昌市十一届委员会第六次会议的决定》；协商审议市政协十一届第六次会议议程、日程和会议组织名单等有关文件；审议通过市政协十一届委员会常务委员会工作报告和提案工作情况的报告；市政协各专门委员会向常务委员会进行书面汇报2005年度工作。会议决定政协南昌市十一届委员会第六次会议于2006年1月16～19日召开。市政协主席陈守朴就开好市政协十一届六次全会提出四点要求：一是围绕实现"富民强市"、做好"两篇文章"的总体目标，落实科学发展观，创建和谐南昌，积极参政议政，为全市经济社会各项事业的发展继续建言献策；二是要发挥政协常委表率作用，搞好全会的协商讨论发言；三是要以人为本，从南昌的实际出发，带头写好提案；四是要周密安排、严密组织、责任到人、不出差错、优质服务，确保全会顺利召开。

## 提案工作

【概况】 政协南昌市十一届五次全体委员会议期间和会议闭幕后，共收到提案307件，其中各民主党派、工商联和市政协专门委员会提出的集体提案33件。根据《政协南昌市委员会提案工作条例》，提案委员会对收到的提案进行审查，立案305件，其中并案2件，立案率99.3%。提案中涉及经济方面的提案97件，占提案总数的31.8%；涉及城市规划建设方面的提案72件，占提案总数的23.6%；涉及政法、劳动人事方面的提案91件，占提案总数的29.8%；涉及社会生活方面的提案29件，占提案总数的9.5%；涉及党群、统战方面的提案16件，占提案总数的5.2%。年内提案已全部办复完毕。

全年提案工作呈现以下特点：一是精心组织，提案质量明显提高；二是强化措施，办理实效明显增强；三是履行职能，服务质量明显提升；四是广泛宣传，提案工作影响明显扩大；五是领导重视，提案工作力度明显加大。

【重点提案领衔督办】 9月～11月，市政协领导对当年9件重点提案分别进行领衔督办。市政协主席陈守朴，副主席雷武江、王水苟、曹连甲、雷元江、关德华、万宗明、侯捷、万玉明分别到市民政局、农业局、公安局、水利局、经贸委等单位和部门就"加强社区服务业管理和加快社区服务业体制创新"、"民族宗教工作中出现的新问题应及时应对"等重点提案开展领衔督办活动。期间，采取政协领导、提案人、承办单位、委员代表面对面协商讨论、现场办公、专题座谈等形式，加大提案办理力度，提案办结效果明显。

【重点提案目录】

1. 加强社区服务业管理和加快社区服务业体制创新。
2. 民族宗教工作中出现的新问题应及时应对。
3. 进一步加强全市农业科技创新。
4. 关于缓解全市交通状况的几点建议。
5. 关于对赣抚平原水利工程中流经市区的几条干渠进行清淤净化的建议。
6. 出生人口性别比综合治理的几点建议。
7. 关于改善塘山区域环境，提升学校周边管理，促进教育经济繁荣的建议。
8. 关于进一步提高全市对外开放水平的几点建议。
9. 关于协调落实开展全市救助管理工作的建议。

## 视察考察

【概况】 全年把视察考察工作作为政协参政议政、开展民主监督、深化政协工作的切入点，采取主席会议专门视察、委员异地考察和专委会专题考察或调研相结合等形式，选择事关全局的重要问题和群众普遍关心的热点问题，开展不同层次和规模的调查视察活动30余次，形成调研视察报告18篇，召开各类调研座谈会45次，参与调研人数800余人（次）。所提意见和建议有的在市委、市政府决策过程中起到重要参考作用，有些直接转化成为相关部门的工作措施。

【关于市主要水体保护和机动车尾气污染治理情况的调研】 市政协城乡建设委员会组织委员和有关专家、学者就全市水体保护和机动车尾气污染治理情况进行深入细致的调查研究，并提出对策建议，形成《关于全市主要水体保护和机动车尾气污染治理情况的调研报告》。该《报告》认真分析全市主要水体保护和机动车尾气治理方面存在的主要问题，提出"坚持依法治水，建立水体保护长效机制，完善建设项目环境管理体制，加大环保基础设施建设，规范整顿机动车尾气检测治理市场，提高道路通行能力，减少尾气排放"等对策建议，得到市委、市政府领导和相关部门的高度重视。省委常委、市委书记余欣荣作出批

2005年2月21日，市政协组织市政协委员参观玉带河等建设工地

示，对报告予以充分肯定，并要求相关部门认真加以研究落实。

**【关于加强全市青少年思想道德建设和法制教育，优化青少年健康成长环境的调研】** 市政协社会和法制委员会组织政协委员和有关学者围绕“优化全市青少年健康成长环境”课题进行广泛深入的调查研究和充分的论证分析，形成《关于加强全市青少年思想道德建设和法制教育，优化青少年健康成长环境》的主报告和《关于青少年违法犯罪防范与对策的思考》、《完善学校、家庭、社会三位一体的家庭教育网络》等分析报告。该《报告》提出“以政府为主导，齐抓共管，进一步优化政务环境；强化学校青少年思想道德和法制教育主阵地功能，进一步优化校园环境；重视法制教育、宣传工作和家庭教育，进一步优化社会环境”等具有前瞻性、可操作性的对策和建议。省委常委、市委书记余欣荣批示：“市政协这个报告很好，问题明确，思路清晰”。并强调未成年人教育要作为一项系统工程常抓不懈，同心协力，各尽其责。

**【合理利用鄱阳湖生态资源，走可持续发展道路的调研】** 根据省政协要求，市政协城乡建设委员会组织政协委员、专家学者和有关部门的同志，重点就保护和合理开发鄱阳湖生态资源，实现可持续发展进行深入调研，形成《关于保护和合理开发鄱阳湖生态资源的调研报告》。该《报告》对鄱阳湖生态资源开发利用现状进行客观阐述，并就如何保护和合理利用鄱阳湖生态资源，走可持续发展道路提出“要坚持以人为本的发展方针，实行可持续发展战略，调整产业结构，控制渔业比重，发展生态旅游，加强血吸虫病防治工作”等大量切实可行的意见和建议。

**【举办优化青少年健康成长环境研讨会】** 根据年度工作安排，11月市政协社会和法制委员会组织政协委员、专家学者和有关部门同志共50人在青山湖区灌城度假村举办“加强青少年思想道德建设和法制教育，优化青少年健康成长环境”研讨会。针对加强青少年思想道德建设和法制教育，优化青少年健康成长环境进行了理论、形式、方法等方面的有益探讨，提出不少有参考价值的建议。

**【组织省政协委员赴萍乡市就“江西省红色旅游开发与建设情况”进行考察视察】** 10月25～27日，市政协根据省政协办公厅通知精神，认真组织部分驻南昌省政协委员赴萍乡市就“江西省红色旅游开发与建设情况”进行专题考察。提出“加强城市基础设施建设，强化现代旅游功能，加大开发力度，加强宣传促销，开拓资源市场”等意见建议，为合理开发和利用红色旅游资源提供了决策参考。

**【主席视察调研月活动】** 11月，市政协主席、副主席率领部分政协委员集中视察生米大桥建设、西外环高速公路等重点工程建设情况；集中视察调研市检察院、法院、工商、税务、食品药品管理、房管、统一办证中心等执法职能单位和部门贯彻落实中共南昌市委八届八次全会精神，创新本单位工作，为南昌加快发展服务的情况。市政协领导和委员们对他们取得的成绩予以充分肯定，并有针对性地提出进一步加强和改进工作的意见和建议，得到被视察单位的积极采纳和社会的广泛好评。

**【张思卿到南昌视察】** 5月10～13日，全国政协副主席张思卿率领全国政协常委视察团到南昌就“中部地区崛起”进行视察。省委常委、市委书记余欣荣，市委副书记、市长李豆罗，市政协主席陈守朴，市政协副主席雷武江陪同视察团实地考察红角洲高校园区、江铃集团、江西涤纶厂、联创光电科技股份有限公司、晶湛科技股份有限公司。

**【罗豪才到南昌视察】** 9月20日，全国政协副主席、致公党中央主席罗豪才率领考察组到南昌就“落实科学发展观和建立资源节约型社会”进行专题调研。省、市领导钟起煌、王詠、陈守朴陪同考察组视察南昌高新技术产业开发区、联创光电科技股份有限公司、捷德智能卡系统有限公司及清华泰豪科技股份有限公司。

**【段应碧到南昌视察】** 9月9日，以全国政协经济委员会副主任段应碧为组长的专题调研组一行15人到南昌就“东部地区劳动密集型产业转移”进行专题调研。同日上午，召开“东部地区劳动密集型产业转移”问题专题调研汇报会，听取市发改委、经贸委、劳动和社会保障局、国税局、地税局、国土资源局专题汇报，并认真分析东部发达地区劳动密集型产业向中西部转移的必要性和可能性。市政协主席陈守朴，副市长凌学仁，市政协副主席王水苟参加汇报会；下午专题调研组一行实地考察南昌经济技术开发区、诚志股份有限公司、晨鸣纸业，并就产业政策、土地政策、劳动力政策、能源政策、投资环境等进行调研。

**【张华康到南昌视察】** 3月30日～4月4日，省政协副主席张华康率省政协调研组一行13人到南昌就“加大招商引资力度，扩大外贸出口，推动开放型经济发展”进行专题考察调研。市政协主席陈守朴，市委常委、副市长卢晓健，副市长梁小康，市政协副主席曹连甲、万宗明陪同调研组成员考察南昌高新开发区、红谷滩新区、南昌经济技术开发区、南昌县小篮工业园。

## 民主监督

【概况】 全年积极拓展民主监督渠道，运用各种形式，切实加强民主监督。一是通过政协委员提案进行监督，继续完善市政协领导督办重点提案制度；二是注意发挥新闻媒体作用，通过反映社情民意开展对群众关心的热点问题进行监督；三是组织政协委员对城市建设重点工程和开展优化投资环境情况进行视察监督；四是继续协商派出政协委员担任有关单位的监督员、特邀检察员、特邀审计员和政务环境行风评议评价检查员，参加各类检查和行风评议活动，为理顺关系、化解矛盾、维护全市改革发展稳定，构建和谐社会发挥了特有的功能和作用。

【对市法院典型案件执行情况进行视察监督】 为维护司法公正、公平，提高审案水平，共组织政协委员30人次，先后3次到市中级人民法院参加典型案件旁听审理，对案件审理过程进行监督。委员们认为市中级人民法院在案件执行方面做了大量工作，取得一定的成绩。委员们建议，建立和完善案件执行制度，加强执行人员队伍建设，提高案件执行人员的待遇等，确保司法公正，维护法律尊严，切实解决执行难问题。这些建议得到市中级人民法院的采纳。

【百名委员对优化投资环境进行监督】 11月23日，组织百名政协委员，对全市88个单位及相关部门开展“双评”（即评议投资环境，评价作风行风）活动。市政协主席陈守朴，副主席王水苟、曹连甲、关德华、万宗明、侯捷、万玉明及秘书长黄凯参加此次“双评”问卷调查活动。来自不同界别的百名政协委员逐条对照测评内容，客观公正地为全市88个单位及相关部门打分，并提出意见和建议。在集中测评结束后，委员们围绕全市“双评”工作进行座谈。委员们建议，有关部门要开设“双评”工作电子网站，积极探索加强机关作风暨效能建设长效管理机制，把“双评”工作持久有效地推行下去。

【积极反映社情民意】 坚持把反映社情民意作为履行民主监督的有效形式，及时向党委、政府反映人民群众的呼声。通过《南昌政协》内刊共报送社情民意信息92条，提出意见建议96条，其中许多是领导关注和群众关心的热点、难点问题。例如《关于对解决全市违章建筑的几点建议》、《关于南昌市古屋加强保护措施的建议》、《关于进一步建立健全全市食品安全体系的建议》、《关于做好离土农民就业及保障的对策建议》等信息，有的被上级政协采用，有的得到市领导和相关部门的重视，一些群众关心的问题得到解决。

【团结联谊工作】 始终高举爱国主义和社会主义两面旗帜，突出团结民主两大主题，发挥政协优势，联谊交友，积极搞好与各族各界人士的团结协作，调动一切积极因素，努力营造和谐稳定的社会环境。先后举行《中华人民共和国反分裂国家法》专题报告会、市政协各界人士中秋茶话会以及与市侨联联合举办“崛起的红土地”南昌赛区侨声歌咏大赛的预赛活动。开展港澳台侨投资企业调查、侨法宣传日和侨情调查活动。通过联谊工作动员和引导港澳台侨同胞、海外侨胞等各方人士到南昌市投资兴业，为“和谐创业、富民兴昌”作了有益的工作。

【余欣荣与各界人士座谈】 2月20日上午，省委常委、市委书记余欣荣出席市政协十一届五次会议并与各界人士座谈。余欣荣对政协委员参政议政，积极参加和推动南昌市经济社会建设所作的贡献表示感谢和敬意。座谈会上，余欣荣认真听取政协委员的意见和建议，并表示市委、市政府对政协委员的意见和建议高度重视，并积极支持政协委员参政议政。余欣荣指出，南昌的发展离不开政协委员们的共同努力、积极参与。南昌市正处在快速发展的大好时期，希望广大政协委员进一步加强学习，集思广益、集中民智，凝聚更广泛的社会力量，不断提高参政议政水平。

## 自身建设

【概况】 全年主动适应新形势、新任务的要求，依据宪法和政协章程的规定，通过开展以实践“三个代表”重要思想为主要内容的保持共产党员先进性教育活动和机关“效能年”活动，政协机关的规章制度更加规范有序，工作效率和服务水平明显提高。

【创建全国文明城市活动】 积极响应市委、市政府号召，及时召开有关会议传达全市创建全国文明城市动员大会精神，将创建工作任务逐项分解，责任到人。认真做好八一桥街道及桃苑、大士院、松柏巷等挂点单位的创建工作，为市创建全国文明城市献计出力。特别是在创建全国文明城市活动进行冲刺的关键阶段，市政协领导班子成员按照市创建指挥部要求全力投身创建工作，不顾高温酷暑，深入基层进行挂点督查。

【编辑出版《辉煌历程》】 为全面反映市政协辉煌历程，尤其是改革开放以来政协工作，组成专门编纂小组，编辑出版《辉煌历程》一书，为纪念人民政协成立55周年献上一份厚礼。

【编辑出版《南昌名典》】 作为历史文化名城的南昌，素有“物华天宝、人杰地灵”的美誉。围绕南昌的“物华”与“人杰”，市政协邀请专家学者，组成文史资料编纂小组，历时一年，挖掘考证南昌的名人、名文、名胜、名址、名迹，经筛选整理，编辑出版《南昌名典》一书，将南昌文化最精华的部分展现出来。《南昌名典》由“名城”、“名胜”、“名人”、“名文”四大篇章组成，计25万字，内容丰富而翔实。该书的出版，对于进一步了解南昌，宣传南昌，打造南昌文化名片具有一定的现实意义。

【政协南昌市十一届委员会第五次会议执行主席名单】
陈守朴　雷武江　王水苟　曹连甲
雷元江　关德华　万宗明　黄　凯

【政协南昌市十一届委员会第五次会议补选市政协副主席候选人名单】
侯　捷　万玉明

【政协南昌市十一届委员会第五次会议辞去市政协副主席名单】
吴延林　钟乐初　罗文华

【政协南昌市十一届委员会第五次会议增补的政协委员名单】
侯　捷　万玉明　张万山　陈　哲
温志立　崇林凤（女）　付廷美

【政协南昌市十一届委员会辞去政协委员名单】
徐铁夫　张　璇（女）

（何剑芳）

# 纪律检查与行政监察

## 概　述

【概况】　2005年,全市纪检监察机关坚持以邓小平理论和"三个代表"重要思想为指导,全面落实中共中央十六届五中全会、中纪委五次全会、省纪委六次全会和市委八届十次全会精神,紧贴经济建设这个中心,加快构建惩防体系,深入推进反腐倡廉,各项工作取得明显成效,为优化经济发展环境,实现南昌快速崛起提供了有力的保证。

## 重要会议

【市纪委第五次全会】　于2月3日在红谷滩会展中心召开。会议传达中央纪委第五次全会和中共中央总书记胡锦涛在会上重要讲话精神以及省纪委第六次全会精神,审议通过市委副书记、市纪委书记马承祖代表市纪委常委会所作的题为《服务经济建设,构建惩防体系,深入推进党风廉政建设和反腐败斗争》的工作报告,表彰2004年度纪检监察工作目标管理先进集体和先进个人。省委常委、市委书记余欣荣出席会议并作重要讲话。市纪委委员24人出席会议,市委常委,市人大常委会主任,市政协主席,市法院院长,市检察院检察长,各县(区)委、区政府,市委各部门、市直各单位,各人民团体和部分国有企业负责人等参加会议。

【全市优化投资环境、机关"作风年"、"双评"工作总结表彰暨2005年优化投资环境、机关"效能年"活动动员大会】　于2月28日在红谷滩会展中心召开。市四套班子成员,市中级人民法院院长、市人民检察院检察长,市纪委常委,市优化投资环境、市机关作风暨效能建设和市"双评"工作领导小组成员,各县(区)委书记、县区长、纪委书记及作风效能办主任,开发区主要领导、纪工委书记及作风效能办主任,市委各部门、市直各单位主要领导、分管领导,部分市属国有企业、外企和个私企业主要负责人,受表彰的先进单位和个人,优化投资环境义务监督员代表、特邀监察员代表参加会议。会议由市委副书记王样生主持,市政府秘书长、办公厅主任郭暑宣读《关于对2004年"投资环境、作风行风"评议评价最后一名单位的通报》;市委副书记史蓉蓉宣读市委、市政府《关于表彰2004年度投资环境、作风行风"十佳单位"和"十佳个人"的决定》,并对"十佳单位"、"十佳个人"进行颁奖。市委副书记、市纪委书记马承祖作总结动员报告,省委常委、市委书记余欣荣作重要讲话。

2005年3月10日,中央纪委党风室工作联系点先进单位表彰会在南昌市召开

【中央纪委党风室工作联系点先进单位表彰会议】　于3月11日在南昌召开。会议表彰40个中央纪委党风室工作联系点先进单位,南昌市纪委、宜昌市纪委、中行日照市中心支行纪委、秦皇岛港务集团纪委等4个先进单位代表在会上介绍工作经验。江西省11个设区市的代表列席会议。与会代表还就落实好党风廉政建设责任制、搞好领导干部廉洁自律,做好联系点的工作进行讨论。省委常委、市委书记余欣荣出席并致辞,中央纪委党风室正局级检查员、监察专员徐泽洲出席并作总结讲话。

【全市"正三风,促三商"动员大会】　于7月8日上午以电视电话会议的形式召开。出席主会场的有市委、市人大常委会、市政府、市政协四套班子成员,市纪委常委、南昌军分区党委常委,市中级人民法院院长、市人民检察院检察长,市人大、市政府、市政协秘书长,市委、市人大、市政府、市政协副秘书长,市委各部门、市直各单位副县级以上领导干部,红谷滩新区、桑海开发区、英雄开发区副县级以上领导干部,部分国有企业、个私民营企业、外商投资企业代表,受表彰的单位、个人及部分驻南昌单位代表。会议由市委副书记、市长李豆罗主持。会上播放了惠本善警示教育片。省委常委、市委书记余欣荣,市委副书记、市纪委书记马承祖,市委副书记、常务副市长龚建华分别作重要讲话。

【全市纪检监察工作座谈会】　于7月

22日召开,市纪委常委,各县区纪委书记、监察局长,南昌高新技术产业开发区、南昌经济技术开发区、红谷滩新区纪工委书记、监察室主任,市直部分单位纪检组长(纪委书记)、监察室主任,市纪委各室(厅、中心)机关党委负责人参加会议。会议由市纪委副书记徐荷娣主持,市纪委副书记、监察局局长曾亦冰传达省委副书记傅克诚视察南昌时的讲话精神;市委八届五次全会及全省纪检监察机关创优发展环境源头治理工作会议精神,市纪委常委、监察局副局长陈辉林通报上半年全市开展机关"效能年"活动情况。会上观看机关作风效能暗访片,市委副书记、市纪委书记马承祖到会并讲话。

【"投资环境、作风行风"评议评价工作动员大会】 于10月13日召开。88个市直参评单位主要负责人和各县(区)分管领导参加会议。会议由市委副书记、市纪委书记马承祖主持,市政府秘书长郭曙宣读《2005年全市"双评"工作实施方案》,市直机关工委、粮食局、国税局和清华泰豪集团的代表作了发言。市委副书记、市长李豆罗出席会议并作动员讲话。

【全市优化投资环境加强效能建设工作会】 于10月27日召开。市优化投资环境领导小组组长、副组长及成员,市优化办主任、副主任,各县(区)、各部门分管优化投资环境的负责人参加会议。会议由市委副书记、常务副市长龚建华主持,市政府副秘书长、市统一审批办证中心主任李国根通报当年1月~10月全市各单位贯彻落实《2005年优化投资环境工作实施方案》的情况;市纪委副书记、市监察局局长曾亦冰宣读市委办公厅、市政府办公厅印发的《关于进一步优化投资环境、提高工作效能的通知》;南昌县、南昌经济技术开发区、市质量技术监督局、劳动和社会保障局负责人先后在会上作了发言。市委副书记、市纪委书记马承祖出席会议并讲话。

【全市建立健全惩治和预防腐败体系任务分工会】 于12月10日召开。市纪委副书记徐荷娣宣读《全市建立健全惩治和预防腐败体系任务分工方案》,市委组织部、宣传部、市财政局、国资委、发改委负责人作了发言,省委常委、市委书记余欣荣,市委副书记、纪委书记马承祖出席并作讲话;市领导史蓉蓉、雷武江、蔡社宝、罗为民出席会议。市纪委副书记,市委各部门、市直各单位党组(党委),各人民团体党组负责人,市直各单位纪检组(纪委)、市直机关纪工委负责人,各县区纪委书记,各开发区纪工委书记,市纪委常委、各室(厅、中心)主任、机关党委专职副书记及副处级以上干部参加会议。会议由市委副书记史蓉蓉主持。

## 主要工作

【全市机关效能建设工作】 全市各级纪检监察机关以创优发展环境为己任,大力开展机关"效能年"活动,重点整治行政不作为、乱作为和"中梗阻、下搁浅"问题。一是强化服务机制,开播"文明行风热线"。全年开办"热线"51期,市直45个单位参加热线接听。共受理投诉439件,办结率达100%。二是强化查处机制,对损害投资环境和违反机关效能建设的举报投诉做到有诉必理,有理必果。共受理571件,办结率98.9%,其中给予纪律处分41人,效能告诫43人,诫勉教育56人。三是强化监督机制,积极推行政务公开,推行行政审批阳光工程。开展对机关作风情况的明查暗访,面向社会聘请行风义务监督员200人。四是强化协调机制。积极发挥组织协调职能,督促有关部门认真履行职责,切实解决企业生产经营中的困难和问题。五是强化责任机制。在认真落实已经出台的机关效能建设各项制度的基础上,制定并下发《南昌市行政过错责任追究办法》。六是强化奖惩机制。开展对全市88个党政部门的"双评"工作。通过开展机关"效能年"活动,进一步转变机关作风,提高工作效率,优化投资环境,促进经济发展。

【构建惩防体系工作】 中央《建立健全教育、制度、监督并重惩治和预防腐败体系实施纲要》(以下简称《实施纲要》)颁布后,按照上级统一部署和要求,成立贯彻落实《实施纲要》领导小组及办公室。年内通过召开专题座谈会,下发学习贯彻《实施纲要》的通知,开展了多种形式的学习宣传。共举办学习辅导讲座100余次,播放学习光盘250余次,组织4万余人参加知识竞答活动,并在《南昌日报》开辟学习《实施纲要》专栏。在广泛调查研究和反复征求意见的基础上,市委制定印发贯彻落实《实施纲要》的意见,明确建立健全惩防体系的目标要求和具体任务。为保证该《意见》提出的各项任务落到实处,市委专门召开贯彻落实《意见》任务分工会,部署2007年前必须完成的主要任务,并对任务进行逐项分解,明确牵头单位和协办单位,把责任落实到各部门、各单位。

【领导干部廉洁自律工作】 各级党政组织认真落实党风廉政建设责任制,严格执行廉洁从政各项规定,坚持以专项清理为重点,认真治理党风、政风方面存在的突出问题。继续对领导干部收送现金、有价证券和支付凭证问题进行治理;狠抓"禁赌"工作,查处参与赌博的党员干部18人;深入开展党政领导干部拖欠公款清理工作;继续开展清房扫尾工作,累计清退干部违规住房2073套,其中上市出售664套,售得房款5530.8万元,累计收缴住房超面积房款1102.4万元;认真清理党政机关违反规定用公款为干部职工购买商业保险等问题;重申领导干部交流纪律,严明换届工作纪律;严格落实党风廉政建设责任追究制度,追究领导干部30人。

【纠正损害群众利益不正之风工作】 各级纪检监察机关把实现好、维护好、发展好人民群众利益作为纪检监察工作的出发点和落脚点,坚持纠建并举,标本兼治,深入开展专项治理损害群众利益不正之风工作。全市依法该付给农民个人的征用土地补偿费全部到位;城镇房屋拆迁中应给拆迁户的拆迁补偿费1.7亿元全部到位。清欠农民工工资1300余万元。注重在企业改制和关闭破产中维护职工权益,有155户企业完成或基本完成改制,9.5万名职工得到妥善安置。全市对596家企业进行环保检查,查处58家违法排污企业。义务教育阶段公办学校全面实行"一费制",公办高中招收择校生严格执行"三限"(即限分数、限人数、限钱数)政策。全市查处公办学校乱收费问题83起,涉及金额322万元,清退298万元,处理人员29人。医药购销中收受回扣和医疗服务中"开单提成"、收受"红包"等问题得到初步遏制,医务人员退还患者和上交"红包"26万元,拒收"回扣"1.3万元。通过实行药品和高值医用耗材集中招标采购,让利患者,节约资金2810余万元。加强对惠农政策落实情况的监督检查,建立治理公路"三乱"(即乱设卡、乱收费、乱罚款)快速反应机制,巩固公路无"三乱"成果。

【查办案件工作】 各级党委、政府加强对办案工作领导,各级纪检监察机关加强组织协调,执纪执法机关通力合作,保持查办案件工作积极发展,产生了较好的政治、经济和社会效果。全市各级纪检监察机关共接受信访、到访、举报电话3538件(次),初查核实违纪线索862件,新立案498件,其中涉及县级干部19件,结案490件。查办案件工作呈现五个特点:一是突破了一批有影响的大案要案。重点查处新建县原县委书记魏朝和,市公路局原局长谢昌文、副局长谢秋珠、罗查金等一批有影响的大案要案。二是坚持围绕中心和大局办案。在查办案件中,各级纪检监察机关注重查办影响改革、发展、稳定的突出问题,重点查办建筑领域中围标、串标等虚假招投标案件,干扰和破坏发展环境的案件,侵害群众利益的案件。三是注重严格依纪依法办案。严格执行信访举报、案件查处、案件审理工作流程图,确保办案质量。四是注重发挥办案工作的治本功能。坚持"一案两报告"制度,利用典型案例开展警示教育,召开警示教育大会,制作惠本善案警示教育片,举行查处招投标领域违纪违法案件新闻发布会,及时向发案单位下发监察建议书,促进惩治成果向预防成果的转化。五是注重办案的综合效益。坚持宽严相济,区别对待,该查处的查处,该教育的教育,并查核一批举报失实的信访件,为有关党员干部澄清了是非。

【治本抓源头工作】 突出抓好管事、管财、管人三个重要环节,不断推进治本抓源头工作。继续深化行政审批制度改革,完成第四轮行政审批项目的清理,优化审批程序,提高办事效率;在市直部门全面推行部门预算,进一步落实"收支两条线"规定,全面实行国库集中支付制度;加强对干部人事制度的监督,加大公开选拔领导干部工作力度;突出加强对建设工程招投标、经营性土地出让、政府采购和产权交易等"四项制度"执行情况的监督,政务公开、厂务公开、村务公开工作继续深入。为进一步规范招投标工作,充分发挥市场在资源配置中的基础性作用,市委、市政府作出建设全市招投标中心的决策,制定并下发《关于建立南昌市招投标统一市场,进一步加强和规范招投标管理工作的意见》,招投标市场建设正在紧张有序地进行。

【宣传教育工作】 大力开展两个《纲要》(即《建立健全教育、制度、监督并重的惩治和预防腐败体系实施纲要》、《"三个代表"重要思想反腐倡廉理论学习纲要》)的学习活动。全市举办学习辅导讲座100余次,播放学习光盘250余次,广大党员干部撰写学习两个《纲要》心得文章100余篇,在《南昌日报》开辟《学习两个〈纲要〉》笔谈》专栏,组织学习两个《纲要》知识竞答活动,全市4万余人参加。结合开展保持共产党员先进性教育活动,组织广大党员干部认真开展学习党章、《中国共产党党员权利保障条例》等党纪条规,并制作惠本善违纪违法案件警示教育片,积极开展示范教育和警示教育。全市共播放警示教育片200余次。大力开展廉政文化建设,在全市范围内举办反腐倡廉书画作品展、创作廉政歌曲等活动。积极探索廉政文化进社区、进家庭、进学校、进企业、进农村等"五进"活动,内容丰富,形式多样,效果良好。进一步充实丰富"廉政在线"专栏,开播50余期。加强新闻报道工作和调研工作,市领导批示的有14篇,为领导科学决策提供了重要依据。

【干部队伍建设】 加大对纪检监察干部的培训工作力度。组织干部参加中纪委、省纪委和市纪委培训累计达211人次;组织一批干部参加新加坡培训班。加大干部人事制度改革力度,先后拿出3个室主任、8个室副主任职位在机关干部中推行竞争上岗。加大对干部的教育、管理和监督力度,全市纪检监察干部整体素质有较大提高。

(徐　强)

**2005年度市纪委、监察局表彰的先进单位和个人一览表**

表11

| 表彰事项 | 受表彰单位或个人 |
|---|---|
| 1. 纪检监察工作先进单位 | 新建县纪委、监察局,西湖区纪委、监察局,红谷滩新区工委纪工委、监察室 |
| 2. 目标管理先进单位 | 市纪委办公厅,市纪委、监察局纪检监察二室,市纪委、监察局效能监察投诉中心,市公安局纪委、监察室,市国税局纪检组、监察室,市劳动和社会保障局纪检组、监察室,市投资与建设项目审批办证服务中心纪检组,市物资集团公司纪委、监察室 |
| 3. 办案工作先进集体 | 市纪委、监察局案件审理室,进贤县纪委、监察局,湾里区纪委、监察局,南昌经济技术开发区工委纪工委、监察室,市公安局纪委、监察室,市质量技术监督局纪检组、监察室,市市政公用投资控股公司纪委、监察部 |
| 4、信访举报工作先进集体 | 东湖区纪委、监察局,市供销合作社纪委、监察室 |
| 5. 调研宣教工作先进集体 | 南昌县纪委、监察局,市卫生局纪委、监察室 |
| 6. 案件审理工作先进集体 | 新建县纪委、监察局,市直属机关纪工委 |
| 7. 党风廉政建设工作先进集体 | 安义县纪委、监察局,市地税局纪检组、监察室 |
| 8. 纠风工作先进集体 | 青山湖区纪委、监察局,市房产管理局纪委、监察室 |
| 9. 执法监察工作先进集体 | 青云谱区纪委、监察局,市林业局纪委、监察室 |
| 10. 信息工作先进集体 | 市纪委、监察局党风廉政室,进贤县纪委、监察局,西湖区纪委、监察局,市人民政府办公厅纪检组、监察室,市中级人民法院纪检组、监察室 |
| 11. 机关作风效能建设先进单位 | 南昌高新技术产业开发区工委纪工委、监察室,市工商行政管理局纪检组、监察室 |
| 12. 优秀纪检监察工作者 | 邓文茂、帅盛武、刘　彪、刘功映、刘本昆、朱国良、刘荣智、张　慧、张达庚、李泽民、吴诚梅、吴梅芳、陈海水、应斌华、罗　春、欧阳小龙、周名慧、徐　强、涂咸高、郭荣昌、高革霞、高赛妹、寇立群、傅碧波、彭路萍、葛　源、熊　颖、熊诵树、熊雪梅、潘　华、樊小梅 |
| 13. 办案工作先进个人 | 邹文峰、陈国林、陈国贵、周　铭、杨海山、胡军平、涂小凤、曹　峰、黄文勇、谭伯乐 |

(市纪委、监察局)

# 群众团体

## 南昌市总工会

【概况】 2005年，全市各级工会组织认真落实“组织起来，切实维权”的工会工作方针，不断扩大工会工作覆盖面，工会基层组织建设取得新的进展；加大协调劳动关系力度，工会维权长效机制建设取得新的突破；协助党政部门妥善解决困难职工生产生活问题，为职工群众办实事、做好事取得新的成效；努力增强工会组织凝聚力，团结动员广大职工为加快全市经济和社会各项事业的发展作贡献，各项工作取得较好的成绩。

【充分发挥广大职工在经济和社会发展中的重要作用】 广大职工积极参加以“技术创新、管理创新、服务创新”为主要内容的经济技术创新活动。以“争创智能型班组，争当智能型职工”为主要内容的“八个一”创新立功竞赛成效显著，参加岗位练兵和技术比武的职工达10万人次。组织开展职工计算机知识竞赛，全市职工计算机知识普及率达70.3%。鼓励广大职工不断推出先进操作方法，争当岗位带头人，涌现了一批“袁政海式”的技能型人才。群众性的技术发明、技术革新、技术创新、技术攻关活动成效显著，广大职工以主人翁的姿态积极参加“向市长献一计策”活动。共提出各种建议100余条，其中40余条被市政府及有关部门所采纳，产生了较好的经济效益和社会效益。全市共选树全国劳动模范11名，全省劳动模范112名，市劳动模范713名，充分展示工人阶级的崇高品质和时代风貌。

【源头参与、依法维权的力度进一步加大】 全市建立集体协商、集体合同制的企业达1846家，覆盖职工32.5万人；签订37个区域性集体合同，部分国有、私营和外商投资企业开展了工资协商谈判。国有、集体及其控股企业职代会建制率始终保持在95%以上，厂务公开实施面达到96.6%以上；教育、卫生等事业单位校务、院务公开率达100%，各系统、各单位职代会工作质量明显提高。在非公有制企业中努力探索民主管理的有效途径，部分非公有制企业进行厂务公开的试点。职工董事监事制度与职工代表巡视制度得到进一步落实和完善。劳动法律监督组织和工会劳动保护监督检查网络进一步健全。市总工会开设24小时受理职工求助热线电话，建立维权工作服务站，坚持实行领导接待日制度。全年共接待和受理职工信访2100件。市、县(区)两级普遍建立三方协商机制，为维护职工合法权益、创造和谐稳定的劳动关系发挥了积极作用。源头参与渠道进一步拓宽。市、县(区)工会建立与政府的联席会议制度，先后参与《厂务公开实施意见》、《江西省实施〈工会法〉办法》等6个法规、条例、政策性文件的起草和修订，提出涉及职工收入分配、劳动就业、生活和医疗保障等方面意见建议600余条。

【职工队伍的整体素质进一步提高】 广泛深入开展“建文明班组、创文明岗位、做文明职工”、“争创学习型班组、争当知识型职工”、“振兴南昌职工读书自学成才”等一系列素质登高活动。以“文明南昌行动”为起点，组织职工广泛开展“树立科学发展观，建设美好新江西，做大做强新南昌”为主题的教育活动，进一步提升广大职工的文明素质和道德水平，涌现一批文明班组、文明岗位和文明职工。认真贯彻实施《公民道德建设实施纲要》，在全市范围内广泛开展职业道德“双十佳”评选活动，选树一批职业道德标兵，进一步增强广大职工恪守职业道德的自觉性。建立职工职业技能培训、练兵、比武、晋级的管理机制，进一步激发广大职工学习技术、比技能的主动性和积极性，涌现出一批技术能手和技术标兵。举办45期职业技能培训班，其中有400余名班(组)长通过培训，进一步增强现代管理能力和水平。开展女职工双文明建功立业竞赛和以“学习成才、素质登高”为主题的女职工素质教育活动。各级工会利用工会干

2005年1月3~4日，市领导余欣荣、李豆罗、史蓉蓉、熊焕高、陈守朴等出席全市各界劳模迎新春慰问座谈会

校、职工学校、文化宫、图书馆、俱乐部等文化教育阵地,组织开展形式多样、丰富多彩的群众文化体育娱乐活动,丰富广大职工的精神文化生活。

【为职工办实事、做好事的成效进一步显现】 全市各级工会组织把关心困难职工群体,为职工群众办实事、做好事作为重要工作来抓。由市总工会牵头组织的领导干部联系困难职工"一帮一"活动,得到市委、市政府的高度重视,市委主要领导担任活动领导小组组长。各有关部门密切配合,协同作战,全市有1万余名副科级以上干部参加此项活动,帮助和救助困难职工3960名。在"一帮一"活动的推动下,全市送温暖工程覆盖面越来越宽、形式越来越活、效果越来越好。如在全省首创省、市领导与困难职工同吃年夜饭的"送温暖慰问会"活动;建立全省首家困难职工帮扶定点医院;率先搭建起扶贫助学"爱心桥";率团参加全省首届职工创业博览会;实现工会与政府劳动就业信息共享;在全省建立首个困难职工帮扶网站。南昌市困难职工帮扶中心的建立,使工会"送温暖"工作步入经常化、制度化和社会化的轨道。全年实施"送温暖工程"共投入资金200万元,直接受益受惠职工1.2万人次。市总工会协助政府实施就业、再就业工程,拓宽就业渠道,创造就业岗位,共帮助安置下岗失业人员再就业2000人次,累计培训下岗职工5000人次。为全市5000名下岗职工和生活困难职工发放医疗优惠卡,减免困难职工医疗费5万余元;发展职工互助保险事业,累计吸纳职工互助保险会员8.6万人,储金1.7亿元,为135名职工化解风险40万元;筹集助学金30万元,资助115名困难职工子女完成九年制义务教育,解决30名困难职工子女上大学费用,职工科技大学减免困难职工及子女学费2万元。

【加快新建企业工会组建工作步伐】 工会组织的覆盖面不断扩大,新建企业工会组建工作成效显著。新建企业工会组建率和职工入会率均达到90%以上,全日制民办学校工会组建率达100%,有107个乡镇(街道)、百余个社区(村居)建立工会组织。全市现有工会6895家,会员67.96万人。各级工会坚持建会、建制、建家三结合原则,促进基层工会工作健康有序地开展,基层工会活力不断增强。已建工会组织的新建企业积极开展"双爱双评"、"双维双赢"和建设职工之家活动,全市有全国、省、市职工之家142家、职工小家83家。

【工会自身改革和建设进一步加强】 进一步增强广大工会干部的全局意识和服务观念,各级工会自身建设得到进一步加强,工作效率明显提高。市总工会机关坚持为经济建设服务、为基层工会服务、为职工群众服务的指导原则,将工作重点转向基层,大力精简会议和文件,减少不必要的检查、评比和表彰;加强工会机关效能建设,进行机构改革,竞争上岗,进一步提高工作效率。各级工会十分重视工会干部队伍建设,重视年轻干部的选拔、培养和使用,实行干部挂职锻炼与轮岗交流,强化工会干部教育培训和轮训。全年共培训工会干部410人次,工会干部的整体素质有了新的提高,工会协管干部的工作取得新的进展。

【劳动模范表彰大会】 "五一"前夕,市总工会组织召开南昌市劳动模范表彰大会,授予江铃汽车集团公司董事长王锡高等713名劳动者为"南昌市劳动模范",并号召全市人民以劳动模范为榜样,立足本职、求真务实、奋力拼搏、共创南昌更加美好的未来。省委常委、市委书记余欣荣出席并讲话,市委副书记、市长李豆罗宣读《南昌市人民政府关于命名表彰劳动模范的决定》,市委副书记史蓉蓉致辞。

【工会工作会议】 11月13日,市委在红谷滩会展中心东厅召开全市工会工作会议。副市长周关主持会议,市总工会主席傅玉芳传达全省工会工作会议精神;安义县委、青山湖区委、江铃汽车集团公司党委分管领导先后在会上发言;省总工会副主席文之周、市委副书记史蓉蓉分别在会上讲话。会议强调,要充分认识加强和改进新时期工会工作的重要意义,发挥工会在推动改革、促进发展、维护稳定中的重要作用,认真履行工会的基本职责,依法维护职工群众的合法权益,加强基层工会组织建设,不断扩大工会组织的覆盖面,加强和改进党对新时期工会工作的领导,为工会开展工作提供必要的条件。市委、市人大、市政府、市政协分管工会工作的领导,各县区、各开发区、红谷滩新区、工业园区分管工会工作的领导及工会主席,全市有关单位、市属企事业单位、部分非公有制企业、各乡镇(街办)、社区分管领导、工会主席共500人参加会议。

【市工会第十二次代表大会】 12月28~31日,市总工会在南昌国际展览中心召开南昌市工会第十二次代表大会。出席大会的正式代表440名、列席代表16名和特邀代表77名。省委常委、市委书记余欣荣,市委副书记、市长李豆罗,市人大常委会主任熊焕高,市政协主席陈守朴等出席,省总工会党组副书记、副主席文之周代表江西省总工会向大会表示热烈祝贺,省委常委、市委书记余欣荣发表重要讲话,共青团南昌市委书记刘闯代表人民团体向大会致贺词。市人大常委会副主任万先勇代表市总工会第十一届委员会作题为《团结动员全市广大职工为做好"两篇文章"实现南昌在江西率先崛起而努力奋斗》的工作报告。大会选举产生由52名委员组成的市总工会第十二届委员会和由13名委员组成的市总工会第十二届经费审查委员会,万先勇当选为市总工会第十二届委员会主席,傅玉芳、李美珍、何夫华当选为副主席。裘小勇当选为市总工会第十二届经费审查委员会主任。

(聂党生)

## 共青团南昌市委

【概况】 2005年,共青团南昌市委紧紧围绕南昌在中部地区率先崛起这一目标,服务经济建设大局,服务青少年健康成长,深入推进共青团事业全面发展,在建设现代区域经济中心城市和现代文明花园英雄城市的进程中作出了新的贡献。团市委青农部荣获全省青农工作创新奖,团市委陈水平荣获中国青年创业行动先进个人称号,共青团进贤县委吴宽、南昌高专万海峰等4人荣获全省优秀团干部称号,南昌三中高三(11)班学生谢明霖、南昌外国语学校高一(3)班学生姚维佳等8人荣获全省优秀团员称号。

【青少年思想政治工作】 根据中小学生的不同特点,把加强青少年儿童思想道德教育摆在首要位置,用科学理论和科学思想占领青少年儿童的思想阵地。继续"以爱国主义为核心的团结统一、爱好和平、勤劳勇敢、自强不息的伟大民族精神"为主题,开展"心系祖国健康成长"读书竞赛、"童心南昌秀——全市少年儿童绘画、作品展"和"创建全国文明城市"主题教育等活动,引导青少年儿童树立远大理想,培养热爱祖国、热爱人民的良好品德。通过一系列主题教育活动,涌现出一批全国先进典型,其中豫章路小学方铭璐荣获全国十佳少先队员称号;筷子巷派出所杨金平荣获全国十佳少先队辅导员称号;站前路小学彭艳、青桥学校万文华被评为2005年全国优秀少先队辅导员。

【共青团员意识主题教育活动】 9月,在全市广大团员中开展以学习实践"三个代表"重要思想为主要内容的增强共青团员意识主题教育活动。全市各级团组织积极开展以"三个代表"重要思想为主要内容的理论学习,以团章为主要内容的团史团情教育及新时期共青团员的时代特征、素质能力、作用发挥等专题讨论活动。

【组建南昌青年法律人才协会】 联合市公安局、检察院、法院、司法局等单位共同组建南昌青年法律人才协会,共有会员180余名。并以此为依托,建立青少年法律援助中心,开通南昌市青少年维权和心理咨询服务热线电话(0791-3885826),为青少年提供法律服务,帮助困难青少年依法维护自己的合法权益。

【成立南昌青年博士服务团】 在全省率先成立"南昌青年博士服务团",吸引省属高校、企业、医院、机关的近百名青年博士加入。围绕"为南昌经济社会发展服务"和"为青年博士自身服务"两个工作重点,开展青年博士农村行、企业行、校园行等活动,促进产、学、研的对接,促成青年博士与企业、医院、乡村签订7个技术服务合作项目,为南昌经济社会发展提供智力支持。

【预防青少年违法犯罪工程】 全面启动"为了明天——预防青少年违法犯罪工程",巩固完善社区、家庭、学校"三位一体"的法制教育工作格局。加强对特殊青少年群体的普查、管理和教育,在市国资公司建立"南昌市新生安置帮教基地",积极支持刑释解教人员安置帮教工作。以"用爱心和科学帮助孩子戒除网瘾"为主题,聘请青少年网络文明大使陶宏开在南昌举行报告会,1000余名家长和孩子参加。

【青年创业、再就业工程】 6月18日,由共青团南昌市委主办,江西省金桥人才市场承办,南昌市青年企业家协会等协办的首届"人才南昌"大型招聘会在省体育馆进行。南昌、上海、厦门、东莞等城市200余家单位参会,提供就业岗位2万余个,4400余人入场参加招聘。其中,毕业生2100余人,失业人员1400余人,下岗职工930余人。达成用工意向性协议2400余人。联合玫琳凯(中国)化妆品有限公司南昌分公司、红苹果美容美发学校联合实施"玫琳凯技能发展项目"。在红苹果美容美发学校成立南昌市下岗失业青年玫琳凯美容技能培训中心。全年共举办培训班3期,培训下岗职工100余人。

2005年12月30日,共青团南昌市第十五次代表大会开幕

【青工技能振兴计划】 5月23日,在南昌钢铁责任有限公司职工活动中心举行"2005年南昌市青工建功成才月活动启动仪式"。来自江铃集团公司、南昌卷烟厂、南昌市商业银行等单位的500余名青工代表参加启动仪式。全市各级团组织结合自身情况,选拔技术过硬、经验丰富、责任心强的技师为青工传授技术,开展"老师带新徒、名师带高徒"活动。同时对青年技术工人进行岗前培训。通过举办青工技能大赛,为青年技工提供展示技能的舞台。市商业银行周海燕等4人被评为全省青年岗位能手;江铃集团公司刘志刚等4人被授予全省优秀师徒称号。

【"新赣商"文化品牌】 为大力营造"百姓创家业、能人创企业、干部创事业"的全民创业、和谐创业氛围,依托南昌市青年商会举办"新赣商文化沙龙"、"新赣商品牌研讨会"和"新赣商专委会发展研讨会",同时联合创办"浙赣经济论坛"。在江西日报社主办的《信息日报》上开辟"新赣商,新创业"专版,邀请省、市领导,专家学者,企业代表等就如何充分挖掘与弘扬赣文化中的创业文化和塑造赣商"诚信、开放"新形象等课题进行广泛的研讨,在全市青年企业家中倡导"敢吃苦、敢冒险、讲诚信、讲进取、善开拓、善创新"的新赣商文化。

【青年志愿者行动】 全市团员青年积极加入志愿者行动队伍,开展"四进社区"、"环保志愿者"、"消防志愿者"、"爱心助成长"、"真情助困进万家"等活动,使群众性精神文明创建活动蓬勃开展。3月4日,共青团南昌市委、市志愿者协会正式启动"文明新风,辉映洪城"万名志愿者行动,重点实施以"牵手夕阳、辉映青春"等为主要内容的志愿活动。全市有注册志愿者万余人,累计提供志愿服务近百万人次。南昌二十八中等六个单位(集体)被评为全省优秀青年志愿服务集体;南昌消防支队荣获全国百优青年志愿服务集体;共青团南昌市委邱胜荣获全省十大优秀青年志愿者称号;南昌陆军学院陈教平荣获全省青年志愿者优秀奖。打造"东青在线"等志愿服务品牌,"东青在线"获全国青年志愿者行动项目奖。

【希望工程】 南昌市希望工程办公室通过实施农民工子女进城助学计划,开展"芙蓉学子——与希望同行"、发行"希望工程"明信片等活动,募集资金70余万元,救助800余名面临失学的儿童和30名品学兼优的贫困大学生。以"团结友爱"为主题,开展"城市少年儿童与进城务工农民子女手拉手"行动,让城市少年儿童和农村少年儿童互相尊重、互相学习、互相帮助。共收到自愿参加活动的学生表格160余份,自愿参与结队的学校23个。

【保护母亲河行动】 与市环保局在市体育公园联合举办"青少年环保志愿者争创'四城'誓师大会",来自全市大中小学生志愿者和各企事业单位青年志愿者1500余人参加并宣誓,承诺“保护环境,从我做起”。植树节期间,组织团员青年到南昌县黄马乡进行义务植树、开展“青少年绿色家园”活动,来自省、市机关事业单位、大中专院校等单位的1000余名团员、青年参加。

【“青年文明号”活动】 在市公安、卫生、邮政、国税等20个窗口行业和工业企业中全面开展“青年文明号”活动,大力弘扬诚实守信的行业新风,营造积极创建、人人参与的良好氛围。全市新命名南昌市红谷滩新区公安消防大队等73个市级“青年文明号”集体;南昌市商业银行营业部等8个集体荣获省级“青年文明号”称号。开展“真情送万家”、“百城万店‘青年文明号’信用宣传教育月”、“全市‘青年文明号’优质服务月”、“‘青年文明号’节约示范行动”和“‘青年文明号’文化节”等活动,推动青年文明道德建设向纵深发展。

【青年文明社区】 以“社区团建、社区文化、社区教育、社区服务”为抓手,开展创建文明社区活动,取得良好成效。青云谱区三店街道三家店社区等5个社区被评为“全国青年文明社区”。

【农村青年中心建设】 将进贤县李渡镇作为全市农村青年中心建设首个试点单位,并在其他县区选择1~2个有条件的乡(镇)设立青年种养协会、技能培训点、就业服务中心、健身俱乐部、读书沙龙等深受青年喜爱的活动载体,通过多种渠道服务农村青年。全年共建农村青年中心近20个。

【基层党建带团建工作】 通过问卷调查、电话调查、现场座谈等形式,对全市四县五区及南昌高新技术产业开发区、红谷滩新区社区团组织建设情况进行调查,基本摸清全市社区团组织建设情况。截至年底,全市建立社区团支部222个,社区建团率达75.5%。同时共评选出市级五四红旗团委标兵单位5个,五四红旗团委单位22个,五四红旗团支部(总支)标兵单位5个,五四红旗团支部(总支)单位15个,五四红旗团委创建单位22个,五四红旗团支部(总支)创建单位48个。经共青团南昌市委推荐上报,共青团青云谱区委荣获全省团建先进县(区)称号;南昌县向塘镇团委荣获全省五四红旗团委标兵单位称号;安义县石鼻镇团委、南昌钢铁有限责任公司团委、新建县中医院团支部、南昌公路分局南昌公路段团支部、东湖区步行街管委会团支部荣获全省五四红旗团支部(总支)称号。

(盛姣丽)

## 南昌市妇女联合会

【概况】 2005年,市妇联以服务大局、服务妇女、服务基层为工作核心,全面提升妇联组织能力和妇联干部综合素质,团结引导全市广大妇女为加快富民强市步伐,推进全市经济社会各项事业全面发展发挥积极作用,各项工作取得较大的成绩。荣获全国实施妇女儿童发展纲要先进集体、全国“双学双比”活动先进协调单位、2005年中国十大经济女性年度人物评选活动优秀组织奖、江西省“男女平等基本国策”宣传奖、全省“巾帼建功”先进集体等10余项荣誉称号。

【南昌市第十一次妇女代表大会】 12月30~31日在市鄱阳湖大酒店召开。出席会议的正式代表400名,特邀代表25名,列席代表15名。市妇联主席李电花代表市妇联第十届执行委员会向大会作题为《团结动员广大妇女,为促进南昌崛起、实现妇女事业的新跨越而奋斗》的工作报告。市委、市人大、市政府、市政协、市纪检、南昌警备区和省妇联领导,市总工会、团市委、市文联、市社联、市侨联、市残联、市科协领导莅临大会。大会总结了1995~2005年全市妇女工作,部署今后的任务,并向全市妇女发出《文明建设促崛起 豫章巾帼铸辉煌》倡议书。大会选举产生第十一届妇联执行委员43名,常委9名;选举李电花为市妇联主席,周笑蓓、管琳丽、盛爱凤为市妇联副主席。

【积极做好下岗女工再就业工作】 通过结对子、发挥再就业基地作用、召开专场招聘会等形式,搭建就业转移桥梁,广泛挖掘就业岗位。联合市劳动和社会保障局、《南昌晚报》开展“家政创业明星”和“好雇主”、“双十佳”评选表彰活动,帮助下岗失业妇女改变择业观念。在省外贸厅、省妇联的帮助下,获得“‘中国——欧盟’南昌市下岗女工技能培训项目”的执行权。9月~10月,全市共举办培训班8期96场,主要内容为家政服务、市场营销、饮食烹任、美容美发、电动缝纫技能,全市500余名下岗女工参加培训。联合市劳动和社会保障局召开南昌市第二届适合女性就业岗位专场招聘会,108家单位提供8363个岗位,其中针对下岗女工、农村失地妇女的岗位就有4000余个。会上540人与用工单位达成就业意向,65人现场被录用。通过再就业基地培训,全年共帮助5000余名妇女实现再就业。

【依法维护妇女儿童权益】 全市各级妇联组织以提高妇女法律素质,维护社会稳定为重点,以提高依法维护妇女儿童权益的能力为主线,切实维护好广大妇女的合法权益。建立市妇联主席接待制、大案要案呈报制、随到随访制、首问负责制、限时结案制等系列信访制度,并推出“热心、诚心、爱心、关心”服务。全年共接待信访、到访255件。举办由市公安局、检察院、法院、司法局等百余名干警参加的南昌市妇女维权干部培训班,加强执法人员的法律意识和执法能力。联合省妇联和西湖区妇联开展“贯彻男女平等基本国策,促进构建平安江西”为主题的大型法律咨询活动,发放禁赌倡议书2000余份、各类法律宣传册1000余份。开展主题为“珍爱生命,远离毒品”活动,组织社会各界爱心人士慰问戒毒人员,赠送价值7000余元法律书籍和生活用品。

【开展“双合格”家庭教育活动】 为贯彻落实全国、省妇联提出的关于开展“争做合格家长,培养合格人才”家庭教育宣传实践活动的精神,充分发挥自身联系家庭的优势,为儿童健康成长服务。开展系列“双合格”家庭教育活动、家庭教育工作调查报告及优秀论文评选表彰活动,收到调查报告和论文61篇;开展百篇“教子有方”论文评选,在《南昌日报》开辟《争做合格家长,培养合格人才》专栏,刊登精选的10篇优秀论文;编印《教子有方手记》一书,省委常委、市委书记余欣荣为该书作序,市长李豆罗题词,并发放至各社区和家庭;举办“我的家教故事”暨幼儿道德童谣表演赛和“双合格”家庭教育书画比赛,向全市征集“未成年人思想道德建设工作创新案例”40份;联合市教育局举办“家庭教育阳光计划”系列讲座,邀请全国知名专家和团中央《知心姐姐》杂志心理健康教育报告团讲师在全市各县、区50所中、小学、幼儿园举办公益巡讲,宣传科学的指导模式;建立家庭教育工作指导机构,在青春家园等设立10个家庭教育指导中心;成立南昌市儿童工作者协会;联合市教育局召开“双合格”家庭教育工作表彰暨“六一”庆祝会。市妇联荣获省妇联、省教育厅颁发的2005年双合格家庭教育工作先进集体称号。

【开展五好文明家庭创评活动】 结合开展"建设和谐平安江西,共创富民兴赣大业,提升南昌发展水平"的教育活动,在全市开展主题为"欢乐家庭、和谐社区、小康风范"的特色家庭创建活动,评选出一批才艺家庭、爱心家庭、书香家庭、绿色家庭、和谐家庭。在全省"五好文明家庭"工作会上,南昌市胡左英、袁一多等12户家庭被评为"学习型家庭",凌象松、魏云龙等22户家庭评为"绿色家庭",青山湖区湖坊镇进顺村、新建县铁河乡方洲分场等12个村被评为"美德在农家"活动示范点。

【全国妇联副主席黄晴宜一行到南昌调研】 10月23日下午,全国妇联副主席、书记处第一书记黄晴宜一行五人到南昌市西湖区建设桥社区考察家庭文化建设和基层妇女组织建设情况,并参观南昌八一起义纪念馆。省委副书记王君,省妇联主席李亚平,市长李豆罗,市委副书记史蓉蓉等陪同参观考察。

【双学双比活动成效显著】 全市各级妇联组织通过就业培训、科技示范、信息服务、资金支持等方式,以"三基地一沼气"(即建立巾帼劳务输出转移基地、巾帼科技培训示范基地、巾帼创业示范基地、巾帼沼气建设示范户)和"十十百千"(即在全市建成巾帼劳务输出转移基地10个、巾帼科技培训示范基地10个、巾帼创业示范基地100个、巾帼沼气建设示范户1000户)工程为重点,大力实施"巾帼科技致富工程",积极帮助农村富余女劳动力实现自身价值。联合有关部门组成培训网络,培训一批敢为人先的致富女能人,辐射带动广大农村妇女科技致富。通过"三下乡"活动,实施农村劳动力转移培训"阳光工程",举办农村妇女科技致富报告会暨培训班、果林知识竞赛,进一步提高农村妇女的科技文化素质和参与农村经济建设的积极性。在全市农村妇女"双学双比"工作经验交流会暨表彰会上,表彰朱彩云等十佳巾帼信用农户,命名市妇联家政服务中心等10个巾帼劳务输出转移基地;进贤县衙前乡菌菇基地等10个巾帼科技培训示范基地和南昌环珠蛋厂等30个巾帼创业示范基地。

(刘　琴)

## 南昌市文学艺术联合会

【概况】 2005年,市文联认真履行"联络、协调、服务"职能,围绕南昌在中部地区崛起的目标,坚持一手抓创作,一手抓繁荣,充分发挥桥梁和纽带作用,各项工作取得一定的成绩。

【市文联换届选举】 12月,根据市委安排,市文联召开南昌市第七次文联代表大会,修改章程,并按章程选出新一届委员会和常务委员会。大会总结自上届文代会以来的工作,提出未来五年的发展规划。会议强调,全市各级文联组织要继续团结带领广大文艺工作者,开拓创新,推动各项工作发展,促进南昌文艺事业再创辉煌。

【大力开展各类文艺活动】 参与主办"崛起的南昌"全国名家笔会。来自北京等30余个城市的书画名家参加。会上汇集近代和当代艺术大师的精品130余幅,其中有齐白石、徐悲鸿、傅抱石和沈鹏、启功的名作。成功举办市政府首届滕王阁文学奖颁奖活动,邀请中国作协副主席陈建功、李存葆出席。为继续打造楹联文化,市文联、市楹联协会与省书协联合举办"洪州墨友楹联书法展",市长李豆罗为书展亲笔题签,省美术家协会、北京市收藏家协会等24家单位来函祝贺。通过展览,彰显楹联文化内涵,展示书法艺术魅力,提升南昌文化品位。在印尼海啸发生之后,市文联楹联家、书法家协会与《江南都市报》联合在胜利路步行街举办义卖义捐活动,为灾区人民奉献爱心。9月承办由省文联、省民协主办的全省第十届故事创作演讲大赛,邀请《故事会》、《中国故事》等全国知名刊物近30位故事专家学者参加,全省10支代表队,100余位选手参赛。

【文艺采风和对外文化交流】 5月1～7日,邀请西安"黄土画派"采风团一行到南昌参观采风并开展艺术交流活动;6月组织文艺家到"七彩云南"进行采风,使艺术家领略昆明、大理、丽江等地的秀美风光,激发了创作灵感;6月1～5日,组织南昌市作家代表团一行10人赴澳门进行为期5天的交流活动,中央人民政府驻澳门特别行政区联络办公室宣传文化部部长孔繁壮接见代表团全体成员。本次交流活动进一步加强两地的文学交流,为共同促进两地文学创作的繁荣打下良好的基础。

【市艺术家创作获奖情况】在开展各种文艺活动的同时,不断培养文艺人才,推出文艺成果,涌现出一批精品力作。蔡天翼作曲的《社区是个温馨的家》在文化部第二届全国"四进社区"文艺展演中获金奖;刘勇创作的电视剧《没有硝烟的战争》获第二十四届"飞天奖"三等奖和第二十二届中国电视金鹰奖中篇电视剧最佳作品奖;黄筱平作词的《圆圆的土楼圆圆的家》在中国文联等主办的"中华情"歌曲征集中获创作大奖;采茶戏《秧麦》获"中国滨州博兴国际小戏艺术节"金奖;李南娜的摄影作品《长空浩荡》获文化部纪念抗日战争胜利60周年作品展二等奖;陈桂春的摄影作品《古城欢腾》获《人民摄影报》多丽杯全国摄影赛一等奖;吴谦平获中国国标舞第18届全国锦标赛摩登舞金牌;傅方淮的书法作品获文化部庆祝中华人民共和国成立五十五周年全国书画展一等奖;章馨丹获中国音乐学院第一届全国音乐比赛一、二等奖;徐林义的书法作品获中国工艺美术学会第二届全国优秀书画展铜奖;郝士达作曲的《红孩子》获省委宣传部"江西原创少儿歌曲征集"一等奖;伍目连作曲的《神气的不得了》、雷学锋作词的《春游》、徐小强作词、作曲的《校园之歌》获二等奖;姚泽荣作词、作曲的《假如再给我一次生命》、黄筱平作词、作曲的《牵着妈妈的手》分获省音乐"映山红奖"一、二等奖;潘荣生《一天又一天》获《心声歌刊》全国歌曲创作大赛二等奖;吴邦国创作的《眼睛一眨鸡变鸭》、《失踪在教师节》获省第九届故事创作演讲赛一等奖;梁程编导的《儿子》获"四特杯"全省戏剧表演大赛一等奖;张忠平、徐小强创作的《鄱湖夜色》、《鄱阳湖上的传说》获省委宣传部"崛起颂"全国歌曲征集一、二等奖;李敏等创作的《纪检监察之歌》获省纪检主办的全省反腐倡廉歌曲创作二等奖;饶良平拍摄的《继往开来》获"金赣杯"第十九届省摄影展银奖;陈桂春拍摄的《阳光工程》、饶良平拍摄的《喜炮闹春》获省第二届赣粤高速杯摄影赛铜奖;张富生的书法作品获省文联举办的全省首届楹联书法展一等奖。

(李文波)

## 南昌市归国华侨联合会

【概况】 2005年,市归国华侨联合会以加强机关能力和基层组织建设为重点,努力提高为经济建设服务和为归侨服务的水平，荣获南昌市招商工作先进奖和全省侨联工作先进单位称号。

【市归侨侨眷青年联谊会第四次代表大会】 9月23日召开，全市100余名侨界青年代表参加。会议听取并审议市归侨侨眷青年联谊会第三届委员会工作报告，通过《致南昌市侨界青年的倡议书》，选举产生市归侨侨眷青年联谊会第四届委员会。市委副书记史蓉蓉，中国侨联海外联谊部部长、中国侨联青年委员会副理事长林佑辉，省侨联副主席周锦，市政协副主席关德华，市委统战部副部长、市侨联主席姚向红，团市委书记刘闯，市侨联副主席吴欣康、翁海光等出席。

史蓉蓉代表市委、市政府讲话时指出，实践证明，南昌市侨界青年是党和人民完全可以信赖的青年一代，是大有希望的一代！希望全市侨界青年弘扬爱国主义精神，谱写爱国新篇；弘扬科学精神，不懈追求新知；弘扬创业精神，勇建时代新功；主动适应新的形势，切实加强自身建设，不断增强内在动力，进一步提高吸引力，凝聚力，影响力，以大开放促大发展，努力开创工作的新局面，为南昌的快速崛起再立新功。

【市侨联法律顾问委员会成立大会暨第一次年会】 8月18日下午，市侨联法律顾问委员会成立大会暨第一次年会在南昌召开。会议审议并原则通过《南昌市侨联法律顾问委员会章程》。会议决定聘请全市司法界、法学界、法律界、市人大、市政府、市政协涉侨部门、侨联组织等方面的25名专家、学者担任法顾委委员；聘请原市人大常委会副主任孔炯担任法顾委主任。市政协副主席关德华，原市人大常委会副主任孔炯，省侨联、市委组织部、市委统战部、市侨联的有关领导出席大会。

【加强基层组织建设】 2005年是市侨联的“基层组织建设年”。7月南昌县委批准成立南昌县侨联；8月市侨联成立法律顾问委员会；9月、12月市归侨侨眷青年联谊会和西湖区侨联分别完成换届工作。

【开展招商引资、海外联谊活动】 参加南昌承接沿海产业梯度转移（福州）推介会、南昌投资环境（青岛）推介会，超额完成邀请客商的任务；协助承办中国侨联第二届华商大会和中国南昌经贸恳谈会。全年接待32个国家和地区的300余名海内外侨领到南昌考察；接待中国侨联主席林兆枢、副主席林淑娘等领导参加南昌市第四届金秋经贸月。4月下旬，市侨联秘书长麦建宁应邀赴澳门参加澳门缅华泼水节十周年系列活动。在澳门缅华互助会、澳门贸易投资促进局协助下，市侨联在澳门贸易投资促进中心举办“江西省南昌市投资环境推介会”，120余名澳门工商界代表人士出席。7月中旬，受中国侨联和市委、市政府的委托，以市委常委、秘书长、统战部长、市政协副主席雷武江为团长，中国侨联委员、市侨联主席姚向红为副团长的文化经贸团，赴马来西亚、新加坡、印度尼西亚开展文化交流、招商推介等活动。期间，走访、拜会诗巫、吉隆坡、新加坡、雅加达的华人社团，并在吉隆坡、雅加达召开两场招商推介会，当地政要、华团领袖和商界精英200余人出席。10月下旬，市侨联组团赴西欧五国进行联谊活动，扩大对外交往，宣传南昌。

【扶贫帮困送温暖】 “献爱心，送温暖”活动是市侨联为归侨服务的重要内容。年初陪同市委副书记史蓉蓉，省侨联主席曾华新走访慰问贫困归侨。同时通过上门走访，同吃年饭，召开慰问金发放会等形式，走访慰问208位老侨务工作者、侨界劳模、残疾人士、贫困户及低保户，发放慰问金3.8万余元。“七一”走访慰问5位生活困难的归侨老党员。

【积极参政议政】 围绕市委、市政府的中心工作，开展调查研究，及时反映侨界呼声。在当年市人大、市政协“两会”期间，侨界人大代表和政协委员共提交15件议案提案。其中，王晓莉的《关于将南昌大桥收费站迁至昌樟公路入口处的建议》获优秀提案奖；人大代表姚向红、曹先德参与联名的《关于尽快制定南昌市模具工业发展规划，解决制约全市建成现代制造业基地的“瓶颈”的建议》被评为“市人大代表好建议”。

【开展文化交流】 3月，组织各县（区）学校参加由中国侨联、全国台联、中央电视台等单位联合举办的第六届世界华人小学生作文大赛。全市有81名参赛小学生在大赛中获奖。其中，一等奖10名，二等奖32名，三等奖39名，在全国省会城市中名列前茅。市侨联荣获大赛组织奖。7月中旬，组织市歌舞团赴东南亚进行文化交流活动。通过举办南昌市歌舞团义演专场晚会，为马来西亚诗巫独中董联会（致力于华语教育的华人社团）筹募华文教育基金200余万马币（折合人民币400余万元）。

（陈　铭）

## 南昌市社会科学界联合会

【概况】 2005年，市社会科学界联合会（简称市社科联，下同）以“三个代表”重要思想为指导，以保持共产党员先进性教育活动为动力，以换届为契机，以创建文明机关为抓手，以服务经济社会发展为中心，着力夯实思想基础、组织基础、工作基础，积极开展课题研究、理论研

市侨联积极开展“献爱心，送温暖”活动，经常走访慰问贫困归侨

讨、学术交流和咨询服务活动，为实现南昌和谐快速崛起作出了积极努力。在全国大中城市社科联第十六次工作会议上荣获全国大中城市先进社科联称号。

【理论研讨会】 11月，与市委宣传部联合在红谷滩会展中心召开“认真贯彻十六届五中全会精神——理论执政能力，坚持科学发展，构建和谐社会”理论研讨会，有关专家学者参加会议。市委常委、宣传部长、农工部长蔡社宝出席并讲话。研讨会共收到论文71篇。经专家学者评审，评出一等奖4篇、二等奖10篇、三等奖17篇。江西科技师范学院、市委党校、南昌高专被评为论文组织先进单位。研讨会采取评委总体评价，论文作者发言，专家逐个点评的形式，成效明显。9月，参与组织第二届“中国公民道德（南昌）论坛”，为实现富民强市提供有力的思想保证。

【市社会科学工作者第四次代表大会】 12月31日在红谷滩会展中心召开。市五套班子成员和260名代表出席。市委副书记王詠代表市委、市政府向大会表示热烈祝贺，市科协主席代表群团组织宣读贺词，兄弟城市社科联向大会发了贺信贺电，省社科联主席尹士洪到会祝贺并讲话。会议一致通过“南昌市社会科学学会联合会”更名为“南昌市社会科学界联合会”的决议，市长李豆罗为“南昌市社会科学界联合会”揭牌。大会审议通过庄西翻代表市社科联三届理事会所作的《繁荣哲学社会科学，促进南昌经济社会和谐快速发展》的工作报告；通过修改后的市社科联新章程；表彰和奖励一批社会科学优秀论著和社科联学会优秀工作者。在市社科联四届一次理事会上，选举产生第四届理事58名，常务理事19名；选举庄西翻为市社科联主席，哈晓华、盛建昌、张恒立为副主席，李冬妮（女）、梅联华为兼职副主席。市委常委、宣传部长、农工部长蔡社宝到会并讲话。

【加强学会管理】 全年走访40余个学会，了解学会工作，加强与学会联系，充分发挥学会的作用。同时按照市场取向，加强与社科类学术团体的联系，吸纳市翻译工作者协会、市诚信促进会、市律师协会为市社科联的团体会员。截至年底，市社科联的团体会员达55个，个人会员达2万余人。

【参与南昌市“十一五”规划论证编制工作】 9月，受市“十一五”规划编制领导小组办公室委托，承担组织编制南昌市“十一五”规划课题研究——“统筹经济与社会发展的研究”。组织专家学者召开座谈会，对课题的指导思想、宏观思路、总体目标、主要内容进行深入研讨，共同为做好这个课题出谋划策。会后组织人员分6个专题进行调研、收集资料、撰写成稿，在此基础上形成1万余字的报告，为全市制订“十一五”规划提供切实可行的对策建议。

【评先奖优】 组织全省“双先”评选和申报省第十一次社科优秀成果评奖活动。共有4个先进单位、6名先进个人受到省社科联表彰；7篇文章参评。组织当年南昌市部分大专院校文科大学生优秀论文评选，评出一等奖论文2篇，二等奖论文17篇，三等奖论文23篇。编辑出版《2004年南昌部分大专院校文科大学生优秀论文选》。

【加强阵地建设】 在《新视野》出刊100期之际，将《新视野》更名为《现代人文》，并按照立足学术，服务政府，面向市场，开拓进取的办刊方针，认真组织稿件，科学编排栏目，精心设计版面，积极扩大宣传，努力提升刊物的品位。在《现代人文》的三期试刊中，坚持高、精、尖的标准，组织了一批高质量、高品位的学术理论文章，其中博导论文3篇，教授论文20篇，提升了刊物的学术性、权威性和可读性。

【学术交流】 8月，组织人员参加在贵阳召开的全国大中城市社科联工作会议，并荣获全国大中城市先进社科联称号。10月，组织人员参加在昆明举办的全国大中城市社科院院长会议，吸取借鉴其他城市社科院成立的经验，为成立市社科院做好准备工作。12月，组织人员参加全省市级社科联协作会议，交流工作经验，提高工作水平。

（谢蔚如）

## 南昌市残疾人联合会

【概况】 2005年，市残疾人联合会（简称市残联，下同）按照“务实、依法、过细、奉献”和“对残疾人真有用处、真有好处”的要求，以解决困难残疾人的基本生活需求、改善困难残疾人的生存状况为重点，积极鼓励残疾人自强自立、和谐创业，扎实完成残疾人事业“十五”计划规定的各项目标任务，全面推进残疾人事业创新发展，为实现南昌和谐快速崛起做出了新贡献。

【市残联第三次代表大会】 12月29～31日在南昌召开。120名正式代表、16名特邀代表出席。大会审议并通过市残联理事长赵文庭代表市残联第二届主席团所作的《积极发展残疾人事业，共同创造幸福生活》工作报告，选举产生市残联第三届主席团主席、副主席、委员，执行理事会理事长、副理事长，各专门协会主席、副主席、委员；推选副市长周关为主席团主席，赵文庭为执行理事会理事长。省委常委、市委书记余欣荣，市长李豆罗，市委副书记史蓉蓉、王詠、马承祖，市委常委雷武江、张国华、罗为民，副

2005年12月31日，市第四次社会科学工作者代表大会在红谷滩会展中心开幕

市长周关,市政府副秘书长吕汉清和省残联理事长徐效钢等出席,马承祖代表市委讲话。市委副书记史蓉蓉,副市长周关和市政府副秘书长吕汉清参加市残联第三届主席团第一次会议,史蓉蓉讲话。

【成立全国首支残疾人交通协管大队】 在基本解决全市非法营运残疾人员的户口投靠、全额享受低保、子女就学全免学杂费、享受廉租房、大病救助的基础上,市、县(区)两级党委、政府对整治"五车"工作实行长效管理。乡镇(街道)、村(社区居)委会将这部分残疾人列为重点帮扶对象,县(区)1851名科级干部继续与1070名残疾人结对帮扶。为解决残疾人就业难问题,市、县(区)两级政府一次性从交通协管、园林绿化、住宅小区物业管理、城区公厕管理、满意早餐车、机动车和非机动车停放管理等方面拿出942个岗位安排他们就业,确保每月工资不低于360元,同时办理社会养老保险。成立全国首支残疾人交通协管大队,由64名肢残人组成,市领导李豆罗、罗为民等出席挂牌仪式,并颁发聘书。中国肢残人协会发了贺信。

【实施国家福利彩票公益金项目】 认真做好国家彩票公益金残疾人康复、教育和农村残疾人危房改造项目。全年共免费实施肢残矫治手术11例,配发社区康复训练器材7套;提供各类残疾人用品用具及矫形器1295件;为12名麻风畸残者实施矫治手术,对30名麻风畸残者进行康复训练,发放辅助用品560件。资助80名贫困适龄残疾儿童就学,资助金额8万元。落实专项资金40万元,帮助60户农村贫困残疾人实行危房改造。

【多种形式开展康复助残、助学工程】 运用社会化工作方式,开展社会助残康复活动。争取深圳东海狮子会为南昌县、新建县227名贫困白内障患者免费实施复明手术;动员台湾建明眼科中心免费为全市50名白内障患者实施超声乳化术。继续实施"助听、助明、助行""三助"爱心工程,为30名聋儿免费配戴助听器,并选择其中10名聋儿到市启音学校语训部免费接受为期一年的康复训练;免费安装普及型大腿假肢13条,小腿假肢100条。大力实施助学工程,争取中国残联"长江新里程计划"项目,资助230名盲童入学,资助金额3.45万元;争取中宣部"扶残助学"项目,资助21名贫困残疾儿童就学,资助金额4.07万元。全年发放《南昌市部分困难残疾人子女就读书学杂费免收证》1268个。全市各级中小学对接受义务教育的残疾学生和困难残疾人家庭子女就学实施"两免一补"。

【省、市残联联合开展农村特困残疾人生存状况调查】 省、市残联组成调查组深入南昌县、新建县、进贤县、安义县开展农村特困残疾人生存状况调查。调查组走访慰问60户特困残疾人家庭,并对安义县东阳镇和进贤县三里集乡进行逐户摸底调查,详细了解他们的生活状况,并召开有关部门座谈会探讨对策。市残联还多次征求省残联和部分市政协委员的意见,整理后呈报市委、市政府,为制定扶助特困残疾人政策提供依据。

【依法推进残疾人按比例就业】 与市地税局、财政局、中国人民银行南昌中心支行联合下发《关于做好2005年南昌市地税局代征残疾人就业保障金的通知》。该《通知》要求,从当年起,地税部门对全市各类企业、自收自支事业单位、社会团体和其他经济组织代征残疾人就业保障金,市、县(区)两级残联在全市各征税大厅设立咨询台。截至年底,有1万余家单位主动缴纳残疾人就业保障金,入库保障金1200余万元,安置残疾人就业1400余人。

【盲人按摩事业蓬勃开展】 按照市政府办公厅发出的《南昌市盲人保健按摩行业管理试行办法》,规范盲人按摩行业管理。全年共办理盲人按摩证件75个,安置400余名盲人就业。11月18日,成立"南昌市盲人保健按摩行业协会",副市长周关和省残联副理事长舒达璋等出席成立仪式。市盲人按摩培训中心举办盲人按摩培训班3期,免费培训盲人60名,分别获初级、中级职业技能证书,并全部推荐就业。经省教委批准,市残联和江西医学院联合开办全省首个盲人保健按摩大专班,学制三年,市残联全额支持50名盲人接受大专学历教育。

【市残疾人职业技术培训基地破土动工】 该基地第一期工程于10月10日破土动工。第一期工程总投资1200万元,总建筑面积5998平方米。竣工投入使用后,每年可对500名残疾人实施免费培训。

【残疾人文化体育生活丰富多彩】 为提高残疾人的文化体育生活,积极组织残疾人参加全国比赛,并获好成绩。如在上海举行的东亚区特奥足球比赛上,南昌市智障运动员陈红春获个人技术第一名;在福建省三明市举行的全国特奥游泳比赛上,智障运动员万璇获女子50米蛙泳第一名;在吉林省长春市举行的全国特奥乒乓球比赛上,智障运动员付婧分别获女子单打、女子双打第一名,吕微分别获女子双打第一名、女子单打第二名;陈庆华分别获男子单打、男子双打第一名,杨正华分别获男子单打、男子双打第一名;在大连举行的全国特殊奥林匹克田径运动会上,全市20名智障运动员代表江西省参赛,共获金牌20枚,银牌15枚,铜牌18枚;在山西省太原市举行的全国残疾人举重、盲人柔道锦标赛上,残疾人运动员福铁残获女子举重44公斤级第一名,郭华平获女子盲人柔道48公斤级第一名。

【帮助残疾人创业】 为贯彻全省领导干部会议精神,制定10项措施即"落实优惠政策鼓励创业,新办福利企业招商创业,实施职业培训自主创业,发展特殊高等教育科技创业,实施康复扶贫扶持创业,推进按比例就业帮动创业,提供信息服务引导创业,宣传自强模范激励创业,维护稳定和谐创业,为民办事服务创业",积极主动引导广大残疾人加入到"推进和谐创业、实现富民强市"全民创业的大潮中来,推进残疾人创家业、创企业、创事业,脱贫致富奔小康。

(吴卫平)

## 南昌市科学技术协会

【概况】 2005年,市科学技术协会(简称市科协,下同)围绕市委、市政府的中心工作,坚持以人为本,创新工作观念、创新发展模式,为全面建设小康社会、构建社会主义和谐社会作出积极的贡献。荣获全省科协系统先进集体称号。

【科技咨询工作】 面向经济主战场,开展以技术开发、技术转让、技术咨询、技术服务为主要内容的科技咨询活动,其中南昌科技咨询中心全年完成技术交易额1500万元。

【促进科技创新】 通过开展"一围绕二提高"活动,促进企业的科技进步和技术创新。全年职工提合理化建议1611条,科技攻关1306项,创经济效益3亿元。

【农村科普示范村和示范基地】 创建市级“科普示范村”10个，市级科普示范基地10个，县级科普示范基地29个。大力发展“一村一品”产业，促进农民创业。

【农民科技素质培训】 举办农村基层党员干部农村实用技术专业培训班20余期，培训人员4000余名，免费培训农函大学员800名。

【参加2005年中国科协学术年会】 市环境科学学会涂小强撰写的《蔬菜生命周期全过程的清洁生产思路》、市农学会熊冠华撰写的《加强农药管理是保证农产品质量安全的关键》、市电子学会何幼斌撰写的《充实中华文化、崇尚科技创新》等三篇优秀论文，选入2005年中国科协学术年会论文汇编。

2005年12月，市科协与有关单位承办“微电子技术与南昌工业现代化高层论坛”

【南昌制造业发展高层讲座】 6月，联合有关部门在红谷滩会展中心举办“南昌制造业高层讲座”。浙江大学副校长冯培恩结合南昌市近年来制造业发展现状，作“先进制造业发展的问题与对策”专题讲座。全市大中型企业的干部和科技人员及部分机关干部共600余人聆听讲座。

【“学术活动月”活动】 组织市属学会、协会、研究会开展多层次、多渠道、多形式的学术交流活动，全年开展学术交流活动30余场(次)，组织学术讲座36场，发表论文448余篇，在省级和国家级刊物上发表论文90篇；学会举办各类培训班20余期，培训人员达1000余人次。

【科技活动周】 5月14日上午，省、市科协在南昌八一广场举行“振兴老区，服务三农，科技列车井冈行活动”暨2005年江西省科技活动周开幕式。期间，开展了大型送科技下乡、科普图片展览、科技拥军、科普大使深入社区举行科普讲座等活动共52项，其中全市性活动8项，受益群众万余人。

【微电子技术与南昌工业现代化高层论坛】 12月，与有关单位承办“微电子技术与南昌工业现代化高层论坛”，邀请中科院院士简水生、李衍达，中国工程院院士倪光南、沈立卫等9位国内微电子领域专家围绕南昌微电子产业发展前景作专题报告，同时省、市部分科技专家撰写的10余篇相关论文在论坛上进行书面交流。论坛名誉主席、省委常委、市委书记余欣荣出席并讲话。省科协主席徐俊如，省信息产业厅厅长李春燕，市委副书记史蓉蓉，市政府副市长罗慧芬，南昌大学校长周文斌等出席开幕式。省内科技工作者及相关从业人员600余人参加论坛。

【文明社区工程】 配合南昌市“文明社区工程”创建工作，开展“科普大使进社区”活动。累计讲座100余场，听讲群众万余名。开展大型科普咨询20场次，4万余名群众参与；举办科普挂图巡展40余次，涉及社区近百个；新建画廊600余米，强化了科普阵地建设。

【全国科普日活动】 9月17日，以“树立科学发展观，共建和谐社会——科学普及，你我共参与”为主题的全国科普日活动在胜利路步行街和洪都休闲广场举行。组织10余名理、工、农、医类的专家和科普志愿者为群众开展科普咨询和义诊服务，赠发科普宣传资料5000册，展出科普知识宣传图板40余米，内容包括珍惜、保护、节约资源，促进资源的可持续利用；崇尚科学、反对伪科学；健康生活、科学生产等内容。科技人员、学生、社区居民为群众表演了丰富多彩的文艺节目。副市长罗慧芬，中国工程院院士张文海及1万余名群众参加。期间，组织农业专家深入南昌县塘南镇新联村进行农业科技咨询活动和“提升区域制造业竞争力”报告会等系列活动。

【“科普之夏”活动】 8月5日上午，组织科技工作者和医务工作者50余人在阳明社区开展“科普之夏”大型咨询活动，向群众宣传普及科学知识，并展出科普展板20余块。散发《科学走进生活》科普系列小册600余本，其他宣传资料300余份，参加咨询活动的市民300余人。

【打造网上科普平台】 完成南昌科协网站的改版，增加栏目板块，扩大涵盖内容，实现与省、市科协及主要科普网站的链接，做到内容更新，信息共享更广泛，宣传普及科学知识手段更先进。同时自建内部办公网，实现机关和直属单位内部的网上交流和资源共享，实现无纸化办公，提高办公效率，降低行政成本。

【青少年科技活动有声有色】 新建洪都航空科普知识教育基地、市青少年计算机培训基地、西湖青少年科技创新教育活动基地等5个基地。开展青少年科技夏令营1次；举办各类讲座和报告会15场次，参加者2万余人次；举办预防艾滋病图展等科普展览，参观人数4万余人次；组织青少年参加全国、全省的各类竞赛活动；在第二十届青少年科技创新大赛中获全国一等奖1个、二等奖2个、三等奖3个，获国际奥数一等奖1个。

【市科协第七届代表大会】 12月29～30日召开。大会审议通过市科协第六届委员会《工作报告》的决议；讨论审议《南昌科学技术协会章程修正案(草案)》；选举产生市科协第七届委员会。30日下午，市科协第七届委员会第一次全体会议选举产生市科协第七届委员会主席、副主席。省委常委、市委书记余欣荣，市长李豆罗等市四套班子的主要领导出席开幕式，市委副书记、常务副市长龚建华，省科协主席徐俊如讲话。

(税　薇)

# 民主党派·工商联

## 概　述

【概况】 2005年，全市有民主党派市委会6个，即中国国民党革命委员会南昌市委员会（简称民革市委会，下同）、中国民主同盟南昌市委员会（简称民盟市委会，下同）、中国民主建国会南昌市委员会（简称民建市委会，下同）、中国民主促进会南昌市委员会（简称民进市委会，下同）、中国农工民主党南昌市委员会（简称农工党市委会，下同）、九三学社南昌市委员会（简称九三学社市委会，下同）。共有总支19个，支部（社）162个，小组14个。成员3581人。其中，具有中级以上职称的2774人，占成员总数的77.46%。全年发展新成员158人，平均年龄37.46岁。其中，具有中级以上职称的119人，占新发展成员总数的75.32%。各级民主党派成员中担任省级人大代表16人，市级人大代表45人（其中市人大常委会副主任1人），县级人大代表41人；担任省政协委员28人，市政协委员169人（其中市政协副主席2人），县政协委员365人；担任市、县（区）政府副职的7人（其中副市长1人，副县（区）长6人）。市工商联有乡镇街道分会76个，基层（行业）商会26个。工商联会员总数为6909户（人）。其中，担任各级人大代表的28人（其中全国人大代表3人），政协委员26人（其中全国政协委员1人，市政协副主席1人）。

各民主党派、工商联认真学习领会《中共中央关于进一步加强中国共产党领导的多党合作和政治协商制度建设的意见》精神，积极参加市委、市政府召开的民主协商会、情况通报会和座谈会。市级班子中的党外人士应邀列席市委常委会，就城市建设与发展、多党合作、教育、医疗卫生体制改革等提出意见和建议。积极参与市委统战部组织的“党委政府出题、党派调研”活动，围绕经济社会发展的重要问题开展调研，形成一批高质量的调研成果，有12篇报告得到省、市委领导的批示，其中关于全省各设区市《政府门户网站建设状况的调研》得到省委、省政府的高度重视，省委副书记吴新雄等领导称赞“为推进江西信息化工作，做了一件大好事”；关于《“十一五”期间大力发展南昌市文化产业的调研与思考》得到省委常委、市委书记余欣荣充分肯定，其成果吸收到“十一五”规划当中。民盟、民进、九三学社市委会提出的集体提案还被市政协领导列为重点督办提案。

各民主党派、工商联按照中共南昌市委提出的强力发展开放型经济、打造现代制造业重要基地的工作要求，充分发挥智力密集、联系广泛的优势，创造性地开展为经济建设服务活动。市工商联争取中央统战部和全国工商联的支持，与市委统战部共同举办中国（南昌）中部崛起论坛暨民营企业投资洽谈会，邀请各兄弟城市400余名民企“老总”来南昌市考察洽谈；清华大学经济外交中心主任、教授何茂春，海尔集团副总裁喻子达在论坛上作主题发言。会上签订项目14个，金额33.45亿元。农工党市委会会同市委统战部成功举办2005年中国（南昌）医药保健品博览会暨招商会，云南白药、台湾顺天堂等境内外100余家知名医药企业和营销公司参加博览会。全国人大常委会副委员长蒋正华发了贺信，省委书记孟建柱对该会的成功举办“表示赞赏”。市九三学社举办“南昌制造业发展”高层讲座，邀请全国机械制造著名专家、博士生导师冯培恩来南昌市讲学；各民主党派、工商联还积极参与小分队招商活动，走全国40余个城市，宣传南昌市的投资环境，协助南昌市承接“长珠闽”等发达地区产业梯度转移。同时积极参与构建和谐社会活动，在中共东湖、西湖、青云谱区委的帮助下，建立9个“和谐社区建设服务基地”。

各民主党派、工商联机关争取市财政支持，为民主党派、工商联机关增拨26万元办公经费；为市农工党、市工商联落实专项招商经费120万元；为民盟、九三学社市委会新购2辆工作用车；为每个党派增加工作用房和办公电脑。同时普遍加强对成员的思想教育，开展形式多样的主题教育活动，如民盟南昌市委会开展“学习共产党的先进性，保持盟组织的进步性”主题教育活动，农工党市委会通过开展“双休日”理论学习和在《洪城农工》开辟专栏，不断加强对成员的思想教育。各民主党派坚持巩固和发展相结合的方针，积极稳妥有计划地发展成员，严把“入口关”，推动了组织工作的发展。

**2005年南昌市各民主党派基本情况统计表**

表12

| 序号 | 党派名称 | 人数（人） | 基层组织情况 | | | 主要领导 |
|---|---|---|---|---|---|---|
| | | | 总支（个） | 支部（个） | 小组（个） | |
| 1 | 民革市委会 | 560 | 3 | 25 | 0 | 陈守国、陈国云、马名先、王晓玲 |
| 2 | 民盟市委会 | 758 | 3 | 40 | 1 | 罗慧芬、杜晓晖、谢　弘、王永南 |

续表 12-1

| 序号 | 党派名称 | 人数(人) | 基层组织情况 | | | 主要领导 |
|---|---|---|---|---|---|---|
| | | | 总支(个) | 支部(个) | 小组(个) | |
| 3 | 民建市委会 | 481 | 5 | 20 | 1 | 万宗明、陶晓林、祝小平、唐国琴 |
| 4 | 民进市委会 | 523 | 2 | 32 | 1 | 姚燕平、舒斯会、胡显勇、党　钢 |
| 5 | 农工党市委会 | 701 | 6 | 25 | 3 | 孟灵源、龙国英、陈东亮、伍目连、王　英 |
| 6 | 九三学社市委会 | 424 | 0 | 20 | 8 | 李广振、陈　刚、符垂荣、黄立发 |

(市委统战部)

## 参政议政

**【民革市委会参政议政出成果】** 全年会领导参加市委、市政府、市政协及市委统战部召开的情况通报会、征求意见会、协商座谈会等10余次,会上所提不少意见和建议得到重视和采纳。在市"两会"上,提交集体提案2件,个人提交提、议案51件,其中党员吴石头《关于对赣抚平原水利工程中流经市区的几条干渠进行清淤净化的建议》列为市政协领导领衔督办的重点提案。组织精干力量成立两个调研小组,完成《关于建立和谐社区,保证百姓安居乐业的若干建议》和《对工商执法部门依法收缴的违法物品进行分类处理的建议》课题的调研任务,并分别得到市长李豆罗和副市长凌学仁的批示。完成民革省委会下达的《促进城市就业,构建和谐江西》的课题调研任务。被民革省委会评为2005年度参政议政先进单位。基层组织中有1件集体提案、5件个人提案获所在县(区)优秀提案奖。

**【民盟市委会为构建和谐社会贡献聪明才智】** 副市长、市民盟主委罗慧芬邀请市委副书记王祥生共同确定对南昌市"红色旅游"产业和基础教育情况进行调研的课题。课题组走访有关部门和单位,于9月完成《创新管理机制,唱响八一品牌》和《整合教育资源,构建和谐南昌》的调研报告,并得到省委常委、市委书记余欣荣,市委副书记王祥生的肯定和批示。同时南昌县总支、西湖区支部撰写的《重视做好生态环境保护的建议》《如何提高机关工作效率的建议》等受到当地政府和部门的重视。

**【民盟市委会提案工作取得新成效】** 集体提案《关于加强社区服务业管理和加快社区服务业体制创新的建议》被列为当年市政协第一号重点督办提案;《正视南昌市民办教育发展中存在的问题,确立南昌市民办教育可持续发展的战略》,被市教育局认为建议宝贵,认真采纳,并提出8条落实措施。一批盟员的议案、提案得到有关部门重视。如青山湖区政协副主席龚晓新的提案《关于建立扬子洲农民协会纪念馆,使之成为革命历史教育基地的建议》得到市委宣传部重视,并会同有关部门抓落实,在扬子洲划地0.2公顷,拨款108万元,建起全省第一个农民协会纪念馆。盟员方卫红的议案《关于在新闻媒体上刊登南昌市空气质量日报》得到市委、市政府领导的高度重视,并得到落实。在各级"两会"期间,共提交议案、提案100余件,民盟市委会被市政协评为提案工作先进单位。

**【民盟市委会发挥特约"四员"作用】** 重视发挥盟员中特约"四员"(即检查员、监察员、审计员、督导员)作用,鼓励他们积极履行职责。全年召开"四员"座谈会3次。9月有5名盟员被聘为南昌市第五批特约"四员"。

**【民建市委会参政议政出精品】** 全年完成调研课题2个,提交集体提案3件。会员中市政协委员提交个人提案46件,市人大代表提交议案9件。以民建市委会名义或会员个人名义向省、市政协、统战部和省民建提交社情民意信息10条。全年参加市委、市人大、市政府、市政协和市委统战部及有关部门召开的协商会、通报会、谈心会及各类检查、视察、调研等活动共计30余次。课题调研报告《对居民楼内经营扰民娱乐业的调查与建议》得到市领导史蓉蓉、罗为民批示,要求市公安局、文化局、环保局、城管大队、工商局等有关部门认真研究采纳报告中提出的建议,尽快解决报告中提出的问题。课题调研报告《统筹城乡发展,加快推进南昌市城乡一体化发展步伐》得到市领导史蓉蓉批示,要求市农工部、农业局、发改委、财政局、规划局、建委等有关部门结合各自实际,认真采纳报告中所提建议,切实推进全市城乡一体化建设。社情民意信息《关于保护好西湖区邬家井和古屋的建议》得到市领导余欣荣、龚建华批示。《关于南昌市"名胜古迹、民族文化资源名称"注册亟待保护的建议》、《打造全市现代制造业重要基地的几点建议》、《应对大型建筑实行全过程严格质检》分别被市政协评为好信息一、二、三等奖。

**【民进市委会调研报告得到市领导批示】** 全年向市委、市政府提交《"十一五"期间南昌市大力发展文化产业的调研》、《关于南昌市城市医疗服务体制改革的调研》报告,得到市领导余欣荣、史蓉蓉、龚建华批示肯定。余欣荣批示指出,"大力发展文化产业,有利于满足市民的精神文化需求,有利于提升城市品牌,有利于创造新的经济增长点。这篇调研报告,分析透,思路清,是一篇好报告。""城市医疗服务体制改革事关群众切身利益。当前,要着重解决群众看病难、看病贵的突出问题,让群众小病看得起、大病有保障。明年在这方面要作为改革的重点"。

**【民进市委会提交提(议)案有新成效】** 在市政协十一届五次会议上,共提交《对南昌市发展循环经济的几点建议》、《关于加强赣江南昌段河道采砂管理,保护赣江河堤安全与渔业资源的建议》、《关于加大南昌市职业教育扶贫帮助农民脱贫致富的建议》等集体提案12件,占大会集体提案总数的33%。"两会"期间,担任人大代表、政协委员的民进会员共提交提(议)案36件。所提集体、个人提案均得到各有关承办单位回复落实。其中,《关于进一步提高南昌市对外开放水平的几点建议》一案被列为市政协主席督办提案,得到较好落实。

**【农工党市委会开展调研活动取得成效】** 全年开展"三大调研"活动。一是与市发改委、财政局、卫生局联合开展全市农村乡镇卫生院现状调查;二是开展全市工业园区医药保健品企业现状的大型调研；三是就建立"城市管理联动机制，规范建设项目使用变更"课题展开专题调研。3月3日，市领导马承祖在确定农工党南昌市委会调研课题时批示："很好，农工党南昌市委会的工作配合中心紧，反映社情民意好，参政议政能力强，对全市经济和社会发展贡献大，望再接再厉，再立新功。"11月26日，他就后两项调研报告再次批示："农工党南昌市委会在落实'政府出题、党派调研'活动中，工作认真，组织周密，所形成的调研报告，有情况、有问题、有分析、有对策，联系实际，质量高，请有关部门认真研究，运用好这一调研成果。"年底，后两项调查成果转市卫生局、药监局、建委、规划局和高新技术产业开发区等十余部门和开发区管委会落实。全年共提交提案49件，其中集体提案5件，占17%。

【农工党市委会建言献策得到省、市领导重视】 组织撰写的《关于"南昌首届药博会"的思考》呈送中共江西省委后，省委书记孟建柱阅后委托秘书打电话，"对药博会的成功举办表示赞赏，表示肯定，表示感谢。"市领导余欣荣指出，药博会的成功举办"是一次成功的实践，可以培育做大"。为打造南昌城市名片，构建和谐社会，农工党南昌市委会文史工作委员会提出就全市古建筑开展普查的有关建议。6月14日，市领导余欣荣就此建议迅即作出批示，"此事很好，请春平同志给予支持。"6月21日，市领导李豆罗也作出批示，"好事，经费请市财政提出意见。"

【九三学社市委会积极参政议政】 市"两会"期间，提交集体提案5件，个人提案、议案30件。当年获市政协优秀提案先进单位。1件集体提案及市政协委员黄立发、李万汲、戴建民、郝朝晖的4件个人提案被评为市政协优秀提案。社市委领导参加情况通报会、征求意见座谈会、协商会、视察、考察活动30余次，就全市的"十一五"规划、各项重大方针政策、政治、经济、文化各方面的重大问题，提出意见和建议。全年提交信息18条。其中社员万武成写的信息"保障教育公平的一点思考"、"国民收入分配不公是构建和谐社会的障碍"分别被省委统战部心桥网和九三学社中央、省委统战部采用；社员吴新印写的信息"发展民办教育存在的问题及建议"被社中央、全国政协采用。

【九三学社市委会组织开展课题调研】 以主委李广振为主任，社员为主要成员的省政府网站测评工作委员会，对全省11个设区市政府门户网站和41个省厅、局级政府门户网站进行数据采集、综合考察和评估，于5月形成《江西省政府门户网站建设状况调研报告》。调研报告得到省政府领导的重视。省领导吴新雄、孙钢、凌成兴分别作了重要批示，认为是"为推进江西信息化工作，做了一件大好事"。要求有关部门将测评结果转发到省直各部门和各设区市信息办。许多政府网站根据调研报告中的建议进行改进。全年共完成3项调研课题。其中，"党委政府出题、党派调研、部门落实"的2个课题。组织人员开展课题调研，于11月形成《南昌市软件人才教育培训状况调查报告》、《南昌市违章建筑现状调查与思考》调研报告送市领导王詠、卢晓健阅后分别作了批示。

## 宣传思想工作

【民革市委会坚持学习制度】 全年领导带头坚持学习，每人写出2万字的读书笔记。机关坚持每周四下午进行政治理论、时事政策的学习和研讨，并实行"定时、定人、定主题"的三定制度。全年共进行政治学习45次，共写出书面学习心得体会19篇，其中朱世刚的《学习中共中央2005年5号文件，切实加强自身建设》一文在2005年度全市统战理论研讨会上获优秀论文奖。各基层组织通过组织党员参加报告会、座谈会、辅导讲座、党员骨干培训班等多种途径，对党员进行统战理论、形势政策及多党合作和爱国主义教育。同时利用《南昌民革》刊物登载党员的学习心得体会，报道基层组织的学习活动。

【民革市委会组织党员学习新形势下发展两岸关系政策】 祖国统一促进工作委员会先后召开两次工作会议，组织党员学习中共中央总书记胡锦涛就新形势下发展两岸关系的四点意见、《中华人民共和国反分裂国家法》和胡锦涛分别会见中国国民党主席连战，中国亲民党主席宋楚瑜发布的会谈公报。组织党员30余人参加民革省委会举办的由香港亚太研究中心主任、博士郑海麟所作的台海形势和中日形势报告会。

【民盟市委会开展主题学习活动】 年初以中国共产党开展的"保持共产党员先进性"教育活动为契机，在全市盟员中开展"学习共产党的先进性，保持民盟组织的进步性"主题学习活动。各民盟总支、支部组织盟员们学习，提高对中国共产党先进性的认识，增强接受和维护中国共产党领导的坚定性、自觉性。7月中共南昌市委发出"全民创业"号召后，组织开展"全民创业，富民强市"主题学习活动，号召全市盟员带头在支持创业、服务创业上有所作为，得到广大盟员响应，一大批盟员在各自岗位上取得优异的成绩。如鑫桥农业科技发展有限公司董事长、盟员史桂鹤与国家农业部、省农业厅合作草场种植项目，在新建县租地300余公顷建园林化农场，造福周边农民。

【民盟市委会重视宣传工作】 建立南昌民盟政务网站，开设电子信箱。全年向外投稿160余篇，其中信息《南昌市民办教育已形成较为完整的多元化体系》等被中共中央办公厅、中共江西省委办公厅采用；信息《农村饮用水安全存在的问题及对策》(新建支部上报)等被民盟中央采用；信息《关于加强社区服务管理和加快社区服务体制创新的建议》获市政协好信息一等奖；新闻《发挥优势，推动创业》获"市政协好新闻三等奖"。当年被评为"市政协信息宣传工作先进单位"。

【民进南昌市委会开展纪念民主建国会成立60周年活动】 一是编纂完成《同心同德，共创辉煌——民建南昌市委会简志暨成立50周年纪念画册》。副省长、省民建主委胡振鹏为该书作序；原省政协副主席、省民建主委喻长林，市领导余欣荣、李豆罗、史蓉蓉、陈守朴为该书题词；市政协副主席、市民建主委万宗明为该书撰写前言。二是开展做合格会员、爱会作贡献、会的基本知识竞赛和表彰先进基层组织和优秀会员的系列活动。三是于12月28日在青山湖宾馆召开中国民主建国会成立60周年暨民建南昌市委会成立50周年纪念大会，省民建和市有关领导参加。副省长、省民建主委胡振鹏，市领导史蓉蓉分别代表省民建和中共南昌市委向大会表示祝贺并作重要讲话。同时宣传报道工作被省民建评为先进单位，连续三年获此殊荣。

【民进南昌市委会开展庆祝成立60周年活动】 开展"以党为师，立会为公，参政为民"主题教育活动，组织会员参加民进中央"会员思想状况"问卷调查、"回眸60年——多党合作基础知识"有奖问答、省市统战部“抗日民族统一战线与抗战胜利”征文、民进省委会纪念民进成立60周年书画展和庆祝大会等活动。期间,300余名会员先后参加由全省6个民主党派、非公有制经济、港澳台侨两方面高层人士共同主办,省民进承办的“同促崛起6+2高层论坛——江西实施生态发展战略论坛”和“中国民主促进会成立60周年暨民进江西省委会成立20周年庆祝大会”,分别听取全国人大副委员长、民进中央主席许嘉璐所作的主题报告。民进中央副主席王立平,省领导钟起煌、刘上洋、凌成兴、刘运来等出席并讲话。

【民进南昌市委会开展“崛起南昌”主题教育活动】 围绕南昌市发展主题,举办两期有骨干会员参加的“南昌发展形势和成就”讲座。同时先后开展创建国家“四城”献智出力和“看南昌议发展”活动;组织部分骨干会员参观红谷滩新区、红角洲高校园区。中共南昌市委八届九次《扩大》会议提出“全民创业”号召后,先后召开主委会、常委会、全委扩大会、支部主任工作会议,研究部署学习宣传活动,并向全体会员发出倡议书,号召全体会员积极参加“争创和谐创业支部,争做创业奉献会员”活动。

【农工党南昌市委会开展主题学习活动】 全年从提高成员参政议政能力着手,围绕打造现代制造业重要基地、构建和谐社会、推进各项社会事业全面进步和加强城市建设与管理等主题,采取举行基本理论学习会、邀请专家作辅导报告等形式,先后举行3次学习活动,有20余名成员作中心发言。大家一致认为,全市农工党员要从我做起,从身边的事情做起,为构建和谐平安南昌做出应有贡献。

【农工党南昌市委会举办暑期骨干成员政治培训班】 7月28～31日,在三清山举办以提高成员政治素质和参政议政能力为主题的暑期骨干成员培训班,共有80名成员参加。培训班集中听取中共中央有关文件的辅导报告。多位发言人作不同内容的中心发言。安义县总支就工作模式和组织发展工作作经验介绍。同时为配合基层组织换届,先后选拔有群众基础、热心党派事业的20余人参加中央、省、市社会主义学院培训。

【农工党南昌市委会开展统战理论研究】 按照农工党中央、省委会的要求和市统战部理论研究会的工作部署,领导带头,广大党员积极参与,统战理论研究取得丰硕成果。9月7日,主委孟灵源撰写的《与时俱进,增强我党基层组织活力》在农工党中央召开的全国组织建设理论研讨会上宣读。12月22日上午,在“南昌市民主党派、工商联自身建设理论研讨会”上,成员有5篇文章在会上交流,约占获奖论文的23%。在22日下午召开的全市统战理论研究会换届会上,吴新生等4位党员被授予市统战理论研究工作积极分子。农工党南昌市委会作为民主党派、工商联的代表在会上作《建章立制,夯实基础,切实搞好统战理论研究》的经验介绍。

【九三学社市委会开展纪念九三学社成立60周年活动】 9月3日,在市政协常委会议室召开大会,200余名社员聚集一堂,隆重纪念九三学社成立60周年及九三学社市委会成立20周年。九三学社省委主委邵鸿,市领导史蓉蓉到会祝贺并讲话,对九三学社市委会20年来的工作成绩给予充分肯定。同时为纪念九三学社市委会成立20周年,学社市委会定制成立20周年纪念币,并编印《九三学社南昌市委会的二十年》专刊送给每一位社员。

【九三学社市委会率先建立网站】 当年率先在市各民主党派中建立网站,并充分发挥网站迅速、快捷、图文并茂的特点,及时报道社中央、社省委、社市委和基层组织的工作动态、宣传社员的先进事迹。同时编辑社刊《南昌九三》4期,向九三学社中央和省、市新闻媒体投稿40余篇,采用32篇。

## 组织建设

【民革市委会坚持机关干部联系基层组织制度】 年内每名机关干部联系3个以上支部并参加支部活动,指导基层组织完成换届任务,顺利实现新老交替,一批中青年党员充实进支部班子。同时在各支部间广泛开展联谊和交流,促进支部生活形式多样、内容丰富、各具特色,基层组织呈现新的生机与活力。

【民盟市委会重视组织发展工作】 按照《关于进一步做好民主党派组织发展工作座谈会纪要》精神,制订本届市委会组织发展工作规划和年度发展计划,明确将高层次、高素质的人员作为发展对象。同时主要领导求贤若渴,主动联系重点发展对象,并经常督促基层组织主动出击,发现和吸纳人才。全年新发展的33名盟员中有30人具有本科以上学历,其中博士1人,硕士3人,高级职称15人。同时建立103人后备干部梯队,重点抓好选拔、培养、管理、推荐四个环节,支持和鼓励盟员参加本单位和政府各部门的实职竞选,年内有一批盟员走上领导岗位。

【民盟市委会规范基层组织管理】 制定下发《基层组织工作考评细则》(试行稿)、《民盟南昌市基层组织换届工作实施意见》、《民盟组织发展程序“流程图”》,并制定换届工作时间表。市医药卫生综合支部等基层组织如期进行换届改选。同时根据《考评细则》评选表彰先进基层组织17个,先进盟员64名。青云谱区支部由于成绩突出,被评为全国民盟先进基层组织。

【民进市委会参政议政队伍建设】 围绕民进中央“参政议政建设年”要求,以建设适应21世纪的参政议政地方组织为目标,着力于做好参政议政队伍与制度建设。5月在市十一中综合会议室举办“民进南昌市委会参政议政工作会暨骨干会员培训班”,全市担任副科级以上干部,担任省、市、县区各级人大代表、政协委员的会员及各支部负责人共140余人参加。8月召开“民进南昌市委会各专门工作委员会会议”,制定实施《民进南昌市委会参政议政成果奖励办法》、《关于加强各专门工作委员会工作的意见》,并改选民进南昌市委会第五届委员会各专门工作委员会,增设科技工作委员会,组建一支由30人组成的基层支部信息宣传员队伍。

【民进市委会西湖区总支成立】 6月28日成立。该总支下属6个支部,70余名会员。省政协副主席、民进江西省委会主委刘运来等应邀出席成立会并致贺词。会议以无记名投票形式选举产生8名区总支委员会委员,选举省政协委员、南昌铁路一中副校长叶柯为总支主任。

【农工党市委会对基层组织进行换届】 全年先后对农业局、洪都中医院等基层组织进行换届。在酝酿基层组织换届人选时,一是主动上门征求基层组织所在县、区及部门、单位党组织的意见,认真听取他们对所属基层组织人选的建议,保证换届人选的政治素质;二是主动听取他们对所属基层组织支委和班子及党员代表的意愿,保证换届人选的群众基础;三是按照与时俱进原则,兼顾年龄梯队、学科和性别比例,保证基层组织换届的连续性、稳定性和代表性。

【农工党市委会举行新党员培训班】 4月13日举办。培训班上学习农工党党史、中共领导的多党合作和政治协商制度的基本知识及有关文件主要精神,提高新党员的认识,增强他们的荣誉感。

【九三学社市委会加强组织建设】 及时传达贯彻各民主党派中央《进一步做好民主党派组织发展工作座谈会纪要》和《九三学社中央关于加强组织建设的若干规定》文件精神,并根据有关选拔和推荐后备干部队伍的条件和要求,确定后备干部队伍名单,其中市委推荐1名副地级后备干部和4名副县级后备干部人选。同时有计划地发展新社员。全年发展新社员15名,平均年龄34.27岁。

【九三学社中央领导到九三学社市委会机关视察】 6月18日下午,全国人大常委会副委员长、九三学社中央主席韩启德等一行在省、市领导的陪同下到九三学社市委会机关视察,接见学社市委会领导班子成员和各基层组织负责人并合影留念。韩启德对学社市委会20年来积极服务南昌的经济建设和社会各项事业做出的贡献给予充分肯定,并鼓励大家进一步加强自身建设,积极发挥政治协商、民主监督、参政议政的职能,更好地支持当地各项事业的发展。

【市工商联举办民营企业管理层培训班】 为帮助民营企业处理好"升级换代"及结构性和素质性矛盾相对突出等问题,全年投入10余万元,举办6期民营企业管理层培训班,努力建设一支高素质的民营企业家队伍。培训班高薪聘请北京华商管理科学研究院常务副院长、副研究员袁青鹏等专家学者,先后举办"如何实现民营企业'二次创业'持续健康发展"、"市场营销新概念"、"入世后开放型经济的建立与企业的对策"、"企业核心竞争力与人力资源管理"等专题讲座。累计培训1450余人次,受到民营企业家广泛好评。

【市工商联加强基层商会组织建设】 联同市民政局赴外地考察,并向市政府呈报授权请示,市政府发文批复正式授权市工商联为基层(行业)商会主管单位,为加强对行业商会的管理和规范行业商会的组建打下坚实基础。抓住机遇,成立市工商联女企业家商会。同时有序筹备市建材商会和市泉州商会,并在南昌经济技术开发区等尝试组建制造业基层商会组织。

## 服务社会

【民革市委会鼓励党员投身全民创业活动】 及时组织党员学习贯彻落实中共南昌市委八届九次全体(扩大)会议精神,围绕"百姓创家业,能人创企业,干部创事业"主题,制定实施方案,并成立民革南昌市委会"全民创业活动领导小组",布置工作,定期检查落实。与市各民主党派联合发出全民创业倡议书,在基层组织和广大党员中开展"六个一"活动(即开展一次大讨论、宣传一批创业能人、提出一条推动全民创业的好建议、创建一批和谐创业的先进基层组织、举办一场创业能人先进事迹报告会、组建一支创业文化宣传队),积极鼓励党员在全民创业活动中建功立业。

【民革市委会创建和谐社区服务基地】 以服务社区建设为突破口,促成民革南昌市委会西湖总支与福田社区居委会;民革南昌市委会东湖总支与二七北路社区居委会结成共建和谐社区服务基地。年内两个基地相继揭牌成立。同时党员发挥特长,开展"四进社区"(即医疗服务进社区、法律知识进社区、扶贫济困进社区、文化助教进社区)活动,受到社区居民的欢迎。

【民盟市委会率先建立社区服务基地】 10月11日,率先在东湖区上营坊社区建立起全市各民主党派首个"社区服务基地",利用全市盟员在科、教、文、卫和法律界人才济济的优势,为社区居民提供医疗、法律,科技、文化等方面的咨询服务。民盟西湖区支部也积极响应,在西湖区象山社区建立起社区服务基地。

【民盟市委会拓宽服务渠道】 2月17日,组织盟员中的非公有制经济界人士学习中共南昌市委八届九次全体(扩大)会议精神,并成立"民营企业家创业联谊会",积极引导他们合法创业,为社会创造财富。3月30日,聘请市林业局盟员专家参加市委统战部、市各民主党派到新建县望城乡联合开展的"三下乡"活动,为当地农民传授苗木种植技术,并赠送3000余份农业科普资料。5月15日,与民盟九江市委会取得联系,组织章金媛、胡玲等7名盟员专家到九江医学院、九江中医院开展讲学活动。10月13日,在西湖区绳金塔承办"南昌市各民主党派、工商联宣传创业文艺晚会"。该晚会经新闻媒体的专题报道在当地引起较大反响。11月2日,再次与民盟新余市委会联合在新余市分宜县杨桥镇开展送法律下乡活动,向当地农民宣传法律知识,提供法律咨询,分发法律书籍和资料近千份,为当地农民提高法律意识,增强法治观念和推动当地农村的法制建设做了实事。

【民盟盟员积极招商引资】 全年盟员积极参加各县、区招商引资工作,取得显著成效。其中,盟员郭珊为青云谱区引资1.65亿余元;方卫红为湾里区引资900余万元;谢华为南昌县引资2200余万元;邓志平为新建县引资5000余万元。

【民建市委会社会服务有创新】 10月16日,民建市委会西湖区总支率先在西湖区绳金塔社区创建第一个社区服务基地正式挂牌,并开展帮贫扶困、法律咨询、教育咨询、医疗服务等一系列活动。为贯彻中共南昌市八届九次全体(扩大)会议精神,民建市委会与市各民主党派联合发出倡议,制定下发《关于深入贯彻中共南昌市委八届九次全体(扩大)会议精神,推动全会参与全民创业活动的意见》的文件,并在广大会员中开展以"和谐创业、富民强市"为主题的大讨论,组织参加全市各民主党派创业文化宣传队的活动。广大会员通过调查、议案、信息等多种途径为全民创业活动献计献策;通过科技咨询、扶贫帮困等多种形式为全民创业服务作贡献。同时在推动会员创办企业安置就业工作取得好成绩。据不完全统计,在会员创办的企业中安置社会就业人员6000余人,其中国有、集体企业下岗职工700余人。

【民进市委会开展服务进社区活动】 10月与各民主党派、工商联在绳金塔公园联合举办1场以"和谐创业崛起南昌"为主题的宣传创业文艺晚会。12月支持帮助民进南昌市东湖区总支、民进南昌市西湖区总支分别与滕王阁街办和绳金塔街办结成共建和谐社区服务基地对子,并先后建立榕门路社区、建设桥社区和谐社区服务基地,为社区居民提供教育、金融、法律等咨询服务。

【民进市委会支农支教医疗下乡活动】

3月向新建县望城乡小桥小学捐赠价值2万元的课桌椅260套、彩电1台。7月完成玉辉扶贫助学金发放工作，共资助高中生16名、小学生10名完成学业。8月与市林业局共同完成对口帮扶湾里区招贤镇马口村扶贫工作，为该村共联系扶贫资金16万元，实施修路、改水、发展高山茶叶、整修校舍。9月向青山湖区扬子洲乡三联小学捐赠新书500册，帮助建立学校小图书馆。10月联合省民进医卫委员会到南昌县塔城乡，开展义诊送药活动。

【农工党市委会开展咨询服务活动】 3月30日，参加市委统战部组织的赴新建县望城镇的"三下乡"活动；4月28日，与市委党校联合到进贤县前坊镇开展送医送科技下乡活动。两次活动共为当地2000余名群众义诊，发放药品2000余元，科技资料3000余份。11月7～13日在南昌农工中草药一、二门诊部同时举行第十七届"国际科学与和平周"医疗义诊咨询活动。

【农工党市委会协办2005年中国·南昌医药保健品博览会】 5月18～20日，协办的2005年中国·南昌医药保健品博览会在南昌举行。国家药监局、省、市领导和农工党中央、省委会领导出席开幕式并作热情洋溢的讲话。全国人大常委会副委员长、农工党中央主席蒋正华发来贺信。来自全国和全省的200余家医药企业、医药经营企业的代表，全国医药界知名专家、学者，省、市部分医学院校、医院及各方面的代表共500余人参加博览会。期间，博览会还举办高层论坛、产品展示、融资咨询和科技协作签约等系列活动。

【九三学社市委会举办"南昌制造业发展高层讲座"】 5月19日上午，为顺应南昌市制造业发展的良好态势，进一步促进南昌市制造业的发展，邀请九三学社中央副主席、浙江大学副校长、博士生导师、教授冯培恩到南昌市举办高层讲座，主讲《先进制造业的发展策略》。市领导和来自全市科技界、企业界、高校、开发区、九三学社社员400余人参加。

【九三学社市委会组织开展多项服务社会活动】 3月组织社员参加市委统战部组织的各民主党派到新建县望城镇进行科技扶贫和咨询活动，免费发放种养殖科技资料100余份，学习用品100余份。11月组织社员中的医务人员到新建县大塘乡观咀村开展送医、送药下乡活动，为近百名群众提供疾病诊治、医疗咨询服务，并免费发送500元药品。10月响应九三学社省委"关于动员广大社员捐资助学的通知"，组织各基层组织和社员弘扬中华民族传统美德，踊跃捐款，帮助建希望小学；帮助品学兼优的贫困学生完成学业。年内经九三学社市委会副主委符垂荣（新建县副县长）多方联系，在九三学社省委、九三学社上海市委领导的支持、帮助下，上海市九三学社社员董淑冬为新建县特殊学校捐款30万元。11月25日，九三学社中央副主席、上海市政协副主席、九三学社上海市委主委谢丽娟专程到南昌，出席新建县特殊学校落成庆典暨董淑冬捐赠仪式。

【市工商联承办中国（南昌）中部崛起与制造业重要基地建设论坛暨民营企业投资洽谈会】 9月21～25日，"中国（南昌）中部崛起与制造业重要基地建设论坛暨民营企业投资洽谈会"在南昌市召开。洽谈会选择"中部崛起"和"制造业基地"两个主题开展讨论，紧扣南昌市打造现代制造业重要基地核心战略，顺应沿海发达地区制造业产业向中部地区转移的需要，引起广大民营制造业企业和社会各界的关注。全国65个经济发达城市，421家民营制造业精英共482人出席会议。其中，中国民营企业500强3家；中国企业500强3家；全国医药行业50强1家。期间，有14家企业以独资、合作等方式与南昌市有关单位签订投资协议，总投资33.45亿元。由于洽谈会内容丰富、定位高档、组织严密，受到社会各界的高度评价。全国工商联副主席谢伯阳称赞："选题准确，服务热情，客商满意，效果明显，办出了水平，体现了特色，是一个成功的大会，满意的大会"。

【市工商联组织引导会员企业回报社会】 在市工商联组织引导下，全年全市非公有制经济人士致富思源，回报社会的公益事业活动层出不穷。会员企业捐款约50万元支持八一起义纪念馆改造，其中市钢材行业商会捐款40万元。煌上煌集团捐资30万元支持九江地震灾区建设。江西圳昌集团投资20万元在安义县乔乐乡石湖村兴建希望小学。江西巨华集团投资11.6万元在新建县生米镇文青村兴建江西巨华希望小学。江西省江林钢管有限责任公司捐赠10万元在生米镇青岚村建设江林桥。

【市工商联维护会员企业权益】 一是争取领导支持。先后将东方家具厂、台州行业商会、钢材行业商会、洪城商会等会员企业中的10余起维权问题，呈报市委、市政府及有关部门的领导，得到市领导的支持，使会员合法权益得到及时维护。二是政策法律咨询。组织召开会员企业与市物价局等部门对话座谈会、行政执法座谈会等，让企业家和政府部门面对面零距离接触，及时请政府有关部门答复或解决疑难。举办2次法律咨询活动，为民营业主和经营管理人员提供免费法律咨询100余人次。同时对中央、省、市出台的有关非公有制经济发展的政策法规，及时汇编成册并免费发放给会员企业。全年编印《政策汇编》4期，发放4000本。三是加强舆论监督。密切与新闻媒体的关系，注重与新闻媒体的联系，让新闻媒体提前介入，利用舆论监督的力量为维权工作服务。全年解决各类纠纷17起，挽回经济损失200余万元。会员企业称工商联为"真心实意维权益，保驾护航娘家人"。

【市工商联促进会员企业开展经贸合作交流】 一是赴境外考察。为推动会员企业与世界经济一体化接轨，帮助会员企业了解国际市场运作，寻求投资合作商机，组织商务考察团分别赴美国、西欧进行商务考察。二是国内经贸活动。为帮助会员企业拓宽国内市场，促进经济交流与合作，组织会员企业参加2005年全国大中城市民营企业（西安）合作交流会、成都国际经贸洽谈会和全国地区工商联联席会第十五次（银川）年会暨友好商会经济协作会等大型活动，并组织会员企业到西藏参加经贸考察。三是兴建招商桥。分别接待广东省工商联民营企业家考察团、常州市武进区工商联考察团和美籍华人吴再成、吴玲、周兴刚等到南昌市考察投资项目。先后邀请上海立浦杨铁集团、香港南益集团、浙江桐乡市企业家考察团、上海市工商联考察团、汕头市工商联考察团、阿根廷MSG公司、美国晓业公司等海内外客商深入全市各开发园区考察，推动了一批项目的落实，其中香港南益集团投资1000万美元在南昌市建设服装生产加工项目。

（邹　萍　谢长春　李家彬　刘英杰　吴新生　王小玲　胡礼明）

# 政　　法

## 公　安

【概况】 2005年，全市各级公安机关以确保省会城市社会政治稳定为中心，以实现社会治安和交通秩序明显好转为目标，深入开展“两项整治”（即社会治安整治和交通秩序整治），大力实施全警巡逻，全面推进派出所警务改革，扎实做好开门接访工作，着力强化队伍正规化建设，社会治安工作取得“三降四升”（即刑事发案下降、火灾事故下降、交通事故下降，破案率上升、抓获处理犯罪嫌疑人上升、查处治安案件上升、纠处交通违法行为上升）的显著成效。全市没有发生大规模群体性上访闹事事件，没有发生有影响的恶性刑事案件，没有发生严重扰乱社会秩序的治安事件，没有发生群死群伤的重大治安灾害事故，没有发生重特大恶性交通和火灾事故，没有发生民警严重违法违纪问题。

【全力维护社会政治稳定】 全年全市公安机关破获“法轮功”邪教组织案件42起，抓获“法轮功”邪教组织人员87人，捣毁“法轮功”邪教组织窝点7个，收缴“法轮功”邪教组织宣传品约万份；搜集各类信息1.4万条，排查各类不稳定因素122条，搜集、整理、上报社会治安动态信息720条；完善处置应急事件的组织指挥体系和工作预案，配合有关部门妥善处置群体性事件79起；成功处置“12·9”梨温高速公路车载剧毒化学品泄漏、“2·13”、“8·18”、“9·30”人员群体上访等一大批突发性、群体性事件；封堵、删除有害信息649条，破获各类网上犯罪案件160起，抓获犯罪嫌疑人183人；圆满完成节假日和全国、全省、全市“两会”、中国江西傩文化艺术周、中国南昌第四届金秋经贸月等48项大型经贸、文体活动的安全保卫工作；完成各类警卫任务849批次，其中一级警卫2次、二级警卫12次、三级警卫10次，并确保警卫对象安全。

【严厉打击各类违法犯罪活动】 全年全市公安机关共破获各类刑事案件1.56万起，比上年上升34.6%，百名民警破案数居全省第一，其中侦破现案1.11万起，上升29%。现行命案侦破率达到91.3%，跃居全省前列。共抓获犯罪嫌疑人5844人，上升19%，其中逃犯684人，上升69.7%，居全省前列。侦破各类经济犯罪案件276起，为国家、集体和个人挽回经济损失6113万余元。破获各类毒品犯罪案件701起，抓获毒品犯罪人员170人，缴获海洛因2.97千克、摇头丸155.5千克、冰毒46.7千克。

【加强基层基础建设】 逐步健全110接处警勤务机制和社会服务联动工作机制。全年110报警服务台共接受群众有效报警12.17万起；受理群众求助2.52万起。在全市41个派出所建立电子监控系统，安装635个电子监控探头，城区电子监控网络覆盖率达92%。完成8个派出所的办公用房建设，统一城区41个派出所的外观标识，全市75%的派出所达到公安部三级以上标准。开展户口登记、户口核对、身份证号码清理纠错和门楼牌整顿、编制、更新工作，全面启动第二代居民身份证换发工作。

【加强公安科技建设】 完成28个分、县局和支队局域网的改造，为四县及湾里区派出所和城区12个责任区刑侦中队接入公安网。年内全市派出所和看守所联网率达100%。建成市局至各分、县局和部分支队视频会议系统和市局与9个分、县局的公安涉密信息安全保障系统。在全省率先引进DNA测试仪。全市所有刑事技术室达到公安部三级标准，重特大案件现场勘查率达100%。

【完善为民服务举措】 制定《服务全民创业富民强市的工作意见》，推出交通执法告知、为一次性提取巨额现金的市民提供护送服务等40条便民利民措施。简化行政审批程序，压减部分收费项目；放宽城市户口迁移限度，规范完善户口办理程序；放宽人才引进、购房落户政策，并积极探索“一站式”办公方法和模式。市公安局出入境管理部门增强主动服务意识，在各办证窗口以印发《办事须知》和用电子显示屏公布等方式公开办事流程，并组织人员深入境外人员集中的大专院校、三资企业听取意见并为部分有困难的群众上门办理有关证件，受到群众好评。

【加强和改进消防管理】 各级消防部门大力开展以公众聚集场所、建筑消防设施、商场市场、消防产品、校园周边为重点的消防安全专项治理活动。全年共检查单位场所1000余家，督促整改火灾隐患900余处，年内全市没有发生特大火灾事故。同时在全市范围内开展消防产品专项整治活动，不断净化和规范消防产品市场，社会消防环境得到改善。

【推进派出所警务改革】 在东湖区大院、豫章派出所，西湖区广润门、桃源派出所，青云谱区徐坊派出所，青山湖区塘山派出所试点推行“三队一室”（即社区民警队、治安民警队、巡逻民警队和综合警务室）的警务模式。该模式主要内容是制定错时工作制、走访工作制、接处警工作制及警种协作制等一系列勤务运作制度，完善层级负责、考核奖惩、内外监督、警务保障等配套措施，实现警力向案件多发时段、路段、部位延伸，做到警力下沉、警务前移、工作超前。该模式在上述派出所试点推行后，工作效率明显提高，整体防控能力明显增强。

【稳步推进公安队伍正规化建设】 制定公安队伍正规化建设的总体规划，逐步推进政治、体制、素质、内务、执法、监督等六大体系建设。其间，建立主办警官责任制和执法过错责任追究制、单位和民警个人执法档案、绩效考核激励机制，有448名民警晋升为副主任科员；开展争创“十佳单位、百佳民警”活动，深化全警大练兵活动，组织射击、游泳、派出所所长岗位练兵知识竞赛等一系列考核竞赛活动，取得良好成效。市局刑侦、信通、公安指挥等多项业务工作在全省大练兵比武中获得第一名。开展“双评”和优化投资环境活动，解决少数公安机关“冷硬横推”等问题，树立公安机关和公安民警的良好形象。完善内外监督体系，加大对民警的日常监督管理力度。全年共查办违纪案件13起、违纪人员15人。

【开展开门大接访】 5月～9月，市公安局在全市公安机关开展“集中处理群众信访问题”（即“大接访”）活动，全面落实各级公安机关“一把手”接待群众信访制。期间，采取集中接访、主动约访、带案下访、上门回访等方式，集中时间、集中力量、领导动手、全警参与，以超常规的举措对群众信访件集中予以解决。据统计，在“大接访”活动中，全市公安机关共受理群众信访件726件，办结704件，办结率达97%；停访息诉713起，停访息诉率为98.3%。

【组建公安特警队】 5月，在原特警支队的基础上，从退伍军人、公安院校毕业生中招录124名特警队员，并建立人员定期轮换、高强度训练、勤务运行等队伍管理机制。8月组建成一支有300人的公安特警队。同时投入经费800余万元，修整特警办公楼，建成占地1.3公顷的综合训练场，购置一批工作用车和武器装备。公安特警队组建工作受到公安部、省、市和省厅领导同志的充分肯定。

【成立城市管理警察支队】 2月，市公安局城市管理警察支队成立，实行市公安局和市城市管理行政执法局双重领导，以市公安局管理为主。其主要职能是维护城市管理行政执法治安秩序，依法打击扰乱、阻碍城市管理行政执法工作的违法行为

【成立桑海经济技术开发区分局】 3月，市公安局桑海经济技术开发区分局成立，为市局派出机构。

【启动网格化巡逻】 以强化社会面控制能力为主要目标，启动常态布警、治安复杂时期布警、突发事件和重大案件布警的三级布警措施，并按照全警巡逻和“网格化”巡逻的要求划分巡区，最大限度地屯警街面。同时投资323万元为一线人员购买30辆110巡逻车和个人防护器材，完善以巡警、派出所民警为骨干，诸警种合成作战，点、线、面结合的巡逻体系，保证每天市区至少有40辆警车、500余名民警、900名巡防员、保安员在街面、社区巡逻，提高了街面见警率、民警管事率和现行抓获率，有力震慑了犯罪。全年仅城区巡警就抓获现行违法犯罪嫌疑人2129人，比上年上升87.9%。

【开展治安整治】 全市公安机关按照“两项整治”的总体要求，开展一系列治安整治行动。全年共查处治安案件9926起，比上年上升38.2%。会同有关部门对重点建设工程工地及周边地区专项整治，有力地维护了生米大桥、西外环高速公路等建设工地的治安秩序，确保工程进度。开展校园及幼儿园周边整治，有效地解决校园周边突出治安问题。开展打击赌博违法犯罪专项斗争，查处赌博案件213起，净化了社会风气。不间断地开展水上治安整治行动，确保水上治安稳定，其中进贤县水上警察在全省“夏季风暴”水域治安整治评比中获得第一名。开展市容环境整治。共捣毁制、贩假证窝点6个，抓获犯罪嫌疑人35人，城区张贴垃圾广告现象明显减少。

【开展交通整治】 全市公安交通管理部门积极开展“疏堵治乱压事故”、打击盗抢机动车犯罪专项行动、学校及周边交通秩序整治等20余次专项整治行动，并把三分之二的警力摆上路面，加强路面巡逻，强化路面管控。全年共纠处各类交通违法行为92.61万起，比上年上升42%。同时改进交通管理设施，运用科技手段加强交通管理。全年共新增、更换道路标志、信号灯等设施704项，新建电子警察系统12套。全年交通事故“四项指标”（即交通事故起数、死亡人数、受伤人数、经济损失四项指标）全面下降。截至年底，全市共发生交通事故1047起，死亡297人、受伤973人，直接经济损失303.3万元，比上年分别下降32.1%、3.3%、36.9%、37%。全市没有发生一次死亡10人的特大交通事故，得到省和市各级领导、社会各界、广大群众的好评。

【开展侦破命案专项斗争】 按照公安部统一部署，全市公安机关采取领导挂案、集中攻坚的办法，开展为期一年的侦破命案专项斗争。全年共侦破命案85起，其中现行命案73起，现行命案侦破率达91.25%。

【开展打击“两抢一盗”专项斗争】 5月1日～12月31日，全市公安局机关组织开展打击“两抢一盗”犯罪专项斗争。共破获盗抢案件10251起，其中盗抢汽车案件118起；处理盗抢犯罪嫌疑人3416人；摧毁盗抢犯罪团伙358个1388人，其中盗抢汽车团伙18个33人；追捕盗抢逃犯892人；追缴被盗抢汽车60辆；缴获赃款赃物折价1018.03万元。

【开展打击街面犯罪专项斗争】 为解决群众反应强烈的外来人员街面犯罪突出的问题，市公安局针对外来人员街面犯罪的特点，连续开展多次专项打击行动，并抽调精干警力组成专业打击队，在人流量大、易发案的地下通道和大型商场设立11个治安执勤点，对外来人员实行定人定点定时定岗盘查。全年摧毁31个街面犯罪集团，抓获犯罪嫌疑人516余人；破案各类案件1072起，使外来人员街面犯罪大幅下降。

【摧毁2个特大制贩冰毒集团】 5月7日，在公安部的指挥协调下，缉毒支队联合广东警方在市阀门厂共同摧毁了2个特大制贩冰毒加工厂，抓获犯罪嫌疑人6人，缴获冰毒46.7千克、半成品20千克、制毒前体1.2吨。

【侦破“5·3”特大杀人案】 5月3日下午6时20分，西湖区耶苏堂12号2单元601室发生杀死6人的特大杀人案。市局刑侦支队和西湖分局刑侦大队联手作战，仅用30小时就成功破获此案，抓获犯罪嫌疑人余强。

【侦破“5·29”爆炸案】 5月29日13时25分左右，某餐饮连锁中山路店的一楼和二楼大厅接连发生爆炸，数名顾客被炸伤。此案的发生引起了省、市领导的高度重视和社会各界的密切关注。西湖公安分局按照省市领导的要求，组织精兵强将，迅速开展侦破工作，经过42小时连续奋战，成功破获此案，抓获犯罪嫌疑人谢洪生，缴获自制炸药7管，导火索10根。

【侦破“9·30”杀人案】 12月5日，青云谱公安分局经过缜密侦查，成功破获了9月30日发生的南昌新航建筑公司副总经理陈海明在办公室被人杀伤致死案，抓获犯罪嫌疑人万辉、王波。

【侦破“9·18”特大杀人案】 9月21日，进贤县公安局在省厅刑警总队的协

调和新余市警方的配合下，成功侦破9月18日发生在进贤县衙前乡水稻原种场的万学明一家三口被杀案，抓获犯罪嫌疑人黄卫亮。

【摧毁一特大飞车抢夺集团】 8月15日市公安局刑侦、技侦支队和东湖、西湖、青云谱、青山湖公安分局联合行动，采取突袭与蹲守相结合的方式，一举摧毁一个以湖南籍人员为主的特大飞车抢夺集团，先后抓获向飞、刘龙兵、向涛、王方豹、彭旭等犯罪嫌疑人30人，缴获作案用摩托车10辆，被抢金项链30余条，手机数十台及其他赃物。

【侦破“10·23”绑架勒索案】 10月24日，东湖公安分局刑侦大队快速反应，仅用1天时间就侦破发生在青山路自力沙发店的绑架勒索案，当场抓获犯罪嫌疑人陈仙洪、邝先林、华小平，缴获作案凶器刀具2把、手铐2副，成功解救人质陈炳铨。

【侦破公安部督办团伙盗车案】 9月1日，西湖公安分局刑侦大队转战粤、赣两省多地，成功破获公安部督办的团伙盗车案，刘正彬、罗义华、陈书军、刘占武、周寒冬、黎红波6名团伙成员全部被抓获归案，破获系列盗车案30余起。

（罗　慧　文高德）

## 检　察

【概况】 2005年，全市检察机关紧紧围绕“强化法律监督，维护公平正义”检察工作主题和全市工作大局，深入开展严打整治斗争，加大查处和预防职务犯罪工作力度，强化诉讼监督，积极为全市经济发展营造良好的法治环境，各项检察工作呈现出相互促进、全面发展的良好态势，检察业务工作取得显著成绩。

【全力维护社会稳定】 全市检察机关认真履行批捕、起诉职责。全年共批准、决定逮捕各类刑事犯罪嫌疑人3670人，比上年上升20%；提起公诉3530人，上升22%。积极投入“建设和谐平安南昌”活动，始终保持对严重刑事犯罪的高压态势。全年共批准逮捕黑社会性质组织犯罪、聚众斗殴、寻衅滋事等团伙性犯罪70人；爆炸、杀人、抢劫、绑架等严重暴力犯罪1516人；盗窃、抢夺等严重影响群众安全感的多发性犯罪1572人；毒品犯罪148人。起诉上述三类犯罪嫌疑人3407人。其中对5月3日犯罪嫌疑人余强当场杀死4人，2人杀伤后送医院抢救无效死亡的特大杀人案快捕快诉，被告人余强被依法判处死刑，有力地维护了社会稳定。深入贯彻中央、省、市集中打击赌博违法犯罪活动专项行动会议精神，严厉打击赌博犯罪。全年共批准逮捕赌博犯罪嫌疑人46人，起诉48人，其中准确查处燕詹平、卢志远利用互联网从事赌博犯罪的案件，有效遏制了赌博犯罪现象的蔓延。

【依法查办职务犯罪】 全市检察机关认真履行查办职务犯罪工作职责，坚持把查办大案要案摆在突出位置。全年共立案侦查贪污贿赂、渎职侵权等职务犯罪案件105件139人，为国家挽回经济损失3551万余元。一是集中力量查办有影响、有震动的贪污贿赂大案要案。全年共立案侦查贪污贿赂5万元以上、挪用公款10万元以上大案61件，大案比例为66%，比上年上升6.4个百分点；涉案金额50万元以上的特大案件13件。立案侦查县处级以上领导干部贪污贿赂要案17人，占立案人数的14%，比上年上升5.6个百分点。如市委农工部原副部长、新建县原县委书记魏朝和受贿、挪用公款、巨额财产来源不明案；南昌市公路局原局长谢昌文，副局长罗查金、谢秋珠受贿案；建设银行南昌市永叔支行原副行长林海平受贿案等。二是按照“抓系统、系统抓”的工作思路，查办贪污贿赂窝案串案34件51人，其中市、区两级检察院查办的市公路系统贪污受贿窝串案，立案16件20人，涉案金额1100余万元。三是严肃查办渎职侵权职务犯罪案件。共查办国家机关工作人员滥用职权、玩忽职守、徇私舞弊等严重侵害人民群众切身利益的渎职侵权案件12件15人。四是查办危害国有企业改革和发展的职务犯罪案件。共立案查办国有企业中涉嫌贪污贿赂犯罪的国家工作人员43人。五是查办危害人民群众切身利益的基层组织工作人员贪污贿赂犯罪案件。共立案13件21人。为保证查办职务犯罪顺利进行，确保办案质量，市检察院健全和完善《错案责任追究实施办法》、《关于实行案件质量监督员制度的规定》等16项制度，进一步规范执法办案工作。查办职务犯罪案件中，明确告知犯罪嫌疑人所享有的权利和主张权利的渠道，讯问犯罪嫌疑人做到同步录音录像，并实行“一案三卡”制度。同时积极推行职务犯罪案件侦查一体化运行机制，正确处理办案数量与办案质量的关系，严格办案纪律，做到依法办案、规范办案、文明办案，案件质量稳步提升。市检察院反贪局被最高人民检察院授予“全国检察机关优秀反贪污贿赂局”称号；市检察院查办的高凌明受贿案和胡自华受贿案被评为全省检察机关“十大精品案件”。

【切实履行诉讼监督职责】 全市检察机关坚持把诉讼监督作为促进司法公正的有效手段，积极开展对诉讼活动各个环节的监督，全力维护法律统一正确的实施。一是履行侦查监督职责。全年共办理立案监督案件77件88人，其中侦查机关主动立案71件[illegible]2人，通知侦查机关立案6件6人。有64人被法院作有罪判决，其中3人被判处10年以上有期徒刑。在审查逮捕和起诉工作中，坚持打击犯罪与保障人权相统一，执行实体法与执行程序法相统一，努力做到有罪追究、无罪保护、严格依法、客观公正。全年依法追捕犯罪嫌疑人76人，追诉64人；决定不批准逮捕649人，决定不起诉259人。积极开展以纠正刑讯逼供为重点的专项侦查监督活动，注意发现并纠正侦查机关在侦查活动中的违法问题。全年提前介入侦查案件347次，发出纠正违法通知书9份，发出口头纠正意见及建议90余次。二是履行刑事审判监督职责。对确有错误的刑事判决、裁定提出抗诉，对审判活动中的违法情况提出纠正意见。全年共提出抗诉案件18件33人，法院已改判4件4人。如新建县检察院提起公诉的孙丽君受贿案，一审法院两次判决其无罪，检察机关两次依法提出抗诉，二审法院终判其有罪；西湖区检察院提起公诉的李泉根故意伤害案，一审法院判其无罪，检察机关依法提出抗诉，二审法院改判其有期徒刑10年；青云谱区检察院办理的邓光荣挪用公款、贪污案，一审法院判其有期徒刑1年，检察机关依法提起抗诉，二审法院认为抗诉理由成立，改判其有期徒刑13年。三是履行刑罚执行和监管活动的监督职能。积极开展监外罪犯和所外执行劳教人员监督工作的专项检察，共发出检察建议188份，纠正违法通知书105份；对5名失去监外执行条件的罪犯重新收监。认真开展对看守所未成年在押人员管理和教育工作的专项检查，防止混管混押，体现了对未成年人的保护政策。继续做好预防和纠正超期羁押工作，保持了检察环节超期羁押零记录。依法严肃查办监管人员职务犯罪案2件。四是履行民事审判和行政诉讼活动监督职能。全年受理当事人不服人民法院生效的民事行政判决、裁定申诉线索

104件，经审查决定立案62件；向法院提出抗诉10件，法院开庭再审6件，全部改判；提出检察建议17件，法院采纳决定再审3件，改判2件。对不服人民法院正确裁判的7件申诉，检察机关积极做好当事人的服判息诉工作。

【为经济发展营造良好的法治环境】 全市检察机关把保护和促进南昌市社会经济发展作为检察工作的出发点和落脚点，积极为南昌市社会经济发展服务。一是认真落实执法为民要求。全市检察机关查处案件中，注重区别工作失误与渎职犯罪、人情交往与索贿受贿、正常拆借与挪用公款、一般违法与刑事犯罪、正当举报与诬告陷害等界限，正确处理改革发展中出现的新情况新问题，坚定不移地支持改革者、保护创业者、教育失误者、打击诬告者、惩治腐败者。对依法不应逮捕或可以不捕的犯罪嫌疑人依法作出不捕决定。平等对待各类市场经济主体。在办理涉及企业的犯罪案件时，坚持做到"三个不轻易"（即不轻易查封、扣押企业财产，不轻易冻结企业账户，不轻易对企业法人代表采取强制措施），主动征求企业的意见和建议，改进工作方式，切实维护企业的生产秩序和市场信誉。二是依法打击破坏市场经济秩序犯罪。积极参与整顿规范市场经济秩序工作，严厉打击生产、销售假冒伪劣产品、偷税骗税、侵犯知识产权等犯罪。全年批准逮捕此类犯罪嫌疑人85人，提起公诉76人。认真开展对制售假冒伪劣商品、侵犯知识产权犯罪的立案监督，共监督立案3件4人。如市检察院监督立案的万小毛非法组织生产假冒"中华牌"铅笔案，案发时已生产成品3.2万支，半成品19.6万支，有效地防止劣质铅笔流向社会。三是积极开展预防职务犯罪工作。结合执法办案，全方位、多层次开展预防职务犯罪工作。预防方式从普法教育转变为在重点行业建立预防工作机构，帮助完善行业工作程序和制度。全年开展个案预防70余件，发出检察建议70余份，推动20个单位建立健全各项管理制度；配合20个单位、行业开展系统预防工作；对10个重点建设项目开展同步专项预防工作；积极推行建立行贿犯罪档案查询系统工作，预防职务犯罪工作不断向纵深发展。四是落实检察环节社会治安综合治理工作。坚持检察长接待日和信访首办责任制。全年检察长接待到访群众214人（次），批办案件156件；妥善处理集体访、告急访21件；受理群众信访1392件（次）。在集中处理涉检信访问题专项活动中，共排查出涉检上访案件17件，已办结15件。市检察院和4个基层检察院的举报中心被最高人民检察院授予"全国文明接待室"荣誉称号。

【加强检察队伍建设和基层检察院建设】 全市检察机关认真贯彻《人民检察院基层建设纲要》，积极开展保持共产党员先进性教育活动，促进执法规范化、队伍专业化和检察业务保障现代化的建设。一是以专项整改活动为契机，不断加强规范化建设。5月开始，全市检察机关开展"规范执法行为，促进执法公正"专项整改活动。根据检察工作实际，坚持把职务犯罪侦查、公诉、侦查监督、监所检察、民事行政检察、控告申诉检察等作为整改重点部门，重点整改执法不文明、执法不规范等问题。同时严肃认真地查处违纪违规不文明办案的行为，坚持把制度建设作为中心环节，围绕重点问题、重点环节、重点部位建章立制，促进执法规范化建设。二是以开展"三岗"（即岗位学习、岗位练兵、岗位竞赛）活动为载体，不断提高队伍的综合业务素质。先后开展检察业务知识竞赛、十佳公诉人选拔赛等活动，取得明显成效。年内南昌市代表队在全省检察机关首届检察业务知识竞赛中，取得第一名的好成绩；有8名干警通过全国统一司法考试；439名干警通过全国计算机等级考试，占全体检察人员的71.2%，比上年上升13.5个百分点。四是以争先创优活动为手段，不断提升检察干警的精神风貌。举办全市检察机关首届"十佳检察官"、"十佳公诉人"评选表彰活动，涌现出全国先进检察院——西湖区检察院和"我身边的优秀共产党员"徐仁杰、全市十大爱心人物黄剑霞、十大平安卫士张振川等一批先进集体和先进个人。五是以加强纪律建设为重点，不断筑牢检察干警的思想防线。全市两级检察院结合市里开展的机关"效能年"活动，着力解决少数干警中存在的思想不纯、纪律不严、作风不正的问题，积极构筑严格执法、公正执法、文明执法的坚强防线，严肃查处违纪违规不文明办案的行为。六是以信息化建设为重点，不断夯实基层基础工作。全市十个基层检察院均已建成三级专线网，安装专线网电子邮件系统，基本实现网上办公。

（羊忠民）

## 审　判

【概况】 2005年，全市法院紧紧依靠党的领导，自觉接受各级人大的监督，充分发挥审判职能，依法维护全市稳定，依法促进社会经济发展，依法保护人民群众的合法权益。增强司法能力，提高队伍素质，注重工作创新，围绕"公正与效率"主题，积极稳妥地开展各项审判工作。全年共受理各类诉讼和执行案件20396件，审结18975件，为服务全民创业、构建和谐社会做出积极贡献。

【充分发挥维护社会稳定职能】 全年全市法院共受理一审刑事案件2588件，审结2585件，其中市中院受理二审刑事案件247件，审结246件，依法判处5年以上徒刑者518人；受理减刑假释案件5583件，全部审结。全年全市法院注重建立"严打"经常性工作机制，依法从严从快打击各类危害社会治安，危害人民生命财产的严重暴力犯罪活动，严厉打击农村恶势力犯罪；依法快审快结备受社会各界关注的南昌市"5·3"特大杀人案；依法审理贪污、受贿等职务犯罪案件92件，其中县（处）级以上干部9人，包括原中共新建县委书记魏朝和受贿、挪用公款、巨额财产来源不明案和原中共抚州市委常委、宣传部长曾志勇贪污、受贿案等一批在社会上有重大影响的案件。同时正确处理惩罚犯罪与依法保障人权的关系，严格执行法律规定的案件审理期限，没有出现一起超审限刑案。切实贯彻"罪刑法定"、"疑罪从无"的审判理念，严防出现冤错案。市中院在审理梅细莲投毒杀夫案中，以"疑罪从无"宣告被告梅细莲无罪。坚持"教育、感化、挽救"的方针，采取回访考察缓刑犯、共建青少年帮教基地等一系列社会帮教挽救措施，积极开展失足青少年的帮教工作，努力预防和减少青少年犯罪。

【促进社会和谐进步的能力进一步增强】 全年全市法院共受理一审民事案件11350件，审结10694件（含旧存），其中市中院受理二审民事案件1042件，审结1048件（含旧存）。全年全市法院共受理一审行政案件218件，审结218件，其中市中院受理二审行政案件32件，审结31件。全年新收各类执行案件4418件，执结3802件（含旧存），执结标的18.08亿元。全年全市法院进一步加强民事案件的审理工作，坚持民事主体平等保护原则、当事人意识自治原则,营造合法有序竞争,诚实公平守信的市场环境;高度重视婚姻家庭、劳动争议、人身损害赔偿、医疗事故和交通事故案件的审理,加强对受害方,特别是弱势群体的保护;将调解工作贯穿于审判工作的始终,全市法院民事案件调解、撤诉率为40%;全面推行判后诠释制度,努力促使当事人息诉服判,做到案结事了;加大对行政案件的审理力度,抓住合法性审查重要环节,对合法的具体行政行为予以维护和确认,对违法不当的具体行政行为判决撤销,促进行政机关依法行政。同时注重维护行政相对人的合法权益,依法保障人民群众获得国家赔偿的权利。市中院首次采取公开听证方式审理国家赔偿确认案件。进一步强化执行措施。全市法院执行工作按照以市中院执行局为核心,统一指挥,统一管理,统一协调的新型工作管理体制,灵活采取集中突击执行、交叉执行、指定执行、委托执行、换员执行等执行方式和金融案件专项执行活动,有效地抵制说情风、地方保护主义、部门本位主义,使一批拖案、难案和积案得到顺利执行,国有集体企业难执行问题得到有效的缓解。

【先进性教育活动和规范司法行为专项整改活动成效明显】 全市法院按照上级党委的统一安排,认真开展保持共产党员先进性教育活动。在加强组织领导,落实方案、内容的同时,十分注重活动的实效,把教育活动贯穿于以审判为中心的各项工作之中,做到教育与提高司法能力相结合、与规范司法行为相结合、与加强司法管理相结合,为更好地履行审判职责打下了良好的思想基础。

在先进性教育活动取得明显成效的基础上,全市法院按照中央政法委和最高人民法院的要求,开展"规范司法行为,维护司法公正"的专项整改活动。在认真查摆问题的基础上,确定整改重点,相继制定了提高案件质量、规范司法行为的一系列规章制度,其中市中院制定完善11个工作制度。为提高整改效果,市中院在《南昌法院信息》开辟规范司法行为专刊,用于加强对全市法院专项整改活动的指导,并适时派出督导组,对县(区)法院开展专项整改活动进行督导。市中院还创造性地提出在全市法院开展争当"无错案,无投诉,无上访"的"三无"好法官活动,将规范司法行为的落脚点放在实现"三无"目标上,以"三无"来衡量法官的办案能力和行为规范,使整改活动在全市法院内取得明显成效。

【司法为民措施进一步落实】 一是积极为全民创业提供服务。全市法院相继制定服务全民创业的工作措施,并主动上门走访辖区内重点企业和人大代表,征求意见和建议,提高服务质量。二是进一步扩大司法救助范围。全年共减、免、缓交诉讼费537.10万元。加大对拖欠进城务工人员、再就业人员劳动报酬案件的审执力度,切实维护农民工的合法权益。三是着力解决涉诉信访问题。全市法院严格按照最高法院的要求,对所有申诉做到有诉必理,并对正式立案审查的申诉复查案件继续推行听证审查制度,增加申诉案件审查的透明度。全年共审查申诉复查案件212件,其中驳回申诉126件,裁定进入审判监督程序86件。继续坚持三级接访制度,采取多种措施做好息访工作,平息化解部分越级上访和进京上访事件。

【审判监督明显加强】 全市法院坚持有错必纠的原则。全年共审结再审案件70件,改判30件。为提高案件质量,全市法院进一步强化审判监督措施,对审判工作实施全方位、全过程的监督,特别加强对审判工作的事前、事中监督,着力构建以审判监督庭为主体的案件质量评查监督机制。市中院通过制定《案件质量差错的分类及认定标准》等规定,将监督的关口前移,并加强对生效案件、庭审活动、法律文书的监督,健全案件质量评查、重大敏感案件跟踪监督和违法审判案件备案制度。全市各基层法院参照市中院的做法,结合自身实际,制定相应的监督措施。6月最高人民法院审判监督调研组到南昌市法院系统调研,赞扬南昌市法院审判监督机制完善,监督工作有力。南昌市审判监督工作荣获全国法院先进称号。

【基层人民法庭建设取得突破性进展】 全市法院按照国家发展改革委员会批复的2005～2007年江西省基层人民法庭建设规划,加快新建21个人民法庭步伐。年初,市委副书记王样生到全市法院21个需新建的法庭召开现场办公会,协调解决一些法庭建设中面临的困难和问题,市政府办公厅并将现场办公会会议记要发文至全市,要求抓好贯彻落实。市中院抓住这一机遇,及时在青山湖区法院的湖坊法庭召开"两庭"建设工作会,对全市法院"两庭"建设作出部署。各基层法院按照部署,成立"两庭"建设专门机构,明确院长为第一责任人。截至年底,当年计划建设的9个法庭土地和配套资金落实到位,大部分开工建设,并有3个法庭竣工。

【"5·3"特大故意杀人案】 6月14日上午,市中院公开审理备受社会各界关注的南昌市"5·3"特大杀人案,市中院院长江涛担任本案的审判长。部分省市人大代表和政协委员及各界群众约500人参加旁听,新华社、《人民日报》、《法制日报》等中央驻赣媒体及《江西日报》、江西电视台、《江西法制报》等省内近20家新闻媒体派出记者到场采访。经过法庭调查、法庭辩论、被告人最后陈述,本案进行当庭宣判,以故意杀人罪判处被告人余强死刑,剥夺政治权利终身,并判决赔偿被害人经济损失103.37万元。

被告人余强,男,1965年11月出生,南昌市人,初中文化,无业。余强与杨佳惠于2001年开始同居,2003年12月因性格不和,二人分手。2005年5月3日凌晨,余强打电话给杨佳惠,提出恢复恋爱关系,遭到杨的拒绝。当日下午,被告人余强到南昌市西湖区耶苏堂路12号2单元601室杨佳惠的父母家中,欲对杨纠缠,杨避而不见。余强即回到家中携带两把弹簧刀,蓄意杀害杨佳惠。18时许,余强再次来到杨的父母家中,与杨的家人发生激烈争执。争执中,余强突然抽出弹簧刀向杨佳惠的姐夫万彬刺了3刀,将万彬刺伤。随即又向杨佳惠的母亲熊红妹刺了3刀,当场将熊红妹杀死。当余强看到杨的外甥万博文从房屋出来时,又向万博文刺杀了3刀,将万博文杀伤。在余强杀人时,杨的姐姐杨佳萍想抓住余强的手,但被余强连刺7刀,当场死亡。在卧室睡觉的杨佳惠的父亲杨印生听到声音走到客厅,被余强杀了4刀,当场死亡。当余强看到在客厅哭的杨佳惠的女儿谢依洳,将谢提起来,朝其身上刺了3刀,当场将谢依洳杀死。余强作案后逃离现场。万彬、万博文经送医院抢救无效死亡。

法院审理后认为,被告人余强为泄私愤持刀杀死六人,其行为已构成故意杀人罪。犯罪情节特别恶劣,后果特别严重,遂作出上述判决。

【利用网络病毒盗买盗卖股票案】 9月9日,市中院一审对利用计算机病毒程序,截获股民股票账户、密码,盗买、盗卖股票案进行宣判。被告人张勇犯盗窃罪,判处无期徒刑,并处没收个人全部财产;被告人王浩及邹亮犯盗窃罪,分别被判13年和12年有期徒刑,并处罚金5万元。

张勇、王浩、邹亮均系江西省宜丰县

人,高中文化。2004 年 10 月 17 日,张勇在宜丰县新昌镇将王浩、邹亮约至一起,自称已在互联网上租用空间,仿冒知名网站"首放证券网"(www.Shoufang.com.cn)制作了一个域名为:www.Shoufan.com 的网站,如果在该网站上设置木马程序,一些安全防护措施较弱的股民一旦访问该网站,其电脑中就会被植入木马程序,该程序能够自动获取股民账号及密码等信息,并发送至指定的电子邮箱中,之后操纵股票账号高价购入自己手中持有的股票便可从中获利。王浩和邹亮当即表示同意。3 人商定,作案所需初始资金按张勇 60%、王浩和邹亮各 20% 的比例出资,所得利润也按此比例分配。3 人还进行分工,由张勇负责木马程序的制作与传播,并进行股票账号的操作;王浩负责用假身份证开设股票、银行账户及办理联通上网卡;邹亮负责在电子邮箱中收取和整理通过木马程序获取股民的股票账户和密码。

2004 年 10 月 17 日 ~ 11 月 25 日,张勇伙同王浩、邹亮流窜长沙、南昌、深圳、广州、厦门、杭州等地,以化名鄢智勇、苟晓书、张宗珠、顾海国、李继伟的假身份证开设股票账户和银行账户,共同出资 15 万元购买启动股票,持假身份证购买联通 CDMA 卡,用于笔记本电脑无线上网。期间张勇等 3 人采取用窃取的股票账号和密码进入被盗股民股票账户,将账户内的股票全部以低价抛出,获取资金后,再以涨停板的高价申购鄢智勇、苟晓书、张宝珠、顾国海股票账户上预先以低价购买的成交量较小的股票,非法进入 53 位股民的股票账户,先后作案 19 次,盗卖、盗买股票价值 1141.9 万元,累计获利 38.6 万余元(扣除佣金及印花税后),并且致使受害股民账户内的剩余资金全部自动高价购买其他股民的股票,造成被害人直接经济损失 89 万余元。

2004 年 10 月以来,浙江、福建、湖北、广东等地公安机关相继接到证券公司和当地股民报案,称其证券公司的客户所开设的证券交易账户上的股票,被人通过网上委托的方式非法盗卖,造成客户重大损失。经调查证实,该案是一起故意制作、传播黑客程序,盗取证券用户交易账号及密码后,恶意进行股票买卖从中获利的案件。经公安部指定,南昌市公安局公共信息网络监察支队开始立案侦察,江西宜丰县 3 名青年被纳入工作视线。2004 年 12 月 16 日,张勇等 3 人在安徽省潜山县被南昌市公安局抓获,当场收缴假身份证数十张,股票及银行账户若干,并扣押赃款 53 万余元、作案用笔记本电脑 3 台。

【原江西抚州市委宣传部长曾志勇贪污受贿案】 12 月 13 日下午,市中院对原中共江西抚州市委宣传部长曾志勇贪污受贿案作出一审宣判。被告人曾志勇犯贪污罪,判处有期徒刑 7 年,犯受贿罪,判处有期徒刑 11 年。依照数罪并罚,决定执行有期徒刑 15 年。经审理查明,2000 年 3 月,曾志勇担任中共黎川县委书记期间,利用其职务之便,在原中共黎川县委招待所虚报一张金额为 6.06 万元的购买地毯的发票(其中 680 元为开票税金),冲抵其个人借支 6 万元。2002 年 2 月,曾志勇担任中共抚州市委常委、宣传部长期间,宣传部与某影业公司联合承办 2002 年"抚州市春节文艺晚会"。晚会结束后,某影业公司副经理严某以"明星演员出场费"名义从抚州市委宣传部多领演出费 7 万元。随后,曾志勇让部属从严某手中拿回 7 万元,以宣传部招商引资费用名义单独保管,同年 4 月 19 日,曾志勇以出差为名将其中 5 万元据为己有。此外,1989 年 ~ 2004 年 12 月,曾志勇担任江西省黎川县县长、中共黎川县委书记,中共抚州市委常委、宣传部长期间,利用职务之便,为他人工作调动、解决编制、职务升迁、业务承揽等提供关照,先后 25 次收受贿赂共计人民币 49 万余元、美元 6600 元、电脑一台(价值人民币 1.39 万元),款物折合人民币共计 56 万余元。市中院认为,曾志勇身为国家工作人员,利用职务之便,侵吞公款 11 万元;为他人牟利,非法收受他人财物价值 56 万余元,其行为已分别构成贪污罪和受贿罪。鉴于其能主动交待犯罪事实,有自首情节,遂作出上述判决。

(饶万和)

## 司法行政

【概况】 2005 年,全市司法行政机关以保持共产党员先进性教育活动为动力,以服务全民创业、服务南昌快速和谐崛起为主线,认真履行司法行政职能,积极提供多领域、多方位的法律服务和法律保障,为南昌市经济社会发展作出了贡献。

【普及法律知识】 在全市公民中重点普及"四法五条例一办法"(即中华人民共和国宪法、中华人民共和国行政许可法、中华人民共和国对外贸易法、中华人民共和国土地管理法、中华人民共和国国务院信访条例、国务院宗教事务条例、江西省预防职务犯罪工作条例、江西省统计工作条例、江西省社会治安综合治理条例、江西省实施《中华人民共和国义务教育法》办法),400 余万普法对象不同程度地接受法制教育,普及率 82.3%。组织 1.3 万余名副科级以上干部、6000 余名基层村干部参加法律知识考试。举办法制讲座(报告)93 场次、法制培训班 20 期。共培训法制宣传员、法制副校长、社区干部和农村基层干部以及机关公务员 2400 余人次。同时积极开展"民主法治示范村"和"民主法治社区"创建活动,评选示范点,总结好经验、好做法,提升创建水平,不断推进基层依法治理。

【规范和完善劳动教养管理模式】 以规范劳动教养场所管理为重点,开展月度安全竞赛活动,强化干警的直接管理和管教基础工作;加强对艾滋病职业暴露事件的防范,完成劳教人员艾滋病检测和艾滋病知识测验;扎实开展劳教人员政治教育、文化教育和职业技术培训;对"法轮功"邪教组织劳教人员实施教育转化"骄阳行动",并进行"封闭、半开放、开放"三种管理模式的试点;制定《南昌市劳教所劳教人员"三段式"动态管理实施方案》,劳教人员的教育挽救质量进一步提高;加大劳教场所硬件和软件设施投入,创建现代化文明劳教所工作有新进展。

【积极为经济建设提供法律服务】 全市法律服务工作者围绕全民创业、国企改革、拖欠工程款和农民工工资等问题积极提供法律服务。组建服务全民创业法律顾问团,制定并实施为全民创业提供法律服务的三项措施。律师为国企改制、生产经营、收购兼并、招商引资、信访接待及全民创业等方面提供大量法律服务;公证人员为招商引资、工业园区建设、城市拆迁、公司事务、不动产转让、"三农"问题等提供服务,办理涉及合同签订、招标投标、企业改制、资产重组、金融贷款、房地产交易等方面的公证事项。同时开展法律援助进监狱活动;建立农民工法律援助申请绿色通道,使申请法律援助的农民工及时得到法律援助;扩大法律援助范围,让更多困难群众得到法律的援助。全年律师共担任法律顾问 682 家,办理刑事诉讼辩护及代理 1856 件、民事经济行政诉讼代理 3122 件、非诉讼法律事务 3743 件、涉外及港澳台 302 件,解答法律咨询 1.18 万人次,代写法律事务文书3232件；公证机构办理国内民事公证1.09万件、国内经济公证6729件、涉外公证1.07万件、涉港澳台公证899件；法律援助机构共办理法律援助刑事案件217件、民事案件239件、行政案件1件，解答法律咨询1.9万人次，代写法律文书27件，答复群众来信14封。

【积极发挥人民调解作用】 截至年底，全市建立各类人民调解组织1954个，有专(兼)职人民调解员9462名，基本形成覆盖全市的调解网络。各类人民调解组织大力开展矛盾纠纷排查。全年共调处各种民间纠纷5546件，调解成功5435件，调解成功率98%；防止民转刑94件。人民调解维护社会稳定"第一道防线"作用得到充分发挥。

【对刑释解教人员安置帮教】 按照司法部"帮教社会化，就业市场化，管理信息化，工作职责化"要求，不断完善安置帮教体制，不断探索新办法。通过因地制宜建立安置基地、举行刑释解教人员安置帮教就业现场招聘会、积极帮助刑释解教人员解决生产生活实际困难等多种行之有效的方法，帮助、引导刑释解教人员走上自立自强之路。全年全市共接收刑释解教回籍人员1368名(其中，刑释人员866名，解教人员502名)，落实帮教措施1306名，帮教率95.5%；实现安置1213名，安置率88.7%。

【司法所办公用房建设】 第一期20个基层司法所办公用房建设除1个司法所因镇政府整体搬迁影响开工外，16个司法所办公用房建设竣工；3个司法所直接购置办公用房，并已投入使用。

【举办全市领导干部法制讲座】 2月16日(春节后上班第一天)，市委、市政府在红谷滩会展中心大厅举办全市副县级以上领导干部法制讲座，邀请国务院参事室参事、原国家安全生产监督管理局副局长闪淳昌就安全生产有关问题进行宣讲。市委副书记、市法制宣传教育工作领导小组组长王样生主持。

【合伙律师事务所规范建设】 为进一步贯彻落实中共中央总书记胡锦涛等中央领导同志关于加强律师队伍建设的重要批示精神，全市律师行业开展合伙律师事务所规范建设年活动。该活动主要围绕合伙律师事务所合伙主体、收案行为、收费和分配行为、内部监督管理行为、建立健全管理机构、合伙人管理责任问题、党建工作等7个方面开展。通过为期一年的规范建设，合伙律师事务所的管理意识得到增强，管理责任得到明确，制度建设得到加强，服务质量得到提高。

【公证教育规范树形象】 根据司法部关于在全国公证队伍中开展教育规范树形象活动的要求，4月1日～9月30日，全市公证队伍开展教育规范树形象活动。活动以抓"三个教育"(即政治思想教育、业务素质教育、职业道德教育)、四个规范(即规范公证服务秩序、规范办证程序、规范公证处的运行机制、规范公证管理行为)"为重点，分学习动员、自查自纠、查处整改、总结验收四个阶段进行。活动对近3年来办理的6万余件公证案件进行一次全面清理核查，对存在程序手续等不全问题的19件公证案件进行补充整改，进一步提高公证队伍素质、公证质量和公证的公信力。市公证处被司法部评为全国公证教育规范树形象活动先进单位；市公证处、东湖区公证处被省司法厅评为全省公证教育规范树形象活动先进单位；市第二公证处主任余国保、西湖区司法局局长瞿建英被省司法厅评为全省公证教育规范树形象活动先进个人。

【吴爱英视察基层司法所】 5月15日上午，司法部部长吴爱英视察南昌高新技术产业开发区麻丘司法所和青山湖区京东司法所。视察过程中，吴爱英详细询问麻丘、京东司法所队伍建设及工作开展情况，查看司法所的工作资料，称赞麻丘、京东司法所的工作"做得好、做得扎实"，并当场决定由司法部各奖励一辆工作用车。

【开展"规范执法行为，促进执法公正"活动】 5月中旬～11月中旬，按照中央、省、市政法委员会的统一部署，市司法局在局机关和市劳教所开展为期6个月的"规范执法行为，促进执法公正"专项整改活动。对查摆出的37个重点问题，做到切实整改，严格建章立制，有效促进了司法行政执法水平的进一步提高。

【"四五"普法顺利完成】 8月30日～9月9日，市领导王样生、蔡社宝、卢晓健、罗为民、熊全柏、万玉明以及有关部门、单位负责人分别带队，对四县五区、四个开发区和市直各单位(部门)普法依法治理工作进行考核验收；9月23～25日，省委副秘书长黎明中率领省"四五"普法考核验收工作组一行4人，对南昌市"四五"普法依法治理工作进行考核验收。五年来，全市认真按照中央和省《关于在全体公民中开展第四个五年法制宣传教育规划》的部署和要求，在全市公民中开展法制宣传教育活动，重点普及《中华人民共和国宪法》、《中华人民共和国国务院信访条例》等35部法律法规，宣传50余部专业法律和地方法规，扎实有效地开展依法治理县(区)、乡(镇)、街道、社区、村、企业、学校、部门、市场等九大类活动。据不完全统计，全市有1万余名副科级以上干部、6500余名村干部、4万余名机关工作人员、1万余名企业经营管理人员和个私业主、30万余名中小学生参加普法学习。经考核，全市公民法律知识普及率达82.6%，合格率达96.7%；四类重点对象参学率达98%，合格率达99%；全市有51%以上的县(区)、部门和基层单位达到依法治理工作标准，其中35%以上的行政村步入"民主法治示范村"行列。

(李　兵)

## 仲　裁

【概况】 2005年，市仲裁委积极宣传《中华人民共和国仲裁法》，加强内设机构建设，努力提高案件办理质量，取得可喜的成绩。全年共受理各类案件421件，标的总额1.7亿元，受案数和标的额比上年分别增长148%和185%。其中，商品房买卖合同纠纷315件，二手房买卖合同纠纷8件，其他买卖合同纠纷15件，建设工程施工合同纠纷30件，保险合同纠纷28件，租赁合同纠纷7件，承揽合同纠纷5件，旅游合同纠纷1件，拆迁合同纠纷1件，其他合同纠纷11件。全年结案472件，其中上年受理结转的109件，当年受理审结的363件。在已结的案件中，裁决结案351件，调解结案、申请人撤回申请的121件。

【推行仲裁法律制度】 一是根据国务院法制办、中华全国工商业联合会下发的《关于依法作好非公有制企业民商事纠纷仲裁工作的意见》和市政府法制办、工商联转发的有关文件精神，与市工商联建立相对固定的工作机制。市工商联从上年年初开始，每季度召开1次由市工商联、南昌仲裁委员会、各行业商会等派员参加的维权工作例会。市仲裁委利用3次参会机会，为非公有制经济人士提供面对面的法律帮助，宣传仲裁法律制度。二是为纪念《中华人民共和国仲裁法》实施10周年，市仲裁委根据组委会的要求，在《中国仲裁十年奠基》一书中介绍本会机构、办案情况等。三是为"中国南昌"网站提供本会基本情况、仲裁指南、常用文书格式、《中华人民共和国仲裁法》、仲裁规则、仲裁员名册和守则、收费办法等稿件，并与市经济信息中心联系，及时更新资料。四是派员为上饶市工商系统的同志讲课；在江西卫视和南昌广播电台等媒体上做节目3次，较全面地介绍本会有关情况和仲裁知识。五是适时组织公开开庭活动，邀请在校大学生等有关人员旁听，收到较好的社会效果。六是对办事处（受案处）进行监督和管理。通过走访、讲课等形式，及时了解和掌握工作情况，纠正存在的问题，规范其行为，充分发挥他们在办理仲裁案件和推行仲裁法律制度等方面的作用。七是积极与有关部门联系、磋商，较好地规范和巩固合同示范文本。

**【提高案件办理质量】**　全年对不同仲裁员办理同类案件，加强协调，力争处理结果大体一致。同时就保险、建筑施工、商品房买卖、集体土地上的合建纠纷所遇到的疑难问题，充分发挥专家咨询的作用。年内共组织4次专家咨询、论证活动，保证了案件办理质量。

（黄薇娜）

## 城市管理行政执法

**【概况】**　2005年，根据市委、市政府《关于实施市政府部分机构调整方案的通知》精神，组建市城市管理行政执法局，增挂市城市管理行政执法支队的牌子，为市政府工作部门。内设办公室、政治处（教育培训处）、法规处、执法一处、执法二处、财务装备处、指挥调度室、纪检（监察）室、机关党总支；下属直属一大队（督察）、二大队（规划）、三大队（环保）、四大队（机动）；派驻东湖、西湖、青云谱、青山湖、红谷滩、湾里、高新、昌北、桑海、英雄分局（大队）、洪都大队、铁路大队，并在市公安局设立城市管理警察支队，副县级规格，实行市公安局、市城市管理行政执法局双重管理，以市公安局管理为主的管理体制。

市执法局组建以来，城市管理行政执法工作按照市委、市政府提出的"思想不松、队伍不散、领导力度不减、工作标准不降"的要求和文明执法、服务市民的理念，与12家市直行政主管部门及各城区（开发区）建立协调沟通机制，建立审批、处罚告知制，并坚持畅通各种信息渠道，开通24小时指挥投诉热线3986110及环保热线"12369"。设立电子信箱，受理各种投诉7713件，处理上级相关部门批转案件337件，同时以规划管理为"龙头"，及时发现、制止、处理违法建设；全面整治市容环境，加强重点地段、重点问题的监控和整治；抓好保护饮用水源环境安全，整治餐饮业污染，查处建筑工地施工噪声和金属切割噪声污染等环保执法。全年查处各类案件7255件，实施处罚1200起，罚金125万元。其中，拆除违法建设1272处，面积85477平方米；纠正出店经营37560处（次），取缔占道摊点46705个；制止乱吊乱挂24982处，清理乱堆乱放11119处，拆除违章广告牌1440块，查处违法运输、倾倒渣余土805起；查处环保类案件3870起。荣获单位和群众赠送的锦旗、牌匾105面（块），被市委、市政府授予"文明南昌行动先进单位"。

**【市城市管理行政执法局及执法支队挂牌成立】**　1月11日，市城管行政执法局、市城管行政执法支队正式挂牌成立，标志着南昌市的城市管理由委托执法转入授权执法的轨道。省委常委、市委书记余欣荣，市委副书记、市长李豆罗为执法局及执法支队揭牌。市行政执法局组建工作按照《南昌市城市管理行政执法局组建方案》执行，年内基本实现"三个到位"。一是人员到位。归编4个大队，8个行政主管部门的执法督查室，通过过渡录用和考试录用组成行政执法公务员队伍。二是机构到位。行政执法局9个处（室）、4个直属大队、10个分局（大队）同时组建成立，并正式成立市城市管理警察支队。三是职能到位。确定集中158项行政处罚事项。6月27日省政府正式批准南昌市开展相对集中行政处罚权工作，并明确行政执法局履行市容环境卫生管理、城市规划管理、城市绿化管理、市政管理、人民防空管理全部和环境保护管理、工商行政管理、公安管理、房产管理、建设管理、民政管理、预拌混凝土管理等部分行政处罚权和省市人民政府规定的其他职责。11月21日，市政府通过《南昌市城市管理相对集中行政处罚权实施办法》。该《办法》增加《南昌市垂钓管理办法》中的2项处罚权。标志着以法定的形式授权市行政执法局行使13条共160项城市管理行政处罚权。

**【举行城市管理公务员录用考试】**　按照《中华人民共和国行政处罚法》的规定，3月19日上午，600余名城管队员及有关人员参加南昌市举行的城市管理行政执法公务员录用考试。录用500人。这在全省尚属首次。

**【市领导在市城管警察支队办公】**　6月2日下午，市长李豆罗到市城管行政执法局和城管警察支队，就该支队在工作中遇到的问题进行现场办公，并慰问全体执法人员。李豆罗指出，成立南昌市城市管理警察支队是城市管理的需要。要坚持以人为本，通过换位思考的方式，从加强队伍建设入手，在培养队伍执法为民观念，着力提高队伍综合素质，规范队伍执法行为，努力打造一支行政执法能力强，依法行政水平高，适应时代发展需要的新型城市管理警察队伍，使之成为南昌执法系统的一面旗帜。

**【解决街道执法难题】**　原南昌市的城管执法队伍仅限于区一级体制，导致很多小街巷、社区的公共卫生出现不少管理盲区。5月26～28日，市城市管理行政执法局东湖分局、西湖分局、红谷滩分局相继挂牌成立后，按照"职责明确、条包块管、责权一致、依法行政、民主参与"的原则，确立街道在城市管理中的基础地位，使管理重心下移、权力下放；明确街道的行政执法权和处罚权，使街道能够及时地解决城市管理中遇到的热点、难点问题。

**【开创城市管理权"下移"先河】**　2004年年底，市政府在西湖区实行街道社区管理体制改革试点。经西湖区政府与市行政执法局协商，确定城管中队进驻到街道后，在驻区分局的统一领导和街道办事处的具体指导下，开展城管行政处罚权工作。此举开创江西省城市管理权"下移"先河，标志着"两级政府、三级管理、四级网络"的城市管理体制迈出历史性一步。

**【首批城管协管员上岗】**　为及时制止违反城市管理行为，市行政执法局在社会公开招聘协管员。8月1日，首批城管协管员（多数是退伍军人）正式上岗。他们在市区主次道路实行定岗、定人、定责制度，并协助执法人员对出店经营等违章行为进行宣传、规劝工作。

**【规范执法行为】**　一是建立对企业检查的申报制度，要求执法队员在对企业实施检查前，必须填写"对企业实施行政检查申报书”,并报分管部门和领导批准。实施检查时,要向企业出示“对企业实施行政检查通知书”,并征求企业的意见和反馈。二是制定执法检查规范,要求严格按批复的范围进行,不得随意扩大。检查人员到企业检查时,应当有两名以上行政执法人员参加,并向被检查企业出示证件,宣读批复,填写“检查登记簿”。三是行政处罚必须明示罚款依据、罚款项目、罚款标准,同一事项实行最先罚款有效制,并实行罚缴分离。执法人员填写处罚书,由企业当事人到银行缴款等。

**【召开全市制止违法建设动员大会】** 3月31日,市政府召开制止违法建设动员大会。会议下发《南昌市违法建设奖励规定和对预防和制止违法建设实施奖励办法的通知》和《关于建立查处违法建设联动工作机制的通知》,并从即日起开始实施。市长李豆罗在会上指出,任何人都无权批建违法建筑、无权为违法建设补办手续、无权为违法建筑颁发证件、无权收受违法建设者钱财。

**【开展“拆违行动月”活动】** 4月8日,根据市委、市政府的部署,城管执法部门、公安、各城区驻地乡镇等开始年内全市最大规模的一次拆违行动。执法部门共出动执法人员500余人,拆除各类违法建设15处(次),拆除面积1820平方米,其中全部拆除违法建设12处,面积1490平方米;部分拆除违法建设3处,面积330平方米。

**【拆除违法建设实行“三原则”】** 全年加强与各城区、市直各部门的联系沟通,发现违法建设问题,立即进行制止。对市民举报违法建设的,执法部门承诺兑现违法建设举报奖励。在拆除违法建设中,锁定重点部位,按照“先拆官再拆民”、“拆大再拆小”、“拆硬再拆软”的原则,短时间拆除。4月~5月,全市新增违法建设比上年下降84%。

**【开展夏季市容环境整治百日活动】** 6月~9月在全市范围内开展市容环境集中整治行动。整治重点是城区内主干道、重点部位及地下通道的占道摊点、出店经营等;集贸市场门前的“脏、乱、差”现象和市场周边50米内无证摊点及自发形成的露天集贸市场;夜市排档占道经营等现象。各分局(大队)下通知、贴通告、登门入户做有严重抵触情绪的违章户的工作;对于屡教不改的“钉子户”坚决予以取缔。

**【取缔八一广场周边占道刀具摊点】** 春节前,八一广场周边的地下通道刀具摊点“死灰复燃”,城管人员执法曾多次遭到摊主围攻。2月4日上午,约百名城管执法人员分成两个行动组,一举取缔八一广场周边地下通道数十个违章占道的刀具等摊点,收缴大刀38把、小刀56把、各种商品120余件。

**【9部门全力打造护考“绿色通道”】** 5月27日上午,市政府召开2005年普通高校招生考试工作协调会,教育、行政执法等9个相关部门参加。会议强调各部门要合力打造高考绿色通道,为考生营造一个安静、舒适、优美的考试环境,便于考生发挥最佳水平。9部门承诺通过“一个整治、两个禁止、三个确保”(即考试期间整治考点的周边环境和噪音干扰;考试期间禁止对考试有影响的机械作业、道路开挖和管线架设,禁止考点周边的娱乐场所、酒家、音像店、超市等燃放鞭炮或大声播放音响;确保6月6~8日全市考点正常供电,确保考生、考试工作人员居住的宾馆、饭店、招待所的饮食卫生;确保考生、考试工作人员的往返交通安全)。5月23日下午3时30分到4时30分,《南昌晚报》开通“绿色护考”热线,市创建办、市城管执法局、市环保局等领导到南昌晚报社做客,现场接听噪音投诉热线电话,同时环保大队组织执法队伍待命,有噪音投诉立即查处。

**【违章搭建占道经营请你举报】** 8月28日上午,市执法局及4个直属大队、12个驻区分局(大队)的负责人在胜利路举行大型咨询投诉活动,现场受理市民对违章搭建、占道摊点等方面情况的投诉,并及时到现场解决。在市民投诉的问题当中,违章搭建、环境污染问题占了多数。市执法局有关负责人表示,对市民关于违章搭建,占道摊点的投诉举报,在接报后24小时内派工作人员到现场进行调查处理,一般投诉举报案件72小时之内将处理情况告之投诉举报人,情况较为复杂的,处理情况半个月之内告之投诉举报人。同时公布举报电话,接受市民的举报。10月26日晚,局领导与分局、环保大队、规划大队等负责人到《信息日报》编辑部开通电话热线,接听市民就各类城市管理问题提出的意见和建议,并就一些管理难题,向市民问计。当晚接听电话热线100余个。12月4日上午,市执法局在八一广场设立主会场,直属各大队、分局在辖区开展宣传咨询活动,并受理市民举报违规房屋装修、违规堆放余土垃圾等现场咨询和投诉。

**【首次环保处理600公斤垃圾食品】** 3月24日下午,市执法局西湖分局将市容整治收缴的600公斤不符合卫生标准的核桃糕,在南昌大桥南岸堤南端选择一片荒置的树林,实施深坑填埋处理,统一销毁,以确保环境不受污染。这是执法局首次采用环保方式处理收缴物品。

**【桃竹非法家禽市场被端】** 5月11日凌晨,市执法局120余名执法人员在30余名特警的配合下来到青山湖区桃竹村非法家禽批发市场,收缴10车非法交易的家禽和笼子等物品,其中3000余只鸭子移交南昌市红十字会处理。该非法市场不但扰乱周边集贸市场的正常经营秩序,也是南昌市创建国家卫生城市一个整治难点。

**【整治“省府长廊”占道经营】** 为解决北京西路“省府长廊”经营户经常将电动车、自行车摆放到人行道上安装、销售,给行人和车辆造成不便问题,市执法局给各家经营户下发通知书,要求他们坐店经营,严禁出店、占道经营。4月11日下午,市执法局东湖大队组织30余名执法人员,对“省府长廊”25户经营户进行整治,并收缴“利捷电动车行”等出店经营的电动车。

**【暴力抗法的违章户已被刑事拘留】** 7月9日上午10时,30余名执法人员在前进支路执法时,发现绳金塔小学对面一家店面存在占道经营现象,即责令店主改正,并依法对违章占道的物品进行收缴,却遭到该违章户的阻挠。违章户万某为抢回自己的物品,从店中端出一盆滚烫的开水,泼向在场所有的执法人员,当场有3名执法人员被开水不同程度地烫伤,其中一名执法人员全身深度2度(60%)烧伤。事故发生后,3名执法人员立即被送往医院救治。当日,暴力抗法的违章经营户万某,经市公安局西湖分局处理,以涉嫌妨碍执法公务罪予以刑事拘留。

(揭秉刚)

# 国　　防

## 民兵和预备役部队

【概况】 2005年，南昌警备区按照适应新的军事变革，实现部队和民兵预备役工作跨越式发展的总要求，突出抓根本、抓班子、抓龙头、抓安全，圆满完成以反"台独"应急作战准备为龙头的各项任务，部队和民兵预备役建设呈现出协调发展的好势头。

【加强党委班子和干部队伍建设】 坚持把党委班子和干部队伍建设作为关键紧抓不放，采取党委中心组理论学习、参加上级组织的岗前培训等形式，组织开展《中国人民解放军政治工作条例》、《中国共产党军队委员会工作条例（试行）》和民主集中制的学习教育，并建立警备区党委常委分工挂钩帮带制度，促进了县、区人武部党委班子的思想作风和能力建设。南昌县、东湖区人武部被省军区表彰为全面建设先进单位。针对落实新的编制后人少事多的实际情况，采取交叉任职、换岗锻炼和在实际工作中搞好传帮带等形式，提高机关干部业务能力和素质。南昌县人武部后勤科长陈就成参加南京军区后勤百名战勤参谋业务尖子比武，取得单项第六名的好成绩，被南京军区表彰为后勤训练先进个人。同时结合干部调整补缺和落实新的编制，对7个团级党委班子进行调整，配齐人武部副部长兼军事科长，党委班子和干部队伍的知识、年龄和能力结构进一步得到优化。

【抓好政治理论学习教育】 按照"学习理论、解决问题、推进发展"的思路，组织开展人民解放军新的历史使命和"弘扬井冈精神、争当打赢先锋"教育活动及以"讲正气、树新风气"为主要内容的人生观价值观道德观教育整顿，广大官兵和职工的战斗精神得到进一步强化，部队风气进一步纯正。同时着眼体制编制调整改革的实际，把引导大家正确对待进退走留作为经常性思想工作的重要内容，深入细致地做好一人一事的思想工作，确保部队的思想稳定。

【开展保持共产党员先进性教育】 根据党中央决定和上级的部署要求，按照警备区党委机关、团级单位党委机关和基层3个层次，在全体党员中开展保持共产党员先进性教育活动。通过深入调查研究，广泛征求意见，深刻进行反思，广泛开展"军人必须讲奉献、干部必须尽职责、党员必须带好头"3个基本课题教育和批评与自我批评，认真查找解决党员在理想信念、宗旨、党员意识和纪律观念、职能使命、能力素质、廉洁自律等方面的问题；查找解决党委班子在思想政治领导、作战准备、从严治军、执行政策纪律、领导能力、指导思想和工作作风等方面的问题，使党员受到一次深刻的马克思主义思想教育和党性党风锻炼洗礼，党组织功能得到进一步强化，实现了党中央提出的"四句话"（即提高党员素质、加强基层组织、服务人民群众、促进各项工作）和南京军区提出的"五个促上去"（即切实把反"台独"作战准备促上去、把党内风气促上去、把单位全面建设促上去、把解决实际问题促上去、把完成各项工作促上去）的目标要求。

【落实党管武装工作制度】 认真落实党委议军、武委会、领导干部过军事日等党管武装工作制度，协调市委召开议军会；协调市委书记、市长到警备区现场办公解决应急作战准备和民兵预备役建设中遇到的具体矛盾和问题；协调组织市4套班子成员到南昌陆军学院和空军部队过军事日，进一步增强市4套班子成员的国防观念。

【组织警备区、人武部两级首长机关集训】 2月19～28日，南昌警备区组织两级首长和机关干部共75人，按照训练大纲要求，紧贴任务实际，从实战、实际、实效出发，进行以指挥业务技能、重难点问题攻关研究和防空兵器战斗操作为主要内容的强化训练，同时开展"学、查、训、整"活动。通过集训和活动，两级机关干部真打实备的意识进一步强化，重难点问题攻关思路进一步清晰，能力素质进一步提高，部队正规化建设水平进一步加强。

【抓好民兵军事训练】 全区民兵军事训练工作，按照"与任务需要相一致，与组织建设相统一，与装备发展相协调"的原则，着眼第一时间节点要求，科学筹划，加强管控，严格考核，军事训练的针对性、实效性进一步增强，训练的质量效益明显提高，随行作战任务的能力进一步增强。全区重点抓好高炮高机分队、雷达导弹分队、无线电报务骨干、舟艇分队和应急分队等训练，实训人数4000余人。参加训练的有现役干部、专职武装（民兵）干部、民兵专业技术兵、对口专业技术兵、应急分队。新建县、东湖区人武部被省军区表彰为军事训练先进单位。

【组织城市防空袭作战试点】 2月～9月底，根据省军区赋予的城市防卫作战试点任务，紧密结合战时完成作战任务的需要，以提高城市防空作战能力为中心，由警备区牵头，在全区范围开展以提高两级机关理性思维层次和组织指挥能力、优化整合民兵防空袭作战力量、提高防空部（分）队实战能力、增强战时城市人民防空应急能力为重点内容的试点工作。先后组织两级首长机关集训，民兵防空部（分）队组织调整，民兵高炮高机实弹射击；并指导市人防办完成"洪城——2005"城市人民防空网上演练、部分实兵疏散隐蔽演习和全市防空警报试鸣等大项活动。通过试点，形成一套较为配套、管用的防空袭作战预案，得到省军区充分肯定。

【组织民兵高炮高机实弹射击】 6月18～22日，警备区组织全区高炮高机分队赴吉安市安福县严田靶场进行实弹射击考核。该次考核共200余人参加，动用高射炮、高射机枪及各类车辆，往返行程600余千米。先后组织进行高炮（机）连、排炮空合练、体验射击和实弹射击考核，取得总评优秀的好成绩。

【进行民兵组织整顿和试点工作】 着眼反“台独”军事斗争准备需要，立足市场经济，紧贴作战任务，坚持“编为用、建为战”原则，按照“紧贴任务、适应‘两场’（即市场、战场）、拓宽渠道、注重质量”的思路，通过采取系统整合民兵力量，调整组织布局，优化组织结构，改进编组方法，搞好规范化建设等措施，重点做好防空部（分）队、民兵应急分队、军兵种对口专业部（分）队、应急兵员动员和军兵种现役预编预备役人员的编组，初步构建与作战任务相适应的民兵作战力量体系。通过南昌县、西湖区人武部开展民兵整组试点，较好地解决编组质量不高、重复编组、到点率低、动态管理难、快速动员机制不健全等问题。西湖区人武部制定《基干民兵管理规定》，南昌县人武部建立县、乡镇、村三级民兵个人“电子档案”，建立资料数据库，实施信息化管理。在推广西湖区人武部和南昌县人武部经验的基础上，全市基干民兵实行“一证一册一卡”管理，每个民兵发放“民兵证”，建立“基干民兵档案卡”，配有本人照片，建立联系方式，完善“基干民兵花名册”，做到人卡相符，表册统一。

【参加国动委网上动员支前演习】 在省国动委统一组织指导下，市国动委“七办”带部分人武部干部进行网上动员支前演习。演习紧贴战时动员支前任务，研究动员支前的内容、程序、方法和组织指挥问题，进一步核准动员潜力底数，检验完善动员支前方案，提高首长机关及国动委的谋略水平和组织指挥能力。

【预备役高炮团“五全”实战化考核】 根据南京军区年度训练安排，预备役高炮团参加由省军区组织的“五全”（即全员额、全装备、全要素、全过程、全物资）的实战考核。考核分快速动员、集结机动、临战训练、实弹战术演习4个阶段进行。10月28日和30日，在九江市郊分别进行体验射击和考核射击，取得总评优良的好成绩。预备役高炮团被省军区表彰为军事训练先进单位。

【组织人武部和基层民兵营（连）正规化建设现场观摩会】 认真贯彻全省民兵预备役部队“一线指挥部”建设总结表彰大会和基层建设总结表彰会议精神，警备区在认真抓好南昌县和青山湖区人武部正规化建设试点先行的基础上，于7月11日组织全区人武部主官进行现场观摩。与市委办公厅、市政府办公厅联合下发《关于进一步加强民兵预备役部队基层建设的意见》，重点抓新建县乡（镇）武装部和防空分队、南昌县私营企业民兵组织、西湖区社区民兵组织建设试点，基本实现警备区党委2004年提出的用一年半的时间完成新一轮基层达标建设的目标任务。

【组建江西第二炮兵预备役特种装备维修大队】 根据全省预备役部队调整改革工作部署会议精神要求，南昌市承担江西第二炮兵预备役特种装备维修大队的组建任务。市委、市政府和警备区把筹建预备役部队工作作为一项重要任务，按照“三高一流”（即高起点、高标准、高质量、第一流）的目标和预备役部队建设时间节点要求，先后完成建设规划和方案的制定，明确部队驻地选址和部署，落实建设用地和建设经费，组织营房土建工程建设，进行南昌地区预备役人员的调研考查和预任。12月26日，组织召开组建成立大会。

【完成征兵工作】 依照《中华人民共和国兵役法》和《征兵工作条例》，紧紧围绕“保量、保质、保廉”的目标要求，严格执行省政府、省军区《2005年征兵命令》，强化宣传发动，严格程序标准，把牢“五个关口”（即文化、体格、政审、定兵、运输），注重廉洁自律，圆满完成年度兵员征集任务。青云谱区心理测试试点和在校大学生征集工作得到省征兵办的好评。东湖区人武部、安义县人武部分别被南京军区和省表彰为征兵工作先进单位。

【强化部队安全管理】 根据上级部署，警备区紧密结合实际，针对季节转换和任务特点，采取强化安全意识、深化管理教育、严格规章制度、抓住关键环节的措施，突出人、车、枪、弹、密管理和军事训练安全管理，狠抓经常性管理教育和“两防”（即防事故、防案件）工作的落实，先后组织作风纪律整顿、“学条令、用条令、深化五项治理”、暑期安全竞赛等项活动，确保全区部队的高度集中和安全稳定。进贤县、青云谱区人武部被省军区表彰为安全管理工作先进单位。

【组织民兵网络心理战分队演练试点】 1月～10月底，根据省军区要求，南昌市承担民兵网络心理战演练试点工作。按照分队特点，拟制教育训练计划，规范训练内容、方法，编印《心理战分队教育训练教材》，组织教育训练，探讨五种战法手段。有关训练内容在省军区政工会议上演示后，得到省军区首长和省军区机关的充分肯定。

【开展战时宣传媒体资源征集试点】 警备区把战时宣传媒体资源征集试点工作作为年度重、难点攻关内容来抓，在全市范围内开展宣传媒体资源潜力调查。年内拟制南昌市战时征集地方宣传媒体资源预案和战时征集地方宣传媒体资源课件演练方案，摸索总结战时征集地方宣传媒体资源的基本程序、方法和原则，界定征集宣传媒体资源的概念、潜力调查的方法和内容、征集对象的范围和依据。11月21日，市政府、警备区颁布《南昌市战时宣传媒体资源征集办法》。

【举办国防知识演讲比赛】 为纪念抗日战争暨世界反法西斯战争胜利60周年，在第五个“全民国防教育日”期间开展以“爱我中华、心系国防”为主题的南昌市全民国防教育演讲大赛活动，宣扬南昌市军民新时期拥军优属、献身国防的生动实例，抒发爱国情感，传播国防知识，弘扬以爱国主义为核心的民族精神，引导广大市民牢记历史、珍爱和平，增强国防观念和忧患意识，为全面建设小康社会、维护国家安全统一提供精神动力。选拔推荐的4人代表南昌市参加“江西省国防教育电视演讲大赛”，取得一等奖1名，二等奖1名，优秀奖2名的好成绩，市国防教育办公室获得组织奖。

【组织抗洪救灾】 受13号台风“泰利”影响，9月2～5日，南昌市连降大到暴雨，境内部分地区相继出现险情和灾情，江河湖泊水位上升，部分公路交通中断，大量农田受淹，房屋倒塌，受灾群众达3.65万人，直接经济损失约2.2亿元。警备区组织南昌、新建、进贤县3个舟艇排和民兵预备役人员6600余人赶赴受灾地区参加救灾工作，解救被困群众（老人、儿童）850余人，转移安置受灾群众2万余人，排除险情31处，转送物资62万余吨，受到地方政府的充分肯定和人民群众的普遍赞扬。

【积极参加创建文明卫生城和为灾区献爱心活动】 全年累计动用民兵预备役人员2万余人次；共为改扩建八一起义纪念馆和九江地震灾区人民捐款10.25

万元,捐赠衣被500余件,受到地方党委政府和人民群众的广泛赞誉。

【组织报考军队院校的地方考生面试、体检】　着眼于部队院校选送高素质优秀学员需要,6月下旬,警备区在湾里教导队承担九江、上饶、抚州、宜春、南昌、萍乡、景德镇、鹰潭、新余9个地市的2000余名报考军队院校应届高中毕业生的体检政审工作,出色完成任务,受到省军区领导好评。

【开展"创建正规化后勤机关"试点活动】　依据《江西省军区"创建正规化后勤机关"活动建设标准(试行)》,围绕思想政治建设、后勤战备训练、后勤业务建设、后勤机关秩序、后勤队伍素质、服务保障能力"六个方面"的内容,逐条逐项地进行对照分析,制定创建方案和项目推进计划。青山湖区、南昌县人武部开展创建活动时,重点指导他们规范管理内容,明确具体标准,探索方法路子。其创建方案省军区给予充分的肯定。11月青山湖区人武部创建成效受到前来参观的省军区领导及后勤部(科、处)长们的好评。同时还协调南昌市制定下发《关于进一步支持驻昌部队后勤保障社会化有关问题的实施办法》,为推进驻南昌部队后勤保障社会化改革提供了政策依据。

【开展后勤专项清查治理】　根据省军区党委《关于严格执行政策纪律下大力解决十个方面问题的意见》的指示精神,按照"决心要大、工作要细、步骤要稳、落脚要实"的工作思路,结合实际,重点对全区财务统管、干部住房、工程建设、房地产开发、有偿服务、农副业生产土地出租出包、物资采购等7个问题进行全面清查治理。通过清查治理,摸清底数,发现问题,制定整改措施,规范了后勤管理秩序。

【南京军区老干部建房现场会观摩警备区干休所】　警备区干休所认真贯彻南京军区"扬州会议"精神,以老干部旧房改造为牵引,以解决老干部所关注的热点、难点问题为工作突破口,投入900余万元新建师职楼、团职楼各1栋,医疗服务中心、文体活动中心、饮食服务中心和车库、综合办公楼和老干部运动休闲区,总建筑面积6207平方米。同时努力把干休所营院环境建设成绿化好、灯光装饰亮化好、政治氛围宣传好、服务保障功能齐的全新干休所。12月5日,南京军区在江西召开老干部住房建设暨高龄服务工作会议,干休所老干部住房建设情况受到前来观摩的南京军区领导机关和与会代表的一致好评。干休所被评为全军营房营院管理先进单位。

【实行财经集中统管】　按照南京军区有关要求,3月撤销5个城区人武部的银行账户,并将所结存173万元资金划转警备区财务账户。同时南昌县、新建县、进贤县人武部分别将40万元上划到警备区,全面实行财经集中统管。年内人武部、干休所按照总部要求,委托银行代发干部、职工工资。警备区财务集中统管被南京军区评为先进单位;军人保险规范化管理被南京军区评为优胜单位;生活费管理被省军区评为优胜单位;军需业务工作和经费预算分别被省军区评为先进单位和优质预算。

【开展军队经济普查工作】　依据上级开展经济普查工作的总体部署和要求,按照"标准要高、工作要细、步骤要稳"的工作思路,对内部招待所对外有偿服务、零散用工、军队正式职工等情况采取自下而上、全面清查、逐级汇总的方式,稳步开展全区经济普查工作。3月16日,警备区经济普查工作接受南京军区经济普查工作组的检查,受到好评。

(徐　胜)

## 武装警察部队

【概况】　2005年6月2日,南昌市支队在原南昌市支队和原一支队的基础上,合并升格为新的南昌市支队(旅级)。新组建的支队着眼于合并整编过渡期的实际,全面贯彻《军队基层建设纲要》,坚持把稳定官兵思想放在首位,把加强组织和基层建设作为重点,把完成中心任务作为根本,把依法从严治警贯穿始终,正确处理各种关系和矛盾,顺利实现平稳过渡,确保部队安全稳定,确保以执勤和处突为中心的各项任务圆满完成,部队全面建设呈现出稳中有进、健康发展的良好态势。支队被武警总部评为"连续7年安全无事故先进单位",连续18年被市政府授予"文明单位"称号,连续14年被省政府授予"警民共建"先进单位。十一中队被评为基层建设标兵中队并荣立集体二等功,三大队荣立集体三等功,三中队、四中队、六中队、九中队、十四中队、十八中队、南昌县中队和进贤县中队被评为基层建设先进中队,十四中队政治指导员欧阳硕夫被评为基层建设标兵个人,南昌县中队指导员李艳齐等5人被评为基层建设先进个人,有36人荣立个人三等功,452人受嘉奖,439人被评为优秀士兵。

【支队合并升格为旅级单位】　根据武警部队体制编制调整改革工作会议精神,原南昌市支队和原一支队合并整编为新的南昌市支队(旅级)。6月2日,支队成立大会在南昌市红谷滩会展中心召开,省委、省政府、省政法委、省公安厅、省司法厅、省监狱局和市委、市政府、市公安局的领导出席大会,驻南昌部队1200余名官兵参加会议。会议由省武警总队政委张生枝主持,总队长施文求宣布南昌市支队编制调整通知和支队领导班子成员任职命令,省政法委书记舒晓琴和南昌市市长李豆罗为新成立的南昌市支队授牌,省委副书记彭宏松,省委常委、市委书记余欣荣,省公安厅厅长兼总队第一政委蔡安分别讲话,支队政委周庆民代表支队党委和全体官兵发言。

【市委、市政府在支队召开现场办公会】　7月19日,市领导李豆罗、王样生、罗为民及市政府办公厅、发改委、财政局、房管局、规划局、国土局等领导莅临支队召开现场办公会,听取支队长周智源工作汇报。市长李豆罗代表市委、市政府对支队近几年特别是合并升格以来,为南昌市社会稳定和经济发展作出的贡献给予充分肯定和高度赞扬,并就支队的新址建设、年度经费预算和干部定向商品房等部队建设实际问题和官兵实际困难给予现场解答。省武警总队总队长施文求,政委张生枝,副总队长徐在仁,部长刘理达及总队机关有关处(室)领导参加会议。

【固定目标执勤万无一失】　各级认真贯彻落实总部军事工作会议精神,加大对中心工作的检查指导,并会同目标单位投入70余万元,整治执勤目标隐患91处,新建岗楼4个,改造、加高监墙518米,布设6个监区刺网警戒线,目标安全系数得到提高,确保省市多个监狱、看守所和有关公司等固定勤务目标的绝对安全。

【各类临时勤务完成出色】　全年支队共执行武装押解勤务50余次,出动兵力144人次,安全押解犯人558名。出动官兵1950人次,车辆236台次,圆满完成省(市)"两会"、"和谐平安·动感江西——2005'动感之夜'"群星演唱会、南昌市第四届龙舟赛、中国(江西)国际傩文化艺术周、清明(冬至)祭扫维持客运秩序、2005年西山万寿宫庙会和徐悲鸿画展安全保卫等各类临时勤务19次。担负春节、"五一"、"十一"等重大节日城市武装巡逻任务,为维护省会城市的社会政治稳定和经济发展发挥了积极作用,得到上级领导和地方党委、政府的充分肯定。

【信息化建设迈出步伐】 为适应新的形势任务要求,加大信息化建设步伐,支队共投入19余万元,顺利完成原两个支队"三级网"的合并兼容和升级改造。同时为各执勤分队铺设防雷地线,安装对讲电话,完成各中队学习室电脑网络综合布线和教导队数字信号接入工作,实现人防、技防、物防的有机结合,增强了目标的安全系数。

【部队管理工作正规有序】 支队认真贯彻落实中央军委主席胡锦涛"依法治警、从严治警"的指示,针对原两个支队传统基础不一、管理模式不同、规章制度各异的实际,深入贯彻条令条例,逐步建立完善人、财、物、车、枪、弹等各项管理制度。同时认真开展"治松治散"、治理"两个不尊重"(即机关不尊重基层、干部不尊重士兵)、"两种陋习"(即不正常的等级观念和隐情不报)作风纪律整顿、"百日安全无事故竞赛"、法纪教育图片巡回展等活动,坚持季度安全工作检查讲评,狠抓车辆和枪弹安全管理,严格落实治酒规定,及时发现和消除安全隐患,确保部队安全稳定和集中统一。

【支队第一次党代会胜利召开】 9月8~9日,中国共产党武警南昌市支队第一次代表大会在南昌隆重召开,全市武警部队101名党员代表出席会议。会议审议通过支队党的委员会工作报告和纪律检查委员会工作报告,选举产生支队第一届党的委员会和新一届纪律检查委员会。市委常委、副市长卢晓健,市委常委、市公安局长胡焯出席会议并讲话。会议的胜利召开,对于加快支队现代化建设,开创部队建设新局面,将产生深远影响和积极的推动作用。

【开展保持共产党员先进性教育】 3月25日~4月20日,党委机关集中10天时间开展"保持先进性,提高'四个本领'"学习教育活动。通过学习原著、专家辅导、观看录像、警示教育、典型报告、讨论交流、知识竞赛、党性分析、民主评议、民主生活会、制定措施、重温誓词、参观见学等方法,进一步提高"一班人"用"三个代表"重要思想推动工作的思想意识、政治觉悟和理论水平。7月~10月,基层党组织分集中教育和党课教育两个阶段开展保持共产党员先进性教育活动。为配合搞好教育,增强教育效果,支队共向基层党组织发放教育资料120份,配发教育辅导录像光盘45碟,组织专家辅导、典型报告、座谈讨论、体会交流、主题演讲等活动56场,出板报、墙报及教育图片展览共30余期,组织参观学习12次,取得较好的效果。

【战斗精神教育扎实有效】 6月13~23日,支队集中10天时间在基层进行"强化警魂意识,培育战斗精神,永远做党和人民忠诚卫士"主题教育活动。各单位采取集中授课辅导、开展群众性大讨论、参观革命传统教育基地、请老红军讲战斗故事、学身边典型等教育配合活动,效果明显。期间支队专门组建文艺小分队,围绕弘扬战斗精神主题开展文艺演出,并编写《教育手册》帮助官兵熟记教育内容,增强了教育的吸引力和实效性。

【大力加强基层全面建设】 坚持工作重心下移,着力在抓基层、打基础上下功夫,突出抓好基本教育、基本队伍、基本制度、基本设施建设。全年共调整23名机关干部充实到基层一线,并将基层单位划分为6个片区,实行归口管理,有效发挥大队"前沿指挥所"的作用。同时制定常委包片、科队挂钩蹲点帮建责任制,先后组织5批工作组202人次深入基层进行蹲点调研帮建,蹲点时间累计8630天。组织召开蹲点情况汇报会4次,集中梳理解决100余个基层无力解决的问题。广泛开展"双争"(即争创先进中队、争当优秀士兵)活动,严格落实季度"双争"考评,激发基层争先创优的积极性,有力地促进了基层全面建设。

2005年6月2日,武警江西省总队南昌市支队(旅级)举行成立大队

【基层四项配套建设成效显著】 支队投入经费600万元,对基层中队的执勤、训练、文体和生活设施进行配套建设。共封闭改造执勤岗楼40个,购买电脑387台、洗衣机27台、热水器21台、传真机21台,安装空调207台,不锈钢宣传栏37个,配置单人床303张、衣柜146组、放鞋架141个。同时重点对11个中队进行营房改造,做到27个中队学习室进班,26个中队厕所入楼。年内基层中队营区面貌焕然一新,设施配套齐全,达到了总部、总队规定的"四项设施"配套建设标准,为基层官兵创造了良好的执勤、训练和生活条件。

【后勤保障取得新的进步】 支队新兵营、机动大队依据单位特点实行副食品供应社会化定点保障,使野战机械得到新的补充,战地野炊训练实现经常化、制度化和规范化。同时注重抓好农副业生产,十一中队、十二中队在省总队举行的年度农副业生产评比中分别取得第二名、第三名的好成绩。

(黄秋林)

## 消防部队

【概况】 2005年，全市消防部队努力贯彻公安部党委、公安部领导关于加强消防工作的一系列指示和部署，以开展保持共产党员先进性教育和学习井冈山模范消防大队为动力，有效地预防和遏制重、特大火灾的发生。全年全市共发生火灾1533起（其中发生重大火灾5起，无特大火灾），死16人，伤4人，直接财产损失374.5万元；全市消防部队全年扑救火灾1533起，出动各类消防车2445辆次，出动警力1.71万人次，抢救遇险群众177人，抢救财产价值1352.4万元；参加重大活动执勤和抢险救援共578起，出动车辆619辆次，出动警力3351人次，抢救遇险群众64人，抢救财产5.6万元，圆满完成灭火救援各项工作任务，为全市创造了一个良好的消防安全环境。

【开展保持共产党员先进性教育】 支队开展以实践"三个代表"重要思想为主要内容的保持共产党员先进性教育活动，紧密联系工作实际和党员队伍建设现状，采取各种有效措施，在完成"规定动作"的基础上，分干部党员、新党员和团员青年三个层次进行教育引导，大胆创新"自选动作"，使全市消防部队保持共产党员先进性教育活动体现时代性，富有创造性。同时拓宽教育形式，在特勤大队建立多媒体教室，充分利用网络功能开展教育；在团员青年中开展"听党话、跟党走、当好党的助手"的系列教育活动，抓好团员青年的先进性教育活动。以警民共建和参与社会公益活动为有效载体，推进部队精神文明建设，取得可喜成效。市支队被省文明委推荐为全国精神文明先进单位，特勤大队被评为全国青年文明号，6个单位被评为全市"五四"红旗单位，5个单位被评为全市第二批"五四"红旗创建单位。

【建立重大火灾隐患政府督办机制】 上半年市政府成立由县（区）政府、市公安局、监察局、工商局、安管局、消防支队及主管部门的领导为成员的督办领导小组，先后召开4次重大火灾隐患交账会，对每一处隐患坚持做到明确隐患内容、明确整改措施、明确整改时限、明确整改责任。同时各级政府与重大火灾隐患单位签订"火灾隐患整改责任状"，对拒不整改的或不积极整改的单位，在新闻媒体上予以曝光，全力消除重大火灾隐患。

【全力推进重大火灾隐患整治进程】 支队采取政府督办机制与消防部门跟踪整改机制相结合的方式，针对一些单位整改难度大的实际，积极争取各级政府支持，并由党委成员挂点督办，明确责任分工，明确整改时限，明确工作推进表，有效地推动了全市13家重大火灾隐患的整治工作。

【改善基层设施】 全年支队投入30余万元，对机关大楼、警官宿舍和部分中队的营房进行修缮；对部分中队的营房、营院进行绿化、美化，并为特勤一中队、东湖中队、洪城中队修建锅炉房。投入300余万元为基层中队购置一批装备器材，使各基层中队的器材配备达到规划标准。同时警勤中队营房、建设路中队营房、南昌县中队重建进入施工或选址阶段。

【加强基础建设】 支队把消防基础建设作为提高全市消防能力的重要工程来抓，多方筹集资金强化基础建设。3月8日，市消防指挥中心开工兴建；11月初，支队党委决定一次性投入250余万元，购置9辆各类消防车。年内红谷滩消防站、东湖小型消防站完成前期准备工作；昌东、昌南消防站完成选址工作；西湖区船山路小型消防站、水上消防站制定装修计划或进行装修。

【大力开展岗位练兵活动】 为巩固进一步巩固岗位练兵成果，促使部队全员额岗位练兵活动深入持久的开展，支队进一步加大练兵力度，制定下发《南昌市消防支队开展大练兵实施方案》，进一步明确司、政、后、防各级各类人员岗位练兵的具体要求与标准，分层次、分专业、按岗位开展全员额岗位练兵活动。支队党委成员分片挂点指导基层单位练兵工作，使岗位练兵工作层层有人抓、处处有人管、件件有落实。根据公安部消防局的统一部署，全市消防部队岗位练兵突出练干部、练体能。从5月开始，支队组织全体干部、战士分别在湾里大队、昌北大队、青云谱大队三个点进行军事体能业务技能训练，增强体质、提高素质。9月，在全省岗位练兵竞赛活动中，支队取得团体总分第二名的好成绩，达到支队提出的"进五争一"的目标。

【信息化建设进一步加强】 支队党委对消防业务信息系统应用建设工作高度重视，专门成立领导小组，立足超前，投入300余万元，购置60余台性能较好的电脑，并添置支队指挥中心主服务器配套设备，完善业务信息系统的硬件建设。年内支队业务信息系统全面正式运行，支队发文、部分总队传输电子文件、干部请销假程序已步入网络办公的轨道，并可以利用消防业务信息系统，完成公文收发的网上审批和签阅，办公自动化建设又上一个新台阶。

（熊沁芳）

### 南昌市分地区2005年火灾综合情况一览表

表13

| 地区 | 火灾概况 | | | | | | 特大火灾 | | | | 重大火灾 | | | | 消防队出动情况 | | | 战斗成果 | |
|---|---|---|---|---|---|---|---|---|---|---|---|---|---|---|---|---|---|---|---|
| | 起数 | 死人 | 伤人 | 损失 | | | 起数 | 死人 | 伤人 | 直接损失（元） | 起数 | 死人 | 伤人 | 直接损失（元） | 出动起数 | 出动人次 | 出车辆次 | 抢救人员（人） | 抢救财产价值（万元） |
| | | | | 直接损失（元） | 烧毁面积（平方米） | 受灾户数 | | | | | | | | | | | | | |
| 合计 | 153[illegible] | 16 | 4 | 3744984 | 1976 | 64 | — | — | — | — | 5 | 10 | 1 | 1766313 | 1533 | 17198 | 2445 | 177 | 1352.4 |
| 东湖区 | 22[illegible] | 5 | 214900 | — | 2 | — | — | — | — | — | 3 | — | 2000 | 222 | 2688 | 382 | — | 119.2 | |
| 西湖区 | 33[illegible] | 1 | 3 | 665031 | — | 33 | — | — | — | — | — | — | — | — | 334 | 4130 | 590 | 145 | 341.1 |
| 青云谱区 | 11[illegible] | 4 | — | 1002513 | 1600 | 1 | — | — | — | — | 2 | 4 | — | 904313 | 113 | 1501 | 213 | — | 66.1 |
| 湾里区 | 1[illegible] | — | — | 41700 | — | — | — | — | — | — | — | — | — | — | 19 | 235 | 34 | — | 3.7 |
| 昌　北 | 5[illegible] | — | — | 16500 | — | — | — | — | — | — | — | — | — | — | 55 | 721 | 103 | — | 2.4 |
| 水　上 | [illegible] | — | — | 2300 | — | — | — | — | — | — | — | — | — | — | 2 | 35 | 5 | — | 1 |

续表 13－1

| 地区 | 火灾概况 | | | | | | 特大火灾 | | | | 重大火灾 | | | | 消防队出动情况 | | | 战斗成果 | |
|---|---|---|---|---|---|---|---|---|---|---|---|---|---|---|---|---|---|---|---|
| | 起数 | 死人 | 伤人 | 损失 | | | 起数 | 死人 | 伤人 | 直接损失(元) | 起数 | 死人 | 伤人 | 直接损失(元) | 出动起数 | 出动人次 | 出车辆次 | 抢救人员(人) | 抢救财产价值(万元) |
| | | | | 直接损失(元) | 烧毁面积(平方米) | 受灾户数 | | | | | | | | | | | | | |
| 大 院 | 4 | — | — | 1200 | — | — | — | — | — | — | — | — | — | — | 4 | 35 | 5 | | |
| 高 新 | 30 | — | — | 9000 | — | — | — | — | — | — | — | — | — | — | 30 | 385 | 55 | — | 20.1 |
| 红谷滩 | 9 | — | — | 7400 | — | — | — | — | — | — | — | — | — | — | 9 | 77 | 11 | | 4.2 |
| 青山湖 | 229 | 1 | — | 80100 | 10 | 2 | — | — | — | — | — | — | — | — | 229 | 2769 | 396 | 26 | 150.6 |
| 南昌县 | 107 | 1 | — | 124500 | 76 | 14 | — | — | — | — | — | — | — | — | 107 | 1008 | 145 | — | 116.6 |
| 新建县 | 192 | 3 | 1 | 1356320 | 258 | 6 | — | — | — | — | 2 | 3 | 1 | 860000 | 192 | 1708 | 229 | 1 | 321.2 |
| 安义县 | 50 | 1 | — | 54420 | — | — | — | — | — | — | — | — | — | — | 50 | 457 | 67 | 1 | 22.8 |
| 进贤县 | 120 | — | — | 89700 | 32 | 5 | — | — | — | — | — | — | — | — | 120 | 889 | 127 | 4 | 162.5 |
| 一级重点 | 47 | — | — | 79400 | — | 1 | — | — | — | — | — | — | — | — | 47 | 560 | 83 | — | 20.9 |

注：数据时间：2005 年 01 月 01 日至 2005 年 12 月 31 日

（市公安消防支队）

## 南昌市 2005 年月、季火灾综合情况一览表

表 14

| 项目 | | 火灾综合情况 | | | | | | | | 特大火灾 | | | | 重大火灾 | | | | 消防队出动情况 | | | 战斗成果 | |
|---|---|---|---|---|---|---|---|---|---|---|---|---|---|---|---|---|---|---|---|---|---|---|
| | | 起数 | 所占比例(%) | 死人 | 所占比例(%) | 伤人 | 所占比例(%) | 直接损失(元) | 所占比例(%) | 起数 | 死人 | 伤人 | 直接损失(元) | 起数 | 死人 | 伤人 | 直接损失(元) | 出动起数 | 出动人次 | 出车辆次 | 抢救人员(人) | 抢救财产价值(万元) |
| | 合计 | 1533 | 100 | 16 | 100 | 4 | 100 | 3744984 | 100 | — | — | — | — | 5 | 10 | 1 | 1766313 | 1533 | 17198 | 2445 | 177 | 1352.4 |
| 一季度 | 小计 | 448 | 29 | 13 | 81 | — | — | 444208 | 12 | — | — | — | — | 2 | 7 | — | 14068 | 448 | 5332 | 755 | 143 | 250.6 |
| | 一月 | 181 | 12 | 7 | 44 | — | — | 214100 | 6 | — | — | — | — | 1 | 3 | — | 2000 | 181 | 2135 | 303 | 2 | 119 |
| | 二月 | 158 | 10 | 6 | 38 | — | — | 140008 | 4 | — | — | — | — | 1 | 4 | — | 12068 | 158 | 1817 | 257 | 121 | 90.3 |
| | 三月 | 109 | 7 | — | — | — | — | 90100 | 2 | — | — | — | — | — | — | — | — | 109 | 1380 | 195 | 20 | 41.3 |
| 二季度 | 小计 | 226 | 15 | — | — | — | — | 243293 | 6 | — | — | — | — | — | — | — | — | 226 | 2654 | 379 | 1 | 213.9 |
| | 四月 | 89 | 6 | — | — | — | — | 32400 | 1 | — | — | — | — | — | — | — | — | 89 | 1016 | 144 | 90.5 | |
| | 五月 | 56 | 4 | — | — | — | — | 78000 | 2 | — | — | — | — | — | — | — | — | 56 | 698 | 99 | 1 | 41.6 |
| | 六月 | 81 | 5 | — | — | — | — | 132893 | 4 | — | — | — | — | — | — | — | — | 81 | 940 | 136 | 81.8 | |
| 三季度 | 小计 | 387 | 25 | 3 | 19 | 4 | 100 | 515500 | 14 | — | — | — | — | 1 | 3 | 1 | 20000 | 387 | 3964 | 561 | 28 | 462.3 |
| | 七月 | 116 | 8 | 3 | 19 | 1 | 25 | 136600 | 4 | — | — | — | — | 1 | 3 | 1 | 20000 | 116 | 1167 | 164 | 33.5 | |
| | 八月 | 138 | 9 | — | — | — | — | 95700 | 3 | — | — | — | — | — | — | — | — | 138 | 1425 | 201 | 7 | 188.3 |
| | 九月 | 133 | 9 | — | — | 3 | 75 | 283200 | 8 | — | — | — | — | — | — | — | — | 133 | 1372 | 196 | 21 | 240.5 |
| 四季度 | 小计 | 472 | 31 | — | — | — | — | 2541983 | 68 | — | — | — | — | 2 | — | — | 1732245 | 472 | 5248 | 750 | 5 | 425.6 |
| | 十月 | 127 | 8 | — | — | — | — | 124200 | 3 | — | — | — | — | — | — | — | — | 127 | 1296 | 183 | 5 | 91.7 |
| | 十一月 | 120 | 8 | — | — | — | — | 1020265 | 27 | — | — | — | — | 1 | — | — | 892245 | 120 | 1533 | 221 | — | 197.9 |
| | 十二月 | 225 | 15 | — | — | — | — | 1397518 | 37 | — | — | — | — | 1 | — | — | 840000 | 225 | 2419 | 346 | | 136 |

注：数据时间：2005 年 01 月 01 日至 2005 年 12 月 31 日

（市公安消防支队）

# 人民防空

**【概况】** 2005 年，全市人民防空工作以《中华人民共和国人民防空法》、《江西省实施〈中华人民共和国人民防空法〉办法》、《南昌市人民防空设施管理规定》为依据，围绕军事斗争人防应急准备，指挥通信要有新突破，防空防灾一体化要有新进展，基础建设与管理要上新水平，法制宣传教育要有新成绩，干部队伍素质要有新面貌的"五新"要求，紧紧抓住城市快速发展的大好时机，积极探索创新人防建设发展之路。为扎实做好全市人防应急准备工作，依托市本级人防指挥所及应急救援指挥中心，完成市级应急移动指挥平台和南昌县、新建县、进贤县、东湖区、西湖区、青云谱区、青山湖区、湾里区人防地面指挥室（中心）建设；修订完善市、县（区）两级《人民防空应急行动方案》；调整全市防空警报网点布局，新增防空警报器 23 台；进行全市"9·18"防空警报试鸣、网上演练和实兵演习。根据《中华人民共和国行政许可法》、《全面推进依法行政实施纲要》等有关法律法规要求，完成全市人防审批项目再次清理；对人防执法人员进行培训，办理行政执法人员工作证，规范依法行政行为。11 月 26 日，迎接市人大常委会对《南昌市人民防空设施管理规定》执行情况进行专项检查，并组织召开《南昌市人民防空设施管理规定》实施一周年座谈会，同时积极协助市行政执法部门查处 3 起毁坏人防设施案件。在全市 110 所大中专院校开设人防知识教育课，开课率达 100%。在东湖区进行社区人防教育启动仪式，全市有 400 个社区开展人防知识教育。全年出版《南昌人防》信息 35 期，专辑 17 期，市级以上新闻媒体、刊物采用市人防办稿件 150 余篇。在人防资金管理中，严格执行收支两条线规定，举办全市人防系统财务集训班，对 8 个县（区）人防办及 6 个办属单位经费收支情况进行专项检查审计，没有发生违反财经纪律的问题。按照中共中央、国务院、中央军委关于人防部门"准军事化"建设要求，在已建立的 49 项工作制度基础上，建立健全 20 余项工作制度。积极参与支持社会公益事业，常年派出两个帮扶工作组驻村，共投资 20 余万元帮助扶贫村发展水产养殖、门塘改造、修建村级公路，并联系帮扶村剩余劳动力 160 余人进城务工。积极开展政府机关干部送温暖活动，组织机关干部职工捐款 1.6 万余元，

帮助特困职工、村民解决实际困难，在人民群众中树立了党和政府的良好形象。同时认真做好组织人事、安全生产、维稳信访、社会治安、计划生育、老干部管理和群团组织工作取得显著成绩，有30余项工作受到国家、省、市表彰。

【南昌市荣获全国人民防空先进城市称号】 经党中央、国务院、中央军委批准，10月27~28日，第五次全国人民防空会议在北京隆重召开。该会议的主要任务是认真回顾总结全国"十五"期间人防工作，表彰全国人民防空先进城市、先进单位和先进个人，专题研究部署新形势下的人防工作。会议期间，中共中央总书记、国家主席、中央军委主席胡锦涛等中央领导亲切会见与会代表，并发表重要讲话。市长李豆罗，市人防办主任胡序环出席会议。会上，南昌市被国家国防动员委员会授予全国人民防空先进城市；南昌市人民防空办公室被国家国防动员委员会授予全国人民防空先进单位；南昌市人民政府市长李豆罗被国家人防办授予"全国人防工作先进个人"；南昌市人民防空办公室主任胡序环被国家人事部、国家人防办授予"全国人民防空先进工作者"。南昌市是全国惟一荣获"满堂红"殊荣的城市。

【南昌市移动指挥平台竣工投入使用】 7月9日，南昌市应急移动指挥平台调试成功。这是年内中部6省省会城市首个应急移动指挥平台。市长李豆罗，省人防办主任吴闽春，南昌警备区政治部主任刘希文及8个县区政府、人武部，16个市直机关相关部门领导现场察看了南昌市人防指挥通信综合平台演示情况。市长李豆罗在市指挥通信综合平台演示会上强调，处理城市各类突发事件和自然灾害是各级党委、政府的神圣职责，实现防空防灾一体化是坚持以人为本、落实科学发展观、保持人民群众生命财产安全的有效手段。在加强人防工程建设的同时，要注重人防工程的平战结合，充分发挥其战时防空、平时防灾救灾的功能。他要求全市各级人防部门要认真按照"三个代表"重要思想的要求，坚持"长期准备、重点建设、平战结合"的人防建设方针，全面强化人防工程建设，通信警报建设、平战结合和人防宣传教育等各项工作，加强训练、强化管理、完善措施，努力使南昌市人防事业健康、快速、稳步发展，为全市战时防空、平时防灾提供坚强可靠的指挥通信平台。

【南昌市民防指挥通信控制系统通过四名院士五名专家技术鉴定】 南昌市人民防空办公室和南京军区司令部指挥自动化工作站共同研发的"民防应急指挥控制系统"，6月16日通过科技成果鉴定。市长李豆罗，市长助理刘建洋出席鉴定会。由中国工程院院士吴澄、王子才、沈昌祥、张文海等组成的技术鉴定委员会一致认为：南昌市"民防应急指挥控制系统"各项功能指标达到设计要求，资料齐全，在民防应急指挥体系结构设计、多业务实时信息整合和网络双时钟同步等方面有创新，总体技术居国内领先、国际先进水平。鉴定会上，市长李豆罗讲话时指出："人防是国防的组成部分，事关国家安危和人民生命财产安全，市委、市政府在做好经济工作的同时，非常重视人防工程的投入和建设。在加强人防工程建设和维护的同时，要注重人防工程的平战结合，充分发挥其战时防空、平时防灾救灾的功能。"李豆罗希望市人防办要继续坚持"长期准备、重点建设、平战结合"的人防建设方针，全面强化人防工程建设，通信警报建设，平战结合和人防宣传教育等各项工作，努力使南昌市人防事业健康、快速、稳步发展。

【中央电视台专题报道南昌市"9·18"人民防空实兵演习】 9月12~18日组织全市"洪城——2005"人民防空网上演练及实兵演习。市、县两级人防办全体工作人员参加网上演练，南昌县、东湖区、西湖区、青云谱区组织战时防空人员疏散隐蔽实兵演习。共动用车辆100余台次，参演人员达4000余人。通过此次演练和实兵演习，既检验全市人防队伍，又提高战时防空组织指挥能力，并扩大了社会影响。9月18日19时中央电视台《新闻联播》节目，头条新闻报道全国各地以各种形式纪念"9·18"事件74周年活动及大连、沈阳、哈尔滨、南昌4个城市的防空警报试鸣和防空演习实况。9月18日20时中央电视台第七频道《军事节目栏》报道南昌市举行"9·18"防空警报试鸣和疏散隐蔽演习实况，长达2分钟。

【南昌市人防工程建设取得历史最好成绩】 根据国家、军区、省人防办的要求，完成《南昌市"十一五"人防建设计划和2020年前发展纲要（初稿）》起草及南昌市战时人口疏散基地建设的选址、论证等前期准备工作。在结合城市民用建筑修建防空地下室工作中，始终坚持"以建为主，建管结合"的原则，严格把住人防"结建"工作四个关口。截至年底，市本级结合民用建筑审批修建防空地下室51个，面积17.5万余平方米，超额完成省办下达任务的159%，创历史最好成绩。县区的人防工程建设实现历史的突破，其中南昌县完成防空地下室面积2.65万平方米，新建县完成2.08万平方米，进贤县完成410平方米防空地下室建设任务。按照国家和省人防办的要求，进行人防应急准备工程普查建档工作，加强早期工事维护管理，确保全市人防工程安全。

【先进性教育活动取得实效】 按照全市关于认真抓好第一批保持共产党员先进性教育活动的安排，经过历时5个多月的学习教育活动，圆满完成先进性教育三个阶段的各项工作，受到市委表扬，其教育活动经验上报省委先进性教育活动办公室。全市人防系统先进性教育活动集中教育告一段落之后，举办全市人防系统副科级以上领导干部"保持共产党员先进性、提高干部的执政能力、提高干部的综合素质"理论集训班，使先进性教育活动取得明显效果，群众满意率为99.8%。同时加强全市人防系统廉政建设，注重从建立和健全教育、制度、监督并重的惩治和预防腐败体系出发，制订多项规定。市纪委源头治理腐败、加强制度建设调研组对市人防办在重大节日和工程建设方面提前预警、堵塞腐败漏洞做法给予充分肯定，有两篇经验材料在全市推广。

【机关作风建设成效显著】 按照市委、市政府的统一部署和要求，把开展机关"效能年"和"双评"活动列入全年工作的重要内容，强化领导，精心组织，周密部署，圆满地完成机关"效能年"活动各项任务，有效地促进全年各项工作的落实。活动中，全办上下通过扎实学习，听取意见，狠抓整改，建章立制，长效管理等措施，认真兑现服务承诺，用事实取信于民，使整个机关"效能年"和"双评"活动既隆重热烈，又扎扎实实，并取得明显成效。经市"双评"办督导组对市人防办的考评和自评，取得全市执法口36个单位排名第9的好成绩，开展"双评"活动的经验进入全市"双评"活动经验汇编。

（吴国兴）

# 制　　造　　业

## 打造现代制造业重要基地

【概况】　全市国有及年销售收入500万元以上非国有工业企业(即规模以上工业企业)706户,其中中央、省属工业企业71户,市属工业企业635户(市直工业企业69户,县、区工业企业566户)。按经济类型分,国有企业67户,集体企业38户,股份合作制企业36户,股份制企业328户,外商及港澳台企业104户,其他企业62户。全市大中型企业72户。全市规模以上工业企业总资产734.2亿元,从业人员22余万人。全市拥有飞机制造、汽车制造、医药、机械制造、电子、冶金、纺织服装、食品和化工等30余个大类、150余个中类、500余个小类的较为完善的工业体系。全市工业上市企业有14家(江铃汽车、江西纸业、诚志股份、江中药业、联创光电、赣能股份、洪都航空、昌九股份、金鼎软件、清华泰豪、长力弹簧、万年青水泥、行知软件、金鼎软件)。有"江铃"、"汇仁"、"金圣"和"汪氏"4件中国驰名商标,69件江西省著名商标,2个中国名牌产品,51个江西省名牌产品。

【编制工业发展规划】　编制《南昌工业"十一五"发展规划》(送审稿)和《南昌工业支柱产业规划》(送审稿)等重大工业规划。《南昌工业"十一五"发展规划》(送审稿)在回顾总结南昌工业"十五"成就的基础上对"十一五"南昌工业发展环境进行全面分析,并初步提出南昌工业"十一五"发展思路、目标、重点和举措。聘请江西财大专家学者,开展《南昌市十大产品产业发展规划研究规划》的研究编制工作,为全市工业发展,尤其是十大产品产业的未来发展寻找定位,明确奋斗目标。

【全市工业经济继续保持快速增长势头】　全年全市工业战线积极应对国家宏观调控,努力克服生产要素制约,使全市工业经济在上年实现"三年翻番"目标的新起点上继续保持快速增长势头,实现工业经济量的扩张和质的提升。全市完成工业增加值373亿元,比上年增长17.3%。其中,规模以上工业增加值235.8亿元,增长26%;销售收入733亿元,增长29%;利税81亿元,增长12%。10月以来,规模以上工业增加值月月超过20亿元。全年规模以上工业增加值增速高于全省2.4个百分点,在全省十一个设区市中排第6,高于全国9.6个百分点,在中部六省会城市中位居第一。全市经济效益综合指数为174%,比上年增加14.3个百分点,比全省高26.7个百分点。构成经济效益综合指数七大指标中,有四项指标好于上年。

【"十五"工业发展实现新跨越】　"十五"期间,南昌市工业保持了跨越式发展的良好态势。2005年全市规模以上工业完成工业增加值、销售收入、利税分别为2000年的2.7倍、2.9倍、2.5倍;全市经济效益综合指数比2000年提高66个百分点。2005年全市规模以上工业企业达到706家(快报数),比2000年增加321家;规模以上工业占全市工业的比重达到63.2%,比2000年提高13.4个百分点。全市工业企业中,年销售收入过10亿元的有11户。其中,20亿元~50亿元的有3户;50亿元~100亿元的有南钢1户;100亿元以上的有江铃1户。与2000年相比,年销售收入过10亿元的企业净增6户。其中,20亿元~50亿元的净增3户;50亿元~100亿元的和百亿企业集团从无到有。全市一、二、三次产业比重由2000年的10.6 : 47.2 : 42.2调整到2005年的7.3 : 52.8 : 39.9,二产比重明显提高,其中工业拉动GDP增长7.6个百分点。工业对全市经济发展的贡献不断提高,其支撑拉动作用进一步显现。

【抓好工业经济运行协调】　根据"抓好

2005年6月,省委书记孟建柱在省委常委、市委书记余欣荣,市委副书记王詠,副市长周关的陪同下,考察南昌经济技术开发区内企业,对企业生产经营取得的成效表示肯定和赞赏。

一个目标、突出三个重点”（即抓住提高经济运行质量和效益这一目标，突出信息分析、动态监控、综合协调三个重点）的工作思路，召开全市工业经济运行会等，不断加强经济运行监测和协调工作。

【创新服务重点企业方式】 坚持市领导到重点企业现场办公工作机制，帮助企业及时解决生产经营中遇到的各类困难和问题，积极引导各类优势资源向市重点企业倾斜。借助信息化手段，开通市重点企业服务平台，开辟政府与市重点企业间沟通交流的新渠道，进一步提升为重点企业服务的速度和效率。大力整顿和规范市场经济秩序，切实减轻企业负担。全年全市35户重点企业累计完成工业增加值、销售收入、利税分别为143.8亿元、46■.7亿元、62.5亿元，分别占全市总量的61%、63.6%、77.2%，比上年分别增长16.8%、15.9%、7.4%。重点企业对全市工业经济发展的支撑、拉动作用进一步增强。

【大力招商引资】 继续打好“四最”（即成本最低、效率最高、信誉最好、回报最快）牌，写好三个字（招、安、富，即招商、安商、富商）。全年市工业代表团先后赴南非、日本和韩国开展招商引资活动，共签订合作项目6项，合作金额达9708万美元；参加省、市组织的在香港、福州、昆山、厦门、成都等地举办的一系列招商引资活动；成功举办中瑞（江西·南昌）投资贸易洽谈会和南昌电子信息产业发展论坛。全年全市实际利用外资9.1亿美元，内资260.5亿元，其中工业项目占一半左右。

【用足用好发展政策】 全年对江铃控股、江铜—耶兹、联创光电、晶湛科技、诚志股份等31户企业的31个制造业固定资产投资项目实施贷款贴息3740万元。通过政策引导，全年完成工业投入130亿元，增长33%，其中制造业投入占95.6%。同时对10位突出贡献企业家和一批先进企业兑现“工业发展30条”奖励政策990.4万元；对江铃、江联、阳光乳业等6家重点企业兑现“经济发展50条”奖励政策412.5万元。全年完成技改投资78.9亿元，争取国家、省资金支持600余万元，企业装备技术水平得到大的提高，产品结构不断优化。年内南昌工业企业有国家级企业技术中心2个，省级企业技术中心22个，企业博士后工作站5个。

【保障电力供应】 切实履行调配电力行政职能，加大电力基础设施建设力度，制定迎峰度夏和迎峰度冬工作预案，加强用电需求管理。年内全市有2座500千伏变电站，9座220千伏变电站，36座110千伏变电站，用电高峰时做到不拉闸，有效地保障了用电供应。全年全市用电66.18亿千瓦时，比上年增长17.58%，其中工业用电40.64亿千瓦时，增长17.83%，“不拉闸限电”成为南昌市经济发展闪亮的品牌。

【加强资源综合利用】 努力做好燃煤、成品油及铁路运力的协调调度，有效保障全市工业生产有关要素的供应。一是在做好统一审批办证工作的同时，采取联审、预缴、代征三制齐驱，大力征收专项资金。全年征收墙材革新专项基金3200万元，征收散装水泥专项资金450万元。二是加快推进墙材革新，发展散装水泥。全市实施项目贴息、补贴及砖瓦窑拆除补偿103万元，完成散装水泥设施设备投入80万元。全年全市新型墙材产量17.5亿块标砖，扩大散装水泥60万吨，比上年大幅增长。三是加大资源综合利用认定力度。全年全市获资源综合利用认定的企业销售收入达21.6亿元。四是加强节能监察工作，开展节能宣传周活动，举办节能培训，对40户重点耗能企业进行节能监测服务，推广节能新技术，建立节能产品信息库，推动南昌工业走节约型发展之路。

【举办重大经贸活动】 南昌市经济贸易委员会与青云谱区人民政府联手举办第二届南昌制造业博览会，为全市乃至全省工业企业搭建与海内外客商沟通交流的平台；承办中国南昌首届绿色无公害食品博览会；协办南昌市第一届政、银、企融资洽谈会，构建新型的政、银、企合作平台。通过举办一系列有影响的会展活动，为全市工业企业搭建一个很好的投资合作平台。

（何　琦）

## 市属国有企业行业管理

【概况】 2005年，南昌市国有工业资产经营管理公司按照“以工业化为核心，全力打造现代制造业重要基地”要求，强力推进招商引资，稳步推进企业改制，加强国有资产监管，工业经济保持平稳运行态势。

【市属纺织工业生产销售呈稳步增强态势】 全年市属纺织工业完成工业总产值（现价）15.77亿元，比上年增长32.42%；完成工业增加值4.80亿元，增长28.39%；完成销售收入15.81亿元，产销率100.26%；实现利税5923.50万元；招商引资实际进资1.06亿元。

【市属纺织行业主管部门稳步推进企业改革】 按照市国有工业资产经营管理有限公司的部署，根据所属企业实际情况，采取多种形式，推进企业改革。南昌纺织机械厂11月前完成整体产权改制和“并轨”（即下岗职工基本生活保障制度向失业保险制度并轨，下同）工作，分流安置职工252人。南昌服饰研究所、南昌大众印染总厂、南昌色织总厂、江西华安针织总厂（含南昌纺织器材厂）等6户企业完成资产重组，安置职工1018人，并获得资产重组补助金1800.51万元。南昌毛巾厂、南昌大众印染总厂、南昌毛巾二厂、南昌床单厂、南昌服饰研究所、南昌袜厂、南昌手帕厂、南昌市服装一厂、南昌服装二厂、南昌服装四厂10户企业的租赁经营方案得到批复。同时本着企业挖潜、增效的原则，进一步盘活企业闲置资产。全年处置资产2408万元，拍卖所得544.51万元。

【市属纺织行业主管部门再就业与解困工作成绩显著】 全年进一步落实再就业工作精神和任务，通过各种渠道，安置下岗职工770人，超额完成13%。截至年底，市属纺织行业累计发放下岗职工基本生活保障金409.28万元，发放解困应急资金884.71万元，月保障人数2000余人，并对离休干部实行医疗保障统筹，确保“三条保障线”在全行业的全面落实。

【市属纺织行业主管部门努力为企业提供有效服务】 先后组织所属企业参加由省、市组织赴福州等地召开的招商洽谈推介会，其中江西八一麻纺织厂先后引进“广州丰田汽车专卖店”和“4S汽车专卖市场”两个项目，总投资3000万元。

【市属化工行业完成各项计划指标】 全行业围绕“改制、发展、稳定”工作主线，大力招商引资，积极抓好企业改制、职工安置、安全生产和综合治理等工作，确保各项经济指标和安全稳定工作目标的实现。全年完成工业总产值10.6亿元，完成工业增加值3.7亿元，产品销售收入6.8亿元，产销率98.13%。

**【市属化工行业积极盘活所属企业资产】** 市国有工业资产经营管理有限公司通过江西省高级人民法院裁定,以360万元成功收购雷华资产管理公司对江西向塘化肥厂享有的全部债权及附属权利,并将该厂生产经营性资产组建市国有工业资产经营管理公司江西向塘化肥厂资产管理处,为下一步资产盘活、企业改制奠定基础。南昌氯碱总厂产权经省产权交易中心公开挂牌,由香港宏狄国际有限公司以1890万元收购,并于2004年12月31日与市国有工业资产经营管理有限公司签订产权交易合同,2005年元月完成整体产权交易手续。

**【市属化工行业以招商促发展】** 采取走出去,请进来的方法招商,全年引进资金6000余万元。其中,昌南化工设备厂与台湾客商签订成立湾里台湾工业园项目合同,预计投资220万美元,打造南昌铸造业基地;南昌农药厂与南昌县黄马乡政府签定合作意向书,两年内拟整体搬迁,征50~60公顷土地与外商共同打造“绿色化工与生态农药产业园区”;南昌化工原料厂的资产重组项目正式完成资产产权交割手续,由泰国丰泰国际集团有限公司承担相应债务后零资产接收,在昌东工业园区注册成立外商独资企业,计划将白炭黑生产能力扩大到10万吨,3年内争取海外上市。

**【市属化工行业稳妥推进所属企业改制】** 全年继5家企业改制完成后,又有南昌化工设备厂、南昌造漆厂启动改制程序。这两家企业改制将结合企业“并轨”工作同步进行。改制后的企业将通过资产重组,组建产权多元化新的民营企业。年内全行业8家应“并轨”企业有5家完成“并轨”工作,“并轨”资金到位5064万元,“并轨”人员3889人。

**【市属化工行业做好下岗职工再就业工作】** 针对所属企业地处偏僻,再就业工作难、任务重、困难多的实际情况,一是千方百计广开门路,寻求就业岗位。年内安置下岗职工再就业845人。其中,稳定就业55人,创造就业305人,指导就业2人,扩大就业483人。全年培训下岗职工150人,其中电脑培训90人,其他各类专业培训60人。二是加大对下岗特困职工的帮扶力度。建立特困职工档案,实行动态管理,帮助特困职工解决实际困难,落实最低生活保障。累计为947人办理低保。三是规范使用好政府的解困金。做到一事一议,特事特办,并监督企业确保资金专款专用。

**【市属机械行业主要经济指标完成良好】** 全年完成工业总产值9.89亿元,工业增加值3.03亿元,增长速度10.01%;产品销售收入13.55亿元,增长22.32%税收0.85亿元,增长7%。

**【市属机械行业招商引资工作取得新成效】** 全年招商引资工作呈现出“规模越引越大,发展后劲越来越足,与改制互动越来越强”的新趋势。实施完成江东机床、第一机床、采矿机械、通用机械4家企业的捆绑式资产重组,退城进郊,并引进中泰凯马企业,建立机电工业园。借助招大靠大,资产重组,股权转让,合资参股等方式,顺利完成南柴、江电、江变等企业转制工作,企业重新迸发出强大的动力和活力。进一步搞好民营经济及租赁经营,使工具、量具、轴承、华洪、防爆等企业盘活资产,解决了部分职工就业的一系列问题。同时对部分企业采取先租后售的方式,退出经营权,消除经营性亏损源。

**【市属机械行业主管部门推进企业改制】** 坚持“一厂一策,搞活企业,成熟一家,操作一家”的改制原则,改制工作取得进展。截至年底,南柴、江档、一机等16户企业平稳有序地完成企业的改制,其中招大靠大,嫁接重组4户;变现资产,整体退出2户;政策性破产2户;租赁经营5户;双置换3户。同时江西赣江农机有限责任公司、南昌电缆有限责任公司列入破产计划,江西赣江农机已开始运作。全行业所属企业改制出现“步伐明显加快,形式灵活多样,成效较为显著”局面。

**【市属机械行业主管部门把再就业和“并轨”工作作为“一号工程”】** 各企业相继成立“并轨”工作领导小组,积极宣传市政府关于下岗职工基本生活保障制度向失业保险制度并轨工作的精神,企业多渠道筹集资金,并通过土地及其他有效资产变现筹集“并轨”资金。全年下岗职工实现再就业人数1894人。其中,稳定就业1288人,创造就业146人,指导就业216人,鼓励就业80人,教育就业76人,扩大就业98人,顺利完成公司下达的1800人就业安置任务。同时安排“并轨”企业15家,并通过困难企业论定。其中,13家企业定为二类特困企业,2家企业定为三类特困企业。年内15家企业全部通过市“并轨”办对“并轨”人员档案审查;6家“并轨”企业下发批复;2家企业收到市政府支付的“并轨”资金。

**【市属轻工行业招商引资工作取得新成效】** 组织招商小组赴浙江、福建、上海、广东、西安等地招商。同时邀请浙江、福建、广东等地客商来南昌市实地考察。全年共引进资金1.1亿元。其中,南昌味精厂结合企业改制,与福建鑫海公司合作组建新的合资公司,各项工作进入实施阶段。南昌保温瓶厂引进资金460万元组建南昌新星保温容器有限公司4月正式投产。

**【市属轻工行业所属企业改制后进入轻工机械工业园】** 南昌电池厂、南昌搪瓷厂、江西油脂化工厂洗涤分厂积极上报企业改制方案,重新组建新的股份制企业进入轻工机械工业园。年内入园项目进入谈判、签定协议的实质阶段。

**【市属轻工行业主管部门稳妥推进所属企业改制】** 按照“大力宣传,正面引导,理清思路,稳妥推进”的方针,在上年8家企业改制基本结束后,又有江西第二造纸厂、南昌味精厂、南昌电池厂、江西印刷公司、南昌自行车飞轮厂5家企业启动改制程序,其中江西第二造纸厂等3家企业改制将结合企业职工出“再就业服务中心”进入“失业保险中心”工作同步进行。5户企业涉及职工5633人。

**【市属轻工行业主管部门培训安置下岗职工】** 为缓解企业改制带来的人员分流安置压力,解决再就业难问题,与有关部门合作,通过各种形式对下岗职工进行再就业培训。全年组织下岗职工参加各类招聘大会2300人次,培训下岗职工累计213人次;通过自办经济实体、发展服务业等办法安置下岗职工上岗1000人,办理再就业优惠证手续116人。

**【市属二轻行业超额完成经济指标】** 全年完成工业总产值1.67亿元,比上年增长24.18%;完成工业增加值6025.9万元,增长30.15%;完成销售收入1.29亿元,增长59.77%;完成利税716.89万元,增长37.9%;引进外资1000万港元;完成下岗职工再就业233人,占年计划220人的106%。同时发放基本生活费、养老金138.61万元,应急资金87.90万元,有力地维护了困难企业。

**【市属二轻行业主管部门稳步推进企业改制】** 年内南昌衡器总厂基本完成改制,同时为加快服务业发展,组建工联饮食服务公司。进入“双置换”的南昌塑料厂、南昌塑料二厂、江西昌加电器仪表厂、华生公司4户企业进入审核程序。南昌五金厂、南昌二轻皮塑公司、南昌喷漆油漆厂、南昌二轻供销总公司4户企业的企业租赁经营改制《实施方案》已由市工业领导小组批准,进入实施阶段。南昌塑料厂、南昌制革厂、南昌弘源皮鞋厂资产重组按市国有工业资产经营管理有限公司的部署稳步推进,其中弘源皮鞋、南昌塑料厂重组资金得到落实。

**【市属二轻行业招商引资又拓新路】** 所属南昌塑料厂成立同茂科技有限公司,并积极与香港港隆(国际)策略投资有限公司接触并达成合作协议。公司提供24.6公顷土地,对方出资6000万元,在南昌高新技术产业开发区建设南昌港隆(香港)工业园。年内工业园详细规划和土地已落实,并举行工业园奠基典礼。同时该厂与江西港隆实业有限公司组建南昌港隆塑胶制品有限公司,待南昌港隆(香港)工业园建成后首批进入,逐步形成全省最大的注塑加工基地。南昌塑料八厂促进闲置设备的合理利用,在引进一条生产线的基础上,推动与广东客商的合作,引进留在广东的另外3条塑料制品生产线扩大本厂生产能力。

**【市属电子行业主要经济指标创历史新高】** 全年市属电子行业主要产品的产量、产值达到市国有工业资产经营管理有限公司组建以来的最高纪录。全年加工生产彩电90万台,比上年增长45%;生产继电器96.9万只,增长10.1%;开发新产品5项,其中洪都无线电厂开发新产品3项,新产品产值占全部产值的63%。全年完成工业总产值3.41亿元,比上年增长49.19%,完成工业增加值1.04亿元;工业增长速度达到73.33%,为历年来最好水平。

**【市属电子行业主管部门积极做好下岗职工"并轨"工作】** 按照统一部署,积极做好所属4户企业下岗职工基本生活保障制度向失业保险制度"并轨"工作。年内办理提前退休252人,协议保留社会保险关系3人,签订解除劳动关系1人。

**【市属电子行业主管部门稳妥推进企业改制】** 按照统一部署,上报4户企业实行租赁经营的改制方案。11月上旬,南昌三健电气有限责任公司经上级批准,实施部分人员分流安置。其他企业积极创造条件,按照"一厂一策"的改制方针开展前期工作。

**【市属建材行业稳妥实施企业改制】** 采取稳妥、规范、有序原则对下属单位南昌水泥厂、江西建筑机械厂、南昌建材物资总公司、南昌防水材料厂、南昌硅酸盐制品厂五年单位制定"并轨"方案,并得到市"并轨"办的同意,待市政府支付的"并轨"资金到位,即可有序地进行操作。同时对改制后的企业积极做好安置职工等工作,并对剩余的资产和债务建立起长效的管理承托机制。

(彭贵平　肖小锋　蔡昌亮　黄　群　万玉宝　裴翰峰　李千笃)

## 汽车产品制造基地

**【概况】** 2005年,汽车产品制造基地核心企业有江铃汽车集团公司、江西消防车辆厂、江西客车厂。截至年底,资产总计591.07亿元,比上年增长19.47%;从业人员16.47万人,增长2.13%;完成工业增加值185.35亿元,增长27.35%;产品销售收入623.70亿元,增长27.57%;利税总额72.10亿元,增长率12%;利润30.51亿元,增长13%。

**【江铃汽车集团各项经济指标再创历史新高】** 2005年,江铃汽车集团销售汽车8.67万辆,比上年增长16.17%;完成销售收入112.7亿元,增长11.63%;上缴税金8.23亿元,增长14.24%;实现利润8.02亿元,增长22.81%;完成工业增加值23.9亿元,增长14.05%。成为国内汽车行业仅有的几家盈利正增长的企业之一。整车销量年增长率高出全国平均增幅7个百分点。

**【江铃汽车集团推进产业集群扩张】** 江铃汽车集团与长安汽车公司合作组建的江西江铃控股有限公司正式挂牌运营,并在年底实现首款MPV陆风风尚汽车下线,由此向乘用车领域迈开实质性的一步。福特公司占江铃汽车股份有限公司的股份增持到30%,江铃、长安、福特三方战略合作伙伴关系进一步巩固和深化。江铃汽车集团制定2010年产销30万辆汽车的宏伟发展规划,并相继引进德国格特拉克、印度马恒达、台湾联成等优强企业,积极推进JX4D24(福特PUMA)发动机、VM发动机等关键零部件制造基地的技改工程。江铃汽车集团以整车为龙头的汽车产业链呈现不断强化和扩张态势。

**【江铃汽车集团国内销售和出口国外取得佳绩】** 全年江铃汽车集团控股的江铃汽车股份有限公司新增12家代理商、75家分销商,验收43家全顺专营店;所属江铃控股有限公司新增20家4S专营店、30家特约维修站。销售和服务网点的扩展,促使江铃汽车集团汽车国内销量比上年增长16.17%。同时江铃汽车集团出口汽车6399辆、拖拉机859辆,分别比上年增长162%和48%,创汇7814万美元。陆风汽车作为企业自主品牌,首次出口欧洲,并经受"碰撞门"事件的考验,得到德国国家授权部门安全性测试的认可。年内江铃在海外建立23家代理商、97家分销商、157家维修站。江铃"JMC"品牌被商务部评为中国两个自主汽车出口品牌之一。

2005年12月10日,江铃汽车股份有限公司第8万辆全顺牌汽车下线

**【江铃汽车集团持续投放新品】** 江铃汽车集团把增强自主创新能力作为企业发展的战略基点和调整产品结构、转变增长方式的中心环节，大力提高原始创新能力、集成创新能力和引进消化吸收再创新能力。当年分别完成与长安、福特公司的开发平台网络对接，为引进和共同开发新产品创造良好条件。同时通过采用自主开发、委托开发、合作开发等模式，相继推出宝威 BUV、陆风 X6、全顺 2006 款、宝典 2006 款等一系列新品种。全年共完成目录申报 251 车次，完成汽车创新或采用新技术 29 项，其中获得外观专利技术 3 项。

**【江铃汽车集团抓好各项技改项目】** 2005 年是江铃汽车集团技改项目最多、资金投入最大的一年。全年共完成技改项目 200 余项，投入技改资金 10 余亿元。部分重点技改工程当年建成并使用。如所属江铃控股有限公司昌北基地完成陆风风尚建设工程项目，年生产能力达到 5 万辆；所属江铃底盘股份有限公司（地处江西抚州市）投资 3000 万元的 30 万台后桥技改工程基本结束并搬迁到位；所属昌南工业园的江铃集团车桥齿轮公司完成土建工程并进行设备安装和搬迁；所属南昌齿轮有限责任公司锻造厂曲轴项目完成技改投入约 2000 万元，建成出口专用工业齿轮箱生产线。同时一批重点工程加紧施工。如江铃集团发动机有限责任公司 VM 发动机项目于 5 月开始土建施工，预计 2006 年 6 月进入设备安装，年底前可进行小批量试生产。所属江铃控股有限公司小蓝工业园轿车基地启动工艺设计和规划设计；所属江铃汽车股份公司稳步推进 V348 项目的焊装、涂装、总装改造和新建项目。所属江铃秦川实业公司 3000 平方米的厂房于 12 月底完成土建工程部分；所属江铃联成公司总投资 2600 万美元、占地 6800 平方米的中小冲厂房修缮完工。所属江铃汽车股份公司于 12 月 3 日举行 JX4D24（福特 PUMA）发动机项目的开工仪式；中心区厂房新涂装线生产设备陆续到位；陆风车架项目完成技改投资 260 万元。投资 700 余万元的江铃东厂区污水处理站进入工程后期。以上重点工程项目的建设将为江铃汽车集团 2010 年 30 万辆汽车规模打下坚实基础。

**【江铃汽车集团推行精益管理】** 全年江铃汽车集团管理思想融合更多的先进要素进行调整，管理手段更具宏观性和整体性。如所属江铃汽车股份有限公司确立以“顾客导向、流程优化、以人为本、持续改进；塑卓越江铃品牌，造超值商用汽车”的管理体系方针，组织开展的管理体系一体化工作顺利通过权威机构的审核认证，成为国内首家通过此项认证的汽车厂家。所属江铃控股有限公司通过 ISO 9001：2000 质量管理体系的第一次监督审核，并着手实施管理一体化的认证。同时江铃汽车集团大力推行“六西格玛”企业文化，除在质量管理上运用这一工具外，还在设备管理、成本管理、人力资源管理等方面引入这一工具。如所属江铃汽车股份有限公司组建“六西格玛”工作业绩改进题库，全年创造经济效益 600 万元。全面启动“六西格玛”管理工具的应用，年内完成第一期培训。质量管理部门通过售前质量汇报和强化发车产品质量监督，减少不合格品流入用户手中的风险。全顺汽车连续第三年荣获福特公司全球质量金奖，成为中国商用车细分市场顾客满意度最高的产品。四大系列产品“三包”千台故障数、“三包”返修费明显低于目标值。

**【江铃汽车集团 3 个产品被评为江西省优秀新产品一等奖】** 6 月 10 日，省经济贸易委员会在南昌市举行“2004 年度江西省优秀新产品新闻发布会暨第七批省级企业技术中心授牌仪式”，江铃汽车集团所属公司生产的陆风汽油机四驱动汽车、全顺 JX6591D2－H、全顺 JX6542D－M 型轻客被评为省优秀新产品一等奖，所属江铃陆风技术中心被授予“省级企业技术中心”称号。

**【江铃汽车集团邀请福特公司总裁吉姆·帕蒂拉到南昌】** 10 月 19 日晚 9 时 45 分，江铃汽车集团重要合作伙伴美国福特汽车公司总裁兼首席执行官吉姆·帕蒂拉一行乘专机抵达南昌市，随行人员有福特汽车公司副总裁马克·舒尔茨、程美玮等主要高层管理人员。市领导王詠、龚建华、周关和江铃汽车集团公司董事长王锡高到机场迎接。10 月 20 日，省委书记孟建柱、省长黄智权在江西宾馆分别会见美国福特汽车公司总裁兼首席执行官吉姆·帕蒂拉一行，省市领导余欣荣、李豆罗、程水凤、王詠、龚建华、周关等会见时在座。10 月 20 日中午，省市领导黄智权、余欣荣、李豆罗、王詠、龚建华、周关等在江西宾馆宴请吉姆·帕蒂拉一行。吉姆·帕蒂拉一行在南昌市期间，考察江铃汽车集团所属江铃汽车股份有限公司，并听取江铃汽车集团未来五年的发展规划报告。

**【江铃汽车集团积极推进战略重组与合作】** 1 月 24 日，江铃汽车集团与德国格特拉格集团汽车变速器项目合资合作意向书签字仪式在南昌市滕王阁举行。德国格特拉集团创建于 1935 年，主要生产轿车和轻型车用变速器，是全球最大的汽车变速器制造商之一。5 月 18 日，江铃汽车集团与印度马恒达公司签定资产购买协议，标志着江铃汽车集团与马恒达公司在拖拉机领域的合资合作正式进入实施阶段。7 月 2 日，马恒达（中国）拖拉机有限公司正式开业。该公司是由印度马恒达集团公司和江铃汽车集团以 8 ：2 的股比合资组建。7 月 9 日，江铃汽车集团与台湾联成公司正式签署合资合作协议，决定组建南昌江铃联成汽车零部件有限公司，投资总额为 2600 万美元，其中江铃汽车集团占 40% 股权，台湾联成公司占 60% 股权。

**【江铃汽车集团启动两大重点项目】** 2 月 24 日上午，江铃汽车集团所属江铃集团车桥齿轮有限责任公司在青云谱区昌南工业园奠基。12 月 3 日，所属江铃汽车股份有限公司隆重举行“江铃发动机厂投产十周年暨 JX4D24 发动机开工典礼”。

**【江铃汽车集团一批新品上市或投产】** 1 月 6 日，江铃汽车集团所属公司生产的新款宝威 BUV 正式上市。4 月 21 日，陆风 X6 正式上市。该款新车配置全新的 4 连杆式可变刚度螺簧后桥悬挂系统、4 轮盘式制动装置和电子式 ABS＋EBD 装置，越野性能和制动性能提升到更先进的水平。10 月 14 日，2006 款全顺汽车首先在杭州亮相，并在全国上市。10 月 26 日，2006 款皮卡正式投产。新款皮卡改进了车厢和驾驶室内饰配置。12 月 30 日，江铃陆风风尚汽车正式下线。这是第一款具有自主知识产权的汽车。

**【江铃汽车集团向欧洲出口汽车】** 3 月，江铃汽车集团所属江铃进出口有限公司与荷兰汽车经销商签定销售代理合同，开始向欧洲出口陆风越野汽车，成为全国在欧洲建立汽车销售网络和出口汽车的第一家公司。5 月 27 日，江铃汽车集团公司在昌北基地隆重举行陆风汽车出口欧洲发车仪式，首批 200 辆陆风汽车从南昌市发运，转道上海运往荷兰，最终销往荷兰和比利时，标志着中国自主品牌汽车首次出口欧洲。9 月 15 日～25 日，江铃陆风汽车参加五大国际车展之一的法兰克福国际车展。10 月 24

日，陆风2.4升欧洲版越野汽车在希腊比雷埃夫斯市公开展出。这是中国汽车第一次进入希腊市场。

**【江铃汽车集团公司荣获多项荣誉称号】** 7月8日，在"全市经济发展表彰奖励大会"上，江铃汽车集团公司董事长王锡高获得南昌市"十佳"优秀企业家称号，江铃汽车集团公司获得南昌市2004年度企业销售20强、纳税20强和优秀经营业绩的奖励。所属江铃汽车股份有限公司和南昌齿轮有限责任公司获得"节能"大奖，江铃进出口有限公司获得"出口创汇"大奖。10月26日，江铃汽车集团公司获得"2004年度省税利突出贡献企业"和"省优秀企业"称号。

**【江铃汽车集团公司涌现全国劳模袁政海】** 1月，市总工会作出《在全市职工队伍中开展学习袁政海班组精神活动》的决定。1月17日，市委宣传部、市总工会联合召开袁政海班组先进事迹报告会。4月，袁政海被授予全国劳模的光荣称号，4月30日在北京参加全国劳模和先进工作者表彰大会。

**【首辆陆风风尚——家庭轿车下线】** 江铃汽车集团与重庆长安汽车集团联合成立江铃控股公司后，为加速做强做大控股公司，长安集团把其投入3亿元自主研发的"CV9"MPV车——陆风风尚放在南昌市生产，结束了南昌市汽车产业没有生产轿车的历史。继江西第一款轿车——昌河铃木"利亚纳"11月25日上市后，12月30日，首辆具有自主品牌陆风风尚MPV多功能家庭轿车在南昌经济技术开发区陆风生产基地正式下线。省、市领导王君、余欣荣、蒋仲平、凌成兴、李豆罗等及中国兵器装备集团公司副总经理徐留平，长安汽车集团董事长尹家绪等在陆风汽车总厂出席并共同启动下线按钮。陆风风尚MPV多功能家庭轿车是一款时尚多功能家庭用车，尤为年轻人首选。该车拥有133项技术专利，具有完全自主知识产权的汽车。

**【江西长力股份汽车弹簧工程开工奠基】** 10月6日，由江西长力汽车弹簧股份有限公司投资9亿元打造的江西长力股份汽车弹簧工程在南昌高新技术产业开发区正式奠基开工。省、市领导黄智权、凌成兴、王詠出席奠基开工典礼。该工程占地59.3公顷，总投资9亿元。将建成80万件稳定杆与扭杆联合生产厂、2万吨变截面及重型板簧生产厂、2万吨弹圆精加工生产线、机加工中心、5万件车轿生产厂等22个项目，其中一期建成80万件稳定杆与扭杆联合生产厂、2万吨变截面及重型板簧生产厂等9个项目。

（余中文　上官方　熊珍珍）

## 空调产品制造基地

**【概况】** 2005年，空调产品制造基地核心企业有奥克斯（南昌）工业园、格林柯尔公司、南昌东园电机有限公司等。截至年底，资产总计25.85亿元，比上年增长14.98%；从业人员4454人，增长100.27%；完成工业增加值8.78亿元，增长497.75%；产品销售收入26.57亿元，增长9.10%；利税总额7774万元，减少38.71%；利润6717万元。

**【奥克斯（南昌）工业园】** 奥克斯集团本着"投资南昌、服务江西经济建设、为打造南昌市先进制造业作贡献"的企业发展宗旨，于2003年6月26日与南昌经济技术开发区管委会签署总投资额16亿元、占地82公顷项目协议书，创立以生产空调器为主的家电制造企业。第一期15万平方米厂房于2004年12月18日顺利投产。年内建有钣金分厂、铜管两器分厂、总装分厂、塑胶分厂、两座大型中转仓库及环境优美的绿化广场和办公大楼，配备两栋员工宿舍楼和一座大型员工餐厅。2005年，奥克斯（南昌）工业园完成工业增加值5.37亿元，增长1982.28%；产品销售收入10.58亿元，增长2545.35%；利税总额7456万元，增长41095.03%；利润7357万元。截至年底，资产总计4.98亿元，比上年增长232.24%，从业人员1600人，增长2976.92%；

**【南昌东元电机有限公司】** 南昌东元电机有限公司成立于2004年，属东元集团在内地的第四个子公司，以生产家用空调为主，是专业研制、生产、销售各类健康空调的企业。2004年春，第一台在内地生产的东元家用空调正式下线后，该公司表示，今后商用空调、高档洗衣机、等离子电视、高档冰箱、电机等产品将逐一实现在南昌工业园生产。2005年，南昌东元电机有限公司完成工业增加值159万元，增长180.94%；产品销售收入2899万元，增长676.82%。截至年底，资产总计6312万元，比上年增长49.01%，从业人员148人，增长18.40%。

**【格林柯尔集团】** 格林柯尔集团于2002年5月在南昌经济技术开发区购地166公顷，投资3.6亿美元，分三期兴建全国最大的空调生产基地。一期工程于2002年10月18日破土动工。在省、市政府的关怀和开发区的大力支持下，于2003年9月30日顺利进入安装调试阶段。一期工程建筑面积达18.6万平方米，其中单体轻钢结构主厂房全部采用进口材料，面积达15.6万平方米，属亚洲最大的单体轻钢结构厂房。2005年，格林柯尔集团完成工业增加值3.33亿元，增长67.92%；产品销售收入12.32亿元，减少40.13%；利税908万元，减少93.29%；利润819万元，增长8.66%。截至年底，资产总计14.87亿元，比上年减少2.23%，从业人员1506人，增长77.18%。

（熊庆滨）

## 食品产品制造基地

**【概况】** 2005年，食品制造基地核心企业有金圣科技园、南昌统一企业公司、润田饮料食品公司、汪氏蜜蜂园公司、南昌亚洲啤酒公司、江西阳光乳业公司、江西煌上煌集团。截至年底，资产总计68.56亿元，比上年增长9.59%；从业人员1.64万人，减少3.45%；完成工业增加值47.97亿元，增长19.26%；产品销售收入101.39亿元，增长28.81%；利税总额28.76亿元，增长13.65%；利润7.47亿元，增长16.58%。

**【南昌卷烟厂"十五"易地技术改造项目竣工典礼举行】** 2月26日，总投资10亿元的省重点工程、省十大技改项目之一——南昌卷烟厂"十五"易地技术改造项目在南昌高新技术产业开发区举行隆重的竣工典礼。南昌卷烟厂"十五"易地技术改造项目占地面积28.2公顷，建筑面积约17万平方米。项目竣工后南昌卷烟厂整体搬迁至金圣工业科技园。厂区规划为科研中心、营销中心、生产中心和行政中心四大区域，年卷烟生产能力达45万箱，并预留60万～80万箱的发展空间。该项目全面导入计算机集成制造系统，引进德国HAUNI公司制丝线、英国MOLINS公司PASSIM卷接机组、意大利GD公司包装机组、日本大福株式会社物流系统等国际一流的烟草设备，实现了物流自动化、管理现代化和生产控制智能化。

【南昌卷烟厂经济效益稳步增长】 2005年,南昌卷烟厂在完成易地技改竣工投产和正式启动三项制度改革的基础上,努力保持良好生产经营态势,推动企业稳健发展。全年累计生产卷烟41.71万箱,比上年增长9.08%;销售卷烟51.72万箱(含联营烟),增长20.81%;实现销售收入35.79亿元(不含联营烟),增长15.98%;实现税利23.84亿元,增长12.41%;在消化2188万元以前年度资产损失等因素的基础上,实现利润4.12亿元,增长9.1%。企业总资产达32.03亿元,比上年增长15.1%;资产负债率为47.51%,下降1.54个百分点。

【南昌卷烟厂品牌实施形象提升工程取得成效】 全面启动"新十年、新形象、新起点"的"金圣"品牌形象提升工程,促使江西烟草品牌格局由"多、弱局面"向"金圣挂帅、其他品牌为最佳配角"的格局转变。年内成功完成"海鸟"向"庐山"的品牌整合,并淘汰压缩部分非品牌卷烟。全年生产牌号规格20个,比上年减少3个;品牌号卷烟集中度由上年的39.51%提高到78.56%;一、二类烟销售比重达到57.56%,比上年提高13.6个百分点;单箱税利由上年的5540元增长至5801元,净增261元。"金圣"品牌发展平稳,"庐山"品牌增长迅猛,其销量分别为10.35万箱、21.15万箱,比上年增长14.21%、255.01%。省外市场稳步发展,初步完成"金圣"、"庐山"品牌的全国市场布局工作。"金圣"品牌新增8个省、市销区,形成以北京、福建、广东、江苏、山东等地为主的五大销区,省外销量达到1.01万箱,比上年增长62.36%;"庐山"省外销量达到3.83万箱,比上年增长1538%。

【南昌卷烟总厂挂牌】 5月20日,南昌卷烟厂、井冈山卷烟厂、兴国卷烟厂签订联合重组协议书。7月14日,国家烟草专卖局批复同意设立南昌卷烟总厂,12月28日,南昌卷烟总厂挂牌。联合重组后,南昌卷烟厂规模不断扩大,效益稳步增长;井冈山卷烟厂、兴国卷烟厂也实现平稳发展。2005年,井冈山卷烟厂实现税金1.58亿元,比上年增长10.7%,实现利润1370万元;兴国卷烟厂实现税金1.12亿元,财政补亏后实现利润960万元,并完成技改投资2300万元。

【南昌卷烟厂大力开展技术创新】 2月26日,南昌卷烟厂"十五"易地技改项目竣工投产,企业整体技术装备达到全国中上水平,被授予"江西省'十五'重点工程建设先进单位"和"2004年度优秀技术改造项目"称号。同时不断提升技术中心研发水平,进一步加强卷烟及相关技术研究。开展降控卷烟焦油和降低卷烟其他有害成分研究;逐步完善烟叶化学成份评价体系,烟叶化学成份数据库初步建立;开展烟用香精香料的分析研究,在确保卷烟风格和吸食质量的基础上,全年卷烟焦油加权平均值达到13.96毫克/支,比上年下降5.16%。在郑州工学院的大力支持下,顺利完成新制丝线工艺参数优化测试工作。

【南昌卷烟厂烟叶基地建设取得阶段性成果】 上报国家烟草局"添加中草药的低焦油低危害卷烟的研制开发"项目年内完成申报鉴定;"制丝工艺技术水平分析及提高$Co_2$膨胀烟丝质量的推广应用"项目年内完成所有研究内容。

【南昌卷烟厂科研项目研究取得阶段性成果】 烟叶基地建设水平稳步提升,基本构建以江西赣南、云南曲靖、贵州遵义、湖南郴州、重庆武隆为重点的五大主体基地,初步打造一条服务于"金圣"、"庐山"品牌发展的基地烟叶供应链。

【南昌卷烟厂深化企业管理取得明显成效】 积极发挥内部审计监督作用,仔细查找企业内部控制的薄弱环节并切实整改。全年材料采购成本下降1500万元,广告费用下降约2000万元,其他节约成本近300万元。加强成本费用管理,积极开展以"降成本,增效益,我为南烟做贡献"为主题的节约型企业创建活动,在产量增长的同时,烟叶单耗(每万支卷烟产品消耗烟叶的数量)36.93公斤,比上年下降约2公斤;盘纸(每万支卷烟产品消耗盘纸的数量)单耗3219米,比上年下降75米。继续有效运行ISO 9001:2000版质量管理体系,产品质量和控制能力进一步提高,卷烟产品多点生产实现质量统一化。产品在全国和全省统检、抽检中继续保持100%合格率。企业荣获"全国用户满意企业"、"江西省用户满意企业"称号,"庐山"品牌被评为"江西省名牌产品"。《烟草企业提升品牌竞争力的有效管理》成果荣获第十二届全国国家级管理现代化创新成果二等奖。

【南昌春蕾茶叶有限公司积极扩大销售】 该企业充分利用"春蕾"牌茶品牌优势,在调查研究的基础上,建立销售中心,铺设营销网点。截至年底,在全市建立2个中心,12家销售网点,并在3个超市增设销售柜台。与上年相比,市场占有率提高30%,销售总量增长20%。同时在婺源县建立茶叶生产基地,稳定种植面积,扩大经营范围。

【阳光乳业获"中国乳制品行业优秀企业"称号】 江西阳光乳业有限公司实施"从土地到餐桌",全面提高科技含量的战略,对奶源、加工、检测、出产、配送等各个环节层层把关,全力打造"放心奶工程"。被中国乳制品工业协会评为"中国乳制品行业优秀企业"。此次评选活动旨在推荐一批乳品企业的榜样、典范,促进全国乳业健康、有序地发展。具体内容包括企业的产品质量和服务质量、经济效益、社会效益、生态效益及企业信誉和诚信经营、内部管理、发展模式等。全国有1600余家乳品企业参与评选,最终产生21家"优秀企业"。

【江西汪氏蜜蜂园有限公司大力推进技术进步】 该公司在产业化经营的过程中,与南昌大学合作设立"食品科学博士工作站";与江西农大合作,设立"汪氏奖学金"。同时组建现代化蜂产品技术中心和省蜂产品工程技术研究中心,专攻蜂产业新技术、新产品的开发和应用,取得丰硕的成果。在原料控制方面,通过培育抗病能力强的新品种,建立相对固定的养殖区,推广使用无公害蜂药,保证公司原料的优质;在新产品开发方面,开发出蜂蜜系列、蜂胶系列、蜂王浆系列、蜂花粉系列的四大类150余个蜂产品。同时公司涉足以蜂产品为主要原料的第三代保健品、药品、化妆品、蜜蜂用药等领域,并获得六个保健品批准证书,为蜂产业的现代化发展奠定了坚实的基础。

【江西汪氏蜜蜂园有限公司努力保障产品质量】 该公司选用国际上先进的蜂产品生产工艺、生产技术和检测手段,采用流程管理方法,力求每一道工序的精耕细作,努力创造产品的"零缺陷"。公司分别取得英国UKAS和ISO 9001国际质量体系认证及保健食品GMP生产规范认证。年内积极申请HACCP认证、美国FDA认证。同时公司与世界知名的德国国际质量服务公司(QSI)合作,设立"上海求信质量技术咨询服务有限公司(QTCS)"。该公司既作为公司出口产品质量检测的重要基地,也是学习、引进国外高新技术的重要窗口,同时还能为中国产品出口的质量风险做出权威性的评价。

【江西汪氏蜜蜂园有限公司成为农业产业化经营的龙头企业】 该公司始创于珠海。受省委、省政府、市委、市政府招商政策的感召，同时公司为寻求更大的发展空间，1998年迁往南昌，落户于长埈外商投资工业区。截至年底，建有高标准蜂产品加工厂房2.5万平方米，拥有加工特种蜂蜜、蜂王浆、蜂胶、蜂花粉等系列产品的10余条具有国内领先水平的生产线，并配套有6000吨地下蜜池、3000平方米专用冷库，成为集蜜蜂养殖、食品、保健品、药品、生化制品等为一体，具备强大力的科研开发、产品精深加工、市场营销能力。同时创立完整的蜂业产业化的经营模式，并形成规模化、系列化经营，成为一家独具特色的大型农业产业化经营的龙头企业。先后获"中国食品行业优秀企业"、"南昌市重点私营企业"、"江西省名牌产品"、"南昌市知名商标"、"江西省著名商标"、"南昌市农业产业化龙头企业"、"江西省农业产业化龙头企业"等称号。董事长汪伦被评为"中国食品工业优秀企业家"。2005年，完成工业增加值1.81亿元，增长30.94%；产品销售收入5.72亿元，减少41.69%；利税总额6423万元，增长50.82%；利润5684万元，增长61.12%。截至年底，资产总计2.09亿元，比上年增长813.95%，从业人员1100人，减少2.74%。

【南昌统一企业有限公司通过HACCP认证】 该公司系台湾统一企业集团全资子公司，于2001年5月18日正式落户在民营科技园内，投资总额2988万美元，注册资金1200万美元，占地12.6公顷。投资项目于2002年6月竣工投产，以生产、销售方便面、饮料为主。主要产品方便面类有来一桶、统一100、好劲道、小浣熊、好当家；饮料类有果汁饮料（如鲜橙多等）、茶饮料（如绿茶、茶里王、冰红茶等）、雅哈咖啡、奶茶等，其中来一桶、鲜橙多、绿茶为该公司拳头产品。该公司于2003年底通过QS认证，2004年11月通过ISO认证，2005年1月通过HACCP认证。先后获得"一级纳税信誉等级企业"、"南昌市环境保护模范企业"、"南昌市制造业信息化工程应用示范企业"等荣誉称号。2005年完成工业增加值2.07亿元，增长7.19%；产品销售收入3.31亿元，减少4.27%；利税总额2445万元，减少20.94%；利润1038万元，减少21.39%。截至年底，资产总计1.99亿元，比上年增长8.30%，从业人员860人，减少4.23%；

【江西润田天然饮料食品有限公司完善经营管理】 该公司成立于1994年，注册资本3亿元，主要从事食品饮料的开发、生产和销售。产品品种涵盖七大系列，即水饮料系列、果汁饮料系列、茶饮料系列、酸奶饮料系列、碳酸饮料系列、怡冠功能性饮料和怡冠运动饮料。其中主导产品润田纯净饮用水以其水质纯净且不含任何杂质，高氧无菌，口感软滑甘醇等特性，多次被国家绿色食品发展中心评定为"绿色食品"；被国家质监总局审定为"免检产品"及省名牌产品，省著名商标，省重点保护产品。该公司生产设备先进，自动化程度高，进口设备比例超过70%，并建立完整的质量检测和监控体系，配备专业检验人员，组建专业化产品检验室，以零缺陷为质量保证的最高目标，确保产品的100%合格。同时引入德国SAP公司的ERP生产管理平台，对设备使用效率、生产消耗、产品质量、原材料领用、产品入出库、现场管理等进行全过程即时管理和监控，使公司日常管理工作、生产流程的控制、销售市场份额及售后服务工作达到"集中、实时、流程、计划、控制、战略"的目标，获得省经济贸易委员会和省食品工业协会授予的"2003～2004年度江西食品工业十强企业"称号。2005年完成工业增加值1821万元，增长3.98%；产品销售收入1.76亿元，减少8.54%；利税总额253万元，增长8.92%；利润150万元，增长183.02%。截至年底，资产总计3.38亿元，比上年增长6.50%，从业人员601人，减少37.40%。

【南昌市朝阳酿造厂扭亏为盈】 该厂利用整体搬迁到新建县长埈工业园的机遇，重新优化组合人员、机构，并精心推出龙凤云、精丸味、珍品孔雀、孔雀生抽等多个新产品。全年产品销售收入850万元，销售利润100余万元，彻底改变多年亏损的状态。

【煌上煌集团公司重视企业标准体系建设】 年内江西煌上煌集团公司生产的"皇禽牌"酱鸭、麻酥鸭、鸭翅、鸭掌等四个产品通过国家绿色食品认证审核，获得绿色食品标志使用权。这是全国首个获得酱鸭绿色食品标志使用权的产品，"煌上煌"集团公司成为全国首个获得酱鸭绿色食品标志使用权的企业。多年来，煌上煌集团公司一贯重视企业标准体系建设，全面实施企业标准化良好行为。年内该公司制定产品技术标准34个，其中绿色食品标准2个，涵盖五大系列100余个品种。

【雪津啤酒一期生产线顺利建成】 雪津啤酒（南昌）有限公司雪津啤酒一期10万千升生产线年初开工建设，12月底建成投入生产。该企业采用一厂二址建设模式，规划占地23.3公顷，总投资2亿元。

（黄新清　万少燕　文贵忠　熊庆滨　付　强　市蜂业协会）

## 光电和电子信息产品制造基地

【概况】 2005年，光电和电子信息产品制造基地核心企业有联创光电科技公司、TCL（王牌）电器公司、鸿源数显科技公司、瑞显光电科技公司。截至年底，资产总计26.21亿元，比上年增长5.32%；从业人员9579人，增长1.3%；完成工业增加值6.84亿元，增长10.36%；产品销售收入24.63亿元，增长10.34%；利税总额2.73亿元，增长24.93%；利润2.05亿元，增长16.33%。

【詠倡微电子技术研发产业园项目签约入驻红谷滩】 11月17日，总投资6300万美元的詠倡微电子技术研发产业园项目正式签约入驻红谷滩新区。该项目由台湾詠倡企业集团投资建设，整个产业园将由IC设计中心、IT软件生产中心等项目组成，建成后年产值将达2800万美元。

【微软公司入驻南昌高新技术产业开发区】 2月25日，南昌高新技术产业开发区迎来第一家世界500强企业入驻。由泰豪软件股份有限公司、江西思创数码科技有限公司、江西行知教育软件有限公司、江西省电子产品监督检验所、江西省信息技术教育培训中心、南昌金庐软件园软件评测培训有限公司与微软（中国）有限公司合作共建江西微软技术中心项目正式签约。江西微软技术中心设在高新大厦北楼。该中心将拷贝微软的企业运行模式，致力于建成具有国际水平的有关软件开发和测试技术的研究、开发、服务及人才培养的技术平台。

【两家企业获得国家级信息化工程准入"许可证"】 南昌高新技术产业开发区金庐软件园区内2家企业——泰豪软件股份有限公司、江西思创数码科技股份有限公司同时获得计算机信息系统集成一级资质，实现全省一级资质企业"零"

的突破。一级资质的获得标志着江西省软件企业将跨入国家级工程项目大门,有能力承接国家级信息化工程项目建设。

**【先锋软件兴建全省首个企业呼叫中心】** 8月8日,由先锋软件承建的全省首个企业呼叫中心(CALLCENTER)奠基暨开工仪式在南昌高新技术产业开发区金庐软件园举行。该呼叫中心计划投资3亿元,首期投资5000万元;规划建设总建筑面积达2.1万平方米的三栋呼叫中心办公楼,可容纳4000个办公席位。中心建成5年后预计可实现10亿元的销售收入。

**【富昌科技有限公司开工建设】** 12月28日,全省最大的外商投资企业富昌科技有限公司正式开工建设,省委常委、市委书记余欣荣出席开工庆典并讲话,市长李豆罗主持庆典仪式。台湾詠倡企业集团是台湾新竹市一家实力雄厚的微电子产业龙头企业。该集团投资8.5亿美元在南昌经济技术开发区建立詠倡微电子科技园,设立IC设计公司、IT软件设计中心、晶圆厂、科技学院等。该集团在南昌经济技术开发区建设的以8英寸晶圆为主的微电子项目,用地666余公顷,平均每公顷土地投入达9630万元。项目建成后年产值可达6.19亿美元,并吸纳约1600人就业。这是继晶湛科技后的第二个芯片项目。

**【晶湛科技首期芯片封装测试生产线投产】** 5月14日,晶湛(南昌)科技有限公司首座1.5万平方米工厂落成投产,并启动公司4万平方米的晶圆一厂开工建设,斥资2亿美元打造年产36万片8英寸晶圆生产线。省市领导吴新雄、余欣荣、李豆罗等出席公司项目投产仪式,并为晶圆一厂建设奠基培土。晶湛科技首期芯片封装测试生产线投入生产运营,宣告华中、华南地区最大的芯片封装测试生产基地正式投入使用。晶湛科技公司8英寸晶圆项目一期工程占地24公顷,建筑面积14万平方米,总投资2亿美元,年产36万片8英寸晶圆,年生产总值2.5亿美元。二期工程占地53.3公顷,建筑面积16万平方米,总投资6.5亿美元,年生产48万片8英寸晶圆,年生产总值7.7亿美元。晶湛科技公司8英寸晶圆生产线,技术来源于美国赛米微尔公司,使用0.25微米制造技术,技术的发展和国际先进水平同步。

**【上海微迪电子网络有限公司落户南昌高新技术产业开发区】** 7月13日,作为英特尔战略合作伙伴的上海微迪电子网络有限公司与南昌高新技术产业开发区正式签订落户协议,决定投资2000万美元建造笔记本电脑生产研发基地。省市领导吴新雄、李豆罗、王詠,英特尔中国区总经理赖一龙等出席签字仪式。会上同时签订英特尔(中国)有限公司与江西省信息产业厅"信息化推动现代化"合作备忘录。

**【全球惟一"字元识别软件引擎"项目扎根南昌高新技术产业开发区】** 4月6日,南昌利德丰科技有限公司(南昌高新技术产业开发区内企业)与美国Cyclops公司(中文名称为美国慧眼公司)"字元识别软件引擎"项目合作签约暨美国慧眼技术公司字元识别系统研发基地揭牌仪式在江西宾馆广博厅举行。根据协议,利德丰科技有限公司以"车牌识别系统"软件技术作价400万美元入股美国Cyclops公司,获得Cyclops公司20%的永不稀释股权,并被美国公司定为其在全球的车牌识别系统软件产品研发和生产基地,Cyclops公司将在3年内为利德丰公司提供560万元的研发经费。

**【金庐软件园软件公共测试和培训平台建设项目通过专家验收】** 4月22日,国家火炬计划软件产业基地——江西金庐软件园承担的国家级火炬计划项目,即"金庐软件园软件公共测试和培训平台建设"顺利通过专家验收。该平台是按照有关国家标准和行业标准对以C/S、B/S结构的软件及其他相关应用软件进行测试,为软件企业、信息化应用单位的软件产品项目鉴定验收、软件产品奖励认定、软件质量功能及性能评定和软件著作权登记等提供重要依据。

**【江西微软技术中心举行首次软件技术培训活动】** 8月10日,由江西微软技术中心、市信息化办公室和金庐软件园承办的英特尔与微软新技术展示巡讲活动在南昌高新技术产业开发区管委会一楼报告厅举行。这是江西微软技术中心入驻南昌市以来举行的首次软件技术培训活动。来自全省软件企业、政府信息化推广部门、信息化应用单位、软件企业、高等院校软件学院200余人参加培训活动。江西微软技术中心自6月16日成立以来,利用国际资源主动为南昌市软件技术企业搭建培训平台,为全市培养软件中、高级人才。其间,专家给培训人员介绍英特尔最新技术及产品,讲解如何充分利用微软企业服务器产品提升企业价值及数据库管理软件2005版新特性。

**【3家软件企业跻身中国软件百强】** 先锋软件股份有限公司、江西捷德智能卡有限公司、泰豪软件股份有限公司3家企业进入"2005年中国软件产业最大规模前100家企业"名单,囊括全省进入百强企业的全部名额。

**【捷德智能卡成为首家小灵能手机智能卡供应商】** 江西捷德智能卡系统有限公司是小灵通PIM卡的主要生产商。上半年为中国电信和中国网通提供小灵通商用PIM卡产品超过50万张,成为首家中国电信小灵通手机智能卡(PIM卡)的卡片及卡管理系统服务提供商。

**【微软布局中国第六家技术中心在高新区金庐软件园挂牌成立】** 6月16日,全球最大软件商微软布局中国的第6家技术中心在南昌高新技术产业开发区金庐软件园挂牌成立,并宣告完成中心技术团队组建工作开始正式投入运营。省委副书记、常务副省长吴新雄出席落成仪式并致辞。投入运营后的江西微软技术中心不仅将首次在江西搭建起国际软件培训平台,还将成立测试中心,面向全球提供软件项目测试服务。

**【中兴软件正式落户南昌高新技术产业开发区】** 7月8日,由中兴公司和南昌大学校企合作成立的中兴软件技术(南昌)有限公司在南昌高新技术产业开发区正式开业。省市领导余欣荣、胡振鹏、李豆罗、王詠、龚建华、罗慧芬、周关等出席开业仪式。中兴软件技术(南昌)有限公司总部坐落在南昌高新技术产业开发区内,软件研发场所超过1.8万平方米。该公司将在金庐软件园规划建设"中兴南昌软件产业园",计划在3~5年内建设成一个全国知名的软件外包基地和万人的"软件工厂",并达到30亿元以上的软件产业销售收入,成为国内最大的软件产业基地和最具有活力的软件产业园区。

**【5个项目入选国家2005年度火炬计划】** 国家2005年度火炬计划中,南昌高新技术产业开发区金庐软件园有5个项目入选,囊括全省软件项目列入火炬计划的全部名额。这5个项目总投资2121万元。项目完成后,将新增收入10012万元、利税3480万元。5个入选项目分别是南昌利德丰科技公司的

"LDF"视频测试系统;江西新和技术公司的"公用智能语音网缴费平台";泰豪软件公司的"基于 Linux 电子政务协同平台";先锋软件公司的"先锋 KRM - A6 知识资源管理系统";江西清华科技公司的"U2000 集中监视系统"。

【特康科技填补南昌高技术空白】 南昌高新技术产业开发区内的江西特康科技有限公司年产 2000 台全自动三分群血细胞分析仪高技术产业化示范工程(简称项目,下同)通过竣工验收。标志着又填补南昌市一项高技术空白。该项目承担单位江西特康科技有限公司研制开发的具有自主知识产权的全自动三分群血细胞分析仪将在原有基础上建设全自动三分群血细胞分析仪示范生产线,形成年产全自动三分群血细胞分析仪 2000 台和诊断试剂 400 万升的生产能力。

【江西捷德率先为中国电信提供小灵通手机卡整体解决方案】 5 月 18 日,南昌高新技术产业开发区内的江西捷德智能卡系统有限公司宣布成为首家中国电信小灵通手机智能卡(PIM 卡)的卡片及卡片管理系统服务提供商。该公司作为"小灵通机卡分离联盟"的首批成员,其卡片研发严格符合小灵通机卡分离的技术规范。年内中国拥有大约 8000 万的小灵通用户,PIM 卡的应用将会使小灵通用户享受到更加丰富多彩的数据增值业务及便利。

【南昌高新技术产业开发区 3 企业入选全国软件产业百强】 2005 年,中国软件产业最大规模前 100 家企业揭晓,南昌高新技术产业开发区内的先锋软件股份有限公司、江西捷德智能卡有限公司、泰豪软件股份有限公司分别列 81 位、82 位、100 位。近年来,南昌高新技术产业开发区软件产业在金庐软件园的培育下,已经成为区内的龙头产业,其规模占全省软件产业的 90%,许多技术指标走在全国前列,引领先国际市场。本次排名是由国家统计局与信息产业部组织,按照企业完成软件产品收入、系统集成收入、软件服务收入三项指标之和进行排定的。

(邬春华　焦珍珍　上官方　熊庆滨)

## 纸产品制造基地

【概况】 2005 年,纸产品制造基地核心企业有江西晨鸣纸业公司等。截至年底,资产总计 37.59 亿元,比上年增长 1418.73%;从业人员 1669 人,增长 172.71%;完成工业增加值 3.39 亿元,增长 888.74%;产品销售收入 9.34 亿元,增长 745.5%;利税总额 6752 万元,减少 68.03%;利润 6732 亿元,减少 68%。

【江西晨鸣纸业有限责任公司 40 万吨轻量涂布纸项目竣工投产】 该公司是集制浆、造纸、热电于一体的大型现代化造纸企业,2004 年 11 月 4 日成立,注册资金 1.72 亿美元。由山东晨鸣纸业集团、南非 SAPPI 公司、韩国新茂林制纸公司和国际金融公司共同投资兴建。3 月 21 日,江西晨鸣纸业公司一期工程——40 万吨轻量涂布纸项目正式投产。该项目 2003 年 9 月 16 日破土动工,2005 年 3 月 21 日竣工投产,建设周期 18 个月,创造了国内同类型技改项目建设速度最快、试车时间最短的新纪录。该项目是全国最大造纸合资项目,总投资 4.87 亿美元,是国家财政贴息贷款技改项目,也是江西省十大技改项目之一。该项目造纸机整体从芬兰美卓公司(Metso)引进,造纸车间建筑面积约 8 万平方米,主设备造纸宽度 7800 毫米,设计车速 2000 米/分钟。项目内容还包括从奥地利引进的亚洲最大的日产 5500 吨漂白热磨机械浆生产线,从奥地利进口日产 400 吨废纸脱墨浆生产线及自备热电站、自备水厂、污水处理厂、厂内铁路专线等公用设施。厂区按照现代化花园式工厂规划建设,绿化面积高达 40% 以上。为了提高企业的可持续发展能力,该公司投资近 2 亿元用在节能和环保上,全套引进国际上最先进的厌氧和好氧双强化处理工艺,使废水排放指标达到世界先进水平,大大低于国家标准。自备热电厂采用炉内脱硫技术,大大减少二氧化硫的排放。烟囱除尘采用四电场静电除器,降尘效率高达 99.8%。江西晨鸣纸业引进全球第三条,也是世界最先进的轻量涂布纸生产线投产后,生产的高档涂布纸质量达到并超过欧洲 A 级低定量涂布纸的质量标准,产品 50% 以上销往韩国、日本、美国等地,并占领国内同类产品 60% 的市场。全年完成工业总产值 10.6 亿元。该项目的投产,标志着全国造纸行业在国际市场的竞争力又提高了一步。

(上官方)

## 飞机产品制造基地

【概况】 江西洪都航空集团有限责任公司是南昌惟一一家飞机制造企业,航空主导产品主要有强 5 系列机,K - 8、K8J 飞机、K8 - E 飞机,海燕飞机,初教 6 飞机等。同时依据企业生产能力和技术条件积极开发非航空产品。2005 年,洪都航空工业集团有限责任公司(以下简称集团公司)以开展保持共产党员先进性教育活动为动力,加大航空产品及民用品试制开发力度,积极推进企业改革脱困,切实做好安全管理,生产经营呈现良好的发展态势。全年实现销售收入 26.11 亿元,比上年增长 6.05 亿元,增幅为 30.39%;实现利润总额 8200 万元,增长 65%。

【集团公司圆满完成中埃合作生产 80 架 K8E 飞机的任务】 12 月 11 日,中埃合作生产 80 架 K8E 飞机项目第 80 架飞机交付仪式在埃及开罗阿拉伯工业组织飞机厂(AOI/ACF)隆重举行。这标志着集团公司按照国务院副总理吴仪"保质、守约、重义"的指示,圆满完成中埃合作生产 80 架 K8E 飞机的任务。埃及国防部及空军的代表、中国驻埃及大使馆武官应邀出席交付仪式。集团公司副总经理徐晓飞,中国航空技术进出口总公司吴盛悦副总经理出席交付仪式。

【集团公司积极拓展民用产品生产和研制】 全年生产销售电动自行车 10.68 万辆,交付高尔夫球车 239 辆。实现出口交付 6327 万美元,完成年度计划的 129.92%。科研按计划进展顺利。完成 2 台 PZ21020B 型对开双色胶印机整机试制开发任务,通过省国防科工办组织的鉴定验收后实现销售。出口产品加工取得新突破。除 GE 公司外,集团公司又成功进入 Dupton(杜邦)、Webtac(西屋制动)等公司的供应链。GE 运输系统零中转批生产的零件项目在 GE 每月综合评估(即质量、交付、价格、诚信、生产能力、沟通等)中多次获得第一名,受到 GE 公司和中航第二集团公司的较高评价。

【集团公司稳妥推进所属企业分离改制工作】 全年企业改革脱困取得阶段性成果。集团公司所属洪摩公司政策性破产基本完成清算期的工作,年内抓紧做好职工安置的有关准备工作。抓好企业重组相关工作，主辅分离、辅业改制第一批4个单位取得阶段性成果，年内天益实业公司、建筑装潢公司正式挂牌成立。第二批单位的分离改制工作正式启动并稳步向前推进。洪都中学、洪都小学、洪都公安分局移交社会工作经与地方政府多次协调，达成初步移交意向。企业债转股得到国家资产管理委员会批复，转股金额为8.88亿元，并于9月22日停付利息。

**【集团公司加强质量管理取得成效】** 通过以高新工程为重点的航空产品质量整顿，接受海军装备部门和空军装备部门二方审核组对集团公司质量管理体系的第二方审核。先后2次接受中国新时代质量体系认证中心现场审核检查组对集团公司GJB2001A－2001换版认证后进行的质量体系现场审核，具备海军合格供方资格，被空军装备部门批准为质量体系认证一级单位。通过由总装备部在北京组织召开的装备承制单位资格审查，成为总装备部首批19家装备承制资格审查合格单位之一。

**【集团公司切实做好安全管理工作】** 调整安全生产委员会及其组织机构和职责，进一步强化安全管理的领导，形成安全工作集中统一管理的组织构架。加强责任制的监督和考核，开展安全生产典型事故案例警示巡讲、安全质量标准化竞赛活动及编发《安全教育读本(公司级)》等。实现自2002年以来连续四年安全环保“五个零”的管理目标。

**【积极开展捐助海啸受灾国活动】** 元月10～14日，集团公司各单位认真传达《关于开展“慈善一日捐、捐助海啸受灾国”活动的通知》精神，并积极组织捐助活动，捐款总额达21.80万元。

**【猎鹰(L15)高教机完成详细设计】** 元月15日，飞机设计所胜利完成猎鹰(L15)高教机详细设计任务，共发出图纸1.07万页并全部送晒。这是猎鹰(L15)高教机研制过程中的重要里程碑。

**【集团公司和南昌大学达成全面合作伙伴关系协议】** 2月17日，集团公司和南昌大学本着“资源共享、优势互补、相互促进、共同发展”的原则，就科学研究、工程服务、咨询决策和人才培养等方面建立长期、稳定和全面合作伙伴关系达成协议。

**【强五同型教练机首飞评审会在南昌召开】** 2月25～26日，中航第二集团公司飞机部和空装科订部在南昌联合主持召开强五同型教练机首飞评审会。会议听取强五同型教练机研制工作报告、技术状态说明、研制质量控制报告、机务场务准备工作报告、飞行准备工作报告。会议认为强五同型教练机已具备首飞条件，同意通过首飞评审。

**【强五同型教练机首飞成功】** 2月28日上午，集团公司举行强五同型教练机首飞仪式。首飞飞行员是空军第四试飞大队副大队长胡战仓，指挥员是空军第四试飞大队大队长郭彦波，副指挥员是曹军杰。飞机首先做低、中、高速滑行科目，12点21分飞机首次离开地面飞行上天，在空中完成操稳性能等科目试飞后，于12点36分安全着陆，首飞取得圆满成功。

**【猎鹰(L15)高教机样机试制正式开铆】** 3月15日上午，集团公司在飞机初装厂举行了猎鹰(L15)高教机样机试制开铆仪式。9点18分，总经理吴方辉郑重宣布L15高教机初装开铆，随即响起哒哒的铆枪声，参加开铆仪式的干部职工心情激动，掌声四起。猎鹰(L15)高教机的开铆，标志着猎鹰(L15)高教机已经进入到样机试制阶段。参加开铆仪式的有中航第二集团公司、空装科订部、江西省国防科工办、驻集团公司各军事代表室、试飞大队，集团公司董事长、党委书记田民、党委常务副书记金栋林等有关部门领导。

**【集团公司荣获“2004年度江西省工业崛起年度贡献奖”】** 5月26日，在江西省“三年翻番”考评表彰电视电话会上，集团公司荣获“2004年度江西省工业崛起年度贡献奖”。

**【集团公司三项QC成果被评为一等奖】** 6月4～8日，在中国航空工业质量管理协会湘鄂赣、华北地区分会2005年优秀、先进QC小组评审会上，集团公司钳焊液压附件厂强五飞机副油箱输油不均衡攻关、标准件公司HB－818密封自锁螺帽攻关、飞机总装厂JL8飞机电缆导通检测设备攻关均被评为一等奖。这是集团公司参评QC小组成果首次全部被评为一等奖。

**【集团公司与上海机电集团在第二阶段合作协议上签字】** 6月12日上午，省国防科工办、集团公司与上海光华公司在洪都航空宾馆举行印刷机械项目合作协议签字仪式。双方就该项目第二阶段的工作作出安排，并就今后几年的发展提出总体规划。

**【集团公司荣获“南昌市销售收入20强企业”称号】** 7月8日，市委、市政府授予集团公司“南昌市销售收入20强企业”称号；授予集团公司董事长、党委书记田民“南昌市十大突出贡献优秀企业家”称号。集团公司所属的江西洪都精工机械有限公司获得市政府颁发的国家重点新产品奖励兑现和省级优秀新产品奖励兑现两项奖励。

**【20台高尔夫球电动车[illegible]销售合同正式签订】** 8月18日，集团公司所属的江西洪都高尔夫球电动车有限公司与中国航空技术进出口广州公司签订20台高尔夫球电动车的销售合同。车辆全部销往澳大利亚，实现澳洲市场零的突破。

**【集团公司部分产品在南昌市第二届制造业博览会展出】** 9月28日上午，由市经贸委、青云谱区政府共同主办的南昌市第二届制造业博览会在华东工业博览园隆重开幕。集团公司组织猎鹰(L15)高教机1∶1全金属样机、电动车、高尔夫球车、体育器材等系列产品参展。在开幕式上，集团公司生产的N5飞机进行低空飞行表演。参展期间，省委书记孟建柱，省长黄智权分别到洪都集团公司展台参观，并向洪都集团公司领导询问、了解有关情况。许多参观者对集团公司的展品表现出浓厚的兴趣，纷纷到L15高教机模型、电动车等展品前驻足观看。

**【首架猎鹰(L15)高教机总装交付】** 9月29日下午4时，集团公司在飞机总装厂、试飞站分别举行首架猎鹰(L15)高教机总装交付仪式暨首飞决战动员会。会议由集团公司总经理吴方辉主持。董事长田民作首飞决战动员。他号召猎鹰(L15)高教机研制战线上的干部职工要继续发扬“洪都精神”和“强五精神”，奋力拼搏，攻坚破难，为实现猎鹰(L15)高教机首飞上天的目标而不懈努力。中航第二集团公司、江西省国防科工办、中航技总公司、618所、驻集团公司各军代表室、试飞大队、集团公司的领导及猎鹰(L15)高教机现场指挥部和各参研单位的部分代表共100余人参加总装交付仪式暨首飞决战动员会。

**【集团公司《大型军工企业高层管理体制的构建与管理》课题荣获全国企业管**

**【……理现代化创新成果二等奖】** 12月6日,根据全国企业管理现代化创新成果审定委员会《关于发布和推广第十二届全国企业管理现代化创新成果的通知》,集团公司《大型军工企业高层管理体制的构建与管理》课题荣获全国企业管理现代化创新成果二等奖。

**【两公司正式挂牌成立】** 12月28日,江西天益实业有限公司、江西洪都建筑装潢有限公司正式挂牌成立。这标志着集团公司主辅分离、辅业改制工作迈出开拓性的第一步。

（熊　敏　朱伟国）

## 纺织服装产品制造基地

**【概况】** 2005年,纺织服装制造基地核心企业有江西华源江纺公司、江西涤纶厂、银志服装公司及罗家集针织。截至年底,资产总计46.71亿元,比上年增长7.62%;从业人员3.43万人,增长10.82%;完成工业增加值20.24亿元,增长45.64%;产品销售收入66.54亿元,增长64.97%;利税总额3.15亿元,增长56.91%;利润1.07亿元,增长34.22%。

**【香港佑威控股集团在民营科技园投资两个项目】** 经过约一年的跟踪服务和多轮谈判,1月民营科技园与香港佑威控股集团(香港上市公司)签订协议,由香港佑威控股集团在园区内南昌银志纺织服装城投资4000万美元建设德科纳米和佑威服饰两个项目,其生产场所由南昌银志纺织服装城实业有限公司提供。两个项目分批投资。首期启动投资2000万美元的德科纳米项目。

**【江西华源江纺有限公司积极开发新产品】** 该公司以技改为龙头,投入资金2300万元,先后引进2台自动络筒机、1台浆纱机、1套清梳联、4套并条、4套悬锭粗纱机等设备。同时加快新产品的开发力度,强化新技术、新工艺、新材料的应用。其产品高档股线系列、CVC仿毛系列和竹节系列等获省优秀新产品称号。

**【南昌银志纺织服装城实业有限公司发展外向型经济】** 该公司于2002年4月5日在民营科技园注册登记成立,注册资本1250万美元,公司占地100公顷。为响应省、市政府加快外向型经济发展的号召,推动并加大进出口业务量,公司于2002年注册成立南昌银志纺织服装进出口公司。2003年出口创汇1140余万美元,荣获省政府授予的"先进民营企业"称号。2004年出口创汇3136万美元,被评为当年全省出口先进生产企业(全省排名第三,南昌市排名第一),并授予出口大户。截至年底,出口3168万美元,比上年增长1.02%。

**【江西涤纶厂18万吨聚酯项目投产】** 1月8号,江西涤纶厂(新龙化纤)年产18万吨聚酯熔体直纺差别化涤纶长丝项目在小蓝工业园正式投产。该项目是江西涤纶厂整个技改项目建设的一部分,建成投产后将形成18万吨聚酯切片的生产能力,可新增年销售收入15亿元,利税5000万元,为江西涤纶厂进入全国大型化纤企业20强奠定基础,成为南昌市构筑纺织服装产业基地的重要支柱之一。江西涤纶厂是国有大二型企业,主要产品有涤纶长丝、涤纶加工丝、涤纶坯绸等,产品主要销往广东、福建、江苏、浙江等地。该厂是在"1.5万吨差别化纤维及顶替进口面料900万米"一期国债项目通过国家竣工验收后,实施第二期国债技改"年产1.6万吨差别化功能性涤纶长丝"项目。该项目是国家"双高一优"重点技改项目和江西重点项目,投资4亿元,2003年12月开工建设。项目采用大容量直接纺,成本低,生产工艺先进,技术含量高,达到国内领先水平,填补江西省聚酯产业的空白。该项目投产后可以延长江西涤纶厂的产业链,从精对苯二甲酸和乙二醇投料开始,产品从聚酯切片、直纺长丝,一直到终端产品涤纶坯绸,成为全国最大的差别化涤纶生产厂家之一。

座落在民营科技园内的纺织服装企业服装生产线

**【罗家镇针织】** 上世纪80年代末,罗家镇的针织服装业逐渐兴起,发展成全镇、全区的特色支柱产业。到20世纪90年代初,全省1/3的针织服装企业云集罗家镇,并将产品远销到欧美、中东、非洲的几十个国家。年内罗家镇聚集着约70家针织服装企业,保持着华东地区针织服装加工中心的强势地位。为将针纺服装这一传统产业发展壮大,罗家镇政府提出筹建罗家板溪产业区的构想,规划在该镇板溪村利用闲置稀土厂、砖瓦厂及抚河故道建设一个以针纺业为主的产业区,培育新的经济增长板块。2005年,完成工业增加值5381万元,比上年增长86.96%;产品销售收入1.98亿元,增长156.53%;利税总额1424万元,增长108.43%;利润690万元,增长59%。截至年底,资产总计1845万元,比上年增长5.80%,从业人员924人,增长54.52%。

**【纳米服装将有"南昌制造"】** 2月4日下午,省委常委、市委书记余欣荣在富豪大酒店会见香港佑威国际集团董事局主席梁鄂先生一行。市委副书记、常务副市长龚建华及省市有关部门负责人会见时在座。香港佑威国际集团是一家以品牌服装设计、生产、零售及分销,纺织品纳米技术处理、纳米技术使用授权、纳米产品销售为主业的大型集团公司,并在香港主板上市。2004年服装业务实现营业额7.4亿港元。2004年该公司提出在内地建设生产基地的构想。南昌银志集团为此多次赴港沟通并与其结成合作伙伴关系。2005 年佑威国际董事局计划在南昌投资设立"南昌佑威服饰有限公司"和"南昌科德纳米纺织有限公司",第一期斥资 3 亿港元,在青山湖区南昌银志工业园兴建 U - Right 品牌服装生产加工及运用纳米高新技术进行服装成衣及面料处理的染整基地。

(戴华新　彭贵平　熊庆滨)

## 治金和新材料产品制造基地

【概况】 2005 年,治金和新材料产品制造基地核心企业有南昌钢铁有限责任公司、江西洪都钢厂、南昌硬质合金厂、泓泰建材企业集团、江西海螺水泥集团、晶安高科技公司、方大(江西)新材料科技园。截至年底,资产总计 86.65 亿元,比上年增长 12.91%;从业人员 1.98 万人,增长 0.42%;完成工业增加值 28.03 亿元,增长 3.08%;产品销售收入 120.45 亿元,增长 30.33%;利税总额 6.91 亿元,增长 15.89%;利润 2.77 亿元,增长 40.59%。

【全球第一块布面石膏装饰板诞生】 华春环保装饰材料有限公司与德国堡斯德公司合资成立的堡斯德建材(南昌)有限公司是一家集科研、开发、生产、经营、售后服务为一体的高新技术企业。其研制开发的高强度磷石膏布面装饰板,是为工业建筑及民用住宅设计的非承重内隔墙系列产品,被国家科技部、商务部等四部委评为国家重点新产品,填补国际市场空白。该产品具有轻质、不含甲醛、充分利用废弃物、保温、隔音、防水、防火、防污、抗折性能强等特点,获得国家 7 项技术专利,并通过 ISO 9001:2000 国际质量体系认证、中国环境标志产品认证。8 月 30 日,该公司一期工程年产 2000 万平方米石膏布面装饰板生产线在南昌经济技术开发区投产,省市领导吴新雄、余欣荣、凌成兴、王詠等出席投产剪彩仪式。国家建设部副部长黄卫在投产仪式上讲话时指出,该项目是发展循环经济的具体表现,是石膏板生产企业的样板工程。12 月 21 日,在北京展览馆举办的全国建设节约型社会展览会上,该产品得到有关领导人的高度赞扬。该项目布面石膏板和布面洁净板两大系列产品投放市场后,作为国家提倡的新型墙体材料,深受国内外广大用户青睐。二期工程投产后,布面石膏板年产 4000 万平方米,年产值可达 10 亿元,跻身国际饰材企业 500 强行列。

【南昌钢铁有限责任公司生产经营取得新成效】 2005 年,南昌钢铁有限责任公司(以下简称"南钢")生产焦炭 46.36 万吨,比上年增长 0.12%;烧结矿 219.66 万吨,增长 32.37%;铁 159.99 万吨,增长 16.22%;钢 213.82 万吨,增长 19.09%;钢材 213.60 万吨,增长 13.04%;汽车弹簧钢板 5.33 万吨,汽车稳定杆 6.11 万件。全年完成工业总产值 62.49 亿元,比上年增长 7.55%;工业增加值 11.51 亿元,减少 0.86%;实现销售收入 71.77 亿元,增长 17.56%;实现利税总额 42219.62 万元,减少 0.019%;上交利税总额 4.19 亿元,增长 5.66%。

【南昌钢铁有限责任公司全面提升生产水平】 全年生产活动的重点围绕实施《炼铁振兴纲要》和《炼钢高效化攻关方案》展开。其中,炼铁系统通过推行高风温、富氧、大喷煤技术攻关,技术经济指标有所改善;通过加大管理力度,提高操作水平,减少炉内外事故,增加出铁次数,积极探索渣比升高后高炉稳定顺行的操作方式,产量有一定的增长;通过优化炉料结构,提高喷煤比,较好地控制住生铁生产成本。炼钢系统按照科学炼钢的要求,推行标准化作业和"准时制"生产管理,合理优化工艺流程,加强冶炼和连铸工序攻关,运用好新技术、新工艺,积极开发生产品种钢,降低冶炼周期,降低钢铁料、合金料和辅料消耗,保持产量增长、成本下降、指标改善的良好发展势头,完成全年增产钢 10 万吨的奋斗目标,并创出月产 16.99 万吨的历史记录。

【南昌钢铁有限责任公司围绕经济效益开展经营活动】 全年经营活动重点一是降低原材料采购成本。物质采购部门密切关注市场变化,积极调整采购策略,淘汰原材料价格高昂的供应商。全年降低采购成本 1.94 亿元。与淮北矿业集团、枣庄矿业集团签订中长期战略合作协议,确保每年炼焦用煤兑现率 90%,为焦炉煤炭资源的供应提供保障。二是加强资金管理。坚持资金高度集中统一的原则,实行资金高效化管理,缩短资金流动周期,同时产品实行"零库存"管理;成立预算决策委员会、预算管理委员会和预算责任部门,制定并下发预算方案、管理制度和考核办法,理顺和规范技改项目立项、资金计划和费用开支制度,建立主要二级单位月度预算报告制度。三是加大营销工作力度,准确把握市场信息,以效益最大化为目标,加大与各经销商的沟通和协调,确保产销平衡,实现产销率和货款回笼率 100%;同时积极拓宽国际市场销售空间,扩大钢材出口份额。全年共出口钢材 2040 吨,创汇 85 万美元。

【南昌钢铁有限责任公司积极实施技术改造和创新取得新成效】 年内技术改造项目方面,转炉煤气回收系统改造和棒材精整线改造竣工并交付使用;长力汽车板簧工程于9 月6 日正式开工建设;新建3 号焦炉于 12 月 15 日点火烘炉;转炉 3 号连铸机增流改造工作进入攻坚阶段。技术创新方面,棒材轧制技术攻关取得突破性进展,成功实现大批量三切分轧制 12 毫米螺纹钢材,日产水平提高 18.8%;转炉成功开发并生产出 0MnSiNb45 号钢等新品种。其中,生产 20MnSiNbⅢ螺纹钢 25.09 万吨,产品合格率达 99.90%;生产 45 号钢 4.25 万吨,产品合格率达 99.75%,与电炉生产 45 号钢相比节约成本 1264 万元。全年完成南钢科技攻关项目 5 项、分厂级科技攻关项目 14 项,其中"焦炉三车联锁控制系统的研究与应用"、"2 号高炉长寿技术研究"、"高炉干法布袋除尘技术研究与应用"等三个项目被专家鉴定为国内领先水平,并通过省科委科技成果鉴定。年内被评为全国质量管理小组活动"优秀企业";下属焦化厂炼焦车间调温班 QC 小组被评为"全国优秀 QC 小组"。

【南昌钢铁有限责任公司积极开展降本增效活动】 针对主要技术经济指标落后的现状,对照萍乡钢铁公司等先进企业的主要技术经济指标,成立铁前、炼钢和轧材等三个指标攻关组,通过自主创新与引进先进技术工艺相结合,创新工作思路,寻找新的突破口,逐步扭转指标落后局面。年内与先进企业的主要技术经济指标相比,20 个主要攻关指标中,有 14 个得到改善,其中吨焦耗洗精煤由 1.362t/t 下降到 1.35t/t;烧结固体燃耗由 59.44kg/t 降至 56.01kg/t;转炉工序能耗由 41.953kgce/t 下降到 34.49kgce/t;转炉钢铁料耗由 1031.85g/t 下降到 1080g/t。同时着重强化对炼铁系统和转炉降成本的攻关。炼铁采取经济技术配矿手段,调整进口矿结构,减少进口矿的比例,降低生产成本 1020 万元;调整和优化高炉炉料结构,控制高炉入炉品位,成本下降 12675 万元;高炉中增加块矿使用量,减少使用球团矿,节约生产成本 2030 万元;转炉开展钢铁料、合金料和辅料“三料”消耗攻关,降低转炉工序能耗。年底与萍乡钢铁公司成本差距由111.15元/吨缩小到53.32元/吨。

【亚东水泥如期投产】 南昌亚东水泥有限公司是由南昌钢铁有限公司、江西亚东水泥有限公司及亚东投资有限公司联合组建的中外合资企业。水泥建设项目占地10公顷,总投资1.8亿元,分两期建设,一期工程为年产60万吨矿渣粉。一期工程于2004年8月破土动工,2005年底建成投产。二期工程增设球磨设备,年产水泥70万吨,配制成矿渣水泥年产量可达130万吨。

【江铜集团高档铜箔投产暨10万吨铜板带项目开工】 12月28日,江铜集团高档铜箔投产暨10万吨铜板带项目开工典礼在南昌高新技术产业开发区隆重举行。两个项目的建设,为江铜进军世界铜行业前三强奠定坚实基础,标志着国内高精尖铜加工产品不能大批量国产化和产业化将成为历史。省长黄智权出席典礼,并下达江铜高档铜箔投产和10万吨铜板带项目开工令。省、市领导吴新雄、蒋仲平、凌成兴、黄懋衡出席典礼。10万吨铜板带项目,总投资30亿元,建成后可年产高性能高精度铜及铜合金板带材10万吨,年实现销售收入35亿元以上;将使中国铜加工技术装备水平跻身世界先进行列,并增强全国铜加工业的整体实力。

【方大新材料科技园竣工投产】 8月2日,方大(江西)新材料科技园一期工程在南昌高新技术开发区正式竣工投产。省市领导余欣荣、胡振鹏、凌成兴、周关出席竣工投产庆典仪式。方大(江西)新材料科技园占地总面积为20万平方米。其一期工程经过20个月的紧张建设,年内建成工业厂房四栋6万平方米,办公楼、食堂等生产、生活配套设施1.2万平方米,园区道路、管网、消防、环保、绿化等工程同步完工。该科技园建成建筑幕墙、复合铝板、铝单板、氟碳喷涂、粉末喷涂、冷轧钢型材、复合钢门、散热器等11条在国内处于领先水平的高科技产品生产线,年生产节能环保幕墙120万平方米、铝板200万平方米、出口门30万档。

【江西洪都钢厂生产经营取得新成效】 该厂始建于1958年,是省内最大的钢管、钢带专业生产企业和全国最大的冷拔无缝钢管专业化生产企业。主要产品为无缝管、焊接钢管、热轧钢带、冷轧钢带等产品。“洪”字牌无缝高压锅炉管获全国冶金产品实物质量金杯奖。2005年,江西洪都钢厂完成工业增加值1.82亿元,增长33.30%;产品销售收入19.5亿元,增长55.25%;利税总额4737万元,增长68.8%;利润800万元,增长151.57%。截至年底,资产总计9.6亿元,比上年增长17.61%,从业人员3123人,增长7.88%。

【南昌硬质合金有限责任公司生产经营取得新成效】 该公司是2003年5月由原南昌硬质合金厂改制而成立的国有控股公司。原南昌硬质合金厂始建于1966年5月,原名为六0三厂,1972年3月更名为南昌硬质合金厂。改制后,中国五矿有色金属股份有限公司控股69%,江西省冶金集团公司参股31%。该公司依托江西丰富的钨资源优势,具备从钨精矿冶炼到硬质合金及其深加工综合性生产能力。生产能力达仲钨酸铵4680吨/年、氧化钨3000吨/年、钨粉1500吨/年、碳化钨粉1500吨/年、硬质合金450吨/年、硬质合金微型钻300万支/年。产品90%以上出口,是江西省出口创汇大户之一。该厂自行开发研制新型碳化钨粉获国家级优秀新产品奖,并列入国家级重点新产品试点项目。钨粉和碳化钨粉出口量占全国出口量的20%。无磁硬质合金模具、硬质合金粗棒料获国家级优秀新产品奖,其中无磁硬质合金模具获一等奖,硬质合金粗棒料获二等奖。异型硬质合金和硬质合金微型钻出口量占全国的70%,居全国首位。2005年,南昌硬质合金有限责任公司完成工业增加值8644万元,增长13.82%;产品销售收入6.66亿元,增长174.10%;利税总额6023万元,增长65.05%;利润2166万元,增长125.89%。截至年底,资产总计3.67亿元,比上年增长42.21%,从业人员818人,减少0.85%。

【江西泓泰企业集团生产经营取得新成效】 该集团是国内最早专业从事新型幕墙材料研发与制造的骨干企业,行业内首家ISO 9001:2000认证企业。该集团引进国内首条幅宽1600毫米化成、涂装、复合成套化生产线、配套国内先进水平的自动数控冲孔生产线、喷涂铝单板生产线、防火铝塑复合板生产线,并先后开发研制出预滚涂高强金属铝幕、防火PE芯材、防火铝塑复合板等国际、国家专利新产品。2005年,完成工业增加值7050万元,增长32.64%;产品销售收入2.19亿元,增长56.23%;利税总额983万元,增长0.07%;利润793万元,增长14.36%。截至年底,资产总计2.25亿元,比上年增长30.57%,从业人员398人,增长93.20%。

【江西江铜龙昌精密铜管项目举行开工仪式】 9月29日,投资5亿元的江西江铜龙昌精密铜管项目在南昌高新技术产业开发区举行开工仪式,南昌高新技术产业开发区工委书记、管委会主任曾光辉出席仪式并讲话。他说,南昌高新技术产业开发区将一如既往地支持江铜每个项目的建设与发展,为项目建设创造一切条件,开辟绿色通道,形成联动机制,确保项目顺利建设。

(武 烨 熊庆滨 熊珍珍)

## 医药和医疗器械产品制造基地

【概况】 2005年,医药器械制造基地核心企业有江西汇仁集团公司、江西济民可信集团、洪达医疗器械公司、益康医疗器械公司。截至年底,资产总计72.82亿元,比上年增长12.95%;从业人员2.1万人,增长5.47%;完成工业增加值25.63亿元,增长42.11%;产品销售收入80.52亿元,增长26.52%;利税总额10.2亿元,增长11.48%;利润4.74亿元,减少0.08%。

【诚志股份草珊瑚新区建成投产】 诚志股份有限公司是由清华大学控股的高科技上市公司,其总部位于江西清华科技园华江大厦。2月20日,诚志股份草珊瑚分公司新的生产厂区投产仪式在江西清华科技园区内举行。草珊瑚新区是一座崭新的现代化日化产品生产基地,是国内牙膏行业第一家按GMP标准建造的牙膏生产基地,其装备水平基本上达到国际标准。新区面积近5万平方米,建筑面积约2.5万平方米,年生产牙膏1亿支并预留1亿支的发展空间,且具备年产洗涤用品3000吨的生产能力。新区建设从2004年2月项目论证到竣工投产只用了一年的时间。随着新区的投产,原本制约企业发展的生产原址面积狭小,发展空间有限得到有效解决。新厂区的建成,全面改善草珊瑚产品生产环境,提高生产工艺水平,为草珊瑚公司再发展创造了条件,为企业进一步做强做大奠定了坚实的基础。9月1日,草珊瑚牙膏荣获“2005年中国名牌产品”称号。该称号是由国家质量监督检验检疫总局授权中国名牌战略推进委员会授予的，是南昌市获此殊荣的第一个产品。

**【江西汇仁集团有限公司保持持续发展】** 该公司成立于1992年，是集医药商业贸易、中西药生产和药材现代化种植(养殖)与饮片加工为一体的现代化大型医药集团。经过10余年的快速发展，建立起从研发到原料生产、工业制造和医药贸易的产业链发展模式，创造出可持续发展的竞争力。2005年，完成工业增加值7.35亿元，增长10.44%；产品销售收入30.02亿元，增长18.07%；利税总额1.81亿元，减少13.77%；利润7470万元，减少23.65%。截至年底，资产总计10.42亿元，比上年增长23.53%；从业人员4651人，减少0.13%。

**【江西汇仁集团公司医药商业实现销售额15.4亿元】** 汇仁医药商业在上年度基础上继续快速增长，增长速度高达50%，实现销售额15.4亿元。其中，江西汇仁科研医药营销公司12亿元，上海汇仁医药3.2亿元，汇仁堂总店0.2亿元。全年江西汇仁科研医药营销公司在继续做大做强批发业态的同时，不失时机地提出大力进军终端市场的战略。该公司首先从江西省入手，成立赣州、宜春、上饶、余江4家分公司，南昌、抚州、吉安、九江4个办事处及6家通过GSP认证的县市配送站，在全省初步建立二级分销网络。开连锁药店是集团公司一直梦寐以求的理想，汇仁堂首家连锁药店安义分店于5月12日顺利开业。截至年底，共开办11家连锁药店。

**【江西汇仁集团公司珠湖抗生素厂隆重举行固体制剂车间竣工投产剪彩仪式】**
11月26～27日，汇仁集团公司合作企业——江西珠湖抗生素厂固体制剂车间通过省认证中心专家组的药品GMP认证现场检查。12月8日，江西珠湖抗生素厂隆重举行固体制剂车间竣工投产剪彩仪式。省委副书记彭宏松，省委常委、省政法委书记舒晓琴，省司法厅、省武警总队等省党政机关领导及集团总裁陈年代，总裁助理杨浙京、黄玉步参加剪彩仪式。江西珠湖抗生素厂以生产螺旋霉素为主的专业厂家，汇仁集团为扶助厂家的发展，2004年筹划建设一个固体制剂车间。该车间于2004年3月破土动工，2005年1月底竣工，11月通过GMP认证，工程建设总投资1500万元，能生产片剂、胶囊剂、颗粒剂三种剂型产品。

**【江西汇仁集团公司两条生产线顺利通过GMP认证】** 5月27日，汇仁集团新建的粉针制剂车间两条头孢类生产线顺利通过GMP认证，标志着结束了单一生产口服制剂产品的历史，迈入可同时生产口服制剂产品、注射制剂产品的新时代。

**【江西汇仁集团公司通过“药品生产许可证”的换证检查】** 12月13～15日，省食品药品监督管理局对汇仁集团“药品生产许可证”进行换证工作。该局按照GMP认证要求，严格、全面地检查硬件设施和软件资料等方面的情况，认为各方面符合要求。汇仁集团顺利通过省级“药品生产许可证”的换证检查。

**【江西汇仁集团公司所属上海张江基地一项目通过认证】** 9月22日，上海科委组织专家在公司上海张江基地举行“上海中药(汇仁)工程技术研究中心”项目专家认证会。该项目经过专家认证圆满通过，且获得上海市政府200万元的资金支持。

**【江西汇仁集团公司建立大学后工作站】** 为让2003年以来400余名新进入公司的应届本科、大专毕业生有一个快速学习、快速成长的平台，帮助他们实现由学生向职业人的转变，建立一支认同汇仁文化，专业能力强的后备人才队伍，公司于3月启动大学后工作站项目。其主要内容是学员进站后，将有机会接受企业文化、职业心态的培训，学会有效的生存、发展方法(做人)；学会有效的工作方法(做事)。学员的工作实践由制造事业部和流通事业部承担，负责组织制定实践方案，指定专人担任指导老师，辅导进站学员掌握相关知识技能，并具体落实学员岗位实践计划的实施和检查。

**【江西济民可信集团有限公司生产经营取得新成效】** 江西济民可信集团有限公司是一家集科研、生产、销售为一体的大型民营医药企业集团，年内拥有9家全资子公司及遍及全国31个省、市、自治区的20余个营销分公司。集团旗下的销售子公司——江西济民堂医药有限公司、北京济民可信医药有限公司、云南济民可信医药有限公司、江西济民可信医药有限公司先后于2003年11月1日、12月2日，2004年12月28日，2005年元月20日一次性顺利通过GSP认证。公司生产经营的国家级新药和国家中药保护品种有100余个品种，其中拳头品种金水宝胶囊远销国内外，重点品种清热解毒口服液、复方鲜竹沥液、婴儿健脾颗粒等具有相当广泛的市场基础。2005年，完成工业增加值4.02亿元，增长20.35%；产品销售收入9.06亿元，增长16.25%；利税总额3.21亿元，增长26.5%；利润1.68亿元，增长22.72%。截至年底，资产总计7.08亿元，比上年增长21.66%，从业人员2203人，增长109.41%。

**【江中药业股份有限公司两项科研成果获奖】** 在4月8日举行的“2004年南昌市科学技术奖励大会”上，江中药业股份有限公司的科研成果“亮嗓胖大海清咽糖研制”、“提高萘丁美酮片质量关键技术”分别荣获南昌市科学进步二等奖和三等奖。

**【江中药业股份有限公司产品“博洛克”中标】** 在驻京军队和武警部队医疗机构2005年药品集中招标采购中，江中药业股份有限公司产品“博洛克”成为众多竞争品种中惟一中标产品。这为巩固其在北京市场地位，进一步扩大市场份额打下良好基础。

**【江中药业股份有限公司中药固体制剂国家工程研究中心率先通过验收】** 10月21日，经中国工程院院士王永炎和中国科学院院士陈新滋及国内知名专家组的测评，该公司中药固体制剂制造技术国家工程研究中心在国家四个同类工程研究中心中率先通过项目验收。验收委员们一致认为：该中心在体制创新、技术创新、成果创新等方面取得突破，已形成较突出的技术特色和较强的技术优势，为中药固体制剂生产提供了完整的工程化研究成果，在行业内具有较大的影响力。该中心于2002年9月经国家发展和改革委员会批准筹建，是江西省惟一一家中药固体制剂制造技术国家级工程研究中心。该中心法人—江西本草天工科技有限责任公司由江西江中制药(集团)有限公司、江西中医学院等单位联合投资8800万元组建，并得到国家发改委的专项资金支持。经过约3年的建设，该中心已建成有中药固体制剂、中药制药工程、中药质量控制、中药化学成分分离纯化、中药药效及安全性评价等技术研发平台和中试制剂设备集成车间，及符合GMP标准的中药固体制剂工程化验证生产基地，承担国家、省部和地市科研项目20项，与企业合作项目45项。截至年底，申请注册新药7项，申请专利50项，获得专利授权5项。

【江中药业股份有限公司两产品荣登“2005年百姓信赖药品品牌”】 12月16日，搜狐2005年新视角年度榜健康周总评榜揭晓，江中草珊瑚含片、江中健胃消食片分别荣获止咳咽炎类和胃药类“2005年百姓信赖药品品牌”。此次健康周活动由搜狐健康主办，同时《中国经营报》、《21世纪经济报道》、《北京青年报》、《南方都市报》、《华西都市报》等多家媒体进行协办。整个活动吸引包括政府官员、医院、企业及网友积极参与，网上投票的网民约60万人；参加机构包括医药卫生行业的各级机构，如卫生部、国家食品药品监督管理局、发改委、各级医院、医药企业。

【江中药业股份有限公司抗艾滋病新药IBE－5进入临床】 11月30日，中国军事医学科学院和江中药业股份有限公司举行新闻发布会，隆重宣布全国第一个具有自主知识产权的抗艾滋病化学新药二咖啡酰奎尼酸（简称IBE－5）被国家食品药品监督管理局批准进入临床试验。IBE－5是从植物中筛选的单体有效成分。为便于生产采用人工化学合成的生产工艺，其药效与合成工艺均申请世界多国专利（目前已获得中国、美国的授权），是全国第一个具有自主知识产权的抗艾滋病新药。从动物药效学试验结果来看，IBE－5显示出更好的疗效和前景。如果人体临床试验能达成猴的试验疗效，那将是医学上的重大进展。同时动物试验还显示了IBE－5在抑制乙肝病毒方面的良好前景。

1994年，中国军事医学科学院教授董俊兴等科研人员开始研究IBE－5。1996年，发现该药具有较强的抗艾滋病作用，且作用持久，故申请国家专利。1999年，基于对中国军事医学科学院综合研发实力的信任，江中药业股份有限公司投入巨资，共同研究尚处于初始阶段的IBE－5。此举是江中药业股份有限公司在科研开发上最大的一笔风险投资，当时在业界引起极大的轰动。随着时间推移和研究工作的深入，令人鼓舞的实验结果不断出现，双方信心越来越足。

【江西洪达医疗器械集团有限公司稳步发展】 该公司是取得国家食品药品监督管理局生产一次性使用无菌医疗器具系列产品注册证的企业。生产的“洪达”牌产品有输液输血器类，注射器类，穿刺器械类，袋类，检查或辅助器械类，麻醉器械类，导管类，卫生材料类等八大类几十个品种，生产规模一直处于一次性医疗器械行业领先地位，年生产量和销售量居全国前列，产品销售网点遍布全国各地，并远销东南亚、南美、中东及欧盟国家。2005年，完成工业增加值6375万元，增长29.37%；产品销售收入1.38亿元，减少11.94%；利税总额1658万元，减少1.88%；利润1079万元，增长7.9%。截至年底，资产总计1.56亿元，比上年增长100.71%；从业人员1950人，增长7.35%。

【江西洪达医疗器械集团有限公司举行成立十周年暨新厂区竣工投产及中国初级卫生保健基金会洪达专项基金设立庆典仪式】 10月15日，仪式在该公司新建成的新厂区办公大楼举行。应邀前来参加庆典仪式的有：国家部、委、局的领导，省、市、县各级领导及有关部门领导，全国各地医疗卫生机构、药品监督检测部门、医疗器械行业的专家学者，洪达集团销售代理商、材料供应商及各大新闻媒体记者等。庆典仪式前，南昌电视台主持人安然介绍说，江西洪达集团成立十周年暨新厂区竣工投产庆典仪式的隆重举行，得到各级政府和全国各地医疗卫生机构、药品监督检测部门及业内企业界的大力支持，前来祝贺的单位共有138家，另外还有单位发了贺电、贺信表示祝贺。庆典仪式由进贤县县长曹吉清主持。江西洪达集团董事长王辉致欢迎辞。农工民主党中央办公厅主任，中国初级卫生保健基金会秘书长陈建国介绍洪达健康扶贫工程专项基金的设立情况，并对江西洪达集团在十周年大庆之际向中国初级卫生保健基金会捐赠100万元用于进贤县扶贫济困、回报社会给予肯定和赞扬。市委副书记王詠讲话时指出，洪达集团在成立十周年之际设立“健康扶贫工程专项基金”是南昌市民营企业参与中国初级卫生保健事业、扶贫济困、回报社会的良好开端，可喜可贺。同时希望广大民营企业为南昌市实现快速和谐发展做出新的更大贡献。江西洪达集团成立10年来，在市场竞争中抢抓机遇，勇于挑战，企业由小到大，逐步发展成为亚洲最大的一次性使用医疗器械生产企业之一。

【江西洪达医疗器械集团有限公司新厂房建成】 该企业新厂房总占地面积近24万平方米，其中10万级净化厂房面积5.8万平方米，灭菌及解析面积近2万平方米；办公大楼近1万平方米，职工食堂及宿舍3万平方米。

【桑海集团排名全国中药工业企业产品销售收入第50位】 国家食品药品监督南方医药经济研究所根据当年全国中药工业企业每月产品销售收入进行排序，统计出全国中药工业企业产品销售收入百强企业。桑海集团每月的销售收入在百强企业中排名始终保持在第50位左右。

（熊庆滨　文贵忠）

## 机电产品制造基地

【概况】 2005年，机电产品制造基地核心企业有清华泰豪科技公司、江西银河江变公司、华源机电工业园、江西四通江电公司。截至年底，资产总计62.05亿元，比上年增长11.34%；从业人员2.6万人，增长2.56%；完成工业增加值16.67亿元，增长30.42%；产品销售收入51.87亿元，增长24.10%；利税总额3.44亿元，增长8.94%；利润2.14亿元，增长6.42%。

【泰豪科技股份有限公司产品亮相广交会】 4月19日上午，第97届广交会在广州市琶洲会展中心举行。泰豪科技股份有限公司在会展上首次将“ABB牌”发电机AMGx系列产品及公司智能建筑电气集成技术推向市场。来自全球各个国家的客商对公司的产品表示极大的兴趣，其中公司参展的“ABB牌”发电机引起来自东南亚的许多发动机生产商的兴趣，许多客户纷纷提出与公司合作的意愿，表示回国后将加强联络，促成双方合作的成功。通过参加此次会展，获取许多国外专业性客商资源，为泰豪产品走向世界奠定了基础。

【泰豪科技股份有限公司产品参加中国国际动力设备及发电机组展览会】 3月29～31日，一年一度的中国国际动力设备及发电机组展览会在上海世贸商城隆重举行。本届展览会是中国动力设备行业最具影响力的国际性展览会，也是亚洲惟一的专业大型展览会，吸引了来自美国、英国、法国、德国、西班牙、意大利、荷兰、挪威、比利时、芬兰、加拿大、印度、日本、韩国、新加坡和中国香港、台湾及中国内地的110余家知名品牌、企业参展。此次展会上，公司设展面积54平方米，展出泰豪牌发电机组、ABB牌发电机系列产品。公司独特的展台设计、优异的产品外观和产品设计理念赢得许多专业客商的赞赏。为加强ABB公司与泰豪公司的进一步合作，加速泰豪生产的ABB发电机在中国市场的销售，

ABB 公司专程派遣一名专业技术人员到上海协助公司做好展品的宣传介绍工作。在展会上,许多观众对公司产品赞不绝口。其中,MTU 全球采购副总裁在看到公司生产的 ABB－AMGx 发电机后,立即表示合作意向,并专程前来公司总部参观交流,商谈双方合作问题。

【泰豪科技股份有限公司产品参加第二届南昌制造业博览会】 9 月 28～30 日,第二届南昌制造业博览会在南昌市青云谱区华东国际博览城隆重举行。该公司以实物和模型等形式展出智能建筑电气集成产品(发电设备、配电设备、中央空调等)。展出的产品以其外观精美、品质优异吸引了观众,参观的人群络绎不绝。公司新近开发的商用热泵热水器以其全新的节能新概念成为本次展会的一大亮点,受到广大客商的赞誉。历时 3 天的展会得到了省、市领导的高度重视。省委书记孟建柱、省长黄智权先后到公司展区,长时间驻足于公司 814kW 柴油机组等实物产品前,认真观看公司产品,并询问其性能、市场占有率和出口创汇等情况,频频点头称好。

【江西联创光电科技股份有限公司参加“2005 年中国(厦门)国际半导体照明展览会”】 4 月 12～15 日,国家半导体照明工程协调领导小组办公室和厦门市人民政府在厦门市共同主办“2005 年中国(厦门)国际半导体照明展览会”、2005 年中国(厦门)国际半导体照明论坛,并召开“国家半导体照明工程协调领导小组第三次会议”。南昌国家半导体照明工程产业化基地作为全国五大基地之一,首次在中国(厦门)国际半导体照明展览会上整体亮相。江西联创光电科技股份有限公司作为南昌基地的核心企业参加此次照明展览会。该公司在展览大厅的显著位置布置展台,并以公司产品实物、LED 显示屏、电视记录片及文字的方式展示南昌市和联创光电半导体照明产业的发展情况。

【江西东元电机揭牌】 1 月 19 日,江西东元电机有限公司在南昌揭牌,南昌将成为东元集团大型电机制造中心和电机零部件生产基地。位于南昌市高新技术产业开发区的东元工业园二期工程总投资 1.74 亿元,年底前建成。项目投产后,将形成年产大中型电机的生产能力。

【江西变压器科技股份有限公司】 该公司是北海银河高科技产业股份有限公司控股子公司(2002 年 8 月,北海银河收购该公司 86.3% 的股份),是以生产经营各类特种变压器、电力变压器、互感器等电器产品为主,集科工贸为一体的大型企业。该公司生产设备配套齐全,工艺先进,并拥有面积 4.6 万平方米的高标准厂房,1080 平方米屏蔽高压试验大厅和 1.96 千米的铁路专用线,同时拥有瑞士 400KW 真空汽相干燥系统、德国 TBA/ME800×5000 铁芯自动横剪线和采用先进的 CAD 系统的计算机工作站等先进设备和硬件,具备批量生产单台容 240MVA/220KV 及以下特种变压器的能力。开发的产品多次获省级、市级科技进步奖。如 110KV 直降式整流变压器 ZHSFPTB—110000/110 及 220KV 直降式整流变压器 ZHSFPT—286790/220,技术性能都达到国内领先水平;电力变压器 SZ9—40000 一次性通过国家变压器检测中心短路承受能力试验。强大的技术研发能力为该公司赢得广阔的市场空间,其中整流变压器技术居国内领先水平,产量居同行首位。2005 年,在主要原材料的价格涨价情况下,完成工业增加值 1.01 亿元,产品销售收入 2.55 亿元,利税总额 2151 万元,利润 1243 万元。截至年底,资产总计 5.09 亿元,比上年增长 45.17%;从业人员 890 人。

【周关到北海银河江西变压器科技股份有限公司调研】 8 月 12 日下午,副市长周关带领市直有关部门的负责同志来到北海银河江西变压器科技股份有限公司调研,了解企业生产经营情况,并向高温酷暑下奋战在工业生产一线的干部职工表示慰问。在听取企业负责人的情况介绍后,周关强调指出,对江变的发展,市里很有信心。江变有北海银河的资金、技术支撑,有充裕的生产能力,有战斗力强的领导团队。当前国家对电力建设的投入仍很大,江变调整产品结构,生产电力变压器市场广阔,且主要原材料的价格已趋稳定。可以说生产经营环境较好。希望江变发挥优势,力争完成并超额完成全年生产经营目标任务,不拖全市工业发展的后腿。市委、市政府高度重视企业特别是重点企业生产经营中遇到的困难和问题,大力支持企业。但支持的前提是企业要发展。希望江变思想更解放一些,发展步子迈更大一些,前瞻性地规划好未来几年的发展,抢抓当前的大好机遇,迅速做强做大。

【王詠深入华源凯马公司南昌生产基地调研】 11 月 1 日上,市委副书记王詠深入华源凯马公司南昌生产基地调研,市直有关单位和华源凯马公司等负责人陪同调研。当天上午,王詠一行先后来到南昌凯马柴油机有限公司、华源凯马机电工业园、江西凯马百路佳客车有限公司,就上述公司生产销售情况作了详细了解。在南昌凯马柴油机有限公司,王詠认真听取该公司负责人的简要介绍。当得知公司自 2004 年 4 月改制以来,生产销售状况明显好转后,他表示满意,并鼓励该公司要再接再厉,瞅准时机,做大做强,力争多占领一些市场。在华源凯马机电工业园,王詠认真察看该园区的生产流程、厂房施工情况等,鼓励园区负责人主动走出去,寻求合作伙伴,力争实现“双赢”。南昌凯马柴油机有限公司是在市政府和华源凯马股份有限公司的大力支持下,由原南昌柴油机有限责任公司重组而成的。公司的发展将纳入华源凯马的整体发展规划,并充分利用和导入上市公司的机制、体制等方面的优势,积极引进国际先进技术,提高产品技术含量和自主开发能力,使其成为生产、研发国内先进水平的新型、节能、高效、环保柴油机的重要基地。

【南昌凯马机电工业园】 该园位于国家南昌经济技术开发区内,规划总占地面积 95 公顷,规划厂房总建筑面积 16 万平方米,主要以客车、专用车、柴油发动机、机床、工程机械为产品发展方向。5 月,南昌凯马机床事业部成立,将南昌 3 家机床企业(即江东机床厂、江西第四机床厂、江西第五机床厂)整合打包收购。待新厂房投入使用后,南昌凯马机床事业部计划将 3 家机床企业资源整合,加大科技和研发投入,以车削加工中心、镗铣加工中心、龙门式镗铣加工中心等作为主打产品,进军机床行业。

【深圳冠日通讯科技有限公司投资兴建的税控收款机生产基地投产】 9 月 20 日,由全球最大的公话设备制造商和国内惟一的国外公用电话运营商——深圳冠日通讯科技有限公司投资兴建的税控收款机生产基地正式投产。该项目是深圳冠日通讯和南昌中天电气公司合作,投资 3.5 亿元在南昌高新技术产业开发区建立生产税控收款机的基地。达产后年产税控收款机 90 万台,实现销售收入 18 亿元,解决就业人数 500 余人。

(熊珍珍　熊庆滨)

# 城市水电气生产和供应

## 电力供应

【概况】 2005年，南昌供电公司始终贯彻“三抓一创”（即抓发展、抓管理、抓队伍，创一流）的工作思路，紧紧围绕建设“一强三优”（即电网坚强，资产优良、服务优质、业绩优秀）的现代化电网企业目标，以开展保持共产党员先进性教育为龙头，推进各项工作顺利开展，保持安全生产稳定。截至年底，连续安全运行382天，实现本年度3个安全运行百日无事故记录。成立变电运行分公司和变电检试公司，创建220千伏昌东标杆变电站，生产管理走向集约化、专业化，电网建设取得重大进展，不仅完成3.95亿元的输变电工程项目，而且完成约亿元的迎峰度夏工程项目，南昌电网综合承载能力由上年的120万千瓦提高至160万千瓦。年供电量完成70.6亿千瓦时，售电量完成6[illegible].07亿千瓦时，比上年增长19.15%；售电收入27.52亿元，增长30%；实现内部电力市场利润2.63亿元，增长150.4%，经济效益明显提高；资产经营业绩考核在省电力公司系统中名列第一。同时大力实施“五个创新”（即思想观念创新、考核制度创新、形式内容创新、宣传方式创新、保障机制创新），创建文明单位扎实有效。先后荣获全国文明单位、江西省第九届文明单位、第二届文明行业、“十五”重点工程建设先进单位、连续6年被评为南昌市综合治理先进单位等荣誉称号。

【南昌城市电网“十一五”规划通过评审】 9月2[illegible]日，南昌城市电网“十一五”规划在南昌市通过由华中电网有限公司主持的评审。根据该规划，南昌城市电网建设在“十一五”期间将投入资金88.18亿元。届时全市550千伏电网将形成丰城电厂二期—昌南—南昌—昌北—梦山双回路结构；220千伏电网将以500千伏变电站与本地电厂为电源点加强双环网，并于2020年实现500/220千伏开环运行。“十一五”期间，南昌电网将新增500千伏变电站1座、开关站1座，新增变电容量300万千伏安；新增220千伏变电站10座，新增变电容量315万千伏安；新增110千伏变电站34座，新增变电容量307.8万千伏安。

【昌南500千伏超高压输变电工程开工建设】 9月2日，列为江西省500千伏超高压输变电“八站十线”工程之一的昌南550千伏超高压输变电工程开工建设。该工程包括丰城电厂二期—昌南—南昌500千伏输电线路、新建500千伏昌南变电站、扩建500千伏南昌变电站三大部分。500千伏昌南变电站位于进贤县温圳镇北侧7.5千米处，占地面积7.2万平方米。建设规模为主变压器总容量3×75万千伏安，首期1×75万千伏安；500千伏出线8回，首期4回；220千伏出线12回，首期6回。整个输变电工程动态总投资5.73亿元。该工程为丰城电厂二期扩建机组投产电力送出提供通道，并为缓解南昌地区的供电压力，满足江西中部地区负荷增长提供保证。同时也为加强江西中部地区220千伏结构，更多地接受三峡等区域外电力，增强供电可靠性提供强有力的支持。

【220千伏梧岗变电站开工建设】 8月16日，220千伏梧岗变电站开工建设。该站总投资1.14亿元，主变压器总容量为2×15万千伏安。首期安装1×15万千伏安主变压器1台，220千伏出线8回，110千伏出线5回，10千伏出线6回。该站建成投运后使南昌电网与昌南500千伏变电站相互连接，主供昌东、万溪两个工业园区和浙赣电气化铁路所需的电力。

【220千伏桃苑变电站竣工】 7月10日，220千伏桃苑变电站竣工。该站坐落于南昌大桥以南，滨江路以东，占地面积1.2万平方米，总投资2.45亿元。在省内220千伏变电站建设中，该站具有一次性投资额最大，首期建设规模最大（主变2×18万千伏安），最终建设规模最大（主变3×18万千伏安）的特点，且首次采用110千伏电缆隧道出线（12回），并使用GIS（组合电器）。其220千

2005年5月，南昌供电公司组织迎峰度夏突击队举行誓师仪式

伏进线首期2回,远期3回;110千伏出线首期8回,远期12回;10千伏出线首期15回,远期24回。

【220千伏昌东变电站整改工程通过省电力公司验收】 12月20日,220千伏昌东变电站整改工程通过省电力公司验收。该站于1982年10月15日投运,是上联华中电网,下通江西地区电网的枢纽变电站。经过20余年的运行后,年内对站内的设备、环境、运行管理三个方面实施整改工程。先后进行220千伏、110千伏刀闸完善、接地系统改造,完成1号、3号主变压器二次线的改造,更换部分引线和9组端子箱及瓷瓶56串。同时对通信设备、户外场地、照明设施进行改造,完善设备双重编号牌。通过改造,人员素质、运行管理、设备管理全面提升,并向220千伏标杆站迈进。

【110千伏福山无人值守变电站开工建设】 6月28日,为提高南昌电网的安全稳定运行水平,增强南昌市中心城区的供电能力,110千伏福山无人值守变电站开工建设。该变电站位于老福山,总投资4749万元。建设规模为首期安装4万千伏安主变2台,远期3台;首期架设110千伏输电线路2回,远期3回;首期架设10千伏线路20回,远期30回。

【110千伏京东变电站竣工投运】 2月4日,110千伏京东变电站竣工投运。该站坐落于高新大道以东,西安路以南,占地面积6600平方米,总投资1541.85万元。该站主变压器总容量首期为1×4万千伏安,远期为3×4万千伏安;110千伏进线首期1回,远期3回;10千伏出线首期10回,远期30回。该站的竣工投运为南昌高新技术产业开发区提供了可靠的生产、生活用电保障。

【110千伏广南无人值守变电站竣工投运】 2月18日,110千伏广南变电站竣工投运。该站坐落于广场东路,紧邻瑞都大酒店,占地面积1334平方米。该站主变总容量为3×4万千伏安,一次建成;110千伏进线首期2回,从220千伏顺外变电站接入;远期3回,第3回将T接在110千伏七李线上;10千伏出线28回,一次建成。该变电站投运后,有效缓解110千伏东湖、西湖、丁公路3个变电站的供电压力,满足八一广场及周边地区的负荷增长,为万达、沃尔玛、财富等购物广场(商业中心)提供用电保障。

【110千伏豫章无人值守变电站竣工投运】 7月20日,110千伏豫章无人值守变电站竣工投运。该站坐落于象山北路358号,占地面积1267平方米。该站主变压器总容量首期为2×4万千伏安,远期为3×4万千伏安;110千伏进线首期2回,T接在110千伏西湖变电站双回路线路上;远期3回,第3回将从规划中的220千伏董家窑变电站接入;10千伏出线首期20回,远期30回。该站为城区终端变电站,投运后不仅缓解110千伏滕王阁、东湖两个变电站的供电压力,而且与110千伏滕王阁、东湖两个变电站的10千伏出线形成手拉手式的供电格局,有效提高中压供电的可靠性。

【110千伏义生变电站竣工投运】 10月12日,由青山湖供电有限责任公司投资兴建的110千伏义生变电站竣工投运,总投资2300万元。该站的竣工投运,标志着青山湖区农村电网建设登上新台阶,有效地缓解昌东、罗家集地区的供电压力,优化招商引资的用电环境,增强市场竞争能力。

【110千伏船山变电站投运】 12月28日,110千伏船山变电站正式投入运行。该变电站实现智能化电脑控制,主变压器总容量为2×4万千伏安,总投资5500万元,与其他14座110千伏无人值守变电站连成一个安全稳定的供电网络,使南昌电网负荷承载能力突破160万千瓦,大幅度提高南昌电网安全、经济、稳定供电的可靠性。

【110千伏伍农岗变电站升压改造工程竣工】 12月28日,110千伏伍农岗变电站原地升压改造后竣工投运。该站位于南昌县小蓝乡伍农岗,占地面积4398平方米。该变电站原是35千伏电压等级的变电站,建成于1993年。2004年,由于该站供电范围内的小蓝工业园建设快速发展,加之该站主变压器容量小(2×0.16万千伏安),而且只有1条35千伏进线,供电可靠性低,远远满足不了小蓝工业园的建设、发展和变电站自身安全运行的要求。经省电力公司审定,对35千伏伍农岗变电站实施升压为110千伏变电站的改造。升压改造后的110千伏伍农岗变电站,总投资1373.2万元,主变压器容量为2×4万千伏安,新增110千伏进线2回,10千伏出线由原来的12回增加到20回,新增8回。有效地解决城南地区的供电紧张状况,进一步完善电网的合理配置,为当地招商引资提供了坚实的电力基础。

【首条电缆隧道投入使用】 为提高城区供电能力,缓解南昌夏(冬)季用电紧张局面,改变城区电力架空线路"蜘蛛网"状况,美化市容市貌,南昌供电公司首条地下电缆隧道建成,并投入使用。该电缆隧道位于南昌朝阳洲片区中部赣抚南侧绿化带下,为东西走向,全长2038米,隧道内有12回110千伏和15回10千伏及其他供电线路通过,连接220千伏桃苑、110千伏滕王阁、西湖、船山、豫章5个不同电压等级的变电站。

【南昌电网调度自动化高级应用软件暨实用化复查通过省电力公司验收】 3月23~25日,省电力公司复查验收小组对南昌电网系统资料、主站、厂站的各项运行指标和实用化功能进行严格仔细的考核验收后一致评价,南昌供电公司具有一支高技术素养的自动化专业团队,自动化系统应用水平越来越高;南昌电网调度自动化系统SCADA功能、PAS功能和运行考核指标均满足部颁实用化标准要求,为南昌电网的安全、经济、稳定运行和电网现代化管理提供有力的技术支持,标志着南昌电网调度实用化软件已跻身国内应用软件先进行列。

【南昌供电公司变电运行、变电检试两个专业公司挂牌成立】 3月16日,南昌供电公司为充分整合、优化企业内部资源配置,使生产管理步入集约化、专业化管理轨道,保障生产运行规范化、程序化、标准化,向广大用电客户提供安全、可靠、优质、经济的电能,分别成立变电运行、变电检试两个专业公司。

【用电负荷再创新高】 8月11日21时20分,南昌电网用电负荷攀升到141.40万千瓦,再创历史新高。

【开展"和谐平安江西"供电诚信服务活动】 5月21日,南昌供电公司按照省电力公司统一部署,配合全省开展的"建设和谐平安江西,共创富民兴赣大业"主题活动,在青山湖体育广场开展"和谐平安江西"供电诚信服务活动。期间,分设播映社会经济发展电网须先行、供电优质服务先进典型事迹的影像宣传区;"和谐平安江西"安全用电、电能计量、供电员工行为规范、"三公"调度十项措施、行风建设的图片展览区;业务流程、答疑解惑、电力营销的答问咨询区,使供电诚信服务活动开展得有声有色。

【南昌供电公司市中分公司营业班喜获

【全国"创新示范岗"称号】 南昌供电公司市中分公司营业班继2002年被评为全国青年文明号国家级荣誉后，2005年又荣获全国总工会颁发的全国创新示范岗匾牌。

【南昌供电公司被评为全国文明单位】 全年南昌供电公司主要经济技术指标完成良好，安全生产形势稳定，实现连续安全生产300余天。电网建设和改造步伐加快，迎峰度夏（冬）工程完成近亿元投资，南昌电网综合承载能力由上年的120万千瓦提高至160万千瓦。大力开展"青春光明行"、"和谐平安江西"等一系列供电诚信服务活动，努力打造行业特色品牌，树立企业良好形象。由于电网坚强、资产优良，业绩优秀，服务优质，荣获全国文明单位称号。

**2005年南昌地区社会用电构成一览表**

表15　　单位：万千瓦时

| 全社会用电量 | | | 738684 |
|---|---|---|---|
| 1、农、林、牧、渔业 | 60525 | 6、商业、住宿和餐饮业 | 25600 |
| 2、工业 | 395741 | 7、金融、房地产、商务及居民服务业 | 16295 |
| 3、建筑业 | 6272 | 8、公共事业及管理组织 | 48174 |
| 4、交通运输、仓储和邮政业 | 11050 | 9、居民生活 | 170289 |
| 5、信息传输、计算机服务和软件业 | 4738 | | |

注：全社会用电量含县（区）供电责任公司自购本地小水电的电量

**2005年南昌供电公司主要经济技术指标完成情况一览表**

表16

| 经济技术指标名称 | 计算单位 | 完成数 | 说明 |
|---|---|---|---|
| 供电量 | 亿千瓦时 | 70.6041 | 比上年增长19.15% |
| 售电量 | 亿千瓦时 | 67.0674 | 比上年增长19.16% |
| 销售收入 | 亿元 | 27.52 | 比上年增加6.35亿元 |
| 购电、供电成本 | 亿元 | 23.26 | 比上年增长23.33% |
| 利润总额（内部电力市场） | 亿元 | 2.82 | 比计划增加0.29亿元 |
| 线损率 | % | 5.01 | 同上年比持平 |
| 安全生产记录 | 天 | 365 | |

注：供电量和售电量不含县（区）供电有限责任公司自购本地小水电的电量。

（杜深潭）

## 燃气生产与供应

【概况】 2005年，南昌市燃气有限公司积极拓展焦炉气、液化天然气等多种气源，发展民用户、商业用户、工业用户多种用户。全年新铺供气管网78.8千米。南昌燃气管网总长度651千米，管道燃气年销售总量1637.5万立方米。

【南昌城市管道燃气建设】 全年全市燃气管网总长度达651千米，其中人工煤气管网607.5千米，液化天然气管网43.45千米，各类用户13.7万户（其中人工煤气居民户13.58万户，公共用户268户，液化天然气居民用户929户，公共用户31户）。

【人工煤气进入南昌县】 截至年底，全长5760米的南高公路DN400煤气和南昌县莲塘农贸路煤气管相继动工，标志着南昌市人工煤气管网进入南昌县，进一步扩大全市城南燃气覆盖范围。

【液化天然气进入新建县】 11月，全长790米的南昌大桥引桥至新建县的直径315毫米的PE管动工，标志着南昌市昌北液化天然气工程进入新建县。该工程是实施"一江两岸、南北两气"城市燃气规划的重大举措，进一步扩大南昌市城西燃气覆盖范围。

【南昌市第一个工业燃气用户投产】 6月，全市第一个日用气10000立方米的燃气工业用户——方大铝材公司投产，标志着全市燃气结束无工业用户的历史。这对促进南昌高新技术产业开发区的基础设施建设和多种能源供应奠定了基础。

【南昌钢铁有限责任公司向市区日增供20万立方米煤气】 7月，南昌钢铁有限责任公司与南昌市燃气有限公司日增供20万立方米煤气正式签约。由南昌钢铁有限责任公司和市燃气有限公司出资，南昌钢铁有限责任公司技改增建3号焦炉一座，投产后向城市用户每日增供20万立方米煤气。这对促进全市燃气发展，尤其是对老城区扩大用户提供充足的气源。

【青云谱燃气储配站投产试运行】 12月，为满足南昌钢铁有限责任公司增供气需要，利用国债资金建设的燃气公司青云谱区储配站投入试运行。该站建有5.4万立方米湿式储罐及三台压送机和配套设施,可增加储量并满足城南地区用气需要,并形成全市管网三点供气的稳定格局,对保证末端用户的压力稳定具有重要作用。

【全市第一个城市燃气专业规划获通过】 8月,南昌市规划委员会第4次会议通过全市第一个城市燃气专业规划。该规划明确,南昌市按"一江两岸、一核五片"实行赣江以南以人工煤气为主,赣江以北以液化天然气为主,全市燃气实行一张网的统一规划、建设和管理。

## 自来水生产供应与管理

【概况】 全年新建供水管网155千米。青云水厂三期20万立方米/日工程正式投产送水,牛行水厂一期10万立方米/日工程竣工投产,扬子洲水厂建成投产。截至年底,南昌市供水管网总长度达1800余千米,设计日供水能力达130万吨,平均日售水量突破100万吨。南昌供水构筑东至昌东高校园区、西扩湾里、南达莲塘、北抵乐化的城市供水体系,实现南昌市建成区内自来水的普及。

【青云水厂三期工程正式投产送水】 4月29日,省重点工程青云水厂三期工程正式投产送水。该工程规模为日供水20万立方米,总投资1.6亿元,全部资金由市场运作、企业自筹。青云三期工程通过利用450万美元的荷兰政府贷款,购买达到国际先进水平的水泵等供水设备。它的建成投产使江西洪城水业股份有限公司的供水能力突破百万吨大关,缓解了全市供水紧张的状况,满足了城市生产生活用水需求。

【牛行水厂一期工程竣工投产】 9月28日,牛行水厂一期工程竣工投产。该厂设计总规模为日供水30万立方米。一期工程于2004年10月开工建设,总投资1.8亿元,日供水设计能力10万立方米,配套输配水管线27.47千米。该水厂在国内率先采用最先进的气水反冲V型滤池制水工艺,设置具有国际先进水平的叠加式池体隔板反应平流沉淀池,是一个全自动化运行的水厂。牛行水厂工程投产后,缓解了红谷滩中心区、昌北地区、新建县长堎地区及红谷滩新区的用水紧张问题。

【扬子洲水厂建成投产】 10月,扬子洲水厂正式投入运行。该工程供水规模为0.5万立方米/日,总投资为980万元。该工程的建成投产,彻底结束扬子洲地区2.5万居民长期饮用地下水的历史。

【望城加压站投入运行】 12月,望城加压站一期工程投产送水。望城加压站规模为3万立方米/日,分二期实施。一期工程建成1.5万立方米/日,总投资3029万元。该工程建成后将缓解望城地区用水紧张状况,并对发展建设起到促进作用。

【加强水质监测和供水运行管理】 在加大水质监测设备投入,坚持水质三级检测的同时,对户表改造和新铺配水管网的工程中,对直径100毫米以上的管道全面采用球墨铸铁管,减少管网水质二次污染。同时按不同季节和时段,制定出经济合理的水压调度方案,减少因水压过高引起的管网破损,提高管网运行的安全系数。提高各水厂和加压站员工业务水平,严格按操作规程运行,加强设备维护,落实安全责任,保障水厂(加压站)的高效、安全运行。

【拓展经营范围和用水市场】 洪城水业股份公司积极寻求利润增长点,在原有项目资源的基础上延伸水务产业链,收购九江市老鹳塘污水处理厂51%的股权。同时凭借规模和资源优势,利用强有力的营销策略,主动出击,争取到一批长期使用自备水和地下水的用户。如南昌罐头啤酒厂、华源江纺、南昌齿轮厂及周边农村等。还努力拓展昌东、罗家、小蓝地区的一些用户。用水市场的扩张,使售水量年净增超过300万立方米。

【开展规范供水、用水秩序专项整治】 南昌供水企业规范用水工作实现历史性的突破。《南昌市规范供水、用水秩序专项整治实施方案》在市政府重视下顺利出台。两院三局(即市中级人民法院、人民检察院,市公安局、司法局、市政公用事业局)联合发布《关于打击盗用城市公共供水违法犯罪行为的通告》,为依法打击城市猖獗的盗水行为提供了法律依据。同时"南昌市反盗水协调办公室"在市公安局刑侦支队正式成立,有力地打击和处理了一批违法盗水的案件。全年共查处各类违法违章的盗水案件140余起,追缴水费270万元,比上年增长83万元,增长率为44.4%。并坚持实行偷盗水有奖举报制度,共追回水费95万元,兑现奖金23万元。

(张振武)

**2005年南昌市供水企业主要经济技术指标完成情况一览表**

表17

| 经济技术指标名称 | 计算单位 | 完成数 | 说明 |
|---|---|---|---|
| 供水量 | 万立方米 | 33074 | 比上年增加918万立方米 |
| 售水量 | 万立方米 | 24673 | 比上年增长3.04% |
| 销售收入 | 万元 | 26972 | 比上年增长9.7% |
| 水费回收率 | % | 98.6 | 比计划高0.6% |
| 利润总额 | 万元 | 2458 | 比计划增长3.8% |
| 管网水质综合合格率 | % | 99.86 | 优于国家标准 |
| 供水管网压力合格率 | % | 98.34 | 优于国家标准 |

(南昌市市政公用投资控股(集团)有限责任公司)

# 建筑·房地产业

## 建筑业

【概况】 2005年，全市建筑业企业认真贯彻国家宏观调控政策，进一步解放思想，抢抓机遇，开拓市场，各项业务迅速发展。截至年底，完成建筑业总产值234.07亿元，比上年增长30.6%；房屋施工建筑面积2451.2万平方米，增长31.9%；房屋竣工建筑面积1241万平方米，增长58%；按施工产值计算的全员劳动生产率11.04万元/人，增长19.5%；从业人员23万人，企业经济效益稳步提高。

【建筑业管理】 随着城市建设的加速发展，建筑市场不断扩大，全市的建筑业经营管理得到稳步提高。全年全市继续对建筑行业实行动态管理和网络管理。如采用网上年检，方便施工企业，提高办事效率。截至年底，全市纳入管理的建筑业施工企业发展到431家，比上年增长14.6%。其中，房屋建筑工程88家，建筑装饰装修工程97家，消防设施工程24家，机电设备安装工程等专业工程132家，劳务分包企业18家，室内家庭装饰企业72家。在全市的建筑企业中，一级资质企业33家，比上年增加10%；二级资质企业84家，比上年增加6%，全市建筑施工企业资质得到进一步提升。全市共有建筑监理企业26家。其中，甲级6家、乙级10家，丙级10家。截至年底，全市建筑业施工企业共有各类专业项目经理4716人。其中，一级项目经理411人、二级项目经理1670人，三级项目经理2635人。全年全市共发放建筑工程施工许可证660项，投资总额60.96亿元，建筑面积869.5万平方米，比上年分别减少1.2%和7.99%。

【建筑业诚信管理】 市建委9月1日出台的《南昌市建筑业施工企业诚信管理规定（试行）》受到各方关注。《中国建设工程信息网》、《建筑时报》等全国多家业内新闻媒体进行登载和报道。根据该《规定》，申报"诚信管理手册"的建筑业企业除要求具备一定资质和条件外，还必须不能有拖欠农民工工资的情况；持"诚信管理手册"参加招投标可获得加分。截至年底，全市有93家市内建筑业企业和3家在南昌市备案的外地企业领到"诚信管理手册"。

【建设工程招标投标监管】 全年围绕招投标监管工作重点、难点问题，以抓招投标市场规范建设为基础，从监管机制入手，做到"四个必须，一个不得"（即必须进行招标的工程项目全部实行招标；必须进行公开招标的工程项目全部实行公开招标；必须招标的工程项目全部实行招标"告知"制度；必须招标的工程项目都进入有形建筑市场进行交易；依法应招标的工程，不得排斥或限制符合条件的施工单位参加招标）。率先在全省实行房屋建筑和市政基础设施工程招投标时，网员提供电子资料经确认后作为招投标有效证件积分的做法，简化招投标手续，提高工作效率，并加快招投标信息化建设。同时逐步建立起一支容量大、专业类型全、素质高的专家评委队伍。招投标评标室实行电子监控和监督人员现场监督相结合，并对专家评委采用指纹鉴别法，确保评标保密性。招投标监管初步建立从事前、事中到事后合同跟踪管理的一系列规范措施和阳光交易的服务机制。全年南昌地区共完成建设工程招投标项目540项。其中，公开招标281项，邀请招标236项，直接发包23项，总建筑面积730.95万平方米，投资额53.57亿元。做到应招标工程实行招标，应公开招标的工程实行公开招标，公开招标率达到100%。

【承发包交易有形市场建设】 着眼于有形市场内部建设，不断提高有形市场科技含量，努力提升服务水准。年内接待工程项目入围抽选81项，进场项目专家抽取506项，场内资格预审97个场次，预算审核67项，发布招标公告和工程立项信息分别为249项和77项。截至年底，接纳省、市、区、开发区分管的570个工程项目进场交易，交易额为72.27亿元，建筑面积共计967.42万平方米，工程项目进场交易率达到100%。所有进场项目得到优质、高效的服务，市场满意度达到98%以上。

【建口企事业单位实施改制】 建口七局一委一办一集团相继成立改革领导小组，各局（办）一把手亲自挂帅，设立企业改革办公室（简称改革办，下同），确定人员并明确分工。改革办实行各职能部门联络协调工作制度，并疏通改制工作联系通道。制订《南昌市城建口国有（集体）企业改制实施办法》，为企事业单位改制提供操作依据；编辑《企业改制重组、公司规范治理操作实务教程》上下册，系统阐述企业改制与重组操作到建立现代公司制法人治理结构的全过程，对企事业单位改制起到积极指导作用。举办"城建口企业改制操作实务学习班"，培训一批改制专业人才。制定《南昌市城建口企业土地收储操作办法》，喷绘市城建口企事业单位生产性土地分布图，直观反映建口土地分布状况；设立建口土地收储中心，确定工作机构、人员安排、工作职责及企业土地储备及资产变现操作程序。制定《南昌市城建口企事业单位改制整体部署》，组织各局的改革办领导讨论，其中五局一办上报本部门企业改制工作总体意见和实施计划，待改革办充分论证并上报改革领导小组审定后，按改制整体部署，全面推进建口企事业单位的改革与发展。

【建设工程质量管理】 全年共受理监督项目716项，建筑面积457.12万平方米。其中，市政工程35项，监控工程36项。办理建设工程质量监督报告771份，下发整改通知127份，停工通知86份，处理质量事故20起；举办三期共计500余人参加的建筑材料质量检测见证取样送检见证人培训班，并按有关规定进行统一换证,并建立南昌地区见证人档案。开展"住宅工程质量年"活动,实施南昌市建筑工程质量通病专项治理,对梁及柱节点箍筋漏设、构件断面及轴线尺寸不符合设计要求、窗台渗漏三个方面质量通病进行专项治理;开展预拌混凝土企业专项检查,钢结构、预应力受监工程质量专项检查。认真开展全市建筑工程监督执法大检查,对全市在建工程质量情况进行普查,规范建设各方主体的质量行为。在全国建筑工程质量监督执法大检查中,南昌市的建设工程质量管理工作得到检查组的赞扬,建筑工程质量受到检查组的肯定。

【建筑安全监管】 全年建筑安全生产工作以贯彻《国务院关于进一步加强安全生产工作的决定》等有关文件为主线,以创建"四城"和安全文明工地为契机,坚持"安全第一,预防为主"的方针,强化建筑安全监管工作。认真抓好建筑行业安全生产专项整治,狠抓隐患整改,坚决杜绝三级以上重大安全事故,有效地控制和减少伤亡事故的发生。全年共组织 9 次安全生产大检查,检查各类施工企业 372 个次,各类施工工地 1317 个次;查出隐患 903 处,消除隐患 889 处,下发隐患整改指令书 301 份。对 15 个工程的 18 个项目部进行奖励;15 个存在安全隐患且屡教不改的建筑工地予以罚款处罚,16 个建筑工地不实行文明施工的予以黄牌警告。组织 29 次、1000 余人次参加的安管人员培训班;举办 2 期、239 人参加的监理安全培训班;组织 970 人参加建筑施工企业"三类人员"考试。创市级文明施工安全达标样板工地 72 个,其中 30 个工程申报省级文明施工安全达标样板工地。在全市范围内全面推行工程意外伤害保险工作,在市城区办理施工许可证工程保险覆盖率为 100%。共组织召开 9 次有规模的、形式多样的安全生产工作会,1420 余人参加。受理、核发建筑施工起重机械备案登记 102 台次。全年共发生建筑施工安全事故 2 起,死亡 2 人,比上年(共发生建筑施工事故 6 起,死亡 9 人)伤亡事故起数下降 66.7%,死亡人数下降 77.8%,安全生产局势得到根本好转。

【八一大桥招商引资】 12 月 23 日,为加快城市基础设施建设,经市政府授权,南昌大桥有限责任公司与香港中国海外科技实业有限公司共同组建南昌中海新八一大桥有限公司,合作经营新八一大桥。合作公司投资总额为 4.39 亿元,合作项目实际引进外资 3003 万美元。

(罗 丽 邹国华 欧阳俊 董建军 申绪兵 程海兵)

## 房屋工程建设

【概况】 2005 年,市城乡建设委员会对所属市建筑设计研究院采取国有资本全部退出的措施,引进厦门市建筑设计院有限公司为战略合作伙伴,共同组建"南昌市建筑设计院有限公司",年底进入产权交易阶段。启动市第三建筑工程公司、江西五金厂的改制,年底完成清产核资、资产评估工作,上报财政核准,其他工作按程序规范有序进行。完善解决市第五建安公司的改制后的遗留问题,组建新的建工集团,并策划改革与发展思路。同时拟采取划转、联合、兼并、投资等方式对委属企业进行资源整合,并实施跨行业、跨部门的资产重组,建立以产权为纽带的母子公司制管理体制,打造建筑业国家特级企业。

【南昌市建筑工程集团有限公司被评为省先进建筑施工企业】 该公司技术、设备、经济实力雄厚,管理理念先进,经营业务拓展到省内九江、赣州、吉安、上饶、景德镇、萍乡、新余;省外广州、东莞、福建、厦门、义乌、上海、石家庄、包头等城市。完成八一广场地下停车场、井冈山机场候机楼、中国联通江西分公司综合楼、浙江义乌新中鑫纺织厂房、东莞洪梅河东工业大道、九江锁江楼、市龙泉小学、莲塘一中教学楼、市渔业船舶综合楼、省总工会康惠楼、阳明路还建房隆兴小区等政府重点工程建设。当年在建工程项目 105 项,竣工工程 41 项;土建竣工面积 16 万平方米,实现利税 1300 余万元;新签合同额 6.8 亿元。中国联通江西分公司通信枢纽大楼工程获得江西省质量最高奖——"杜鹃花"奖。全年创省优良工程 1 项,市优良工程 3 项;省、市结构优良工程 6 项,省文明工地 2 项;市"文明施工、安全生产"样板工地 4 项,市"文明施工、安全生产"示范工地 1 项。工程一次交验合格率达 100%,安全生产、文明施工达标率 100%。当年被评为省建筑施工安全管理先进企业、省用户满意企业、市先进建筑施工企业、省先进建筑施工企业。

【南昌市第一建筑工程公司建设工程荣获"南昌市优良工程奖"】 该公司以"追求卓越品质、奉献优良工程、持续改进质量、满足顾客需求"为质量方针,并通过 ISO 9001:2000 质量体系认证。该公司承建的市建设工程交易中心(32 层)当年荣获"南昌市十佳文明样板工地";南昌火车站西广场改造工程(12 万平方米)质量好,进度快,受到上级领导高度好评;华龙国际大厦(江西省惟一最高钢结构工程 4.5 万平方米)荣获"南昌市优良工程奖"、"南昌市文明施工样板工地"称号。

【南昌市第五建筑安装公司努力提高市场竞争力】 该公司秉持"诚实守约、追求卓越"的经营理念,在建筑市场竞争异常激烈的情况下,对市场以变应变、对现场随机应变、对内部管理继续加强,顺

2005 年 3 月 30 日,市领导余欣荣、李豆罗、熊焕高、陈守朴等出席阳明路东延工程还建房小区开工典礼

利通过质量管理体系、环境管理体系、职业健康安全管理体系等认证。同时不断完善业务、成本、资金、质量、安全管理，把分公司和关联企业搞实，把项目工程搞活。在企业内部大力倡导"我为和谐创业做贡献"主题，跳出本埠向外扩张，大力拓展企业的生存空间和业务市场，增强企业的活力。全年新接工程业务1.56亿元，完成总产值2.2亿元，实现利润422万元，全员劳动生产率8.14万元/人。公司市政公用工程施工总承包晋升为一级资质，并荣获全国建筑机械设备租赁优秀单位称号。全年有2项工程获市优工程奖，1项工程获省优工程奖；有6项市级安全达标样板工程，2项省级安全达标文明工地；"全国建筑施工安全文明工地之最工程"2项，列全省企业之首。安全生产文明施工优良率100%。同时精神文明建设获得好成绩。连续荣获市文明单位、市思想政治工作先进单位、市养老保险先进单位、市工会劳动保护先进单位等光荣称号。1人获省级劳动模范称号，2人获市级劳动模范称号，4人获"五一"劳动奖章。

【南昌市对外工程总公司积极拓宽境外市场和业务】 该公司全年经过多方努力，签定承建赤道几内亚工程6000万美元，尼日利亚工程4200万美元，苏丹工程4800万美元，阿联酋工程3200万美元，也门工程3000万美元，土库曼斯坦工程2500万美元。

（吴志斌　李佐强　熊和平　肖学信）

## 商品房开发

【概况】 2005年，为控制房地产投资规模过快增长，稳定住房价格和调整住房结构，国家出台一系列宏观调控政策。市房管局认真贯彻执行国家宏观调控政策，针对全市房地产市场运行中出现的新情况，应对房地产市场新变化，一手抓调控，一手抓激活，出台并采取一系列政策措施，使全市房地产市场发展取得"五项突破"（即全市房地产完成投资总额首次突破100亿元；全市商品房销售金额首次突破100亿元；全市商品房销售面积首次突破400万平方米；全市存量房交易套数首次突破2.5万套，存量房交易面积突破250万平方米）。全年市本级住房公积金贷款额首次突破7亿元，达到7.21亿元，归集额为6.12亿元，贷款额首次超过当年归集额）。实现"三个基本"（即房地产市场供需基本平衡，住房结构基本合理，住房价格基本稳定），全市房地产市场总体保持持续、稳定、健康、快速发展的态势。

【房地产开发投资再创新高】 全年全市房地产开发投资在上年高位增长的基础上再创新高。全年完成投资总额110.12亿元，比上年增长29.3%。其中，住宅投资72亿元，增长22.5%，增幅略高于全国平均水平8个百分点。但增幅比上年回落13个百分点，表明投资过快增长的势头得到遏制。

【商品房施工、竣工面积高位增长】 全年全市商品房施工面积1179万平方米，比上年增长10.4%，其中住宅922万平方米，增长16.4%；商品房新开工面积520万平方米，增长37.2%，其中住宅407万平方米，增长47.3%；商品房竣工面积413万平方米，其中住房竣工面积339万平方米，比重达82%。新开工面积和竣工面积的高位增长对于拉动投资，保持市场后续供应量，满足市场消费需求产生了积极作用。

【商品房销售态势平稳】 全年全市（含四县）商品房销售面积409.9万平方米，比上年增长5.61%；预销售金额110.97亿元，增长16.34%。其中，商品住宅预销售32352套，增长17.45%；面积380.1万平方米，增长9.28%；金额97.56亿元，增长24.14%。在全市商品房销售中，普通住宅（即单价在3600元/平方米以下且单套建筑面积在144平方米以下的商品住房）销售面积258.8万平方米，比重占到了63%。全年市区商品房预销售面积281.7万平方米，比上年增长1.75%；销售金额86.92亿元，增长11.83%。其中，商品住宅预销售22348套，增长15.57%；面积258.8万平方米，增长5.69%；金额76.56亿元，增长19.77%。全年市区商品住宅销售总量中，本市居民购买比重85%，比上年提高12个百分点。全年商品房销售呈现本地居民购房比重上升，自住型消费占主导地位，投资性需求、投机性需求均得到有效遏制等特点。

【商品房房价走势稳中趋升】 全年全市（含四县）商品房预销售均价为2707.25元/平方米，比上年上涨10.16%，月环比平均涨幅为0.85%。其中，商品住房预销售均价为2567.01元/平方米，比上年上涨13.60%；月环比平均涨幅为1.49%。全年市区商品房预销售均价为3085.16元/平方米，比上年上涨9.91%；月环比平均涨幅为1.46%。其中，商品住房预销售均价为2958.80元/平方米，比上年上涨13.32%；月环比平均涨幅为1.95%。全年第一季度市区商品住房预销售均价为2871元/平方米；第二季度为3144元/平方米，环比上涨9.5%；第三季度为3182元/平方米，环比上涨1.21%；第四季度为3197元/平方米，环比上涨0.47%。房价走势稳中趋升，但涨幅逐渐回落。全年全市房价涨幅低于全市GDP增幅6.64个百分点，也低于城市居民人均可支配收入增幅7.64个百分点，房价涨幅仍在合理范围之内。在中部六省会城市中，南昌市房价排列第五，涨幅排列第四。

### 2005年南昌市商品房交易情况一览表

表18

| 项目 | 内　　容 | 数据 | 同比增长(%) |
|---|---|---|---|
| 开发投资情况 | 投资额(亿元) | 110 | 29.3 |
| | 其中:住宅投资额(亿元) | 82 | 46.1 |

续表 18－1

| 项目 | 内　　容 | 数据 | 同比增长(%) |
|---|---|---|---|
| 商品房施工情况 | 施工总面积(万平方米) | 1179 | 10.4 |
| | 其中:住宅施工面积(万平方米) | 922 | 16.4 |
| | 新开工面积(万平方米) | 520 | 37.2 |
| | 其中:住宅新开工(万平方米) | 407 | 47.3 |
| 商品房竣工情况 | 竣工总面积(万平方米) | 413 | 58.5 |
| | 其中:住宅竣工面积(万平方米) | 339 | 60.6 |
| 商品房交易情况 | 交易总面积(万平方米) | 410 | 5.6 |
| | 其中:市区交易面积(万平方米) | 282 | 1.8 |
| | 交易总金额(亿元) | 111 | 16.3 |
| | 其中:市区交易金额(亿元) | 87 | 11.8 |
| | 商品住宅交易套数(套) | 32352 | 17.5 |
| | 其中:市区交易套数(套) | 22348 | 15.6 |
| | 商品住宅交易面积(万平方米) | 380 | 9.3 |
| | 其中:市区交易面积(万平方米) | 259 | 5.7 |
| | 商品住宅交易金额(亿元) | 98 | 24.1 |
| | 其中:市区交易金额(亿元) | 77 | 19.8 |
| 商品房交易价格情况 | 商品房预销售均价(元/平方米) | 2707 | 10.2 |
| | 其中:市区商品房预销售均价(元/平方米) | 3085 | 9.9 |
| | 商品住宅预销售均价(元/平方米) | 2567 | 13.6 |
| | 其中:市区商品住宅预销售均价(元/平方米) | 2959 | 13.3 |
| 商品房空置情况 | 商品房空置面积(万平方米) | 23 | 45.8 |
| | 其中:住宅(万平方米) | 15 | 74.7 |
| 存量房交易情况 | 交易件数(件) | 25100 | 15.4 |
| | 其中:市区(件) | 19866 | 15.6 |
| | 交易面积(万平方米) | 252 | 16.9 |
| | 其中:市区交易面积(万平方米) | 191 | 19.4 |
| | 交易金额(亿元) | 36 | 22.7 |
| | 其中:市区交易金额(亿元) | 29 | 17.8 |
| | 存量住房交易套数(套) | 23277 | 14.4 |
| | 其中:市区交易套数(套) | 18506 | 13.2 |
| | 存量住房交易面积(万平方米) | 200 | 11.2 |
| | 其中:市区交易面积(万平方米) | 146 | 12.6 |
| | 存量住房交易金额(亿元) | 25 | 18.2 |
| | 其中:市区交易金额(亿元) | 21 | 16.3 |

(市房管局)

【房地产业在全市经济发展中贡献显著】 全年全市房地产开发投资占全市固定资产投资总额的比重21%，占全市GDP的比重1 %。另据市地税局和市财政局提供的数据，当年全市共完成房地产地税收入8.57亿元，比上年多征2.27亿元，增长36%；完成房地产契税收入4.51亿元，比上年多征0.66亿元，增长17%。两项税收合计税收达13.08亿元，占全市财政总收入的比重达10.4%，比上年提高0.1个百分点。房地产业和建筑业产生的地税收入占到地税收入总量的一半，增量接近占到三分之二。这些数据表明房地产业在全市经济发展中的贡献显著，仍然是拉动经济增长的巨大动力，是增加财政收入的重要源泉。

【建立和完善房地产市场信息系统】 全年结合核发“商品房预售许可证”工作，建立各项目楼盘表，实现商品房预售合同网上及时备案，并通过市房地产信息网对外公布。举办管理人员及入网企业操作人员培训，规范操作，保证入网信息的准确性。在开通的“南昌房地产信息网”系统中，实现房地产开发企业商品房预销售网上签约、备案等管理，及时掌握全市在售楼盘销售动态，并向社会公示预售商品房预售许可、商品房预售状态、预售数量、预售进度等数据信息。网站上可实时动态查询批准预销售的商品房销售信息，还可查询到当天及前一天签订的商品房信息。各开发企业还可在该系统中自动获得申请的业务办理信息。制定商品房买卖凭证交易登记表，完善全市商品房买卖合同示范文本，并在一季度全面使用。全年商品房期房、退房挂牌公示共计300余套，公开抽签成交140余套。

【开展房地产开发企业资质年检】 为规范全市房地产开发行业管理，10月会同省建设厅，对全市房地产开发企业开展年检工作。对未参加年检及年检不合格的企业分别给予限期整改、降级或注销资质的处理（其中降低资质等级的企业21家，注销开发资质企业42家）。通过资质年检，督促房地产开发企业守法经营并严格执行《商品房住宅质量保证书》等规定。

【规范商品房市场秩序】 根据国家七部委文件规定，制定实施《关于办理商品房期房退房、变更手续操作规程》，有效地抑制了炒房炒作行为。为规范商品房交易行为，增强房地产开发企业及执（从）业人员信用意识，并为社会公众查询和投诉提供有效途径，向各房地产开发企业印发《关于全面实行商品房合同网上备案及建立电子信用档案的通知》，在全市实行商品房买卖合同网上备案，及时公布纳入合同备案楼盘的可售部位、类型、面积和已售房屋的套数、面积和平均价格。实施该项措施，一方面购房人可通过房地产网站查询所购楼盘房屋的销售情况，提高信息透明度；另一方面买卖合同使用统一印制的文本，规范交易行为。年内全市商品房买卖合同网上登记备案覆盖到市区所有在售楼盘销售点。

【建立房地产企业信用档案】 年内对全市房地产企业建立信用档案。信用档案的主要内容，包括房地产开发企业及执（从）业人员、管理人员基本情况，企业简介、业绩、良好行为记录、不良行为记录，已完成和在建项目、资质年检和公众投诉及处理情况等。企业良好行为记录、不良行为记录和公众投诉处理等内容，将通过房地产网站对社会公开发布，接受社会公众查询。通过信用档案的建立，逐步在房地产行业中形成“诚信为本、操守为重、合法经营”的良好风尚，促进整个房地产业诚信度和服务水平的提高。同时信用档案成为违法违规、弄虚作假，甚至有欺诈行为开发企业的曝光台，也是诚信企业展示良好形象的窗口。

【配合开展最佳楼盘评比活动】 配合市房协开展“2005年南昌市最佳楼盘评比活动”，推选出一批品质优良、环境优美的精品楼盘。评出南昌市第二届最佳楼盘和12个优秀楼盘，并组织房地产开发企业参加2005年房地产交易展示会。通过上述活动，引导全市房地产开发企业注重塑造企业形象。

（张川健）

## 经济适用住房建设

【概况】 为调控房地产市场结构，平抑市场价格，满足部分中低收入家庭的住房需求，妥善安置市政重点建设工程拆迁户，5月建设部、国家发改委、国土资源部、人民银行下发《经济适用住房管理办法》。市房管局根据该《办法》精神，对2001年颁发的《南昌市城镇经济适用住房建设管理实施办法》进行修改，重点增加购买经济适用住房申请、审批制度的相关条款，增加经济适用住房户型面积、户型标准和控制比例，供应对象的认定标准、超标加价、上市时间、出售时交纳收益金、公示及经济适用住房开发企业的招投标制度等内容，并代市政府起草完成《南昌市经济适用住房建设销售管理方法》（送审稿）。年内该《办法》经各有关部门多次讨论并修改后，呈报市委、市政府审定后下发执行。

2005年南昌市重点工程——隆兴小区（局部）

【加快在建经济适用住房建设工作】 经济适用住房建设因存在征地、拆迁、资金等方面困难,进展较慢。年内市政府专门成立经济适用住房督导小组,不定期召开专门会议研究解决在建的城东、城南、城西、城北经济适用住房小区建设中遇到的各种问题、难题。在市政府协调督促下,当年经济适用住房施工面积为24万平方米(含城东、城南、城西、城北4个经济适用住房小区接转竣工15万平方米),完成投资6000余万元。经过各方努力,以上4个小区开工31.9万平方米。年内基本竣工30.7万平方米,竣工面积占商品住房面积约19%。

【经济适用住房建设逐年加强】 "十五"期间,全市积极落实经济适用住房建设有关政策和优惠措施,共建设经济适用住房约70万平方米,较好地满足了中低收入家庭的住房需求。2003年市政府在城东、城南、城西、城北各规划一个经济适用住房小区,规划建设用地64公顷,总建筑面积78万平方米。2005年新增规划用地45公顷,用于改善中低收入家庭的住房条件。截至年底,经济适用住房共开工40.6万平方米,竣工或基本竣工35.7万平方米,完成投资7.8亿元。

【经济适用住房项目建设进展顺利】 年内全市规划建设的城东、城南、城西、城北经济适用住房小区建设取得初步成效。城东经济适用住房小区位于京东高新大道灌城渡假村对面,规划占地面积18.7公顷,总投资3.30亿元,总建筑面积23万平方米,由南昌市房地产经营公司开发。已开工面积13.20万平方米,其中8.20万平方米年内竣工,完成投资1.8亿元。城南经济适用住房小区位于青山湖南大道,占地面积13.5公顷,总建筑面积15.13万平方米,由南昌城市建设投资公司开发。年内基本竣工,完成投资1.2亿元。城西(康桥绿城)经济适用住房小区位于朝阳洲水厂西路,占地面积24.4公顷,总建筑面积28万平方米,由市政控股开发公司开发。开工9.8万平方米,其中7万平方米年内竣工,完成投资9000万元。城北经济适用住房小区位于青山北路长巷村,占地面积8.2公顷,规划总建筑面积17.4万平方米,由南昌市城市建设投资公司开发。开工2.6万平方米,其中0.7万平方米年内竣工,完成投资560万元。

【完善经济适用住房管理政策】 制定《南昌市经济适用住房建设销售管理办法》(送审稿),分别对经济适用住房销售价格、户型面积、供应对象、资格审查、上市交易等提出控制要求。销售价格,确定经济适用住房的价格以保本微利为原则,严格按国家计委、建设部《经济适用住房价格管理办法》规定的价格组成因素,利润不得超过3%,销售价格须由市物价局会同市房管局审定,开发企业不得擅自定价销售。户型(套型)面积,严格控制在中小户型,二室二厅户型住房面积控制在80~90平方米之内,二室一厅户型控制在60~80平方米之内,一室一厅户型控制在60平方米之内。上述户型原则上按照3:5:2比例控制。供应对象。申购经济适用住房的家庭须符合下列条件:有本市市区城镇户口(含符合本市安置条件的军队人员);无房或现有住房面积未达标准的住房困难户;家庭收入在市政府公布的购房家庭年收入线以下。2005年底以前,购房家庭年收入线为3万元(含)。购房资格审查。申请人向房管部门提出申请,领取并填写相关表格,经申请人及其配偶所在单位核实盖章(无工作单位的由所在地街办核定盖章)后,持表格及有关资料到市房管部门审核。经审核通过并公示15天无异议后,市房管部门开具"经济适用住房准购证",申请人凭证购房。上市交易。为防止炒作经济适用住房,南昌市规定购买经济适用住房5年内不能上市交易,5年后上市出售增值部分,须向政府交纳5%的收益金。

【京东两小区积极支持市政建设】 京东安居小区和京东经济适用房小区当年共开工5万平方米,竣工4.2万平方米,共计完成产值2928万元。其中,京东安居小区主要是完善各项配套设施,完成产值38万元;京东经济适用房小区有12栋全部竣工,完成产值2500余万元。两小区内供电、自来水、煤气、电信、有线电视、区间道路及排水全部完成,完成产值270万元;亮化、绿化景观工程完成产值120余万元。该两小区从2001年开始,陆续为全市30余个重点市政工程提供安置房源2270套,17.27万平方米,有1914户拆迁户入住,其中当年提供安置房源165套,112户办理回迁。为确保提供的房源全部用于市政重点工程,对提供给"八湖两河"改造工程的1164套安置用房开展核对、清算工作。共清理出房源356套,确保市政重点建设工程拆迁安置工作的顺利进行。为加快安置房房款回笼,保证工程建设顺利进行,积极进行应收房款回笼工作。年内累计回笼安置房款1.28亿元(总值约2.54亿元),其中当年回笼1042万元(即解放东路项目400万元;"八湖两河"项目200万元,绳金塔北街项目200万元,青山湖区242万元)。

(张川健)

## 2005年南昌市经济适用住房销售情况一览表

表19

| 项　　目 | 销售(含拆迁安置)套数 | 均　价 | 总建筑面积 | 销售总金额 |
|---|---|---|---|---|
| 城南经济适用住房 | 617 | 1895元/平方米 | 55530平方米 | |
| 城北经济适用住房 | 717 | 1990元/平方米 | 43020平方米 | |
| 京东经济适用住房 | 1362 | 1550元/平方米 | 120461平方米 | 18671.44万元 |
| 康桥绿城经济适用住房 | 138 | 1300~1660元/平方米 | 10382.42平方米 | 1491.10万元 |
| 合　　计 | 2834 | | 22.90万平方米 | |

(市房管局)

# 农、林、牧、渔业

## 种植业

【概况】 2005年，全市种植业以农产品竞争力增强、农业增效、农民增收为目标，以科技进步为依托，以农产品质量安全为重点，着力发展优质、高产、高效、安全、生态农业，加强市场准入制、农业投入品监管和质量安全体系建设，农业结构调整取得新突破，粮食作物、经济作物种植面积不断扩大，品种不断更新，农产品质量安全不断提高。

【粮食产量创历史新高】 全市依靠实施病虫综合防治及科学测土施肥等项措施，为大灾之后全市粮食产量实现历史上最高丰产年奠定了基础。全市粮食作物种植面积33.79万公顷，比上年增加1.01万公顷，增长3.09%。粮食总产量195.15万吨，比上年增加6.25万吨，增长3.31%；粮食单产5774公斤/公顷，比上年增加12公斤，增长0.21%，均在2004年超历史水平的基础上达到历史新高。全年涌现一批粮食生产先进县和粮食生产大户。其中，南昌县连续3年荣获农业部的"全国粮食生产先进县"荣誉称号；进贤县胡广辉等4位种粮大户被农业部评为"全国粮食生产大户"。

【双低杂交油菜种植比重增加】 油菜种植采取双低杂交油菜与"轻简化栽培"（免耕直播）技术，年内种植比率达65%。截至年底，全市油料作物面积6.96万公顷，比上年增长9.56%；每公顷产1139公斤，减少15公斤；总产7.93万吨，增长8.15%。

【优质稻面积比重增加】 全市推广优质早稻面积13.26万公顷，占早稻面积95%。其中，优质早杂面积10.64万公顷，占早稻面积的76.3%，比上年增加6个百分点。推广早稻新品种面积40万公顷，早稻良种更换率达到30%，比上年增加8个百分点。早稻主要推广品种为金优402、金优974、金优463、中优402、中优974、隆平001、株两优02、先农1、先农3、先农5、先农13号、金优458等优新品种。推广优质晚稻面积14.05万公顷，占晚稻面积的96%，比上年增加1%。其中，高档优质晚稻9.73万公顷，比上年增长27%。一晚主要推广品种有两优培九、中优752、Ⅱ优航1号、粤优938、博优752等；二晚主推品种有隆平305、隆平207、金优桂99、金优117、两优培九、先农10号、先农18号、中九优801、中九优288、德农108、先农20号、先农22号、金优207等。推广超级稻面积达到4.66万公顷。

【示范推广节本增效技术】 全市推广无公害水稻生产、轻型栽培、高产栽培、病虫害综合防治、机械化等22项先进实用技术，面积累计228.51万公顷，比上年增加36.2万公顷；平均在水稻种植面积运用率为32.3%，比上年增加4个百分点。其中，旱床育秧9480公顷，比上年增长80%；抛秧7.63万公顷，增长12.5%；水稻直播4.08万公顷，增长9.7%；免耕面积3873公顷，增长19.3%；发展绿色水稻面积3.03万公顷，增长31.4%。全年稻鸭共栖生产绿色水稻面积6000公顷；推广平衡施肥技术占晚稻总面积的88%；推广薄露灌溉、病虫综合防治技术面积均达95%以上。

【开展"一五一"挂牌服务】 全市粮食生产按照全省开展助农兴粮"一五一"挂牌服务活动的统一部署，省、市、县三级农业部门分别对66.6公顷（1000亩）以上（19户）、33.3公顷（500亩）以上（14户）和6.6公顷（100亩）以上（453户）的种粮大户，采取各级部门领导和专家直接与种粮大户一对一结成对子挂牌服务的方式，定向为种粮大户免费提供粮食生产政策咨询、良种示范推广和高产栽培技术、测土配方施肥、病虫害防治技术及配套物资供应信息服务等水稻生产全程技术服务。通过挂牌服务，使全市6.6公顷（100亩）以上种粮大户技术服务到位率达到100%。同时按照依法、自愿、有偿的原则，促进土地的合理流转，实现由一家一户分散经营逐步向种田能手规模种植的转变，使全市粮食生产向规模化、专业化方向发展。

【水稻病虫害防治】 全年多次发生水稻病虫害，其中虫害重于病害，晚稻重于早稻和上年。早稻以二化螟、稻瘟病危害为主，晚稻以稻飞虱、二化螟、稻纵卷叶螟危害为主。据统计，全市水稻病虫害发生面积111.87万公顷，防治面积235.57万公顷，成灾面积近2.59万公顷，绝收面积近620.67公顷。为减轻病虫为害损失，全市重点抓住三个关键时期，即播种前、拔秧前2~3天和破口期，狠抓一代二化螟和穗颈瘟预防工作，注意及时防治飞虱和纵卷。压前控后，减少基数，防小田保大田，积极预防病虫害于危害成灾之前，挽回粮食损失约40万吨。

【蔬菜种植有新发展】 全年全市菜地面积1.68万公顷，播种面积3.28万公顷，蔬菜产量88.3万吨，产值10.24亿元。累计引进国内外蔬菜新品种53个，其中21个品种推广面积391.3公顷，产量1.61万吨，产值3856万元。经过几年努力，全市蔬菜良种利用率达95%以上，帮助农民人均增收24.4元。年内全市有无公害蔬菜基地20个，总面积约5733公顷；获得无公害蔬菜认证的品牌23个，并有9个蔬菜品牌获得绿色食品认证。

【扶持蔬菜种植】 全年市、县共组织送科技下乡18次，发放"替代中、低毒农药品种推介表"、"无公害蔬菜上的卫生指标（农药残留规定）"、"无公害蔬菜生产栽培技术"等蔬菜技术资料13.8万份；举办实用技术培训班17期，培训4200人次。

【加大农业投入品质量安全监管力度】 市、县(区)组建并完善执法队伍,以《南昌市蔬菜质量安全管理办法》为依据,加大《南昌市人民政府关于禁止销售和使用甲氨磷等高毒高残留农药的通告》的执行力度,不定期对生产基地和集贸市场突击检查,并采取明察暗访的办法,严厉打击在蔬菜生产上销售和使用违禁农药的不法行为。其中在5月~10月每周两次下到各县(区、场)检查,检查面达到80%以上,检查农药超过500余吨。12月国家农业部对全市蔬菜基地、各类市场进行5次抽样检测,平均合格率92.4%,质量安全综合排名进入全国先进行列。

【加强农药监管】 按照省站要求,3月~9月农药使用高峰期组织开展农药产品质量抽检活动,重点是抽查杀虫剂、杀菌剂、除草剂、植物生产调节剂。共送检农药品种120个,收缴及处罚不合格农药品种8个。3月~10月,封存过期或质量不合格及登记不符农药328件,查处假冒套证除草剂23件,杀菌剂68件,杀虫剂237件。年内立案查处山东省淄博柳泉农药厂生产50%多菌灵、硫磺悬浮剂假药,并进行处罚。

【加强种子市场监管力度】 全年在不同时间,不同地点,不同环节共抽检种子样品600余个。经检测,样品合格率在98%以上。同时分别组织3次全市种子市场专项检查,2次参与"全市农资联合打假专项活动",重点打击"未审先推"的违法行为,查处一批违法经营案件。据统计,全年共检查种子企业43家,各经营门点500余户;查处违规种子7500公斤,罚款7.8万元。

【农业机械化水平提高】 全市的农机总动力达到209.3万千瓦,比上年174.36万千瓦增长20%;完成机耕面积16.81万公顷,增长19.8%;机收面积4.93万公顷,增长17.5%。全年农机部门举办各类培训班18次,培训农机人员1000余人次。年内在南昌、新建和进贤县建立示范基地,开展水稻栽插技术对比试验工作,完成示范面积66.67公顷。同时推广2000余公顷(含成新农场)。

(皮 钧 杨闲冬 刘志坚 胡 卿 谭 萍 张也庸)

## 南昌市2005年种植业主要指标一览表

表20

| 种植种类 | 播种面积(公顷) | 播面单产(公斤/公顷) | 总产量(吨) |
|---|---|---|---|
| 一、粮食作物 | 337969 | 5774 | 1951578 |
| 1、早稻 | 138679 | 5803 | 804759 |
| 2、中稻及一晚 | 34513 | 6536 | 225578 |
| 3、二晚 | 146820 | 6041 | 885869 |
| 4、小麦 | 1611 | 820 | 1321 |
| 5、大豆 | 10623 | 1231 | 13080 |
| 6、薯类(折粮计算) | 4152 | 4230 | 17562 |
| 7、其它杂粮 | 1571 | 1533 | 2409 |
| 二、油料合计 | 69693 | 1139 | 79392 |
| 1、花生 | 14938 | 2534 | 37847 |
| 2、油菜籽 | 47870 | 792 | 37918 |
| 3、芝麻 | 6885 | 527 | 3627 |
| 三、棉花 | 1126 | 660 | 743 |
| 四、苎麻 | 67 | 3881 | 260 |
| 五、甘蔗 | 911 | 33955 | 30933 |
| 六、中药材 | 453 | 2956 | 1339 |
| 七、蔬菜(含用菜用瓜) | 32897 | 26849 | 883253 |
| 八、瓜果类 | 2742 | 20481 | 56158 |
| 九、其它作物 | 60274 | 19800 | 1193440 |

(市农业局)

# 林　业

【概况】 2005年，市林业局认真贯彻市委、市政府《关于加快林业发展的若干意见》精神，以实施重点林业工程为载体，着力推进生态环境建设，面上造林、部门绿化、个私林业全面推进，全民义务植树活动深入开展，造林绿化工作取得显著成效。据统计，全市完成新造林面积1505.67公顷；退耕还林补植面积7805.77公顷，补造面积373.42公顷；道路绿化122条，农田林网10片，村庄绿化51个；成片精品林32片，林业科技示范点26个；市级林业精品工程15个；封山育林面积200公顷，工业原料林基地面积2000公顷；新建一定规模的义务植树示范基地8个，完成义务植树760万株。

【实施退耕还林及营造林补植补造和政策兑现】 为推进全市退耕还林工程顺利、稳妥地实施，确保工程生态、社会和经济三大效益，对前两年实施的退耕还林及营造林工程全面开展补植补造，巩固退耕还林成果。全市全年共完成退耕还林补植面积7805.77公顷，补造面积373.42公顷。其中，南昌县完成补植面积133.33公顷；新建县完成补植面积3036.7公顷，补造面积120.25公顷；进贤县完成补植面积3666.67公顷，补造面积253.17公顷；安义县完成补植面积800公顷；湾里区完成补植面积169.07公顷。为巩固实施这一惠民政策，市政府对所有退耕还林地县区进行年度政策兑现。通过公开、公平、公正检查验收，兑现国家补助资金2852万元。其中，南昌县230万元，新建县759万元，进贤县1150万元，安义县575万元和湾里区138万元。

【"五个一"林业绿化工程建设再出新成效】 "五个一"绿化工程是市林业局根据自身实际情况开展的一项行之有效的社会林业工程。全年全市共完成"一条路"绿化122条，绿化长度559千米，造林成活株数35万株；新建"一片农田林网"10片，控制面积585.33公顷，植树20万株；实施"一个村庄"绿化51个，植树15.8万株；新造"一片精品林"32片，面积834.67公顷；建设"一个林业科技示范点"26个，示范面积432.33公顷。其中，南昌县完成道路绿化5条，绿化长度95.3千米，农田林网5片，村庄绿化10个，新建一片林5处，面积400公顷，科技示范点4个；新建县完成道路绿化22条，绿化长度103.5千米，农田林网3片，村庄绿化15个，新建一片林6处，面积46.67公顷，科技示范点2个；进贤县完成道路绿化22条，绿化长度152.7千米，农田林网1片，村庄绿化15个，新建一片林11处，面积168公顷，科技示范点14个；安义县完成道路绿化70条，绿化长度200千米，农田林网1片，村庄绿化12个，新建成片林5处，面积200公顷，科技示范点3个；湾里区完成道路绿化3条，绿化长度7.5千米，村庄绿化7个，新建成片林5处，面积20公顷，科技示范点3个。

【国家耐水湿树良种基地工程实施过半】 年内国家耐水湿性树种良种基地项目得到全面启动。为加强项目组织领导，市林业局成立项目工程建设领导小组，并指定专人负责项目跟踪，进行质量把关。项目建设严格执行招投标制，并聘请监理公司对建设质量进行监督，确保工程质量和效果。5月生产用房、给排水工程通过投标和议标的方式落实施工队伍。年底生产用房、种子处理池等560平方米主体工程完工。其中，完成种检室100平方米，种子处理室60平方米，种子处理池200平方米，种子贮藏库200平方米，并完成外墙粉刷，门窗安装。给排水工程经进贤县水利电力勘测设计室设计后，由投标议标形式确定施工单位。年内两个300平方米的蓄水池和两个泵房完工，工程区内的主道路面硬化2.3千米，生产培育区的给排水管线完成70%以上。为确保项目资金做到专款专用，实施单位对项目建设资金设立专户管理，单独核算。年内共支付使用资金171.9万元，占项目总投资310万元的55.5%。

【部署开展首次林木种质资源调查】 林木种质资源调查是全市首次资源调查工作，涉及野生植物、优良林木、珍稀古树等内容。为抓好调查工作，对各县、区的专业调查人员进行专门集中培训，聘请江西农大林学院副教授胡松竹等专家授课，共培训各县、区调查技术人员21人。县、区也相应开展技术培训工作。同时组织乡镇林业工作站人员开展调查摸底并对调查对象、范畴、时间等作了部署。经过技术人员调查摸底和相关资料搜集，全市共有各类古树2751株（树龄100年以上），优势树种资源12个。年内全市有2个县、区全面完成本次调查汇总工作并上报工作总结；2个县、区基本完成外业调查工作。全年全市共完成15个优良林木调查，占省定建议指标18个的83.3%；完成优良单株16株，占省定建议指标19株的84.2%；完成珍稀濒危古树调查129株，占省定建议指标143株的90.2%；良种基地调查完成1个；引进树种调查完成26个。

【苗木花卉生产又上新台阶】 苗木花卉作为南昌林业产业建设的主导产业之一，在苗木行业协会等开展技术、信息服务的带动下，围绕"富民强市、致富苗农"目标，全市项目用苗、城乡绿化用苗、草坪盆栽花卉生产得以全面推进。年内全市完成造林用苗培育面积116公顷，可产一、二级苗木1690.8万株；苗木花卉生产面积2660.6公顷，年产值突破1.6亿元。截至年底，全市有苗木花卉生产经营企业（户）760余家，其中种植面积超过3.33公顷的个私生产经营户有200余家，66.6公顷以上生产经营面积的个私大户有约10家，并涌现出在省内外具一定影响的专业乡（镇）4个，从业人员2万人。

【开展林业科技推广活动】 为加快推广林业科技，一是开展送科技下乡。充分发挥林学会、苗木行业协会、林业技术推广站的作用，深入到生产第一线，向广大林农传授林业技术。二是引种试验。开展杨树优良品种育苗实验，并在南昌县南新乡、新建县红林林场进行南林895杨树育苗试验，验证895优良品种在南昌市的适应性；为测定不同桉树树种种源的耐寒能力、速生性能和适应能力等，与省厅科教处、江西农业大学林学院从澳大利亚引进赤桉、邓恩桉、柳桉、樟脑桉、多利桉等耐寒树种10个种源，在进贤县石灰岭林场（面积3.3公顷）联合开展桉树引种试验。三是引进推广"毛竹竹腔施肥"新技术。为充分挖掘毛竹资源潜力，加快产业化建设，分别在湾里区茶岭林场、长岭林场、太平乡团山村13.33公顷毛竹林地应用省林科院竹类研究所"毛竹竹腔施肥"新技术进行试点，为下一年度大面积推广奠定基础。

【加强公益林保护】 全年全市实施国家重点公益林试点面积2.76万公顷。为切实搞好重点公益林的保护管理，年内在重点公益林保护范围内的主要进出路口设立永久性公示牌和宣传牌，并加强护林队伍建设，充实监管员和护林员。同时结合林业实际情况，完善《南昌市重点生态公益林管护办法》和《南昌市重点生态公益林管护补助资金管理办法》,规范全市重点生态林管护措施和资金拨付行为,确保公益林管护质量。

**【规范林木资源采伐管理】** 年内林木资源采伐管理突出"伐前有计划、伐中有检查、伐后有验收"要求,年前编制全年全市木材生产计划。该计划依据"十五"时期采伐限额量,落实全市商品材计划指标9707立方米,并严格做到国有林场商品材生产计划指标到场,集体商品材生产指标落实到乡、镇,木材经营加工单位不下达指标。在采伐管理中,严格执行凭计划开展采伐作业设计,分管领导审批办理采伐证,伐区凭证采伐,并建立采伐证发放台账,使采伐限额管理制度落到实处。年终市林业局组织专业技术人员对安义县、新建县、湾里区、进贤县茶园山林场等林木采伐区进行抽查验收,纠正并规范了林木资源的采伐。

**【严格林地征占管理】** 为培训规范林地管理,5月25日在进贤县举办全市征占用林地培训班,各县(区)林业局分管领导、林政科(股)长、从事林地征占用工作人员参加培训。省林业工作总站专家就征占用林地审核审批管理、征占用林地森林植被恢复费征收管理等方面的知识进行授课。年内共办理征占用林地手续50起,面积234.8公顷,收取森林植被恢复费714万元。同时为确保林地国土安全,按照《林木林地权属争议处理办法》和《江西省山林权属争议调解处理办法》有关规定,依法依规开展"山纠"调处工作。全年没有发生因山林纠纷而产生群众闹事、械斗等引发社会不稳定事件。

**【开展林业产权制度改革】** 5月13日,市委、市政府召开全市林业产权制度改革工作会,标志着全市林业产权制度改革工作全面启动。会上总结全市5个乡镇林改试点工作,动员部署全面推开林业产权制度改革工作。为抓好南昌县、进贤县、新建县、安义县和湾里区的林改工作,全市成立市林业产权制度改革工作督导组,并分别向南昌县、进贤县、新建县、安义县、湾里区派遣林改督导组。市林业局领导带队抓林改工作的进度和质量,并切实搞好技术指导。年内在有林改任务的63个乡镇(场)、661个行政村、4056个村小组的8.96万公顷林改面积中,完成外业踏界勾图面积10.21万公顷,占全市林改面积的83.7%;排查山林纠纷面积1193.33公顷,调处面积1146.67公顷,调处率86.4%。

**【森林火灾率下降】** 年内全市共发生森林火灾12起,其中森林火警3次,一般森林火灾9次;过火面积157.69公顷,受害森林面积58.18公顷。与上年相比,火灾次数下降62.5%,受害森林面积下降62%,案件查处率100%。森林防火工作中,市森林防火指挥部、市林业局在防火宣传月和重点防火期充分利用广播、电视、标语、板报、宣传年画、宣传车等各种宣传工具,采用多种形式广泛进行森林防火宣传。市森林防火指挥部在西山大岭重点林区竖立大型固定宣传牌100块,印制宣传年画4万份,发至重点防范区每户1份,一般防范区每村民小组1份;印发森林防火须知、告老百姓一封信等宣传品约10万份;出动宣传车300辆次。高火险天气时,市气象局、市电视台通过短信、电视播放森林火险等级预报,县区电视台、广播站坚持开播森林防火专题节目,电影院和电视台播放有森林防火内容的幻灯、字幕,使"森林防火、人人有责"的道理深入人心,提高了林区村民的森林防火意识。为进一步加强森林防火工作的物质保障,全力提升森林防火综合能力,年内市财政预算安排森林防火工作经费75万元,并每年专项安排县、区森林消防队队员年度工资补助36万元;各县、区将防火经费列入财政预算,多数县、区做到逐年给予增加。同时市林业局狠抓森林消防队建设,完成市森林消防支队、新建、湾里、安义、进贤、南昌经济技术开发区森林消防大队及390名队员13个森林消防中队的组建,基本改变全民上阵扑火的局面。年底全市已有防火林带312千米,修复"四边"隔离带500千米。

**【完成西山森林防火重点火灾区综合治理工程】** 年底全市实施完成西山森林防火重点火险区综合治理工程。其中,完善项目区24.4万公顷森林防火监察指挥防御系统;完成建设瞭望台9座、转信台土建2处、车行塔道18千米、人行塔道16千米;完成森林消防队营房建设4处、市储备库1处;完成全市一期森林防火地理信息系统;竖立宣传牌100块、大型宣传牌8块;购置指挥车、通讯保障车、运兵(运输)车12辆及其他设备。

**【防治松毛虫有成效】** 3月、6月对松毛虫虫情调查资料进行较为全面的核查,并发出松毛虫发生趋势预报,并制订防治方案,调购林机(背负式喷雾机)6台,B、T农药40件(每件20斤),2%阿维苏0.2吨,白僵菌4吨,及时开展越冬(后)代马尾松毛虫和第一代松毛虫防治工作。同时严格按照《国内森林植物检疫技术规程》,组织开展种苗产地检疫工作,防止危险性病虫害的侵入、传播和蔓延。年内全市马尾松毛虫越冬(后)代有虫面积586.67公顷,其中低虫口面积4公顷,发生面积226.67公顷;第一代有虫面积2200公顷,其中低虫口面积1366.67公顷,发生面积833.33公顷,松毛虫防治和检疫工作取得较好成绩。

**【打击非法破坏越冬候鸟和蛙类市场的专项执法】** 3月和11月,出动60车次、12人次,巡湖60天,开展鄱阳湖地区越冬候鸟保护专项整治工作,查处非法猎捕、收购、运输候鸟的案件。收缴拆除非法猎捕工具"天网"6付。在蛙类市场整治中,重点整治非法收购、出售野生蛙类的市场、集散地、贩运窝点、饮食场所。共查处案件38起,查处、收缴、放生野生蛙类3万公斤。同时对18个集贸市场、32家酒店进行执法检查,查处破坏野生动物资源的案件68起。

**【南矶山自然保护区晋升为国家级自然保护区】** 1月完成《南矶山自然保护区科考报告》汇总和《总体规划》编制及有关图件、VCD、影集制作。5月保护区以全票通过国家林业系统国家级自然保护区评审。9月迎接国家环保总局派出的评审专家陈新宽在保护区实地检查。11月参加国家环保总局组织的国家级自然保护区最后评审并获得通过,南矶山自然保护区正式成为南昌市第一个国家级自然保护区。

(万承永)

## 畜牧业

**【概况】** 2005年,全市生猪出栏238.3万头,比上年增长4.7%;生猪存栏170.53万头,下降3.7%;家禽出笼3305.18万羽,增长1.7%;家禽存笼2519.58万羽,增长3.8%。肉类总产量24.2万吨,比上年增长5.1%;禽蛋产量11.58万吨,增长6.1%;牛奶产量6.45万吨,增长5.1%。畜牧业产值35.2亿元,比上年增长5.6%,占农业总产值比重34.3%,上升0.68个百分点。

**【畜牧业产业化建设】** 全市年出栏50头以上养猪专业户3472户,出栏生猪145.73万头,占全市出栏总量的59.2%,比上年上升8.2个百分点。存笼100羽以上蛋鸡专业户5254户，存笼蛋鸡424.22万羽；存笼100羽以上蛋鸭专业户12240户，存笼蛋鸭906.23万羽；存笼500羽以上的鹌鹑专业户1525户，存笼鹌鹑339.28万羽。禽蛋专业户年产蛋量12.43万吨，占全市禽蛋总产量的90.5%，比上年上升9.6个百分点。年出笼100羽以上的肉鸡专业户4100户，出笼肉鸡843.91万羽；年出笼1000羽以上的肉鸭专业户2071户，出笼肉鸭480.53万羽；年出笼100羽以上的肉鹅专业户809户，出笼肉鹅43.93万羽。肉禽专业户年出笼肉禽1368.37万羽，占全市家禽出笼总量的35.68%，比上年上升4.48个百分点。全市共建设畜牧养殖小区131个，比上年新增41个。其中，生猪养殖小区54个，蛋鸭养殖小区21个，肉鸭养殖小区17个，蛋鸡养殖小区15个，肉鸡养殖小区14个，奶牛养殖小区4个。全市共有畜禽运销专业户524户。其中，生猪运销户220户，家禽运销户149户，禽蛋运销户104户，牛羊运销户51户。全市畜产品专业市场195个。其中，综合类市场24个，生猪交易市场53个，活牛交易市场22个，活禽交易市场40个，禽蛋交易市场48个，畜产品加工交易市场2个。全市畜产品加工企业50个，年加工生猪27.84万头，加工家禽834.07万羽，加工乳品6.02万吨，加工禽蛋3.34万吨。全市畜牧业中介组织78个，中介组织人数546人，中介组织联系农户数24867户。

【畜禽良种基地繁育建设】 全市辖区内有畜禽良种场27个。其中，原种场、一级场14个，二级良种繁育场13个。全市能繁殖母猪良种率85%以上，优质三元杂交猪比重80%以上，优质家禽良种率82%以上。全市冷配耕牛8200头，产杂交犊牛2600头。

【动物防疫】 切实抓好重大动物疫病防控工作。全年共注射牲畜口蹄疫疫苗732.3万毫升。其中，O型普通苗94万毫升，O型浓缩苗160万毫升，亚洲I型苗52.9万毫升，O型—亚洲I型双价苗425.4万毫升，口蹄疫免疫密度超过100%。注射高致病性禽流感疫苗2195.8万毫升。其中，政府采购苗1695.8万毫升（H5N1苗1054.35万毫升，H5N2苗641.45万毫升），上年库存50万毫升，专业户自购450万毫升，免疫密度95%以上。组织实施春秋两季动物防疫工作。全市共注射猪瘟疫苗396.9万头份，免疫密度98.7%；注射鸡新城疫苗2773万羽份，免疫密度92%。同步开展猪肺疫、仔猪副伤寒、牛出败、禽霍乱、鸡传支、鸡马立克等疾病的计划免疫。做好耕牛血吸虫检查防治工作。共查牛23013头，完成省站下达任务数的104.34%；治牛9808头，完成省站下达任务数的107.78%。

【动物卫生监督管理】 全市共检疫生猪180.5万头、牛2.8万头、羊0.3万头、禽1865.3万羽，消毒车辆14.6万车次；检出病猪3400头、牛110头、禽1.5万羽，全部进行无害化处理。执行一畜一证一耳标制度。全年共使用耳标56万套，完成产地检疫票证5060本。抓好生猪定点屠宰。全年各级定点屠宰场共检疫生猪80余万头，检出病害猪1300头，完成肉品检疫证3700本，其中南昌肉联厂和昌北场检疫生猪26.67万头。检出猪瘟、猪丹毒、旋毛虫等病害猪265头，全部无害化处理。加强动物卫生监督工作。全市共捣毁私宰窝点120余个，收缴私宰生猪180余头，白条肉1.75万公斤；查获病害猪肉1500公斤，处理涉案人员80余人次。加强动物检疫执法队伍建设。全年共举办动物检疫员培训班10期，培训人员600余人次，其中动物检疫员200余名，动物监督员12名。

【兽药、饲料监督管理】 开展“瘦肉精”专项整治工作，建立3000户生猪养殖场（户）跟踪台账。全年在生产环节共监测猪尿样4200批次，“瘦肉精”检出阳性率1.9%。抓屠宰环节。全年屠宰场检测生猪尿样5986个，处理违法使用“瘦肉精”阳性生猪及同群猪1万余头。开展兽药、饲料监督管理。全市共抽查兽药产品65批次，检出不合格产品3个，市场兽药合格率95.4%。完成省农业厅下达的药物残留抽样指标，共抽取猪肉10个，鸡肉10个，经检测全部合格。全市抽查饲料300批次，查处9起饲料产品质量不合格案件，涉案金额10.5万元，依法行政处罚1.5万元。全市建成无公害畜产品生产基地15个，其中生猪基地11个，禽鸭基地4个。

【畜牧技术推广】 全年通过科技下乡、试点示范、科技110等多种形式，在全市重点推广无公害生猪养殖、蛋鸭高产和肉牛改良育肥、母猪繁殖性障碍疾病防治、优质牧草及加工利用5项技术。全年全市共举办各类畜牧兽医技术培训班23期，培训人员2万余人次。

**2005年畜牧业生产主要指标一览表**

表21

| 生猪出栏（万头） | 生猪存栏（万头） | 家禽出笼（万羽） | 家禽存笼（万羽） | 牛出栏（万头） |
|---|---|---|---|---|
| 238.3 | 170.53 | 3305.18 | 2519.58 | 5.78 |
| **牛存栏（万头）** | **肉类总产量（万吨）** | **禽蛋产量（万吨）** | **牛奶产量（万吨）** | **牧业产值（亿元）** |
| 25.38 | 24.20 | 11.58 | 6.45 | 35.20 |

（徐禅仔）

## 水产业

【概况】 2005年，全市水产业按照省委、省政府提出的“水面兴特色养殖”要求，重点发展特种水产养殖，水产品产量和经济效益全面增长。全市水产放养面积5.36万公顷，比上年增加467公顷；孵化水产鱼苗26亿尾，投放各类水产鱼种3.02万吨；水产品起水量28.39万吨，比上年增加1.11万吨，增长4.1%。其中，养殖产量22.95万吨，比上年增加1.13万吨，捕捞产量5.44万吨，比上年减少171吨。特种水产品产量9.66万吨，比上年增加7062吨，增长7.9%，占水产品总量的34%。全市渔业产值27.34亿元，比上年增加5.11亿元，占农业总产值的23.6%。全市农民水产人均增收30元，水产品人均占有量62公斤。水产工作荣获全省目标管理考核二等奖。

【三大特色水产进一步做强】 为适应市场要求,各县、区根据自己的资源优势和区位优势,结合产业结构调整,按照“一地一品”的原则发展水产养殖业,形成当地的“特色水产”。一是大湖养蟹。全市河蟹养殖面积达3万余公顷,河蟹产量1758吨。其中,进贤县河蟹养殖面积达2.7万公顷,全县河蟹产量1229吨,成为该县的六大支柱产业之一。二是网箱养鳝。全市网箱养鳝达5万余箱(每箱24平方米),鳝鱼产量8202吨。其中,南昌县网箱养鳝4万余箱,全县鳝鱼产量达到3187吨,网箱养鳝成为该县农民新的增收渠道。三是低洼田改养珍珠。全市利用低洼田养殖珍珠面积达到0.47万余公顷,吊养珍珠蚌1万余只,产珍珠129吨。其中,新建县珍珠养殖面积达0.27万公顷,吊养珍珠蚌6000万余只。

【加强基础设施建设】 进贤县青岚湖水产苗种繁育场建设竣工并投入使用,当年繁育水产苗种1亿余尾,并通过省级水产原良种场评审委员会的验收。为提升水产品质量,大力发展特种水产养殖,年内优质水产养殖品种30余个,并有军山湖、茅莲湖、青岚湖等8个水产养殖基地共2.8万公顷养殖水面通过无公害水产品基地认定,占养殖水面52.5%。

【推广新品种新技术】 引进澳大利亚宝石鲈后备亲鱼,推广加州鲈、斑点叉尾鮰等新品种。同时大力推广大湖种草养蟹、池塘吊养珍珠蚌、池塘网箱养殖黄鳝、池塘生态立体养殖技术。开展形式多样的水产科技服务,送科技下乡5次,送发水产科普资料5000余份;举办水产培训班10期,培训人员1500余人次。

【加强渔业管理】 3月20日~6月20日鄱阳湖春季禁渔时期,实施村级基层禁渔宣传协管员制度,并在赣江和鄱阳湖人工放流夏花鱼种350万尾,查处销毁违规网具65部,查获违规违法案件64起,处罚违规人员76人,行政处罚1.9万余元。开展渔业安全生产大检查。对全市2000余艘渔船进行安全隐患排查,对68艘有隐患的渔船进行改造。为规范养殖水域管理,保障渔民合法权益,实施水域养殖证制度,核发养殖证的水域面积3.2万公顷。为保护广大消费者的利益,确保水产品安全,开展多次渔资打假活动,并组织专门力量开展水产禁用药“孔雀石绿”的专项整治活动,取得良好的效果。

表22 2005年南昌市水产业经济指标一览表

| 水产品总量(吨) | | 283982 |
|---|---|---|
| 其中 | 养殖产量 | 229559 |
| | 捕捞产量 | 54423 |
| 特种水产品产量(吨) | | 96627 |
| 养殖面积(公顷) | | 53669 |
| 淡水鱼苗(亿尾) | | 26 |
| 机动渔船(艘/总吨/马力) | | 2627/8582/17924 |
| 水产品加工总量(吨) | | 8136 |

(张寿康)

## 农业科技示范园

【概况】 截至年底,全市共开发建设8个农业科技示范园。除2个因资金不到位而停止外,其余均有不同程度发展。

【进贤县中华绒螯蟹生态养殖示范园】 该园位于进贤县罗溪湖,占地面积15.72公顷,实有水面9.46公顷,总投资300万元。采用种植苦草和移植伊乐藻等水草改善园区生态环境,为各围湖造田点和低洼田的开发利用提供示范和样板,并逐渐形成集良种繁育、生态养殖、成蟹暂养、休闲旅游为一体的综合生态养殖园。当年生产豆蟹500万只,扣蟹70万只,年产值85万元。

【进贤县水产苗种繁育基地】 该基地位于进贤县长山晏乡五桥流域。经过3年的建设,建成蟹苗繁育基地6.6公顷,蟹苗培育基地80公顷。该基地拥有较先进的设备,并由省水科所一批高级技术人员组织生产,可进行河蟹、各种虾类、黄颡鱼、泥鳅、斑点叉尾等多种特种水产苗种繁育。当年成功繁育蟹苗1吨,培育v期幼蟹6000万尾,培育一龄种蟹2000万尾,新增河蟹生产能力52万公斤,新增产值4800万元,年创利税1290万元,科技贡献率达60%。

【南昌市现代农业示范园】 该园位于南昌县蒋巷镇。2002年3月由市政府定为市级现代农业示范园以来,经过多年的艰辛努力,年内建成百万羽红毛鸭养殖基地、10万头生猪养殖基地、5万羽孔雀和珍珠鸡养殖基地、万对乳鸽养殖基地、万亩无公害特种水产养殖基地、千头肉牛养殖基地、百亩红蚯蚓养殖基地、万亩绿色水稻种植基地,并拥有国鸿生猪屠宰场、江西旺发高新技术产业有限公司、南昌利达食品有限公司、江西鄱阳湖龙华水产品食品有限公司等一批农副产品加工企业。其中,国家龙头企业1家,省级龙头企业1家,市级龙头企业2家,县级龙头企业13家。当年园区实现生产总值15.45亿元,比上年增长14%。财政收入剔除农业税降税,实现1619万元,增长43%。科技贡献率达65%,良种覆盖率达100%;投入产出比达1:1.8以上,农民人均年纯收入达3580元。

【江西国旺实业有限公司现代农业示范园】 该园位于南昌县,1999年创办。由66.66公顷半荒农田起步,经过6年的艰辛努力,年内发展成占地面积73.33公顷集水稻种植、渔禽养殖于一体的现代农业示范园。该园当年产出优质水稻50万公斤;河蟹3万公斤、银鲫10万公斤、鳜鱼5000公斤、鲈鱼5000公斤,其它鱼类5万公斤。出笼肉鸭5万羽,产蛋20万公斤。

【江西安义现代农业科技园】 该园位于安义县,2002年10月由广东从玉菜业集团投资创办,旨在建成江西省最大的有机蔬菜出口创汇基地。该园区依托区位优势、生态优势、资源优势,坚持高起点定位,高标准规划,高效能管理,高速度建设,采取工业理念和市场化运作方式谋划园区的发展。2002年11月下旬正式开工建设,仅用二年的时间,创造了从玉菜业集团建设史上边投入边产出的高速度。截至年底,完成核心区的主排灌渠、主干道和大型七房电排站等基础设施建设,建成标准化菜地166公顷,种植有机蔬菜面积133余公顷;同时兴建面积3.3公顷连株育苗大棚,安装33.33公顷固定喷灌设施、绿化1.5千米园区主干道,建成4000平方米的蔬菜加工厂房和3200立方米的蔬菜速冻冷藏库。该园自2003年3月31日第一批标准化有机蔬菜空运香港市场以来,累计出口鲜菜6000余吨,创汇400万元,创产值5000余万元,填补了江西省无鲜菜出口的空白。经农业部武汉农产品质量检测中心抽样检测,广东、江西两省出入境检验检疫局实地抽样检测,该园产品(蔬菜)均符合出口标准,获得江西省出口蔬菜基地备案和卫生许可登记证书,江西省外经贸厅颁发出口资质证书,江西省农业厅授予无公害农产品(蔬菜)基地证书和匾牌,同时被定为钓鱼台国宾馆特供蔬菜基地。

【开展农业招商引资活动】 市农业局先后派出28人次赴荷兰和香港、厦门、福州、上海、昆明等城市推介南昌农业发展优势；开展10余次农业招商引资活动。全年引进外资207万美元，引进内资3003万元。5月厦门福信集团正式落户南昌市将军洲农场，兴建南昌将军洲现代生态农业科技示范园，致力于发展科技农业、生态农业和有机农业。同时先后组织全市约十家优质农产品生产企业，参加江西省农业厅在深圳、上海、北京等地举办的供需见面洽谈会。通过生产企业介绍、发送宣传资料、现场产品展示、供需双方见面、考察批发市场等活动，为生产企业和市场提供了一个市场信息交流互动平台，促进了供需双方之间的了解和沟通。

（陈红梅　蔡茂源）

## 农业综合开发

【概况】 2005年，全市农业综合开发项目（简称开发项目，下同）安排在7个项目区建设，主要涉及南昌县蒋巷、泾口；新建县大塘、金桥、象山、乐化；进贤县下埠集、张公；安义县龙津、东阳等10个乡镇的61个行政村，农业人口10.2万人，耕地面积9156公顷。项目总投资8845万元。其中，中央财政资金2630万元，省级财政资金1057万元，市级财政资金263万元，自筹资金2665万元，银行贷款2230万元。截至年底，改造中低产田6133公顷；扩建加固小型水库12座，修建电排灌站58座，配套农电线路12千米；开挖疏浚渠道460.6千米，衬砌渠道100.46千米，配套渠系建筑物2409座；修建机耕路131.65千米，营造农防林200公顷；购买仪器设备32台套，技术培训2.1万人次；示范推广水稻良种面积6200公顷，推广先进实用技术2项，引进推广水稻优良品种6项。同时扶持4个市级以上产业化经营龙头企业。

【实施开发项目把好“五个关键环节”】 一是把好开发项目立项评审关。市、县建立开发项目库，公开选项条件和立项要求，实行竞争选项立项。承诺凡有“三资”（即工商资本、民营资本和外资）前期投入的开发项目优先上报；凡有利于农业结构调整的开发项目优先上报；凡有利于产业化经营的开发项目优先上报。做到效益不好的开发项目不安排，农民没有积极性的开发项目不立项，破坏生态环境的开发项目不开发，涉农耕地没有调整好或需要办理土地流转手续而未办好的不开工。二是把好规划设计关。组织专家对开发项目区进行高标准规划，聘请有相应资质单位或能力的人进行单项工程设计。三是把好招投标关。加强招投标工作的管理，规范招投标程序，做到公开、公平、公正。如进贤县对张公和下埠集2个开发项目区主要单项工程进行公开招投标，由县委领导任招标领导小组组长，纪检、财政等部门参加，有30余家承建单位报名，来自省外湖南、福建以及省内10余家承建单位参与最后竞标。四是把好工程监理关。各县都聘请有相应资质的监理公司或监理能力的人，对开发项目工程进行质量监理。五是把好开发项目竣工验收关。实行中期检查和竣工验收相结合制度，对在建工程定期或不定期进行检查督导，对存在的问题及时纠正，把不符合质量要求的因素消除在施工初期。工程完工后，开展综合性的验收，既要看单项工程的数量和质量，又要看整个开发项目完成情况，既要看档案资料，又要看县级报账制落实情况，并对验收情况进行公示。

【实施开发项目注重“四个结合”】 开发项目坚持培育主导产业和规模开发的原则，注重四个结合。一是注重培育主导产业和发挥资源优势相结合；二是注重科技进步与提高农产品市场竞争力相结合；三是注重改善农业基本生产条件与提高农业综合生产能力相结合；四是注重生产基地建设与农业产业化龙头企业建设相结合。

【开发项目资金管理做到“两个加强”】 一是以提高资金使用效益为重点，加强开发项目资金使用管理。以资金投入确定开发项目规模，按开发项目管理资金，严格执行财政无偿资金县级报账制，实行“三专”管理（即专人管理，专账核算，专款专用）。对财政有偿资金，坚持“谁受益，谁还款”的原则，实行财政部门统借统还，逐级签定借款合同，制定还款计划，把有偿资金债权债务落到实处，确保财政有偿资金在充分发挥效益的基础上按期足额偿还，形成放得出、用得好、收得回的良性循环机制，防止形成债务风险。二是以严禁挤占挪用开发资金为重点，加强财务检查和审计监督。会同财政部门，定期和不定期对农发资金使用进行监督检查。

【扶持产业化经营龙头企业】 全年投资4770万元扶持4个发展前景好，产品市场潜力大，能较好地带动农民致富的龙头企业。其中，养殖业项目1个，即进贤县畜牧良种繁殖场扩建无公害种猪生产基地示范项目；加工项目3个，即江西国鸿集团有限公司年产5万吨冷冻肉及肉制品加工项目、江西龙昌食品有限公司1亿枚禽蛋加工生产线扩建项目、新建县生米镇为民食品藠头加工厂藠头精加工基地建设项目。项目建成后，全年新增冷冻肉及肉制品2000万公斤，禽蛋加工产品1亿枚，藠头10万公斤，良种种猪70头；新增产值9100万元，利税918万元，净利润526万元，固定资产1100万元；安排农村剩余劳动力300人。

【土地治理项目取得明显效益】 土地治理项目建成后，项目区农业生产条件和生态环境得到极大改善。全年新增灌溉面积700公顷，改善灌溉面积3000公顷；新增除涝面积440公顷，改善除涝面积2000公顷；新增粮食生产能力1654.2万公斤，油料251万公斤；新增种植业产值3413万元，项目区农民人均纯收入增加210元。

（黄晓毛）

## 农垦业

【概况】 2005年，全市农垦系统围绕“富民强市”和全面建设小康社会的目标，深化改革，不断推进体制机制创新，大力发展优势产业，各项工作取得明显进步，呈现经济发展快速增长，企业效益继续提高，职工人均收入稳步增加喜人局面。全市农垦系统完成工农业总产值（按现行价）17.01亿元，比上年增长38.8%。其中，工业产值14.05亿元，比上年增长54.2%；完成销售（营业）收入7.88亿元，增长27.9%；上交税金4249万元，增长9.8%；利润3651万元，增长507万元。全系统粮食总产量7.8万吨，比上年减少1.6%；油料产量0.13万吨，增长8.3%；蔬菜产量3.05万吨，增长2%；水产品产量1357吨，减少68.5%；出栏生猪7.45万头，增长5.4%；肉类总产量6910吨，增长8.3%；饲养家禽58.55万只，增长46.4%；禽蛋总产705吨，增长25.4%；水果产量1383吨，减少25.4%；生产茶叶103吨，增长7.9%；酱油总产3363吨，减少37.3%；生产兽药5980箱，减少12.1%；

生产一次性输液器1130万支,增长4.6%;中成药3258吨,减少9.7%。

【江西桑海集团名列全省100家重点企业第16位】 11月,省经贸委根据省重点企业投资数额、产出效益、质量水平、创新能力、成长性能等评价指标进行综合评选,江西桑海集团被遴选列入全省2005年"五百工程"名单,在全省100个重点企业中名列第16位。

【江西桑海集团位列江西百强企业第59位】 由江西省企业联合会、江西省企业家协会按照国际惯例通行的方式及中国企业500强排序要求,以各企业2004年企业销售收入(营业收入)为标准,于当年首次排出当年江西省企业100强,桑海集团名列第59位。

【桑海农业分场成建制移交给桑海经济技术开发区】 10月28日,在江西桑海集团举行交接仪式,将桑海农业分场正式成建制移交给桑海经济技术开发区管理,结束桑海集团约50年来全民企业管理农村的历史。此次交接是根据市政府办公厅《印发关于江西桑海集团有限责任公司区企分开若干问题协调会会议纪要的通知》第二条,桑海分场(集体分场)成建制划给桑海经济技术开发区管理,集体部分土地的征收及所涉农民的补偿安置事宜,由桑海经济技术开发区直接与集体分场商定。

【白马山农业分场被新建县征用】 9月,地处新建县璜溪乡西北约千米的马山分场,是南昌市新丰垦殖场所属的白马山农业分场。新建县为促进县域经济的发展,做好招商引资工作,把白马山列入长埈工业开发区的范围。共征用新丰垦殖场所属白马山农业分场土地27.32公顷,其中水田17.8公顷,旱地及水面等9.42公顷。征用水田的价格为每公顷21万元,旱地每公顷18万元,土地征用款为544.31万元,长埈工业开发区管委会支付白马山农业分场土地上的附着物补偿款90.44万元。由于被征用的白马山土地中存在与他人签有土地开发区使用权转让和土地租用协议,长埈工业管委会补偿相关协议的解除的部分损失72万元,全部土地征用及补偿款总计金额为706.75万元,此为总包干费用。

【南昌市新丰米粉厂整体搬迁】 12月,南昌市新丰米粉厂整体搬出新丰垦殖场境内,迁到南昌市昌北地区。该厂于1971年创办。历年主要产品有精切米粉、魔芋米粉、精品米粉、快速方便米粉。1991~1992年是该厂生产鼎盛时期,五个生产车间(包括方便米粉生产线)生产米制品,从业人员400余人,年产量达1000万公斤,产值2000万元,税利110万元,是当时江南规模最大、档次最高、功能最完备,设施较先进米粉生产厂家之一。"新丰牌"米粉1991年和1992年获省优、部优产品称号,产品深受南昌市民青睐。1997年实行个人承包经营,"新丰牌"商标于2002年5月底作价转让给个人。

【五星清华希望学校学生宿舍楼顺利竣工】 12月,五星清华希望学校宿舍楼顺利竣工。该学生宿舍楼总投资72万元,其中市财政拨款50万元,市五星垦殖场配套22万元。建成的学生宿舍楼为三层砖混结构楼,建筑面积为1163.9平方米,彻底解决该校初、高中300余名寄宿学生的住宿难题。

【五星垦殖场泵站建设改造初步完成】 年底五星垦殖场七座泵站改造工程完工。该工程国家总投资320万元,其中购买和维修电机33台,水泵33台。改造后的总装机功率为3570千瓦,排涝区域分布五星垦殖场内,设计排涝面积4333.3公顷,灌溉面积1000公顷。7座电排站改造后,全场排灌能力得到较大提高,调动全场职工种田积极性,农业生产年增收达910万元。

【五星垦殖场兴建职工门诊大楼】 根据市政府有关文件,该场职工医院被市农村医疗卫生机构建设领导小组列为第一批建设改造单位。项目总投资111.33万元,其中垦殖场配套资金15万元。该工程项目的建设,将进一步夯实农场卫生机构的医疗平台,加强垦殖场对突发公共卫生事件的反应能力,对实现全场职工人人享有卫生保健目标具有重要意义。

【"五七"电排站改造全面竣工】 截至年底,五里垦殖场"五七"电排站改造、设备更新改造全面施工完毕,将改善长期内涝严重的状况。

【江西恒湖垦殖场公路完成硬化】 11月,全场公路硬化完成41千米,总投资902万元,其中国家拨款574万元。该场外洪圩堤红旗联圩有21千米同时完成,彻底解决长期困扰职工出行难的问题。

【广州路改扩建工程拆迁户喜迁新居】 2002年广州路道路改扩建工程项目动工,涉及市青云谱农场拆迁户243户。截至年底,安置住房6栋共计243套交付使用,解决了职工多年无房可住的问题。

【安义县万埠垦殖场公路硬化完工】 9月,总场105国道至林业分场长2.2千米乡村公路完工,总投资70万元。

【铁河垦殖场中小学危房改造完成】 8月,该场中小学校危房改造完成。共改造教室850平方米,调整村小学网点两个,投资50万元。同时建筑面积为853平方米的铁河初级中学实验大楼基本竣工。

(文贵忠)

# 交 通 运 输

## 行业管理服务

【概况】 2005年是“十五”计划的最后一年。南昌市公路、水路、铁路、民航、城市客运等各项交通事业实现超常规、快速度、大规模、高质量发展，一个立体交叉、辐射四方、方便快捷的交通网络形成，为南昌发展经济、提升城市品位、扩展城市框架奠定了坚实的基础。

截至年底，南昌有通车公路9071.5千米，其中管养公路2976.35千米(高速公路235.65千米，国道233千米，省道111.7千米，县道1215.8千米，乡道1180.2千米)，村道6001.15千米。有各种汽车11.91万辆。其中，营运车辆3.22万辆(客车1948辆，出租车3596辆，货车2.67万辆)。客运班线395条。其中，省内300条，跨省95条。

城市客运高速发展。全市拥有公交线路90条，公交车1951辆。全年主营运收入3.53亿元，比上年增长12.71%。

南昌有航道369千米，年检船舶387艘。其中，营运船舶338艘(客船6艘、445客位，货船318艘、11.69万吨载重吨位，拖船14艘)；驳船37艘、载重量0.95万吨。南昌港有岸线36.5千米，码头49座，105个泊位，总延长4693米。其中，南昌港国际集装箱码头可泊1000吨级船舶。全年水路运输有增有减，客运受大环境影响继续下降。

南昌铁路局管内线路营业里程3370.5千米(其中南昌市辖内有铁路线284千米)，有内燃机车791台、电力机车210台、客车2654辆。全年完成旅客发送量5363.2万人次，货物发送量8303.4万吨。南昌站是国内重要客流中心之一，日均接发列车123对(其中旅客列车66对，货运列车57对)。

南昌昌北国际机场，是省内最大的民航机场，可起降大型客机。有20余家航空公司经营，国内航班每周320班次，地区及国际航班每周7班次，载客量拥有3.5万个客位。

【市交通局编制“十一五”交通建设规划】 为编制南昌市“十一五”交通建设规划，市交通局成立以局长鞠锦璋为组长的领导小组，具体工作由局综合计划处承办。规划内容包括“十五”交通规划建设回顾、“十一五”期间行业发展环境、资源环境、规划思路和目标、规划任务和发展重点、重大建设项目、发展政策或保障措施、2020年规划展望和建议等八个方面。其规划主要目标是，2006年全市农村公路硬化1000千米，行政村公路硬化率90%。2007年全市公路硬化1000千米，行政村公路硬化率100%。2008～2010年每年建设公路网化路500千米，改造拓宽路面和提高技术等级，提高抗灾能力。市区公路客运基础设施建设发展目标是完善城南、城西客运设施，弥补城东、城北客运空白。项目有建设客运东站、客运南站、昌北客运站(客运北站)、长堎客运站和南昌长途客运总站扩建。市区公路货运基础设施建设发展目标是货运设施力争开发区、工业集中区、城郊结合部(有国、省道)等地规划建设有较大规模物流园区或物流中心。项目有建设沈桥货运站、京山物流中心、长堎货运站、洪城货运站、蛟桥货运站、昌北货运总站(昌北物流中心)。农村客运发展的具体目标是70%乡镇建有等级客运站，60%行政村建有招呼站或候车亭；通达深度是所有通公路的乡镇和建制村开通农村客运班车；服务水平是农村客运网络得到明显优化，运输需求基本得到满足；农村客运运力全面更新为符合国家的车型，城乡客运网络得到有效衔接，安全和服务水平明显提高。港口基础设施建设发展目标是，把南昌港建成具有年装卸816万吨货物和10万标箱集装箱吞吐能力的大型内河港口。项目有建设东新港区、张洲港区、樵舍港区、南昌港信息中心、江西船业大市场、南昌港裕龙大厦。

【市交通局编制全市农村客运站点规划】 根据省交通厅关于进一步做好农村客运站点建设工作实施意见的精神，市交通局结合全市农村客运站点及农村公路建设情况，编制全市农村客运站点(2006～2015年)建设规划。总体目标是计划在2006～2008年建设农村客运站41个。其中，南昌县17个，新建县7个，进贤县6个，安义县7个，湾里区4个。2010年之前建设农村客运站46个；力争在2015年之前全市所有乡镇建有1个客运站，以适应全市农村经济社会发展需要。

【南昌市大客车安装行车记录仪和GPS系统】 南昌市运管处根据省交通厅、省公安厅的要求，结合年度审验和班线复审，督促客运企业在20座以上营运客车上安装汽车安全行驶记录仪或GPS(卫星定位)系统，鼓励高速客运和400千米以上长途客运车辆安装GPS系统，以加大对客运车辆及驾驶员运行过程的监控。截至年底，已有90余辆运营客车安装安全行驶记录仪；江西长运集团公司跨省际高客全部安装安全行驶记录仪和GPS系统。

【南昌市首批“指纹IC卡驾培管理器”安装完成】 12月2日，125台用于机动车驾驶学员学时监控管理的“指纹IC卡驾培管理器”在江西蓝天驾校教练车上完成安装。这是市运管处监督全市机动车驾驶培训机构教学培训质量，督促培训机构严格执行交通部教学计划、大纲，确保完成国家规定培训课时，完善培训市场监督机制，引导培育驾培市场健康、有序、持续发展所采取的一项重要举措。根据市运管处的安排，全市驾校于12月底完成“指纹IC卡驾培管理器”(共500余台)的安装调试工作，2006年1月1日起正式启用。

【南昌市开展汽车维修诚信经营企业创建及评选活动】 为提高全市汽车维修企业的诚信意识，推动汽车维修行业诚信体系的建设，市运管处会同市汽车维修与检测行业协会于9月组织二类以上汽车维修企业开展汽车维修诚信经营企业创建及评选活动,约160家企业参加。

为使活动顺利开展,市运管处一是专门成立创建评选领导小组及秘书处、专家评估小组等评选机构,并落实机构人员。二是结合全市汽车维修行业实际情况,研究落实具体的评选方法(星级表彰),细化评分标准,确定参选企业申报的材料审核程序,确保评选活动公正、有序。三是在评选开始前广泛宣传,将活动安排在网上公告,并召开创建、评选活动动员会,邀请省运管局专家讲课。四是组织专家评估小组现场考核评估,发现好的做法,指出不足之处,促进企业发展。评分结果由专人统计后封存,做好保密工作。五是将评估结果交领导小组复查,并在新闻媒体和该处网站公示一周,广泛征求意见,无异议后由市运管处和协会共同发文决定。经过约2个月的评选,有25家汽车维修企业被评为诚信经营企业,对促进企业提高诚信服务理念,完善企业管理制度,提高经济效益起到很好推动作用。

**【南昌市举办"东风杯"机动车驾驶教练员技能大比武】** 为加强各驾校的汽车文化交流,提高教练员的安全文化素质和汽车驾驶技能,促进全市机动车驾培市场健康、有序地发展,8月24日,由市运管处、市车管所、市驾驶员培训工作委员会主办,南昌东风汽车销售有限公司提供赞助的"东风杯"机动车驾驶教练员技能大比武在江西蓝天驾校开赛。大赛分别设置大车蝶形移库、小车蝶形移库、大车道路驾驶、小车道路驾驶4个比赛项目,16所驾校的58名教练员分别参加各组别比赛。其中,蓝天驾校刘强以43秒56夺得大车蝶形移库第1名;蓝天驾校胡小宏以25秒93夺得小车蝶形移库第1名,胡小宏还夺得小车道路驾驶第1名,蓝天驾校曾九胜获得大车道路驾驶第1名。蓝天驾校、江西赣安驾校、南昌市机动车驾驶员培训中心分别获得大赛团体一、二、三等奖。省运管局、市交通局、市车管所和市运管处等单位领导莅临大赛现场并给优胜单位和个人颁奖。

**【市运管处举办现代汽车驾驶培训技术学术讲座】** 6月29日,市运管处、市驾驶员培训工作委员会在江西蓝天学院学术报告厅举办现代汽车驾驶培训技术学术讲座,邀请中国人民解放军军事交通学院教授史光辉讲课。省运管局、省交警总队、市公安局、市交通局、市公安交通管理局、市运管处单位领导、全省各设区市运管处分管处长与驾培科长、市15所驾校负责人、市运管处60名运管人员和全市500余名从业人员参加。史光辉的讲课使大家对现代汽车驾驶培训有了新的认识。

**【市港航处集中整治水路运输市场秩序】** 近年来,南昌市水路运输特别是内河短途砂石运输市场空前繁荣,船舶运力增长快,同时无证船舶非法经营现象也较严重。为规范水运业户经营行为,维护合法经营者正当权益,营造一个和谐创业、公平竞争的水运市场环境,市港航管理处根据省、市交通管理部门要求,结合船舶普查工作,从10月8日起对港区内船舶非法经营行为进行专项整治,重拳打击无视国家法律法规、拒绝接受行业管理、不办理"船舶营业运输证"非法从事营业性运输、严重偷逃国家规费的违法经营行为。截至年底,共检查船舶400余艘,补缴水路运输管理费55万元;为11艘符合手续的船舶补办"船舶营业运输证";将542艘沙石运输船、179艘卵石船、22艘自卸驳船纳入管理,有效地改善了水路运输环境。

**【市港航处整治水上交通安全隐患】** 根据市安全委员会有关文件精神,市港航管理处针对辖区内水上交通安全存在的隐患,从8月26日开始进行为期2个月的集中整治,并结合"十一"黄金周进行一次全面的安全大检查。整治分为宣传发动,排查摸底、集中整治和验收总结3个阶段。重点整治液货危险品水路运输企业和危险品运输船舶、客运企业和客运船舶、液货危险品码头和其他各类码头及非法运输船舶。

**【全市连续14年实现渡运安全】** 2005年是市政府和省交通厅有关乡镇渡船更新改造三年计划的第二年。市交通局继续抓好2004年度渡船更新改造组织和协调工作。列入计划建造的渡船共47艘(钢质33艘,木质14艘)于9月动工,预期于2006年6月竣工,将送达全市4个县的47个渡口。新渡船共投资301万元。其中,省交通厅补贴197万元,市政府补贴54.56万元,县、区自筹49.44万元。渡船更新改造为渡运安全提供良好保障。在加强硬件设施建设的同时,市渡口管理所深入乡镇,定期检查各渡口的各项安全措施和运行状况,坚持抓好渡运安全。经过全体渡运人员的共同努力,全市135个渡口(含3个汽车渡)连续14年实现渡运安全无事故。

(周国祥 陈和金 黄友芽 刘京伟 章剑 揭任成)

## 2005年南昌市各种运力一览表

表23

| 指标 | | 计算单位 | 2004年 | 2005年 | 增长% |
|---|---|---|---|---|---|
| 公路 | 客车 | 辆 | 1925 | 1948 | 1.20 |
| | | 客位 | 37344 | 39971 | 7.03 |
| | 出租汽车 | 辆 | 3808 | 3632 | -4.62 |
| | | 客位 | 18920 | 14730 | -22.15 |
| | 载货汽车 | 辆 | 28569 | 26778 | -6.27 |
| | | 吨位 | 83426 | 83427 | 0 |
| | 其他机动货车 | 辆 | 3640 | 3696 | 1.54 |
| | | 吨位 | 4143 | 3776 | -8.86 |

续表 23－1

| 指　　标 | | 计算单位 | 2004 年 | 2005 年 | 增长% |
|---|---|---|---|---|---|
| 水路 | 客船 | 艘 | 13 | 6 | －53.85 |
| | | 客位 | 885 | 446 | －49.60 |
| | 客货船 | 艘 | 2 | 0 | －100 |
| | | 客位 | 360 | 0 | －100 |
| | 货船 | 艘 | 193 | 318 | 64.77 |
| | | 吨位 | 68821 | 116916 | 69.88 |
| | 驳船 | 艘 | 66 | 37 | －43.94 |
| | | 吨位 | 15780 | 9485 | －39.89 |
| | 远洋运输船 | 艘 | 5 | 6 | 20.0 |
| | | 吨位 | 31838 | 39874 | 25.24 |
| 铁路 | 机车 | 台 | 993 | 1013 | 2.0 |
| | 客车 | 辆 | 2553 | 2654 | 3.96 |
| | 座位定员 | 万人 | 14.27 | 9.4 | －34.13 |
| | 卧铺定员 | 万人 | 6.18 | 2.5 | －59.55 |
| 民航 | 周平均航班 | 班次 | 210 | 320 | 52.38 |
| | 座位定员 | 客位 | 22000 | 35000 | 59.09 |
| 城市公交 | | 辆 | 1807 | 1951 | 7.97 |
| | | 客位 | 90350 | 97550 | 7.97 |

注:1. 公交车以每辆可载 50 人计算。2. 铁路因浙赣线电气化改造客位定员受影响。

（市交通局）

## 公路建设

【概况】　2005 年,市公路管理局公路建设严格执行建设程序和管理制度,强化重点工程、一般性改造工程质量监控措施,并落实纪检监察全过程参与工程建设的制度,取得较好成效。全年新上项目 5 项,续建项目 2 项。截至年底,完成砂石路通车 5 千米;路面工程 0.354 千米;完成投资 2518.52 万元。养护大中修工程完成投资 955.65 万元,占计划(932.7 万元)的 102.5%。其中,重铺油路 9635 平方米,完成投资 98.2 万元;重建油路 7.45 千米,完成投资 218.3 万元;油路罩面 3 千米,完成投资 84.45 万元;水泥面板修复 26161 平方米,完成投资 330.1 万元;重、改建水泥路 4.3 千米,完成投资 185.3 万元;修复硬路肩 8997 平方米,完成投资 25.2 万元;维修护坡、水汔等 561 平方米,完成投资 5.6 万元。全年安保工程完成安保波形护栏、安全标志等投资 205.53 万元,完成道班房建设及配套投资 431.5 万元,共拆除和控制违章建筑 455 平方米/266 处,清除路障、堆积物 3552.5 立方米/1568 处,清除非交通标志牌 484 块/361 处,清理污染路面 4985 平方米,查处损坏公路及公路设施案件 66 起,收取损坏公路及公路设施赔偿费 43.61 万元,路政查处率 99%,结案率 98%。全年创建省级文明单位 3 个,市级文明单位 9 个,县(区)文明单位 16 个;创省级青年文明号 4 个,市级青年文明号 20 个。

【工程建设项目进展顺利】　当年新开工项目 6 个(即阳梅线、峤宝线、武阳桥引道工程、罗舍桥引道工程、昌进公路张王庙立交桥引道工程和解放东路延伸段,其中武阳桥引道工程年内完工),建设里程共 27.51 千米,计划投资 3780 万元。续建项目 2 个(即莲罗线淡溪桥和广三线,其中莲罗线淡溪桥 18.3 米年内建成;广三线 10 千米年底建成)。同时省大、南安收费站开工建设,其中省大收费站于 11 月 23 日建成。

【规范工程项目管理】　一是加强规范公路建设程序管理。凡列入计划的路网公路建设项目,严格按批准的设计文件实施,变更设计由建设、设计、施工、监理单位按有关规定办理,并报项目主管部门批准。二是坚持推行项目法人制、工程招标制、工程监理制和合同管理制等四项制度。公路建设工程实行公开招标,择优选择具有相应资质的设计、施工、监理单位。招标中采用明标暗投、随机抽取所投标段、随机抽取下浮点数等招投标方式,防止违规违纪违法现象发生。如峤宝公路招标。市局采取明标暗投、专家评标等程序,确认施工总中标价为 1984 万元,比批复的建安费 2321.2 万元节约 337.3 万元;监理中标价为 25 万元,比批复预算节约资金 2.93 万元,总共节约资金 342.8 万元。三是加强工程质量管理。按照国务院颁发的《建设工程质量管理条例》,实行主管部门、建设、设计、施工、监理单位工程质量责任制和设计使用年限内质量终身负责制。四是加强建设资金管理。实行工程财务集中管理和会计委派制、统一报账制,建设项目有国债资金、部省补助资金的做到专户存储、专款专用。工程项目结束后,及时撤销账户纳入财务部门统一管理,尽快办理竣工决算,做到工完账清。五是加强工程廉政建设管理。完善"廉政合同",推行"廉政档案",把廉政监督贯穿于工程建设全过程。同时实行纪检监察员派驻制,努力建设廉洁工程。

【"好路率"稳中有升】 雨季来临期间水毁预防和抢修工作早安排,早备料,早预防,确保雨季期间公路完好。一是在雨季来临前注重路面整治,对油路网裂路段进行全面刷油处治,水泥路面注重接缝和裂缝的养护,全面进行灌缝处理。二是开展路基整治工作,及时处理路基缺口,开挖标准水沟,提高公路抗灾能力。三是全面推行标准化、规范化和生态化养护,确保公路的"畅、洁、绿、美"。四是做好水毁预防和抢修工作。全年全局平均好路率达77%,比上年上升1个百分点。

【组织开展迎国检工作】 根据交通部要求,当年对全省干线公路进行检查,对105国道文明样板路创建工作进行验收。为确保全市通过交通部检查和验收,一是制定下发迎检实施方案;二是积极争取省交通厅、省公路管理局和市里资金方面的支持;三是认真对照交通部要求,主动对未达到要求的国道路段加强养护和管理,保证顺利通过检查和验收。由于准备充分,管养路段路容路貌和内业资料工作,得到省交通厅、省公路局的肯定。同时协助省公路局对临时抽检的昌万公路做好路面清扫和路政管理工作。

【路政管理依法有序】 一是加强巡路。通过积极主动与政府有关部门开展联合整治,组织路政人员积极巡路,查处和整改一些特大路政案件和长期未清理的违章情况,推动了路政管理工作向纵深发展。二是加强路政执法队伍依法行政能力。邀请专家对所有的路政人员进行法律法规和业务知识培训,取得良好效果。全年处理违章建筑432.6平方米/197处,清理堆积物3284立方米/1415处,清理非交通标志牌174块/150处,查处损坏公路设施案件74起,收取路政赔(补)偿费33.12万元,实现案件查处率99%,结案率98%。

【超限运输治理成效明显】 按照国务院、省政府、省交通厅治理超限运输三个实施方案规定执行,并加强与有关部门的配合,共同做好车辆超限超载治理工作。截至年底,共出执法人员2880人次,累计检测涉嫌超限超载运输1.52万辆,其中超载车辆637辆,超限车辆2744辆,卸载转运货物9159吨。通过治理取得良好成效。一是本市管辖的路段超限超载率从治理前的80%下降到5%左右;二是因超限超载运输引发的交通事故明显减少;三是公路通行能力进一步增强,公路设施得到有效保护;四是治理工作深入人心,二次超限超载率呈明显下降趋势;五是治理超载科学化、信息化手段不断提高,市局治理超载站自身建设得到加强。该站荣获省治理超载办公室授予的2005年度全省各设区市治超工作先进集体和省交通厅授予的先进集体称号,

【提高筑路机械利用率】 各机修站实行设备有偿使用,单独核算制度,做到设备出库签订租赁合同,入库修复检查验收,确保租赁费的收费和设备的良好率。同时围绕"赛完好率、赛使用率、赛经济效益"开展好红旗设备竞赛活动。全年实现筑路机械完好率达到90%,车辆完好率达86%,大型机械完好率96%,;租赁机械实现效益17万元,比上年增长48.6%。

【改善道班基础设施】 市局新班子到位后,决定从当年开始,用3年时间改建50余个道班基础设施,改善一线养护职工的生产生活条件。在市政府分管领导支持下,当年增加370万元经费,按照新颖、超前、特色、绿化标准新建和改造16个道班基础设施,努力为职工创造舒适的生产生活环境。

【协助查处违纪案件】 4月市局部分党员干部违纪案件被市纪委、市检察院查处后,局党委积极协助市纪委、检察部门调查取证,并派出3个调查组查处5家施工单位外借资质给包工头投标、转包、分包工程的违法行为;对有违纪行为的2位科级干部进行立案审查。同时广泛开展谈话活动,使涉嫌人员放下包袱,主动向组织上说清问题。为增强党员干部廉洁自律意识,局党委组织党员干部学习中共中央关于《建立健全教育、制度、监督并重的惩治和预防腐败体系实施纲要》,组织收看《实施纲要》辅导讲座,参加市纪委组织的《实施纲要》知识问答,购买《实施纲要》宣传图片。同时纠正各单位行政主要领导直接分管财务的作法,并对党政领导干部拖欠公款及投资入股煤矿进行专项治理。

**随文资料:**

全市公路简况

2005年,南昌地区境内总里程793.744千米,市公路管理局实际养护里程是761.657千米(比上年增加黎温连接线2.83千米)。其中,国道3条232.97千米(市公路管理局管辖里程为216.90千米),占总里程的29.4%;省道5条111.71千米(市公路管理局管辖里程为101.78千米),占总里程的14.1%;县道25条405.83千米(市公路管理局管辖里程为399.73千米),占总里程的51.1%;乡道17条43.22千米(市公路管理局管辖),占总里程的5.4%。总里程中,可绿化里程为661.53千米,绿化里程430千米。

(梁丽华　习　伟)

【南昌市农村公路水泥路建设一年超过2300千米】 2005年是农村公路水泥路建设三年大会战的最后一年。南昌市在2003年、2004年超额完成预定计划的基础上再创佳绩,完成农村公路水泥路建设2321.79千米,总投资额达7.18亿元(其中省级补助约为1.62亿元,市级补助约为1.62亿元,县级补助约为0.47亿元,其余为乡村自筹和捐助),建设里程及投资额双双突破历史最高水平。

2003~2005年,市政府下达农村公路水泥路建设3000千米的计划。经过各级政府和广大农民的共同努力,实际完成4900余千米,为计划数的163.3%,投资总额17亿元。截至年底,全市80个乡镇全部实现乡乡通水泥路;1165个行政村有1055个行政村村道完成路面硬化,占行政村总数的91%;8423个自然村有4000个自然村完成村道路面硬化,占自然村总数47%。南昌市农村公路水泥路建设走在全省的前列(全省计划在2007年完成县通乡镇政府路面硬化和60%的行政村路面硬化)。

【开展全市农村公路通达情况专项调查】 根据交通部和省交通厅关于开展农村公路通达情况专项调查工作的指示精神,市交通局、公路局于11月底开始在全市范围内开展农村公路通达情况专项调查。两局联合成立南昌市农村公路通达情况专项调查领导小组及办公室,并制定专项调查实施方案。调查组成员由市交通局、市公路局技术人员及江西交通职业技术学院师生组成。调查数据经补充测量、统计、修正、审核,全市共实测93个乡镇(包括乡镇级建制林场、工业区、垦殖场等)、1176个建制村(包括村级建制林场、垦殖场等)、1025个村小

学、63 条县道、230 条乡道、5352 条村道、8 条专用道路、407 座桥梁，共计线路里程 8282.50 千米。

【乐温高速公路竣工通车】 11 月 16 日，乐温高速公路竣工通车。该路是北京至福州国道主干线在南昌市境内的一段，同时也是南昌市绕城高速公路的东段。全长 71.64 千米，路基宽 33.5 米，行车速度每小时 100 千米，全线三跨赣江，二跨抚河，二过铁路，共设置 7 个收费站，是江西省第一条全封闭、全立交、双向 6 车道高速公路。该路起于新建县乐化镇昌九高速公路与机场高速公路交汇处，途经新建县、南昌高新技术产业开发区、南昌县、进贤县，共 12 个乡镇，终于京福高速公路与沪瑞高速公路的交汇点——温圳墨溪陈家枢纽互通。总投资 38.5 亿元，建设工期计划 36 个月。2003 年 12 月 12 日开工，经过 23 个月的建设，提前 13 个月竣工通车。该路的建成不但缩短京福高速公路在江西境内的行程 18.6 千米，降低运输成本，且改善南昌市东部交通压力，加强区域中心城市的辐射能力。

【南安一级公路正式通车】 2 月 5 日，南昌至安义一级公路全线正式通车。该路全长 29.11 千米，起于昌九高速新祺周互通立交，途经杜家嘴、罗亭镇上板村之后与改建的 105 国道安义县长均乡至万埠段相重合，再转接万璜线经乌龟山、凤凰山、郭家沙桥桥头，与安义县城的文峰路相接。该公路投资总金额 3.69 亿元，按一级公路技术标准建设。路基宽 24.5 米，路面宽 15 米，双向 4 车道（其中凤凰山至安义县城郭家沙 1.8 千米，按路基宽 56 米，路面宽 24.5 米建设）。该路设计行车速度 100 千米/小时，全线绿化 11 万平方米，途中共有桥梁 11 座，其中特大桥 1 座，中桥 5 座，小桥 5 座。南安一级公路建成后，可以缩短安义县与南昌市的交通距离，安义至南昌的车程将由原来的 1 个小时缩短为半小时，对构筑南昌“半小时经济圈”将起到重要作用，安义县综合优势将更加凸现，对外形象将显著提升，给整个安义县发展带来新的机遇。

【南昌市开始新一轮渡改桥工程——周坊桥开工】 7 月 26 日，进贤县文港镇周坊桥开工建设。该桥是经过省交通厅转报交通部批准立项的渡口改桥项目，标示南昌市新一轮渡改桥项目开始具体实施。周坊桥设计长 70.24 米，桥面宽 15 米，其中行车道宽 13 米，人行道 2×1 米，载荷为公路Ⅱ级。设计水位 27.5 米，洪水频率 50 年一遇。工程总投资预计 167 万元，其中交通部渡改桥项目补助 56 万元，其余配套资金由县、乡自筹。周坊桥将于 2006 年竣工通车，届时结束该地渡运的历史。

（梁丽华　刁　伟　王　峰　尹　中　徐正柱　罗海燕　齐万玉）

## 公路运输

【概况】 2005 年，全市运输部门努力强化监督管理，积极推动现代物流业发展，各项工作取得新的成效。

【南昌市公路水路春运工作顺利完成】 2005 年春节运输从 1 月 25 日开始，至 3 月 5 日结束，为期 40 天。其间，全市公路水路共投入客车 2438 辆（市内 6 站场 1627 辆）、客船 10 艘。据统计，完成客运量 295.65 万人次。其中，公路 295.13 万人，水路 0.51 万人次。公路比上年下降 9.22%，水路增长 22%。通过加强对全市公路、水路春运工作的领导，强化春运安全、监督管理，维护春运市场秩序，努力提高服务质量等方面的工作，圆满顺利完成春运任务。整个春运发生 4 起交通事故，伤 7 人，死亡 7 人，未发生重特大安全事故。

【江西长运集团有限公司入选江西企业 100 强】 7 月 18 日，江西省企业联合会、江西省企业家协会按照国际惯例通行的方式，公布 2004 江西企业 100 强，江西长运集团有限公司以营业收入 4.19 亿元排名第 52 位。

【江西长运股份公司入选中国道路运输企业 100 强】 7 月，中国道路运输协会发布“中国道路运输企业 100 强（2005 年）”公告，江西长运股份有限公司再次入选，在“2005 年中国道路旅客运输企业 50 强”中排名第 15 位；在“2005 年中国道路货物运输企业 50 强”中排名第 24 位。

【江西长运物流公司提高安全管理科技含量】 为大力创新安全管理工作，提高安全工作的科技含量，江西长运物流有限公司投资约 4 万元购进一套香港智腾电子实时监控系统和步话机通信系统，分别安装在公司的停车场、仓库区和财务、门卫等重要基地，监视上述场所治安情况，有效地控制治安事件的发生，确保公司的安全生产和经营秩序。全年该公司未出现任何安全事故，得到当地政府和公安部门的一致好评。

【南昌长途汽车站进行服务技巧培训】 为提高汽车站站务人员的服务技巧与质量，6 月 17～18 日，南昌长途汽车站聘请中国东方航空公司的空姐魏小姐，为全站员工进行服务技巧培训。魏小姐从服务人员的着装、仪容仪表、肢体语言出发，以实例向大家讲解如何用“心”服务，如何处理旅客的激动情绪、如何做好自我保护等。培训时间虽不长，员工却受益匪浅。同时车站参照航空服务的标准，从中找到服务中的差距，重新修订《南昌长途汽车站站务员行为规范》，并制成卡片，发给每个员工，要求熟知熟记，规范服务行为。

【江西长运股份公司并购马鞍山汽运公司】 经过约一年的交流与沟通，江西长运股份有限公司与安徽马鞍山市汽运公司，于 9 月正式签订《合作协议书》，成立马鞍山长运客运有限责任公司。新公司总资产 3000 万元，由江西长运股份公司以现金 1530 万元出资，占新公司注册资本的 51%；马鞍山汽运公司以经评估的生产性实物资产投资方式出资 1470 万元，占注册资本的 49%。此次并购有助于两企业自身的发展，有利于提升企业的核心竞争能力，达到共同发展的目的。

【江西长运股份公司完善微机联网售票】 江西长运股份有限公司发挥网络优势，6 月顺利实现各客运站场及代理处（包括邮政 11185）的微机联网售票，并推出高快客班次提前 10 天预售票的服务措施，方便了旅客购票。

【省经贸委确定重点联系物流企业】 为推动全省现代物流发展，扶持物流企业做大做强，省经贸委决定从 8 月起，选择江西长运公司、江西远洋运输公司、江西邮政物流公司、中铁快运南昌公司、省物资储运公司、南昌商业储运公司及兴发物流公司和昌顺物流公司等 8 家物流企业为重点联系企业。10 月 12 日，省经贸委召开第一次联系会，决定对重点联系企业建立月报制度，以及时了解和掌握企业生产经营状况；建立联系会制度，每季召开一次会议，交流经验，探讨发展思路，介绍成功案例和典型，帮助企业提高管理水平；对重点企业进行跟踪服务，及时帮助企业解决难点问题；加大对重点企业扶持力度，在筹集流动资金、申请扶政项目、培训专业人员等方面予以倾斜。

【江西省创业就业服务中心启动】 为引进社会资源,提升市场形象,促进市场繁荣,江西省劳动就业服务管理局、江西省市场学会与江西长运科技大市场有限公司共同打造的"江西省创业就业服务中心"于5月10日正式启动。该中心面积近200平方米,配备10套电脑查询系统,为下岗人员、大中专毕业生提供大量就业创业机会。启动之日,省劳动就业服务管理局与《江南都市报》合作,在该服务中心推出"圆你一个创业梦想,寻找未来创业服务之星"为主题的创业系列活动,包括创业项目推介会、创业培训班等内容。该活动对提升江西长运科技大市场形象起到良好的推动作用。

【江西长运股份公司质量管理体系通过审核认证】 中国船级社质量认证公司(从事管理体系论证的机构)于11月23～25日对江西长运股份公司质量管理体系整合后的运行情况进行一次年度复评和安全管理体系的监督审核。复评审核组通过与管理层交谈及在各部室、各单位现场审核,抽查大量的证据表明,公司各部室、各单位在提供管理服务和生产管理工作中,基本能够按照 ISO 9000 标准运行,并取得一定的效果。本次审核结论是质量管理体系推荐注册,安全管理体系推荐保持证书。

【公路客运科技项目通过验收】 江西长运股份公司承担的2004年度江西省交通科技项目《公路客运管理信息系统》,8月10日通过江西省交通厅组织的验收,并于8月30日正式颁发《江西省交通厅科学技术成果验收意见书》。

【长运工程师汽车维修检测论文入选研讨会论文集】 由中国公路学会汽车运输学会和全国汽车维修标准化技术委员会联合举办的"2005年全国汽车维修检测学术研讨会"于9月7日在江西省南昌市阳明宾馆召开。江西长运机动车检测中心主任、高级工程师刘晓玫和副主任、高级工程师孙晓栋合作撰写的《谈谈汽车综合性能检测站质量保证体系的建设与实施》论文,公司副总工程师、高级工程师江兴智撰写的《合理选择制动检验方法正确评价行车制动性能》论文,南昌现代汽车科技学校教师黄浩和汽车修理厂厂长、助理经济师章强合作撰写的《校企联合——强化汽车维修人员职业教育》论文,由本次研讨会收录到《全国汽车维修检测学术研讨会论文集》。

(曾国辉　黄友芽　王艳明　郑勇刚　吴　隼)

## 2005年南昌市交通运输情况一览表

表24

| 指标 | | 计算单位 | 2004年 | 2005年 | 增长% |
|---|---|---|---|---|---|
| 公路运输 | 旅客运输量 | 万人 | 3687 | 3522 | 4.68 |
| | 旅客周转量 | 万人千米 | 237793 | 224591 | 5.88 |
| | 货物运输量 | 万吨 | 3624 | 3890 | 7.34 |
| | 货物周转量 | 万吨千米 | 192253 | 210546 | 9.52 |
| 水路运输 | 旅客运输量 | 万人 | 26.8 | 17.9 | -33.2 |
| | 旅客周转量 | 万人千米 | 628 | 350 | -44.27 |
| | 货物运输量 | 万吨 | 205.1 | 268.5 | 30.91 |
| | 货物周转量 | 万吨千米 | 42547 | 82883 | 94.8 |
| 远洋运输 | 运输航次 | 次 | 147 | 131 | -10.88 |
| | 货物运输量 | 万吨 | 83.52 | 73.46 | -12.05 |
| | 货物周转量 | 万吨海里 | 77817.4 | 83888.5 | 7.8 |
| | 集装箱 | TEU | 4745 | 9429 | 98.71 |
| 港口吞吐量 | | 万吨 | 593.56 | 1312.9 | 121.19 |
| 铁路运输 | 旅客发送量 | 万人 | 1274 | 1346 | 5.65 |
| | 货物发送量 | 万吨 | 364.6 | 391.6 | 7.4 |
| 民航运输 | 旅客吞吐量 | 万人 | 163.37 | 230 | 40.78 |
| | 货邮吞吐量 | 万吨 | 2.29 | 2.32 | 1.3 |
| 城市公交 | 客运量 | 万人次 | 33160 | 41000 | 23.64 |
| | 线路 | 条 | 82 | 90 | 9.76 |

注:铁路、民航运输数据仅指南昌地区。

(市交通局)

## 城市公共交通及管理

### 南昌市公共交通总公司

【概况】 2005年,南昌市公交总公司克服油价持续高涨等制约企业生产经营及发展的各种困难,扎实做强公交主业,做大相关产业,以"辛勤、发展、创新、振奋"的工作精神,全面完成或超额完成各项工作目标,公司综合实力更加雄厚,城市客运市场的主导地位进一步得到巩固。截至年底,公司拥有公交线路90条,营运车辆1951辆。全年运送乘客4.1亿人次,比上年增长23.64%;完成营运收入35275.92万元,比上年增长12.71%。

年初,南昌市公交总公司被省企业联合会、省企业家协会授予2004年度"江西省优秀企业"称号;公司工会被中华全国总工会授予"模范职工之家"称号。总经理王立荣获"江西省劳动模范"、"省优秀企业家"、"省十大经济人物"称号;林秀兰、涂香武被评为南昌市劳动模范。

【企业生产经营业绩再创新高】 全年南昌市公交总公司克服油价持续高涨、市政道路开挖频繁、夏季气候持续高温等诸多困难,全年完成主营收入35275.92万元,比上年增长12.71%;公司投入场站建设及购置车辆的自有资金16004.59万元,是上年的177%,创历史新高。行车安全间隔里程226.05万千米/次,全员劳动生产率达66621.19元/人·年,比上年增长6.23%;在岗员工年均收入达到17200元,增长12.51%;车厢服务合格率95.4%;车辆整洁合格率97%;遵章合格率96.2%。

【昌南汽车客运站竣工投入使用】 昌南汽车客运站位于南高公路以东、振兴大道以南交汇处的小蓝工业园区内,占地10.8公顷。由南昌市公交总公司投资1.1亿元建设,2004年9月28日开工,2005年12月31日竣工。该客运站是按国家交通部颁一级汽车客运站的标准规划设计的大型枢纽站,集省内外长途客运、物流中心与公交车停放为一体,建筑面积27461.5平方米,售票与候车大厅面积超过3000平方米,配备舒适的太空椅1000个,装备有中央空调、智能化弱电、LED显示、公共广播、电子监控、通信网路、乘车信息查询、计算机联网售票管理和消防安全报警系统。站内设有发车卡位32个,可日发客运班次1200班,日发送旅客2.5万人次。同时与公交车零距离接驳,夜间可停放500辆公交车,一地两用。是江西省最大、最先进的客运站。

【南昌公交开辟新线路及夜间车】 按照市政府民心工程和城市化进程需要,全年南昌市公交总公司新辟公交线路10条,调整优化公交线路18条,使公交线路总数达到90条,年客运量近4.1亿人次(含各种免费乘车人员)。新辟228、229路环行线,促进了红谷滩新区的发展;将217路调整为17路,方便70岁以上老年人和现役军人等群体免费乘车到红谷滩新区,得到市政府和市民的好评;新辟南昌至蒋巷无人售票公交线路,使农民享受到与城里人一样的公交服务;新辟303、304、306路夜间公交专线,满足市民夜间出行的需要。同时在新建县城内和南昌高新技术产业开发区内分别开通502、503和506路区域公交线,解决了城市边远地区交通不便的问题。

【新公交场站开工建设】 南昌市公交总公司配合城市发展,加速公交场站建设,除昌南汽车客运站已经交付使用外,一些场站也开始动工建设。其中,公交昌北停车场占地3.3公顷,于7月动工,投资1200万元,可停放115辆公交车,预计2006年4月竣工;阳明路应急抢修中心于10月动工兴建,投资1000万元,预计2006年5月竣工;长埈工业园区停车场占地0.8公顷,投资150万元,可停放60辆公交车,5月建成并投入使用。

【相关产业取得可喜成绩】 南昌市公交总公司在发展城市公共交通同时,积极开发相关产业并取得好成绩,收入达到5495.54万元。洪城汽车客运站进站线路84条,车辆423辆,全年共安全运送旅客194.97万人次,营业收入925.36万元,实现利润519.21万元。公交广告公司面向市场,不断增强广告策划设计和营销能力,全年业务经营额达2480万元,并投资新建公交候车亭46座。出租车公司完成营运收入586.93万元,实现利润155.43万元。5月18日成立"南昌公交巴士汽车租赁服务有限公司",通过半年多的运作,营业收入达到52.49万元,实现利润1.1万元。公交旅行社全年组织旅游团103个,参团人数8300余人次,完成营业收入520万元,创利润28万元。该旅行社抓住政府发展"红色旅游"机遇,实行股份制运作,募集资金购置41辆豪华客车,组建2个旅游车队。为尽快进入长途客运市场,总公司以合资方式与新国线集团达成协议,组建"新国线集团(江西)运输有限公司",为市公交总公司进入长途客运创造条件。各修理厂、物资公司、石油站等单位在做好对内服务的同时,积极扩大对外经营范围,全年对外收入达403万元。

(王坚平)

### 南昌市城市客运管理处

【概况】 南昌市城市客运管理处(以下简称市客管处),隶属市市政公用事业局,为全市出租汽车行业的日常管理机

2005年4月1日,市长李豆罗出席全市出租汽车行业"文明车、文明人、文明风"表彰大会

构，属自收自支的事业单位。该处全年核发出租汽车客运许可证1486张；出租汽车更新283辆，新增30辆，转让88辆，办理“服务证”8684张，收取出租汽车经营权有偿使用费2000余万元。截至年底，全市共有出租汽车经营企业23家，出租汽车总量为3569辆。

【规范出租汽车客运市场】　全年市客管处大力加强出租汽车客运市场管理。1月～3月组织开展出租汽车行业作风整顿活动。1月～10月共查处客运违章863起，查处非法营运车辆166辆。组织实施出租汽车行业服务质量信誉考核评比活动，提升行业服务质量和管理水平。4月正式开通客运调度系统，调度中心正式运营。在全行业开展“遵章营运、规范服务月”活动，重点整治个别出租汽车驾驶员营运时不打表、不给票、吸烟等违规和不良行为。

【开展“创卫生城市”、“创文明城市”活动】　根据市委、市政府及市公用局关于创建工作的安排和部署，市客管处积极组织行业广大经营者开展创建国家卫生城和国家文明城市活动，并结合行业服务质量信誉考核，重点组织开展出租汽车车容车貌整治活动，全市出租汽车6月30日前全部更换白色新座套。每季组织开展行业季度检测工作，经检验合格的营运出租汽车方核发客运许可证，使全市出租汽车车辆技术性能安全可靠，车容车貌焕然一新，车容车貌整洁率达94.2%。该处联合江西广播电台交通信息频率共同开展“高考爱心车免费接送高考学子”活动，全市约有400余辆出租汽车参加爱心活动。组织开展重阳节送福利院老人游南昌市、爱心资助贫困学生、捐献血小板、献血等活动。

【开展“文明车、文明人、文明风”评比表彰活动】　为深入开展出租汽车行业精神文明建设活动，争创文明行业，使全市出租汽车服务质量、文明程度有一个质的提高，市客管处组织全市出租汽车行业开展“文明车、文明人、文明风”评选表彰活动。共评选出26辆“文明车”、4名“文明服务标兵”、150名“文明行车先进个人”和10名“文明新风先进个人”。4月1日在红谷滩会展中心召开表彰大会，市领导李豆罗、龚建华、罗为民、黄春平等出席会议。

【加强公交客运管理】　市客管处根据当年目标管理项目要求，正式组建公交管理科，加强对全市公共汽电车客运行业的管理工作。一是组织开展公交行业调研工作。二是对公交行业法规、行业规划、规范服务标准、公交线路、企业等文件进行归档整理。三是宣传建设部颁布的《城市公共汽电车客运管理办法》，组织行业从业人员进行学习，并在公交车、站牌、巴士在线上装贴播放宣传标语和专题宣传广告。四是为配合市创建“四城”检查活动，对有可能受检的15条公交线路进行暗查，并把查出的问题书面责令公交总公司进行整改。

（市客管处）

## 道路交通管理

【概况】　2005年，南昌市公安交通管理局积极开展警力资源整合，加强执法教育培训，加大交通设施建设力度，并以“疏堵、治乱、压事故”为主线，开展道路交通专项整治，强化路面管理，全市交通秩序明显好转。

【整合警力资源】　为提高见警率，发挥警力、物力的最大匹配效率，将有生力量充实到路面一线。开展警力资源整合。通过对内部警力的调研和对比上海浦东、宁波两地的经验，结合南昌城市发展现状和交管工作实际，出台《关于精简机关和各执勤大队机关人员的实施意见》，困扰局多年的机关人员臃肿的老大难问题逐步得到解决。同时为解决警力严重不足的问题，经市委、市政府和市公安局批准，先后补充86名警力。为提高交警素质，继续开展大练兵，购置训练器材，保证资金，并建立“警师制”、“早训晚练”和“训练跟踪”制度，实行表彰激励机制，提高民警学习锻炼、刻苦练兵的积极性，使大练兵有动力、有后劲，提高了民警的整体素质和综合战斗力。

【加强执法教育培训】　在加强执法培训，提高民警的执法水平工作中，一是组织开展公安民警执勤执法基本技能和路面交通管理安全防护等业务培训，将有关知识汇编成册，下发给民警，做到人手一册。二是按照《南昌市公安局法制工作目标管理考核实施方案》的要求，结合实际情况，以负责事故调处工作的民警为试点，建立“民警执法档案”制度。三是规范行政执法行为，先后起草《对逾期三个月未交纳罚款复核程序的有关规定》、《关于开展“规范执法行为，促进执法公正”专项整改活动实施方案》等文件，对局行政执法活动查缺补漏。四是配合市公安局组织专项执法检查一次，并形成《检查情况通报》下发全局各单位。

【开展道路交通疏堵集中整治】　在“开展道路交通疏堵、治乱、压事故集中整治”活动中，始终把强化路面管理放在第一位，以治理秩序乱点、交通堵点和事故黑点为突破口，落实领导责任和工作责任，优化交通组织。局领导深入城区交通问题复杂、堵和乱现象较为突出的路段、路口，与干警一道查找，分析交通拥堵和秩序混乱的原因，广泛听取意见和建议，共梳理出94个影响交通的问题和228条建议，分门别类组成5个攻关小组，逐项加以解决。在全市选择17条主要道路，由局和相关大队领导实行责任包干，定期检查考核、组织讲评，以务实的工作作风制止被动、应付式的现象发生。

【抓好交通安全宣传月活动】　在5月“道路交通安全宣传月活动”中，充分利用新闻媒体和在各车站、广场、车集点、人集点的地段，悬挂安全警句、张贴宣传标语、摆放常识展板、播放电视宣传片等形式进行交通安全宣传。5月1日是《中华人民共和国道路交通安全法》实施一周年，各县、区设置13个宣传、咨询点，在人流、车流集中地或旅游景点开展宣传咨询活动，放置展板、放映光盘、散发宣传单，有6万余人受到教育。5月20日，组织全市党政机关驾驶员和车管人员召开“遵守道路交通安全法，做文明带头人”活动动员大会，将“关爱生命，安全出行”大型展板送往党政机关院内进行巡回展出，发放宣传单2000余份。5月21日，在胜利路的明秀广场组织开展以“和谐交通，文明出行”为主题的“交通安全进万家，安全出行你我他”活动。5月23日，组织“警民携手心连心，共创交通好环境”为主题的交警与出租车驾驶员换位体验活动，6名交警与8名出租车驾驶员进行一天的换岗体验，促进互相理解、支持。5月28日，与江西交通广播电台在八一广场联合推出“共建文明示范路”活动启动仪式。通过向各级综治工作负责人发放宣传材料，以综治工作为载体，加大宣传覆盖面。据统计，共发放交通安全光碟760碟，宣传资料760套，《道路交通安全法》单行本760本和《省委书记孟建柱在交警总队调研时的讲话》100份。

【加大设施建设力度】　加大交通设施

建设投入，进一步规范、完善交通设施。一是更新交通标线，共施划交通标线16.46万平方米。对市区104条道路重新施划交通标线，施划交通标线面积共计14.14万平方米，得到各级领导和群众的好评。对市区新建、改建道路施划交通标线1.23万平方米，对全市中小学校门前道路施划人行横道线3200平方米，在市区主要干道施划“提前变道、各行其道、线内行驶、弯道减速慢行”等温馨提示文字标线、限速文字标线、禁左禁右文字标线144条。二是全面完善交通标志、信号灯。新增设交通标志312块。其中，警告标志95块，大型指路标志13块，管理性标志25块，其他标志179块；更换修改标志248块；新增设信号灯44组，新增、改造人行灯80组，整修人行横道灯46组；安装新式机非隔离护栏及中心护栏3480米，油漆护栏2444米，护栏基座2191个。

【加强科技管理手段】 坚持向科技要警力、充分运用科技手段加强交通管理。(1)改造电子警察。全年更换旧电子警察立杆和箱体52套，新安装电子警察12套。截至年底，城区65个交通要道口共设置电子警察132套，收取电子警察有效片15.53万张。(2)有效使用电视监控和移动电子警察抓拍交通违法行为。48个电视监控点共抓拍各类交通违法行为1142起，119台数码摄像机、数码照相机抓拍动态交通违法20.88万起，抓拍静态交通违法6.62万起。(3)开展交通工程改造，优化交通组织，缓解交通拥堵。对青山路转盘、顺化门立交、海关路口及洪范地区、育新学校周边地区、洪都北大道南京西路口、洪都南大道解放西路口、法城路十字街路口等路口施行道路工程改造，提高道路利用率，缩短路口通行时间，缓解道路交通拥堵。(4)完善交通信息网络。改进处罚单据的录入格式和内容，实行电脑打印单据，提高录入的工作效率和准确性，缩短窗口处理时间。

【专项整治交通秩序】 以“疏堵、治乱、压事故”为主线，以缓解城市交通拥堵为目标，先后开展对摩托车、车辆超速、客车超员、危险化学品道路运输、红色旅游景区安全管理、昌万公路打击盗抢机动车、学校及其周边交通秩序、行人及非机动车交通秩序、机动车分道行驶为主要内容的专项整治20余次。全年共纠处各类交通违法行为92.61万起。其中，电子警察31.67万起，动态拍摄31.52万起，静态拍摄8.79万起。处罚101.28万人次；扣车6807辆；扣证393本。通过整治，逐步解决交通的堵点、乱点和黑点，全市道路交通秩序明显好转，道路交通事故得到有效遏制，安全、畅通、便捷、文明的交通环境日益形成。

【落实事故防范措施】 为落实各项交通事故预防措施，预防和减少交通事故发生，一是以月、季、半年、全年定期对全市事故进行统计分析，提出事故防范对策。二是做好事故黑点的排查整治工作。对排查出14个新的事故多发黑点，按照市安全生产委员会《2005年道路交通事故黑点路段安全整治协调会议纪要》要求，制定方案，开展为期两个月的事故黑点整治，同时完善7处黑点中的各类警示、限速、提醒等标志标线。三是重点整治交通事故多发的省道昌万公路。昌万公路自2004年6月开通至年底，交通事故频发，共死亡25人。针对这一情况，年初案侦大队及昌万公路沿线3个大队通过案例分析、现场勘查，查找事故发生的规律、特点，共排查出昌万公路南昌辖区交通事故黑点8处。局所辖3个大队紧紧依靠当地政府，与昌万公路项目办及有关部门协调，进行整改，完善各类警示、限速、提醒等标志110余块，设置5处人行横道线，增设20余条支路减速带，拆除1处影响视线的违章建筑，使用雷达测速仪查处超速行驶违法行为。通过整治，昌万公路8处事故黑点交通秩序明显好转，交通事故明显减少。全年全市交通事故四项指数全面下降，共发生交通事故1047起，比上年下降32.32%；死亡297人，下降2.94%；受伤973人，下降37.02%；经济损失303.75万元，下降37.04%；死亡3人以上的重大交通事故由上年的7起下降到3起，并杜绝死亡10人以上的特大事故。

【严把驾驶员考试关】 继续按照“五整顿、三加强”的要求，深入开展驾驶员队伍整顿工作，落实驾驶员考试各项制度，严把驾驶员考试关。严格考场纪律，坚持计算机无纸化理论考试，场地驾驶全部采用红外线桩考试。清理整顿车管所周边环境，对长期活动在车管所周边的“二传手”进行打击。配合市交通局对市内的驾校进行摸底排查，对无证驾校、培训班进行清理整顿，共清理无证驾校20家。

【确保完成警卫任务】 全年完成警卫任务1444次。其中，一级5次，二级87次，三级44次，保畅通969次，大型活动148次，一般活动191次，确保万无一失。同时圆满完成春运、清明、五一节、国庆节、金秋经贸月及各类大型会议、群体性活动的安全保卫工作。

（万良谦）

**2005年南昌市道路交通事故四项指数同期比较一览表**

表25

| 项目 | 次数 | | | 死亡人数 | | | 受伤人数 | | | 经济损失(元) | | |
|---|---|---|---|---|---|---|---|---|---|---|---|---|
| | 数量 | 比上年增减 | 增减% | 数量 | 比上年增减 | 增减% | 数量 | 比上年增减 | 增减% | 数量 | 比上年增减 | 增减% |
| 合计 | 1047 | -500 | -32.32 | 297 | -9 | -2.94 | 973 | -572 | -37.02 | 3037512 | -1786789 | -37.04 |
| 东湖大队 | 93 | -61 | -39.61 | 17 | 3 | 21.43 | 73 | -48 | -39.67 | 250211 | -152562 | -37.88 |
| 西湖大队 | 117 | -50 | -29.94 | 17 | 5 | 41.67 | 110 | -68 | -38.20 | 81482 | -174962 | -68.23 |
| 青云谱大队 | 87 | -112 | -56.28 | 20 | -4 | -16.67 | 93 | -43 | 31.62 | 85702 | -614843 | -87.77 |
| 湾里大队 | 22 | -10 | -31.25 | 9 | 4 | 80 | 30 | -8 | -21.05 | 98500 | -24000 | -19.59 |
| 红谷滩大队 | 65 | -72 | -52.55 | 16 | -15 | -48.39 | 59 | -87 | -59.59 | 220300 | -356475 | -61.80 |
| 大桥大队 | 97 | -116 | -54.46 | 18 | -15 | -45.45 | 87 | -160 | -64.78 | 86920 | -211638 | -70.88 |
| 青山湖大队 | 68 | -2 | -2.86 | 30 | 12 | 65.67 | 60 | -23 | -27.71 | 489600 | -124290 | 20.25 |

续表 25－1

| 项目 | 次数 | | | 死亡人数 | | | 受伤人数 | | | 经济损失(元) | | |
|---|---|---|---|---|---|---|---|---|---|---|---|---|
| | 数量 | 比上年增减 | 增减% | 数量 | 比上年增减 | 增减% | 数量 | 比上年增减 | 增减% | 数量 | 比上年增减 | 增减% |
| 经济技术开发区大队 | 45 | 45 | | 13 | 13 | | 29 | 29 | | 197425 | 197425 | |
| 高新技术开发区大队 | 44 | 44 | | 9 | 9 | | 44 | 44 | | 327800 | 327800 | |
| 南昌县大队 | 188 | －56 | －22.95 | 50 | －17 | －26.37 | 193 | －100 | －34.13 | 415700 | －244330 | －37.02 |
| 新建县大队 | 131 | －27 | －17.09 | 38 | 5 | 15.15 | 139 | －1 | | 426222 | －46628 | －9.86 |
| 安义县大队 | 17 | －2 | －10.53 | 16 | －3 | －15.79 | 8 | | 59700 | 7950 | 15.36 | |
| 进贤县大队 | 73 | －81 | －52.60 | 44 | －6 | －12 | 48 | －107 | －69.03 | 295250 | －363711 | －55.19 |

注:事故侦察大队数据为零。

(南昌市公安交通管理局)

## 2005 年南昌市机动车辆统计一览表

表 26

| 项目 | | 机动车 | 汽车 | | | | | | | | | | | | 摩托车 | | | 挂车 | 其他类型 |
|---|---|---|---|---|---|---|---|---|---|---|---|---|---|---|---|---|---|---|---|
| | | | 总计 | 载客 | | | | | 载货 | | | | | 其他车辆 | | | | | |
| | | | | 小计 | 普通 | 豪华 | 越野 | 轿车 | 小计 | 普通 | 厢式 | 自卸 | 特殊结构 | | 合计 | 二轮 | 三轮 | | |
| 总计 | | 267307 | 118545 | 71694 | 36523 | 54 | 977 | 34140 | 35641 | 18243 | 14419 | 2413 | 575 | 11210 | 148193 | 140378 | 7815 | 528 | 41 |
| 营运车辆 | 合计 | 32597 | 32041 | 6671 | 3000 | 51 | 5 | 3615 | 23357 | 7252 | 13522 | 2181 | 171 | 2013 | 103 | 40 | 53 | 450 | 3 |
| | 客运 | 1179 | 1152 | 1140 | 1081 | 48 | | 11 | 9 | 3 | 3 | 3 | | 3 | 26 | 25 | 1 | | 1 |
| | 公交 | 1474 | 1469 | 1465 | 1462 | | | 3 | 4 | 3 | 1 | | | | 5 | 5 | | | |
| | 出租 | 3617 | 3615 | 3613 | 54 | | | 3559 | 2 | 2 | | | | | 2 | 2 | | | |
| | 旅游 | 339 | 338 | 327 | 325 | 2 | | | 10 | 6 | 3 | 1 | | 1 | 1 | | 1 | | |
| | 货运 | 25648 | 24147 | 96 | 72 | 1 | 5 | 18 | 23061 | 7221 | 13310 | 2130 | 169 | 1990 | 69 | 8 | 51 | 430 | 2 |
| | 租赁 | 340 | 320 | 30 | 6 | | | 24 | 271 | 17 | 205 | 47 | 2 | 19 | | | | 20 | |
| 非营运车辆 | | 234710 | 86504 | 65023 | 33523 | 3 | 972 | 30525 | 12284 | 10982 | 897 | 232 | 173 | 9197 | 148090 | 140338 | 7752 | 78 | 38 |
| 报废车辆 | | 1103 | 822 | 424 | 332 | 3 | 14 | 75 | 234 | 208 | 12 | 4 | 10 | 164 | 281 | 233 | 48 | | |
| 未检车辆 | | 111781 | 31039 | 9226 | 6815 | 10 | 238 | 2163 | 13387 | 11058 | 1510 | 627 | 192 | 8426 | 80597 | 76264 | 4333 | 142 | 3 |

(南昌市公安交通管理局)

## 水　路

【概况】　全市水路以赣江为主流航道。赣江自万家洲流入境内至城区外洲,长42.5千米,是南昌市通往樟树、吉安、赣州的惟一航道。航道等级为Ⅴ级,可常年通航300吨级船队,通航保证率95%,中洪水可通航500吨级船队,通航保证率为84%。

赣江经外洲流至城区裘家洲头(长7.3千米)后分成两支,分别称西河、东河。其中,西河是主流,经樵舍、昌邑,至西庄出境(长59.2千米)往吴城(长75千米),入鄱阳湖,是赣江通往长江的主航道。航道等级为Ⅲ级,可常年通航1000吨级船舶,通航保证率95%。赣江主航道流经市境长109千米。南昌航务分局管辖的赣江主航道段自市汊始,至吴城止,长106.3千米。经过整治的主航道已无碍航浅滩。

此外,赣江东河(瓢山至裘家洲)是南昌市通往余干(瑞洪)、波阳的主要航道,也是赣江重要的行洪水道和战备通道,总长87千米,航道技术等级为Ⅵ级,三级维护。其中,南昌市境内经蒋巷、昌东镇、滁槎至三江口,长56千米。中洪水位航行条件较好,常年可通航20～50吨级轮驳船。

南昌市境内航道水上建筑物有龙王庙大桥、南昌大桥、八一大桥、赣江大桥(南、北两桥)、豫章大桥、昌邑大桥、乐温高速公路的跨赣江之大桥等10座桥,在建的有生米大桥,并有生米、鸡笼山、蔓坊、西河等架空跨江电缆和昌邑水下通信电缆共24座(处)。

南昌市境内纳入管理的航道还有赣江中河、赣江北支、潦河及北潦河、清一向一抚、赣抚运渠及总干渠和进贤"四湖"航道。

【全年水路运输呈现货运高涨、客运停航的局面】　客运方面:全社会和交通部门的客运量、旅客周转量继续呈下降趋势,客运量仅有17.9万人次,比上年下降33%;旅客周转量350万人千米,下降44%。从8月起至年底,全线停航,客运量为零;进贤部分乡村公路建成通车,很多客源弃水走陆。

货运方面:全年货运量及货物周转量增幅较大,货运量268.5万吨,比上年增长31%;货物周转量8.28亿吨千米,增长95%。主要原因是南昌地区经济的发展导致物资流量增大,货源充足,其中大多是上海、江苏等长江沿线运距较长的货物运输。

港口吞吐量:全港货物吞吐量突破千万吨大关,达到1312.9万吨,比上年增长121%。主要原因是出口方面增幅较大,货种仍然是非金属矿产品、钢铁、粮食等,其中出口外省砂石量增加,达到上年的2.8倍。

集装箱吞吐量:全年集装箱吞吐量出现少有的增幅,全港集装箱吞吐量1.39万TEU(国际单位)。其中,进口0.68万TEU,出口0.71万TEU,重量18.46万吨,分别比上年增长88%、93%和94%。主要原因是江西南昌国际集装箱码头竣工投产,先进的装卸机械和装卸工艺大大提高集装箱的装卸效率;往返上海的集装箱也相应增多,主要是晨鸣纸业公司集装箱进口量的增大,弥补了原江西纸业公司上年无进口集装箱的状况。

**【南昌港国际集装箱码头建成】** 南昌港国际集装箱码头于2003年4月开工,2005年4月竣工,5月12日正式投入运营。该项目是交通部长江水系内河投资发展规划重点建设项目,是江西省"十五"交通建设重点工程。项目总投资1.58亿元,由国家交通部、省交通厅和江西国际集装箱码头有限责任公司投资建设,设计年吞吐能力为5万标箱。码头配备45吨/36轨道式集装箱门式起重机4台,45吨集装箱正面吊1台等装箱设备。陆域面积17.05万平方米,港区岸线656.45米,建有1000吨级码头泊位2个,泊位长200米,堆场及道路8.8万平方米,生产及附属用房建筑面积1.04万平方米,绿化面积3.62万平方米。该码头的建成结束了全省没有集装箱专业码头的历史,加快南昌市形成一个铁路、公路、航空和水运综合交通运输及物流的新平台。

**【江西国际集装箱码头有限责任公司正式开业试运营】** 江西国际集装箱码头有限责任公司于2001年6月经江西省工商行政管理局批准成立,由江西水运集团有限公司和江西远洋运输公司共同投资组建,注册资本1760万元,是南昌港国际集装箱码头建设工程的项目法人。该码头工程于2003年4月开工,2005年5月12日竣工,交付江西国际集装箱码头有限责任公司管理使用。7月经过南昌海关验收批准后,该公司于2005年7月11日正式开业试运营。截至年底,完成吞吐量1.13万标箱,其中计费实箱7655标箱。

**【南昌港客运站"十一"黄金周客源稀少】** "十一"黄金周期间,与南昌铁路、公路、民航方面的火爆场面相比,南昌港客运站则显得门前冷落,旅客稀少。据统计,"十一"黄金周期间,除10月2日、3日两天大风导致客轮停航,其余5天总共出港旅客仅306人,平均每天仅60余人。一个主要原因是南昌及周边滨湖地区缺乏可供市民游玩之处,水上旅游难以开展。

**【南昌港客运站客轮全线停航】** 10月30日起,因赣江东河航道和鄱阳湖罕见枯水影响,南昌港至都昌、鄱阳、周溪、莲湖的客运航线全部停航。这在南昌港客运站建站50余年来尚属首次。南昌至鄱阳航线历来航行赣江东河,航程为135千米,若东河水枯则必须绕道航行赣江西河,航程为210千米,除了航程增加二分之一以外,燃油成本亦增加50%,同时客源受公路客运影响也大幅减少,因此客轮全线停航。

**【南昌港务公司完成装卸量超百万吨】** 南昌港务公司是江西水运集团有限公司直属分支机构,是专门从事港口装卸的港埠企业。该公司下辖有货物装卸码头5座、客运码头1座,还有与江西远洋运输公司合资建设、经营的南昌国际集装箱码头1座。全年南昌港务公司求新思变,聚精会神抓生产,克服种种难以预料的困难,生产经营稳步提升。全年完成装卸量112万吨,比上年增长7.6%,完成装卸收入增长14.3%。

**【两艘2000吨级深舱型货船完工交付船东】** 长江交通科技股份有限公司委托江西造船有限责任公司建造的"长汛4号"、"长汛5号"两艘2000吨级深舱型货船,分别于2004年3月29日、4月9日正式开工建造。单船总长84.90米,型宽14米,型深4.6米,装有358千瓦主机2台。这种深舱型货船船型结构较为复杂,特别是双层底的施工,该公司以前尚未承接过此类船舶建造,因此对该公司建造工艺是一个考验。再加上受水位影响及滑道的制约,该船舶设计吃水2.8~3.4米,在赣江枯水期船舶下水将受到较大影响。该公司经过精心设计和施工,将两艘船舶都安排在赣江丰水期下水,按合同约定于5月7日和7月2日分别交付船东长江交通科技股份有限公司。

**【江西造船有限责任公司承建2艘消防战斗艇】** 7月6日,江西造船有限责任公司与江西省公安厅消防总队签约,建造2艘消防战斗艇、1艘消防趸船,合同总造价约2200万元。该消防战斗艇系新型船舶,建造工艺、质量要求相对较高。该艇由重庆东风船舶设计所设计,艇长35.3米,型宽6.8米,吃水1.45米,使用日本进口、功率为637千瓦的主机2台,艇载战斗员18人。2艇于7月正式开工建造,计划工期为12个月,预计2006年7月可交付使用。

**【江西水运集团4艘仿古游船加入南昌市玉带河旅游经营】** 为适应南昌市玉带河观光旅游,江西水运集团公司筹集资金约30万元,由江西造船有限公司自行研究、设计、制造出首批4艘仿古游船,并且通过市委、市政府领导及专家的审定,被批准投入玉带河旅游运输。4艘仿古游船于1月完成下水试航,待玉带河全部正式通水之时加入旅游航线经营。此业务的开展,将减少近几年赣江水路客运带来的不利影响,为集团公司寻找一条新的经营渠道。

(周国祥　揭任成　黄友芽　平关正)

## 铁　路

**【南昌铁路局】** 2005年5月15日,铁道部调整南昌铁路局(以下简称南昌局)和武汉铁路局管界。调整后南昌局管辖的铁路为江西和福建两省境内的国有铁路及铁道部与福建省的合资铁路。管界东至台湾海峡西岸,西至湘赣省界,北至赣鄂皖省界,南至赣粤省界。

截至年底,南昌局国家铁路延展长6808千米,营业里程3370.5千米(其中江西省2306.9千米,福建省1034.4千米,湖北省29.2千米)。复线营业里程1344.1千米,电气化铁路营业里程899.5千米,其余为内燃化线路。合资铁路622.649千米,主要位于福建省。线路中有桥梁1733座,隧道501座,涵渠14490座。有车站359个。其中,南昌境内有特等站1个,即向塘西(编组站);一等站2个,即南昌(区段站)、南昌南;其他为二、三等站。全局职工人数为9.1万人,其中管理人员和专业技术人员共有1.69万人。全局职工工资总额22.67亿元,比上年增长7.4%。年人均工资为2.51万元,比上年增长15.1%。全局运营资产总额521.67亿元。其中,固定资产(净值)411.60亿元,流动资产43.56亿元,长期投资53.90亿元。全局有内燃机车791台、电力机车210台、客车2654辆,房屋645.16万平方米,机械动力设备1.82万台。

南昌局以南昌、福州、厦门为支点,积极打造并初步形成辐射国内及周边主要城市的4、8、12、24小时客车开行圈。年内开行"井冈山号"、"滕王阁号"等列车。全局图定客车126.5对,比上年增加6对。全年共开行旅游列车76列、临客3077列、加挂客车3620辆次,开行铁海联运、五定班列和直达列车5950列24.5万车,直达列车比重提高18%,实现路局效益增长、促进老区致富、支持红色旅游等方面的多赢。全年完成旅客发送量5363.6万人次,货物发送8303.4万吨,换算周转量1257.86亿吨千米;完成运输收入76.28亿元;多种经营企业完成营业收入37.15亿元,实现利润8500万元;集体经济企业完成营业收入4.8亿元,实现利润1021万元。全年实现营业收入134亿元,运输盈利2.93亿元,基本完成铁道部预定目标。

全年开展的"树立新标准、塑造新形象"活动成效明显,客运质量进一步提高,南昌站获全国文明单位、全路文明车站称号;南昌客运段及T167/8次列车、福州站获全国精神文明创建工作先进单位称号;T168/7次、K46/5次等9对列车获得铁道部红旗列车称号。

**【南昌至武昌开通城际旅客列车冠名"滕王阁号"】** 9月28日,在铁道部、江西省和湖北省的大力支持下,南昌局开行南昌—武昌全国首趟跨局城际列车,并冠名"滕王阁号",结束了两座历史名城之间没有直通旅客列车的历史。首发仪式在南昌火车站1号站台举行。7时55分,中共江西省委、江西省人民政府、中共南昌市委、南昌市人民政府领导及南昌局领导为"滕王阁号"共同揭牌。南昌—武昌"滕王阁号"城际旅客列车每日两趟,朝发午至,往返两地,全程运行4小时,票价55元。开行后社会各界反响良好。南昌局为"滕王阁号"推出一系列便民举措。如在南昌火车站军人母婴候车室、庐山火车站开辟"绿色通道",旅客无需购票,直接进站上车补票即可;与武汉实行联网发售异地票,旅客在武汉、南昌均可购买到往返两地的火车票。

**【南昌站获全国文明单位称号】** 南昌站为客运一等站,是京九线上惟一的省会车站,年末有职工705人。该站根据铁道部总体部署,深入开展"树立新标准、塑造新形象"活动,全面改造完善客运服务设施。加大硬件投入,更新不锈钢候车座椅3000个,在候车区增设彩电及紫外线空气杀毒机,增加旅客电梯2部,使电梯增至6部,改造并新增23块显示屏及113块引导屏,改造2号站台和旅客出站地道,在服务场所开辟无障碍通道,设置残障人士售票窗等专用设施,坚持精细管理、科学治站,设立客运值班站长服务岗,与"杨秀珍"服务品牌相融合,打造亲情服务"金链条"。全年旅客发送1213.04万人,实现运输收入8.25亿元;日均接发列车123对。其中,旅客列车66对,货车57对;日均发送旅客3.32万人,春运最高峰日突破7.5万人。截至年底,实现行车安全2666天和人身安全1866天。被评为全国文明单位、全国军民共建社会主义精神文明先进单位、铁道部文明车站、江西省第九届职工职业道德建设十佳单位,获全国用户满意服务奖。

**【向塘西编组站实现行车安全1394天】**

向塘西车站有职工1155人。全年作业量大幅攀升,日均办理列车进路、编组1.46万辆,其中调车作业8351辆。4月7日,列车调车作业辆数突破万辆大关,达到1.03万辆;12月2日办理列车进路作业、调车作业车辆达到1.74万辆。实行调车机车72小时进库整备制度,使全站调车机车整备固定作业时间由原先的630分钟下降到210分钟,列车车辆中转时间平均4.9小时,列车车辆有调作业停留时间25.7小时。全年货物发送量19.85万吨,向塘客站旅客发送人数82.4万人,运输收入5108.3万元,实现行车安全1394天。

**【浙赣铁路电气化改造工程加快推进】**

浙赣线电气化提速改造工程是在既有浙赣线双线运营设备基础上按时速200千米/小时目标值进行改建,是中国第一条在既有线上改建为客货共线的高速铁路。工程于2003年10月15日开工,2004年工程全面铺开。建设工期4年,总投资为95.76亿元。南昌局管内改造工程长550.53千米,设41个车站,封闭17个车站。设计总概算为79.8亿元。

全年南昌局管内浙赣线提速电气化改造及配套建设紧张有序地推进,完成投资43.02亿元。6月工程进入冲刺阶段,管内区间站场路基土石方完成3434万立方米,占设计量的86.95%;特、大、中桥完成2.13万成桥米,主体建成39座,占设计数的80.98%;隧道及明洞完成3635成洞米,占设计量的73.56%;涵渠建成1415座、2.38万横延米,占设计量的90.1%。其中,全线控制性工程的南昌县抚河特大桥于2004年6月25日开始施工,2005年6月建成。另一重点工程温厚双线特大桥位于南昌县向塘镇、广福镇境内,大桥全长5600米,俯视图成"人"字形,从江家站开始朝株洲方向分左右两线,共1352根桩,桥面宽8.8米。2004年10月中旬开工,由中铁十一局集团公司和中铁二十四局集团公司承建,2005年底大桥主体基本建成。

**【铁路基本建设、更改计划完成投资97.6亿元】** 全年南昌局基建投资大中型项目9个,基建总投资87.79亿元。投资重点保证浙赣线电气化改造、武九线扩能工程的配套投入,加大向塘西等路网性编组站的技改力度。其中,浙赣线电气化改造43.02亿元;浙赣线水害整治工程1.75亿元;南昌西环线0.2亿元;更新改造投资部管项目1.78亿元,局管项目8.05亿元。全年基建、更改计划完成投资97.6亿元。

(何吉祥　孙国亮　张铁崖)

## 民　航

### 江西省机场集团公司

**【概况】** 2005年,江西省机场集团公司(简称江西机场公司,下同)为拓展航空市场,组织人员进行充分调研,积极整合业务链条上的合作企业资源,加大市场开发力度,以细分航空市场、提高服务水平为指导,统一航线航班调配,积极组织春运、"五一"、"十一"黄金周的运输生产,机场主业发展迅猛。全年完成旅客吞吐量242万人次,比上年增长37.05%;货邮吞吐量2.54万吨,增长4.5%;保障各类飞行起降2.83万架次,增长24.17%。其中,南昌昌北国际机场完成旅客吞吐量230万人,比上年增长40.99%;货邮吞吐量2.58万吨,增长12.76%;保障各类飞行起降25562架次,增长26.687%。公司还成功引入厦门航空公司,促成厦航设立南昌分公司,并投入1架飞机的运力,执飞3条航线。

**【确保安全形势平稳】** 江西机场公司始终坚持"安全第一、预防为主"的方针不动摇,坚决贯彻落实《民航总局关于进一步加强航空安全工作的决定》,继续实施安全目标管理,强化主体责任,层层签订安全责任书,明确各级管理者和一线员工的责任,严格执行《安全生产事故责任追究规定》,狠抓安全生产责任制的落实。根据民航华东地区管理局和首都机场集团公司的统一部署，稳步推进安全生产专项整治，对"机场运行条件与使用许可符合性"、"控制区秩序"、"货运安检"、"防止鸟击事件"、"货物隐载"等整治项目，从细节入手，通过自查自纠，集中整治。实施安全管理系统建设。截至年底，系统结构的搭建工作基本完成，目标体系、组织体系正在充实内容，制度体系正在完善之中，其他体系处于构建阶段。强化安全教育。开展"安全生产月"、"安全在我心中"主题演讲等各种形式的安全教育活动，进一步增强各级管理者和员工的安全责任感和使命感，杜绝各类安全事故的发生。

【加强财务管理】 江西机场公司紧紧围绕发展战略和经营目标，按照国有资产监管体制的要求，充分发挥财务工作的基础性、前瞻性作用，加强以财务管理为主的经营管理工作。一方面树立"现金为王"理念，完善资金统一管理制度，做好收入的统计、上缴、催收工作，加速资金的回笼，堵塞漏收漏洞，做到应收尽收。另一方面严格落实全面预算管理，建立资金预算平衡制度，重点加大对预算执行情况，特别是成本费用的过程控制和反馈调整。继续实行变动费用包干使用的预算方法，对下属机场和独立经营公司实行利润目标管理。加强财务分析和财务监督的力度，逐步完善集团公司会计控制和内部财务稽核制度，为经营决策提供可靠的财务依据。加强对所属机场、下属各分（子）公司及控股、参股公司的财务审计力度，健全内控制度。全年公司按财务统一口径计算收入 2.2 亿元，支出 2.3 亿元，亏损 1000 万元。

【江西机场公司编制"十一五"期间发展规划】 江西机场公司在"十一五"规划中以"将昌北机场建设成为全国一流的生态型精品旅游机场"为发展愿景，确立公司的发展方针是网联沿海内地，服务江西发展；同归集团宪章，致力做精主业；项目高标设计，建设分步推进；主攻旅游市场，促成航旅联盟；打造生态精品，跻身全国一流。制定公司的发展目标是昌北机场旅客吞吐量在 2006 ~ 2010 年以每年 20% 的速度递增，到 2010 年实现旅客吞吐量 500 万人次，货邮吞吐量 5 万吨，开辟国际航线 3 ~ 5 条，国内航线 60 条。构成首都机场集团公司机场发展规划"500—1000—6000 万级"格局中的一级，紧追贵阳机场，缩小与其差距，发展成为中型机场；年收入达到 3.5 亿元，其中非航空性收入占 40% 以上，实现整体盈利。积极支持民航机场管理公司托管的三个机场的建设，使之达到持续适航的能力，具备下一步发展的基础。

为实现上述目标，公司将在"十一五"期间完成 4 个规划，即昌北机场建设规划、昌北机场企业文化建设规划、昌北机场人才高地建设规划、昌北机场营销战略规划；启动 4 大工程，即昌北机场改扩建工程（投资 10 亿元改造昌北机场，使机场等级由 4D 提升到 4E）、企业文化建设工程、人力资源建设工程、精细化管理体系建设工程；突破 3 大战略难点，即机场设施难以满足进一步扩张的需求、员工队伍难以适应生态精品机场的要求、粗放式管理模式尚未打破。

（赵　宏）

## 中国东方航空股份有限公司江西分公司

【概况】 2005 年是中国东方航空股份有限公司江西分公司（简称东航江西分公司，下同）成立 15 周年。截至年底，东航江西分公司有员工 700 余人，共执管空中客车 A319 型飞机 5 架，A320 型飞机 3 架，在福州设有临时基地。1999 年扭亏为盈后，连续 7 年保持盈利。全年东航江西分公司紧紧围绕"安全、服务、效益"中心工作，坚持两手抓，两手都要硬的方针，实现了三个文明的协调发展，连续五届被省委、省政府命名为文明单位。10 月 26 日，在中央文明委举行的全国精神文明创建工作表彰大会上，东航江西分公司被命名为全国文明单位。

2005 年，东航江西分公司面对民航价格改革带来的市场变化，调整营销思路和策略，外拓市场，内控成本，提高经济效益。全年累计完成运输总周转量 1.39 亿吨千米，比上年增长 16%。其中，运送旅客 136 万人，比上年增长 11%；货邮运输量 15649 吨，减少 11%；正班客座率 72.2%，增长 8.2%。主营业务收入、利润均超计划目标。

【确保飞行安全】 东航江西分公司强化安全工作领导，落实安全责任，前移安全关口，坚持安全生产领导责任制。坚持周讲评、月总结、季分析和每月"安全教育日"活动；坚持每月一次的飞机维护可靠性例会，有效交流全国各地 A319、A320 飞机维护信息，重点研讨疑难性、重复性和多发性故障。同时还认真组织好一年中重点时期的安全工作。在繁忙的春运和全国人大、政协两会以及"五一"、"十一"黄金周期间，成立安全工作领导小组，周密部署安全工作计划，合理调配值班人员，充实生产一线技术力量。针对年初与年末霜、雪、冰、低云、低能见度的复杂气候特点，突出对特殊情况的处置预案复习，制定《飞机维修部安全措施十六条》，重点强化对飞机冬季除冰、加温系统和春季潮湿天气情况下通电、通风以及发动机、起落架、操纵系统的检查维护，严把放飞关，为重点时期的飞行安全提供可靠保证，实现安全飞行 16 周年。全年累计安全飞行 19 万 8 千余小时、13 万余架次，运输旅客 950 余万人次，运输货邮 13 万余吨，未发生安全事故。飞行事故征候万时率、飞行严重差错万时率、机务维修严重差错万时率均为零，机务航班正点率为 99.67%。

【积极开拓市场】 2005 年是东航江西分公司自 1999 年首次扭亏为盈后，连续 6 年实现盈利。年初东航江西分公司应对市场变化，适度调整营销思路和策略。一是根据市场需要，合理调配运力，加大对香港、北京、上海等收益较好航线的运力投入；二是严控成本，继续推行"两级分解，三级承包"制度，财务支出得到进一步的控制；三是加大客货运销售力度，通过提供热情周到的服务，让头回客成回头客，并适应南昌市经济的快速发展，努力做好货运工作，使货运收入得到较快增长；四是配合总部"上海航空枢纽战略"的实施，开展"穿梭中国"端点服务，做好中转联程机票的销售工作。

【提高运输服务质量】 东航江西分公司坚持把不断提升服务品质作为增强企业竞争力的重要举措，进一步完善空中和地面服务。乘务队坚持"多一点微笑、多一点关心、多一声问候、多一些理解"为主要内容的服务。售票处开通 24 小时免费问讯购票热线，实施免费送票上门业务；客运室开通晚到旅客绿色通道，帮助旅客成行；货运室推出 48 小时运至目的地货运承诺服务。全年未发生 1 起有效投诉，收到感谢信 100 余封。全年拾到并归还失主的重要钱物有人民币约 1.2 万元、价值约 2 万元的手提电脑 1 台、12 部手机、1 部数码摄像机、1 个数码相机、1 个 MP3、价值约 1200 元的画 1 幅、CD 机 1 台。优质的服务，受到旅客的好评。东航再次蝉联百万旅客话民航第一名。

（东航江西分公司）

# 国内贸易

## 行业管理服务

【概况】 2005年，市商业贸易委员会以开展保持共产党员先进性教育活动为动力，紧紧围绕实施《2002～2010年南昌市商业发展规划》，构建平安和谐大商贸、大流通，与时俱进，开拓创新，全市商贸流通业呈现出一派生机勃勃，欣欣向荣的景象。

【本土商业做大做强】 南昌百货大楼、洪城大厦、亨得利三企业产权制度改革后，市商业贸易委员会采取帮助企业更新观念，帮助提供市场竞争新情况、新动态、新走向和国家宏观决策信息；扶助抢占制高点，抢占黄金码头，开拓新区和社区商业；引导本土商业走开放性经营之路等办法，充分利用时机做大做强，提升企业核心竞争力。全年三企业在激烈的商战中，越战越勇，越战越强。南昌百货大楼集团实施连锁战略，连开孺子路店和莲塘店，拓展营业面积4800平方米，销售额比上年增长10.43%；洪城大厦集团新开红谷滩时代购物广场，新增经营面积3000平方米，推助销售额比上年增长8.39%；亨得利投资2448万元，对经营本部进行扩建改造，使店容店貌处同行业领先水平，提高核心竞争力。但装修扩建并未影响经营，销售额比上年增长2.25%。

【招商引资喜结新果】 不断优化招商引资服务环境，唱好招商、安商、富商三步曲。对入驻南昌考察和落户南昌的商客做到信息联络不断，跟踪服务不断，客主友谊不断。先后帮助太平洋、百意百货、大连万达购物广场、好又多象湖店、丰源金润购物广场等商业企业协调解决入驻南昌市经营中遇到的资金、场地等困难和问题，成为外商入驻南昌市的可亲、可信、可靠的朋友。全年在有关部门共同努力下，引进内资3.57亿元，引进外资600万美元，全面超额完成市委、市政府下达的招商引资任务。年内湖南百货业步步高、全国家电连锁苏宁、五星电器店等先后入驻南昌市。南昌市成为众多商家谋兴旺、求发展的热土。

【“农改超”工作稳步推进】 为创建国家卫生城和保障食品安全，适应经济社会发展和市民消费结构升级的客观要求，按照“政府引导，企业投入，市场化运作，先行试点，稳妥推进”的原则，全市“农改超”（即农贸市场改为超市）的工作在上年子固路农贸市场成功改建洪客隆子固路超市后，当年南昌百货大楼城北分店、孺子路分店先后完成“超增农”（即超市增加农产品销售）的创新改造项目，更好地适应和服务市民购物的需求。对此，省政府在南昌召开全省“农改超”工作现场会，大力推广“农改超”经验并对南昌市创新工作予以充分肯定。

【“万村千乡”工程开局良好】 为建立现代流通方式的农村商贸网络，促进城乡商品交流，改善农村环境，服务建立社会主义新农村，市商业贸易委员会按照国家商务部的部署，在广泛宣传动员的基础上，组织4县12个乡镇启动“万村千乡”市场工程试点工作。同时采取城市支援农村，实力商企帮助，争取行业政策支持的办法，引导南昌百货大楼集团公司、洪城大厦集团公司、江西洪客隆实业有限公司等大型零售连锁企业将销售网络向乡（镇）、村延伸，为“万村千乡”工程建设出招出力，积极参与工程建设的试点工作。

【建设平安和谐商贸取得实效】 南昌市商业贸易委员会把建设平安和谐商贸纳入目标管理，把大型零售商场、市场、仓库、制冷企业、出租店面、在建工程及压力容器、供电设备、电梯、宣传广告牌等重点场所和设施列为安全排查的重点难点，要求企业更新或添置新的消防设备，经营场所中昂贵柜台设置数码监控器，并提高企业员工和保卫人员保安意识和技能，做到安全防范，警钟常鸣，全系统连续多年杜绝安全事故和火灾事故的发生。同时建立健全领导信访接待日和领导包案制度，认真受理群众的信访，全系统出现平安和谐的新局面。

【市场活跃购销两旺】 全年市场竞争激烈，各大零售企业扩销招数频出，“五一”、“十一”、春节销售高潮迭起，吃、穿、用商品全面旺销，尤其是一些家电商品，换季服装等商品出现商家创效益、顾客得实惠的双赢的态势，有力推助商业经营的发展。全年全市实现社会消费品零售总额307亿元，比上年增长15.7%。

（周天安　黄敬苏）

## 百货批发零售市场

【概况】 2005年，全市百货批零市场繁荣，竞争激烈。竞争呈现六大特点：一是竞争的区域更宽。往年百货竞争集中城市黄金地段的八一广场、中山路、胜利路的一些商家之间。随着商业网点布局的逐步调整，有实力的本土商业逐步在城郊、县、镇开设连锁店。同时在开放型经济政策的推动下，国内外一些批零商业巨头、著名家电连锁业大实施低成本竞争，也都纷纷在非黄金地段开店。全年百货竞争由黄金地段向城东、城南、城北、城西四面开花，向新区、小区伸展，竞争地域更为宽泛。二是竞争的频率更大。以往商家促销多般在“五一”，“十一”和传统节日开始，当年从年头至年尾，商战不断，一波未平，一波又起。三是竞争出售的商品更多。以往竞争的商品主要集中在彩电、冰箱、空调、洗衣机等大件家电商品上，当年竞争的商品品类更多，大小家电、金银珠宝、各种服饰、化妆用品等都挤入竞争之列。四是竞争的招数更活。各商家百货商品扩销的举措名目繁多，花样翻新。有优质服务性的,包送货、包安装、包修、包换;有以价格折扣为特征的,如8折、6折、5折,有的甚至2折起价;有以购货有奖为激励的,抽奖、摸奖、积分有奖等五花八门。五是竞争的诱惑力更强。由于商家在竞争中互不相让,形成推波助澜,一浪高于一浪,一招更胜一招的态势。买就折,一折比一折更低;买就奖,一奖比一奖更丰;买就减,一减比一减更多。有的推出购物幸运者两人海南游、购物幸运者奖金银。六是竞争结局更烈。百货行业的角逐,多在实力企业间,一些小超市,便利店则望而却步,无力竞争。竞争中,胜者商客双赢,购销两旺,败者门可罗雀,生意清淡。地处中山路的百脑汇、渊明路的上海华联、地王广场的北京华联等在竞争中败北停业。

【亨得利装、饰扩销经营结硕果】 南昌亨得利有限责任公司当年投巨资装修改造多家店面,成为该企业有史以来固定资产投资最大的一年。3月投资将其在胜利路14号、16号经营场所全面装修,形成集销售、加工、修理、仓储、售后服务为一体的钟表、眼镜综合性大楼——世界名表中心;6月投资2448万元购置银行宿舍房产和土地,对胜利路26号,28号大楼全面装修改造,打造服务设施为全国同行业一流的珠宝金楼(经营珠宝、金银首饰),并于12月22日正式对外营业。该公司坚持科学决策,务求装修不误经营。二月首推销售商品积分卡制度,6月亨得利世界名表眼镜中心落成试营业,7月举办眼镜购物节,9月~10月推出黄金珠宝购物节等活动。在顺利实施主要店面装修改造的同时,创连续11年全省黄金珠宝商销位第一位业绩,年商品销售额1.5亿元,比上年增长2.25%;实现利润总额1111万元,纳税1159万元,职工人均年收入2.13万元,增长7.5%。

【亨得利获诚信经营殊荣】 2005年,南昌亨得利有限责任公司被中共中央宣传部,国家商务部等11个单位联合授予"全国百城万店无假货"活动先进单位的光荣称号,成为全省第一家获得该荣誉的经营单位。

【南昌洪城大厦集团保持良好发展势头】 该集团以"敢为人先,争到第一"的企业精神为指导,在全年国内知名连锁企业和跨国集团同台表演,百货市场竞争激烈的形势下,精心策划,实施优化经营、错位经营、促销经营、开拓经营决策,树立企业形象,聚集卖场人气,拉动商品销售,企业发展取得骄人成绩。该集团下属洪城大厦、丽华大厦两大卖场全年促销亮点频现,先后开展春节迎春"送礼包""送金条",五一黄金周购物满100元送80元等活动。其中,7月丽华大厦举办纳凉娱乐购物节、十一黄金周欢乐国庆购物礼上礼、液晶电视天天送,12月买200元送180元等活动,有效拉动商品销售。集团实现年销售13.05亿元,比上年增长8.39%,创利润2708.32万元,增长17.24%。同时房地产开发结硕果。广州云翠庭楼盘销售完毕交付使用,盈利2500~3000万元;洪城时代广场楼盘的住宅楼销售完毕,赢得1.7万平方米大卖场,价值高达亿元。与原南昌柴油机厂合作开发房产项目完成35万平方米建设,销售15亿元,回收全部投资并分得盈利2000万元。同时利用楼盘开发挣得的9000余万元,购买青山湖区内土地4.6公顷,为继续开发创造条件。集团公司的房地产开发越做越强,成为百货批零业的主要辅助力量。

【洪城时代广场超市开业】 8月29日,洪城大厦另一大卖场洪城时代广场超市在红谷滩新区开业。省委常委、市委书记余欣荣剪彩。该超市经营面积3000余平方米,经营商品约万种。由于该超市属洪城大厦企业自有店面,开业属低成本介入,对于实施全市商业规划,优化商业网点布局,方便新区入住市民生活,提升新区商业档次,增添红谷滩新区的人气、商气起到积极的作用。

【南昌百货大楼集团公司经营再创新高】 全年南昌百货大楼集团公司在市场细分的基础上,调整经营总局,明晰超市经营品类,新建扩建家电经营城,促销活动不断,精彩纷呈。从春节、五一、十一黄金周至元旦、圣诞节,年头至年尾,购物送礼、购物有奖、购物折扣,购物减价等促销举措不断更新,为搞活市场,拉动销售发挥重要作用。全年实现销售额15亿元,比上年增长10.43%.

【南昌莲塘大众超市有限公司开业】 9月15日,南昌百货大楼集团公司开发的南昌县莲塘镇大众超市有限公司开业,副市长凌学仁致辞。该超市经营楼面共3层,经营面积1.8万平方米,经营商品有大小家电、糖烟酒副食等近3万种。该超市落户莲塘镇,对提升县商业品位,服务城镇人民生活,搞活城乡流通发挥了积极作用。

【南昌百货大楼孺子路超市开业】 6月3日,南昌百货大楼集团公司开发的南昌百货大楼孺子路超市开业。该卖场经营面积3000余平方米,主要经营百货、副食等商品约3万多种。该超市的开业,对实施商业网点合理布局,改善市民购物环境,提升城区商业品位发挥了积极作用。

【五星电器青云谱连锁店开业】 10月1日,全国家电连锁企业五星电器青云谱卖场开业。该卖场位于青云谱区井冈山大道,经营面积4000平方米,是城南地区一家大型家电大卖场,汇集各类品牌家电出售。"十一"黄金周期间,该店开展"买家电送豪礼,""海信彩电全场5折起"等促销活动,卖场内购销两旺。

【苏宁电器上海路连锁店开业】 10月1日,全国家电连锁企业苏宁电器上海路店开业。该店位于上海路南端,是苏宁电器在南昌的第二家店面,也是南昌单层面积较大的卖场,经营面积4500平方米。经营包括空调、彩电、手机、冰箱、小家电、音像、电脑、数码八大品类,300个品牌,共10万余个规格型号的商品。

【步步高超市开业】 8月9日,湖南百货连锁业步步高超市在胜利路北端开业。该店经营面积8000余平方米,主要经营各类百货、黄金珠宝、男女服饰、鞋帽制品、生鲜食品、糖果饮料、水果、南北干货、家居用品、大小家电等10大类近3000种商品。该商店落户南昌,是城区招商引资的又一个成果,对提升胜利路商业街的品位,方便市民生活,平抑周边商品价格,繁荣城区市场发挥了积极作用。

(周天安　黄敬苏)

## 副食品批发零售业

【概况】 2005年,全市副食品业呈现物丰价升,购销两旺的态势。一是市场副食商品极大丰富。糖、烟、酒、糕点、炒货、水果、奶品、速冰品、南北干货等品类齐全,应有尽有。二是商品打破区域性局限。市场内副食品类的商品,除省、市地产品外,汇集有东南西北,五湖四海的商品。三是跨季节性商品增多。季节性的食品,全年有陈列,月月有供货。春华秋实,水果秋季为多。但春暖花开的春季,全市水果店或超市水果柜色彩缤纷,梨、苹果、香蕉、西瓜、桔子、桂圆、芒果、猕猴桃、草莓等十几种水果让人挑选。

三是副食经营专卖店增多。在一些居民密集的小街小区,出现蜂蜜专卖店、蜜饯专卖店、炒货专卖店、水果专卖店、茶叶专卖店。专卖店的经营面积不大,但专卖的商品品种较多,可挑选性强。四是前店后坊,现做现卖的糕点作坊不少。中山路、胜利路八一大道、象山路等一些主要街市均有前店后坊式的供应点。现做的糕点品种多,质量新鲜,价格合理。有的可订做生日蛋糕,有的可即时制作,立等可取。五是集中加工,多点送货,连锁经营的糕点生产企业逐渐增多。如金冠、好利来、马得利等。

2005 年 1 ~3 月水果价格一览表

表 27

| 品名 | 1 月价格 | 3 月价格 |
|---|---|---|
| 台农芒果 | 5.88 元/500 克 | 3.98 元/500 克 |
| 砀山梨 | 1.88 元/500 克 | 1.58 元/500 克 |
| 雪梨 | 2.48 元/500 克 | 1.68 元/500 克 |
| 水晶高土苹果 | 3.58 元/500 克 | 2.88 元/500 克 |
| 美国红蛇果 | | 8.8 元/500 克 |
| 榴莲 | | 10.80 元/500 克 |
| 青蛇果 | | 11.80 元/500 克 |
| 麒麟爪 | 2.28 元/500 克 | 1.98 元/500 克 |
| 南非橙 | | 6.8 元/500 克 |
| 柠檬 | | 2.2 元/个 |
| 奇异果 | | 3.60 元/个 |
| 巴西桔 | | 9.80 元/500 克 |
| 杨桃 | | 7.8 元/500 克 |
| 木瓜 | | 9.80 元/500 克 |
| 火龙果 | | 7.50 元/500 克 |
| 黑美人 | | 1.98 元/500 克 |
| 青橄榄 | | 7.60 元/500 克 |
| 黄蜜瓜 | 6.80 元/500 克 | 3.68 元/500 克 |
| 哈蜜瓜 | 6.80 元/500 克 | 3.98 元/500 克 |
| 香蕉 | | 2.48 元/500 克 |
| 草莓 | | 8 元/500 克 |
| 椰王 | | 3 元/个 |

(周天安　黄敬苏)

**【胜利路步行街春节前夕年货展销购销两旺】** 当年传统的春节来临前夕,胜利路步行街像往年一样,举办为期一周的迎春年货展销会。960 米长的步行街中间,搭起简易的帐蓬,陈列着来自省内外客商出售的丰富商品。有干果蜜饯、糖果糕点、山珍海味、粮豆制品、酒醋饮料、调味食品、红茶绿茶、土特产品等数百种节日食品任人挑选。街道人潮如流,购货者大包小包,肩扛手提,呈现一派繁荣兴旺的节日气氛。胜利路商业步行街成为年货走俏一条街。

**【食糖售价大幅上扬】** 9 月以后,食糖价格一路攀升。白糖上市期货价由上年 9 月 ~10 月 2800 元/吨升至 3560 元/吨,白糖批发价由上年的 2.46 元/公斤升至 4.56 元/公斤;冰糖也由上年的 2.8 元/公斤升至 5.4 元/公斤;红糖由 2.2 元/公斤升至 4.1 元/公斤。糖批发价整体涨幅 90%,创 2001 年以来糖价新高。水涨船高,批发涨,零售价也上涨 2 元左右。由于价格因素,市场销售量比上年下降 25% 左右。以糖为原料的糖果、糖制品,糖辅料食品价格也相应提价。食糖价走高的主要原因是前几年糖价逐渐走低,直接挫伤蔗农种植甘蔗的积极性;当年气候反常,使南方甘蔗减产;欧盟各国大规模削减出口的糖补贴,致使食糖进口减少。

**【市场副食品质量提高】** 在以人为本的思想指导下,有关部门加强食品安全的监督检查,商业企业开展“百城万店无假货”活动不断深入,市场供应的副食品质量明显提高。冒牌伪劣糖、烟、酒和劣质奶粉,咸干菜类商品减少。但在一些医院周边的副食品小店、小型超市出售过期食品问题仍禁而未绝,偶有发生。

(周天安　黄敬苏)

## 肉食品加工批发零售

**【概况】** 2005 年,全市肉食品市场以让广大市民吃上“放心肉”为主线,更新生猪定点屠宰中心设备,提高白条肉品质量。同时全力捣毁私宰生猪窝点,确保全市肉食品供应稳定发展。

**【南昌肉联食品集团公司建成现代化屠宰生产线】** 南昌肉联加工厂是全市生猪定点屠宰中心。该公司领导班子本着对政府负责,对市民负责,对食品安全负责,让广大市民吃上“放心肉”的精神,自筹资金 260 万元新建一条符合国家屠宰要求,屠宰工艺技术先进的现代化屠宰生产线。新的屠宰生产线安装有卧式拉毛机、同步检验线,配有急宰间、病猪隔离室等设施,并配套建设无害化处理站和环保型燃油式锅炉房,使生产线达到全国同行业一流水平,为市民吃上“放心肉”提供先进科学的设施保障。该工程被中国环保协会评为“国家重点环境保护实用技术和示范工程。”

**【构建环保型企业】** 南昌肉联食品集团公司针对生猪加工废水排放量大,对厂内外环境污染严重的问题,筹措资金兴建一座月处理 1500 立方米的屠宰废水处理站,使企业废水实现零排放。该工程为美化净化厂内外环境,建设花园城市发挥了积极作用。

**【白条肉品质明显提高】** 南昌肉联食品集团公司以建成使用现代化屠宰生产线为契机,采用“竞争上岗”的应聘机制,做好定岗定编,优化技能操作队伍。同时严格按照食品安全体系 HACCP 认证的要求,规范操作程序,坚持高标准,严要求,高质量做好毛猪生产加工。全年共宰杀生猪 12.97 万头,加工的白条肉品质明显提高,赢得批发行、零售商和消费者的好评。

**【南昌市肉食品批发市场收入提高】** 南昌市肉联厂内的肉食品批发市场是全市十大批发市场之一,也是江西最大的大型肉食品批发市场。为盘活国有闲置资产,挖掘企业潜力,满足经营户对营业店面的需求,扩大市场容量,南昌肉联食品集团公司运用市场竞争机制,改造和扩建批发市场门面,实现当年投入当年回报,回收资金 197 万元。同时批发市场加大环境整治力度,狠抓安全管理,改善服务质量,有效提升市场知名度。全年该市场总收入 109.6 万元,比上年增长 12%。

**【狠狠打击私屠滥宰生猪行为】** 南昌市肉品市场管理联合稽查大队为让市民吃上“放心肉”,采取打源头、堵后路、攻难点等措施,重点打击私屠滥宰窝点,堵住私宰“黑肉”流入市场的后路。全年稽查行动 250 余次,捣毁私宰窝点 260 个次;查获病死猪肉、猪婆肉 1500 公斤;缴获私宰生猪、白条肉 2.2 万公斤;行政罚款 11.62 万元,上缴财政罚款收入 30.05 万元;处理涉案人员 25 人,有效地净化了肉品市场。

**【实施群众满意工程】** 南昌肉联食品集团公司坚持科学决策,开拓综合经营渠道,在企业生产经营不断发展的基础上,先后为在职职工增加两级工资,人均月增收 100 元。同时提高企业管理人员的岗位津贴。为让离退休人员共享改革发展成果,全年共提取福利金 7.8 万元,为离退休人员人均发放福利费 90 元;为 28 名 1953 年底前参军退伍的退休人员增补困难补助,每人月增补助费 100 元。在保持共产党员先进性教育活动中,开展党员“送温暖、心连心”活动。共走访慰问特困户 38 户,发放慰问金 6400 元,并为职工修宿舍，帮助360余户职工办理房改手续等，使保持共产党员先进性教育活动成为职工群众满意的民心工程。

**2005年南昌市毛猪收购价一览表**

表28

| 月份 | 最低收购价（元/公斤） | 最高收购价（元/公斤） |
|---|---|---|
| 1月 | 9.00 | 10.00 |
| 2月 | 8.80 | 9.80 |
| 3月 | 8.60 | 9.70 |
| 4月 | 8.00 | 9.40 |
| 5月 | 7.80 | 9.30 |
| 6月 | 8.20 | 9.50 |
| 7月 | 8.00 | 9.60 |
| 8月 | 7.60 | 9.00 |
| 9月 | 7.00 | 8.60 |
| 10月 | 6.00 | 7.00 |
| 11月 | 5.80 | 8.20 |
| 12月 | 6.40 | 8.20 |

（周天安　付　强）

【市场零售价有涨有落】　全年零售市场白条肉售价，因受毛猪收购价格涨落的影响，呈有涨有落的态势。总体趋势上半年销售高于下半年。直接原因是上半年因受禽流感的流行影响，市民吃禽肉少，而吃猪肉的多，故一季度猪肉价偏高。第一季度瘦猪肉一般在17元/公斤，排骨19元/公斤；最高时瘦猪肉20元/公斤，排骨20元/公斤。第二季度售价相对平稳。第三季度白条肉有时早、中、晚价格也不一样，随行就市。第四季度，超市白条肉调幅较大，有时瘦猪肉13元/公斤，排骨15元/公斤。

（周天安　付　强）

## 蔬菜批发与零售

【概况】　2005年，全市最大的蔬菜交易市场——南昌（深圳）农产品中心批发市场蔬菜交易量达6.94亿公斤。其中，内销本地市场为45%，外销省内市场为30%，外销省外市场为25%。年蔬菜交易额11.10亿元。其中，市内市场为45%，省内市场为45%，省外市场（主要流向为广东、上海、浙江、江苏、湖北和福建等地）为10%左右。全市从事蔬菜批发零售的市场共有81家，经营面积20余万平方米，分布在东湖区、西湖区、青云谱区、青山湖区、南昌经济技术开发区、南昌高新技术产业开发区、红谷滩新区，形成以南昌（深圳）农产品中心批发市场为龙头，市内81家农贸市场分布合理的蔬菜批发零售体系。

【全年蔬菜市场品种丰富】　全市蔬菜供应品种日平均保持在50种以上。全年主要蔬菜供应品种有大小青菜、西红柿、黄瓜、青红椒、芹菜、土豆、萝卜、菠菜、茄子、豆角、胡萝卜、菜花、韭菜、大葱、大蒜、莴笋、冬瓜、芋头、毛豆、空心菜、丝瓜、苦瓜、莲藕、西葫芦、南瓜、四季豆、洋葱、茭笋、荷兰豆、豌豆、葫子、扁豆、黄芽白、包菜、藜蒿等120余个品种，形成淡季不淡，旺季少烂，品种丰富，价格合理，数量充足的繁荣局面，满足了市民的生活需求。

【全年蔬菜价格小幅增长】　全年南昌市蔬菜价格平均2.54元/公斤，比上年1.92元/公斤增长0.62元/公斤，涨幅32%。其中，批发市场小白菜2.98元/公斤，比上年1.62元/公斤增长1.36元/公斤，涨幅83%；土豆2.08元/公斤，比上年1.88元/公斤增长0.2元/公斤，涨幅10%；萝卜1.50元/公斤，比上年1.12元/公斤增长0.38元/公斤，涨幅34%；冬瓜1.64元/公斤，比上年1.36元/公斤增长0.28元/公斤，涨幅21%；尖椒3.44元/公斤，比上年2.7元/公斤增长0.74元/公斤，涨幅27%；黄芽白1.8元/公斤，比上年1.24元/公斤增长0.56元/公斤，涨幅45%；茄子4.32元/公斤比上年3.38元/公斤增加0.94元/公斤，涨幅28%。全年全市蔬菜价格涨幅最大是2月，最高平均价格达到3.14元/公斤；菜价最低在6月，平均价格降至1.96元/公斤，落差1.18元/公斤，幅度60%。全年全市蔬菜价格上涨的主要原因，一是农业生产资料上涨，生产成本增加；二是油价上涨导致运输成本增加。年内价格波动情况造成的原因主要是季节差价以及天气变化所形成。

【南昌（深圳）农产品中心批发市场功能齐全】　该批发市场是全市最大的蔬菜交易市场，占地9.7公顷，总建筑面积10万平方米，总投资6000万元。市场内经营面积4万平方米，建有经营店面530间，经营店面之间建有钢架大棚，棚内照明良好，可保证全天候24小时交易。市场内建有3个停车场，总面积6700平方米。配套建设有电子汽车磅，商务微机信息中心。电子信息网已与农业部信息中心、光彩网、中农网、绿篮网、江西农经网联网。批发市场通过信息网和地方新闻媒体每天传输和发布市场农产品供求信息。

【加强蔬菜质量安全检测】　全年南昌（深圳）农产品中心批发市场严格执行市场准入制规定，每天坚持在市场内抽查4个批次共100个样品。对蔬菜农药残留超标1～5个百分点的蔬菜销售商口头警告，超标严重的蔬菜禁止销售。全市各蔬菜批发零售市场都严格执行市场准入制的规定，蔬菜质量安全合格率达到98%以上。

【“绿色通道通行证”的核发工作】　继续承办江西省鲜活农产品流通“绿色通道通行证”在南昌市的核发和相关工作。办证过程中，核发人员认真审核相关证件，符合条件的及时给予发证，发证时间不超过一个工作日。实行“绿色通道通行证”，降低运输成本，促进全市农产品的流通，尤其是国家在治理公路运输超限超载活动月期间，更是体现这一政策的好处。截至12月中旬，全市累计发放通行证2500余份，受理运输户咨询投诉210余次。

（胡　卿　蔡茂源）

## 水产品批发与零售

【概况】　全年全市水产养殖面积5.36万公顷，比上年增加467公顷；全市水产品起水量28.39万吨，比上年增加1.11万吨。其中，养殖产量22.95万吨，比上年增加1.13万吨；捕捞产量5.44万吨，比上年减少171吨。特种水产品产量9.66万吨，比上年增加7062吨。全年生产的水产品，内销本地市场占起水量的60%（17万吨），外销省内市场占20%（5.7万吨），外销省外市场（主要流向为广东、上海、浙江、江苏、湖北和福建等地）占20%（5.7万吨）。

【水产品批发】　全市水产品批发主要集中在市水产品综合大市场、墩子塘集贸市场、塘南镇水产品集散市场和进贤河蟹市场等地，其中市水产品综合大市场和墩子塘集贸市场水产品批发约占批发总量的90%。全年各市场的水产品批发总量约为10万吨。其中,南昌市水产品综合大市场5.5万吨,交易额约为5.5亿元;墩子塘集贸市场1.8万吨,交易额约为1.8亿元;塘南镇水产集散市场5000吨,交易额为0.5亿元;进贤河蟹市场1700吨,交易额为1.7亿元。另有其他在塘边直接交易。

全市各水产批发市场主要水产品的平均价格为,鲢鱼4.00元/公斤、鳙鱼7.90元/公斤、青鱼11.00元/公斤、草鱼8.15元/公斤、鲤鱼6.50元/公斤、鲫鱼10.10元/公斤、鳊鱼10.25元/公斤、乌鱼14.00元/公斤、本地鲶鱼14.00元/公斤、鳜鱼42.20元/公斤、甲鱼28.60元/公斤、河蟹45.80元/公斤、黄鳝26.20元/公斤、泥鳅11.00元/公斤、鲈鱼18.20元/公斤、黄颡鱼22.40元/公斤、养殖蛙类12.54元/公斤。

【水产品零售价格上涨】 全市各集贸市场水产品综合年平均价格为,鲢鱼4.73元/公斤、鳙鱼8.56元/公斤、青鱼11.75元/公斤、草鱼9.39元/公斤、鲤鱼7.83元/公斤、鲫鱼10.96元/公斤、鳊鱼11.00元/公斤、乌鱼16.18元/公斤、本地鲶鱼17.53元/公斤、鳜鱼50.09元/公斤、甲鱼34.34元/公斤、河蟹61.39元/公斤、黄鳝30.01元/公斤、泥鳅12.97元/公斤、青虾23.73元/公斤、鲈鱼24.12元/公斤、黄颡鱼25.25元/公斤、养殖蛙类14.31元/公斤。与上年相比,除鲢鱼、甲鱼、青虾、河蟹价格分别下跌2.91%、9.92%、2.64%和0.54%外,其他品种均有不同程度的上涨。其中,本地鲶鱼上涨8.24%、黄颡鱼上涨7.04%、青鱼上涨3.74%、鳜鱼上涨8.52%、养殖蛙类上涨10.12%、鲈鱼上涨4.13%、鳙鱼上涨3.22%、黄鳝上涨10.18%、乌鱼上涨3.46%、泥鳅上涨5.87%、鳊鱼上涨0.93%、鲫鱼上涨0.50%、鲤鱼上涨0.51%、草鱼上涨0.99%。

【水产品销售价格上涨因素分析】 全年水产品的价格除个别品种如甲鱼、鲢鱼、青虾等价格下跌外,其他品种均有上涨。涨得较快的有本地鲶鱼、黄颡鱼、鳜鱼、黄鳝、泥鳅、乌鱼、鲈鱼、鲫鱼和鳊鱼等优质鱼类。其主要因素,一是受上半年禽流感的影响,畜禽产品在市场销售受挫,水产品则深受广大消费者的欢迎,价格上涨较快。二是全市水产品市场需求量继续保持较大幅度的增长。三是受全市物价水平上涨的影响,拉动水产品价格的上涨。四是鱼种价格的上涨,拉动水产品价格的提升。据调查,当年鲢鱼鱼种价格为3.60元/公斤,上涨28.6%;鳙鱼鱼种价格为5.60元/公斤,上涨16.7%;草鱼鱼种价格为8.40元/公斤,上涨10.53%;鲫鱼鱼种价格为10.20元/公斤,上涨34.20%。五是渔用饲料等生产资料价格有所上涨。由于粮食为主的农产品市场价格较高,加上养殖者对渔用饲料的需求量急剧增长,导致水产品价格上涨。六是由于上年水产品市场价格很好,水产品市场供应短期内趋紧,导致水产品价格上涨。

(徐书秀)

## 煤炭制品生产销售

【概况】 全年全市蜂窝煤的用户约2.9万户,主要是城区边缘、城中村的住户、城市低保户和低收入家庭。另有各类小饮食店、个体小吃制作摊也烧用蜂窝煤。由于全市液化气的价格一路攀升,最高峰每瓶液化气价高达90余元,使烧用蜂窝煤的用户有增无减,蜂窝煤的销售量由上年的5万吨上升至6万余吨。

【原煤价高于往年】 往年市燃料公司从萍乡青山煤矿进煤价为370元/吨左右。2005年大多数个体户从宜春、新余购煤,价位上扬。由汽车运至原煤粉碎加工点,宜春煤460元/吨、新余煤440元/吨。

【蜂窝煤售价】 2005年,市场的蜂窝煤有两种规格:一种是大块型,0.9公斤/块;另一种是小块型,0.6公斤/块。售价如下:

**2005年市场蜂窝煤零售价一览表**

表29

| 规格(公斤/块) | 店购价(元/块) | 力资费(元/块) | 上户价(元/块) |
|---|---|---|---|
| 0.9 | 0.35~0.38 | 0.06~0.08 | 0.41~0.46 |
| 0.6 | 0.22~0.25 | 0.04~0.06 | 0.26~0.31 |

【个体经营成为煤制品生产销售的主体】 全年全市有个体原煤粉碎加工点(店)30家,月加工蜂窝煤原料约5000吨。全市有个体蜂窝煤生产销售点70余家,其中市燃料公司所属职工店6家,生产销售量每月约300吨,占全市销量的6%左右。

【煤矿改变结算方式】 近几年来,由于市场原煤紧俏,购原煤的结算方式由原来的先煤后款改为先款后货。若购货单位欠煤矿货款的,还必须同时偿还部分原欠款,才能供煤。结算方式的改变对特困企业——市燃料公司维持煤制品的生产经营是个极大的挑战。

(周天安　尹　利)

## 石油制品批发零售

【概况】 2005年,中国石油化工股份有限公司江西南昌石油分公司(简称分公司,下同)坚持市场导向,在石油制品供应紧张的情况下,干部职工奋进拼搏,充分发挥主渠道的作用,不断拓展市场,提高经营质量,经营总量屡创新高,企业盈利能力大幅提升,对外竞争能力增强,经营总量、零售量、高标号汽油销量获得全省前三名,综合指标全省名列前茅,圆满地完成省公司安排的各项任务。全年实现经营总量45.27万吨(列全省第一),比上年增长5.20万吨,增幅13%。其中,零售量31.83万吨,增长8.27万吨,增幅35%;直销量10.61万吨,减少0.16万吨;批发量1.07万吨,减少4.32万吨;润滑油销量1.02万吨,增长0.43万吨,增幅73%,完成年度计划任务121%;燃料油销售0.75万吨。全年零售量31.83万吨,比上年增长8.27万吨,增幅35%(列全省第一),是零售量增幅最大的一年,完成省公司年初目标26.22万吨的121%,完成调整指标28.7万吨的111%;人均零售量276吨,单站加油量4300吨。全年销售高标号汽油7万吨,比上年增长50%,完成年度任务105.6%,高标号汽油占汽油零售比例排全省第一名。全年实现税后销售收入18.19亿元(列全省第一),税前销售收入21.29亿元,比上年增长33.4%;实现利润12445万元(列全省第二),完成年初计划1亿元的125%,完成还原后利税总额1.61亿元。全年用工总量1282人。

【强化数质量管理】 数质量管理工作是做好经营工作的前提。分公司非常重视数质量管理工作,求真务实,严把油品数量、质量关。在加强对油库、加油站的盘点工作的基础上,分公司强化数量监督,切实了解和掌握各油库、加油站进、储、出各环节的真实情况。采取铅封管理办法,控制油品损耗。质量是企业的生命,分公司加强油品的入库关。如鱼目山油库及联民油库化验室坚持油品出入库检验制度,凡是不达标的油品坚决不准入库。分公司安全监督部质检室定期或不定期对加油站、油库油品进行抽检。全年加油站的损耗从0.7%损溢率下降到0.3%以内。加油站每月损耗由上年月平均150吨左右，下降到当年每月平均损耗72吨左右，降本增效取得明显效果。同时做到财务、营销、油库和零售等部门的账账相符，账物相符。

【巩固市场主导地位】 上年成品油市场的供求矛盾突出，分公司领导一是根据省公司自行采购的指示精神，果断决策，主动与各炼油厂联系，克服重重困难，自行采购成品油2.5万吨，有效地增强南昌市成品油的供应能力，并掌握成品油市场的主动权。既提升分公司的市场占有率，又巩固分公司作为南昌市成品油主供应商的地位，有效地维护了中石化在江西省会城市的形象。二是针对成品油资源供应紧张状况，及时制订分公司市场保供应急预案，合理分配资源，确保重点地区站供应，基本稳定成品油市场，防止出现大的骚乱现象。三是加强与平川油运公司沟通，优化物流配送，保障油品能及时运送到指定加油站。四是在油品资源供应紧张的情况下，客户经理们主动上门向老客户解释情况，向客户介绍公司政策，在严格执行省公司价格政策的基础上，向老客户们承诺，在油品资源紧张的情况下，仍会尽全力合理配置资源尽量满足其需求，获得广大客户的理解和支持，分公司的经营量稳步攀升。全年在资源供应紧张的情况下，分公司充分发挥主渠道的作用，市场占有率达到75%，进一步巩固了在南昌成品油市场的主导地位。

【改革零售管理】 为提高分公司零售部门专业化管理水平，分公司在市区设立2个片区经营部及1个水上营销中心，并建立内部竞争机制。同时本着"先零售，后直销，再批发"的总体经营原则，继续推进零售优先机制，制定灵活的零售策略，采取多种形式进行促销，尤其是高标号汽油的销售。加油站达标创星是分公司当年的一项重要工作。为搞好这项工作，分公司专门成立领导小组，组织由零管、安监、人教、财务等相关部门人员参加的检查考评小组，在各片区、经营部自查、自纠、整改的基础上，经过严格考评打分，并依据省公司达标创星的标准向省公司申报22座星级站、备案12座达标站，圆满完成当年的达标创星的工作。

【加快网点建设】 为抢占市场份额，全年新建加油站5座，其中军山湖站竣工投产，乐温高速公路泉岭服务区南站、北站、乐温高速公路七里岗服务区南站、北站年底基本建成，即将投入使用。续建扩建昌大、麦庐、长均、长埈工业区、流动加油船、省庄、联民码头7座加油站。完成新增军山湖、茅岗、长埈工业区、李渡、三里等加油站5块建站（出让）用地。年内列入政府规划、等待土地挂牌的加油站有9座；达成加油站建设意向性洽谈项目有5个。

【加强规范管理】 在大力推行机构改革的同时，分公司重新修订、完善各项规章制度，并按照省公司内控制度要求，建立健全分公司内控制度及相关管理组织，做到"执法必严、违法必究"。特别是在财务管理上，分公司加强授权管理，严格控制财务费、运杂费、人工费、办公费，通讯费、车辆费，大力压缩招待费。

【改革薪酬制度】 根据省公司制订的方案，分公司在严格控制用工总量的前提下，将工资总额、劳务费与主要经营指标全额挂钩，按核心层员工和非核心层员工拨付工资总额和劳务费。建立有量化指标、便于操作的绩效考核机制，将员工收入与经营业绩挂钩，调动员工追求经济效益最大化的自觉性和主动性。同时直接考核各县经营部领导班子、各直属经营部门负责人、公司机关各科室负责人及各加油站站长、客户经理的工作业绩，直接确定核发绩效考核薪酬，实行员工薪酬管理一步到位，调动了全体员工的积极性。

【抓好自身建设】 分公司党委坚持党委中心组学习制度，并在全公司党组织中开展创建学习型党支部主题活动；坚持企务公开制度，企业经营、财务收支、招待费用、职工收入等情况做到公示或通报；坚持支持企业文化建设，适时拨出专款，组织安排职工开展文化娱乐活动；坚持定期召开思想政治工作研讨会，对论文进行评选，并把优秀之作向有关部门推荐；开展各种形式的劳动竞赛活动，进一步增强企业和职工的凝聚力。

（沈文燕）

## 医药药品批发零售

【概况】 2005年，南华公司上下齐心协力，干事创业，团结进取，奋发有为。全年完成不含税销售10.8亿元，顺利完成董事会调整后的考核目标。公司精神文明建设硕果累累，荣获江西省厂务公开先进单位、南昌市无假冒专利先进单位称号；南昌总店门市荣获"全国巾帼文明岗"称号。周勇、周镇灏等4人分别被评为省厂务公开先进个人、南昌市优秀党员、劳动模范。

【企业改革取得重要性进展】 根据公司二届二次董事会决议精神，按照市场化及现代企业制度建设要求，公司积极实施南华公司与大药房公司相对分开经营方式，即母子公司在经营业务、营运资金、商品配置、会计核算、绩效考核及人力资源管理等六个方面相对分开，逐步实现各自经营、自负盈亏。同时公司在总结上年企业改革改制经验的基础上，改变"图难于易，图大于细"的策略，以设区市分公司为重点，以亏损大户为重点，通过产权主体多元化和建立新型劳动用工关系等多种方式，加大改革力度，取得重要性进展，为大药房大幅度减亏奠定基础。年内共有16家零售分公司通过建立新型劳动用工关系、行政划转当地政府、资产变现、托管等方式实行改制，妥善安置员工500余人。企业改制后，消除一批严重亏损源，部分改制企业焕发出勃勃生机，呈现出良好的发展态势。

【提升企业经济运行质量】 全年公司认真贯彻二届一次董事会决议，集中精力，指导经营部门抓住重点，努力提高经济效益。如批发系统抓住市场份额和运行质量两个方面，积极实施稳住市内、拓展市外的策略。各分公司继续强化市场营销意识，完善差异化经营，关注服务细节，发展总代理或总销售品种，稳定和扩大市场份额。同时适度调整销售人员分配政策，将回笼率与对账确认率列入考核内容，提高经济运行质量，真正实现有效销售。继续抓好药品招标采购工作，不断扩大市场占有率。在当年全省公布的八个地区医疗机构招标品规中，南华中标4190个品规，中标率为46%，继续保持领先地位。全年公司销售额比上年增长8885万元，增幅达15%。

【加大分公司（总店）减亏力度】 一是对80家分公司实行ABC分类管理。对A类公司在现金流拨付、商品供应和薪金分配等方面进行重点扶植；积极引导B类公司向好的方面转化；对C类公司中的严重亏损单位花大气力进行整顿，在现金流、供货方面实行严格限制，控制亏损增加。赣州、上饶、吉安等地整顿工作成效明显,全年减亏 307 万元。二是为适应市场竞争的急剧变化,大药房公司根据经营和管理的实际,收缩总体战线,优化门店布局。对地处偏远、管理不力、经营亏损严重、扭亏无望的门店,坚决撤网关闭,全年关店 106 家。三是不断创新,拓展经营。南昌分公司积极扶植重点门店,开设医疗器械广场,并根据市场发展的需要,设立精包装名牌产品专柜,取得良好的经济效益。通过一系列的改革和调整,在大药房系统全体干部员工的不懈努力下,61 家总店扭亏增盈或减亏,占亏损总数的 81%。

【提高企业综合竞争力】 以"完善、巩固、提高"为目标,对照 GSP 认证条款,认真开展自查和整改,巩固和完善公司认证成果,顺利通过南昌市药监局组织的认证回访检查。加强农村两网配送站质量基础管理工作,建立相应质量管理体系。继续抓好 GSP 认证工作。大药房 14 家乡镇门店和武宁、婺源两个配送站均顺利通过 GSP 认证现场检查,并完成药品经营许可证换证和变更工作。

【强化人力资源管理】 对 14 个分公司领导班子进行调整,优化干部配备,并加强后备干部的培养、考核。按照"两个倾斜"的原则,修订、下发批发配置系统和大药房系统经营者分配方案,将经营者的收入直接与经营业绩挂钩,调动经营者的积极性和责任感。在客户服务部和储运部实行量化计酬考核,提高员工的工作热情。坚持培训教育制度,除继续抓好员工岗位培训和专业技术培训外,重点抓好店长及各级总店经营者的培训。

【强化审计防损管理】 完善机构建设,在设区市分公司设立专职审计防损人员,实行双重管理,核定专项费用,强化工作力度。完善制度建设。制订并实施大药房审计防损工作管理办法。采用推、促并进的办法,抓重点,攻难点,经常深入市县分公司检查监督,严肃查处严重违规违纪行为。全年开展各类审计共 80 余项,并运用法律手段保护企业利益,提起诉讼 6 起,追回货款 26 万元。

【强化安全稳定工作】 完善安全保卫综合治理工作,进一步加强重点控制点(区)的管理,保证人防、物防、技防措施到位。积极开展实地检查工作,及时消除安全隐患。通过实施标本兼治,公司全年未发生安全事故,为经营奠定了扎实的基础,也为今后的稳定发展提供了强大保障。为配合改制,坚持深入基层了解情况,掌握员工思想动态,开展细致的思想政治工作。及时处理信访举报,并快速反馈有关信息,保持企业和职工队伍基本稳定。

(黄建华)

## 烟草制品批发另售

【概况】 2005 年,南昌市烟草专卖局(分公司)(简称分公司,下同)在江西省烟草专卖局(公司)(以下简称公司)和市委、市政府的正确领导下,各项工作都取得新的成绩。全市实现系统外销售 72.64 亿支,比上年增长 7%;共完成卷烟销售额 19.89 亿元,增长 20.61%;实现税收 1.36 亿元,增长 19.75%。

【全面提升烟草网络建设水平】 一是做实卷烟销售网络终端。坚持依托广大诚信守法的三、四、五级零售客户,通过扩大网络覆盖面、协议销售、合理定量等手段,挤掉大户非法批发水分,做实卷烟销售网络终端。二是打造符合现代流通要求的运作流程。在全面集中电话订货的基础上打破按线路订货的模式,整合工作量,实行五天工作制,并及时出台适应本区域市场的具体措施及优惠政策,扩大电子结算面;引进浙江创联的数字化仓储管理系统及半自动化分拣设备,在新建县新增两条分拣线,区域内实现配送分拣到户。三是强化监督考核机制。建立督办工作制度,制定《全员工作目标考评方案》和《综合科室年度考核方案》,确保一线员工与机关人员在网建工作中按各自职责、工作流程及工作标准开展工作、服务客户。四是提升服务客户能力。成立客户服务中心,狠抓客户关系管理,从忠诚度、贡献度、发展度等指标入手,细化客户特征,完善客户等级标准,进行科学分级,制定相应的服务与营销策略。全面推进与零售户月协商计划的开展,整体提升月协商计划的工作质量,切实做好、做实销售月计划、周安排、次分解,并以市场需求为导向,通过库存指导、协议销售、分级定量等方式,最大限度地满足零售户的货源需求。推行客户拜访制度。在客户经理、送货员上门服务的同时,订单员、营销中心内勤人员也制定相应的拜访计划,对客户全面开展上门拜访,加强与零售户的沟通。创办《南昌烟草》内部刊物,免费赠送零售户。通过刊物将公司动态、货源信息、法律法规等告知零售户,构建与零售户的沟通平台。开展积分回报。通过开展兑现卷烟柜台等活动进一步落实对诚信守法零售户的积分回报。五是提升市场品牌培育能力。建立新型的工商关系和品牌品类管理机制,并通过销售渠道信息反馈机制的实施,及时向工业企业通报市场信息、价格信息,反馈产品走势、消费走向,为工业企业安排卷烟生产、开发适销对路产品提供可靠的信息依据。

【提升卷烟销售工作】 全年分公司加大适销对路货源的组织力度,尽力缩小紧俏货源的市场缺口,畅销货源基本实现稳价扩量增长,客户对货源的满意程度得到相应提高。"盖芙蓉王"、"新版利群"是南昌市卷烟市场多年来的紧俏货源,全年投放量分别达到 3458 箱和 3929 箱,其他类似紧俏货源的供应量也出现较大的增长。针对非市场因素导致农村市场低档卷烟供应不足的状况,积极与全国知名厂家联系,利用南昌市省会市场的优势,调入合理卷烟品种,引进农村市场缺口较大的低档卷烟,并全力加以培育,有效地弥补"华南方"牌等低档烟供应不足造成的市场空缺。

【净化卷烟市场】 一是加大市场整治力度,提高市场控制力。联合公安部门先后开展"百日打假"、"夏日风暴"、"金秋飓风"等专项治理行动,以两点一线(一线是零担托运运输线,两点是洪城大市场和罗家集这两个区域点)为整治重点,打击、查处、管理三结合,有效遏制南昌市卷烟市场上的假、私、非烟向周边地区辐射,打假打私工作取得显著成效。全年查办各类违法案件 8[illegible]56 起,违法卷烟 4012.45 万支,实现罚没款 397.84 万元,公安部门拘留 32 人,逮捕 15 人,判刑 12 人。二是强化社区化管理和零售户自律小组建设。截至年底,共成立社区 108 个,自律小组卷烟经营户 4186 户。三是强化专卖管理职能,实行稽查、巡查相分离,职能分开。

【提高队伍素质】 一是大力开展职工教育培训。全年开展较大规模培训 14 次,共计 2076 人次参加。二是加大改革力度,完善人才选拔机制。以公开选拔为突破口,面向全市系统公开选拔城区区域营销部经理、机关营销中心和配送中心的市场部、采供部、综合部、储配部部长,部分县局副局长,县营销中心副主任,配送中心副主任等,并积极推行客户经理竞争上岗制,建立客户经理后备人才库,进一步完善用人机制。

【开展企业文化建设】 4月聘请专业公司量身设计具有南昌烟草特色的企业文化。以"未来很远，目光更远"作为企业的核心理念，并围绕该理念，用长远的目光诠释南昌烟草发展的方向。同时在全体员工中牢固树立"用心服务，成就客户"的服务理念，将"认真只能把事做对，用心才能把事做好"作为对自身的工作要求，并将"源于烟草，超越烟草"作为今后工作的目标，真正形成"内聚人心，外塑形象"的文化氛围。

（吴　丹）

## 供销合作业

【概况】 2005年，市供销社认真贯彻全国供销合作总社第四次代表大会精神和市委八届九次全会确定的"保目标、打基础、谋长远、强素质、增后劲"的工作方针，认真履行"指导、协调、服务、管理"的职能，坚持为农业、农村和农民服务的办社宗旨，积极参与全市农业产业化经营，继续深化供销合作社的改革，大力推进全市供销合作事业的发展，各项工作取得显著成效。全年全系统共实现销售总额9.75亿元，比上年增长9%；实现利润113.91万元，增长12.7%；上缴国家税费124万元，增长38.5%。

【市社直属企业改制取得初步成效】 截至年底，市社直属企业改制达100%，并重组15家公司（合计注册资本1976万元，其中社有资本645.8万元）；县、区社属企业改制面达80%以上。重组的15家公司注重增强职工创业热情，开拓单一社有资本向多元化投资途径，拓宽经营发展空间，基本完成由经营商品向生产、市场管理、商品营销综合实体的转变，13家公司实现盈利。如丰和农产品有限公司5000平方米的"农改超"市场竣工营业；南昌茶厂与科研单位联合研制的"春蕾仙茶"牌精品茶叶成功上市；果品公司与外商合作开发的南昌市干鲜果品大市场建设全面启动。同时，15家重组企业始终把实现职工再就业与维护稳定放在突出位置，千方百计拓展就业渠道，就业人数达3500余人，实际在岗就业率达80%以上。

【构织为农服务网络】 全年围绕农副产品流通服务体系、再生资源回收利用服务体系和农业生产资料连锁经营服务体系，一是建市场。全市16个专业合作社（其中加工企业5个，养殖企业6个，种植和购销企业5个），坚持"公司＋专业合作社＋农户"的产业化经营模式，受到众多农户欢迎。如南昌县社坚持为"三农"服务宗旨，积极参与当地农业产业化经营，作好"蔬菜经济"大文章，为农户提供种、加、运、销综合服务。二是占市场。零售企业异军突起，打响"供销"品牌。全年市供销系统25个专业市场，不断做强做大。截至年底，全系统组建的4个连锁农资总店，82个连锁直营店，5个配送中心，年农资销售总额达2.4亿元，市场占有额达80%以上。如新建县社的新惠隆商贸有限公司，在县城设有2家购物广场，营业面积达8000平方米，经营品种2万余个，年销售额突破1亿元，安置下岗职工200人，成为新建县再就业的重要基地。安义县兴农农资连锁有限公司，以综合服务为基础，以配送中心为支撑，吸纳经营大户加盟，上联供销社、下联经营户，再现供销社经营的强大生命力和竞争力，使农民用上"放心肥"。三是连市场。成立15个各类行业协会并发挥重要作用。如市再生资源回收利用行业协会（有会员单位240个），突显维权、服务、自律、协调的作用，引导着全市的回收、加工业务。

【规范企业管理】 省、市全民创业工作会议后，市社领导班子成员集中时间和精力，下到市社属企业和县区社基层单位进行调研，并对全年工作目标进行跟踪检查。为加强企业的管理，9月上旬分别举办有230余人次参加的《中华人民共和国公司法》等法律知识培训班，并就企业存在的问题进行讨论，强化企业法人依法依规管理企业的意识。

【行业协会发挥重要作用】 截至年底，全供销社成立各类行业协会15个。各协会努力探索履行行业管理、行业自律、行业维权职能，并取得初步成效。如市再生资源回收利用行业协会发展会员240个单位，在全市建有回收网点118个，再生资源交易市场7个，再生加工企业9个，在全市初步建成一个集回收、加工、销售为一体化的废旧物资回收利用体系。青山湖区供销社兴办的南昌市废旧钢材交易市场，占地6.6公顷，拥有经营店面320间，场内从业人员1500余人，安置下岗职工600余名，年交易额5亿多元，年创税420万元，累计创利1300万元，成为全省同行业的"领头羊"。南昌县再生资源股份有限公司年销售额近5亿元，创纯利80万元，成为全省再生资源经营大户。

（黄新清）

## 粮食贸易

【概况】 2005年，市粮食局以保持共产党员先进性教育活动为动力，紧紧围绕当年的工作目标，及时启动早晚稻最低价收购政策执行预案，确保农民增产增收；坚定不移地推进粮食流通体制改革，

2005年4月8日，市粮食局组织党员干部在南空某部开展"大蓬车"进军营、服务部队官兵活动

全方位对外招商引资，开拓性地开展生产与经营活动，粮食流通活而不乱，市场粮油供应稳定有序。

【粮食购销】 为保护种粮农民利益，当年国家启动最低粮食收购价政策，早稻最低收购价70元/50公斤，晚稻72元/50公斤。全市共设最低价收购库点76个(国家指定库点23个、省政府批准延伸库点53个)。由于启动最低收购价政策，指定和延伸库点抓住机遇，积极入市收购，充分掌握粮源，早稻基本上被国有企业收购，成为2000年以来收购量最多的一年。同时由于全市优质晚稻比重较大，受中粮米业、中储粮直属库高价收购影响，私营粮食加工企业争先入市抢购，导致市场优质晚稻价格大幅攀升。虽然晚稻启动最低价收购政策(南昌市常规晚稻平均价格在75元/50公斤左右)，由于价高质差(病虫害影响)，经营风险大，国有企业收购量较小。截至年底，全市收购粮食8.2亿公斤，其中国有粮食企业收购4.5亿公斤，比上年多收购1.7亿公斤；按最低价收购2.75亿公斤，其中早稻2.45亿公斤，晚稻0.3亿公斤。全年全市共销售粮食6.55亿公斤(销售3.25亿公斤，专储粮轮换0.6亿公斤，出口2.7亿公斤)，其中国有企业销售1.8亿公斤，比上年少销1.2亿公斤。销售量减少的主要原因，最低收购价粮比例大，而这部分粮的粮权属中国储备粮总公司，由国家统一安排拍卖。

## 2005年全市分县、区粮食购销情况一览表

表30

| | 全市收购量(万公斤) | | | | 全市销售量 | | |
|---|---|---|---|---|---|---|---|
| | 合计 | 国有企业 | 其中托市收购 | 其他经营企业 | 合计 | 国有企业 | 其他经营企业 |
| 全市合计 | 82000 | 45224 | 27378 | 36776 | 65800 | 20016 | 45784 |
| 南昌县 | 13459 | 13459 | 11092 | 1364 | 1364 | – | – |
| 新建县 | 16003 | 6417 | 4866 | 9586 | 8522 | 1555 | 6967 |
| 进贤县 | 30891 | 8476 | 4668 | 22415 | 37408 | 2615 | 34793 |
| 安义县 | 5249 | 5249 | 4680 | – | 3507 | 3507 | – |
| 湾里区 | 225 | 225 | 212 | – | 150 | 150 | – |
| 青山湖区 | 502 | 502 | 227 | – | 449 | 449 | – |
| 高新区 | 6048 | 1273 | 1273 | 4775 | 4024 | – | 4024 |
| 昌北区 | 60 | 60 | – | – | 3 | 3 | – |
| 市区 | 9563 | 9563 | 360 | – | 10373 | 10373 | – |

备注：1、国有企业销售20016万公斤中包含中央储备粮轮换5896万公斤。
2、其他经营企业销售45784万公斤包含出口26996万公斤。

(南昌市粮食局)

【全市早稻收购工作会】 7月27日下午，市政府召开全市早稻收购工作会。会议由市粮食局局长杨小林主持，市长李豆罗到会讲话，副市长凌学仁对早稻收购启动最低收购价执行预案进行部署。李豆罗对2005年全市早稻生产再次呈现面积、产量双增长的形势，归结为“皇恩浩荡，天佑南昌”。一是党中央、国务院对粮食生产的扶持政策，深得民心。农民免交“皇粮国税”是自古以来从未有过的事，是在市场经济的条件下仍按计划经济的做法。保护了农民利益，激发了农民生产积极性；二是气候对全市早稻生产非常有利，天公作美，没有灾害影响。李豆罗强调，为促进农民实现丰产增收的目标，各有关部门必须加强宣传，贯彻政策，切实做到“五真”(即真粮、真价、真秤、真钞、真情)，想方设法方便农民售粮，保护农民利益，真正实践“三个代表”重要思想，体现共产党员的先进性。凌学仁在部署早稻收购工作时强调，要认清形势，充分认识做好今年早稻收购工作的重要性；要明确早稻收购的具体政策，共同做好早稻收购工作。

【国家粮食局领导视察全市早稻收购工作】 8月4日，国家粮食局副局长任正晓在副市长凌学仁及省粮食局、中储粮江西分公司、市粮食局等有关部门领导陪同下，到南昌、新建两县的泾口、塘南、昌邑、象山等乡镇视察和了解早稻收购工作，并对早稻的整洁米率等质量进行调查摸底。任正晓一行看到售粮农民络驿不绝时，对南昌市按照国家要求，及时启动早稻最低价收购价预案作了充分的肯定和赞扬，并就进一步执行好国家早稻收购政策，保护农民利益等强调指出，各级粮食部门要提高思想认识，维护好国家和农民的利益；要严格按粮食质量标准来划定等级，确保国家政策落在实处；要确保农民一手售粮、一手拿钱；要坚持计量公平，服务周到的原则，真心实意促进农民增收，决不允许坑农害农的事件发生。

【做好晚稻收购】 10月11日，省委常委、市委书记余欣荣在市粮食局上报的《关于我市晚稻收购准备工作情况汇报》上批示：“很好。做好准备工作，保护农民利益，提高企业经营效益。”市粮食局接到批示后，于10月12日召开局长办公会进行研究落实。一是在全系统认真学习传达余欣荣的批示，并拟定具体措施加以落实。二是召集县、区粮食局局长对晚稻收购工作进行专题研究部署。针对晚稻种植出现的因灾减产形势，采取即购即销、快购快销方式，减少费用，增加盈利。三是做好启动晚稻最低价收购预案的准备，确保敞开收购的需要。四是针对当年晚稻受灾影响质量下降的问题，一方面宣传动员农民搞好整晒；另一方面在收购现场为农民提供整晒工具帮助搞好整晒，确保入库粮质量达标。五是组织督导组加强晚稻收购期间的政策执行情况督导，确保《2005年中晚稻最低收购价执行预案》严格落

实。

【开展“八项服务”活动】 上半年制定并全面启动“八项服务”活动。一是服务农民。选择产粮大乡，开展送粮食政策和粮食信息下乡，大张旗鼓地组织粮食企业与农民签订购粮合同。二是服务市民。在市区两个粮食批发市场组织粮食经营户开展经营，为市民提供“放心粮油”活动，并组织市粮油质检站、良友集团开展粮油食品质量咨询活动。三是服务军营。开展“大蓬车”送粮油进军营，走访慰问驻南昌市部队，落实各项服务措施。四是服务基层。局领导和机关处室分别下到挂勾企业，深入基层现场办公，指导和帮助企业解决生产经营中的实际困难和问题。五是服务职工。局领导和机关党员开展“一帮一”结对帮扶工作，为困难职工解决实际困难，并多渠道为下岗职工牵线搭桥，解决再就业岗位。六是服务扶贫村。制订工作计划并抓好帮扶工作落实，尽力为扶贫村解决部分资金问题。七是服务挂点社区。专门派出两名干部协助挂点街办做好“四城”创建活动，并定期组织机关参加当地街办义务劳动，支持社区搞好创卫。八是服务客商。对已落户的客商提供良好的生产经营环境，热忱、诚信地为系统洽谈的客商提供周到的服务。

【“大蓬车”进军营】 开展“大蓬车”进军营、服务部队官兵活动是市粮食局加强效能建设、改进工作作风的一项主要措施。4月8日，市粮食局领导组织和带领局机关有关处室、市军粮供应管理中心的干部、党员在南空某部开展“大蓬车”进军营、服务部队官兵活动。此次活动共组织各类小包精制大米、各品牌系列食用油、日用百货、副食品共计六大类200余个品种供部队官兵和家属选购。同时开展粮油知识宣传、咨询服务，征询军粮供应的意见和建议等活动。数百名部队官兵和家属来到活动现场购物和咨询。部队首长代表全体官兵和家属，对市粮食局、市军粮供应中心多年来对部队建设和后勤保障工作的大力支持表示衷心感谢，并对粮食部门良好的服务规范和服务质量给予较高评价和赞扬。南昌电视台对活动进行现场采访和报道。

【荣获全国军粮供应管理先进单位】 7月26日上午，国家粮食局、财政部、总后勤部召开全国军粮供应管理表彰大会，南昌市军粮供应站被评为全国军粮供应管理先进单位，南昌县军粮供应站站长廖福恩被评为全国军粮供应工作先进个人受到大会的表彰和奖励。这个荣誉的取得，是全市双拥模范城和文明城创建工作中的又一丰硕成果。长期以来，市军粮供应工作一是坚持以优质、低价、方便为宗旨；二是牢固树立“以兵为本”的思想，提高服务保障水平，让部队满意；三是定期走访慰问部队，加强与驻南昌市部队的联系。由于保质保量按时完成军供任务，确保部队生活的需要，从而得到驻南昌市部队官兵的交口称赞。

【杨小林被评为全国粮食系统先进工作者】 经省粮食局推荐、省人事厅、省粮食局考察、群众评议、国家粮食局网上公示等程序，市粮食局局长杨小林被评为全国粮食系统先进工作者，受到人事部、国家粮食局的表彰，并得到国务院领导人的接见。

【开展情系困难职工食油销售活动】 4月18日～5月28日，面向全市低保户和失业职工，市粮食局与市总工会、市民政局联合举行“情系困难职工——让更多的人吃上健康好油”活动。期间，市粮食局下属由下岗职工创办的南昌金骆驼工贸实业有限公司提供“鑫驼峰”系列食用油，并按每瓶（4.5升）折价优惠10元定向提供给全市低保户和失业职工购买，为部分困难群体带来实惠。

【市粮食局被评为全省扭亏为盈先进单位】 全年全市国有粮食企业比上年减亏8197万元，减幅97%，其中市直企业减亏399万元，减幅66%。全系统粮食购销企业实现利润87万元，其中市直企业实现利润59万元。当年南昌市成为全省粮食购销企业首次扭亏为盈的3个设市区之一，南昌市粮食局被评为全省扭亏增盈先进单位，受到省粮食局的表彰和奖励。同时全市国有粮食购销企业完成第三次新增财务挂账清理，将1998年以来的亏损贷款7.96亿元全部纳入政策性财务挂账，并消化欠息0.32亿元，共解决历史亏损8.28亿元，为企业今后轻装上阵，加快发展创造了十分有利的条件。下属洪安商贸部以40万元的代价买回债权，成功地解决原市粮油贸易公司欠华融公司约2000万元银行债务问题，不仅为原市粮油贸易公司的清算与改革清除障碍，也解决系统内其他企业为粮贸公司贷款提供担保连带追缴还款问题。

【积极开展招商引资】 全年全市粮食系统实际引进内资1.12亿元，外资300万美元。其中，市属企业实际引进内资5356万元，完成全年任务的137%；实际引进外资90万美元，完成全年任务113%。如新建县粮食局共引进内资5000万元，外资60万美元，项目涉及奶业、服装、家具、园林、联合证券公司，是引资最大、成果最多的一年；绿叶集团公司引入的喜顺制粉有限公司投入125万元对面粉生产线进行配粉工艺的技术改造，提升绿叶产品品牌的质量和档次；绿叶面制品公司通过与湖南金健米业公司合作和代加工，实现利益双赢并提高产品质量和企业管理水平；华鑫大酒店通过招租，引进上海百建电机有限公司800余万元用于酒店外观装修，塑造企业新形象。同时一批早期招商引资项目取得较好的经济效益。如南昌县合资企业希望饲料公司、昌碧米粉厂等企业效益大幅增长，实现利润200万元；进贤县合资企业茂昌饲料公司改变连续亏损局面，实现盈利126万元。

【有序推进企业改革】 贯彻落实国务院《关于进一步深化粮食流通体制改革的意见》和省委、省政府，市委、市政府关于积极稳妥推进企业改革的要求，多数县区粮食企业制定改制方案并取得阶段性成果。如南昌县粮食企业完成改制19个，其中购销企业2个，经营企业17个。进贤县粮食企业完成改制18个，与企业签订解除劳动关系职工超过职工总人数的50%。同时赣江精制米厂以资产入股，并吸纳金骆驼工贸公司、市第三粮库、自然人多种成份资金入股的南昌市鑫谷米业公司挂牌并已投产，开创系统内企业改革新的模式。据统计，全系统累计与4792名职工解除劳动关系。

【企业经营能力明显提高】 全市粮食系统干部职工努力在市场经济海洋中学会搏击和畅游，振兴南昌市粮食经济。如南昌县粮食局努力把江西昌碧米业集团公司做强做大，在全国“唱响”品牌，生产的米粉进入20余个国家，公司被评为江西省龙头化产业优秀企业；同时积极引导所属16个粮管所创办加工厂，走购、加、销一体化路子，年内创利润约100万元；市粮食局所属公司在福建省储备粮食轮换竞标中不仅中标，且履行承诺得到对方称道，获得良好的社会效应和经济效益；所属储运公司、购销公司在早稻轮换工作中，市场趋势判断准确，行动敏捷果断，轮换粮食数量创出新高，并获得较大的利益回报；所属良友集团公司推出“质量保证＋服务承诺”举措，召开院校团体粮油供应洽谈会，与全市

30余所院校建起长期供货关系；良友营销公司不断拓展经营品种和经营代理，在没有经营性销售地点支撑的情况下，仅杞浓酒一项年实现销售收入290万元；所属购销等公司通过内购内销、内购外销、外购外销等各种形式开展经营，大宗粮油贸易量不断攀升。

【转变行政职能】 全市各级粮食行政主管部门积极转变管理体制，逐步实现由主要管理国有粮食企业向管理全社会粮食流通，由主要管理企业的经营活动向管理市场主体的准入和维护正常市场秩序，由主要依靠政策管理向依法管理转变。截至年底，全市粮食行政主管部门依法办理收购准入，发放“粮食收购许可证”401户。其中，国有粮食购销企业137户，其他经济成份企业264户。同时完善粮油质检机构。市粮食局和进贤县粮食局分别下拨10余万元，增加质检设备。经市政府批准，从1月开始，南昌市粮油质量监督检验站列入全额拨款的事业单位。

（陈卫东）

## 物资流通

【概况】 2005年，市物资集团公司以开展保持共产党员先进性教育活动为契机，切实加强基层党建工作，全面落实市委、市政府的各项政策措施，继续推进国有企业改革，加大结构调整和企业重组力度，寻找新的经济增长点，大力开展招商引资工作，取得经济和社会效益的双丰收。全年实现销售收入2.49亿元，出口创汇526万美元，上缴税金31.7万元；实际引进外资91万美元，内资4600万元；销售钢材4502吨，硫酸987吨，聚丙稀202吨，回收废钢铁2.52万吨。

【营造创业环境】 在全系统开展以“我为和谐创业作贡献”为主题的大讨论活动，进一步搅动党员干部思想，全面把握和谐创业的深刻内涵。在下属企业全面改制的基础上，采取国有控股、国有参股等形式，重组中联金属、化轻、物华机电、进出口等企业，为创业者搭建创业平台。为营造好创业环境，集团公司加强对下属企业的调研工作，帮助下属企业解决困难，提供支持服务。特别是帮助下属企业解决资金瓶颈制约，帮助企业做强做大。同时开展减持国有股比例工作，将化轻公司的国有股由51%降至49%，加大经营者的持股比例，进一步提高创业者的创业热情。

【继续处理好企业改制遗留工作】 年初全系统大多数企业的“两个置换”改革基本完成，重组的新公司开始运作。但改制后的企业有很多遗留问题需要处理。集团公司党委专门成立企业托管中心，将所有完成改制的停业企业纳入其中统一管理，保证全系统改制“一盘棋”。同时集团公司党委积极做好系统职工的稳定工作，采取“一帮一”的形式，重点帮扶企业特困职工家庭。春节前夕和“七一”、“八一”期间，集团公司领导带队，走访慰问困难党员、困难职工和困难军转干部，把党的温暖和关怀送到困难群众家中，并积极帮助解决实际困难，维护一方的稳定。

【招商引资】 全年集团公司加强与外商的沟通协调，力争使合资的江西国力名车广场项目早日开工。同时优化投资环境，加强对外商的跟踪服务，使已签约的合资出租汽车项目尽早进资。精心组织项目包装推介，组织精干人员参加香港、厦门招商引资项目推介会，力争签约新的项目。积极开展对外经贸活动，与许多国家和地区客商建立稳定的业务渠道，年出口创汇500余万美元。

（吴　珍）

## 旅馆住宿业

【概况】 2005年，全市加大实行开放型经济的力度，大力发展会展经济，红色旅游活动不断升温，呈现人流大、人气旺局面，为推助旅馆住宿业发展创造了良好环境，大多数宾馆旅店床位出租率高于上年，效益好于上年。

【旅馆业市场竞争激烈】 全年旅馆住宿业竞争激烈。一是大、中、小各类旅馆越来越多，尤以中小旅店发展更快。一些旅游景区把住房改客房，使旅店明显增多。二是设施越来越好。一批大型宾馆酒楼更新改造内部设施。如五湖大酒店、凯莱大酒店等都进行装修改造，争相提升自身竞争力。三是功能越来越全。有实力、有条件的企业，不断完善服务功能，走吃、住、游、美容、健身多功能综合服务的路子。四是企业管理越来越严。各大中型宾馆酒店为加强客房营销，开展名目繁多的客房促销活动。如有的宾馆提出以入住客人满意为宗旨，创新服务，并将员工报酬与客户入住量挂钩，激活内部分配制度，服务质量在竞争中普遍提高。

【江南饭店经营和改造两不误】 江南饭店是市饮食服务公司所辖的一家国有饭店，地处南昌长途汽车站对面，以接待暂住过客为主。全年该店在激烈的市场竞争中，抓经营管理、抓服务质量、抓环境改造，有效提高饭店的竞争力，实现国有资产保值增值。该店依据市政府《南昌市高污染燃料禁燃区管理办法》，用新型环保热泵热水设备取代高污染的燃煤锅炉，投资61.5万元更新电梯、电机等设备，同时自筹资金100万元对客房进行周期性改造，使饭店的各项设施设备创有史以来最好时期。在对环境设施进行改造的同时，饭店领导科学运筹，装修不误经营。全年实现营业收入494万元，纳税28.2万元，保证全体员工工资的稳定发放和各项规费的交纳。

【凯莱大酒店】 该酒店有客房327间，总床位488个。全年共接待投宿人数4.82万人，其中国内客人2.73万人，国外客人2.09万人。全年投宿总人数比上年减少15.26%，营业收入比上年减少6.88%。

【旅馆酒店采用灵活经营方式】 为适应竞争的需要，各类旅馆酒店均推出半天房、子夜房、钟点房等出租举措。条件好，服务功能全的旅馆，每小时70～80元，中等的20元左右，价位低的仅几元钱一小时。

【农民工改变投宿方式】 过去不少农民工在城市务工，多数住价格低、条件差的普通客栈。经调查，当年不少农民工采取集体投租的办法，在居民密集区或城乡结合部租用民间房居住，尤以年青的农民工更讲究，选择新建的花园小区，合伴入居新房。租房住宿条件好成为农民工选择投宿方式的重要原因。

（周天安　黄敬苏）

## 餐饮业

【概况】 2005年，赣菜美食叫响市场，在全国业内影响日益扩大。各类餐饮企业服务推陈出新，大中型餐馆全线飘红，厨师上门做年夜饭的服务方式受到欢迎。民营餐馆在市场竞争中独占鳌头，人气兴旺。全市餐饮业市场活跃，成为全市服务业一个亮点。

【南昌市餐饮(烹饪)行业协会举行成立20周年庆典】 该协会成立于1985年,有团体会员138家,个人会员1800人,是在市商贸委指导下的自律组织。12月28日,协会在名人大酒店举行成立20周年庆典。会议回顾20年来,协会坚持为会员服务的宗旨,认真做好餐饮行业的自律、协调、服务、指导和监督工作,较好地发挥桥梁和纽带作用,为弘扬江西饮食文化,创新发展赣菜发挥积极贡献。会议要求全市餐饮界弘扬"服务、凝聚、拼搏、奉献"的精神,为创新发展赣菜,促进餐饮业和谐发展而努力奋斗。

【市烹饪代表团参加第十五届中国厨师节】 10月22~24日,第十五届中国厨师节在武汉市举办。南昌市推荐的邬建平、梅怀、万仁里等人获本年度全国餐饮界最高奖"中华金厨奖";任喜等14人获"全国优秀厨师"称号,13名厨师参加首届全国中餐技能创新菜大赛,获4金1银4铜的好成绩。

【南昌市名厨专业委员会成立】 10月18日,南昌市餐饮(烹饪)行业协会举行南昌市名厨专业委员会成立大会。该会审议通过《南昌市餐饮(烹饪)行业协会名厨专业委员会章程》,选举产生南昌市名厨委委员、执行委员及领导班子。该委会响应中国烹饪协会的号召,正式实行师徒关系登记注册制度。这对于餐饮行业鉴证师徒关系,弘扬尊师重教精神,激励厨师刻苦学艺,奋发向上将发挥积极作用。

【孺子路餐饮一条街食客盈门】 孺子路东连八一广场,西接沿江大道,集聚着新妈妈酒家、和平大酒店,玉兔饭店、家常饭等10余家酒楼饭馆。因该街公共交通便利,街道美化亮化俱佳,餐饮特色鲜明,酒菜价位适中受到食客的欢迎。平时各饭馆酒楼食客不断,黄金周、传统佳节更是座无虚席,食客盈门。夜幕降临后,霓虹灯把街道照得七彩缤纷,酒楼饭馆生意火爆,人气兴旺。

【餐饮业年夜饭生意兴隆】 全市春节年夜饭呈现四大特点。一是预订时间早。10月不少大酒店用大红纸贴出征招年夜饭的广告,市民也纷纷行动。大年除夕前,各大酒店饭馆的席位已订满。据统计,五湖大酒店、和平大酒店、凯莱大酒莱、"饭是钢"酒店所有的包厢预订满,仅剩的大厅席位也寥寥无几。二是价位档次拉大。饭是钢酒店由订户自己点菜,有400元/席、500元/席、600元/席3种;和平大酒店10菜1汤,价格是700元/席、800元/席、1000元/席;凯莱大酒店一般套餐888元/席,包厢最低销售价1588元/席;五湖大海店包厢套餐价达1880元/席。三是晚辈买单为多。晚辈以对长辈一年的问候和祝福,主动买单的多,或由晚辈集体买单,共尽孝心。四是年夜饭管理优于往年。春节前夕,由南昌市餐饮(烹饪)行业协会牵头,全市36家大中型餐饮企业联合发出倡议书,广泛开展"诚信、健康、安全、欢乐"为主题的年夜饭营销活动,协会领导走访部分餐饮企业,敦促搞好主题活动,有效提高年夜饭的质量与服务。

【家常饭餐馆在竞争中越开越多】 地处孺子路的家常饭餐馆,在经营中注重餐饮质量、服务、价格、管理,提升品牌效益,在搞好孺子路店的前提下,不断开拓进取,当年又先后在南昌洪城路和民德路连开两店,新增经营面积4000余平方米。

【玉兔饭庄又增新店】 地处孺子路的玉兔饭庄以其价格低廉,餐菜实惠打出品牌,经营一直火爆。前几年在二七路新增一连锁店后,当年又在建设路208号新开一家6层楼,总面积1100平方米的"玉兔饭庄"。

【一批餐饮业在红谷滩新区相继开业】 红谷滩新区加大服务设施配套力度,9月9日以经营中式简餐,商务套餐为主的金沙湾餐饮店开业。12月18日圣廷宫餐饮店开业。该店总面积1000余平方米,设舒适包厢30个,一楼大堂一次可设30桌宴席,开业后生意兴隆。年底"吃名堂"酒店试营业。该店总面积2000余平方米,主要经营赣菜。

【"满意早餐工程"让市民更满意】 西湖区商贸委创办的大众餐饮食品有限公司推出"满意早餐工程"后,努力提升发展水平。截至年底,该公司拥有快餐连锁店50家,在全市设立销售网点298个,比上年增加27.8%。同时在省内向六市三县开拓早餐销售网点200余个。他们以"政府放心,市民满意"为宗旨,恪守"薄利多销,物美价廉,便民利民"的原则,开发早餐食品蛋黄麻花、白糖糕、葡香米发糕等70余个品种,让市民吃早餐方便实惠。

(周天安　黄敬苏)

## 商品市场

【概况】 2005年,全市共有各类商品交易市场242个,全年成交额在亿元以上的商品交易市场28个,成交总数达279.4亿元。其中,洪城大市场年交易额122.7亿元,比上年增长3.8%;南昌(深圳)农产品批发市场年交易额34.8亿元,增长22.5%。

【南昌化工大市场竣工开业】 12月25日,位于南昌物流基地小蓝工业区的化工大市场举行开业典礼。该市场是市政府为构建和谐平安的人居环境,消除城区安全隐患,将危险化学品的经营网点集中管理而重点建设的专业市场。该市场整体规划占地面积21.3公顷,建筑面积约13万平方米,是一个集交易、展示、信息交流、仓储、配送、货运以及金融结算等功能于一体的大型多功能市场。市场主要分七大区域,包括物流区、仓储区、综合化工区、农资化工区、博览展示区、商务培训区、信息网络中心和综合配套区。

(周天安　黄敬苏)

## 会展业

【概况】 2005年是南昌市会展办成立后的开局之年。在市委、市政府的正确领导下,在市直各有关部门的通力协作下,市会展办抓住机遇,开拓创新,卓有成效地开展一系列工作,取得较大成绩,为南昌市经济社会发展作出一定的贡献。

【思路和目标】 根据南昌市实际,市会展办提出,全市会展经济发展思路是以建设富有特色的会展城市为目标,以产业优势、区位特点为依托,以多种形式的会议、展览及大型赛事、演出和节庆活动为载体,进一步优化发展环境,规范运行秩序,在确保提高质量和效益的前提下,不断扩大总量,大力推进会展业品牌化、国际化、专业化、市场化和规范化进程,带动南昌市经济社会全面进步。并提出"发展会展经济,打造会展名城"的鲜明口号;按照"动足每一根脑筋、捕捉每一条信息、联络每一份感情、抓住每一次机遇、办好每一个会展"的"五项"要求,坚持"一手抓培育品牌会展,一手抓龙头会

2005年10月10~12日,第十届江西美发美容体育用品博览会暨江西第三届美容文化节在省展览中心召开

展公司”的“两手抓”措施,确定“一年起步,二年上台步,三年迈大步,用五到十年把南昌打造成会展名城”的总体目标。

【规范发展活动】 召开80余家会展广告公司、10余个会展场馆负责人参加的“全市规范会展发展活动会议”,副市长凌学仁到会讲话时明确提出,全市会展活动由会展办统一审批,统一管理,并进行宏观调控,跟踪服务,避免缺少沟通,造成在同一城区同一时间段举行同一类型的会展活动,进而发展为恶性竞争的现象。同时加大整治会展市场力度,坚决取缔未经审批就擅自举办的会展活动,使会展市场出现规范有序的发展局面。

【积极争办全国知名会展】 为做好全国糖烟酒交易会、全国汽车零部件交易会、全国医疗器械博览会、全国旅游交易会等大型全国知名会展的申办工作,会展办全体人员群策群力,制订“招大引大”的战略。在有关方面的大力支持配合下,经过不懈努力,终于使第26届中国柴油车配件展示交易会暨车用柴油车配件销售联合体2005年订货会和第四届全国微型车配件交易会花落南昌,并于金秋经贸活动月期间在南昌市如期举行,取得圆满成功,得到全国车柴体及微型车配件协会的充分肯定。虽然全国糖烟酒交易会由于受场馆等限制未能如愿,但是争办全国知名会展的工作有了良好的开端并初见成效。

【培育南昌品牌会展】 6月借助江西省举办中国(江西)傩文化艺术周这个千载难逢的大好时机,组织实施“中国·南昌首届傩文化艺术旅游节”,取得成功,扩大了南昌市影响。艺术节期间,到南昌市旅游的人数累计近2万人次,有力地带动了南昌市的商贸、餐饮、住宿、通信、交通等各项服务业的发展。同时参与策划中国(江西)红色旅游博览会开幕式的系列活动并制作彩车,赢得省、市领导的赞许和省内外游客的一致好评,为南昌市争光添彩。在金秋经贸活动月期间,经过统筹协调,组织策划系列会展活动。如2005年首届江西房产交易博览会,2005年首届胜利路步行街时尚购物节暨南昌第三届时尚文化节,“劲霸·詹王杯”中国辣文化美食节,第六届中国(南昌)国际汽车博览会及第三届南昌二手车交易会暨汽车零部件及汽车用品交易会,2005年第十届江西美发美容美体用品博览会暨江西第三届美容文化节,第二届华中国际家居建材博览会等。

【全市会展经济工作会议】 11月,市政府组织召开第一次全市会展经济工作会议。会上市委、市政府主要领导对全市会展经济工作的开展给予充分肯定,寄予厚望,并为今后会展经济的发展指明方向,并明确目标、任务和要求。会前,市政府出台《关于加快现代服务业发展的决定》和《关于加快现代服务业发展实施办法》,明确加快发展会展业的奖励措施等。这对于培育品牌会展,带动一系列行业经济的发展,繁荣城市经济,做大做强南昌会展经济具有十分重要的意义。

【加强交流与合作】 全市会展工作秉承着“按照国家有关法律、法规及政策,加强对会展活动的管理监督,规范会展行为,维护生产者、经营者、消费者的合法权益,促进会展活动健康有序进行”的原则,结合南昌市会展工作的实际,采取“走出去,请进来”的工作思路,多次组织有关人员观摩学习如全国糖烟酒交易会和全国汽车零部件交易会等在全国极具影响力的会展活动,虚心学习办会、办展经验,努力求探索、认真谋发展,以提高组织和管理会展活动的能力。为加强与国际间的交流与合作,市会展办以团体会员单位加入国际节庆组织。同时,为更好地与国内外加强沟通、交流,扩大宣传,让社会各界人士了解南昌会展状况,进一步加快发展南昌会展经济,充分利用现代网络技术,建立并开通南昌会展网,提升南昌会展在国内外的知名度和影响力。

【会展经济成绩喜人】 全年共举办各类会展活动70余项,参展企业约1.49万家,展会参展及观摩人数约1658.6万人次,会展现场交易额9亿元。不仅给地方经济带来可观的直接效益,而且带动餐饮、旅游、宾馆、电信等服务行业效益的大幅增长。在第三届中国会展(节事)财富论坛暨2005年度会展(节事)产业年度评选颁奖盛典上,南昌市以独特的魅力一举喜获4项大奖。一是南昌市获得2005年度中国会展业会展城市最具潜质奖;二是南昌绳金塔庙会荣获中国节庆50强称号;三是南昌国际展览中心获得2005年度中国会展业展馆新锐奖;四是南昌市会展办副主任陈武荣获2005年度中国会展业十大新锐人物称号。

【昌台商贸服务业投资环境说明会暨台湾知名连锁品牌(江西)推介会】 9月24~26日,“2005年昌台商贸服务业投资环境说明会暨台湾知名连锁品牌(江西)推介会”在滨江宾馆召开。市委副书记、常务副市长龚建华致辞,市商贸委主任喻德火作全市商贸服务业投资环境推介。市直有关部门、各县区、开发区、县区商贸主管部门领导,全市知名商贸企业和有实力的个体、民营企业，台湾企业代表等400人出席。期间，32家台湾连锁企业分别介绍情况。会议为加强南昌与台湾在商贸服务领域的合作，推动台湾知名连锁品牌进入南昌市，提升全市商贸服务业的品位架设沟通的桥梁。

**【“劲霸·詹三杯”中国辣文化美食节】** 9月24～26日，该美食节分别在绳金塔、银星大厦、民间食府召开。24日上午，该美食节开幕式在绳金塔景区召开，副市长凌学仁主持，市长李豆罗致辞，中国烹饪协会常务副会长杨柳致开幕词，广东中山市嘉豪食品有限公司董事长陈志雄、省行管办主任李青华讲话。同日下午，在银星大厦举行“中华辣饮食文化论坛”，来自全国各地的知名专家、学者、中国烹饪大师代表、著名餐饮企业代表约200人齐集一堂，纵论中华辣饮食文化的历史和辣饮食产业的发展，畅谈赣菜特色及发展未来。与会听众代表与烹饪大师进行互动交流。同时宣布中国辣饮食品文化论坛论文获奖名单。25～26日，与会烹饪大师在民间食府举行“中国辣菜烹饪大赛”，省内外各食辣地区的参赛企业112家，个人参赛选手175人（其中省外68人）。参赛厨师既有国家级的烹饪大师；也有省、市级烹饪大师；既有久负盛名的厨师长，也有初出茅庐的年轻厨师；既有各类宴会的菜单设计师；也有擅长单项技艺（如雕刻、刀工、烹炒、面塑等）的烹饪能手。个人参赛菜肴350个，团体宴席23桌。比赛结束时，组委会对成绩优秀且符合条件的参赛单位和选手分别颁奖。来自民间食府的“民间满庭红”，滨湖别墅的“九鲤朝阳宴”等6套宴席荣获“中国辣味宴席特等奖”；豫章城大酒店的“豫章锦绣宴”等13套宴席获“中国辣味宴席金奖”；54人获“热菜特金奖”，90人获“热菜金奖”，25人获“热菜银奖”。同时组委会颁发“辣味小吃奖”，鼓励有创意的辣味小吃制作工艺。

**【第六届中国（南昌）国际汽车博览会及第三届南昌二手车交易会暨汽车零部件及汽车用品交易会】** 9月3日～10月4日在南昌召开。9月3日上午，会议在江西国际汽车城举行开幕式。市政府副秘书长辛利杰主持会议，市委副书记、常务副市长龚建华宣布开幕，副市长凌学仁致词。交易会展区共分A、B、C馆和户外展销大棚及馆外用地，总面积5万平方米。展示奔驰、奥迪、广州本田、丰田、江铃等50余种品牌，200余种车型及汽车零部件和汽车用品。交易会以“发展汽车经济，打造汽车南昌”为主题，打破过去以经销商为主的办展模式，邀请整车生产厂商参展。

**【第十届江西美发美容体育用品博览会暨江西第三届美容文化节】** 10月10～12日在省展览中心召开。10日上午举行开幕式，市政府副秘书长辛利杰主持会议，省美发美容协会会长张弘致开幕词。参展商代表南昌嘉和总经理谢辉讲话，市委副书记、常务副市长龚建华宣布展会开幕，参会领导为大会剪彩。

**【第二届南昌服装节暨全国品牌服装服饰（南昌）博览会】** 10月15～24日在省展览中心召开。15日上午举行开幕式，市政府副秘书长辛利杰主持，副市长凌学仁致开幕词，省政府机关事务管理局局长万怡平致贺辞，市委副书记、市长李豆罗宣布开幕，工商企业300余人出席。

（江　柯　周天安　黄敬苏）

## 2005年南昌市会展活动一览表

表31

| 序号 | 举办时间 | 举办地点 | 会展名称 | 主办单位 | 承办单位 |
|---|---|---|---|---|---|
| 1 | 1月7日－1月12日 | 南昌香江商贸有限公司中心财富广场 | 商品展销会 | 由江西闵志榜全权负责 | 上饶市信州区鸿达会展策划设计中心 |
| 2 | 1月2日－1月12日 | 铁路二村文化宫 | 小商品促销活动 | | |
| 3 | 1月9日－1月18日 | 江西省展览中心 | 2005年南昌百姓嘉年华年货购物节 | 省展览中心 | 上海奇瑞会展公司 |
| 4 | 1月12日－1月20日 | 金润物流广场 | 首届南昌金润购物节 | 市经贸委市商贸委 | 市金润物流有限责任公司 |
| 5 | 1月13日－1月18日 | 胜利路步行街 | 2005年中国南昌旅游（休闲）商品博览会 | 市发展改革委员会 | 江西汉风文化传播有限责任公司和江西新盟广告公司 |
| 6 | 1月19日－1月25日 | 惠民门休闲广场 | 迎新春社区购物节 | 南昌市西湖区文化广播旅游局 | 南昌新时代展览有限责任公司 |
| 7 | 1月21日－1月30日 | 省展览中心 | 2005年江西南昌首届迎春食品服装交易会 | 江西省展览中心 | 江西省佳博会展服务有限责任公司 |
| 8 | 1月22日－1月26日 | 南昌八一广场、南昌绳金塔景区、南昌画院 | 江西首届民间文化艺术博览会 | 南昌市人民政府、江西省文化厅 | 西湖区人民政府、市文化局、江西诺亚文化传播广告公司 |
| 9 | 1月26日－2月1日 | 胜利路步行街 | 2005年首届江西礼品、赠品及家庭用品展览会 | 市商贸委 | 新时代广告有限责任公司 |
| 10 | 2月2日－2月8日 | 胜利路步行街 | 2005年中国·南昌迎春花卉艺术节 | 南昌市花协 | 南昌市丰瑞广告策划营销有限责任公司 |

续表 31-1

| 序号 | 举办时间 | 举办地点 | 会展名称 | 主办单位 | 承办单位 |
|---|---|---|---|---|---|
| 11 | 2月26日-2月27日 | 省展览中心 | 江西德林人才招聘会 | 省展览中心 | 江西德林人才公司 |
| 12 | 3月5日-3月6日 | 江西省体育馆 | 2005年江西首届家居装饰文化节 | 江南都市报社,江西省工商联家居建材业商会 | 江西朝日文化广告传播有限责任公司 |
| 13 | 3月12日-3月13日 | 南昌市洪都北大道金域名都售楼处广场 | 信报丽人购车专场 | 信息日报社 | 江西省汇美广告有限责任公司 |
| 14 | 3月13日-3月17日 | 江西省体育馆 | 2005年南昌3·15宣传咨询服务活动 | 市委宣传部、市工商局、市消费者协会 | 江西省南方文化传播有限责任公司 |
| 15 | 3月15日-3月20日 | 胜利路步行街 | 2005年中国·南昌第二届时尚生活文化节 | 南昌市饭店业协会 | 南昌市丰瑞广告策划营销有限责任公司 |
| 16 | 3月22日-3月26日 | 省展览中心 | 2005年第五届江西国际医疗器械展览会 | 江西省医疗器械公司 | 江西华美会展服务有限责任公司 |
| 17 | 4月8日-4月24日 | 省展览中心 | 2005年全国品牌服装博览会 | 市商贸委、省展览中心 | 上海福都经贸发展有限责任公司 |
| 18 | 4月22日-4月28日 | 胜利路步行街 | 2005年第三届南昌人居环境展暨房地产交易会 | 江南都市报社 | 南昌新时代展览有限责任公司 |
| 19 | 4月23日-5月8日 | 南昌市京东家俱大市场 | 第四届江西国际家俱(春季)博览会 | 南昌市青山湖区政府 | 京东·鹿鼎家居博览中心 |
| 20 | 4月27日-4月29日 | 省展览中心 | 2005年第九届江西美发美容美体用品博览会 | 江西省美发美容协会,南昌市美发美容行业协会 | 江西汇中展览广告有限责任公司 |
| 21 | 5月1日-5月6日 | 胜利路步行街 | 2005年中国(南昌)第三届时尚婚庆文化博览会暨居室文化节 | 南昌市妇联 | 江西省明珠会展有限责任公司 |
| 22 | 5月1日-5月4日 | 江西国际汽车城 | 第五届中国(南昌)国际汽车博览会及第二届南昌二手车交易会 | 南昌市人民政府 | 江西国际汽车城投资发展有限责任公司、南昌三木广告展览有限责任公司 |
| 23 | 5月1日-5月5日 | 省展览中心 | “南昌之春”房产展示交易会 | 经济晚报社 | 江西和盛广告有限责任公司 |
| 24 | 5月1日-5月5日 | 江西省体育馆 | 南昌家居装饰艺术节 | 江西省工商联家居建材商会 | 江西澎柏文化传播有限责任公司 |
| 25 | 5月10日-5月16日 | 天香园 | 2005年中国南昌(青山湖)天香园国际都市候鸟节 | 南昌市委、市政府 | 青山湖区委、区政府、市旅游局 |
| 26 | 5月26日-5月28日 | 江西省博物馆 | 2005年第四届华东江西工业技术装备博览会 | 江西省机械行业管理办公室 | 南昌市红富展示设计有限责任公司 |
| 27 | 5月28日-6月1日 | 胜利路步行街 | 2005年南昌首届儿童用品与儿童才能展示会 | 共青团南昌市委 | 江西省明珠会展有限责任公司 |
| 28 | 5月28日-6月6日 | 江西省展览馆 | 江浙沪丝绸纯绵服装服饰展销会暨六省市精品服装服饰博览会 | 江西省展览中心 | 湖州湖京经贸展销有限责任公司 |
| 29 | 6月10日-6月12日 | 南昌鄱阳湖大酒店 | 2005年江西首届教育培训与出国留学交流合作洽谈会 | 信息日报社 | 南昌红谷会展策划有限责任公司 |
| 30 | 6月12日 | 江西省博物馆 | 爱眼宣传日活动 | 江南都市报社 | 南昌市红箭展示设计广告有限责任公司 |
| 31 | 6月12日-6月15日 | 胜利路步行街 | 中国南昌首届傩文化艺术旅游节 | 南昌市人民政府 | 江西新盟广告有限责任公司 |

续表 31－2

| 序号 | 举办时间 | 举办地点 | 会展名称 | 主办单位 | 承办单位 |
|---|---|---|---|---|---|
| 32 | 6月22日－6月23日 | 江西省体育馆 | 首届泛珠三角汽车集结赛江西站发车仪式暨房车联动居家风彩展示会 | 江西省体育局体育产业管理中心 | 江西省奥林匹克广告公司 |
| 33 | 6月24日－7月26日 | 南昌市图书馆 | 沙发展销会 | | 山东省邹平县西董恒生沙发厂 |
| 34 | 7月29日－7月31日 | 胜利路步行街 | 小型会展活动 | 步行街管委会 | 南昌洪士达服务有限责任公司 |
| 35 | 8月1日－8月5日 | 新建县心怡广场 | 2005年·"崛起的新建"成果展示夜市节 | 新建县工商联 | 南昌红谷会展策划有限责任公司 |
| 36 | 8月18日－8月21日 | 胜利路步行街 | 小型会展活动 | 步行街管委会 | 南昌洪士达服务有限责任公司 |
| 37 | 8月18日 | 南昌市红谷滩会展中心 | 全民健康饮水工程江西地区启动仪式 | | 由南昌中脉贸易有限责任公司 |
| 38 | 8月25日－8月31日 | 香江家居建材城 | 南昌第二届装修节 | 江南都市报社 | 南昌香江商贸有限责任公司 |
| 39 | 8月26日－8月28日 | 胜利路步行街 | 小型会展活动 | 南昌市东湖区步行街管理委员会 | 南昌洪士达服务有限责任公司 |
| 40 | 9月2日－9月4日 | 胜利路步行街 | 小型会展活动 | 南昌市东湖区步行街管理委员会 | 南昌洪士达服务有限责任公司 |
| 41 | 9月2日－9月7日 | 胜利路步行街 | 2005年江西·南昌第四届婚庆筹备暨家装艺术节 | 南昌饭店业协会 | 江西省明珠会展有限责任公司 |
| 42 | 9月9日－9月14日 | 胜利路步行街 | 2005年南昌市质量月产品质量、服务质量咨询暨优质产品（商品）展示会 | 南昌市质量技术监督局 | 江西省明珠会展有限责任公司 |
| 43 | 9月1[illegible]日 | 南昌市红谷滩会展中心 | 抵抗力与糖尿病权威专家报告会暨中脉蜂灵胶囊展销会 | | 南昌中脉贸易有限责任公司 |
| 44 | 9月1[illegible]日－9月18日 | 南昌市图书馆 | 沙发展销会 | | 山东省邹平县西董恒生沙发厂 |
| 45 | 9月15日－9月18日 | 胜利路步行街 | 小型会展活动 | 南昌市东湖区步行街管理委员会 | 南昌洪士达服务有限责任公司 |
| 46 | 9月23日－9月28日 | 胜利路步行街 | 2005年第四届南昌人居环境展暨房地产交易会 | 搜房媒体技术（北京）有限公司南昌分公司 | 南昌新时代展览有限责任公司 |
| 47 | 9月25日－9月25日 | 江西省展览中心 | 2005年第六届江西国际医疗器械展览会 | 中国医院协会 | 江西华美会展服务有限责任公司 |
| 48 | 2005年9月24日－9月27日 | 江西省洪城汽车配件城交易大厅及中心广场 | 第26届中国柴油车配件展示交易会、第四届全国微型车配件交易会及首届江西洪城（华东）汽车配件展示交易会 | 南昌市人民政府、全国车用柴油机配销销售联合体、全国微型车及配件共同体 | 江西洪城汽车配件城、江西省汽车配件协会、市会展办、市经贸委、市商贸委、市外经贸委、市工商联、南昌县人民政府 |
| 49 | 9月24日－9月26日 | 南昌市绳经塔 | "劲霸·詹王杯"中国辣文化美食节 | 中国烹饪协会、南昌市人民政府 | 市餐饮（烹饪）行业协会、市会展办、市商贸委、市西湖区人民政府、南昌饭店业协会 |
| 50 | 9月24日－10月8日 | 京东家具大市场 | 第五届江西国际家居（秋季）博览会 | 南昌市家具行业商会 | 京东·鹿鼎家居博览中心 |

续表 31－3

| 序号 | 举办时间 | 举办地点 | 会展名称 | 主办单位 | 承办单位 |
|---|---|---|---|---|---|
| 51 | 9月25日－10月8日 | 香江家居建材城 | 第二届华中国际家居建材博览会 | 青山湖区政府、全国工商联家具装饰业商会、江西省工商联 | 南昌香江商贸有限责任公司 |
| 52 | 10月1日－10月7日 | 胜利路步行街 | 2005年首届胜利路步行街时尚购物节暨南昌第三届时尚文化节 | 南昌饭店业协会 | 江西和盛广告有限责任公司、南昌市丰瑞广告策划营销有限责任公司 |
| 53 | 10月1日－10月5日 | 江西省博物馆 | 2005首届江西房产交易博览会 | 江南都市报社 | 南昌市红箭展示设计有限责任公司 |
| 54 | 10月1日－10月5日 | 江西国际汽车城 | 第六届中国(南昌)国际汽车博览会及第三届南昌二手车交易会 | 南昌市人民政府 | 江西国际汽车城投资发展有限责任公司、南昌三木广告展览有限责任公司 |
| 55 | 10月10日－10月12日 | 江西省展览中心 | 第十届江西美发美容美体用品博览会 | 江西省美发美容协会 | 江西汇中展览广告有限责任公司 |
| 56 | 10月14日－10月16日 | 胜利路步行街 | 小型会展活动 | 步行街管委会 | 南昌洪士达服务有限责任公司 |
| 57 | 10月21日－10月23日 | 胜利路步行街 | 小型会展活动 | 南昌市东湖区步行街管理委员会 | 南昌洪士达服务有限责任公司 |
| 58 | 10月21日－10月23日 | 南昌八一广场 | 中国江西红色旅游博览会 | 江西省人民政府、国家广电总局、国家旅游局 | |
| 59 | 10月29日－10月30日 | 胜利路步行街 | 小型会展活动 | 南昌市东湖区步行街管理委员会 | 南昌洪士达服务有限责任公司 |
| 60 | 10月30日－11月5日 | 象山文化广场 | 社区便民服务周活动 | 象山文化广场管理处 | 江西鑫隆会展有限责任公司 |
| 61 | 11月5日－11月14日 | 江西省展览中心 | 大连品牌服装服饰暨内蒙古羊绒羊毛制品博览会 | 江西省展览中心 | 锦州市亚泰展览策划服务有限责任公司 |
| 62 | 11月19日－11月20日 | 胜利路步行街 | 小型会展活动 | 南昌市东湖区步行街管理委员会 | 南昌洪士达服务有限责任公司 |
| 63 | 11月25日－12月1日 | 胜利路步行街 | 2005年第三届香车嘉年华汽车文化节活动 | 南昌日报社 | 江西和盛广告有限责任公司 |
| 64 | 12月3日－12月4日 | 胜利路步行街 | 小型会展活动 | 南昌市东湖区步行街管理委员会 | 南昌洪士达服务有限责任公司 |
| 65 | 12月10日－12月11日 | 胜利路步行街 | 小型会展活动 | 南昌市东湖区步行街管理委员会 | 南昌洪士达服务有限责任公司 |
| 66 | 12月16日－12月17日 | 江西省展览中心 | 2005年江西首届特许经营连锁加盟展览会 | 江西省国内贸易行业管理办公室，江西日报社 | 江西博兰会展有限责任公司 |
| 67 | 12月17日－12月26日 | 江西省展览中心 | 2005年时尚品牌服装暨羊绒羊毛制品(南昌)博览会 | 江西省展览中心 | 北京环达科贸公司 |
| 68 | 12月30日－2006年1月2日 | 江西省展览中心 | 中国(南昌)绿色无公害食品博览会 | 江西省人民政府 | 南昌市人民政府、省经贸委 |
| 69 | 12月30日－2006年1月5日 | 胜利路步行街 | 2006年第二届江西礼品、赠品及家庭用品展览会 | 南昌市商业贸易委员会 | 南昌新时代展览有限责任公司 |

（江　柯）

# 南昌市人民政府荣获（2001-2005）全国实施妇女儿童发展纲要先进集体称号

南昌市人民政府在完成九十年代妇女儿童发展规划的基础上，制定并颁布南昌市（2001-2010年）妇女发展规划和南昌市（2001～2010年）儿童发展规划，并把新时期妇女儿童发展的目标纳入全市国民经济和社会发展的总体规划中，从人员、经费和组织机构上给予充分保证，有力推进了全市妇女儿童事业的发展。荣获“全国实施妇女儿童发展纲要先进集体”称号。

2005年8月，国务院妇女儿童工作委员会授予南昌市人民政府“全国实施妇女儿童发展纲要先进集体”称号

全国妇联副主席黄晴宜在省市领导王君，李豆罗陪同下考察西湖区建设桥社区家庭文化建设

市妇联围绕未成年人思想道德建设开展多项活动

市妇联积极为下岗女工提供职业培训

省委常委、市委书记余欣荣，副市长罗慧芬会见妇女代表

市长李豆罗为荣获巾帼文明示范岗单位颁奖

省、市及西湖区妇联在象山文化广场举办“落实男女平等基本国策，促进构建和谐平安江西”活动

# 南 昌 市 中 级

市委副书记王祥生，市中级人民法院院长江涛现场办公，解决基层法庭建设问题

第十二届华东地区及部分特邀中级法院院长座谈会在市中级人民法院召开

2005年，南昌市中级人民法院坚持以邓小平理论和“三个代表”重要思想为指导，以科学发展观统领法院工作，紧紧围绕“一个主题，三件大事”的工作思路，积极践行“公正司法，一心为民”的指导方针，以审判为中心的各项工作取得了新的进步。全年共受理各类一审、二审、再审、执行以及减刑假释案件7617件，审（执）结7580件（含旧存），结案率99.5%，为服务全民创业做出了积极贡献。以队伍建设为出发点，扎扎实实开展“保持共产党员先进性教育活动”和“规范司法行为，促进司法公正”专项整改活动，坚持把先进性教育活动贯穿于以审判为中心的各项工作之中，做到教育与提高司法能力相结合、与规范司法行为相结合、与加强司法管理相结合，并在全市法院创造性地开展争当“无投诉，无错案，无上访”的“三无”好法官活动，促进了全市法院队伍素质的提高。纪检监察工作、审判监督工作、司法警察工作分别被最高法院授予“全国法院先进集体”称号，行政审判、执行工作、调研、信息等单项工作在全省法院系统考核评比中获得第一名。

全市法院司法警察封闭训练

市中级人民法院公开审理备受社会各界关注的南昌市“5·3”特大杀人案

# 人　民　法　院

市中级人民法院组织召开全市法院"规范执行行为，促进执行公正"专项整改工作会议

市中级人民法院"名人讲坛"第二期讲座在该院多功能厅举行

市中级人民法院参加服务全民创业法律咨询活动

市中级人民法院举办首届冬季趣味运动会

# 南昌市荣获全国龙舟月优秀赛区称号

南昌市人民政府办公厅坚持“政府主导，全民参与”的方针，积极推动全民健身运动蓬勃开展，展示南昌市城市建设、体育文化的新风貌， 6月5～6日，先后在前湖和象湖举行“2005年全国龙舟月‘丰和新城杯’南昌地区首届大学生龙舟邀请赛”、“2005年全国龙舟月‘南昌居住主题公园杯’华东地区龙舟邀请赛暨南昌市第四届龙舟赛”。2005年10月，国家体育总局授予南昌市“全国龙舟月优秀赛区”称号。

省、市领导余欣荣、李豆罗、熊焕高等出席“丰和新城杯”2005年全国龙舟月南昌地区首届大学生龙舟邀请赛

龙舟赛上，各代表队你追我赶争第一

# 南昌市人民政府办公厅荣获全省政务信息（督察）工作先进单位称号

市政府办公厅以“科学行政、民主行政、依法行政”为准则，按照“转变职能、提高效率、求真务实、勤政廉洁”要求；围绕市政府中心工作，努力“当好参谋、做好助手、出好主意、抓好落实”，圆满完成各项工作任务。荣获“全省政务信息工作先进单位”称号。

围绕全市中心工作，积极做好政务信息的收集、整理和传递工作

# 南昌市人民政府农村工作办公室荣获全国农业产业化先进集体称号

2005年9月，国家农业部等5部委授予南昌市人民政府农村工作办公室“全国农业产业化先进集体”称号

2005年1月，省委、省政府授予南昌市人民政府农村工作办公室“全省农业和农村工作先进设区市”称号

南昌市人民政府农村工作办公室围绕提高农业综合生产能力，落实党的农村政策，坚持“多予、少取、放活”的方针，优化结构，夯实基础，抓好示范，“三农”工作全面提升，做到了“产业出特色、龙头成规模、基地有品牌、示范增亮点”，实现了产量稳中有升、结构优化提升、基础巩固提高、村镇面貌一新。荣获“全国农业产业化先进集体”、“2004年度农业和农村工作先进设区市”称号。

市长李豆罗在县域经济科学发展（南昌）论坛上致辞

出席南昌市加快县域经济发展工作汇报会的代表参观新建县农业产业化基地建设

①

②

③

④

①灰鹅养殖基地

②黎蒿种植基地

③牛蛙养殖基地

④大棚蔬菜种植基地

# 南昌市经济贸易委员会荣获（2001-2004年江西工业崛起）三年翻番全面先进单位称号

2001年以来，全市制定出台一系列支持工业发展的政策，坚定不移地实施建设现代制造业重要基地核心战略，充分发挥和调动全社会各方面力量，主动应对国家宏观调控措施，努力克服煤、电、油、运紧张和原材料价格大幅上涨等诸多困难，加快现代制造业重要基地建设步伐，全市工业经济保持快速、协调、稳定发展的良好势头，全面完成了省政府要求的2004年三项指标在2001年基础上“翻一番”的目标，为全省工业崛起作出了南昌市工业应有的贡献。荣获（2001～2004年江西工业崛起）三年翻番全面先进单位称号和2004年度江西工业崛起年度贡献奖。

省委书记孟建柱参观第二届南昌制造业博览会

省长黄智权参观第二届南昌制造业博览会

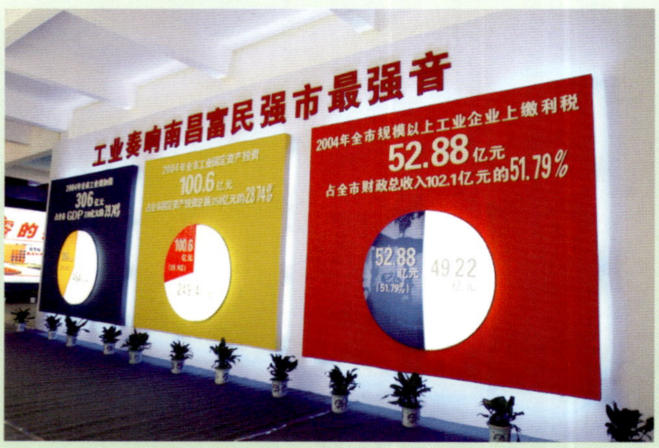


工业拉动南昌经济社会快速发展

市委、市政府制定下发“工业发展30条”推动了全市工业快速发展

2005年5月，南昌市经济贸易委员会荣获省政府（2004年度江西工业崛起）江西年度贡献奖，并被授予（2002～2004年江西工业崛起）三年翻番全面先进单位称号

# 南昌市劳动和社会保障局荣获劳动保障系统优质文明窗口称号

南昌市劳动和社会保障局以主动服务、个性服务、贴心服务、高效服务为宗旨，参照有关标准，相继草拟税费减免，社保补贴，小额贷款就业援助、优惠证发放、就业资金筹集、社保关系接续、农民工就业登记、创业见习等一系列配套政策，初步形成促进就业和再就业的政策体系，同时积极开展以“送政策、送岗位、送技能、送服务”为主要内容的“再就业援助月”活动，采取多种形式将“政策、岗位、技能、服务”送到企业及下岗失业人员手中，尤其是送到大龄就业困难人员手中。荣获“全国劳动保障系统（2004～2005年度）优质文明窗口”称号。

市委、市政府组织召开全市再就业工作表彰大会

举办安置“4050”下岗职工再就业，政府购买岗位招标新闻发布会

举办帮扶贫困村免费技能培训班

举办南昌市第二批再就业小额贷款发放仪式

举办去无锡、苏州市劳务输出人员欢送仪式

2005年12月，国家劳动和社会保障部授予南昌市劳动和社会保障局“全国劳动和社会保障系统（2004～2005年度）优质服务窗口”称号

# 南昌市人民政府外事侨务办公室荣获全国侨办系统先进单位称号

南昌市人民政府外事侨务办公室采取“走出去、请进来”的方式，积极拓展对外交往空间，让世界了解南昌，也让南昌了解世界，全市对外交流呈现出新的面貌。同时按照“摸清侨情、凝聚侨心、打好侨牌、弘扬侨声、搞活侨务”的要求，积极开展“办好一件实事，树立一批典型，帮扶一家侨属企业，联系一批华侨华人，引进一批项目，建立一批项目的“六个一”活动，把侨务工作落到实处。荣获“全国侨办系统先进集体”称号。

省委常委、市委书记余欣荣，市委副书记史蓉蓉，常务副市长龚建华出席南昌市与法国第戎市友好交流备忘录签字仪式

市长李豆罗，副市长罗慧芬出席深圳正晖实业有限公司董事长、南昌市荣誉市民郑小爱为南昌市贫困学生捐献助学奖学金发放仪式

省委常委、市委书记余欣荣会见瑞士驻华大使丹特·马提内利为团长的瑞士经贸代表团

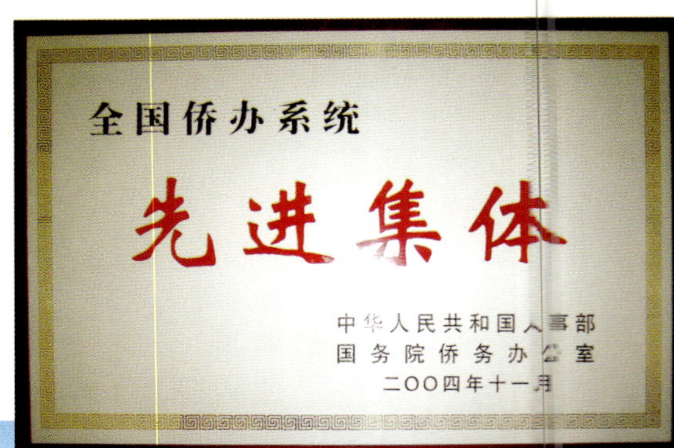

全国侨办系统

先进集体

中华人民共和国人事部
国务院侨务办公室
二OO四年十一月

2005年2月，国家人事部，国务院侨办授予南昌市外事侨务办公室“全国侨办系统先进集体”称号

# 南昌市信访局荣获全国残疾人信访工作先进集体称号

南昌市信访局针对残疾人反映的生活、住房、子女上学、看病、就业等问题和意见，及时进行综合整理，并向市委、市政府领导反映，邀请市领导开展信访接待。同时在接待场所修筑残疾人无障碍通道，改造残疾人专用厕所，并配置开水房，为残疾信访群众提供较好的接待场所。在日常信访接待中，优先接待残疾信访群众，并对路途较远的残疾信访群众，免费提供盒饭，安排车辆送回，生活特别困难的给予一定的资助或开展“一帮一”结对帮扶活动，为残疾人解决了许多实际困难。先后收到残疾信访群众感谢信20件，锦旗12面，荣获“全国残疾人信访工作先进集体”称号。

省委常委、市委书记余欣荣参加信访接待日活动

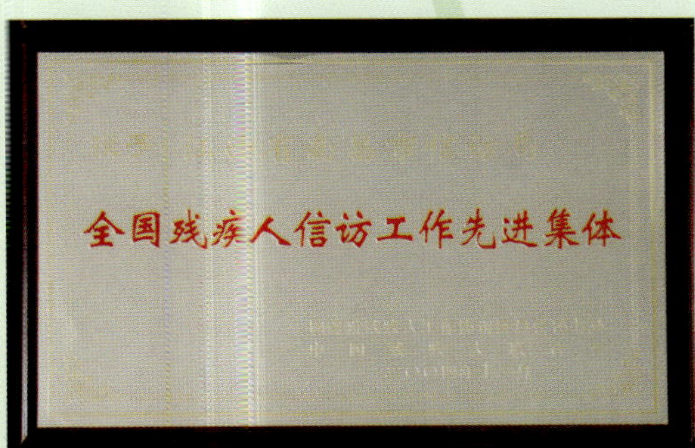


2005年4月，中国残疾人联合会授予南昌市信访局“全国残疾人信访工作先进集体”称号

市政府副秘书长、市信访局局长吕汉清热情接待残疾群众，帮助解决实际困难

# 南昌市民政局荣获全国万家社区图书室援建和万家社区读书活动先进单位称号

南昌市民政局按照“以民为本、为民解困”宗旨，围绕构建和谐社会大局，加强基层政权建设，完善社会救助体系，创新双拥创建形式，实施街道社区管理体制改革，推进社区建设向纵深发展。同时鼓励支持社区动员企事业单位开展社区图书室援建和形式多样的读书活动，取得显著成效。荣获“全国万家社区图书室援建和万家社区读书活动先进单位”称号。

省委常委、市委书记余欣荣为灾区困难群众送上慰问金

市长李豆罗，常务副市长龚建华到敬老院调研

市民政局举办双鹤药业股份有限公司对社区援建授书挂牌仪式

西湖区十字街建设桥社区居民在阅览室读书看报

2005年3月，中央文明办等4单位授予南昌市民政局“万家社区图书援建和万家社区读书活动先进单位”称号

# 南昌市城乡建设委员会荣获全国建设统计信息工作先进集体称号

南昌市城乡建设委员会围绕"强化城市功能、完善基础设施、改善居住环境、提升城市品位"的要求，坚持高起点规划、高标准设计、高质量建设，组织实施第三轮百路大会战等一批市政重点工程建设，城市功能日益完善，城乡建设从提高迈入到提升阶段。同时规范和优化基础管理，进一步推进以信息化为依托的建设统计信息工作，荣获"全国建设统计信息工作先进单位"称号。

省委常委、市委书记余欣荣视察市政工程建设

市长李豆罗视察火车站改造工作

市长助理、市建委主任刘建洋察看"百路大会战"工程建设情况

组织召开目标管理考评、兑现和目标管理责任状签订大会

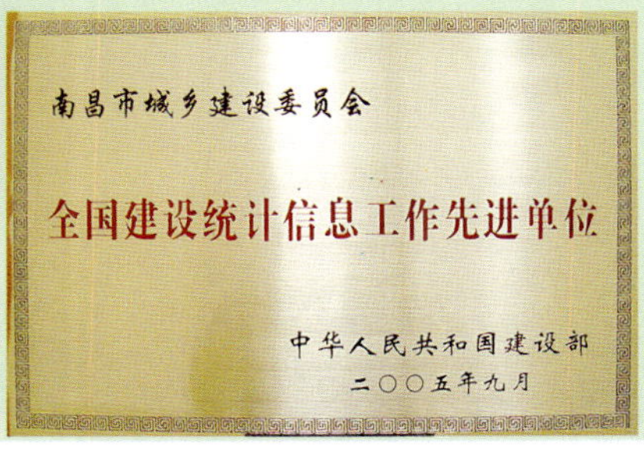

南昌市城乡建设委员会

全国建设统计信息工作先进单位

中华人民共和国建设部

二〇〇五年九月

2005年，国家建设部授予南昌市城乡建设委员会"全国建设统计信息工作先进单位"称号

# 南昌市市容环境管理局荣获“时传祥”奖

南昌市市容环境管理局从2003年开始，以百姓关注的焦点、创卫必须解决的重点、长期解决不了的难点作为市容环境整治的突破口，集中人力、物力、财力，实施“一二三四工程”，即打好铁路沿线整治一场硬仗；突破环卫设施建设、小街小巷卫生两大难点；强化门前三包、袋装垃圾、流动摊点三项工作的长效管理；集中力量进行城中村、垃圾广告、违章搭建、城乡结合部及卫生死角四项专项整治工作。同时对原有的服务承诺及举报投诉机制进一步完善，建立“市容环境管理应急处理网络体系”，全面受理市民和社会各界对市容环卫管理工作中的难点、焦点、热点问题举报，全面提升市容环卫管理工作的水平和效率，使城市环境卫生有了明显改观，荣获“全国城市市容环卫先进集体——时传祥奖”。

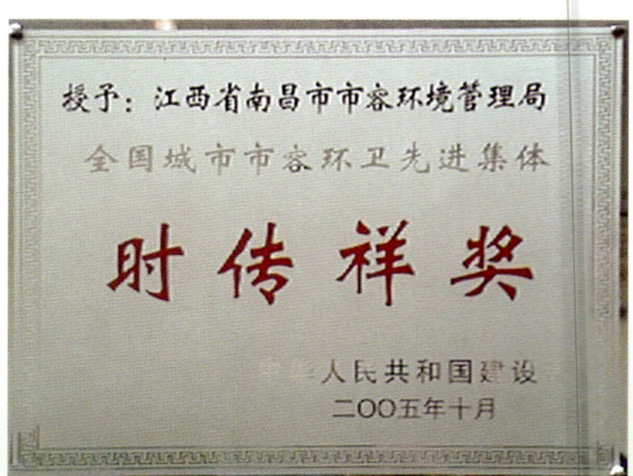


2005年7月，国家建设部授予市市容环境管理局“全国城市市容环卫先进集体——时传祥奖”

局机关干部参加小街小巷卫生整治

组织开展城乡结合部卫生专项整治

组织开展铁路沿线卫生整治

组织开展卫生死角专项整治

# 南昌市市政公用事业局荣获江西“十五”重点工程建设先进单位称号

南昌市市政公用事业局按照“五高”（高起点规划、高标准设计、高质量建设、高水平管理、高素质塑造）的要求，紧紧围绕“全力以赴做好三项工作，毫不含糊抓好二个重点，认真细致完善一项基础”的“321”工程和十项为民办实事承诺，加快推进市政工程建设，努力完善市政公用基础设施，各项工作取得新的发展。荣获“江西省十五重点工程先进单位”称号。

2005年12月，省政府授予市市政公用局“江西‘十五’重点工程建设先进单位”称号

省、市领导余欣荣、李豆罗、熊焕高、陈守朴、雷武江、黄春平等出席玉带河北支综合改造工作（一期）竣工典礼

2005年3月27日，省委常委、市委书记余欣荣，副市长黄春平，市长助理刘建洋察看部分城市基础工程建设进展情况

# 南昌市房产管理局荣获全国房改工作先进单位称号

南昌市房产管理局以国家房改政策为指导，不断深化城镇住房制度改革。截至年底，完成市直机关2万余名职工的住房补贴资格审核工作，其中按月补贴职工的住房补贴于当年5月起全部随工资发放转入个人账户，100余个单位3400余名职工3400余万元的一次性住房补贴资金也发放到职工个人手中。被国家建设部授予2005年度“全国房改和房地产业管理先进单位”称号。同时规范管理全市房产交易与权属登记工作，增强房产交易与权属登记透明度，使房产交易与权属登记管理业务工作呈现出处理历史遗留房产发证步伐加快，全年业务受理量和经济收入创新高，房屋产权、交易、抵押业务同步实现增长局面。荣获“全国房地产交易与权属登记规范化管理先进单位”称号。

市长李豆罗视察房产交易与权属登记管理工作

常务副市长龚建华视察市房产管理局房地产交易市场

市房管局领导检查局档案馆电子档案录入工作

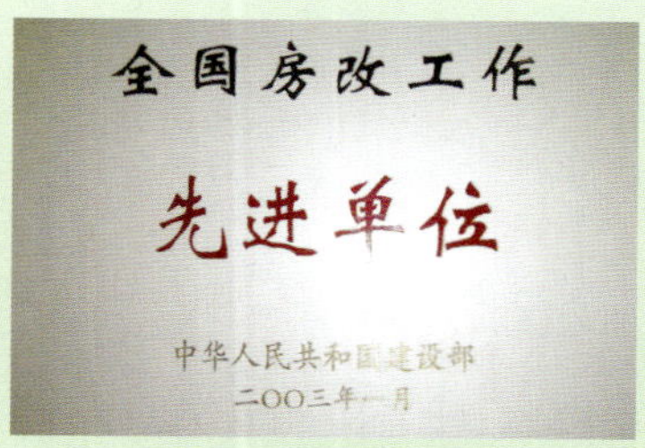


2005年12月，国家建设部授予市房产管理局“全国房改工作先进单位”称号

2005年，国家建设部授予市房产管理局“全国房地产交易与权属登记规范化管理先进单位”称号

局档案馆工作人员及时录入档案资料

# 南昌市人防办公室荣获全国人民防空先进单位称号

全市各级人防部门围绕“军事斗争人防应急准备”要求，坚持“长期准备、重点建设、平战结合”的人防建设方针，紧紧抓住城市快速发展的大好时机，积极探索创新人防建设发展之路。南昌市人民防空办公室依托市本级人防指挥所及应急救援指挥中心，完成市级应急移动指挥平台和多数县区人防地面指挥室（中心）建设，修订完善市、县（区）两级人民防空应急行动方案，调整全市防空警报网点布局，进行全市“9·18”防空警报试鸣、网上演练和实兵演习，并在全市110所大中专院校开设人防知识教育课，积极促进全市人防事业健康、快速、稳步发展。荣获“全国人民防空先进单位”称号。

省委书记孟建柱由市长李豆罗陪同视察南昌市0112工程。

省委常委、市委书记余欣荣，市长李豆罗视察南昌市应急救援指挥中心

市长李豆罗视察建设中的0112工程

2005年10月，国家国防动员委员会授予南昌市人防办公室“人民防空先进单位”称号

市人防办领导班子在八一起义纪念馆参观学习

# 南昌市交通局努力构建

春运期间，省委书记孟建柱等到南昌长途汽车站看望返乡过年的乘客

春运期间，省委书记孟建柱到南昌长途汽车站慰问工作人员

市交通局领导在全市交通系统“双评”动员大会上提出建设诚信交通的目标

2005年，南昌市交通局积极服务全民创业，实施“水陆并进、建运并重和城乡并举”的发展战略，交通经济技术指标刷新走高，交通基础设施建设稳步推进，交通直属企业实力增强，交通民营经济发展强劲，一个立体交叉、辐射四方、方便快捷的交通网络初步形成，为全市发展经济，扩展城市框架奠定了坚实的基础。

江西长运股份有限公司与安徽省马鞍山市长途汽车运输有限公司成功建立合作关系

南昌市发达的公路运输网络，喜迎五湖四海国际友人

# 更快捷的公路水路运输网络

省委常委、市委书记余欣荣考察交通窗口文明创建工作

市交通局党委班子成员在保持共产党员先进性教育活动中认真听党课，记读书笔记

江西造船公司建造的大型集装箱货轮即将下水

市交通局运管处改进作风、文明执法受到群众称赞，运输企业代表向运管处赠送锦旗

2005年，硬化农村公路2310公里，全市1055个行政村通了水泥路，有力支持了社会主义新农村建设

# 南昌市水利局荣获江西省

省、市领导余欣荣、李豆罗出席胡惠元堤（昌南大道）拓宽延伸工程开工典礼

2005年，全市战胜了突如其来的强台风"泰利"和历史罕见的秋汛，实现了不倒堤、不垮坝、城区不受淹的防洪目标。城乡水利建设稳步推进，城市防洪工程完成投资3亿元，完成富大有堤除险加固、护城河、昌南涵及鱼尾涵工程，并实施胡惠元堤拓宽延伸和跨铁路、公路"立交"工程。农村水利建设完成投资1.9亿元，完成181座病险水库除险加固，改造大中型机电泵站16座20处，共3.11万千瓦。修建两塘2000座，治理水土流失5300余公顷，硬化堤顶公路245千米，解决了4万农村人口饮水困难和饮水安全问题，修复水毁工程455处。水利法制建设力度进一步加大。《南昌市水土保持条例》7月1日起开始实施。加强涉河建设项目审批，严厉打击赣江及其支流非法采砂、非法设立码头的行为。督促开发建设单位编制水土保持方案，水事秩序逐步规范。水利管理进一步加强，全市水利工程管理体制改革全面铺开。市水利局荣获"全省人民满意公务员集体"称号和全省水利系统文明单位"三连冠"。

6月29日，市人大常委会、市政府在八一广场举行《南昌市城市水土保持条例》新闻发布会，市领导蔡社宝、肖永政、王水苟等出席。

竣工后的胡惠元堤（昌南大道）与生米大桥实现同步通车

堤顶公路建设取得

病险水库除险加固工程进展顺利

# 民满意的公务员集体称号

市水利局领导班子

2005年4月，中共江西省委组织部等4单位授予南昌市水利局江西省“人民满意的公务员集体”称号

“两塘”建设解决群众生活和生产用水问题

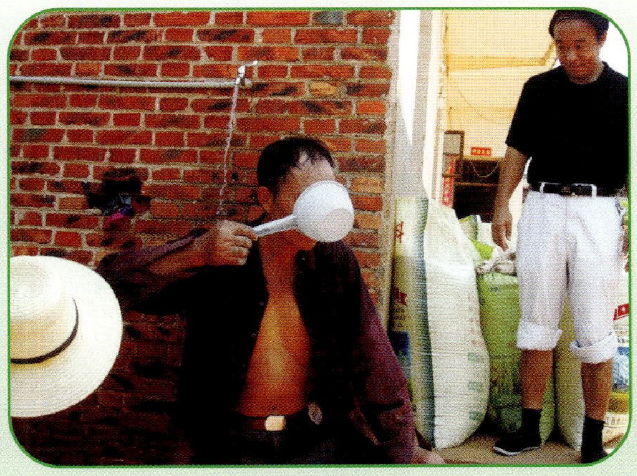

安全饮水“户户通”工程为农民送去洁净的生活用水

效

改造后的三岔河机电泵站

# 南昌市人口和计划生育委员会荣获全国基层宣传先进集体称号

南昌市人口和计划生育委员会围绕“稳定低生育水平，提高出生人口素质，改善人口结构，关注人口安全”等总体要求，积极构建行政管理、技术服务和群众工作“三位一体”的管理与服务体系及政府领导、部门指导、各方配合、群众参与的工作新机制。同时整合社会资源，不断完善人口计生系统与相关部门大联合的人口与计生宣教工作机制，圆满地完成省下达的人口与计生工作目标任务，为南昌市经济和社会的协调发展营造良好的人口环境。荣获2005年度“全国基层宣传先进集体”称号。

省委常委、市委书记余欣荣视察市人口计生宣教服务中心

市长李豆罗视察流动人口计划生育工作

在八一广场开展计划生育宣传和技术咨询活动

市人口和计划生育委员会领导到西湖区开展调研

2005年11月，中国人口学会党政干部教育分会授予市人口和计划生育委员会2001～2005年“全国党校系统人口理论教育工作先进集体”称号

2005年2月，省人口和计划生育委员会授予市人口和计划生育委员会2004年度人口与计划生育工作目标管理综合考评三等奖

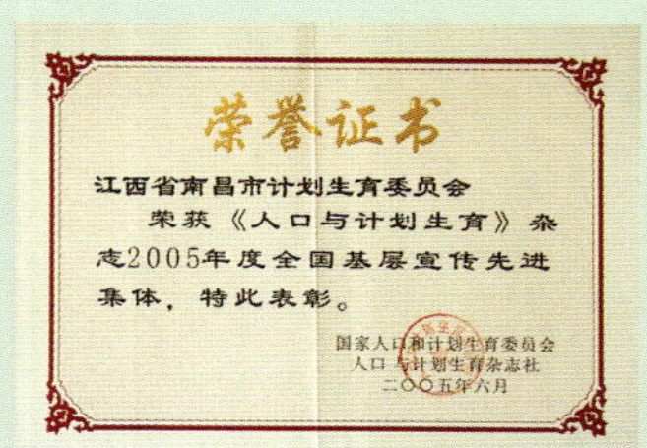


2005年6月，国家人口与计划生育委员会授予市人口和计划生育委员会“全国基层宣传先进集体”称号

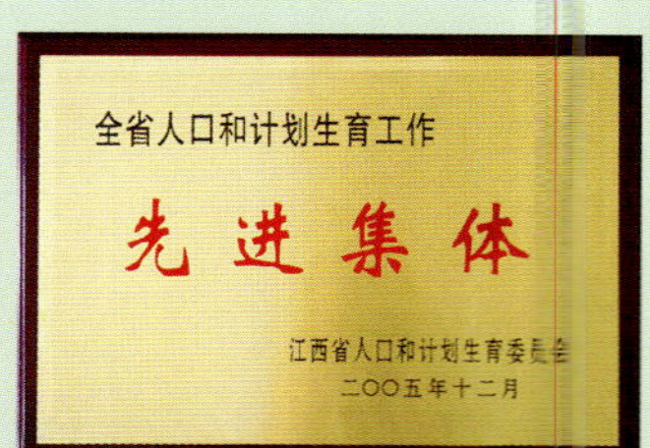


2005年12月，省人口和计划生育委员会授予市人口和计划生育委员会“全省人口和计划生育工作先进集体”称号

# 南昌市对外经济贸易委员会荣获全省设区市利用外资工作先进单位称号

南昌市对外经济贸易委员会充分发挥南昌市承东启西、沟通南北的区位优势，积极把握承接国际产业和沿海发达地区产业梯度转移的发展契机，坚定不移地实施“大开放”主战略和“打造现代制造业重要基地”核心战略，实现开放型经济快速发展的良好局面。全年全市新批外商投资企业187家，实际利用外资9.09亿美元，占年计划的105.66%，增长24.42%；达成内资合同项目574个，实际进资260.5亿元，完成年计划的118.41%，增长40.48%；出口创汇（海关数）9.18亿美元，占省厅新下达年计划的102%，占年初原来计划的121.91%，增长1.23倍。荣获“2005年度全省设区市利用外资先进单位”称号。

2006年2月，省政府授予南昌市对外经济贸易委员会“2005年度全省设区市利用外资工作先进单位”称号

省委常委、市委书记余欣荣在南昌与驻华商务机构、跨国公司经贸合作恳谈会暨招待酒会上致辞

市委、市政府召开全市开放型经济工作会

市委、市政府召开南昌市海铁联运工作总结表彰会

省、市领导余欣荣、龚建华、雷武江等出席南昌保税物流中心开工典礼

市对外经济贸易委员会领导在南昌（昆山）投资环境说明会上介绍南昌投资环境

# 南昌市财政局荣获全国精神文明建设先进单位称号

2005年，南昌市财政局坚持以邓小平理论和“三个代表”重要思想为指导，全面落实科学发展观，认真贯彻市委、市政府的正确决策，积极采取各种有效措施，促进经济和各项社会事业又快又好发展，财政总收入在2004年首次突破100亿元的基础上，又迈上了新台阶，全市财政总收入完成126.1亿元，比上年增长23.6%，全市地方财政一般预算收入完成58.3亿元，比上年增长38.1%。在财政收入快速增长的同时，财政改革工作也取得了显著成效，部门预算、国库集中支付、政府采购、收支两条线等多项财政改革工作走在全省乃至全国的前列。在抓好财政改革，做大财政“蛋糕”，服务地方经济的同时，精神文明建设也取得了骄人成绩，在连续四届被省委、省政府评为全省文明单位的基础上，2005年再上新台阶，荣获“全国精神文明建设先进单位”、“全省民族团结进步模范集体”称号。2003～2005年，连续三年被市委、市政府评为“双评”工作“十佳单位”。

南昌市财政局领导班子在春节联欢会上表演集体诗歌朗诵

2005年10月，中央精神文明建设指导委员会授予南昌市财政局“全国精神文明建设工作先进单位”称号。

市政府召开兑现2004年乡（镇）、街道，发展经济、增强财政实力奖励大会

深化国库集中支付改革，召开第二期国库管理制度改革动员暨培训会

# 南昌市统计局荣获第一次全国经济普查先进单位称号

2005年12月，国务院第一次全国经济普查领导小组授予市统计局“第一次全国经济普查先进单位”称号

2005年6月，国家统计局授予南昌市统计局“全国企业调查系统先进集体”称号

2005年，南昌市统计局企业调查队加强队伍建设，拓宽服务领域，全面提升服务水平。全年共完成调查分析报告20篇，获省、市领导批示7篇（次），采用率达260%；全年共完成重要经济信息170条，其中获市领导批示4条（次），采用率117.6%，为党政领导和社会各界提供了优质服务。荣获“全国企业调查系统先进集体”称号。

第一次全国经济普查是我国社会主义市场经济条件下进行的一次重大的国情国力的调查，是一项庞大的系统工程。2004年以来，南昌市统计局克服普查涉及范围广、参与部门多、技术要求高、工作难度大等困难，在没有任何经验的情况下，科学有效地组织实施普查工作。荣获“第一次全国经济普查先进集体”称号。

市政府召开全市第一次全国经济普查领导小组会议，动员部署全市第一次经济普查工作

常务副市长龚建华出席南昌市企业投资与经营环境调查工作会议

在全市开展多种形式的经济普查宣传活动

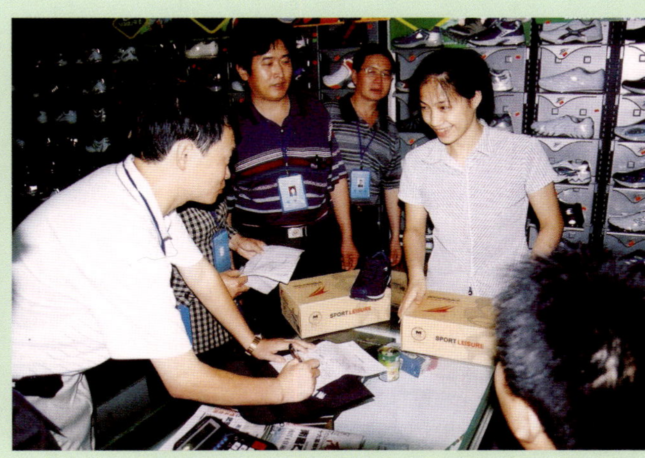

普查员对个体业主进行上门登记

# 南昌市商业贸易委员会荣获全国城市商业网点规划工作先进单位称号

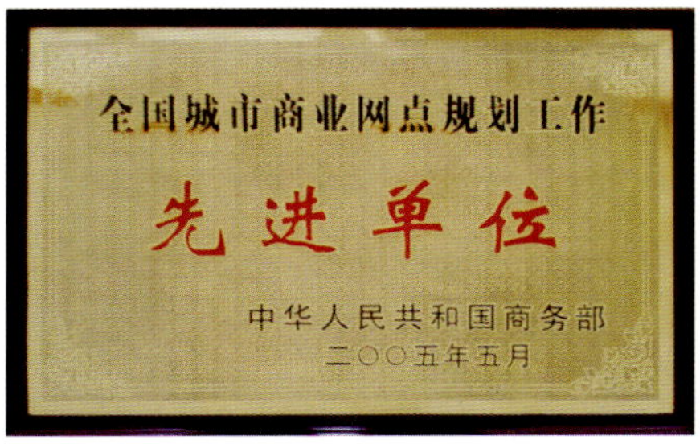


2005年4月，国家商务部授予南昌市商业贸易委员会“全国城市商业网点规划工作先进单位”称号。

南昌市商业贸易委员会围绕“城内大商场，城中特色街，城郊大市场，城外大物流”的大商贸、大流通发展目标，科学规范网点布局，支持发展新型商业型态，大力提升商贸业品位，不断发展商业经营规模，全市商贸流通业呈现出欣欣向荣的景象。荣获“全国城市商业网点规划工作先进单位”称号。

百货大楼有限责任公司积极发展连锁超市网点，2004年3月，百货大楼有限责任公司青山路连锁超市开业

围绕“城内大商场，城中特色街，城郊大市场，城外大物流”的大商贸、大流通发展目标，市商业贸易委员会科学制定南昌市（2002年～2010年）商业发展规划

江西洪客隆实业有限公司将销售网络向红谷滩新区延伸，发展建立零售连锁店

中外合作企业——锦江麦德龙现购自选有限公司南昌市青山湖商场外景

# 南昌市粮食局军粮供应站荣获全国军粮供应管理先进单位称号

南昌市粮食局牢固树立“以兵为本”的思想，军粮供应始终坚持优质、低价、方便的宗旨，确保军供粮源、粮食质量和价格的稳定，确保按时、按量、按质供应。同时加强与驻南昌部队的联系，认真征询意见，了解官兵生活的需要，并结合自身实际，把不定期地开展“大蓬车”进军营、服务部队官兵活动作为加强机关效能建设、改进工作作风的一项主要措施，热情帮助官兵解决生活中的实际困难，进一步密切军民鱼水深情，得到驻南昌部队官兵的称赞。荣获“全国军粮供应管理先进单位”称号。

2005年7月，市粮食局被国家粮食局、财政部、总后勤部授予“全国军粮供应管理先进单位”称号

市长李豆罗在市粮食局听取工作汇报

市粮食局组织党员干部在南空某部开展“大蓬车”进军营，服务部队官兵活动

# 南昌市国家税务局荣获全国文明单位称号

南昌市国税局精神文明创建工作按照“拓宽领域，充实内容，改进方法，提高水平”的思路，内强素质，外树形象，不断推进全市国税系统精神文明建设，以良好的国税文化启迪、陶冶和塑造国税干部，形成团结奋进的税收工作氛围，赢得社会各界的广泛认同和赞誉。先后荣获“全国文明单位”、“军民共建社会主义精神文明建设先进单位”称号。

国家税务总局党组成员、副局长王力，市长李豆罗在南昌市国税局检查指导税收管理工作

省妇联、省国税局领导向“全国巾帼建功岗”青山湖区国税局办税服务厅授牌

向驻南昌部队赠送图书

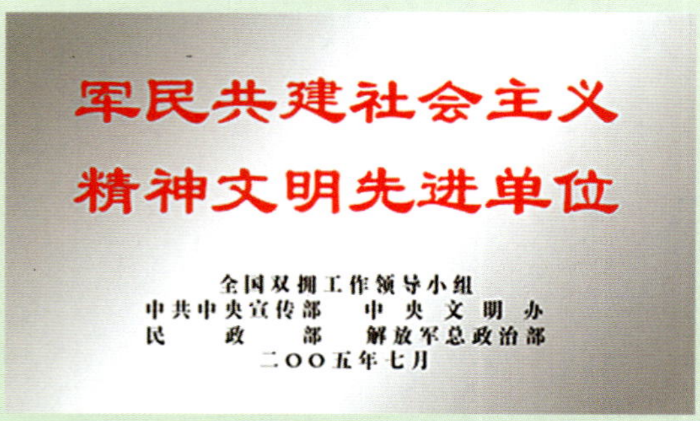


2005年7月，全国双拥工作领导小组等5单位授予南昌市国税局“军民共建社会主义精神文明先进单位”称号

举办“爱岗敬业追求卓越”先进事迹演讲

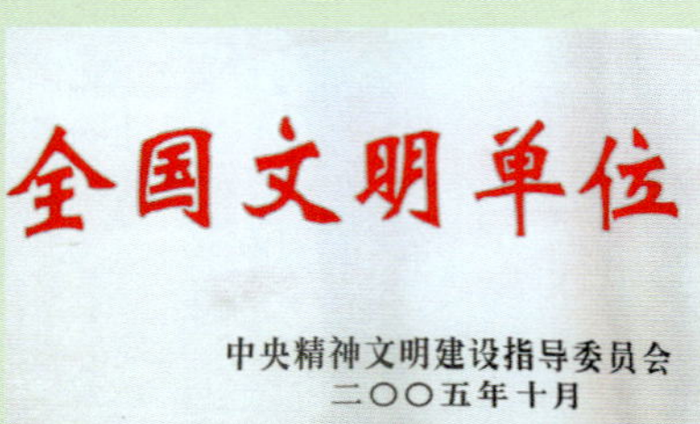


2005年10月，中央精神文明建设指导委员会授予南昌市国税局“全国文明单位”称号

排演的歌舞节目《身为党员》获全省优秀廉政歌曲演唱一等奖

# 南昌市地方税务局荣获全国文明单位称号

2006年5月，市地税局荣获全国五一劳动奖状

南昌市地方税务局以组织地方税收收入为中心，以依法治税为工作重点，改进和规范纳税服务，落实下岗再就业税收等各项优惠政策，全力为发展地方经济服务。同时以“打造南昌品牌，传承南昌地税文化”为宗旨，积极探索建设先进地税文化的载体与途径，创建全国一流“学习型示范基地”，干部职工的综合素质和岗位技能得到明显提高，被评为全国“创建学习型组织，争做知识型职工活动”示范基地。荣获“全国文明单位”、全国“群众体育先进单位”、全省“职业道德建设双十佳”先进单位称号。

2005年10月，中央精神文明建设指导委员会授予南昌市地方税务局“全国精神文明先进单位”称号。

开展税企换岗活动，贴近纳税人

接受纳税人咨询

参加全市创建全国卫生城市活动

举办“地税杯”硬笔书法大赛

# 南昌市教育局荣获全国学校及周边治安综合治理先进集体

南昌市教育局强化部门联动、排查调处、应急处置等机制，提高治安、安全防范能力，确保校园安全，维护教育系统稳定，同时加强法制、安全知识教育，开展创建安全文明校园活动，提升了学校综合治理工作水平。

2005年2月，中央综合治理委员会授予南昌市教育局“全国学校及周边治安综合治理先进集体”称号

省委常委、市委书记余欣荣出席“文明南昌三字经”首发式暨庆祝“六一”文艺会演时，接受“红领巾小记者”采访

市公安局加大对校园周边地区整治力度，促进了治安状况进一步好转

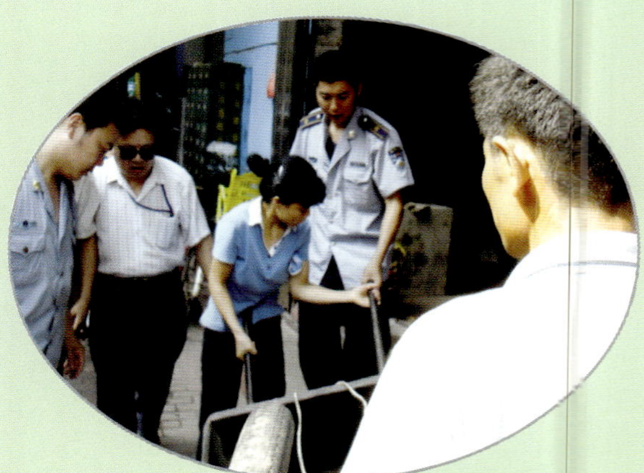

市城市执法局加大对校园周边地区占道摊点整治力度，净化校园周边环境

市文化局积极清理校园周边违规经营网吧，查缴赌博机，净化校园周边环境

# 南昌市荣获全国科技进步先进市称号

2005年，全市科技工作始终坚持“创新、产业化”工作方针，大力实施“科教兴昌”发展战略，组织实施科技项目379项，表彰奖励科技明星8名，2项科技成果分别获得中国发明展览金奖和铜奖，2项科技成果获省级科技进步一等奖，申报专利1150项，被国家科技部授予2003～2004年度全国市、县（区）科技进步先进市。同时市技术市场管理办被国家科技部中国技术市场管理促进中心授予“全国技术市场工作先进集体”称号；市地震局被国家地震局授予“全国地震系统优秀集体”，荣记一等功，并获全国市（地）防震减灾工作综合评比优秀奖。

省委常委、市委书记余欣荣接见首届“南昌科技明星”

市长李豆罗向外籍专家颁发“国际科技合作奖”

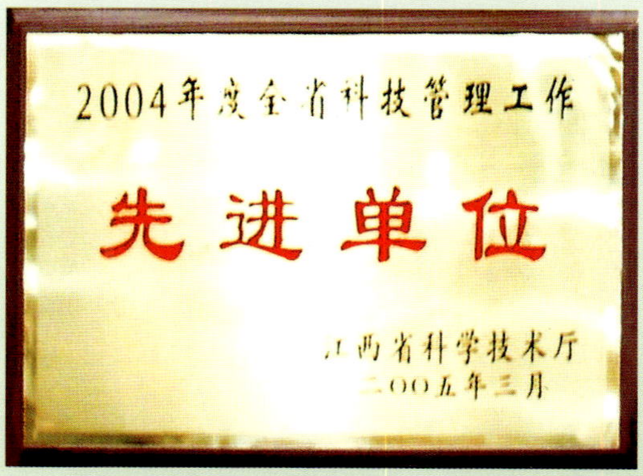


2005年2月，省科学技术厅授予南昌市科学技术局“2004年度全省科技管理工作先进单位”称号

市科技局荣获“2004年度全省科技管理工作先进单位”称号

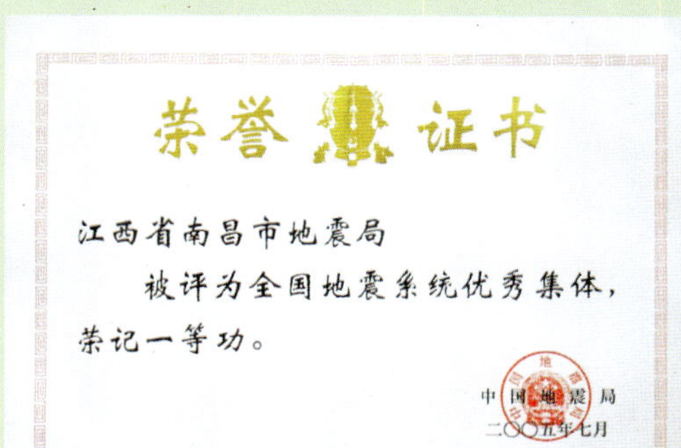

荣誉证书

江西省南昌市地震局

被评为全国地震系统优秀集体，荣记一等功。

中国地震局

二〇〇五年七月

2005年7月，国家地震局授予南昌市地震局“全国地震系统优秀集体”，荣记一等功

# 南昌市文化局文化市场稽查支队荣获全国文化工作先进集体称号

2005年，市文化局对全市娱乐场所、网吧、音像市场加大监管力度，相继对音像、网吧、电子游戏机市场开展专项整治活动。期间，列出重点对象，调整检查方法，加快检查频率，落实查处措施，文化市场秩序明显好转。据统计，全年共出动文化稽查人员7807人次，检查音像单位（场所）1939家次，收缴非法音像制品30万余张；检查网吧4571家次；歌舞娱乐场所884家次；电子游戏室124家次。10月，市文化稽查支队被国家人事部、文化部授予“全国文化工作先进集体”称号。

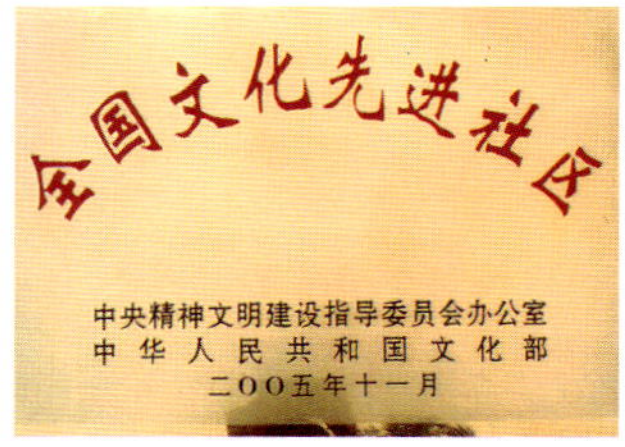


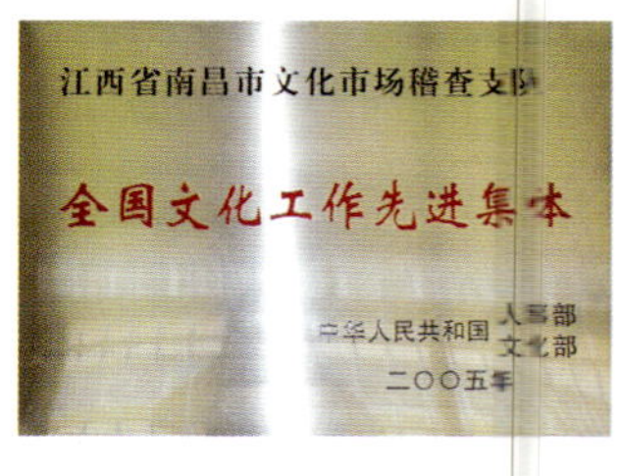


2005年2月，市文化局文化市场稽查支队被国家人事部、文化部授予全国文化工作先进集体称号

市长李豆罗、省文化厅厅长李玉英视察市歌舞娱乐场所。

江西省2005年打击盗版音像制品夏季专项行动启动仪式在八一广场举行，副市长罗慧芬致辞。

市文化市场稽查支队不断加大对网吧的监管力度

市文化市场稽查支队工作人员对辖区音像制品销售场所开展检查

市文化市场稽查支队工作人员向市民讲解识别盗版音像制品知识

市文化市场稽查支队对查缴的违法音像制品进行统一销毁

# 南昌市广播电视局荣获首届全国青年普通话演讲大赛优秀组织奖

南昌市广播电视局围绕全市中心工作，积极发挥主流媒体的宣传作用。为贯彻实施《中华人民共和国国家通用语言文字法》，实现2010年“普通话在全国初步普及”、“汉字的社会基本规范”的工作目标，成立南昌电台语言文字领导小组，出台一系列普及普通话和规范语言文字规章制度，促进了播音员、主持人达到规定的普通话测试等级要求。在全国青年普通话演讲大赛中，组织严密，形式创新，市广播电视局被全国推广普通话宣传周领导小组办公室受予“首届全国青年普通话演讲大赛优秀组织奖”。

南昌电台语音文字领导小组研究制定普及普通话有关规章制度

2005年8月，全国推广普通话宣传周领导小组授予南昌市广播电视局“首届全国青年普通话演讲大赛优秀组织奖”称号。

播音员和电台主持人努力做到用规定的普通话播音或主持节目

# 南昌市体育局荣获全国群众体育先进单位称号

南昌市体育局以开展全民健身活动，增强人民体质为根本任务，坚持政府主导，全民广泛参与，积极组织开展内容健康丰富、群众喜闻乐见的体育活动，不断增强人们的健身意识和体质健康水平，初步形成具有南昌特色的全民健身体系。荣获“全国群众体育先进单位”称号和全国四种健身气功展示活动优秀组织奖。

积极承办2005年全国龙舟月‘丰和新城杯’南昌地区首届大学生龙舟邀请赛

举办2005年健身气功展示活动

举办全国亿万群众健步走(南昌站)活动

社区群众开展晨练

2001—2004年度

全国群众体育先进单位

国家体育总局

二〇〇五年十月

2005年10月，国家体育总局授予南昌市体育局“全国群众体育先进单位”称号。

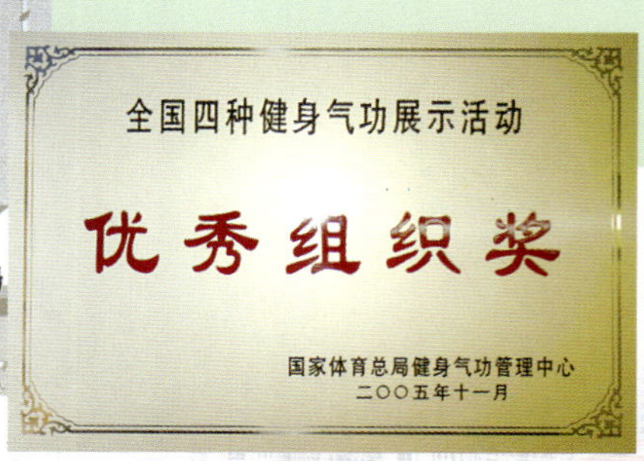

全国四种健身气功展示活动

优秀组织奖

国家体育总局健身气功管理中心

二〇〇五年十一月

2005年11月，国家体育总局授予南昌市体育局“全国四种健身气功展示活动优秀组织奖”

# 南昌供电公司荣获全国文明单位称号

南昌供电公司负责南昌电网一市五县（南昌市、南昌县、新建县、安义县、靖安县、奉新县）的供电任务，供电区域8471平方公里，供电客户近百万户，年供电量70.6亿千瓦时，电网综合承载能力160万千瓦。2005年，南昌供电公司在提前完成“十五”计划的基础上，及时制订电网“十一五”规划，并通过华中电网有限公司评审。截至年底，南昌电网500千伏骨干网架已经形成，220千伏主网实现环网供电，并深入市区，110千伏网络做到“手拉手”供电，城区主要街道实行“无杆化”电缆供电，电网取得了跨越式发展，有力地保障了南昌市社会经济的发展，成为全国迎峰度夏未出现拉闸限电的城市之一。荣获江西省“十五”重点工程建设先进单位、省先进行业、全国文明单位称号。

2005年10月，中央精神文明建设指导委员会授予南昌供电公司“全国文明单位”称号

团结、创新的南昌供电公司领导班子

福山无人值守变电站开工建设

迎峰度夏突击队随时出征

大力实施农村“户户通电”工程

亮化工程辉映洪都，一江两岸分外妖娆

# 南昌高新技术

世界500强之一ABB公司联手泰豪科技股份有限公司在南昌高新区内制造先进低压发电机

江西微软技术中心在线技术支持平台在南昌高新区开通

高新区标志性建筑入选南昌市十大新建筑

南昌高新区创建于1991年3月，1992年11月被国务院批准为江西省惟一的国家级高新区。高新区区域总面积231平方公里，已开发产业区面积32平方公里，区内市政设施齐全，服务设施配套，实现了道路、通讯、供水、供电、排水、排污、煤气管网和土地平整“七通一平”。同时，区内设有占地面积14.7平方公里的昌东高校园区，有江西师范大学等7所高校进驻，在校师生20余万人，每年可为高新区输送大量的专业技术人才。海关、检验检疫、国税、地税、工商、公安等派出机构可为企业提供“一条龙”的高效便捷服务。

“十五” 期间，高新区经济规模一直以年均30%的速度保持高速增长。2005年，全区技工贸总收入、工业总产值和销售收入均首次突破200亿元，分别达到284亿元、256亿元和251亿元，增速均在40%以上，分别是2000年的3.6倍、4倍和3.7倍。经济总量在全国高新区中的排位比2004年前移了8位，名列第37位，利税总额排名前移了30位，名列第18位。

# 产 业 开 发 区

美国通用硅材料有限公司500吨多晶硅项目落户南昌高新区

位于南昌高新区内的风景秀美的艾溪湖风景区

位于南昌高新区内的南昌东元电机有限公司

LED芯片生产线

企业生产线

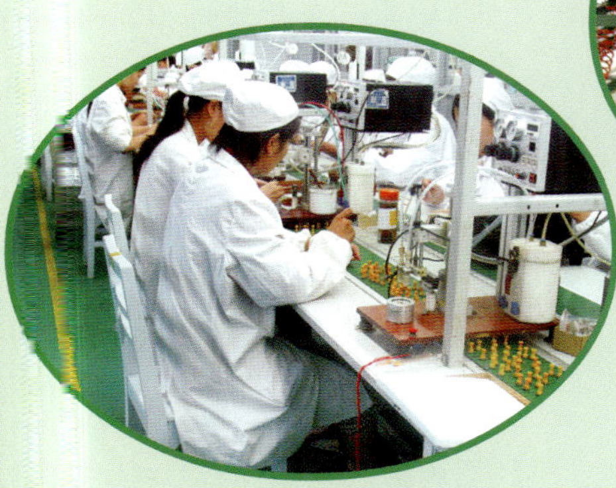

电子产品生产线

南昌高新区火炬大街

南昌高新区概貌

# 南 昌 经 济 技

省委书记孟建柱由省委常委、市委书记余欣荣陪同参观第二届南昌制造业博览会南昌经济技术开发区展厅

省委副书记、常务副省长吴新雄出席晶湛（南昌）科技有限公司首座工厂落成投产仪式

江西晨鸣纸业有限责任公司40万吨轻量涂布纸生产线

2005年，南昌经济技术开发区坚持用科学发展观统领经济社会发展全局，加大招商引资力度，全区实际引进外资1.5亿美元，实际引进内资32.11亿元，其中5000万元以上项目实进内资24.57亿元，出口创汇8740万美元，超额完成市政府下达的目标任务，获得全市招商引资突出贡献奖。按照建设现代生态型工业园区的定位，全年基础设施投入12.3亿元，分别修复枫林大街等10余条道路，亮化芙蓉路等10余条主干道，铺设枫林大街及青岚大道5千米的燃气管道，完成道路绿化28万平方米，新增公共绿地43.7万平方米。全区产业结构不断优化，产业链条逐步延伸，形成家用空调、电子信息、现代造纸、汽车制

# 术　开　发　区

省委常委、市委书记余欣荣，市委副书记王詠参观第二届南昌制造业博览会南昌经济技术开发区展厅

市长助理、南昌经济技术开发区管委会主任汤成奇

造四大主导产业，同时形成诚志股份生物医药、洪都钢厂钢管钢弓、南昌硬质合金公司钨合金与江西金世纪新材料公司稀土材料、华源凯马机电园发动机和机床等四大优势产业，及包装印刷、医疗器械、食品加工、饲料等四大规模产业，工业经济主导格局基本形成，区域经济实现历史性突破。全年全区实现地区生产总值91.6亿元，是2000年的4.[illegible]8倍，年均增长37.2%；完成工业总产值227.55亿元，是2000年的5.79倍，年均增长41.53%；完成财政总收入[illegible].29亿元，是2000年的4.48倍，年均增长48.3%；上缴税金总额4.79亿元，是2000年的6.7倍，年均增长45.6[illegible]%。与“十五”规划发展初期相比，全区工业的主导地位明显凸现，园区建设快速发展，区域经济实力明显增强，在中西部国家级经济技术开发区综合实力排位大步前移。荣获全省工业园区六大指标综合先进单位奖。

江铃汽车集团首款陆风牌汽车正式下线

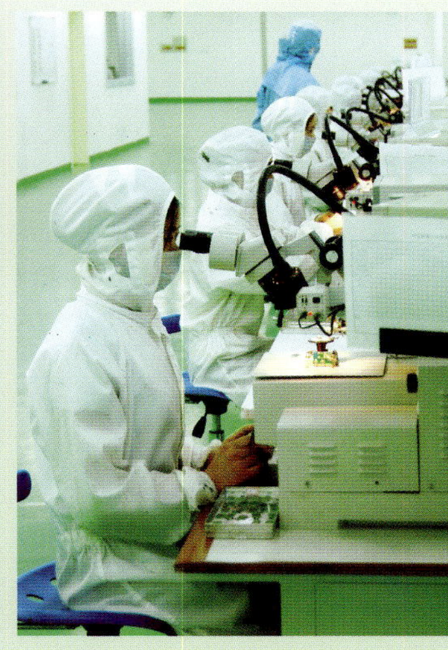

晶湛（南昌）科技有限公司8英寸晶圆生产线

奥克斯（南昌）空调生产基地

# 红　谷　滩　新　区　建

2005年，红谷滩新区在开拓中前进，在前进中开拓，开发建设取得新进展，生活配套实现新突破，社会事业展现新面貌，实现了开发建设和经济社会各项事业快速协调发展的目标。全年实际引进内资24亿元、外资3525万美元；实现财政总收入2.17亿元，其中地方财政收入1.32亿元，比上年分别增长71.8%和57.4%；全区城镇以上固定资产投资完成52.11亿元，其中大学园区、基础设施建设、生活配套等项目投资完成28.37亿元，房地产投资完成23.74亿元。先后被市委、市政府授予投资环境作风行风评议评价“十佳单位”、全市社会治安综合治理目标管理先进区、招商引资突出贡献奖、招商引资先进基层单位奖、全市安全生产“百千万”活动先进单位等称号。

省、市领导余欣荣、李豆罗在红谷滩新区进行工作调研

红谷滩新区管委会第一主任卢晓健在现代服务业主题招商会上致辞

红谷滩新区召开“强力推进社区生活配套行动计划”动员大会

红谷滩新区邀请部分市人大代表、政协委员视察

# 设取得新成就

省、市领导余欣荣、李豆罗等出席红谷滩新区中国傩园奠基仪式

红谷滩新区领导卢晓健、黄学观等出席南昌职工科技大学新校区开工奠基典礼

省、市领导余欣荣、熊焕高、雷武江、蔡社宝、卢晓健、王水苟等出席洪城大厦时代广场超市开业典礼

省、市领导陈达恒、余欣荣、李豆罗等出席省档案馆奠基典礼

红谷滩新区房地产开发项目——“名门世家”举行开工典礼

# 南昌市商业银行

2005年，南昌市商业银行在市委、市政府的关心支持下，坚持“规模、质量、效益”协调发展的经营理念，以社区金融服务为突破口，把服务社区列为储蓄业务营销的重中之重；加强银银合作，与国家开发银行、邮政储汇局等签订战略合作协议，内引外联扩大资金来源；根据监管要求，按照“先本市再外地”的原则，进行第二次增资扩股，募集股金6.7亿元，使资本金总额达到10.01亿元；开展财政集中支付系统改造，完成社保分户账系统、单位电费批量代扣软件的开发工作，科技服务能力得到进一步提高；不断增加信贷力度，为地方经济建设提供强有力的支持，各项业务呈现快速发展之势。截至年底，全行资产总额为194.62亿元，比上年增长30.71%；各项存款余额为172亿元，增长28.52%；各项贷款余额为81.58亿元，增长32.53%；不良资产率为3.53%，下降4.04个百分点；按五级分类法不良贷款率为2.83%，比上年下降6.89个百分点；实现账面利润2.26亿元，增长301%；资本充足率达到8.21%，上升6.89个百分点。

与国家开发银行江西省分行建立业务合作框架

召开金融运行调度会

授信10亿元支持南昌市重点工业园区建设

组织开展保持共产党员先进性教育活动

小额贷款支持下岗失业人员再就业

# 邮电·信息化

## 邮 政

【概况】 2005年，市邮政局在职职工3004人，内设机构36个，企业总资产3.9亿元。其中，设备总量4992台，车辆207辆。在全市设置170个邮政服务网点。全年根据邮政市场的发展变化，市邮政局在意识创新、管理创新、运行机制创新、平台建设创新、用人机制创新、战略规划创新、经营机制创新、业务创新八个方面下功夫，使营销活动从"坐商"转变为"行商"，服务从合格型提升为个性化、优质化，内部处理由传统的手工作业转化为现代的信息化处理，企业综合实力稳步提升。全年累计完成业务总量3.39亿元，实现业务收入3.22亿元，在高基数上实现企业收益的持续增长。荣获"全国创建精神文明优秀单位"、"全国邮政优秀思想政治工作研究会"、"全国模范职工之家"等多项荣誉。连续20年蝉联省级文明单位，连续两届荣获省文明行业称号。

【《一代伟人》邮品成功出品】 1月由中共中央文献出版社、江西省邮政局、中国延安学会共同开发的《一代伟人》邮品成功出品。该邮品是由新建县根据辖区内景点特征，率先提出"从红土地走出的一代伟人"为主题的开发意图，受到省、市邮政局与省、市宣传部领导的重视与支持。通过与社会公司的合作，成功收集从长征出发地江西到会合处延安的珍贵史料，使该套邮品权威性与收藏性并重，受到新闻媒体与各界的好评。

【中邮广告与百货零售商形成长期合作关系】 1月市邮政局广告公司与南昌好又多实业有限公司签定全年中邮专送广告合同。截至年底，全市共有包括百货大楼、太平洋百货、洪客隆商场在内的90%以上的大型超市都与市局形成长期的合作关系。中邮广告作为一项新的发布媒体，影响面逐步扩大。

【业务揽收能力进一步加强】 为进一步促进邮政经营服务活动由"坐商"向"行商"转变，当年市邮政局强化一线揽收队伍的建设，在10个分局分别成立大客户中心、速递揽收中心，并在全市范围内，对商厦、工业园区、写字楼、社区进行摸底调查，安排服务代表及时上门进行揽收，建成一支由90名大客户经理、40余名速递揽收员构成的业务揽收队伍，形成大客户经理派驻制、商厦厂区进驻制、零星客户上门揽收制三位一体的立体营销体系。整个服务网络覆盖了政府机关、企事业单位、学校、工业园区、社会、农村、厂矿，为客户提供即时、便利、快捷的邮政服务。

【春运火车票业务首战告捷】 年初市邮政局首次开办春运火车票订送业务，为广大市民开辟了一个新的购票途径。针对城乡两大不同类型市场，制定不同的服务方案，市区用户只要拨打11185服务热线，即可享受"足不出户"的上门送票服务，农民工购票可先登记，后由县局统一组织购票订送。通过新闻媒体刊登广告、针对外出务工人员宣传、在人员集中区散发广告等多种方法，迅速提高该项业务的社会知晓度。为保证客户能及时得到所需车票，对内部环节进行精心安排，接听电话、锁定票源信息、及时出票、送票收款等环节有条不紊、忙而不乱，并严格按照"一票一持"原则进行内部处理，严禁倒票行为。整个春运期间，共销售火车票7万余张。

【深入开展农资产品销售业务】 积极贯彻中共中央1号文件精神，在四县局开展农资产品销售业务，以实际行动服务"三农"。根据各县农田公顷数，采取与四县局及物流公司分别签订经营责任状，对主要领导实行风险金考核，以渠道建设为重点等方法，重点做好村级代办点普及、农资超市建设。四县局灵活地采用流动宣传车、套餐销售、农技专家现场指导、送电影下乡等多种方式促进业务发展。全年实现收入130万元，社会反响良好。全国人大常委会副委员长许嘉璐在参观新建县龙冈村、冈背村两个农资代办点后，对邮政服务"三农"工作给予较好的评价。

【举行全局性《邮政员工必修》考核】 为进一步提高从业人员的综合素质，切实检验团队学习的效果，3月组织全局管理人员、营销人员、技术人员、生产辅助人员在内的全体干部职工共2304人进行《邮政员工必修》闭卷考试，试卷分A、B、C、D卷，局领导亲自监考，并通报考试情况。不及格者一律参加补考，补考仍不合格者，待岗培训并改任其他工作。通过此次考试，进一步增强全体人员的学习意识，由被动学习转为主动参与。

【开展服务质量年活动】 自3月下旬开始，在全局开展以提高服务质量、落实服务规范、强化标准化建设为主要内容的服务质量年活动。通过抓好窗口服务的软、硬件建设，认真解决服务中存在的主要问题。活动分自查自纠、复查整改、总结提高、巩固提高四个阶段，重点解决特快、农资分销、收寄、内部处理等环节中的热点、难点问题；严格报刊、商函、快包、账单等竞争性业务的传递时限；加快城市骨干网点建设，深入开展星级服务活动。在推行首问负责制的同时，出台质量管理岗、监控岗履职情况检查制度，有效地形成服务监督机制。当年在国家局组织的综合测评中，市邮政局用户满意度达到91.37分。

【与格力电器签订物流配送协议】 3月28日，市邮政局与格力电器公司签订货品配送协议，由物流中心承担其南昌—吉安的配送业务。该协议是市邮政局继与海尔、江铃、江中等一批大企业合作之后，又一个大客户的加盟。这对扩大邮政物流的社会影响力，提高经济效益起到良好的推进作用。

【首问负责制在全局推行】 从4月1日起在涉及对外经营服务管理的营业、投递部门及电子邮局、大客户部、市场部及营销人员实行首问负责制,树立邮政诚信务实服务的新形象。其基本内容是指最先受理客户咨询、投诉的部门或人作为首问负责人,负责或督促相关部门解决客户提出的各类问题。各部门、人员建立首问负责制登记薄,详细记录客户咨询、投诉的问题及处理结果。11185服务中心逐步建立首问负责制的支撑平台,使客户的咨询、办理业务和反映问题由11185提供一条龙服务。对违反该制度的行为,责任人和单位负责人将进行经济处罚、通报批评或行政处理。

【劳务用工实行"派遣制"】 从4月下旬始,实行劳务人员"派遣制"用工办法。市邮政局与人力资源公司签订《劳务派遣协议书》,派遣人员统一由人力资源公司提供建立劳动关系、人事档案、处理劳动争议、发放劳动报酬、办理社会保险等人事服务;凡从事邮政生产5年,未办养老保险,具有相应岗位文化技能水平的劳务工实行派遣制,其他人员在2~3年内逐步实行。新入局人员统一实行派遣用工。该制度实行后,劳务工的基本利益得到保障,稳定了骨干队伍,企业也减轻了相应的管理负担。

【普邮投递网实行新作业模式】 从6月1日起,全邮政局普邮投递网实行新的作业模式,组建城市报刊与城市函件两支投递队伍。报刊投递队伍承担报刊投递及DM广告的夹报任务,函件投递队伍承担信件(包括函件、账单)、普包通知单、汇票以及DM广告插箱任务。乡邮仍维持信报合投。为加强城区投递能力,报刊投递段、混合投递段维持原有数量,函件投递段按原有段道的50%设置,通过增设段道、缩小段内投递范围达到提高投递效果。全市共设18个发投站,353条投递段道,配置投递人员468人。

【开发大学毕业生档案速递业务】 5月成功开发大学毕业生档案速递业务,填补速递市场的一项空白。市邮政局选择南昌大学作为突破口,与其签订4000件学生档案的特快邮寄协议,由邮局提供收寄、称重、计费、封发一条龙服务,并根据档案的重要性质,为客户把好信息关、查询关,解决顾客的后顾之忧。

【两网互通工程顺利上线】 6月22日,市邮政局两网互通工程正式上线,次日全局36个储蓄点、57个汇兑点的报表数据显示,新老系统的数据移植准确无误,系统顺利实现上线运行。上线后,储蓄网与汇兑网实现资金合一,汇兑前台相应增加,并优化近80项交易功能,面向用户的服务更加快捷方便。

【开展又一轮营业窗口创星级活动】 7月4日,523名邮政营业、储蓄等工种的窗口营业员参加星级评定活动,已取得星级满2年的营业员也按评定重新参加考评。为配合全省邮政电子化支局统一版本上线,此次星级评定活动在上线工作交割演练的最后阶段,按统一版本要求组织有针对性的操作考试,有效地促进全市58个电子化支局、116个营业台席统版工作的顺利实行。

【推出本册式《南昌商情快递》】 9月初,向社会推出一种新型本册式DM广告媒体——《南昌商情快递》,每月定期出版1~2期,每期发行1~2万册。采用在宾馆、酒店、休闲娱乐场所直接派送、通过单位名称、地址库进行有址投递等方法。《南昌商情快递》定位在大众客户市场,将百姓的"吃、穿、住、行、游、乐"需要集合为31个子类,客户可自主选择1/16版至大16版式的各类版面,充分考虑规模较小、资金较紧的企业、门店的需要。《南昌商情快递》不仅搭建企业与消费者沟通的平台,更致力于将其打造成南昌市民的生活资讯指南。

【"希望工程"邮资明信片发行】 9月6日,市邮政局与共青团南昌市委签订"希望工程"邮资明信片联合发行协议,发行数量20万套,共计200万枚,发行总收入达400万元。该套明信片以"支持希望工程,构建和谐南昌"为主题,设计成一套10枚,"连片"制作、"本册"封装,通过明信片传递祝愿、传播爱心,增添了庄重性与收藏性。11月4日,市"希望工程"明信片发行新闻发布会在滕王阁会见厅隆重举行。

【市长盛赞集邮为全市精神文明建设作出积极贡献】 9月全国青少年集邮活动示范基地评审揭晓,并向全国106个学校授予示范基地称号。市二十中、江西科技师范学院、江西农业大学名列其中,占全省示范基地的半数,总数在全国排名第二。市长李豆罗在11月发的贺电中写道:"近年来,南昌市集邮协会不断开展群众喜闻乐见、形式多样的集邮活动,不仅丰富了广大群众的业务文化生活,而且培养了青少年的集邮爱好,拓展了集邮文化氛围,成绩令人欣慰,为全市精神文明建设作出了积极贡献。"

【《中国人民解放军大将》纪念邮票首发式隆重举行】 9月27日,《中国人民解放军大将》纪念邮票首发式暨纪念新中国成立56周年全省集邮展在省革命烈士纪念堂隆重举行。省政协副主席黄定元,省邮政局局长罗桂林,市政府副市长罗惠芬等领导出席首发式。中国集邮总公司专门制作的《中国人民解放军》精装邮册在活动现场销售,引起众多集邮爱好者的欢迎。整个活动共销售各类邮品2万元,加盖4万余个邮戳。

【正式开办网汇通业务】 10月,市邮政局作为全国5个试点城市之一,开通邮政"网汇通"业务。首批开通此项业务的网点有站前路、广场、民德路、阳明路、省政府大院、青云谱区、上海路、高新区、下罗镇、湾里区、金源、蓝天学院等12个网点。

【中央电视台报道红博会集邮展销】 10月市集邮公司开发的《江西·红色摇篮绿色家园》邮票珍藏册在中国(江西)红色旅游博览会上热销的场面受到众多新闻媒体的关注,中央电视台、江西卫视等多家新闻媒体进行宣传报道。该邮册突出反映江西"红色"、"绿色"的风景全貌,不仅收纳摄影家拍摄的井冈山、庐山、婺源、瑞金、南昌、安源等地风光图片,更包含了普票、JT邮票、纪特邮票、小型张等各类邮票品种,制作精美,新颖时尚。

【邮储资金实行社会化押运】 12月8日,市局邮储资金正式交由市公安局保安护卫公司押运,合同期3年。该种押运方式,企业既可利用社会资源规避经营风险,又减轻安全防范的压力,有利于企业一心一意谋发展。

(黄　薇)

## 电　信

【概况】 2005年,南昌市电信分公司抓住企业战略转型和江西在中部地区崛起的战略机遇,积极寻求企业增量增收、增收增效的有利时机,创新发展模式,提升发展层次,抢占行业制高点。全年全地市通信业务收入累计完成10.6亿元,比上年增长4.64%。同时获得江西省文明行业(共享)单位,下辖四县电信分公市域获得省级文明单位称号。

【南昌电信CSSS系统上线】 3月23日,江西省电信有限公司客户服务支持系统(简称CSSS)在南昌电信分公司割接成功,投入运行使用。CSSS系统是一套服务于客户的综合营销系统。他整合南昌电信原有97系统、大客户系统、营销渠道支撑系统,能对大客户、商业客户、公众客户等客户提供支持。推广CSSS系统是实施精确化管理的需要。南昌电信作为第一个试点的省会城市,为确保CSSS系统功能基本完善、性能满足要求,并达到上线割接标准,市电信分公司精心组织完成数据清理、数据转换、业务流程制定、培训与试运行等阶段工作。并根据阶段运行情况,本着有利于生产、有利于客户服务、有利于企业高效运作的原则,制定出与CSSS系统相适应的配套管理制度。CSSS系统的建成改变了南昌电信前端运作模式,为完善自身分析手段,提高内部考核准确率,提升企业经营管理水平提供了新手段。

【推动品牌战略联盟谋双赢】 为突出电信产品服务的重要性、贸易性,将有形的产品和无形的服务结合在一起,以品牌和服务来赢得竞争。如与洪都北大道一带的奔驰、本田、宝马、现代等国内外知名品牌汽车经销商4S店建立战略品牌联盟,让经销商利用电信的信息资源进行业务产品的宣传,提升产品知名度,达到共赢的方案,保证双方产品组合后服务到位、沟通到位,售前、售中、售后服务和优质网络服务到位,取得客户的认知。

【推进"三化"工程】 江西省电信启动"三化"(即固网智能化、宽带IP网络升级优化、小灵通网络优化)工程后,市电信分公司将"三化"工程视为企业从传统基础网络运营商向现代综合信息服务提供商转变的一个有效举措。通过精心打造传输、宽带、固话网,实施网络保障、防灾害计划、PHS网优,增强服务客户高密度区域的通信质量,提高覆盖率,降低掉话率。加大宽带网路性能分析力度,按骨干层、汇聚层、接入层三个层面优化,改善网络的性能。把纯汇接局的上网视为实现固话智能化的重要一环,认真组织各相关部门协调配合,清查传输资源,修改交换路由数据,调通中继和信令等。并依据计划和方案进展情况有序地工作,推进全网30余个局向的割接,使分公司可充分利用网络资源开展业务,为用户提供固网彩铃、双机同振、广域虚拟网、移机不改号、全业务充值卡、综合预付费等大量新业务,不断满足市场和客户的个性化需求。9月30日凌晨,在4个纯汇局的硬件全部安装并调测完毕的同时,南昌电信640局电路割接顺利完成。纯汇接局正式启用,标志着"三化"工程在市电信局正式实施。

【市场营销再造(MR)项目通过验收】 启动MR项目(即市场营销再造)试点后,省电信有限公司成立MR项目领导小组,努力解决试点中的实际问题,实现存量保有的方法由理论向实践转化。随后加大推广力度,将MR项目扩大到分析、策划、评估等营销的各个环节,由前期的面向网络、产品的营销模式转为面向市场、客户的营销模式,提高营销质量。试点取得经验后,九江、上饶、鹰潭本地网逐步采用。9月2日,江西电信市场营销再造(MR)项目在南昌市电信分公司组织进行验收,集团公司业务处管理中心、北京电信研究院和埃森哲公司专家组、省电信有限公司相关部门及南昌、九江、上饶、鹰潭4个本地网成员对市场营销再造(MR)项目以客户为中心,采用洞察力营销方法实施的从数据提取、客户分群、营销策划、营销执行到营销评估整个的流程、方法的成果给予肯定,并通过验收。

【开办电信网上营业厅】 5月1日,正式开通网上营业厅业务。用户只须登陆yyt. jxtele. com,就可在网上进行多项电信业务的预受理,办理多项电信业务、业务投诉、咨询等,实现业务智能化,极大地方便了用户,让客户足不出户就能办理业务,享受服务。

【打造10000号专业化营销空中窗口】 10000号是市电信分公司专业化电话服务窗口,有一套严密的管控方案,包括针对每一个客户疑问,利用外呼技巧化解客户疑虑的方法管控;外呼结束后的经验管控。该窗口运用MR精确化管理理念,以洞察力营销方法为指导,以数据分析为工具,以流程优化为支撑,从数据管理、客户细分、营销策划、营销执行、营销评估等各个环节创造电话营销的最佳业绩。市电信分公司积极适应市场竞争,强化IT支撑能力,做优、做强、做细电话营销各个环节,在电话营销开展较短时间里,建成一套可以对三个客户群外呼数据管理系统,并形成一支专业、高效的10000号空中营销团队,让电信用户随时随地都能呼通10000号空中窗口办理多项电信业务。年内完成约6万户人工电话营销,受理宽带新装业务每日约60户,受理彩铃开通每日300余户,绿色上网全部通过10000号电话营销促成,每月开通约3000户。

【研发新系统喜获省科学技术进步奖】 上年初成立专项小组,对南昌市各乡镇200余个接入点摸底调查,查找到阻碍宽带网业务在乡镇进一步延伸的问题。一是乡镇原有的传输光缆环上的光纤资源紧张;二是运用原端口只能采用资源浪费较大的点对点直拉方式,而重新在乡镇传输光缆环上再铺设光纤不仅要耗去大笔费用,建设周期也将拉长。为利用原有的光纤资源,方便乡镇用户使用宽带网,专项小组开拓性地利用电路SDH传输环网结构的思路,提出宽带接入传输环概念。采用环形网络,只利用原有一对空闲光纤资源,即可缓解农村光缆资源不足;同时环形网络有自愈备份作用,又保证宽带接入的可靠性。实施该系统只需要增加少量的接入设备,组网成本低,维护方便。经过反复认证、测试成功,有效地解决未来几年内70余个乡镇宽带网发展需求。4月8日,由市电信分公司研发的乡镇宽带接入传输环系统项目喜获省人民政府颁发的江西省科学技术进步奖。

【南昌电信宽带出口实现提速】 为构筑精品网络,解决骨干层、汇聚层带宽瓶颈问题,优化校园宽带网络,积极实施宽带网络提速工程。6月1日,顺利实施中国电信宽带互联网核心节点南昌至上海骨干网新增1条10G中继电路工作,使江西宽带互联网出口宽带由上年底的10G提高到40G,其中南昌核心节点到上海国家骨干网20G,九江核心节点到南京国家骨干网20G,在省内继续领先。南昌电信出省宽带中继电路的成功扩容,将进一步提升骨干网络处理能力,提升"数据防拥塞"的能力。同时实施校园宽带网络整治,完成现代学院、新南航、科技大学、航天(英雄)校区、昌航公寓、南大前湖校区、新蓝天学院、航天专修学院、南昌县服装学院、师大青山湖校区等校园宽带网络的优化调整,基本解决校园流量超负荷,接入不稳定的问题;并会同设备厂家共同进行宽带网络安全评估,在网上布放多个监测点和测试探针来采集数据,分骨干层、汇聚层、接入层三个层面对数据进行全面分析,找到网上存在的问题,并提出优化建议,为宽带网络优化工作指明方向。

【8347个自然村村村通电话】 积极响

应省委、省政府和省通信管理局、江西电信启动的全省“村村通电话工程”,利用无源光网络新技术,解决农村通信铜缆资源短缺,施工艰难,价格昂贵,成本较高,维护工作量大等问题。在2000年实现全市980个行政村村村通电话的基础上,经过几年不懈的努力,“村村通电话工程”不断地向自然村延伸,年内覆盖到全市8347个自然村。

(邹 伟)

## 江西移动通信有限公司南昌营销中心

【概况】 2005年,江西移动通信有限公司南昌营销中心(简称移动南昌营销中心,下同)积极实施“能力提升”工程和“精细管理”战略,以创新贯穿发展的每一个环节,通过持续提升企业核心竞争力实现引领市场目标,在激烈的市场竞争中掌握主动权,企业品牌价值得到强力提升,成为南昌市通信市场中的一流品牌。全年营业收入比上年增长17.82%,净增用户数量增长43.49%。同时精神文明建设工作不断向纵深发展。先后荣获“全国文明单位”、“全国用户满意企业”、“全国用户满意服务”、“全国青年文明号”等称号。

【增量市场取得明显突破】 面对市场挑战,一是开展系列市场调研,在此基础上对原有资源重新整合,并不断挖掘新的资源,实现优势互补,提升资源的合理利用率。如成立“市区营销组”。根据市场需求划分营销片区,并进行放号竞赛,将过去各自分散的人力资源整合,努力发挥员工团队的最大的效能。二是紧紧扣住市场脉搏,陆续推出“神州行”新春促销活动、“动感体验,激情‘释(4)’放”和“圣诞祈愿”等校园春季动感促销活动、“金秋送爽——入网有礼”主题活动、“我的大学,我的动感生活”主题活动等市场营销举措,抢先于竞争对手之前赢得春节回乡客户的青睐,掀起了校园市场的发展热潮,校园新增市场份额达到90%。全年开展的各类主题促销活动,巩固和扩大了移动南昌营销中心市场的竞争优势,并逐渐形成引导市场竞争的良好发展态势,达到“快一步胜百步”的效果。三是结合品牌优势,开展二次营销。采取为客户主动推介适合的消费模式,利用客户规模和渠道推出“全球通”服务方式,根据节日返乡人员多的特点,将“营业柜台”前移到火车、长途汽车上等方式,形成客户品牌归属感,赢得业务与信誉的“双赢”。

【存量市场稳扎稳打】 存量市场是营业收入的一个主要来源之一。针对市场不同的目标群体成功策划出5·17主题营销活动、“话费月月送”、校园暑假前“预存话费送话费”、大客户、集团客户预存送礼券等活动,牢固吸引住上述目标群体,使存量市场更加稳固。如通过5·17主题营销活动,将“全球通”签约升级、集团彩铃升级、主动服务升级、彩信面对面行动四项提升措施推向市场,引起广大客户的强烈反响。同时进一步捆绑和稳定集团客户。如通过校园暑假前“预存话费送话费”活动,防止校园用户在假期之间回家和出外旅游时话费过高而造成返校换卡,进一步稳定和捆绑集团客户,并提高集团客户品牌忠诚度。又如通过积分回报形式,推行中高端客户的预存话费送手机、预存话费送礼券活动,受到大客户和集团客户的热烈追捧,稳定了大部分中高端客户和集团客户。

【新业务开展精彩纷呈】 为找准新业务发展的方向,以创新业务为切入点,通过不断创造差异化的业务优势,进一步丰富服务内容。一方面建立新业务代理体系、开展彩铃风暴、WAP促销活动、集团彩铃竞赛活动、彩信创作大赛、短信文学大赛活动,不断提高新业务收入所占比例。另一方面开展“新业务百日劳动竞赛”及动感地带新入网、新业务体验活动,推出彩铃半年套餐及彩铃全年套餐。该活动实施以来,对彩铃用户的增长及彩铃用户的稳定率起到很好的拉升作用。同时抓住节假日客户外出频繁不易掌握信息的特点,分品牌对客户开展手机报业务活动,使业务量较平常增长3倍,取得明显的成效。

【拓展核心客户群】 全年以创新服务为驱动,创造一系列具有较强竞争力的服务优势,有效地稳定和拓展核心客户群。一是在八大VIP俱乐部的基础上,不断推出特色服务项目,完善俱乐部服务功能。如举行“全球通”VIP车辆冬季保养活动、举办“三八”妇女节和“母亲节”讲座、“全球通”和谐家庭亲子活动、大客户子女夏令营及高考惊喜服务,组织大客户健康体检,努力提高客户整体满意度。二是举行“满意风在行动”活动。重点开展“清晰行动”、“便利行动”、“体验行动”、“解铃行动”四大客户感知行动。同时有针对性地开展满意服务大征询活动,制定客户满意度改善计划,并对服务薄弱环节进行专题攻关解决。多项服务的创新,为企业可持续发展奠定了坚实的基础。

【强化核心销售渠道】 为牢牢掌控几大主要手机卖场,打破传统的营业模式,自主研发出自助营业系统,在自办营业厅、合作营业厅和重要集团单位、星级酒店、火车站、机场等人流量大的场所开设30余个24小时多功能自助营业厅。该营业厅完全打破传统营业厅在营业时间上的限制,有效地延伸自有营业网点。众多的销售网点和种类齐全的营业方式为客户构建起一个立体、便捷、完善的服务网络,使客户随时都能办理移动业务,为都市中生活节奏快、工作繁忙的移动客户提供了方便,有效地增强客户粘性并提升企业形象。在进一步巩固和发展合作营业厅的基础上,在各大细分市场上推出相应的销售功能服务模式,进一步强化销售核心渠道的有效控制。

【实施精细化管理】 先后成功开发出渠道管理系统、投诉管理系统、欠费管理系统、大客户管理系统、动态大客户系统、酬金管理系统、“反挖”系统、财务稽核系统、促销活动管理系统、营业网点管理系统、资源管理系统、内部事务管理系统等多个切合企业实际的管理系统,强化营销、服务、管理等各大环节的科学监控和有效考核,提高了工作效率与准确性。

【严格话费管理】 为使话费管理实现事后被动催缴为事前主动控制工作目标,全年围绕着关键绩效指标,加强对新欠用户、“黑名单”用户信誉度控制的分析,制定出全新的入网稽核流程,改进入网审核要求和“黑名单”管理办法,开发出话费管理系统。同时每月编辑《话费管理分析简报》,召开话费分析会进行交流,多方位地做好“事前、事中、事后”的控制管理,有效地降低了恶意欠费用户的上升。

【人力资源管理迈上新台阶】 建立职位预控管理体系。通过院校招聘和委托劳务中介招聘相结合的方式,拓宽招聘优秀人才渠道。优化绩效考核指标。采用线性考核方式,使绩效管理更趋于合理和可操作性。采用部门推荐、员工推荐、组织考察等形式,建立人才储备库。同时关注各部门对于人力资源的需求,根据实际情况不断补充,合理安排。充分发挥职位流动站的作用。空缺职位的竞聘采用双向面试与价值测试相结合的方式,考察应聘者的综合素质。加大特色培训。通过完善"以关键岗位为重点,以专业分类为线条,以全员培训为辐射面"的员工培训体系架构,打造知识型员工队伍。全年共组织56期培训班。其中,岗前培训5期,初级内部培训师培训1期,业务培训18期,其他特色培训32期,培训人数1500余人次。同时充实调整内部培训师。经过竞聘选拔,年内选拔内部培训师40名。全年组织内部培训师进行业务培训16次,有效地提升了整体培训能力。

【企业精神文明建设绽新花】 一是开展员工劳动竞赛、卓越员工潜能激发训练、员工户外拓展训练、领导与员工的面对面对话等活动,拉近了企业与员工之间的距离。二是开展庆"七一"文艺汇演,举办以实践"三个代表"重要思想为主题的摄影、书法、美术展,组织各项体育竞赛等活动,营造出一种积极向上的氛围。三是开展"创建学习型组织,争做知识型员工"活动,组织员工参加如"大赢家"网上知识竞赛等活动,努力提高员工队伍素质。同时热心参加社会公益活动,与南方电动工具厂开展结对帮扶慰问活动,在社会上树立起良好的企业形象。

(张　云)

## 中国联通南昌分公司

【概况】 2005年,中国联通南昌分公司(简称南昌联通,下同)围绕市场经营主线,开展立体宣传、细分市场、寻找业务增长点、提升形象等一系列的经营活动,取得较好的成效。

【扩充营销渠道】 根据营销渠道状况,年初在市区及乡镇增设100余家合作厅,方便用户缴费和办理联通业务。同时采取细分市场方式,将市区经营部划分为6个区域经营部,多点展示南昌联通产品形象,扩大与消费群体接触面,力求将营销工作做细。

【开展宣传促销行动】 全年利用报纸、电视、广播、户外广告等媒体开展各类主题宣传,努力达到持续、密集的宣传效果,扩大市场认同效应。同时公司各部门选拔5名形象气质佳的女员工作为"如意送"系列产品的形象代言人。10月中旬在全市180余家合作营业厅的店头悬挂布幔,进行"如意送"套餐的宣传,用简单、直接的办法增加用户对南昌联通产品的了解。

【开展"金乡行动"】 深入开展"乡乡通"和"村村通"工程,组织销售人员进驻农村,向区域内"乡镇单位、农村用户发放宣传资料,提高对联通产品的感知,并提供便利服务,现场受理业务,全力提升南昌联通产品在农村的影响力。"

【推广"UP新势力"产品】 大力做好"UP新势力"产品的促销及推广工作,扩大在青少年学生市场份额,提升"UP新势力"品牌在校园群体中的影响力,使"UP新势力"产品销售量有较大的提高。仅8、9、10三个月,新增UP新势力用户3.74万户,保证了旺季里业务发展势头强劲。

【倾情让利】 为回报在网老用户,体现公司主推"如意送"系列资费的优势,对话费能达到"如意送"标准的其他老用户,采取逐个劝说转套餐方式,让其节省话费支出,感受南昌联通真情关怀。仅10月就完成3102户老用户的转套餐工作,受到用户欢迎。

【推出"特号行动"】 利用"免特号预存"的方式,推出"生日卡"活动。其主要内容是向用户销售入网卡的同时,推荐与用户生日相同尾数的手机号码,配备生日卡,并推荐用户按特号的不同选用各种最低消费的套餐,吸引了许多有特殊号码要求的用户入网。

【与用户保持零距离接触】 为倾听用户心声,并以用户的感知提升服务,促进用户满意度持续提高,8月~11月,通过发送短信及客户经理一对一回访的方式,累计回访用户4051户,接通人数为3274户,接通率为80.8%。其中,满意用户数为2718户,满意率为83%。

【提高校园市场占有率】 为满足南昌地区入学新生通信需要,一是调整资费,适当降低"UP新势力"短信资费;二是加大新校区的网络建设,提高网络覆盖面;三是调集所有一线经营力量到校园,积极做好宣传、促销等方面工作,让入校新生对联通的网络、资费及服务有全新的认知,取得较好的效果。9月~10月开学期间,各大专院校销售约2万户。入校新生入网高峰结束后,组织人员跟踪调查,并回校园开展再回首促销活动,主要方式为发展校园直销队,使校园销售再次进入高潮,做到淡季不淡。

【重视集团客户业务的发展】 对空军某部、预备役高炮团、第五医院、省人民政府印刷厂、城建支行、南华医药有限公司、汇甚大厦、瑞特医疗器械、建行各网点、金德铝塑复合管线公司、苏宁电器集团等40余家单位进行拜访并在部分单位开展现场促销。同时积极发展集团客户。年内在苏宁电器发展用户79户,洪城轮胎实业有限公司37户,金德管线公司41户,建行200余户,省交警直属支队80余户。

【策划"美丽爱情,魅力短信"原创爱情短信大赛】 邀请省内文艺界的十位名流作为评委,将"up新势力的短信套餐"在大众市场上推广,赢得较大反响。

【推广"掌中宽带业务"】 为向社会大众宣传推广公司优势产品"掌中宽带业务",首先策划"掌中宽带万人上网免费体验日"活动,并在南昌市最繁华的沃尔玛购物广场开设"雄鹰掌中宽带免费体验"合作营业厅;10月召开行业应用推介会,诚邀市委、市政府办公厅、公安局、水利局、总工会、清华泰豪、汇仁集团、供电公司、烟草专卖局、江中集团等在南昌市较有影响力的企事业单位负责人于五湖大酒店,普及推广南昌联通的行业应用业务;11月召开"南昌联通掌中宽带产品经销商推介会",邀请到全市IT行业的所有150余家经销商到场参加,有效地扩大了产品的知名度和影响力。

【加快炫铃业务的推广】 面对联通G网炫铃9月下旬正式开通、推广的现状,每月针对G网用户加强宣传联通炫铃业务,同时对老用户开展短信下载炫铃"买一赠一"和"用时尚炫铃,中如意手机"的活动,让用户感受联通公司的个性化业务。

【完善网络建设】 一是围绕市场的需求进行网络建设。通过质量分析会的形式定期和经营部门、客服部门沟通,了解网络状况,先后完成GSM网80个基站、CDMA网50个基站的搬迁和调整,联通网络覆盖和质量得到提高。二是重新评估县区基站设置规划。通过开通新站、直放站和对基站的合理调整,使县、区联通信号得到改善。三是加强高校和风景区的网络覆盖。开通瑶湖师大、华东交大、科技大学、中医学院新区、南大新区;

航天英雄校区、新医学院、工程学院的站点，年内联通网络覆盖上述高校。四是建成运营维修工作电子化平台。通过该平台实现值班管理、进出机房管理、维护作业计划管理、备品备件管理等电子工单形式操作，既规范记录的填写，又提高工作效率。

（陶振华）

## 信息化建设

【概况】 2005年，市信息化办公室大力推进电子政务建设，积极启动电子商务工作，努力优化信息化发展环境，“数字南昌”项目取得突破，信息产业得到快速发展。

【电子政务深入推进】 首先组织开展全市公文传输系统的开发和实施工作，并于6月1日正式开通。该系统覆盖全市党政部门89个和县、区、开发区共12个，实现从发文中心到收文单位的文件网络发送，会议通知信息的传送和回复，收文单位的文件浏览与查询，各单位信息上报和信息采编等多项功能。年内各联网单位可通过该系统接收市委、市政府下发的非涉密性公文和会议通知。同时组织开展“政务通”办公自动化软件试点工作。其次建设网上审批办证中心。在原有的“一站式多窗口”服务模式基础上，引入银行服务模式，通过研发新的应用系统，将企业或市民在一个窗口（或网点）的一个柜台上提交的一套资料转成电子文档资料，再通过网络自动并行地分发给相关的部门，各相关部门通过统一的办公应用平台按程序进行行政审批，按时办结，真正实现从“一站式多窗口”模式到“一柜式多网点”模式的转变，大大提高为民办事的效率。再次组织对“中国·南昌”网站进行改版，并于7月1日正式上网运行。改版后的网站以大众群体为中心，突出政府服务社会的功能，以政务频道、百姓频道、企业频道、投资频道、旅游频道和特色栏目为主要框架，对各专业频道的二、三级内容进行丰富和更新，并新增网站调查、服务专题、军人之窗、特别专栏、南昌视频新闻、网站导航等特色栏目。同时建立起完备的网站信息采集、报送制度，保证对网站内容每天进行更新，使“中国·南昌”政务门户网站达到色调风格统一、栏目布局合理、内容全面丰富、信息更新及时的总体效果。年内全市各县区、开发区和60%的政务部门建立了门户网站。同时完成南昌市东湖社区服务信息管理系统项目的招标和软件系统的开发设计，正着手准备项目的设备安装调试和系统的试运行工作。

【“数字南昌”项目取得突破】 该项目2003年启动，2005年底完成项目一期建设。项目一期建成市区东至昌东大道、南至昌南大道、西至赣粤高速公路、北至乐温高速公路范围内和桑海经济技术开发区共392平方公里的1∶5000真彩色航空摄影、1∶2000数字高程模型和0.1米地面分辨率彩色正射影像数据库；市区东至昌东大道、南至昌南大道、西至昌九高速公路、北至双港大道范围内300平方公里1∶10000电子地图、数字高程模型、0.61米地面分辨率彩色正射影像数据库和全市范围内7400平方公里1∶50000电子地图、数字高程模型、2.5米地面分辨率彩色正射影像数据库。项目所搭建的统一开放的空间地理基础数据平台和城市空间参照体系，将广泛应用于规划、园林、国土、水利、环保等众多领域，促进城市信息的共享利用，避免重复建设和投资浪费。

【信息化发展环境进一步优化】 全市出台《关于加快现代服务业发展实施办法》，在服务业整体框架内对企业进行技术改造、开展信息化应用、推行电子商务给予资助；对每年市政府投、融资项目中安排电子政务和社会公共服务信息化建设的专项投资给予保证；对软件园区、软件企业、软件学院的发展和建设给予扶持。开展清理盗版软件、使用正版软件前期准备工作。根据《国务院办公厅关于地方人民政府使用正版软件的通知》和江西省人民政府办公厅《转发国务院办公厅关于地方人民政府使用正版软件的通知》文件精神和要求，成立南昌市清理盗版软件使用正版软件工作领导小组，制定并出台《南昌市政府各部门清理盗版软件使用正版软件工作的实施方案》。根据该《方案》部署，此项工作分为自查阶段、更换正版软件和培训阶段、检查验收阶段、总结和接受检查阶段。通过该项工作的开展，有利于维护政府依法行政的良好形象，有利于在全社会形成保护知识产权的良好风气，有利于促进软件产业发展。下发《关于加强全市新闻和政务类网站建设和管理的意见》和《关于印发〈南昌市政务类网站建设管理暂行办法〉的通知》，对全市新闻和政务类网站的整体框架、主要职能、建设管理、更新维护、监督考核都提出具体的要求和明确的分工。

【电子商务工作启动】 随着全市网络基础设施建设的逐步完善，企业信息化水平不断提高，数字证书认证中心、银联支付网站和物流配送等电子商务基础设施和配套环境相继建成并投入运行，发展电子商务的社会和经济条件已经初步成熟。年内启动电子商务规划的调研和编制工作。在调查获得大量第一手材料的基础上，初步摸清全市电子商务整体情况。在对全市电子商务的发展现状、发展环境和发展需求等方面进行分析和比较的基础上，形成《南昌市电子商务“十一五”规划（征求意见稿）》，进一步明确“十一五”期间推进全市电子商务发展的指导思想、总体目标、发展战略、主要任务、重点项目和保障措施，为制定全市电子商务发展政策提供了参考依据。

【信息化人才培训体系逐步完善】 以高等院校、科研机构及职业培训机构为依托，充分利用已有的社会培训资源，初步建立起学历教育、专业认证考核与应用普及培训相结合的信息化人才培训体系。南昌大学、江西师范大学、江西财经大学、华东交大、南昌航空学院和华东理工学院等8所高校开设软件学院。先锋软件学院、泰豪软件学院、新华电脑学校等企业和社会办学力量也积极参与，全市每年IT人才教育培训规模在3.3万人以上。

【信息产业快速发展】 全市光电子及电子信息产业在多年的发展中，初步形成门类较齐全、结构较完备的产业体系。年内全市微电子、通信设备、电子元器件、光电子、家用电器、软件业、电子材料等各类企业有300余家，总资产100余亿元。当年全市电子信息产业实现产品销售收入60亿元。在光电子产业领域，年内南昌市是中西部地区惟一具有3英寸晶圆生产、测试、封闭生产线的城市，是国内惟一具有LED全工序生产技术和实现半导体发光材料及芯片规模化生产的城市，并已经具备年产8英寸晶圆70万片、电子元器件15亿只、数码相机100万台、彩电200万台的生产能力。在软件产业领域，全市累计完成产品销售收入20亿元，软件出口突破1000万美元，软件产品涵盖嵌入式操作系统、中间件、交通应用、软件信息服务等多个领域。

（胡毅睿）

# 金融·保险·证券

## 概述

【概况】 截至年底,全市金融机构人民币各项存款余额为1556.65亿元,比上年增加218.02亿元,增长16.29%,比上年多增33.88亿元。其中,银行机构人民币各项存款余额为1477.55亿元,比上年增加197.08亿元,增长15.39%,比上年多增28.47亿元。居民储蓄存款继续稳定增长。截至年底,全市金融机构居民储蓄存款余额为643.75亿元,比上年增加85.34亿元,增长15.29%。其中活期存款余额为235.17亿元,比上年增加25亿元;定期存款余额为408.59亿元,比上年增加60.35亿元。企业存款增长乏力。截至年底,全市金融机构企业存款余额为545.13亿元,比上年增加25.88亿元,增长4.98%,增速比上年回落3.47%。其中,企业活期存款为400.59亿元,比上年减少17.59亿元;企业定期存款为144.54亿元,比上年增加43.47亿元。

截至年底,全市金融机构人民币各项贷款余额为1027.50亿元,比上年增加173.77亿元,增长19.63%,比上年多增32.86亿元。其中,银行机构人民币各项贷款余额为968.62亿元,比上年增加163.14亿元,增长19.50%,比上年多增26.58亿元。短期贷款增长强劲。截至年底,全市金融机构短期贷款余额为412.74亿元,比上年增加86.86亿元,增长24.24%,增速比上年提高23.74%。其中,工业贷款增加36.05亿元,商业贷款增加11.68亿元,建筑业贷款增加2.82亿元,农业贷款增加15.12亿元。中长期贷款增速回落。截至年底,全市金融机构中长期贷款余额为506亿元,比上年增加43.02亿元,增长9.18%,增速比上年下降30.92%。其中,基本建设贷款增加19.68亿元,技术改造贷款减少3.03亿元,个人中长期消费贷款增加20.73亿元。票据业务发展迅速。截至年底,全市金融机构票据贴现余额为85.57亿元,比上年增加40.19亿元,增长88.56%。

截至年底,全市金融机构累计现金收入3538.51亿元,累计现金支出3415.36亿元,收支轧抵净回笼现金123.14亿元,比上年多回笼现金14.10亿元。从现金回笼渠道看,商品销售收入、服务收入、城乡个体经营收入、储蓄存款收入,居民归还贷款收入和其他收入仍为主要回笼渠道。

截至年底,全市金融机构当年结余24.43亿元,比上年增长69.25%,比上年增盈9.99亿元。由于工商银行股份制改革,当年南昌市工商银行剥离不良资产31.24亿元,银行资产质量明显提升。

(袁晋华)

## 中国银行业监督管理委员会江西监管局

【概况】 2005年,江西银监局系统在银监会党委的正确领导下,在地方党政部门的关心和支持下,依法履行监管职责,积极引导信贷投向,有效地促进了全市银行业深化改革、防化风险、加大信贷投入、创新业务产品、提升经营效益和竞争能力,为全市经济和银行业的健康、和谐发展提供有力的监管支持。截至年底,全市银行业金融机构总资产1745.72亿元,总负债2024.13亿元,分别比上年增长31.53%和53.82%;本外币存款余额1590.34亿元,比上年增加214.41亿元,增长15.58%;本外币贷款余额1036.88亿元,比上年增加173.79亿元,增长20.14%;本外币业务实现账面轧差盈余17.31亿元,比上年增加14.65亿元,增长5.5倍。为促进南昌富民兴赣大业、实现经济在全省率先崛起作出了应有的贡献。

【加强监管基础建设】 健全执法处罚体系。成立江西银监局行政处罚和行政复议委员会,制定行政处罚和行政复议工作制度及有关配套法律文书;完善监管协调机制。牵头召开银证保三方监管联席会议。协调督促江西省银行业协会召开第二届理事会和会员代表大会,促使协会工作走上正轨。加强与地方政府经济综合部门的工作联系,拓宽监管信息的来源;推进监管信息化建设。按照银监会"1104工程"规划,加快系统广域网、局域网等基础设施建设,为提高监管能力提供科技保障,探索整合监管资源。积极开展县(区)监管办事处机构设置调研活动,部分分局进行监管资源优化整合试点;完善重大监管事项集体讨论、集体决策机制,提高监管决策的民主性、科学性。

【创新监管方式】 积极探索内控试评价工作方式。制订银监会系统《商业银行内控评价操作规程》,并在农业银行弋阳县支行率先开展有关内部控制体系建设、实施和运行结果等情况的内控评价试点工作,为银监会在全国对银行业机构开展内控试评价工作提供经验,得到银监会有关领导的充分肯定。同时对中国银行江西省分行和建设银行江西省分行开展风险试评级,对辖内部分农村信用社进行综合评级,风险监管水平进一步提高。区别风险实施驻行(社)监管。按照分类监管要求,全辖监管部门建立驻行(社)监管制度,向辖内高风险银行业机构派驻监管员,主动前移监管阵地,延伸服务触角,增强监管工作的及时性、有效性和针对性。

【严格现场和非现场监管】 严格机构和高管人员市场准入,确保好机构、优秀的董事和高管人员进入银行业市场。建立贷款分类偏离度、贷款质量迁徙变化等监测制度,完善非现场监管工作规程和手段,及时向辖内银行业及金融机构提示风险,充分发挥非现场监管的预警、预报作用。通过非现场监管发现问题,并针对问题开展监管谈话60次，下发监管意见书35份，切实做到关口前移，遏制可能出现的风险苗头。组织开展辖内商业银行贷款分类偏离度等现场检查22次，检查机构网点230个，投入工作量近5千人日，提出整改意见100余条，责令给予纪律处分20人。通过有针对性地检查，及时发现辖内银行业及金融机构违法违规经营问题，使许多问题得到或正在得到纠正，促进了辖内银行业的安全稳健运行。

【积极推进银行案件专项治理】 全辖银行业监管部门成立以“一把手”为组长、分管领导为副组长的案件专项治理工作督导小组，制定防范操作风险和案件专项治理工作方案，及时召开辖内银行机构防范操作风险座谈会，督促各级银行业及金融机构认真贯彻银监会防范操作风险“十三条”指导意见，较好地遏制了银行案件多发势头。全辖银行业金融机构高度重视，迅速行动，制定防范操作风险和案件专项治理工作方案，完善岗位监督、回避、控制制度，全面开展一线网点“拉网式”检查，有力地查处了一批已发案件，修改完善有关制度规定，成功堵截和防止金融案件的发生和蔓延，全市银行业操作风险的识别和防范能力大为增强。

【继续狠抓不良贷款“双降”】 加强贷款风险预警，完善、落实大额贷款风险集中度和贷款违约信息统计制度，及时通报违约信息。加快推广贷款五级分类偏离度和不良贷款迁徙监测考核方案，加强对不良贷款变化趋势的监测和分析，建立重点机构、重点客户、重点业务、重点行业的跟踪监测制度。通过各方努力，全市银行业不良贷款余额和比例总体上呈现双下降态势。截至年底，全市银行业按五级分类口径核算的机构本外币不良贷款余额比上年减少99.75亿元，不良贷款率比上年下降13.28个百分点。其中，开发行、3家股份制银行和南昌市商业银行贷款不良率均控制在3%以内。按四级分类口径核算的机构不良贷款余额比上年减少3.01亿元，不良贷款率比上年下降9.06个百分点。

【有效预防化解中小银行机构风险】 强化城市商业银行风险监管。协调配合南昌市人民政府通过多种方式，督促南昌市商业银行资本充足率提前一年达到最低资本要求，同时加大追偿德隆系企业在该行各项债务的力度，信贷资产得到有效保全，不良贷款率降为2.83%。加强信托公司和农村信用社监管。严把集合资金信托计划审核关和存续信托计划风险控制关，协同省、市人民政府及有关部门督促江西信托投资股份有限公司提前两个月全面完成原有业务的清理任务，为公司今后的发展奠定了扎实的基础。认真做好改革期间全市农村信用社的风险防范和处置，及时提出农信社存在的风险问题，引起省、市人民政府领导的高度重视，促进了各类问题的整改落实。

【指导全市银行业改革】 积极指导辖内银行机构改革。加强对中国银行、建设银行、交通银行各项内部改革措施落实情况的监管，积极推动辖内工行股份制改革，支持其剥离可疑类和损失类贷款209.38亿元。积极推动全市邮政储蓄机构分账核算，指导其完善财务会计制度，为顺利改革邮政储蓄体制奠定了基础。继续推进农村信用社产权制度改革。及时制定下发有关规定，规范统一法人组建申报审核工作。积极做好对农村合作银行的组建验收，按程序推进省联社办事处设立及辖内设区市联社解散，促其行业管理架构、管理标准和方法初步形成。截至年底，江西安义农村合作银行于3月18日挂牌开业，5家县级统一法人联社批复开业；市联社批复解散，正在组织进行清算工作。不断丰富银行业机构组织体系。积极做好引进其他股份制银行工作。上海浦东发展银行南昌分行于6月9日正式开业；兴业银行南昌分行进入筹建阶段。协调、指导和督促江西江南信托投资股份有限公司完成公司分立工作，为进一步增资扩股和重新登记打好基础。

【积极鼓励和支持金融创新】 指导、鼓励和支持全市银行业及金融机构坚持“以客户为中心，以市场为导向，以效益为目的，以有效控制金融风险为前提”的经营原则，不断创新经营理念，拓宽创新领域，加快创新步伐。年内理财业务、代理基金、代理保险、银行卡、电子银行等一大批金融服务的新业务、新产品不断拓展，较好地满足客户需求，提高了客户忠诚度，优化了客户结构。辖内商业银行继续把中间业务作为业务发展战略重点，结合各行自身特点和优势，加快服务产品的整合创新。如农村信用社紧扣“三农”和县域经济发展，初步形成覆盖农村信用社客户的新产品体系。当年全市银行业金融机构共实现中间业务收入2.83亿元，比上年增加0.45亿元，增长19%。

【积极推进落实中小企业贷款】 全辖银行业监管部门以加快南昌市经济发展为己任，积极策应市委、市政府提出的“全民创业、富民兴赣”战略，制定《关于进一步加强银行业监管、防范信贷风险、促进地方经济发展的若干意见》。认真落实银监会《银行开展小企业贷款业务指导意见》，提出银行业支持、服务、推动全民创业的多项措施，协助配合南昌市人民政府成功举办银企合作洽谈会，积极督促辖内银行业及金融机构支持小企业发展。全市银行业及金融机构积极调整信贷结构，优化资金投向，加大对有市场、有效益、有信用的小企业信贷支持力度。按照银监会小企业授信情况统计制度口径，当年全市银行业金融机构向10余万户小企业及个体工商户贷款余额75.14亿元，占金融机构各项贷款余额的7.25%，贷款余额比上年增加28.72亿元，有力地促进了全市经济的可持续发展。

（简全泉）

## 中国人民银行南昌中心支行

【全力推进金融生态建设】 一是完善金融稳定工作制度。成立南昌中心支行金融稳定工作领导小组，明确各成员单位职责，从组织上保证金融稳定工作顺利开展。拟定《江西金融风险监测暂行办法》，为全面开展江西省金融风险监测工作提供操作依据。修改《全省金融风险处置操作规程》，进一步规范金融风险处置程序。二是突出保金融系统稳定工作重点。制定《江西省金融突发事件应急预案》和《江西省金融机构突发事件应急预案》，分步上报省政府转各地执行。三是完善征信管理工作制度。成立江西省企业和个人信用信息基础数据库建设协调领导小组，建立领导小组办公室联席会议制度，制定《江西省贷款卡发放核准行政许可实施办法》及《江西省银行信贷登记咨询系统信息查询使用管理暂行办法》，为征信管理工作质量和效率的提高提供了切实有力保障。四是突出信用建设重点。分别出台江西省、南昌市信用环境建设以及创评“文明信用农户”活动工作意见，指导信用环境建设工作有效开展，努力营造良好金融生态环境。五是开展征信知识宣传。以“珍爱信用记录，享受幸福人生”为主题，开展征信与相关金融知识宣传活动，受到社会各界的广泛关注，取得良好的社会效果。六是构建人民银行与地方政府和金融部门的交流平台。通过江西省（行长）经理联席会议、经济金融形势分析会、全省信贷工作会等形式，主动加强与地方政府、金融监管部门、金融机构的沟通与协调，共同形成金融生态建设的工作合力。

【努力增强货币政策传导成效】 一是着力优化信贷结构。继续贯彻“区别对待，有保有压”的方针，加强窗口指导工作，制定印发《关于优化江西信贷结构支持经济发展的工作意见》，协助省政府召开全省金融工作会议，代拟《江西省人民政府关于推进全省金融业加快发展的若干意见》，对当前和今后一段时期全省经济金融的发展具有重要的指导意义。二是在引导对经济薄弱环节信贷支持上求实。研究出台《关于促进江西经济薄弱环节发展的指导意见》、《关于进一步支持和促进个私经济发展的意见》等一系列引导贷款投向的指导意见。在总结小额农贷经验的基础上，支持农信社开展大额农贷试点工作，并建立大额农贷工作联系点。为推动全省国家助学贷款工作，推出生源地助学贷款业务与国家助学贷款享有同等优惠等政策措施。截至年底，全省分别有75所高校和54所高校与省农信社和省工商银行签订合作协议，分别占全省高校总数的92.6%和66.7%。三是在推进银企信贷合作上求实效。联合有关厅局出台《关于推进银企合作促进工业经济快速发展的指导意见》，向各金融机构推荐有信贷需求的工业企业400余户，全面促进银企项目对接。四是建立辖内经济金融动态数据库。创建涵盖国有及股份制商业银行市场利率水平的监测体系，建立辖内票据、同业拆借、债券及黄金外汇市场动态监测制度，实行对农业发展银行和各金融资产管理公司业务经营监测制度；建立“货币政策实施效果信息监测网络”，开通“江西省金融信息交换系统”，有效地提高监测分析工作质量和效率。

【加强货币市场管理工作】 一是加强货币市场监管。在开展对货币市场的监管工作中，不仅把市场管理的范围扩展到包含债券、黄金、外汇等多个市场，而且适时组织开展货币市场现场检查，有效地促进和保障辖内货币市场稳健有序发展。二是规范再贷款程序。组织全辖人行对2004年度各类再贷款工作开展情况进行全面自查；开展支农再贷款使用和管理情况的现场检查，发现问题及时督促整改，进一步规范再贷款发放程序。三是稳妥推进农信社票据兑付考核工作。严格按照中央银行票据兑付考核实施细则和票据兑付考核评审委员会工作规程开展考核工作，使全省农村信用社改革试点专项票据兑付考核工作始终围绕严格规范的要求进行。

【大力推进业务系统建设】 一是顺利推广江西省大额支付系统建设。4月11日，江西省大额支付系统按规定时间和要求正式上线运行，全省有40家直接参与、1176家间接参与的金融机构加入支付系统，标志着全省银行系统跨行资金汇划全面进入支付系统的“高速公路”。二是努力推进人民币银行结算账户管理系统试运行工作。经过组织银行机构代码和账户数据核对，开展技术环境确认和测试，设置各级操作员等工作。截至年底，全省已开立单位银行结算账户16.82万户，导入账户系统个人结算账户4236万户。三是积极开展南昌地区同城票据清算系统更新改造工作。针对现行同城清算系统已不能适应当前业务高速增长需求的现状，着手对南昌市同城清算系统实施改造。截至年底，该项工作进入接口开发阶段。此外，中央银行会计集中事后监督系统、货币金银管理系统、国家债券收款单管理系统等在全省的试运行及推广工作进展顺利。

【切实履行各项服务职责】 一是认真履行经理国库职责。加大国库监管力度，严格审批手续；坚持三级审批制度，严把税款入库关、库款支拨关、收入退库关，维护国库资金的安全与完整。二是强化货币发行工作。加强对发行基金调拨的分析和预测，提高发行基金供应的科学性，保证全社会合理现金供应。切实做好残损人民币的清分、复点、销毁工作，提高流通中人民币的整洁度。截至年底，全省共清分回笼券280514千张，超额完成全年计划的10.15%。完成损伤券复点168045千张，超额完成全年计划17.5%。共完成全省残损人民币销毁616759千张。三是支持现代支付工具的创新和发展。积极推进银行卡产业发展，组织开展“银行卡之春——中国银行卡产业回顾与展望”宣传活动，营造良好的银行卡产业发展环境。积极协调解决银行卡发展中存在的问题，使上海浦东发展银行快速进入本省银行卡市场，也为本省农村信用社银行卡进入银行卡市场扫清障碍。

【积极改进外汇服务方式】 新推出自动核销和远程核销业务，核准30家企业的自动核销资格，9个县支行开办出口收汇“远程核销”业务，受到企业的普遍欢迎。采取便利企业办理付汇核销新措施，简化贸易进口付汇审核凭证、“对外付汇进口单位名录”管理和备案管理手续，提高付汇核销管理的效率。扩大可开办远期结售汇业务外汇指定银行的范围，完善出口预收货款和转口贸易收汇管理。加大对外汇指定银行资本金结汇授权力度。截至年底，已批准授权的银行73家。积极推进境外投资外汇管理试点工作，努力助推企业走出国门。改进资本项目外汇年检工作方式，通过网络传输大大提高全省外商投资企业年检工作效率，降低企业办事成本。进一步改进国际收支统计申报手段，通过信息交互平台，有效提高国际收支间接申报非现场核查的效率，切实提高国际收支申报质量。

（袁晋华）

2002～2005年南昌市城乡居民人民币储蓄存款统计一览表

表32

| 年份 | 2002年 | 2003年 | 2004年 | 2005年 |
|---|---|---|---|---|
| 余　额（亿元） | 401.04 | 482.80 | 558.41 | 643.75 |
| 增加额（亿元） | 77.11 | 81.76 | 75.61 | 85.34 |
| 增长速度（%） | 23.80 | 20.39 | 15.67 | 15.29 |

（袁晋华）

## 中国农业发展银行江西省分行营业部

【概况】 2005年，中国农业发展银行江西省分行营业部（简称农发行省分行营业部，下同），按照省分行“创新、发展、稳定”的工作思路，全面落实国家宏观经济调控政策和国家农村金融政策，以服务“三农”为立足点，大力支持国有粮食购销企业发挥主渠道作用，促进粮棉流通市场化改革；积极支持产业化龙头企业、粮食加工企业和其他粮食企业的发展，为确保粮食安全、促进农民持续增收及农业和农村经济的快速发展发挥了重要作用。同时不断强化经营管理，夯实基础工作。按照打造现代银行要求完善运行机制，扎实推进信息化工程，发挥科技平台支撑作用，以人为本搞好企业文化建设,创新举措提高金融服务水平,各项业务得到稳步发展。

【认真履行支农职责】 认真落实国家一系列支农惠农政策,严格执行国家早籼稻最低收购价执行预案,切实搞好收购资金调度和贷款发放,支持国有粮食购销企业扩大早稻收购,参与市场竞争,发挥主渠道作用。同时继续做好跨年度粮食收购,支持企业按保护价收购秋粮。全年共投放粮食收购贷款5.49亿元,比上年增加1.81万元;支持企业收购粮食3.78亿公斤,比上年增加1.25亿公斤,支持收购粮食在数量上实现新的突破;发放棉花收购、调销贷款4390万元,支持收购、调入棉花832万公斤;对中储粮轮库和地方储备或调控贷款在落实有效补贴资金的前提下确保资金供应。按照中储粮集中管理要求,与南昌市直属库密切配合,落实粮食品种、数量、质量、地点,明确划转时间和程序、四方责任及账务处理方式等,全市4.47亿公斤中储粮划转工作顺利完成。加强对财政补贴资金的管理,对各项补贴的项目、金额、来源、时间做到台账记载。全年全市应收各项财政资金5.36亿元,实收5.21亿元,财政补贴资金到位率97%。积极参与全市第一届政银企融资洽谈会,组织起草《银企合作协议》,锁定5个"三好"企业为签约企业,并拟定签约项目。有效投入粮、棉、油收购贷款和大力维护国家有关政策,为国家粮食和资金安全提供了保障,并促进辖内农民增收、农村增效和农业增产,做到农民、企业、政府、银行"四满意"。

【积极发展新业务】 中央1号文件再次赋予中国农业发展银行支持"三农"发展的重任,为中国农业发展银行业务拓展提供了广阔的空间,为服务农业和农村经济发展搭建了新的舞台。农发行省分行营业部抓住机遇,乘势而上,变被动等客户上门为主动上门做营销服务,利用政、银、企融资洽谈会,大力开展客户营销活动,组织客户经理深入市场和企业开展调研,掌握客户资讯,在此基础上建立项目库。全年纳入项目库的商业性贷款企业34户,完成调查16户,上报省分行13户,审批4户;支持国旺实业、中饲(农牌)饲料有限公司等4户产业化龙头企业和粮食加工企业,发放商业性贷款2100万元,实现由单一的收购资金贷款向多品种贷款延伸。同时按照稳住老客户、发展新客户的思路,做好业务宣传,把存款和中间业务与商业性贷款一并营销,加大低成本资金组织力度,积极争取当地财政支农资金,吸纳企业或企业主管部门的自有资金、股金、保证金及闲置资金。存款平均增长额达1.26亿元,人均存款增长额为68万元,代理车辆保险、租赁等中间业务收入39.3万元,新业务拓展起步良好。

【完善经营运行机制】 按照打造现代银行的要求,朝着治理结构合理、资产状况良好、经营管理规范、内控机制健全、管理手段先进、具有可持续发展能力的现代政策性银行的目标,进一步深化改革、完善机制、狠抓经营。加强收息管理、费用管理和固定资产管理,全年税后利润1.06亿元,人均利润56.6万元,比上年增加28万余元,创历史最好记录。建立贷款审批、信贷风险分析及监测等风险防控机制。商业性贷款管理做到"物资应盘点、资金看凭证、全程记台帐、账户要盯紧",将风险防范关口前移。严格执行定期查库、出库报告、货款全额归行、账户管理等制度,收购信贷资金封闭管理得到强化。扎实做好综合业务系统推广应用工作,推进电子化、信息化建设,提高办公自动化水平。健全安全保卫、规范化管理、党建等工作制度;建立岗位职责和业务流程、专业考评、绩效挂钩、财务资源配置暂行办法等考核和激励机制,实现管理制度化、操作流程化、考核标准化。以落实行务公开、职工代表大会制度为重点,加强民主管理和民主监督,"至诚服务、有效发展、以人为本、构建和谐"核心企业文化理念深入人心。

【全面提高金融服务水平】 全行转变思想观念,牢固树立以客户为中心理念,在夏、秋季收购期间,推行"零距离"服务和限时服务,实行双休日值班制度,确保收购资金供应不断档。落实业务咨询、使用文明礼貌语言、挂牌上岗、公布监督电话号码等一系列优质服务举措,向客户实行承诺服务。建立政、银、企联系会制度,定期与政府、银企业沟通;定期组织人员到企业征求意见。以创新"文明建设先进单位"、"青年文明号"和"营业窗口美化亮化"等活动为载体,努力打造精品窗口、提供优质服务。

【努力提高干部职工素质】 始终把加强学习和业务培训,提高员工素质,增进员工智慧作为促发展、增业绩的重要途径,制订、落实全年业务培训计划和职工理论学习日制度,定期组织开展业务技能竞赛活动。通过远程视频教育、系统内办函授班等途径,培养一批懂营销、懂市场、懂管理的专业人才。此外,建立网上"图书馆"、网上"学习园地"等学习平台,鼓励和支持职工自学成才,全行干部队伍的创新能力、领导能力和执行能力得到全面提高。

(刘金林)

## 中国工商银行股份有限公司江西省分行营业部

【概况】 2005年,中国工商银行股份有限公司江西省分行营业部(简称省分行营业部,下同)认真贯彻落实全国金融工作会议精神,全力推进经营模式和增长方式的转变,一手抓股份制改革,一手抓业务发展,努力在创新中发展,在优化资产质量,调整经营结构,推进综合改革,增强竞争能力等方面开展工作。全年实现经营利润7.02亿元,圆满完成各项经营工作任务,实现三年(2003~2005年)发展规划既定目标,为省分行营业部"争创全省和同行业一流"及更长远的发展打下较为坚实的基础。

【金融体制改革】 2005年,工商银行实施股份制改造,迈出国有商业银行改革的重要一步。4月18日,工商银行股份制改革方案获得国务院批准,由国家财政部和中央汇金投资有限责任公司共同发起设立中国工商银行股份有限公司。10月25日,召开中国工商银行股份有限公司创立大会。10月28日,中国工商银行股份有限公司正式挂牌成立。省分行营业部围绕总、省行股改工作方案,按时按量完成股份制银行成立前的各项准备工作。一是不良资产剥离工作。为确保剥离工作规范有序地整体推进,成立不良资产处置领导小组、工作小组及督导小组,制定《营业部剥离可疑类与损失类贷款工作方案》,从前期的人员培训、岗位设置到组织实施;从具体操作步骤到整体进度的推进,都进行周密部署;剥离工作实行"一把手"负责制,明确剥离工作纪律,建立信息联系制度,开辟剥离工作咨询服务热线,确保政令畅通。按要求剥离不良贷款344户,下账金额31.2亿元。二是固定资产清查、确权和评估工作。积极加强与市政府国土资源、建设、房产等职能部门的联系与沟通,认真做好辖区16个支行及本部的固定资产清理、盘查、确权工作。房屋确权率达92.71%;土地确权率达92.41%。三是闲置固定资产清理处置工作。根据总、省行要求，在积极做好评估、确认、现场勘察、统计分析等前期准备工作的基础上，通过拍卖的方式集中处置固定资产。共有24宗闲置房和18辆闲置车辆竞拍成功，协议处置闲置房产9宗。四是财务审计工作。先后接待由总行联系派驻的安永会计师事务所的财务审计、金杜律师事务所的律师尽职调查，西门（远东）物业评估有限公司和中地不动产评估有限公司现场勘察工作，中联资产评估有限公司固定资产现场勘察和相关资料的审计工作。

【处置不良资产】 大力开展“重点”处置项目和不良资产“百户千项”处置工程。充分运用政策，实施个性化重点处置，加大还款免息、以物抵债和呆账核销力度，全面完成上级行下达的处置任务。实施不良资产剥离后，在思想上坚决克服“刀枪入库，马放南山”及“一剥了之”的倾向，及时调整处置重心和处置计划，将清收处置重点转移到次级类不良贷款、新形成不良贷款和个人住房、消费不良贷款及潜在高风险贷款上来，调整风险管理工作思路，强化全面风险管理意识，完善风险管理信息反馈传导机制，增强风险监控的前瞻性，采取各种有效措施，切实防止新增不良贷款的发生。积极主动地挖掘客户资源，及时捕捉客户信息。定期、不定期地走访开发区、招商局等政府职能部门，及时了解新落户南昌市企业动态和招商引资信息，引导各支行有针对性地开展营销工作。积极参加南昌市招商引资活动。共签约项目5个，签约金额13.05亿元。构建全方位营销网络，突出重点市场营销。对铁路、交通、公路、电力等基础产业核心市场，加大营销力度。大力发展高等教育行业的优质客户；积极挖掘开发园区优质客户；拓宽优化业务领域，有重点、分层次地推进了“常年财务顾问”长效业务品种的营销。

【拓展个金业务和机构业务】 存储旺季，精心组织开展百日揽存增存竞赛活动。实施阶段性考核办法和奖励措施，调动全员增存揽存积极性。在存储淡季，抓住理财产品“金杜鹃”的到期转存和秋季学生存款的有利时机，主动开展营销，想客户之所想，将工作做到最细，服务做到最好，有效保证储蓄存款淡季不淡，旺季更旺。以服务带动存款，以营销促进增存，实现服务与营销的良性互动。坚持主攻目标战略，因地制宜，动态锁定，动态管理，加强企业年金业务营销工作，实现年金账户零的突破。积极推进金融同业合作，加大银证通、银证转账的推广力度，巩固和发展与股份制商业银行、城市商业银行、农村信用社等同业客户的业务往来与合作。

2005年9月26日，南昌市首届政银企融资洽谈会在红谷滩会展中心广场召开，工商银行江西省分行营业部参加融资洽谈会并与多家企业签定融资协议

【稳健发展中间业务和国际业务】 开展网上银行多功能组合营销活动，加快优势产品推广应用。开通网上购买太平人寿航空意外伤害保险等功能，并把银行卡业务做精做细。积极发展新的优质商户，挖掘外卡收单潜力，创造良好的用卡环境；积极维护公务用卡单位和集团客户。实施以外汇贷款与外汇转贷款业务推动国际结算，以国际结算业务带动相关国际业务发展的战略，积极稳妥地拓展国际贸易融资业务和外汇代客理财及风险管理新产品市场，保持国际业务持续健康的发展态势。

【加强业务管理】 健全绩效考评机制，完善行长经营绩效考核办法，重点构建员工业绩考核和经营管理者的业绩考评体系，突出重点，注重实效，使定性和定量相结合，做到兼顾整体和局部，形成以业绩论英雄，凭贡献计报酬的经营氛围。深化劳动用工制度及组织机构改革。按照省行的统一部署和要求，完成代办员和柜员合同工的劳务派遣工作；结合依法合规大检查，对全辖范围内的重要岗位人员的任期情况进行全面检查和督促落实工作。加大后勤体制改革力度，顺利完成后勤体制剥离工作；进行省会城市扁平化管理改革探索，实施对站前路支行和赣江支行的合并。加强财务管理，做到“四个严格”。一是严格规范核算制度。规范财务应收及暂付款、财务应付及暂收款的核算内容和要求，保证核算的真实、准确、及时。二是严格授权管理制度。健全重要财务事项分级分类授权和审批程序管理。三是严格集中审批制度。坚持重大财务事项集中审批。四是严格费用管理制度。完善支出行为控制体系。加快新会计核算标准的转换。积极建立现代新型会计核算管理体系，以高水平的核算管理与高标准的质量控制为目标，构建安全可靠、统一规范、环节可控的内部账户核算管理新模式。先后完成总行1260个核算科目（子项）的勾对认证，核对查实全行1.7万余内部账户，清理不规范账户6000余户，待整改账户4000余户，销户近5000户，保证“1007工程”的顺利投产，达到账户标准统一、管理合规合法的基本要求。

【化解金融风险】 在开展贷款审查审批、日常管理、贷后管理和基础管理工作中，建立贷款收放情况报告等十六项制度，将风险控制关口前移，从国家宏观经济走势、企业经营和贷款实际用途三方面，严格贷款的审查审批，并关注亿元贷款大户，落实风险动态监测，完善内控机制，加大检查力度。从3月22日~5月11日，对全辖17个支行及129个营业网进行“依法合规”全面检查。7月28日~8月8日又对各支行依法合规大检查发现问题的整改情况进行“回头看”，有力促进整改工作落实到位。

（于小江）

## 中国农业银行江西省分行营业部

【概况】 2005年,中国农业银行江西省分行营业部围绕利润核心目标,不断创新工作思路,精心塑造企业文化,经营管理呈现出良好的发展局面。截至年底,各项存款余额173.08亿元,比上年净增28.52亿元;各项贷款余额155.14亿元,净增15.84亿元;实现利润2.49亿元。

【多渠道筹集资金】 一是做好储蓄宣传和服务工作。充分发挥农行网点遍布城乡和全国联网的优势,积极做好务工汇兑、代收代付、代发工资等业务,大力组织储蓄资金。二是分类指导、差异服务,提高对储蓄存款客户服务的效率。在城区及县城的繁忙网点设置VIP客户服务窗口,在城区主要商业街道及人口集中的高校、社区等地新建一批现代化的银行网点、自助银行和自助银行服务设备,并大力推广使用个人网上银行、POS机、电话银行和手机银行业务。三是加大公存客户的营销和维护力度。高位切入公司机构类存款市场,并以推广现金管理系统为契机,积极开发垄断性、集团性客户。年内公存款大户遍布铁路、交通、电力、石油、电信、工商、法院、财政、社保、证券、医院、房地产、大专院校等40余个行业。

【加大有效信贷投入】 一是突出重点,优化资产结构。重点支持南昌市大型招商引资项目、城市基础设施项目、工业园区、国家及省级重点院校、大型医院及科技含量高、竞争力强的农业产业化龙头企业。全年累计发放贷款78.4亿元,累计收回贷款62.37亿元,贷款增量重点投向公路交通、电力电信、大型国有企业、医院高校以及土地储备中心、优质房地产项目等总行审批的重点项目,进一步优化信贷结构。二是大力发展个人住房按揭贷款业务。向"东方桃苑"、"理想家园"、"丰和新城"等房地产企业发放项目贷款3.2亿元;向"南昌居住主题公园一期"、"澄湖经典"、"财富广场"等新楼盘发放按揭贷款1.9亿元。三是积极发展个人生产经营贷款业务。在南昌市年交易额超亿元的专业市场内,积极营销个人生产经营贷款,支持当地市场经济的发展。

【拓展中间业务】 一是积极开展保险代理业务。与新华人寿、中国人寿等6家保险公司联合开展百日业务竞赛和年度业务竞赛活动,调动基层行拓展保险代理业务的积极性。二是加强同业合作。加强对信托公司等非金融机构业务的拓展,协助江西国际信托投资股份有限公司推介其公开对外发售的"土地储备"资金信托产品。三是做好ATM机的营销和维护工作,大力发展银行卡业务。落实"谁营销、谁管理、谁受益"的银行卡营销管理机制,调动各支行营销银行卡的积极性。四是加大中间业务开发推广,扩大网上增殖业务。开发南昌煤气公司实时代收费、江西财经大学圈存(银行存款)、江西电信资费代收费等多个项目;联合开发联通资费代收费、移动资费代收费等项目。五是加快发展新业务。为江西省高速公路投资发展有限公司发行20亿元企业债券出具担保书;为江西赣粤高速公路股份有限公司办理19.5亿元短期融资,并在全省银行业中率先向国外船舶出口项目出具预付款还款保函。

【实行本外币一体化经营】 一是完善国际业务市场营销体系。为搭成"专业经营,全行营销"的本外币一体化经营平台,国际业务与前台客户部门互联互动,形成上下级行互相配合、上下联动的国际业务市场营销体系。二是捕捉市场信息,突出营销重点,编制《南昌市主要出口企业名录》等各类信息,并对各类信息定期分析动态,锁定重点客户和重点业务为营销对象。三是积极营销非贸易项目结算量。加强与发改委、外经贸委、开发区、工业园区等部门的联系,在第一时间内准确掌握优势行业招商引资信息和重大项目建设信息。积极参与世行贷款项目,拓展江西中寰医院499万美元的以色列政府贷款转贷行业务。

【金融体制改革】 一是成立直销部,全面推行准事业部制。对机关前台部门全面推行准事业部制。前台部门除承担必要的项目审查职能外,主要精力将放在直接营销和对支行的督促指导上,直接经营管理重点法人客户,并实行以责任利润为核心的管理考核形式。准事业部客户经理实行年薪制。二是调整部门职能,提升营销和管理层次。组建管营合一的银行卡中心,并在公司业务部的基础上单独成立国际业务部,加强对辖内国际业务规范管理和指导。

(谢春华)

## 中国银行股份有限公司江西省分行

【概况】 2005年,中国银行股份有限公司江西省分行紧紧围绕"质量效益年"的发展定位,以人力资源管理改革为动力,坚持以转换经营机制为目标抓改革,以科学发展观为指导抓业务,以质量效益为中心抓内控,以人为本抓管理,取得经营业绩稳步提升、资产质量持续改善、内控建设日趋完善、各项改革推进有序的良好成绩。

【金融体制改革】 稳步推进机构流程整合及人力资源管理改革。加大对辖内低产网点的整合力度,提升网点竞争实力。截至年底,网点均存款比上年增加30%。在中国银行股份有限公司国内47个城市经营业绩综合排名中,南昌地区的名次由原先的27位上升到16位,提升11位。稳步推进业务流程整合和机构重组。省分行机关部门由原先的21个缩减为20个,管理人员缩减68人;原4个稽核中心整合为3个。积极稳妥地开展职位体系设置及职位聘任工作。采取公开竞聘和双向选择相结合的办法,以部门主要负责人的聘任为切入点,根据职位的相互关系和管理层级,在聘任过程中遵循"谁用人、谁聘任、谁管理、谁负责"的分层聘任、逐级负责原则。通过职位聘任,各级班子成员的搭配进一步年轻化。专业结构更趋合理,一批理论基础知识扎实、业务能力较强的人才被充实到各级班子中,增强了各级班子在管理和业务发展方面的综合能力。

【促进存款增长】 以跑赢大市为准则,以服务为基础、以科技为依托、以产品创新为手段,以提升网点单产为重点,以巩固和提高中高端客户量为核心,加强对辖内储蓄业务的指导和管理,落实"早抓、抓早"。根据不同时节市场的变化,制订营销方案,精心组织"金鸡纳福开门红"等储蓄存款竞赛活动。以推广全国通存通兑、个人实时汇划业务和通知存款约定转存业务为契机,加大产品宣传及营销力度。在全辖组织开展"百万客户大回访"活动,赢得广大客户赞誉和信任,促进储蓄存款的长足发展。在企业存款工作中,构建梯级搭配的公司客户营销体系,在全辖组织发起企业存赛赶超竞赛活动,营造全员营销氛围,扩大全行基本结算户数量,提高基本结算账户质量,促进重点客户存款的持续、稳定增长。

【加大信贷投放】 坚持发展与质量并重,加大对重点项目、优质企业营销力度;加大对江西经济发展起龙头作用、发展前景好的制造业以及医疗、电信、电力、信息传输等行业的投入。大力发展低风险的票据业务、贸易融资业务和零售贷款业务。截至年底,各项人民币贷款余额比上年增长24.44%。其中,公司贷款(含票据贴现)比上年增长16.01%;零售贷款(含住房公积金贷款)增长38.22%。

【优先发展中间业务】 借助有效激励措施和产品创新,大力推动中间业务发展,中间业务净收入占比上年提高0.82个百分点。通过实施中间业务优先发展战略,完善激励措施,促进中间业务净收入强劲增长。产品创新、业务创新“好戏连台”。推出和实施“金烟宝”产品、“口袋移动理财”产品,并转账财务POS系统、移动POS系统、“江西省政府采购卡项目”、省交警高速公路罚没款征收项目等新产品,进一步推动中间业务的发展。省、市分行联动,成功续做的债务保值业务,创造收益110万美元。成功促成中银集团投资有限公司(香港)与江铜集团合资组建财务公司;成功营销江铜发行20亿元短期融资券业务并成为江铜主承销行;成功续做省内历史上首次船舶预付款外汇保函业务,实现船舶出口授信“零”的突破。通过产品和业务的创新不断增加中间业务收入,进一步拓宽收入的来源渠道。

【强化风险内控】 转变观念和理念,倡导风险管理创造价值,实施积极、主动的风险管理,坚持以引导发展、服务发展、监督发展、评价发展的目标和定位开展各项工作,一手抓高效服务促发展,一手抓严格管理保质量。加快对重点客户授信批复的速度。努力提高授信评审质效,完善“提前介入”、“预授信”、“绿色通道”、“特急程序”、“直接上会”、“启动政策阐释机制”等一系列制度。认真贯彻落实总行内控体系建设工作电视电话会议精神,抓好内部控制体系建设。组织开展全行经营性分支机构业务检查。全辖共抽调132人次,组成24个检查小组分两个阶段分别对所有机构网点、柜台、岗位进行覆盖面为100%的业务检查;建立完善各类规章制度91条,清理各类规章制度473条;严格执行有关干部交流和轮岗制度,重点开展基层网点负责人满3年岗位轮换的工作。全辖基层网点中任现职满3年人员,全部进行岗位轮换,干部交流的比例达100%。

(熊志刚)

## 中国建设银行股份有限公司南昌城区支行

【概况】 2005年,建设银行省分行在南昌城区设6个直属支行(即阳明、永叔、洪都、青云、城建和铁路支行)。在南昌地区共有93个分支机构。其中,支行12个,网点支行7个,分理处53个,储蓄所21个;员工总数为1627人。截至年底,南昌城区建行营业机构各项存款余额260.2亿元,比上年增长12.8亿元;各项贷款余额204.6亿元,增长14.87%;五级分类不良贷款额3.11亿元,不良贷款率1.52%;全年共实现账面利润6.35亿元,比上年增长1.22亿元。

【树立以客户为中心的经营理念】 落实以客户为中心经营理念,认真研究解决在客户服务上存在的突出问题,优化业务操作流程和劳动组合,以客户满意不满意来检验客户服务工作,构建“上级机构为下级机构服务、中后台为前台服务、前台为客户服务”的管理体系和长效机制。

【突出个人银行业务的战略地位】 加大对个人银行业务资本性投入;加大自助渠道和自助终端的建设。设立自助银行10个,有ATM自动取款机131台;成立6个理财中心;加强个人客户的营销,提高服务效率。加快营业网点大堂经理和个人客户经理的配备,在不增加人员总量的前提下,每个营业网点都配备大堂经理和客户经理。优化个人贷款业务办理流程,在6个直属支行设立个贷中心,对贷款流程进行细化和统一,快速提高个人银行业务的市场竞争力和市场份额。截至年底,南昌地区个人存款余额104.9亿元,新增13.13亿元,增幅14.31%。

【推行公司业务精细化管理】 强化联动营销,为客户提供“一站式”的全方位金融服务。一是加强对公客户综合营销,进一步优化信贷结构。加大对财政、税务、社保、财务公司、军队武警、新闻出版、“三甲”医院、“211”高校等行业客户营销的力度;公路、电力和教育等12个重点行业公司客户贷款继续保持较快增长。二是以授信客户为重点,加大票据贴现的营销力度。重点营销发电厂、钢铁、机械制造、家电、医药、石化、商贸等行业客户,贴现票据余额达10.1亿元。三是加大重点优质客户和绩优中小企业的储蓄工作。对重点优质客户和绩优中小企业的储蓄提出指导意见和工作措施,争取一批重点客户和绩优中小企业到建行开户。四是加大信贷结构调整力度。通过客户细分,制定存量风险客户退出计划,采取措施,加大回收力度。截至年底,各项贷款余额204.6亿元,新增26.5亿元,增幅14.87%。

【推动中间业务发展】 落实好重点产品战略,把银行卡、基金代销、速汇通、结算、担保、代理保险、财务顾问、项目评估、客户评价、审价咨询等业务作为中间业务收入的增长点来抓。优先发展基础工具性的银行卡产品,加大银行卡营销力度,把借记卡和贷记卡新增、消费交易额作为营销重点。截至年底,银行卡新增19.07万张,其中贷记卡新增2203张。银行卡存量达100.35万张,其中贷记卡8085张。大力发展与资产负债业务关联度高的结算、代理等业务,大力拓展国际结算、结售汇和代客外汇买卖等中间业务产品。办理首笔3.58万美元远期结售汇业务;首次办理远期信用证项下应收款买入及福费廷业务。外汇资金业务产品多元化推广实现新突破,丰富了外汇业务品种。全年国际结算金额达3.15亿美元。积极拓展高附加值产品等业务。依托综合营销大力发展电子银行客户,加快非现金、非票据单证等传统柜台业务向电子银行业务转移。全年电子银行交易量292万笔,交易额983亿元。推进落实服务收费政策,对各项服务项目进行重新梳理,在成本测算的基础上,努力提高服务定价的灵活性。及时对小额账户收取管理费,拓宽服务收费渠道。截至年底,中间业务收入0.64亿元,比上年增加0.16亿元,增幅34.16%。

【推进机构和管理体制改革】 进一步深化人力资源管理体制改革,实施动态的人力资源总量管理和人员结构优化调整;继续深化专业技术岗位职务改革,重点加强公司客户经理和个人客户经理队伍建设,充实客户经理队伍。进一步调整和优化机构布局,制定南昌中心城市营业机构3年建设规划,确定“总量基本稳定,合理调整布局,增加资源投入,优化服务功能”的指导思想,提出营业机构业务发展目标和具体的实施计划,以提高全行集约化经营程度。深化用工制度改革,创新选人方式,广开选人渠道,面向高等院校和社会公开招聘新职员,加大员工岗位交流力度,增强员工对多岗位的适应能力。

【金融电子化应用水平不断提高】 围绕以客户为中心的经营理念,认真扎实抓好计算机系统安全稳定运行工作,高质量完成DCC项目上线运行工作,于6月3日成功切换上线。上线后系统运行平稳,实现战略核心业务系统的平稳转移。加强信息资源整合,提高信息资源应用水平。开发经营数据综合分析系统、VIP客户考核系统、员工综合营销考核平台及银企对账、系统内往来实时资金监控等多种对帐系统,完成资产负债速赢项目、对公贷款风险监控系统的上线、管理信息平台、重客系统、信贷管理信息系统、信息服务站服务器的升级工作。积极开发客户服务信息系统,开发代理地方财政国库集中支付业务系统、中石化账务查询系统、银财通(华中电力)等项目;提升对网点科技支撑能力。将邮件、信息浏览服务延伸到网点,把银行经营数据综合分析功能、VIP管理功能等进行技术改造下移到网点,开发柜员业务量考核和光盘账页系统。加强基础设施建设,对二级骨干网络进行升级改造,并在网点构建局域网,为网点建立较为通畅的信息渠道,为建立电子化、信息化、智能化网点奠定了网络基础。

【有效降低不良贷款】 坚持一手抓业务拓展,一手抓内控管理,加强贷款管理,努力压缩不良资产,严防不良贷款反弹。加大对各项经营活动的检查力度,建立防范风险的内控机制,增强员工严格执行规章制度的自觉性。认真开展违法违规行为专项治理活动,对所有机构和网点进行专项检查,发现违规问题进行整改,专项治理工作取得阶段性成效,违章违规问题得到整治,员工依法合规经营、遵章守制的自觉性有所增强。切实加强存量资产管理,进一步加强对公贷款的监控,积极开发对公贷款业务监控系统,加强对贷款大户和集团客户的生产经营、财务状况、授信情况、关联交易、资金使用等方面的监控,并及时采取有针对性的解决措施,重点盯住关注类贷款,严防质态下滑。认真做好逾期贷款的转化工作,对已经逾期但又属于经营正常的客户,逐户分析原因,制定转化的措施,尽快完成转化工作。强化不良资产集中经营,发挥专业化、精细化经营优势,灵活运用催收、诉讼、重组、批量处置等措施,积极拓展盘活清收渠道,加强不良贷款现金回收和处置。截至年底,全年实现不良贷款现金回收6834万元。其中,超值现金回收610万元。

(单克强)

## 南昌市商业银行

【概况】 2005年,南昌市商业银行在市委、市政府的关心支持下,坚持“规模、质量、效益”协调发展的经营理念,围绕全市发展热点,不断增加信贷力度,为地方经济建设提供强有力的支持,各项业务呈现快速发展之势。截至年底,全行资产总额194.62亿元,比上年增长30.71%;各项存款余额172亿元,增长28.52%;各项贷款余额81.58亿元,增长32.53%;不良资产率3.53%,下降4.04%。按五级分类法不良贷款率2.83%,比上年下降6.89%;实现账面利润2.26亿元,增长301%;资本充足率达到8.21%,上升6.89%。

【盘活不良资产】 一是通过加大考核力度,完善激励机制,进一步发挥清贷支行的排头兵作用,强力清收盘活。二是依托公安、法院等部门加大清收力度,对逃废债务的不法分子进行严厉打击。三是诉讼案件有序推进。

【调整信贷结构】 聚焦南昌招商引资、民办教育和优质中小企业及下岗职工再就业等热点需求予以积极支持。全年累计投放贷款125.37亿元,贷款比上年净增20.09亿元。累计发放小额再就业贷款1520万元。

【存款业务实现新的发展】 一是突出抓好重点区域、重点客户的资金组织工作,抢抓全市经济热点资金。二是狠抓服务质量与岗位练兵。三是以社区金融服务为突破口,把服务社区列为储蓄业务营销的重中之重。四是加强银银合作,内引外联扩大资金来源,与国家开发银行、邮政储汇局等签订战略合作协议。

【中间业务】 全行中间业务收入为4979.68万元,比上年增长62.23%。债券业务迅猛发展,市场排名大幅提升。全年在银行间市场现券交易量200亿元。在全国有成交记录的1046家成员单位中列第89位;在全国115个城市商业银行中列第19位。国债投资收益7722.31万元。

【增资扩股】 针对资本充足率偏低的状况,根据监管要求,进行第二次增资扩股。按照“先本市再外地”的原则,募集股本6.7亿元,使本行资本金总额达10.01亿元,年末资本充足率达到监管要求。同时引进省内一批有影响力的优质企业入股本行,为完善公司治理结构奠定了良好的基础。

【全面提速电子化建设】 一是进行综合业务软件开发,包括新一代综合业务系统核心业务、大额支付业务、小额支付业务、中间业务、财政集中支付业务等的开发;二是完成中心生产主机的系统安装和调试。三是开展财政集中支付系统改造、完成社保分户账系统、单位电费批量代扣软件的开发工作,科技服务能力得到进一步提高。

【强化内部控制管理】 一是加大稽核检查力度。全年共完成稽核项目78个。二是充实纪检队伍。在完善支行兼职纪检监察员干部管理机制的基础上,实行支行纪检监察员由同级支行副行长担任的制度。三是加大问责力度。制定《南昌市商业银行重大突发事件报告制度》、《南昌市商业银行重大突发事件紧急处置预案》和《南昌市商业银行重大突发事件工作问责制》,从规章制度上规范全行各项安全操作和安全管理。四是开展案件专项治理。五是开展反洗钱工作。六是加大安全设施基础建设的投入。七是大力开展机关“效能年”活动。制定《南昌市商业银行机关各部门服务承诺》,公开接受基层和社会各界的评议和监督。

(陈朝发)

## 招商银行南昌分行

【概况】 2005年,招商银行南昌分行坚持“调整结构,深化管理,不断创新,努力实现质量、规模与效益协调发展”的工作思路,积极推进经营战略调整和管理国际化进程,各项指标实现新突破,各项业务有新发展,各项工作呈现新气象,各项管理得到新提高,胜利完成年度工作任务。截至年底,招商银行南昌分行下辖支行级营业机构10个,随行式和离行式自助银行27个，资产总额133.38亿元，比上年增加24.33亿元，增幅22.3%；存款余额127.42亿元，增加27.24亿元，增幅为27.2%；贷款余额67.91亿元，增加5.59亿元，增幅8.97%；完成国际业务结算量3.4亿美元，不良资产率控制在0.23%，实现利润2亿元，完成总行下达利润计划的117.58%，步入质量、规模与效益协调发展的轨道。

【零售银行业务】 成立分行零售银行业务管理委员会，加强对全行零售银行业务的组织、推动和管理，推进零售银行组织体制改革。实施"金钥匙开启计划"，采取"以新业务产品吸引客户、以多种自助渠道方便客户、以业务多功能开启留住客户"的营销新模式，推出快易理财、财富账户、信用卡白金卡、个人住房贷款循环授信、水电费代扣、卡折保养等新产品和新业务。其中，快易理财和网上个人银行专业版增幅多次挤入招行系统前三甲。举行"一卡通"发行十周年专题回顾会及以"易贷通"、"消费积分"和"个人资产新产品新系统新服务"为主题的多类型的路演宣传活动。针对大学生和年轻人消费群体，推出"QQ一卡通+Young卡"双卡营销，进一步扩大产品与服务的社会影响力。成立"金葵花"俱乐部，完善"金葵花"贵宾服务，并在各网点建立金葵花贵宾室，开通优质、专属、便捷的金融服务快车道；建立"金葵花"关怀工程，提升"金葵花"贵宾服务水平。开办低柜服务，改善营业大厅软硬件设施，加强对营业服务环境的统一管理；开发客户服务管理系统，促进一线服务质量的提高。全年储蓄存款余额37.71亿元，比上年增加7.99亿元；个人贷款余额11.2亿元，比上年增加1.02亿元。发行"一卡通"18万张，累计发卡90万张。"一卡通"刷卡消费笔数及金额在当地市场占比分别为35%、20%，在全市同行业中分列第一和第二位。

【公司银行业务】 加强对公客户的理财服务，为重点客户量身定制综合理财方案，建立密切的银企合作关系。加强银企交流与合作，积极参加由省政府和市政府举办的政银企融资洽谈会，组织签约单位13个，签约金额50余亿元。成功推出网上企业银行5.0版和现金管理等新产品。加强"点金俱乐部"建设，举办"点金俱乐部"活动，发挥"点金俱乐部"联系会员的积极作用。截至年底，全行对公存款余额89.71亿元，比上年增加19.32亿元，增幅27.44%；法人贷款余额54.82亿元，增加4.07亿元，增幅8.02%。

【资产质量】 以支持全省经济建设为己任，坚持"双优"战略，继续加大对符合国家产业政策、产销对路、经济效益好的优质客户贷款投放力度。截至年底，各项贷款余额67.91亿元，比上年增加5.59亿元，增幅8.97%；累计办理贴现46.61亿元，贴现金额增加31.69亿元，增幅212.39%。加强资产业务的创新，推出个人住房信贷循环授信新产品、新系统、新服务，个人资产业务稳中有升。截至年底，个人贷款余额11.2亿元，比上年增加1亿元。同时严格贷款审批程序，把好贷款审查关，准确把握贷款投向。加强贷后管理，抓好贷后检查和贷款五级分类等工作，信贷管理更趋规范，信贷风险得到有效控制，全行不良贷款率控制在0.23%，达到国际国内先进水平。

【内部管理】 坚持管理与发展并重，走以管理促发展的道路。加强制度建设，建立制度梳理和评审机制，强化会计事后监督职能，认真开展会计结算大检查和反洗钱专项检查工作。在全行开展遵纪守法与管理反思教育及回头看活动，提高全员风险防范意识及能力。更新稽核工作思路和方式方法，加强对下辖支行各项业务和管理活动的常规稽核和突击稽核，开展对分行内部控制和业务管理的稽核调查。组织开展操作风险防范和案件专项治理工作，全面建立内控评审制度。坚持每季度召开内控状况评审会，做到防患于未然。全行没有发生重大经济刑事案件和责任事故。

（王煊华　吴　瑾）

## 南昌市农村信用合作社联合社

【概况】 2005年，市农村信用合作社联合社（简称市联社，下同）在省联社的正确领导下，围绕改革、发展和稳定三大目标，以"坚持发展至上，顺应市场规律，把握功能定位，突出管理创新，确保平衡过渡"为工作思路，立足新起点，构筑新体制，实现改革与发展的新突破。截至年底，全市共有5个县（区）联社和一个农村合作银行，230个信用社、分社、储蓄所，员工1597人。市联社总资产95.47亿元，总负债91.61亿元；各项存款余额60.08亿元，比上年增长21.74%，各项贷款余额42.76亿元，增长23.18%，存贷比为71.17%。其中，农业贷款余额33.09亿元，比上年增长6.76亿元，占各项贷款的77.39%。不良贷款占比下降10.3个百分点。全年共实现利润7471万元，实现整体盈余，创造历史最好水平。

【金融体制改革】 紧紧围绕"改革产权制度，完善管理体制"两个改革重点，结合实际，充分发挥自身作用，改革工作取得明显成效。一是产权制度改革基本到位。全市6个县（区）中，安义县农村合作银行挂牌开业，其他5县（区）统一法人联社全部开业。随着江西省农村信用社联合社的成立和运行，市级法人联社撤销工作正在进行之中，市级机构成为省联社的派出机构。二是股本金得到进一步充实。央行票据有望按期兑付。截至年底，全市股本金余额达2.46亿元，比上年增加2537万元，扩充了资本实力，增强了抵御风险能力。全市6个县（区）中有4个县（区）提前达到央行专项票据置换条件。

【大力支持传统农业发展】 按照中央《关于促进农民增收若干政策的意见》精神，着力改进支农方式，因地制宜，做好小额农贷的发放工作。全市累计发放无需抵押及担保的小额农业贷款2.7亿元。在小额农业贷款的发放过程中，各县（区）成立领导小组，并与当地政府互相配合。一是切实改进工作作风，积极发扬"背包银行"优良传统，把支农服务的关口前移，开展送证上户、送贷上门活动；继续发扬上田间下地头的工作作风，实地进行调查了解，带账、带据、带钱下村到户，把贷款及时送到农户家中。二是摸清情况，及时放贷。3月针对春耕备耕情况进行调查摸底，积极组织资金，及时发放给急需资金的农户。仅1月～5月累计发放贷款1.93亿元，帮助农民购进农药450余吨，化肥4100吨，种子3.28万余公斤，农机2317台。三是开展送科技、送信息下乡活动，将国家的惠农政策、信用社支农的目的、意义送到农户手中。四是开展"文明信用农户"活动，对按期偿还农户小额信用贷款的农户，在其"农户贷款证"上签注"守信农户"的印章。南昌县联社向文明守信的1.4万农户发放小额信用贷款5000万元；进贤县联社利用评选"文明信用农户"为平台，积极做好信用农户等级的重新评定工作；安义县联社进一步简化小额农贷的发放手续,引导农民发展规模种植;新建县联社营造“大信用”氛围,把小额农贷直接送到守信用的农户手中。五是建立农户经济电子档案,动态管理小额农贷。通过电子档案,对农户信用等级、授信额度可随时进行科学合理的核定。对不符合贷款条件恶意逃废债务、出租、转让、转借贷款证的农户,坚决收回贷款证;对信用优良的农户,只要提出申请,便及时进行评级核贷。

【大力支持规模农业】 一是重点扶持种粮大户。进贤县联社向全国种粮大户,全省粮食生产标兵雷慈发放贷款60万元,用于购置化肥农药等。南昌县蒋巷信用社向全国种粮大户卢国平发放贷款100万元,实现耕作机械化。二是加大对种养业农户的支持。新建县联社发放贷款948万元,支持养猪专业户121户,年出栏生猪5万余头;支持养鱼专业户33户,水面480公顷;支持32户规模养殖鳝鱼,网箱50余只;支持养鸭专业户22户,236万羽。进贤县联社扶持的种养业基地进一步壮大,形成千头奶牛、666.67公顷无公害蔬菜、2000公顷特种水产、10万吨禽蛋、10万头生猪出口、3千羽家禽等种养基地。进贤县南台信用社向“皖赣特种水产开发有限公司”发放贷款50万元购买蟹苗,形成养殖水面533.3公顷,实现年产量10余万公斤,创利30万元。

【大力支持特色农业、绿色农业】 在资金安排上向特色农业、绿色农业倾斜,扶持一批农村特色农业、绿色农业生产户,推动“一乡一品”、“一县一主导产业”的发展。南昌县联社扶持“银三角”种植产业带。其中,塔城磊鑫生态园苗木基地90公顷,武阳杨树苗基地6666.67公顷,黄马金桥园林66.67公顷。新建县联社向生米镇“双带致富工程”带头人罗爱火发放贷款,扩大藠头加工生产,带动附近乡镇农民发展藠头产业。进贤县南台信用社累计发放贷款140余万元支持军山湖螃蟹养殖业,大闸蟹年产值达5000余万元,成为进贤县名副其实的拳头产品。新建县、湾里区联社对花卉、苗木种植业进行重点扶持,累计发放贷款1000余万元。安义县联社重点扶持一批无公害蔬菜、水果种植基地。洪都联社向“菜篮子”工程投入1000余万元信贷资金,在扬子洲、罗家镇等地建立蔬菜种植基地。市联社累计发放贷款1000余万元,支持湾里区、新建县旅游事业发展。

【支持民营经济发展】 随着农村经济的发展,农村信用社延伸支农服务范围,大力推进农村民营经济的发展,帮助民营经济扩大规模、再创业,为民营经济提供全方位、多层次、高效率的金融服务。进贤县云桥信用社向民和商城发放贷款500余万元,支持商城的经济发展;文港信用社每年发放贷款3000余万元支持文港制笔行业;李渡信用社支持江西益康医疗器械厂;新胜信用社支持北际医用塑料业有限公司都取得较好的效果。安义合作银行重点支持从事铝合金、不锈钢的民营企业,每年贷款2000余万元扶持企业做大、做强。洪都联社对辖内民营企业相对集中的特色工业园区,在信贷投向上给予重点支持;湖坊信用社重点支持李巷针织业,80%的针织企业与该社建立信贷关系;京东信用社重点支持从事炒货生产的中小民营企业;塘山信用社对万氏家具,罗家信用社对当地木材市场重点支持都取得较好的社会效益。洪都联社开办商户创业贷款,为那些发展前景好、经营项目佳,讲信用、有效益的民营企业解决生产经营中的资金困难。共向278户民营企业提供6000余万元的创业贷款。

【大力推进下岗失业人员再就业】 为帮助下岗失业人员自谋职业和自主创业,根据国家有关政策和下岗失业人员的需要,开办下岗再就业小额担保贷款,支持下岗失业人员从事19种微利再就业生产。累计发放下岗再就业小额贷款1.8亿余元,直接支持4220名下岗职工再就业,带动1.6万人就业,取得较好的经济效益和社会效益,得到上级有关部门的充分肯定。洪都信用联社2005年被评为全国、全省再就业工作先进单位。

【创新支农品牌】 积极响应政府的号召,推出“双带”致富工程贷款。共发放“双带”贷款398户,累计发放贷款4600余万元。南昌县向塘镇丁坊村党支书、致富带头人杨月标在农村信用社贷款350万元,建立一个规模较大的养猪场,年出售商品猪5000余头,纯收入40余万元。南昌县蒋巷镇北望村党支部书记、致富带头人涂皆皆在蒋巷信用社贷款116万元开展养殖业,每年出栏生猪3000余头,种鸽2000余对,种鸭6000余羽,鲜鱼7万余公斤,帮扶农户300余户。安义合作银行向石鼻镇石鼻村支部书记、致富带头人雷大洪发放贷款30万元,支持其经营机砖窑厂,年获利润15万元。南昌县农村信用社向幽兰镇致富能手燕荷花贷款100万元创办青岚食品厂,实现产值430余万元。燕荷花获得市、县“巾帼妇女”标兵称号。

(黄　彦)

## 中国人民财产保险股份有限公司南昌市分公司

【概况】 2005年,中国人民财产保险股份有限公司南昌市分公司(简称财保分公司,下同)紧密围绕“突出加强创利能力建设这条主线,抓好深化改革和协调发展两个关键,实现业务发展和化解风险两大目标”的总体要求,牢固树立科学发展观,认真落实以效益为中心的经营理念,完善内部管理,提高管控能力,改善业务结构,加快效益险种的发展步伐;强化“理赔/客户服务、承保、财务”三个中心的建设,提升综合服务和精细化管理水平,加强信用体系建设,着力提高全员职业素质;深入开展保持共产党员先进性教育活动,在转变作风、振奋精神、提高效率、促进工作方面取得明显成效。全年实现保费收入2.43亿元,提取未到期责任准备金1.08亿元、长期责任准备金655.51万元,实现香港口径利润总额1883.66万元。全年上缴税收1338万元。实现公司治理结构不断完善,管理基础不断夯实,核心技能不断提升,机制转换不断深入,业务持续健康发展的总目标。

【理赔质量年活动】 以“理赔质量年”活动为契机,狠抓理赔工作效率。根据“理赔流程管理系统”,对集中定损相配套的95518调度、查勘、定损、报价的工作流程进行再造和细化,明确理算环节各项赔偿标准,建立与完善各项内控制度,尽可能地杜绝由于标准模糊造成的赔付标准不一的情况,使理赔速度明显加快,结案率一直保持上升的态势,年底达到81.99%,比上年上升4.6个百分点。车险理赔结案周期为52.4天,提速达到30.2%。全年共支付各类赔款1.45亿元,简单赔付率为59.72%;按同口径调整测算,比上年下降2.69个百分点。

【团体保险业务长足发展】 把大力发展团体保险业务作为改善险种结构,提高赢利能力,确保实现有效益发展目标的战略举措。一是重点推进重大项目的业务拓展。确定跟进服务单位和项目责任人,出台重大项目奖励办法,鼓励业务新增等。先后承保江西晨鸣纸业、南昌西环线高速公路等重大标志性业务。二是巩固企业财产保险。为遏制企财险连年下滑的不利局面，对近3年企财险脱保业务组织一次调查分析，编发脱保企业名录下发至各营业单位，要求逐一紧盯，全力竞回。三是紧紧抓住省政府办公厅《关于加快推进全省责任保险发展工作意见的通知》的有利时机，贴近市场，灵活应变、快速出击，全力拓展道路客运承运人责任保险、危险货物运输责任保险、校（园）方责任保险、非煤矿山责任保险等各类责任险，完成年计划的217.42%，实现规模与效益的同步增长。

【车险盈利能力提高】 实行竞争与合作并举的策略，注重结构分析，坚守效益底线，灵活应对市场。采取分类指导，一司一策、一类一策的方针，在车险业务已成规模的基础上，做精做优，扩大车险盈利能力。进一步密切与VIP黄金客户的关系，组织开展各种联谊活动。在此基础上，加强行业间的合作，规范机动车新车业务发展，成立新车保险服务中心，有效地缓解不顾效益的恶性竞争，稳定市场价格，规范市场秩序。

（夏民华）

## 中国人寿保险股份有限公司南昌分公司

【概况】 中国人寿保险股份有限公司南昌分公司主要经营人寿保险、人身意外伤害保险和健康保险等业务。年内在市场销售的100余个产品中，涵盖人的生、老、病、死、残和教育、婚嫁、成长全过程。2005年，各项业务保持稳定健康发展，经营效益稳步提升，企业文化和信用体系建设进程明显加快。全年累计实现保费收入8.41亿元，比上年增长16.8%；受理各类给付1.2万件，给付金额2752万元；总资产达到21.55亿元。

【服务体系】 长期坚持"严谨高效、热情周到"的企业作风，通过创新服务理念，建立科学、高效的客户服务体系，统一客户服务规范和标准，坚持把文明优质服务贯穿到售前、售中和售后的全过程。销售网络分布广泛，遍及全市。年内在全市各辖区、县设有分支机构20个，拥有员工近3000人，另有439家国有银行及其他商业银行的网点开办代理产品、续期交费等业务；在市区和郊县设立33家医疗定点医院；出台"一站式服务"、"限时服务"等独具中国人寿保险特色的服务新举措。

【诚信建设】 在建设以道德为支撑，产权为基础，法律为保障的保险信用体系过程中，加强诚信教育在职场、视觉、培训、职业道德和宣传阵地等方面的渗透，不断加强执行力度，规范从业人员的销售行为。对于保险给付这一最基本的服务内容，坚持在给付标准、流程时间、理赔程序、服务方式等方面不断改进工作措施，提升服务质量，诚恳接受社会监督。在理赔案件处理过程中，重事实、讲证据。同时经常性开展形式多样、主题突出的宣传教育活动，将"诚信"主题深入到每位员工心中，使之成为自觉、自愿行为，树立中国人寿"行业楷模，诚信典范"的良好公众形象。

（黄吉君）

## 中国太平洋人寿保险股份有限公司江西分公司南昌营业部

【概况】 2005年，中国太平洋人寿保险股份有限公司江西分公司南昌营业部（简称太平洋寿险南昌营业部，下同）坚持"稳健经营，以效益为中心"的经营指导思想，认真贯彻江西分公司"二次创业"精神，积极推进中心城市发展战略，大力弘扬"诚信天下，稳健一生"的企业文化，牢固树立"以个险为核心"的指导思想，狠抓营销重头戏。同时把握传统优势，克服市场竞争困难，团险业务和银邮业务都得到稳步发展。截至年底，全辖县级营销服务部4个，市区营业区1个，市区新筹营业区1个，营销场地总面积2131平方米，内勤员工38人，外勤员工320人。

【经营业绩】 2005年，共完成保费收入1.35亿元，比上年增长18.3%。其中，个险营销新保831.68万元，比上年增长115%，期缴率79%；续收保费2923万元，预算达成率108%，超额完成任务217万元。团险保费收入1294.4万元。其中，团寿险保费收入345.9万元；短期意外险保费收入679.7万元，预算达成率89.4%，比上年下降15%；健康险保费收入268.8万元。银邮保费收入8263.6万元，比上年增长24.9%。全年承保15815件，受理案件1814件，结案1562件，结案率86%，综合赔付率27.36%。全年累计赔款支出296.79万元，给付支出203.68万元，营业税及附加43.22万元，代扣营销员营业税24.06万元，代扣营销员所得税9.8万元。

【主要险种】 主要经营的险种共有70个，覆盖人寿保险、年金保险、健康保险、意外伤害保险等。其中，销售最好的是个险的附加终身住院、康健一生和万全终身重大疾病；团险的旅游险和团意险；银邮的红利发、保得利等险种。同时团险多种新险种得到开拓。如机动车辆司乘人员意外险、外来务工、路桥险、小额信贷等。在全省首开新型年金先河，一次性取得信恒年金保费收入30.53万元。年底，合系列又取得突破，合安达成保费0.554万元。银邮险种由5年期向10年期转型取得突破。

【典型赔案】 5月28日晚22时，中国太平洋人寿保险股份有限公司江西分公司95500值班电话分别接到太平洋寿险南昌营业部业务员和报案人耿建仁的报案，称5月28日下午6时50分左右，江西德兴坂大建材厂工人黄共行在采石场工作时因采石面山体滑坡被坠落的巨石砸倒掩埋，已经死亡。被保险人生前已投保"悠然人生钻石卡"保险金额为40万元。5月29日8时，太平洋寿险南昌营业部调查人员前往500千米以外的江西上饶地区德兴市坂大乡进行调查。经详细调查核实，并报分公司两核委员会合议，经总公司审核后认为，该案符合赔付要求，由于被保险人系二类职业，故保险额须按0.8系数赔付。6月20日，太平洋寿险南昌营业部赔付被保险人32万元。被保险人王令根，男，41岁，于1月25日在南昌市湾里区农村信用合作社联合社填写借贷者意外伤害保险投保授权委托书，借款金额10万元，借款日期为2005年1月25日～2005年12月20日，投保期限1年。特别声明中规定"保险合同成立后为借款合同的附属合同，其全残和死亡保险金额受益人为与被保险人签定借款合同的借贷银行"。9月1日晚，太平洋寿险南昌营业部接到报案称：被保险人王令根于9月1日17时25分许驾驶轿车在江中制药厂门口南一百米处发生车祸死亡。9月2日上午，调查人员前往南昌市湾里区农村信用合作社联合社和湾里交警大队进行调查后核实明确：被保险人未提前还贷；车祸发生的主要原因是王令根会车过程中采取措施不当，排除自杀可能。经分公司两核委员会会议审定,太平洋寿险南昌营业部9月底向湾里区农村信用合作社联合社赔付10万元。

(谢洪美)

## 中国平安财产保险股份有限公司江西分公司

【概况】 2005年,中国平安财产保险股份有限公司江西分公司(简称平安产险江西分公司,下同)按照"强化责任意识,树立必胜信念,做大做强江西平安"的目标,紧紧围绕总公司"品质优先、利润导向、遵纪守法、重在执行"的十六字经营方针,克服各种困难,大力发展各项业务,在机构建设、业务发展、企业文化建设、规范管理、销售创新和队伍建设等方面都取得一定的成绩。

【经营业绩】 全年共完成保费收入1.40亿元,比上年增长37.07%,实现承保利润1075万元。其中,财产险保费2998.92万元,增长15.01%;车险保费1.07亿元,增长46.09%;意外、健康险336.19万元,增长8.87%;累计支付各类赔款6304.42万元,增长76.04%,已决赔付率44.85%,上升9.93%。

【努力做大车险】 全年累计完成车险保费收入1.07亿元,比上年增长46.09%,已决赔付率47.18%。为适应车险保费的迅速增长,采取5项措施做大车险业务。1. 加强两核队伍建设,开展核保核赔等技能培训。2. 实行全省各地市差异化核保政策,提高车险业务品质。3. 成立品质审计工作小组,强化车险品质审计;采取制度建立和现场检查等多种方式,加强对三级机构的业务品质管控;建立复勘制度,拧干理赔水分,提高车险经营效益。4. 完善客户服务体系,提高员工服务水平。5. 对车险经营风险进行细化,制定出与投保车险风险状况相匹配的承保条件,合理收费,尽可能控制经营风险。

【调整险种结构显成效】 全年业务结构由侧重规模向规模、效益并重的方向发展,险种结构调整成效显著,业务结构日趋合理。主要呈现3个特点:1. 坚持动态调整的原则。车险作为保险公司的主要业务来源,是各家保险公司参与市场竞争的焦点。对车险业务的指导思想是理性经营、规范发展,保持车险业务稳步发展,避免以放缓甚至牺牲车险业务规模达到险种结构优化的误区。2. 通过首次引进业务渠道系数,调整业务员绩效提奖比例,优化绩效薪酬体系,引导业务员树立有效销售观念,重点拓展财产险和短期意外健康险效益险种规模。3. 实施10大目标客户的"猎鹰行动计划",加快传统火险业务发展步伐。

【举行第二届产险客户服务节活动】 9月1日~10月31日,开展第二届客户服务节活动。根据总公司的安排,制定客户服务节总体方案、团体客户活动方案、个人客户活动方案、内部服务活动方案、个人客户促销活动操作细则、个人客户抽奖活动操作细则。通过活动的开展让更多的客户享受到平安产险的优质服务。

【诚信经营】 严格遵守"遵纪守法,诚信经营"的方针,认真贯彻落实保监局"关于进一步加强全省保险业信用体系建设工作的通知"精神,采取5项措施,做好保险业务。1. 狠抓财务业务管理。要求全省各级机构树立依法合规经营意识,切实加强内控制度建设,认真抓好内控制度的落实;加强单证和印章管理,加强核保、核赔、内部审计和财务管理。2. 专项治理"理赔难"。提高对专项整治"理赔难"重要性的认识,在积极开展诚信教育、提高员工素质的基础上,以方便客户为原则优化流程。对于客户投诉反映的问题要迅速查办,并采取措施整改,把提高理赔质量作为规范经营和提高公司竞争力的核心内容来抓。3. 大力整治欺诈误导。规范展业流程和方式,认真做好客户回访工作,强化对业务人员的管控责任,严格内部管理制度,认真处理客户投诉,客观公正地调查核实。4. 加大对中介业务的管控力度。加强对与公司有业务往来的经纪、代理等中介结构网点的合法、合规性的自查;对代理手续费、应收保费等项目进行重点管控。5. 严格执行资金运用制度。完全按照集团制定的资金管理制度进行资金管理和运用,并完成总公司下达的有关费用考核指标。

(关佳婷)

### 2005年中国平安财产保险股份有限公司江西分公司各财产保险分公司业务统计一览表

表33

| 保险机构 | 保费收入(百万元) | | | | | | | | | | 储金 | 赔案件数(万件) | 赔款支出(百万元) | | | | | | | | | | 未决赔款 |
|---|---|---|---|---|---|---|---|---|---|---|---|---|---|---|---|---|---|---|---|---|---|---|---|
| | 合计 | 企业财产保险 | 机动车辆保险 | 货物运输保险 | 责任保险 | 信用保证保险 | 农业保险 | 短期健康保险 | 意外伤害保险 | 其他保险 | | | 合计 | 企业财产保险 | 机动车辆保险 | 货物运输保险 | 责任保险 | 信用保证保险 | 农业保险 | 短期健康保险 | 意外伤害保险 | 其他保险 | |
| 南昌 | 66.43 | 11.60 | 45.79 | 2.43 | 0.57 | 0.36 | 0.00 | 0.71 | 1.13 | 3.84 | | 0.65 | 26.96 | 0.14 | 22.69 | 3.52 | 0.03 | 0.05 | 0.00 | 0.21 | 0.20 | 0.12 | 6.07 |
| 景德镇 | 6.83 | 1.00 | 5.15 | 0.08 | 0.11 | 0.00 | 0.00 | 0.03 | 0.15 | 0.31 | 0.01 | 0.06 | 3.03 | 0.00 | 2.97 | 0.00 | 0.01 | 0.00 | 0.00 | 0.01 | 0.04 | 0.00 | 0.45 |
| 萍乡 | 3.60 | 0.11 | 3.42 | 0.00 | 0.02 | 0.00 | 0.00 | 0.02 | 0.02 | 0.01 | | 0.01 | 0.29 | 0.00 | 0.29 | 0.00 | 0.00 | 0.00 | 0.00 | 0.00 | 0.00 | 0.00 | 0.22 |
| 九江 | 7.22 | 1.30 | 5.25 | 0.00 | 0.00 | 0.09 | 0.00 | 0.01 | 0.02 | 0.55 | 0.01 | 0.08 | 2.97 | 0.33 | 2.44 | 0.14 | 0.02 | 0.00 | 0.00 | 0.04 | 0.00 | 0.00 | 1.13 |
| 新余 | 11.40 | 0.13 | 10.26 | 0.40 | 0.42 | 0.01 | 0.00 | 0.01 | 0.03 | 0.14 | | 0.11 | 6.20 | 0.08 | 6.04 | 0.00 | 0.00 | 0.00 | 0.00 | 0.04 | 0.00 | 0.04 | 1.35 |
| 鹰潭 | 4.92 | 0.24 | 4.27 | 0.00 | 0.00 | 0.04 | 0.00 | 0.03 | 0.10 | 0.24 | | 0.04 | 2.09 | 0.03 | 2.05 | 0.00 | 0.00 | 0.00 | 0.00 | 0.01 | 0.00 | 0.00 | 0.73 |
| 赣州 | 8.96 | 0.67 | 6.67 | 0.49 | 0.07 | 0.00 | 0.00 | 0.12 | 0.11 | 0.83 | | 0.11 | 3.93 | 0.07 | 3.59 | 0.00 | 0.02 | 0.00 | 0.00 | 0.16 | 0.09 | 0.00 | 1.01 |
| 宜春 | 10.68 | 0.47 | 9.47 | 0.25 | 0.15 | 0.07 | 0.00 | 0.07 | 0.09 | 0.11 | | 0.07 | 3.96 | 0.04 | 3.42 | 0.05 | 0.00 | 0.00 | 0.00 | 0.05 | 0.07 | 0.33 | 1.74 |
| 上饶 | 9.15 | 0.45 | 6.81 | 0.01 | 0.16 | 0.00 | 0.00 | 0.15 | 0.28 | 1.29 | 0.01 | 0.09 | 9.59 | 6.10 | 3.31 | 0.00 | 0.01 | 0.00 | 0.00 | 0.15 | 0.01 | 0.01 | 1.30 |

续表33-1

| 保险机构 | 保费收入(百万元) | | | | | | | | | | 储金 | 赔案件数(万件) | 赔款支出(百万元) | | | | | | | | | | | 未决赔款 |
|---|---|---|---|---|---|---|---|---|---|---|---|---|---|---|---|---|---|---|---|---|---|---|---|---|
| | 合计 | 企业财产保险 | 机动车辆保险 | 货物运输保险 | 责任保险 | 信用保证保险 | 农业保险 | 短期健康保险 | 意外伤害保险 | 其他保险 | | | 合计 | 企业财产保险 | 机动车辆保险 | 货物运输保险 | 责任保险 | 信用保证保险 | 农业保险 | 短期健康保险 | 意外伤害保险 | 其他保险 | | |
| 吉安 | 11.39 | 0.48 | 10.14 | 0.03 | 0.14 | 0.00 | 0.00 | 0.11 | 0.18 | 0.31 | | 0.09 | 3.98 | 0.07 | 3.76 | 0.00 | 0.00 | 0.00 | 0.00 | 0.14 | 0.00 | 0.01 | | 1.55 |
| 合计 | 140.58 | 16.45 | 107.23 | 3.69 | 1.64 | 0.57 | 0.00 | 1.26 | 2.11 | 7.63 | 0.03 | 1.31 | 63.00 | 6.86 | 50.56 | 3.71 | 0.09 | 0.05 | 0.00 | 0.81 | 0.41 | 0.51 | | 15.55 |

(中国平安财产保险股份有限公司江西分公司)

## 中国平安人寿保险股份有限公司江西分公司

【概况】 2005年,平安人寿江西分公司(简称分公司,下同),坚持"品质优先,建设机构,专业经营,稳步增长"的发展战略,以提高前后线管理水平和细化追踪落实为基础,使全省人力、业绩得到增长,经营指标得到持续改善。在经营导向调整、组织架构完善、人才培养、业务管理、员工劳动保障、消费者权益保护等方面都取得一定的成绩。

【全面突破发展】 各个机构摆脱机构扩张型发展模式,形成规范的运作模式。南昌市机构得到较大发展,机构本部实力明显增强,并且各个层级逐步树立快速发展的观念,实现人力正增长;分公司发展开始提速,吉安、新余、抚州、赣州市大型机构发展态势良好,景德镇市小型机构下半年各项工作取得良好的成绩;上饶、鹰潭和萍乡机构各项工作逐渐驶入快车道。从上年南昌市机构一支独秀发展到全年全省百花齐放,齐头并进的良好态势。

【强力推进效益经营】 自上年起,按照总公司以效益为中心的政策导向,业务开始进行转型,在银保业务上以销售期缴效益型产品为主,在产品上进行转型,并对销售队伍架构进行优化;在团险业务上则紧紧围绕利润最大化,以团短险为突破口,带动长险稳步成长。在经过一年的调整后,各项经营逐步趋向成熟。在全年的工作中,分公司在夯实结构调整成果的基础上,加大对效益型产品的研究和推动,并积极探索新的业务模式和新业务拓展。继续坚持以利润为导向的原则,积极推动个销团、个销产、银销团和银销产等综合开拓模式。年内整个业务呈现以个险为核心,以团、银业务为补充,以推动效益型产品为重点,在整体业务稳步增长的基础上,实现效益经营。

【推动主打产品销售】 以SDPS(帮助客户分析、认同保险规则的一套语言艺术)培训为基础,提高业务队伍对产品的认识。在业务单位健全产品研究功能小组,以客户需求为导向,以智富人生、新三鸿产品组合等主打产品销售为重点,提高业务队伍的市场开拓能力,在全省推广新型的养老分红产品——钟爱一生,力争使之成为继万能寿险和新三鸿之外的又一拳头产品。

【加强制度化建设】 在全公司范围内开展"制度执行自查自纠活动"。分公司全体内勤员工将自身工作与各项制度化标准相对照,审视制度执行中的纰漏之处,做到及时发现,及时改正。为检验制度执行自查自纠活动的效果,组织全体内勤员工进行网上制度考试,由总公司稽核监察部对考试过程进行统一监察,并将结果上网公示。在全体员工的共同努力下,制度考试通过率达到95%以上。通过开展此次活动,规范公司的管理流程,加强系统运作能力,为实现公司持续、快速、稳健的发展提供了重要保证。为巩固在制度建设中取得的成果,分公司稽核监察部在分公司各部门、三级机构间开展制度审查工作。审查制度执行及操作流程,以确定实际操作中是否存在制度上的偏差,并要求存在问题的单位限期整改,努力使分公司经营合规化。

【健全培训体系】 健全培训架构,充实培训人力。对兼职讲师队伍进行重点培养和严格管理,并在全省范围内推广新课程体系,完善各层级培训。同时通过外请兄弟机构优秀讲师对营业主管以上销售人员进行理念转变和技能提升方面的培训,并突出培训效果的检视,确保建立一支高素质、高绩效的优秀团队。

【积极高效应对各类突发事件】 11月26日,九江、瑞昌发生5.7级地震后,分公司迅速成立以分公司总经理为组长,九江中心支公司经理和各部门负责人为组员的应急处理小组,妥善应对此次突发事件,并采取多种途径了解平安客户的受灾情况,密切跟踪事态发展,对各种可能发生的危机事件做好应对准备。

【完善员工劳动保障机制】 认真贯彻执行劳动保障监察条例,自觉遵守劳动保障法律、法规和规章制度,并在社会保险扩面征缴、"两个确保"、劳动合同签订、技术工种持证上岗及女工特殊保护等方面都取得显著成绩,切实维护公司员工的合法权益。荣获江西省劳动和社会保障厅颁发的"2005年劳动保障诚信等级A级单位"荣誉称号,成为全省保险业中惟一获得此项殊荣的单位。

【消费者权益保护获殊荣】 始终坚持"诚信第一,效率第一,客户至上,服务至上"的宗旨,通过经常性的开展客户满意度调查、客户回访及员工服务星级评比等活动,不断提高大家的诚信服务意识,健全服务保障体系,完善消费争议解决机制,在市场上赢得良好的声誉。分公司与来自全国33个省、市的421家企业一起荣获"诚信维权单位"称号。这是江西省16家获奖企业中唯一获此殊荣的寿险公司。

【平安精英大学生励志计划】 在2005年"中国平安精英大学生励志计划"论文评选活动中,由分公司推荐的江西财经大学金融学院2003级研究生朱婵婷撰写的《中国外汇储备的适度性分析》的论文在参选的426篇论文中脱颖而出,获得金融系列三等奖,并得到分公司颁发的助学奖金。作为国内年内影响力最大、奖金额最高、学生参与面最广的金融论文评奖活动,"中国平安精英大学生励志计划"论文评选活动已成功举办两届,主要针对金融院系的在校大学生。目的是希望激发青年学子的学术研究兴趣,鼓励他们在金融、保险领域的学术创新。

(汪宏宇)

## 证　　券

【证券经营机构】 截至年底,全市证券业法人公司有2户,分别是国盛证券有限责任公司和江南证券有限责任公司。国盛证券有限责任公司以江西省国际信托公司、江西省发展信托投资股份有限公司、赣州地区信托公司证券业务为基础,吸收其他单位现金出资共同发起组成,公司注册资本5.02亿元;江南证券有限责任公司以江南信托投资股份有限公司、百瑞信托投资公司原有证券业为基础联合中国航空技术进出口总公司、中国航空技术进出口深圳公司等单位共同发起组建而成,注册资本5.41亿元。年内国盛证券通过保证金独立存管评审,江南证券积极实施保证金第三方独立存管。

【加大企业上市工作力度】 一是加强领导,简化工作程序,提高服务效率。将市企业股份制改革联审领导小组和促进企业上市工作小组合并,新成立市企业上市工作领导小组,领导小组下设办公室。二是明确扶持企业上市政策和工作制度。1. 对具备上市条件且有上市意愿的拟上市企业实行“一企一策”的工作方法,并针对企业具体情况,给予相应的扶持政策,全力扶持企业发行上市;2. 拟上市企业将原行政划拨土地转为出让土地交纳的土地出让金可以暂缓交纳,企业完成上市后应在半年内交清土地出让金;3. 对成功上市的企业给予一次性奖励,从当年起,对在境内外证券市场首次发行股票的企业一次性按当年募集资金总额的万分之一奖励其法定代表人(或主要经营者);4. 拟上市企业改制为股份公司,涉及房地产权证变更过户,免收变更、过户费。

【企业上市态势】 1. 泰豪科技股份有限公司增发5000万股的申请于4月12日通过中国证监会发审委的核准,现正等待发行;2. 正邦科技股份有限公司于6月满辅导期,正迎接江西证监局对辅导合格检查的各项工作,辅导验收后,将申报发行材料,力争发审委的核准;3. 新设立江西思创数码科技股份有限公司、江西人民输变电股份有限公司、南昌国鼎圆满股份有限公司;4. 先锋软件股份有限公司、红谷滩新区城投公司、江西变压器股份有限公司实施增资扩股工作,为全市企业持续上市打下良好基础。

【股权分置改革】 4月29日,中国证监会发布《关于上市公司股权分置改革试点有关问题的通知》,宣布启动股权分置改革试点工作,新股发行暂停。6月,长力弹簧股份有限公司被中国证监会确定为第二批股权分置改革试点公司。8月11日,公司股改方案获得97.49%的高票通过,公司全体非流通股股东向方案实施股权登记日登记在册的流通股股东每持有10股流通股支付3.5股股份,支付完成后,公司的非流通股份即获得上市流通权。泰豪科技股份公司股改方案于10月17日顺利通过表决,成为南昌市第二个完成股改的上市公司。另外,上市公司江铃汽车、诚志股份于12月公布股改方案。至此,全市全年共有4家公司进入或完成股改工作,占上市公司总数的28.6%,市值占32.11%,占全省进入或完成股改工作的上市公司总数的80%。

【上市公司监管】 江西省证监局认真贯彻落实国务院关于提高上市公司质量的意见,加大对南昌市上市公司监管力度。一是采取多种有效形式,加强现场检查工作。全年对洪城水业进行巡回检查;对诚志股份、江西水泥、长力股份巡检整改情况进行多次回访;对洪都航空、昌九生化、江中药业等公司进行多次专项检查。二是进一步完善上市公司治理结构,把保护社会公众股股东权益落到实处。督促上市公司做好社会公众股股东类别表决、网络投票、征集投票、累积投票等工作。完善上市及高管人员诚信档案和检查监督机制,增加对董事个人诚信责任追究的力度。鼓励上市公司实施积极的利润分配办法,引导上市公司做好投资者关系管理工作。三是加强上市公司信息披露监管。进一步完善上市公司定期报告审核制度,密切关注公司临时信息披露、媒体报道、信访举报、股价异常波动等临时、突发性事件,上市公司信息披露质量有所提高。四是加强对高风险公司和高风险事项的监管。重点关注高风险上市公司的动态,掌握公司的主要风险点,加大日常监管力度,着力解决其突出问题。同时大力推进高风险公司的风险化解工作,全力做好上市公司清欠解保工作。密切联系相关金融监管机构,建立信息通报和信息查阅机制,形成监管合力。

(傅新月)

## 2005年南昌地区上市公司股本结构一览表

表34 (万股)

| 序号 | 公司名称 | 总股本 | 国家股 | 境内法人股 | 募集法人股 | 流通A股 | 实际流通A股 | 限售流通A股 | B股 | 其他 |
|---|---|---|---|---|---|---|---|---|---|---|
| 1 | 江铃汽车股份有限公司 | 86321 | 35418 | | 4743 | 11760 | 11760 | | 34400 | |
| 2 | 江西纸业股份有限公司 | 16107 | | 8502 | | 7605 | 7605 | | | |
| 3 | 江西赣能股份有限公司 | 54803 | 36915 | | | 17888 | 17888 | | | |
| 4 | 江西昌九生物化工股份有限公司 | 28800 | 19200 | | | 9600 | 9600 | | | |
| 5 | 江西联创光电股份有限公司 | 24720 | | 15720 | | 9000 | 9000 | | | |
| 6 | 江西赣粤高速公路股份有限公司 | 77844 | 46353 | | | 31200 | 31200 | | | 291 |
| 7 | 诚志股份有限公司 | 17925 | 6810 | 3915 | | 7200 | 7200 | | | |

续表 34－1

| 序号 | 公司名称 | 总股本 | 国家股 | 境内法人股 | 募集法人股 | 流通A股 | 实际流通A股 | 限售流通A股 | B股 | 其他 |
|---|---|---|---|---|---|---|---|---|---|---|
| 8 | 洪都航空工业股份有限公司 | 25200 | 14065 | 335 | | 10800 | 10800 | | | |
| 9 | 江西清华泰豪科技股份有限公司 | 15073 | | | | 15073 | 6000 | 9073 | | |
| 10 | 江西长运股份有限公司 | 18572 | 9536 | | 552 | 8484 | 8484 | | | |
| 11 | 江西江中药业股份有限公司 | 14611 | 8371 | | | 6240 | 6240 | | | |
| 12 | 江西水泥股份有限公司 | 34050 | 23000 | | | 11050 | 11050 | / | | |
| 13 | 江西长力汽车弹簧股份有限公司 | 32500 | | | | 32500 | 17550 | 14950 | | |
| 14 | 江西洪城水业股份有限公司 | 14000 | 8835 | 165 | | 5000 | 5000 | | | |
| 合计 | | 460526 | 208503 | 28637 | 5295 | 183400 | 159377 | 24023 | 34400 | 291 |

注:上表不含南昌市在香港创业板上市公司江西金鼎软件开发有限公司和江西行知教育软件公司数据。

## 2005 年南昌地区上市公司主要财务情况一览表

表 35

| 序号 | 公司名称 | 总资产(万元) | 主营业务收入(万元) | 净利润(万元) | 每股净资产(元) | 每股收益(元) | 净资产收益率 | 每股现金净流量(元) |
|---|---|---|---|---|---|---|---|---|
| 1 | 江铃汽车股份有限公司 | 466372 | 628063.6 | 49543.10 | 3.33 | 0.57 | 17.24% | 0.69 |
| 2 | 江西纸业股份有限公司 | 15802.91 | 7215.73 | 520.95 | －0.64 | 0.03 | －5.04% | －0.02 |
| 3 | 江西赣能股份有限公司 | 185093.66 | 66737.22 | 3486.03 | 2.72 | 0.06 | 2.36% | 0.11 |
| 4 | 江西昌九生物化工股份有限公司 | 88529.92 | 79477.21 | 1071.94 | 1.33 | 0.04 | 2.81% | 0.01 |
| 5 | 江西联创光电股份有限公司 | 181129.36 | 122382.02 | 3232.2 | 2.92 | 0.13 | 4.48% | 0.052 |
| 6 | 江西赣粤高速公路股份有限公司 | 658339.26 | 130918.41 | 39865.84 | 4.91 | 0.51 | 10.84% | －0.32 |
| 7 | 诚志股份有限公司 | 191193.24 | 140293.27 | 4975.63 | 4.7 | 0.28 | 5.91% | 0.49 |
| 8 | 洪都航空工业股份有限公司 | 150869.31 | 62426.62 | 5777.61 | 4.78 | 0.23 | 4.00% | －0.19 |
| 9 | 江西清华泰豪科技股份有限公司 | 138239.96 | 82410.75 | 5124.58 | 3.06 | 0.34 | 10.88% | 0.34 |
| 10 | 江西长运股份有限公司 | 74573.63 | 39965.03 | 3922.49 | 1.81 | 0.21 | 11.66% | －0.09 |
| 11 | 江西江中药业股份有限公司 | 115133.35 | 97947.13 | 5362.94 | 4.79 | 0.37 | 7.66% | 0.27 |
| 12 | 江西水泥股份有限公司 | 198280.96 | 64779.68 | －13575.45 | 1.63 | －0.4 | －24.39% | －0.05 |
| 13 | 江西长力汽车弹簧股份有限公司 | 139232.93 | 145427.44 | 3806.46 | 1.77 | 0.12 | 6.61% | －0.16 |
| 14 | 江西洪城水业股份有限公司 | 61654.38 | 15254.63 | 2729.24 | 3.22 | 0.19 | 6.04% | －0.6 |
| 合计 | | 2664444.87 | 1683298.74 | 115843.56 | | | | |

注:上表不含南昌市在香港创业板上市公司江西金鼎软件开发有限公司和江西行知教育软件公司数据。

(傅箭月)

# 旅　游　业

## 旅游管理

【概况】 2005年，市旅游局以"红色旅游年"为契机，以加快发展现代服务业，提高第三产业在国民经济中的比重为重点，努力提高科学统筹南昌市旅游产业的水平，提高旅游干部行政管理能力，提高城市对外知名度和南昌市旅游业的贡献率，以更加奋发有为的精神，更加开拓创新的思路，更加扎实有效的措施，努力在更高层次上实现旅游业的创新发展。全年共接待国内旅游者718.45万人次，海外旅游者6.5万人次，外汇收入1806.56万美元，旅游总收入46.28亿元，分别比上年增长22.36%、20.03%、4.86%、22.36%。

【创新旅游管理】 上年底，全市有147家旅行社，旅游市场接近饱和。为缓解市场压力，根据南昌市旅游市场的景点实际需要，出台淘汰、激励机制。其主要内容是结合旅行社年检和星级饭店的复核，对不达标的旅行社和星级饭店予以淘汰，取消旅行社经营资格或摘星、降星处理；对经营不善，位于全行业亏损额后5名的旅行社，年检给予警告处分；连续两年经营不善，位于亏损额后5名的旅行社，不予通过年检，并注销"经营许可证"。其目的是促使旅游经营单位奋勇争先，提高效益，创出特色，创立品牌。

【落实星级饭店执行工业用水价格的优惠政策】 按照省发改委等三部门下发的《关于规范旅游星级饭店用水、用电价格的通知》和市政府办公厅有关文件精神，在星级饭店申报、自查和联合验收的基础上，市旅游局积极与市发改委、南昌供电公司、市物价局、财政局、市政公用事业局等单位沟通，保证优惠政策在南昌地区星级宾馆、饭店落实。

【落实旅游车队过渡性免征公路客运附加费的优惠政策】 根据《江西省人民政府关于进一步加快旅游业发展的意见》文件精神，按照《关于规范全省旅游汽车免征客运附加费有关事项的通知》的要求，经与省、市交通厅（局）稽查征费部门沟通协调，并向市政府报告，为南昌市9家旅游车队争取到享受过渡性免征公路客运附加费的优惠政策，为6家符合条件的车队（312台车）争取到免征客运附加费的优惠政策，每年为这些旅游车队减少约千万元的成本。

【推出"南昌市旅游团队用车合同"】 为保证旅行社与旅游车队双方的利益，规范旅游用车市场，参照外地的做法，在广泛征求各方意见的基础上，推出"南昌市旅游团队用车合同"，并把他作为旅行社年检的重要内容，杜绝使用"黑车"。

【探索旅游发展新途径】 一是以提高素质为根本，认真开展导游培训。建立健全导游员档案，对专兼职导游进行分类，实施网络化和社会化管理。为积极支持导游中介服务，积极探索导游管理中心科学规范管理的途径和办法，建立导游长效培训机制。全年免费举办两期导游培训班，培训人数600余人次。二是建立导游员信息窗口。利用南昌旅游网信息平台，设立导游信息专栏，内容包括导游人员需求信息、奖惩情况、年审结果、信誉等级、"黑名单"等。树立宣扬正面典型，惩戒通报违规行为，激发导游队伍的活力。三是撰写导游词。针对南昌一日游导游词内容陈旧，不能充分反映南昌市新面貌、新变化，组织人员对其进行整理、充实、编辑。年内基本完成收集整理并聘请专家、学者评审。

【保证游客安全】 在"五一"等黄金周期间，启动由工商、公安、交通、技监、卫生等部门组成的联动机制，重点开展以保证旅游安全为内容的专项整治活动，规范旅游市场。一是联合公安、交通部门，检查从事旅游营运但不属于旅游车队的汽车、旅游定点车队中不规范行为、藏匿暗处的"非法办事处"，并在新闻媒体报道其违法违规现象，收到"立竿见影"的效果。全年共接到旅游投诉87起，查处违规旅游车辆4起；查处在南昌市设立办事处的外地旅行社3家；检查导游300人次，查处违规导游9起。按照首接负责制，及时调查处理，投诉解决

2005年12月2日，市长李豆罗出席黄秋园艺术研究会成立揭牌仪式及旅游推介会

率达100%。二是联合卫生、安管、质监、宾馆、饭店、旅游景区(点)、旅游车队开展安全生产、卫生防疫、消防安全等检查,强化监管力度,确保旅游安全。三是联合市政府有关部门在旅行社、宾馆饭店开展全国文明城创建活动,树立窗口行业形象。

【区域互动联合执法】 为加强旅游城市间的质量监督管理工作合作互动,召开全省城市间旅游质量监督管理合作协议会议,就加强城市间的合作和质量监督管理进行研讨,并就互动签订合作协议,为及时受(处)理旅游活动中出现的各种问题,保障旅游者和旅游企业的合法权益,促进旅游服务质量的不断提高开辟了新的途径。全年跨地区联合执法出动检查人员30余次,检查导游员306人,扣分9人,扣证3人。

【倡导诚信】 为倡导诚信经营,联合工商局、技术监督局、市消协开展"旅游质量信得过单位"评选活动。经过严格审核,评选出江西教育旅行社等30家旅游质量信得过单位。

【提升质量规范服务】 为进一步规范团队操作和导游员委派工作,推进全市旅行社企业的制度建设,根据《旅行社管理条例》、《导游人员管理条例》,经旅行社分会理事会同意,先后制定出"南昌市旅行社旅游团队行程安排表"、"南昌市导游员出团委派通知单",规范各旅行社南昌办事处、联络处统一进入南昌市旅游网络推广中心,为全市旅行社业务经营提供便利和保护。

## 旅游市场

【多个城市旅游推介会相继在南昌召开】 随着南昌市知名度扩大,老百姓生活的富裕,省外人们的眼睛开始盯住南昌市的旅游市场和旅游资源。市旅游局抓住机遇,热情提供业务服务,积极搭建区域旅游合作平台。年内福州、广州、海口、哈尔滨等20余个城市旅游推介会相继在南昌市召开。

【营销南昌】 继2004年9月南昌旅游大篷车开进长三角之后,4月南昌红色旅游促销大篷车又挺进中原,先后赴鄂、豫、晋、冀的武汉、郑州、洛阳、开封、信阳、鹤壁、石家庄、太原、大同等地进行旅游推介。8月底又驶入泛珠三角洲的广州、海口、三亚、厦门、泉州、福州和长沙等10余个城市,全方位、多角度、深层次地展示南昌市灿烂的历史文化,丰富的旅游资源,现代化都市的新风貌和良好的自然生态环境。大篷车行程2万千米,一路赠送3万余份宣传资料,接受各类咨询约5000余人次。

【举办红色旅游导游大赛】 为提升南昌旅游整体形象,9月举办南昌市首届红色旅游导游大赛,评选出首批"十佳红色旅游导游员",并从中精心挑选8名选手聘请资深专家、老师进行两期封闭训练后,推荐参加江西省首届红色旅游导游大赛均获得佳绩。在复赛中任梦(南昌市洪城导游管理中心)勇夺中国江西红色旅游导游大赛复赛的冠军,郝仕强(南昌市八一起义纪念馆)夺得季军;在10月25日的"中国江西红色旅游导游形象大使"决赛中,南昌市选手任梦获得"中国江西红色旅游导游形象大使"称号,并获得最佳形象奖,郝仕强获最佳人气导游员奖。

【参加旅游推介展示会】 在江西省首届红色旅游博览会上,本着少花钱、多办事、办好事的原则,结合南昌红色旅游资源的实际,按照突出一个主题——"军旗升起的地方",一个重点——"人杰地灵之都",一个品牌——"红色旅游"的原则,制作以八一起义纪念塔模型作为标志,以"党旗在上海升起、军旗在南昌升起、国旗在北京升起"为主题,以食、宿、行、游、购、娱为主要内容的展区,引起各方人士的关注,成为拍摄人数最多、交流人数最多、散发资料最多、花费资金最少的展区。中宣部、国家广电总局、省委、省政府、市委、市政府及省旅游局、各地市领导相继参观南昌展区,并与展区内的旅游企业进行交谈。

【丰富旅游文化节】 6月11~17日在胜利路步行街举行"中国江西傩文化艺术节南昌旅游商品展",展示旅游商品、开展旅游宣传促销、旅游人才招聘等活动。同时配合东湖区开展社区旅游节、西湖区举办假面篝火晚会等活动,丰富中国国际江西傩文化艺术周活动。配合有关部门组织协调中国南昌第四届金秋经贸月、第三届中国南昌都市候鸟节、绳金塔民俗文化节、2005年南昌经贸洽谈会、新建县第二届旅游文化节和第三届梅岭旅游文化节等活动,拓展旅游文化内涵。

【举办讲座】 为呼应市委、市政府加快发展现代服务业的决定,10月13日在江西宾馆举行南昌旅游发展高层讲座。邀请国家旅游局规划发展与财务司司长、中国社科院旅游研究中心高级研究员、全国著名旅游专家魏小安来南昌讲学。他结合南昌市旅游业的发展现状、现有旅游资源的优势和劣势,提出南昌旅游业的发展方向,为南昌市旅游业发展"指路"。他认为南昌市的旅游应放在红色旅游上;应大力整合和挖掘红色旅游资源,并表示红色旅游大有可为。讲座气氛热烈,反响较大,效果明显。市领导姚燕平、凌学仁、侯捷等出席。市直各部门、旅游各企业等300余人参加会议。

【服务企业】 帮助南昌市绳金塔景区于3月17日赴九江、6月3日赴吉安召开绳金塔景区旅游推介会,为企业加强区域间联合搭平台、当桥梁,使景区经营出现可喜局面。

【招商引资取得新成效】 组织南昌市旅游代表团赴香港举办南昌旅游招商引资(香港)推介会,并参加省旅游局组织的江西(香港)旅游招商引资推介会。会上签订合作项目6个,总投资4.66亿元港币。期间,聘请4位客商为"旅游招商顾问",并推出南昌市最新的46个旅游业招商项目。同时加大招商引资力度,成功引进外资10万美元,内资500万元。

【编写宣传丛书】 组织编写《军旗升起的地方——南昌旅游指南》等宣传丛书,介绍全市食、宿、行、游、购、娱等旅游要素。

【提升行业形象】 根据市委、市政府创建文明城市的要求和总体部署,以改善工作态度,提高工作质量为着力点,扎实有效地开展创建工作。一是开展评选"优秀旅行社总经理"、"优秀星级饭店总经理"、"十大金牌讲解员"、"十佳旅行社"、"优秀星级饭店"、"纳税先进单位"等活动,调动积极因素,增强企业活力。省委常委、市委书记余欣荣接见"十大金牌讲解员",并提出殷切希望,使全市导游员受到鼓舞和振奋。二是在行业中认真开展文明城市创建工作。积极做好与旅游企业间的联络沟通工作,促其为南昌市创建文明城市立功争光。三是加强作风行风建设,以"优化旅游发展环境,树立旅游行业形象,维护游客切身利益"为目标,积极开展"双评"工作,努力查找薄弱环节,认真解决作风行风建设中存在的热点、难点问题,树立旅游行政机关的形象。

(胡建萍)

# 科学技术·社会科学

## 科学技术

【概况】 2005年，市科学技术局始终坚持国家“创新、产业化”工作方针，大力实施“科教兴昌”和可持续发展战略，按照制定的科技工作新思路，紧紧围绕全市中心及难点、重点工作，结合自身科技行政管理职能，将“先进性”教育活动、“效能年”活动、“双评”活动与科技工作有机结合，切实转变机关工作作风，提高服务水平，推进高新技术产业化进程，推动科技成果的转化，促进科技的大开放，为全市经济社会快速、协调、持续发展提供了有力的科技支撑。

【全市科技进步取得新成效】 2005年，国家科技部批准南昌市为2003～2004年度全国市、县、区科技进步先进市，为江西惟一获此殊荣的城市。同时市辖南昌县、青山湖区被国家科技部批准为2003～2004年度全国市、县、区科技进步先进县(区)。省委常委、市委书记余欣荣，市委副书记、市长李豆罗，副市长罗慧芬，市科学技术局局长陈喜民被国家科技部授予“2003～2004年度全国市、县、区科技进步工作先进个人”。市科学技术局被省科技厅评为2004年度全省科技管理工作优胜一等奖单位。市技术市场管理办被国家科技部中国技术市场管理促进中心评为全国技术市场工作先进集体。年内评选并奖励8位南昌市首届科技明星；培育市工程技术研究中心8家；培育市级制造业信息化工程应用示范企业20家；组织认定3家市级科研示范基地，6家特色农业科技示范基地，5家青少年科技教育示范基地。

【组织实施各类科技计划】 当年全市组织实施各类科技计划项目393项，项目经费5822.5万元。其中，国家级项目21项，项目经费1190万元；省级科技计划项目50项，项目经费232.5万元；市级各类科技计划项目共303项，项目经费共计2500万元(其中市级科技三项经费1900万元，实施项目188项)；产业化扶持项目19项，项目经费600万元；高新技术产业化专项资金1000万元；市科技型中小企业技术创新基金专项300万元。下达科技计划管理项目合计96项。

【完善科技计划项目管理】 全年严格按照与市财政局联合制订的《南昌市科技计划项目管理办法》，对科技计划项目进行管理。对《南昌市科技计划项目管理办法》、《南昌市高新技术产业专项资金管理办法》等相关文件进行修订，重点对受理程序，评审办法等作相应的调整，使科技项目管理日趋科学、公平、公正。

【加快软件基地建设】 为加快全市软件基地建设，力争EDS、DELL公司等国内外大型软件企业顺利落户南昌市，并将其作为南昌市未来发展的重要产业，3月市政府决定在原来规划的先锋国际软件园的基础上建设南昌软件基地，规模占地面积由原来的3.3平方公里扩大到16平方公里，并成立南昌市软件基地建设暨EDS、DELL公司项目工作组，由省委常委、市委书记余欣荣担任组长。5月13～14日，市委副书记、常务副市长龚建华率市科学技术局局长陈喜民，先锋软件股份公司董事长陈苏等一行赴北京向国家科技部汇报南昌市软件产业基地建设情况。科技部副部长马颂德等有关领导听取了南昌市的相关情况汇报。此行时间虽短，但成效颇丰。一是向国家科技部汇报南昌市软件产业发展的情况，争得国家科技部的了解和支持；二是国家科技部将把先锋政务通软件列入当年的重点攻关项目；三是国家科技部将向EDS公司CEO推荐南昌市软件基地；四是国家科技部原则支持南昌高新技术产业开发区内的金庐软件园建设“一区两园”；五是全国政协支持先锋政务通软件产品在全国政协系统内推广。

【半导体照明工程产业化基地建设稳步发展】 全年南昌市国家半导体照明工程产业化基地建设各项工作进展顺利，半导体照明产业发展势头强劲，半导体照明新产品开发能力明显增强，产业规模稳步扩大，整个行业出现了前所未有的兴旺局面。截至年底，全市半导体照明及相关企业约30家，从业人员达1.5万余人，销售收入达35亿元。

【“国家制造业信息化重点城市建设”通过验收】 南昌市在2002年9月被国家科技部列入全国46家制造业信息化工程重点城市之后，经过3年的努力，南昌市在攻克制造业关键性技术、建立健全制造业信息化服务体系、推进制造业企业的信息化建设等方面取得一定成效，建成南昌市制造业信息化工程网站，并开始为中小企业服务。同时按照国家科技部及省科技厅的要求，完成上年度制造业信息化指数统计。完成3期制造业信息化培训，并组织一次应用示范企业经验现场交流会。为扩大制造业信息化工程应用示范企业，当年按照《南昌市制造业信息化工程实施意见》文件的要求，遴选江西变压器科技股份有限公司、江西省特立麻醉呼吸设备有限公司等20家制造业信息化工程应用示范企业。截至年底，全市共有制造业信息化工程应用示范企业50家。12月12日，国家制造业信息化工程重大项目管理办公室对南昌市“国家制造业信息化工程重点城市”的建设情况进行验收。验收组认为南昌市较好地完成了各项指标，一致同意通过验收。同时南昌市生产力促进中心被授予“国家制造业信息化培训——2005年度优秀教育培训基地”称号。

【民营科技企业呈现良好发展态势】 截至年底，参加统计的民营科技企业64家(不含南昌高新技术产业开发区内企业及南昌民营科技园企业)，资产总额72.28亿元，总收入86.1亿元，上缴税收总额2.77亿元，科技活动经费1.8亿工，职工总数2.32万人，其中高级职称291人。产业领域覆盖新材料、电子信息、生物医药、机电一体化、建材等各行业领域。参加统计的64家企业中，资产超亿元、收入超千万元的企业有18家，占28.1%。如江西汇仁集团，年末资产总额达10.3亿元，总收入达30亿元，已跻身全国民营科技企业百强之列。

【稳妥推进科技体制改革】　全市科研机构体制改革工作启动5年来，改革工作基本平稳进行，并取得一定的成效，但仍存在许多问题有待于进一步研究和解决。经认真研究改革中出现的新情况、新问题，市科研机构体制改革领导小组办公室拟定《关于市属科研机构体制改革的意见》，主要内容涉及延长改制过渡期、整合农业科技资源、对设计单位理顺关系、放宽人员分流政策等。4月，市政府召开科研机构体制改革第七次领导小组会议，听取科研机构体制改革情况专题汇报并原则通过。

【开展年度科技工作考核】　按照《南昌市县（区）科技工作考核办法》要求，南昌县科技局、进贤县科技局、青山湖区科技局获得2005年县（区）科技工作先进单位。同时为考核县（区）党政领导科技进步目标责任制实施情况，组织考核小组下到县（区）听汇报，实地察看，并形成考核报告反馈县（区）党政领导，帮助县（区）总结经验，寻找差距，完善提高。由于南昌市开展党政领导科技进步目标责任制工作扎实有效，年内顺利通过省党政领导科技进步目标责任制考核小组两年一次的考核。

【实施粮食丰产工程】　南昌县和进贤县承担国家粮食丰产科技工程项目，实施总面积1.5万公顷，核心示范区533公顷。核心示范区内实施统一品种、统一育秧、统一施肥、统一打药、统一灌溉。经省科技厅组织的专家组现场验产，核心示范区晚稻每公顷产量9000余公斤，二晚公顷单产比上年增产390公斤。在实施粮食丰产工程中，南昌县课题组培训农民150余人，发放技术资料3500余份；进贤县课题组举办培训班10期，培训农民1200人次，发放技术材料5000余份。

【农村科技特派员试点工作取得初步成效】　青山湖区是南昌市惟一下派科技特派员试点区。科技特派员试点工作于2003年启动，青山湖区科技局积极协助。截至年底，累计下派科技特派员21名，进驻村场21个，开展农业科技培训42次，培训农民1538人，发放科普资料3800册。为总结推广经验，年底在青山湖区召开科技特派员工作现场交流会，为全市铺开提供借鉴。

【积极建设信息服务平台】　市生产力促进中心和南昌金鼎软件开发有限公司合作开发信息平台——“南昌市制造业信息化服务平台（网址：www.nczzy.com）”于2004年12月10日正式开通后，努力为全市企业提供制造业信息化服务及技术交流。同时针对社区工作特点，研制设计“南昌社区管理平台”软件系统。该软件系统减轻社区工作强度，提高社区工作效率，增加社区科技管理含量，为社区工作实现自动化、信息化提供帮助。承担建设的“华东市级科技情报交流平台（网址：huadong.ncinfo.gov.cn）”为华东地区市级科技情报交流搭建资源共享的舞台。承担建设的“南昌市科技成果转化服务平台（网址为cg.ncinfo.gov.cn）”，通过提供便捷的检索方式，方便公众浏览各行各业科技成果及项目信息，掌握最新的研发动态。年内实现在线发布技术供需信息，开办网上成果展示服务，建立企业、科研院所入径通道，为提高科技成果转化成效提供了一个服务平台。

【生产力促进中心建设】　全年市生产力促进中心在省科技厅、市科技局的领导和支持下，以制造业信息化为主线，全面整合科技资源，建立广阔的专家技术协作网络，积极开展各种有利于制造业企业提高生产力的服务，为本地中、小型企业经济腾飞提供了坚实的支撑。同时通过“政府主导，公益性服务和市场主导，经营性服务”双管齐下，努力实现自我良性发展，为提高核心服务能力奠定了坚实的基础。

【为企业提供专业技术培训】　全年市生产力促进中心完成企业培训32家，31人通过国家认证，被“国家制造业信息化培训中心”授予“2005年国家制造业信息化优秀教育培训基地”称号。同时依托北京新洲公司的技术力量，组织专家历时半年，对30余家中小企业开展调研、咨询活动，并引进、开发和推广一批符合本地中小企业需求的国产信息化软件（8套），成功解决江西变压器科技股份有限公司、江西百胜门控设备有限公司、江西电机有限责任公司等企业在产品开发、设计过程中的技术问题。

【科普基地建设】　年内市科技局、教育局和科协3家联合命名认定江西省科学技术馆、南昌海洋公园、南昌洪都航空集团工业有限责任公司、南昌中心地震台、江西百喜草生态园5个单位为市青少年科技教育基地。

【中小企业创新基金管理】　1月14日，经市政府批准，市科技型中小企业创新基金管理中心（属全额拨款的事业单位，科级建制，编制5人）正式成立。3月24日，正式开通市科技型中小企业创新基金网。4月8日，市科技局和市科技型中小企业创新基金管理中心分别被科技部创新基金管理中心批准为创新基金工作的推荐单位和服务机构。当年组织22个项目申报科技部创新基金，获得科技部创新基金立项11项，获资助金额765万元，立项率达50%。与上年相比，获科技部创新基金立项的项目数增长57.1%，立项金额增长91.25%。同时安排市级项目32项，安排项目资金540万元；安排上年创新基金项目配套资金80万元以及2002、2003年省级项目配套资金15万元。全年共安排创新基金项目资金635万元。

【科技投融资】　为拓宽科技投融资渠道，发展全市科技风险投融资工作，4月30日，市科技投资经营有限公司正式挂牌。该公司作为政府风险投资基金的管理机构，旨在推进市科技投入事业健康稳步地发展，主要工作是代表政府参与创业投资公司的管理，并积极与创业投资机构、高新技术企业沟通，开展创业投资顾问、投资咨询业务，组织和参与创业投资机构和创业企业间的项目对接、项目推介、投融资合作，帮助投资参股企业适时进入资本市场。截至年底，全市高科技创新企业的投资、融资规模1.1亿元。同时围绕市政府2000万元引导资金的监管职责，在资金的产业投向引导及如何防范风险，并使其达到保值、增值目的开展富有成效的工作，并促使创业投资有限公司第一次股东大会于11月21日顺利召开。

【成功参展中国国际半导体照明展览会】　4月12～15日，国家半导体照明协调领导小组在厦门举办“2005年中国（厦门）国际半导体照明展览会”。南昌市参展团在展会上设置6个展位，采取实物、LED显示屏、电视记录片及文字等方式展示南昌市半导体照明产业的发展概况。南昌大学教育部发光材料与器件工程研究中心教授江风益在“2005年中国(厦门)国际半导体照明论坛"上就南昌市重点研发项目的"高亮度硅衬底GaN-LED蓝、白光二极管材料及器件"作了介绍。期间,"国家半导体照明工程协调领导小组第三次工作会议"、"国家半导体照明工程产业化基地发展座谈会"先后召开,南昌市参展团负责同志在会上汇报南昌市基地建设情况。

【强化产学研结合】 经过近年来的不断努力,市政府与驻南昌9所高校和"二院"建立起科技合作与交流的组织机构和市校联席会议制度。当年按照市长与各校长、院长们所签订协议,实施市校科技合作项目153项。其中,各高校与在南昌市各类企事业单位开展的横向科技合作125项,市级科技三项经费资助校企合作项目28项。项目在促进企业科技创新水平的同时,也取得良好的经济效益和社会效益。如南昌大学光电子试验研究的蓝光半导体发光器件,成为联创光电新的经济增长点;南昌大学与江铃汽车集团联合研发的"计算机辅助设计系统"项目取得阶段性成果。

【科技合作与交流】 在巩固与沈阳、无锡、杭州、合肥、福州市科技局长期科技合作关系的基础上,积极拓展与省外、国外的科技交流与合作。一是与济南市科技局建立长期稳定的科技合作关系。6月组织31个项目参加济南市科技成果暨专利成果展交会,并达成两市间的专利成果、科技项目资源在网上共享的协议。二是与华东片区的科技合作启动。在市生产力促进中心承办的华东市级协作网第十三届一次年会上,倡导建立"华东市级科技情报交流平台"得到华东网理事单位首肯和支持。三是市技术市场办与西安技术市场办签订战略合作协议,实现南昌—西安在科技项目上的全面对接。同时与澳大利亚VPR公司签订加强科技经贸合作协议。

【科技下乡活动】 年内市直8个部门在5个涉农县、区的乡镇举行5场主题为"科学文明促发展,富民兴农奔小康"的"三下乡"活动,历时20余天。市科技局组织农业、水产、蔬菜、畜牧、良种、花卉苗木专家结合农业生产实际,开展现场技术咨询,解答农民朋友咨询2000余人次,送出水稻、花卉、蔬菜、水果及水产、畜牧养殖方面的科技图书3万余册。

【科技列车井冈行】 5月以"科技以人为本,全面建设小康"为主题,配合国家科技部开展了振兴老区、服务"三农"科技列车井冈行(南昌)的一系列活动。5月14日上午,"振兴老区、服务三农,科技列车井冈行"活动启动仪式在南昌市隆重举行。中宣部、科技部等7部委联合组织的专家、新闻单位记者、工作人员及省市有关领导、市科技活动组委会成员单位领导及科研院所和青少年代表等约千人参加仪式。国家、省、市20余家新闻媒体参与活动的宣传报道。科技列车井冈行(南昌)活动时,在南昌市部分乡镇建立农村科普图书室6家,捐赠科普图书、杂志10余万册及彩电、DVD、光盘、服装等物资,发放科普宣传资料2万余份,参与群众累计达3万余人次。

【举办"十五"科技成果展】 10月21日,为充分展示南昌市"十五"以来的科技成就,大力表彰科技明星,在全社会营造鼓励创新的良好氛围,由市委、市政府主办,市科技局承办的南昌市"十五"期间科技成果展暨项目推介洽谈在红谷滩会展中心隆重召开。期间,共安排科技明星表彰、科技成果专利技术展示、科技成果推介、项目洽谈、项目签约等内容。会场设展位218个,吸引了包括外地和驻南昌高校、科研院所、中介服务机构、企业等百余家单位参展。参展科技成果200余项,成果涵盖电子信息、机械制造、新材料、生物医药、环保节能等重点领域,2000余人参加。同时采取政府搭台、产学研唱戏、科技牵头的模式举办成果对接洽谈会,企业与高校间共签订20项意向性合作协议。

【一批科技成果获奖】 全年全市共有40个项目获得市科学技术进步奖。江西中恒建设集团公司珠海分公司刘献刚获得中国发明协会首届发明创业奖;清华泰豪科技股份有限公司研发的"多极复合式交流励磁机"项目获得第九届中国专利优秀奖。同时全年共鉴定"民防应急指挥控制系统"等科技成果54项。其中,计划内项目30项,计划外成果鉴定21项,受省科技厅委托鉴定24项,国家计划项目1项,省级项目3项;省内领先5项,国内领先23项,国内先进16项,国际先进3项。

【南昌首届八位科技明星评出】 10月全市评选出首届8位科技明星。他们分别是:陶 捷,男,1959年出生,研究员,江西日月明实业有限公司总经理,享受国务院特殊津贴专家,江西省第六批主要学科学术和技术带头人。庄力可,男,1967出生,博士学位,全国软件百强的江西先锋软件股份有限公司技术总监,曾获团中央、信息产业部"软件十杰"提名,被信息产业部CCID评为"中国开源领军人物"。罗方承,男,1968出生,教授级高工,江西晶安高科技股份有限公司总经理,享受国务院特殊津贴专家。易敏之,男,1957出生,主任中药师,江中药业股份有限公司总经理,享受国务院特殊津贴专家,江西省主要学科(创新药物和中药现代化)学术和技术带头人。江风益,男,1963出生,教授,南昌大学"教育部发光材料与器件工程研究

2005年10月21日,省委常委、市委书记余欣荣陪同中科院院士陈良惠参观南昌"十五"科技展

中心”主任，享受国务院特殊津贴专家，全国杰出专业技术人才，国家有突出贡献中青年专家，材料物理与化学国家重点学科带头人，教育部优秀人才支持计划入选者，国家百千万人才第一、二层次入选者，江西省跨世纪学术与技术带头人、江西省高等学校中青年学科带头人。朱俊，男，1962出生，研究员，江西洪都航空工业股份有限公司副总经理、江西洪都通用飞机设计研究所所长。许永武，男，1951出生，教授、主任医师，南昌市第一医院骨科主任，享受南昌市政府津贴专家，南昌市专业技术拔尖人才，2004年“南昌市十大名医”。马众文，男，1957出生，研究员，南昌市农业科学研究所所长，全省中青年专家、南昌市专业技术拔尖人才。首届南昌科技明星每位获市委、市政府奖励10万元重金。这一举措在全省首开先河。

【知识产权管理机构建设】 进贤县率先在全省成立县级知识产权机构后，年内安义县成立知识产权局。

【专利管理】 6月13～30日，对“南华医药集团”、“沃尔玛购物广场”、“新洪客隆”等商业企业进行调研和交流，加强与各商业企业之间的沟通，为出台《南昌市商业企业专利商品经营管理暂行规定》打下坚实基础。授予“南华医药集团”、“沃尔玛南昌分公司”两家企业“南昌市无假冒专利先进单位”；授予“江西省百胜门控设备有限公司”、“南昌本草天工集团”两家企业“南昌市专利示范单位”荣誉称号。

【专利申请与授权】 全年受理专利申请为1150件。其中，发明专利349件，授权377件。全年共资助专利申请42个，资助资金4万元。其中，江西百胜门控设备有限公司申请专利21个，资助金额2.74万元。同时重点资助生物化学医药方面的专利实施。年内资助南昌市意尔康医疗器械公司等企业9万元。

【专利保护】 3月23日向南昌百货大楼股份有限公司等10家企业下发《关于开展规范专利标记和专利号行政执法通知》，3月29日～4月30日开展执法检查。全年出动人次435人次，检查商场78处，检查商品9000余件，查处冒充专利59件。5月查处由南昌市药品食品监督管理局移交的江西中医针灸门诊部的标识发明专利“中草药熏蒸法治疗鱼鳞病”的药品。10月、11月派出执法人员分赴安义、进贤、南昌县3个县，与各县知识产权局开展商品流通企业的联合执法行动。

【专利宣传与培训】 参加由市工商局组织牵头开展的以“健康、维权”为主题的“3·15国际消费者权益日宣传咨询活动”。4月19～26日，在“保护知识产权，促进创新发展”为主题的“保护知识产权宣传周”活动中，向市民发放“保护知识产权宣传周”系列宣传图片。4月20日参加在八一广场由省委宣传部、省知识产权局等11个部门联合举办的“保护知识产权宣传周”活动。7月9日和南昌卷烟厂共同在胜利路步行街举行“保护知识产权宣传周”活动。10月24～27日，承办由国家知识产权局主办的“全国专利实施许可备案工作研讨会”。

（魏琴虹　辜　艺）

## 2005年度南昌市科学技术进步奖获奖项目一览表

表35

| 项目名称 | 完成单位 | 主要完成人员 | 获奖等级 |
|---|---|---|---|
| 工程纤维增强混凝土应用技术研究 | 江西工程纤维科学技术研究所<br>江西省国贸科技有限公司<br>北京海达工顺科技有限公司 | 彭书成 丁志超 林耀华 袁汉东 胡剑兵 李福英 黄国龙 | 一等 |
| 民防应急指挥控制系统 | 江西省南昌市人防指挥所工程建设指挥部　南京军区指挥自动化工作站 | 魏克俊 徐越 岳应周 应水明 周铭 胡序环 李青鹏 王磊 白海 黄浩强 汤捷 | 一等 |
| 遥控车库门开门机 | 江西百胜门控设备有限公司 | 刘润根 张绍龙 徐红亮 周植松 况开平 武敦南 | 二等 |
| 无公害商品兔养殖及深加工开发 | 南昌市圣丰农业综合开发有限公司 | 万发勇 谢东辉 张振华 董亚芳 杜玉川 葛正广 罗平 张敏 | 二等 |
| 环保型三防洁净装饰板（布面）（新型高强度三防幕栅材料） | 江西华春环保装饰材料有限公司 | 朱春生 陈友龙 白晓浪 张良 周振东 蔡伟华 朱华琴 唐衍煌 | 二等 |
| 诱发变应性疾病常见变应原城乡分布情况研究 | 江西省胸科医院南昌市第三人民医院 | 徐雪芬 胡禄生 予季 吴肖叶 雷建平 万义福 漆基建 叶强 | 二等 |
| LCOS光学引擎 | 江西鸿源数显科技有限公司 | 李方红 常嘉兴 汤波 彭世明 王赞东 | 二等 |
| 提速线路轨道过渡段均衡刚度研究 | 华东交通大学 南昌铁路局 | 雷晓燕 宗德明 刘林芽 刘晓燕 毛利军 杜厚智 刘朝阳 冯青松 | 二等 |
| 新思维医药管理系统软件 | 江西新思维信息系统有限公司 | 李劲波 戴勇 李淑贞 胡建斌 | 二等 |
| 江西地道药材栀子、枳壳GAP种植 | 江西汇仁堂中药饮片有限公司 | 朱培林 吴永忠 刘强 徐金辉 陈春华 熊向艳 | 二等 |

续表 36-1

| 项目名称 | 完成单位 | 主要完成人员 | 获奖等级 |
| --- | --- | --- | --- |
| 手性中间体 TDC 酯新工艺的小试与中试 | 江西金若实业有限公司<br>上海科学技术情报研究所<br>江西省分析测试中心 | 朱京科 向建平 梁锋光 江勇军 孙俊全 赵继舒 欧阳智 | 二等 |
| 南昌地区不同碘盐浓度对人群尿碘浓度影响的现场干预试验研究 | 南昌市疾病预防控制中心 中国疾病预防控制中心传染病预防控制所 | 范义兵 陈海婴 李素梅 袁昆华 鞠国平 李明 邹乐之 李秀维 | 二等 |
| 铜冶炼烟气制酸全流程网络控制与管理 | 南昌耐林自动化有限公司 大冶有色金属有限公司 | 顾毅 涂厚银 黄武 刘青云 刘强 潘强 胡家宏 朱平 | 二等 |
| 注射用头孢米诺钠研发、生产 | 南昌立健药业有限公司 | 傅晓明 裘雨占 郑玲英 徐洪亮 刘艳 龚炜 陆瑞建 金建国 | 二等 |
| SB-XW7-8 低电压多相整流无刷发电机 | 泰豪科技股份有限公司 | 徐剑萍 王锡龄 万新云 简缵道 饶智芳 孙鸿昌 | 三等 |
| 05 款陆风车(X6 车)项目 | 江西江铃控股有限公司 江铃底盘股份有限公司 江铃车架厂 上海德尔福动力推进系统有限公司 | 施明顺 姜筱华 李长银 黄斌 万马 曾应龙 | 三等 |
| 水禽无公害养殖技术示范 | 南昌市畜牧兽医站 | 肖丽兰 谢东辉 孙汉 黄铁栋 左万顺 邓灵机 | 三等 |
| 基因多态性与原发性骨质疏松的相关性研究 | 江西医学院第三附属医院 | 许永武 陶军 都丽 郑雪丽 廖学勤 万琼 | 三等 |
| 生态环保型光电灭虫器 | 南昌南翔科技有限公司 | 杨旸 吴永平 杨建云 汤启文 周艳丽 刘金章 | 三等 |
| 2×500kW 试验电源 | 泰豪科技股份有限公司 | 陈永清 熊卫华 刘少明 邓燕萍 张明 | 三等 |
| 陆风汽油四驱车型开发项目 | 江铃陆风研发中心<br>上汽股份汽车齿轮总厂<br>北京德尔福公司 | 施明顺 姜筱华 曾应龙 周陆清 沈祖英 黄斌 | 三等 |
| 通信网集中监控与维护管理系统(U2000 集中监视系统) | 江西清大科技有限公司<br>南昌大学 | 石永革 王启春 周京晖 刘思康 陈晓璠 刘志祥 | 三等 |
| 焦炉三车联锁控制系统的研究与应用 | 南昌钢铁有限责任公司焦化厂<br>中国科学院自动化研究所<br>北京三博中自科技有限公司 | 尧武平 唐飞来 钟诚 黄振利 傅爱国 张嘉谋 | 三等 |
| 出境货物木质包装检疫处理可视化监测监控网络系统 | 江西省计算机应用生产力促进中心<br>江西金伟实业有限公司 | 刘斌 陶端平 艾建平 陈志国 幸智勤 张轮 | 三等 |
| 一次性医疗器械制造业 ERP 系统 | 南昌航空工业学院软件学院<br>江西三鑫医疗器械集团有限公司 | 舒坚 刘琳岚 罗海平 段喜龙 樊鑫 刘洪 | 三等 |
| 金鼎企业信息门户 G-EIP | 南昌金鼎软件开发有限公司 | 赵冰 洪煜鹏 何晓阳 饶炜 徐进 熊儒旺 | 三等 |
| 异常性心理对大学生心理健康影响的调查研究 | 南昌市精神病院 江西财经大学国际经贸学院 | 钟志兵 彭清宁 万志莉 黄景洲 王志强 叶绍义 | 三等 |
| 米糠营养素及米糠营养纤维工程化研究 | 江西农业大学 江西油脂化工有限责任公司 | 黄占旺 徐明生 黄文华 林凤 上官新晨 杨武英 | 三等 |
| 扩张床吸附技术制备高纯度激肽释放酶工艺研究 | 南昌市万华生化制品有限公司 | 杨华英 姜春华 张志武 尹文斌 刘志勇 张万山 | 三等 |

续表 36-2

| 项目名称 | 完成单位 | 主要完成人员 | 获奖等级 |
|---|---|---|---|
| 聚羧酸系混凝土外加剂的研制与应用 | 南昌市创新建筑外加剂有限责任公司<br>南昌大学环境与化学工程学院 | 郭震 孙曰圣 郭飚 付平汉 胡秀生 陈桂林 | 三等 |
| 食药两用植物抗食品腐败菌抗氧化研究及其在酱鸭保藏中的应用 | 南昌大学<br>江西煌上煌集团有限公司 | 肖小年 范青生 吴凌伟 余爱国 易醒 余世望 | 三等 |
| 藤茶控光发酵及活性成分超声提取 | 江西东南野生植物开发有限公司 | 杨金生 曹树稳 黄立新 黄芝丰 张莉莉 黄兆祥 | 三等 |
| 多潘立酮分散片研究、开发与产业化生产 | 江西汇仁药业有限公司 | 梅玲华 蔡金娜 刘月庆 宋华先 陈江勇 宋浩亮 | 三等 |
| 系列血凝试剂(FIB\TT\APTT\TF)的研究与开发 | 南昌百特生物高新技术有限公司 | 文玲梅 刘郁林 彭祝宪 吴荣青 余方友 练新廷 | 三等 |
| 微创经皮肾穿刺造瘘碎石取石术(MPCNL) | 南昌市中西医结合医院 | 崔维奇 赵红 胡韶华 曾晓春 吕回 周剑云 | 三等 |
| 硼酸溶液湿敷药巾产品开发 | 江西省皮肤病专科医院 | 邵丹 廖银根 叶发舜 陈新国 耿承芳 薛玮 | 三等 |
| 全密封病床单位臭氧消毒袋的研制 | 南昌市第九医院 | 谭美华 黄学莲 邹龙珍 黄玲珍 辜向英 魏宪法 | 三等 |
| 南昌地区 7-17 岁学生生长发育现状、发展变化趋势及评价标准的研究 | 南昌市东湖区疾病预防控制中心<br>南昌大学第二附属医院 | 颜兴伟 王国平 杨玉金 刘菁萍 许秀柏 李小群 | 三等 |
| 乳管内视镜下病理活检的诊断价值 | 南昌市第三医院 | 罗永辉 雷秋模 黄京铭 瞿伟 徐溧宝 李双玲 | 三等 |
| 疾病预防、健康保健、寻医问药咨询系统软件 | 南昌市医学科学研究所<br>南昌市卫生学校<br>南昌市蓝星沪鑫电脑网络有限公司 | 万德芬 陈小莉 傅廷熙 李钦鹏 陈末 袁青 | 三等 |

（魏琴虹　辜　艺）

# 社会科学

【概况】 2005 年，全市社会科学理论工作者深入学习贯彻党的十六届五中全会精神，围绕市委、市政府的中心工作，结合南昌市深化改革、稳定发展的实践，坚持调查研究与理论研究相结合的原则，努力使理论研究在推进南昌市快速和谐崛起上见成效。

【教育教学研究】 全年市教育学会以“深化教育教学改革，促进学生全面发展”为中心，开展课题研究，用理论指导实践。课题研究选题从各校或各学科的实际出发，坚持方向性、科学性、实践性和创造性的原则，注重应用性课题研究。如“南昌市高中教学现状分析及对策研究”、“初中语文课堂教学研究”、“基础教育英语教学形成性评价实验研究”、“新课标下物理探究性课堂教学研究”、“以数学学科课例为载体促进教师专业发展研究”、“红土地音乐文化课程资源开发研究”等，以教研科研促进教育教学质量提高。与市教科所共同组织召开“2005 年全市教研工作学术研讨会”，围绕“新课程背景下如何促进教研工作创新”主题进行了富有成效的探讨。

【统计学研究】 全年市统计学会积极组织市统计局各专业处、室、调查队以及各县区统计局、学会成员申报“2005 年全省统计科研与统计分析课题招标”的课题，中标课题 33 个。结合市统计局工作，加强统计宣传工作，为政府宏观调控和社会公众提供服务。编印的《统计快讯》主要是各专业第一时间为党政领导及社会提供数据信息和经济形势分析；《统计信息参考》主要是课题研究调研报告；《统计内参》则主要是供市领导参考与决策的内部文章。

【审计理论工作研究】 全年市审计学会坚持理论联系实际，组织全市审计干部结合工作开展审计项目调查实践探讨审计理论，促进审计成果有效转化。制定《南昌审计局实施审计机关审计项目质量控制办法》，有效地规范了全市审计工作，促进审计质量的提高，降低审计风险。充分利用自办刊物《南昌审计》、《南昌审计信息》为窗口，宣传审计工作的方针、政策，扩大审计社会影响力。

【税务理论研究】 全年市税务学会围绕服务社会经济发展，开展全局性、战略性的理论研究，组织专家学者成立课题组，对“税收与南昌经济”、“税收促进民营经济发展”、“税收与县域经济社会协调发展”等问题进行调研。先后在《江西日报》、《中国税务》、《涉外税务》等报刊发表《国税服务于南昌开放型经济发展的实践与设想》、《南昌制造业国税收入形势分析及前景预测》、《出口退税新机制对全市外贸及财政的影响》等理论文章，多项建议被纳入市委、市政府决策。针对个体税收管理中“人情税”问题，市局信息中心和征管处研发出“双定户纳税定额测算系统”。为方便纳税人发票购销,组织开展调研并提出建议,市国税局票证中心在全省率先推出“普通发票同城通购通缴”服务,受到纳税人好评。12月学会组织召开全省国税系统重点税收调研课题研讨会,围绕“税收与企业发展问题研究”这一课题进行深入探讨。

【法学研究】 全年市法学会围绕构建社会主义和谐社会这一主题,组织召开“构建和谐平安理论研讨会”,评选出70余篇优秀论文汇编成集。针对审判实践中存在的问题,在充分调研的基础上,与市中级法院沟通,召开“民事诉讼证据理论研讨会”与会的代表对民事诉讼证据规则的理论及适用共同研讨,努力使理论研究在构建和谐社会中见成效。

【商贸经济研究】 全年市商业经济学会用科学发展观统领工作全局,组织召开“坚持科学发展观与商贸流通业发展”座谈会,围绕“落实科学发展观,促进商贸流通业发展”这一主题,进行座谈发言,为全市搞好现代流通业,促进全市商贸流通业的发展,提出许多建设性的意见和建议。

【社会科学研究】 全年市党校系统社会科学学会开展一系列课题调研活动,并承担完成省党校系统的协作课题《全民创业,富民兴赣》。徐杰的市级课题《社区信息管理与社区建设》顺利结项,邹星撰写的《现代领导竞争力》一书获全省党校系统优秀论著一等奖。李淑兰、宗妍的《现阶段密切党群关系的若干思考》获“全省加强党的执政理论”研讨会三等奖。学会会员文章在国家级刊物上发表。如王永康的《希望的热土——南昌北郊》在《中国党政干部论坛》发表;刘庆远、万强、王永康的《南昌市启动全市“双带”致富工程》在《学习时报》发表。

【思想政治工作研究】 全年市思想政治工作研究会积极开展思想政治工作专项调查研究,不断提高思想政治工作研究的质量和效果。组织理论研究骨干深入企事业单位、机关、院校和社区,对构建和谐社会的情况进行调查研究,撰写出《思想政治工作在构建和谐社会中的作用》等3篇论文和调查报告,分别被《中外企业文化》杂志采用。11月召开南昌市思想政治工作研究会第十一次年会。会议提请市委批准,南昌市职工思想政治工作研究会正式更名为“南昌市思想政治工作研究会”。

【继续教育研究】 全年市继续教育学会以职称工作为抓手,对现有专业技术人员开展继续教育培训。一方面对全市专业技术人员的学历层次、知识结构、行业分布等情况进行摸底;另一方面利用继续教育基地进行评估的机会,对如何通过加大继续教育培训力度,促进人才结构同各项事业全面发展的目标相适应,人才培养机制同各类人才成长的特点相适应进行调研,有重点、有针对性地抓继续教育研讨工作和继续教育培训质量工作。

【倡导诚信研究】 5月,市诚信促进会成立后就把“倡导诚信,共建和谐”作为办会宗旨和行动纲领,在市区设立10块诚信公益广告牌,为塑造诚信南昌新形象出力。面向社会招募40名义务诚信督导员,负责了解社会诚信状况、宣传诚信社会公德、举报揭批欺诈与失信。加强诚信维权工作,开通欺诈与失信投诉热线8593300,制定投诉受理规定,受理有关欺诈与失信的投诉300起。建设南昌市首个以诚信为主题的网站“南昌诚信网”(www. ncnx. cn),实现网上投诉,进一步拓宽消费者的维权渠道。组织召开“2005年南昌市家装诚信高峰论坛”和“2005年南昌市房产中介诚信峰会”,并敦促参会企业现场签定《诚信承诺书》,对倡导诚信经营,促进行业的健康发展起到积极作用。

【职业技术教育研究】 全年市职业技术教育学会发挥自身优势,开展丰富多彩的群众教学研究活动和教学活动,为广大职教工作者提供了一个学习、交流、培训、研究和展示成果的平台,使职业教育教学理论和教学实践研究双丰收。学会组织开展南昌市职业学校多媒体课件比赛,共收到69个课件,涉及13个学科;推荐10个课件参加江西省首届中等职业学校多媒体课件展评活动,分别获一等奖1个、二等奖5个、三等奖4个。

【民办教育理论研究】 全年市民办教育协会深入学习、宣传贯彻《中华人民共和国民办教育促进法》、《中华人民共和国民办教育促进发展实施条例》,加强民办教育行业自律。开展全市民办教育发展的理论研究,编辑出版南昌市民办教育论文集《来自南昌民办教育的报告》。该书从不同的角度和层面充分阐述了南昌当代民办教育的实践和发展理论,有着鲜明的地方特色和学习借鉴的作用。

(张　凡)

在党中央印发《公民道德建设实施纲要》4周年和第3个“公民道德宣传日”之际,中宣部宣教局、中国伦理学会、中共江西省委宣传部、南昌市委于2005年9月20日在南昌举办第二届中国公民道德论坛,以“公民道德建设与构建和谐社会”为主题,探讨进一步加强改进公民道德建设的措施和办法,动员社会各界关心、支持和参与公民道德建设。

# 文化·教育·出版

## 文　化

【概况】　2005年，市文化局实施文艺创作精品战略，精心组织各类大型文艺活动，加大文物普法及宣传力度，艺术创作精品迭出，文化活动精彩纷呈，较好地完成各项工作任务。全年创作小戏《乡音未改》、歌曲《把城里的哥哥娶回家》等剧（节）目53个。其中，戏剧16部，小品19个，歌曲12首，舞蹈6个。先后举办“军旗飘飘”八一主题晚会、“推进全民创业、加快富民强市”国庆文艺晚会、2005年中国南昌第四届金秋经贸月闭幕式文艺晚会等大型文艺晚会30余场。举办、组织、参加中国（江西）傩文化艺术节、南昌市第四届“四进社区”文艺展演、南昌市第二届家庭才艺大赛等大型群众文化活动10余次；举办各类广场、社区文艺演出、活动560余场，参演人数2万余人次，观众68万余人次。送戏下乡473场，观众120万人次；送电影下乡1280场，观众126万人次；送书下乡4.6万册。举办以“博物馆：沟通文化的桥梁”为主题的“5·18国际博物馆日”暨《中华人民共和国文物保护法》宣传周活动，推出《江西人民抗日斗争展览》、《馆藏当代花鸟画精品展》、《中国·南昌名人书画收藏精品展》等特色陈列及《中国首届当代画派联展》等书画展览26次。出动文化稽查人员7807人次，检查音像单位（场所）1939家次，收缴非法音像制品30余万张；网吧4571家次；歌舞娱乐场所884家次；检查电子游戏室124家次。开办“南昌市互联网上网经营场所网管人员从业资格培训班”，培训人员1220人次。市文化稽查支队被国家文化部、人事部授予全国文化工作先进集体。

【全市文化工作会议召开】　3月1日，全市文化工作会议在市图书馆学术报告厅召开。市领导李豆罗、姚燕平、罗慧芬、曹连甲和省文化厅副厅长曹国庆等出席。市长李豆罗讲话时强调，文化繁荣是社会发展的标志，城市之争归根到底还是文化的竞争。南昌讲历史风光无限，“文脉”的传承，文化的发展是当代文化工作者的责任。希望全市文艺工作者，紧扣当今发展的主题，创作更多更好的文艺作品，无愧于时代，无愧于事业。文化部门要积极推进文化体制改革，破解发展中的难题，营造一个好的氛围，提供一个更大、更加开放的平台，激发文化工作者的创作激情。

2005年6月4日，市领导余欣荣、李豆罗、熊焕高、蔡红喜等出席“崛起的南昌”全国名家笔会暨名家书画艺术精品展开幕式

【市属专业剧团为农民工进行慰问演出】　3月6日下午，市歌舞剧团、市采茶剧团、市京剧团在红谷大厦建筑施工工地为农民工慰问演出。同时市图书馆为农民工送上精美图书。《人民日报》、中央电视台等新闻媒体对此进行报道。

【省、市妇联与市文化局联合开展“三下乡”活动】　3月13日上午，由省、市妇联和市文化局联合开展的文化、科技、卫生“三下乡”活动在湾里区招贤镇南宝村举行。期间，农业科技、卫生医疗、法律方面的专家和文艺工作者为农民提供服务和帮助，并向当地农民赠送价值2万余元的科技书籍。省市妇联和市文化局负责人走访慰问南宝村贫困户，向困难群众赠送冬季御寒物品。

【举行2005年“三下乡”活动首场仪式】　3月21日上午，由市委宣传部、市文化、科技、卫生、农业、工商、司法、科协等8部门联合举办的2005年南昌市科技卫生、文化“三下乡”活动首场仪式在南昌县塘南镇举行，拉开南昌市当年“三下乡”系列活动的帷幕。市领导蔡社宝、罗慧芬、曹连甲出席仪式。此次“三下乡”活动是南昌市近年来参与人数众多、组织规模最大的一次。各相关单位制作涉及农业、卫生健康、畜牧、疾病防治、法律服务等宣传资料，赠送文化、科技、农业、卫生、法律书籍共9.15万余册。同时市文艺工作者为该镇老百姓奉上一台丰富多彩的演出。

【“崛起的南昌”全国名家笔会暨名家书

**画精品展开展】** 为进一步丰富南昌市城市文化内涵，提升城市文化品位，6月4～9日，市委、市政府与北京紫光阁画院在南昌市共同举办“崛起的南昌”全国名家笔会暨名家书画精品展。靳尚宜、沈鹏、邹静之等10余名全国著名书画家、作家及全国部分省会城市书画家、作家应邀来到南昌市交流。同时在省博物馆举办全国名家书画精品展。

**【市歌舞剧团赴马来西亚访问演出】** 7月7日，受马来西亚诗巫省华文独中董联会和新加坡有关机构的邀请，市歌舞剧团赴马来西亚、新加坡访问演出，受到当地群众的热烈欢迎。由于市歌舞剧团的精彩演出，当地政府临时邀请市歌舞剧团参加婆罗洲第七届艺术节闭幕式演出。这是南昌市专业剧团首次出国演出，是继上年市采茶剧团赴澳门演出后的又一重大突破。

**【“八一”主题晚会《军旗飘飘》在省体育馆举行】** 8月2日晚，由市委、市政府主办的“八一”主题晚会“军旗飘飘”在省体育馆举行。省委常委、市委书记余欣荣，省委常委、省军区司令员郝敬民，省军区政委李光金、副司令员卢立银，市领导李豆罗、王样生、史蓉蓉、王詠、龚建华、熊焕高、陈守朴以及市委、市人大常委会、市政府、市政协和南昌警备区的班子成员与部分驻南昌部队官兵和各界群众数千人观看演出。

**【“峥嵘岁月——纪念抗日战争暨世界反法西斯战争胜利60周年电影月”活动首映式在红谷滩广场举行】** 8月17日晚，由市文化局举办的“峥嵘岁月——纪念抗日战争暨世界反法西斯战争胜利60周年电影月”活动首映式在红谷滩广场举行，市委常委、宣传部长、农工部长蔡社宝，市人大常委会副主任姚燕平，市政协副主席侯捷等出席首映式。

**【“反腐倡廉”主题书画展在南昌美术馆展出】** 8月22日，由市纪委、市委宣传部、市监察局、文化局、文联联合举办的“反腐倡廉”主题书画展在南昌美术馆展出，市领导马承祖、凌学仁等出席开展仪式并观看展出。

**【《绳金塔下话南昌》文化系列丛书面市】** 9月16日，由西湖区委、西湖区政府组织编纂，全面反映南昌民俗民情、人文风貌的《绳金塔下话南昌》文化系列丛书全套共10本，即《南昌城的由来》、《孔子与子羽》、《绳金塔的传说》、《万寿宫的故事》、《时来风送滕王阁》、《名人辈出南昌城》、《南昌风俗礼仪》、《南昌老字号》、《南昌古街趣谈》、《军旗升起的地方》由二十一世纪出版社出版。该丛书以青少年为主要对象，针对未成年人的特点，以“口袋书”的形式，运用线描连环画的艺术表现形式，以图为主，配以轻松活泼的文字，生动立体地介绍了南昌市。

**【南昌市2005年国庆文艺晚会在红谷滩会展中心举行】** 9月29日，南昌市2005年国庆文艺晚会在红谷滩会展中心隆重举行。省委常委、市委书记余欣荣，市委副书记、市长李豆罗及四套班子成员观看演出。观看演出的还有各县区、开发区、市直各单位主要负责人和市劳模、民主党派、离退休老干部、文化、教育、卫生、部队等社会各届人士1000余人。

**【《徐悲鸿画展南昌特展》在省博物馆开幕】** 10月12日，由江西省文化厅、南昌市人民政府共同主办的《徐悲鸿画展南昌特展》在省博物馆开幕。徐悲鸿夫人廖静文、儿子徐庆平出席开幕式。省领导朱英培、孙刚、张华康等参观展览。首次入赣展出的80件徐悲鸿真迹，有国画44件、油画7件、素描27件、粉画2件。徐悲鸿收藏的吴道子八十七神仙图及徐悲鸿给江西籍著名画家刘勃舒的复信也同时展出。画展为期10天。

**【中国南昌第四届金秋经贸活动月闭幕式暨文艺晚会举行】** 10月22日，2005年中国南昌第四届金秋经贸活动月闭幕式暨文艺晚会在红谷滩国际会展中心举办。晚会在雄壮的威风锣鼓和龙狮齐舞中拉开序幕，地方特色浓厚的采茶歌舞表演《街头风景线》用江西传统的采茶说唱形式讲述全市群众在这次金贸活动月中感受到生活周围的变化和发展。少儿舞蹈《健康歌》表现天真活泼的全市少年儿童在英雄城这块红土地上茁壮成长。晚会在京剧表演唱《再携手共辉煌》中落下帷幕。省委常委、市委书记余欣荣，市长李豆罗等及在南昌市投资的重点企业代表、部分市人大代表和市政协委员、劳动模范、驻军代表等1000余名各界代表观看文艺演出。

**【舟山群岛“海风”美术作品展在南昌举行】** 10月29日～11月2日，由舟山市委宣传部、江西书画院等联合举办的舟山群岛“海风”美术作品展在南昌画院举行。一件件饱蘸着蓝色海水气息的作品，让生在红色土地上的英雄城人民眼前一亮。据了解，舟山是由1390余个岛屿组成的海岛城市。那里有闻名世界的舟山渔场，有海天佛国普陀山、海上雁荡朱家尖、海上蓬莱岱山等。“海风”是一群活跃在这个城市里的画家的总称。他们以“海”为题材进行创作。此次在南昌市展出的作品包括油画《大海的承诺》和国画《寒禽》等60幅。

**【《中国·南昌首届当代画派联展暨研讨会》在南昌举行】** 11月22～24日，《中国·南昌首届当代画派联展暨研讨会》在南昌美术馆举行。来自全国各地的黄土画派、漓江画派、新浙画派、新徽画派、海上画派、金陵画派、关东画派、岭南画派及南昌画派共60余人出席。期间，在南昌美术馆展出当代具有较大影响的全国各地画派的代表性画家作品150余幅。这是全国各大画派围绕不同地域特色的美术流派发展问题开展的首次研讨交流及作品联展活动，是中国美术史上具有一定历史意义的盛会。活动的开展进一步加快南昌画派的打造速度，提升南昌市城市文化品味和知名度。全年南昌美术馆还举办《南昌画派首届中国画大展》等各类书画展共26次。

**【市代表队获省青年歌手大奖赛奖项】** 12月26日晚，江西“和谐·创业”青年歌手电视大奖赛圆满地拉上帷幕。市代表队胡司文、吴佳、季晶、徐丹等4名选手分别进入各种唱法组总决赛前三甲。其中吴佳获民族唱法第一名，徐丹获最佳演唱奖，季晶获最佳形象奖，胡司文获最受观众喜爱奖。此外，市代表队还获得优秀组织奖。

**【参加全省第三届艺术节喜获丰收】** 市专业剧团参加全省第三届艺术节(少儿艺术节、音乐舞蹈艺术节、玉茗花戏剧节)，获优秀组织奖，金奖32枚，奖牌72枚，金奖、奖牌总数列全省第一。其中，声乐创作《滕王阁梦幻》、《牵挂》、《老歌》、《乡情乡恋》；舞蹈创作《青了又青》；器乐演奏《昌》；声乐演唱《滕王阁梦幻》、《问世间》、《老歌》、《乡情乡恋》；舞蹈表演《青了又青》获音乐舞蹈艺术节一等奖。采茶小戏《马前托孤》获玉茗花戏剧节优秀剧目奖和剧作、导演、音乐创作、舞台美术设计、表演一等奖；《明月挂林梢》、《扳笋新曲》获剧目奖。声乐《假如天空没有小鸟》、器乐《名曲联奏》、舞蹈《周日畅想》、《春萌》、美术《我们去郊游》、书法《王勃诗》、摄影《课间》获少儿艺术节一等奖。

## 社会文化

【春节“文化大礼包”受到市民热烈欢迎】 2月7～15日，市文化局精心制作春节“文化大礼包”，把优秀的文化送到农民工、低保户、残疾人、特困党员等群体中去，给他们的节日生活增添更多欢乐与喜庆。从大年初一至十五，精心组织36场形式多样、内容丰富的文化娱乐活动。其中，放映电影21场；演出采茶戏、歌舞、小品文艺节目5场。同时市属八一起义纪念馆、博物馆和南昌画院免费接待观众；市图书馆农民工图书阅览室免费开放。东湖区和西湖区在将军庙、象山文化广场举行专场慰问演出。《中国文化报》、新华网、中国新闻网、江西电视台、《江西日报》、《信息日报》、《江南都市报》、《南昌晚报》等新闻媒体对活动进行宣传报道。

【东湖区举办“党员志愿者服务周”送书进社区系列活动】 3月8日，东湖区文化广播旅游局举办“党员志愿者服务周”送书进社区系列活动，精心挑选1000余册书刊，送到八一公园供居民借阅，并开展送书进社区、现场办理借书证、业务咨询等活动。约有700余名居民到现场借阅，并办理借书证20余个。

【“感动南昌”——共产党人的风采摄影图片展举行】 5月16日，“感动南昌”——共产党人的风采摄影图片展在红谷滩会展中心举行。活动由市委保持共产党员先进教育活动领导小组主办，市文化局承办。各县区共制作反映先进性教育活动中涌现出的新人物、新事迹、新典型和城市建设方面的巨大变化和绚丽风光的展板26块，分为党旗的风采、我身边的共产党员、新南昌掠影3个部分。展览活动于5月13日～6月2日分别在红谷滩会展中心、八一广场、胜利路步行街展出。随后到各县区、开发区巡回展览。

【世界首个傩文化主题公园落户南昌】 5月11日，世界首个傩文化主题公园——中国傩园奠基仪式在市西郊卧龙岗隆重举行。中国傩园位于南昌市红谷滩新区红角洲卧龙山，占地40公顷，集娱乐休闲、演出、购物、展览和研究于一体，是有着浓厚民俗特色的花园式群众娱乐休闲场所、傩舞傩戏表演场所、音像播放场所，制作和经营具有中国特色的民间工艺品和旅游产品的场所及群众参与互动区。另外，傩园还将包括占地数万平方米的展厅、雕塑园及研究专区。

【中国江西傩文化艺术节隆重举行】 6月12～15日，中国江西傩文化艺术节在南昌市隆重举行。活动围绕“传承文明，和谐发展”的主题，充分展示中国及江西傩文化的风采。艺术周由开幕式及大型民间艺术踩街表演、中外傩艺术展演及假面篝火晚会、大型民俗风情歌舞《赣傩的表情》、中国江西傩文化研讨会、江西傩文化展览、中外学者田野考察六项主体活动组成。俄罗斯、莫桑比克、日本、韩国、巴西等五支国外队伍和贵州、安徽、湖南、云南、甘肃、广西等十支国内傩队和江西省南丰、萍乡等傩队及南昌、赣州等市组织的民间艺术表演方阵参加了演出。活动突出群众参与性，立足于延续性，依托端午节这一中国传统节日，营造民俗活动的热烈氛围，扩大全省民间文化的影响力。

【西湖区举办“《你我之间》——走进西湖区”活动】 6月29日晚，西湖区委、区政府与江西电视台联合在绳金塔公园举办以“共创和谐——江西电视台大型互动节目《你我之间》——走进西湖区”为主题的活动，2000余名社区居民参加。来自省电视台的50余名主持人用各种方式与观众进行面对面的交流。来自进贤门小学的80名小学生和省赣剧团、省歌舞团的演员和社区居民代表为大家表演歌伴舞《越来越好》、魔术《大变活人》、小品《邻里之间》等精彩节目。江西省电视台对此次活动进行全程录播，并多次在江西电视台播放。

【申报江西省第一批非物质文化遗产代表作名录】 9月12日，全市申报江西省第一批非物质文化遗产代表作名录工作顺利完成。申报项目有七仙女传说、南昌市许真君崇拜、南昌瓷版画、筱贵林笑话、进贤县文港毛笔制作工艺、进贤县李渡烧酒酿造工艺、安义县黄洲宗山米粉制作工艺、新建县许真君崇拜。

【江西省民间文化艺术节在绳金塔景区举行】 9月16～18日，江西省民间文化艺术节在绳金塔景区举行，全方位、综合性地展示江西省各具地域特色的民间文化艺术。活动包括民间音乐舞蹈展演、民间工艺、技艺绝活、民间艺术精品展、农村小戏展演、客家山歌表演、第一批江西省非物质文化遗产代表作展播六大主题活动。共有320余位民间艺人参加，并展示各具地域代表性的歌、舞、灯彩、曲艺、工艺技艺等约400余个节目(30余个音乐、舞蹈、戏剧、曲艺节目，32个民间工艺技艺绝活表演，300余幅民间艺术精品)，约有4万人次的观众参与其中。真可谓是“民间艺术的盛会、人民群众的节日”。南昌市参展艺术作品获各类奖项共25项，金牌和奖牌总数居全省第一。其中，民间音乐舞蹈《南腔北调》获江西省民间文化艺术节一等奖；《佛像》、《合家喜天伦》、《瓶菊图》、《孙子兵法》获江西省民间文化艺术精品(绝活)展演一等奖。

【第二届南昌市家庭才艺表演大赛暨CCTV神州大舞台魅力家庭选拔赛举行】 11月12日，由市文化局、妇联、南昌电视台联合举办的以“展示和谐平安家庭，共建富民创业社区”为主题的第二届南昌市家庭才艺表演大赛暨CCTV神州大舞台魅力家庭选拔赛在新中原大剧院举行，来自全市的18个家庭参加。市领导姚燕萍、曹连甲等出席活动并为获奖家庭颁奖。

【第四届全市读书演讲比赛今日举行】 11月18日，由市委宣传部、市文化局联合主办，市图书馆承办的“建设和谐平安南昌、共创富民兴昌大业”第四届全市读书演讲比赛在南昌市图书馆举行，共有10个县区21名选手参加。比赛评出一等奖2名，二等奖3名，三等奖4名及若干优秀奖。市人大常委会副主任姚燕平，副市长罗慧芬，市政协副主席侯捷出席活动。

## 文化市场

【省、市文化稽查部门查获一批盗版音像制品】 1月5日，市文化稽查支队会同省文化市场稽查总队、西湖公安分局经侦大队对位于洪城家电市场内的凌志物流托运部、宏浩物流托运部进行现场检查，发现75箱音像制品涉嫌盗版，依据法定程序予以暂扣审查。经鉴定，套碟《新猫和老鼠》、歌碟宝丽金《跳舞街迪斯高》、《伤心男人》等5000余张光碟为盗版光碟。

【省、市联合举行统一销毁违法音像制品活动】 1月12日，根据《文化部、全国整规办关于开展全国违法音像制品统一销毁的通知》精神，省、市文化部门在全省统一销毁违法音像制品活动主会场——南昌市图书馆门前广场销毁违法音像制品。主会场设在南昌,各设区市设立分会场。

**【南昌停止开办新网吧】** 2月24日,市文化局制定《关于全市互联网上服务营业场所总量和布局实施计划》,全市不再审批新网吧,3个新区(昌北、高新、红谷滩)网吧总量不得超过50家。据了解,为避免文化场所盲目投资、无序竞争及低成本扩张等现象,按照总量控制,合理布局的原则,结合南昌市网吧主要集中分布在四个老城区的现状,市文化局制定以上计划,规定市区不再审批新网吧,4个老城区(东湖区、西湖区、青山湖区、青云谱区)不得接纳外城区的转点网吧,3个新区按每万人设置一家网吧的原则控制总量,每个新区不得超过50家网吧。该政策的实施,将使全市的网吧数量由数量型增长转变为质量型增长。

**【“五一”期间文化市场监管到位】** 5月1~8日,为进一步巩固全市网吧专项整治统一行动周活动的成果,继续保持对网吧的高压态势,严厉打击网吧违规接纳未成年人的非法经营行为,市文化市场稽查支队在“五一”期间对全市各类文化经营场所进行24小时不间断的监管,白天查网吧违规接纳未成年人,晚上查歌舞厅等娱乐场所消防安全,零点以后查网吧超时经营和接纳未成年人。从5月1~7日,共检查各类文化经营场所177家(其中歌舞娱乐场所62家,网吧101家,音像8家,电子游戏室6家),当场销毁违禁游戏机电路板18块,并责令4家歌舞娱乐场所进行整改;对8家违规经营的网吧依据有关法规进行处理。

**【南昌市互联网上网服务业协会成立】** 5月23日,南昌市互联网上网服务业协会成立大会在江西省艺术剧院举行。南昌市互联网上网服务业协会由江西电信绿色网盟等12家大型网吧发起并筹备,获市文化、民政部门的批准成立。截至年底,全市90%以上的网吧报名入会。协会由理事长、理事、会员三个层面构成。协会将本着服务会员、服务政府的理念开展工作。一是重点解决违规接纳未成年人、低价格等非正常行为,努力建立和谐、有序的竞争秩序。二是发挥协会捆绑资源的整体优势,在网吧上下游服务、广告及食品配送等领域开展增值服务。三是加强对行业的宣传和推介,让全社会公正、客观和理性认识和对待互联网上网服务业,维护广大业主的合法权益。23日下午,与会代表分组参观欢乐在线、天地英雄、金塔等高端网吧。24日上午,省文化厅在建设宾馆召开全省网吧工作现场会,推广南昌市网吧市场管理经验。

**【南昌网吧接纳未成年人8名以上将吊销资质】** 8月24日,市文化部门出台系列新规定,加大力度处罚违规网吧。新规定主要内容有接纳未成年人8名以上或容留未成年人过夜或超时锁门经营的网吧,吊销“网络文化许可证”;接纳未成年人3~7人的网吧停业整顿不少于15天并处罚款;接纳未成年人2名的网吧给予经济处罚,一律按最高标准实施处罚;全市网吧继续实行一人一网监管责任制;实行网吧接纳未成年人有奖举报制度;违规经营被责令停业的网吧,凡重新开业经营的,必须经市、区两级文化部门组成的联合审核验收组重新审核,达不到标准的不准开业。

**【市文化市场稽查支队被评为全国先进】** 10月28日,市文化稽查支队被人事部、文化部授予全国文化工作先进单位。市文化稽查支队担负着市所辖4县5区范围内约3000家各类文化经营场所的管理任务,曾先后13次获省、市及国家级表彰。

**【省市联合举办“5·18国际博物馆日暨文物保护宣传周”宣传活动】** 5月18日,省直、市直文物部门在江西省博物馆广场联合举办主题为“博物馆:沟通文化的桥梁”的“5·18国际博物馆日”暨“文物保护宣传周”活动开幕式。期间,举行陶艺大师和名人书画作品捐赠、《走近陶艺大师》展览、免费鉴宝、文物鉴赏知识讲座、印象博物馆等活动。省、市领导刘上洋、全文甫、刘运来、朱治宏、蔡社宝及省、市文博单位的部分职工和省、市新闻单位的记者等参加开幕式。

**【著名国画大师范曾先生到南昌进行学术交流】** 6月17~21日,应市政府邀请,当代著名国画大师、南开大学东方艺术学院教授范曾到南昌市进行学术交流,并出任八大山人纪念馆名誉馆长。陪同范曾到南昌市的专家、学者有中国艺术研究院一级画家孟祥顺、南开大学历史系副主任郭长虹、南开大学博士刘波、北京鸾铃文化艺术公司董事长邹玉利及中央新闻记录电影制片厂的人员。6月17日下午,市领导余欣荣、李豆罗等滕王阁接见并宴请范曾一行。6月18日上午在八大山人纪念馆青云谱大门口举行“名誉馆长受聘仪式”及“范曾手书馆标、对联”揭牌仪式,市长李豆罗讲话并向范曾颁发聘书。随后范曾致答词并向八大山人纪念馆赠送自己创作的八大山人肖像画,最后市长李豆罗和范曾共同为馆标和对联揭牌。6月18日下午,范曾在八大山人纪念馆大接待室举办专题学术讲座,省市美协代表,省市画院代表,美术出版界代表,大专院校学生代表约百人参加讲座。

**【八一起义纪念馆改扩建工程捐款仪式举行】** 8月1日,八一起义纪念馆改扩建工程捐款仪式在南昌八一起义纪念馆举行。市各届群众代表、市文化局系统代表、解放军官兵代表共100余人参加捐款仪式。市四套班子领导出席仪式并捐款。

**【《血沃赣鄱——江西人民抗日斗争展》图片展开展】** 8月15日,由江西省新四军研究会、中共南昌市委宣传部主办,南昌新四军军部旧址陈列馆承办的《血沃赣鄱——江西人民抗日斗争展》图片展在南昌新四军军部旧址陈列馆举行开幕式。图片展共分六个部分:江西抗战局面的形成、日寇在江西的侵略罪行、江西正面战场主要战役、中国共产党领导的敌后抗日、江西人民的杰出贡献、江西人民欢庆抗战胜利。展出抗战时期历史照片170余幅,文物、文献52件。展览全面反映在中国共产党领导下江西人民抗击日寇、保家卫国的不朽功勋和民族气节,激励全省人民勿忘国耻,铭记历史,弘扬爱国主义精神,为建设和谐平安江西、共创富民兴赣大业,实现江西在中部地区崛起而努力奋斗。同时开展的还有《纪念中国人民抗日战争胜利60周年书画作品展》。该展览由江西省新四军研究会、江西省老年书画研究会、南昌新四军军部旧址陈列馆主办,展出全省新四军老战士、老同志的书画作品400幅。省委书记孟建柱,省长黄智权,省委常委、市委书记余欣荣等省、市委四套班子领导出席开幕式。

**【李豆罗对杏花楼建设提出三点要求】** 10月6日,市长李豆罗察看杏花楼修复改造施工进展情况,对已基本竣工的唐寅故居、临水长廊、闲云馆水榭表示满意。李豆罗提出修复古建一要高品位,融入南昌市历史文化、风俗民情的精髓;二要顾大局,不能互相影响,破坏整体;三要修旧如旧,保留原来风貌。同时要求市文化局要充分利用自身优势,把杏花楼做成文化精品，给南昌市人民打造一个流连忘返的旅游胜地，成为对展示南昌、宣传南昌的城市名片。杏花楼修复改造一期工程于10月中旬完工，二期工程于年底完工。

【中国·江西红色旅游博览会在南昌举行】 10月28～31日，中国·江西红色旅游博览会在南昌举行。活动包括中国·江西红色旅游博览会开幕式、中国·江西红色旅游展示推介会、大型红色情景歌舞《井冈山》、中国江西红色旅游图片展、中国江西红色旅游导游大赛、中国(江西)红色旅游风光摄影大赛六大活动。28日上午，中国·江西红色旅游博览会开幕式在八一广场举行，包括军旗升起的地方、中国革命的摇篮井冈山、人民共和国的摇篮瑞金、中国工人运动的策源地安源、红色模范苏区赣东北及"红色摇篮、绿色家园"六大方阵，阵容庞大壮观，全景再现江西红土地革命斗争的峥嵘岁月。南昌市组织完成的中国·江西红色旅游博览会开幕式(军旗升起的地方)方阵的演出，充分宣传和展示南昌市红色旅游的地位和丰富内涵。在随后召开的中国·江西红色旅游展示推介会上，2000余名参展正式代表及外省(市、区)旅游相关部门、景区景点及企业展位代表参加。共签约项目25个，总金额22.03亿元。

【有序推进公共文化基础设施建设】 截至年底，八一起义纪念馆改扩建工程中的房屋拆迁工作全部完成，并筹集建设资金4200万元，其中广大企事业单位和市民为八一起义纪念馆改扩建工程捐款约千万元；启动新四军军部旧址陈列馆改扩建工程，开始市博物馆新馆布展工作；杏花楼改造工程一期工程完工，完成美术馆门楼、仿古店面、唐伯虎故居等建设项目；市民俗馆新馆建设完成初步规划、项目建议书和详细规划等；八大山人书画真迹陈列馆完成建设项目建议书。同时各县、区重视公共文化设施建设。其中，青云谱区投资1500万元，建设八大山人文化广场；红谷滩新区投资1.2亿元建设赣文化长廊和中华傩园；西湖区投资4970万元加强绳金塔景区建设；新建县投资3000万元建设小平小道，投资2000万元维修汪山土库，投资3200万元建设县电影院、图书馆、文化馆。

(张　江)

# 教　育

【概况】 2005年，市教育局以科学发展观统领全市教育发展全局，全力打造"学在南昌"品牌，使各类教育步入快速和谐发展的新阶段，师德、师能稳步提高，质量效益显著提升，各项工作取得明显进步。全年荣获各种奖励和称号26项。其中，国家级奖励2项，省级奖励16项，市级奖励8项。同时直属学校(单位)荣获国家级、省级、市级奖励49项。

【改革发展模式】 采取银行贷款方式，为南昌二中、新建二中分别落实国家开发银行贷款5000万元和2000万元，并积极推动7所列入第一批省优质高中建设工程的学校做大做强。采取补助资金和学校自筹的办法改造7所市属基础设施薄弱的学校，使市属薄弱学校的改造面达到三分之二。采取挖潜拓展的办法，为8所重点中学和重点建设中学新建综合楼或教学楼，扩大容纳能力。全年新增省级重点建设中学5所，使省级重点建设中学达到17所。积极争取市人大常委会的支持，促进各城区政府加大义务教育网点布局调整力度，努力解决住宅新区上学难的问题。同时启动洪都中学、省水利子弟学校的企校分离的前期工作。

【加强中小学校周边综合整治】 强化部门联动、排查调处、应急处置等机制，提高治安、安全防范能力，确保校园安全，维护教育系统稳定。配合有关部门，改进集中整治办法，清理违规经营网吧100家、"三室两厅"76家，查缴赌博机346台，清理占道摊点2303处，整治交通秩序混乱点197个，查处不合格食品220公斤，净化了校园周边环境。同时加强法制、安全知识教育，提高师生法制意识和自护能力。为全市446所学校配齐法制副校长，开展创建安全文明校园活动，提升学校综治工作水平。南昌市荣获全国校园周边整治先进单位。

【人才兴教兴校】 全年培训中小学校长2007人次(其中首期中学校长高级研修40人)，培训中小学骨干教师1.24万人次，信息技术教师1000余人次，中小学、幼儿园转岗教师4727人次，各类学科教师3.18万人次，中小学新教师2228人。组织全市教师开展"创新教育"演讲和读书竞赛活动；组织3637名教师参加成人高考提高学历层次。全市小学、初中、普高、职高教师学历达标率分别达98.3%、95.4%、74.5%和61.8%，分别比上年提高0.4、1.3、3.2和2.3个百分点，小学教师达大专学历的比例提高到51.9%，初中教师达本科学历的比例提高到37.4%，高中教师达研究生学历的比例提高到0.86%。

【打造满意教育】 开展以办人民满意教育为主题"百千万"系列活动，组织百名教师宣讲员进社区，举办"办人民满意教育开门纳谏"千人现场咨询会，组织万名教师访万家，征求学生家长对办人民满意教育的意见。同时全面推进中小学乱收费专项治理工作，建立健全治理教育乱收费局级联席会议制度、教育收费管理责任制度、公示制度、通报制度、社会监督制度、专项审计制度、择校费和借读费到银行交纳制度等十项教育收费管理制度，突出实行"一费制"(即义务教育阶段学校一次性统一收费制度)、执行"三限"(即限分数、限人数、限钱数)政策、落实"十不准"(即不准擅自设立收费项目，提高收费标准，扩大收费范围；义务教育坚持就近入学原则，不准招收择校生；不准代收除必须由学校统一订购必备书目以外的其他任何费用；农村学校不准强制学生统一着装收费；不准强制统一为学生代办各种社会保险；初中非毕业班和小学一律不准补课收费；不准以改善办条件为由，强行要求学生家长捐资、赞助；除按国家和省定标准在春秋两季开学时一次性收费外，在学期中途不准再收费；不得向义务教育阶段的学生收取考试费、试卷费；坚决抵制来自社会的各种摊派、搭车收费和有偿服务)规定的三个监管重点。全年共查处案件9起，清退违规金额23.56万元，处理人员29人。

【增加教育投入】 全年全市教育经费总投入16.33亿元，比上年增加3.41亿元，增长26.40%。其中，预算内事业性教育经费拨款8.46亿元，增加1.32亿元，增长18.53%；教育附加拨款2.07亿元，增加4614.6万元，增长28.56%；校办企业勤工俭学收入1184.6万元，增加131.2万元，增长12.45%；事业收入5.13亿元，增加1.56亿万元，增长43.63%；捐集资收入617.2万元，增加263.1万元，增长74.30%；其他收入4166.8万元，增加400.6万元，增长10.64%。

【加强中小学教师培训】 全年共组织全市7094名中小学教师参加市级、省级、国家级骨干教师培训。其中,市级6332名,省级722名,国家级40名。组织2.05万名中小学教师参加新课程培训。其中,初中4449名,小学16094名。组织935名中小学教师参加英语培训,1665名中小学教师参加计算机培训,1814名中小学教师参加学历提高培训。其中,高中教师达研究生学历培训5名,初中教师达本科学历培训1104名,小学教师达大专学历培训705名。组织3.47万名中小学教师参加其他学科培训。

【清理不合格教师】 全年共清理不合格教师184人。其中,注销资格证书95人,撤销教师资格3人,清除出教师队伍12人,解聘教师74人。

【积极实施教师资格认定制度】 全年共认定教师资格7000人。其中,认定幼儿园教师资格307人,小学教师资格2131人,初中教师资格975人,高中教师资格3182人,中等职业学校教师资格352人,中等职业学校实习指导教师资格53人。在被认定的具有教师资格的人员中,在职教师793人,占11.3%;社会人员6207人,占88.7%。

【加强职改工作】 全年为市属学校办理171人高级教师职务和220人中级教师职务聘任手续;审查推荐市属学校(单位)、民办学校191人参加中学高级教师资格评审,其中164人取得中学高级教师资格。组织全市中小学教师中级专业技术资格评审工作,评审2726人。其中,821人取得中学一级教师资格,1280人取得小学高级教师资格。审查认定市属学校(单位)、民办学校232人中小学教师初级专业技术资格。

【建立人才激励机制】 对100名优秀教育工作者、100名优秀教师、100名优秀班主任、100名师德标兵大张旗鼓地进行表彰,并评选11名省级优秀班主任。

【加强教育对外学术交流】 全年全市教育系统短期因公出访人数达338人,出访国家和地区遍及南美洲、北美洲、欧洲、亚洲、大洋洲和非洲。其中,南昌大学公派155人出访,为全省各校短期因公出访之最。

【聘请外籍教师】 全年全市28所各类学校聘请外籍教师235人。其中,22所高校聘请外籍教师220人,6所中学聘请外籍教师15人。南昌大学、江西师范大学分别聘请外籍教师43人、40人,列全省各类学校前两位。南昌英孚语言学校、南昌外国语学校分别聘请外籍教师6人、4人,列全省中学前两位。南昌市聘请的外籍教师来自35个国家。其中,有美洲的美国、加拿大、委内瑞拉;欧洲的英国、德国、法国、意大利、爱尔兰、瑞典、瑞士、奥地利、比利时、丹麦、荷兰、挪威、芬兰、俄罗斯、白俄罗斯、波兰、罗马尼亚、斯洛伐克;大洋洲的澳大利亚、新西兰;亚洲的日本、韩国、新加坡、马来西亚、菲律宾、印度、尼泊尔;非洲的南非、埃及、加纳、喀麦隆、津巴布韦。

【农村中小学教职工工资发放等情况实行月报制度】 全年对农村中小学在职教职工数及国家规定的标准工资发放情况、离退休教职工数及国家规定的离退休费发放情况、教职工工资管理是否上收到县、教职工和校长人事管理是否上收到县等4个项目实行月报制度。月报制度实施后,全市9个涉农县区实现"三统"(即教育经费统筹、教师工资统发、教职工统一调配)目标,未发生拖欠教师工资现象。

【加强教育系统干部培训】 全年培训高级中学干部45人。其中,岗位培训21人,提高培训24人。培训初级中学干部61人。其中,岗位培训45人,提高培训16人。培训小学干部1097。其中,岗位培训634人,提高培训463人。培训其他教育干部47人。

## 学前教育

【省、市领导关心学前教育】 6月1日,省委副书记王君,省委常委、市委书记余欣荣,省政府副省长赵智勇等省市领导在省市教育部门的负责人陪同下,走访全市部分幼儿园、保育院,与广大儿童欢庆"六一",指导学前教育快速健康发展。

【开展庆"六一"活动】 5月31日,市教育局、市妇联在艺术剧院召开庆"六一、争做合格家长,培养合格人才"表彰暨再动员大会,市政府副市长罗慧芬到会并讲话。

【加强幼教工作指导】 召开全市幼儿教育工作会议,部署年度幼儿教育工作,制订"十一五"幼儿教育发展目标和措施,组织市幼教委员会换届选举;制订《南昌市3岁儿童保育教育实验指导意见》,启动3岁儿童保育教育实验工作;对全市农村乡(镇)中心幼儿园办园情况进行摸底调查,加强对农村乡(镇)中心幼儿园指导。

【创建示范幼儿园】 市教育局组织南昌陆军学院幼儿园等3所幼儿园参加省级示范幼儿园评估活动;组织八一保育院等8所幼儿园参加省级示范幼儿园复评活动;对千禧幼儿园、造纸厂幼儿园申报市一级幼儿园进行评估。经过认真评估,3所幼儿园晋升为省级示范幼儿园,2所幼儿园晋升为市一级一类幼儿园。全年全市省级示范幼儿园增加到25所,市一级一类幼儿园增加到14所。

【加强幼儿园管理】 代市政府起草《南昌市幼儿园(托儿所)登记注册管理办法》,进一步规范办园行为;对全市幼儿园开展安全联合执法检查,进一步加强幼儿园安全工作。

【组织城乡幼儿园结对帮扶】 认真落实全市农村教育工作会议精神,组织城区22个省级示范幼儿园与农村乡镇中心幼儿园开展结对帮扶活动,推动农村幼教事业发展。

【加强幼教队伍建设】 组织省级示范幼儿园园长、市一级幼儿园园长赴华东师范大学参加为期一个月的研修;组织全市幼儿园骨干教师参加"幼儿园建构式课程"培训,提升广大幼儿教育工作者育人水平。

【民办幼儿园蓬勃发展】 截至年底,全市民办幼儿园发展到341所,占全市幼儿园数的73.3%;教学班1361个,占全市幼儿园教学班数的51.4%;毕业生8468人,占全市幼儿园毕业生数的35.3%;招生20746人,占全市幼儿园招生数的41.8%;在园幼儿35883人,占全市幼儿园在园幼儿数的44.3%;教职工2870人,占全市幼儿园教职工数的50.9%;专任教师1682人,占全市幼儿园专任教师数的51.5%。

【县、镇幼教事业快速发展】 随着城镇化建设步伐加快,南昌市县、镇学前三年教育快速发展。截至年底,全市县、镇幼儿园发展到266所,占城镇幼儿园数的64.4%;教学班1333个,占城镇幼儿园教学班数的59.2%；毕业生1.17万人，占城镇幼儿园毕业生数的58.1%；招生2.80万人，占城镇幼儿园招生数的54.4%；在园幼儿3.95万人，占城镇幼儿园在园幼儿数的57.8%；教职工2560人，占城镇幼儿园教职工数的47.4%；专任教师1585人，占城镇幼儿园专任教师数的50.8%。

## 基础教育

【稳定义务教育有新保障】 认真实施《南昌市进城务工农民子女义务教育工作暂行办法》，年内14所公办中小学做好接纳369名农民工子女入学工作，切实保障"民工娃"接受义务教育的权利。在全市义务教育学校全面推行"一费制"收费办法，进一步规范中小学收费行为，切实减轻全市60余万学生家长的经济负担。加强扶贫助学工作。发放"两免一补"专项资金1536.7万元（其中，免费提供教科书784.86万元，免杂费651.97万元，补助寄宿生生活费69.87万元），义务教育阶段受助贫困学生达16万人次，减免书学费290余万元；非义务教育阶段受助贫困学生达0.92万人。

【义务教育巩固提高工作得到加强】 截至年底，全市普通初中发展到185所，比上年增加3所，增长1.6%；招生5.07万人，增加1.36万人，增长36.6%。小学1145所，比上年调减15所；在校学生43.25万人，比上年增加1.79万人，增长4.3%。

【农村教育发展步伐加快】 截至年底，全市农村小学发展到695所，比上年增加42所，增长6.4%；招生3.13万人，增加452人，增长1.5%；在校学生16.75万人，增加1.3万人，增长8.5%。县、镇小学招生2.76万人，增加1114人，增长4.2%；县、镇初中在校学生16.35万人，增加8.67万人，增长113%；县、镇高中在校学生4.55万人，增加4004人，增长9.6%。

【改革农村教育】 召开全市农村教育工作会议，下发市政府《关于进一步加强农村教育工作若干问题的决定》，明确发展农村教育的目标任务，并制定33条加强和改进农村教育工作的政策措施。投入资金5830.3万元，拆除危房校舍13万平方米，改造中小学危房校舍17万平方米，实现消除D类危房的三年目标，超额24%完成中小学危房三年改造任务。开展城乡百校结对帮扶活动，组织22所省级示范幼儿园与乡镇中心幼儿园开展结对帮扶活动。开展送教下乡活动，资助260余万元为农村中小学装备计算机200台，更新课桌凳1万余套，装备语音室20间，促进城乡教育均衡发展。印发市政府《关于进一步巩固发展"两基"成果，提高农村义务教育办学水平的意见》，建立健全对县区教育工作督导评估机制，促进县区政府切实担负起对本区域教育发展进行统筹管理的责任。组织对4县5区的"两基"复查年检工作，义务教育"以县为主"的管理体制不断完善，统筹教育经费、统发教师工资、统一调配教职工的"三统"工作基本得到落实。

2005年6月1日，省市领导余欣荣、雷武江在市教育局领导陪同下，视察南昌市启音学校

【增加更新基础教育设施】 截至年底，校园校舍面积持续增大。全市中小学校园占地面积1515万平方米，比上年增加104万平方米，增长7.4%；校舍建筑面积480万平方米，增加38万平方米，增长8.4%。固定资产增多。全市中小学固定资产32.23亿元，比上年增加5.02亿元，增长18.4%。其中，职业中学固定资产2.41亿元，增加1.2亿元，增长98.9%；普通中学固定资产20.96亿元，增加2.93亿元，增长16.3%。小学固定资产8.85亿元，增加8843万元，增长11.1%。教育设施不断增新。计算机3.84万台，比上年增加4460台，增长13.1%，人机比达16:1；藏书807.65万册，增加28.12万册，增长3.6%；新建龙泉小学、龙泉幼儿园、明德小学等一批教育网点；南昌二中红谷滩新校8万平方米的一期工程进入装修阶段，直属学校8万平方米的9个单项工程抓紧施工；新增理化生实验室100余个，语音室34个，机器人实验室10个，多媒体投影仪120套，更新课桌凳2.4万余套。教育网站增容。新增校园网6个，使全市校园网达到62个，200余所乡镇以上中小学实现以不同方式与全国互联网链接。

【基础教育水平有新提升】 全年各学校追求质量效益，中小学"四率"不断提升。小学入学率达99.6%，升学率达99.76%，分别比上年增加0.2和0.06个百分点；初中入学率达98.1%，升学率达77%，增加1.7和7.5个百分点；小学、初中辍学率分别控制在0.68%和2.76%以下。高考录取人数2.65万人，录取率达69.02%，连续第5年实现"高等教育大众化"历史性跨越。南昌二中学生曾颖勇夺全省应届毕业生理科状元，考入清华大学的学生占全省的20%，外语小语种考试获保送生资格的占全省98%。学科竞赛捷报频传。在中小学学科竞赛中，1000余人次获国家级、省级奖。其中，师大附中学生罗晔荣获第26届国际数学奥林匹克竞赛金牌，南昌外国语学校学生欧阳天荣获第四届全国中小学英语演讲比赛初中组一等奖，创江西省学子历年来取得的最好成绩。获全国中学生电脑作品大赛一等奖6个、二等奖3个，获奖名额列全国城市第一。

【加强中小学校德育工作】 中小学德育工作紧扣未成年人思想道德建设，紧贴"文明南昌行计划",编撰发行《文明南昌三字经》,以"文明礼仪进课堂"、"文明礼仪进社区"、三大主题教育"八个一"等系列活动为抓手,在全市中小学深入持久地开展"重培养、塑文明、讲礼仪"行为习惯养成主题教育。

【提高中小学生综合素质】 全年组织举办新世纪第二届中小学生幼儿艺术节、中小学生艺术团比赛和合唱比赛、幼儿文艺汇演、中小学生幼儿美术书法和摄影竞赛、艺术科学论文评比等市级竞赛项目300余个,近万名学生参赛。积极组建三团一队(即合唱团、舞蹈团、文学美术社团、鼓号队)。组织举办全市中小学生田径运动会、篮球和排球比赛。开展献爱心活动。在第15个"助残日",全市中小学生捐款14万余元。在印度洋海啸期间,全市中小学生向受灾国家人民捐款17万余元。东湖区继红小学举办爱心班,接纳九江地震灾区受灾学生32名就读。开展评先活动。表彰全市文明学生、"三好"学生、优秀学生干部1644名,先进班集体129个。

【普及高中教育速度加快】 全年全市高中阶段入学率达77%,比上年增长7.5个百分点;普通高中、职业高中发展到119所,增加3所,增长3%;招生4.18万人,增加4659人,增长12.5%;在校学生11.02万人,增加9799人,增长9.8%;毕业生3.04万人,增加4957人,增长19.4%。其中,普通高中招生3.45万人,增加2450人,增长8%;在校学生9.45万人,增加6694人,增长8%;毕业生2.66万人,增加5412人,增长25.4%。职业高中招生7302人,增加2209人,增长43.4%;在校学生1.57万人,增加3105人,增长24.6%。

【每万人口在校学生数】 截至年底,全市每万人口在园幼儿数180.7人,比全省平均数多13.4人,比全国平均数多13.1人;每万人口小学在校生数964.5人,比全省平均数多67.7人,比全国平均数多128.7人;每万人口初中在校生数351.6人;每万人口特殊教育在校生数2人;每万人口高中在校生数210.8人,比全省平均数多12.6人,比全国平均数多25.48人。

【优质高中扩大招生比例】 为满足广大人民群众对优质教育的需求,全年全市12所重点中学和12所重点建设中学共招收高一新生1.96万人,占全市城乡普通高中招收高一新生数的57%。

【6所学校获全省首批"安全文明校园"称号】 当年南昌一中、南昌二中、南昌三中、南昌实验中学、南师附小和新建二中获全省首批"安全文明校园"称号。

【学校体育卫生艺术教育成效显著】 全年全市学校体育、卫生、艺术教育共获国家级、省级奖项175个。其中,贯彻《学校体育工作条例》获国家级奖2个,省级奖6个;中小学体育与健康优秀教案评比获国家级奖1个;中小学音乐、美术教师基本功比赛获国家级奖3个,省级奖55个;中小学、幼儿园校园合唱比赛获省级奖24个;"预防艾滋病,青少年责无旁贷"中学生绘画赛获国家级奖14个,省级奖31个;中学生田径、足球、排球比赛获省级奖39个。

【小学普遍开设英语课程】 截至年底,全市824所小学开设英语课程,占全市小学总数的71.97%,高于全省平均数36.6个百分点;接受英语课程教育的小学生21.62万人,占全市小学生总数的50%,高于全省平均数13个百分点。

【中小学普遍开设信息技术课程】 截至年底,全市开设信息技术课程的小学883所,占小学总数的77.12%,高于全省平均数39.66个百分点;开设信息技术课程的初中185所,占初中总数100%,高于全省平均数14.33个百分点;开设信息技术课程的高中94所,占高中总数的100%,高于全省平均数7.62个百分点。学习信息技术的小学生28.24万人,占小学生总数的65.29%,高于全省平均数24.09个百分点;学习信息技术的初中生15.77万人,占初中生总数的100%,高于全省平均数26.28个百分点;学习信息技术的高中生9万人,占高中生总数的95.21%,高于全省平均数5.19个百分点。

【中小学加强计算机装备】 截至年底,全市中小学共装备计算机3.46万台,人机比为1:20(市直学校1:9),高于全省平均数的1:33。其中,小学装备计算机1.45万台,人机比为1:30(市直1:20),高于全省平均数的1:53;初中装备计算机7751台,人机比为1:20(市直1:35),高于全省平均数的1:34;高中装备计算机1.23万台,人机比为1:8(市直1:5),高于全省平均数的1:12。

【两城区列全省"两基"复查年检第一名】 全年在省政府教育督导室组织的全省五城市区"两基"(即基本普及九年义务教育、基本扫除青壮年文盲)复查年检活动中,东湖区、西湖区并列第一名。

【中小学积极发展校办产业】 截至年底,全市开展勤工俭学的中小学达1006所,拥有勤工俭学基地823个,劳动实践基地619公顷,销售收入2.11亿元、利润总额5202万元,缴纳税费487万元,勤工俭学收入补助教育经费2215万元(其中,用于改善办学条件1432万元,修建校舍6.32万平方米;补助困难学生124万元)。

## 职业技术教育

【改革职业教育】 认真贯彻落实市委、市政府《关于大力发展职业教育的决定》,编制《南昌市职业教育"十一五"规划》,制定县(区)职业教育和市属民办职业学校工作目标考评细则和《南昌市职业教育2004~2007年实训基地建设规划》,围绕全市支柱产业及十大产业优势,逐步实施"3510"工程(即3个国家级实训基地、5个省级实训基地、10个市级实训基地)。抓紧整合职教资源,采取股份制运作模式筹建南昌职业技术学院。扎实有效地做好中职招生工作,明确全市职校招生增幅不低于40%的要求。加大招生宣传力度,采取合作委培、定向培养、联合招生、定单招生等多种形式,超额完成年度招生任务。坚持以就业为导向,大力开展"订单"培养。召开第二届职业教育校企联席会议,有12家省内外企业、6所高职院校与市职业学校签订联合办学协议。召开驻南昌市省属高职院校联谊协作会,抓紧市中等职业学校与驻南昌市的31所高等院校对接体系的建立。加强市中等职业学校学生技能培养,对2000余名职校学生进行专业理论和技能操作考试考核。南昌市10所学校9个专业参加全省中等职业学校第二届技能竞赛节,取得团体一等奖5个、二等奖6个、三等奖5个和个人一等奖9个、二等奖18个、三等奖26个的优异成绩。市教育局获优秀组织奖。

【职高招生、在校生比例逐年提高】 2003年~2005年,全市职业高中与普通高中招生的比例分别为10:90、14:86、17:83。2004年比2003年提高4个百分点,2005年比2004年提高3个百分点。2003年~2005年,职业高中与普通高中在校生的比例分别为12∶88,13∶87,14∶86,连续两年每年提高一个百分点。

【一批中专学校扩大办学规模】 截至年底,全市24所普通中等专业学校中,在校学生超过5000人的有1所,超过4000人的有4所,超过3000人的有5所,超过2000人的有7所。

【29所高职院校开设中专部】 截至年底,全市高职院校中专部共招收初中毕业生4.19万人,占全市中等职业教育学校(中专、职高、技校)招生数的53.37%。其中,南昌理工学院中专部招收初中毕业生1.94万人,江西城市职业学院中专部招收初中毕业生8696人。在29所高职院校中专部,在校学生超过2万人的有1所,超过9千人的有3所,超过8千人的有4所,超过6千人的有5所,超过4千人的有9所,超过3千人的有10所,超过2千人的有14所。

【建成一批重点职业学校】 为把南昌市打造成全国现代制造业重要基地和职业技术教育中心,市委、市政府从2004年起认真实施《关于大力加强职业教育的决定》,着力建设一批职业教育龙头学校。截至年底,全市拥有12所国家级重点中等职业学校(其中市直属1所,即南昌市第一职业中等专业学校),5所省级重点中等职业学校(其中市直属1所,即南昌市汽车机电学校)。

【建成一批国家级职业教育实训基地】 经国家教育部、财政部认定,全年全市有17所职业院校成为国家级职业教育实训基地,涉及数控技术、计算机应用、电工电子、汽车维修、生物制药、园艺技术、护理等7个专业。

【两所职高基建项目获中央预算内专项资金补助】 截至年底,安义县职业技术学校教学实验楼获中央预算内专项资金150万元;进贤县职业技术高级中学实验楼获中央预算内专项资金150万元。

【职校学生技能水平名列全省前矛】 组织市职校学生参加全省中等职业学校第二届技能节各项竞赛,获团体一等奖5个,二等奖8个,三等奖6个;个人一等奖9个,二等奖19个,三等奖23个;获奖总数70个,列全省11个设区市第一名。其中,参加计算机技能竞赛,获一等奖4个,二等奖4个,三等奖3个,获奖总数11个;参加软件应用技能竞赛,获三等奖1个;参加电子应用技能竞赛,获二等奖2个,三等奖1个,获奖总数3个;参加英语技能竞赛,获二等奖6个,三等奖5个,获奖总数11个;参加色彩写生技能竞赛,获一等奖2个,获二等奖1个,三等奖1个,获奖总数4个;参加素描写生技能竞赛,获二等奖1个,三等奖1个,获奖总数2个;参加会计电算化技能竞赛,获一等奖5个,二等奖6个,三等奖5个,获奖总数16个;参加中餐宴会摆台技能竞赛,获一等奖1,二等奖1个,三等奖4个,获奖总数6个;参加导游技能竞赛,获一等奖2个,二等奖6个,三等奖8个,获奖总数16个。

【发展民办高等职业教育】 截至年底,全市民办高等职业院校发展到6所,在校高职学生3.63万人。其中,江西城市职业学院在校高职学生7917人,江西服装职业技术学院在校高职学生6593人,江西科技职业学院在校高职学生4878人,江西大宇职业技术学院在校高职学生9074人,江西赣江职业技术学院在校高职学生4409人,江西先锋软件职业技术学院在校高职学生3494人。

## 高等教育

【高等教育快速发展】 截至年底,全市普通高校发展到45所,比上年增加4所;毕业生5.32万人,增加1.71万人,增长47.64%;招生12.27万人,增加6105人,增长5.23%;在校学生39.47万人,增加10.48万人,增长36.17%;教职工4.00万人,增加8300人,增长26.11%;专任教师2.35万人,增加6213人,增长35.78%。

【高教体系不断完善】 截至年底,全市已形成多种层次、多种形式、学科门类较齐全的普通高等教育体系。其中,综合大学11所,理工院校17所,农业院校2所,医药院校3所,师范院校4所,财经院校6所,政法院校2所,艺术院校2所,民族院校1所,成人院校8所。

【高校博士学位授权点增多】 全省拥有博士学位授权点的高校共有南昌大学、江西财经大学、江西农业大学、江西师范大学等4所,全部集中在南昌市。截至年底,一级学科博士点4个,比上年增加2个,增长100%;二级学科博士点32个,增加16个,增长100%。截至年底,在校博士生405人。其中,南昌大学259人,江西财经大学115人,江西农业大学24人,江西师范大学7人。

【高校研究生增多】 截至年底,南昌大学、江西师范大学、江西财经大学、江西农业大学、江西中医学院、南昌航空工业学院、华东交通大学等7所驻南昌市高校研究生毕业人数1531人,比上年增加374人,增长32.32%;研究生招生数3669人,增加724人,增长24.58%;在校研究生数8635人,增加1694人,增长24.41%。南昌高校在校研究生数,占全省高校在校研究生数的87.58%。

【高校本科生增多】 截至年底,全市高校本科生毕业人数2.96万人,比上年增加7389人,增长33.26%;本科生招生数5.24万人,增加1.01万人,增长24%;在校本科生数16.86万人,增加2.52万人,增长17.57%。

【高校科研项目和科研成果多】 截至年底,驻南昌市9所高校共承担各级各类科技项目2318个。其中,国家级项目166个,省部级项目536个,横向及国际合作项目566个,其他项目1050个。5所高校技术转让项目22个,转让收入5002万元。1所高校获国家级项目二等奖一个,5所高校获省部级奖30个,5所高校获专利25项。9所高校发表科技论文7534篇(其中在国家级核心刊物及国外刊物发表论文3838篇),8所高校出版社出版学术专著219部,9所高校出版教材292部。8所高校完成科技成果167项。其中,完成国家级科技成果12项,完成省部级科技成果78项,完成厅局级科技成果37项。

【高校师资力量增强】 截至年底,驻南昌市高校教师中,2186人拥有正高级职称,占专任教师比例的9.27%,高于全省平均数的1.68个百分点;6360人拥有副高级职称,占专任教师比例的26.98%。全市高校正高级教师人数占全省高校正高级教师人数的71.84%,副高级教师人数占全省高校副高级人数的60.23%。具有博士学位的教师1035人,占专任教师的4.39%;具有硕士学位的教师5916人,占专任教师的25.1%。

【发展独立学院】 截至年底,全市按民办机制运作的"三独立"(即法人独立、财务独立、校园独立)学院发展到8所,普通高等教育在校学生3.83万人。其中,本科生3.50万人,专科生3288人。

南昌大学科技学院在校本科生 8343 人;江西师范大学科技学院在校学生 7319 人(本科生 4990 人,专科生 2329 人);江西农业大学南昌商学院在校本科生 4121 人;江西财经大学现代经济管理学院在校本科生 4439 人;华东交通大学理工学院在校学生 5015 人(本科生 4056 人,专科生 959 人);南昌航空工业学院在校本科生 4449 人;江西中医学院科技学院在校本科生 2989 人;江西科技师范学院理工学院在校本科生 1650 人。

【公派学生出国留学】 全年全市公派 22 名高校学生出国留学。公派单位是南昌大学、江西师范大学、江西农业大学、江西科技师范学院、江西广播电视大学。留学的国家是美国、英国、德国、加拿大、澳大利亚和印度。

【招收留学生】 全市 4 所高校招收留学生 531 人。其中,江西中医学院招收来自美国、日本、韩国、马来西亚、印度、尼泊尔、叙利亚等国家的留学生 464 人;南昌大学招收来自美国、俄罗斯、日本、韩国、泰国等国家的留学生 29 人;江西师范大学招收来自美国、日本、韩国、印度尼西亚利等国家的留学生 28 人;江西财经大学招收来自荷兰、奥地利、芬兰、韩国等国家的留学生 10 人。

【扩大中外合作办学】 全年全市实施中外合作办学项目 29 个。其中,南昌大学 5 个,合作办学单位是法国普瓦捷大学、英国阿伯泰·邓迪大学、新西兰国立理工学院;江西师范大学 1 个,合作办学单位是澳大利亚南澳大学;华东交通大学 1 个,合作办学单位是加拿大新不伦瑞克大学;南昌航空工业学院 4 个,合作办学单位是澳大利亚拉筹伯大学、澳大利亚北墨尔本高等技术学院;江西科技师范学院 8 个,合作办学单位是加拿大莱姆顿应用技术学院、加拿大北大西洋学院、加拿大纽芬兰纪念大学;南昌工程学院 3 个,合作办学单位是荷兰萨克逊大学;江西旅游商贸学院 3 个,合作办学单位是英国南兰克郡学院;江西电力职业技术学院 2 个,合作办学单位是澳大利亚维多利亚齐泽姆职业技术学院。

## 成人教育

【加强成人教育】 全年组织 1.47 万人报考研究生,报考人数占全省的 52.36%;组织 2.57 万人报考成人高等教育,报考人数占全省的 68.9%,比上年增长 12%。通过考试,上线人数达 1.38 万人,占报考数的 53.82%。组织 6.76 万人参加 14.47 万科次的自学考试,报考人数列全省第一。

【发展成人高等教育】 截至年底,全市涉及成人高等教育的院校发展到 46 所(其中,职工高等学校 3 所,管理干部学院 2 所,教育学院 2 所,广播电视大学 1 所,普通高校举办函授教育的 17 所,普通高校举办业余教育的 7 所,普通高校举办成人脱产教育的 14 所),毕业生 2.44 万人(其中本科 9871 人,专科 1.45 万人),招生 2.61 万人(其中本科 1.17 万人,专科 1.44 万人),在校学生 6.36 万人(其中本科 2.64 万人,专科 3.71 万人),教职工 2260 人(其中专任教师 1067 人)。

【发展职工高等教育】 截至年底,全市职工高等学校发展到 3 所,毕业生 382 人,招生 1020 人,在校学生 2329 人,教职工 250 人(其中专任教师 152 人)。南昌钢铁有限公司职工大学专科毕业生 38 人,专科招生 61 人,专科在校学生 137 人,教职工 46 人(其中专任教师 21 人);南昌业余大学专科招生 282 人,专科在校学生 697 人,教职工 90 人(其中专任教师 59 人);南昌职工科技大学专科毕业生 344 人,专科招生 677 人,专科在校学生 1495 人,教职工 114 人(其中专任教师 72 人)。

【发展管理干部教育】 截至年底,全市管理干部学院发展到 2 所,毕业生 247 人(其中专科 203 人),招生 406 人(其中专科 295 人),教职工 970 人(其中专任教师 286 人)。江西行政管理干部学院毕业生 97 人(其中专科 92 人),招生 168 人(其中专科 50 人),在校学生 358 人(其中专科 113 人),教职工 682 人(其中专任教师 112 人);江西经济管理干部学院毕业生 150 人(其中专科 111 人),招生 238 人(其中专科 69 人),在校学生 646 人(其中专科 182 人),教职工 288 人(其中专任教师 174 人)。

【发展教师教育】 截至年底,全市教育学院发展到 2 所,毕业生 2629 人(其中专科 1469 人),招生 2830 人(其中专科 1407 人),在校学生 6804 人(其中专科 3667 人),教职工 625 人(其中专任教师 360 人)。江西教育学院毕业生 1420 人(其中专科 260 人),招生 1767 人(其中专科 344 人),在校学生 4187 人(其中专科 1050 人),教职工 484 人(其中专任教师 244 人);南昌教育学院专科毕业生 1209 人,专科招生 1063 人,专科在校学生 2617 人,教职工 141 人(其中专任教师 116 人)。

【发展广播电视教育】 截至年底,江西广播电视大学专科毕业生 1810 人,专科招生 1323 人,专科在校学生 4069 人,教职工 415 人(其中专任教师 269 人)。

【普通高校举办函授教育】 截至年底,全市 17 所普通高校举办函授教育,函授毕业生 1.53 万人(其中专科 7761 人),招生 1.35 万人(其中专科 6639 人),在校学生 3.22 万人(其中专科 16550 人)。

【普通高校举办业余教育】 截至年底,全市 7 所普通高校举办业余教育,业余教育毕业生 2005 人(其中专科 1260 人),招生 3979 人(其中专科招生 2244 人),在校学生 8915 人(其中专科 5381 人)。

【普通高校举办成人脱产教育】 截至年底,全市 14 所普通高校举办成人脱产教育,脱产教育毕业生 1983 人(其中 1654 人),招生 3102 人(其中专科 1673 人),在校学生 8217 人(其中专科 4854 人)。

## 民办教育

【民办教育持续发展】 全年全市民办高中发展到 42 所,比上年增加 3 所,增长 7.8%;招生 6679 人,增加 683 人,增长 11.4%;在校学生 1.71 万人,增加 1526 人,增长 9.8%;毕业生 4719 人,增加 1330 人,增长 39.2%。民办职高 7 所,与上年持平;招生 1632 人,比上年增加 362 人,增长 28.5%;在校学生 3714 人,增加 505 人,增长 15.7%。民办初中 12 所,与上年持平;招生 3442 人,比上年增加 396 人,增长 13%,毕业学生 5751 人,增加 317 人,增长 5.8%。

【改革民办教育】 建立和完善民办学校办学许可制度、诚信办学公示制度、教师备案制度和学生资格审查制度;举办首届民办学校校长岗位培训班,促进民办教育在规范中前进。向 6 所民办示范学校和 6 所民办示范建设学校授牌,对 3 所民办优秀特色学校和 36 所民办教育先进单位进行表彰;开展 2005 年度全市民办教育机构办学水平和教育质量督导评估活动，促进民办教育在竞争中提升。召开全市民办教育协会第二届年会，修改《南昌市民办教育协会章程》，调整协会组织机构，举办民办教育迎春联谊会，促进民办教育在和谐中完善。大力发展民办职业教育和农村民办教育，促进民办教育在重点中突破。加大招商引资力度，引进外资4亿元举办4所民办学校；公办民助的南昌市青少年校外教育营地建设项目已进入选址阶段；加快民办教育国际化进程，西山国际学校取得招收外籍留学生资格，少春国际学校上报待批，促进了民办教育在发展中壮大。

【民办中初等教育蓬勃发展】 截至年底，全市中等职业教育以下的民办学校发展到426所，在校学生13.31万人，比上年增加4.11万人，增长44.74%。其中，民办中等职业学校12所，在校学生5.52万人，比上年增加4.32万人，增长362.36%；民办高中42所，在校学生1.71万人，增加1526人，增长9.78%；民办初中19所，在校学生1.28万人；民办小学12所，在校学生1.20万人，增加3321人，增长37.90%；民办幼儿园341所，在园幼儿3.58万人。

【民办高等教育快速发展】 截至年底，全市民办高校发展到11所，招生9.35万人，在校学生15.97万人，教职工1.08万人，专职教师8215人。南昌市与西安、北京市被誉为全国三大民办教育基地。

【6所民办高校在校学生突破万人大关】 截至年底，江西蓝天学院在校学生4.51万人，招生2.25万人，教职工2301人，专职教师1853人；南昌理工学院在校学生3.55万人，招生2.21万人，教职工3139人，专职教师2469人；江西城市职业学院在校学生1.63万人，招生9117人，教职工697人，其中专职教师623人；江西大宇职业技术学院在校学生2.00万人，招生1.18万人，教职工1588人，其中专职教师798人；江西服装职业技术学院在校学生1.50万人，招生8652人，教职工943人，其中专职教师858人；江西赣江职业技术学院在校学生1.27万人，招生9046人，教职工604人，其中专职教师398人。

【民办教育师资队伍不断壮大】 截至年底，全市民办学校教职工1.84万人。其中，专职教师1.27万人。民办幼儿园教职工2870人。其中，专职教师1682人。民办小学教职工943人。其中，专职教师645人。民办普通中学教职工3083人。其中，专职教师1829人。民办中等职业学校教职工673人。其中，专职教师341人。民办高校教职工1.08万人。其中，专职教师8215人。

## 教学研究

【课程改革做到"四个坚持"】 一是坚持以科研促课改。强化课改实验管理，抓紧执行国家课程、规划地方课程、开发校本课程的落实工作，组织全市教育科研"十五"规划第二批滚动课题立项工作和中国职教学会6项国家级课题申报工作；举办"2005年·南昌基础教育课程改革（义务教育阶段）教学成果展示暨研讨会"。组织74所学校参加4项国家级、省级电教课题研究。二是坚持以听课评课促课改。召开小学课改样本校会，组织小学教学开放日和优质课下乡活动；开展"名师讲坛"公开课活动；承办全国中小学英语教师培训研讨会和全国中职杯语言说课大赛暨语文教学论文评选活动；组织开展市级教研活动125次，教研员下校听课评课近千节。三是坚持以竞赛、评比促课改。组织参加全国、全省教学竞赛，10名教师获国家级奖，51名教师获省级奖。四是坚持以构建评价体系促课改，制定《南昌市基础教育课程改革实验初中学生综合素质评价工作指导意见》。

【推进义务教育课程改革】 建立市、区、校三级课改教研网络；组织市教研员参加国家级教材培训、全市中小学教师参加新课程教材培训，向3县（区）千余名农村教师解读新课程标准；举办国家级专家学术报告会3场、市级课改报告会30余场；征集课改实践与思考文章5千余篇，印发东湖区、西湖区课改经验文章80余篇，编印一批课改成果汇编、新教材教案集；举办教育部重点课题中小学英语形成性评价中期评估研讨会，协办全国初中数学新课程教材研讨会，教育部课改督察组和人民教育出版社专家对全市基础教育课改给予较高的评价。

【举办"2005年·南昌基础教育课程改革（义务教育）教学成果展示暨研讨会"】 10月27～29日，"2005年·南昌基础教育课程改革（义务教育）教学成果展示暨研讨会"在滨江宾馆举行，省教育厅和市委、市人大、市政府、市政协分管领导到会致辞，人民教育出版社教材专家作学术讲座。期间，呼和浩特、广州、合肥、无锡市和江西省10个设区市教育局代表2600余人观摩南昌市中小学21个学科63节课改研讨课。

【实施中央教科所"十五"规划重点课题研究成果显著】 全市实施"小学语文、数学教学策略与培训模式研究"重点课题逾两年，召开研讨会12次，组织专家现场指导10次，举办成果汇报会10次，6所实验学校进行阶段性总结。在国家教育科研所"十五"规划课题组第五届年会上，全市有8名教师获课题组先进工作者称号，6所小学获"学习型学校"称号。

【加强教育科研工作】 市教育科研所制定全市教育科研"十五"规划第二批滚动课题实施方案，举办全市教育科研研讨会，编辑中小学研究性学习、德育课题成果汇编专集，印发《教研动态》、《科研简报》11期，完成"初中语文课堂教学设计研究"、"英语形成性评价项目"等2项国家级课题结题工作和"高中教学现状分析与对策研究"课题调研，组织开展教育科研示范校考评和课题研究成果评选活动。

【加强职业教育科研】 市教育科研所组织全市中等职业学校申报中国职教学会国家级课题6项，申报市级科研课题24项，开展校本课题研究活动，开展职业教育教学改革"双元制"实验。

【教师教研竞赛成绩优异】 截至年底，全市获全国中小学英语新课程评比一等奖46个，二等奖181个，三等奖289个；获全国小学作文、数学教学竞赛一等奖各1个；获华东六省一市小学数学教学竞赛一等奖1个；获全省电教课竞赛一等奖4个；获全省小学科学教学竞赛一等奖2个；获全省物理说课比赛、生物优质课比赛第一名各1个；获全省中学英语优质课比赛一等奖1个。

【高中学生学科竞赛成绩名列全省前矛】 截至年底，全市获物理竞赛一等奖7个，二等奖17个，三等奖15个，列全省第一；获英语竞赛一等奖6个，二等奖8个，三等奖21个，列全省第一；获化学竞赛一等奖6个，二等奖7个，三等奖12个，列全省第二；获生物竞赛一等奖3个，二等奖10个，三等奖15个，列全省第二。

【教研创新形式多】 市教育科研所举办教研学术研讨会,组织县、区教研室主任交流教研创新经验;邀请专家作学术报告,提升市、县(区)两级170余名教研员教研创新水平;开展"教育创新一事一议"征文活动,征集全市教师教育创新论文500余篇;开展"文明礼仪"征文活动,征集全市教师德育教育创新论文200余篇;组织编写《文明南昌三字经》,加强中小学生文明行为养成教育。

【语言文字工作通过国家、省语委会评估认定】 2006年2月15日,国家语言文字工作委员会致函江西省语言文字工作委员会,同意其2005年12月14日对南昌市语言文字工作的认定意见,认为南昌市认真贯彻《中华人民共和国国家通用语言文字法》,城区基本实现"普通话初步普及"、"汉字的社会应用基本规范"的新世纪初叶工作,语言文字的社会应用基本能够适应省会城市现代化建设的需要,有效服务于将南昌市建设成为"现代区域中心城市"和"现代文明花园英雄城市"的发展目标。

**2005年南昌市各级各类学校一览表**

表37

| 学校类别 | 学校数(所) | 毕业生数(人) | 招生数(人) | 在校学生数(人) | 教职工数 | |
|---|---|---|---|---|---|---|
| | | | | | 总计 | 其中:专任教师(人) |
| 南昌市 | 2025 | 306936 | 412657 | 1321724 | 90803 | 65059 |
| 市属合计 | 1957 | 233540 | 221529 | 794489 | 48525 | 40432 |
| 普通高校 | 45 | 53281 | 122729 | 394717 | 40092 | 23576 |
| 其中:市属 | 1 | 492 | 1453 | 4788 | 316 | 254 |
| 普通中专 | 24 | 21491 | 71391 | 141355 | 2502 | 1305 |
| 其中:市属 | – | 884 | 1539 | 4049 | – | – |
| 普通高中 | 94 | 26692 | 34553 | 94540 | 19575 | 5034 |
| 普通初中 | 185 | 79039 | 50748 | 157704 | 11050 | |
| 职业高中 | 21 | 3758 | 7302 | 15707 | 894 | 668 |
| 小学 | 1145 | 50626 | 76209 | 432579 | 21308 | 19964 |
| 幼儿园 | 463 | 23958 | 49587 | 81045 | 5642 | 3264 |
| 特殊教育 | 8 | 91 | 138 | 877 | 189 | 158 |
| 成人技术培训 | 40 | 3000 | – | 3200 | 40 | 40 |
| 成人小学 | – | 45000 | – | – | – | – |
| 其他教育事业单位 | – | – | – | – | 561 | – |

注:另有离退休人员9939人(其中离休193人,退休9746人),研究生8635人,成人高校学生63616人。

(谌金山)

# 出　版

【概况】 2005年起,江西省新闻出版局(版权局)南昌分局实行体制划转,更名为南昌市新闻出版局(版权局),为市政府主管新闻出版业和著作权管理的直属部门。承担全市新闻出版业的指导、协调、监管及组织实施"扫黄打非"工作等八项主要职责。全年市新闻出版局(版权局)转变观念,拓宽思路,努力适应新闻出版工作的新形势,强化职能,依法行政,切实加强出版物市场日常监管。据统计,全年共出动行政执法检查车辆2049次,行政执法检查人员9330人次,检查出版物市场经营单位(户)共3000余家,收缴各类非法出版物60余万件,查处非法案件25起。荣获市级文明先进单位称号。

【体制划转】 2004年12月6日,省委办公厅、省政府办公厅印发《关于省新闻出版局(版权局)和省出版集团公司(出版总社)政企政事分开的复函》和江西省机构编制委员会办公室、江西省人事厅、江西省财政厅、江西省新闻出版局《关于省新闻出版局(版权局)各市分局实行属地管理后有关问题的通知》。原省新闻出版局(版权局)垂直管理的各市分局按属地管理的原则划归各设区市管辖。2005年7月19日,南昌市人民政府办公厅印发《关于印发南昌市新闻出版局(版权局)主要职责、内设机构和人员编制规定的通知》,原江西省新闻出版局(版权局)南昌分局更名为南昌市新闻出版局(版权局),为市政府主管新闻出版业和著作权管理的直属事业单位,正县级建制。承担全市新闻出版事业的计划、指导、协调、监管及开展"扫黄打非"工作等八项主要职责。内设办公室、综合管理处、出版物稽查处等职能处室。市"扫黄打非"领导小组办公室设在该局。新闻出版局核定机关事业编制16名(含工勤事业编制3名)。领导职数:局长1名、副局长2名、纪检组长1名;科级领导职数5名。其中,正科4名(含机关党支部专职副书记1名),正科级纪检员1名。

【成立出版物市场稽查大队】 12月27日，南昌市机构编制委员会下发《关于成立南昌市出版物市场稽查大队的批复》，同意成立南昌市出版物稽查大队，为市新闻出版局相当于正科级全额拨款事业单位。核定人员编制7名（含工勤人员1名），配备科级干部职数1正1副。

【行政审批】 坚持依法行政，为民办实事，对行政许可事项进行清理，保留18项行政许可，并向社会公示。在各类行政审批工作中，认真执行《中华人民共和国行政许可法》，实行“首问负责制”、“限时办结制”、“一次性告知制”、“服务承诺制”，并制定审批项目流程图在办公场所予以公布，为经营者提供热情周到的服务。全年共完成各类行政审批126件。其中一次性内部资料26件，印刷企业（含打字复印企业）40件，书刊发行企业60件。

【调整“扫黄打非”工作机构】 因南昌市“扫黄打非”工作领导小组及成员单位部分领导人工作变动，市委、市政府及时对南昌市“扫黄打非”工作领导小组及成员进行调整，进一步加强领导，充实成员，强化各级“扫黄打非”工作的组织协调机构，有力地促进了“扫黄打非”工作的深入开展。

【2005年打击盗版音像制品夏季行动举行启动仪式】 6月20日上午，江西省2005年打击盗版音像制品夏季行动启动仪式在市八一广场举行。主办单位为省委宣传部、省“扫黄打非”工作领导小组办公室、省文化厅、省新闻出版局、省版权局、省公安厅、南昌市海关、省工商行政管理局、南昌市人民政府。承办单位为省“扫黄打非”工作领导小组办公室、市“扫黄打非”工作领导小组办公室。市委宣传部、市“扫黄打非”工作领导小组办公室、市文化局、市新闻出版局（版权局）、市公安局、市工商局、南昌海关负责人，各区县“扫黄打非”工作领导小组组长及“扫黄打非”办工作人员参加。市政府副市长罗慧芬在仪式上讲话。启动仪式拉开全市2005年打击盗版音像制品夏季行动序幕。

【封堵政治性非法出版物】 对政治性非法出版物加大检查密度，分别制订“两节”、“两会”、“五一”、“十一”期间加强出版物市场监管行动方案，着重对车站、码头、机场、宾馆、风景旅游点等重要部位进行全面封堵。全年共查缴政治性非法出版物242件。

【打击走私盗版光盘】 根据中央、省、市有关精神，加大打击走私盗版光盘力度。年内开展对新大地、新华群、科技大市场等电子出版物市场的专项整治行动，共查缴各类走私盗版光盘62.44万张（盘）。

【开展盗版教材、教辅读物专项治理】 在大中小学春秋两季开学前后，组织开展对盗版教材、教辅读物的治理，坚决将盗版教材、教辅赶出课堂。4月8日上午，市“扫黄打非”办根据省“扫黄打非”办转办的举报，组织市执法人员前往进贤县第一中学调查。经查实，该校初三年级除数学外所使用的教辅教材（语文、英语、政治、化学、物理为盗用黑龙江教育出版社）均为非法出版物，涉及14个班和27名教师。期间，没收盗版教辅1664册，并处罚不法书商。进贤县教体局对27名涉案教师进行通报批评。

【查办贩卖淫秽光盘案】 3月1日，根据举报，市“扫黄打非”办组织市新闻出版局执法人员，对南昌市音像、电子出版物市场进行暗中调查，发现该市场5楼506－B－27号工作间内为非法交易场所。3月10日上午，在省“扫黄打非”办支持下，市新闻出版局（版权局）、公安局、联合对该场所采取突击行动，现场查获非法电子出版物2.35万余盘，其中黄色淫秽电子出版物1000余盘。因涉嫌贩卖淫秽出版物，市新闻出版局当即将涉案人肖某移交市公安机关，依法追究刑事责任。

【查办非法出版案】 7月15日，市“扫黄打非”办接全国“扫黄”办督办的“中国教育教学纵横”一案后，立即组织市新闻出版局进行立案调查，并成立专案组。经查，涉案人邓某未经新闻出版行政管理部门批准，在南昌市擅自设立“中国教育教学纵横”杂志编辑部，并通过邮发方式向全国各地区大中小学教师征订稿件，骗不知情者在“中国教育教学纵横”杂志上发表文章，并收取登稿费，进行非法出版活动。2004年5月以来，共出版该非法出版物12期，盈利7.2万元。市新闻出版局将涉案人邓某移送公安机关，依法追究刑事责任。此案的处理得到上级部门的嘉奖，《中国新闻出版报》等新闻媒体作宣传报道。

【建立长效监管机制】 市“扫黄打非”办积极探索适合南昌市实际的出版物市场监管长效机制，建立出版物市场日常巡查制度和社会监督机制，向社会公布举报电话，扩大监管视野，增加全市“扫黄打非”工作的情报来源；建立举报奖励制度，提高广大人民群众参与对非法出版活动监督的积极性；建立联动协作机制，与公安、工商、文化、新闻出版、版权等职能部门保持密切沟通和联系，建立协调机制，形成合力，增强了全市“扫黄打非”工作的快速反应能力。

（朱　宇）

市“扫黄打非”工作领导小组召开2006年“扫黄”“打非”工作会议

# 卫 生 · 体 育

## 卫　生

【概况】 2005年，全市卫生工作以“保障全市人民健康”为宗旨，坚持以人为本，紧紧围绕完善公共卫生体系，加强农村卫生工作，深化卫生改革，大力实施“三名”工程，狠抓医疗质量管理，全力防控重点传染病，进一步加强卫生行业作风建设，圆满完成卫生工作各项目标任务。全年市直9家医院业务总收入5.01亿元。门诊、急诊120.82万人次，病床使用率72.29%，住院床日比上年缩短1.1日。药品收入占医药收入的54.31%，比上年下降1.29%。

## 公共卫生

【疾病控制】 全市消灭丝虫病，基本消灭麻风病，消除碘缺乏病和新生儿破伤风，保持无脊髓灰质炎状态。继续保持“非典”和“人感染高致病性禽流感”疫情零的纪录。甲、乙类传染病发病水平与上年相比，基本保持平稳。全年共报告甲、乙类传染病18种，发病人数1.78万例，发病率383.36/10万，死亡78例，死亡率1.68/10万。全年共报告登记管理的结核病人数为6378例。其中，菌阴病人4036例，菌阳病人2342例（新发菌阳2036人）。新发涂阳任务完成率118.37%，涂阳病人治愈率达85%以上，全面完成省下达的任务。全年共完成血吸虫病普查18.3万人次，治疗5.08万人次。在血防试点工作中，将血防与农民致富、与建设社会主义新农村相结合，实施以控制耕牛及渔民传染源为主的综合防治措施，为湖区血防工作提供了新的模式。全年查牛2.38万头，治牛9373头；查螺1.5万平方米，灭螺2763.26万平方米。全面启动日本援助——结核病控制项目，提前完成省政府下达的1720例新发涂阳病人发现任务数，全市的工作重点从病人发现转移到病人的规范化管理上。为主动搜寻艾滋病病毒感染者，全市建有4个国家级、3个省级监测哨点。年内完成2.6万余名重点人群的采血检测，并开展艾滋病免费自愿咨询检测。

【预防保健成效显著】 全市以乡镇（街道）为单位的适龄儿童计划免疫四苗接种率90%以上。儿童计划免疫工作重点完善规范化门诊、安全注射、流动人口管理，全市保持较高的接种水平，计划免疫全面达标。东湖区、青云谱区、湾里区、安义县通过省卫生厅的考核验收，达到以乡镇（街道）为单位计划免疫接种率达90%的目标。全市全年孕产妇死亡率37.08/10万；婴儿死亡率6.70‰。

【公共卫生体系建设】 根据国务院《突发公共卫生事件应急条例》和《江西省突发公共卫生事件应急办法》，制定《南昌市突发公共卫生事件应急预案》。市、县（区）分别成立突发公共卫生事件应急处理专业队伍、专家组。全市有关医疗机构及疾病预防控制机构加强专业培训，并做好药品、器材、人员和技术的准备工作。全市9个县（区）中有8个完成卫生监督与疾病预防控制体制改革。

【传染病疫情信息管理有质的飞跃】 全市乡镇卫生院以上医疗机构、疾病预防控制机构、社区及乡村卫生机构以加强疫情报告系统的网络建设为重点，年内均建立疫情报告、突发公共卫生信息网络，覆盖率100%。

【全面推进重点建设项目】 市直医院自筹资金近9000万元，新建皮肤病医院门诊大楼、市一医院外科大楼和男科医院科研大楼，同时还自筹资金近2600余万元对部分医疗基础设施进行改造装修。市九医院感染病综合大楼、市三医院乳腺疾病防治中心及市血站的血液大厦建设项目列入全市重大重点工程，总投资1.24亿元，其中市政府投资1800万元。全市疾病预防控制体系建设安排国债建设项目7个，总投资4209万元。其中，突发公共卫生事件医疗救治体系（江西南昌紧急救援中心）建设项目1个；传染病区4个，项目总投资172[illegible]万元。利用日元贷款320.4万美元为市疾控中心、市传染病院、紧急救援中心购置设备。市财政安排5900余万元，县、区配套2840万元，乡（镇）政府和卫生院自筹931万元，自2005年开始，分两年对全市86所乡、镇（场）卫生院（医院）进行全面改造和建设。

【强化卫生安全执法检查】 积极开展食品卫生、传染病防治和职业病防治执法检查，先后对劣质奶粉、苏丹红、有毒红辣椒等引起强烈社会反响的食品卫生事件进行查处，确保春节等节假日，人大、政协两会及南昌市第四届金秋经贸月等重大活动的公共卫生安全。同时注重平时卫生安全执法检查。全年全市食品卫生、生活饮用水卫生、公共场所卫生共监督1.5万余户（次），9.6万余人次从业人员进行健康检查及卫生知识培训；抽样检测各类食品9300余件，餐（饮）具4.78万余次，自来水出厂水和管网末梢水1400余件；对公共场所微小气候、环境质量和公共卫生用品检测5.25万余次（项）；实施食品卫生行政处罚1631起，罚款金额25.2万元；销毁不合格产品6300余公斤。全年未发生一例重大突发公共卫生事件。

【综合整治“六小”行业经营户】 一是积极开展调研工作。组织人员分别对东湖、西湖、青云谱、青山湖区的“六小”行业经营户整治工作进行调研，进一步掌握“六小”行业经营户整治工作第一手资料，为制定下一步整治工作提供依据。二是重新制定公共卫生创卫标准。结合实施新的《国家卫生城市标准》和《餐饮业和集体用餐配送单位卫生规范》，重新制定全市公共卫生单位创卫标准，特别是"六小"行业标准。同时举办2期新标准培训班,共有300余人次参加。三是开展公共卫生单位消毒保洁专项整治工作。将整治重点集中在东湖、西湖、青云谱、青山湖区公共卫生单位特别是"六小"行业中137户(其中,餐饮业66户、熟食店21户、旅店业12户、美容美发业38户)上,促进消毒保洁符合标准。四是坚持开展检查评比工作。坚持每季一次对全市的食品、公共场所及饮用水卫生创卫工作进行模拟检查。严格按照《南昌市公共卫生单位创卫考核表》要求,重点对东湖、西湖、青云谱、青山湖、湾里区的公共卫生单位特别是"六小"行业经营户进行检查、考核,平均合格率为91.85%,比上年有所上升。五是取缔无证经营。在"六小"行业综合整治过程中,加大对无证"六小"行业经营户的取缔力度。1月~6月,全市共取缔无证"六小"行业经营户1079户。

【贯彻实施职业病防治法】 依法开展职业病危害监督工作,组织部分企业接触职业危害因素的职工进行健康监护,并对有关车间环境开展监测。年内完成健康监护3家,车间环境监测8家;完成市结医院X—线机房防护性能监测及301家有职业危害因素企业建档工作;承担完成省公路建设总公司路基公司的职业危害因素评价。同时积极开展职业卫生示范企业的评选活动,推荐江铃陆风股份有限公司、新建县东方巨龙化工股份有限公司等两家企业参加省卫生厅评选,获得较好评价。推荐的新建县东方巨龙化工股份有限公司被省卫生厅推荐参加全国职业卫生示范企业的评选。大力开展《中华人民共和国职业病防治法》宣传活动。组织并参加以"关注农民工健康,保护劳动者权益"为主题的省、市、区职业卫生宣传咨询活动,接受咨询人数200余人;发放《中华人民共和国职业病防治法》知识宣传单300余份;发放具有宣传作用的维护劳动者健康权益联系卡200余张。同时组织职业病诊疗机构服务人员为群众进行体检。组织开展医疗机构放射人员培训及体检工作。3月中旬举办放射工作人员放射防护知识法规培训班,培训放射工作人员73名;年内完成放射工作人员体检333人。

【依法开展传染病防治监督工作】 全年出动执法人员39人次,对市第一医院等8所市直医疗机构及南昌市第六医院等5所区级医疗机构进行传染病防治法执法检查;对乡镇卫生院、社区卫生服务机构进行执法抽查。重点检查《中华人民共和国传染病防治法》培训考核,疫情报告管理,院内消毒、隔离、感染控制,医疗废弃物处置等项内容。同时开展全市结核病防治工作监督检查。分别对市部分医疗机构及南昌县、新建县、进贤县、安义县疾病预防控制机构,县医院、部分乡(镇)卫生院、村卫生室(所)进行肺结核防治执法监督检查,重点检查疾病预防控制(结核病防治)机构和医疗机构肺结核病人接诊、疫情登记与报告、治疗、转诊、随访与管理及消毒、医疗废弃物处理,依法对违法违规行为进行查处。年内共检查医疗机构24家,出动执法人员72人次。

【打击非法行医】 会同有关单位联合下发《南昌市打击非法行医专项行动实施方案》和《关于开展清理整顿医疗市场、打击非法行医专项行动的紧急通知》,在全市范围内开展对非法行医、违规医疗广告等违法行为的专项治理活动,并对医疗机构执业登记情况、执业范围、人员资质、机构准入标准、科室承包、非法行医等内容进行全面检查。据不完全统计,全市共出动卫生执法监督人员3337人次,执法车辆889车次,办案176起。全年共清理非卫生技术人员84人,取缔非法行医机构496家,查处租赁、承包医疗机构的8家,没收药品、器械及非法所得14.5万元,罚款19.1万余元。

【强化卫生监督管理】 全年接待卫生许可申请咨询人员7800余人次,受理卫生许可申请1969件,审发卫生许可证1966件,发出不予卫生许可决定书3件,审证率100%。全市评选出风险级别较低、信誉度较高的食品卫生监督量化分级管理A级单位25家,B级单位66家,C级单位247家,D级单位33家。全市完成职业危害因素建档301家,开展作业场所职业危害因素检测23家,设监测点281个,采集样品1318件,合格1120件,合格率达92%。其中,粉尘170件,合格率89.5%;生产性毒物661件,合格率98%;噪声等物理因素487件,合格率68.2%。

## 医政管理

【"医院管理年"活动】 在全市医疗机构开展"以病人为中心"为主题的"医院管理年"活动,制定《南昌市解决群众看病难、看病贵问题28条具体措施》,在构建医疗服务体系、加强医疗质量管理、改进医疗服务流程、降低医药费用等方面提出综合性的措施。2月省卫生厅授予南昌市第一医院、第三医院、第九医院及省精神病院等4所市直医院为全省首批"群众满意医院"称号;4所市直医院和4所县人民医院及2所县中医院获市"群众满意医院"称号。

【卫生行风建设进一步加强】 坚持"标本兼治、综合治理、惩防并举、注重预防"的原则,在全系统开展卫生行风专项治理工作,并加强监督纠察,建立健全教育、监督并重的纠风工作长效机制,取得显著效果。系统上下服务意识明显增强,服务态度明显改善,卫生行风呈现出崭新局面。据统计,全年共开展医德医风巡查、督查289次;退回"红包"445人次,退回患者和上交"红包"26万元,拒收"回扣"1.3万元,处理违反医德医风人员8人次;共受理信访投诉85件,办结率100%;收到锦旗90面,表扬信173封。

【社区卫生工作】 大力发展城市社区卫生服务工作。年内全市设立195所社区卫生服务机构,占全省的55.87%。其中,服务中心14个、服务站181个,服务人口约125.10万人,覆盖率达到67.7%,在城区内基本实现社区居民步行15分钟即可享受到"方便、快捷、价廉、优质"的服务。东湖区、西湖区被评为国家级社区卫生服务示范区,并有10个社区卫生服务中心(站)被评为省级社区卫生服务示范机构。10月13日,国务院副总理吴仪视察市卫生服务示范机构时对全市的社区卫生服务工作给予较高的评价。截至年底,全市共有各级各类医院94所、门诊部61个、个体诊所197个,实有病床1.51万张,卫生人员2.49万人。基本形成由省、市级大型综合性医院和专科医院为龙头,以区立、企事业单位职工医院、个体诊所和社区医疗服务站为基础的城市二级医疗预防保健网络。

【加强血液管理】 认真落实《临床输血技术规范》和《医疗机构临床用血管理办法》,做好无偿献血的宣传、组织工作,全市无偿献血率达100%。严把血液(浆)采集、检测关,实行科学合理用血,提倡自体输血、逐步减少异体输血,大力推广成份血,杜绝医疗机构未经批准擅自输血和自采自供行为。加强临床用血管理,确保临床用血安全。三级医院成立独立输血科或血库,成份血使用率达80%以上,二级医院达50%以上,确保临床用血安全。

【全面实施药品集中招标采购】 进一步加大药品集中招标采购工作力度。参加第二次药品集中招标采购的市、县(区)直医疗机构、厂矿职工医院共32家,比上年增加10家。此次药品集中招标采购除国家规定不参加药品招标的毒麻药品等外,共7000余个品规参加评标议标。同时对部分医用耗材(约500余个品规)进行集中招标采购工作。1月~12月,药品集中招标采购1.71亿元,累计让利3290万元。同时积极筹备第三次药品集中招标采购,参加第三次药品集中招标采购的市、县(区)直医疗机构、厂矿职工医院共38家,比第二次增加6家。

【卫生支农】 3月初开始,组织全市的医疗机构积极参与全市文化、科技、卫生"三下乡"活动。共派出医护人员40余人次,义诊3000余人次;发放健康手册5000余本,卫生宣传资料万余份,深受农民们的欢迎。6月27日响应省卫生厅号召实施千名医师支援农村卫生工作的要求,市一、二、三医院18位中级职称以上的医护人员分别到遂川县人民医院、安远县人民医院和井冈山市人民医院开展为期一年的医疗支援工作。

【改善农村医疗服务条件】 以开展创建"农村卫生工作先进县"活动为依托,大力加强农村医疗卫生基础设施建设,积极改善农村缺医少药状况。截至年底,全市有48所乡(镇、场)卫生院、79个村卫生所(室)按照标准进行新建、改建、扩建,并增添部分医疗设备。同时对全市92名乡镇卫生院院长和2000余名乡村医生进行业务培训,完成3493名乡村医生的执业注册。一个由县级医院、乡镇卫生院、村卫生所为主体的农村三级医疗卫生服务网络已基本建立。南昌县被省政府授予"江西省农村卫生工作先进县"荣誉称号。

【新型农村合作医疗试点工作进展顺利】 自2003年以来,南昌县作为全市新型农村合作医疗试点县,共筹集合作医疗基金4023.56万元,补助参加合作医疗的农民3013.09万元,获万元补助的有267人。其中,获1.5万元封顶线补助的有72人。11月,全市新增新建、进贤两县为新型农村合作医疗试点县。

## 妇幼保健

【强化孕产妇保健】 一是开展围产期保健和孕产期系统管理工作。在城区按照围产期保健工作要求,加强对孕产妇的系统管理,及时筛查出高危孕妇,并进行重点追踪观察,提高孕产期保健质量。在农村开展巩固和健全农村妇幼保健三级网络,做好村级保健信息员的上岗培训工作。建立农村三级妇幼卫生人员的技术档案,制定和健全乡、村级妇幼保健有关制度。县、乡利用例会,以会代训,加强乡、村两级妇幼保健人员的培训,确保农村妇女孕产期保健质量。二是重视产科人员的培训,提高产科服务能力。市卫生局成立农村产科质量技术指导组下到农村设有产科的医院、卫生院进行业务指导,采取传、帮、带的方法培训县、乡级产科医师和妇幼保健人员,提高县级孕产妇抢救能力,并指导乡级创建"母婴安全乡卫生院"。举办2期市、县级产科师资培训班,重点培训产科人员的高危识别能力、产科应急处理能力、妊娠合并内科疾病的诊断处理能力。共培训县级产科人员22人次,乡级产科人员71人次,培训覆盖面达97%。三是加强产科建设,规范助产技术水平。以创建"母婴安全乡卫生院"为抓手,全面推进基层产科建设,提高平产住院分娩的安全性;县级以加强孕产妇抢救能力建设为主,健全抢救组织,规范抢救流程,提高危重孕产妇抢救的成功率。全市妇幼保健机构严格按照院内防感染要求,合理布置和改造产房,添置必备的产房设备,使产房布局合理,流程科学,符合无菌要求,各种抢救设备和抢救药品齐全,始终处在良好功能状态。

【开展"母婴安全乡卫生院"创建工作】 印发《关于成立南昌市降低孕产妇死亡率和消除新生儿破伤风项目技术指导组的通知》,有关县卫生部门按照省卫生厅要求,成立领导小组和技术领导小组,制定实施方案,召开动员大会,同时选派2名临床经验丰富,工作认真负责的妇产科医师进驻南昌县、新建县指导工作,加强并规范孕产妇死亡评审工作。6月、9月和12月,市卫生局分别组织技术指导组成员对南昌县、新建县进行有针对性的督导,重点了解县乡产科建设、技术培训、贫困孕产妇住院分娩救助和产科技术规范落实情况,及时指出工作中存在的问题并要求限期整改。同时对县乡两级产科医务人员的"三基"(即基础理论、基本知识、基本技能)掌握情况进行现场考核和笔试。

【儿童保健】 一是在城区全面开展0~7岁儿童系统管理工作。"六一"期间,全市各级妇幼保健所都组织专门体检队下到工厂、街道和幼儿园为0~7岁儿童进行健康体检和生长发育评价,同时开展评选表彰健美儿童活动,全市2.6万余名0~7岁儿童进行健康体检,表彰健美儿童1662人。二是加强5岁以下儿童死亡监测。上半年,对市直、农村和青山湖区进行重点监测,对5岁以下儿童死亡情况进行全面查漏,有效地降低了5岁以下儿童的漏报率,提供详细真实的医学监测参考资料。全年5岁以下儿童死亡128人。其中,婴儿死亡99人,新生儿死亡70人;婴儿死亡率5.94‰,5岁以下儿童死亡率7.69‰。三是加强体弱儿的管理,共筛查出体弱儿600人。

## 中医药事业

【建设中医特色专科】 市中西医结合医院根据重点中西医结合医院建设计划,以3个省级中西医结合重点专科医院建设为龙头,加强基础设施建设,投资约1000万元对门诊部进行装修改造,并建成HIS网络系统并开始运转。市洪都中医院以打造有中医药特色医院为重点,与佛山中医院强强联合,发挥中医骨科的技术特色。南昌县中医院和新建县中医院以省级重点中医专科建设为医院发展重点,加大资金投入,增加医疗设备,培养年轻的中医学科带头人,促进了中医医院的发展。

【开展中医药治疗艾滋病项目试点工作】 全市成立中医药治疗艾滋病领导小组,指导中医药治疗艾滋病项目试点工作。市中西医结合医院积极筹建全省中医药防治艾滋病临床治疗基地,医院成立工作领导小组和技术指导组,制定工作计划,建立健全中医药治疗艾滋病的各项工作制度、诊疗技术方案和工作流程,印制宣传材料,并对医务人员进行专门培训,配备专职的管理人员和医务人员。针对艾滋病病人的特点完善"爱心家园"的设施,并积极与各级卫生行政部门、疾病预防控制部门和各级医疗机构多方联系,开展CD4检查。同时市中西医结合医院加强项目资金使用管理,将项目资金纳入专户管理。截至年底，艾滋病病人参与中医药治疗累计48例。

【市洪都中医院课题通过省级评审】市洪都中医院2002年向省卫生厅申报的中医药科研课题“点拨、弹拨、牵抖三步手法治疗跗骨窦综合症的临床研究”于9月16日顺利通过省卫生厅组织的专家评审。专家评审认为此课题研究达到国内领先水平，填补省内空白。同时对当年各医院申报省卫生厅的12项中医课题进行审核。

【开展中医适宜技术培训工作】为减轻农民负担，积极在农村推广普及“简、便、廉、验”的中医药适宜技术。各县(区)组织人员参加省卫生厅师资培训后，向各乡(镇)卫生院发放一份《常见病中医适宜技术50项》VCD光盘，并利用乡村医生例会组织乡村医生在乡镇卫生院集中观看和辅导，帮助多数乡医掌握中医推拿、按摩、拔火罐等诊疗技术。全年共集中培训乡村医生2824人，占全市3279名乡村医生的86%。

## 科技教育

【开展专题宣传】在结核病防治、艾滋病防治、《中华人民共和国食品卫生法》、《中华人民共和国职业病防治法》等专题宣传活动中，全系统出动专业人员2000余人次，设立咨询服务点200余个，制作宣传版面150余块，悬挂宣传横幅200余幅，散发宣传资料30余万份，张贴宣传画1.6万余张，书写宣传标语300余条。

【科技创新取得新成效】当年市三医院“乳腺肿瘤防治中心”被评为省级医学领先学科，成为全省地市级医院第一个获此殊荣的单位。全系统申报省、市、厅级科研课题148项，经省、市级课题鉴定20项；申报市科技进步奖18项，获市科技进步奖10项，占全市科技进步奖总数的二分之一，科研成果创历史新高。在全省卫生科技大会上，市卫生局被省卫生厅、省科技厅授予“卫生科技管理先进单位”光荣称号。

【继续医学教育】一是开展在职卫生技术人员培训。正式启动年度在职卫生技术人员继续医学教育(学分)工程，与市人事局联合出台《关于下发南昌市继续医学教育工作的实施意见》，把参加继续医学教育活动纳入全市在职卫生技术人员职称晋升前必备条件之一；同时在全市免费安装“卫星卫生科技教育网”接收站15个[县(区)12个、市内3个]，同步开展年度继续医学教育。二是开展全科医学教育。4月举办一期(市第五期)《南昌市全科医学培训班》(40名)；并选送68名社区执业医师(助医以上)参加全省全科医学培训班学习，共培训108名社区卫技人员。在全省率先委托南昌大学江医成教院举办全市首期《全科护士培训班》，有市直医院及各社区卫生医疗机构的执业护士45名报名参加学习。三是开展乡村医生培训。加强督促检查工作，圆满地完成全市乡村医生年度培训任务。全市各县区培训乡村医生3178人，培训率达到97.6%，培训学时达100%。四是开展重点传染病防治知识培训。下发《关于做好2005年卫生技术人员重点传染病防治知识培训工作的通知》，进一步明确工作职责，加强组织管理，按照统筹兼顾、分类指导、逐级负责、属地管理、注重实效的原则开展在职卫生人员培训工作。及时转发省卫生厅“传染病防治知识”光盘15合(150盘)。

【卫生新闻宣传和信息工作成绩显著】与江西电视台4套联合开播《健康家园·医界》电视专栏，并开办《南昌卫生信息网》。在各级新闻媒体上刊登全市卫生系统宣传报道共计1000余篇次。编印《南昌卫生信息》31期，《南昌卫生信息专报》2期、《卫生信息快递》6期。向省卫生厅和市委、市政府上报信息约400条，被采用200余条，信息采用率在市政府90余个部门中排名第一。

(熊建华)

副市长、市红十字会会长罗慧芬给福利院的孩子们送去节日的祝福

## 红十字会

【概况】2005年，市红十字会认真贯彻《中华人民共和国红十字会法》，弘扬红十字精神，积极参与“印度洋海啸”、“泰利”台风和九江地震灾害等募捐活动，并开展“红十字博爱送万家”、组织卫生救护培训、《国际人道法》和红十字运动基本知识的宣讲，推动无偿献血和造血干细胞捐献等救灾、救护、救助人道主义关爱行动，做到为政府分忧，为人民群众解难，充分发挥政府的助手作用，在社会上产生广泛而良好的影响，获江西省红十字会“为印度洋海啸募捐最佳组织奖”和2005年度募捐100万元以上单位组织奖等荣誉称号。

【组织人道募捐】积极响应中国红十字总会和江西省红十字会的呼吁，通过积极动员，广泛发动社会各界力量，先后分别为印度洋海啸灾区募捐108万元，为九江地震灾区募捐58万元(含价值18万元的物资)，为南昌市部分地区遭受第13号台风“泰利”引发的洪涝灾区募捐价值25万元的衣服和大米。其中，印度洋海啸募捐款金额实现全省各设区市红十字会一次单项募捐突破100万元的单位。

【推动人道博爱行动】深入贯彻执行市政府《关于在全市开展经常性募集衣物工作意见的通知》的精神，全年募集善款2.14万元，衣物2.4万件和价值4万余元的药品，并及时转赠到受灾乡镇和福利院等困难群众手中，全市有70余个乡镇,2万余名群众受益。同时积极组织团体会员单位到乡村为群众开展义诊和送衣送药活动。元旦、春节期间,积极响应中国红十字总会关于开展“红十字博爱送万家”活动,筹集8万元现金和价值20万元物资,向麻风病患者、晚期血吸虫病患者、社会福利院的孤寡老人及儿童和部分城乡受灾户、困难户发放慰问金和救助物资。

【“红十字精神”传播领域不断扩展】和平时期传播《国际人道法》和红十字运动基本知识是红十字会的主要工作。当年先后选派17人次参加中国红十字会总会等举办的国际人道主义传播师资培训班。充分利用“为印度洋海啸”和“九江地震”等灾区募捐及纪念“五·八”世界红十字日等时机,派出专人先后到华东交大、蓝天学院、市二十一中、四中等学校进行宣传讲座,使近万名师生了解《国际人道法》和红十字运动基本知识,传播领域和受训人数都比往年有较大的突破。

【开展卫生救护培训】 全年共选派18人次参加总会和省红十字会举办的国家彩票公益金救护师资培训班。5月与市地震局联合举办地震应急救护培训班,共有200余名市直机关人员参加。同时深入社区、学校,通过讲座、出宣传专栏、观看幻灯片、录象片、举办知识竞赛等多种形式向广大市民群众,在校师生开展初级卫生救护知识培训,深受社会各界好评。

【推动无偿献血和造血细胞捐献】 认真贯彻《中华人民共和国红十字会法》,大力推动无偿献血和造血干细胞捐献知识的宣传,积极组织发动市直机关干部、红十字会会员参加无偿献血和造血干细胞捐献活动。全年共组织动员无偿献血1.86万人次,献血37.2万毫升;录入并上传85人份造血干细胞捐献HLA(人类白细胞抗原)分型数据及个人基本资料,为国内外4位白血病患者提供了初次检索配型服务。

(范德有)

## 体　育

【概况】 2005年,市体育局深入贯彻省委、省政府《关于进一步加快体育事业发展的决定》,围绕做大、做强南昌体育目标,以开展保持共产党员先进性教育活动为动力,按照年初确定的各项工作任务,锐意进取,扎实工作,圆满完成全年各项目标任务。

### 群众体育

【举办南昌地区首届大学生龙舟邀请赛】 为增强高校学生的体质,展示当代大学生风采,传播南昌市红谷滩新区城市建设、体育文化的新风貌,6月5日,由南昌市人民政府、江西省教育厅、江西省体育局、共青团江西省委主办,中共南昌市委宣传部、红谷滩新区管委会、南昌市教育局、南昌市体育局、共青团南昌市委承办的“2005年全国龙舟月‘丰和新城杯’南昌地区首届大学生龙舟邀请赛”在红谷滩新区前湖举行。共有12所大学组队参加男子500米直道竞速的比赛,万名各界群众观看,国家体育总局群体司和省、市领导到场观摩并讲话。

【举办华东地区龙舟邀请赛暨南昌市第四届龙舟赛】 为宣传“建设和谐平安江西,共创富民兴赣大业,提升南昌发展水平”的美好前景,突出群众体育全民参与的广泛性与积极性,促进城市间的体育文化友好交流,推动全民健身运动蓬勃开展,6月6日,由南昌市人民政府和江西省体育局主办,中共南昌市委宣传部、南昌市体育局、南昌市园林局、南昌市农业局、青云谱区人民政府承办的“2005年全国龙舟月南昌居住主题公园杯华东地区龙舟邀请赛暨南昌市第四届龙舟赛”在象湖风景区举行。来自安徽、浙江、江西景德镇、上饶市及南昌市各县、区组成的23支代表队、近700名运动员参加男子500米、800米直道竞速的比赛,近3万名各界群众观看。10月南昌市被国家体育总局授予“全国龙舟优秀赛区”称号。

【举行全国亿万群众健步走南昌站活动】 6月19日,省、市体育局在八一广场举行“统一绿茶杯”江西省“纪念《全民健身计划纲要》颁布十周年、‘国际体育运动年’全国亿万群众健步走”暨南昌市全民健身月开幕式,省、市领导和全市万名群众组成50余个方队参加。同时组织“群体嘉年华”、“国民体质监测”、“科学健身咨询”等活动。

【举办阔步迈向2006——迎新年长跑比赛】 为推动全民健身活动,营造节日气氛,12月31日,由中共南昌市委办公厅、南昌市人民政府办公厅主办,中共南昌市委宣传部、市直机关工委与市体育局等单位承办的“阔步迈向2006——迎新年长跑比赛”在红谷滩世纪广场至红角洲会展中心路段举行。来自市直机关80个单位和12个县区共4000余名运动员参加。

【举行国民体质监测活动】 2005年是全国第二次国民体质监测年。作为江西省承担任务的三个监测地市之一,市体育局成立国民监测中心及20人的国民体质测试队,并投入4万元专项经费,分别在东湖区、西湖区、南昌县、进贤县开展国民体质监测工作。国民体质测试队成员们下社区、进企事业机关、赴乡镇,为社区居民、机关干部、幼儿、老年人、农民等各类人群进行测试,并向受测人员提供体质评价和健身指导,历时5个余月,圆满完成国家体育总局、省体育局下达的2448人样本测试的任务。进贤县教育体育局、南昌县教育体育获得省国民体质监测先进单位,东湖区豫章路街办、西湖区抚河幼儿园、南昌旋耕机厂获得先进受测单位。

【健身气功】 根据国家体育总局、省健身气功管理中心有关文件要求,进一步加大四种健身气功的推广力度。全年新增健身气功活动站点84个。截至年底,全市健身气功活动站点102个。

【举办健身气功新功法交流展示会】 9月23～25日,市体校举办南昌市健身气功新功法交流展示大会。全市有25个健身气功站点300余人参加交流展示活动。

【组队参加省第二届四种健身气功交流展示大会】 10月28～30日组队参加在江西师大举行的江西省第二届四种健身气功交流展示大会,获团体一等奖;五禽戏、六字诀、八段锦获单项一等奖;易筋经获二等奖。同时获“体育道德风尚奖”。

【承办全国四种健身气功展示活动总结表彰大会】 11月25日,由南昌市承办的全国四种健身气功展示活动总结表彰大会在省体育馆召开。市体育局组织320人的表演队伍进行四种健身气功演练并获得成功。同时市体育局被国家体育总局健身气功管理中心授予“全国四种健身气功展示活动优秀组织奖”称号。

## 学校体育

【青少年体育俱乐部】 为给广大青少年学生积极参加体育健身活动创造良好的条件,养成终身锻炼的好习惯,发现体育后备人才,积极推动青少年体育俱乐部建设。经省体育局批准,南昌市从2000年起,先后成立11家青少年体育俱乐部(其中省级7家,市级4家),网点建设累计36个。全年各俱乐部领导机构健全,管理制度完善,活动开展经常,为青少年开展体育活动创造了良好条件。

【实行《学生体质健康标准》】 全年全市实行《学生体质健康标准》城区学校达100%、农村学校达50%。全市在实行《学生体质健康标准》中,以科学训练为先导,同时强化必要的训练力度,并大力推行以校长为宏观领导,体育老师为业务指导,班主任为微观管理,实绩考核为主要内容的管理促进措施。

【开展学生体质健康调研工作】 10月~11月,市教育局、体育局、卫生局联合组成调研组在全市开展市学生体质健康调研工作。期间,对全市13所学校、6万名6~18岁的中小学生进行体质健康调研。

【举办中小学体育竞赛活动】 为加强学校体育工作,实施素质教育,正确引导青少年的健康观念,市体育局和教育局联合举办全市中小学生软式排球赛、羽毛球比赛、棋类比赛、田径运动会、篮球赛等活动,激发全市中小学生参加体育锻炼的积极性。

## 社区体育

【举办第三届社区运动会】 12月10~30日,市体育局与市精神文明建设指导委员会办公室、市文明社区工程领导小组办公室、市民政局联合举办南昌市第三届社区运动会,共有8个县(区)、65个社区约1000余名运动员参赛。运动会分为竞赛社区组和县(区)领导组;竞赛项目从有广泛的群众基础,且群众乐意参加出发,设置如家庭趣味、健身路径、普通人群锻炼标准达标、太极拳、木兰拳、体育舞蹈、羽毛球、乒乓球、射击、三人篮球等,激发了社区居民投入健身的热情,参加活动的社区居民累计达到10万人次。红谷滩新区、青云谱区、青山湖区、湾里区对运动会高度重视,认真组织,获得县区最佳组织奖;东湖区获得县区领导干部组团体总分一等奖,青山湖区谢家村社区、西湖区惠民门社区、新建县文教路社区获社区组团体总分一等奖。

【创建全国首批社区体育俱乐部】 帮助、指导西湖区十字街办建设桥社区成功创建全国首批社区体育俱乐部,为全市社区体育的深入开展奠定了坚实的基础。

## 农村体育

【举办"送体育下乡"活动】 为向广大农民宣传全民健身的意义,提高农民的健身意识,6月21日,市体育局与市农业局、市农民体协在南昌县向塘镇联合举办"送体育下乡"活动。组织市武术协会、木兰拳协会、体育舞蹈协会、跆拳道协会共200人参加体育表演、辅导,并向农民宣传科学健身知识,传授多项健身技能,赠送体育器材,当地农民群众约1000余人参加。

【举办乡镇乒乓球比赛】 11月24~27日,市体育局与市农业局、市农民体协在南昌县体育馆举办全市"体育先进乡镇"乒乓球比赛,7个全国"体育先进乡镇"组队参加。

【新建农民健身工程】 为加强农村精神文明建设,增强农民体质,培养农民科学健康的生活方式,市体育局从体育彩票公益金中拨出40万元,在全市农村乡镇和城中村中新建50条健身路径,并赠送全省全民健身路径6条,标准简易篮板5套,受到广大农民的一致好评。

## 竞技体育

【正式启动申办第七届全国城市运动会工作】 经省政府批准,南昌市于11月25日下午举行汇报会,市长李豆罗,副市长罗慧芬向国家体育总局局长刘鹏汇报全市近年来的体育事业发展情况,并正式向国家体育总局提交申请,要求承办2011年第七届全国城市运动会。

【全运会上南昌健儿展英姿】 10月在南京举行的全国第十届运动会上,南昌籍运动员王辉在古典式摔跤55公斤级比赛中获得冠军,为江西省代表团取得首枚金牌;赛艇选手吴优与队友密切配合获得女子赛艇四人双桨的第一名;欧阳鲲鹏在男子100米仰泳和200米仰泳的比赛中,双破亚洲纪录并获得金牌,成为当之无愧的"双冠王";跳水名将彭勃继在雅典奥运会上获得男子跳板的冠军后(计入全运会的2枚金牌),克服伤病等困难夺取1枚宝贵的银牌;南昌市培养输送到解放军队的乒乓球好手李陟在男子团体比赛中获得一枚银牌。南昌市运动员在全运会上取得6金2银的好成绩,创造南昌市参加历届全运会的最好成绩,金牌总数占全省的一半,为江西省在全运会上实现历史性突破作出重要贡献。

【体教结合更深入】 全年全市共有1所学校获得国家级体育传统项目学校(简称体传校,下同)的称号,18所学校获得省级体传校的称号,同时重新命名63所市级体传校。积极组织各级体传校参加全省少儿系列、体传校比赛,并在比赛中取得较好的成绩;豫章中学选调6名运动员参加全省少年田径比赛,取得1优5良,一项单项第一的成绩;珠市小学、工人新村小学在省体传校田径比赛中,成绩优异,分列全省小学组前两名。

【成功举办南昌市首届羽毛球公开赛】 10月28~30日在南昌市体校羽毛球馆成功举办南昌市首届羽毛球公开赛。这是市体育局第一次引进外省品牌,进行商业化运作举行的赛事。共有150余名羽毛球运动爱好者参加比赛。

【承办华东八城市乒乓球比赛】 11月4~7日在南昌市体校乒乓球馆举行华东八城市的乒乓球比赛,来自福州市、杭州市、温州市、青岛市、无锡市、合肥市、南昌市和上海虹口区的73名运动员参加比赛。经过2天的激烈争夺,南昌市获得3个单项第一。

【八一衡源队冲甲成功】 在2005年全国足球乙级联赛中,市八一衡源队饮马长江,决战武汉,以总决赛冠军的成绩,晋级全国甲级球队,实现江西足球50年的梦想。

## 体育产业

【体育彩票】 全年全市共发行电脑体育彩票1.93亿元,列全省第一。

(燕春华)

# 信息传媒

## 报业

【概况】 2005年，南昌日报社所属三报一刊（即《南昌日报》、《南昌晚报》、《家庭医生报》及《健康之家》杂志），紧紧围绕市委、市政府的中心工作，按照“突出主题，兼顾其他，努力提高报纸亲和力”的思路，积极主动策应省、市重大战略部署，精心策划，求实求深，掀起了一轮轮高潮迭起的舆论声势，使报社迈向快速、健康、持续发展的轨道。

【《南昌日报》充分发挥党报作用】 为反映全市牢固树立和认真贯彻落实科学发展观、构建和谐平安南昌及全面推进和谐创业、富民强市的情况，《南昌日报》编辑部组织策划《和谐创业、富民强市》、《创业者之歌》等系列大型新闻报道，为全市创业浪潮的高涨增添牵引力。特别是隆重推出《辉煌十五看崛起》大型报道，用大版面、大照片全方位反映南昌市决策者运筹帷幄和全市人民五年来奋力拼搏闯出一条具有南昌特色的崛起之路。栏目的推出得到市委主要领导的充分肯定和读者的广泛好评。为全面报道市委、市政府实施文明南昌行动计划，努力创建国家文明城市，凝聚全市上下建设文明南昌的强大向心力和创造力，组织策划推出为期一个月每天一个整版的大型报道，强势报道全市干部群众以提高城市管理水平为突破口，切实贯彻科学发展观的做法。为做好重要会议的报道，在每一次重大活动和重要会议举行之前，都要认真做好报道计划，并派出得力记者，对活动和会议进行深入、准确的报道。在2005年中国南昌金秋经贸活动月、2005年中国“五会”江西恳谈会等一系列大型活动中，派出骨干记者深入一线，对活动进行全方位、多角度的报道，达到很好的宣传效果。在做好本职宣传工作的同时，《南昌日报》还负责对外宣传、推介南昌的主要任务。日报各部门认真组织记者研读中央级报刊发稿动态和趋势，把握其规律，挖掘有效新闻资源，积极组织记者向中央和省属新闻媒体投稿，先后向《人民日报》、《经济日报》、《光明日报》、《江西日报》等中央和省级媒体发稿18篇，图片稿件16篇，达到对外宣传南昌的良好效果。

【《南昌晚报》努力办出品牌特色】 全年《南昌晚报》以追踪新闻热点、介绍新闻背景、解读政策法规、进行舆论监督、服务广大读者为宗旨，着力发挥特色，积极策划和组织一批具有较大社会反响的大型活动和系列报道。如编辑部举办的“十大爱心人物”评选在社会上引起强烈反响，短短一个星期的时间就收到选票近十万余张，一度成为南昌市民关注的焦点。《生态杀手一枝黄花惊现南昌》等系列报道引起市民的广泛关注，同时也引起政府有关部门的高度重视。市政府还专为清除一枝黄花制定工作方案。在帮助老百姓解决问题、处理投诉、监督相关政府职能部门落实政策等方面，先后开展“南昌电动车市场十大品牌”评选、“30万元景点门票赠本报读者”、“南昌晚报家居建材团购公益活动”，均在社会上得到好评。为增强《南昌晚报》特色，晚报记者努力练就在生活中发现选题及从普通线索中挖掘选题的“基本功”，增强报纸的亲和力。如刊登《本报招募20名赣江游泳安全监督员》、《本报曝光旧手机收购六大损招》、《“裸体”写真悄现南昌》等稿件。尽管这些稿件涉及监督，但没有出现一例反弹，晚报品牌影响及公信力得到不断加强。

【《家庭医生报》强化品牌优势】 全年围绕“一个中心、两大目标、三个深化”（即打造全国“精品报”、“名牌报”这一中心工作；狠抓报纸发行和广告两大目标；深化内部管理、服务意识和创新能力），面对全国卫生健康类报纸市场不断滑坡和医疗广告大整顿等一系列影响收入的不利因素，注重发挥自身在健康教育方面的正确导向作用，倡导及时、科学、实用的科普资讯。如一度被众多媒体炒得沸沸扬扬的“苏丹红”事件，及时刊发“正确看待食品添加剂”一文，科学、全面、客观地阐述少量食品添加剂不会致癌的观点，在一定程度上消除了群众的恐慌心理。同时推出“三高”专版和“创刊20周年系列活动”等主题活动的策划，始终以创业者的姿态迎接各种挑战，实现发行量增长8万份和报社下达的广告创收目标，有力地增强报社的实力和影响，凸显了报纸的品牌优势。

【建立健全规章制度】 报社新的领导班子从加速报社做大做强出发，通过加强制度建设，强化监督制约机制，用制度建社，靠机制管人的好做法，确保报社各项工作的顺利进行。保持共产党员先进性教育活动期间，健全《党员政治学习制度》、《党的“三会一课”制度》、《优秀党员评选制度》。为进一步加强对采编人员的管理，制订并实施《南昌日报社聘用职工管理规定（试行）》、《关于严格执行工作纪律的若干规定》、《采编人员相互监督条例》、《总编室管理制度》、《关于对“三审三校”制度进行监督落实的通知》等一系列规章制度，努力做到用科学的制度和机制引导人、约束人、激励人，使选人、用人的程序进一步得到规范。为提高编辑记者的素质，制订《采编人员学习制度》，要求编辑部定期对采编人员进行政治思想学习教育、业务知识培训。同时为确保各部门正常运转，还先后制定出台《南昌日报社集中采购及招标管理规定（试行）》、《南昌日报社招标实施办法（试行）》、《南昌日报社财务报销制度（试行）》等规章制度，逐步建立起完善规范的物资管理和财务制度，减少消耗和资金占用，使报社资源得到有效配置。报社广告中心建立健全广告审查员制度，设立专职的广告审查人员，实行一票否决制，坚决不允许有虚假广告、未经审批的广告等上版面，以给读者一个纯净的新闻、文化产品。

【经营工作稳步发展】 全年房产、汽车等主流广告投放量比上年减少。同时受全国八部委联合整治影响,医疗保健品广告投放量更是下滑超过40个百分点。上年在南昌市报刊投放大量广告的"蒙古军剧",当年销声匿迹,使医疗广告减量数百万元。面对困境,广告中心全体员工努力扩大经营,在低增长甚至负增长的行业努力保住基数,在正常增长的行业全力开发。全年在各家代理公司的通力配合下,广告刊出量比上年有明显增加,其中房地产广告走势良好,12月刊登量超出300万元。同时报社发行中心牢固树立"尊重读者,就是尊重上帝"的思想,建立以客户为中心的现代服务体系,使得发行渠道不断拓宽,报纸影响力强力扩大。如为提升晚报的社会影响力和社会公信力。发行中心及时策划举办"南昌晚报读者电影节"(即在全市四家电影院组织20余部电影大片,放映30余场次,有8万余人次参加的大型活动),在社会上引起轰动,读者反响强烈,获得一致好评。当年晚报自发量大幅上升,为晚报在市场上做强做大奠定坚实的基础。

【成功举办"中央媒体、城市党报总编辑、记者南昌行"大型采访活动】 11月12~20日,报社组织策划"中央媒体、城市党报总编辑、记者南昌行"大型采访活动,邀请全国19家中央媒体和城市党报的总编辑、知名记者汇聚南昌。在为期一周的活动中,他们深入到全市工业园区、高新企业、旅游景区等地考察采访,回去后对南昌市进行全方位的综合报道,为提升和扩大南昌市的凝聚力和知名度起到推波助澜的作用。

【语言文字工作顺利通过评估】 当年国家、省语言文字工作委员会就南昌市语言文字工作进行评估考查。为贯彻实施《中华人民共和国国家通用语言文字法》,实现2010年"普通话在全国初步普及,汉字的社会应用基本规范"的工作目标,报社在市语言文字工作委员会的统一领导下,积极配合推广使用规范、标准的语言文字宣传报道工作,为全市12月中旬的迎检工作作出积极贡献。其中,报社制订实施的"三审三校"制度受到上级语言文字工作委员会的充分肯定。

【营造和谐报社】 报社新的领导班子组建后,把构建和谐报社当作一件事关干部职工利益的大事来抓,着力解决一批干部职工普遍关心的问题。退休职工养老金不能足额发放是积压多年的一个老问题。新的领导班子在市场压力大的情况下,根据实际情况,主动与社保部门联系,提出分期分批的解决办法,使遗留问题得到圆满解决,得到干部职工尤其是退休职工的一致好评。社务公开的力度加大。报社采取措施,增大重大事件透明度,并通过有效形式公布重大信息,尤其是涉及广大职工利益的信息,并发挥职代会参与重大事件决策的作用。为适应报业竞争,进一步加大对外宣传力度,制定策划方案进行总体包装。如在机场、车站等窗口部位设置广告宣传牌,利用报栏资源开展形象宣传等。8月2日在上海召开座谈会,向外推介《南昌晚报》。这一系列措施的实施,不仅扩大报社对外的影响力,且有力地推动广告业务的发展。为营造和谐、安定的工作环境,从制度建设入手,强化内部综治、消防安全的管理,使各部门真正做到"看好自己的门,管好自己的人"。同时在加快发展的同时,认真采纳群众的意见和建议,更加重视职工的生活,营造团结和谐、积极向上的氛围。"五一"期间,报社开展"五一"杯文体比赛,通过组织卡拉OK、棋牌、球类等一系列的文体比赛,既增进员工之间的沟通,又增强内部的凝聚力。

【开展采编人员整顿教育活动】 按照《在全市新闻单位中开展集中学习整改提高教育活动的通知》的部署,从6月25日~8月25日,南昌日报社开展为期两个月的集中学习整改提高教育活动。期间,全体采编人员认真学习《江西省"三项学习教育活动"学习教育手册》、《中央宣传部、国家广电总局、新闻出版总署关于新闻采编人员从业管理的规定》、《省委常委、市委书记余欣荣在全市宣传工作会议上的讲话》等有关文件和领导讲话。7月9日,邀请省委宣传部副部长陈东有作专题报告。同时全体采编人员积极创新做好"自选动作"。通过形式多样的学习教育活动,进一步增强全社新闻从业人员的政治意识、大局意识和责任意识,为进一步加强和改进报社新闻宣传工作提供可靠的思想保证。

【启动新报业大厦建设工程】 按照市委、市政府的决定,南昌日报社将位于红谷滩中心区业已封顶的报业大厦置换给南昌铁路新龙公司,交接工作于上年底基本完成。市政府在丰和大道与凤凰二路交汇处划拨2公顷土地,用于重新建设报业大厦。为将市委、市政府关注,报社干部职工关心的工程加速完成,报社一边进行交接工作,一边启动重建报业大厦的前期各项准备工作。年底新报业大厦开工建设。在新报业大厦建设过程中,报社以公平、公正、公开为指针,将建设的各个环节放在阳光下操作,实事求是,将成本控制在最低水平,力争把新报业大厦建成"一江两岸"格局中的新标志物,一个让报社全体干部职工感到骄傲与自豪的新工作场所。

(刘文斌)

## 广播电视

【概况】 2005年,市广播电视局围绕全市中心工作,积极发挥主流媒体的宣传作用,策划播出系列重大报道;同时稳步推进事业建设,规范行业管理,各项工作取得显著成效。全年广播中心开设栏目32个,自采新闻稿1.08万条。四个频道共开设栏目18个,全年共播出节目5300余期,自采新闻稿1.55万条。其中,深度报道1408条,系列报道188条,完成新闻专题146篇。采制完成专题片145部(集)。其中,重点宣传片64部。拍摄和制作广告800条,播出1.2万条,播出电视剧1.95万集、电影2250部、综艺节目5.39万分钟。

【宣传报道"文明南昌行动"】 南昌电台、电视台、《南昌广播电视周报》组织专人,采取专栏、专场、专线、专题报道形式,全方位、立体式报道全市开展的"文明南昌行动"。电视台新闻综合频道共播发"创建卫生城"新闻报道900余篇,专题25篇。同时除播放《文明南昌行动宣传片:细节篇》和文明人物宣传片之外,还适时推出《传唱文明南昌"三字经"》、《百日整治行动》、《城市窗口扫描》、《调度会声音》、《集市监督岗》、《热线反馈》等一系列专栏。都市、资讯频道在《今夜侃侃侃》栏目中策划设立《明察暗访话交通》,对出租车违章情况进行连续报道,共播出新闻稿件60余条。同时推出系列节目《创建全国文明城市百问》。南昌电台在《时速报道》节目中,开设《文明南昌》专栏,以消息、通讯、录音报道、现场连线的形式报道文明南昌行动的重点,有力地配合了"文明南昌行动"的深入开展。

【开展创建全国文明城市宣传报道】 开设《共创全国文明城》、《文明楷模榜》、《当好主人,迎接国检》、《创建全国文明城市——入户问卷模拟检查》、《对创建文明城市说几句》专栏和《文明城市资料卡》知识专栏。精心策划和推出系列报道《文明花重英雄城》,播出《重点工程勾勒花园城市轮廓》、《英雄城唱响红色旅游品牌》、《文明之风在社区荡漾》等25篇系列报道。精心策划并推出的“携手共创文明城”——争创全国文明城市大型现场直播,在全市营造了浓厚的创建全国文明城市活动氛围。

【宣传报道“和谐创业,富民强市”】 南昌电台、电视台、《南昌广播电视周报》推出《建设和谐平安江西,共创富民兴赣大业,提升南昌发展水平》、《和谐创业,富民强市》,《创业故事》等大型系列报道。其中,电视台播发《南昌:突破疆域,胸怀世界》、《政府助推“绿”满洪城》、《我市今年4万多人自主创业》,《“塑钢之乡”安义涌动创业潮系列报道》、《百姓创家业催生“七个一”经济模式》、《一针一线织出一片天》等新闻报道200余篇,以大量鲜活的事例和创业典型,展示南昌市“百姓创家业、能人创企业、干部创事业”的具体措施和成效。南昌电台、电视台还推出《县区领导访谈录》,将全市13个县、区、开发区的县区长、书记和开发区管委会主任请进演(录)播室,畅谈各县、区、开发区如何推进全民创业的举措,及时为全民创业推波助澜。

【宣传报道南昌制造业】 从江铃控股有限公司开业、江铃集团与印度马恒达集团强强联手出击世界拖拉机市场到省委常委、市委书记余欣荣率团赴重庆长安汽车集团访问,南昌电视台第一时间推出人物专访《尹家绪:对长安与江铃合作充满信心》、《江铃明年生产轿车,陆风风尚先睹为快》等重点报道。对微软产业区落户南昌、国内IT产业龙头企业——中兴通讯落户南昌等事件,新闻报道不惜笔墨,先后播发《国内IT产业龙头企业——中兴通讯落户南昌》、《微软公司全球副总裁陈永正接受本台记者专访》、《侯为贵:南昌的政府效率比我预想的还好》、《微软产业区落户南昌标志着南昌开放型经济发展取得新成就》等消息、专题和评论。

【宣传报道全市做好“两篇文章”】 南昌电台、电视台就全市做好“两篇文章”(即建设现代区域中心城市,建设现代文明花园英雄城市)取得的成就纷纷推出系列报道。南昌电视台《每日新闻》栏目中推出两档精心策划的大型系列报道——《变化中的新南昌》、《“十五”回眸——见证南昌崛起》。大型系列报道《变化中的新南昌》对市委、市政府计划在2005年规划建设的重点工程建设项目一一道来。30余篇报道展示快速崛起的新南昌正在发生的巨大变化,见证南昌崛起的宏伟历程。大型系列报道《“十五”回眸——见证南昌崛起》先后共推出《南昌经济这五年》、《南昌城建这五年》、《南昌科技这五年》、《今日南昌影响力》、《跨国公司投资南昌》、《构建和谐社会》和《“三农”在南昌》等八个系列,共计60余篇稿件。

【“两会”和“全会”宣传报道形式求新】 “两会”和“全会”召开期间,南昌电台、电视台在报道形式上力求创新,推出全新的“‘两会’现场演播室”,邀请人大代表、政协委员和专家学者现场解读“两会”精神,搭起了一座沟通会内会外、反映政策民生的桥梁,成为当年“两会”新闻报道中的一大亮点。省委常委、市委书记余欣荣对现场演播室这种报道形式给予了充分肯定。在市委八届九次全体(扩大)会议召开之际,南昌电视台推出“全会现场演播室”,形成会内会外的良性互动。节目形式上的创新,受到省委常委、市委书记余欣荣的充分肯定。

【节目改版】 10月8日,南昌电视台新闻综合频道《每日新闻》进行全新改版。对子栏目进行重新设置,开设《每日头条》、《每日要闻》、《每日财经》、《每日链接》、《每日看点》、《每日重点》、《每日快讯》、《每日文体》、《每日读报》、《每日提示》等,对《都市屋檐下》、《阳光行动》等栏目进行改版,9月推出第一个当代大事名人解密性电视栏目《解密南昌》,它以纪实的手法和讲故事的形式,挖掘在南昌发生或者与南昌有关的历史事件及人物,揭密一段段鲜为人知的内幕。南昌电台则在节目的“快”字上下功夫,综合节目强化大容量、多元化的服务功能,特别是改版后的《917新闻》,以快节奏、大容量、充满活力,给听众以听觉上的冲击。交通音乐频率在继续突出专业特点的同时,强化主持人服务交通、服务听众的意识,在音乐节目的编排上凸现雅俗共赏的风格。

【对外宣传取得新成效】 全年南昌电视台在中央电视台《新闻联播》上稿88条,用稿量继续保持全省第一。这是南昌电视台在中央电视台《新闻联播》中发稿最多的一年。同时在省电视台上稿625篇。南昌电台在中央人民广播电台上稿49.5篇,在江西人民广播电台上稿305篇,分别列全省各地市第一和第三,超额完成市委宣传部下达的外宣任务。对外宣传工作在全省地市中继续处于领先地位。

【与外地城市成功联办直播节目】 3月

2005年,全市“两会”召开期间,南昌电台、电视台在报道形式上力求创新,推出“两会”现场演播室,邀请人大代表、政协委员和专家学者现场解读“两会”精神,成为当年“两会”新闻报道中的一大亮点

20日,南昌电台成功举办南昌与沈阳、兰州的三地大型直播节目《共创辉煌》。节目中,沈阳市委副书记、市长陈正高,江西省委常委、南昌市委书记余欣荣,兰州市委副书记、市长张津梁通过电波畅谈各自在中部崛起、东北振兴、西部开发中的发展思想,让三地听众亲耳聆听南昌人民在实现中部地区率先崛起的征程中奋力前行的铿锵足音。2月19日与鞍山经济电台成功举办"《枫叶正红霞满天》金色夕阳——红色之旅"大型异地直播节目,两地听众与主持人一起共同感受两座城市独特的魅力和近年来所发生的巨大变化。

【新闻报道改革和创新】 全年努力改进时政新闻的报道形式。南昌电视台《每日新闻》在领导活动稿件处理上,一改以往平铺直叙的行程报道格式,减少领导指示、行程介绍、单切画面,压缩报道篇幅,并采取多种形式增强新闻可看性。同时增加主持人出现场的频率,参与事件性报道和视觉新闻报道,增强时政新闻的视觉效果。在报道形式上注重选用相关的会外画面予以补充,并注重新闻与新闻之间的相关、连锁和延伸,大量使用"链接"、"解读"、"专家点评"、"记者感言",对政策予以延续性和解释性报道;通过运用字幕和图表来强调和补充报道的重要内容,增强节目的实效性。积极与相关部门合办栏目,特别是与市纪委、市监察局共同开设的"文明行风热线",节目集舆论监督、群众监督、行政监督于一体,市职能部门及窗口单位领导走进演播室接听市民投诉和咨询,着力解决损害群众利益的突出问题。节目推出后,受到市民和市委、市纪委及省纪委领导的好评。

【南昌广电中心大楼正式启用】 南昌广电中心大楼自开工建设以来,累计完成工程投资3.7亿元。电梯、中央空调冷水机组、热水机组、发电机组、变压器、高低压配电柜、水泵、风机、恒温恒湿机、软启动柜、锅炉、冷却塔等设备已全部安装就位;正式供水已接通;室外景观道路装饰工程接近尾声,1600平方米演播厅的内装饰以及灯光、音响、机械舞台等安装工程基本完成。2006年南昌市春节联欢晚会在演播厅成功举行,标志着南昌广电中心大楼正式启用。

2005年10月29日,中宣部副部长,国家广电总局局长正太华到南昌广电中心大楼视察

【加大网络工程建设力度】 年内新架设光缆108千米,架设支干线同轴电缆33千米,新开挖管道55千米;新建凤凰城基站并开通信号;完成解放东路、上海路、昌北双港路、庐山南大道、青山路等光缆下地工程。制定数字电视整体平移工作实施方案。制定与江西移动南昌公司双向业务实施方案,并在20余住户中开通有线电视宽带试点。与杭州数字电视公司进行初步接洽,拟合作开发网络数字多功能增值业务。南昌新闻网第一期项目建设获得市财政专项建设经费500万元,整体推进了网站第一期项目建设;按时完成省政府下达66个盲点村有线电视建设任务,全市有线电视实现了"村村通"。

【提高行业管理水平】 全年坚持对县(区)的宣传工作进行全面的检查评比和两个月一次的台长例会,对各台的业务进行研讨;坚持对县(区)广播电视从业人员进行业务培训,提高编辑、记者、主持人的业务水平;严格卫星地面接收设施管理,认真落实全年行政检查计划,对全市宾馆、饭店及相关单位使用卫星地面接收设施情况进行排查,并组织南昌县文化广播局对辖内小蓝乡等城乡交界地段非法安装的境外卫星接收设施进行查处,取缔非法卫星接收设施1套,收缴非法卫星接收设施56套;认真规范广告播出行为,开展"广告整治月"活动。

【改革管理模式】 通过调查研究和借鉴兄弟城市分配制度改革的经验,建立"岗位薪酬+绩效奖金"的分配体系,突出岗位绩效,即保留国家工资政策中规定的部分,用以保障职工的基本生活,同时加大工资中可以浮动的部分作为效益收入。收入分配制度的改革,打破身份界限,实现了同岗同酬。同时对四个频道进行重新整合,将都市、资讯合并为都市资讯频道,并优化频道运营模式,将广告经营权、收入分配权、人事管理权下放给频道,使其具有管人、管事、管分配权力;频道考核办法由过去单一考核收视率变为广告创收、收视率、成本控制、内部管理四个方面分别占有不同的考核比重,使频道资源充分利用,力求创造最大的经济效益和社会效益。

(谢荣华　曹显斌)

# 水利·气象

## 水　利

【概况】 2005年,全市战胜历史罕见的秋汛,实现“不倒堤、不垮坝、城区不受涝”的防洪目标。城乡水利建设稳步推进,城市防洪工程完成投资3亿元,主要实施富大有堤除险加固、护城河、昌南涵及鱼尾涵、胡惠元堤拓宽延伸和立交等工程。农田水利基本建设突出水库除险、泵站改造、“两塘”(即小山塘、小门塘)建设、安全饮水、堤顶公路硬化五个重点,累计完成投资1.9亿元(比上年增长138%),投劳245万个工日,修复水毁工程455处,水库除险加固110座,维修改造机电泵站20处、总装机3.11万千瓦,修建山塘、门塘2000座,治理水土流失5.36万公顷,硬化堤顶公路245千米,解决4万农村人口饮水困难和饮水安全问题。进一步加强地下水、地表水统一管理,严格履行涉河项目建设审批手续;对河道采砂和砂石码头进行集中整治,督促开发建设单位编制水土保持方案,水事秩序逐步规范。

【遭遇第13号台风“泰利”袭击】 受“泰利”台风影响,全市从9月2日开始普降大到暴雨,2~4日全市平均降雨235毫米,以安义县302毫米降雨为最大。受集中强降雨和上游来水影响,潦河、赣江、锦江、抚河等河流水位迅速上涨,9月4日8时潦河万家埠站洪峰水位达29.68米,超警戒线2.68米,高出历史最高水位0.05米。由于此次台风降雨强、风力大,全市受灾乡、镇52个,受灾人口24.5万人,受淹农田3.5万公顷,公路中断405条次;损坏输电线路4万米、通讯线路3万米;损坏堤防2000米、水闸22座;市城区部分街道出现积水,安义县、新建县遭遇较严重的洪涝灾害,全市直接经济损失2.97亿元。市防总启动防洪应急预案,省委常委、市委书记余欣荣,市政府助理巡视员戴和旺多次向市防总询问汛情、灾情并指挥抗洪抢险工作,南昌警备区政委张国华,参谋长谢光忠,副市长黄春平等亲临安义防汛现场指挥抗洪抢险工作,市机动抢险队潜水分队到安义县排除电排站险情,市民兵舟艇连赶赴安义、新建县转移被洪水围困的群众850余人。由于领导重视和措施到位,抗洪抢险取得全面胜利,实现不倒堤、不垮坝、城区没有出现严重内涝的抗洪目标,把洪涝灾害损失降到最低程度。

【长江委防汛办到南昌市进行汛前准备工作检查】 3月29日,长江委防汛办检查组到南昌市开展汛前准备工作检查,检查组先后深入赣东大堤、城市防洪工程现场,实地察看防汛物资储备、防汛队伍组建落实情况,听取市防总汛前准备情况汇报。检查组对南昌市防汛工作早准备、早安排、早部署给予充分的肯定,同时也提出一些改进意见和建议。

【蔡其华视察南昌市城市防洪工程】 5月16日,长江水利委员会主任蔡其华等一行在副省长危朝安,省水利厅党委书记汪普生,厅长孙晓山,市政府助理巡视员戴和旺等的陪同下,冒雨视察南昌市富大有堤、前湖水库大坝等城市防洪工程。蔡其华看后表示满意,并希望完善城市防洪预案,落实防洪措施,确保水库不垮坝、圩堤不溃口。

【邱瑞田视察安义县抢险救灾工作】 9月8日上午,国家防汛办副主任邱瑞田,长江委副局长赵坤云,省水利厅副厅长朱来友等一行在市委常委、农工部长蔡社宝,市水利局和安义县领导的陪同下,先后视察安义县万埠镇青湖洲、东阳排洪港、县城老拦洪墙等险情和灾情现场。邱瑞田指出,一要以人为本,妥善安置好灾民生活;二要继续发扬抗洪抢险精神,全力以赴做好灾后生产自救工作;三要重点抓好灾后防疫,防止疫情传播;四要抓紧水毁工程的修复,维护社会稳定。

【市民兵舟艇连举行实战演练】 为提高市民兵舟艇连防汛抢险实战能力,积极应对可能出现的防汛抢险突击任务,5月26~30日市民兵舟艇连在南昌县澄碧湖举行为期5天的封闭训练,主要训练科目有水上救援、应急运输等。市民兵舟艇连于2004年由市防总、市警备区联合组建,下辖四个排共45名官兵,主要承担防汛抢险应急救援,防汛指挥和应急人员、物资运输任务。

【组建市防汛机动抢险队潜水专业分队】 5月中旬,根据市领导指示,市防汛机动抢险队潜水专业分队成立,有潜水员教练2人,专业潜水员4人。潜水专业分队成立后,坚持边训练边抢险,先后参与南昌经济技术开发区枫景水库除险和安义县杀猪场电排站的抢险工作。

【《南昌市城市水土保持条例》颁布实施】 3月31日,经第十届省人大常委会第十四次会议批准,《南昌市城市水土保持条例》颁布并于7月1日起实施。该《条例》是全国省会城市中第一部水土保持地方性法规。其内容界定了城市水土保持和水土保持设施两个概念,并确定适用范围,设置量化标准,明确水保方案编制时段、有关部门职责和"规费"收缴的内容,规定建立有效的监督制度及法律责任。6月29日,市人大常委会、市政府在八一广场举行《南昌市城市水土保持条例》新闻发布会,市领导蔡社宝、肖永政、王水苟及省水利厅副厅长管日顺出席。

【《南昌市城市水土保持规划》通过评审】 12月28日,《南昌市城市水土保持规划》通过由市政府授权市发改委组织的专家评审。南昌市城市水土保持规划范围为东起瑶湖,西至长埈、麦园,北起北外环线,南至昌南大道,由昌南、昌北两城组成,规划面积为380平方公里。分为重点预防保护区、重点治理区和重点监督区。重点预防保护区主要包括赣江、玉带河、抚河故道、瀛上河、白水湖水系、城市湖泊和城市绿地，总面积95平方公里；重点治理区为瑶湖高校园区、红角洲新城区等城市开发建设较为集中、水土流失较为严重的地区，总面积56.32平方公里；重点监督区为建成区、开发在建区、开发建设项目集中区及列入城市建设规划但尚未动工的地区，总面积248.18平方公里。规划目标任务是到2010年，全面治理水土流失，预防和基本控制新的人为水土流失，建成水土保持监测管理系统，完成水土保持示范工程建设，建设沿江、沿河、沿湖绿化带和城市绿地；到2020年，全面控制城市人为水土流失，实现城市水土保持生态建设法制化、规范化和科学化，建立城市水土保持科学技术服务体系，实现城市人居环境明显改善，城市整体环境全面提高，人与自然和谐相处。该《规划》经市政府批准后实施。

【全市水利冬修现场会暨“三冬”工作会在新建县召开】 9月7日，市政府在新建县西山镇召开全市水利冬修现场会暨“三冬”（即冬种、冬造、冬修）工作会，各县区（开发区、新区）分管领导，各县区水利、农业、林业局长出席会议，市政府助理巡视员戴和旺到会并讲话。会上安排参观西山镇草山水库除险加固现场，新建县人民政府作典型经验介绍，市农业、林业、水利部门主要负责人分别就冬种、冬造、冬修工作进行安排部署。会上确定全年全市农田水利基本建设重点是水库、泵站、两塘、堤顶公路、安全饮水、渠道清淤和水保小流域治理，主要目标是完成110座病险水库除险加固，改造泵站20处共3.11万千瓦，硬化堤顶公路200千米，修建“两塘”2000座，渠道清淤533千米，新增库容350万立方米，新增灌溉面积1000公顷，改造中低产田2300公顷，解决4万农村人口饮水安全问题，治理水土流失面积5333公顷，使全市防洪除涝和旱涝保收面积明显增加，抵御水旱能力明显增强。

【病险水库除险加固进展顺利】 全市现有的488座水库中有病险水库197座，严重影响防洪安全和农田灌溉。继上年完成68座病险水库除险加固之后，当年加大工作力度。全年完成病险水库除险加固110座，累计除险加固178座，占病险水库总数的90%。剩下19座中央和省补助资金的水库除险加固项目，将按国家和省里计划实施。

【扎实推进机电泵站更新改造工作】 全市现有机电泵站1760座，总装机容量22.7万千瓦，排涝面积16.35万公顷，灌溉面积7.53万公顷。其中，建于20世纪80年代前的机电泵站1565座，装机容量17.83万千瓦，分别占全市机电泵站总数的89%和总装机的78.5%。这些机电泵站年久失修，带病运行，危及防汛排涝安全。根据省水利厅、省财政厅的批复计划，全市共有40处142座大中型机电泵站列入省补助范围，总补助资金约8000万元，占全省2亿元补助资金的三分之一以上。市里成立泵站改造技术小组，在试点的基础上稳步推进泵改工作，全市完成20处60座总装机3.11万千瓦机电泵站更新改造，提高了农村排涝灌溉能力。

【修建小山塘、门塘2000座】 在2003年、2004年建设小山塘、小门塘4005座的基础上，当年市里再投资1000万元，补助各县（区）修建小山塘、门塘2000座，解决部分农村群众生产和生活用水困难，同时改善农村水环境，促进社会主义新农村建设。预计再用两年左右时间，全市可累计修建山塘、门塘10000座，做到每个自然村至少有一个山塘或门塘。

【安全饮水“户户通”和水利血防试点取得成效】 全市共有98万农村人口饮水困难或饮用水质不安全，占农村总人口的38%，直接影响群众的生活质量和身体健康。当年市、县（区）水利部门把解决群众饮水安全问题作为第一要务，市政府在南昌县塘南镇新光村、新建县松湖镇松湖街，安义县新民乡板田村、湾里区招贤镇南岭村实施安全饮水“户户通”试点；在进贤县三里乡启动水利血防工程试点。通过试点，以点带面，全年解决4万农村人口的安全饮水问题，受到群众好评。

【硬化堤顶公路】 为配合农村村村通公路工作，在南昌、新建、进贤县等地实施667公顷（万亩）以上圩堤堤顶公路建设，市政府每千米堤防补助2万元。全市完成堤顶公路硬化245千米，促进了堤防加固和新农村建设。

【胡惠元堤拓宽延伸暨跨京九高架工程开工】 11月6日，胡惠元堤（昌南大道）拓宽延伸暨京九高架工程举行开工典礼，市领导余欣荣、李豆罗、龚建华、熊焕高、陈守朴、万先勇、黄春平、戴和旺及工程建设、设计、施工、监理单位代表出席。市长李豆罗讲话，省委常委、市委书记余欣荣发布开工令。该工程东起罗谢公路，西接生米大桥，总长度16.7千米，路宽70米，双向8车道，设计时速80千米，包括城南隔堤拓宽工程、胡惠元堤加固延伸工程和京九高架桥工程，设计总投资6.96亿元，由市水利局负责建设，计划工期2年。工程建成后，可沟通城市外环线，缓解城区交通压力，还将带动昌南朝阳洲片区的开发、建设和繁荣。

【水利工程管理体制改革全面铺开】 8月31日，市政府下发《南昌市水利工程管理体制改革若干意见》，对防洪圩堤、水库、机电泵站、水闸等水利工程管理体制、管理单位权责、人员定编定岗及分流、社会保障、工程确权划界、工程养护资金等作了明确规定。9月29日，召开全市水利工程管理体制改革动员会议，全面部署水管体制改革工作。各县、区根据市政府的文件和会议精神，在12月底之前均出台水管体制改革实施方案并付诸实施，预计2006年6月底全市可基本完成水利工程管理体制改革任务。这项改革是适应建立社会主义市场经济体制和公共财政制度的要求，对解决全市水利工程管理单位长期存在的体制不顺、机制不活等制约水利发展的问题，促进水利工程良性运行具有重要意义。

【南昌水利科技大楼开工建设】 9月29日上午，市领导蔡社宝、卢晓健、王水苟、雷元江、戴和旺等在市水利局、红谷滩新区负责人的陪同下，出席南昌水利科技大楼开工典礼。市政府助理巡视员戴和旺主持开工典礼，市委常委、宣传部长、农工部长蔡社宝宣布开工令。南昌水利科技大楼由市水利疏浚公司负责兴建，总建筑面积4.38万平方米，共30层，高度99.95米，总投资1亿元，预计2007年3月竣工。

【市水利局荣获江西省“人民满意的公务员集体”荣誉称号】 4月，市水利局机关荣获省委组织部、省委宣传部、省文明办、省人事厅四家联合授予的“江西省人民满意的公务员集体”光荣称号。

（李爱水　查　晟）

## 气象服务

【概况】 2005年，市气象局围绕“建设和谐平安江西，共创富民兴赣大业，提升南昌发展水平”的目标，按照“加强气象预测预报，提高抵御自然灾害能力”的要求，狠抓城市气象建设，争当全省设区市气象部门的排头兵,全力做好天气预警预报和气象服务工作,扎实有效地开展保持共产党员先进性教育活动、与岱山共建"和谐平安社区"活动,协助完成《南昌市防雷减灾条例》立法工作,组建南昌市气象行政执法队伍,牵头组织完成南昌市防灾减灾"十一五"规划项目和《南昌市农村经济信息网络服务体系的研究与建立》项目等多项工程,实现气象现代化建设、业务技术体制改革的快速发展。荣获十届省级文明单位、全省气象部门目标考核优秀单位、全市安全生产专项整顿工作先进单位、"中国农村综合经济信息网系统"气象为农服务优秀奖、全国探空业务质量评比第七名等称号。

【基本业务稳步发展】 一是杜绝重大责任性业务差错,完成预报服务、农业气象、地面观测、高空探测、雷达、资料传输等基本业务。二是28项基本业务考核项目全部达标,达标率为100%。三是综合保障工作稳定有效,全年无事故、无差错,无因设备故障而出现缺测等事件。四是加大业务学习和基本功的训练,不断提高业务人员的技术水平和业务能力,每月组织2~3次集体业务学习和技术交流。五是自动站从1月1日起实现由双轨转入单轨运行。六是L波段探空雷达自成功安装试运行以来,于1月1日正式投入业务正常运行。七是有22人次获地面、高空测报百班无错全省优秀测报员,探空测报有6人次申报250班无错全国优秀测报员。

【重大社会活动气象服务准确及时、成效明显】 为策应全市社会经济发展,特别注意重大社会活动、招商引资活动的气象服务保障工作。在中国江西国际傩文化艺术节上,根据市政府部门的需求主动提供气象服务,开展专题气象服务5期,得到组委会的好评。在中国南昌第四届金秋经贸活动月期间,市气象局提前10天制作各次大型活动的天气分析专题材料,并根据天气变化,逐日滚动预报,跟踪服务。遇有特殊情况和服务需求时,随时增发服务材料,共为有关领导和组委会提供48期专题服务材料,其中红色旅游专题服务材料10期。组委会多次打电话、致函气象局表示感谢。

【重大灾害性天气预报服务抓住了关键】 预报服务按照"一年四季不放松,每次过程不放过"的原则,立足异常,早动员,早准备,全年11次重大灾害性天气过程预报全部正确。通过广播、电视、报纸等新闻媒体向公众开展服务22次,完成重大灾害性天气过程预报服务情况及灾情上报64次。特别是7月12日第5号台风"海棠"横扫中国台湾省之后,在福建省登陆,并直扑江西省而来。市气象局紧急做好迎战台风"海棠"的各项业务服务工作。7月13日以《南昌气象情况》呈阅件形式发布台风预报。7月18日下午,专题向市委、市政府领导汇报5号台风"海棠"发展动向、强度及台风可能带来的不利影响。市委常委、农工部长蔡社宝当即要求将气象预报服务材料电传到各县,并要求气象部门密切跟踪台风发展动向,加强做好后续的气象服务工作。7月19日下午向各大新闻媒体发布台风消息。自此,5号台风"海棠"预报服务获得圆满成功。同时汛期气象服务期间,市气象局启用手机短信为市党政领导和有关部门发送天气实况和预警信息,收到很好的服务效果。

【人工影响天气工作扎实有力】 一是及时向市政府领导汇报,调整市人工影响天气领导小组成员,健全组织机构;二是构建市级人工影响天气作业指挥系统,完成市、县两级人工影响天气作业平台建设;三是利用市、县级人工影响天气综合信息管理系统规范资料上报;四是以需求为导向,开展缓解旱情、森林灭火、水库增容、生态环境建设和保护等多领域并举的服务;五是牢固树立安全意识,加强弹药购置、运输、存储,作业装备管护,作业单位资质,作业人员上岗培训,作业公告,作业空域申请等方面的管理、检查和监督工作,对存在的问题坚决予以纠正。

【大力拓展气象业务服务领域】 一是为水稻生产开展精细化的农业气象服务。通过学习"水稻优化决策系统",为南昌县蒋巷镇的种粮大户制作水稻品种(即禾盛10号、金优402、金优463等)常年优化决策服务方案和当年双季早稻(禾盛10号、金优402、金优463等)优化决策服务方案,受到种粮大户的好评。二是提高气象为农业服务的针对性。制作完成农业气象情报15期,对可能出现的农业气象灾害及时通过市农村经济信息网、手机短信等途径向有关部门和广大农民发布预警信号,对农业及时防灾减灾发挥重要作用。三是跟踪春播进度,分析天气影响,提供未来天气与农事建议,服务粮食安全生产。

【现代化建设的7大成果】 一是牵头组织编制市防灾减灾"十一五"发展规划。二是完成《南昌市农村经济信息网络服务体系的研究与建立》项目,并获2004年度南昌市科学技术二等奖。三是主持与市委农工部合作的"南昌农经网二次改版"项目,在参加市政府网站评比中获三等奖。四是完成市气象局业务机房UPS供电系统安装及机房布设工作。五是配合省气象局千兆网改造工程,完成市局网络相应配套改造工作。六是完成市农村经济信息网短信平台建设。七是与北京道元公司签署关于"城区气象灾害监测预警塔"建设项目的意向书,拟定在市城区内建设五座预警塔。

【气象行政执法工作有明显成效】 一是气象探测环境得到有效保护;二是防雷和施放气球两类行政许可事项均顺利进入市行政审批办证的联审程序;三是组建市气象行政执法队伍;四是协助完成《南昌市防雷减灾条例》立法工作。起草《南昌市防雷减灾条例》工作中,市气象局圆满完成牵头起草任务,高质量地报送《南昌市防雷减灾条例》初稿,并顺利通过市政府常务会的审议。4月28日在南昌市十二届人大第三十四次常委会上通过一审,并通过市人大法工委立法座谈会修改,报至省人大常委会法工委。6月经市人大常委会二审,7月由省人大常委会审议通过。9月23日经江西省十届人大常委会第十七次会议批准,《南昌市防雷减灾条例》正式出台并于2005年11月1日起施行。

【文明创建活动成效显著】 文明创建工作常抓不懈,始终坚持"两手抓,两手都要硬"的方针,推进气象事业全面发展。一是参加"和谐与创业"知识竞赛,参赛率为100%。二是切实开展机关"效能年"、"双评"活动。三是参加"华风杯"《建立健全教育、制度、监督并重的惩治预防腐败体系实施纲要》知识竞赛,有两人次获得二、三等奖。四是开展党风廉政宣传月教育活动,组织廉政书画社区、校园巡展,得到中纪委驻中国气象局纪检组组长孙先健的批示:"应该肯定,值得推广"。五是与岱山社区共建"和谐平安社区",通过共建互动,开展多种形式的活动,推进机关党建和社区党建工作,促进市气象局机关作风转变、社区环境面貌的改善和发展。

(胡志斌)

# 开放型经济

## 进出口贸易

**【概况】** 2005 年，全市外贸外经口岸工作呈现出快速稳定增长态势。据海关统计，全市出口创汇 10.87 亿美元，占省厅新下达年计划的 102 %，占年初计划的 121.[illegible]1%，比上年增长 1.23 倍。增幅分别高于全国、全省平均增幅 105.05%、108.[illegible]5%。其中，外贸流通型企业出口 5.41 亿美元，占全市出口总额的 59%；生产型企业出口 3.76 亿美元，占全市出口总额的 41%。外商投资企业出口 1.7 亿美元，占全市出口总额的 18.6%，比上年增长 39.18%。全年全市完成外经合同额 1.05 亿美元，完成年计划的 454.[illegible]%，比上年增长 129 %；完成营业额 44[illegible]6 万美元，完成年计划的 97.7%，增长 33.1%。派出人数 984 人，占年计划的 [illegible]27.8%，比上年增长 69.9%；期末在外人数 2039 人，完成年计划的 112.[illegible]%，增长 27.8%。

**【七大举措推动外贸外经发展】** 全年市对外经济贸易合作委员会：一是改善外贸管理方式。(1)建立分级管理制度。部分原省属企业成建制地下放到南昌市归口管理后，将所有企业按其所在区域切块到县区一级，实行集中与分级管理相结合，并建立县(区)外贸管理信息员制度，明确管理职责范围，充分发挥基层外贸职能部门的作用。同时对重新调整后的重点企业管理也下放到县(区)并督促县(区)对重点企业进行"门对门"的重点服务。(2)初步建立领导挂点联系制度。市对外经济贸易合作委员会领导与各县(区)、开发区建立挂点联系制度。同时根据上年企业出口业绩及出口潜力开展调研，确定全市 30 家重点出口企业，并对其进行挂点联系，重点服务。二是改善贸易环境。为降低企业的商务成本，为南昌市企业提供便捷高效的进出口快速通道，改善南昌市的贸易环境和投资环境，上年南昌市开始大力实施口岸物流工程，并取得积极成果。三是改善政策环境。(1)完善全市鼓励外贸出口政策。对《南昌市鼓励外贸出口资金管理办法》进行修订，由过去的对所有出口商品进行贴息改为有侧重点地对产品出口分档次进行奖励，同时对企业出口增长也给予奖励。(2)积极组织企业申报鼓励政策。组织企业争取出口信用保险、开拓国际市场等方面的资金支持。鼓励企业争取国家新增的为中西部发展提供的外经贸发展专项资金及其他政策性资金扶持。年内全市有 6 家生产企业分别获得一次性 15 万元的奖励。7 家企业申报江西省出口名牌。四是建立健全外贸组织机构。积极向市政府、省政府申请成立口岸处和贸促会。年内口岸处获得市政府批准开展物流口岸建设工作，贸易促进会等待批准。五是大力推进劳务基地县工作。加强宣传，并在外经企业与劳务培训基地之间发挥桥梁纽带作用。年内南昌县作为全市惟一的劳务基地县正式启动，并与南昌国际经济技术合作公司签订协议，向日本输出服装研修生。六是支持发展原有的境外投资、承包工程、劳务合作项目。对南昌市恒达对外贸易有限公司在莱索托兴办的合作企业"莱索托石头实业有限公司"、江西省电力设计院在印尼的电力承包工程项目、南昌对外工程总公司在尼日利亚等国的建筑承包工程项目及"劳务基地县"——南昌县的建设发展，政府积极给予政策资金支持。七是积极引导扶持有条件的企业走出国门，大力发展对外投资与跨国经营，扩大海外劳务输出及海外承包工程。政府在金融、护照办理、闲置(旧)设备境外投入的审计等方面给予支持。

**【对外贸易呈现新特点】** 全市对外贸易有新突破。在上年高速增长的基础上呈现出"四大增长"、"两个优化"特点。"四大增长"：一是出口大户数量增长。出口 100 万美元以上的企业有 125 家，增加 70 家；出口总额 8.32 亿美元，增加 5.9 亿美元；占全市出口总额的 90.64%。出口超过 1000 万美元的企业 21 家，出口总额 9.89 亿美元，占全市出口总额 53.28%。部分企业出口业绩优良。如江西江铃进出口有限责任公司出

2005 年 5 月 27 日，市领导余欣荣、周关山席陆风牌汽车首批出口欧洲发车仪式

口5715万美元、泰丰轮胎(江西)有限公司出口4085万美元、南昌银志纺织服装进出口有限公司出口3168万美元。二是出口较进口增长。全年出口保持较快增长,进口增速明显放缓。受出口较快增长和进口放缓的双重影响,全年出口较进口超出累计达4.67亿美元。三是加工贸易增长。全年加工贸易累计出口额为9844万美元,超出上年全年加工贸易累计出口额3844万美元,比上年增长64.07%;企业户数也大大增加,全年加工贸易企业达53家,比上年增加18家。四是出口主体增长。自2004年7月1日新外贸法实施,外贸经营权实行备案登记以来,全市有外贸经营权企业迅速增加。截至年底,外贸经营权登记企业达170家。全市有出口业绩的企业达364家。“两个优化”:一是出口市场结构优化。出口传统市场亚洲、北美市场继续扩大。全年累计出口亚洲、北美分别为3.92亿美元、1.43亿美元,比上年增长99.05%、152.94%;欧盟市场发展较快,比上年增长2倍多;非洲等新兴市场也发展较快,增长113.36%。二是出口商品结构优化。传统商品纺织服装出口总量增长较快,累计出口2.95亿美元,比上年增长97.32%,占全市出口总额的32.19%;机电产品出口增速较快,累计出口1.73亿美元,比上年增长248.45%。

**【对外经济技术合作取得新进展】** 全市对外承包工程比重加大,领域拓宽,项目档次提升,大项目增多。全年境外新签承包工程项目合同额1.1亿美元,超出前4年总和约4000万美元。2004年8月,南昌市建立第一个全省外派劳务基地,南昌县成为全市首批“江西省出国劳务基地县”之一。外经队伍不断壮大。当年经商务部批准,南昌市第三建筑工程公司、南昌县昌厦建设工程集团公司获得对外承包工程经营合作资格,全市外经企业发展到5家。全年全市共向日本、新加坡、美国等国家和地区输出对外劳务人员388人。

**【口岸建设出现新局面】** 2004年12月,南昌至深圳海铁联运成功试运行,2005年11日,正式开通。2005年6月南昌至厦门海铁联运开通,南昌市实现与沿海发达口岸的对接,形成外贸出口更高效、更便捷的绿色通道。截至年底,南昌至厦门海铁联运承运1020个标准集装箱,9月单月业务量达到176个标准集装箱。南昌至深圳海铁联运正式运行情况良好。截至年底,南昌至深圳货物运输直达列车开行24班,共承运207个车皮,414个标准箱的货物。其中,外贸货物为259个标准箱,内贸货物为155个标准箱。6月南昌海关驻南昌高新技术产业开发区办事处开关,省出入境检验检疫局驻南昌高新技术产业开发区办事处正式动工建设。当年南昌市全面启动保税物流中心和国家级出口加工区的申报工作,在省委、省政府及南昌海关的大力支持下,得到国家海关总署及国务院相关部委的首肯。

**【参加第15届华交会】** 3月1~6日,第15届华交会在上海举行。到会境外客商比上届增长8.69%。其中,欧美客户增长较快,到会客商3255人,比上届增长50.20%;北美洲到会客商2176人,增长38.15%。展览总面积8.05万平方米,设纺织服装和轻工工艺两大展馆。南昌市22家企业参展,摊位27个,总成交金额4308万美元,比上届增长156.43%。南昌市参展企业有3个特点:一是生产企业在交易会上日益显现其交易优势。生产企业由于在成本、工艺、生产管理等方面的优势而成为交易会上的主角。本届交易会上生产企业共成交1980万美元,占全市成交总额的近一半。二是纺织服装仍是全市出口的拳头商品。在出口成交中,纺织服装类产品占总成交额的80%以上。三是出口市场结构日益多元化。欧美市场由于纺织品配额的取消,交易活跃,累计成交额超过亚洲市场,达1870万美元。

**【参加中国出口商品交易会】** 4月15~30日,第97届中国出口商品交易会在广州分期举行。来自200余个国家和地区的近20万名商客参加,为历年之最。南昌市有32家企业参展,共有各类摊位43个,参会的正式代表超过120人,成交共计5871万美元,比上届增长9.8%,成交额为全市历年来最好的一年。此次交易会南昌市参展企业有3个特点。一是参展主体日趋多元化,生产企业参展的比例不断增加,形成以生产企业、外贸流通企业和外商投资企业为主导的外贸参展队伍。二是出口成交继续增长,但增速有所放缓,主要原因是全市拳头产品纺织服装受欧美设限约影响,出口成交减少。三是产品结构进一步优化。此次机电产品成交额为2387万美元,占总成交额的40.6%,比上届增长18%。10月15~30日,第98届中国出口商品交易会在广州举行。全市共有38家企业150余名正式代表参会,共有各类摊位51个,共计成交7095万美元。

**【参加中国国际高新技术成果交易会】** 10月12~17日,第7届中国国际高新技术成果交易会在深圳市举行。来自42个国家和地区的115个代表团,52家跨国公司参会。4041家国内外参展商的9674个项目和1882家投资商参加展示、交易和洽谈。国外21个国家及国际组织,中国内地的36个省、自治区、直辖市和计划单列市,31所著名高校及港澳台地区均组团参加。国外组团数、国内组团数、参展高校数均创历史新高。南昌市有8家企业共25人参加此次高交会,签约项目6个,成交金额6230万元。

(石　浩　姚妹媛)

**2005年南昌市30家重点出口企业出口创汇情况一览表**

表38　　　　单位:万美元

| 企业名称 | 海关代码 | 2004年出口创汇数 | 2005年出口创汇数 | 与上年同期增长比% | 所属辖区 |
| --- | --- | --- | --- | --- | --- |
| 南昌银志纺织服装进出口有限公司 | 3601961645 | 3136 | 3168 | 1.02 | 青山湖区 |
| 泰丰轮胎(江西)有限公司 | 3601941319 | 2595 | 4085 | 57.42 | 高新技术产业开发区 |
| 江西江铃进出口有限责任公司 | 3601911430 | 2515 | 5715 | 127.24 | 经济贸易委员会 |
| 江西科龙实业发展有限公司 | 3601931620 | 1907 | 627 | -67.12 | 经济技术开发区 |

续表 38－1

| 企　业　名　称 | 海关代码 | 2004 年出口创汇数 | 2005 年出口创汇数 | 与上年同期增长比% | 所属辖区 |
|---|---|---|---|---|---|
| 南昌金泰国际贸易有限公司 | 3601951457 | 1691 | 1915 | 13.25 | 西湖区 |
| 江西高诺石有限公司 | 3601961588 | 1431 | 2127 | 48.64 | 西湖区 |
| 南昌高新开发区进出口有限公司 | 3601910886 | 1006 | 354 | －64.81 | 高新技术产业开发区 |
| 江西捷德智能卡系统有限公司 | 3601931355 | 877 | 1244 | 41.85 | 高新技术产业开发区 |
| 江西昌安高科技股份有限公司 | 3601911517 | 875 | 1014 | 15.89 | 安义县 |
| 南昌嘉鸿服装实业有限公司 | 3601961725 | 874 | 1061 | 21.40 | 青山湖区 |
| 江西华安针织总厂 | 3601910324 | 717 | 663 | －7.53 | 经济贸易委员会 |
| 南昌东方色织布有限公司 | 3601961338 | 663 | 1273 | 92.01 | 经济贸易委员会 |
| 南昌贤日印染有限公司 | 3601941403 | 639 | 683 | 6.89 | 青山湖区 |
| 江西家用纺织有限公司 | 3601961718 | 624 | 1397 | 123.88 | 西湖区 |
| 江西华源江纺有限公司 | 3601910077 | 612 | 163 | －73.37 | 经济贸易委员会 |
| 南昌日华贸易有限责任公司 | 3601961727 | 568 | 1005 | 76.94 | 西湖区 |
| 江西省盛达进出口有限公司 | 3601961721 | 517 | 897 | 73.50 | 东湖区 |
| 克林尼科医疗器械（南昌）有限公司 | 3601941600 | 494 | 805 | 62.96 | 经济技术开发区 |
| 江西国鸿集团有限公司 | 3601961539 | 479 | 420 | －12.32 | 南昌县 |
| 南昌仁春之茗实业有限公司 | 3601961708 | 446 | 543 | 21.75 | 湾里区 |
| 江西罗克斯服装有限公司 | 3601941336 | 417 | 518 | 24.22 | 高新技术产业开发区 |
| 南昌胜部服装有限公司 | 3601941499 | 354 | 291 | －17.80 | 西湖区 |
| 南昌盛兴制衣有限公司 | 3601931386 | 340 | 339 | －0.29 | 高新技术产业开发区 |
| 南昌华宏服装有限公司 | 3601930501 | 325 | 581 | 78.77 | 青山湖区 |
| 江西长力汽车弹簧股份有限公司 | 3601911513 | 321 | 742 | 131.15 | 高新技术产业开发区 |
| 南昌旺亮鞋业有限公司 | 3601941586 | 321 | 403 | 25.55 | 经济技术开发区 |
| 江西瑞显光电科技有限公司 | 3601961755 | 312 | 212 | －32.05 | 青山湖区 |
| 新建县对外经济贸易有限公司 | 3601911522 | 305 | 351 | 15.08 | 新建县 |
| 江西永通鞋业有限公司 | 3601941661 | 278 | 441 | 58.63 | 南昌县 |
| 江西晨鸣纸业有限责任公司 | 3601931653 | 0 | 1284 |  | 经济技术开发区 |
| 合　计 |  | 25639 | 34321 | 33.86 |  |

（南昌市对外经济贸易合作委员会）

## 2005 年南昌市外贸出口和外经工作受省政府表彰一览表

表 39

| 外贸出口先进单位 | 外贸出口先进企业 | 外经先进企业 |
|---|---|---|
| 西湖区、东湖区、青云谱区 | 江西江铃进出口有限责任公司、泰丰轮胎（江西）有限公司、南昌银志纺织服装进出口有限公司、南昌硬质合金有限责任公司、南昌东方色织布有限公司、江西捷德智能卡系统有限公司 | 江西国际经济技术合作公司、南昌对外工程总公司 |

（南昌市对外经济贸易合作委员会）

# 海 关

【概况】 2005年,南昌海关认真贯彻全国海关关长会议精神,全面落实海关工作16字(即依法行政、为国把关、服务经济、促进发展)方针和队伍建设12字(即政治坚强、业务过硬、值得信赖)要求,以实现现代海关制度第二步发展战略和创建内陆一流海关为目标,继续以综合治税为轴心,在依法强化监管的同时,开展保持共产党员先进性教育活动和创建内陆一流海关活动,提高通关效率,努力服务江西崛起,队伍建设和各项业务工作取得新进展。

【积极构建综合治税大格局】 全年以综合治税为轴心,关税职能部门加强税收征管的职能管理、指导和监控;通关、监管、现场部门加强对大宗、特殊、敏感重点商品的审单、审价、归类和查验工作;加工贸易部门强化加工贸易合同核销征税;稽查部门开展减免税和加工贸易专项稽查;缉私部门加大打击走私力度以打促税;财务部门加强税款核销入库监控;督审部门加强税收工作的监督,努力形成综合治税合力。全年关区征税6.38亿元,比上年增长57.76%,提前两个月完成年度税收计划,创南昌海关成立以来的最高水平。

【参与并推动区域海关合作】 积极响应省委、省政府"和谐创业、富民兴赣"的决策部署,配合地方政府做好海关机构、出口加工区和保税物流中心的申报、设立和筹建等工作。年内景德镇海关、南昌海关驻南昌高新技术产业开发区办事处、南昌海关驻龙南办事处顺利开关;南昌国际集装箱码头海关监管点启用运行;新余海关的筹建工作基本完成。南昌海关还协助地方政府申报设立九江出口加工区获得国家批准,并积极配合做好筹建工作和南昌出口加工区的申报工作。同时南昌海关与广州海关共同推行"属地报关、口岸验放"监管新模式;与深圳海关签订开通南昌—深圳"五定班列"监管协议;与厦门海关签订铁海联运联系配合办法,简化转关运输手续,拓宽物流平台。据统计,全年关区监管进出口货物总值11.62亿美元,比上年增长28.92%;监管进出口货物总量74.04万吨,增长71.78%。

【继续保持打击走私高压态势】 按照海关总署统一部署,把缉私行政执法职能调整到缉私局统一承担,完善缉私体制。积极推进缉私工作与海关其他业务工作的深度融合,完善联系配合机制,既充分发挥缉私部门打私主力军作用,又充分发挥海关各业务部门的防范和打击走私的基础作用,提升反走私整体效能。全年组织开展打击加工贸易渠道走私、走私摊铺机、卷筒纸胶印机减免税进口走私等打私专项行动。全年立案查处走私案件3起,案值1694.3万元;查处行政案件10起,案值936.92万元;协助兄弟海关侦办案件94起,案值8506万元。同时有序开展反走私综合治理工作,以"打私办"为平台,密切与地方党政和其他成员单位的协作配合,加强情报共享和执法联动,在协助地方规范市场经济秩序、"扫黄打非"、知识产权保护等方面也取得新成效。

【推行职能整合创新】 一是积极稳妥地做好调查职能整合工作。对关区调查职能、机构、人员等及时调整,并以此为契机,加大风险管理、企业稽查和贸易调查力度,完善企业分类管理和信用管理,进一步规范企业进出口行为。二是稳步推进风险管理工作。健全风险管理组织架构,推进风险分析监控中心建设,推广应用风险管理平台,并依托风险管理平台,开展税收、减免税和高风险商品的专项数据分析工作,风险管理的分析监控作用得到初步发挥。三是着手推进监管通关、审单机构和职能调整。四是结合当年新设隶属海关机构的情况,对隶属海关(办事处)、现场业务处的业务职能进行整合,职能管理作用进一步发挥,业务运行机制和人力资源配置进一步优化。业务运行进一步顺畅。

【进一步发挥统计预警监测分析作用】 一是通过加强参数检控、数据审核、数据差错分析,强化统计基础工作,确保海关统计数据质量。全年上报总署数据"零差错"。二是加强执法评估和统计监督工作,及时揭示执法中的倾向性、苗头性问题,统计预警监测能力有所提高。三是加强统计分析,及时提供进出口预警监测信息,服务领导决策和地方经济发展。同时积极推进海关统计数据、信息的社会化服务。全年完成统计分析报告15篇;接受外界统计咨询服务150余人次。

【促进队伍廉政勤政】 为全面落实党风廉政建设各项规定,继续保持惩治腐败、纠正行业不正之风的高压态势。组织学习贯彻《违反海关执法规定和廉政纪律行政处分办法》,结合总署通报的违纪案例和关区发生的案件开展警示教育,提高关员拒腐防变、抵御风险的能力。同时认真分析关区党风廉政建设形势,层层签订党风廉政建设责任状,并在基层单位开展落实党风廉政建设责任制试点工作。在上年开展收受"红包"专项治理活动的基础上,建立送收"红包"登记报告制度,并向企业广泛宣传接受监督。加强督察审计工作,积极探索督察审计监督制约长效机制的建设。

(陈 斌)

2005年9月24日,台商代表出席市委、市政府举行台商贸易服务业投资环境说明会

# 非公有制经济

## 个私民营企业管理服务

【概况】 2005年,市个私民营经济办公室、市中小企业局以全民创业为依托,坚持"做大规模、调优结构、完善体系、优化服务"的总体思路,进一步强化措施、创新工作,全市个私民营经济呈现出速度快、效益好、比重升、后劲足的发展态势,成为全市经济发展的重要板块。全年全市个私民营经济实现增加值347.3亿元,比上年增长33.1%,占全市国内生产总值比重的34.5%,提高3.8个百分点;实缴税金30.4亿元,增长51.9%,占全市财政总收入的比重达24.1%;实现利润79.5亿元,增长9.8%;实现出口产品交货值38.6亿元,增长48.7%。不少个私民营企业完成初始创业之后,努力完善企业治理结构,提升经营管理水平,加速向集团化、现代化方向发展,成为支撑个私民营经济乃至全市经济发展的重要支柱。

【推动银企合作】 针对个私民营企业、中小企业普遍存在融资、担保难、投入不足的现状,市个私民营经济办公室3月与人行南昌中心支行联合发出《关于做好信贷支持中小企业工作的通知》,在全市中小企业中开展资金需求调查摸底,收集整理和精心筛选136家企业9.35亿元的贷款需求,并将这些项目信息发送到各商业银行。5月,组织筹办南昌市中小企业信用建设与融资工作会议,银行与企业进行项目对接。通过跟踪督办,超过3亿元项目资金得到落实。

【加快完善担保体系建设】 继续以市县两级担保建设为突破口,改善企业融资环境,把工作重点放在"规范引导、防范风险、增强服务功能"上,对担保公司开展备案登记工作,引导担保公司面向中小企业、个私民营企业,发挥杠杆作用,撬动金融资金。截至年底,全市由财政出资引导组建的担保公司达7家,注册总资金1.05亿元;担保项目72个,担保金额1.02亿元。

【为中小企业融资开辟新途径】 进一步推动国家开发银行在南昌市实施的中小企业贷款工作。5月与国家开发银行江西省分行、南昌市商业银行、市中小企业发展投资公司共同签署《国家开发银行小额贷款合作协议》,充分发挥市中小企业发展投资公司融资平台的功能,采取"打捆借贷,统借统还"的运作模式,为中小企业融资开辟了新途径。截至年底,累计为30户企业发放中小企业贷款3.25亿元。

【圆满完成年度招商引资任务】 一是由副市长凌学仁带队,组织全市8个工业园区参加"2005年江西工业园区(东莞)专项招商引资推介会"。期间,市个私民营经济办公室共邀请客商50人,推出重点招商引资项目68个,签订投资项目8个,项目投资13.1亿元;签订意向投资项目7个,意向投资12.6亿元。二是组织全市民营企业家参加"2005赣台经贸洽谈会"、"台湾连锁品牌南昌推介会"等市政府举办的大型招商活动,为全市民营企业家开展对外合作与交流提供了一个良好的平台。全年共引进内资3900万元,外资100万美元。圆满完成年度招商引资任务。

【推进诚信工程建设】 把中小企业诚信建设作为突破融资难的基础工程来抓,引导企业树立诚信意识,提高信用等级。元月倡导成立南昌市中小企业信用促进会,全市98家中小企业成为首批会员。信用促进会成立后,向全市中小企业发出加强信用建设倡议书,引导企业互相约束,诚信经营。同时积极组织全市中小企业申报"省级诚信"企业的评审,在企业中引起积极的反响,共有62家企业进行申报。经多方审核评估,年内有4家企业被评为省特级诚信企业,4家企业被评为省一级诚信企业,23家企业评为省诚信企业,在全市中小企业中营造了讲信用、守信用的良好氛围。

【服务平台建设】 一是强化教育培训。市政府转发市中小企业局制定的《中国·南昌中小企业创业培训工程实施方案》,并在第四届"中国·南昌金秋经贸月活动"中举办"中国·南昌中小企业创业培训工程"的启动仪式,邀请德国与中国商业交流中心有限公司、马来西亚王子学院、上海市经济管理干部学院资产管理分院、江西省中小企业局培训中心等单位参会,并与之签订开展教育培训工作的框架协议,为今后开展对外交流、培训合作奠定了基础。二是做好人才服务工作。为切实帮助企业培养人才、引进人才、留住人才,积极开展了非国有企业专业技术职称的申报评审工作,为个私民营企业技术人员职称评审创造条件。经个人申请、资格审查、专家评审,全市非国有企业中有798人获得高、中、初级专业技术职称。在评审工作中,会同有关部门,按照公开、公正、公平的原则,严格程序,规范操作,使企业各类人才脱颖而出。三是搭建企业信息服务平台。为推进中小企业信息化建设,会同江西微软技术中心,电信南昌分公司共同组建并开通"中国·南昌中小企业综合服务平台(网站)",为推动全市中小企业实现信息资源的共享、交流提供了良好的平台。

【中小企业创业培训工程】 为大力提高全市中小企业各类人员的素质,在认真搞好调查研究的基础上,根据实际情况,起草"中国·南昌中小企业创业培训工程",并被列为第四届"中国·南昌金秋经贸月活动"中32个大型活动项目之一。为配合中国·南昌中小企业创业培训工程的启动,先后4次组织中小企业的300余人参加国家"银河培训工程",2次组织中小企业271人参加市本级的"银河培训项目",7次组织中小企业700余名专业技术人员参加专业技术培训,受到企业广泛好评。

**【中小企业博览会】** 9月,市个私民营经济办公室积极组织全市中小企业参加“第二届中国中小企业博览会暨中法中小企业博览会”。博览会设电子信息、机械(汽、摩车配件)、轻工(皮革用品)、日用化工、纺织服装、家用电器、食品饮料、医药、陶瓷9个专业展区,按行业布展。通过精心发动,认真组织,全市共有14家企业购买16个摊位,超额完成省局下达的任务。

(曹[illegible]众)

## 2005年南昌市个私民营企业主要经济指标一览表

表40

| 甲 | 企业个数 | 从业人员 | 增加值 | 总产值 | 利润总额 | 净利润 | 上交税金 | 劳动者报酬 | 资产总额 | 固定资产原价 | 固定资产净值 | 负债总额 | 资本金 |
|---|---|---|---|---|---|---|---|---|---|---|---|---|---|
| | (个) | (人) | (万元) | (万元) | (万元) | (万元) | (万元) | (万元) | (万元) | (万元) | (万元) | (万元) | (万元) |
| 总 计 | 129678 | 743440 | 3473583 | 12284283 | 813506 | 600944 | 304231 | 603261 | 8026959 | 4332507 | 3635698 | 3609047 | 3814523 |
| 一、按登记注册类型分组 | | | | | | | | | | | | | |
| 1. 内资企业小计 | 129141 | 707831 | 3176995 | 11266518 | 732625 | 537972 | 268657 | 560136 | 6844916 | 3720779 | 3102189 | 3125857 | 3113882 |
| 其中:(1)集体企业 | | | | | | | | | | | | | |
| (2)股份合作企业 | 737 | 46736 | 200118 | 725965 | 63931 | 46560 | 19172 | 27435 | 515013 | 347365 | 313955 | 243498 | 297822 |
| (3)联营企业 | 154 | 11580 | 35924 | 128649 | 12927 | 9796 | 3775 | 3768 | 129066 | 93551 | 83060 | 75923 | 93437 |
| (4)有限责任公司 | 3210 | 128716 | 754876 | 2711948 | 196598 | 149680 | 93397 | 128057 | 3191146 | 1706485 | 1346801 | 1618568 | 1234998 |
| (5)股份有限公司 | 634 | 41152 | 191406 | 634754 | 51648 | 36888 | 21595 | 34566 | 537846 | 215602 | 182227 | 174592 | 375364 |
| (6)私营企业 | 17480 | 196199 | 882554 | 3234531 | 191388 | 143078 | 60193 | 128652 | 1701617 | 1080140 | 951194 | 861342 | 647685 |
| (7)个体工商户 | 106926 | 283448 | 1112117 | 3830671 | 216133 | 151970 | 70525 | 237658 | 770228 | 277636 | 224952 | 151934 | 464576 |
| 2. 港、澳、台商投资企业 | 322 | 22846 | 173699 | 603244 | 45124 | 33690 | 23015 | 27946 | 592687 | 275270 | 237254 | 195763 | 333512 |
| 3. 外商投资企业 | 215 | 12763 | 122889 | 414521 | 35757 | 29282 | 12559 | 15179 | 589356 | 336458 | 296255 | 287427 | 367129 |
| 二、按国民经济行业分组 | | | | | | | | | | | | | |
| 1. 农林牧渔业 | 4716 | 17001 | 66831 | 232718 | 14911 | 11527 | 2289 | 11597 | 99820 | 50396 | 44613 | 30223 | 73410 |
| 2. 工业 | 27151 | 320332 | 2031273 | 7304585 | 493883 | 381120 | 170121 | 262655 | 4369434 | 2606160 | 2310361 | 1896177 | 2022658 |
| 其中:采矿业 | 427 | 7065 | 48993 | 161192 | 7594 | 6991 | 1441 | 8477 | 27883 | 19825 | 16655 | 13449 | 12768 |
| 制造业 | 26724 | 313267 | 1982280 | 7143393 | 486289 | 374129 | 168680 | 254178 | 4341551 | 2586335 | 2293706 | 1882728 | 2009890 |
| 3. 建筑业 | 5712 | 65231 | 261831 | 942636 | 59797 | 44670 | 25339 | 47400 | 958320 | 688120 | 486536 | 639747 | 355050 |
| 其中:资质等级企业 | 124 | 23256 | 109886 | 363640 | 26827 | 20806 | 10959 | 16850 | 401922 | 292306 | 207933 | 247815 | 184844 |
| 4. 交通运输仓储业 | 10798 | 28522 | 142365 | 401191 | 26051 | 19961 | 7174 | 22295 | 314565 | 251261 | 189343 | 209389 | 97043 |
| 5. 批发零售业 | 39571 | 143648 | 510169 | 1805628 | 120397 | 75991 | 43522 | 109703 | 1079362 | 346702 | 287151 | 258930 | 731536 |
| 6. 住宿及餐饮业 | 10790 | 60543 | 177433 | 590620 | 52128 | 32981 | 22114 | 44276 | 531348 | 206022 | 170109 | 246435 | 224316 |
| 其中:餐饮业 | 8629 | 33175 | 113360 | 371488 | 28946 | 20097 | 12541 | 22117 | 355736 | 80591 | 67118 | 131993 | 186026 |
| 7. 社会服务业 | 13165 | 49247 | 143089 | 500605 | 29423 | 22212 | 15098 | 53122 | 397183 | 119236 | 97833 | 183355 | 196143 |
| 8. 其他 | 17775 | 58916 | 140592 | 506300 | 16916 | 12482 | 18574 | 52213 | 276927 | 64610 | 49752 | 144790 | 114367 |

(市个私办)

## 外商投资企业管理服务

**【概况】** 2005年,全市共新批外商投资企业187个,合同外资11.15亿美元,比上年增长6.34%;实际使用外资9.09亿美元,比上年增长24.42 %。实际使用外资达到年度计划任务。截至年底,共办证、批件326余件,接待客商咨询900余人次,整理、装订外资企业档案326余册,发放办事指南、合同章程范本、投资指南、项目册等材料600余份。

**【利用外资呈现五大特点】** (1)合同外资形势喜人。全年合同外资继续保持增长态势,比上年增长16.36%;(2)投资来源地仍以港澳台地区为主。全年新设外商投资项目115个,占项目总数的61.5%;注册合同外资6.28亿美元,占注册合同外资总数的56.3%;实际到位资金5.92亿美元,占实际进资总额的65.2%。(3)制造业和服务业仍为全市利用外资的主要领域,优势非常明显。制造业和服务业的三项指标(即新批项目数、注册合同外资数、实际进资数)的比例分别达 95.7%、94.2%、93.9%。(4)外商独资仍然是外资进入的主要方式。新批项目数、注册合同外资数、实际进资数,比例分别为 67.4%、75.2 % 和 77.8%。(5)新批大项目多,分量重,项目投资规模大。批准注册合同外资 500 万美元(含增资)以上项目 71 个,占新批项目总数的 37.97%;合同外资 9.15 亿美元,占新批注册合同外资总额的 82.11%。

【外资审批工作进一步改进】 一是继续以《中华人民共和国行政许可法》为依据,真正做到依法审批、依法行政,杜绝无依据审批,进一步提高外资审批的质量和水平,基本上无违规审批的项目。二是进一步完善、健全外资审批各项工作制度、实行服务承诺。进一步完善落实"首问负责制"、"一次性告知制"、"限时办结制"等各项工作制度,创新审批方式,简化审批手续,切实提高办事效率,为投资者提供优质服务,使外经贸委窗口成为为外商服务的"绿色通道"。三是进一步内强素质,外塑形象,大力提升服务水平,推行"站立式"接待,"微笑式"服务,率先在办证中心编制出一套申报外资项目所需全部材料的规范格式及范本,并无偿提供给投资者使用,方便了投资者。实行一年 365 日办证无假日,全天候为客商服务。收费公开、透明。严格按照国家规定的收费标准与收费项目,不准多收费,禁止滥收费。并获得市政府授予的"文明窗口"的光荣称号。四是推行电子政务,办证中心正式推行电子政务试点,网上审批成为南昌市第二个公开的"办证中心"。

【四项措施提高外汇比例】 当年商务部对外资统计工作进行调整,即外汇出资以外汇管理部门的记录为准,进口设备的投资以海关记录为准。这一重大调整对全市实际使用外资产生较大的影响。南昌市积极采取各项措施,努力提高现汇出资比例。一是根据新的要求,先后召开多次县区、开发区外经贸委(招商局)主任(局长)参加的全市外资统计工作会,督促各县区、开发区落实省外经贸厅关于利用外资统计工作方面的指示精神,加强利用外资统计工作,提高外汇比例。二是督促各县区、开发区制定相关的措施和办法,鼓励外商投资企业以现汇出资。三是进一步加强与外管部门的联系、沟通。为取得外商投资企业的外汇数据,多次到省外管局的国际收支处了解南昌市外商投资企业在外汇管理部门的外汇记录情况,动员企业验资或增资,提高全市的外汇总量和比例。四是严格执行《中华人民共和国统计法》和国家商务部、统计局制定的新的《外商投资统计制度》,以及省厅《江西省外商直接投资统计暂行规定》。另外,根据省厅有关精神制订《南昌市外商直接投资统计暂行办法》,对全市外商投资的各项统计做了全面的详细的规定,保证全市的外资统计工作达到"准确、全面、及时"的要求,规范和提高全市的外商投资统计工作。

【四项措施拓宽服务领域】 一是力促外商投资企业增资扩股。对有意增资的外商投资企业积极做好工作,争取办理增资手续,扩大生产经营规模,增加使用外资总量。草拟《关于鼓励外商投资企业增资扩股的推进意见》,鼓励企业做大做强,激励外商投资企业增资扩股。截至年底,有 40 家外企办理增资扩股的手续,增资总额 8887 万美元,占新批合同外资总额的 8%。二是积极催促外资到位。利用外商投资企业办理变更手续和参加联合年检的时机,积极督促企业外方资金尽快到位,对缴付部分出资企业、超过出资期限仍未进资企业,发出催缴注册资本通知函 60 余份,取得一定效果。三是认真负责搞好统计分析。对每月每季吸收外资统计情况做出详实分析,为政府、领导决策提供参考依据。四是对外商投资企业进资状况进行普查。为摸清外商投资企业的历史状况,准确地掌握外商投资企业运行情况,更好地为外商投资企业服务。5 月对全市 2002 年~2005 年 5 月份前批准设立的外商投资企业进资状况进行一次普查,并草拟《市有关职能部门与外商投资企业挂钩联系服务制度(暂行)》。

【外商投资企业联合年检】 根据商务部等国家六部局署《关于开展 2005 年外商投资企业联合年检工作的通知》要求,当年联合年检采取各联合年检部门(市外经贸委、工商局、财政局、国税局、地税局、南昌海关、国家外汇管理局江西分局)集中年检和网上年检两种方式。在网上实施年检试点为全市首次。3 月市外经贸委与市工商局联合下发《关于 2005 年对全市外商投资企业开展联合年检的通知》,就联合年检工作的目的、要求、程序、时间和年检所需提交的材料做出统一规定,并在《南昌日报》、市政府网站发布联合年检公告。为让企业了解和掌握网上年检的操作程序和方法,全市举办两期网上年检培训班,参加培训企业有 100 余家。全年共有 50 家企业通过网络进行年检。在年检工作中,充分利用年检手段,加强对企业的监管,强化企业的自律意识,认真审查企业的出资情况,对未按合同、章程规定的出资期限缴付注册资本或长期未出资的企业,在发给催缴出资通知函的同时,建议企业修改公司合同、章程,依法办理减资手续。截至 2004 年底,全市应参检外商投资企业 1072 户,实际年检企业 465 户,比上年增长 8.1%,年检率为 43.3%。年检结果表明,全市外商投资总额 29.61 亿美元,注册资本为 18.47 亿美元。其中,外方认缴额 13.30 亿美元,占注册资本的 72%;外方历年累计实际出资额 8.23 亿美元,占应缴出资额的 62%;外商投资企业总资产 1256.96 亿元,总负债 362.14 亿元,净资产 894.82 亿元,净利润 19 亿元,净资产收益率 2.1%。在参检企业中,盈利企业 107 户,占参检企业的 23%。外商投资企业纳税总额 13.5 亿元。其中,制造业纳税总额 12.7 亿元,占纳税总额 94.1%。

【赴外商投资企业考察调研】 7 月 1 日市对外经济贸易合作委员会组织专人对全市 45 家从业人数 20 人以上,总资产 1000 万元以上,销售收入 1000 万元以上,投资总额 200 万美元以上的外商投资企业进行调研。调研的主要内容一是企业在生产经营中有何困难需要政府帮助;二是对南昌市外商投资企业协会有何建议和意见,对下半年换届有何想法;三是对《南昌市外商投资企业协会章程》征求意见稿有何修改意见并填写《南昌市外商投资企业基本情况表》。截至 10 月底,完成晨鸣纸业、双港供水、中粮米业、福昌空调、江西正邦科技股份有限公司等 21 家企业调研。通过调研,加强政府与企业的沟通,并为企业解决大量难题。

【举行外商投资企业联谊会】 为加强政府和外商投资企业的沟通,增进感情,江西省对外贸易经济合作厅、南昌市对外贸易经济合作委员会、江西省外商投资企业协会和南昌市外商投资企业协会于 1 月 18 日在名人大酒店举办"省、市外商投资企业新春联谊会"。省、市有关领导、新闻单位和 150 家会员单位代表出席会议。会上省、市有关领导的讲话给参会的外企代表以信心和鼓舞。外企代表们畅所欲言,气氛热烈。会上由南昌市对外贸易经济合作委员会组织的外商投资企业歌舞团为在座的领导和 150 名外企代表表演精彩的节目。通过这次联谊会增进了政府与企业、企业与企业间的感情与交流。

【外商投资企业协会换届】 为切实发挥协会作为政府与企业间的沟通桥梁的作用,更好地为全市外商投资企业服务,外商投资企业协会进行换届。5月25~30日赴上海、昆山考察外商投资企业协会。11月召开筹备会议并走访10余家外商投资企业,将协会章程修改稿及企业基本情况表发放给企业,征求企业对章程的修改意见,以便重新确定协会组织结构、章程等事项,确定会长、副会长、常务理事及理事成员名单及数目,为正式换届做准备。

(石浩 姚姝媛)

## 2005年批准合同外资500万美元以上投资项目一览表

表41 单位:万美元

| 序号 | 企业名称 | 投资方式 | 投资总额 | 注册资本 | 合同外资 | 投资国别/地区 | 行 业 |
|---|---|---|---|---|---|---|---|
| 1 | 江西鄱阳湖绿色能源风电有限公司 | 外资企业 | 9999 | 9999 | 9999 | 英国 | 能源发电 |
| 2 | 晶湛(南昌)科技有限公司(增资) | 外资企业 | 4002 | 4002 | 4002 | 台湾 | 集成电路制造 |
| 3 | 江西景汇工程建设有限公司 | 合作企业 | 2999 | 2999 | 2999 | 香港 | 公路管理与养护 |
| 4 | 巴士在线(中国)有限公司 | 外资企业 | 2998 | 2998 | 2998 | 英属维尔京岛 | 计算机系统服务 |
| 5 | 南昌富昌科技有限公司 | 外资企业 | 2998 | 2998 | 2998 | 台湾 | 集成电路制造 |
| 6 | 南昌红谷科技有限公司 | 外资企业 | 2998 | 2998 | 2998 | 台湾 | 基础软件服务 |
| 7 | 南昌中海新八一大桥有限公司 | 合作企业 | 5413 | 5413 | 2990 | 英属维尔京岛 | 桥梁养护管理 |
| 8 | 南益置业(南昌)有限公司 | 外资企业 | 2958 | 2573 | 2573 | 香港 | 房地产开发经营 |
| 9 | 江西华宇风电有限公司 | 外资企业 | 2900 | 2000 | 2000 | 美国 | 发电站建设 |
| 10 | 江西联闪科技发展有限公司 | 外资企业 | 2000 | 2000 | 2000 | 香港 | 计算机整机制造 |
| 11 | 江西省九德公路开发建筑管理有限公司 | 外资企业 | 3999 | 1999 | 1999 | 香港 | 基础设施建设投资 |
| 12 | 江西邑杨苗木种植基地有限公司 | 外资企业 | 1990 | 1990 | 1990 | 英国 | 林木种植 |
| 13 | 江西皖玉珍珠养殖基地有限公司 | 外资企业 | 1985 | 1985 | 1985 | 韩国 | 内陆养殖 |
| 14 | 南昌翔远机械制造有限公司 | 外资企业 | 1568 | 1568 | 1568 | 韩国 | 拖拉机零部件制造 |
| 15 | 江西丰泽科技有限责任公司 | 合资企业 | 2999 | 1504 | 1500 | 香港 | 应用软件服务 |
| 16 | 力高置业(江西)有限公司 | 外资企业 | 3859 | 1286 | 1286 | 香港 | 房地产开发经营 |
| 17 | 南昌昌福实业有限公司 | 外资企业 | 1206 | 1206 | 1206 | 香港 | 房地产开发经营 |
| 18 | 鑫泰(江西)实业有限公司 | 外资企业 | 2990 | 1200 | 1200 | 泰国 | 房地产开发经营 |
| 19 | 江西华子交通运输有限公司 | 外资企业 | 2100 | 1200 | 1200 | 美国 | 仓储运输业 |
| 20 | 江西腾达光电科技有限公司 | 外资企业 | 2980 | 1200 | 1200 | 香港 | 半导体器件制造 |
| 21 | 江西邦盛服装工业城发展有限公司 | 合资企业 | 1450 | 1450 | 1172 | 香港 | 房地产开发经营 |
| 22 | 江西荟丰纸业有限公司 | 合资企业 | 2999 | 1282 | 1090 | 香港 | 纸制品制造 |
| 23 | 江西中科中诚新能源科技有限责任公司(增资) | 合资企业 | 2830 | 1769 | 1029 | 香港 | 能源技术研发 |
| 24 | 江西亚太针纺城有限公司 | 外资企业 | 2564 | 1026 | 1026 | 香港 | 房地产开发经营 |
| 25 | 江西中联科技实业有限公司 | 外资企业 | 1026 | 1026 | 1026 | 香港 | 计算机软硬件开发 |
| 26 | 江西仁森纺织制造业有限公司 | 外资企业 | 1600 | 1000 | 1000 | 香港 | 棉纺品生产 |
| 27 | 正红(南昌)科技发展有限公司 | 外资企业 | 2500 | 1000 | 1000 | 香港 | 机床制造 |
| 28 | 江西正亚实业有限公司 | 外资企业 | 2500 | 1000 | 1000 | 香港 | 房地产开发经营 |
| 29 | 南昌扬子洲生态发展有限公司 | 外资企业 | 2500 | 1000 | 1000 | 香港 | 农产品加工 |
| 30 | 江西惠冠置业有限公司 | 外资企业 | 2000 | 1000 | 1000 | 香港 | 房地产开发经营 |
| 31 | 江西泰耐克置业有限公司 | 外资企业 | 1000 | 1000 | 1000 | 法国 | 房地产开发经营 |
| 32 | 南昌辉耀达钢结构有限公司 | 外资企业 | 1500 | 1000 | 1000 | 香港 | 金属结构制造 |
| 33 | 江西星洲机械制造有限公司 | 外资企业 | 2500 | 1000 | 1000 | 新加坡 | 机械化农机具制造 |
| 34 | 江西贤强房地产开发有限责任公司 | 外资企业 | 998 | 998 | 998 | 香港 | 房地产开发经营 |

续表 41－1

| 序号 | 企业名称 | 投资方式 | 投资总额 | 注册资本 | 合同外资 | 投资国别/地区 | 行 业 |
|---|---|---|---|---|---|---|---|
| 35 | 南昌洪城干鲜果品大市场发展有限公司 | 合作企业 | 2000 | 998 | 995 | 香港 | 房地产开发经营 |
| 36 | 南昌环洋大酒店有限公司 | 合资企业 | 994 | 994 | 990 | 香港 | 酒店服务业 |
| 37 | 南昌庆宝科技发展有限公司 | 外资企业 | 1923 | 986 | 986 | 香港 | 计算机整机制造 |
| 38 | 江西绿盛苗木种植基地有限公司 | 外资企业 | 980 | 980 | 980 | 香港 | 育种和育苗 |
| 39 | 江西亿旺实业发展有限公司 | 外资企业 | 960 | 960 | 960 | 香港 | 房地产开发经营 |
| 40 | 南昌学谷科技发展有限公司 | 外资企业 | 960 | 960 | 960 | 香港 | 计算机软硬件开发 |
| 41 | 江西雄富联创科技发展有限公司 | 合资企业 | 2500 | 1000 | 950 | 香港 | 农业科技开发 |
| 42 | 江西江铜龙昌精密铜管有限公司 | 合资企业 | 6095 | 3625 | 906 | 香港 | 有色金属加工 |
| 43 | 南昌安特电子技术有限公司 | 外资企业 | 1200 | 900 | 900 | 香港 | 电力电子元器件制造 |
| 44 | 扬华(南昌)科技有限公司 | 外资企业 | 836 | 836 | 836 | 香港 | 应用软件服务 |
| 45 | 马恒达(中国)拖拉机有限公司 | 合资企业 | 1500 | 1000 | 800 | 毛里求斯 | 拖拉机制造 |
| 46 | 南昌丰业纺织有限公司 | 外资企业 | 1600 | 800 | 800 | 香港 | 纺织制成品制造 |
| 47 | 南昌利正科技有限公司 | 外资企业 | 1000 | 800 | 800 | 香港 | 计算机系统服务 |
| 48 | 南昌平成建设科技有限公司 | 外资企业 | 800 | 800 | 800 | 日本 | 轻质建筑材料制造 |
| 49 | 南昌港隆(香港)工业园有限公司 | 合资企业 | 2175 | 906 | 725 | 香港 | 塑料包装箱及容器制造 |
| 50 | 江西金帆实业有限公司 | 合资企业 | 2900 | 1200 | 720 | 波兰 | 房地产开发经营 |
| 51 | 江西泰耐克电气科技有限公司 | 合资企业 | 1430 | 715 | 672 | 法国 | 电气机械制造 |
| 52 | 江西港隆实业有限公司 | 外资企业 | 1608 | 643 | 643 | 香港 | 房地产开发经营 |
| 53 | 江西天伦包材有限公司 | 外资企业 | 1286 | 643 | 643 | 香港 | 包装箱及容器制造 |
| 54 | 江西贤骏实业有限公司 | 外资企业 | 772 | 643 | 643 | 香港 | 纸和纸板容器制造 |
| 55 | 江西安泰置业有限公司 | 外资企业 | 898 | 641 | 641 | 香港 | 房地产开发经营 |
| 56 | 江西新三兴实业有限公司 | 外资企业 | 974 | 641 | 641 | 菲律宾 | 体育器械生产销售 |
| 57 | 江西朗贤置业有限公司 | 外资企业 | 641 | 641 | 641 | 香港 | 房地产开发经营 |
| 58 | 南昌金嘉房地产开发有限公司 |  | 1560 | 625 | 625 | 台湾 | 房地产开发经营 |
| 59 | 江西星洲资融实业有限公司 | 外资企业 | 1240 | 620 | 620 | 新加坡 | 咨询业 |
| 60 | 南昌翔凯电器制品有限公司 | 外资企业 | 617 | 617 | 617 | 香港 | 家用电力器具制造 |
| 61 | 冠日通讯科技(南昌)有限公司 | 外资企业 | 604 | 604 | 604 | 英属维尔京岛 | 通信传输设备制造 |
| 62 | 江西明岚嘉年华游乐有限公司 | 外资企业 | 1500 | 600 | 600 | 英属处女岛 | 游乐园 |
| 63 | 南昌江铃集团联成汽车零部件有限公司 | 合资企业 | 2500 | 1000 | 600 | 萨摩亚 | 模具制造 |
| 64 | 江西中懋实业有限公司 | 合资企业 | 1329 | 604 | 568 | 印度尼西亚 | 农产品加工 |
| 65 | 南昌深国投商用置业有限公司 | 合资企业 | 2114 | 846 | 550 | 香港 | 房地产开发经营 |
| 66 | 南昌市康城实业有限公司 | 合资企业 | 600 | 600 | 550 | 香港 | 餐饮服务业 |
| 67 | 江西省世通置业有限公司 | 外资企业 | 1200 | 530 | 530 | 香港 | 景区开发管理 |
| 68 | 江西省江铜—台意特种电工材料有限公司 | 合资企业 | 3350 | 1680 | 504 | 萨摩亚 | 电线电缆制造 |
| 69 | 江西至辉置业有限公司 | 外资企业 | 1200 | 500 | 500 | 法国 | 房地产开发经营 |
| 70 | 南昌玉鑫泡沫制品有限公司(增资) | 外资企业 | 500 | 500 | 500 | 香港 | 泡沫塑料制造 |
| 71 | 南昌宏狄制衣有限公司 | 外资企业 | 1000 | 500 | 500 | 香港 | 服装制造业 |
| 合 计 |  |  | 148254 | 100807 | 91532 |  |  |

（市外经贸委）

# 行 业 协 会

## 南昌市城市建设协会

【概况】 南昌市城市建设协会是由全市从事土木工程建筑、勘察设计、工程监理、线路管道、设备安装、建筑装饰装修、建筑制品生产和建筑科研教育等企、事业单位自愿参加组成，并经市城乡建设委员会同意、市民政局批准建立的具有法人资格的行业性社会团体。接受业务主管部门市城乡建设委员会和社团登记管理机关市民政局的业务指导与监督管理。截至年底，有团体会员249家，个人会员70人。

【发挥行业协会参谋助手作用】 2004年12月，省建设厅印发《江西省房屋建筑的市政基础施工公开招标投标资质预审试行办法》，不少会员单位提出意见和建议。为此，城建协会及时开展调研，收集反映，形成详细的调研报告于2月底报建设行政主管部门。省、市建设行政主管部门收到报告后，非常重视。省厅有关部门表示，待正式颁布执行时充分考虑行业协会的建议。秘书处走访10余家不同资质、不同所有制企业，了解状况，听取意见，同时为企业取得相应资质和创“鲁班奖”提供服务。

【建立自律机制】 配合市城乡建设委员会建筑管理处制定《关于加强南昌市建筑施工用钢管、扣件的生产、租赁使用管理意见》、《关于进一步规范建筑施工钢管、扣件的使用管理》等文件；同时针对钢管、扣件使用起草《使用技术标准》（已送批），为规范南昌市钢管、扣件的使用和租赁行为添补空白。为规范南昌地区工程监理市场，草拟上报《南昌市建筑市场工程监理项目准入管理办法》。制定下发《南昌市建筑企业综合实力评选暂行办法》和《南昌市建筑工程滕王阁杯奖（双十佳工程）评选办法》，为2006年正式开展活动创造了条件。

【积极拓展服务领域】 深入开展QC（用户满意工程）和评选用户满意企业活动，促进企业创新获奖。15家企业的质量管理小组的成果分别获得一、二、三等奖。在此基础上，经择优推荐上报批准，8个质量管理小组获全省优秀质量管理小组称号，4家企业获全省质量管理小组优秀企业称号，5人获全省QC活动优秀推进者，4人获企业卓越领导者，6家会员单位获全省用户满意企业称号。从设计、监理、施工、检测企业中抽调专家，组成南昌市建设工程优质结构工程评选小组，并制定《南昌市结构优良工程质量标准》和《南昌市优良结构工程评选工作程序》，进一步规范了评选工作。全年参评项目200余项。评审186项优质结构工程，并经登报公示，最后经市城乡建设委员会批准，颁发优质结构奖证书。帮助企业协调拖欠工程款工作。全年为50余个会员单位提供各种咨询200余次，协助施工企业收回历年拖欠的工程款近亿元。举办3期南昌地区建设工程建筑材料见证人培训班，共培训500余人，并对已获证人员进行年检、发证和建立档案。建立协会网站，发行《赣江建设》杂志，并运用信息技术为企业提供资讯服务，扩大协会社会影响。

（万娟娟）

## 南昌市房地产业协会

【概况】 2005年，市房地产业协会按照“有为才有位，有位才有为”的要求，通过组织各种政策研讨、行业交流、行业表彰和考察学习活动，积极发挥行业协会桥梁纽带作用，促进全市房地产业健康、平稳、有序发展。

【发挥协会引导作用】 在国务院办公厅转发建设部等国家七部委《关于做好稳定住房价格工作的意见》、《国务院关于促进房地产市场持续健康发展的通知》和市委、市政府《南昌市人民政府关于2005年加强房地产市场调控，促进房地产市场持续健康发展的通知》、《关于进一步促进房地产持续健康发展的补充通知》文件出台后，及时组织召开多场行业研讨会，并通过新闻发布会等方式，向市民准确传达市委、市政府为维护房地产业健康、稳定、有序发展作出的宏观调控政策，传递市委、市政府执政为民的工作理念。同时加大政策解读力度，引导市场正确理解宏观调控方针政策，加强与新闻媒体沟通，组织各种专家研讨活动，以正确舆论导向引导市场平稳发展，引导房地产开发企业按照国家调控政策进行产品结构调整，推动全市房地产业健康发展。

【开展政策研讨活动】 根据市场和企业的发展需要，组织区域板块研讨会。如城南部分房地产公司经理专题座谈会、象湖板块楼盘推介会，引导企业理性开发。同时协会负责人经常应邀参加由省市有关新闻媒体组织的研讨会，房地产开发企业经理沙龙活动，得到房地产开发企业、新闻媒体和购房群众的认可。为配合国家实施节能住宅要求，5月在南昌铁路天集房地产公司配合下，市房地产业协会在南昌铁路大酒店召开发展节能与绿色建筑专题研讨会，受到与会者好评。

【开展诚信企业评优表彰活动】 上半年，根据房地产开发企业发展现状和市民的要求，组织开展南昌市房地产诚信企业评选活动。通过自愿报名、初评、入围、公示、评定等工作，最后评出万科、恒茂、江铃、江西汽车交易市场、江西洪城、高新能源、南昌中大、江西博泰、市政工程公司、上海绿地、江西丰源、南昌正荣、江西铭威、南昌市房地产经营公司、南昌龙力、江投、南昌铁路天集、南昌金昌利、江西旅游、江西名门世家、江西保惠、江西宏利、东湖房地产经营公司、江西刚强、中磊、华鹏、中滏置业、江西新宇、宏舜、新田置业等32家房地产开发公司为南昌市第一批诚信企业。

【评选南昌市第二届最佳楼盘和优秀楼盘】 下半年，市房地产业协会负责人率领专家和评审组成员深入40余个楼盘，通过阅读楼盘资料，听取企业汇报、实地考察、市民参与、专家评委打分，评出南昌市第二届最佳楼盘和12个优秀楼盘。获得“最佳楼盘”的项目是恒茂国际华城、红谷春天、万科四季花城、万达星城、金域名都、玉河明珠、绿地山庄、白金翰水景花园、东晖育才苑、莱茵半岛、秀泊经典、中大青山湖花园。获得“优秀楼盘”的项目是银河城、蓝湾半岛、南昌居住主题公园、碧海云天、贵都国际花城、银田大厦、正荣大湖之都、华龙国际大厦、铭雅欧洲城、博泰江滨。获得专项奖的项目是天骥俊园、丰和新城。

【组织房地产开发企业学习参展】 全年市房地产业协会根据会员单位要求，与江南都市报社共同组织几十家房地产开发企业赴上海“住博会”参观，并单独组织十几家开发企业赴广州参加“泛珠房博会”。通过集体参观学习和参展，并与省外同行开展交流，推介南昌房地产开发企业形象和品牌。

【积极协调企业与媒体之间关系】 为加强与新闻媒体沟通，消除误解，市房地产业协会积极加强与省市新闻媒体主动联系和积极沟通，多次召开各种形式沟通会、研讨会、新闻发布会，使新闻媒体能够及时地了解房地产业最新政策、信息，充分把握报道节奏。

【举办房地产交易展示会】 11月与《江南都市报》合作，举办“十一房展会”，把房地产交易展示会作为南昌市金秋经贸月活动的一个重头戏来抓。此次房展虽受天气影响，但仍受到广大市民和房地产开发企业普遍关注，取得良好的社会和经济效益。

【组织南昌百人地产观摩团参加住交会】 为帮助房地产开发企业进一步理解国家宏观调控政策下房地产业发展走势，12月16日，与中国“住交会”江西惟一指定新闻媒体《江南都市报》共同组织“中国住交会南昌观摩团”参加在上海新国际会展中心召开的CIHAF2005(中国住交会)，50余家房地产企业100余位房地产开发企业负责人赴上海观摩。其间，南昌市观摩团与国内知名开发商就国家宏观调控下房地产的未来发展趋势等热点问题进行交流；就南昌市房地产发展情况与政府要员、学者交换意见，并观摩上海著名的未来域、中邦风雅颂及上海松江新城区的泰晤士小镇等楼盘，使与会者大开眼界，对未来南昌市房地产发展信心更足，做大做强自己的企业思路更清晰，提升自己的楼盘品质目标更明确。“住交会”上，南昌的天骥·俊园和世纪风情获得“CIHAF2005中国名盘称号”(全国一百家)。2个楼盘获得“中国名盘”称号。这表明南昌房地产开发水平已在国内崭露头角。

(张川建)

## 南昌市物业管理协会

【概况】 2005年，市物业管理协会认真宣传、贯彻落实国务院《物业管理条例》，配合建立和完善物业管理配套政策规定，帮助提高物业管理企业服务水平，增强广大业主物业消费意识，促进物业管理行业市场化、专业化、规范化运作。年内全市物业管理范围已从单一住宅区向写字楼、商场、医院、学校和工业区等非住宅区延伸，许多企事业单位也从原后勤管理体制逐步转向物业管理体制。当年增加新会员单位15家。

【物业管理行业成绩喜人】 截至年底，全市物业管理企业具备资质等级的有184家。其中，二级资质21家，三级资质104家，三级(暂定)54家，外省入赣登记备案企业6家。全市3万平方米以上物业管理住宅小区共计220个，总建筑面积近2000万平方米，从业人员近万人，完成产值3000余万元。其中，近三年来新建住宅小区近百个，管理面积近1100万平方米，新建小区物业管理覆盖率达100%；符合物业管理条件的原有住宅小区近120个，管理面积近900万平方米，物业管理覆盖率达84.5%。自2000年以来，南昌市获得全国示范小区3个(即远东花园、梨园小区、万科四季花城)，省级优秀小区20余个(即恒茂国际华城、御锦城、瑞都花园、南铁世纪花园、南昌高新技术产业开发区工业区等)。

【发挥桥梁纽带作用】 为使新闻媒体对物业管理报道客观、公正，组织会员单位与省、市有影响的9家新闻媒体进行沟通座谈。通过座谈，各新闻单位对物业管理有了更进一步了解，均表示将热情关注物业管理发展，并给予正面报道。全年虽然有个别媒体在某些报道上有失公允，大多数媒体报道比较客观、正面，为物业管理发展创造了良好的舆论环境。针对物业管理收费中出现的问题，请市物价局负责人和会员单位进行座谈，共同探讨物业管理收费与服务的热点和难点问题；对市物价局有关文件进行解读和宣传，规范物业管理收费。全年市物业管理协会接待上访企业与业主8批次21人，协调解释、多方沟通，使企业与业主满意而归。同时主动上门与新闻媒体沟通，避免业主和物管公司之间矛盾加剧，协调劝解小区业委会与物管公司之间矛盾。

【宣传《物业管理条例》】 为宣传《物业管理条例》，帮助业主委员会明确职责，共建和谐社区，组织开办“业主委员会主任培训班”，邀请知名教授授课。通过讲座，提高业主委员会主任对物业管理的认知，纷纷表示要多与物管企业沟通，共同建设美好家园。同时为提高物管人员素质，举办两期物业管理企业经理岗位培训班、一期全国经理岗位继续教育、一期物业管理行业财务管理培训班，效果明显，提高了从业人员业务水平和对物管行业的信心。5月市政府在西湖区开展“四位一体创建和谐社区”试点工作，接受西湖区房管局邀请，宣传物业管理法律、法规、政策和相关知识，让社区干部群众加深对物业管理工作的认识和理解，更好地为社区居民服务。

【积极组织学习交流】 为加深各会员单位团结，提高对物业管理认识，学习先进物业管理理念，统一认识，年内组织两批47人次去外地考察学习，六批企业内部交流，两次物业管理沙龙活动，并待外地考察人员三批。江西鸿雁、江西交通科技、华财、万科等物管企业为企业交流做了大量有益工作。活动的开展为提高全市物业管理整体水平做出有益的贡献。

【编辑《南昌物业》杂志】 为搭建物业人理论探讨、经验交流、文化交流平台，创办《南昌物业》内部杂志，提高对物管的认识和法律法规的应用，引导鼓舞全市物管人员敬业爱岗、努力工作。同时编印《物业管理法律法规汇编》，为做好物管工作提供依据。

【积极开展捐款活动】 积极响应市委、市政府为南昌八一起义纪念馆改扩建工程捐款活动号召，动员会员单位积极参与。万科、天安、中天等多家企业及协会全体人员共捐款近万元,献上了一片心意,用实际行动支持这项功在当代、利在千秋的事业。

(张川健)

## 南昌市房地产中介协会

【概况】 2005年4月,国务院办公厅转发建设部等七部委《关于做好稳定住房价格工作的意见》,全国各地房地产市场先后进入调整期。根据南昌市的实际情况,市政府及时出台一系列激活房地产市场的优惠政策,使全市房地产业取得持续健康发展的良好态势。据统计,全年全市共完成存量房交易2.51万件,比上年增长15.39%;完成存量房交易面积251.73万平方米,增长16.86%。其中,存量住房交易2.33万套,面积199.66万平方米,分别比上年增长14.43%和11.17%。在全市存量房交易中,由各房地产中介机构促成交易的占80%以上。

【举办房地产估价培训班】 为认真贯彻落实建设部关于房地产评估机构资质标准有关文件精神,3月,在南昌市明园大酒店举办为期2天的南昌市房地产估价培训班。参加培训的有全市房地产估价机构负责人和有关业务骨干共39人。为使培训取得更好效果,邀请省建设厅负责人讲课,并特意邀请江西师范大学博士张东祥到培训班作题为"房地产估价之我见"专题学术报告,同时采取互动方式,现场解答提问。学员普遍反映收获较大。

【举办房地产中介从业人员培训班】 为满足南昌市房地产中介机构和有志从事房地产中介服务的从业人员对房地产中介业务知识的需求,委托京昌公司以协会名义,于5月下旬和9月中、下旬分别举办两期为期7天的房地产经纪人员业务培训班。培训班以京昌公司编写的《房地产中介操作手册》、《售楼员操作手册》和市房地产中介协会编辑的《南昌市房地产市场政策法规》为教材,由江西师大教师、京昌公司和有关银行人士授课。学习方法采取理论联系实际的方式,既安排学习理论,又辅导学员实际操作,使参加学习的学员能在短期内学到一定的业务技能。

【组织房地产中介机构赴广州市学习考察】 广州市是全国房地产中介行业蓬勃发展、房地产市场规模较大、市场较为成熟的城市之一。为学习借鉴广州市经验,促进南昌市房地产中介行业发展,经市房地产中介协会理事会研究,决定组团赴广州市学习考察。学习考察团由市房地产中介协会副会长带队,7家房地产中介机构、3家新闻媒体和1家银行有关人员共19人组成,于5月8~12日赴广州市进行学习考察。学习考察团先后走访广州市房地产交易市场、广州市房地产中介服务管理所、中原地产、合富置业、满堂红房产、汇瀚按揭、保来理财等单位。通过学习考察,既学到广州市的先进理念和先进经验,又发现南昌市房地产中介行业与广州市同行的差距,并看到南昌市房地产中介行业未来的发展潜力和希望。

【召开房地产中介行业研讨会】 4月国务院办公厅转发建设部等国家七部委《关于做好稳定住房价格工作的意见》新政策出台后,南昌市和全国各地一样,投机炒房行为得到有效遏制,住房价格涨幅开始回落,大户型、大面积高档住房销售得到有效控制。受此影响,存量房销售也有所下降。在这种情况下,开发商蓄势待发,购房者持币观望,南昌市房地产市场开始显现发展步伐趋慢,不少房地产中介行业业内人士面对这种情况,有的茫然,有的不知所措。在部分骨干会员单位提议下,协会于7月13日上午召开南昌市房地产中介行业持续发展研讨会,南昌市4家房地产中介机构负责人分别作了专题发言。协会负责人就新形势下房地产中介行业发展走势、对国家实施新的政策作针对性较强的中心发言;省著名房地产专家学者、江西师大教授陶满德结合南昌市实际作独具见地的发言。会议达成一个基本共识,贯彻实施国家新的政策,不是要打压房地产市场,而是遏制投机行为,控制投资行为,鼓励合理住房需求,促进房地产业健康持续发展。研讨会的召开,对各会员单位认清形势,了解政策,把握方向,谋求发展,提供了有益帮助。

【开展房地产中介服务市场检查】 为加强对房地产市场的监管力度,进一步规范房地产中介服务行为,促进房地产市场平稳、健康发展,根据《关于转发省建设厅〈关于开展房地产中介服务市场检查的通知〉的通知》文件精神,协会协助市房管局在9月中旬~10月底,对全市房地产中介服务市场进行一次大检查。检查先由各单位自查自纠,再由市房管局组织全面检查。这次检查先后向14家违规中介下发限期整改通知。

【开展诚信房地产中介评选活动】 为进一步维护南昌市房地产市场秩序,促进中介服务机构依法经营和严格自律,保护消费者合法权益,倡导诚信经营,经协会理事会研究,决定从10月上旬~11月上旬,在全市房地产中介行业开展2005年南昌市诚信房地产中介机构评选活动。经自愿申报,提交相关资料,评委会审核企业信用、投诉和经营状况后,在广泛征求意见基础上,最终评选出11个单位为2005年度南昌市诚信房地产中介机构。11个单位(排名不分先后)分别是南昌金丰易居住宅消费服务有限公司、江西省京昌房地产开发咨询服务公司、江西省同致房地产顾问有限公司、江西省鸿基房产置换有限公司、南昌中环房地产顾问有限公司、南昌市洪城房地产评估事务所有限公司、江西天锋房地产投资顾问有限公司、江西省地源评估咨询有限责任公司、江西省投资置业顾问有限公司、江西省爱建房地产置业咨询服务有限公司、江西省拓进房地产投资有限公司。

【积极开展捐款活动】 协会积极开展为南昌八一起义纪念馆改扩建工程捐款活动,及时向各会员单位转发文件,动员各中介机构积极参与。南昌金丰易居住宅消费服务有限公司、江西省同致房地产顾问有限公司、江西省京昌房地产开发咨询服务公司、南昌中环房地产顾问有限公司、江西天锋房地产投资顾问有限公司、南昌市华丰房产置换有限公司、江西省满堂红房产置换有限公司总经理程俊、江西省中维房产置业有限公司和市房地产中介协会均踊跃捐款。

(张川健)

## 南昌市住房制度改革研究会

【概况】 市住房制度改革研究会成立以来,秉着全心全意为会员服务宗旨,认真履行章程,明确工作职责,积极开展政策调研、理论研究和工作交流,为深化住房制度改革作出了贡献。

【积极发展会员单位】 研究会自2003年12月成立以来,经历两年多的探索、改革及发展之路,自觉按照行业发展要式，努力促进国内外同行交流、多渠道反映企业呼声，促进了全市房改工作水平提高。当年经过努力，新发展省广电局、省电业发展总公司、南昌印钞厂等会员单位15个。

【加强房改政策调研和学术交流】 中共中央办公厅、国务院办公厅转发建设部等部门《关于完善在京中央和国家机关住房制度的若干意见》文件，对职工住房补贴资金计算方法、补贴额、补贴资金管理方式等方面进行调整。为更好服务市场，发挥政府和企事业单位之间的桥梁作用，通过集聚和运用社会各界力量，探讨住房新制度建立及实施中的理论和实践问题，加强对外交流与合作，研究会先后组织各县（区）、机关事业单位、各大中型企业房改专业人员，分3批40余人次赴南宁、深圳、成都等兄弟城市学习考察，参加“住房制度改革最新政策与机关事业单位住房补贴发放务实方案研讨会”，对机关、企事业单位职工住房货币化补贴发放方案操作规程；无房老职工、住房未达标老职工及新职工的住房补贴额的确定；补贴资金筹集和发放、补贴标准、补贴方式；特殊群体（异地调动干部、军转干部、结婚、离婚、再婚）住房补贴发放等系列相关配套政策探讨。通过学习交流，各会员单位拓展了思路、开阔了视野、规范了行为，对推进南昌市城镇住房制度改革健康发展，都有重要的现实意义。同时研究会围绕住房分配货币化房改工作重点，组织会员召开研讨会，并邀请专家、学者及省房改办等专业人员参加，对全市住房货币化分配中出现的问题，如事业单位专业技术人员职务（职称）如何比照公务员（正副职问题）；非本级财政负担单位调入人员调入前工作年限的补贴问题；住房补贴资金是否集中管理；军转干部在军队已购住房，但未达到地方相应职级面积标准，是否按未达标职工补差；如何坚持做到同城同政策原则等方面，进行探讨和论证，为制定有关政策提供参考。

【抓好房改业务培训的宣传工作】 南昌市停止住房实物分配，逐步实行住房分配货币化，打破了沿袭几十年的住房分配制度。研究会结合工作实际，针对当前房改工作的难点和热点及对婚姻关系变化中职工购房、住房补贴等问题进行解释和探讨。年内举办三期短期培训班，组织专业人员讲课，并当场解答住房政策问题咨询、释难解惑，培训房改人员400余人次。

【探索渐进式房改之路】 从2000年起，南昌市停止住房实物分配，逐步实行住房分配货币化。截至年底，全市有400余个单位近万名职工的住房补贴已审核。市财政拨款机关事业单位职工的按月补贴，4月全部审核完毕，并于5月起随工资发放到个人。一次性补贴职工住房补贴的审核面达70%以上，已向100余个单位3100余名职工发放住房补贴3400余万元。面对全市房改工作取得的成效，研究会积极开展理论调研，广泛借鉴经验，并根据工作需要，多方位探究南昌市住房制度改革新制度，为下一步房改工作提出创造性的意见和建议。

【做好协调工作】 研究会为进一步推进现有公有住房改革，积极为会员单位房改工作提供服务，帮助配合审批符合购房条件的职工、居民购买直管公房和单位自管公房。全年共审批出售直管公房和单位自管公房1.29万套。配合市房改办持续开展清房“回头看”工作。截至年底，累计帮助办理房改房清房上市手续658套，并帮助部分会员单位解决一些历史遗留问题，赢得会员单位的好评和称赞。

（张川健）

## 南昌市技术市场协会

【概况】 5月13日，由市技术市场管理办公室筹备组建的南昌市技术市场协会正式成立，成为南昌技术市场首家民间组织。协会有会员73家。其中，理事会员20家，普通会员53家。协会理事长单位由南昌市技术市场管理办公室担任，协会副理事长单位分别由江西省嘉和工程监理咨询有限公司、江西省交通工程质量监督站检测试验中心、江西清大科技有限公司、南昌市科学咨询服务中心、南昌市技术市场管理办公室担任。

【协会宗旨】 遵守宪法、法律、法规和国家政策，遵守社会道德风尚，维护行业的整体利益和会员的合法权益，为会员企业和政策部门服务，发挥企业和政府间的桥梁和纽带作用，促进技术进步，提高管理水平，推动全行业的发展。

【积极开展业务培训】 8月12～18日组织会员赴西安参加技术合同登记业务培训，并颁发中国技术市场管理促进中心培训证书。

【编辑协会信息】 编辑信息汇要一期，使各会员掌握第一手科技信息。

【加强技术市场文化建设】 年底组织广大技贸机构、企业代表举行迎新联谊会，加强技术市场从业人员间的沟通、联系。

## 南昌市物流行业协会

【概况】 2005年11月26日，南昌市物流行业协会成立大会在市政府礼堂召开。会议由副市长凌学仁主持，市长李豆罗，市政协副主席王水苟等出席，市商贸委、经贸委、发改委、交通局、国土资源局负责人到会祝贺。会议一致通过《江西省南昌市物流行业协会章程》，审议通过物流协会常务理事会组成单位、协会负责人、机构设置等事项。市长李豆罗讲话时说，江西省南昌市物流行业协会的成立是时代的产物、市场经济的产物，是会员的期盼。希望江西省南昌市物流行业协会遵循国家的政策法规，不断完善管理制度，积极构建信息平台，加强对外交流，提升物流业水平。相信在政府、企业、协会的共同努力下，南昌市物流业必将成为南昌市经济社会发展的“助推器”，成为南昌经济发展的新亮点。

（周天安　高学敏）

## 南昌市粮食行业协会

【概况】 2005年，市粮食行业协会围绕市粮食局中心工作和粮食行业的发展大业，积极发挥协会的桥梁纽带作用，实施“放心粮油”工程；加强粮食行业诚信体系建设，为会员单位服务，为行政主管部门当好参谋和助手。

【“放心粮油”工程】 “放心粮油”是一项企业增效、消费者受益的双赢工程，协会始终把其作为一项重要工作来抓。一是经过企业审核、协会初审、省“两放心”考核评审领导小组组成的考评小组赴各企业现场考评，评定“相思谷”、“吴氏溢馨”和“田利”三个品牌为“放心粮油”产品；市军粮供应站为“放心粮店”。二是召开全市“放心粮油”企业工作会议，对“放心粮油”企业自律、监督和诚信体系建设工作提出具体要求；对改进和提高“放心粮油”工作进行安排布置。

三是“3·15”期间及平时对进入市场的部分“放心粮油”产品进行不定期抽查,抽查结果总体上反映较好。

【努力为企业办实事】 积极履行为企业服务职能,开展多种活动,增强协会的影响力和感召力。一是开展“放心粮油”进社区、服务居民活动。5月中旬,协会与部分企业在象山广场开展“放心粮油”进社区、服务居民活动,引导居民如何识别粮油质量、家庭科学储存粮油;介绍什么是“放心粮油”、如何识别“放心粮油”及如何加强对“放心粮油”的监管工作。该活动扩大社会各界对“放心粮油”工程及部分企业粮油产品的了解,受到企业的欢迎。二是参加交流会。10月组织粮油加工企业参加省粮食行业协会与佐竹公司联合在吉安举办的“佐竹——江西大米加工新技术交流会”。期间,赴会企业人员在稻谷加工、大米深加工项目开发、大米市场供求关系、大米质量检验等方面学到新知识,了解新信息,纷纷反映该会内容丰富,针对性强,对拓展企业生产经营范围有较大的帮助。三是参加经营活动。组织粮油加工企业参加国家粮食局、中粮协、省粮食局举办的2005年中国(南宁)东南亚粮农产品绿色食品展览会暨粮农加工技术设备展示会和中国国际(东盟)粮农发展论坛、2005年中国(四川)粮油精品展示交易会、全国第二届杂粮豆类精品及设备展示交易会等多次有利于企业发展经营的活动。四是协助中国粮食行业协会编辑出版《中国粮食行业联络服务手册》。负责全市范围粮食系统的各行政、企业、事业单位的入编工作,先后两次共发出500余封信函。

【发挥参谋作用】 继上年国家确定全面放开粮食收购市场,实行最低收购价政策以来,当年早稻价格在上市前期处于最低收购价以下,成为各级行政主管部门考虑的大事之一。为掌握第一手资料,协会发出通知,要求各县(区)粮食行业协会开展早稻收购价格的调查分析,为政府主管部门决策提供准确依据。

【加强自身建设】 在各县粮食局的重视和支持下,全市各县粮食行业协会组织网络建设取得新进展。全年新增10个粮食加工厂为协会成员单位。为加强行业管理奠定良好的基础。

(陈卫东　陈洪德)

## 南昌市苗木行业协会

【概况】 2005年,苗木行业受益于南昌花园城市建设、农业结构战略性调整的有利政策,全市苗木花卉生产经营在市苗木行业协会信息扶助、技术扶持、政策引导、行业监管等工作带动下,苗木花卉产业步入快速发展的轨道,成为全市农业和农村经济的一个亮点。协会紧紧依托广大苗木花卉领域科技工作者,面向经济建设主战场,围绕南昌市苗木行业的科技进步和产业发展,在组织参观交流、开展科学普及、拓展信息沟通、进行科技咨询等方面有所作为,使协会队伍的凝聚力明显增强,会员素质明显提高,产业形象明显改善,得到省林木种苗协会、省种苗站等有关部门的赞誉,并在9月省林木种苗协会成立大会上作典型发言。年底,协会共发展个人会员221人(含团体会员人数),分属南昌县、新建县、进贤县、安义县、湾里区和南昌经济技术开发区,并设立《南昌花木之窗》为协会会刊;设立“南昌苗木花卉”网站为协会对外宣传平台。截至年底,全市各类花卉苗木栽培面积突破3000公顷,培育含乔、灌木、草皮、花卉在内的樟树、塔柏、桂花、黄杨等各类高、中、低档品种280余种,年产各类花卉苗木1.6亿株,年销售额超亿元,形成如双岭、卫园、麦园、龙潭等一批具有一定规模和影响的花卉苗木专业村。

【组织开展对外考察交流】 坚持“走出去,请进来”方略,7月14日组织协会会员参加由上海市园林苗木协会和浙江蓝天园林集团组织专家开展的“当前苗木行业形势分析与策略”报告会,使广大会员对全国苗木行业形势有更为直观的认识和科学的分析,并引导会员开展苗木生产和经营。10月21日,组织协会主要会员36人参加在浙江金华举办的第三届中国苗木交易会暨首届苗木经纪人大会。通过参观,广大会员进一步认识到诚信是立业之本;发展苗木花卉产业要靠服务赢得市场;发展模式要做到集生产、流通、服务于一体,形成以“基地为依托,市场为导向,服务为中心,市场带动基地、基地带动农户”的运营机制,为带动花木苗农的经济收入和地方财政收入的增加,促进市花卉苗木产业的全面升级尽力。

【信息沟通谋市场】 5月12日,在市洪城路国贸广场召开理事会,各苗木生产经营单位理事参加。会上对协会上年的工作进行总结,讨论部署下一阶段工作重点和安排。各协会理事还分别交流、分析各自公司和市场的新动态。会议认为,全国苗木花卉生产正处于数量扩张型向质量效益型转变的历史性时期,南昌的苗木花卉生产营销同全国各地一样面临着全面的行业“洗牌”。在这一时期,行业经营既存在挑战,也伴随着机遇。建议会员积极走出去找市场;要认识到,随着国家对直径15厘米大树移挖的限制性政策的加严,8~15厘米大苗作为道路和工程绿化用苗将大有市场。

【信息畅通帮发展】 为使苗木生产经营技术和供求信息在第一时间让会员了解和掌握,首先是不定期编发《南昌花木之窗》,及时对全体会员的苗木生产经营予以指导。截至年底,共编发《南昌花木之窗》25期,发行近2000份。为会员发布各类供求信息120余条,行业指导信息20余篇,编发调研报告4篇,推广育苗科技技术20余项,传递行业政策22条,使全市苗木产业紧跟市场走向,并帮助苗农获得良好的经济效益。其次是启用“企信通”业务,随时向会员及各园林公司发布供需信息。自2004年8月启用“企信通”业务以来,共免费向会员及园林公司转发各类供求信息计80余条。其中,园林公司先后与苗木协会会员、会员与会员之间共实现苗木交易29条,交易额达100余万元。有效提升全市苗木购销总量。如会员进贤县红壤研究所因征地需要苗圃地。原苗圃地种植的大量杜英苗木急需外销。会员通过“企信通”发布信息后,当天就与园林公司达成购销协议,解决了会员的燃眉之急。

【市场引导助发展】 通过市场分析预测,提出并确立“四类苗木”建议会员培育发展,即成活、成型、成品和成景。成活不仅要考虑苗木在生产培育过程中的良好生长,而且要考虑苗木出圃后在园林工程施工中成活率。为此重点开展保障苗木成活的生产技术培训,并以点推面,引导积极性高的会员采用居容器育苗、大苗袋装培育等新技术。成型就是引导会员培育修剪造型的苗木,特别是几何图形的造型,提高苗木艺术化程度和深加工生产水平,增强苗木附加值。成品就是以单位面积苗圃地的经济效益为中心,引导会员注重苗圃地苗木成为市场正式商品的苗木出圃率,千方百计少产劣级苗木、多出正品苗，争取定植成品。成景就是引导会员在苗木培育过程中注重苗木质量，从苗木杆形、株型、冠幅、带球等方面，增进苗木的自然景观效果，提高产品的市场竞争力。

【开展技术培训推广】 10月举办一次苗木花卉种植技术培训班，目的是使团体会员中的非技术人员对常规生产技术有更为详尽、细致的了解。共有30人参加。11月28日，联合新建县望城镇政府在望城镇小桥村开展一次实用技术培训。共培训人员80余人，发放实用技术资料200余份。

【表彰先进树形象】 为表彰诚实守信、善谋实干的会员，肯定会员在促进南昌苗木花卉生产和城市绿化美化建设作出的积极贡献，年底经协会理事会推荐选评和公示，评选出江西金乔园林有限公司等5家单位为“南昌市2005年度大苗培育大户”，江西卓茵景观园林工程有限公司等11家单位为“南昌市2005年度苗木花卉经营诚信单位”，为引导行业发展标明了方向。

【建立运营“南昌苗木花卉”网站】 为扩大对外苗木产业宣传，建立以“南昌苗木花卉”为网络实名的专业行业网站，并开辟供求商情、行业动态、企业风采、会员之家、行业管理、技术园地、园林鉴赏和行业论坛等网页。同时要求各会员网上宣传每年不少于一个网页，广告及更新每年不少于5次，做到内容天天有更新、信息日日有更换，增加网站的商业和行业氛围，真正使网站成为全市苗木花卉产业界对外的形象和窗口，成为苗木花卉产业走向全国及世界的平台。

（万承永）

## 南昌市果业协会

【概况】 2005年，市果业协会紧紧围绕服务果农这一宗旨，以果树管理技术服务、果品销售服务、果业信息服务为载体，以引进新品种，推广新技术为辅，开展形式多样的其他服务，并积极应对果品销售市场，竭尽全力把协会办成一个外联市场，内联果业基地和果农的协会。全年发展新会员780人。

【给果农带来实惠】 组织并协调由安义县分协会组建一支由20余位有多年果树管理经验的果农组成的果树技术服务队。全年来共为安义县、新建县、南昌县、湾里区16个乡（镇）中的85户果农上门服务94次，为果农增产水果25万余公斤，增收35万元。同时设立果树病虫害技术服务部，安装咨询电话，并在各县（区）兴办各类果树技术管理培训班16次，聘请浙江省果树专家教授讲课，培训果农862人次。

【帮助果农增加收入】 组织并协调由南昌深圳农产品批发市场水果批发经销商与果业大户建立果品销售服务部，将协会果农水果直接进入水果批发市场，减少中间环节。全年销售协会果农水果600万公斤，销售收入800万元，为果农增收80万元，做到果农产多少水果，就销售多少水果。并在年终组织一次经销商与果业大户的水果推介会。销售商向种植户提供水果行情及近几年水果发展趋势，指导果农发展果业。同时信息服务部每2个月编印一期《南昌果讯》，并努力做到内容丰富，通俗易懂，技术性强，信息多。

【引进新品种】 建立果业基地，引进10个市场看好的新品种试栽，并选择适合南昌市土壤、气候等条件的优良品种，向协会果农推广。

【加大水果推介力度】 与进贤县果业办联合举办首届“小麻山”杯梨王大赛，评出梨王，金奖（梨）、银奖（梨）等。组织果农参加首届江西（九江）赣北早熟梨节，并对全市水果进行推介。该节南昌市有两名果农种植的梨获金奖。

【巩固发展协会】 建立健全全市果业档案和会员档案，准确掌握全市果业面积、品种、产量、产值、品种的分布及果业发展信息。协助政府处理因土地开发、工业区开发与果农产生的纠纷3次，积极发挥政府与果农的桥梁纽带作用。完善内部分工机构，使每个部门各负其责，规范管理。

（南昌市果业协会）

## 南昌市鸭业协会

【概况】 2005年，市鸭业协会认真学习领会省委书记孟建柱关于“后劲在畜”的指示，积极对接南昌县实施的“金十字”养殖带工程，努力抓好标准化养殖示范小区建设，大力推行“公司+小区+农户”的养殖模式，不断推动鸭业协会工作，不断推动养殖基地建设，推动农户和企业实现双赢，为促进全市的鸭产业发展做出积极的贡献，被市委农工部评为2005年度南昌市先进农村合作经济组织。截至年底，协会有会员960余人，团体会员30个；理事会成员37名，常务理事13人。

【推进基地建设】 进一步提高建设养殖基地的认识，提出坚决贯彻省委、省政府提出的“后劲在畜”和“布局区域化，生产标准化，经营产业化，服务社会化，推进畜牧现代化”的“四化推一化”的发展战略和“一手抓小区，一手抓园区，一手抓孵化户”“三箭齐发”实施步骤，坚持四个不动摇，〈即模式不动摇（公司+小区+农户）；目标不动摇（小区模式养殖100万羽）；收购价格不动摇（按保护价9元/公斤进行收购，贫困村上浮至10元/公斤）；资金扶持不动摇（适量借款孵化户予以扶持）〉，促进养殖小区成为四个亮点（即养殖户长效增收点、农民致富示范点、领导调研视察点、企业原料供应点），加快农业产业化的进程。养殖小区建设出现养殖规模超历史，养殖数量超历史，养殖质量超历史局面。

【为养殖户排忧解难】 按照“统一供应鸭苗、统一供应饲料、统一防疫、统一收购、统一养殖标准”的要求，一是落实鸭苗供应。年初水鸭苗一度比较紧张，价格较高，孵化户的鸭苗供不应求。为保证养殖小区农户及时得到鸭苗，积极做好孵化户和小区对接工作，保证农户的需要。二是落实饲料供应。加强与江西伟梦饲料公司的联系和合作，积极向小区推荐该公司的产品，保证鸭饲料安全可靠。三是落实技术指导服务。在深入调查研究的基础上，研究提出“煌上煌”公司专用鸭饲养日粮方案，为农户掌握饲养方法，提高养殖水平，发挥积极的指导作用。同时举办2期较大规模的养殖技术培训班，参加培训的学员100余人，出版3期《养殖通讯》，宣传基地建设经验和养殖知识、防疫知识，及时总结推广选好苗、消好毒、保好温等“12好”雏鸭养殖技术。四是落实疫病防治。一方面反复要求各养殖小区加强对养殖场地和鸭栏、鸭舍的消毒工作；另一方面加强与有关兽医部门和人员的联系。发现病情，及时联系派出兽医人员进行诊治。五是落实收购。针对收购可能出现的问题，经过反复研究，帮助企业印发《关于2005年基地春水鸭收购工作方案》，并精心组织，严格要求，科学调度，确保春水鸭收购工作顺利进行。同时制定收购反馈制度和收购约束制度，有效地保护农户的利益。六是落实小额贷款。为帮助小区农户养殖，积极建议当地政府、村委会、养殖小区加强与信用社的联系，做好小额贷款工作。在协会的积极配合下，各养殖小区共贷款200余万元。七是帮助养殖小区筹建农民合作经济组织。为提高养殖小区的标准化程度，增强农民组织化程度，扩大养殖小区与企业的合作领域的程度，积极帮助成熟的养殖小区建立农民经济合作组织。在协会的协助和推动下，经有关部门批准，成立"南昌县新联皇禽肉鸭养殖协会"，发展会员约200人，为形成"公司＋经济合作社＋农户"的养殖模式奠定基础。八是帮助小区建立养殖风险服务基金。为调动小区农民养殖积极性，帮助农民减少养殖风险，从2004年开始，积极探索帮助养殖小区建立养殖风险基金。2004年企业拨款1万元，帮助新联小区建立养殖风险基金。2005年，按照交售成鸭的数量，每羽0.02元～0.03元的标准，共拨付近2万元到小区。建立养殖风险服务基金，有力地推动养殖小区的发展。

【抓好五星标准化农牧生态示范园区建设】 为进一步推进基地建设，重点督促抓好五星标准化农牧生态示范园区建设。年内启动良种繁育中心建设，并搭建21个鸭棚；现代孵化中心委托省畜牧研究所设计，年内竣工投入使用。

【积极发挥协会作用】 一是召开市鸭业协会支部成立大会。7月23日，市鸭业协会党支部召开成立大会。与会人员表示，要把协会党支部建设成为广大养殖户的贴心人，组织农民致富的带头人，努力使鸭业协会更加适应农村经济社会的发展需要。二是举办第二届鸭文化食品节。10月20～24日，举办第二届鸭文化食品节，邀请南京鸭业协会、徐州鸭鹅协会的领导出席，并举行座谈会，交流经验，增进友谊。期间，组委会组织全省千名消费者参观"煌上煌"食品安全信用体系建设工程，并在省有关部门指导帮助下举办"煌上煌绿色家禽产业推进大会。"三是开展诚信基地评选表彰活动。为使活动规范化，在总结经验的基础上，制定诚信养殖基地、诚信养殖户、诚信孵化户、诚信屠宰户的条件。全年广大养殖户、孵化户、养殖小区围绕诚信目标，积极开展争创诚信养殖基地、诚信养殖户、诚信孵化户、诚信屠宰户的活动，进一步推进食品安全信用体系建设。四是坚持工作活动制度。全年认真抓好组织建设，坚持健全鸭业协会的活动制度。坚持一个季度一次秘书长会议，半年一次常务理事会议，一年一次全体理事会议。及时调整、补选有关人员，及时申报组织机构代码并开展社会团体年检工作，保证日常工作的正常开展。

（南昌市鸭业协会）

## 南昌市绿色蔬菜行业协会

【概况】 2005年，市绿色蔬菜行业协会有会员53名，牵头单位是南昌深圳农产品中心批发大市场，单位会员主要有市蔬菜科研所、东湖区商贸委物业站、青山湖区扬子洲乡生产专业户、江西国鸿实业公司蔬菜基地、南昌县三江镇蔬菜流通协会、向塘蔬菜运销公司、新建县石岗镇蔬菜基地、进贤县架桥鄱阳湖实业公司（藜蒿基地）、衙前食用菌基地、安义县龙津镇前进村蔬菜基地、市昌厦菜果有限公司、南昌豆制品总公司等19个和34个含生产、批发个人会员。

【发展科技兴菜】 3月～4月，组织科技人员积极参加市委宣传部组织的科技、文化、卫生"三下乡"活动。先后在农业县、区参加农业送科技下乡活动，发放替代甲氨磷等高毒高残留农药的"替代中、低毒农药品种推介表"、蔬菜中"农药残留规定"、"无公害栽培技术"等蔬菜资料万余份，现场接受菜农蔬菜生产疑难技术咨询1500余人次。

【参加协会间交流活动】 4月，协会名誉会长和秘书长参加全国最大的蔬菜协会"长江流域蔬菜协会成立20周年庆典活动"。11月，协会秘书长参加长江流域蔬菜协会理事会，会上通报南昌市狠抓蔬菜质量安全，确保市民身体健康的工作汇报。与会的兄弟城市代表对市委、市政府依照《南昌市蔬菜质量安全管理办法》管理蔬菜，实行蔬菜质量安全准入制，禁止销售和使用高毒高残留农药整治的力度，加大对生产基地、批发市场、集贸市场蔬菜农药残留检测的做法给予充分肯定，对南昌市由2004年蔬菜农药残留全国37个城市倒数第6名提高到2005年的全国顺数第8名表示敬佩。

【加强国内农产品市场的对接】 6、8、10月，由会长单位——南昌深圳农产品中心批发市场牵头，与省内部分农产品批发市场分别到深圳、上海、北京的农产品批发市场，就市场协作、农产品流通、企业管理进行全面的对接。副会长单位——昌厦菜果有限公司及昌康蔬菜批发部、华兴蔬菜批发部、洪城蔬菜批发部、修园蔬菜批发部等12个会员单位，北上东北、内蒙古、河北、山东及江浙等地，南下海南、广东、广西、福建等地采购1万余吨番茄、辣椒、黄瓜、西芹、土豆、大白菜、萝卜等20余个品种的时令蔬菜，活跃和丰富了全市的蔬菜市场。

【基地建设有新发展】 在市政府的大力支持下，协会理事单位——江西玉丰公司（中洲基地）建成6座1.06公顷连栋大棚，80座2.6公顷钢架大棚，5.6公顷防虫网的核心示范园，面积达20公顷。其辐射带动周边的能力达到133公顷以上。理事单位市蔬菜科学研究所建成面积5.3公顷的市蔬菜精品园，主要生产多种茄果类的蔬菜秧苗和精品特供蔬菜。

（吴　斌）

## 南昌市奶业协会

【概况】 2005年，市奶业协会认真贯彻落实市委、市政府关于"南昌奶业必须做强做大，实现奶业产业化经营，实行公司加基地加农户，做强做大乳品龙头企业，使之一头连市场，一头连农户"的指导思想，充分履行行业协会"服务、协调、自律"的职能作用，以促进企业发展，帮助奶农增收为目的，配合政府职能部门和行业主管部门积极开展奶业法规宣传、技术培训、技术服务、奶业信息交流及科学饮奶知识普及等多方面的工作，努力为南昌市的奶业实现稳定持续协调增长作出自己的贡献。全年全市奶业克服饲料涨价，国内乳品市场竞争加剧等诸多不利因素的影响，有效阻止奶牛存栏下降、奶农经济效益滑坡的势头。全年全市乳品加工量10.4万吨，总产值4.6亿元，利税近1亿元，继续保持快速增长的良好势头。截至年底，南昌奶业协会有团体会员12个，个人会员410人。

【市政府扶持全市奶业的发展】 市政府在购牛贷款贴息、奶农技术培训、牛场设备购置等方面相继出台等一系列扶持政策，有力地遏制全市奶牛业严重滑坡现象，受到奶农的热烈拥护，并取得明显成交。奶业协会副会长罗厚宽、进贤红光奶牛场等先后从外省购进良种黑白花奶牛180余头后,市奶业管理办公室会同财政部门及时向他们发放购牛贷款贴息款,提高了广大奶农发展奶牛养殖的积极性。

【发挥行业协会职能作用】 积极履行协调、服务、维权和自律职能作用,做好为奶农、企业和政府服务工作。协会成员江西光明英雄乳业集团、江西阳光乳业集团、江西维雀乳业有限公司等乳品加工企业,认真执行《南昌市奶业管理暂行办法》,充分发挥龙头作用,对奶农的生鲜牛奶实行合同收购,并严格按照牛奶质量等级实行按质计价收购,同时派出技术人员深入农户进行技术指导,将质量控制工作从源头抓起,既提高原料奶的质量等级,又帮助奶农增加收益。奶农联合会的奶牛养殖技术服务队根据奶农需要,全年举办各类奶农技术培训班32期,编写简报12期,并在奶牛繁殖、奶牛疾病防治及奶牛饲养等环节为奶农解难答疑。

【胡霄云获金牛奖】 南昌奶业协会会长、江西阳光乳业集团董事长胡霄云获得2005年中国乳业最高奖——金牛奖,并当选为"中国乳业十大最受尊重的企业家"。

【团体会员加强行业自律】 江西阳光乳业集团、江西光明英雄乳业集团、江西维雀乳业有限公司等团体会员相继开展液态奶保鲜保真营销宣传活动,切实保障消费者喝上放心奶。

(南昌市奶业协会)

汪氏蜜蜂园有限公司技术中心

## 南昌市蜂业协会

【概况】 2005年,市蜂业协会(设在汪氏蜜蜂园内,日常工作主要由汪氏蜜蜂园有限公司基地办负责组织协调)发挥自身的产业、市场、人才、资金、设备及技术等资源优势,与广大蜂农形成紧密的利益共同体,积极为蜂农传播科学技术及科学养蜂信息,帮助养蜂户解决养蜂、生产、销售、管理等实际困难,引导蜂农脱贫致富,有效地提高了养蜂产业的生产水平和经济效益。截至年底,市蜂业协会拥有会员蜂农8736户,蜂群63.8万箱,主要分布在江西省和南昌市境内,先后在全国和江西省及南昌市周边县、区农村(包括山区),建立20余座现代优质养蜂基地,拥有养蜂面积4万公顷,带动蜂农年总收入2.1亿元,每户蜂农年均收入达2.42万元。

【推广优良蜂品种】 为优化蜜蜂品种,协会借助汪氏蜜蜂园有限公司投入1800万元建立的种蜂培育基地和良种繁殖基地,为协会会员蜂农提供优良蜜蜂品种,并通过建立示范点,推广先进的养蜂技术。截至年底,优良蜜蜂品种(金黄山1号等)的养殖数量达45万箱,占基地总养殖量63.8万箱的75%。

【统一养蜂基地管理】 汪氏蜜蜂园有限公司养蜂基地覆盖江西、吉林、四川、湖北等十几个省的50余个县,60余个乡(镇),335个村委会,带动蜂农8736户。积极推行具有行业特色的"公司+中介+基地+农户"的"统一管理、统一技术培训、区域性发展、分散经营"的管理模式,聘请专家、技术人员,编印养蜂技术手册,深入到养蜂基地免费传授"种蜂培育,王浆、蜂胶、花粉高效采集,蜂产品无公害控制"等一系列蜜蜂高产高效养殖技术,并定期举办蜂农培训班。先后发放各类技术资料3.72份,培训蜂农2.56万人次,蜂农的生产技术水平得到明显提高。

(南昌市蜂业协会)

## 南昌市养猪行业协会

【概况】 市养猪行业协会创办于2003年11月,协会成员由南昌市从事生猪生产、加工、贸易、动物疫病防治、咨询、科研、教育、管理及相关行业的企事业单位和个人组成。截至年底,会员500人。协会的宗旨是在国家和省、市法规与政策的指导下,将全市的养猪行业(包括饲料、专业设备、兽药、器械等生产企业)组织起来,做好协调、咨询和服务工作,维护会员和行业的合法权益,推动南昌市养猪行业的发展。全年召开3次会议。其主要内容是倡导会员参加南昌市放心肉产业链建设,响应省养猪行业协会开展猪肉安全行动号召,要求会员抓住生猪发展机遇,组建市养猪业联合体。同时根据生猪发展形势,降低养猪成本,加大养猪扶持力度,最大限度地为全市的养猪朋友服务,并提出今后5年生猪产业链建设将进一步完善的100万头生猪屠宰项目、配套种猪繁育项目、饲料加工及生猪养殖联盟等几个项目。

【开展普查和咨询】 为协调和推动南昌市养猪行业的改革和发展,组织卫生合格猪场的评定,并对全市养猪场的生猪存栏量、猪种情况存在的生产问题,从业人员结构等进行一个详细的普查。同时针对生猪价格下跌,召开一次常务理事会,将广大养殖户提出的意见反馈给政府部门,请求政府部门采取措施解决相关问题。特别是猪链球菌病发生后,及时反馈权威部门对传染病做出一个具体的防疫方案,供养殖户参考、执行,并请求政府部门对饲料进行严格的监管,防止价格混乱,尽最大可能降低养猪成本。

【倡导养猪户走"繁—养—加—销"一体化的产业化道路】 生猪生产作为向食品产业提供原料的行业,在传统的生产链条中,始终处于被动地位,生产及经营利益分配不合理。这种状况得不到解决,不但影响养猪者的利益,而且影响繁荣农村经济、富裕农民战略目标的实现。因此倡导养猪户走"繁—养—加—销"一体化的产业化道路,既解决加工企业所需安全原料的来源,又解决生产的销售利益问题,让养猪企业在肉制品的深加工中享受二次分配。同时以国家重点龙头企业江西国鸿集团有限公司为标准,严把生猪质量关,达到供港饲养准则,将生猪出口香港,提高养猪利润。

【加强协会管理】 聘请专职人员,加强会员单位和个人的联系。增补两个理事单位,壮大协会的力量。同时为便于养猪业的横向联系,编印《南昌市养猪行业协会会员通讯录》,共记录大、中型养猪场60余家及会员详细的通讯地址、联系电话等,为养猪户间的相互沟通提供方便。

【举办两期培训班】 全年举办两期培训班,邀请韩国专家尹熙元授课,从饲养管理、疫病防治、疫病控制、饲料营养等方面进行全面系统的讲述,并采取讨论答题等方式,直接解决养猪生产中的实际问题,提高养猪户的科学饲养水平,促进全市养猪业经济效益的提高。

【组织开展公益活动】 协会在力所能及的范围内,免费为会员单位赠送《南昌养猪》会刊。该会刊汇集省内外养猪业的新形势、养猪新技术、新产品、好经验及养殖、疫病防治方面的使用技术,推广优质的饲料、售药及各种咨询服务,使协会真正成为服务性的协会,以便更好的实行动态服务。

(南昌市养猪行业协会)

## 南昌市食用菌行业协会

【概况】 2005年,市食用菌行业协会紧紧围绕服务会员、扩大影响、规范运作、促进产业发展的工作目标,积极发挥市场、龙头企业、会员之间桥梁和纽带作用,切实为产业和会员解决生产和发展中具体问题。

【规范协会运作】 针对成立时间较短、组织机构较为松散的情况,在广泛征求会员意见的基础上,进一步制定和完善日常管理制度。如理事议事规则、会员大会制度、办公管理制度等。用制度逐步规范协会的工作开展,为协会良性发展提供了良好保障。

【扩大会员数量】 发展离不开会员发展,吸收广大菇农入会是当年工作重点。全年通过规范运作,服务产业发展,增加菇农对协会的向心力,菇农入会积极性较高。全年新增会员560人。

【积极开展交流】 积极开展与其他种菇市县交流合作,学习其他市县菌菇发展好的经验、好做法,促进自身产业发展。全年与乐安县、黎川县等地的菇农组织和龙头企业开展交流与合作,进一步了解食用菌发展现状和今后市场趋势,密切相互交流与合作,起到互通有无,共同发展的目的。

【优化服务】 一是全年共举办种菇技术培训班4次,培训菇农750人次,印发种菇技术资料1800余份,提高菇农种菇技术水平,提升种菇效益。二是搞好市场订单生产服务。通过牵线搭桥,促进沿海等地销售商与南昌市内的龙头企业签订菌菇销售协议,龙头企业与菇农签订技术服务和鲜菇收购协议,解除龙头企业和菇农生产发展后顾之忧。据统计,全年共与外地客商签订菌菇销售协议3份,龙头企业与菇农签订服务和收购协议260份,订单菌菇数量4200吨,金额1500万元,规避化解龙头企业和菇农风险,让菇农发展菌菇生产吃下定心丸。三是协助龙头企业壮大规模。为树立龙头形象,协助龙头企业加强质量意识,严格按无公害绿色有机食品的要求发展生产,始终树立南昌市食用菌的质量形象。同时以龙头企业牵头,形成统一菌种供应、统一生产时间、统一用料标准、统一收购价格、统一操作规程、统一包装图案等具体措施,实现生产、经营标准化,为进贤食用菌生产基地取得标准化蔬菜生产基地称号打下坚实基础。

(南昌市食用菌行业协会)

## 南昌市水产行业协会

【概况】 市水产行业协会自2003年12月正式成立以来,本着为会员着想,为会员办事的宗旨,以水产龙头企业为协会的骨干力量,充分发挥560个会员单位和渔业个体经营者的积极性,积极开展各种活动,加强相互间的联系,全市水产业出现水产养殖水平不断提高,养殖户和销售户效益明显增加势头,取得养殖户增效,财政增长的良好成效。

【着力推广水产养殖新技术】 着重推广种植水草养蟹技术、河蟹良种技术、大型湖泊银鱼增养技术和网箱养南方大口鲶技术。(一)共推广种植苦草籽2000公斤,移植伊乐藻32.5万公斤。推广面积3万余公顷,推广地点涉及进贤、南昌、新建等县,并辐射九江市和宜春市部分县市。(二)采取从本地挑选母蟹,到江苏省挑选公蟹的办法,将挑选的亲本送到连云港定点繁殖蟹苗,并将蟹苗运回进贤县长江水系中华绒蟹良种场进行良种培育。每年运回蟹苗400公斤,培养V期幼蟹1600万只,投入军山湖养殖成蟹,并每年为周边地区提供优质蟹种200万只。(三)为提高湖泊水面利用率,引进河南的银鱼养殖技术,引进银鱼卵1000万粒,投入军山湖养殖。(四)当年组织会员进行网箱养殖南方大鲶试点,取得良好的成效,并积极在湖区广泛推广。

【有计划地举办水产培训技术】 按照每年的培训计划,每年举办多期水产技术培训班,累计培训人员840人次。为提高蟹农的技术水平,聘请上海水产大学教授、全国著名河蟹专家王武在进贤县讲授河蟹养殖新技术,参加培训的有南昌市各县水产技术推广站站长、进贤县各乡镇水产站站长、进贤县所有的河蟹养殖户共150人。5月举办养鱼新技术培训班,培训人员200余人。同时派员参加江西省水产局举办的斑点叉尾鮰培训班和质量检查员、鱼病防治员培训班。

【及时提供市场信息服务】 每月向各会员单位和个人提供种苗、饲料、价格信息和水产动态。为及时了解国际市场的河蟹、河蚬销售信息,专门组织有关人员到国外市场考察,了解河蟹、河蚬在国外的销售情况,并将考察情况向协会成员通报,为今后的生产、销售方向提供依据。

【协助举办"军山湖杯"第四届鄱阳湖螃蟹节】 为使每年一度的螃蟹节办出新意、办出成效,组织协会成员积极参加螃蟹节展示展销。同时组织养鱼、养珍珠、养贝等会员参加,集中展示南昌市水产发展成果,丰富螃蟹节的内容。

【组织协会会员参观学习外地先进水产经验】 2月4~7日,组织26名会员到波阳县参观学习网箱养鱼;到浙江千岛湖参观学习大水面花鲢养殖及品牌培植;到江苏太湖参观学习网围精养河蟹及成蟹暂养技术,帮助会员开阔视野、增长见识、明确思路。

【保护品牌】 军山湖清水"大闸蟹"品牌叫响后,省内外出现不少假冒军山湖清水大闸蟹的现象。为保护"军山湖"品牌,让消费者吃上正宗的军山湖清水大闸蟹,组织水产销售大户成功地设立军山湖清水大闸蟹进贤县总经销部、南昌总经销部、杭州总经销部和上海总经销部,并采用激光防伪技术,保护了军山湖清水"大闸蟹"的品牌。

(南昌市水产行业协会)

# 授权经营公司

## 城市建设投资

【概况】 2005年，南昌城市建设投资发展有限公司以促进全市两个文明建设为己任，以打造现代经济区域中心城市为目标，以开展保持共产党员先进性教育活动为动力，积极投身并服务于全市经济发展和城市建设，广泛拓展投融资渠道，高效运营城市资源和国有资产，全力推进城市基础设施建设，取得社会效益与经济效益“双丰收”，成为创建南昌文明花园英雄城市的一支生力军。

【西外环高速公路路基全线贯通】 国道主干线——南昌市西外环高速公路（乐化至生米）建设项目，是江西省第一条由地方政府筹资修建的全封闭、全立交、双向六车道高速公路。该路起于昌北机场，途经新建县乐化镇、南昌经济技术开发区蛟桥镇、湾里区招贤镇、新建县望城镇、石埠镇，终于新建县生米镇，与昌樟高速公路相接。该项目概算总投资15.52亿元，全长40.98千米，设计行车速度为100千米/小时，全线设置安全、监控、通讯、收费、服务、供电等设施和相应的房屋建筑。项目自2月18日开工以来，围绕省市领导提出的“四高、五最”（即高标准、高质量、高水平、高效率，外观环境最美、内在质量最优、建设速度最快、工程造价最省、安全廉洁最好）的工作要求，以确保部优工程、争创省优工程为目标，按照服务人性化、施工环保化、设计动态化、管理系统化的“四化”工作理念，狠抓质量、进度与安全，在全线开展劳动竞赛活动，并始终绷紧质量弦，坚持打好制度牌，严把检查考核关，使用返工“杀手锏”，进行工程倒计时，全面增强业主、监理与施工单位人员的劳动积极性和工作主动性，道路建设有条不紊地稳步推进。截至年底，完成投资6.99亿元，占总计划的45%。其中，完成土石方789万立方米，占总计划的97%；涵盖板2430米，占总计划的99%；通道3423米，占总计划的100%；圆管涵77道，占总计划的86%；桩基础1404根，占总计划的98%；承台196个，占总计划的96%；立柱478根，预制梁2955片，占总计划的98%；路面备料106万立方米，占总计划的77%，达到提前一个月实现路基全线贯通的目标。

【阳明公园竣工】 总投资1400万元的阳明公园，于2004年8月动工，将原市委大院实施改建、扩建。一是将“熊式辉公馆”实行功能性改造和装修，使之基本满足老干部活动及老年大学办学需要；二是做到公园设施使用功能的多样化、实用化，使公园成为市民健身、休闲的好场所。截至年底，主要工程基本竣工。

【红谷大厦交付使用】 被喻为“红谷之门”总建筑面积13万平方米，总投资概算4.2亿元的红谷大厦项目，在市委、市政府领导的关心、重视下，在公司上下的积极努力和监理、施工单位的紧密配合下，建立目标责任考核体系，开展“决战60天”劳动竞赛活动，扎实落实“三个三”工作要求。一是认清“三个关系”（即关系红谷滩新区建设、关系政府部门工作效率、关系市委、市政府的承诺与决策）；二是切实做到“三保”（即争分夺秒保进度、一丝不苟保质量、万无一失保安全）；三是全面落实“三严”（即严密调度、严格要求、严肃考评），促使大厦主楼（含南、北两栋塔楼）和三层裙楼于12月25日全面完工并正式交付使用。29家市直机关单位入驻并开展正常办公。其中，先后入驻B栋（南楼）的有市行政执法局、市政公用局、园林局、个私办、环保局、教育局、物价局、交通局、司法局、安管局、粮食局、国资委、审计局、林业局、农业开发办、市容管理局、国土局、城乡规划局、财政局等19家；入驻A栋（北楼）的有市科协、供销社、体育局、文联、新闻出版局、文化局、农业局、劳动局、卫生局、民政局等10家。另外，市旅游局与市国资委对调，搬入政府大楼办公。红谷大厦的建成并投入使用，基本实现全市党政机关迁往红谷滩新区集中办公的目标。

【经济适用房项目完成投资额1.7亿元】 经济适用房建设是南昌市“改造老城，建设新城，沿着赣江，两头延伸”总体建设要求的重要组成部分。公司承担的经济适用房包括城南和城北两个片区。截至年底，共完成投资额约1.7亿元，安置拆迁户1300余户。

【融资工作有新进展】 公司干部职工解放思想、更新观念，沉着应对国家宏观政策调控对公司发展带来不利的影响，积极采取“两条腿走路”策略，努力突破融资瓶颈。一方面，与金融各单位加强联系和沟通，不断邀请他们到现场视察项目工程推进情况，介绍公司发展规划和远景，说明当前所遇到的困难纯属是暂时性的，请他们大力支持。终于用真诚和企业的发展实际，使融资工作出现良好转机。另一方面，采取BT方式多渠道吸引社会资金，得到积极响应。其中，临川建安总公司以其雄厚的实力，在众多竞争者中一举夺魁，成为合作伙伴。仅城北经济适用房建设，年内取得到位融资4200万元，促成1500余套经济适用房二期工程于9月17日的顺利开工，有效地解决公司建设资金暂时性困难。据统计，全年完成融资额7.27亿元，较好地发挥了城市建设投融资平台职能。

【实现资产经营良性循环】 为加强国有资产管理并高效运营，确保国有资产保值增值，大力加强对授权经营的国有资产的盘活、变现。年内共出售红谷大厦房产面积2万余平方米；出售城南城北经济适用房8.48万平方米，共回笼资金约2亿元。既保障红谷大厦建设资金的需要，又实现国有资产保值增值的目的，有效履行了公司授权经营国有资产的职能。

【工程项目及材料采购招投标实行阳光

**【工程项目建设招投标实现阳光操作】** 以建立健全工程项目和材料采购招标投标制度为突破口，积极推进项目管理制度建设，全面引入“公开、公平、公正”竞争机制。以西外环建设项目及建设材料采购为重点，全面推进阳光操作，采取公开标底、公开唱标、公开评标、公开摇号的办法，将业主人为决定权减为零，保证项目各项招投标工作圆满完成。截至年底，未出现一起对业主单位的投诉、举报现象。省委常委、市委书记余欣荣在市级四套领导班子保持共产党员先进性教育活动专题学习会上，称赞西外环招标工作的成功之举。

（李　刃）

## 旅游经营

**【概况】** 2005年，江西南昌旅游集团有限公司（简称集团公司，下同）团结和带领全体员工，强化市场运作意识，丰富景区文化内涵，大力招商引资，取得较好的社会效益和经济效益。全年共实现营业收入2727万元，利润93万元，接待游客50.5万人次（不含南昌宾馆的相关数据），为各项事业的长足发展打下坚实的基础。

**【稳妥推进企业改制】** 集团公司与南昌宾馆围绕“抓稳定、促改制”工作目标，在宾馆全面停业的情况下，积极采取多项开源节流措施，保障员工基本生活，并从思想上帮助员工转变观念，使南昌宾馆的改制、重建工作终于取得突破性的进展。1月31日，南昌宾馆严格按照法定程序，召开第四届职工代表大会，并在职代会上形成改制决议，为南昌宾馆的改制、重建工作迈出关键性的一步。4月23日，由集团公司和南昌宾馆共同草拟并经宾馆职代会通过的《南昌宾馆改制、重建方案》提请市工业领导小组转报市政府。11月21日，市政府第38次常务会上讨论并通过《南昌宾馆改制、重建方案》。南昌宾馆改制、重建工作即将进入实际操作阶段。

**【改革《五彩之旅》经营体制与运行机制】** 《五彩之旅》是集团公司为充分落实好市委、市政府关于宣传“五彩缤纷看南昌”旅游特色品牌指示精神，与江西美术社联合推出的旅游系列丛书。该丛书自2003年发行以来，对宣传南昌的城市形象，推销南昌的旅游产品，介绍南昌的民俗风情，发挥了较大作用。但由于丛书的初始经营体制与运行机制等根本性问题没有得到很好的解决，从2004年初开始，丛书不断遇到发行、广告等方面的经营困难。2005年，集团公司对《五彩之旅》丛书经营体制与运行机制进行改革。新的《五彩之旅》丛书实行董事会领导下的总经理负责制，采取“市场化运作”的经营模式。全年丛书发行6期，共5.9万册。发行量比上年增长约3倍，丛书发行网点遍布省内11个地级市。

**【配合举办“中国江西傩文化艺术节”】** 6月“中国江西傩文化艺术节”在南昌举办。集团公司作为艺术节组委会的成员单位，按照组委会的统一部署，积极配合省、市有关部门参与艺术节的相关活动，成立配合该活动的工作小组，并主动承担开幕式主会场——滕王阁景区的场地布置及接待工作。同时为宣传和推广好本次艺术节，“五一”黄金周期间，邀请江西省万载县傩舞队在滕王阁景区举行傩舞预演，受到游客们欢迎。

**【举办“2005中国南昌厚田沙漠第二届五彩国际沙雕节”】** 在成功举办第一届沙雕节的基础上，“十一”黄金周期间，再次引进“舟山国际沙雕”这一知名品牌，在厚田沙漠景区策划举办“2005年中国南昌厚田沙漠第二届五彩国际沙雕节”。沙雕节由“国际沙雕艺术展”、“江西省首届大学生沙雕创作大赛”、“动力升空伞高空花式飞行表演”、“萍乡傩舞巡回表演”和“人体彩绘艺术表演”系列活动组成。主体项目“国际沙雕艺术展”改单体沙雕为组团式群体沙雕，使本次沙雕节无论在规模、形式、内容，还是在游览效果方面，比上届都有较大的提高，也为厚田沙漠景区今后举办节庆活动和进一步打造“沙雕节”品牌奠定更加坚实的市场基础。

**【积极开展市场营销】** 全年加强与新闻媒体、行业组织、政府部门合作，采取“走出去，请进来”措施，多方位开展营销工作。3月中旬，在滕王阁景区召开有全市及周边地区各主要旅行社参加的旅行社业务协作会；3月～4月，参加南昌市旅游行业协会组织的大篷车宣传促销活动和国家旅游局主办的桂林中国国内旅游交易会；4月～5月，分别与共青团江西省委宣传部联合推出“‘滕王阁杯’五彩江西征文、摄影大赛”活动，与南昌市第一中学合作组织一场别开生面的《滕王阁序》现场教学活动，与《都市消费报》共同策划“欢乐五一游”活动；10月～11月，参加由省政府、国家广电总局、国家旅游局共同主办的“2005年中国（江西）红色旅游博览会”及国家旅游局、宁波市政府联合主办的“2005年中国首届旅游投资洽谈会”。同时加大旅游线路产品的开发力度。通过与省内各大旅行社合作，在厚田沙漠生态旅游景区推出“沙泉浴＋烧烤＋篝火1～2日游”线路；利用“中国红色旅游年”契机，由红黄蓝旅行社自主推出针对“先进性教育活动培训”市场的南昌至井冈山、韶山、西柏坡等红色旅游线路。通过一系列的营销活动和线路产品开发，行业内的营销协作得到加强，旅游接待人次得到提升，并为“巩固老市场，占领新市场，开发潜在市场”产生深远影响。

**【招商引资】** 按照“用理念去发展，用规划去招商”的工作思路，广泛借助宣传册、国际互联网、国内最具权威的旅游业内媒体、大型招商引资洽谈会和旅游交易会发布招商信息，接洽合作伙伴。通过招商，厚田沙漠生态旅游景区成功引进沙漠卡丁车、滑草场、月牙泉、锦江水上茶座等项目，滕王阁仿古街项目全部招商到位。同时国际组团社的招商也有进展。与广东南湖国际旅行社有限公司签订在南昌市设立国际组团分社的投资协议。全年实际引进资金1134.3万元，完成全年招商引资任务的106%。

**【企业管理】** 以抓制度建设，促进管理规范化，先后修订《行政管理制度》；制订《危机事件处置办法》、《车辆管理暂行规定》、《安全生产管理办法》、《旅游投诉处理办法》、《员工外出培训规定》；完善《职称评聘制度》和《管理考核制度》。以抓预防，确保无安全生产责任事故。全年集团公司系统内累计开展4次安全生产大检查，彻底排查各类安全事故隐患。为防患于未然，开展多种形式的安全生产宣传、学习活动。如在滕王阁内部局域网上建立以安全教育为主要内容的“滕王阁安全网”，多次举办消防知识讲座及消防安全实战演习等。其中，11月与市消防支队合作，在滕王阁景区举行的消防安全联合演习，规模达到200余人。确保全年无一起重大安全事故发生。

**【厚田沙漠生态旅游景区建设】** 本着“还利于当地、造福于百姓”的精神，集团公司所属南昌旅游资源开发公司主动与厚田乡村民合作，在厚田沙漠生态旅游景区开发悠玻球和滑草场项目；与厚田乡政府合作，修建1.6千米通往景区大门的水泥路面；按照沙漠景观的要求，安装3台风力发电机；通过招商，引进江西元大热气球有限公司的牵引升空伞项目；启动沙泉浴场项目，完成野菜基地前期建设；聘请江西农业大学林科院，编制《厚田沙漠植物园的总体规划》，并将着手沙漠植物园的一期建设。

【完善滕王阁景区服务设施】 成立滕王阁游客中心，为游客提供面对面的旅游宣传、旅游咨询、旅游休闲和旅游援助等方面的服务；在主阁、圣旨馆等处配置多媒体触摸屏，为游客提供详细的景区介绍与周边景区（点）旅游信息，方便游客自由参观游览；投资80万元，将阁前广场的彩色地砖全部更换为剁斧麻石，提升滕王阁景区的仿古文化氛围；组建滕王阁艺术团，并重新布置主阁古戏台，创新演出节目和表演内容，进一步丰富了滕王阁景区的古戏演出效果。

【培训员工取得成效】 按照年初制定的年度学习、培训计划，举办以企业营销策划、招商引资、导游知识为内容的业务技能培训班，多批次地派送员工赴外参加培训；组织“好书共享”活动，每月定期召开党委中心组学习等。通过培训，集团公司系统内形成团结和谐、爱岗敬业、积极向上、钻研业务的良好氛围，并涌现出一批先进集体和先进个人。其中，集团公司荣获“全市‘四五’普法依法治市工作成果展三等奖”；滕王阁管理处被市国资委和市文明南昌行动委员会评为“先进基层党组织”、“文明南昌行动先进集体”；资源公司王起飞、滕王阁管理处段进金被市政府分别授予“优秀共产党员”和“南昌市劳动模范”荣誉。同时集团公司系统内有3人被市国资委授予“优秀共产党员”；多人次荣获全市及全省行业系统的“文明南昌行动先进个人”、“年度黄金周旅游信息预报先进个人”、“地区‘十大金牌讲解员’”、“市消防安全先进个人”。

（程　冬）

## 市政公用控股集团

【概况】 2005年，市政公用投资控股（集团）有限责任公司（简称控股集团，下同）坚持推进体制机制创新，坚持推进两轮驱动战略，在受到价格等政策性因素制约，企业经营成本大幅度上升而没有政府财政补贴的情况下，市政公用经济保持较好发展态势，市政公用基础设施建设迈上新台阶。全年完成投资8.9亿元，实现利税1.25亿元，职工年平均收入增长11%。

【公交线网进一步优化】 按照市政府民心工程和城市化进程需要，全年南昌公交总公司新辟公交线路9条，调整优化公交线路16条，公交线路总数达到90条，年客运量近4.1亿人次（含各种免费乘车人员）。其中，新辟601路全市首条双层空调车公交线路，为南昌市新增一道靓丽的风景线；新辟228、229路环行线，促进红谷滩地区的发展；将217路调整为17路，方便70岁以上老年人和现役军人等群体免费乘车到红谷滩新区，得到政府和相关群众的好评；新辟南昌至蒋巷无人售票公交线路，使农民享受到与城里人一样的公交服务；新辟303、304、306路夜间公交专线，满足市民夜间出行的需要。同时在新建县城内和南昌高新技术产业开发区分别开通502、503和506路区域公交线，既解决城市边远地区交通不便，又避免线路重叠，使公交资源有效利用。截至年底，全市公交线路总数达90条，公交营运车1951辆，平均日客运量突破110万人次。

【生米大桥工程】 生米大桥是南昌市外环线上跨越赣江连接昌南、昌北地区的一座重要桥梁，位于南昌大桥上游约5.3千米处，为赣江上投资规模最大、长度最长、施工难度最大的跨江公路桥梁。生米大桥设计富有创意，主桥双拱如雄鹰展翅，象征江西在中部地区崛起和南昌腾飞。生米大桥东起南隔堤，西至红角洲卧龙山，大桥全长3880米，宽35米，双向八车道，由东互通与引桥、副桥、主桥、西互通立交与引桥四大部分组成，并通过3.7千米长的西连接线一期工程与昌樟高速公路相连接。生米大桥及西连接线一期工程总投资约9.8亿元。其中生米大桥投资为6.5亿元。

生米大桥建设项目于2003年4月启动，同年12月28日正式开工建设。控股集团为生米大桥建设项目法人单位。设计单位是上海林同炎李国豪土建工程咨询有限公司。施工单位是中铁十八局集团有限公司、中铁大桥局集团第五工程有限公司、中铁一局集团有限公司、中国葛洲坝水利水电工程集团有限公司。监理单位是江西中昌工程咨询监理有限公司。

生米大桥在设计与施工方面有多项技术处于国内外领先水平。设计方面，连续2跨228米钢管拱桥为全国第一；主桥608米长的系杆为世界第二索。施工方面，宽17.5米、长118米移动模架施工列全国第一；采用大型龙门吊架设钢管拱为全国第一；主桥水下承台大型单壁钢套箱施工列全国第一。检测方面，首次采用自应力平衡试验检测主桥5400吨桩基承载力，填补省内无法检测1500吨以上桩基承载力的空白。生米大桥建设推行“业主管理，企业保证，设计指导，监理把关，政府监督”的五级质量管理和保证体系。工程合格率100%，优良率达95.8%，并努力争创全国建筑工程最高奖——“鲁班奖”。

生米大桥建设是省委、省政府和市委、市政府为拉开南昌城市框架，夯实市政基础所作出的一项重大决策。生米大桥建成通车，对于加速形成南昌“一江两岸”的城市发展格局，加快推进南昌“三环十一射”城市交通网络中的“二环路”建设，缓解城南交通压力，打造南昌半小时经济圈和省际6小时经济圈，提升南昌经济竞争力和辐射力，都将产生积极而又深远的影响。

（张振武）

## 国有工业资产经营管理

【概况】 2005年，市国有工业资产经营管理公司按照“以工业化为核心，全力打造现代制造业重要基地”要求，抓住沿海地区产业梯度转移的历史性发展机遇，强力推进招商引资，不断优化产业结构，积极稳妥推进企业改制，加强国有资产监管，工业经济保持平稳运行态势和快速发展势头，主要经济指标创公司成立以来最好水平。全年累计完成工业增加值15.66亿元，增长为24.2%，超额完成市里下达的目标任务；完成销售收入36.21亿元，上缴税利2.33亿元，比上年增长20.07%；实现产销率达98.38%。

【广借外力求发展】 一是组织小分队，参与市政府组织的大型招商引资活动。在香港（南昌）招商引资恳谈会上与香港港隆国际策略投资集团有限公司签订合资成立塑料、五金工业园的协议。该项目总投资1.8亿元，注册资金7500万元。在福州（南昌）承接沿海产业梯度转移的洽谈会上签订3个协议，引进资金1.38亿元。在青岛（南昌）招商引资恳谈会上，与新加坡奥斯国际集团公司签订收购所属手扶拖拉机厂协议，总投资2000万美元。全年提前一个月完成引进外资1500万美元，提前一个季度完成引进内资4.5亿元招商引资任务。

【企业自主招商取得进展】 江西八一麻纺厂根据市、区规划意见,依托区位优势,确立招大靠大,重点引进优势品牌的思路,先后引进香港好又多、红星美凯龙、上海通用和日本丰田2个汽车4S店以及百大城南店进行租赁经营,引入资金1.5亿元,在1平方公里区域内集聚五大国际、国内知名品牌。南昌保温瓶厂在上年底"南昌红日保温容器有限公司"退出的情况下,3月引进成立"南昌新星保温容器有限公司",安置职工220人。

【抓好重大招商项目落实】 江西东元电机重组项目。年内该项目进展顺利,总投资近1000万美元,注册资金600万美元。凯马机电工业园区项目。该项目总投资4亿元,年内完成进资2.5亿元,完成厂房的建设和四户企业搬迁工作。"白炭黑"扩产项目。南昌化工原料利用企业改制,按照"退城进郊,异地发展"的思路,通过搬迁改造,增资扩股,将年产1.5万吨的白炭黑翻一番,扩大到年产3万吨,2年~3年将达到6万吨的生产能力。该项目总投资4亿元,年内新厂建设完毕。氯碱总厂股权收购项目。香港宏迪纺织有限公司收购南昌氯碱总厂51%的股权,拟投资4500万元进行增资扩股,改组改造氯碱总厂。年内进资350万美元。

【加强技术改造和新品研发】 洪都无线电厂投入资金50余万元在南昌高新技术产业开发区注册洪都电器有限公司,建成4条流水生产线,完成工艺改进项目5项,2个新产品正在组织省级技术鉴定。江西国桥充分发挥企业技术人员的再创新能力,完成一条进口和国产设备合成组装的先进针刺生产线。全年主要经济指标比上年增长50%以上。

【努力拓展市场】 东方色织厂全力拓展海外市场,全年完成出口创汇1280万美元,出口创汇进入江西省前20名,受到省政府表彰,并被评为南昌市"出口创汇十强单位"。南昌电缆有限责任公司对电缆市场进行细分,采取多点支撑的方式,坚持在不同消费层次、不同地域做出品牌,做到高、中、低端并进,核心企业由1家发展为4家,为企业今后的发展预留了空间和潜力。

【积极稳妥推进企业改制】 一是完成南昌衡器总厂、南昌化工供销公司、大连组机所南方分所、南昌纺织机械厂、南昌三健电气有限公司、江西赣江农机有限公司等6户企业改革"方案"的正式批复。二是完成二纸、味精、电池、造漆、油化、昌加、赣农(职工安置)、低压、制动器、华生塑胶、南昌水泥、塑料二厂、化工设备、飞轮厂、江印集团、南昌塑料等企业改革《实施方案》的制定和上报工作。三是积极宣传市政府关于下岗职工基本生活保障制度向失业保险制度并轨工作的精神,全面启动54户国有企业下岗职工基本生活保障制度向失业保险制度并轨工作。四是启动赣江农机的规范破产。截至年底,公司所属133户企业中,61户企业完成"双置换"改制;25户企业完成租赁经营改制。

【加强国资监管】 全年加大对"保障资金"、"应急资金""改制资金"等专项资金的审计力度。对12户租赁改制企业方案中的资产、负债、收入、支出等情况进行审计,核增收入近200万元,核减支出近300万元。同时加强对企业厂长的培训。对30户企业进行清产核资审核。通过清产核资,摸清企业的资产状况和财务状况。安排60余户企业的资产评估。其中,出正式报告43户、初稿10户。

【规范闲置资产处置】 本着公平、公正、公开的原则,全年共对38户企业的闲置废旧设备、物资进行现场核查和评估,并对其中34户企业的设备物资委托拍卖公司进行公开拍卖,实现资产变现效益最大化。对租赁项目租期、租金进行严格审核把关。一些困难企业通过公司法律顾问把关和公司审核,规范租赁合同,将租金逐年上涨计划写进合同,有效地减少租赁中的经济纠纷,增加国有资产收益,并通过积极盘活资产租赁,实现收支平衡。

【加快债务处置】 截至年底,对113户所属企业31亿元,通过折本免息、打包回购、法律裁决等多种形式,以4.3亿元价格清偿完毕,处置比例为13%,使一批被查封、抵押的资产得以盘活。同时借助企业销售人员网络优势,在掌握债权状况的情况下,有目标地运用法律手段,追索债权,使3年以上呆坏账回收率达到14%。如江西变压器厂全年清欠回笼资金320万元。

【推动土地收储、出让和资产保全】 经市工业领导小组同意,南昌工业土地储备中心(简称为储备中心,下同)于6月正式成立并开始运作。根据所属企业的实际情况,储备中心将电池厂等19户企业的94.04公顷土地纳入全年土地储备和出让计划。其中,正式签订收储合同并办理产权证的有6户。全年完成企业资产保全的有25户。

【全力维护稳定】 继续与每个企业签订"信访、稳定、安全工作责任状",密切保持与相关政府部门以及维稳信息督查联络员的工作联系和沟通,重视源头预防,加强对不稳定因素和隐患的排查力度,不折不扣地督促整改工作。与上年相比,赴省上访的批次降低25%,到市上访的批次降低33.33%,到公司集访的批次降低25%,到公司个访批次降低4.1%;来信比上年减少11%。维稳信息员队伍出动维稳人次比上年增加216.7%,参与维稳及协调配合处理各类突发事件增加116%。当年被评为全市信访工作先进单位。针对所属企业安全生产工作的重点和薄弱环节,先后组织开展6次安全生产大检查,成立检查组3个,参检人员达80余人次。共检查130余家企业(场所),查处各类隐患73起,下达整改意见73份,安全生产责任制逐级得到落实,全公司没有发生一起特大生产安全事故,年度安全生产事故死亡率为零,隐患整改到位率97%。

【营造和谐的改革发展环境】 年内有2家企业完成一户一表改造,涉及住户1498户;1家企业完成电分离改造,涉及住户782户;1家企业下年完成电分离改造,涉及住户706户。所属企业共为职工翻修住房18.1万平米。同时启动D类危房改造安置工程,经济适用房项目一期工程于2月正式动工,可安置D类危房职工住户300余户,整个改造工程可安置D类危房职工住户4000余户。所属企业共为职工办理医疗保险1.06万人,为职工报销医药费1467万元。在创建文明城市、改善职工生活环境方面,投入资金101.4万元,为职工修建休闲健身、文化娱乐场所57处,并投入资金237.8万元,对职工生活区卫生"脏、乱、差"问题进行集中整治。所属企业共返还拖欠职工集资款1374万元,为职工补交、垫交社保欠款1766万元。为所属企业厂办学校296名教师落实政策待遇,从应急资金一次性补发教师工资310余万元,以后每月补发工资总额14万元。截至年底,所属企业778名军转干部全部办理医保,并为他们解决拖欠工资和医药费50余万元;为48人次办理生活补贴近3万余元。

(罗贤慧)

# 城市建设管理

## 城市规划

【概况】 2005年，市城乡规划局全力抓好规划的研究、编制、管理、执法和服务工作，做到“六个新”，即规划研究出新意、规划编制出新品，村镇规划出新路、规划管理出新招，规划监督出新法，规划队伍出新貌，创造性地开展工作，推动规划工作水平再上一个新台阶，充分发挥城市规划的先导作用。

【开展规划研究】 强化规划研究工作，研究城市发展问题，按照市场经济的发展规律，为各行业提供资源环境允许的发展空间，构建经济社会的可持续发展。完成《对“十五”近期建设的回顾与反思及“十一五”规划展望专题报告》、《红谷滩新区规划回顾与反思专项研究》和《红谷大桥（隧道）可行性研究报告》。针对实际工作中遇到的问题进行专项研究，制定《关于规范南昌市房地产市场部分公共建筑设计与管理的若干意见》和《南昌市建筑方案设计文件编制深度规定》。

【城市规划编制】 完成《桑海经济开发区总体规划》、《湾里罗亭工业园（软件园）规划》、《红角洲“东方水城”控制性详细规划》、《南昌市历史文化名城省级历史文物紫线规划》、《南昌市城北地区整治规划》、《绳金塔景区周边整治保护规划》、《高新区32平方公里产业区分区规划调整规划》、《昌南城近期公共绿地布点规划》、《玉带河南支绿地规划》及《玉带河东支绿地规划》、《昌南城停车场专项规划暨道路网规划》、《南昌火车站广场改造规划》、《阳明东路工程规划》及《阳明东路建筑景观城市设计》、《象湖景区三期控制规划》、《机场路景观规划》和《洛阳路立交规划》等一大批规划编制，启动《南昌市综合交通规划》。

【一证两书核发】 全年共核发《建设项目选址意见书》92件；核发《建设用地规划许可证》128件，合计规划用地面积1002.26公顷；核发《建设工程规划许可证》571件，建筑面积335.83万平方米；核发临时建设项目《建设工程规划许可证》31件，建筑面积1.34万平方米；核发临街建筑立面装修建设工程规划许可项目33件。

【建设项目选址】 按照新一轮《南昌市城市总体规划》、《土地利用总体规划》、《近期建设规划》，高效科学地做好昌南50万伏变电站、梧岗22万伏变电站、向塘22万伏变电站、昌北50万伏变电站、南昌铁路口岸站等市重大基础设施项目选址工作；江西造纸厂、洪都钢铁厂等大型企业搬迁及江西新昌电厂选址方案的论证；深圳农产品大市场、果品大市场等招商引资项目选址；市容环卫设施垃圾站、公厕选址等为民办实事项目。确定垃圾站、公厕及园林工作用房等市政设施布点选址30余处，完成市政建设及招商引资项目涉及的农民拆迁安置用地选址33宗。

【规划方案审查】 全年共审批规划设计方案68项，规划用地面积约244公顷；审批建筑设计方案（含规划总平面）106项，建筑面积约398万平方米。

【编制用地条件】 全年共编制经营性项目用地规划设计条件97宗。其中，涉及企业改制用地24宗，加油站用地3宗；审核南昌县、新建县、湾里区经营性用地规划设计条件13宗；审查南昌高新技术产业开发区、南昌经济技术开发区经营性项目用地规划条件16宗；其他用地功能调整用地41宗。审批规划设计方案68项，规划用地面积近244公顷；审批建筑设计方案（含规划总平面）106项，建筑面积近398万平方米。

【管线规划管理】 完成79项建设项目管线详细规划审查；完成南高公路、高新南大道、青山南路、庐山南大道、洛阳路、上海路、昌南大道、湖滨东路、朝阳洲路、阳明路等39项重点道路工程的管线综合规划审查；完成阳明路延伸段道路工程规划及规划调整、玉带河南支工程规划（含绿线、红线）、解放路红线调整、十字街红线调整、红谷一路延伸段规划等23项道路规划审查；完成京九铁路道口平交改立交工程、迎峰度夏变电站进出线工程、重点道路工程配套实施的各项管线工程等70个项目的审查及《建设工程规划许可证》的发放；参与112项小型管线工程的并联审批。

【地下管线普查】 完成管线普查实施方案、招投标文件、技术规程等工作；完成红谷滩中心区近10平方公里试验区的管线普查工作。

【村镇规划工作】 根据全省建设工作会议和村、镇规划建设工作会议的部署，年初下达村镇规划工作任务，全市30%的行政村要完成建设规划的编制。各有关县（区）成立以县（区）长为组长，分管领导具体抓的领导小组，指导督促本级规划行政主管部门及时将村庄规划编制任务分解落实到乡镇和行政村。组织编制《南昌农村小康住宅设计标准图集》，下发到各乡、镇、中心村，引导农民规划建房，提升村镇建设水平。全年全市共完成78个乡镇和417个行政村的规划编制。

【创新工作机制】 根据建设项目的不同推进情况，建立动态的规划报建制度，编制完成《建设项目分期报建制度》、《建设项目施工图预审制度》，同时进一步完善《建设项目并联审批制度》。

【预防和制止违法建设】 代市政府拟定《关于对预防和制止违法建设实施奖惩的办法》和《南昌市违法建设举报奖励规定》。在《南昌市违法建设行政责任追究办法》的基础上，通过运用行政和经济的手段，对县（区）政府、开发区管委会预防和制止违法建设情况实施奖惩,进一步明确全市各级政府在城市规划管理中的职责,强化城乡规划管理工作,提高执法效率,维护规划在城市建设中的"宪法"地位。同时拟定违法建设举报奖励制度。经查证属实的举报,对举报人实施奖励,最大限度地调动广大市民参与城市规划监督管理的积极性,及时有效地查处各类违法建设行为。

【加强规划监管】 实行建设工程规划许可证查验制度、规划告示牌制度。建设项目开工时,由规划管理、测量、执法人员共同到现场查验,发现的问题及时予以纠正,并充分发挥群众监督作用,保障建设项目按批准的规划实施,取得明显成效。全年共对建设项目组织放线129次,验线142次,复验97次;建筑主体及竣工验收各58次。督促制作"规划告示牌"48块,并多次与市执法局召开联席会议,就委托执法的具体工作进行协商。现场办公数十次,下达督查单67份;下达处理决定23份,罚款190.88万元;追缴规费133.16万元。

【做好规划宣传】 4月组织开展全市性的规划法宣传月活动,采取多种方式广泛宣传规划法律法规。各县(区)、开发区也相应地开展宣传活动。5月21~22日,在八一广场举行"南昌火车站广场改造工程规划方案"展示暨征求意见活动。继续向公众开放南昌市城市规划展示馆,广泛征求社会各界对南昌市规划的编制、审批、管理、实施、监督等工作意见。全年展示馆共计接待参观者1.5万余人。其中,接待河南、安徽、广州、南京、合肥、洛阳等全国各地市的党政代表团15余次,接待参观展示馆的社会团体40余次,海内外重要的客商20余次。

【注重知识更新】 邀请新加坡国家规划顾问、原市区重建局局长刘太格为全市县(区)长、乡镇干部举办一次规划专题讲座;邀请深圳大学吴家骅、新加坡国立大学博士朱介鸣等国内外知名规划专家举办规划讲座。同时还和市人事局在同济大学联合举办南昌城市规划与建设领导干部培训班和乡镇长培训班。举办两期由规划管理、设计人员参加的《南昌市城市规划管理技术规定》培训班,并与市委农工部联合举办一次全市村镇规划知识培训班。

【全市规划工作会议】 5月14日,全市城乡规划国土资源工作会议在红谷滩会展中心召开。省委常委、市委书记余欣荣,市委副书记、市长李豆罗,省建设厅厅长胡柏龄,省国土资源厅副厅长李江华出席会议并讲话。市委常委、副市长卢晓健作全市城乡规划国土资源工作报告。市领导万先勇、曹连甲、杨伟东、汤成奇、刘建洋出席会议。会议对当年全市的规划国土工作进行回顾和总结,并对下年的规划国土工作进行部署和安排。

【规划管理专业委员会年会】 10月23~27日,中国城市规划法制建设研讨会暨中国城市规划协会规划管理专业委员会二届四次年会在南昌五湖大酒店召开。中国城市规划协会常务副会长邹时萌,建设部政策法规司副司长徐崇威,市委常委、副市长卢晓健,省建设厅副厅长马志武及国内知名大学的法学专家和委员会成员单位代表共48人出席。会议的主要任务是研究探讨城市规划法制建设和行政体制改革面临的问题与挑战,促进城市规划法制建设。

【规划委员会会议】 全年共召开5次规划委员会会议,审议规划项目17个。1月16日第1次会议,审议桑海经济技术开发区总体规划方案、南昌市老城区排污管网规划方案、南昌市青山湖区城东分区规划方案、红角洲水城中心商业区规划方案等4个项目。4月6日第2次会议,审议新昌南城规划方案、江中花园(造纸厂用地)概念性规划方案、南昌市阳明东路(两侧)建筑景观城市设计方案、南昌市城市总体风貌规划设计方案等4个项目。6月4日第3次会议,审议南昌火车站广场改造工程规划方案、南昌市湾里罗亭工业园(软件园)规划方案等2个项目。8月30日第4次会议,审议南昌市城市燃气专业规划方案、昌湾大道规划方案、乐化片区总体规划方案、南昌昌北车站新建货场和物流中心选址方案等4个项目。11月6日第5次会议,审议红谷滩南昌中央商务区(CBD)规划方案、八一起义纪念馆的建筑方案、南昌市艾溪湖的景观规划设计方案等3个项目。

(姚建平)

## 城市建设

【概况】 2005年,市城乡建设委员会以实现"一年一变样、三年大变化"为核心,以做大做强中心城市为重点,以统筹城乡协调发展、加强城乡基础设施建设、改善城乡人居环境为目标,围绕强化城市功能、完善基础设施、改善居住环境、提升城市品位,安排环境景观工程、城市供排水工程、道路与桥梁工程及其他工程等四大类项目(共49项)。同时为拉开城市框架,形成城市外环公路,沟通昌南、昌北的交通格局,扎实推进南昌生米大桥建设,启动生米大桥西连接线工程,加快推进西外环高速公路的建设。重点推进第三轮百路大会战等民心工程。截至年底,全市城镇化水平达到46%。建筑业市场管理不断规范。全年发放建筑工程施工许可证660项,投资总额[illegible]9.5亿元,建筑面积818.96万平方米。全市建筑业总产值达250.8亿元。建筑工程质量通病得到有效治理,建筑伤亡事故得到大力遏制。与上年相比,伤亡事故起数下降66.7%,并杜绝三级以上重大伤亡事故的发生。同时围绕维护人民群众合法利益为目的,建设领域清欠工作取得明显成效。

【城市供、排水基础设施建设投入加大】 根据城市总体规划及近期建设规划,全年城建口基础设施项目安排环境景观工程、城市供排水工程、道路与桥梁工程及其它工程等四大类项目(共49项)。玉带河西支,北玉带河、青山湖截污西渠主体工程完工并通水,东西桃花河连通渠延伸段正在实施;启动玉带河南支、东支及引水渠工程。通过老城区排水工程各个项目的实施和完工,全市老城区积水问题得到基本解决,并经受5月中旬2次瞬间强暴雨的检验,达到预期改造效果。

【环境景观工程建设】 按照改善城市人居条件、提升城市环境质量要求,完成阳明公园建设、人民公园改造工程,继续实施青山湖景区综合整治二期工程、象湖景区二期工程、绳金塔景区工程和龙泉小区景观工程;重点实施机场路景观工程和南昌大桥景观工程;朝阳公园调整规划为动物园后,各项前期工作抓紧实施。结合创建国家卫生城,启动象湖、红谷滩污水处理厂建设和环境综合监控系统的建设和地下管网普查工作。

【积极推进小村镇建设】 截至年底,全市城镇化水平达到46%,比"九五"期末的36%提高10个百分点。全年按照基础设施、产业特色、优势潜力的不同,提出分类指导的意见。一是重点抓好6个国家重点镇、2个省级示范镇、14个省重点镇的建设,并按照优先政策,给予资金倾斜;二是配合有关部门加强对全市11

个示范镇和 10 个示范村的建设项目推进工作的督查力度,促进提高村镇建设水平;三是按照省建设厅创建“十、百、千”村镇规划建设活动的要求,协助抓好 13 个示范村、80 个重点村的规划建设工作的指导,涌现出李渡、文港、温圳、石鼻等一批具有发展后劲的新型城镇。当年国家建设部、省建设厅分别在南昌市召开全国村庄整治现场会和全省规范村镇建设现场会,交流和推广社会主义新农村建设的先进经验。

【加大力度开展建筑节能工作】 为贯彻落实《国务院关于做好建设节约型社会近期重点工作的通知》要求,进一步推进建筑节能工作,建设部于年底下发《关于开展全国建筑节能专项检查的通知》,并对全国各省、自治区(不含西藏)、直辖市、计划单列市、省会城市的建筑节能工作进行专项检查。共检查 35 个城市,开出 30 份《2005 年全国建筑节能专项检查发放执法告知书》。检查结束后下发的《关于 2005 年全国建筑节能专项检查情况的通报》中对部分不良行为进行通报,南昌市不在此列。12 月,建设部检查组抵达南昌,南昌市提供迎检居住建筑项目 105 个,公建项目 9 个,建设部检查组从中挑选 8 个项目检查。检查分图纸检查和现场查看两部分。检查组在万达星城检查时对这个全省首家大规模节能社区的设计与施工给予较高评价。经过此次节能检查,有力地促进全市的建筑节能工作。同时建设单位、设计单位、施工单位、监理单位以检查为契机,充分认识到建筑节能的重要性,建筑节能工作在全市有关单位积极开展起来。

【国务院督导南昌市清欠工作】 7 月 28～29 日,以国家劳动部工资司副司长汪元洪为组长的国务院清欠工作督导组一行三人,对全市清理拖欠建设领域工程款工作进行检查、指导,并对北京西路综合改造工程清欠工作进行现场督查。国务院清欠工作督导组听取省建设厅、市政府及市清欠办、南昌道桥总公司有关负责人关于清欠工作汇报后,对南昌市清理拖欠工程款情况表示满意,并指出当年重点是清理政府投资项目工程欠款。要加大力度采取有效措施,解决建设领域工程款拖欠问题;在解决历史遗留问题的同时,防止新的拖欠发生。

【建设部工程质量督导组到南昌市检查】 11 月 16 日,建设部工程质量执法督导组一行 6 人到南昌市就建设工程质量情况进行督导检查。在南昌市提供的 234 个住宅、公共建筑工程中,检查组随机抽取 5 个检查项目,分别是商城世纪村 7 号楼、江西省无线电监测中心大楼、东湖区法院审判综合楼、江西省应急救援指挥中心、南昌市八一中学综合楼。检查组通过现场观看、查看资料、质询等方式对工程实体质量、建设单位、施工单位、勘察单位、设计单位、监理单位、检测单位的质量行为进行检查。建设、施工等六家单位的迎检人员和市建委工作人员认真配合检查组的工作。检查组对南昌市建设工程质量表示满意,认为南昌市建设行业法律法规和技术标准日趋完善,能认真执行国家和省市各项相关法律法规,全市的工程建设施工质量处于受控状态,事故隐患得到控制,未出现重大工程质量事故,工程质量施工水平稳中有升;围绕提高工程质量目标,坚持标本兼治、综合治理,加大监管力度,强化了事前、事中、事后的监督检查;城市建筑工程的监督覆盖率达到 100%。

【积极支援九江地震灾后重建】 九江地震发生后,全市建设行业迅速行动,积极响应省委、省政府号召,发扬“一方有难、八方支援”的中华美德,举全力投入九江地震灾后重建“献爱心、结对帮扶”工作。市建委、市房管局先后四次组织专家技术人员 400 人次,奔赴救灾一线,冒险查勘,为救灾工作赢得宝贵时机;同时市建委、市房管局迅速动员省、市 127 家房地产和建安企业涌跃捐赠,开展“献爱心、结对帮扶”活动,得到绝大多数企业积极响应很高的社会责任感。共向灾区捐款 653 万余元。

【第三轮百路大会战】 为践行“三个代表”重要思想,构建和谐社会,继续提升城市基础功能,在现场查勘并综合市民意见的基础上,启动第三轮百路大会战。其主要内容是市政府投入 1 亿元资金,对市区 141 条街巷进行改造。其中,东湖区 67 条、西湖区 28 条、青云谱区 19 条、青山湖区 12 条、湾里区 6 条、红谷滩新区 9 条,改造道路总长 46.68 千米。4 月 8 日上午,市政府举行第三轮百路大会战开工典礼。2003 年～2004 年,全市连续两年实施花园城市百路大会战。共改造小街巷 216 条,改造道路总长 90 千米,改变了小街巷的面貌。

【阳明路延伸段工程】 由于老城区道路体系不完善,存在许多“断头路”和丁字路,使得城区无法形成畅通的道路网络。为逐步改善城区路网格局,市政府在科学规划的基础上,决定实施阳明路东延工程。该工程按照城市主干道路的标准进行规划设计,西起阳明路、八一大道和青山路交叉口,东至洪都大道,道路全长 2.35 千米,道路标准横断面宽度为 50 米,三块板形式,双向六车道。与永外正街、贤士一路、贤士二路、文教北路相交采取平交方式,在市三中段采取下穿形式同时穿过二七路和京九铁路线。该工程是南昌市当年实施的一项重点工程,工程拆迁量较大,总拆迁面积近 18 万平方米。其中,公房约 11 万平方米,涉及 28 家拆迁单位;住宅房近 7 万平方米,涉及 713 户居民。为使工程顺利实施,3 月 30 日动工建设阳明东路还建房项目(隆兴小区),妥善安置选择产权调换的拆迁户。该工程完工后,与洪都大道形成环形路网,对改善北京路以北的交通现状,提升城北地区城市功能有着重要意义。

【机场路综合改造工程】 该工程北起机场新收费站,沿昌九高速公路往南、经舍里甲收费站往东至八一桥头,全长约 21 千米道路两旁实施景观工程建设。工期共分四期实施,主要包括景观组合绿化,路灯铺设亮化,给水工程喷灌化,管线下地净空化,艺术品装点美化,广告规划整体化,收费站设计特色化,“穿衣戴帽”靓化,纵、横桥隔挡包装化,庐山南大道人行道路面彩色化。全年绿化工程是根据沿线路况实际采取“挖、填”的方法进行平整,并以高大挺拔的雪松、南酸枣、樟树、乐昌含笑等树种作为背景林,累计种植灌木 713.47 万株,乔木 15.92 万株,草皮 61.56 万平方米,使整个景观带连为一体。桥梁改造工程采用获得专利的垂直绿化墙及隔音板加以处理,沿线以适当的竹林加以点缀。全线景观苗木采用智能喷灌系统给水。路灯亮化系统共设置 2 种光源、4 种灯型及与之配套使用的无线遥控;7 台专用箱式变电站,650 盏高压纳灯,54 盏节能氯灯。机场路绿地内共设置 4 座艺术品雕塑加以装饰,分别是“鹤鸣昌天”、“花之舞”、“城市之门”、“昌盛”。全年累计完成投资 8801 万元。

【余欣荣视察西渠工程建设】 3 月 27 日上午,省委常委、市委书记余欣荣在副市长黄春平,市长助理刘建洋等陪同下,冒雨视察青山湖污水处理收集管网西渠工程和阳明东路还建房小区工地。余欣荣强调,西渠工程要精心调度、落实措施,在雨季来临前完成工程,同时做好排水应急预案。

【余欣荣察看城市道路建设】 8月26日下午,省委常委、市委书记余欣荣在市领导雷武江、黄春平、刘建洋等陪同下,先后察看阳明路东延、青山南路改造、青山湖湖东路网建设、上海路综合改造等城市道路工程建设的进展情况。余欣荣强调,随着花园城市建设的深入推进,人们对城市道路设计的要求越来越高,相关规划设计单位以及广大施工部门一定要按照高起点规划、高标准设计、高质量建设的要求,注重每一个细节,切实把每一条城市道路规划好、建设好、管理好,使之成为花园城市建设中的一道道靓丽景观。10月1日上午,余欣荣在副市长黄春平及相关部门主要负责人的陪同下,察看阳明路延伸段道路工程施工现场,并向广大坚守岗位的建设者致以节日的慰问。余欣荣强调,作为南昌建设现代文明花园英雄城市的一项基础性工程,阳明路延伸段道路工程的建设必须对历史和人民负责,把这件功在当代、利及后人的实事办好、好事办实。大家一定要以南昌发展的大局为重,高标准、高质量、高速度、高效率地推进工程建设,使之真正建成全市乃至全省的一项战略性基础工程和精品工程。

【李豆罗察看城市道路建设】 6月23日下午,市长李豆罗在市建委有关负责人陪同下,视察第三轮百路大会战工地。李豆罗指出:百路大会战是一项实实在在的民心工程,不但要修好路,而且要做到灯要亮,树要绿;并高度赞赏西湖区朱紫巷小区道路改造质量好,品位高,尤其是边角等细部处理非常到位,上了水平,是南昌市小街巷改造的第一路。

【赵力平考察调研城市外环建设】 9月29日下午,中共江西省委巡视组副组长赵力平一行到南昌市考察调研城市外环公路建设,市长李豆罗及市政、水利等部门负责人陪同。巡视组一行沿着富大有堤、昌东大道、昌南大道等进行认真察看,称赞南昌市做活"水文章"的正确决策;通过实地参观生米大桥城市外环公路建设情况,对南昌市高标准、严要求进行城市规划和建设,拉开城市框架,做强做大南昌给予了较高的评价。

【李豆罗察看洪都大道街景建设】 8月27日上午,市长李豆罗率市建委、规划局、财政局、经贸委、市政公用局、园林局、东湖区、青山湖区、青云谱区政府等部门负责人来到洪都大道,就沿线店面整治情况召开现场会,并对该商业街建设提出具体要求。李豆罗强调,洪都大道街景建设要高起点、高质量、高要求进行规划;要着眼长远突出整体。各城区政府及相关部门要加大招商引资力度,加大绿化、美化、亮化改造力度,加快交通设施的调整。争取在2~3年内把洪都大道商业街建设成为南昌商业的一大特色,一个品牌。

【李豆罗察看玉带河南支改造工程】 10月1日下午,市长李豆罗召集房管、园林、规划及八湖两河指挥部等相关部门负责人来到玉带河南支改造工程施工现场,实地察看该工程的施工进展情况。李豆罗指出,玉带河南支的改造涉及面广,建设难度大,各相关城区和部门要相互密切配合,为玉带河南支的改造提供良好的工作环境,齐心协力推进这项工程顺利实施,使南昌"河湖环绕"的滨水城市风貌得到进一步显现。10月21日下午,市长李豆罗等察看玉带河南支部分施工标段。李豆罗强调,玉带河南支的建设将彻底改变昌南地区的城市基础设施,是一项造福后代的"民心工程";要充分体现自然、生态和以人为本原则,各相关部门要密切配合,使整个工程上档次、上品位、上水平,力争在元旦之前初步完成工程的建设。

【余欣荣察看生米大桥建设】 10月22日上午,省委常委、市委书记余欣荣在市领导雷武江、周关、刘建洋及相关部门负责人的陪同下,先后到生米大桥东岸主桥副拱合龙现场和国道主干线西外环高速公路乐化至生米段的施工现场,详细了解工程规划设计和建设进展情况,并对工程建设表示满意和称赞。余欣荣指出,生米大桥的建设是一项世纪性工程。现在大桥建设已进入关键时期,大家一定要再接再厉,在保质量、保安全的前提下,进一步加快工程进度,确保大桥按时通车。

(童 华 申绪兵 黎双桂 万兆兰 戴江林 陶艳玲)

## 2005年南昌市获奖建筑工程一览表

表42

| 获奖名称 | 获奖工程名称 | |
|---|---|---|
| 一、江西省建筑文明工地(2004年度) | 1. 南昌市恒茂国际华城12#楼 | 2. 江西医院二部二区病房楼 |
| | 3. 民营科技园公交停车场 | 4. 江信国际花园14、15、16、17#楼 |
| | 5. 江西轻工科教信息大楼 | 6. 进贤香江商业中心1#楼、A-1楼 |
| | 7. 江西财经大学麦庐园校区1#教学楼 | 8. 南昌滨江豪园二期 |
| | 9. 中寰嘉园 | 10. 南昌航空学院学生食堂 |
| | 11. 南昌市三店小学教学综合楼 | 12. 南昌市二十七中学实验综合楼 |
| | 13. 江西新华印刷厂报业车间 | 14. 南昌火车站邮件处理中心生产综合楼 |
| | 15. 南昌市奥克斯空调两器铜管办公楼 | 16. 南昌市红谷春天花园9#、22#楼 |
| | 17. 南昌市第一医院外科大楼 | 18. 南昌日报社报业大厦 |
| | 19. 柏林爱乐高层商住楼 | 20. 江西现代职业技术学院第二学生食堂 |
| | 21. 江西万年青科技工业园员工倒班宿舍楼 | 22. 江西广播电视大学4#、5#宿舍楼 |
| | 23. 南昌科大学生食堂及浴室 | 24. 红谷世纪花园小区学校 |
| | 25. 江西财大枫林园学生公寓 | 26. 江西省儿童医院住院部综合大楼 |
| | 27. 江西金科光盘可记录厂房 | 28. 南昌建新食盐配送中心 |
| | 29. 南昌科技大学(筹)一期教学楼 | 30. 核工业大厦附楼办公楼 |
| | 31. 桃花源居C栋 | 32. 南昌万科四季花城五期89#、90#楼 |

续表 42－1

| 获奖名称 | 获奖工程名称 | |
|---|---|---|
| 二、江西省优质建设工程杜鹃花奖（2004年度） | **房屋建筑工程类** | |
| | 1. 南昌第二长途电信枢纽工程 | 2. 江西省烟草公司机关综合大楼 |
| | 3. 江西省心理康复中心住院门诊部 | 4. 江西外语外贸职业学院教学楼 |
| | 5. 恒茂国际华城1#、2#、7#楼 | 6. 中国联通江西分公司通信枢纽办公楼 |
| | 7. 江西国贸广场A区 | 8. 澄湖彩虹世纪城1#楼 |
| | 9. 澄湖彩虹世纪城2#楼 | |
| | **市政工程类** | |
| | 1. 南昌青云水厂三期净水厂清水池、送水泵房 | |
| | **园林绿化工程类** | |
| | 1. 南昌市八一广场绿化改造工程 | |
| | **建筑装饰类** | |
| | 1. 江西省电网调度综合楼装饰工程一标段 | |
| | 2. 南昌市地税局办公大楼装饰工程一标段 | |
| | 3. 南昌东方科技园大楼幕墙装饰工程 | |
| | **房屋建筑工程类（分包单位）** | |
| | 1. 南昌第二长途电信枢纽工程 | |
| 三、江西省优良工程奖（2004年度） | **房屋建筑工程类** | |
| | 1. 江西联通通信枢纽生产楼工程 | 2. 徐坊客运站 |
| | 3. 南昌工程学院行政楼 | 4. 洪都文体中心 |
| | 5. 江西农业大学商学院教学主楼 | 6. 丰源商务花园1期培训中心 |
| | 7. 江西钱江电气厂房 | 8. 江西金科可记录光盘厂房 |
| | 9. 南昌市中级人民法院审判楼 | 10. 园子庙低洼危房改造综合楼 |
| | 11. 南昌金润物流中心商品展示中心Ⅰ区 | 12. 南昌金润物流商品交易展示中心Ⅵ区 |
| | 13. 新建县长堎镇人民政府办公楼 | 14. 南昌县供电局电力调度大楼工程 |
| | 15. 进贤县县委大楼 | 16. 进贤县行政中心新区政府办公楼 |
| | 17. 安义县人民医院办公楼 | 18. 恒茂国际华城10#楼 |
| | 19. 维多利亚华庭1#、3#、5#楼 | 20. 南美酒店式公寓 |
| | 21. 江信国际花园2#、7#楼 | 22. 水印都市南浦苑3#、4#楼 |
| | 23. 世纪名族园2#楼 | 24. 青春家园E－10栋 |
| | 25. 京东安居小区F组团1#、4#、5#、8#楼 | 26. 江西木材厂职工还建房1#楼 |
| | 27. 阳光丽景小区12#楼 | 28. 南昌市锦和嘉园2#、7#、9#、10#楼 |
| | 29. 庐山花园小高层1#、2#楼 | 30. 澄湖彩虹世纪城10#、11#楼 |
| | 31. 红谷世纪花园A16#楼 | 32. 中磊花园12#、15#住宅楼 |
| | 33. 枫庐新天地（商业街）3#楼 | 34. 红谷春天花园7#楼 |
| | 35. 红谷春天花园一期15#楼 | 36. 红谷春天商住楼11#、12#楼 |
| | **市政工程类** | |
| | 1. 南昌丰和大道道路排水工程 | 2. 南昌市青云水厂三期沉淀池、V型滤池 |
| | 3. 南昌北京西路综合改造工程 | 4. 洪都大道综合改造工程 |
| | **建筑装饰工程类** | |
| | 1. 南昌锦峰大酒店6－11层内装饰工程 | 2. 南昌赣江宾馆1、2号楼装饰工程 |
| | 3. 工行南昌市青山湖支行综合楼装饰工程 | |
| | 4. 江西省地税局培训大楼内装工程一标段 | |
| | 5. 江西省地税局培训大楼内装工程二标段 | |
| | 6. 江西省烟草公司综合大楼幕墙工程 | |
| | 7. 南昌市地税局办公大楼装饰工程二标段 | |
| | 8. 华东交大北区综合数学楼装饰工程 | |

（南昌市城乡建设委员会）

## 城市公共设施建设

【概况】 2005年，市市政公用事业局紧紧围绕年初确定的“全力以赴做好三项工作（即全力而为抓好市政工程建设，脚踏实地抓好市政设施养护，依法行政抓好行业管理），毫不含糊地抓好两个重点（即标本兼治抓好党风廉政建设，铁心硬手抓好安全生产工作），认真细致完善一项基础”的“321”工程内容。在拉大城市框架，抓好重点工程建设。完善市政公用基础设施服务功能上创造性地开展工作，市政基础设施建设、管理和养护工作取得长足的发展。

【市政工程建设硕果累累】 全局共实施20项重点工程建设，年底完成或基本完成的项目9项，即北玉带河、青山南路、青山湖湖东路网、高新南大道快车道、东西桃花河连通渠延伸、青山湖西渠、赣抚路、桃苑西路、阳明路东延伸段等；完成前期的项目有4项，即青山北路、赣江两岸亮化、洛阳路、三店西路立交桥等；其他7项建设之中。新建排水管涵52千米,新建、改造道路34万平方米,铺设道路长度17千米。项目竣工投入使用后,全市道路交通网络得到优化,城区排涝能力得到提高。为提高城市功能,促进全市经济社会快速、和谐发展起到积极作用。

【“青山湖综合整治工程”获中国人居环境范例奖】 由市市政公用事业局组织实施的“南昌市青山湖综合整治工程”荣获2005年度中国人居环境范例奖,为本年度获此殊荣的全国34个项目之一。

青山湖位于南昌市城区东北角,原为赣江一个河汊。富大有堤(城防堤)修筑以后成为独立内湖,逐渐成为城区最大湖泊。该湖北宽南窄,为典型的弓型湖,南北长近3.6千米,东西长近1.5~2千米,水域面积360.6公顷,陆地面积133.3公顷。青山湖历史上曾因“山清水秀”而得名。晋代道教祖师许真君曾经在湖东、湖西先后兴建丹霞观、龙泉寺、郭王庙等道教胜地。近十几年,由于城市化规模扩大,人口上升,大量污水直接排入,致使水体水质遭受严重污染,甚至降到Ⅴ类水域水质标准之下,异味熏人,湖床平均积淤近70公分,环绕青山湖的东、西明渠也常年污水流淌,被市民称为现代“污水湖”、“龙须沟”。

2001年10月,市委、市政府作出对青山湖进行综合整治的重大决定,把其列为建设花园城市的标志性工程,为民造福的民心工程,改善城市环境的生态工程。工程建设突出自然风景本色,强化人文内涵,增添活动设施,形成以开阔水面为主体,独立景区为核心,环湖绿化为纽带的复合型景观绿地系统。整治工程按照“清淤泥、截污水、换活水、绿湖岸、美景观、亮夜景、线下地、墙透地、房美容、路环通、湖秀美、人欢乐”36字总体思路的要求,实施三大工程。一是清淤护坡。清淤145万立方米,护岸新建片石挡墙3万立方米,土方20万立方米,使多年沉积在湖底的淤泥得到全面清理。二是截污引水。修筑4.7千米长的湖东暗涵,截堵原来直接排入青山湖的城市生活污水和工业废水;修筑7.5千米长的玉带河,引赣抚平原之干渠活水入青山湖,使青山湖的污水来源从根本上得到治理,还其清澈洁净的本来面目。三是美化亮化。按规划环绕青山湖陆续修建八个园区(广场)。年内建成其中的5个,即相思林公园、湖滨公园、燕鸣岛公园、体育公园、东大门休闲广场。青山湖整个景区新增绿化面积30余万平方米。其中,草皮20万平方米;季樟、广玉兰、水杉、雪松、红枫、桂花、苏铁、茶花等乔木31种300余颗;红花檵木、金叶女贞、黄杨、春鹃、紫薇等灌木20种100万株;郁金香、三色堇、吉祥草、水仙、菊花、蝴蝶花等四季花草30种80万株。并设置“城市之韵”、“青山湖明珠”、“升辉”、“搏击”四座大型雕塑。

整治后的青山湖,湖水水体达到Ⅳ类水域水质标准,环湖交通噪声降低10~12分贝,重新恢复“山清水秀”的昔日风采,成为南昌市一张烫金的名片。

【青山湖西渠工程】 该工程西起洪都北大道东至青山湖电排站,全长2.97千米,明渠平均宽10米,暗涵断面3.2×2.2米,总投资4300万元。工程于2003年7月动工,护坡、明渠、暗涵等主体工程于2005年5月完工。作为北玉带河的下游出口,其建成将根本解决困扰城北地区多年的雨季内涝和污水排放问题,同时由于紧邻青山湖北岸,对美化青山湖周边环境,还其“蓝天、碧水”本来面目也将发挥重要作用。

【青山南路改造工程】 该路位于南昌市城北地区,南北走向,从阳明路口至二七北路,全长1.3千米,城市Ⅱ级主干道。原有水泥砼路面宽19米~29米不等,路面破损严重,排水涵管年久失修,淤积严重。该项工程为改造项目,改造范围包括道路、排水、杆线、绿化、亮化、交通配套,同时增设拱湾式公交站台。道路规划宽度42米,其中车行道宽21米,为沥青混凝土路面;道路中心线附近分别增设一根直径1500毫米雨水干管和直径800毫米污水干管,雨污分流。总投资947万元。工程于6月开工,10月竣工。该工程完工后,城北道路建设水平和交通能力得到提升,同时改善沿线居民生活和出行环境。

【青山湖湖东路网工程】 该工程为沟通青山湖东岸两条环路之间的路网工程(内环为湖滨路,是青山湖湖畔景观性游览道路;外环为青山湖大道、丹霞路、青山北路、南京东路构成的城市交通主干道环路),由“三横三纵”共8条道路组成。其中三横(东西向)即江大北路、龙泉路—南师路、城东四路;三纵(南北向)即江大东路、上海北路、湖滨东路—国安路。有新建道路也有改造道路,建设内容为路基、路面、排水、绿化、亮化、交通设施,其中路面为改性沥青混凝土结构,排水为雨、污水分流体系。总投资1.92亿元。工程于2004年4月开工,2005年10月竣工。该工程建成后,使区域主骨架路网得以形成,进一步提升环青山湖公路整体形象。这对于改善城市交通环境,促进青山湖东岸地区的开发建设具有重要意义。

【中大小区规划路、桥工程】 中大规划路北起青山路,南至中大小区规划二路,全长887米,宽20米,为城市一级支路。路面为水泥混凝土面层,排水为雨、污水分流体系;同时分别在规划一路、规划二路新建跨青山湖西渠的1#、2#两座宽度均为12米的箱涵拱桥,以连通中大青山湖花园住宅区与湖滨西路,总投资1188万元。2004年10月开工,2005年11月竣工。

【高新南大道(二期)工程】 该工程北起北京东路,南至解放东路,全长3376米,宽160米,其中车行道宽为24米,为城市Ⅱ级主干道。属新建道路工程,主要内容包括路基、路面、排水、照明、绿化、交通设施等,其中路面为水泥混凝土路面,排水采用雨、污水分流体系。总投资7250万元。工程于2004年11月开工,2005年10月车行道建成通车(慢车道、人行道、照明、绿化等暂缓实施)。该工程车行道的建成通车,完善了全市快速路网建设,进一步优化京东经济开发区的投资环境。

【赣抚路工程】 该工程位于朝阳洲片区建设西路以南,东起抚河西堤,西至滨江路(即赣江大堤),全长3.33千米,宽30米,其中车行道宽18米,为城市Ⅰ级次干道。该路为水泥混凝土路面,雨、污水分流排水体系(其中在南侧绿化带下建有全省首条地下电缆隧道——高4.2米、宽3.4米,长2038米,届时将有11万伏、1万伏及其他线路通过)总投资6080万元。工程于2004年4月动工,计划于2006年5月竣工。其建成将减轻洪城路及建设西路的交通压力,加速朝阳洲片区基础设施的建设,创造更好的居住、出行、投资环境。

【阳明路东延伸段工程】 该延伸段西起青山南路口,东至洪都北大道,沿途与永外正街、贤士一路、贤士二路、二七北路、文教路交叉,全长2.35千米,路宽50米,其中车行道宽23.5米,双向六车道,为城市Ⅰ级主干道。由于该路是在居民聚集区新开辟的一条主干道,拆迁量大,影响面广,建设内容多,主要有道路、排水、挡墙、铁路下穿隧道、照明、绿化、交通设施、泵房、综合管线等,总投资3.2亿元。工程于2005年3月开工,计划于2006年春节前竣工。该路的建成,将缓解南京西路、青山南路及八一大道的交通拥堵状况。

【三店西路、青云谱路、火电路下穿铁路通道引道工程】 铁路道口"平改立"涉及的3条路均与京九铁路主线相交,位于青云谱区,三店西路属城市次干道,青云谱路、火电路属城市Ⅱ等支路。建设内容为下穿铁路通道引道部分的道路、排水、照明、绿化及附属工程(铁路下穿箱涵由铁路部门实施),采取以非机动车为主要的道路下穿方案,其中三店西路引道长367米,宽30米;青云谱路引道长524米,宽20米;火电路引道长147米,宽10米。总投资1192万元。其中,三店西路567.47万元,青云谱路508万元,火电路116.6万元。工程于2005年9月开工。穿铁路箱涵工程2006年2月建成;引道部分计划2006年完工。该项目的实施,标志着南昌市花园城市建设不断向纵深推进,对消除铁路沿线安全隐患,确保人民群众生命财产安全,保证京九线再次提速,建设风景道口及缓解城市道路交通"瓶颈"具有重要意义。

【火车站广场综合改造工程】 南昌是京九线上惟一的省会城市,2004年曾创下全国单站日均发送旅客最高记录,铁路枢纽地位日益突出,城市门户形象愈加彰显,但火车站周边现状普遍落后,不能满足现实需要。为此,市政府决定对火车站地区进行综合改造。该工程共包括3个子项,分别是火车站西广场改造,投资1.48亿元;火车站东广场新建,投资1.32亿元;洛阳路下穿,投资1.2亿元。西广场改造包括地面、地下两部分,主要内容有进站、售票、行包广场,公交枢纽站、环广场道路,出站大厅,地下停车场等,改造后将由原来的3.8万平方米增至5.2万平方米,工程于2005年10月开工,计划于2006年9月竣工。东广场新建工程位于南昌站京九线东侧,东临洪都南大道,北靠洛阳路,规划占地面积1.7万平方米,主要建设内容有站房、公交枢纽站、长途汽车停车场、地下车库等。建成后将通过出站通道、洛阳路下穿与西广场连通,分流西广场的车辆及旅客流量。该项目尚处规划设计阶段,计划于2006年年内动工。洛阳路下穿西起天佑路,东至洪都中大道,下穿二七南路及京九铁路,全长1373米,宽25~30米,主要建设内容有道路、桥梁、排水、照明、绿化、交通设施等。该项目已完成前期工作,计划于2006年年内动工。其建成将分流北京路和解放路的交通流量,使城市路网更趋合理,给沿线居民出行带来极大便利。

【玉带河南支及引水渠工程】 玉带河南支属于南昌市玉带河(原名"城南排渍道")四支中的一支,南起洪都航空集团生活区,北至洛阳东路,和西支、东支在洛阳路桥处一起汇聚于玉带河总渠,全长2.8千米。该改造渠道宽度将由现在的5米~10米拓宽到20米~27米,渠底挖深3米~4米,两岸铺设截污管道,并建成生态驳岸,同时将对南支至五平一分渠长达1.86千米的引水渠进行改造,引活水进南支,在南支中段形成一个水面面积达6.6公顷的公园。主要工程量有挖运土方和淤泥100万立方米,铺设截污管道10千米,新建桥梁10座,安装进水闸门2座,建设生态驳岸9千米及滚水坝1座,两岸绿化带10米~30米。玉带河南支自20世纪50年代开凿后一直没有进行大规模治理。该次改造将使南支水体污染现状得到彻底改变,为市民提供游赏、休闲、健身的绿色场所,提升城南地区的城市品位,使南昌"河湖环绕"的滨水城市面貌得到进一步显现。工程于2005年7月动工,计划于2006年年内建成。

【玉带河东支工程】 玉带河东支属于南昌市玉带河(原名"城南排渍道")四支中的一支,东起青山湖大道五干渠消防闸,西至洛阳东路,和西支、南支在洛阳路桥处一起汇聚于玉带河总渠,全长2千米。自1958年开通以来,一直没有进行河道清理。该次改造将清理河床淤泥,拓宽渠面,两岸铺设截污管道,建设生态驳岸,对两侧进行景观亮化、绿化,创造一个自然、生态、和谐的城市风光带。工程于2005年9月启动,计划于2006年年内完成。

【市政设施维护】 全局完成33条主干道路面维修任务,修补沥青路面4.4万余平方米,调整及换铺人行道板4万余平方米,换装与调整路沿石7000余米,人行道盲道改造近4000平方米,疏通下水道6500米,清掏检查井和雨水井7.3万余座次,城区排水实现"一日暴雨四小时排干,城区无积水"的目标。对市管33座跨河桥、立交桥进行全面、系统的检查,并编制《南昌市城市桥梁病害诊治报告》。完成赣江大桥公路桥的维修加固工作。实施抚河截污工程,对改善抚河水质起到积极作用。

【城市美化亮化】 按照市委、市政府提出的"档次要高、品位要好、色彩要美"的要求,着力打造一批精品亮化工程。共完成机场路、上海路等106条道路亮化工程,新安装路灯1.06万盏,其中包括桃苑北路、马家池等100条小街小巷的路灯改建工程;进一步完善道路照明中央监控系统,实现全市路灯统一管理。进一步加大路灯、景观灯的维护和管理力度。全年更换灯泡近2万只,电缆9千米,各类线材12万米,路灯亮灯率达98%以上,设施完好率达85%以上。

【城市污水处理】 为加大治理水体污染力度,保护生态环境,全市在朝阳、青山湖(一期)污水处理厂的基础上,5月1日正式开工建设象湖、红谷滩(一期)污水处理厂。象湖污水处理厂位于朝阳农场星光分场的规划预留用地内,服务范围包括城南青云谱区及周边地区、赣抚路以南的朝阳洲地区,服务面积35平方公里,设计规模为日处理污水20万立方米。截至年底,该项目的2号氧化沟基本完成,二沉池桩基完成50%,综合楼、食堂、车库等建筑已封顶。红谷滩污水处理厂位于凤凰洲北端的规划预留用地内,服务范围包括红谷滩新区及周边地,红角洲开发区、凤凰洲新区,设计规模为日处理污水40万立方米。分两期建设,一期工程规模为日处理污水20万立方米。截至年底,该项目的四座二沉池底板已浇筑完成,进水泵房底板、综合楼、机修仓库主体工程已建成。上述两座污水处理厂均采用BOT方式建设,预计2006年年底将建成投产。届时,全市的城市污水处理率将跨入全国先进城市行列。

【管理体制改革】 全年市政设施养护内部招标经济责任承包范围达60%,明显提高市政设施完好率;推进城市排水管理体制改革,拟成立的南昌市城市排水管理处获市编委正式批复,为统一全市城市排水管理、保证汛期城区不积水奠定了基础。

(秦　伟)

## 城市公用事业

【概况】 2005年,市市政公用事业局依据行业法规,依法行政、严格执法,加大对城市客运、城市燃气、计划供节水三大行业的管理监督力度。根据城市公用行业服务质量考核评价体系,对区(县)进行督查,监督企业规范服务行为,提高行业服务水平。以开展创建全国文明城市和"双评"活动为平台,通过开门纳谏倾听呼声,积极整改反馈意见,切实履行服务承诺制度,投诉处理率100%,解决率95.6%。

【城市供水】 南昌市供水有限责任公司主要负责南昌市管网供水。截至年底,城市公共供水企业有青云、朝阳、下正街、长陵、双港、湾里、牛行、扬子洲等9座水厂,日供水能力131万立方米,供水管道总长度为1951.73千米,年供水量为3.13亿立方米,供水水质综合合格率达到99.9%,供水普及率达100%。

【企业供水】 截至年底,自建供水设施有企业6家,即南昌铁路局水电段、江西氨厂、江铃南昌市齿轮厂、江西纺织总厂、南昌钢铁厂、江西纸业股份公司,日供水能力达18万立方米,供水管道长度为99千米,年供水总量为4773万立方米。

【城市客运】 全市城市公共汽电车经营企业仅有1家,为南昌市公共交通总公司。截至年底,拥有公共汽(电)车1824辆,公交线路90条,运营线路网长度1018千米;拥有洪城、包家花园、站前西路、高新、辛家庵、民营科技园、昌南客运站7个停车场站。全市共有出租汽车经营企业23家,出租汽车3569辆。

【城市燃气】 全市人工煤气有经营企业一家,为南昌市燃气有限公司。截至年底,该公司拥有煤气储气柜4座,储气能力为25万立方米;供气管道长度为571.56千米,供气户数13.61万户(其中家庭用户13.58万户);年供气总量近4644万立方米。液化石油气有经营企业9家,储气能力为3328吨。自供单位有10家,储气能力843吨;设立液化石油气配送中心10个,配送车辆100辆。管道液化石油气瓶组气化站61个,液化石油气供气管道长度为241.12千米。全市液化石油气用户约为37.82万户,液化石油气年供应量近6.29万吨。液化天然气建有临时储配站和瓶组气化站各一座,铺设管网62.45千米,天然气用户为929户。全市燃气用户为51.49万户,气化率约为91%。为消除安全隐患,南昌市液化石油气公司下罗储配站于7月被拆除,年内正办理择址迁移手续。

【水厂建设】 牛行水厂一期工程建设。建设规模为日产水10万立方米,总投资1.8亿元,2004年11月开工建设,2005年9月投产送水。扬子洲水厂一期工程建设。建设规模为日产水5000立方米,总投资980万元,2004年开工建设,2005年11月试产送水。

【新辟公交线路】 为改善全市投资环境,优化城市功能,方便群众出行,年内新辟公交线路8条,即老福山—麻丘、青山路口—蒋巷、塘山—江铃(夜间运行线)、青山南路口—江西理工大学(夜间运行线)、省体育馆—二手车大市场(夜间运行线)、工业开发区内外环行线、花果山—长堎、公交高新停车场—火炬广场。

【优化公交线路】 为缓解八一大道、阳明路的交通压力,将原1路和16路合并为15、16路内外环行线,淘汰44台旧铰接式电车,仅保留由包家花园至老福山段1路电车线路。

【制定公用行业长期规划和近期发展计划】 从规划入手,加强对全市公用行业的宏观管理。一是编制《南昌市城市燃气(天然气)利用发展规划》(2005-2020)并纳入城市总体规划;二是编制《南昌市城市供水发展"十一五"规划》、《南昌市城市公共客运交通"十一五"规划》和《南昌市城市燃气"十一五"发展规划》;三是进行《南昌市城市公共交通专项规划》编制的筹备工作;四是编制《南昌市2005年度用水计划》。

【公用行业开展专项整治活动】 依据公用行业的法规,依法行政,强化监督。开展燃气行业的专项整治活动,责令4家擅自建设的储配站自行拆除,责令5家不具备整改条件的瓶组站限期整改,消除6处建筑物占压燃气管道的安全隐患,依法取缔无照经营、存在安全隐患的液化气供应点73个,暂扣液化气钢瓶1000余只,有效地维护了全市燃气市场的安全和稳定。严厉打击城市非法客运,查处客运违章1267起;查处非法营运车辆251辆,有效地遏制了城市非法客运的势头。加强昌北机场客运站点的管理,规范出租汽车的营运秩序。开展供水用水秩序专项整治活动,对60余家单位进行执法检查,查处偷盗用水143起,追缴水费270余万元。

(秦　伟)

## 城市绿化和管理

【概况】 2005年,市园林绿化局进一步增强为民意识和全局观念,坚持高起点规划、高品位建设,构建多层次、多类型、多功能的绿地系统,使城市环境生态化、城市绿地景观化,为优化南昌市投资环境、美化人居环境做出积极努力。全市共植乔木28.28万株,灌木966.26万株,铺植草坪104.55万平方米,超额完成年初制定的目标任务,与前三年平均值相比分别增长40%、50%和20%。截至年底,全市三大绿化指标中,绿化覆盖率和绿地率分别达到37.8%和36%,人均公共绿地面积增加到7.2平方米;新增绿地面积230公顷,为2007年申报国家园林城市奠定了坚实的基础。

【重点工程成效显著】 为加强城市绿化,改善生态环境,提升城市形象,努力克服重点工程建设资金短缺等困难(年内工程项目资金到位仅约8000万元),在相关部门的大力支持和配合下,全年重点工程完成工程量近1.6亿元,超额完成年初计划。

【打造象湖景区品牌】 象湖工程项目经过7年的建设,全面完成一期工程。建成"妙济山"、"妙济山庄"、"万寿桥"、"江南垂钓园"等景点,并向市民和游客开放。年内继续实施"一塔"(万寿塔)、"两路"(一、二级道路)、"三桥"(聚贤桥、举贤桥、招贤桥)、"千灯"(亮化工程)、"万树"(绿化工程)等二期工程。年内三桥、路网沟通工程接近尾声,万寿塔成功封顶,完成工程量6000万元。同时启动三期工程中的南隄以南2平方公里和西堤以西1.5平方公里建设方案设计。截至年底,景区累计种植乔木12万株,花木26万株(82个品种),绿地管护面积63公顷(不包括水面)。被市政府授予"市级风景名胜区"称号,并申报省级风景名胜区。优美的环境,吸引众多游客和市民前来观赏和游玩。全年共接待中外宾朋5000余人,省外游客20万余人,市民晨炼、休闲36万余人,人流量70万余人。

【机场景观路改造工程】 为提升南昌对外开发形象,打造城市文明窗口,市委、市政府决定,实施南昌市机场路改造工程建设。该工程规划范围,北起机场新收费站,沿昌九高速公路往南,经舍里甲收费站往东至八一桥头，全长约21千米道路的两边30米~50米地段实施改造工程建设。工程建设内容主要分为十大工程项目：一是主题景观组合绿化；二是路灯景观敷设亮化；三是苗木给水喷灌化；四是管线下地净空化；五是雕塑艺术品美化；六是广告规划设置整齐化；七是视线内房“穿衣戴帽”靓化；八是纵横桥障挡包装化；九是庐山南大道人行道翻新规整化；十是收费站设计特色化。总体投资1.1亿元。工程于2004年12月开工。截至年底，共完成回填土100万立方米，绿化土地100公顷，种植乔木13.5万株，灌木666万株，铺草坪54万平方米。初步形成生态化、自然化的景观风貌特色。

【玉带河景观工程】 玉带河景观工程（包括西支工程、北支工程、桃花龙河工程）是全市重点建设工程。按照市领导“边规划，边建设，边管理”的指示精神，重点突出玉带河的生态性、自然性、亲水性及休闲性的特点，营造绿色环境，雕塑绿地精品。截至年底，西支工程完成种植乔木7万余株，灌木43万余株，造型植物1300余棵，栽植各种竹类7.5万余株，铺植草坪30余万平方米，换填种植土6000余立方米；完成塑石假山近5506平方米，堆叠太湖石、假山、卵石、景石2500余吨；铺装道路、广场2.5万平方米，兴建管理房一座，玉带河廊桥一座。玉带河北支工程完成种植各类植物40余个品种。其中，樟树、广玉兰、垂柳等乔木1.57万棵，灌木4.85万株，铺植草坪6.03万平方米，建景观亭两组，管理房一座。桃花龙河完成栽植苗木3.97万株，铺植草坪3.33万平方米，回填土方1.7 万立方米。完成工程投资近5500万元。

【人民公园改建工程】 截至年底，完成儿童涉水区、体育休闲中心、兰苑建筑主体、公园北门花坛、舞台汇演广场、休闲水景区、道路改建、上下水改造、鸟语林拆迁、低音监控系统工程等项目，完成工程投资近3100万元。通过改建，公园新增绿地3.6公顷，新栽乔、灌木6万余株，完善公园导游图、卫生设施、导游牌、植物名牌，深受社会各界及市民的好评。

【朝阳公园建设】 在市动物园搬迁朝阳公园一期工程范围内，规划设计完成“南昌市动物园总体规划方案”、“南昌市动物园概念设计”、“南昌市动物园初步设计”及“水生两栖区、非洲区十二场馆的施工图设计”。其中，“水生两栖区的爬行动物馆、鳄鱼馆”通过施工图审核。按照“招投标法的规定和重大重点工程的有关规定”，对爬行动物馆和鳄鱼馆的工程建设在全国范围内进行公开招标，有63家单位报名。经过精心准备，市动物园迁建工程于10月1日正式动工。其中，爬行动物馆、鳄鱼馆建设首先启动。

【逐步完善公园管理】 认真贯彻执行《南昌市公园条例》，使公园在建设管理中走上法制化轨道，公园形象得到提升。同时结合南昌市公园建设、管理实际，制定《南昌市星级公园评定办法》和《南昌市星级公园评定标准》。为推动公园精神文明建设和服务水平上一个新台阶，动物园、人民公园等以按照《南昌市公园条例》的要求，“创一流公园”为目标，坚持“以人为本、文化建园”的方针，围绕着优美环境、优良秩序、优质服务，积极开展创建文明公园的活动，以良好的精神面貌，用热情周到的服务接待每一位游人，尤其动物园加强对职工的职业技能培训，繁殖动物9种29只。其中，包括梅花鹿、丹顶鹤、黑天鹅等多种动物，经常受到游人的称赞。

【投放40万尾鱼苗】 为配合市政府开展全民免费垂钓的活动，玉带河西支、抚河、城南护城河、梅湖投放40万尾鱼苗供市民垂钓。该项活动属全国首创，受到市民的称赞。

【提高绿地管护水平】 建设是基础，管理是关键。随着绿化面积的迅速增长，绿地管护任务急剧增加。为巩固绿化成果，全年强化绿地的常态管理，实行“三级管理，四级考核”目标责任制，深化和完善养护等级考核制度，明确职责，奖优罚劣，对全市道路、绿地进行等级考核管理。全年绿化养护水平得到提高，基本达到种一块地、活一片绿，成一个景目标。

【绿化植树】 全市共植乔木17.15万株，完成年计划的126.4%；灌木311.45万株，完成年计划的128.99%；铺草39.23万平方米，完成年计划的137.28%。其中，公共绿地完成乔木7.37万株，灌木24.43万株，铺草5.09万平方米；道路绿化完成新栽乔木4.58万株，灌木158.88万株，铺草20.37万平方米；改造乔木2.55万株，灌木22.79万株，铺草4.34万平方米；补栽乔木0.34万株，灌木20.27万株，铺草0.09万平方米；居住区绿化完成乔木0.17万株，灌木29.16万株，铺草3.71万平方米；单位附属绿地完成乔木2.15万株，灌木55.91万株，铺草5.63万平方米。超额完成年度计划任务，有效地扩大了城区绿化面积，为全市三大绿化指标的提升，为2007年申报国家园林城市奠定了坚实的基础。

【义务植树】 各区绿化办分别在各自的植树基地组织义务植树活动，增强全民爱绿、护绿的意识。全市共完成义务植树25.99万株。

【花卉苗木】 积极开展育大苗及花卉生产工作。全年完成育大苗12.1万株，生产花卉230余万盆，圆满地完成元旦、春节、五一、国庆等节假日主要街道摆鲜花任务，营造了喜庆祥和的节日气氛。

【绿化审批】 认真受理城市绿地占用、树木移植砍伐等绿化审批项目，做到不积压、不拖欠，及时从严审批，严格按《南昌市绿化管理规定》办事。全年共受理审批件52项，出件52项。

【创建活动掀起高潮】 为创建国家文明城市，多次召开动员大会，号召全局上下积极行动起来，全身心地投入到创建活动中。各级领导高度负责，坚持多方位检查，每天召开调度会议，及时反馈信息并进行整改，对全市的园林绿化、服务窗口整治督导到位；广大干部职工热情高涨，抗酷暑，吃大苦，耐大劳，不分昼夜奋战在园林一线，出色地完成各项任务，得到市领导的高度赞扬。11月15日，全市召开创建国家园林城市暨城市绿化工作动员大会，确定南昌市于2007年正式向建设部申报国家园林城市。市园林局成立创建领导小组，将创建职责分解到处，责任明确到人。

【各类花展成功举办】 为繁荣花卉生产，满足群众精神文化需要，春节期间组织举办迎春花市、迎春花展等，各园林专业单位和花卉爱好者踊跃参加。共展出各类时令鲜花10余万盆。另外根据绿化计划安排，举办元旦、五一、国庆节门前道路摆花活动。在服务公司、科研所等单位的共同努力下，各类摆花争奇斗艳，为节日营造了喜庆气氛。举办“五一”插花展，为广大花卉爱好者提供一展身手的场所。全年共生产花卉240余万盆，比上年增长20%，共完成道路、公共绿地、景区摆花150余万盆，比上年增长30%。

【生产经营稳步上升】 面对日益激烈的市场竞争,园林开发公司等经营性单位克服“等、靠、要”的思想,主动参与市场竞争。一是各生产单位以计划为指导,以市场为导向,制定当年苗木、花卉生产及引种计划,抓好季节生产,保证节日摆花和道路、花坛与公园(游园)换花的需求;二是立足自我,克服困难,积极面向市场,拓宽经营渠道。园林开发公司、服务公司、花木公司先后承接机场路景观绿化工程、庐山风景区部分绿化工程、玉带河景观绿化工程等。其中,园林开发公司被人民日报社新闻中心、全国诚信单位光荣榜活动办公室列为第三届《全国诚信单位光荣榜》上榜单位。开发公司、花木公司、服务公司外接工作量投资额分别为2727.34万元、2402万元、1751.6万元。园林设计院在全体职工的努力下完成朝阳公园建设工程的部分设计、玉带河西支景观规划设计、人民公园改造工程设计、机场路绿化设计及象湖风景区设计等,全年产值超过700万元。同时经过多方的努力,成功将风景园林设计资质晋升到乙级。

【行业管理日趋完善】 《南昌市绿地系统规划》经过两年时间的努力,年底基本完成编制工作,进入最后报批阶段。为规范报建程序,严格审批制度,实施一审一核制。全年受理报建项目80余项,共审批各类工程建设项目绿地近400万平方米,其中调整增加的绿化用地超过1.5万平方米。加强园林工程施工市场的管理,园林工程管理站狠抓工程招、投标工作的规范,保证工程项目依法依规操作,同时认真做好园林绿化企业资质和园林绿化企业项目经理资质的初审工作。为贯彻《中华人民共和国行政许可法》,加强依法行政工作,组织学习、培训,所有持证人员都经过考试重新持证上岗,并坚持依法行政,加大城市绿化管理与执法监督力度,坚决制止侵占绿地、砍伐树木和破坏绿化成果行为。全年办理树木移植、占用绿地审批20余起,并对砍伐、占用绿地等违章、违规现象及时查处。

(沈志华)

### 2005年南昌市人民政府授予下列单位为市“园林化单位”

江西省女子监狱
西湖区社会福利院
京东镇政府机关大院
江西省江中药业股份有限公司
新建县供电公司机关
江西李渡酒业有限公司
南昌县烟草专卖局

### 2005年南昌市人民政府授予下列住宅小区为市“园林化单位”

千禧·颐河园(一期)
南昌远东世纪花园(一期)
江铃梨园住宅小区
庐山花园(一期)

### 2005年度南昌市绿化先进单位

东湖区
　江西吉泰房地产开发有限公司
　江西华源江纺有限公司
　区城建环保局
　区园林绿化管理所
　南昌大学

西湖区
　江西省电信公司南昌分公司
　南昌铁路局机关
　南昌市天香园
　区城建环保局

青云谱区
　区人民法院
　江西锅炉化工石油机械联合有限责任公司
　江西省水电工程局

青山湖区
　南昌统一企业有限公司
　江西康华企业发展有限公司

湾里区
　湾里消防大队

南昌经济技术开发区
　江西交通职业技术学院
　江西司法警官职业学院
　区市政园林管理所

南昌高新技术产业开发区
　区物业管理有限公司

红谷滩新区
　区城市管理与环境保护局

南昌县
　县城乡规划建设局
　县园林绿化管理所

新建县
　县城乡规划建设局
　县财政局

进贤县
　县园林绿化管理所
　前坊镇人民政府

安义县
　不育症专科医院
　南昌市安得房地产有限公司

市直单位
　南昌市象湖风景区管理处
　南昌市公园管理处
　南昌市绿化管理处
　南昌市市政公用事业局

### 2005年南昌市园林绿化完成情况一览表

表43

| 名称 | | 总计 | | | 道路绿化 | | | | | | | | | 公共绿地 | | | 单位附属绿地 | | | 居住区绿地 | | |
|---|---|---|---|---|---|---|---|---|---|---|---|---|---|---|---|---|---|---|---|---|---|---|
| | | | | | 新栽 | | | 改造 | | | 补栽 | | | | | | | | | | | |
| | | 乔木(株) | 灌木(株) | 草坪($m^2$) | 乔木(株) | 灌木(株) | 草坪($m^2$) | 乔木(株) | 灌木(株) | 草坪($m^2$) | 乔木(株) | 灌木(株) | 草坪($m^2$) | 乔木(株) | 灌木(株) | 草坪($m^2$) | 乔木(株) | 灌木(株) | 草坪($m^2$) | 乔木(株) | 灌木(株) | 草坪($m^2$) |
| 东湖区 | 计划 | 2572 | 30000 | 25000 | | | | 472 | | | 600 | 10000 | 500 | 5000 | 10000 | 500 | 10000 | 5000 | 500 | 5000 | 10000 | |
| | 完成 | 2750 | 105997 | 47483 | 89 | 10050 | 8200 | 219 | 8428 | 280 | 1031 | 11291 | 9703 | | 2864 | | 1020 | 14700 | 20300 | 391 | 58564 | 9000 |
| 西湖区 | 计划 | 8000 | 100000 | 25000 | | | | 1000 | 5000 | 1500 | | | | 5000 | 5000 | 1000 | 1000 | 30000 | 10000 | 60000 | 12500 | |
| | 完成 | 11312 | 455016 | 41450 | 29 | | | 989 | 5160 | | 514 | 3350 | 150 | 6650 | 59970 | 4310 | 1103 | 111275 | 10490 | 2027 | 275251 | 26500 |

续表 43－1

| 名称 | | 总计 | | | 道路绿化 | | | | | | | | | 公共绿地 | | | 单位附属绿地 | | | 居住区绿地 | | |
|---|---|---|---|---|---|---|---|---|---|---|---|---|---|---|---|---|---|---|---|---|---|---|
| | | | | | 新栽 | | | 改造 | | | 补栽 | | | | | | | | | | | |
| | | 乔木（株） | 灌木（株） | 草坪（$m^2$） | 乔木（株） | 灌木（株） | 草坪（$m^2$） | 乔木（株） | 灌木（株） | 草坪（$m^2$） | 乔木（株） | 灌木（株） | 草坪（$m^2$） | 乔木（株） | 灌木（株） | 草坪（$m^2$） | 乔木（株） | 灌木（株） | 草坪（$m^2$） | 乔木（株） | 灌木（株） | 草坪（$m^2$） |
| 青云谱区 | 计划 | 5100 | 70000 | 17000 | | | | 2600 | 20000 | | 200 | 20000 | | 800 | 5000 | 2000 | 1000 | 20000 | 5000 | 500 | 5000 | 10000 |
| | 完成 | 5805 | 230000 | 7200 | | | | 870 | 80000 | 200 | 248 | | | 3497 | 37000 | | 990 | 103000 | 5000 | 200 | 10000 | 2000 |
| 青山湖区 | 计划 | 11200 | 27400 | 160690 | 4780 | 14520 | 29000 | | | | 400 | | | 1120 | 6500 | 22060 | 400 | 200 | 21000 | 4500 | 6180 | 88630 |
| | 完成 | 33381 | 4523576 | 263244 | 12584 | 4160587 | 94774 | | | | 97 | | | 9300 | 13175 | 30000 | 2800 | 39814 | 49470 | 8600 | 310000 | 89000 |
| 湾里区 | 计划 | 6400 | 145000 | 2000 | | | | 1400 | 140000 | | | | | | | | 5000 | 5000 | 2000 | | | |
| | 完成 | 23702 | 463800 | 65000 | | | | 4290 | 9000 | 10900 | 22 | | | 4290 | 10000 | 10900 | 15100 | 396800 | 32100 | | 48000 | 11100 |
| 高新开发区 | 计划 | 25900 | 40000 | | 20000 | | | 5900 | 40000 | | | | | | | | | | | | | |
| | 完成 | 20000 | 157600 | 15000 | | | | 20000 | 137600 | 15000 | | 20000 | | | | | | | | | | |
| 经济开发区 | 计划 | 21300 | 460000 | 20000 | 21300 | 460000 | 20000 | | | | | | | | | | | | | | | |
| | 完成 | 99045 | 2E＋06 | 230483 | 17500 | 30000 | | 6078 | 307000 | 51000 | | | | 69440 | 174782 | 6483 | 6027 | 1564000 | 173000 | | | |
| 红谷滩新区 | 计划 | 30000 | 460000 | 20000 | 30000 | 460000 | 20000 | | | | | | | | | | | | | | | |
| | 完成 | 37473 | 1E＋06 | 255000 | 13473 | 1E＋06 | 255000 | | | | | | | 24000 | | | | | | | | |
| 市政局 | 计划 | 5170 | 1300 | 15200 | 5000 | | | | | | | | | | 170 | 1300 | 15200 | | | | | |
| | 完成 | 280 | | | | | | | | | | | | 280 | | | | | | | | |
| 水利局 | 计划 | 10000 | | | 5000 | | | | | | | | | 5000 | | | | | | | | |
| | 完成 | 21209 | 7000 | | 10190 | 7000 | | | | | | | | | 11019 | | | | | | | |
| 园林局系统 | 计划 | 10000 | 1E＋06 | 850 | | | | 100 | 869600 | 500 | 3200 | 83200 | 350 | 6700 | 128000 | | | | | | | |
| | 完成 | 27844 | 335787 | 120596 | 6317 | 300 | 100000 | 609 | 150 | | 1947 | 172034 | 760 | 18971 | 163303 | 19836 | | | | | | |
| 合计 | 计划 | 135642 | 2414500 | 285740 | 86080 | 934520 | 69000 | 11472 | 1E＋06 | 2000 | 4400 | 113200 | 350 | 19290 | 150800 | 50260 | 7900 | 65200 | 43000 | 6500 | 76180 | 121130 |
| | 完成 | 282801 | 1E＋07 | 1E＋06 | 60182 | 6E＋06 | 457974 | 33055 | 547338 | 77380 | 3859 | 206675 | 10613 | 147447 | 461094 | 71529 | 27040 | 2229589 | 11218 | 701925 | | |
| | 百分比 | 208.49 | 400.19 | 365.88 | 69.91 | 590.24 | 663.73 | 288.14 | 50.93 | 3869.00 | 87.70 | 182.58 | 3032.29 | 764.37 | 305.77 | 142.32 | 342.28 | 3419.62 | 675.26 | 172.58 | 921.40 | 113.60 |

（南昌市园林绿化局）

## 城市环境保护

【概况】 2005年，市环境保护局以创建国家环保模范城市为目标，以提升环境质量、保护群众身体健康为重点，以开展保持共产党员先进性教育活动及“双评”活动为动力，不断深化污染防治、美化城市环境、优化生态建设和强化城市功能，大力开展水环境综合整治工作，取得一定的成效。

【加强水环境整治】 加强赣江饮用水水源保护，报请市政府制定《南昌市赣江（南昌段）水环境综合整治工作方案》，明确各职能部门的工作职责和整治时限。同时加强环境执法，对赣江饮用水水源一、二级保护区内污染行为进行严肃查处，确保饮用水源水质达标率保持在99%以上。大力开展“八湖两河”水环境综合整治，定期巡查“八湖两河”周边重点污染企业，努力改善城市居民的生活环境，提升城市品味。

【建立重点企业污染防治工作巡查制度】 从3月中旬开始，市环保局组成局长挂帅的6个巡查组，对全市36家重点企业污染防治工作进行巡查监督。巡查组每隔两个月对企业的污染物排放现状、污染治理设施的运行情况及治理项目运行情况进行检查。同时按照“创建国家环保模范城”的要求及结合企业污染治理工作安排，督促企业加快污染治理达标排放进程。

【积极开展“创模”工作】 针对创建国家环境保护模范城市工作，局机关成立环境整治、资料档案、宣传教育、联络保障等4个工作小组，局班子成员每人负责一个组。每个小组根据工作要求，制定具体的实施方案并狠抓落实，保证各项工作的顺利开展。制定《2005年南昌市创建国家环保模范城市实施方案》和《2005年南昌市创建国家环境保护模范城市责任分解表》、《南昌市创建国家环保模范城百日整治工作实施方案》和《南昌市创建国家环保模范城百日整治推进表》，报市创建指挥部统一实施，部署“创模”百日整治工作，在全市掀起新一轮“创模”高潮。同时从3月开始建立“创模”工作联络员制度，24名联络员由各相关部门推荐的人员组成。

【南昌市5个社区分别被评为国家、省级绿色社区】 6月，南昌市西湖区建设桥社区被评为全国绿色社区。5月联合有关单位在全市范围内开展省级“绿色社区”评选活动，东湖区豫章街道办事处洪城社区、青山湖区湖坊镇御锦城社区、万科四季花城社区和新建县长堎镇花果山社区榜上有名。

【筹建市医疗废物处置中心】 年初确定市医疗废物处置中心建设项目选址于新建县溪霞镇桥南村万株山附近，总占地1.71万平方米。距市区约22千米，距新建县城约21千米。该项目采用热解气化焚烧工艺处理医疗废物，设计处理能力为15吨/日，服务范围为南昌市所辖4县8区的医疗废物。该项目于5月11日通过省环保局的审批。9月，项目可行性研究报告通过国家环保总局的技术复核。11月25日，项目设计工程初步设计通过省发改委审查。年内项目动工兴建。

【迎接全国、省人大常委会执法检查组对全市水污染防治检查】 3月10～14日,9月4～至6日,由省人大常委会副主任彭崑生率领的省人大常委会相关部门分别到南昌市对城乡饮用水水源地污染防治情况和实施《中华人民共和国水污染防治法》的情况进行检查。5月11日,全国人大常委会副委员长蒋正华率全国人大常委会《中华人民共和国水污染防治法》执法检查组一行对全省《中华人民共和国水污染防治法》执法情况进行检查。当天,检查组听取省政府和市政府关于实施水污染防治情况的汇报,并深入扬子洲乡、青山湖污水处理厂等地,实地察看全市水污染防治情况。省长黄智权主持汇报会,副省长赵智勇通报全省《中华人民共和国水污染防治法》、《中华人民共和国水法》的贯彻实施及血防工作情况;市长李豆罗通报全市水污染防治情况。

【《南昌生态市建设规划》编制完成】 为完成《南昌生态市建设与环境保护"十一五"规划》编制工作,3月31日召开"南昌生态市建设规划"专题研讨会。来自省内外的专家和有关部门负责人应邀出席研讨会。专家们认为,生态市建设规划的编制必须紧紧围绕"经济发展、生活富裕、生态良好"的总体要求,坚持以人为本和贯彻可持续发展战略,充分体现"经济建设是中心,生态环境是基础,人居环境和生活质量是目的,生态文化是保障"的原则,通过体制创新、科技创新和管理创新,发展生态经济、改善生态环境,最终达到建设南昌生态市的目标。

【全国首例排污费征收诉讼案件开庭】 市环保局根据《排污费征收使用管理条例》和有关环保法律、法规、规章的规定,按照排污费征收程序,决定从2004年元月起,对江西省某学校每月征收9375元排污费。该校不服,向江西省环保局申请行政复议。江西省环保局于2004年8月25日复议决定,维持南昌市环保局对该校征收排污费的决定。该校不服江西省环保局对此作出的复议决定,于2004年9月10日,向南昌市西湖区人民法院提起行政诉讼。法院审理结案后,该学校不服,向南昌市中级人民法院提出上诉,市中级人民法院维持原判。2005年11月,该学校依据南昌市中级人民法院判决书,按照南昌市环保局《排污费缴纳通知单》缴纳经核定应缴纳的排污费。此案件作为全国首例排污费征收诉讼案件,受到国家环保总局的极大关注。

【在南昌人民广播电台和《南昌日报》分别开播、刊登空气质量日报】 从3月24日开始,市环境监测站联合南昌人民广播电台在该台每天17时的"大众呼声"栏目中播出南昌市空气质量状况日报。节目中播出当日全市及各区域空气污染指数、空气质量状况、首要污染物;预报第二天全市的空气污染指数、空气质量状况、首要污染物情况。自9月6日始,《南昌日报》同步刊登全市的当日空气质量日报。至此,南昌市民可从"绿色南昌"网站、全市13块噪声自动显示屏以及南昌人民广播电台、《南昌日报》等4种新闻媒体上了解到南昌市每天的空气质量状况。

【12所学校入选全市第二批绿色学校】 市环保局联合市教育局从4月～9月中旬开始第二批绿色学校评选。11月28日正式发文公布评选结果,12所学校榜上有名。分别是市上海路新村小学、市第十九中学、进贤县第二中学、市第二十三中学、市继红小学、市豫章路小学、市邮政路小学、市第二十中学、新建县百兴学校、市进贤门小学、南昌县广福小学、南昌县黄马乡中心小学。

【市第十二届人民代表大会常务委员会第三十四次会议通过了《关于进一步加强环境保护工作的决议》】 4月29日,南昌市第十二届人民代表大会常务委员会第三十四次会议,听取审议市政府《关于市环境保护工作情况的汇报》,并通过《关于进一步加强环境保护工作的决议》。决议包括八项内容:一是加强综合决策,促进环境与经济社会协调发展。二是在开放型经济中禁止引进有严重污染的项目。三是从防治入手,加强对污染源的治理。四是加大环境保护基础设施投入,提高环境监测能力。五是落实《全国生态环境保护纲要》,切实加强生态环境保护。六是加强环境保护方面的立法和监督工作。七是加大宣传力度,切实加强对环境保护工作的领导。八是市政府根据本决议,制订加强市环境保护工作的实施办法。

【共青团南昌市委、市环境保护局面向社会招募万名青年环保志愿者】 5月22日,共青团南昌市委、市环境保护局在体育公园隆重举行南昌市青少年环保志愿者争创"国家四城"誓师大会。会议由市环保局局长申少平主持,团市委书记刘闯作南昌市青少年环保志愿者争创"国家四城"活动情况介绍。来自育新小学、师大附中、南昌大学等学校和各企事业单位青年志愿者1500余人共同宣誓:从我做起,保护赣江,共创四城。市长李豆罗出席并讲话。

【南昌市在全市建筑工地安装智能型噪声自动监控仪】 近年来建筑施工噪声污染一直是市民投诉的热点,也是环保执法的难点。为保证人民群众有一个安静的生活和生产环境,特别是保证参加中、高考的学生有一个良好的学习环境,根据创建国家环保模范城市的需要,借鉴天津、青岛等地的先进做法,引进一批智能型噪声自动监控仪器(俗称环保电子警察),从6月开始陆续在全市的建筑工地投入使用,对建筑施工噪声实行24小时在线监控。智能型噪声自动监控仪具有全天候、无人值守、自动传输数据、自动报警、自动存储数据等特点,建筑工地安装该仪器后,工地的施工噪声排放情况将24小时实时地传输到环保局的中心控制室。当建筑工地的施工噪声连续5分钟超过规定数值时,监控仪器就会自动报警,在中心控制室显示哪个工地目前噪声超标,噪声值是多少,处于哪个位置,责任人和工地负责人的联系方法等都在控制室显示出来;同时监控仪还自动向分管该片局的执法人员的手机发送短信,告诉执法人员该工地噪声超标情况,使执法人员能迅速赶到现场或与工地负责人取得联系,要求工地立刻采取措施消除污染,保证人民群众不受噪声影响。

【市环保局等七部门开展整治违法排污企业专项行动】 3月～4月,根据国家环保总局六部委和省环保局七部门的统一部署要求,由市环保局牵头,会同市监察局共同组织,并联合市发改委、经贸委、工商局、司法局、安管局在全市范围内继续开展当年整治违法排污企业保障群众健康环保专项行动,清查一批影响恶劣的环境违法案件,其中上报省环保局"整治不法排污企业,保障群众健康"联席会议的有9家企业。为巩固专项行动战果,7月初,会同市监察局组织7个部门成立4个专项整治行动督查小组对各县(区)、开发区专项整治行动开展情况进行督查;同时组织各县(区)、开发区环保局集中力量,开展对辖区内违法排污企业新一轮的清理排查,重拳出击,严惩环境违法行为,切实保障群众身体健康,维护群众环境权益。

【办理人大建议、政协提案工作回复率、

满意率再创100%】 全年把办理人大代表建议、政协委员提案作为一项重要工作认真抓好落实,切实做到领导重视、程序规范、事事有答复、件件有落实。截至6月上旬,所有议案、提案(7件)全部办结,办结率、回复率为100%,获"全市办理人大代表、政协委员提案议案先进单位"称号。

【召开"十一五"环境保护规划专家咨询会】 "十一五"期间是南昌市未来发展的重要的战略机遇期,做好"十一五"期间南昌市的环境保护工作对南昌市未来五年乃至更长时间的发展将起到至关重要的作用。为更好地规划"十一五"期间的环境保护工作,成立专门的项目办公室,通过招标的形式,委托美国AECOM集团香港茂盛环境管理顾问有限公司、南昌市环境保护研究设计院和深圳金达莱环保有限公司联合开展"十一五"期间环境保护规划的专题研究工作,编制完成《南昌市"十一五"环境保护规划》。8月3日,召开"十一五"环境保护规划专家咨询会,来自省环保局、市发改委、规划局和南昌有色冶金设计院的多名专家应邀参会,市环保局局长申少平等及规划的编制人员参加咨询会并详细听取各位专家学者的建议。

【南昌市"创模"规划通过国家环保总局专家组论证】 9月19日下午,以国家环保总局污控司城市处处长李蕾为团长的创建国家环境保护模范城市规划评审专家一行来南昌市对"创模"规划进行初审。9月20日,评审团举行创建国家环保模范城市规划评审会,认真审核、评定南昌市"创模"规划情况。"创模"规划初步通过专家评审。

【金达莱环保研发基地暨中美合资南昌环保设计院成立】 金达莱环保研发基地暨中美合资南昌环保设计院11月2日在新建县长埈工业园成立。11月2日上午,市长李豆罗在新建县长埈工业园会见前来南昌市参加金达莱环保研发基地暨中美合资南昌环保设计院成立庆典仪式的美国AECOM集团首席执行官迪奥尼西奥先生一行。中美合资南昌环保设计院是在"南昌环保设计院"的基础上合作成立的中外合资企业,自2002年初改制由深圳金达莱环保集团全资收购,实行市场化运作。8月在金达莱环保集团的运作下,成功嫁接并引入福布斯全球企业500强(非上市)、全球最大的设计咨询企业美国AECOM集团直接控股,与金达莱环保集团共同管理,使设计院的发展又迈出更为坚实的一步,成为国际环保业的"世界办公室",也为全国环保企业在国际化基础上自主创新环保新技术开辟了一条行之有效的道路。在随后举行的庆典仪式上,省环保局局长许苏卉,市政府副市长黄春平及迪奥尼西奥先生分别致辞,对金达莱环保研发基地暨中美合资南昌环保设计院成立表示祝贺。

【市人大调研组对机动车尾气污染防治立法进行调研】 11月10日上午,市人大立法调研组就南昌市机动车尾气污染防治地方立法工作进行调研,市环保局局长申少平汇报市环保局在机动车尾气污染防治立法工作方面所做的前期工作,并对下一步的工作提出建议。调研组成员在听取汇报后对市环保局所做的工作给予充分的肯定,并表示要争取把此项工作列入明年市人大的立法计划,让这项造福百姓的环保工作尽早法制化、规范化。

【对废矿物油产生、收集、贮存、处置过程进行严管】 5月30日,下发《关于加强全市废矿物油管理工作的通知》,对全市废油产生、收集、贮存、处置进行规范化管理。要求废油产生、收集、贮存、处置单位一定要配备专人,设置专门机构、专门贮存场地,对违法进行收集、贮存、处置的单位将进行处罚。

【市政府第38次常务会通过《加强畜禽养殖污染防治管理的通告》】 11月21日晚,市长李豆罗主持召开市政府第38次常务会议,讨论通过《关于加强畜禽养殖污染防治管理的通告》。近几年来,南昌市畜牧业得到迅猛发展,促进了农村经济的发展。但由于畜禽养殖业污染处理工作滞后,畜禽业污染物大量排放,造成的环境污染日益突出。为此,南昌市按照国家环保总局《畜禽养殖污染防治管理办法》的有关规定,对禁养区和非禁养区内的畜禽养殖场分别提出污染防治要求,对新建、改建、扩建、已建的畜禽养殖场污水排放和固体废弃物处置设备及污染防治要求作出具体的、明确的规定,鼓励综合利用,提倡生态养殖。

【处理梨温高速公路三氯氧磷泄漏】 12月8日晚11时20分左右,一辆运载桶装化学品三氯氧磷的赣M-03089大货车,在江西梨温高速公路进贤县境内225公里处,被后方行驶车辆追尾碰撞,造成3人当场死亡和部分三氯氧磷泄漏。事故发生后,省委书记孟建柱、省长黄智权作出重要指示,要求妥善处理事故。省市领导余欣荣、凌成兴、雷武江、罗为民、黄春平、周关及省环保局负责人许苏卉、谭今来率公安、安监、环保、消防等部门人员赶赴现场,采取有效措施展开现场清理,疏散周边群众,进行环境监测。市环保局局长申少平带领环境应急监测分队人员携带监测仪器在第一时间赶赴现场,并于9日凌晨2时30分起,在事故现场5平方公里范围内的居民点设置8个水质采样点和5个大气采样点进行采样监测。为防止泄漏的三氯氧磷污染环境,省市环保部门会同有关部门用石灰、干粉、黏土等对泄漏的三氯氧磷进行处置。截至9日18时,泄漏现场基本处理完毕。

【对赣江油船泄漏情况进行监测】 12月14日上午10:30左右,赣江双港水厂取水口附近发生油船泄漏事件,造成双港水厂临时停产。市环境监测站下午接报后,应急监测人员迅速赶赴现场采样监测并及时向局领导报告。局长申少平要求监测站要高度重视,加大监测力度,密切监视水质情况并及时报告。根据局领导指示,市环境监测应急监测人员、中心实验室人员加班加点,对送检受污水样及时进行石油检测分析,为处理该事件及时提供准确可靠的资料。至12月15日上午7时,所有点位监测结果均达标。

【参加国家环保模范城市建设成就摄影展】 12月6日上午9:30,国家环保模范城市建设成就摄影展开幕式在北京的中国人民武装警察招待所举行,同时展览在北京西单文化广场正式展出,为期6天。参展城市共51个,其中包括南昌市在内的43个城市属正在创建中的城市。南昌市送展的由17幅摄影作品(包括背景图片)组合的展板,全面地展示了近年来英雄城南昌创建国家环保模范城市所取得的丰硕成果。南昌市创建国家环保模范城市活动和成就引起了观众的极大关注。

(吴慧云)

## 城市卫生管理

【概况】 2005年,市市容环境管理局及全系统的干部职工,紧紧围绕创建"四城"和做大做强南昌的总体目标,以开展保持共产党员先进性教育活动为契机,夯实市容卫生管理基础,并敢于打破常规,建立起富有成效的工作机制并取得显著成绩,被国家建设部授予全国市容环境卫生工作先进集体的称号并颁发“时传祥奖”。市容环境卫生管理工作跃升到一个全新的台阶。

【开展“双评”活动富有成效】 全系统以开展“双评”(即行风评定、机关效能评定)为契机,局属各单位根据市局“双评”工作的总体要求,把查找思想建设和作风上的薄弱环节作为搞好“双评”工作的重要任务认真抓好落实,采取个人自查与部门自评相结合,单位自查与向社会发放征求意见表相结合,上门求谏与聘请行风监督员相结合等方式,广泛征求社会各界的意见。期间,全局向社会发放5000份行风评议征求意见表。各单位根据收集到的意见和建议组织专人分别进行整理和归类,认真查找出行风建设上的薄弱环节,并逐条制定整改措施,并针对存在的问题特别是市双评办提出的14条意见认真研究整改措施,受到社会各界的好评。

【优化投资环境】 全年十分重视优化投资环境工作。一是进一步规范办事程序,完善八项制度,特别是窗口审批一审一核制;二是将局所有行政项目的受理、审批工作全部进入窗口办理,并印制《南昌市窗口办事指南》,公开审批办事程序。全年受理申报材料553件、批复436件,返回117件,办结材料全部按时限完成,办结率100%,未接到一起投诉,被评选为优秀窗口;三是局机关各业务处室全面实行办事程序公开、收费依据公开、收费标准公开,使办事人员一目了然,增加工作的透明度;四是针对大型户外广告使用权拍卖工作,制定《南昌市城市大型户外广告设施占道设置经营权竞标拍租方案》,并邀请市纪委的领导作为竞标监督员;五是局纪委对环卫设施、设备的招投标、采购工作进行全程监督,实行阳光操作,增加竞争的透明度,努力营造公平、公正、公开的投资环境,为优化全市投资发展环境作出应有的贡献。

【公开服务承诺贯彻始终】 全年在进一步完善“市容管理应急处理网络体系”的同时,成立全市市容环境卫生排查队,每天负责对全市城区的市容环境卫生进行全面排查。对发现的问题及时向所在区政府通报并限期整改。对于整改不及时,不彻底的,实行责任追究。同时市局和各区市容局抽调人员和车辆,组成清理卫生死角应急队,每天在路上巡查,专门清理巡查中发现的卫生死角和限时清理市民投诉的卫生死角,并公开对社会承诺:对市民的投诉,半小时之内到达现场,2小时力争解决问题;对纯居民区内反映的卫生死角问题,4小时内清理完毕;较大的卫生死角在两个工作日内清理完毕;特大的且产生原因复杂的,力争在三天内解决;超出本系统职责范围的,主动协调解决;清运余土对道路造成的污染,做到及时发现,原则上在早上6点前处理完毕,对污染线长、面大的,24小时内找到责任单位和个人并责成其清理,或要求其委托环卫部门清理,确保不发生大的污染。通过建立市容管理110联动服务网络,拉近市容局与广大市民的距离,市民反映的问题大多得到及时解决,市容环卫方面市民满意率达98%。

【环卫设施建设全面推进】 为尽快改变环卫设施建设滞后现状,按照市委、市政府2005年给市局下达的“为民办实事工程”任务,市局与各区市容局签订协议书,明确任务和完成的时间和质量,并且从规划用地、设计招标、施工监理、预算决算等方面实行项目责任制,狠抓落实。全年市财政共投资650万元,完成大修改造公厕26座,新建公厕17座,新建垃圾中转站13座,大修30座的任务。同时投资46.5万元,更新垃圾集装箱75只;投资152万元,在市区街巷增设果壳箱4000只;添置6辆环卫专用车辆;新建投资100万元的粪便处理场一座,并调试运行。上述环卫设施的建设和投入使用,既提升全市环卫设施的类别和档次,又解决市民上厕难、倒垃圾难的实际问题,达到把好事办实,把实事办好的目的。

【麦园垃圾处理场荣获“南昌市文明行动先进单位”称号】 全年市麦园垃圾处理场接收处理生活垃圾66万吨,覆土量达到7.2万立方米,场内灭蝇用药量为2.3万吨,污水处理量30万吨,场内植树6.5万棵,种植草坪1.2万平方米。麦园场被授予南昌市文明行动先进单位,并涌现出省、市劳动模范各一名。

【建筑垃圾处理有序】 一是根据建设部《城市建筑垃圾管理规定》,将建筑垃圾消纳场地纳入管理,明确消纳场地申报依据,有效地遏制偷倒、乱倒现象;二是市、区两级渣余土管理部门认真抓好夜间查值班制度的落实,及时发现和处理问题,有效地避免和减轻因清运造成的污染及对市民生活的影响;三是针对一些市政工地开挖清运渣土严重污染路面情况,主动多次召集各相关部门深入施工现场,分析查找产生污染的原因,提出整改措施,有效地控制污染,使市政工程建设与治理环境污染两不误。全年全市共有开挖(拆)工地81个,完成土方量清运81.8万立方米;查处未申报审批清运建筑垃圾的的工地31个,查处并下达整改通知单76次;审批建筑垃圾消纳场地13个;共审验备案车辆4248次,督促车主整改到位631车次。

【招商引资工作全面完成任务】 为把全局招商引资工作落实到实处,成立招商引资领导小组,由局长亲自担任组长,下设办公室,挂靠在局固体废弃物管理处,抽调1名业务骨干负责日常工作,做到早部署,早动员。在具体工作中一是根据实际,认真做好引进项目的跟踪服务工作。市局在2002年与广州金川环保设备有限公司达成合作意向,由广州金川环保设备有限公司采用BOT方式,投资1089万元,在麦园垃圾场兴建一座日处理10吨(并预留10吨处理能力)的医疗垃圾处理中心,并负责该中心的运营。通过有偿收费服务形式与驻市医疗单位签订协议书,收取经物价部门核准的收费标准的处理费用,用于偿还建设、经营费用 。该项目已在2004年5月投入运行。2005年5月,国家新的医疗收费政策出台,医疗垃圾处置收费不再向患者收取,直接进入医疗成本,为此省级医院以各种理由拖交,致使客商的经费不能按时下拨,直接影响医疗垃圾处置工作。市局得知这一情况后,积极与省级有关部门进行协调,最终将收费工作衔接好。9月,由于西外环道路的建设需要,该临时医疗垃圾处置中心需要搬迁,而“非典”后国家政策的改变,使该公司只能临时运营到新的医疗垃圾处置中心建成,运营时间只有短短的几个月,因而不愿搬迁。而西外环道路的建设迫在眉睫,市局主动和客商联系,让出附近一块好地用于临时医疗垃圾处置,并协调客商和拆迁办的关系,使客商很感动,并从总部打入搬迁资金280万元。二是积极出击,寻找合作伙伴 。市局领导亲自带队积极参加省、市政府组织的招商引资恳谈会,并和招商小分队一起赴杭州、福建、武汉等地考察了解当地垃圾沼气利用情况,寻找合作伙伴。最终确定和湖北新冠投资有限公司、荷兰荷隆美气候与能源公司达成合作意向,将垃圾沼气作成CDM(清洁发展机制的简称)和发电项目。年底,客商在南昌注册资金1000万元成立公司,并进行项目设计。

【市容管理进一步规范】 在市容管理方面,市局一是规范户外广告日常管理,加大户外广告设置监督力度。二是会同市法制办经过多次座谈、讨论、修改《南昌市户外广告设置管理办法》并将第九稿于11月底报送市政府审定。三是加强安全督查。全年分两次对全市户外广告支架安全进行排查,共查126块,发现问题14处,下达改正通知书112份。四是加大查处违章力度。会同市执法局全年拆除违章大型户外广告27块,指路牌81块,条幅500余条,布幔50余块,POP(一种低价高效的广告方式)挂旗1752块。五是配合创建"四城",努力营造和谐气氛。按照"创建国家卫生城市"、"创建文明城市""创建环保模范城市"的要求,对全市户外广告牌进行普查。全年新制作公益广告300余块,面积达3万平方米。

(左　军)

## 国土资源管理

【概况】 2005年,市国土资源管理局认真贯彻实施国土资源管理一系列的法律法规和国务院《关于深化改革严格土地管理的决定》,大力推进国土资源管理体制改革,巩固土地市场治理整顿成果,积极倡导集约节约利用土地,全面推进依法行政,整顿和规范矿产资源开发秩序,强化国土资源管理基层基础建设,切实保护耕地,确保全市耕地总量实现动态平衡,国土资源管理各项事业全面发展,较好地完成各项工作任务。

【贯彻落实国务院下发的《关于深化改革严格土地管理的决定》】 结合南昌市的实际情况,提出一系列严格土地管理,切实提高土地利用效率的具体措施。一是按照"严控增量、盘活存量、管住总量、集约高效"的原则,进一步加强土地宏观调控、大力倡导节约集约用地;二是贯彻有保有压的原则,确保重点项目的用地需求;三是按照工业向园区集中,项目向开发区集中的原则,在全市范围内积极引导国家级和省级开发区实现产业集聚、用地集约、布局集中;四是严格建设用地管理,对不符合土地利用总体规划、没有农用地转用计划指标的建设项目,不批准农用地转用,土地征收,不办理供地手续;五是坚决贯彻落实基本农田保护"五不准",切实保护基本农田;六是进一步加大土地开发整理补充耕地的力度,积极稳妥地推进土地后备资源的开发复垦工作,实现耕地补充从数量型向数量、质量、生态并重型转变,确保实现耕地总量动态平衡;七是规范土地市场秩序,强化市政府对土地一级市场的垄断,对涉及城市规划区内及规划区周边的城市建设用地的出让,实行严格的指令性计划管理,确保全市土地市场有序稳定发展;八是进一步加强土地执法监察工作,加大对土地违法案件的查处力度;九是坚持以人为本,切实保障被征地农民的合法权益,采取多种办法和途径,妥善安置被征地农民,解决被征地农民的就业和社会保障问题,同时加强对农村集体内部征地补偿分配和使用的监管,确保土地补偿费主要用于被征地农户。

【全力保障用地需求】 全年全市共组织33个批次城市基础设施用地和10个单独选址项目用地审查报批材料,上报有批准权的人民政府审批,涉及用地总面积3250.6公顷。其中,城市规划区内基础设施用地上报国务院审批的2个批次,面积670.4公顷;城市规划区外各类用地上报省政府审批的31个批次,面积1279公顷;10个单独选址项目涉及用地1301.2公顷。同时认真贯彻落实国务院明确的重点急需项目的用地政策,积极为能源、交通、水利、城市重点基础设施和教育卫生、国防等重点急需项目做好用地审查报批工作。全年共完成13个省、市重点项目和基础设施项目的预审和初审工作,并与市发改委联合完成15个重点产业建设用地项目的预审。同时为满足国家重点建设项目的用地需求,服务各县区的经济发展,年内共为乐温高速公路、邓家山导排渠、南塘湖鱼尾闸电排站等国家重点项目修改南昌县土地利用总体规划,为江西洪城专修学院校园区、500千伏昌西开关站工程、昌西500千伏变电所扩建工程建设等省、市重点工程项目修改县、乡土地利用总体规划11次,涉及土地面积1332.3公顷。通过科学合理地安排用地,高效率地用好有限的用地指标,基本做到"有项目就有地、有地就有项目"。

【经营性用地和采矿权"招拍挂"出让制度得到全面落实】 全年全市出让各类用地184宗(已签订出让合同的项目),出让土地面积549.5公顷,土地出让金合同金额58亿元。其中,涉及商业、旅游、娱乐和商业住宅等经营性项目用地114宗,面积433.4公顷,全部采取招拍挂方式出让,全市经营性用地招拍挂出让率达100%;协议出让工业、办公、医疗、教育等用地70宗,面积116.12公顷;出让改制企业用地14宗,面积68.66公顷,为企业筹集改制资金15亿元。全市实现土地出让纯收益7.16亿元。其中,市本级实现土地出让纯收益6.5亿元。同时还成功地通过招标、拍卖、挂牌的方式,以206万元的成交价公开出让新建县案塘乡的花岗岩采矿权,标志着全市矿产资源资产化管理基本形成。

【土地收购储备机制进一步完善】 全年全市土地储备机构共完成收购国有土地使用权75宗,面积397.97公顷;征用集体土地61宗,面积490.49公顷。其中,市土地储备中心完成收购国有土地使用权22宗,面积114.66公顷。征用集体土地21宗,面积96.16公顷。全市各级土地储备机构累计贷款60.62亿元,为市政府支付重大重点工程项目资金8.86亿元。并经市委财经领导小组批准,成立由市委常委、副市长卢晓健担任组长,市长助理刘建洋任副组长,市国土局、房管局、规划局、城市执法局主要领导为成员的市拆迁领导小组,领导小组办公室设在市国土局。同时决定从9月开始,市地产经营公司从与市土地储备中心的合署办公中独立出来,正式挂牌营运,以强化南昌市国土资源局的拆迁工作职能。

【土地利用总体规划修编工作稳步推进】 南昌市作为全国14个地市级土地利用总体规划修编试点单位之一,一直在积极开展规划修编的前期准备工作。当年按照国土资源部的统一部署和要求,以"四查清、四对照"(即对照、查清新增建设用地总量;对照、查清闲置土地和低效用地数量;对照、查清耕地和基本农田保有量;对照、查清违法用地数量及处理情况)为重点,完成规划编修基础数据的采集工作。并按照国家和省、市的统一部署,积极稳妥地推进市辖各县区土地利用总体规划修编的前期准备工作。

【稳妥推进土地开发整理】 认真落实国务院关于实行最严格的耕地保护制度的要求,实行基本农田"五个不准",建设占用耕地"六个一律不报批"政策,严格把关,有效保护耕地。同时进一步加大土地开发整理力度。通过在市域范围内积极开展土地开发整理和异地委托开垦耕地的方式,积极落实占补平衡任务。

全年全市土地开发整理项目立项73个，面积2419.97公顷，投入资金7955.03万元，其中市本级立项19个，面积638.8公顷。完工并通过省国土资源厅验收的项目37个，净增耕地1423.78公顷。年内实施的项目36个，面积996.18公顷。通过委托造地和异地开垦等方式，投入资金4661.09万元，开垦耕地1076.48公顷，基本实现年度内耕地占补平衡有余。

【地籍管理工作稳步推进】 进一步规范土地登记、发证制度，加快土地登记发证步伐，扩大土地登记覆盖面。全年全市共核发城镇住房国有土地使用权证3.7万宗。组织开展的近120平方公里城区地籍变更调查工作控制测量成果通过省国土资源厅组织的评审验收。南昌市城区基准地价更新成果也经市政府第37次常务会审核通过，并且圆满完成全市当年土地利用变更调查工作。同时为配合国土资源部开展的国土资源大调查工作，积极开展全市城市土地价格与地价监测点的更新维护工作。

【集体土地所有权登记发证试点工作稳步推进】 截至年底，青山湖、西湖区的集体土地所有权登记工作全面铺开，并核发集体土地所有证19本；其他各县局、各分局也正在开展集体土地所有权登记的前期外业调查等工作，为登记发证创造条件。

【深入开展全市国土资源管理体制改革】 根据国务院《关于做好省以下国土资源管理体制改革有关问题的通知》及省政府《关于省以下国土资源管理体制改革的实施意见》精神要求，完成市辖县国土资源管理局领导班子的重新任命和干部档案的移交工作，基本完成有关开发区派出机构的组建工作，实现全市所有乡镇国土资源所全部实行县以下垂直管理。全市国土资源所年内原有481人中的144人落实全额拨款事业编制。同时正式启动乡镇国土资源所改设中心所工作。

【积极开展整顿和规范矿产资源开采秩序工作】 按照国务院第100次常务会议精神，在市矿产资源管理秩序治理整顿与维护工作小组领导下，通过具体的组织、协调、宣传、检查和督导工作，制定具体整顿和规范矿产资源开采秩序工作方案，划分区域，并逐个对辖区内所有矿区进行清理整顿。继续将建筑用石料、砖瓦粘土矿、河道采砂作为工作重点，严厉查处无证开采、乱采滥挖、越界开采、以采代探、盗采、破坏环境等违法行为，全面规范开采行为。严把采矿许可证发放关。进一步完善规范采矿权审批及资料管理；加强基层执法监察力度，对辖区内矿企业实行动态监管，并覆盖至矿山设立、生产、加工及闭坑整个过程，严厉打击非法行为，保障矿产资源开采正常秩序。全年共查处各类违法案件27起，罚没金额10余万元，全市矿业秩序实现全面好转。

【加强国土资源执法监察工作】 不断强化自上而下的监督检查力度，严肃查处各类土地违法案件，重点对未批先用、越权批地、城郊集体土地非法入市、违法圈占集体土地、违法违规出让土地、城镇居民购集体土地建房及集体非农用地非法流转等违法用地案件进行查处。全年全市共发现252起土地违法行为，立案187件，涉及土地面积24.82公顷，收回土地面积0.06公顷，罚没款305.26万元。其中，市国土资源执法监察大队共立案查处违法用地案件35宗，结案32宗，涉及土地面积17.66公顷，罚没款288.50万元。

【推进矿产资源勘查与保护工作】 全年新设商业性矿产资源勘查项目2宗，分别为湾里区梅岭饮用天然矿泉水勘查项目和新建县东岗桥地热勘探项目，共吸引社会投资300余万元。同时不断加大矿山地质环境保护力度，制定《南昌市西山地区采石场矿山地质环境保护和恢复治理专项规划》，并积极开展废弃采石场地质环境治理的试点工作。

【国土资源信息化建设进一步加强】 积极推进南昌市城乡一体化地籍管理应用系统的建设，与中地公司合作购买开发城乡一体化地籍管理应用系统软件正式签订协议，并进入实施阶段。同时在市国土局门户网站上即时发布地产交易信息，做到政务动态、政策规定、办事程序、收费标准等网上公开，方便用地单位和办事群众查询。

【开展"完善体制、提高素质"活动】 全市国土资源系统积极响应年初国土资源部提出的在国土资源系统中开展"完善体制、提高素质"活动的号召，并根据自身实际情况，提出具体措施，开展"完善体制、提高素质"活动。做好体制调整的各项工作，制定并完善干部管理方式变化后的管理制度和办法，下大力气抓好县级国土资源主管部门班子建设，切实加强乡镇国土资源所建设。完善行政审批制度，积极探索体制调整后国土资源管理的新制度、新的运行模式。在全局系统建立政务公开制、行政执法公示制、行政首长责任制、岗位责位制、首问责任制、窗口办文等制度，并采取向社会公开举报电话，聘请执法监督员及结合国土资源管理工作实际有针对性地开展反腐败工作等措施，自觉接受社会各界的监督，从"源头"上制止腐败的滋生，使依法行政工作全面加强，实现了干部思想观念、部门职能和管理方式的根本转变，办公秩序井然有序，服务意识得到进一步加强，办事效率明显提高，确保了法律、法规、规章得到全面、正确的实施，受到社会各界的好评。同时切实抓好提高素质活动，在全市各级国土资源系统大规模地开展自上而下的集中培训，提高工作人员的综合素质。全年全市国土资源系统共举办各类业务培训班20余个，参加培训人数1200余人次。其中市局举办的各类业务培训班17个，参加培训人数达700余人次。全年参加国土资源部组织的赴美国培训4人次，参加市委组织部组织的赴澳大利亚和澳门培训2人次；参加市人事局组织的赴上海同济大学培训3人次；参加国土资源部组织的赴海南、成都培训42人次。

（熊　佳）

## 城市房产管理

【概况】 2005年，市房管局坚持"垄断一级市场、调控二级市场、放活三级市场、全面、持续繁荣房地产市场"的指导方针，围绕促进房地产市场持续、平稳、健康发展这一中心任务，以住房市场化为方向，以社会需求为导向，强化宏观调控职能，改善供应结构，拉动有效需求，科学规范引导市场，促进房地产市场供需基本平衡、结构基本合理、价格基本稳定，充分发挥房地产业作为国民经济重要支柱产业作用，使全市房地产市场总体呈现活跃繁荣、有序发展的良好态势。南昌市房地产业发展的成绩得到国家建设部领导充分肯定，被誉为"南昌模式"。市房管局被国家建设部授予"全国房改先进单位"、"全国房地产交易与权属登记规范化管理先进单位"，并获得省、市级各类表彰奖励70余项。

【推进公有住房出售】 继2001年取消房改房入市准入审批后，先后印发《非成套公有住房出售实施细则》和《当前房改售房和房改房后续产权登记中有关问题的处理意见》。在对公有住房出售范围、简化房产发证程序、降低个人出售和购买住房负担、妥善处理房屋权属登记发证中历史遗留问题等老百姓普遍关心事项做出新的规定后，在房改和清房政策框架内，继续向符合购房条件的职工、居民审批出售直管公房和单位自管公房，调动了老百姓购买公房和通过房改房上市改善居住条件的积极性。截至年底，全市累计审批出售公有住房29.17万套2167.22万平方米（当年出售1.44万套97.03万平方米）。其中，当年直管公房批准出售1282套（成套住房698套，非成套住房584套），约占全市可出售公房的95%，占存量公房的85%。截至年底，累计办理房改房清房上市手续655套5.46万平方米，其中当年办理71套5783平方米。

【加快推进住房分配货币化】 市政府下发《南昌市市直机关事业单位职工住房补贴资金筹集拨付和管理试行办法》后，市属机关事业单位住房补贴全面启动。在市财政局对职工补贴工资基数审核基础上，市房管局进一步加快住房补贴审核发放进度，对职工住房补贴资格和补贴额进行审核，对符合发放条件的职工建立补贴发放电子档案。截至年底，共完成400余个单位、1万余名职工的住房补贴审核，其中市财政拨款机关事业单位职工的按月补贴4月全部审核完毕，并于5月起随工资发放到个人。全市一次性补贴职工的住房补贴审核面达70%以上，100余个单位3100余名职工2400余万元的住房补贴资金已划入个人账户；约2万名职工的约3亿元的补贴资金基本落实。同时由于省直单位住房补贴方案即将实施，且方案规定的补贴标准和方式与南昌市现行办法差别很大（由“定比”补贴改为“定额”补贴），按照同城同政策原则，为避免工作重复，浪费人力、财力，市房管局下半年放缓补贴审核和发放进度，主要是与省直单位方案接轨做好有关测算及其他前期准备工作，并将修改相应住房补贴政策。

【提高住房公积金贷款质量】 年内草拟《南昌住房公积金贷款管理办法》、《南昌住房公积金担保管理办法》、《关于对受委托银行承办公积金贷款业务的考核试行办法》、《南昌市住房公积金缴存管理实施细则》和《南昌市住房公积金提取管理办法》，并对《住房公积金委托贷款合作协议书》进行修改。为防范贷款风险，从4月1日起，对住房公积金贷款的首付款比例和最高限额进行调整，最大限度满足职工的住房贷款需要，鼓励职工购买中低价位普通商品住房。同时加强对各受委托银行的抵押清理工作，催收逾期贷款，分别对交通银行等四家银行住房公积金贷款抵押登记、保证金到位、业务档案完整性进行一次专项检查。年内掌握抵押到位户数5731户，抵押到位率达42%。对安义县3户原逾期贷款未还人提起法律诉讼，年内进入法律程序。

【调整公积金个人贷款审批流程】 8月1日，市住房公积金管理中心开始实行公积金贷款周审批制度，调整个人贷款审批流程，加快贷款审批速度，促使贷款审批工作更加透明、便捷、有序、公正。启动部分县（区）住房公积金贷款。从上半年开始，有关县（区）办事处（营业点）均参与县区楼盘项目调查，配合了解楼盘销售情况。如进贤县一手房贷款业务正式启动；安义县、新建县、进贤县将试行个人贷款审批由办事处作出初审、复审意见。同时积极推进公积金制度向多种经济成分延伸。年内有江西晨鸣纸业有限公司、锦江麦德龙等170余家非公有制单位办理公积金专户。

【推进住房公积金、住房资金管理信息化建设】 市住房公积金管理中心、市住房资金管理中心大力推进信息化建设，着力加强住房公积金中心电子政务信息平台建设。在汇缴、贷款政策出现变动后，及时对住房公积金中心网站相关内容进行更新，突出网站“宣传、服务、查询”三大功能，并重点抓好住房公积金新软件管理系统的二次开发和调试工作。年内初步完成汇缴、系统管理、多媒体查询、信贷银行数据录入等多项软件升级工作。同时顺利完成住房资金管理中心硬件系统的招标工作。

【加强住房公积金归集和管理】 截至年底，全市住房公积金缴存职工数为33.93万人，按应建住房公积金制度职工人数40.08万人（2005年统计年鉴数据）计算，覆盖面达85%。当年归集公积金6.12亿元，比上年增长27%，完成全年计划115%。对县区公积金最低缴存比例统一按8%执行。累计归集住房公积金25.34亿元，住房公积金归集余额21.05亿元。当年提取住房公积金1.41亿元，比上年增长58%。累计支取公积金4.29亿元。当年发放住房公积金贷款7.21亿元、户数4955户，比上年分别减少1%、9%。贷款额完成全年计划124%，其中二手房贷款1.02亿元，户数为842户。累计发放住房公积金贷款22.12亿元，累计发放住房公积金贷款19995户。为保值增值，中心通过银行购买了2005年第四期凭证式国债（三年期）2000万元。2005年增值收益为3333.82万元，中心负债总额为21.60亿元，收益率为1.54%。

【探索住房维修基金管理新模式】 全年市资金管理中心商品房（含二手房）维修基金归集余额超过3亿元，单位房改房维修基金超过4亿元。面对大量资金，市资金管理中心从住房维修基金独特的资金性质和内外管理环境出发，认真总结近年来在住房维修基金管理中发现的问题和得出的经验，积极探索管理新模式，并形成书面措施意见上报市政府，得到上级领导及有关部门的肯定和支持。年底之前，市资金管理中心完成房改房维修基金与房改款的分户和商品房维修基金并户工作，将分散在3家银行共计7亿余元的住房维修基金统一在建设银行开设的住房维修基金专户进行专户管理，并与该行签订维修基金专户管理协议。这一举措降低了住房维修基金管理成本，并为基金增值运作，实现一般维修使用利息打下基础。

**2005年住房公积金缴存情况一览表**

表44

| 指标<br>部门 | 年末职工开户数（万户） | 2005年缴存额（万元） | 年末累计缴存总额（万元） | 年末累计缴存余额（万元） |
|---|---|---|---|---|
| 总　计 | 48.73 | 123709.79 | 518444.49 | 418457.34 |

续表 44－1

| 部门＼指标 | 年末职工开户数（万户） | 2005 年缴存额（万元） | 年末累计缴存总额（万元） | 年末累计缴存余额（万元） |
|---|---|---|---|---|
| 其中：市本级 | 33.93 | 63592.28 | 253357.71 | 210476.91 |
| 市城区 | 29.87 | 56335.11 | 232271.08 | 190921.83 |
| 南昌县 | 1.99 | 3419.30 | 10547.20 | 9790.19 |
| 安义县 | 0.52 | 791.79 | 3070.33 | 2772.96 |
| 新建县 | 0.79 | 1446.95 | 3435.74 | 3209.95 |
| 进贤县 | 0.54 | 1136.05 | 2606.44 | 2486.83 |
| 湾里区 | 0.22 | 463.08 | 1426.92 | 1295.15 |
| 省直分中心 | 7.80 | 34769.68 | 125815.87 | 99837.36 |
| 铁路分中心 | 7.00 | 25347.83 | 139270.91 | 108143.07 |

备注：2005 年缴存额含 2005 年 6 月 30 日计付给职工的利息

## 2005 年住房公积金支取使用情况一览表

表 45　　　　单位：万元

| 项目＼部门 | | 市本级 | | | 省直分中心 | 铁路分中心 | 合计 |
|---|---|---|---|---|---|---|---|
| | | 市城区 | 各县（区） | 小计 | | | |
| 正常支取 | 购、建房 | 4550.79 | 302.02 | 4852.81 | 2803.97 | 2831.67 | 10488.45 |
| | 销户性支取 | 5733.61 | 340.97 | 6074.58 | 2398.20 | 6959.90 | 15432.58 |
| | 偿还贷款本息 | 2995.19 | 160.71 | 3155.90 | 2532.31 | 779.08 | 6467.29 |
| | 合计 | 13279.59 | 803.7 | 14083.29 | 7734.48 | 10570.65 | 32388.42 |
| 发放个人贷款 | | 66243.80 | 5838.70 | 72082.50 | 37372.85 | 14099.49 | 123554.84 |
| 国债余额 | | 5000.00 | 0.00 | 5000.00 | 8400.00 | 12210.00 | 25610.00 |

## 2005 年住房公积金个人住房抵押贷款发放情况一览表

表 46

| 部门＼指标 | 2005 年贷款发放额（万元） | 年末累计贷款发放额（万元） | 2005 年贷款发放户数（万户） | 年末累计贷款发放户数（万户） |
|---|---|---|---|---|
| 总　计 | 123554.84 | 349108.30 | 8574 | 31373 |
| 其中：市本级 | 72082.50 | 221199.09 | 4955 | 19995 |
| 市城区 | 66243.80 | 203290.53 | 4445 | 18081 |
| 南昌县 | 3729.90 | 8878.21 | 355 | 1048 |
| 安义县 | 0.00 | 962.95 | 0 | 246 |
| 新建县 | 1995.40 | 7954.00 | 143 | 608 |
| 进贤县 | 113.40 | 113.40 | 12 | 12 |
| 湾里区 | 0.00 | 0.00 | 0 | 0 |
| 省直分中心 | 37372.85 | 85032.15 | 2435 | 5705 |
| 铁路分中心 | 14099.49 | 42877.06 | 1184 | 5673 |

注：此表为按委托银行发放网点统计

（南昌市房产管理局）

**【依法拆迁实施优惠举措】**　全年推行“善待市民”优惠举措，在年底前对选择产权调换方式补偿的住房继续实行以下优惠政策。一是由高区位到低区位安置的每套住宅增加 8 平方米建筑面积，不结算价格。二是偿还面积与被拆迁面积相等部分，只按照重置价格结算结构差价；偿还面积超过原面积 8 平方米以内部分，按重置价格结算；偿还面积超过原 8 平方米以外部分，按同类商品房价格结算；偿还面积不足原面积部分，按照同类商品房价格结算。三是如被拆迁的房屋不成套，则还建房的厨房、厕所、阳台不计算安置面积，只按重置价格结算。四是本着实事求是原则，拆除在1985年以前（含1985年）擅自搭建的住宅，其拆迁补偿仍视为有产权房屋予以安置。

**【指导成立拆迁估价专家委员会】** 为进一步规范城市房屋拆迁估价行为，维护拆迁当事人合法权益，体现拆迁估价行为的独立、客观、公正、合法原则，指导组建市城市房屋拆迁估价专家委员会。全年专家委员会共受理8份鉴定申请，对8份估价报告及时做出鉴定。当同一拆迁项目估价在不同估价机构存在较大差异时，该委员会在限定的工作日内依据制定的《南昌市城市房屋拆迁估价管理规定（试行）》，依法公正、公平作出鉴定。同时对估价机构进行登记备案。年内经估价机构自愿申请，有16家符合条件的估价机构进入南昌市拆迁估价机构名录。

**【切实开展城镇房屋拆迁专项治理工作】** 按照市委、市政府、市纪委统一部署和安排，成立"专项治理城镇房屋拆迁中损害居民利益突出问题工作组"。为确保各项工作落到实处，一是对拆迁专项治理工作进行专题研究，制定《南昌市专项治理城镇房屋拆迁中损害居民利益突出问题工作实施方案》，经市政府同意实施；二是拟订专项治理工作安排，要求各相关单位对拆迁专项治理工作高度重视，纳入议事日程，作为重要工作来抓，并要求各县（区）成立拆迁专项治理工作领导小组，制定工作方案，确保各项工作落到实处。为研究解决专项治理工作中存在的问题，会同市建委、监察局、土地局组成3个督查组，采取听汇报、看材料、提问题和现场考察（如到信访接待现场、安置房建设现场）等方法，于8月30日～9月2日对全市12个县（区）的城镇房屋拆迁专项治理工作中9方面（即开展专项治理组织机构、工作方案、宣传动员、自查自纠等基本情况；工作成效情况；案件查处情况；履行拆迁审批情况；执行拆迁许可情况；拆迁补偿到位情况；执行拆迁公示、信访接待、投诉举报、拆迁承诺和拆迁监督、"一站式"服务等六项制度情况；坚持文明拆迁情况；查处违规拆迁）情况进行一次全面的检查督导。

**【做好拆迁信访接待】** 年初全面梳理拆迁上访案件，对每个项目、每一批、每一户上访人员逐个进行梳理排查，建立档案，制订解决拆迁历史遗留问题配套政策、措施和实施方案，并按照目标责任制，突出重点，分期分批解决。同时以开展机关作风活动年为契机，对不依法行政、不认真受理和解决拆迁投诉的工作人员严肃处理，对造成大量群体性上访的，按照干部管理权限，追究有关人员责任。全年共登记排查有关城镇房屋拆迁信访件共28件，接待上访352批493人次，多是手续不全（拆迁手续和办证手续）、安置和结算随意性大等历史遗留问题。全年拆迁信访问题比上年下降53.22%；省、市有关部门转来关于城镇房屋拆迁历史遗留问题30件（全部结案，其中息访20件）比上年73件下降58.9%。

**【严格房屋拆迁许可证审批关】** 严把房屋拆迁许可审证批关，规定的五大拆迁审批要件不齐全的，一律不发放拆迁许可证，并认真审核拆迁安置补偿方案。房屋拆迁实施中，要求拆迁人按规定现场公示拆迁许可证，接受被拆迁人监督。全年发放拆迁许可证24个（其中换发3个），拆迁面积近33万平方米。同时为缓解城镇房屋拆迁引发的矛盾，坚持凡不属城市建设急需的拆迁项目，尽量少拆或不拆；对拆迁信访问题多的地方尽可能减少拆迁，努力把"好事办好"，实现"拆迁一处，稳定一方"的目标。全年共受理32宗拆迁纠纷裁决申请。通过协调，拆迁双方当事人协商达成协议后，申请人主动撤回裁决申请有17宗；及时下达裁决书15份。

**【完善住户保障体系推进廉租住房制度】** 在继实行租金核减和租金配租后，正式启动廉租住房实物配租。经市政府批准，成立市廉租住房管理中心，专门负责全市廉租住房的管理。市政府筹措3000万元专项资金用于收购廉租住房。春节前，召开全市廉租住房实物配租发放仪式大会，为首批30户廉租家庭中的孤老和重残特困家庭进行实物配租。截至年底，全市已对5300余户困难家庭实行公有住房租金核减；已批准廉租住房租金配租1900余户，其中当年新增廉租家庭430户。1817户"双困"家庭实行廉租住房租金配租，累计发放配租补贴550万元，实际配租率达96%；年内共收购216套廉租住房房源，为164户廉租家庭中70岁以上孤寡老人和二级以上重残的家庭（孤老和重残特困家庭）实行实物配租。全市享受廉租住房制度的受益家庭达7200余户。继续抓紧申请廉租家庭审核工作。按月向已签订《廉租房租赁合同》的廉租家庭发放配租租金，全年在《南昌日报》上对416户申请廉租房家庭进行公示。逐步建立廉租住房退出机制。通过与民政部门、街办社区联合对廉租家庭资格复核，有64户（其中年内44户）廉租家庭因低保、住房等情况发生变化，取消其廉租房资格。

**2005年南昌市城市廉租住房承租情况一览表**

表47

| 租金核减（户） | 已核准廉租家庭（户） | 已入住廉租家庭（户） | | | 2005年补贴租金（万元） | 退出廉租家庭（户） |
|---|---|---|---|---|---|---|
| | | 配租户数 | 其中 | | | |
| | | | 租金配租 | 实物配租 | | |
| 5700 | 1905 | 1817 | 1653 | 164 | 396.85 | 64 |

（南昌市房产管理局）

**【国家建设部推广南昌市实施廉租住房制度的做法】** 南昌市实施廉租住房制度的做法，受到国家建设部的充分肯定。6月上旬，国家建设部领导专门作出批示，要求对南昌市实施廉租住房制度的做法予以宣传和推广。6月15日，建设部《房改与房地产工作简报》第23期以整期篇幅专门介绍南昌市廉租住房制度建设和实施情况，并编发"编者按"："近年来，南昌市加快了廉租住房制度建设和实施工作，通过租金减免、租金补贴和实物配租方式解决了部分低收入住房困难家庭的住房困难。其主要经验是市委、市政府的高度重视，财政、民政等相关部门及街道、社区的密切配合。现将南昌市推进廉租住房工作的有关情况予以刊登,供各地参考。”

【南昌市廉租住房管理中心正式运作】 市廉租住房管理中心制订《市场收购廉租住房程序》,并做好实物配租的廉租住房收购工作。为确保春节前夕把住房钥匙发放到廉租住户手中,出资帮助困难家庭和孤寡老人购置桌、椅、床、棉被等生活用品,让他们住进舒适、干净的住房,使群众感受到党和政府的关怀和温暖。年内共察勘千余套房源,经过集体论证,全年收购廉租住房216套,分配给211户。同时建立廉租住房管理档案,实行计算机管理。完善廉租住房收购程序,对每套廉租住房进行必要维修,安排人员协助廉租住户办理水、电一户一表改造,受到廉租住户好评。截至年底,完成廉租住房租金收入25万元。

【总结廉租住房制度经验】 南昌市廉租住房制度基本做法:一是严格审核廉租家庭申请条件。对廉租住户对象实行“双困”标准〈即该家庭须连续享受低保待遇6个月以上,该家庭人均住房使用面积低于7平方米(含7平方米)〉建立运作机制,以后逐步提高;二是确定配租标准。全市人均住房使用面积已达15.72平方米,以略低于人均住房面积标准,确定廉租住房家庭配租标准,为人均使用面积10平方米(减去原住房使用面积),租金补贴按每月每平方米使用面积10元计算;三是实行廉租住房动态管理。房管部门会同民政、财政、公安、街办等有关部门每半年联合办公一次,对廉租住房配租家庭收入、人口及住房等基本情况进行复核,对廉租户低保人口、人均住房面积有变化的,将实行相应调整,建立定期复核和退出机制;四是社会监督介入。对申请廉租家庭实行“双公示”制,即将廉租申请家庭基本情况在其户口所在地张榜公示,同时在《南昌日报》登报公示,公示期为15日,接受社会各方面监督,对经查实不符合廉租住房条件的申请人取消其资格;五是建立稳定的资金来源。考虑最低收入家庭住房保障需求及财政支持能力,从5月起,市政府逐年核拨专项资金用于廉租住房租金补贴和实物配租;六是健全组织机构。房管、民政、财政、公安、城区(街办)等相关部门均按各自职能各负其责,有分管领导和专门人员协同实施,市房管局作为全市廉租住房工作的主管部门,负责设立专门部门具体实施管理,同时每年底召开一次联系会议,通报廉租住房制度实施情况,协调解决有关问题,并形成一种制度。

【规范运作提高物业管理水平】 为有效推动物业管理招投标工作,一是印发《南昌市物业管理招投标专家库管理暂行办法》和《关于南昌市实行前期物业管理招投标工作的通知》,组建物业管理招投标专家库并投入运行;二是加强行业指导工作,协同市物业管理协会举办业务培训班,参加人员300余人;三是开展2003年~2004年度市级优秀(示范)住宅小区(大厦)评选工作,评选出万科四季花城等6个物业管理项目为“示范”物管小区(大厦)和御锦城等16个物业管理项目为“优秀”物管小区(大厦);四是重点就机构设置、操作程序、证书格式、收费标准等方面对西湖区的住宅租赁管理进行指导布置;五是进行物业管理企业资质年审工作,全市参审企业158家,因常年无管理项目或不符合要求等原因注销资质40家。截至年底,全市取得物业管理资质的企业有185家。其中,二级企业21家,三级和三级(暂定)企业158家;外地企业进驻南昌设立分公司登记备案的有6家。全市物业管理面积2000万余平方米,住宅小区物业管理覆盖率达84.5%。

【落实房屋安全措施】 按照市有关老城区D级危房改造文件精神,按时申报2005年度直管D级危房年度改造计划。结合“两节”期间安全生产工作和“安全生产月”活动,制定下发《关于做好元旦、春节期间安全生产工作的通知》和《关于开展安全生产月活动的通知》,并在全系统范围内进行一次安全生产大检查。严格非住宅装修管理,举办一期房屋装修管理培训班,统一装修管理登记程序,提高装修安全鉴定人员技术水平和专业素质。当年完成非住宅装修登记约500起,收费13万余元。全年完成房屋安全鉴定和危房鉴定约22万平方米,实现产值19万余元。截至年底,受理安全鉴定业务133件,面积1700平方米。

【重视白蚁防治】 市白蚁防治研究所针对南昌市3月~6月白蚁活动猖獗,抓住典型的白蚁危害现场进行报道,并通过新闻媒体刊登白蚁危害、预防、灭治的宣传报道,增强人们对白蚁危害的认识。7月协助省白蚁防治专业委员会组织全省各地市几个大的白蚁防治单位在南昌市召开白蚁预防收费测算会议,结合全省各地情况,对预防施工成本进行精心测算,提出《装饰装修白蚁预防成本及测算报告》,力争明年全面展开装饰装修房屋白蚁预防工作。为规范行业管理,该所组建白蚁防治质量检测中心,年内完成设备采购公开招标。为进一步拓宽白蚁预防工作面,通过协商,与南昌高新技术产业开发区等开发区达成新建房屋白蚁预防施工实施协议。全年完成新建房屋白蚁预防254.34万平方米,预防施工覆盖率90%以上,预防创收232.93万元;白蚁灭治6.1万平方米,灭治收入25.4万元。

【规范房产档案管理】 市房产档案馆加强与省建设厅城市档案办公室和市档案局工作联系,并与省建设厅城市档案办公室一道对南昌市各县、区房产档案管理工作进行全面的检查与指导。主持召开“南昌市房产档案管理工作会议”,通报全市房产档案管理工作情况,要求县、区房产档案管理工作进行达标,进一步促进了全市房产档案工作健康稳步发展。为实现办证、查档微机化管理,在市房管局一楼交易大厅设立窗口,统一受理权属档案查询,实现无纸化办公,提高档案利用效率。全年共查档、验证64401份。其中,改错、并档、注销5664份;抵押2.31万份;交易2.59万份;办理土地证、户口查档5891份;公、检、法查档2519份;其他查档1242份。档案利用收费421万余元。为使档案管理数字化,累计整理、扫描录入档案共50.53万卷。在查档过程中,认真负责严格把关,当年共查出假证6份,并移交公安部门处理,杜绝了不法分子利用假证进行诈骗犯罪行为。

【进行化粪池专项整治】 根据《南昌市市容环境百日整治实施方案》精神,市房管局从3月~10月底,在全市系统管辖范围内开展化粪池专项整治活动,对管辖公房化粪池全面排查。督导、协调全市39条主干道下水道堵塞、窨井盖缺损问题,情况属实的由各区房管部门及时整治。期间,提出“全面布控,重点整治”工作要求,并按照“块块为主、属地管理”和“谁的产权谁负责”原则,制定市房管系统化粪池专项整治方案。通过公布化粪池外溢报修热线电话,建立化粪池整治日报制度和现有化粪池定期排查制度,化粪池专项整治取得显著成效,进一步改善了市民居住环境。截至年底,共收到报修申请153人次,清掏化粪池84座,修理化粪池盖45个,更换落水管76米。

(张川健)

# 开发园区建设

## 南昌高新技术产业开发区

【概况】 2005年,南昌高新技术产业开发区(以下简称高新区)坚持“以大开放为主战略、以工业化为核心战略,以打造高新技术产业为先导的现代制造业重要基地为发展战略”,紧紧围绕“在富民强市中争先,在开放型经济中领先,在快速追赶中抢先,在加速崛起中率先”的总体要求,坚持“用新的思路谋划高新区,用新的理念打造高新区,用新的机制经营高新区,用新的形象塑造高新区”,突出“大开放、大建设、大发展”,使全区经济发展在原高位运行的基础上继续保持高速增长,呈现“量”与“质”并举提高的良好运行态势,为“十五”计划画上圆满的句号。全年技工贸总收入、工业总产值和销售收入均首次突破200亿元,分别达到284亿元、256亿元和251亿元,增速均在40%以上,分别是2000年的3.9倍、4倍和4倍;尤其值得一提的是,高新区销售收入突破100亿元用了11年时间,在此基础上突破200亿元只用了2年时间。全年实现利税总额42亿元,比上年增长18.2%;财政总收入7.07亿元,增长36%;城镇固定资产投资38.4亿元,增长53.6%。完成规模以上工业增加值53.09亿元,比上年增长31.93%;规模以上工业销售收入118亿元,增长32.15%;规模以上工业利税总额32.94亿元,增长30.15%。全年引进合同外资2.52亿美元,比上年增长156%;实际利用外资1.51亿美元,增长20.4%;实际利用内资34亿元,增长54.8%;出口创汇1.5亿美元,增长20.41%。

【招商引资实现新的突破】 全年共组织小分队赴北京、上海等地招商60批次180人次,拜访企业400余家,拜访客商500余人;赴美国、加拿大、欧洲等国家和地区招商8批次。新批外资项目30个,其中投资超1000万美元的项目14个。新办内资项目43个,其中超亿元的项目10个。新入驻企业242家。引进世界500强实现零的突破,全球最大软件制造商微软(中国)有限公司江西技术中心正式落户高新区;法国ABB与清华泰豪合资在湖东产业区投资的项目已经开工建设。

【产业发展呈现新的特点】 一是项目建设高潮迭起。江铜耶兹公司、烟厂技改项目、南昌科勒公司、东元电机、方大新材料、冠日通讯等30余家企业竣工投产。其中,规模以上企业12家,新投产项目新增产值近22亿元;长力弹簧、江铜漆包线和铜管项目等24个项目正在建设,投产后预计可实现工业产值40亿元。江中集团、泰豪集团、TCL王牌电器销售收入均比上年增长30%以上;恒大集团、大族电源、昌九农科等中小企业的销售收入比上年增长分别达到129%、199%、246%。二是软件产业一枝独秀。区内已聚集软件企业190余家,占全省总数的85%;新认定软件产品27个,占全省总数的87%;有3个软件项目列为国家重点新产品,5个软件项目列为国家火炬计划项目;5家软件企业列为国家规划布局内重点软件企业,在中部地区名列第一;4家软件企业被国家科技部列为“中国欧美工程软件外包试点企业”;先锋软件、捷德智能卡、泰豪信息3家企业跻身中国软件百强,囊括了全省进入全国软件百强企业的全部名额。全年软件产业总收入24亿元,占全省总量的90%。三是技术创新能力显著提升。全区新认定高新技术企业21家,高新技术项目29项。10个项目列入国家火炬计划,占全市的91%,占全省的52.6%;10个产品列入国家重点新产品计划,占全市71.4%,占全省的25.6%;15个项目列入国家中小企业创新基金,占全市的78%,占全省的36.5%;75个项目列入省级各类科技计划;5个项目分获省科技进步奖二、三等奖,8个项目分获南昌市科技进步一、二、三等奖。新批国家级技术中心1家,省级技术中心2家。截至年底,进区企业共有812家,高新技术企业191家,占全省总量的60%;技工贸总收入超千万元的70家,超亿元的企业27家,超10亿元的企业8家;到高新区投资的上市公司24家;各类技术中心28家,重点实验室15家,博士后工作站5家。

【园区建设有新的进展】 一是启动完成一系列园区规划。调整32平方公里产业区的规划,完成艾溪湖景观规划、紫阳大道以南10平方公里规划;编制完成麻丘、昌东两个小城镇的规划。二是土地瓶颈得到新的突破。组织完成湖西、湖东及麻丘、昌东镇1357.2公顷建设用地报批,并争取到2003年已报未批的1000公顷土地按遗留问题处理的政策。三是园区建设力度加大。全年开工总建筑面积133万平方米,栽种树木15万余株,播种草皮1.5万平方米;铺设管道32.1千米,安装路灯260杆。四是功能配套日趋完善。加大三产招商力度,鼓励企业利用现有临街建筑开展三产服务,按规划适当调整原有部分项目用地的性质。通过一系列的有力措施,高新区的三产配套有了新的进展。

【高新区荣获全省工业园区六大指标综合先进单位等奖项】 5月26日,全省工业“三年翻番”考评表彰电视电话会议在省艺术剧院召开。高新区在会上被授予“工业园区六大指标综合先进单位”、“工业增加值第一名”等奖项。

【南昌海关驻高新区办事处正式开关】 6月16日上午,南昌海关驻高新区办事处正式开关,开始受理进出口报关业务。市领导李豆罗、龚建华和南昌海关关长陈华山及青山湖区领导出席。南昌海关驻高新区办事处位于高新八路以东,占地面积约1公顷,总投资近1150万元,按照海关总署相关规定及参照全省设立各分关的模式建成。

**【江西出入境检验检疫局南昌高新区办事处大楼奠基】** 6月16日,江西出入境检验检疫局南昌高新区办事处大楼奠基,南昌就此告别没有独立出入境检验检疫机构,口岸功能不健全的历史。市领导李豆罗、龚建华和江西出入境检验检疫局局长陶武盛及青山湖区领导出席。办事处地处京东大道,占地0.5公顷,建设办公用房6000平方米,预计投资超过1000万元。

**【江西金庐软件园与粤港软件园区达成合作备忘】** 高新区江西金庐软件园与广州天河软件园、香港生产力促进局、香港资讯科技商会决定进行优势互补,资源共享,共同开拓国内外市场,并就此达成合作备忘。根据合作备忘,赣、穗、港三方将设置或指定专门部门,每年定期会晤2~3次,负责备忘录的执行、协调和联络工作,促成三地软件技术交流和贸易合作发展。

**【10大项目列入国家火炬计划】** 高新区报送的SGB11－RL型三维立体卷铁心干式变压器、住宅示范区新能源可再生能源建筑集成系统、LDF视频测速系统、公用智能语音网络缴费平台、基于Linux电子政务协同平台、先锋KRM－A6知识资源管理系统V3.0,U2000集中监视系统、多潘立酮分散片、TH－E型泰豪多终端电荧光显微工作站、RF－15－CIMC－SB冷藏箱专用发电机10个项目列入国家级火炬计划,占全市91%,占全省的52.6%。

**【美国应用纳米技术集团落户高新区】** 8月14日,美国应用纳米技术集团公司与高新区签订协议正式落户。省市领导余欣荣、龚建华及区领导参加签约仪式。该集团公司此次在高新区投资建立企业,将进行纳米技术应用等高新技术研发和产业化。项目全部建成后预计可以实现年销售收入13亿元。

**【创业·浙赣经济合作论坛在高新区开讲】** 8月14日,创业·浙赣经济合作论坛在高新区开讲。来自浙、赣两省政府部门、扶持创业机构的代表、创业者及100余位企业负责人齐聚一堂,为寻找开启新时代财富和成功大门的钥匙出谋划策。市委副书记、常务副市长龚建华出席论坛。

**【特康科技有限公司、江西万基药业一期工程、江西思创数码科技股份有限公司同日竣工投产】** 10月18日,特康科技有限公司、江西万基药业一期工程、江西思创数码科技股份有限公司竣工投产典礼在高新区隆重举行,市领导王詠、龚建华、熊焕高、陈守朴、周关和区领导出席。特康科技、万基药业、思创数码均为高新技术企业,涉及医药、软件产业的生产和销售等领域,总投资上亿元。

**【江西省奥林匹克中心建设工程开工】** 11月26日,江西省奥林匹克中心建设工程开工仪式在高新区昌东高校园区隆重举行。作为江西标志性的体育建筑——江西省奥林匹克体育中心建成后,将为南昌申办2011年第七届全国城市运动会,举办单项国际比赛,提升南昌城市品位打下坚实基础。江西省奥林匹克中心工程位于昌东高校园区的瑶湖西岸,北邻江西师范大学新校区,工程建设用地53.3公顷,首期建设项目由一座能容纳5万人的体育场所及位于它东北面的跳水游泳馆和东南面的球类馆组成,首期工程投资近7亿元,预计2008年竣工。

**【香港特区政府代表团考察高新区】** 1月26日下午,以香港特区政府政制事务局副秘书长雷洁云为团长的香港特别行政区考察团对高新区进行考察访问,并实地考察区内骨干企业TCL王牌电器(南昌)有限公司和江西3L医用制品有限公司。

**【省政协副主席张华康考察高新区】** 3月30日,以省政协副主席张华康为组长的"加大招商引资力度,扩大外贸出口,推动开放型经济发展"调研小组一行16人在高新区调研。

**【国家海关总署党组副书记、常务副署长盛光祖考察高新区】** 9月6日上午,国家海关总署党组副书记、常务副署长盛光祖在省委副书记、常务副省长吴新雄,省委常委、市委书记余欣荣,市人大常委会副主任连樟寿的陪同下,考察高新区部分出口加工型企业和拟建中的南昌出口加工区等地。

**【省委书记孟建柱视察高新区新华报业印务有限公司】** 6月8日上午,省委书记孟建柱,省委副书记彭宏松,省委常委、宣传部长刘上洋到高新区江西新华报业印务有限公司,了解了南昌率先在中部地区推出的第一份全双面彩色报纸"诞生"的流程。

**【省委副书记王君在高新区考察调研】** 6月20日上午,省委副书记王君在省委常委、市委书记余欣荣,市长李豆罗,市领导史蓉蓉、雷武江等人的陪同下,先后考察江铜—耶兹铜箔有限公司、南昌东元电机有限公司、青山湖污水处理厂、江西微软技术中心等企业和配套机构,实地了解高新区经济发展情况,并与企业员工进行座谈。王君在考察中强调,作为开放型经济的增长极,高新区要切实承担起推动南昌经济发展的重要责任,切实加大招商引资力度,加快技术创新速度,迅速做强做大做出自己的品牌和影响力。

**【省委书记孟建柱在高新区考察中兴软件技术有限公司和江西微软技术中心】** 7月8日上午,省委书记孟建柱会见深圳中兴通讯股份有限公司董事长侯为贵一行,并兴致勃勃地参观落户高新区的中兴软件技术(南昌)有限公司以及江西微软技术中心的建设情况。省委常委、市委书记余欣荣,副省长胡振鹏、市长李豆罗等参加会见并陪同参观。

**【国家建设部部长汪光焘参观高新区万科四季花城】** 8月3日,国家建设部部长汪光焘在市领导雷武江、黄春平、刘建洋等的陪同下到高新区万科四季花城小区查看规划建设情况,并深入居民家中和售楼中心,详细了解小区物业管理、配套设施、绿化建设等情况。

**【全国政协副主席、致公党中央主席罗豪才在高新区调研考察】** 9月20日下午,全国政协副主席、致公党中央主席罗豪才,在省政协主席钟起煌,市委副书记王詠,市政协主席陈守朴等的陪同下,先后来到联创光电、捷德智能卡、泰豪科技等企业,深入生产一线了解企业的生产运行情况,就落实科学发展观和建立资源节约型社会进行调研考察。罗豪才对近年来高新区经济高速发展给予了充分肯定,并勉励高新区进一步加强招商引资力度,借助外力、依靠内力,形成全方位加快发展的合力。要积极转变思路,拓宽渠道,创新方法,真正把招商引资和调整产业结构、改造传统产业、提升产业层次、增强核心竞争力结合起来,不断提高利用外资的质量和水平。

**【国家商务部副部长马秀红到高新区考察】** 10月12日下午,国家商务部副部长马秀红来到高新区,到骨干企业江铜—耶兹铜箔有限公司、南昌科勒有限公司察看了生产经营情况,就高新区高新技术产业和开放型经济发展进行考察。市委副书记、常务副市长龚建华陪同。考察中马秀红说，高新区的发展速度在中部地区最快，其经济增长幅度在全国都处于领先水平，希望高新区再接再厉，按照科学发展观的要求，继续保持经济、社会快速、和谐发展。

（熊珍珍）

**2005 年经济发展目标完成情况一览表**

表 48

| 目标名称 | 计算单位 | 2005 年实际完成情况 | | 目标名称 | 计算单位 | 2005 年实际完成情况 | |
|---|---|---|---|---|---|---|---|
| | | 完成数 | 同比增长(%) | | | 完成数 | 同比增长(%) |
| 1. 技工贸总收入 | 亿元 | 283.82 | 43.00 | 5. 出口创汇 | 万美元 | 15013 | 20.41 |
| 2. 工业总产值 | 亿元 | 255.89 | 48.00 | 6. 财政总收入 | 亿元 | 7.07 | 36.17 |
| 3. 工业增加值 | 亿元 | 53.9 | 31.93 | 7. 实际利用外资 | 万美元 | 15013 | 20.41 |
| 4. 利税 | 亿元 | 42.01 | 14.13 | 8. 实际利用内资 | 亿元 | 34.07 | 54.86 |

（南昌高新技术产业开发区）

## 南昌经济技术开发区

【概况】 2005 年，南昌经济技术开发区（简称开发区，下同）坚持用科学发展观统领经济社会发展全局，加大招商力度，全区实际引进外资 1.5 亿美元，实际引进内资 32.11 亿元，其中 5000 万元以上项目实进内资 24.57 亿元；出口创汇 8740 万美元，超额完成市政府下达的三大目标任务，获得全市招商引资突出贡献奖。按照建设现代生态型工业园区的定位，全年基础设施投入 12.3 亿元，分别完成枫林大街等十余条道路近 2500 平方米路面的修复；亮化芙蓉路等十余条主干道，铺设枫林大街及青岚大道 5 千米长的燃气管道，完成道路绿化 28 万平方米，新增公共绿地 43.7 万平方米。全区产业结构不断优化，产业链条逐步延伸，形成家用空调、电子信息、现代造纸、汽车制造四大主导产业，并逐步形成诚志股份生物医药、洪都钢厂钢管钢带、南昌硬质合金公司钨合金与江西金世纪新材料公司稀土材料、华源凯马机电园发动机机床等四大优势产业及包装印刷、医疗器械、食品加工、饲料等四大规模产业，区域经济实现历史性突破。全年全区实现地区生产总值 91.6 亿元，是 2000 年的 4.88 倍，年均增长 37.2%；完成工业总产值 227.55 亿元，是 2000 年的 5.79 倍，年均增长 41.53%；完成财政总收入 5.29 亿元，是 2000 年的 4.48 倍，年均增长 48.3%；上缴税金总额 4.79 亿元，是 2000 年的 6.7 倍，年均增长 45.61%。与第十个五年计划发展初期相比，全区工业的主导地位明显凸现，园区建设呈几何级数快速崛起，区域经济实力实现超常规跨越式发展。在中西部国家级经济技术开发区综合实力排位大步前移，为全区在第十一个五年规划时期更高层次上的发展奠定坚实的基础。再次荣获全省工业园区六大指标综合先进单位奖。

【招商引资新特点】 全年开发区出现利用内外资金总量稳步提高，且高科技项目多、增资项目多、出口创汇再上新台阶的可喜局面。一是进区企业大幅增资。支持和鼓励进区企业增资扩股。全年外资企业增资扩股 4113.6 万美元，其中晶湛南昌科技有限公司在原注册资金 2998 万美元的基础，增资 4002 万美元。二是电子项目不断增加。继鸿源数显、台湾晶湛科技、旺尔康科技等微电子工业项目相继落户后，又成功引进詠倡微电子工业园项目。同时促成台湾新索丽科技有限公司将其自身生产线搬至区内，成为出口创汇的一个新亮点。三是出口创汇大幅增长。随着国际市场需求的不断增长及区内工业经济外向性水平的进一步提高，全区出口企业累计完成出口创汇 8740 万美元。四是投资结构不断优化。积极促成原内资企业江铃拖与印度马恒达拖拉机公司成立中外合资企业；江西西林科新材料有限公司与香港三和科技有限公司成立中外合资企业，新增外资 1042 万美元。五是投资环境不断优化。在招商服务大楼成立区统一办证中心，为入区企业无偿代办企业登记、工商注册、进口设备报关、外商出入境签证等，并针对不同项目，争取国家政策倾斜，用足用好用活各项政策。

【教育部批准南昌理工学院成立并升格为本科高校】 3 月 9 日，首开江西企业投资创办高校先河的江西航天科技专修学院，经教育部批准升格为全日制普通本科高校，并更名为南昌理工学院，5 月 9 日在开发区举行成立庆典。该校由南昌航天科技集团 1999 年投资创办。该集团 2005 年评选为“南昌市十大最具社会责任感民营企业”。截至年底，该校在南昌、共青城、樟树等地设立分校，总占地面积约 466 公顷，兴建校舍 116 万平方米，总资产 8 亿余元。该校年内有教职工 2600 余人，在校学生约万人；共开设 65 个专业、63 个实验室和 8 个技能培训基地，办学模式为产、学、研三位一体。该校积极探索校企合作并试行“订单式”教育，实施学历文凭和职业资格并举的“双证书”制，毕业生就业率达 98% 以上，为全省同类院校就业率第一名。

【创新构建“高校园区 110”联动体系】 驻开发区高校在校学生 12 万余人，占全区总人口的近三分之二。为适应新形势下维护高校园区稳定及建设和谐平安开发区的需要，开发区在华东交大“校园 110”的基础上，通过整合已有资源，建立“高校园区 110”联动体系。其主要做法，一是建立“高校园区 110”指挥中心，每天 24 小时值守班；二是建立“高校园区 110”联动网络，成立公安、工商、城管、交警、消防等 9 个职能部门联动小组，10 个高校联动小组和 1 个督查组；三是建立联动体系运行机制，指挥中心接到报警电话后，对需求助解决的问题指令相关联动小组在 15 分钟内到达现场处置。该体系进一步延伸“校园 110”的工作范围，建立职能部门的快速反映机制，有效地解决警力不足、反应不快、整治不彻底等问题。“高校园区 110”自 11 月 18 日启动以来，高校及周边发案率明显下降。当年在全市被评为社会治安综合治理先进单位的 7 所高校中，驻区的江西财大、江西农大、江西科技师范学院、华东交大榜上有名。

【区农税征管所征收缴库税款创历史新高】 2005 年是江西省取消农业税的第

一年。为把农业税取消对开发区财政收入增长的负面影响降低到最小程度,开发区农税征管所积极转变职能,抓住国家税务总局和财政部开展对2003年、2004年耕地占用税、契税执法检查的契机,根据有关文件精神的要求,积极制定自查措施,扎实做好每项自查工作。同时通过加强与省市业务处室的联系,强化与区规建、招商、土地、房管等部门的协税护税关系,查出漏税800余万元。经过逐一上门催收和不懈努力,当年把全部漏税清收到账。全年征收缴库税款2172万元,达到年初预算任务的136%,比有农业税的2004年还多征缴169万元,创造历史最高记录,为区财政年收入突破5.29亿元做出积极贡献。

【南昌保税物流中心开工奠基】 8月14日,由开发区和江西交通物流有限公司联手打造的南昌保税物流中心(B型)建设工程正式开工建设,省、市领导余欣荣、龚建华、雷武江、连樟寿等出席开工奠基典礼。该中心总投资3亿元,一期工程建设用地面积为22.21公顷,投资额1亿元,主要建设综合办公大楼及5万平方米标准仓库、1000平方米查验仓库、6000平方米空箱堆场等基础设施。二期工程占地24.42公顷,投资额2亿元,主要是建设物流分拨、配运中心、零配件采购中心、物流增值服务加工中心。该中心建成后,在海关全封闭监管之下具有"境内关外"性质,具备保税仓储、国际物流配送、简单加工和增值服务、进出口贸易和转口贸易、口岸功能和退税功能、物流信息处理和咨询服务等多项功能,有力地提升了南昌的城市品位和战略竞争力。该中心还将与南昌国际集装箱码头航运物流信息、南昌进出口物流服务区、海铁联运物流信息、昌北国际机场航空物流信息联合,配套建设"江西物流口岸信息平台",建成江西最大的商品物流集散中心。

【南昌经济技术开发区电力有限公司获准开展供电营业】 1月9日,省电力行业协会组织专家,对开发区电力有限公司申请《供电营业许可证》有关条件进行严格审查。根据国家有关供电营业许可证的管理规定和省政府加快工业园区电网建设实施意见的通知精神,1月17日省经济贸易委员会核准同意颁发开发区电力有限公司《供电营业许可证》,并对该公司供电营业范围予以确定:白水湖工业园近12平方公里,麦园工业园近18平方公里,其营业方式为直供供电,相应设立白水湖营业所和麦园营业所两个分支机构。开发区电力有限公司是由省电力公司控股的具有独立法人资格的供电公司。2002年为解决开发区供电不足,开发区在全国开发区率先自行建设220千伏专用变电所及配套设施。该公司年内拥有双港220千伏变电所(1×120兆伏安)和麦园110千伏变电所(2×40兆伏安),另有晨鸣纸业公司用户自备电厂220千伏变电所(2×90兆伏安),最高供电负荷约为30兆瓦。开发区自建变电所是对电力体制改革的一次尝试和探索。

【清华大学城市规划设计研究院修编全区总体规划】 进入新世纪以来,开发区管委会重视规划工作,陆续编制一系列不同层面的规划。如工业园分区规划、白水湖环保工业区规划、下罗商贸区控制性详细规划、鼎迅生态科技工业城控制性详细规划,对开发区的发展起到巨大的推动和指导作用。但这些规划大多作为局部地块的规划控制体系,缺乏在整体层面上对开发区的总体发展进行研究和把握,也需要把既有规划成果进行整合,对今后的规划深化和细化工作提供法定指导。为坚持城市规划建设与自然生态系统的和谐,保证区内各项建设活动能够按照总体规划协调、有序地进行,4月开发区管委会委托清华大学城市规划设计研究院,对全区2005年至2020年总体规划进行方案论证和修编。经过现状调研、战略研究、纲要交流、方案定稿和深化等一系列工作,并充分听取市、区有关部门、专家和市民的意见与建议,走访大量技术部门、工业企业,年底基本完成全部修编内容。该规划为转变开发区增长方式,促进运行效率的提高和优化起到重要的指导作用,为全区经济、社会全面、协调、可持续发展奠定了重要的规划基础。

【赛维莱国际企业城为中小企业搭建创富平台】 1月15日,由西班牙3G国际集团投资开发的"赛维莱"国际企业城在开发区白水湖工业园奠基,市领导王詠、周关等出席奠基典礼仪式。该企业城冠名"赛维莱"是指西班牙掌管自然与大地生活繁衍的女神,在这里意为企业生命力的管家。这是江西省首个以营造根须经济母体、为中小创业者搭建创富平台,以创建国际经济集成站点为理念的产业区域集群开发项目。该项目计划开发用地600余公顷,首期启动工程投资2500万美元,建筑面积1.5万平方米。该项目参照苏州新加坡工业园、深圳华强工业园、蛇口工业园的成功经验,提供满足城市产业公共需求和园区经济配套的系统服务,把生产、商贸、研发、中试、办公、生活融为一体,将产业园区建设为企业社区。企业城采用集群配套的方式,系统化解决生产、流通、分配、消费四大环节的配套,完善产业链接和协作网,成为园区经济、产业经济的服务器。

【江铃昌北生产基地出入口市政整治与绿化】 位于开发区蛟桥镇江铃汽车集团公司昌北生产基地是江铃三大生产基地之一,有陆风汽车总厂、印度马恒达(中国)拖拉机公司、南昌齿轮有限责任公司等专业生产厂,占地面积47.6公顷,从业人员近3000人。江铃昌北生产基地通向庐山北大道(105国道)出入口是基地惟一对外出入口。虽经过多次整治,仍存在道路系统不完善、卫生条件差、建筑物布局不协调等问题,影响基地的对外形象。开发区管委会为推进生态工业园建设,支持该基地企业做大做强,改善对外形象,投入近千万元,于11月底开始为时近1个月的市政整治工程,着重整治庐山北大道枫林大街口至马恒达拖拉机公司路段路况。共安砌彩色人行道板1.17万平方米,清理淤泥及杂物0.91立方米,砌筑排水沟5600米,安砌路缘石8400米,局部路面硬化1200平方米,保证道路的整洁畅通。同时拆除南昌齿轮公司旧厂房1.2万平方米,新建齿轮公司休闲广场,并将广场周边400余米网线下地,整个休闲广场绿化面积3万平方米,栽植樟树、广玉兰、雪松、桂花等乔木215株,灌木30万株,铺草皮2万余平方米,花池生态铺装500平方米,健身休闲步道400余米,休闲座椅20余张,给企业员工提供一个良好的休闲娱乐场所。

【下罗农民新村文明创建工作树立新典范】 开发区18万人口中有农民4万人。全区19个行政村,有16个村的土地被征用。开发区把建设社会主义新农村作为兴区富民的首要环节来抓,区财政每年拨出100万元作为新农村建设基金,用于新农村发展。根据每户人口及经济条件,在自愿的基础上,全区统一规划建设"一户一宅"和农民公寓楼,建设资金自筹70%,国家和集体补助30%。年内农民新村竣工面积87万平方米,有2600余民农民搬入居住。其中,有6个行政村建成农民新村,农民人均居住面积增加20平方米,居住环境大为改善,下罗农民新村是其中的典型。5月31日,市委宣传部长、农工部长蔡社宝率全市创建文明村镇工作现场会的代表参观下罗农民新村，认为该村文明创建工作为全市树立了新的典范。下罗农民新村是由7个整体拆迁的自然村合并共建的，占地10公顷。该村采取集体投资，村民入股等方式，在105国道、枫林大街、双港大道建设下罗商业大厦、正元购物娱乐中心、凯丰大厦，全村集体经济收入增长到260万元，人均收入5300元。富裕起来的农民建起的316幢规划整齐、风格统一的三层别墅楼呈弧状整齐地排列，每户建筑面积近300平方米。该村先后投入700万元建设和完善基础设施和配套设施，并设立健身广场、文化娱乐中心、休闲文化走廊，积极开展群众文体活动等方式，打造出新农村住宅区的新格局，新样板。被评为全国创建文明村镇工作先进村及江西省"十大文明村镇"。全年有省内外十余个地区代表团前来学习考察。年底《经济日报》以《下罗村观念环境一起变》为题整版报道该村建设社会主义新农村的经验。

【江西洪都钢厂整体搬迁到白水湖工业园】 2月22日，省委常委、市委书记余欣荣主持召开江西洪都钢厂退城进郊加快发展现场办公会。副市长周关，省冶金集团公司总经理阎鑫元、副总经理陈雪山等相关部门负责人参会。江西洪都钢厂是国家大型企业、省重点骨干企业，年钢材综合加工能力60万吨，其生产的冷轧无缝钢管、热轧窄薄钢带产销量居全国第一位，是国内最大的冷轧无缝钢管生产企业。为做大做强企业，满足城市规划要求，该厂主动提出整体迁出老城区。经省政府批准，江西洪都钢厂被列入2005年"退城进郊"计划，易地搬迁到开发区白水湖工业园；原厂址18.6公顷生产用地规划为城东商业中心与高品位居住区。该厂2003年在白水湖工业园购置66.6公顷土地，进行一期工程搬迁改造。2004年9月28日一期工程年产8万吨特种无缝钢管顺利投产，成为全国最大的冷拔无缝钢管生产企业，年新增利润2500万元。2005年该厂整体搬迁属于调整改造和产业升级项目，省政府要求项目建设要严格按照环保、安全设施与主体工程"三同时"的要求进行。该厂计划在2007年前将全部厂区迁至昌北新厂，同时投入15亿元进行整体改造，引进先进生产设备，建设以冷轧板带、无缝钢管、焊接钢管、热轧钢带为主导的具有国内先进水平的产品项目。

【马恒达(中国)拖拉机有限公司开业】 7月2日，由印度马恒达集团公司与江铃汽车集团合资组建的马恒达(中国)拖拉机有限公司在开发区正式开业。印度驻华公使白先杰先生，市委副书记、常务副市长龚建华，副市长周关及合作双方代表出席开业庆典。该公司是由江铃汽车集团公司与印度马恒达集团MQM公司强强合作，共同出资组建的合资公司，印方占股本的80%，江铃占股本的20%。通过收购南昌江铃拖拉机有限公司，实现铃拖公司改制重组。该公司原占地面积近12万平方米，规划新增占地面积近7.68万平方米。具有60年历史的印度马恒达公司是印度十大工业企业之一，公司年内的销售额超过20亿美元，在全球拖拉机生产厂商中排名前5位。合资公司建设JL20～30系列(即B系列出口型)拖拉机规划由年产3000台达到年产30000台，达产后年销售收入8.76亿元，其中新增7.83亿元。在未来5年内，双方将通过强强合作、优势互补，使马恒达(中国)公司一举进入中国拖拉机行业的三甲。

(上官方)

**2005年南昌经济技术开发区主要经济指标一览表**

表49

| 指标名称 | 计算单位 | 实际完成情况 | |
|---|---|---|---|
| | | 完成数额 | 同比增长% |
| 地区生产总值 | 亿元 | 91.69 | 22.3 |
| 工业总产值 | 亿元 | 227.55 | 24.6 |
| 实进外资 | 亿美元 | 1.5 | —— |
| 实进内资 | 亿元 | 32.11 | —— |
| 出口创汇 | 万美元 | 8740 | 237.7 |
| 利税总额 | 亿元 | 11.36 | 18.21 |
| 财政收入 | 亿元 | 5.294 | 29.12 |

(南昌经济技术开发区)

## 红谷滩新区

【概况】 2005年，红谷滩新区(简称新区，下同)围绕年初确定的的工作思路，"抓紧每一天，决战05年"，在开拓中前进，在前进中开拓，实现开发建设和经济社会各项事业快速协调发展的目标。全年实际引进内资24亿元，外资3525万美元；实现财政总收入2.17亿元，其中地方财政收入1.32亿元，比上年分别增长71.8%和57.4%；全区城镇以上固定资产投资完成52.11亿元，其中大学园区、基础设施建设、生活配套和投资类项目固定资产投资完成28.37亿元，房地产投资完成23.74亿元。被团中央、全国绿化委等七部委授予全国保护母亲河行动先进集体。被市委、市政府授予投资环境作风行风评议评价"十佳单位"、全市社会治安综合治理目标管理先进区、招商引资突出贡献奖、招商引资先进基层单位奖、全市信访工作综合目标考评一等奖、安全生产专项整治工作先进单位、全市安全生产"百千万"活动先进单位、全市人口与计划生育工作三等奖等荣誉称号。

【开发建设取得新进展】 规划编制有了新成果。完成中央商务区概念性控制规划、红角洲商业中心的控规和城市设计、红谷滩城市形象设计(城市色彩规划和夜景照明设计)、红谷滩公共艺术景观规划、红角洲以南地区概念规划及红谷滩规划实施回顾与思考专项研究。项目建设高潮迭起。114个进区项目共有78个开工建设,其中新开工项目21个。房地产项目在建面积近437万平方米。其中,住宅280万平方米,非住宅157万平方米。全年预、销售商品房面积41万平方米,呈现购销两旺的喜人局面。基础设施建设快速推进。规划的62条110千米道路已建成44条近78千米、桥梁35座,赣江南大道、红谷南大道等14条计25千米道路正在建设,水、电、气、通信等综合管网与道路建设同步下地铺设;丰和南大道、学府大道和前湖大道3个污水泵站主体工程顺利完成;南昌水城完成渠道开挖3千米、挡土墙建设2.5千米;供水能力30万吨/日的牛行水厂一期工程竣工投产,日处理污水能力40万吨的红谷滩污水处理厂正在建设。重点工程顺利完成。南昌国际展览中心一期工程3万平方米的建筑经过99天的紧张施工如期顺利竣工,创造了"南昌速度";赣江市民公园一期工程正式向广大市民和游客开放。环境建设进展顺利。完成7条道路600余盏路灯的安装和行政中心庭院、部分建筑物屋顶亮化;新增绿地面积48公顷,植树8万株,累计完成绿化面积近250公顷。拆迁安置掀起新高潮。全年完成拆迁15.25万平方米,龙岗花园、凤凰花园东、西片区和卫东花园、红岭花园、云溪花园一期近85万平方米还建房交付使用。全年共安置房屋2560套近22万平方米;5个还建花园共91万平方米还建房全面动工建设。土地的征用和收储成效显著。全年累计征(收)用土地138.54公顷,22个项目共计234.18公顷用地报国务院审批。共挂牌出让土地143.3公顷,成功收储土地5公顷,历史遗留建设用地的处理全面启动。

【生活配套实现新突破】 年初启动实施"强力推进生活配套行动计划"。全年10个新建住宅小区共完成107个生活配套项目建设,基本建立起便利完善的生活配套服务网络。完成20个小区外配套项目,其中南昌凤凰城外国语学校、上海实验幼儿园南昌英语分园、红谷一中等5所学校正式开学;万家灯火红谷店、咸亨酒店万达分店、圣廷宫等5家酒店开张;洪城时代广场购物中心、洪客隆超市正式对外营业;中寰医院门诊部、市一医院红谷滩分院门诊部和2个社区卫生服务中心、5个社区服务站开业。公交配套日益完善,直达和路经新区的公交线路共11条,新区内环行公交线路顺利开通。生活配套功能的逐步完善带动新区人气快速提升,10个楼盘入住和正在装修的4364户,占总交房户数的42%,与年初相比增长近10个百分点。"人气等商气、商气看人气"的节点逐步破解。

【社会事业展现新面貌】 教育水平全面提升。按照"不求所有,但求所在"的兴办教育的理念,采取政府投资兴建、招商引资兴建、依托开发商投资兴建等多种形式筹资建校。年内建有高校8所、各类中小学校23所,形成具有新区特色的公办、民办、民办公助、政府联办、政府派驻等多元化办学体系。全年用于学校建设及教育设备投入近3亿元,并面向社会公开招聘凤凰小学校长和69名教师。区属学校教育水平明显提高,年内教师有230余人次在全国、省、市的教育教学竞赛中获奖。公共卫生事业发展良好。初步建立起由卫生所、个体诊所、社区医疗卫生服务站等60余家医疗机构组成的基层卫生网络,疫情报告网络逐步健全,预防和计划免疫机制日益规范和完善。社区建设迈上新台阶。街道、社区管理体制改革按计划启动实施,新成立5个社区。星级社区创建活动深入开展,社区的硬件设施建设水平显著提高。年内有准星级社区1个、一星级社区3个。新成立的5个社区按三星级标准打造。群众性文体活动丰富多彩。成功举办新区首届"邻居节"、"纪念抗战胜利电影展播"和歌舞表演等一系列群众文化活动。辖区居民周柏麟自创自演的方言快板《南昌咯几年大变样》在全市第三届"四进社区"文艺展演中喜获银奖。扎实开展社会治安综合治理。建立信访稳定工作宝塔式管理网络和领导接待日制度,设立"社情民意信箱",做好"民情日记",开辟群众反映基层民意的"绿色通道"。全年赴京、赴省访人次略有增加,赴市、赴区访大幅下降。就业和社会保障开创新局面。建立新区劳动保障服务分中心和8个劳动保障平台,结合全民创业活动的开展,大力推进培训和就业工作。全年免费组织职业技能培训3113人,免费职业介绍3018人,向省外劳务输出3400人。在2个行政村先行启动实施被征地农民养老保险试点,首批参保对象81人从12月16日开始每人每月领取285元养老金。认真落实城市低保救助政策规定,标准达到116.26元/月,位居全市前列。

【文明城市创建取得阶段性成果】 以创建文明城市活动为载体,开展环境专项整治活动。其间,各级领导靠前指挥,包片挂点;街办、管理处、村(场)、社区干部进村组、入农户,上门上户做工作,成为创建工作的主力军,形成"全民参与、社自为战、户为重点、条块结合、责任到人、奖惩到位"的创建格局。据不完全统计,共清理垃圾广告2.03万条、卫生死角65处、垃圾220吨;修剪草皮灌木110万平方米,补栽苗木20余万株,铺设草皮1.71万平方米;新设户外公益广告牌19块;新增果壳箱273个,新增清扫保洁人员653人次;出动卫生监督员600余人次,审、换、发各类卫生许可证210家,体检从业人员450人;并免费向全体村民发放塑料垃圾桶,在农村推广垃圾桶装,使农村的卫生环境得到显著改善。

【红角洲水城中心商业区一期路网、水网工程竣工】 1月15日,红角洲水城中心商业区一期路网、水网工程竣工暨二期路网、水网工程开工典礼在红角洲隆重举行。竣工的一期路网、水网工程项目包括卧龙山路、望城大道、前湖大道、学府大道东延伸段、红谷二路、丰和北大道、凤凰三路等19条全长24千米的道路和9千米水系渠道、26座桥梁的建设。竣工的道路与前期建成的道路共同构筑新区道路主骨架网,同时建成的水系渠道提高了新区的排涝能力。

【红谷滩新区发展领导小组第一次会议隆重召开】 1月14日上午,市委副书记、常务副市长龚建华在红谷滩会展中心规划展示馆主持召开新区发展领导小组第一次会议,市委常委、副市长、新区工委书记、管委会主任卢晓健,市监察局、发改委、建委、规划局等13个新区发展领导小组成员单位主要负责人参加。会议听取新区有关工作情况汇报,并就新区建设亟需解决的三个问题进行研究部署。会议强调,市委、市政府成立新区发展领导小组的目的就是帮助协调解决新区在开发建设进程中遇到的新情况、新问题,进一步加快和促进新区的发展。领导小组各成员单位一定要把新区的发展作为全市大局的重要任务尽全力给予支持;要牢固树立支持新区就是支持南昌大局的意识,不仅要积极参与,更要主动出力。新区的开发建设是一项全新的工作,在协调处理新区发展中的问题时,务必要有创造性的思维和突破性的办法,既要依法依规,又要从工作的角度和新区发展的需要出发,想方设法帮助解决,并切实抓好各项所定工作的落实,为新区的加快发展创造良好的环境。

【“强力推进社区生活配套行动计划”成效显著】 为营造适宜现代人生活居住的社区消费环境，1月17日新区正式启动实施“强力推进社区生活配套行动计划”，目标是10月底基本完成红谷世纪花园等10个住宅小区的社区生活配套（即设置超市、净菜市场、理发店、家政服务所、餐饮店、文化活动室、卫生服务站、邮政点、储蓄所、干洗店等10个以上的社区服务网点）；12月底基本完成20个小区外大型配套设施项目建设，基本建立以小区生活配套为主的方便居民生活需求的服务体系。整个行动计划将分为调查摸底、制定计划；宣传发动、营造氛围；组织实施、全面铺开和检查评比、严格奖惩四个阶段进行。截至年底，10个住宅小区共完成社区内配套项目107项，小区外的20个配套项目全部完成，有效地破解了“人气等商气、商气看人气”的节点。

【南昌国际金融大厦项目落户红谷滩】 南昌国际金融大厦项目设计方案正式通过市委、市政府批准。该项目位于新区中心区，北临红谷大道，东靠红谷二路，南临赣江，总用地面积2.4万平方米，总建筑面积近19.86万平方米，由一幢超高层主楼、一幢高层主楼相依的“姐妹楼”和五层裙楼、三层地下室组成，其中超高层主楼共43层高202米。高层主楼共27层高120米。大厦按国际一流标准设计，上海建筑设计研究院等国内一流设计事务所受聘设计，由钢结构构架而成，两幢高层主楼采用高低搭配的两个正方形对角布置，顶部设计为对角展开的花瓣型，主楼以垂直线条为主，使建筑主体达到南向的最佳建筑朝向和景观朝向，成为城市中的标志性建筑。该项目由法国泰耐克国际集团投资兴建，投资总额近13亿元。整个项目融大型购物广场、五星级酒店、办公写字楼及高档住宅公寓为一体，建设工期为33个月。法国泰耐克国际集团公司是一家集研发、产销、房地产开发、商贸、旅游于一体的综合性多元化跨国公司，除投资建设国际金融大厦项目外，还将在凤凰洲区域开发一座20万平方米左右的大型欧式花园住宅小区项目。

【“江南水城——红角洲”论坛成功举办】 3月22日，由市委、市政府主办，市委宣传部和新区管委会承办的“江南水城——红角洲”论坛在红谷滩会展中心隆重举行。省委常委、市委书记余欣荣出席论坛并致辞，市长李豆罗主持论坛开幕式。市领导蔡社宝、卢晓健、连樟寿、王水苟及省规划院、市直有关部门的负责同志，应邀前来的海内外众多知名城市规划设计专家学者参加。中国房地产业协会副会长兼秘书长顾云昌，中国城市规划协会副会长柯焕章，中国水利部经济研究会常务副理事长陈美章，深圳大学建筑系教授、《世界建筑导报》总编吴家骅等15名专家、学者围绕水城文化、水城规划开发与保护、水城商机等议题，结合南昌市和新区的实际，从实践和理论的角度进行专题演讲和探讨交流。

【新区开展社会矛盾纠纷调处中心建设试点】 为构建社会各界整体联动的社会矛盾纠纷大调解局面，借鉴江苏省南通市经验，在辖区卫东村、岭北村开展社会矛盾调处中心建设试点。该中心由村支部书记直接负责，设置办公室、接待室和调处室，同时在每个自然村挑选2～3名文化程度高，有一定威望，说话、办事公道正派的人进入民调小组，负责本自然村的社会矛盾调处工作。年内调处中心工作场地、人员及办公设备全部落实。其中，卫东村社会矛盾纠纷调处站将各项调解制度上墙，并建立工作台账；岭北村把调处中心命名为“群众利益服务中心”，并正式挂牌。全年共排查受理矛盾纠纷269起，调处261起，调处成功率达97%，调处率上升8.8%。

【17个项目同日开工签约】 2005年是新区的“项目开工年”和“生活配套项目建设年”。为进一步聚集人气，提升新区服务功能，3月28日，新区在红谷滩会展中心隆重举行新区项目开工奠基暨招商项目签约仪式，南昌海航·白金酒店等十个项目正式开工和保利锦绣天成等七个项目签约入驻。省委常委、市委书记余欣荣，市长李豆罗出席仪式并致辞。当天开工签约的17个项目总投资近67亿元，其中开工的10个项目中九成是完善新区服务功能的配套项目。签约的7个项目基本上也是服务性功能配套项目，其中红谷滩国际商贸城总投资达8亿元。商业、酒店、学校等功能配套项目同时开工和签约，将掀起新区新一轮的服务配套建设高潮。

【省、市领导参加卧龙山春季义务植树活动】 4月3日上午，省领导孟建柱、黄智权、王君、彭宏松等和市五套班子领导及市直有关部门机关干部、少先队员共500余人到新区卧龙山参加春季义务植树活动，共栽种桂花树2000余棵。建设卧龙山森林生态景观休闲区，是打造南昌山水都城、江南水城、现代新城的重要组成部分。按照规划整个卧龙山绿化工程，将用三年左右完成。届时不仅可为全市人均增加1.5平方米的绿化面积，而且还将以拥有近333公顷的城市森林，对改善全市的空气质量有着重要的意义。

【红谷滩污水处理厂一期工程奠基】 5月1日，红谷滩污水处理厂一期工程举行开工奠基仪式。该工程规模为日处理污水20万吨，总投资1.85亿元。其服务范围包括红谷滩、红角洲、凤凰洲、南昌经济技术开发区等，服务范围近70平方公里，服务人口近70万人。工程建设期为一年半。该工程设计出水水质达到国家城镇污水处理厂污染物排放标准的一级b标准，处理后的尾水就近排入瀛上河。

【国际规划大师为新区中央商务区和红角洲中心区规划把脉】 为把新区中央商务区打造成未来南昌的象征，新区坚持高起点规划、高品位设计。5月23日，新区中央商务区规划方案认证会在规划馆举行，邀请被誉为新加坡“规划之父”的国际著名城市规划大师刘太格作新区中央商务区的概念性规划。市领导余欣荣、李豆罗、卢晓健、黄春平及中国城市规划协会副会长、教授级高工柯焕樟等国内知名城市规划设计专家出席认证会。新区中央商务区位于新区中心片区，占地3.35平方公里，总建筑面积600万平方米。

【南昌地区首届前湖大学生龙舟邀请赛成功举行】 按照“全国龙舟月”活动安排，为配合《全民健身计划纲要》的实施，由市政府、省教育厅、省体育局和团省委联合主办，市委宣传部、新区、市教育局、体育局和团市委承办的“2005年全国龙舟月南昌地区首届前湖大学生龙舟邀请赛”于6月5日上午在风光旖旎的前湖开浆，从而拉开龙舟月活动的序幕。比赛项目为男子500米直道竞速，每一条赛船包括鼓手、锣手在内共有22名队员。比赛项目不仅考验着每个运动员的体力和耐力，更考验着每个队员之间的相互协调与配合。在预赛、决赛间隙，来自国家青年滑水队的健儿们还为观众献上了“滑水8人叠罗汉”等精彩的水上表演。南昌大学、江西财大、江西师大、江西农大等12所高校代表队经过两轮激烈角逐，南昌大学代表队以绝对优势获得冠军。比赛结束后，市委常委、副市长、新区工委书记、管委会主任卢晓健将龙舟赛旗传递给下一届赛事的主办方南昌大学的校方代表。

【中国傩园安家卧龙山景区】 6月11日,中国傩园开工奠基仪式在红角洲卧龙山举行,标志着在中国流传几千年的傩文化正式落户卧龙山。中国文联党组书记李树文,省委常委、市委书记余欣荣,副省长、九江市委书记赵智勇,中国民间文艺家协会党组书记、副主席白庚胜,省政府副秘书长郑克强,市领导熊焕高、陈守朴、蔡社宝、卢晓健、罗慧芬、曹连甲及傩文化专业委员会、傩文化研究中心有关人士出席仪式并为中国傩园培土奠基。奠基仪式由市长李豆罗主持。中国傩园是集娱乐、休闲、演示、购物、展览及研究等为一体的综合性文化旅游项目,占地40公顷,分三期建设。

【新区在福州举办现代服务业专题推介会】 6月7日,在参加南昌市承接沿海产业梯度转移(福建)推介会后,当天下午,新区接着又在福州市美伦华美达大饭店举办现代服务业专题推介会,对国际金融大厦、环球发展中心、红角洲江南水城商业、沿江景观岸线等现代服务业重点项目进行专题推介。此次推介会成果显著,分别与厦门联发集团、福建正荣集团、三达膜科技(厦门)有限公司就酒店、学校、写字楼等项目达成合作协议,累计合同内资7亿元,外资400万美元。

【市容环境整治百日行动扮靓新区形象】 为提高城市卫生水平,增强居民文明意识,塑造新区文明新形象,7月~9月,新区开展以"构建和谐社会,塑造文明新区"为主题的市容环境整治百日行动。整个整治活动共分宣传发动、集中整治、达标检查三个阶段,重点围绕打造丰和中大道、赣江中大道、赣江南大道三条精品路和八十米绿化带美化为重点,从市容市貌整治、村(场)环境整治、单位居民区环境整治、建筑工地整治、公共卫生整治、集贸市场整治和环境污染治理七个方面展开。

【新区以招商庆乔迁】 7月20日,新区管委会机关喜迁位于绿茵路669号的新区行政服务中心办公。本着"勤俭持家办事业,开拓创新干事业"的宗旨,新区管委会坚持"乔迁不庆典,招商求发展",举办2005年中国·南昌红谷滩现代服务业主题招商会,成功签约中旅酒店、乐万家超市等11个项目,引资总额19.87亿元。市领导王詠、陈守朴、卢晓健、姚燕平、凌学仁、雷元江出席招商会。

【江西省档案馆在红谷滩开建】 江西省"十五"期间最大的一个社会事业项目——总投资约8000万元的省档案馆8月31日在凤凰洲举行开工典礼仪式。省市领导陈达恒、余欣荣、钟家明、孙刚、殷国光、魏小琴、李豆罗、卢晓健、雷元江,中国档案学会理事长冯鹤旺及省、市有关部门负责同志出席开工典礼并为项目建设培土奠基。该项目总占地1公顷,建筑面积约1.8万平方米,分档案库房、业务办公用房、科学技术用房和展览陈列用房四个功能区。建成后可馆藏288.5万卷(册)档案,并提供4800平方米的对外展览面积,成为一座集"保管党和国家重要档案的基地、爱国主义教育基地、档案信息服务中心和已公开现行文件利用中心"四位一体的现代化档案馆。该项目由省工程咨询中心全过程代建,是全省第一个代建制项目。工程计划2006年底竣工交付使用。

【被征地农民基本养老保险试点启动实施】 为解决被征地农民生产生活的后顾之忧,在借鉴外地经验的基础上,新区管委会于10月在沙井、云塘两个自然村启动实施被征地农民基本养老保险试点工作。凡年龄在16岁以上,已办理"农转非"的被征地农民,按照以户为单位,自愿参保和"低投低保"的原则均可参保。被征地劳动力按照征地时实际年龄相对应的缴费档次一次性缴费,今后续保年度的缴费基数,以市劳动部门每年公布的为准。养老保险费以南昌市2002年在岗职工月平均工资的60%为缴费基数,以20%为缴纳费率。缴纳费由个人、村集体、区财政按8:10:2比例三方负担。被征地待养老人员按规定缴足费用后,当到达法定退休年龄,从批准退休的次月起可按月领取285元的养老金。此次试点惠及2800名被征地农民。从12月16日开始,首批参保对象81人已领取养老金。

【新区在全市率先推行发展党员"四票决"、"四公示"】 为严把党员发展的"入口"质量关,新区工委在发展党员过程中,坚持实行"四票决"、"四公示"制度,即在确定先进分子、入党积极分子、党员发展对象和预备党员转正四个环节上,实行民主票决和公示制度。

【新区实行全天候公交服务】 为确保居住新区居民的出行要求,市公交总公司在增加新区公交线路和班次的同时,新开通夜间新区公交线路,每晚从20时运行到23时;23时至次日早上6时,同时安排3辆出租汽车在新区范围内定点候客,并提供电话预约用车服务,保障了居住区新区居民全天候出行的需求。

【市工商局综合执法大楼奠基】 市工商行政管理局综合执法大楼项目总占地1.3万平方米,总建筑面积近1.8万平方米,由十六层的主楼、五层的裙楼和一层地下层组成,集食品检测、检验、12315消费者投诉举报指挥、网络广告信息监控和企业信用体系网络监管等多项功能为一体。9月26日,市工商局在新区举行大楼奠基典礼。该项目建设周期为18个月,预计2007年2月竣工并投入使用。

【新区开展廉政文化宣传教育月活动】 10月1日,新区纪工委开展以"四个一"为主要内容的廉政文化宣传教育月活动,即召开一次反腐倡廉形势教育报告会,以身边人、身边事、身边案例来警示教育广大党员干部;举办一次廉政教育图片"三进"巡回展,通过制作廉政文化和警示教育宣传展板,到农村、社区、学校进行巡回展出,把党风廉政文化送到群众家门口;开展一次廉政书法、警句征集活动,面向全区干部、群众、社会团体征集以反腐倡廉为主题的书法作品和警句,并对优秀作品进行评选;举办一台廉政文化演艺晚会,以群众喜闻乐见的形式,将廉政文化和文艺演出进行有效嫁接,确保廉政教育深入人心。

【全市首次会展经济工作会在新落成的南昌国际展览中心召开】 11月16日,南昌市第一次会展经济工作会在红角洲新落成的南昌国际展览中心召开。省委常委、市委书记余欣荣到会并作重要讲话。市长李豆罗主持会议。南昌国际展览中心位于新区红角洲片区,是由新区投资兴建的一个大型现代化、国际化、专业化的会展中心。整个中心占地18万平方米,其中建筑面积7.5万平方米。包括6个展厅和1个会议室,集展览、会议、商贸洽谈、信息交流、旅游和餐饮娱乐等多功能为一体。中心分两期建设,一期工程由主展厅和两个副展厅及配套设施组成,总建筑面积近3.5万平方米。工程于7月11日破土动工,10月18日建成,工期99天,创造了国内展馆建设史上的"南昌速度"。他的建成使用,填补了省内大型会展场所的空白。

(郭春华)

## 江西桑海经济技术开发区

【概况】 2005年是江西桑海经济技术开发区（简称桑海开发区，下同）基础设施建设之年。按照“迅速启动、快速见效”的发展思路，全区积极推行“六大战略”，即做好一个规划（即城市规划和土地利用总体规划）、突破两大难点（即基础设施建设和招商引资）、营造三种环境（即依法办事、政府服务、人才创业环境）、理顺管理体制，完成机构组建，全面启动基础设施建设，大力发展外向型经济，扎实开展先进性教育，实现基础建设初具规模、招商项目相继落户、投资环境日益优化，呈现社会广泛关注、百姓人人关心、客商普遍看好、项目稳步推进的良好发展态势，正逐步成为经济发展的“黄金码头”。

【编制总体规划】 1月16日，市规划委员会会议原则同意桑海开发区总体方案。开发区规划人口15万人，城区建设用地15.5平方公里，3年~5年之后工业产值达10亿元，财政收入突破1亿元。桑海开发区整体纳入大昌北新城统筹规划。其主要内容是湾里区罗亭镇纳入开发区统一规划，同时注重与周边地区的规划相衔接；按“三纵三横”建设主城骨架道路，搭建以制药、化工、制造业为平台的经济开发区，将其建设成为南昌工业星城。

【桑海金利科技工业基地落户】 3月18日，桑海开发区与香港金利国际（股份）集团有限公司就建立桑海金利科技工业基地签订协议，项目占地133公顷。该基地充分利用香港金利公司的客商资源，采取以商招商方式，招强招大招外，拟在两年内完成招商引资任务。

【六大项目集中动工】 4月24日，桑海开发区在起步区举行桑海金利科技工业园、起步区基础设施建设、开发区水厂、江西国际金融园、省新闻出版学校、中心广场和还建房项目等六大项目动工仪式。项目投资总额28亿元。市委、市人大、市政府、市政协、市纪委、南昌警备区六套班子主要领导、省新闻出版局等中外客商出席开工典礼，香港凤凰卫视全程报道。省委常委、市委书记余欣荣致词。六大项目集中动工标志着桑海开发区全面启动。

【基础设施建设全面启动】 2005年是桑海开发区基础设施建设年。为拉开道路框架，给项目进园落户创造良好的环境，8月，桑海开发区以基础设施招商方式启动15平方公里的路网建设。其主要内容是荣欣大道、招商路、欣东杨路、西环路、欣扬南路、新港路、湖滨路和新辉路8条道路，总长约21千米，造价近2.1亿元。

【协调区企分开】 体制不畅是桑海开发区发展的制约瓶颈。8月9日，市政府就桑海开发区与桑海企业集团区企分开等问题召开协调会。该会确定，桑海企业集团所有土地除其办公和附属设施及所属企业生产生活用地外，全部划归桑海开发区统一规划、统一管理、统一经营。桑海开发区分4年向桑海企业集团支付国有土地补偿款4亿元，专项用于桑海集团企业改制；桑海分场（集体分场）成建制划给桑海开发区管理。同时对土地征收、企业奖励、人员聘用等事宜做出决定。

【江西新加坡工业园签约】 为提升桑海开发区品位和档次，加快发展，12月16日，桑海开发区与新加坡L & E公司（牵头的财团，参与过苏州工业园的开发建设）签订建设江西新加坡工业园合作意向书。计划一期开发面积计7.37平方公里，力争在4年内完成开发建设。合作方式由桑海投资开发有限公司与新方共同设立股份公司，由股份公司负责工业园的开发、建设、经营和管理。正式合作后，工业园的建设将按照新加坡发展的先进理念，提供国际一流水准的园区规划，把园区打造成特色鲜明、产业聚集效应强的花园式工业园区。

【桑海金利科技工业基地建设迅速】 桑海金利科技工业园是桑海开发区的一大重要招商平台，建设十分迅速。一是加快建设基地内的基础设施建设，尽快完成“三通一平”。截至年底，基地内的道路土方工程基本完成，市政等配套工程将于年后及时跟进。二是诸多项目已经签约，等待落户。签约的项目有香港东兴公司的太阳能研发项目、香港新兴公司的旅游鞋生产项目、江西哲峰非表设备生产项目、福建东急电生产项目等。

【开发区水厂项目调整建设思路】 用水难一直是制约桑海开发区快速发展的瓶颈。六大项目集中开工前，桑海开发区与江西银龙水务公司签订协议，拟从安义万埠取水，建设规模为日供水15万吨。为与桑海开发区建设发展相适应，桑海开发区调整思路，与江西省水利水电公司采取BOT模式建设水厂，取水点为溪霞水库，建设规模为日供水5万吨。水厂于年底动工建设。

（廖志远）

## 南昌英雄经济技术开发区

【概况】 江西省南昌英雄经济技术开发区（简称英雄开发区，下同）于2005年6月1日由省政府正式移交到南昌市管辖，属市委、市政府派出机构，设有一级财政和独立金库。英雄开发区定为“一区两园”格局，即位于南昌市北大门的英雄工业园和位于南昌市南大门的银三角产业园，规划总面积44.6平方公里，常住人口近4万余人。2005年，英雄开发区围绕“英雄创业，生态园区，南北并进，拓北优南”的发展方略，着力加强基础设施建设，重点推进招商引资工作，各项工作取得显著成效。全年基础设施完成投资总额1.48亿元，其中固定资产投资4632万元；全年实际利用外资447万元，实际利用内资6000万元；完成工业总产值1.04亿元，工业增加值5030万元；完成销售收入9815万元，利税1842万元。

【省、市领导出席揭牌仪式】 6月1日，英雄开发区正式揭牌。省委常委、市委书记余欣荣，省农业厅党委书记萧茂普，省农业厅厅长毛惠忠，市政府市长李豆罗等省、市领导出席揭牌仪式。

【完善园区规划】 在原有规划的基础上，完善英雄开发区南北两园（银三角产业园与英雄工业园）的分区规划，把北园打造成现代制造业重要基地的组成部分、物流中心的承接基地和北扩城区的载体；把南园打造成全市重点精品体育休闲中心和科技研发产业基地。

【基础设施建设】 全年基础设施完成投资总额1.48亿元，拆迁房屋1万余平方米，南北两园起步区的路网、水网、管网整体框架基本形成。

【积极开展招商引资】 按照领导班子有“三分之二”成员，主要领导要用“三分之二”精力抓招商引资、抓项目突破的要求，区管委会领导带队赴广东、浙江、江苏、上海、福建、四川等地招商10余次。全年签订合同10余个，其中涉及生物科技、电子、制造等市级重点项目3个。年内银河城、贵都国际花城房地产等开发项目，翠林山庄休闲度假等项目和饲料厂扩建等4个项目开工。同时积极推行会议招商、以商招商、产业招商等多种招商新形式。7月以赣台经贸活动月为契机，成功举办中国南昌(英雄开发区)台商投资洽谈会。共接待台商60余人，达成投资意向项目9个，总金额11.29亿元。

【建设特色园区】 按照全区发展规划，努力打造台商工业园和中小型企业园等特色园区。其中，台商工业园以高科技项目为主，建成以制造研发、区域运营、仓储物流和工商金融为一体的现代化工业园区；中小型企业园主要是用于项目优、投资强度大、占地面积少的企业投资，形成一大批能够增强市场活力和经济发展后劲的中小企业群体。

【规范财政税收】 与有关部门理顺财政关系，建立一级财政体制，并设立一级区级财政金库。强化财税征管，成立区“两税”征管协调领导小组和财政契税征管所，出台《关于加强和规范耕地占用税、契税征收管理实施办法》等措施。全年收缴房屋契税27.3万元、耕地占用税21万元、土地契税61.4万元，实现财政预算总收入2304.2万元。

【广开融资渠道】 主动与交通银行、招商银行、商业银行就融资建设问题进行协商并已取得初步成效。在南昌第四届金秋经贸月“政银企投资洽谈会”上，与交通银行签订2亿元的授信合同。

【在建项目】 6月，江西明依科技发展有限公司进入开工建设程序。该项目总投资1.8亿元，用地26.6公顷，年内基本完成厂房建设。

【机构简况】 按照市委办公厅、市政府办公厅有关文件精神，组建工委(管委)办公室、人事劳动局、经济贸易发展局、招商局、社会事业发展局、城市建设管理局、财政局、机关党总支、纪工委(监察室)等职能局(室)；面向社会公开选调10余名公务员并聘用30余名工作人员充实到创业队伍中。

(帅和水)

## 南昌民营科技园

【概况】 2005年，南昌民营科技园(简称园区，下同)围绕“新起点、新举措、新目标”发展要求，深化服务内涵，优化投资环境，努力做大做强园区企业，园区经济保持快速发展。全年完成工业产值39.8亿元，比上年增长52.22%；工业增加值完成10.8亿元，增长65.4%，其中规模工业增加值为6.3亿元；完成工业固定资产投资额10.29亿元，增长221.6%；上缴税金2.04亿元，增长77.15%；实现出口创汇6550万美元，增长90.54%，园区从业人员累计达1.16万人。招商引资成效明显。全年新引进佑威、景汇等项目10个，完成合同外资3200万美元，实际利用外资3756万美元，利用省外资金7.3亿元。

【制定企业服务实施方案】 根据园区实际，制定《南昌民营科技园企业服务实施方案》。该《方案》按照项目责任管理的原则，将企业服务工作落实到园区机关的每一位干部职工，并予以量化考核。

【破解发展难题】 为加快园区经济发展，着眼园区资源，全力抓好“三个”充分利用。一是充分利用银志纺织服装城项目招商引资载体和资源，积极搜寻有关纺织服装产业的投资信息，并将该产业的重点企业纳入园区招商重点对象，采取小分队出击等方式，争取重点企业落户园区；二是充分利用现有闲置厂房，重点引进与统一企业、娃哈哈饮料、银志纺织服装等企业配套的企业，形成以龙头企业为核心的产业链；三是充分利用园区空余办公用房，发展楼宇经济。

【园区开放型经济工作成绩斐然】 2月27日，省委、省政府在南昌市隆重召开江西省开放型经济暨工业园区工作会议，园区凭借着优异的工作业绩，被省政府授予“2004年度招商引资先进工业园区”光荣称号。

【园区工业经济运行获省政府肯定】 5月26日，省政府在江西艺术剧院召开“工业‘三年翻番’考评表彰电视电话会”，对全省2004年的工业经济运行工作进行总结表彰。园区以良好的工业经济运行态势，荣获省政府授予的“工业园区六大指标综合先进单位”称号。

【非公有制企业安全监管工作获好评】 12月21～23日，江西省非公有制企业安全监管试点工作在南昌市召开，园区探索出来的“把好项目落户、建设、安全投入、建章立制以及人员上岗等关口，摆正安全生产的位置；做好硬件投入、职工培训、事前防范等服务，寓监管于服务之中；落实责任追究、会议调度、预警预案以及业主谈心等制度，实现企业自律与外部他律相统一”的非公有制企业安全监管的“三五”机制在会上进行交流，获得与会领导和代表的一致好评。

【《光明日报》报道园区以和谐促发展】 12月28日，《光明日报》以《以和谐促发展——南昌民营科技园步入良性循环》为题对园区近年来的建设发展进行详细报道。该报道指出，“南昌民营科技园坚持走和谐发展道路，近年来，在经济快速持续发展的同时，园区的劳动保障、社会稳定以及生态维护等各项社会事业也得到长足发展，成为全省名列前茅的‘和谐园区’”。

【园区两企业荣获南昌市科技进步奖】 在4月9日召开的南昌市科技表彰大会上，园区内南昌市万华生化制品有限公司承担的“抑肽酶的亲和双水相萃取制备工艺研究”课题荣获“南昌市科学技术进步二等奖”；南昌百特生物高新技术有限公司承担的“百特片ABX Pentra60五分类血液分析仪试剂研究与应用”课题荣获“南昌市科学技术进步三等奖”。

【项目推进成效显著】 8月3日，中共青山湖区委书记吴志明率区四套班子领导到园区召开现场办公会，协调解决影响园区项目建设的一系列问题，为园区的项目推进工作提供了强劲支持。年内园区新增开工建设的项目3个，分别是中德大地、开心人药业、德科纳米项目；新增竣工项目12个，分别是路通高新、红星印刷、汇源印务、东方家具、假肢中心、普洛德高科技、公交公司、光明化验、贝尔科技、意佳食品、通力科技、开心人药业项目。

(戴华新)

## 2005年南昌民营科技园主要经济指标一览表

表50

| 指标名称 | 计量单位 | 累计数 | 上年同期数 |
|---|---|---|---|
| 园区实际开发面积 | 平方公里 | 2.55 | 2.55 |
| 完成基础设施投入 | 万元 | 34000 | 34000 |
| 招商签约资金 | 万元 | 206060 | 125000 |
| 其中:1亿元以上项目的资金 | 万元 | 0 | 45000 |
| 其中:1000万美元以上项目的资金 | 万美元 | 3200 | 0 |
| 招商实际到位资金 | 万元 | 203000 | 61792.5 |
| 其中:省外资金 | 万元 | 73000 | 45400 |
| 其中:境外资金 | 万美元 | 3756 | 1975 |
| 园区内工业企业个数 | 个 | 131 | 121 |
| 工业总产值 | 万元 | 398280 | 261300 |
| 工业企业用电量 | 万千瓦时 | 4887 | 2860 |
| 工业销售产值 | 万元 | 358450 | 234500 |
| 出口交货值 | 万元 | 53950 | 28315 |
| 产品销售收入 | 万元 | 378340 | 258600 |
| 工业固定资产投资额 | 万元 | 102912 | 32000 |
| 利润总额 | 万元 | 35622 | 24600 |
| 税金总额 | 万元 | 20379 | 14820 |
| 从业人员 | 人 | 11628 | 9259 |

附注:1、在建工业企业个数15个;
2、园区非工业企业个数17个,营业收入39833万元

(戴华新)

## 南昌昌东工业区

【概况】 2005年,青山湖区委、区政府提出"决胜昌东"的口号,并推出"调体制、调规划、调班子"等一系列重大举措。昌东工业区抓住这一机遇,坚持以科学发展观为指导,发挥优势,创造特色,创造性开展工作,招商引资、项目推进和园区建设呈现出加速发展的良好势头,并被评为全省十强工业园区之一。全年完成合同外资4678.6万美元,实际引进外资3637.8万美元;实际引进内资10.5亿元;完成工业增加值9.13亿元,实现销售收入33.14亿元,上缴各项税金1.45亿元。荣获青山湖区招商引资特别奉献奖、项目推进先进单位和区直先进单位等称号。

【招商引资成绩显著】 全年共引进国内外项目28个(其中外资项目6个),规模较大的项目有香港邦盛服装工业城,投资9亿元;雪津啤酒投资2亿元;金冠马得利投资9亿元等。新增开工项目25个,新增投产企业34个。

【园区建设取得新成效】 通过精心运作,完成3.6万余平方米的拆迁,完成道路建设5.6千米,全线贯通昌东二路、昌东路、昌东北路及工业一路等园区主干道,实现区内道路与昌东大道、昌南大道等市政道路的全面对接,基本铺就园区"十纵十一横"道路骨架。铺设自来水管网8千米,日供水能力达12万吨。大力推进园区美化、绿化、亮化工程,完成绿化面积10万余平方米,铺设道板石2万余平方米,改造水系5千米,以活水为主题和特色的环境建设初见成效。

【4个企业被评为"全区十佳项目"】 园区内江西邦盛服装工业城发展有限公司、雪津啤酒(南昌)有限公司、江西中基进出口有限公司、江西瑞达纺织有限公司被青山湖区委、区政府评为2005年"全区十佳项目"。

【义生变电站建成使用】 该项目是江西省电力公司批复准建的全省第一家由使用单位自行建设的110千伏变电站。该变电站2004年10月开工建设,2005年9月对外运行,设计容量为12万千伏安,使用4万千伏安主变3台;由8个开关站构成区内环形电网,电压为110/35/10千伏三个等级。他的建成彻底改变整个城东地区电力供应紧张的局面。

【中基外贸公司全面竣工】 江西中基进出口有限公司是省政府重点支持的出口创汇全省前15家的省级外贸公司,占地7公顷,总投资8000万元,年底投资项目竣工。项目年产值达3.7亿元,出口创汇4500万美元,解决劳动就业1000人。

【规划范围内8个行政村成建制划归昌东工业区管辖】 3月,经青山湖区区委、区政府批准,原属罗家镇管辖的沈

桥、义坊、胡家、石桥、佛塔、京川、梧岗、黎明8个行政村成建制划归昌东工业区管辖。管辖权调整后,管委会设立社会事务部,承担所有的社会事务管理工作,同时建立园区一级财政。

【党建工作进一步加强】 继上年在两个非公企业成立党支部后,5月又成立中共江西华太医药实业投资有限公司支部委员会。同时成立中共南昌昌东工业区纪律检查工作委员会,配备专职书记。

(付　强)

## 小蓝工业园

【概况】 2005年,小蓝工业园不断完善基础设施建设,着力推进项目开工投产,不断优化投资环境和扩大招商引资成果,努力搞好社会稳定,强力推进园区各项建设,先后顺利通过国土资源部、国家审计署的专项检查,受到国家审计工作组的好评。在全省工业崛起颁奖会上,园区荣获"六大指标综合先进单位"荣誉称号。截至年底,园区落户企业386家,开工企业325家,其中投产191家。实现工业总产值59.73亿元,销售收入60.97亿元,税金2.95亿元,出口创汇2765万美元,解决劳动就业3万人。

【项目开工投产加速】 全年项目建设有四大特点。一是重点区域全面建设。为迅速改变园区形象,重点推进园区主干道两侧项目的开工投产。截至年底,主干道两侧符合开工条件的项目基本上全面开工,汇仁大道、小蓝大道、富山大道、金沙一路、工业一路沿线的企业累计有90余家开工。二是重大项目相继开工。围绕重大项目,千方百计为重大项目开工投产提供最大便利。人民电器、江铃VM发动机、江铃控股、奥斯实业、蓝带啤酒、香港华美、新电空调、舒美特、上海崇自等重大项目相继开工。三是统筹兼顾,整体推进。在突出重点的同时,兼抓其他项目的开工投产。全年VM发动机、江铃控股、人民电器相继举行开工典礼,把项目开工推向高潮,并带动三鑫医疗、燕山石化、可耐特、艾迪亚、凯迪布艺、亚晶玻璃、克拉夫特、赣发农机、创力电子、美国巴顿、新铭源、英耐光电等一大批企业相继开工。文丰服饰、赣南制药、南昌制药、亿佳好、华远针织、恒立泰、华昌科艺、晨阳玻璃、精绘化工等企业陆续投产,成为小蓝工业园发展新的增长极。四是清理项目,优化质量。对少数圈而不建、实力不足或不符合园区规划的项目进行清理。全年将一批企业相继清理出园,收回项目用地133余公顷。截至年底,园区有96家企业开工,112家企业投产。

【坚持"三个优先"】 园区管委会围绕项目开工投产,一是基础设施优先满足项目开工投产。对急需开工投产的企业,优先满足基础设施的需要。如搭建临时用水、用电设施,修建临时便道,为开工投产创造条件。二是优先服务在建企业和投产企业。为他们解决开工、投产过程中遇到的各种难题。三是为投产企业优先解决劳动用工。掌握投产企业用工情况,提供用工信息,多次组织园区企业送岗下乡下村,帮助企业解决用工难问题。

【完善基础设施】 按照完善起步区,畅通金湖区、玉湖区,启动汽车城项目的目标,快速推进基础设施建设。一是四区联网。完成园区内富山大道、金沙大道、银湖大道、小蓝大道等主干道路面硬化7.7千米,汇仁桥和小蓝桥建成投入使用,小蓝大道东西贯通,形成四区联网格局。二是四网并进。即雨(污)水管、供水、供电和通讯四网建设同时推进。完成金沙大道、银湖大道等雨(污)水管埋设6.7千米,小蓝大道、金沙一路等通讯管线5.9千米;完成富山大道西延、小蓝大道等供水管网10.2千米;完成小蓝大道、金沙二路等供电线路14.6千米,同时一座日供水10万吨的自来水厂竣工并进入调试阶段,基本满足项目开工的需要。三是四轮驱动。大力推进汽车城项目、西延赣江、安居点和标志性建筑四大工程建设。汽车城项目顺利启动,完成土方平整53公顷,富山三路与金沙大道、鑫维大道、金沙一路已沟通;西延赣江工程全面结束;完成金沙二路、银湖二路1.8千米明渠建设,垃圾中转站已动工建设,污水处理厂正在前期规划之中,小蓝大道和迎宾大道大门完工,园区面貌大为改善。

【招商引资成果逐步扩大】 园区调整招商思路,招商项目已由数量型向质量型过渡。在招商引资过程中做到"三个突出"(即突出外资项目、突出重大项目、突出产业延伸配套项目),"五大转变"(即由人人招商向人人安商转变;由全面招商向专业招商转变;由以情招商向以商招商转变;由政府招商向市场招商转变;由分散招商向产业集群招商转变),并重点抓好以商招商和小分队招商。如江铃控股、奥斯集团等项目的落户,都是以商招商和小分队招商的结果。年内小蓝工业园区五大产业集群已初具规模。其中,以江铃控股、江铃VM发动机、江铃专用车辆厂、江铃铸造、洪城汽配城为龙头的汽车汽配产业群,汇集企业30余家;以汇仁集团、江西国药、江西制药为龙头的医药医器产业群,汇集企业20来家;以清华泰豪、人民电器为龙头的机电信息产业群,汇集企业14家;以新龙化纤、香港华美、香港永通、新纶高科为龙头的轻纺服装产业群,汇集企业170余家;以煌上煌、奥斯集团、蓝带啤酒为龙头的食品加工产业群,汇集企业22家。全年完成合同外资2.13亿美元,实际利用外资1.13亿美元,占全年计划的189%;实际利用内资26.29亿元,占全年计划的131%。引进项目67个,其中外资项目16个,投资超亿元项目16个。投资过亿元的有江铃控股、人民电器、奥斯集团、蓝宝集团等。

【管理服务水平再上台阶】 为促进工业园发展,秉承"与入园企业共成长"的理念,不断创新工作机制,优化经济发展环境,为入园企业提供全方位的服务。一是创新管理机制。工业园建立封闭运行的管理体制,设立"一办五局"(即综合办、经济发展局、社会事业发展局、规划建设局、招商局、财政局),突出招商引资、规划建设和提供服务的职能,提高办事效率和管理水平。二是创新管理方法。变静态管理为动态管理,建立星级考评制、首问责任制、岗位责任制、服务承诺制、限时办结制、竞争上岗制等一系列制度,确立"只为成功找方法,不为失败找理由"已成为工业园管理者的共识。实行工作目标管理制,并将完成任务情况作为月底、年度考核的重要依据,与工资及奖惩情况挂钩,使责、权、利三者有机地结合起来。三是创优发展环境。"三分招商、七分安商",将营造优良的发展环境作为吸引项目落户工业园和增强工业园竞争力的重要法宝,形成全民安商、亲商、富商的氛围。对入园企业开工建设实行特事特办制度,允许其在承诺一定义务的基础上边建边完善各项手续。工业园各部门经常到各企业了解企业的情况,听取企业的呼声,为企业排忧解难。

【推进经济社会和谐发展】 在推进工业园的建设与发展过程中,协调各方利益,努力构建和谐社会。一是开展保持共产党员先进性教育活动和村级换届选举。全工业园10个支部146名党员参加教育活动，并稳步推进村委会换届选举。二是规范土地管理，严格依法办事。加大拆违治乱力度，把违章建筑和乱搭乱建现象控制到最低程度，依法规范项目建设用地的征地、拆迁管理，确保项目顺利推进。三是推进失地农民安置工作。沥山、邓埠、柏岗安居点已经建成。雄溪安居点建设接近尾声，基本满足拆迁户安置的要求。恒泰国际纺织港、新华瑞制衣等企业积极吸纳失地农民进厂务工，为园区安置大量的失地农民就业。四是妥善处理信访件，维护农村社会稳定。变被动上访为主动下访，园区班子成员分组下到基层，主要领导亲自接待答疑，各有关部门明确责任，积极开展不稳定因素排查，及时依法处理信访事件，解决了一系列矛盾，园区社会政治保持稳定；五是搞好治安整治工作。在园区一线设立警务室、治安联防点，重点查处强揽工程，强买强卖和影响园区建设的违法案件，为园区创造良好的治安环境，促进园区的快速发展。

（喻德琪）

## 长堎外商投资工业区

【概况】　长堎外商投资工业区（简称工业区，下同）于1990年8月经市政府批准成立，1997年11月经省政府批准升格为省级开发区。该工业区位于新建县城西南部，与南昌市红谷滩新区红角洲相连。工业区起始规划面积15平方公里为工业一区；2003年3月，经省、市批准，在320国道璜溪段新增规划40平方公里为工业二区。

年内工业一区基础设施齐全完善，3.5平方公里范围内全部实现“六通一平”，道路构成“四横八纵”网络，全部按城市主干道和次干道标准设计施工，并初步形成以医药保健企业群。年内，橡塑制品企业群、轻纺印刷企业群和食品企业群等五大企业群，拥有企业131家，投产开工84家。

工业二区，本着“经济、环境、发展”的原则，总体规划以320国道为发展轴，南北纵向发展，拟建成两个中心、两个片区、十个组团格局。年内区内有60余家企业入驻，其中超亿元项目近10家，开工建设项目30家。

截至年底，工业区累计引进“四外项目”213个，合同资金129亿元，实际进资43.9亿元，累计实现销售产值101亿元，创税收3.2亿元，出口创汇7836.6万美元，安排就业1.65万人。

【园区建设】　全年工业一区完成道路硬化4千米，并绿化工业大道、长富大道和工业一、二、三、四、五路，美化区内环境。工业二区在完成首期3.5平方公里范围内的“四纵两横”7千米道路建设的基础上，完成物华路、永强路硬化5千米；平整场地93.33公顷，完成土石方200万立方米；铺设雨水管道7千米，污水管道13千米，供水管网2.5千米；安装路灯10千米，架设供电线路20余千米，电缆下地1.5千米，西奉线改造2.5千米。外商服务大楼于11月2日动工建设，并着手办理166.6公顷土地转用报批手续。

【强化“一条龙”办证服务制度】　工业区对引进项目从项目审批、注册、土地办证到开工建设等实行一条龙服务，代办一切手续。先后为远城汽车板簧、加大实业、旺盛电磁线、阿尔法（南昌）生物科技等25家企业办理注册登记、税务登记及其他相关手续；为鑫博新材料、加大饲料、现代包装、朝阳酿造、百丰食品、联合城建等32家企业办理国有土地使用权证；为奇丽印刷、远健实业、五江保温瓶厂等3家企业办理房产证；为28家企业办理城建规划设计；为25家企业办理建管报建手续。同时对进区企业坚持签约项目抓落实，落实项目抓开工，开工项目抓投产，投产项目抓效益的全过程跟踪服务。

【招商引资成果】　全年工业区共引进项目47个（其中工业一区9个，工业二区38个），合同外资1.33亿美元，实际利用外资4380万美元，比上年增长142%；实际利用内资14.29亿元，增长200%。其中，工业区管委会引进项目29个，合同资金35.76亿元；实际进资11.75亿元，其中实际利用内资9.25亿元，比上年增长92%，完成年计划的116%；实际利用外资6663万美元，增长106%，完成年计划的100%。当年引进的47个项目中，总投资上亿元项目有5个，总投资上5000万元项目有6个。

（涂继标）

## 凤凰山工业开发区

【概况】　2005年，凤凰山工业开发区（简称开发区，下同）紧紧围绕“工业强县”战略目标，大力推进基础设施建设，全力承接项目落户，致力提升对外形象。同时通过国家发改委审核，确定为省级工业开发区，正式纳入昌九工业走廊核心板块，并被国家建设部授予“全国塑钢型材示范流通基地”。全年实现工业总产值8.4亿元，比上年增长30%；工业销售收入7.9亿元；规模工业增加值1.7亿元，增长30%；产品销售收入4.8亿元，增长43%；实现利税总额3000万元，增长30%，出口创汇1000万美元。

【推进基础设施建设】　全年开发区完成基础设施投入近7000万元，是历年基础设施总投入的2.5倍。新征土地300公顷，园区土地储备近400公顷，为发展预留了空间。启动供排水工程、10万平方米标准厂房等建设项目，全面拉开开发区10平方公里框架。同时通过市场化运作，成功引进江西文汇、南昌力博、南昌文群等公司投资1.2亿元，完成6千米凤凰循环大道路基工程；竣工前进路、孙虑城西路、引凤路“三化”工程、大型户外广告工程，使开发区承载能力和对外形象显著提升。

【开发区开发建设初见成效】　依据开发区区位，围绕“高起点、高标准、园林式、综合型”目标，将开发区规划为“六区一园”。截至年底，完成第一期3平方公里建设，基本实现“六通一平”（即通水、电、路、讯、排水、排污和场地平整），开发区由起步园2平方公里发展到20平方公里，其中10平方公里形成“设施配套、功能完善”区域。

【项目落户】　全年共引进17家企业落户，其中安泰实业发展有限公司、南昌市凤凰型材有限公司、南昌金建安实业发展有限公司、天豫食品等4家企业于当年落户并投产。

（王　计）

# 市场建设

## 土地市场

【概况】 2005年，市国土资源管理局坚持经营性用地招拍挂出让制度，完善土地收购储备机制，并定期分析地价走势，了解掌握地价动态。全年实现土地出让纯收益7.16亿元，其中市本级实现土地出让纯收益6.5亿元。

【实施经营性土地使用权“招拍挂”出让制度取得新成效】 全年共挂牌70宗土地(含房地产)，成交67宗；实际交易土地面积359.44公顷，成交总额60.63亿元。其中，房地产交易4宗，涉及建筑面积近5.44万平方米；土地面积20.29公顷，交易额2.19亿元。纯土地交易63宗，土地面积357.41公顷，总地价款58.44亿元。全年土地交易中纯商业用地28宗114.17公顷，交易额为18.32亿元。

【定期分析地价走势和地产市场动态】 根据市政府加强土地交易市场管理、宏观调控南昌市房地产市场的需要，从第二季度起，开始建立地价走势和地产市场动态分析报告制度。每季度进行汇总分析，编制书面报告及地价走势分析图表，及时反映地产市场中出现的新情况、新问题，分析全市地价动态，向领导提供科学准确的决策依据。

【成功举办“2005中国(南昌)地产峰会暨南昌地产市场形势与发展论坛”】 7月9日，在滨江宾馆成功举办“2005年中国(南昌)地产峰会暨南昌地产市场形势与发展论坛”，市领导李豆罗、龚建华、卢晓健及省市相关部门的负责同志，各界专家和开发企业代表出席。

【成功举办“南昌市国有土地使用权出让项目推介会”】 9月29日上午，“南昌市国有土地使用权出让项目推介会”在江西宾馆九楼多功能厅隆重召开。市政府办公厅、发改委、建委、房管局等相关单位代表及闻讯前来的近百位省内外房地产业、金融业界人士和新闻界朋友参加。市委常委、市政府副市长卢晓健应邀出席会议并讲话。作为“2005年中国南昌第四届金秋经贸月”的一项重要活动，会上向参加中国南昌第四届金秋经贸月活动的中外客商推介14宗共108.67公顷经营性国有土地使用权，并于10月～12月间陆续以挂牌方式公开出让。

【蝉联“2005年度中国城市土地市场示范单位20佳”】 继荣获“2004年中国城市土地营商环境50佳”的称号后，市地产交易中心再次荣获“2005年度中国城市土地市场示范单位20佳”，是江西省惟一获此殊荣的单位。

(熊 佳)

## 人才市场

【概况】 2005年，市人事局实现人才流入大于人才流出的历史性突破。以人才政策为抓手，不断优化人才环境，完善人才“绿色渠道”，积极吸纳各类人才到南昌市创业服务。

【拓展引才引智工作】 全年共引进本科以上学历人才1.3万余人，引进博士30名，为江西科技师范学院、清华泰豪等单位的89名优秀人才办理引进人才备案和重新建档备案手续。按传统口径，全市各类人才总量达47万人，比2000年增加25.1万人，年均增长16.76%，其中，副高以上专业技术职称人员年均增长33.6%，博士生增长8倍，高层次人才增幅大大超过人才总量的增幅。8月全市人才进出比达1.2:1，实现人才流入大于人才流出的历史性突破。

【强化人才激励措施】 开展2005年市政府特殊津贴专家评选，评选10名享受“市贴”专家。开展首届南昌市外国专家“滕王阁奖”评选活动，江铃集团公司、长运公司、江西科技师范学院的3名外国专家获此殊荣。出台《南昌市优秀农村实用人才评选办法》，开展第一批“市优秀农村实用人才”推荐选拔，100名“田秀才”、“土专家”和农村致富带头人被评为首批“优秀农村实用人才”，填补了在农村实用人才工作中的空白，获得省人事厅较好的评价。

【着力建好人才载体】 按照市委主要领导要求在2005年建成5个博士后科研工作站的指示精神，采取有力措施加强博士后工作站建设，在做好清华泰豪、先锋软件、汇仁集团博士后科研工作站运作的督查与服务的同时，组织南昌高新开发区与3家企业捆绑申建博士后工作站，实现建站工作的创新性突破。

【打牢人才开发基础】 编制完成“十一五”人才发展规划，为“十一五”人才发展确定了基本纲领和依据。开展大规模人才资源普查。普查结果为市制定人才政策、加强人才队伍建设提供了可靠依据。

【推动人才交流合作】 10月长江流域人才资源开发联席会议第九次年会在南昌市召开，上海、重庆、武汉、南京等27个城市人事部门的领导出席会议，国家人事部人才流动开发司、人事科学研究院及省人事厅、市政府的领导到会指导。本次年会各参会城市共同签署重要合作文本——《南昌共识》，为南昌市进一步加强与兄弟城市开展人事人才合作开辟了更广阔的渠道。

(喻田华)

## 技术市场

【概况】 2005年，市技术市场办公室被评为全国技术市场工作先进集体，并荣获中国技术市场协会金桥奖、集体奖。

【技术交易额稳步发展】 截至年底，全市技术市场共有机构237个，从业人员4023人，初步形成市、县两级网络。全年签订技术贸易合同2400项，比上年增长23.3%，技术合同成交额达5.57亿元，增长53.3%，占江西省的51.23%，绝对值和增长率均排名江西第一。

（魏琴虹　辜　艺）

“十五”期间南昌市技术贸易统计表

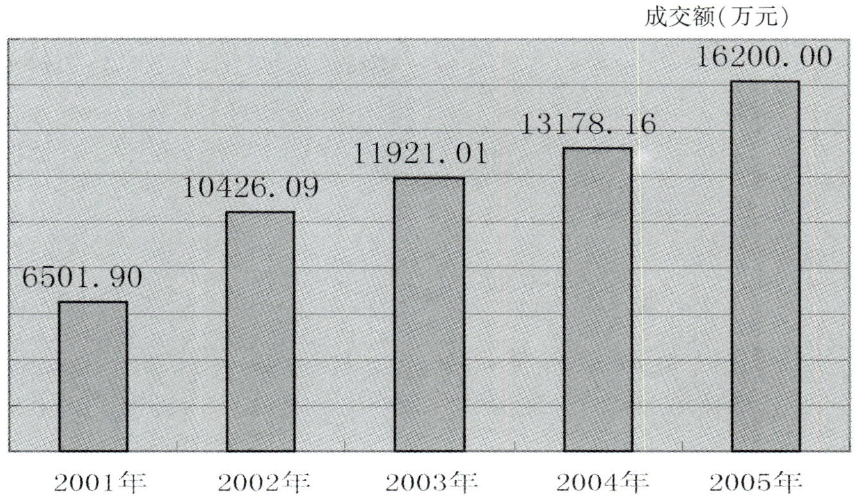


## 房地产市场

【概况】 2005年，市房管局根据国家“因地制宜、分类指导、区别对待”原则，结合实际制定下发两个关于加强全市房地产市场调控，促进房地产市场持续健康发展文件。目的是采取稳妥措施，改善供应结构，拉动有效需求，规范引导市场，使全市房地产市场在全国多数城市同类市场仍处低迷观望时期，率先启动，快速复苏。全年商品房交易量持续攀升，楼盘品质不断提高，涌现出一批“四高”(即高起点规划、高水平设计、高质量施工、高标准管理)住宅小区，呈现出一枝独秀的良好发展态势。

【加强房地产市场调控和指导】 为全面、及时、准确掌握全市房地产市场运行情况，对涉及房地产市场相关部门提供的数据进行收集整理，及时地形成每月、每季的分析报告；对房地产市场运行现状进行分析，指出存在问题，提出相关建议，为政府宏观决策提供参考。同时根据市场形势，积极配合市发改委、国土局制定2005年度全市房地产开发计划和土地出让计划。根据市政府办公厅《关于进一步简化房产交易与权属登记程序的若干意见的通知》，制定商品房买卖凭证交易登记表，完善商品房买卖合同示范文本。建立和完善房地产市场信息系统，结合核发商品房预售许可证工作，建立开发项目楼盘表，实现商品房预售合同网上及时备案，并通过南昌房地产信息网对外公布。

【落实国家宏观调控政策】 年初，针对全国部分地区房地产投资规模呈现过快增长势头，国家相继出台一系列房地产宏观调控政策形势。面对新的形势，5月草拟并报市政府同意下发《南昌市人民政府关于2005年加强房地产市场调控促进房地产市场持续健康发展的通知》，提出从“增加普通商品供应量、调整和改善住房供应结构、搞好定向商品房建设、加强市场监管和监测、强化住房保障职能、正确引导居民理性消费”等方面加强房地产市场调控的政策措施。同时拟定南昌市普通住房具体标准，即住宅小区建筑容积率在1.0以上、单套建筑面积在144平方米以下、实际成交价低于同级别土地上住宅均价的80%以下。为便于操作，将南昌市区划分为4大类，具体价格依次为每平方米建筑面积3600元、3000元、2500元、1800元。后经建设部、财政部、税务总局确认备案后对外公布。7月草拟并报市政府同意下发《关于进一步促进房地产持续健康发展的补充通知》，从增加土地投放量、扩大购房贴息受惠范围、实行交易手续费减半等方面，作出许多有利于房地产市场持续、健康发展的新规定。

【全市房地产发展取得“五项突破”】 一是全市房地产完成投资总额首次突破100亿元。全年南昌市房地产开发投资在上年高位增长基础上再创新高，完成投资110.12亿元，比上年增长29.3%（增幅高于全国8个百分点），其中住宅投资72亿元，增长22.5%。二是全市商品房销售金额首次突破100亿元。全年全市（含四县）商品房预售金额110.97亿元，比上年增长16.34%，其中商品住宅预销售金额98亿元，增长24.1%。全市市区商品房预售金额87亿元，增长11.8%，其中商品住宅预销售金额77亿元，增长19.8%。三是全市商品房销售面积首次突破400万平方米。全年全市（含四县）商品房预销售面积410万平方米，比上年增长5.6%，其中商品住宅380万平方米，增长9.3%。全市市区商品房预销售面积282万平方米，比上年增长1.8%，其中商品住宅259万平方米，增长5.7%。市区商品住宅销售总量中，本市居民购买比重达85%，比上年提高12个百分点。四是全市存量房交易套数首次突破2.5万套，存量房交易面积突破250万平方米。全年全市（含四县）共完成存量房交易25100件，比上年增长15.39%；完成存量房交易面积251.73万平方米，增长16.86%，其中存量住房23277套，面积199.66万平方米，分别比上年增长14.43%和11.17%。全年全市市区共完成存量房交易面积191.23万平方米，比上年增长19.38%，其中存量住房18506套，面积146.44万平方米，分别比上年增长13.23%和12.60%。五是全年市本级住房公积金贷款额首次突破7亿元，达到7.21亿元；归集额为6.12亿元，当年贷款额首次超过当年归集额。

【房地产市场实现“三个基本”】 一是房地产市场供需基本平衡。全年全市房地产完成投资总额110.12亿元，比上年增长29.3%，略高于全国平均水平，但比上年增幅回落13个百分点，表明投资过快增长的势头得到遏制；全年全市（含四县）商品房竣工面积413万平方米，销售面积409.9万平方米，销售金额110.97亿元。两项指标数表明房地产市场供应与需求基本持平。二是住房结构基本合理。全年全市商品住房竣工面积413万平方米，其中商品住宅竣工面积339万平方米，比重占到82%；全市商品房销售面积409.9万平方米，其中普通住宅销售面积258.8万平方米，比重占到63%，表明全市新开发的商品住房结构基本合理。三是住房价格基本稳定。全年全市(含四县)商品房预销售均价为2707.25元/平方米，比上年上涨10.16%，其中商品住房预销售均价为2567.01元/平方米，上涨13.60%。全年市区商品房预售均价为3085.16元/平方米，比上年上涨9.91%；其中商品住房预销售均价为2958.80元/平方米，上涨13.32%。房价涨幅低于全市GDP增幅6.64个百分点，也低于城市居民人均可支配收入增幅7.64个百分点，房价涨幅仍在合理范围之内。

**【强化房地产中介管理】** 注重对房地产中介行业培育和规范管理。培育方面：一是2月中旬举办一期房地产评估人员培训班，学习建设部新制定的房地产估价机构资质标准，请省建设厅有关部门领导和江西师大知名教授授课，培训评估机构负责人和业务骨干40余人。二是为12名房地产估价师、17名房地产经纪人办理执业注册，为126人报考估价师、92人报考经纪人办理报考手续。年内全市中介服务从业人员持证上岗率达到省建设厅要求的75%以上。三是5月中旬组织20余名房地产中介机构的负责人和业务骨干及多名相关媒体的代表赴广州、深圳等地学习考察，学习外地房地产中介成功做法和先进经验。规范方面：一是根据省建设厅《关于开展房地产中介服务市场检查的通知》，9月中旬布置中介机构自查自纠，10月会同中介协会开展全面检查和对无资质经营的"黑中介"重点抽查工作，向14家违规中介发出《责令停止违法(章)行为通知书》，限期整改。二是10月~11月，指导中介协会开展"2005年南昌市诚信房地产中介机构评选活动"，评选出诚信中介11家。截至年底，全市有房地产中介机构123家，其中房地产评估机构40家。

**【提升房屋租赁管理水平】** 南昌市房屋租赁市场管理实行一个法规、一支队伍、两级分管、委托执法的管理模式。重点是非住宅租赁登记备案工作。全年租赁工作按照"攻难点、拓宽面、管好人"要求，年初对应聘稽查人员进行分组和负责地段的轮岗调整，每月任务到组，工资与效益挂钩。同时对登记的租赁户跟踪管理，催其续办，并不断寻找发现新的租赁户，摸清转租情况，把量做大。同时攻克一些"不买账"和"赖账"的重点租赁户，攻下一个难点能够带动半条街巷，取得较好成效。9月与市公安、综治、地税、工商等部门联合发布《关于加强出租房屋管理的通告》，各部门密切配合，迎接全国综治工作流动人口检查。接待省流动人口管理办公室检查组现场检查。检查组称南昌市租赁管理工作走在全省前列。全年办理租赁登记面积40万平方米，比上年增长36%；收取房屋租赁手续费174.3万元，增长16%，创历史最好水平。

**【实行服务承诺制】** 全年继续实行"进一个门办好，交规定费办成，按承诺日办结"的服务承诺制；落实"一个窗口受理、一站式办结、一条龙服务"的限时工作制。年内邀请契税所、公证处等十几个房产交易相关业务单位入驻服务大厅联合办公，完善市场大厅内的服务项目，形成经济效益和社会效益双赢。全年契税所办件1100件，面积9万平方米，金额3000余万元；公证处办件1090余件，公证房屋面积9.8万平方米，实现收入16.5万元；金丰易居公司驻场内办理房屋交易业务126件，面积1.19万平方米，成交金额557万元；建设银行办理业务425件，面积5.0万平方米，按揭金额3030万元；工商银行办理业务216件，面积1.75万平方米，按揭金额1310万元；农业银行办理业务共120件，面积7422平方米，按揭金额860万元；维修基金办理业务8800余件，金额440余万元。

**【简化房产办证办事程序】** 8月15日，在2002年与2003年两次房产办证提速基础上又实施第三次提速。提速范围占房产办证业务的50%，其中单位与个人自建房初始登记、房屋变更登记、房屋权属证书遗失与其他补证登记、房屋按揭及他项权利办证时限，由原来的15个工作日缩短为5个工作日办结，提速幅度为66.6%；在建工程抵押办证时限由原来的10个工作日缩短为5个工作日办结，提速幅度为50%；拆迁安置房登记与转移登记办证时限由原来的15个工作日缩短为10个工作日办结，提速幅度为33.3%。实施第三次提速后，房屋权属、交易和抵押等业务办证时限均达或低于建设部规定的时限。

**【开展第三次"零存档"活动】** 为满足群众希望在春节前领到房产证的愿望，1月18日~2月7日，开展第三次"零存档"活动。活动共完成房屋权属、房产交易、房地产抵押登记5472件、面积62.75万平方米。其中，权属登记2669件，面积31.45万平方米；房产交易1079件(套)，面积8.73万平方米，成交额1.38亿元；房地产抵押1724件，面积22.57万平方米，抵押额4.32亿元。"零存档"活动受到群众的一致好评。

**【稳妥处理历史遗留房产发证】** 2003年3月~2005年12月，核发历史遗留房产发证41896份，面积189.14万平方米，1049栋(户)，涉及510个单位。其中，当年历史遗留房产发证涉及120个单位3896份(含非住宅120份)，面积22.63万平方米(含非住宅2.59万平方米)，458栋(户)。全年司法协助41件。在办理业务过程中查出7本假房产证，协助公安机关分别对3本房产证的真伪进行鉴别。

**【刺激消费实施购房贴息】** 继续办理市民贷款购房贴息工作。全年共核准存量房2198套，18.47万平方米，发放贴息款284.97万元；完成商品房购房贴息630余万元。

**【存量房交易成绩喜人】** 全年全市(含四县)完成存量房交易2.51万件，交易面积251.73万平方米，交易金额35.01亿元，分别比上年增长15.39%、16.86%和22.67%。其中，存量住房交易23.2万套，面积199.66万平方米，金额25.49亿元，增长14.43%、11.17%和18.22%。全市市区存量房交易1.98万件，交易面积191.23万平方米，交易金额28.55亿元，比上年增长15.61%、19.38%和17.81%。其中，存量住房交易1.85万套，面积146.43万平方米，金额20.91亿元，增长13.23%、12.60%和16.29%。

## 2005年存量房交易月份情况对照一览表

表51

| 类别<br>月份 | 交易件数（套） | | 同比增长（%） | 成交面积（万平方米） | | 同比增长（%） | 成交金额（万元） | | 同比增长（%） |
|---|---|---|---|---|---|---|---|---|---|
| | 上年 | 本年 | | 上年 | 本年 | | 上年 | 本年 | |
| 1 | 1354 | 1402 | 3.55% | 133198 | 119785 | -10.07% | 21726 | 16467 | -24.21% |
| 2 | 1005 | 1016 | 1.09% | 109950 | 75038.6 | -31.75% | 15500 | 11958 | -22.85% |
| 3 | 1665 | 1712 | 2.82% | 181197 | 158862 | -12.33% | 28928 | 22946.4 | -20.68% |
| 4 | 1591 | 2294 | 44.19% | 127946 | 200542 | 56.74% | 19149 | 33526 | 75.08% |
| 5 | 1359 | 2283 | 67.99% | 121611 | 196555 | 61.63% | 17902 | 31254 | 74.58% |
| 6 | 1663 | 1458 | -12.33% | 140666 | 126692 | -9.93% | 19844 | 21307 | 7.37% |
| 7 | 1259 | 1130 | -10.25% | 113994 | 90821.2 | -20.33% | 17126 | 13079 | -23.63% |
| 8 | 1083 | 1353 | 24.93% | 105422 | 141085 | 33.83% | 15112 | 17637 | 16.71% |
| 9 | 1337 | 1490 | 11.44% | 124381 | 120243 | -3.33% | 18282 | 18812 | 2.90% |
| 10 | 1420 | 1398 | -1.55% | 127012 | 147925 | 16.47% | 19748 | 27325 | 38.37% |
| 11 | 1667 | 2120 | 27.17% | 140821 | 246685 | 75.18% | 20770 | 30470 | 46.70% |
| 12 | 1780 | 2210 | 24.16% | 175649 | 288018 | 63.97% | 28265 | 40738 | 44.13% |
| 合计 | 17183 | 19866 | 15.61% | 1601848 | 1912250 | 19.38% | 242352 | 285519 | 17.81% |

（市房管局）

## 2005年存量房交易情况一览表

表52

| 指标名称 | 计量单位 | 合计 | 住宅 | 其中:再上市房 | 办公楼 | 商业营业用房 | 其他 |
|---|---|---|---|---|---|---|---|
| 成交套数 | 套 | 19866 | 9545 | | | | |
| 成交面积 | 万平方米 | 191.23 | 146.43 | 66.43 | 6.27 | 29.12 | 9.35 |
| 成交金额 | 万元 | 242352 | 209133 | 87850 | 20568 | 48567 | 7252 |

（市房管局）

**【完善产权产籍管理】** 全年进一步完善产权产籍管理制度，积极推进房产档案管理电子化进程。截至年底，共完成房屋产权确权发证7.92万份，比上年下降9.73%；完成房地产抵押2.07万件，面积379.46万平方米，抵押额81.64亿元，比上年分别增长4.63%、41.57%和83.30%；房屋测丈2447栋（户），面积量405.23万平方米。按照国家建设部建有关住房测管分离的文件要求，成立南昌市洪房测绘中心，上半年完成资质申报。经省建设厅及省测绘局批准为丙级。

## 2005年房地产抵押登记情况一览表

表53

| 指标名称 | | | 计量单位 | 数量 |
|---|---|---|---|---|
| 本年登记总件数 | | | 件 | 83774 |
| 其中 | 1、初始登记总件数 | | 件 | 32693 |
| | 2、转移登记总件数 | | 件 | 19866 |
| | 3、变更登记总件数 | | 件 | 2179 |
| | 4、他项权利登记总件数 | | 件 | 20726 |
| | 5、注销登记总件数 | | 件 | 6858 |
| | 其中 | 拆除登记总件数 | 件 | 1452 |
| 本年登记总面积 | | | 万平方米 | 1062.85 |

续表 53－1

| 指标名称 | | | 计量单位 | 数量 |
|---|---|---|---|---|
| 其中 | 1、初始登记总建筑面积 | | 万平方米 | 300.53 |
| | 2、转移登记总建筑面积 | | 万平方米 | 191.23 |
| | 3、变更登记总建设面积 | | 万平方米 | 53.14 |
| | 4、他项权利登记总建筑面积 | | 万平方米 | 323.26 |
| | 5、注销登记总总建筑面积 | | 万平方米 | 132.70 |
| | 其中 | 拆除登记建筑面积 | 万平方米 | 62 |
| 本年发证合计 | | | 本 | 96229 |
| 其中 | 所有权证 | | 本 | 65000 |
| | 共有权证 | | 本 | 10503 |
| | 他项权证 | | 本 | 20726 |

（市房管局）

## 2005 年房产登记发证情况一览表

表 54

| 指标名称 | 计量单位 | 合计 | 在建工程抵押 | 现房抵押 |
|---|---|---|---|---|
| 抵押登记 | 件 | 20726 | 4 | 20722 |
| 其中：住宅 | 件 | 19528 | 19528 | |
| 抵押登记面积 | 万平方米 | 379.46 | 12.67 | 365.79 |
| 其中：住宅 | 万平方米 | 319.81 | 319.81 | |
| 抵押登记金额 | 万元 | 816411 | 29550 | 785861 |
| 其中：住宅 | 万元 | 520907.6 | | 520907.6 |

（市房管局）

【房地产信息中心正式成立】 2003 年6月，南昌市被国家建设部列为房地产预警预报系统建设试点城市之一。市房管局以此为契机，投入人力、物力、财力建设南昌市房地产综合信息管理系统。6月经市编委同意正式成立南昌市房地产信息中心，为市房管局下属正科级自收自支事业单位。该信息中心成立后，重点开展房产信息的采集、整合、处理和发布，建立房地产预警预报机制，扩大和完善房产综合信息管理系统的作用和功能，为政府和部门宏观决策提供科学、量化的基础信息。

【建设南昌房地产信息网站】 年内开通“南昌房地产信息网”和“南昌网上房地产”网站，以网站为信息平台，以业务信息系统为依托，实现政府职能部门、业务管理部门、房地产企业、社会公众之间信息互通。网站一是向社会公布咨询热线及监督电话、行风建设情况、服务项目办事指南（含办事程序、审查要件、办事时限、收费标准等）、组织机构、政策法规以及问卷下载，方便群众办事，接受群众评议和监督。二是让市民实时动态查询已批准预销售的商品房信息、合同备案情况及二手房业务案件办理情况。三是方便购房人查询商品房合同备案情况或二手房业务案件办理情况。四是实时动态披露申报业务案件的审批情况，对开发企业申请的业务，各开发企业可在业务管理系统中自动获得业务办理情况消息。

【业务系统软件陆续上线运行】 3月，房屋产权登记、交易管理业务系统上线运行，改变手工书面卷宗跟着业务走，文字卷宗分散保管，容易遗失等问题，实现卷宗集中录入扫描、集中建档上架，各审批环节无纸化办公，产权档案与交易、登记、抵押业务数据全面共享，业务数据覆盖全市所属行政区域，业务案件电脑超时报警。当年业务系统办理业务累计1.98万宗，查档验证业务累计2.68万宗，建立电子档案52.11万份。年内抵押类、交易类、登记类、档案验证等业务上线率已分别达到85%、100%、10%和96%。5月，商品房网上联机备案业务系统上线运行，实现商品房网上联机合同备案，所有项目的商品房销售全部进入网上联机备案，并从下年1月开始全面实行网上打印商品房合同。10月，商品房预售许可网上申请业务系统上线运行，新建楼盘预售许可实现网上报审。当年商品房销售网上联机合同备案10079宗（房屋10231套），建立电子楼盘表532栋，房屋22027套，涉及项目76个，网上办理《商品房预售许可证》110栋。截至年底，有565家房地产开发企业建立信用档案，商品房预售许可申请、商品房销售合同备案上网率达100%。开发管理系统以动态楼盘表为管理模式，实现商品房批准及预、销售信息在网上动态发布。拆迁管理、非住宅装修备案管理、廉租房配租管理、非住宅（直管）公房管理、非住宅租赁许可管理等子系统分别于11月、12月上线运行，当年业务系统办理非住宅装修备案管理业务71宗，非住宅租赁许可管理77宗。

【形成房地产信息发布机制】 “南昌房地产信息网”自2004年开通以来，先后向社会公布房地产信息政策法规44条、房产新闻102条、局系统各部门办事指南49条、市场分析报告6条；向社会公示预售许可证1602条（其中当年549条）、拆迁许可证152条（其中当年24条）；商品房退购再上市信息360条；非住宅装修登记信息999条（其中当年843条）。网上动态发布当年批准预销售楼盘76个，532栋，22027套商品房的信息，发布内容包含楼盘项目、区位、价格、可售量、已售量、户型、面积、结构、销售状态等多方位的信息。上半年，南昌市房地产信息系统通过国家建设部验收。

（张川健）

# 财 政 · 税 收

## 财 政

【概况】 2005年,市财政局树立和落实科学发展观,促进财源建设,支持经济发展;增强县域经济活力,拓宽全民创业、富民强市的发展空间;优化财政支出结构,促进“和谐南昌”建设;深化财政体制改革,加快公共财政体系建设;促进农民增收,全面落实惠农政策;强化收入征管,保证财政收入稳定增长。全年全市财政总收入完成126.1亿元,比上年增长23.6%。全市地方财政一般预算收入完成58.3亿元,完成汇总各级人大批准收入预算的123.0%,比上年增长38.1%。主要项目完成情况是:工商税收34.20亿元,增长17.9%。其中,增值税6.02亿元,增长9.7%;营业税20.14亿元,增长17.0%;城市维护建设税3.70亿元,增长4.2%。农业二税5.07亿元,增长25.5%,其中契税4.50亿元,增长14.4%。企业所得税4.84亿元,增长46.3%。国有资产经营收益7.29亿元,增长117.7倍。行政性收费与罚没收入1.23亿元,增长25.8%。教育费附加收入1.54亿元,增长16.5%。

全市财政一般预算支出(包括上级财政专项补助、上年结转等支出)75.8亿元,比上年增长45.1%。其中,科技支出1.08亿元,增长19.0%;支农支出3.97亿元,增长48.0%;教育支出8.14亿元,增长22.3%;抚恤和社会福利救济支出2.41亿元,增长42.4%;社会保障补助支出5.81亿元,增长25.8%。

全市基金预算收入完成11.1亿元,完成汇总各级人大批准收入预算的135%,比上年增长45.2%;全市基金预算支出完成10.8亿元,增长73.0%。

全年市本级地方财政一般预算收入34.5亿元,完成市十二届人大六次会议批准预算的132.6%,比上年增长48.1%。各收入项目完成情况是:工商税收7.33亿元,增长15.5%。其中,增值税2.85亿元,增长9.1%;营业税9.28亿元,增长13.2%;个人所得税1.92亿元,增长14.7%;城建税2.54亿元,下降1.8%。企业所得税3.08亿元,增长38.3%。契税2.65亿元,增长7.7%。国有资产经营收益7.29亿元,增长128.7倍,主要是江铃股份公司股权转让收益。行政性收费与罚没收入2.22亿元,增长10.6%。专项收入1.23亿元,增长15.4%,其中教育费附加收入1.04亿元,增长16.4%。其他收入6930万元。

全年市本级财政一般预算支出31.3亿元,比上年增长28.6%。各支出项目执行情况是:基本建设支出9130万元,增长11.5%;企业挖潜改造资金7.13亿元,增长12.9%;科技支出4532万元、支农支出8670万元。教育支出1.78亿元,分别增长24.3%、82.8%、18.4%,增幅均高于财政经常性收入16.2%的增幅,达到法定要求;医疗卫生支出1.3亿元,增长28.9%;各部门事业费1.39亿元,增长15.8%;抚恤和社会救济费4276万元,增长28.6%;行政事业单位离退休人员支出1亿元,增长55.2%;行政管理费1.79亿元,增长27.4%;公检法司支出2.97亿元,增长18.3%;城市维护费5.13亿元,增长41.5%;社会保障补助支出4.47亿元,增长22.9%;专项支出8606万元,增长36.3%;其他各项支出8168万元,增长85.3%。

全年市本级基金收入10.1亿元,完成市十二届人大六次会议批准预算的129.8%,比上年增长41.7%。市本级基金支出9.4亿元。

【促进企业发展】 按照市委《关于进一步加强经济发展的若干政策措施》和相关文件精神,积极筹措资金,利用财政安排的专项资金,采用贴息、补贴、奖励、创业风险补偿等政策措施,引导企业和社会投资,支持企业技术创新。全年兑现各种专项资金共计1.45亿元,范围涵盖重点工业企业、商品流通企业、个私民营及外资企业等,促进了全市经济发展。

【着力推动县域经济发展】 认真落实城镇土地使用税、土地增值税、房产税、印花税和其他资源税省、市两级分成60%增量部分全部下放给县(区),耕地占用税省市两级不再分成全部留给县(区)的政策,当年增量返还共计9000万元。当年市财政安排乡(镇)奖励资金2000万元和街道奖励资金500万元,激发了乡(镇)发展经济和财政增收的潜力,调动了街道协税护税的积极性。同时鼓励和支持县(区)开发建设工业园区,鼓励乡(镇)、街道到县(区)工业园区发展项目,对县(区)工业园区新引进的市外项目给予奖励。

【积极扶持开发区和新区建设】 从财政体制上大力支持新区、开发区发展,对其上划市级收入实行全部返还政策。当年共返还1.9亿元。对新成立的桑海开发区、英雄开发区市财政拨付城建专项资金,支持开发区的基础设施建设。

【加快推进住房制度改革】 一是加快推进全市住房分配货币化改革。当年发放市直单位无房在职职工的按月住房补贴674.38万元,并对符合住房补贴发放条件的市政府办公厅等67家单位按规定发放4027位职工的住房补贴近1830.8万元。二是建立和完善城区廉租住房制度。设立廉租住房资金专户,安排200万元廉租住房专项资金。全年发放配租补贴430.05万元;并拨款3000万元从市场上收购“二手房”,对极度贫困的家庭实行实物配租。三是实行购房贴息政策。为促进住房消费,鼓励个人购房,积极实施购房贴息政策。全年共对3894户个人贷款购买普通商品住房贴息约700万元。四是奖励物管企业。为促进全市物业管理行业的健康发展,对物业管理企业实行营业税“先征后返等额贴补”的优惠政策。当年对全市67家物管企业2004年上缴的营业税等额贴补近142万元。

【进一步深化部门预算改革】 一是初步建立科学规范的定员定额标准体系。二是细化公用经费定额标准。根据履行职能的不同,实行分类分档的定额标准,并制订预算内外公用经费综合定额最低标准,缩小单位间公用经费的差距。

【完善国库集中支付制度改革】 截至年底,市级共有103个部门387个单位纳入国库集中支付改革,累计涉及资金达21.43亿元。其中,预算内资金15.09亿元,预算外资金6.34亿元。各县(区)按照国库集中支付改革的要求,积极开展国库集中支付改革试点工作,实行会计集中核算的县(区)也正在向国库集中支付转轨。同时在市直预算单位全面实行国库集中支付改革的基础上,进一步完善支付信息系统,简化单位支付程序,加强部门协调配合,国库支付效率大为提高。

【加强政府采购管理】 一是完善政府采购运行规程,减少审批环节和操作程序。二是加大公开招标实施力度,加强部门集中采购和分散采购的管理。三是健全政府采购评审专家管理制度,规范供应商质疑和投诉处理行为,维护供应商合法权益。四是加强合同备案管理,逐步实施标准合同范本。五是进一步扩大协议供货范围,在公务用车定点保险、定点加油、定点维修的基础上,扩大到公务用车、轮胎、蓄电池、办公用品、印刷等实施定点采购。全年政府采购节支率12.34%。

【完善预算外资金管理】 对纳入预算管理的行政事业性收费和罚没收入实行收支脱钩。执收单位征收的收入全部缴入国库或财政专户,支出按照统一标准和单位履行职能需要核定。同时强化票据管理,控制收费源头。通过"以票管费",建立收入收缴系统,实现财政与银行信息联网等手段,确保预算外收入按照规定及时足额上缴国库或财政专户,杜绝隐瞒、截留、挤占和坐收坐支等现象。

【强化财政监督职能】 一是对上年市本级行政事业单位的决算进行审查。二是对县(区)与市本级、县(区)之间的收入串库情况进行检查,以规范县(区)财政收入,防止和杜绝"引税、挖税"等现象的滋生漫延。三是加强对财政专项资金使用的检查,防止财政专项资金被截留、挤占、挪用,真正做到专款专用,提高资金使用效益。四是根据财政部的有关要求,针对部分行业和单位会计基础薄弱、会计秩序混乱的状况,开展全市会计信息质量检查。

【严格把关财政建设资金】 为规范基本建设资金的管理,提高财政资金的使用效益,从源头上治理腐败,通过委托投资评审中心和中介机构评审两种模式,加强对财政建设资金使用的监督管理。全年市财政投资评审中心接受各类评审项目87个,涉及到水利、道路、桥梁、房建、园林绿化、市政设施维护、房屋装饰等多个领域。送审金额8.58亿元,审结金额6.57亿元,核减金额1.08亿元,核减率为16.53%,从源头上节约了财政资金。

【加大科教卫生事业投入】 一是积极支持教育事业发展。全年市本级教育支出累计拨款1.78亿元,比上年增长18.4%;教育费附加累计拨款5674万元,地方教育附加累计拨款7902万元。对城市低保户和农村特困救助家庭子女实行"两免一补"政策,提高农村中小学生人均公用经费和"一费制"试点学校的公用经费补助。与中央和省财政资金配套,全面完成农村中小学一类危房改造,改善基础教育办学条件。二是形成稳定增长的财政科技投入机制。全年市本级财政投入科技三项费用资金3200万元,重点用于新技术、新产品、新成果的研究、开发和推广,增强了科技进步对经济发展的拉动作用。三是重点支持公共卫生体系建设。市本级财政筹集2000万元资金,对乡镇卫生院进行改造和完善,并积极开展农村合作医疗试点,使农民的基本医疗得到保障,切实解决农民看病难的问题。

【完善社会保障体系建设】 一是确保养老金的及时足额发放。截至年底,市本级企业在职职工参加基本养老保险为4.35万人,市本级共及时足额发放社会养老金11.79亿元,养老金的支付率和社会化发放率均保持100%。二是确保实现城市低保对象应保尽保。根据"政府保障、民政主管、部门配合、全面覆盖"的原则,全年对全市最低生活保障线保障的10.48万人发放最低生活保障费1亿余元,保证社会稳定和改革开放的顺利进行。三是各项就业和再就业政策得到较好地贯彻落实,市场导向就业机制进一步完善。全年市财政累计筹集再就业资金1.1亿元。四是做好下岗职工基本生活保障工作,并稳妥推进下岗职工基本生活保障向失业保险并轨。全年拨付资金1.7亿元,确保困难企业再就业服务中心人员基本生活保障资金按时足额发放,促进"并轨"工作的开展。

【财政支农成效显著】 一是全面落实免征农业税政策,做好粮食直补和良种补贴工作。全市从1月1日起免征农业税,共为农民减免税赋负担1.65亿元,人均减负69.04元。同时发放粮食直补和良种补贴共计8978万元。二是加大对农业的支持力度。全年市财政投入农业专项资金2950万元。其中,小型农田水利建设资金1000万元,农业产业化资金1000万元,小城镇建设资金200万元,农业社会化服务体系资金300万元,农业综合开发资金450万元,部分小型农田水利基础设施得到加强,一批规模大、效益好、带动农户致富能力强的龙头企业得到扶持。三是加大对农村基础设施建设的支持力度,落实乡村公路建设补贴政策。四是加大保障基层机构正常运转的支持力度。全年对全市每个行政村增加1万元的转移支付补助,同时对每个乡镇增加10万元的转移支付补助,缓解了乡、村级正常经费紧张的矛盾。五是积极推进社会主义新农村建设。当年在全市优选出11个重点乡镇、10个示范村推进社会主义新农村试点,市财政按每个试点镇补助200万元,每个示范村补助50万元标准拨付推进社会主义新农村建设资金。六是积极推进农村扶贫工作的深入开展。全年累计筹措安排扶贫资金1192.8万元,重点实施"水、电、路、校"等扶贫开发项目,确保重点村基本完成"三通"目标(即通水、通电、通电话)。

【大力支持城市基础设施建设】 全年市财政投融资力度进一步加大。市本级通过向开发银行贷款7.4亿元,土地出让收入6.7亿元(其中2005年土地出让收入5.9亿元),市土地储备中心融资1.3亿元,市政投资控股融资0.45亿元,借入其他资金1.7亿元,预算内安排拨款2.55亿元,加上省财政追加南昌市建设专项资金2.3亿元,共筹集资金22.4亿元,专项用于全市重大重点项目建设。如生米大桥、西外环高速公路、阳明路改造工程、八一起义纪念馆改造工程等城市基础设施建设项目。在财政资金强有力的支持下,全市城市基础设施功能不断提升,城市环境得到优化。

【建立城区公安经费保障新机制】 为确保基层公安机关依法履行职责的需要,按照"分级管理、分级负担"公安经费管理体制和财权与事权相一致的原则，经市政府同意，将城区公安机关下划各城区管理，市财政每年给予经费补助。通过城区公安分局经费保障新机制的建立，加大了城区公安分局的经费保障力度。

【重视精神文明建设和干部教育】 一是精神文明建设硕果累累。重视精神文明建设，把深入细致的思想工作渗透到业务当中，在连续四届荣获全省文明单位的基础上，当年被中央文明委授予“全国精神文明建设先进单位”。二是“双评”工作取得优异成绩。当年市财政局再创佳绩，连续第三年获得“双评”一佳单位和小组第一名。三是采取多种形式开展干部教育。从提高机关干部整体素质的目标出发，采取听党课、举办知识讲座、开展专题研讨、组织学习参观、进行知识考试和参加演讲比赛等多种形式开展学习教育活动，并力求做到有重点、有内容、有效果。全年共举办各类讲座3场次，举办各类考试5场次，组织参观学习200余人次。同时选派4批11名干部参加国家会计学院培训和境外培训。

（万满珍 彭承京）

## 国家税务

【概况】 2005年，市国家税务局按照“三加强、四提高”（即加强管理基础和基层建设、国税文化建设、质量管理建设和提高服务大局能力、依法行政能力、科学管理能力、拒腐防变能力）的工作思路，以加强税务行政能力建设为主线，开拓创新，拼搏进取，“税收总量、税收增收额、出口退税额”三大指标均创造历史记录，税收增势与经济发展呈现良性互动、协调发展态势。全年全市国税系统组织入库各项税收收入69.07亿元，比上年增长19.02%，增收11.03亿元。其中，计划税收收入63.16亿元，完成年计划的101.44%，比上年增长12.73%，增收7.13亿元；车辆购置税2.29亿元，累计征收3.44万辆；海关代征税收3.61亿元，比上年增长80.39%，增收1.61亿元。

【全年税收呈现新特点】 一是税收与经济同步和谐增长。全年税收收入（不含海关代征）65.45亿元，比上年增长16.8%，与南昌市GDP预计增幅一致，税收弹性系数为1，处于非常理想的区间，国税收入走势逐步向经济运行回归，表明全市国税增长与经济发展高度相关，两者稳步、协调、可持续增长。二是省会城市税收主导地位得到巩固。全年全市国税收入占全省比重33.65%，确保占全省国税收入三分之一强水平。与“九五”时期末比较，实现总量翻番的目标，显示了南昌市作为江西省区域经济中心的稳固地位。三是各税种收入普遍增收。全年国内增值税收入34.33亿元，比上年增长9.86%，增收3.08亿元；国内消费税收入15.75亿元，增长14.26%，增收1.97亿元；企业所得税收入7.62亿元，增长25.43%，增收1.55亿元；涉外企业所得税收入3.75亿元，增长9.15%，增收3147万元；储蓄利息个人所得税收入1.71亿元，增长15.48%，增收2296万元。四是股份经济、国有企业、个私经济蓬勃发展，税收收入稳步提高。从总量上看，对税收收入的贡献排名前3位的是国有企业、股份经济和涉外企业。从增幅上看，股份经济发展较快；个体私营经济、国有企业发展平稳；涉外企业发展趋缓；集体经济逐渐萎缩。五是重点税源行业收入均有不同程度增长。根据全市国内税收收入分项目情况统计反映，在税收总量上，制造业是全市国税收入持续稳定增长的主要支撑力量；批发和零售业占有传统份额；其他行业税收总量较小。在增长幅度上，重点行业中的电力、燃气、水及金融业、房地产业等涨幅较大；制造业增长平稳；批发和零售业增长缓慢。六是免抵调库及海关代征税收增长迅速。全年全市共办理增值税免抵调1.11亿元，比上年增长91.6%，增调5313万元；实现海关代征税收3.61亿元，增长80.39%，增收1.61亿元。两项税收比上年增收2.14亿元，占全部总增收额的19.45%，成为全年增收的主要亮点之一。七是车辆购置税成为全市税收新的增长点。全年交通部门的稽征局划转国税部门后，车辆购置税成为国税新的增长点。全年国税收入因增加车辆购置税而净增2.29亿元，占税收总收入的3.3%。八是市本级收入增长最快。全年税收收入中，市本级收入5.22亿元，比上年增收9486万元，增长22.18%，分别高出中央级、省级、县（区）级收入增幅的10个、16.51个、5.21个百分点。市本级收入占计划口径税收收入的8.27%，比重比上年提升0.64个百分点。市本级收入的增长主要得益于企业所得税的大幅增长及当年1月1日起增值税出口退税25%部分由中央财政负担。

【经济增长促使税收增收】 一是经济运行质量稳步提高，夯实税源基础。统计资料显示，税源期（1月～11月）全市城镇以上固定资产投资额呈高速增长态势，工业企业经济效益总体保持较高水平，城乡消费日趋旺盛，海关出口总额快速增长，投资、消费、出口“三驾马车”在驱动经济发展的同时，也培植涵养了税源，促进税收收入增长。二是烟草、电力、汽车、钢铁等企业对税收增量贡献最大。如南昌卷烟厂产品结构优化，增加产品附加值。全年税收收入19.25亿元，比上年增长11.29%，增收1.9亿元。南昌钢铁有限责任公司税收收入2.36亿元，比上年增长15.83%，增收3229万元。三是招商引资企业亮点纷呈。全市

2005年8月25日，市国税局召开加强作风建设，服务和谐创业动员大会

有18户招商引资企业税收收入超过500万元,成为新的重点税源企业,其中7户企业税收增量逾300万元,充分显示出招商引资企业旺盛的生命力及良好的发展前景。四是工业园区成为新的税收增长极。工业园区产业格局凸现,“十大产品”制造基地初具规模,提升了南昌制造业的科技含量、竞争优势和强辐射功能。全市11个工业园区2498户企业全年累计入库税收9.15亿元,增收1.9亿元,比上年增长26.26%,高出全市平均增幅13.53个百分点,比重比上年提升1.55个百分点,占计划口径税收收入增收总额的26.71%。五是增值税免抵调库金额增大。1月~11月全市出口总额11.25亿美元,比上年增长18%。全年全局全年办理免抵调库1.11亿元,比上年增长91.6%,增加5313万元。

【市场变化导致部分税收额下降】 年内由于证券市场低迷,券商亏损严重;房地产开发速度放缓,水泥供大于求,价格下降;药品市场逐步放开,价格下降,制药企业产品附加值减少,造成部分税收减收。同时因征收方式调整,税源转移减少税收。如中石化江西石油分公司下属各设区市分公司按照销售收入1.6%预缴增值税,造成本市增值税减收3113万元。江西移动通信有限责任公司因购买国产设备享受投资抵免所得税优惠政策,则年末待抵扣税金余额达1.3亿元,影响涉外企业所得税的增长。

【促进经济职能充分发挥】 积极促进全民创业,先后研究制定出“支持南昌做大做强30条”、“支持南昌开放型经济发展10条”、“推进全民创业、加快富民兴昌20条”等促进南昌和谐创业快速崛起的措施,得到省委常委、市委书记余欣荣的多次批示肯定。全面落实各项国家税收优惠政策,累计办理流转税减免税金3.34亿元;所得税减免税金4.34亿元;落实下岗失业人员再就业税收优惠政策惠及全市2804人,减免企业所得税259万元;落实新起征点政策惠及全市3031户,月均减免税金额31.76万元。6月荣获全省国税系统再就业税收政策落实工作先进单位称号。积极贯彻国家出口退税机制改革精神,全力加快出口退税进度。全年累计办理出口退(免)税9.5亿元,比上年增长87%。“十五”期间全市累计完成出口退(免)税近20亿元,比“九五”期间总额翻了3番,推动了全市外向型经济发展。

【全面建立税收管理员制度】 按照“建立一个手册、制定两项规范、推行户管三卡、实现四项目标、建设五员队伍”的工作思路,制定《南昌市国家税务局关于全面建立税收管理员制度的实施方案》、《南昌市国家税务局税收管理员工作规程》、《南昌市国家税务局税收管理员岗位工作职责》和《南昌市国家税务局税收管理员工作标准及行为规范》等4项系列制度,将税收管理员工作职责归纳为税务登记管理、认定管理、发票管理、申报征收管理、税源管理、纳税评估、税种管理和纳税服务等九大类共62项岗位工作职责,并对税收管理员每一具体工作事项,制定详细的工作程序、完成时间和需实现的目标等要求。8月组织人员对各单位贯彻落实税收管理员制度情况进行检查和督导。10月15日对全市国税系统596名税收管理员进行业务技能知识大汇考,参考人员98人。

【开展纳税评估工作】 全面推广应用《江西省国家税务局纳税评估管理信息系统》,采取人机结合的方法,按照计算机自动评估、人工案头审计、约谈举证、实地核查、评估处理的程序,对纳税人纳税申报的准确性、真实性进行定性和定量分析。通过对纳税人纳税情况进行纵向和横向比较,全面细致地进行税负分析,查找出薄弱环节,堵塞漏洞。建立和完善纳税评估管理制度,制定《南昌市国家税务局纳税评估管理实施办法》和《南昌市国家税务局纳税评估管理考核办法》等两个规范性文件,对纳税评估岗位设置、工作职责、操作流程、评估目标和纳税评估检查考核标准及方法等予以明确。加强纳税评估工作管理,建立纳税评估工作月度通报制度,召开纳税评估经验交流会议,开展纳税评估工作的督促检查,组织开展纳税重点评估工作。精心组织实施纳税评估工作,在3月完成评估信息采集、评估峰值设定、评估人员培训的基础上,4月在直属税务分局试运行,5月在全市国税系统推广。累计评估企业5.71万户(次),计算机筛选疑点户(次)2.63万户,人工案头审计2.63万户(次),约谈举证2602户(次),实地核查641户,移送稽查6户。通过纳税评估全市国税系统共查补入库税款504.75万元。

【大力实施阳光稽查】 按照总局、省局统一部署,结合对钢铁生产销售等5个行业的税收专项检查,实施阳光稽查查前辅导,企业自查入库税款465万元。全年稽查累计查补金额2875万元,清欠和追缴税款入库2258万元。配合公安部、国家税务总局、省纪委、省国税局督办案件查处8起,特别是配合总局、省局开展税收专案“1206”案的查处工作成绩显著,得到公安部、总局稽查局、省局肯定,被省局授予二等功、三等功8人次,嘉奖4人次。

【成功运行《税收执法管理信息系统》】

作为全国税务系统率先推行“税收执法管理信息系统”试点工作的五个单位之一,《税收执法管理信息系统》正式上线后,运行情况进展顺利,各项工作持续推进。1月23日和5月24日,总局纪检组长贺邦靖,副局长王力在检查指导试点工作时均给予充分肯定。省国税局在报送国家税务总局的《一季度工作总结》中指出:总局《执法管理信息系统》在南昌市局试点运行情况在全国5个试点单位中效果最好。年初,全市国税系统通过该系统对各单位执法情况逐月进行考核和奖惩兑现,1月~11月全系统累计过错行为数量为5872条,累计扣分1.27万分,经济惩戒金额4.04万元,行政处理399人次(其中,批评教育233人次,责令书面检查103人次,通报批评47人次,责令待岗9人次,取消执法资格7人次)。6月在全国税务系统进一步推行税收执法责任制工作会议上,市局作题为《以试点为契机,以考核为抓手,全面提升南昌国税税收执法水平》典型经验发言。

【推进办税服务厅规范化管理服务】 出台《南昌市国家税务局关于进一步规范办税服务厅管理服务的意见(试行)》,统一和规范全市国税系统办税服务厅的管理,全力打造“系统楷模,政府放心,纳税人满意”的办税服务品牌。先后制定完善规范办税服务厅管理与服务10项制度,召开2次办税服务厅规范化管理与服务现场会,实现全市国税办税服务厅环境建设、窗口设置、服务行为、公告内容和服务标识“五个统一”。开展最佳办税服务厅、十佳服务明星检查评比活动,各基层单位评选出52位县(区)局服务明星。组织办税服务厅工作人员服务礼仪培训班,特别是向纳税人推行服务联系卡、温馨提示卡、执法监督卡和服务评议卡服务以来,共发放“四卡”2.5万张,纳税人对南昌国税税收执法和纳税服务的满意度达99.8%。

【推广普通发票同城通购通缴】 在总结二一年四县同城通购通缴工作开展情况的基础上，制定《南昌市普通发票同城通购通缴工作实施方案》。一季度实现城区企业纳税人普通发票同城通购通缴。二季度实现城区个体纳税人普通发票同城通购通缴，方便偏远地区的纳税人购买发票，降低购票成本，节约办税时间，得到纳税人的好评。全年全市共有2170户纳税人通过同城通购通缴在异地领购普通发票2341本，缴销发票2483本。普通发票同城通购通缴工作经验在全省国税系统税源管理工作会议上向全省推广。

【推广省级集中版综合征管软件】 市局采取“三集中”（即集中人员、集中地点、集中时间）工作方式，培训各单位业务、技术骨干及师资人员180余人，培训面达100%；通过自行开发出脚本运行程序，细致排查数据，全市按时完成CTAIS（税收征管系统）1.1中12万余条错误静、动态信息的清理。同时在市局内外网上发布公告，并将纸制公告发送到每一个纳税人，广泛开展宣传解释工作。年内软件推行工作做到“三个确保”（即确保办税效率不降低、确保信息化水平巩固提高、确保对纳税人的影响降到最低），实现2006年元月1日系统成功运行上线目标。

【继续开展“政评”、“双评”】 连续组织开展“政评”、“双评”（第三年）工作，做到领导重视，齐抓共管，实现目标的信心坚定不移；精心组织，狠抓落实，谋求实效的措施坚定不移；严格督查，加强协调，优化服务的理念坚定不移。其间，开展点评会、恳谈会、税企联谊会等形式多样、内容丰富的宣传活动，各项工作取得扎实成效。配合省局连续三年被评为省直单位政务环境评议评价先进单位，市局蝉联全市投资环境文明行风十佳单位称号。

【加强国税文化建设】 为进一步凝聚机关、基层、家庭和社会四个方面的合力，在全系统深入开展以教育人、激励人、凝聚人、发展人为目的的南昌国税文化建设。研究下发《南昌市国家税务局国税文化建设实施方案》，明确构建现代国税物质形象文化、规范统一的行为文化、标准一致的制度文化、以人为本的精神文化的“四化”目标和“文化建设筹划、文化观念深植、文化行为规范、文化成效推广”“四步走”规划。成立国税文化建设工作组织机构，开展国税文化定性定点调研工作，举办《管理智慧与国税文化》讲座，实施机关大楼文化墙建设和14楼国税文化展厅建设，将市局机关大楼建设成兼具品味、现代、实用的文化阵地和国税文化主载体。特别是以国税廉政文化建设为主突破口，在西湖区局试点的国税廉政文化长廊先后得到总局监察局、市直工委领导肯定。

【创建精神文明建设品牌】 积极探索“机制带动文明、教育引导文明、法制维护文明、服务塑造文明、文化创建文明”的精神文明综合协调发展的新途径，不断催生出全市国税精神文明建设发展的累累硕果。年内全市国税系统先后荣获中央文明委、全国双拥工作领导小组、全国妇联、省委和省政府授予的“全国精神文明创建工作先进单位”、“全国军民共建社会主义精神文明建设先进单位”、“全国巾帼文明岗”、江西省第九届文明单位、江西省2003~2004年度文明行业等称号。荣获省局党组授予2004年度全省国税系统目标管理工作先进单位及2005年全省先进工作者、第二届江西十大IT青年、全省国税系统十佳局长、全市劳动模范和全市执法标兵等称号。

（罗贤翔）

## 地方税务

【概况】 2005年，市地方税务局以组织收入为工作中心，以依法治税为工作灵魂，进一步推进以信息化为依托的征管改革，全面加强科学化、规范化、精细化管理，不断提升“三个服务”水平，全市地税工作取得全面进步。全年共组织入库地方税收37.71亿元，完成全年计划的120%，比上年增长20.0%，占全省地税收入的28.4%，促进了南昌市经济社会全面协调可持续发展。

【创建全国一流“学习型示范基地”】 积极探索建设先进地税文化的载体与途径，以“打造南昌品牌，传承南昌地税文化”为要求，健全“政治学习园地”、“业务学习园地”，完善配套学习阅览室功能，营造良好的学习环境和学习氛围。同时积极组织干部职工培训。全年组织12次大型培训，并参加9期上级举办的培训，参加的干部职工1100余人次，干部职工的政治理论、税收专业知识、计算机知识、宏观经济管理知识、文化知识的综合素质和岗位技能得到明显提高。年内全系统干部90%获大专以上文凭，57%获本科以上文凭，87%获计算机一级以上证书，63%获计算机二级以上证书。年初被评为全国“创建学习型组织，争做知识型职工活动”示范基地。年内荣获全国“精神文明建设”先进单位、全国“群众体育”先进单位、全省“职业道德建设双十佳”先进单位、省级“五一劳动奖状”、省局2005年“双评”先进单位及全市“十佳文明机关”，并连续三届蝉联省级文明单位和文明行业，连续两年保持全市执法部门“双评”第一名的荣誉，局长朱文保荣获省“劳动模范”光荣称号。

【落实下岗人员再就业税收优惠政策】 为全面落实再就业扶持政策，制定下岗人员再就业营业税优惠政策管理办法、营业税减免管理和减免监督办法，在各办税服务厅开通下岗再就业绿色通道，为下岗再就业者特事特办，并解决持有《再就业优惠证》的出租车司机享受税收优惠政策的问题，有力地支持了下岗失业人员的再就业。截至年底，全市享受再就业税收优惠人数8457人次，减免地方税收2236万元，工本费9万元。

【落实税收优惠政策】 严格按照规定的管理权限审批减免税、税款延期缴纳和财产损失等涉税事项，复核民政福利企业资格；推行外企网上年检，减轻企业负担；全面树立税收经济观，严格执行好高新技术产业优惠政策；支持国有企业改革，减免重组改制企业房产税1334万元，土地使用税770万元。运用地方税收的减（抵）免政策，扶强扶大支柱产业和优势骨干企业，全力为开放型经济服务。7月，制定《大力支持全民创业，加速实现富民强市30条新举措》，并在《南昌日报》全文刊登。30条新举措得到省委常委、市委书记余欣荣的充分肯定，批示“好”。

【支持个私经济发展】 为推动全民创业，制定并出台《服务个私民营经济发展30条》。同时根据实际情况，制定多项优惠政策和管理办法，精简办税程序，减少审批时间，降低创业成本，对创业者进行政策咨询和辅导，发放涉税资料，提供各种涉税帮助，为全民创业提供了一个良好的税收环境。

【改进和优化纳税服务】 统一机构名称、服务标志、设施配置、服务内容、服务纪律，所有地税人员统一佩带工号牌；合理设置办税窗口，规范各窗口、各岗位的

南昌市地税局以“纳税人评地税活动”为平台，开展税企换岗活动，贴近纳税人

工作职责，规范工作程序和业务衔接；不断创新服务形式和内容，便利纳税人；依托信息化手段，逐步实现纳税人申报和缴款的同城“通报通缴”；依法简并征期，合理简化办税环节，提高涉税审批效率。

**【规范和优化纳税服务】** 全年围绕规范和优化纳税服务，建立全省征管业务数据的灾备中心（数据备份分为业务备份和灾难备份），启动“12366”纳税服务系统的建设；做好对东湖、西湖等区局的户管调整和残保基金代征上线工作；运用信息化技术加强货运发票的管理；在各个办税服务厅安装视频监控系统，省局和市局领导可以通过视频监控系统对各办税服务厅的工作情况进行检查。全面推广使用会统核算模块，组织征管业务软件新增功能点的业务培训及推广，试运用个人所得税代扣代缴软件，在部分行业试点使用税控收款机，做好网上报税系统试点。同时做好税务稽查、税收法制、征管质量考核、重点税源监控管理、收入分析管理功能模块的上线试运行工作。推广行政管理应用软件，提高行政管理水平；发挥信息化网络平台作用，开通全系统的视频会议，提高工作效率；规范信息化相关的管理制度，对全市网络进行全天候监控；与党政信息网、电信公司紧密协调，维护全市网络的正常运行。8月8日开通南昌地税网站，为纳税人提供办税指南、政策咨询等多项服务。

**【加大对单项税种管理】** 分行业、分税种加强税收管理制度建设。制定《私人自用、出租营业性房屋征管工作流程》，进一步做好房屋出租等方面的委托代征工作，1月～12月入库税收2000万元，其中私人出租房屋税收1200万元。规范专业市场房产税征收管理，防止房产税流失；强化对货运业纳税人的管理，着力抓好货运发票的管理，提升货运业税收管理水平；强化房地产企业、建安企业所得税的征收管理，建立全市房地产开发企业征管档案，严格执行建筑安装业所得税预征管理办法。1月～12月，入库房地产开发企业所得税2.16亿元，比上年增长81.1%。入库建筑安装业所得税6350万元，比上年增长82.4%。规范企业所得税管理，抓好个人所得税的全员全额申报管理；加强车船使用税代征管理，规范铁路系统房产税、土地使用税征管。出台《土地增值税预征办法》，并在全省土地增值税征管经验交流现场会上作了经验汇报，得到省局的肯定。截至年底，全市土地增值税收入6641万元，比上年增长51.1%。

**【加快基础设施建设】** 年内新的市局办税中心大楼交付使用。同时全市14个县（区）基本解决办公场所，长期困扰基层的办公条件明显改善；红谷滩分局正式成立；全系统网络建设和硬件设施建设日趋完善，人均电脑拥有量达85%。

**【接受社会各界监督】** 公布服务承诺和举报电话，接受社会监督，实行责任追究。以省局“纳税人评地税”活动为平台，开门纳谏，征求意见和建议281条；召开人大、政协、纳税人代表和特邀监察员座谈会，走访党政机关、企事业单位和纳税人3800余户，征求到意见和建议42条；向纳税户发放调查问卷5000余份，征求意见和建议39条；在集贸中心以及办税大厅，随机发放测评表；在江南都市报社接听市民热线，接听咨询电话40余个；在市电视台开通热线，接听咨询电话58个，征求意见和建议21条；邀请“省社情民意调查中心”就市地税的政务公开、廉洁从税、服务质量等6个方面向全市纳税人进行抽样调查，征求意见和建议171条。针对查摆的问题，认真分析原因，逐一制定整改措施，立即整改或进行情况说明，限期整改，做到事事有回音，件件有着落。

随文资料：

**大力支持全民创业，加速实现富民强市30条新举措**

一、用好税收政策，在行动上支持全民创业

1. 再次调整全市营业税的起征点：在县城、镇和农村经营的营业税纳税人的个人，按期纳税的营业税的起征点由月营业额1500元和1000元统一调整到3000元；在城市经营的营业税纳税人的个人，按期纳税的营业税的起征点由月营业额2000元调整到5000元。

2. 对下岗失业人员从事个体经营（国家另有规定的行业除外），免交税务登记证工本费，并且自领取税务登记证之日起，3年内免征营业税、个人所得税、城市维护建设税和教育费附加。

3. 退役士兵自谋职业从事社区居民服务业，自领取税务登记证之日起，3年内免征营业税和个人所得税。

4. 自主择业的军队转业干部申请从事个体经营或创办企业，符合条件的，凭有关转业证件，经税务机关批准，自领取税务登记证之日起，3年内免征营业税和个人所得税；对为安置自主择业的军队转业干部就业而新开办的企业，凡安置自主择业的军队转业干部占企业总人数60%（含）以上的，经税务机关批准，自领取税务登记证之日起，3年内免征营业税和企业所得税。

5. 对现有的服务型企业和商贸企业（国家另有规定的行业除外）新增加就业岗位，当年新招用下岗失业人员达到职工总数30%以上（含），并与其签订1年以上期限劳动合同的，经劳动保障部门认定，税务机关审核，3年内对年度应缴纳的企业所得税额减征30%（凡涉及上述限定条件和认定、审核程序的，下同）。其中，现有服务型企业新增就业岗位，当年新招用下岗失业人员达到职工总数60%以上，3年内可免征应缴企业所得税；新招用下岗失业人员达到职工总数的30%不足60%的，3年内减半征收应缴企业所得税。

6. 对新办的服务型企业当年新招用下岗失业人员达到职工总数30%以上(含)，并与其签订1年以上期限劳动合同的，3年内免征营业税、城市维护建设税、教育费附加和企业所得税。当年新招用下岗失业人员不足职工总数30%，3年内可按计算的减征比例减征企业所得税。

对新办的商贸企业，当年新招用下岗失业人员达到职工总数30%以上(含)，3年内免征城市维护建设税、教育费附加和企业所得税；当年新招用下岗失业人员不足职工总数30%，3年内可按计算的减征比例减征企业所得税。其中，对新办的独立核算的从事咨询业(包括科技、法律、会计、审计、税务等咨询业)、信息业、技术服务业的企业或经营单位，自开业之日起，第一年至第二年免征所得税。

对新办的独立核算的从事交通运输业、邮电通讯业的企业或经营单位，自开业之日起，第一年免征所得税，第二年减半征收所得税。

对新办的独立核算的从事公用事业、商业、物资业、对外贸易业、旅游业、仓储业、居民服务业、饮食业、教育文化事业、卫生事业的企业或经营单位，自开业之日起，报经主管税务机关批准，可减征或者免征所得税一年。

7. 对企业用于培训员工的费用，可按国家规定工资总额的一定比例计算税前扣除；对企业投资于符合国家产业政策的技改项目，其所需国产设备投资的40%，可从企业当年新增的企业所得税中抵免。

8. 单位和个人从事技术转让、技术开发业务和与之相关的技术咨询、技术服务业务取得的收入，依照规定可享受免征营业税。

9. 国务院批准的高新技术产业开发区内的企业，经有关部门认定为高新技术企业的，可减按15%的税率征收所得税。国务院批准的高新技术产业开发区内新办的高新技术企业，自投产年度免征所得税2年。

10. 企业遇有风、火、水等严重自然灾害，经主管税务机关批准，可减征或者免征所得税1年。

11. 为处理利用其他企业废弃的、在《资源综合利用目录》内的资源而新办的企业，经主管税务机关批准后，可减征或者免征所得税1年。

12. 乡镇企业可按应缴税款减征10%，用于补助社会性开支的费用。

13. 对农村的为农业生产的产前、产中、产后服务的行业，即乡、村的农技推广站、植保站、水管站、林业站、畜牧兽医站、水产站、种子站、农机站、气象站，以及农民专业技术协会，专业合作社，对其提供的技术服务或劳务所取得的收入，以及城镇其他各类事业单位开展上述技术服务或劳务所取得的收入暂免征收所得税。

其中，农业机耕、排灌、病虫害防治、植保、农牧保险以及相关技术培训业务、家禽、牲畜、水生动物的配种和疾病防治，免征营业税。

14. 对安置"四残"人员占生产人员总数35%以上的企业，暂免征收所得税；安置比例超过10%未达到35%，减半征收所得税；安置比例达35%以上的民政福利企业，免征土地使用税、房产税和车船使用税。

二、公开政务，在行政规范上促进全民创业

15. 向社会公布《南昌市地方税务局政务公开规范》，在办税服务厅等纳税人比较集中的场所设置公开税收政策栏、公开执法程序栏、公开处罚标准栏、公开岗位职责栏、公开廉政纪律栏、公开评定税负栏、重大税收政策公开栏等政务公开栏，凡是与纳税人权益相关的事项可公开的全部公开到位，充分保护纳税人的知情权和监督权。

16. 推进税收政务公开，落实"六公开、六不准"承诺。公开税收政策，不准收过头税；公开评定税负，不准收人情税；公开执法程序，不准违规操作；公开处罚标准，不准乱查滥罚；公开服务内容，不准拖延慢待；公开廉政纪律，不准吃拿卡要。

17. 建立税法公告制度，充分利用各种宣传形式进行税法公告，为纳税人查阅便利创造条件。

18. 实施民主评议税负的"阳光工程"。聘请工商、个协、商会、人大、政协、监察、街办、物业管理等部门有关人员和纳税人代表为民主评议税负监督员，组成民主评议税负小组，建立评税工作会议制度，定期评定、评议税负，并及时公开税负情况，做到执法的公平、公正、公开，广泛接受社会的监督。

19. 建立地方税收优惠政策跟踪问效制度。及时发现和纠正地税优惠政策落实过程中存在的问题，加强地方税收减免税的事后管理，引导减免税资金的合理投向，促进减免税款使用效率的提供，充分体现地方税收优惠政策培植税源、促进发展的效应。

三、优化环境，在纳税服务上助推全民创业

20. 搞好纳税辅导，通过举办纳税人税法培训班，地税干部上门政策辅导等多种形式，有针对性地解决纳税人在处理涉税事项中遇到的问题，督促和帮助纳税人建帐建制，指导纳税人依法纳税。

21. 规范纳税服务的内容和形式，实行全市统一规范的服务承诺、税收业务流程及审批事项，明确办理流程、岗位职责和时限要求，并在南昌地税网站、各窗口单位的政务公开栏以及电子触摸屏等予以公布。

22. 南昌市地税系统各办证窗口简化办证程序，减少审批资料，压缩办结时限，将税法规定30天的办证时间缩短为5个工作日。

23. 简化办税手续，减少涉税审批事项和环节，对实行定期定额缴纳税款的纳税人实行简易申报、简并征期的方式，清理简并要求纳税人报送的涉税资料，提高办税效率。

24. 优化地税"窗口"服务，完善下岗再就业绿色通道，在办税服务厅全面实行"一窗式"服务，做到简化流程、一人多岗、一窗多能，让纳税人在一个窗口就能办理所有涉税事项。

25. 整合岗责，改串联审批为并联审批，改分散审批为集中审批。将政务公开、税法宣传、咨询辅导、票表供应、税务查询、银税一体化等涉税服务融入到办税综合服务厅的功能当中，构建一体化办税服务体系。

26. 在全市地税系统实行"延时服务制"，即使到了下班时间，纳税人如未办完事，干部要自动推迟下班。纳税申报高峰期，办税服务厅从早上八时起全天候为纳税人提供服务。

27. 推行无假日服务。节假日里，纳税人可在办税服务厅办理一般涉税事项；如需办理特殊事项的，纳税人可提前预约服务。

四、规范执法，在工作理念上倾情于全民创业

28. 保护纳税人合法权利。地税干部在执法中，必须依法保护纳税人的陈述权、申辩权、控告权、检举权、行政复议权、提请行政诉讼权、请求国家赔偿权等合法权益。

29. 将税收执法由监督打击型转为管理服务型，实施稽查预告制度和查前、查中、查后辅导跟踪制度；建立咨询通道，帮助企业按税法要求规范财务制度。

30. 实行纳税评估约谈制度。对纳税评估过程中发现的问题和疑点，请纳税人和扣缴义务人到主管地税机关述明情况或以书面形式对疑点问题举证。让纳税人获得"非故意偷漏税"自查补缴税机会和免除罚款处理，由事后处罚转为事前规范。

（吴小玲　万容珠）

# 经济管理与监督

## 宏观经济管理

【概况】 2005年,市发展和改革委员会积极开展全市“十一五”规划编制工作,努力做好全市重大项目的策划和融资,并对多个重大项目实施全过程管理,较好地完成各项工作任务。

【组织编制全市“十一五”规划】 在对国民经济和社会发展“十五”计划执行情况进行深入分析和总结的基础上,组织编制全市国民经济和社会发展第十一个五年规划。一是坚持科学发展,和谐崛起的主线。编制时从发展定位、战略布局、国标导向、项目安排、措施设定、政府承诺等方面努力体现科学发展,和谐崛起的内涵。二是实施民主科学决策。规划中的重大课题实行公开招标,重大问题事先沟通,并公开征集人民群众建议,聘请省内知名专家组建咨询队伍,利用媒体对规划送审稿同步公示。三是体现全新的规划理念。规划的核心内容是规划纲要。规划纲要对主要由市场发挥作用的领域只作导向性的安排;对政府履行职责的领域,则作出比较详细的规划和承诺性的安排,确保规划能够更好地成为政府履行职责的重要依据。同时根据中长期发展规划新的定位,参照国际、国内比较成熟的现代指标体系和全面建设小康社会指标要求,设置全新的发展主要指标体系,并提出导向性指标(即政府希望的发展方向,主要依靠市场主体的自主行为实现)、预期性指标(即凝聚广大群众意愿的政府战略意图,体现了群众的根本利益和长远利益)、约束性指标(即政府向市民做出的承诺,是市政府对下级政府和市直各有关部门提出的工作要求)的概念。《南昌市国民经济和社会发展第十一个五年规划纲要》在南昌市第十二届人大七次会议上通过。

【编制《南昌市2006年度国民经济和社会发展计划》】 根据“十一五”规划,结合2005年的发展形势,起草2006年国民经济和社会发展计划报告。主要预期目标是:地区生产总值1170亿元,增长14.5%;个私民营增加值424亿元,增长20%,占地区生产总值的比重达36.2%;工业增加值444亿元,增长17%,其中规模以上工业增加值285亿元,增长20%;全社会固定资产投资650亿元,增长25%;社会消费品零售总额354.2亿元,增长15%;财政总收入146.3亿元,增长16%,其中地方财政一般预算收入62.9亿元,同口径相比增长15%;实际利用外资10亿美元,增长11.1%;外贸出口14.4亿美元,增长20%;城镇居民人均可支配收入11228元,增长9%;农民年人均纯收入4189元,增长8%;新增就业岗位7.2万个;人口自然增长率控制在8.38‰以内。主要任务是稳步提高粮食综合生产能力,扎实推进社会主义新农村建设;增强自主创新能力,大力推进新型工业化进程;高度重视发展现代服务业,逐步完善城市综合服务功能;积极实施互利共赢的开放战略,努力提高对外开放水平;深化改革,完善落实科学发展观的体制保障;加快社会事业发展,着力解决人民群众切身利益问题,推进和谐社会建设。

【申报国债资金】 全年以项目小分队的形式,先后十余次赴北京向国家发改委汇报争取国债资金项目,并配合有关县(区)和市直单位相关项目单位,做好项目的策划、包装工作,有重点地选准突破口,将符合国家政策和资金投向的项目及时申报。年内在国债资金规模总量大幅度减少的情况下,共争取资金2亿余元,其中“红色旅游”、“小城镇建设”、“油菜籽基地”等多个项目列入国家计划。

【做好项目的跟进、管理、服务和监督】 组织实施南昌市国家大型优质油菜籽生产基地建设、小城镇经济综合开发示范镇项目和国家优质粮食产业基地建设,加强对农村中小学危房改造项目国债资金使用情况的跟踪,加大对“民心工程”的协调、服务。对重大项目特别是财政性资金项目的规划、审核、招标、建设、验收等环节实行全过程管理。认真组织对财政性资金项目的工程设计审查,抓好工程建设项目概算调整工作,年内对38个项目、总投资25.4亿元的投资进行优化和调整,核减投资2.9亿元。

(胡兹睿)

## 工商行政管理

【概况】 2005年,市工商局全面落实全国、全省工商行政管理工作会议精神,以整顿和规范市场经济秩序为重点,以服务地方经济发展为要务,以争创一流工作业绩为目标,开拓创新,团结奋进,恪尽职守。红盾护农打假保春耕成效明显;食品监管措施到位,全年无责任事故;全系统广泛开展“三走进、三服务”活动得到群众欢迎;准军事化管理训练成绩斐然,培养和发扬了“特别能吃苦、特别能战斗、特别能奉献”的工商精神,为地方经济发展作出贡献,取得令人振奋和瞩目的成绩。市工商局红谷滩综合执法大楼完成主体二层,圆了几代工商人的梦想。

【助推全民创业】 制定《南昌市工商局推动全民创业,加快富民强市20条服务措施》,降低门槛,改进服务,引导规范创业行为,营造全民创业、富民兴赣的良好氛围。贯彻落实省局推出的企业登记改革,在全系统全面实行“一审一核”制。同时创新工作方式,率先将工商办照窗口前移至基层分局,全权委托基层分局办理,进一步简化程序。截至年底,全市个体工商户9.37万户,新增3.92万户;私营企业1.97万户,新增4637户;内资企业6233户,新增510户;外资企业704户,新增195户;落户南昌市的世界500强企业达20家。积极落实下岗失业人员再就业优惠政策,下岗失业人员投资兴办个体工商户4274人,引导下岗失业人员到私营企业就业4267名,依法减免工商管理规费1415万元。

【消费维权】 全年消费者协会受理消费者投诉1713起,接待来电、来函咨询共计3.79万余次,发布消费警示15次,为消费者挽回经济损失170.5万元。"12315"投诉举报中心受理消费者申诉举报2190件,调解成功2015件,为消费者挽回经济损失280万元。

【护农维权】 针对农民盼购放心种子,放心农资等"七盼望",及时推出农资打假,真假农资识别宣传,消费维权网络延伸到村镇等"七到位"服务措施,并向社会公布。聘请乡村干部作为"12315"名誉站长,发放联系卡,扩大宣传,为农民排忧解难。3月11日,中央电视台《新闻联播》在题为"全国各地红盾护农保春耕"新闻报道中报道该做法。《中国工商报》头版进行报道,并以《"到位"体现'民心'》为题配以短评。全年共查处农资案件84起,罚没入库23.13万元;查获不合格化肥35吨,问题种子5.6吨,假农药12吨。

【完善全市食品安全监管体系】 健全《食品监管责任追究制》、《食品市场巡查制》、《食品经营信用分类监管制》等一系列食品安全监管制度,建立市场监管强制退市和经营者主动退市的监管机制。同时先后为90个基层分局举办三期食品检测业务骨干培训班,参训人员226人,有效提高食品检测能力。及时制订市场监管应急预案,有效防控高致病性禽流感。为给食品安全监管打下坚实的物质基础,先后投入200余万元,购买2台食品检测车、60台手提食品检测箱、5辆卫星定位消费投诉处理车,并开发启用全市食品安全信用电子监管系统。在全市众多商场中,选择洪城大厦、好又多超市等8家大型商场设立食品安全电子信息触摸屏,向消费者公示食品相关信息,使各类食品在流通领域"来有源、身份明",增强食品生产者经营者诚信和自律意识,同时也使广大消费者购买食品买得明白,吃得放心。

【服务个私经济发展】 为解决个体私营企业和个体经营户贷款难问题,与洪都信用联社磋商,推出操作灵活的"创业受信贷款",规划额度为10亿元支持全市个私经济发展。其主要做法是在工商部门登记注册,并加入个私协会成为会员,且经营中无不良记录的个私企业,由个协评定信用等级,经洪都信用联社实地考察,不用评估、不用抵押,符合条件的给予10~30万元不等的贷款。年内发放信用贷款1000余万元。

【开展"三走进、三服务"活动】 在全系统广泛开展的"走进企业、走进社区、走进乡村,服务发展、服务群众、服务基层"活动切实转变干部的思想观念和作风,真正把为人民服务作为工商一切工作的根本出发点和落脚点。对外资企业实行特事特办,在注册资本500万元以上企业的实行跟踪服务,困难企业上门服务。开展个私企业授信贷款,解决个私企业发展瓶颈。将"12315"投诉举报点设立在社区,配专人进驻社区受理群众投诉,让百姓消费维权不出社区。在农村大力开展"红盾打假护农保春耕"行动,维护弱势群体的合法权益。省委常委、市委书记余欣荣批示赞扬"三走进、三服务"体现了"三个代表"重要思想,并希望抓出成效。

【打假维权成效显著】 全面贯彻国家工商总局和省局关于开展整顿和规范市场经济秩序的一系列指示精神,加大公平交易执法力度,严厉打击制假售假,不正当竞争,走私贩私等经济违法违章行为,保护经营者和消费者的合法权益。全年全系统共立案2383起,结案2227起,涉案金额6469.23万元。办理大要案206起,移送司法机关案件10起,罚没入库总值2156.41万元,与上年相比增长128.8%。组织各类市场整治13次,出动执法人员1.32万人次,车辆2921台(次),检查集贸市场2339个(次),商场(超市)4137个(次),经营户1.13万(次),规范了市场竞争秩序。

【保护商标专用权】 积极开展建立信用、保护知识产权活动。一是积极引导企业走商标战略。主动做好江西省著名商标和中国驰名商标的推荐工作。全市有驰名商标4件,分别是江西汪氏蜜蜂园有限公司的汪氏商标、江西汇仁制药有限公司的汇仁商标、南昌卷烟厂的金圣商标、江铃汽车股份有限公司的江铃商标。江西省著名商标69件,南昌市知名商标36件。南昌农产品商标85件,申报待批130件,集体商标1件。二是大力整治流通领域商标违法行为,重点打击假冒他人注册商标、仿冒知名商品特有名称、包装、装潢、虚假宣传等违法行为,严查侵犯涉外商标和驰名商标专用权案。查处商标侵权案件90起,捣毁商标制假窝点12个,罚没124万元,没收侵权商标标识15250件,没收销毁侵权商品46503件。

【开展准军事化管理训练】 为展示全市工商队伍"特别能吃苦、特别能战斗,特别能奉献"精神风貌,全系统开展为期一个月的准军事化管理训练,1000余名干部参加训练。10月31日,近470余名执法干部代表,排列6个队列班,10个队列方队进行汇报表演,受到省局领导好评。

【综合执法大楼开工】 9月6日,综合执法大楼举行奠基典礼。该大楼位于红谷滩新区丰和大道和丽景路交汇处,总用地面积1.35万平方米,总建筑面积约1.8万平方米,建筑总高度为58.05米,总投资约7000万元,预计2007年春节前落成。

【"双评"工作取得成效】 全年开展"双评"期间,做到工作谋划、工作督查、部门协调、宣传报道、细节"五到位"。发放征求意见函910份,走访服务对象1200余人次,召开市人大代表、政协委员和个体私营企业代表座谈会60余次。同时向社会公开十项承诺,并增配17部小灵通作为举报电话,昼夜接受群众投诉。在全省"双评"工作中讲大局、尽心力,在省局开展"双评"征求意见中,市局优秀率达100%,满意率达98.7%。

【宣传信息工作迈上新台阶】 全年中央电视台16次报道市工商局工作,全系统在各类媒体刊发稿3825篇,其中《人民日报》5篇、《中国工商报》55篇。政务信息在全国工商102个直报点中名列第五。省、市领导对市局工作批示27条。

【精神文明创建取得新成绩】 调整精神文明建设工作领导小组成员,加大精神文明创建力度。年内市青山湖区工商局、新建县工商局被评为江西省第十届(2004-2005年度)文明单位;7个单位被评为市级文明单位。南昌洪城大市场工商分局被共青团中央评为"2005年度青年文明号",2个单位被评为省"青年文明号",6个基层分局被评为市"青年文明号"。

【加强教育培训】 举办有百名基层工商分局长参加的研讨会,启发思维,开阔眼界,提高分局长的领导水平和领导艺术,调动工作积极性。年内全系统科级以上干部撰写调研文章近110篇,其中优秀论文37篇被汇编成《调研集锦》。同时举办政务信息、公文处理、宣传报道、食品安全检测技能等各类培训班9期,培训干部912人次,提高了干部"办文、办会、办事"能力。

【加强基层党组织建设】 开展"党员示范岗"活动,认真落实"三会一课"制度,推广党组书记上党课做法。举办2期党支部书记培训班,提高基层支部书记党务工作的能力。组织承办市直机关党务工作经验交流现场会,并介绍开展党员电化教育工作的先进经验。全年发展新党员42名、审批预备党员转正59人;并涌现出一大批先进基层党组织和先进个人。市局党组书记、局长刘东庚被授予江西省五一劳动奖章,西湖区局黄晓岚被中华全国妇女联合会评为"全国三八红旗手",青山湖区局陈泓朴被评为江西省先进工作者(省级劳模)。同时有24个先进基层党组织、74名优秀党员、10名优秀党务工作者分别受到省局、市直工委及市局表彰。

【干部调配和离岗退养】 在调配干部工作中注重民意、注重基层、注重实绩。全年提拔238人,调配36人,其中提拔正科级干部7人,副科级干部9人,岗位交流20人,县区(分)局基层领导班子结构得到优化。全年全系统办理离岗退养255人,其中公务员166人。

【开展星级分局创评活动】 全局基层建设立项目11项,投入资金220万元,努力改善基层执法人员的工作生活环境。先后两次召开现场会,在全系统掀起创星级的热潮。年内东湖区工商局子固路分局等13个分局被省局评为首批"三星级工商分局"。

(喻德华)

## 审批办证

【概况】 2005年,市审批办证中心管委会以优化投资环境为工作出发点,坚持以客商为本,与时俱进,开拓创新,求真务实,围绕一个宗旨(即公开、公正、廉洁、高效),实现两个转变(即办证中心由审批型向服务型转变,工作人员由"管理员"向"服务员"转变),发挥三个作用(即优化环境第一窗口作用、联系群众桥梁纽带作用、广大客商温馨之家作用),狠抓四个方面工作的落实(即进一步完善行政许可运作机制,进一步提高服务水平和服务质量,进一步深化行政审批制度改革,进一步优化全市投资环境),为广大客商提供优质便捷的审批办证服务。全年共收件4.06万件,比上年增加7783件,增幅23.6%;共出件4.02万件,比上年增加7525件,增幅23%。

【推行一审一核制】 为简化许可程序,减少许可环节,提高工作效率,在原有行政许可事项委托窗口受理、办理的基础上,积极推动进驻部门委托窗口实行"一审一核"制〈即由各行政机关授权窗口工作人员(简称审查员)对许可申请依法受理、审查,窗口首席代表(简称核准员)负责审核并签发〉,许可办证只需两个环节就全部完成。对不需要通过招标、拍卖方式做出行政许可、集体讨论、专家论证的简易审批办证事项,原则上一律实行"一审一核"审批机制。年内拟定的《南昌市审批办证中心行政许可实行一审一核暂行规定》报市政府同意正式下发并向社会公示实施。该《规定》要求市发改委、外经贸委、建委、工商局、国税局、地税局等19个部门的49项许可事项实行一审一核制。据统计,实施一审一核的49项事项的实际办件量占到市办证中心总办件量的90%以上。实行"一审一核"制的许可事项,均要求在5个工作日内办结,低于法定办结时限。

【推进电子政务建设】 11月15日,市办证中心电子政务二期系统正式投入使用。该系统一是提升中心网站功能,实现行政许可网上公告、网上下载、网上咨询、网上查询、网上评议、网上申报等远程服务功能,打造了高效便捷的网上服务平台;二是在网站上设立投诉评议栏目,把各进驻窗口及工作人员的基本情况、照片放在网页上,由广大投资者和社会公众对窗口服务情况进行评议打分,打造了公开透明的网上监督平台;三是完善行政许可业务受理、审查、统计等功能,由市办证中心管委会对各进驻窗口实施行政许可的过程进行协调和监督,打造了实时有效的网上管理平台。该系统的建成,推进行政服务提速增效,并走在全国行政许可电子政务建设中的前列。

【完善建设项目并联审批制度】 依照《中华人民共和国行政许可法》等有关法规要求,在组织各窗口首席代表共同调研的基础上,制定并下发《关于严格建设工程项目并联审批程序的通知》,进一步规范并联审批操作程序。同时草拟《关于进一步完善南昌市建设工程项目"并联审批"办法》的意见(征求意见稿)。在原《南昌市建设工程项目"并联审批"办法》的基础上,按《中华人民共和国行政许可法》要求,对行政许可实施主体和许可程序作调整、修改。该《办法》征求各有关部门意见后,呈报市政府审定。

【加强业务指导工作】 为完善全市审批办证体系,规范各审批办证中心的工作职能和办证程序,一是在全市各县(区)办证中心、市直部门办证大厅开展"十星"创评活动,促进审批办证业务和服务水平的提高。二是对各县(区)办证中心、市直部门办证大厅施行首席代表制、行政委托制、并联审批制、告知承诺制等审批办证制度的情况进行督促检查,并对红谷滩新区、南昌英雄经济技术开发区成立审批办证中心进行指导。

【完善重点投资项目"绿色通道"服务】 为进一步营造"亲商、安商、富商"的浓厚氛围,一是落实在南昌市投资重点项目许可办证"绿色通道"服务,使投资者主要精力放在建设生产、经营管理方面。如确定"百意百货、铭雅欧洲城、南昌政务中心大楼"等重点投资项目为当年绿色通道项目,确定专人进行全程跟踪服务,各审批环节时限在承诺时限的基础上再缩短35%。二是将为客商服务的阵地前移,开展绿色通道上门服务。如组织建委、规划、国土、消防、环保、房管、工商、外经贸委、园林、人防等窗口首席代表先后来到昌东工业园区、南昌县、西湖区等地就通威饲料、金冠马得利、江西荟丰纸业、省科技假日酒店等十余家内外资企业提出的企业注册登记、国有土地使用权证、建设工程规划许可证、消防验收、施工许可证等问题提供上门服务,受到广大客商的一致好评。

【推行服务标准化】 在全市审批办证系统8家试点单位开展政府服务ISO 9001质量管理体系的贯标试点工作。通过引入政府服务ISO 9001质量管理体系,制定服务标准,优化服务流程,将各窗口、各岗位的行政许可服务质量管理目标分解到人,实行细化、量化,促进服务工作制度化、程序化、标准化,提升服务品质。为推动试点工作的顺利开展,一是组织试点单位有关负责同志赴南宁市就开展ISO 9001质量管理体系贯标情况进行专题考察学习，并向市政府递交专题考察报告。二是召开ISO 9001质量管理体系贯标试点动员大会和多次工作协调会，召集8家试点单位就贯标试点工作进行专题研究和部署。三是组织8家试点单位有关人员开办ISO 9001标准质量管理体系知识培训班。年底8家试点单位全部通过贯标认证。

【完善考核办法】 一是在原有窗口“十星”评定考核办法的基础上，会同市监察局、市人事局对考核办法作部分修改，主要是用“客商满意星”代替“团结协作星”（“客商满意星”是由审批办证监督员、市重点项目绿色通道企业及部分办证的客商进行评议打分形成）。通过制定《“十星”评定补充细则》，使“十星”评定更趋完善和合理，提升服务水平。二是修订考核办法。对“绿色通道”办件量年度排名第一、二名的窗口，在年终考评给予相应加分；缺席“绿色通道”项目有关服务活动的窗口，给予相应扣分，促进各窗口更好地为客商提供优质快捷的审批办证服务。三是组织窗口工作人员开展电子政务操作竞赛活动，竞赛结果每月通报给各进驻部门。

【提高服务水平】 一是按照《关于清理全市行政执法主体的通知》的要求，对窗口工作人员的行政执法主体资格进行清理后，组织没有取得执法主体资格的事业单位工作人员通过培训获得行政执法主体资格。二是组织全体工作人员集中收看礼仪培训光碟，并在办证大厅实施微笑服务，对客商做到“来有迎声、问有答声、走有送声，一张亲切的笑脸、一声亲切的问候、一个满意的答复”，努力让客商在中心感受到家的温馨。三是充分发挥考核管理工作小组作用，实行首席代表周例会和服务大厅值班制度，对照审批办证“八不准”要求，对各窗口服务情况实行定期和不定期的检查，较好地规范和监督审批办证行为。

【部署全市开展第四轮行政审批制度改革工作】 一是组织各县（区）、市政府各部门收听全国行政审批制度改革工作电视电话会议。二是结合省政府办公厅《关于转发省行政审批制度改革领导小组2005年行政审批制度改革工作重点的通知》文件精神，拟定《2005年行政审批制度改革工作重点》并由市政府办公厅转发至各县（区）和市政府各部门，对全市下一步的行政审批制度改革工作进行全面部署。三是先后下发《关于对全市第四轮行政审批制度改革工作落实情况进行督查的通知》，组织对全市各县区、市直各有关单位的第四轮行政审批制度改革工作进行督促检查，重点检查有关文件的贯彻情况。

【编制市级行政许可事项目录】 在前四轮行政审批制度改革工作的基础上，下发《关于进一步做好全市行政许可事项和实施机关及收费项目清理工作的通知》，对全市各部门上报的行政许可事项、实施主体及收费情况进行进一步清理审核。年内着手行政许可事项目录编制工作，编制出市级行政许可事项目录，并向社会公众公布。

【扎实做好优化投资环境督查工作】 一是组织有关部门精兵强将，对各牵头和责任部门优化投资环境工作任务落实情况进行专项督促检查，确保工作方案的贯彻实施和优化投资环境工作成效。二是推行优化投资环境工作信息通报制。结合对各县区、各部门工作开展情况的督促检查，对全市贯彻落实《2005年优化投资环境工作实施方案》情况进行定期通报，将优化投资环境工作进展情况及各部门优化投资环境工作中好的经验、好的做法进行沟通交流，并及时通报和研究优化投资环境工作中出现的新问题、新情况。三是多次召开优化投资环境工作调度会，对各部门工作任务完成情况进行通报和调度。

【举办《南昌市优化投资环境条例》现场咨询会】 9月22日，会同市人大法工委、法制办、监察局借2005年中国南昌第四届金秋经贸活动月开幕之际，举办《南昌市优化投资环境条例》现场咨询会，取得“三多”和“三好”的效果。即参与活动人员多（工作人员达120人）、发放宣传材料多（发放宣传资料2200余册）、接受客商咨询多（接受咨询126人次）；现场宣传效果好、广大客商评价好、推动下步工作好。

【建立长效管理机制】 一是制定并以市优化投资环境领导小组的名义下发《关于进一步加大整治“四乱”力度的通知》，并组织检查整治“四乱”的贯彻情况。二是针对部分企业反映比较集中的“乱检查”问题，会同市法制办、监察局下发《关于对2005年实施行政检查情况进行清理和申报2006年行政检查工作计划的通知》，对行政检查活动实行审查批准制度。三是要求执法人员履行检查公务时，必须填写“行政执法检查登记簿”，并对部分执法单位违反《南昌市优化投资环境条例》对企业检查的行为进行纠正。

【认真受理和处理破坏投资环境的投诉】 一是对南昌澳利实业有限公司对企业经营过程中投资环境问题的投诉和江西晨鸣纸业有限责任公司对债务纠纷的投诉等进行及时协调处理，办结率为100%，客商十分满意。同时在优化投资环境工作调研中，对江西物产发展总公司等三家公司反映的投资环境问题进行协调和处理。二是对市人大常委会转来的《〈南昌市优化投资环境条例〉贯彻实施情况调查中企业反映的部分问题》进行调查处理，对5家责任单位下发《优化投资环境意见整改通知书》，要求责任单位采取切实有效的措施，解决问题，进行整改，并将整改情况进行反馈。对义务监督员和联系点企业反映的意见和建议进行梳理和反馈，向相关责任单位下发8份整改通知，并督促责任单位对反映的问题采取措施进行及时整改。

【城市分项竞争力排名靠前】 5月，中国社会科学院编写的《中国城市竞争力报告》中关于城市分项竞争力排名显示，南昌投资环境排名第20位，南昌市的制度竞争力排名第13位，其中政府审批与管制指数排名第6位，在中部地区六个省会城市中排名第一；南昌市人民政府管理竞争力排名第8位，其中政府服务能力指数排名第5位，在中部地区六个省会城市中排名第一。这组权威机构发布的最新数据充分说明，经过五年多来不懈的努力，南昌市集中审批办证工作呈现出机制创新、政务透明、程序简化、服务靠前、管理规范、监督有力的局面，为推动南昌经济快速发展做出了积极贡献。

（邹　源）

## 质量技术监督

【概况】 2005年，市质监系统以服务南昌经济、服务企业发展、服务社会稳定为目的，紧紧围绕加快发展这条主线，牢牢抓住把关服务、两个安全（即食品安全、特种设备安全运行）、队伍建设三个重点，动员一切力量，凝聚一切智慧，抓住一切机遇，加快发展，全系统保持了持续、快速、和谐发展的良好局面。当年在全省质监系统综合考核中，获得业务总收入、业务收入增长速度、人均业务收入、总资产增长速度等7个第一；9个基层单位荣获全省质监系统优秀基层先进单位光荣称号；6个基层单位被市政府表彰为文明单位；第二次被市委、市政府授予“招商引资服务奖”，被市纪委评为纪检监察办案工作先进单位；市质监局办证窗口连续5次获得市政府授予的文明窗口称号；全系统有33人受到国家质监总局、省质监局和地方政府的表彰奖励。

【加快基础建设】 全市质监系统固定资产投资继续大幅增长。全年新增固定资产1063.62万元，固定资产总额达2632.22万元，比上年增长了67.81%。年内南昌县局1905平方米办公楼通过竣工验收并交付使用；西湖区分局投资500万元购置办公用房；市质监局1.2万平方米办公楼动工建设；全系统新增执法用车25辆、电脑54台。截至年底，全市质监系统拥有执法用车107辆，电脑等信息化设备154台。

【夯实计量、标准化基础工作】 一是计量技术保障体系初具规模。新成立市计量协会，全年全市计量从业人员增至400余人，系统内计量人员增加到100余人，并投入40万元资金用于8个县(区)级计量技术机构仪器设备及实验室的改造，且全部通过省局授权考核。二是计量基础工作进一步加强。全年共检定各类计量器具1.13万台件，受检率达95%以上，合格率达90%以上；考核计量标准38个，组织计量新标准2项；颁发(复查)计量检定员证120个，换发计量认证监督评审单位15家，指导9家企业建立和完善计量检测体系。与省计量院、市自来水公司协商制定水表强检合作方案，并已取得初步成效。积极推进瓶装液化气瓶封口标识管理，发放封口标识313万余只，确保瓶装液化气的净含量。三是计量宣传培训扎实开展。组织县级工业园区计量免费培训，培训企业160余家，人员180余人次；开展“5·20”世界计量日宣传活动，发放宣传材料3000余份。四是夯实标准化基础工作。全年完成代码颁、换证16130家，年检1.80万家；发放IC卡1.15万个，发展使用条码新成员156家，继续使用条码成员190家；为120家企业的425个产品进行标准备案登记，代码数据库实现零出错率。

【服务企业开展“标准化服务进园区活动”】 为更好地服务企业，市质监局开展以办好十件实事为主要内容的“标准化服务进园区活动”。其间，邀请标准化专家陈渭为南昌经济技术开发区、南昌高新技术产业开发区内的150余家企业进行“企业标准体系建设专题讲座”，并向200家企业分别免费赠送价值200余元的标准化书籍、资料及视听光盘。

【抓好农业标准化示范区建设】 全年结合全市农业生产实际，加快农业标准制(修)订步伐，先后制定《军山湖清水大闸蟹》等地方推荐性标准2项；《蔬菜病虫害综合防治技术规范》等农业技术规范4项；农业标准10余项。按照“公司+协会+农户”等农业产业化发展模式，抓好安义从玉“国家级绿色蔬菜标准化示范区”等13个农业示范区建设，帮助江西国鸿、诚志股份等11家重点企业申报国家级、省级标准化良好行为企业。年内国鸿“江西省无公害生猪标准化示范区”顺利通过国家标准委第一批“标准化良好行为试点企业”AAA级确认。

【标准信息化工程全面启动】 年内开通《南昌企业标准工作管理服务平台》、《视频与下载》、《国内外标准数据库》、《采标目录数据库》和《南昌市组织机构代码数据库》等信息系统，为全市各工业园区企业安装《南昌质量信息服务平台》。全面启动标准信息化工程，向企业延伸质监系统标准化管理工作，并实现标准化动态管理，为企业提供了一个标准化学习、交流和工作的平台。

【质量兴市和名牌战略工程取得明显成效】 当年在全市众多的企业生产的产品中，推荐“南方牌”卷烟、“长力牌”弹簧钢板、“利捷牌”助力车等6家企业9个产品为“江西名牌”产品；组织4家企业申报国家免检产品；确定西湖区、南昌县、新建县等5个县(区)为质量兴县(区)活动单位。进贤县荣获2005年江西省质量兴县先进单位。年内全市获“中国名牌”1个，“江西名牌”5个(具体名单见下表)。截至年底，全市共有“中国名牌”产品2个，占全省的五分之一，“江西名牌”产品51个，占全省的四分之一。

## 南昌市2005年中国名牌产品一览表

表55

| 企业名称 | 商标 | 产品 |
|---|---|---|
| 诚志股份草珊瑚分公司 | 草珊瑚 | 牙膏 |
| 江西沪昌电缆有限公司 | 滕阁 | 电线电缆 |
| 南昌市利捷工贸有限公司 | 利捷 | 电动自行车 |

续表55-1

| 企业名称 | 商标 | 产品 |
|---|---|---|
| 南昌统一企业有限公司 | 统一 | 饮料 |
| 南昌卷烟厂 | 庐山 | 卷烟 |
| 江西长力汽车弹簧股份有限公司 | 长力 | 汽车钢板弹簧 |

【帮助和指导企业认证认可】 截至年底，全市通过质量体系认证的企业达500家，40个农产品通过质量认证，197家企业通过工业产品生产许可证认证，86家企业通过3C认证。

【确保食品、特种设备“两个安全”】 全年认真贯彻“安全工作只有起点，没有终点”的方针，认真落实食品质量监管和特种设备安全监察责任制。

食品安全监管方面，通过重点抓食品生产加工源头，实施分类指导规范及健全食品市场准入和安全监管两个体系建设，保证食品生产加工环节的质量安全。分类指导规范上，一是对全市保健食品按照“普通食品不得与药品名称相同”的原则，分批次清理有关企业标准41项，并将废止公告送达行政相对人，有效遏制不符合标准的保健食品生产和销售；二是对全市食品企业标准、标签进行一次全面的清理，公告废止食品企业标准192项，清理不符合GB7718—2004和GB13432—2004标准要求的食品标准600个，有效地提高了全市的食品企业标准整体水平。食品企业市场准入上，对食品生产企业进行认真的资格审查，杜绝不符合条件的企业获得食品生产许可证。当年共有96家企业93个产品获得食品生产许可证，其中“老五类”68家68个产品，“新十类”28家30个产品。同时建立食品生产加工企业数据库1025家。截至年底，全市共有262家企业270个产品获得食品生产许可证，其中“老五类”227家企业227个产品，“新十类”35家企业43个产品。在安全监管上，先后进行“苏丹红一号”食品的市场排查，开展病死猪肉、“双氧水”浸泡食品、劣质奶粉、麻辣熟食等食品专项整治，并与卫生、工商、公安等部门联合开展保健食品专项检查。当年，仅市局稽查支队，就查办食品生产、销售违法案件64起，取缔不合格食品加工窝点14个，查获假冒伪劣及不合格食品货值金额170余万元。

特种设备安全监察方面，始终保持高压态势，做到标本兼治，长效管理，消除了一批安全事故隐患，确保全年节假日及全国、省、市“两会”期间特种设备安全运行。当年共出动执法人员4699

人次，检查各类特种设备使用单位2912余家，办理特种设备告知手续5055家，办理各类特种设备操作人员证3125个；下发安全监察意见书535份，提出整改意见2537条，责令734家单位1232台设备整改，整改到位715家；查封、关停特种设备159台，取缔违规生产、使用特种设备7台，全市特种设备安全监察覆盖率达100%。

【发挥打假主力军作用】 全市质监系统紧紧围绕"两抓两提高"（即从源头抓质量，提高工作的有效性；从基层抓落实，提高依法行政水平）的工作部署，以生产领域作为监督打假的主战场，狠抓源头质量，严格市场准入。全年全系统累计出动执法人员1.4万余人次，抽查产商品4000余批次，组织食品、农资、地条钢、成品油、汽配、建材及建筑构件等十几项专项整治行动。同时加大处罚力度，查办大案要案。仅市局稽查支队查办制售假冒伪劣产品违法案件374件。全年共查获假冒伪劣产品标值2000余万元，销毁假冒伪劣产品标值30余万元。

【提高打假技能】 针对消费者对加油站计量投诉率高的情况，多方请教专家，组织业务骨干从学习税控燃油加油机工作原理入手，掌握其造假方式和规律。对几家投诉较多，反映较大的加油站进行专项检查，先后查办3起加油站破坏电脑主板的计量违法案件，对坑害群众、谋取不正当利益的违法行为起到强有力的震慑作用。

【推行优化投资环境"四五六"工程】 为提高工作效能，提升服务质量，在全系统推行优化投资环境"四五六"工程。一是严明"四条禁令"，即严禁接受由企业支付费用的宴请，参加高消费娱乐活动；严禁借单位名义，私自与企业签订服务协议，借机收取钱、物；严禁擅自决定处罚种类、幅度；严禁执法态度粗暴，方法简单。二是强化"五项服务"，即强化效能服务，强化技术服务，强化示范服务，强化信息服务，强化法律服务。三是落实"六个一律"，即除上级安排或群众举报及涉及安全和假冒伪劣的产品外，一律不安排对企业的执法检查；对企业的一般违法问题，除对社会形成危害、影响生命健康和财产安全外，一律实行首查不罚；除屡教不改外，对企业的处罚一年内一律不得超过两次；对未公开行政处罚程序的案件，一律撤销行政处罚；对有效期内的"中国名牌"、"国家免检"、"省重点保护产品"，一律免于市、县级产品质量定期监督抽查；实行有案查案、无案预防机制，一律不得以各种名义和形式向办案单位下达罚没任务。同时为给企业创业提供宽松的氛围，规定特种设备的审批、核准由15个工作日缩短为5个工作日；发放计量制造（修理）许可证由40个工作日缩短为20个工作日；建立计量标准由6个月缩短为2个月，并实现网上年检、网上许可证查询、网上公示。

【实行部分科级领导职务竞争上岗】 10月制定《南昌市质量技术监督局部分科级领导职务竞争上岗实施方案》，对市锅炉处处长、新建县副局长、安义县副局长三个领导职务实行竞争上岗。

（付流云　黄承胜）

## 安全生产监督

【概况】 2005年，南昌市安全生产监督管理局以贯彻实施《中华人民共和国安全生产法》和国务院《关于进一步加强安全生产工作的决定》为主线，坚持以人为本、依法监管，坚持安全第一、预防为主，坚持强基固本、服务大局，坚持统筹兼顾、协调发展，大力推进监管体制、安全法制、监管队伍"三项建设"，强化主体责任、安全投入、专项整治、应急救援、教育培训"五个重点"，狠抓工作责任制和措施落实，积极开展安全生产大检查和安全生产专项整治活动，全面完成市委、市政府下达的职能目标和保证目标明确的各项目标任务。全年全市安全生产实现"三个下降、三个没有"（即：生产经营性事故起数、死亡人数下降，交通事故起数、死亡人数下降，火灾事故经济损失下降；没有发生重大生产经营性事故，没有发生特大交通事故，没有发生特大火灾事故）。

【各类安全生产事故明显减少】 全年全市共发生生产经营性事故18起，死亡19人，比上年分别下降47.06%、51.28%。其中，生产经营性事故发生数占省政府下达年度控制指标的47.5%；交通事故1047起，死亡297人，经济损失303.75万元，比上年分别下降32.32%、2.94%、37.04%。交通事故发生数占省政府下达年度控制指标的125.32%。火灾事故1533起，死亡16人，直接财产损失374.5万元，比上年分别上升5.7%、45.5%，下降88.7%。

【专项整治效果明显】 继续深入开展非煤矿山、道路和水上交通运输、危险化学品、民用爆破器材、烟花爆竹、燃气、建筑施工、人员密集场所消防安全和特种设备等方面的安全生产专项整治，并把安全生产专项整治与依法落实生产经营单位安全生产保障制度、加强日常监督管理及建立安全生产长效机制结合起来，确保整治工作取得实效。全年共关闭危化品生产企业1家、停产整改4家、责令停产搬迁11家（其中3家已搬迁完毕）；取缔非煤矿山190家、非法烟花爆竹经营点77家，收缴伪劣烟花爆竹600余箱；整改火灾隐患2454处，消防违法行为28处，取缔单位场所6家，20家重大火灾隐患单位有8家整改到位；检查建筑施工企业494家，查出隐患579起，消除隐患569处，对逾期没有整改到位的10个工地予以了黄牌警告；投入301万元对47艘存在较大安全隐患的渡船进行更新；查封停用特种设备94台，销毁"土锅炉"4台，查处违规家装单位2家；5处建筑物压占燃气管道隐患和4处道路交通事故黑点全部整改完毕。

【严格执行安全生产许可制度】 按照国务院《安全生产许可证条例》的要求，严把市场准入关，严格审批。全年共发放"危险化学品安全生产许可证"24家、"危险化学品安全生产经营许可证（乙证）"580家，"烟花爆竹安全生产许可证"16家、"烟花爆竹安全生产经营许可证（临时）"988家，"非煤矿山安全生产许可证"153家，对年底前未取得"安全生产许可证"的单位一律视为非法企业，予以关闭取缔。

【狠抓安全责任制的落实】 明确政府、部门和企业三个层面的安全生产责任，自上而下层层签订安全生产责任状，做到事事有制度，人人有责任，在全市形成"纵向到底、横向到边"的责任体系。发生事故后，按照"谁主管、谁负责，谁发证、谁负责"的原则，坚持事故原因未查清不放过、责任人员未处理不放过、整改措施未落实不放过、有关人员未受到教育不放过的"四不放过"原则，对事故责任人员进行责任追究。全年共查处安全生产责任事故23起。其中，重大火灾事故3起，重大交通事故1起；因生产责任事故受到党纪、政纪处分18人，被追究刑事责任1人。

【强化安全生产的监管】 运用"四铁"（即铁的手腕、铁的心肠、铁的纪律、铁的精神）精神，对安全生产中存在的隐患盯住不放,对拒不整改的采取“不整改就关门,不关门就关人”的严厉措施,确保全市当年隐患整改率达80%以上。在加强安全生产监管的力度上抓好“三个落实”(即落实安监机构、保障经费、监管人员)。一是落实安监机构。年内各县(区)成立安全生产监管机构(乡镇、街道设立安全生产办事机构),各县(区)设立安全监察大队,配备监察车辆和必要的监察装备。二是落实保障经费。在市政府每年下拨500万元安全生产专项经费的基础上,各县(区)政府下拨专项经费,多的有50万元,少的有20余万元。三是落实监管人员。市级安监局有各类编制在职人员72人,县(区)安监局多的16人,少的有7人。同时每个乡(镇)、街道配备1~2名监管专干,社区和企业设立安全监察员,全市基本形成“三级机构,四级网络”的安全生产监管格局。

【夯实安全生产基层和基础】 年内投入50万元建立省、市、县三级联网的安全生产信息管理平台,开通南昌市安全生产信息网站,各县(区)也建立安全生产网站,提高安全生产监督管理自动化水平和工作效率。同时不断探索安全监管新途径,在全市开展安全“五进”活动(即进园区、进社区、进校园、进家庭、进农村),把安全宣传教育和安全责任逐步向基层单位组织,甚至向家庭延伸,从而增强全民的安全意识,夯实安全生产基础。如在工业园区建立园区安全管理机构和消防自救站。在社区建立“安全消防自救演练教育培训中心”,开展“百场安全知识进社区巡回放映”活动,举办社区消防运动会;在校园开展“安全伴我在校园,我把安全带回家”为主题的安全知识普及活动;编辑出版《南昌市民安全常识》,并向家庭免费发放15万册,使市民了解防范各类事故和自救的基本措施;在农村建立义务消防队,并配备简易消防车。

【加大安全生产法律法规宣传】 6月开展以”遵章守法,关爱生命“为主体的安全生产月活动。其间,副市长周关带领3000余群众进行安全生产宣誓,组织同唱《生命之花》安全歌曲。同时各县(区)、部门和单位并利用各种宣传方式,在社区、企业、学校开展内容丰富、形式多样的宣传活动,营造出“人人抓安全,处处有安全”的浓厚氛围。全年共受理群众安全隐患举报60余起。核实后对其中53起予以查处和督促整改。

【开展促进安全生产和经济社会协调发展课题研究】 树立科学的发展观,研究制定全市安全生产规划及10年远景规划,把安全生产目标任务和政策措施纳入全市经济社会发展的总体布局,做到同步规划、同步实施、同步发展。其主要内容是通过兼并、联合、重组等措施,积极发展跨区域、跨行业经营的大公司、大集团和大型生产供应基地,逐步淘汰不具备安全生产条件的企业,提高企业安全生产保障能力。

【法制建设取得进展】 根据《中华人民共和国安全生产法》要求和全市经济发展的需要,对2000年实施的《南昌市安全生产条例》进行修改,并经南昌市第十二届人大常委会第三十六次会议审议通过,于11月1日正式实行。《南昌市安全生产条例》作为贯彻实施《中华人民共和国安全生产法》的地方配套法规,对规范全市安全生产管理,追究安全生产法律责任有着重要的指导意义,标志着全市安全生产监管工作步入规范化、法制化的发展轨道。

【资金投入】 市政府重视安全生产基础设施建设资金的投入,每年安排500万元安全生产专项资金,用于市级公共安全设施隐患整改、安全生产监督管理工作经费和奖励基金。资金的使用由市安管局会同市财政局提出意见报市政府审批。全年共投入240万元用于应急救援指挥中心建设。其中,130万元投入到购置装备;投入50万元用于安全生产信息中心二期建设;投入86万元用于安全生产隐患评估及制订方案;投入34万元用于安委办及安全生产月活动经费;投入50万元用于安全生产奖励;投入10万元用于完善立法经费;其他30万元补充日常办公经费。

【建立应急救援体系】 为构建全市安全生产应急救援指挥体系,积极争取省安全生产应急救援指挥中心的支持,并会同有关单位拟定具体组建方案。其内容和要求是充分利用和整合已有的应急救援资源,建立专业化的救援队伍,提高救援装备水平,增强抢险救灾能力。同时县区、乡镇政府和有关部门建立和健全应急救援体系、信息网络体系、智能决策体系,制定重特大事故应急救援预案,并经主要领导人签署后报上一级政府备案。危险物品的生产、经营、储存、使用单位、非煤矿山、建筑施工企业、旅游景区及人员密集场所建立应急救援组织,制定应急预案,配备救援器材,并报安全生产监督管理部门备案。其他生产经营单位配备兼职应急救援人员,并与就近的应急救援组织签订救援协议。

【依法加强和改进生产经营单位的安全管理】 强化生产经营单位安全生产主体地位,进一步落实企业主要负责人的安全生产责任。生产经营单位根据《中华人民共和国安全生产法》等有关法律的规定,设置安全生产机构或配备专职或兼职安全生产管理人员。保证安全生产的必要投入,积极采取安全性能可靠的新技术、新工艺、新设备和新材料,不断改善安全生产条件。强化生产经营单位安全管理,特别是现场管理。积极采取职业安全健康管理体系认证、风险评估、安全评价等方法,落实各项安全防范措施,提高安全生产管理水平。年底开展安全生产“百千万”活动(即用百天的时间,组织千个以上检查组,对万家以上单位的安全生产情况进行全面排查)。活动开展以来,全市共成立检查组2134个,出动检查人员7000余人次,发放“生产经营单位安全生产状况评分表”4万余份,检查“六小”场所和各类生产经营单位4万余家。其间,对2.72万家企业单位实行分类管理(其中安全生产状况良好的7641家,占28.1%,一般的17945家,占65.9%,较差的1639家,占6%),并与被检查单位签订安全生产责任状3.3万余份,整改各类安全隐患5万余处。

【开展安全质量标准化活动】 全面实施科技兴安战略,将安全生产科技攻关项目纳入科学技术发展计划。针对非煤矿山、危险化学品、烟花爆竹、民爆器材和建筑施工等重点行业、重点领域亟待解决的关键性技术难题,加大安全科技投入,组织科研攻关,重点解决危险化学品、烟花爆竹生产安全技术等突出问题。在全市所有工矿、商贸、交通、建筑施工等企业普遍开展安全质量标准化活动,企业生产经营流程各环节、各岗位建立严格的安全生产质量责任制,生产经营活动和行为符合安全生产有关法律法规和安全生产技术规范的要求,做到规范化和标准化。充分发挥安全生产中介机构在安全检测、检验、培训、评价、评估、认证、咨询服务中的作用,积极推行安全评估、职业安全健康管理体系认证等方法,落实各项安全防范措施,提高安全管理水平。

【组织安全生产技术培训】 充分利用已有的社会培训资源,建立县(区)四级培训机构,加大对经营管理人员、安全生产管理人员、特种操作人员的培训力度,全市各类特种作业人员持证上岗率达100%。同时加强对领导干部和执法人员的安全知识培训。

【建立安全生产控制指标体系】 建立全市安全生产控制指标体系,对安全生产情况实行定量控制和目标考核。对考核优秀的,市政府给予表彰奖励,奖励费用从安全生产专项资金中列支。全年市政府投入50万元对5个安全生产工作先进单位、24个安全生产专项整治工作先进单位、61个先进集体、114个先进个人进行奖励。对因工作不力,重特大事故多发突破控制指标的,按照《南昌市安全生产目标管理考核办法》实行"一票否决",由安全生产监督管理部门负责检查考核。全年共否决2家单位(企业)的省、市级评模、评先资格。

【建立企业安全生产风险抵押金制度】 对非煤矿山、交通运输、建筑施工、危险化学品、烟花爆竹等高危行业及被市、县(区)政府列入重大安全隐患的单位,按照国家和省政府有关规定收取一定数额的安全生产风险抵押金。风险抵押金实行专户储存,企业经营期间若发生生产安全事故,风险抵押金转作事故抢险救灾或善后处理所需资金。具体征收标准和使用办法按国务院和省政府的有关规定执行。

【强化对中小企业的安全监管】 中小企业的安全生产工作,从组织领导、工作机制和安全投入等方面入手,坚持寓监督管理于服务之中,积极为中小企业提供安全技术、人才、政策咨询等方面的服务。在全市推广青山湖区加强对中小企业安全监管的工作经验,确保到2007年全市非公有制企业安全监管的覆盖面达100%。

【依法严厉打击非法生产经营活动】 依照有关规定,坚决打击非法生产经营活动,严防"死灰复燃"。继续坚持实行花炮"三三制"(即一个乡(镇)有3个以上行政村且一个行政村有3个以上烟花爆竹作坊的;一个县区有3个以上乡(镇)对烟花爆竹家庭作坊整顿后仍非法生产失察的,对该乡镇或该县区主要领导给予相应的行政处分。凡县区发现3处、乡(镇)发现2处非法生产危险化学品和非法开采矿山的,对县区、乡(镇)政府主要领导人给予行政处分)。停产整顿的企业整顿合格复产前,要按程序严格审批。

【完善安全生产信息网络体系】 重视安全生产信息网络建设,成立市安全生产信息中心,11月1日,14个县(区)、开发区全部开通安全生产信息网站,在全省第一个实现省、市、县三级联通的安全生产信息体系。抓紧建立市、县(区)、乡镇(街道)三级信息网络,保障安全生产信息的快捷、畅通。各县(区)、各部门、各单位及时报告各类生产安全事故,不得瞒报、迟报和漏报。全市各类安全生产事故上报信息由市安全生产监督管理局归口负责。

(杨 桦)

## 食品药品监督管理

【概况】 2005年,市食品药品监督局紧紧抓住"十五"计划和"十一五"规划承前启后的机遇,全面推进食品药品监管工作和自身建设,保障群众饮食用药安全,促进食品医药经济的发展,全市食品安全专项整治卓有成效,得到国家八部委(局)食品安全综合评价组充分肯定。同时食品安全信用体系、宣教体系不断健全和丰富,食品安全水平不断提高。医药产业快速发展,医药工业整体竞争力逐步提高。药品生产通过GMP、GSP认证后得到进一步规范,诚信意识增强,药品生产流通体制改革步伐明显加快,全市市场药品合格率稳定在97%以上。食品药品监督管理事业呈现出持续快速发展的良好态势。

【强化食品综合监管机制】 根据《国务院关于进一步加强食品安全工作的决定》,1月13日,市政府下发《关于进一步加强食品安全工作决定的实施意见》,确定按照一个监管环节,由一个部门监管的原则,采取分段监管为主、品种监管为辅的方式,进一步理顺食品安全监管职能,明确责任。该《意见》规定,农业部门负责初级农产品生产环节的监管;质监部门负责食品生产加工环节的监管;卫生部门承担的食品生产加工环节的卫生监管职责划归质监部门;工商部门负责食品流通环节的监管;卫生部门负责餐饮业和食堂等消费环节的监管;食品药品监管部门负责对食品安全综合监督、组织协调和依法组织查处重大事故;并按照责权一致的原则,建立食品安全监管责任制和责任追究制。同时继上年市食品药品检验所建设列入市政府民心工程建设项目后,当年市政府又追加100万元经费加强技术监督的基础建设;将"南昌市食品安全信息网"建设纳入政府当年民心工程重点建设项目,安排专项资金80万元,搭建食品安全预警及监管信息平台。

【食品放心工程】 12月1~3日,国家食品药品监督管理局、农业部、卫生部、公安部、教育部、商务部、质检总局和工商总局等国家八部委局组成的食品安全综合评价组对全市食品放心工程进行综合评价。评价组听取市政府食品放心工程实施情况汇报,查阅有关文件资料和记录,对部分中小超市、集贸市场、屠宰企业、学校食堂等进行抽样察看。评价组认为市政府重视食品安全工作,经费得到落实,市食品药品监督管理局发挥组织协调作用,各部门通力协作,形成合力;放心菜工程、绿色、有机、无公害蔬菜实施等具体工作有成效;食品安全宣传教育工作有成效,提高了消费者的消费信心。评价组还总结全市食品放心工程五个方面的特色和亮点:蔬菜农残治理有成效;结合"六小"整治,加强对小餐饮店等的监管很有特点;电子监管系统给消费者提供了解食品安全信息的良好平台;建立举报投诉"绿色通道",给消费者提供提出问题、解决问题的渠道,提高了监管的有效性;监管触角延伸到基层,乡镇建立监管员和信息员。全市食品放心工程综合评价结果在全国省会(首府)城市排名13位,消费者满意度评价结果排第6位。

【食品评价性检验】 5月25日,在全省率先开展食品评价性检验工作。市政府从当年预备费中拨付食品放心工程重点品种检测和评价性抽检专项经费12万元,并从2006年起列入市财政预算。为客观反映出全市食用植物油的安全状况,为市政府开展食品安全监管工作提供决策参考,10月23日,江西省首次食品评价性检验在南昌市完成。期间,市食品药品监督管理局在全市10个县(区)、开发区的百货食品超市、城乡集贸市场、批发零售粮店、酒店、餐饮店、学校、单位食堂等有代表性的场所,抽取食用植物油样品307批,检测过氧化值、酸价、残留溶剂等主要指标。经过检测,305个有效样品中有31个样品质量不合格,不合格率为10.2%。12月市政府再次追加10万元,开展食用酱油评价性检验,检验酱油样品96批次。检测结果在全市安全、稳定、信访工作会议进行通报,成为全市乃至全省食品药品综合监管工作中的一个新亮点。

【食品安全信用体系建设试点】 大力推进食品安全信用体系建设。全年在确定的44家试点企业中,建立和完善基本情况档案,推广使用规范文本,帮助企业完善内部管理制度。当年南昌沃尔玛、洪客隆、太平洋、大众等12家大型商场启用食品安全信用电子监管系统,成为全国首个在商场使用食品安全信用电子监管系统的城市,为全市全面推开食品药品安全信用体系建设探索路子积累经验。同时安义从玉菜业、大型商场食品安全信用电子监管系统、示范文本等工作多次接受国家、省、市检查组检阅,获得充分肯定。

【保健食品专项整治】 自2月1日开始,配合国家食品药品监督管理局开展的保健食品清理整顿及换证,全面启动保健食品前期调查工作。3月1日,食品药品监管部门首次开展保健食品调查工作,完成辖区内25家保健食品生产企业共86个保健食品品种换证前的调研工作,并为今后开展保健食品的清理和整顿奠定了基础。8月针对保健食品市场存在的突出问题,在市委、市政府统一协调下,组织市卫生、工商、质监等部门,联合对全市37家(保健)食品企业进行集中专项检查,并向市委、市政府进行专题汇报。制订《南昌市(保健)食品专项整治工作方案》,并和有关部门对120家生产企业进行专项整治,特别是对类似药品的保健食品,明确相关部门监管的职责,进一步整顿和规范保健食品市场。

【查处涉药违法违规案件】 当年出动药品监督执法人员8000余人次,专项检查23次,立案查处涉药违法违规案件363件(其中药品案件273件、医疗器械案90件),涉案金额355.33万元。在立案查处的363件案件中,假劣药品案件140件(假药案20起,按假药论处案30起;劣药案15起,按劣药论处案91起),占全部药品案件数的50.09%。全年集中销毁假劣药品1400余件,货值金额近100余万元。全年全市市场药品评价性抽验合格率达到97.6%,不合格药品大部分是由于水分、性状、装量、溶出度等项目不符合规定,市场药品合格率高于全省平均水平,群众用药用械安全得到进一步保障。同时在公安等部门的协助下,及时查处江西华源医药信息有限公司无证经营药品案、江西华太医药有限公司销售假药地奥心血康胶囊案、邓武高特大跨省制售假药犯罪团伙案等大案,涉案金额均高达百万余元,全市药品市场秩序得到有效规范。据统计,全年查办涉案金额2万~10万元案件26件,10万~50万元案件7件,50万~100万元案件5件,其中查办大案占全部案件数的10%以上。同时针对群众反映强烈的虚假违法药品广告,加大整治力度。全年共向工商部门移送查处虚假违法药品、医疗器械、保健食品虚假违法广告350余件。对其他危害社会,群众广泛关注的违法违规行为,如街头非法收购药品、不凭处方销售复方可待因制剂(俗称"摇头水")等组织专项整治,取得明显成效。

【查获特大跨省假药诈骗案】 3月~12月底,经过半年多的缜密核查,查获一特大跨省假药诈骗案。犯罪嫌疑人邓武高、邓强、江润华、江后发、江加发、尧继民组成团伙,5年中在"河南省郑州中西医研究总院"、"郑州中原区红十字会医院"、"湖北省武汉中西医研究总院"、"南昌市武警消防医院"、"南昌市南柴职工医院"等地开设肿瘤、癫痫、肝病、糖尿病和不孕不育症等专科门诊,同时在全国各地进行虚假宣传。该犯罪团伙伪造国家药品批准文号,擅自制售"克癫净"、"天麻蜜环菌胶囊"等假药,并鼓吹这些假药的神奇治疗效果,致使102位全国各地的患者上当受骗,非法获利97.57万元。市食品药品监督管理局稽查人员经明察暗访、跟踪调查,取得足够的证据,配合公安部门,使该犯罪团伙成员全部落网,并追究刑事责任。

【"红色"药品绿色回收】 针对市民家中普遍存在过期失效药品舍不得处理,继续使用会带来安全隐患,随意丢弃又会污染环境,如果不法分子收购更会扰乱药品市场秩序的现象,在全国首次提出"红色药品绿色回收"概念,引导市民处理家庭过期失效药品,科学合理用药。4月22日,在全省率先启动"红色药品绿色回收"大型公益活动,在黄庆仁栈华氏大药房有限公司所属的靠近社区的30家门店,设置30个过期、失效药品固定回收点,长期回收"红色"药品。各回收点为市民提供合理用药咨询服务和购买药品9折优惠。对回收的"红色"药品,定期按照环保要求统一销毁。6月2日,南昌市"家庭过期失效药品指定回收点"由原先30个增至88个,全部设在黄庆仁栈华氏大药房市区各门店,市民基本上不出社区,就可以将过期失效药品送到指定回收点。随后每月都组织1~2次"红色药品绿色回收走进社区"、"安全用药进社区"、义务上门为残疾人、年迈体弱者回收过期失效药品等系列活动。组织药监干部、药师技术人员共600余人次入社区、进家庭,帮助居民清理家庭"小药箱"。当年全市共回收市民家庭过期失效等不合格药品价值60余万元,得到人民群众好评。市委在全市第一批保持共产党员先进性教育活动中宣传该项活动意义;省食品药品监督管理局在全省推广该项活动做法;《人民日报》、《江西日报》、江西电视台、《中国医药报》等中央、省、市新闻媒体相续报道该项活动内容。

【农村药品"两网"建设】 从5月开始,集中3个月时间实施"下沉"行动。该行动采取市、县局领导挂点,执法干部分区划片、责任到人的方式,以农村药品"两网"(即供应网络、监督网络)建设为载体,重点整治农村和基层药品市场。后又决定再用2个月的时间,延伸"下沉"行动,把"两网"融入新型农村合作医疗。与卫生部门联合下发《南昌市基层医疗机构药品管理办法》和《南昌市医疗机构药房规范管理评定标准》,把乡镇卫生院、村卫生室和社区卫生服务中心的药房建设,分别纳入农村新型合作医疗和"卫生进社区"范畴,对药品采购、养护、人员培训及制度建设等薄弱环节,从机构与人员、药品购进与验收、药品储存保管使用与制剂调配、药品管理等四大方面提出具体要求和硬性规定。年底有4个县通过全省"两网"评估,比省里要求提前一年完成。6月30日,国家食品药品监督管理局调研组对全市"两网"工作给予了充分肯定。9月13日,正在南昌出席全国新型农村合作医疗试点工作会议的国务院副总理吴仪在省委、省政府主要领导及国家有关部委负责人的陪同下,到南昌县视察新型农村合作医疗和农村药品监管工作,并希望农村医务人员和基层药监人员要心里装着群众,切实保证广大农民的身体健康。

【医药信息"绿色"通道】 3月1日开始,开通"南昌市医药信息绿色通道",以电子邮件的形式,定期向医药企业发送医药、药械最新法律、法规和行业动态,使企业减少因信息不灵而出现决策失误的现象。7月27日,响应省、市委"百姓创家业、能人创企业、干部创事业"的号召,扩大"医药信息绿色通道"覆盖面。全年新增服务单位24家。其中,药品生产企业20家、医疗机构4家,被服务企业增至64家。当年共向企业发送医药信息6513条，受到企业和群众的广泛赞誉。

【GMP、GSP认证】 积极实施GMP（药品生产质量管理规范）认证工作。截至年底，全市共有35家企业通过GMP认证，共获得GMP证书59张，占全市医药工业总量的95%以上。全市县以下164家零售药店中，除35家放弃认证外，全部通过GSP（药品经营质量管理规范）认证现场检查，完成计划的100%。全市药品生产、经营质量管理水平步入新的阶段。

（余　锋）

## 价格管理

【概况】 2005年，南昌市物价局紧紧围绕"和谐创业，富民强市"目标，加强价格调控，整顿价格秩序，规范市场价格行为，提高价格服务水平，为全市经济和社会发展创造出良好的价格环境。全年价格呈现出平稳有降的态势。与上年相比，全年全市居民消费价格总水平累计上涨1.0%，基本适应全市经济社会发展的水平，居民生活保持基本稳定。

【努力保持市场价格总水平基本稳定】 全年始终把稳定价格总水平作为各项价格工作的重中之重，努力实现价格调控目标。一是年初下发加强价格调控的三项措施，实行"两条价格控制线"的调控政策，严格控制出台新的提价项目，注重调价项目出台节奏和力度，防止由于提价因素推动价格总水平上涨过快，影响居民生活稳定。二是加强价格监测和预测分析，密切关注价格总水平的变化。切实加强对影响价格总水平变动的主要因素及变化的监测分析，发现情况及时向市政府和上级物价部门报告。如针对化肥农药价格上涨过快过猛，迅速启动应急预案，采取得力措施，保持市场价格基本稳定。三是完善价格调节基金制度，增强价格调控能力，做好价格调节基金征收管理工作。全年市本级实现价格调节基金征收入库2200万元。同时妥善做好价调基金的适时适度投放，发挥价格调节基金在扶持生产，保障供应，稳定价格方面的作用。

【加强商品价格管理】 面对市场上绝大多数商品价格由生产经营者按照生产成本和市场需求制定价格的局面，按照市场调节价、政府指导价和政府定价三种形式管理全市商品价格，商品销售实行明码标价。对由省发改委转发、制定的27个项目的价格制定与调整有关文件，及时转发各县区价格部门与有关部门贯彻执行。同时按照市管价格权限，适时调整全市管道液化气价格，核定省皮肤病专科医院自制药物湿巾价格和夏季蚊蝇蟑螂药物价格；及时落实药品降价改革措施，加强药品集中招标采购管理，并对全市32家药品集中招标采购医院进行督导；按省里统一部署，做好电力价格调整和医疗服务价格调整项目在南昌市出台的工作；加强电价管理，落实煤电价格联动电价调整、省电网趸售电价调整措施，并对四县二区的峰谷用电情况进行调研，及时上报省价格主管部门。

【加强收费项目标管理】 做好全省医疗服务价格改革及新的医疗服务价格在全市的贯彻落实工作，研究落实新的医疗服务价格在全市具体细化，完善全市医疗机构的收费公示制。研究制定县（区）级医疗机构一级指导价（涉及68项、74个收费）标准。召开全市义务教育"一费制"收费办法贯彻动员大会，推行教育"一费制"办法，重申公办中小学尤其是中小学不得举办补习班进行收费的有关政策；调整和理顺18个民办教育学校收费政策，积极引导民办学校步入健康发展轨道。落实加强房地产价格稳定工作的政策，合理制定经济适用房价格、物业服务收费项目与标准。认真贯彻实施《南昌市物业收费管理实施办法》，强调住宅小区必须完成"四通"后才能收取物业收费的规定。加强物业收费实行明码标价的管理，制定城东、城西经济适用房价格。拟定《关于清理行政事业性收费、政府性基金的通知》，并会同市财政局、监察局三家联合下文，整个清理审核涉及55个部门近1000余个大小项目。汇总完成《南昌市国家机关、事业单位收费目录》，待省里公布全省目录后，经核对衔接后再公布。

【坚持依法依规办事】 带头取消有关收费项目。如《收费许可证》年审费、肉品市场价格管理费、刑案价格鉴证费。同时认真做好《收费许可证》年审工作。全年共审、换《收费许可证》744个，取消收费项目80项，降低收费标准33项，每年可为企业和群众减负1.12亿元。印制6万册"企业交费登记卡"，并与市工商局联合在企业年审时逐个发放到各企业手中；完成涉农收费公示牌制作的前期准备工作。

【加大市场价格监管力度】 开展农资、涉农、盐业、交警、交通、教育、药品和医疗服务、中秋月饼价格等专项检查。坚持开展市场价格检查，重点是节日市场、旅游市场的检查。全年共查处价格违法案件314起，违纪金额532万元，经济制裁266.9万元，其中退还用户121万元。完善推进价格诚信体系建设。在全市开展"推进价格诚信，打击价格欺诈"宣传执法月活动和"价格监督进社区"活动。做好整治"四乱"专项举报工作，利用"12358"价格举报电话，并以此为切入点，强化价格举报查处机制，实行市、县（区）联动机制、首问责任制，重点打击乱收费行为。全年受理举报779件。对有关部门违规收取"出租车行业客运附加费"和"出租车公路运输管理费"进行严肃查处，并责令退还所收违规款。春节期间对长途客运站和火车站周边地区出动624人次进行价格专项整治活动，维护春节期间的价格秩序。针对春耕期间化肥价格持续走高，3月中旬局党组班子成员分别带领7个督查组对涉农县（区）以化肥为主的农资价格进行检查，10月对农药价格上涨过猛进行农药价格检查，全市农资价格得到稳定。

【开展多项价格服务】 在做好价格监管工作的同时，加快职能的转变和管理的创新，努力拓宽价格服务领域，着力提高价格服务水平。成本调查工作按时完成规定的农产品成本常规调查，直报调查和多项调查任务。价格监测工作在认真完成国家、省局要求定期上报的五大类256种重要商品和服务价格的同时，积极完成各项临时性监测任务。认真开展对夏粮、生猪、蔬菜、农药、成品油、房地产等进行的专项调查，形成专题价格监测简报26篇，其中多篇被上级刊物采用。价格认证评估工作的业务范围得到进一步扩展。全年共受理各类价格认证案件2338件。其中，刑事案件927件，民事案件172件；交通事故车损评估1219起。调定价前成本预审和可行性认证20起，涉案标的金额5.5亿余元，为行政执法和司法办案提供参考依据，有效地保护了公民、法人和其他组织的合法权利。为规范收费行为，在不增加培训对象负担的前提下，积极开展收费员上岗资格培训。全年共举办10期培训班。为实现价格管理的科学化的需要，向社会提供全面准确、快捷价格信息服务，年内积极开展建立南昌价格信息网站的各项准备工作，并取得初步成效。

（汪长泰）

## 统计管理

【概况】 2005年,市统计局按照以人为本、全面协调可持续发展的要求,着力推进统计改革,大力加强统计建设,认真组织实施各项普查,较好地完成各项工作。在全省统计工作考评中获得第一名,连续13年被评为"全省统计工作先进集体";在市"双评"活动中,荣获"十佳单位"称号;在第一次全国经济普查工作中被国务院第一次经济普查领导小组授予"全国经济普查先进集体"。

【改革统计制度方法】 一是继续推进"在地统计"改革。为稳妥实施"在地统计",使"在地统计"和原有方法统计平稳衔接,在上年顺利完成"在地统计"前期准备工作的基础上,上半年全市实施"在地统计"和原有统计方法的"双轨"运行机制,并于7月正式实施"在地统计"。实施"在地统计"后,全市向社会各界提供的统计资料完成由原市属口径向县(区)统计口径的转变,为各级领导和社会各界了解和掌握各县(区)内各行各业全面的经营状况提供了数据支持,为县(区)GDP核算工作奠定了体制基础。二是积极进行GDP核算改革。为适应国家核算制度改革,在"在地统计"的基础上,以市政府的名义下发《关于改进地区GDP核算工作的意见》,成立市GDP核算工作协调领导小组,制定《关于建立数据质量审核评估制度的通知》,并按照专业分工、职责分明的原则,建立GDP核算联审制度,对工业、农业、建筑业和批发零售住宿餐饮业等四个专业的统计数据进行认真审核评估,促进了县(区)国民经济核算体系的完善。

【促进统计法制建设】 一是严肃查处统计违法行为。全年全市共查处统计违法案件106起。其中,经济处罚23起,罚款7.81万元;警告30起,通报批评74起。二是强化统计法制基础工作。1.抓制度建设。建立健全行政执法责任制和评议考核制度,用制度来促进工作。2.抓业务培训。通过举办法制工作业务培训班,邀请省统计局法规工作负责人授课,各县区统计局局长、分管副局长及法制工作负责人参加培训,提高统计执法人员的执法能力和业务水平。3.抓依法行政。要求县(区)严格按照《江西省统计违法案卷归档办法》对案卷进行整理,并对县(区)统计行政处罚案卷进行抽查、联审,努力规范法律文书。三是认真贯彻《统计从业资格认定办法》。成立机构,公开办事流程,圆满完成全年的统计从业资格认定工作。全年全市共受理办证、换证975人,组织考试281人。

【树立市场经济服务意识】 一是密切关注经济生活中的热点、难点问题。围绕党政领导了解宏观情况、把握大局的实际需要,开展专题分析研究,提供可操作性强的对策建议。全年撰写多篇专题分析报告,获得有关领导和社会各界的好评。如《南昌争做中部崛起战略首发城市的进程分析》、《统筹南昌零售业的发展及布局》、《南昌市粮食综合生产能力和安全问题研究》等一批文章在全省评比获奖。二是为各级领导和社会各界提供优质服务。为打好优质服务牌,全年紧扣以人为本、落实科学发展观、实现可持续发展、全面建设小康社会等新的热点问题,广泛搜集信息,深入开展调查研究,不断增强统计服务的针对性、主动性和有效性,以此寻求统计服务新的突破口。撰写的《宏观调控适度,经济发展稳健——2004年全市经济形势分析及2005年展望》分析报告,作为会议材料在市委八届八次全会及2005年南昌市人大、政协"两会"上发放,得到与会代表的广泛赞誉;《南昌"十五"经济和社会发展回顾》得到省委常委、市委书记余欣荣的充分肯定;《全年经济增长预测》引起省委常委、市委书记余欣荣和市委副书记、常务副市长龚建华的重视,龚建华就此两次专门召开会议,研究部署工作;《南昌城市竞争力有多强》一文得到省委常委、市委余书记和市委常委、市委宣传部长蔡社宝的批示。全年共有14篇材料得到各级领导批示。

【各项普查井然有序】 一是经济普查。在市及县(区)政府的重视和支持及有关部门通力协作下,全市各类统计人员克服重重困难,采取有效措施,圆满完成第一次经济普查工作,并被国务院第一次经济普查领导小组评为"全国经济普查先进单位"。二是1%人口抽样调查。2005年全国1%人口抽样调查是一项大规模的国情国力调查。市政府高度重视,成立以市委副书记、常务副市长龚建华为组长的市1%人口抽样调查领导小组,落实调查经费,并广泛开展宣传动员活动,认真组织调查试点。为切实提高普查人员的业务素质,多次开展业务培训,培训人员100余人次,为正式调查打下良好的基础。

【加强大统计观念】 加强对县区统计和部门统计的指导和协调,所有统计专业基本与对口市直主管部门建立横向业务合作。如与市经贸委共同编印《南昌市工业经济动态》;与市商贸委共同编印《贸易外经动态》和《各县区社会消费品零售额情况通报》;与房管局共同举办房地产开发企业会;与农业局举办联席会议等均获得良好的效果。同时加强对县区的统计业务指导。各县区统计机构积极利用在地统计的成果,通过专题研究等方式,为当地经济发展出谋划策,受到当地党政领导的重视和表扬,统计工作地位得到进一步提升。

【统计文化取得丰硕成果】 为进一步追求统计数据的质量和效益,从准确性、多样性和时间性入手,一是坚持"三审制",严格统计数据质量;二是注重统计产品的多样性,在保留原有的《统计信息参考》的基础上,增加《统计快讯》、《统计内参》,以适应不同对象对统计产品的不同需求;三是强化统计产品的时间性,建立每季度一次的新闻发布会制度,并通过刊物、网络等形式及时向社会公布数据、信息,保证统计产品的销售渠道畅通。全年在新闻媒体和各种刊物上发表的分析材料、信息80余篇。

【统计服务领域不断拓展】 为满足领导和社会各界对统计的需求,不等不靠,积极探索,进一步开拓统计新市场。一是开展农房普查。为更好地统筹全市城乡发展,加快全面建设小康社会进程,掌握全市城区农民住房的基本情况,在有关部门的配合下,用三个月的时间圆满完成城区农房普查工作。该普查资料得到市领导的好评,并要求有关部门认真研究,作为今后搞好城市规划和建设的重要依据之一。二是开展全市人才资源普查。为进一步摸清全市人才资源总量、结构和分布状况,为市委、市政府制定各类人才政策提供科学依据,以11月30日为时点,在全市范围内进行一次人才资源普查。

【统计队伍建设进一步加强】 一是将思想政治学习纳入中心工作,常抓不懈。坚持"三会一课"(即每月一次党小组会、每月一次支委会、每季一次党员大会、每季一次党课)制度,开展党风党性教育,活跃党内生活,增强党组织的凝聚力和战斗力。二是组织多种形式的思想教育活动。从树立统计人爱岗敬业、乐于奉献的精神入手，以赴延安进行传统教育为契机，积极开展统计人的爱国情专题演讲比赛和征文比赛，激发全市广大统计工作者的工作热情，弘扬爱岗敬业、乐于奉献的精神风貌。同时组织经常性的业务学习，参加知识讲座和培训班，并多次组织人员到成都、武汉、长沙等地学习，开拓视野，加强和其他地区的联系，掌握最新的经济动态、管理手段等。

（周剑华）

## 审计管理

【概况】 2005年，市审计局遵循"依法审计、服务大局、围绕中心、突出重点、求真务实"的工作方针，紧紧围绕全市经济建设中心，服务改革发展稳定大局，加大审计工作力度，积极履行审计职责，审计工作保持强劲态势。全年完成审计单位100个，共审计查出违规金额10.23亿元，管理不规范金额17.91亿元，减少财政拨款或补贴0.71亿元，应归还原渠道资金0.55亿元，应调账处理金额0.95亿元；要求被审计单位自行纠正金额15.05亿元，应上交财政1.76亿元，已上交财政1.11亿元，实现连续3年收缴入库过亿元。同时移送司法机关和纪检监察机关处理事项3件，建议有关部门处理1人；提交各类工作报告、信息100篇，被党政领导批示采用35篇。为促进依法行政，推进廉政建设，保障全市经济持续快速健康发展做出应有的贡献。

【深化市本级财政预算执行审计】 围绕加强宏观调控、推进依法行政、维护群众利益，在对市本级预算收入征缴、预算资金分配、预算支出管理进行全面审查基础上，不断深化财政审计的审计内容和方法，突出对财税部门和部分资金量大、有预算资金分配权、下属单位多的部门的"收支两条线"、部门预算、国库集中支付、政府采购等财政管理制度改革成效及财政专项资金的审计，揭露财政财务管理中存在的不严格、不规范、不合法及影响经济社会发展的突出问题，并从体制、机制上分析原因，提出建议。通过审计促进规范预算管理，为人大、政府加强预算监督和管理提供依据，推动了财政改革。

【加大任中经济责任审计】 为更好发挥经济责任审计工作在完善和加强领导干部监督机制方面的作用，进一步加大对领导干部任中经济责任进行审计的力度，重点对公检法系统、劳动保障、环保、教育、水利等与群众利益密切相关的部门、重点资金筹集部门及国有投资控股公司等肩负国有资产运营任务的国有企业的领导干部任中经济责任进行审计，并首次开展县委书记、县长任中经济责任审计工作。

【加强政府重大投资项目审计】 为保证政府重大投资项目健康运行，发挥项目资金最大效益，全年重点对南昌科技大学新校园、昌东大道、玉带河西支、青山湖污水管网收集系统等一批政府重大投资项目进行审计监督，着重检查项目建设资金的管理和使用情况，查处有无重大损失浪费等问题，不断提高建设资金的管理水平和使用效益，努力实现"花最少的钱，办最多的事，建最好的工程"的目标。

【开展财政专项资金审计与调查】 围绕党委、政府构建和谐社会的工作重心，有针对性地开展企业养老保险基金、基本医疗保险基金、工伤保险基金、促进就业资金、解困房资金及退耕还林资金、农村土地补偿金等涉农资金的专项审计和审计调查。在揭露截留挤占挪用、虚报冒领、未纳入财政专户等各类问题的同时，从如何加强资金管理、确保资金安全、提高资金效益及如何更好地落实与群众切身利益相关的政策措施等方面，提出有针对性的意见和建议，服务领导决策，促进和规范相关部门管理。

【开展国有或国有控股企业审计】 全年对江铃集团下属公司、江西移动通信公司所属南昌分公司（中心）等多个重点国有企业的资产负债损益进行审计，摸清企业家底，核实盈亏，监督国有资产的保值增值，促进企业科学决策、改善管理、提高效益。同时围绕全市企业改制工作的目标，继续做好国有企业改制前的审计工作，积极配合市政府不断深化企业改革。

【稳步推进审计信息化建设】 根据形势发展需要，结合自身实际，设立专门的信息机构，配备人员，为信息化建设发展提供组织机构保障，推进审计信息化建设。同时各级审计机关加大软硬件投入，加强对审计人员的计算机知识培训，并积极尝试计算机审计技术在实践中的应用。

【开展"严谨细致、提高质量"年活动】 在审计机关积极开展"严谨细致、提高质量"年活动。其间，以贯彻落实国家审计署5号、6号令为重点，积极推广和采用先进的审计方法和手段，加大对内控制度测评、统计抽样、风险分析、审计风险评估等现代审计技术方法应用的力度，增强从总体上把握审计对象，准确地抓住重点的能力，促进提高审计工作的质量和效率。为把"严谨细致、提高质量"的要求贯穿到全年审计工作之中，通过对各县（区）审计局及市局各处室开展活动情况进行督促落实和开展检查评比等方式，推动审计人员进一步树立强烈的责任意识，增强审计风险意识，努力做到依法审计、客观公正，提高审计质量。

【规范依法审计行为】 按照全面推进依法行政的要求，建立完善市局《审计执法责任制》和《审计执法过错追究制度》，以强化对审计权力的监督，规范审计权力运行。通过加强内部监督检查，包括聘请特约审计行风社会监督员，不定期召集监督员座谈会听取反映；局纪检、监察部门加强审计回访，走访被审计单位；实行审计廉政回函制和审计组进驻被审单位公示制，将审计执法置身于社会广泛监督之中。截至年底，保持了多年来无审计人员被投诉和无行政诉讼案件的良好态势。

【《南昌市审计志》正式出版】 12月26日，历时2年编纂的《南昌市审计志》经中国时代经济出版社正式出版发行。全书收录的资料全面系统，体例横排门类，纵述史实，共计70万字及93张图片，是南昌市有史以来第一部审计专志。该志除序、前言、凡例、总述、大事记、附录外，一般以审计对象分章，章以下按审计内容分节、目，内部审计和社会审计单独设章。共14章53节，其上限不限，下限至于2004年，重点记述1983年11月市审计局成立后审计工作的变迁和发展。所收录的审计实例和文件资料真实、准确，内容涵盖了南昌市审计21年来发生的重大审计实例和事项，对所述事项的背景、经过、结果均有详尽的记录和涉及，全面展示了南昌市审计21年的历史进程。

（罗　珲）

# 社会管理和服务

## 人口与计划生育

【概况】 2005年，市人口和计划生育委员会（简称人口计生委，下同）围绕年初提出的“完成一个主要任务，增强两种意识，保障两种权益，确保两个到位”（即稳定低生育水平，提高出生人口素质，改善人口结构，关注人口安全，增强广大群众新型的婚育意识和计生干部服务意识，提高计生干部依法行政和优质服务能力，保障计生干部的依法行政的权益和计划生育家庭的合法权益，确保各级计生事业费投入到位，确保计生户受惠到位）的总体要求，积极构建行政管理、技术服务和群众工作“三位一体”的管理与服务体系及政府领导、部门指导、各方配合、群众参与的工作新机制，努力形成一把手亲自抓，分管领导具体抓，相关部门配合抓，全社会都支持抓的人口计生工作良好氛围。同时整合社会资源，不断完善人口计生系统与相关部门大联合的人口与计生宣教工作机制，深入开展以技术服务为主的优质服务活动，最大限度地满足广大群众的需求。在全市各级人口计生部门的努力下，圆满地完成省下达的人口与计生工作目标任务，人口出生率为13.39‰，比省下达的13.60‰低0.21个千分点，为全市人口与经济、社会的协调发展营造良好的人口环境贡献了力量。荣获2005年度全省流动人口计生管理先进单位、计生协会工作先进单位、全市综合目标考评二等奖等称号。

【市委、市政府重视计生工作】 2月，市委、市政府召开全市人口计生工作会，首次以市委、市政府名义表彰100名先进个人。为解决市人口计生委部门人员少、经费不足等问题，市委、市政府在市人口计生委更名的机构改革中，同意增设流动人口办公室，增编10人，并按规定将计生事业经费纳入市本级财政预算，全年拨款690万元。在全年开展的人口计生工作中，市领导多次出席有关会议。如省委常委、市委书记余欣荣在2月24日召开的有市五套班子成员、市直各单位、县区主要领导300余人参加的全市人口计生工作会上讲话时强调，各级领导干部要将人口计生工作各项要求落到实处。3月22日市长李豆罗在全市人口计生领导小组会上就农村部分计生家庭实行奖励扶助制度落实工作提出要求。同时市领导经常深入一线，调研指导。如在全省流动人口计划生育工作现场会期间，市长李豆罗与代表们同乘客车到西湖区华东商贸城和东湖区小金台社区考察指导工作。分管领导市委常委蔡社宝、市政府助理巡视员戴和旺经常深入基层调研，切实解决人口计生工作中的难点问题，积极支持各级人口计生部门开展工作。市人大常委会副主任姚燕平也深入基层考察人口与计划生育工作，尤其是对流动人口管理和立法工作开展调研。

【江帆到南昌视察工作】 9月12日，国家人口计生委副主任江帆，科技司副司长张世琨在省市人口计生部门领导陪同下到南昌市城区视察计划生育技术服务工作。江帆对城区技术服务工作予以充分肯定，尤其是对东湖区流动人口维权服务、生殖健康进院校服务、西湖区积极拓展服务项目和流动小分队常年服务基层等创特色服务给予较高评价。同时对今后的技术服务工作提出依情服务、依法服务、依技服务三点要求。

【魏津生到南昌考察工作】 4月26日，国家《人口与计划生育》杂志社社长魏津生到南昌市考察指导工作。魏津生观看市流动人口计生工作宣传展版，并实地考察东湖区计生服务中心、百花洲街办小金台社区。考察期间，魏津生对南昌市在流动人口计生管理和服务方面所取得的工作成效给予充分肯定，尤其希望总结和推广东湖区构建流动人口维权网络，搭建流动人口管理服务平台方面的经验。同时对市人口计生委创办的《人口与管理》内刊给予较好的评价。

南昌市人口计生委积极开展计划生育宣传、技术咨询活动

【省委、省政府对全市人口计生工作开展专项督查】 10月28日，省委、省政府办公厅组成联合督查组，由省人口计生委副主任朱菊芳担任组长，就南昌市贯彻实施《中共中央、国务院关于加强人口与计划生育工作，稳定低生育水平的决定》(以下简称《决定》)情况进行专项督查。督查组认真查阅相关资料，核查并详细询问有关指标的落实情况，并听取市政府助理巡视员戴和旺的汇报，部分单位落实人口计生工作情况的发言。汇报结束后，朱菊芳代表省督查组对南昌市贯彻落实《决定》情况给予充分肯定，同时指出在出生性别比整治、城乡计生工作发展、低生育水平稳定等方面的差距，并提出6点建议。市领导李豆罗、蔡社宝到会并听取督查组的反馈意见。

【南昌市人口计生工作会】 2月24日，在红谷滩会展中心东厅召开。市党政六套班子主要领导和分管领导、各县区主要领导和分管领导及人口计生委主任、市委各部门和市直各单位主要领导、省属市属重点企业负责人出席。会议总结上年全市人口和计划生育工作，表彰上年计划生育工作单位和个人，研究部署当年工作任务。市长李豆罗主持会议，省委常委、市委书记余欣荣讲话。

【南昌市人口形势研究会】 8月30日上午，市政府组织召开南昌市人口形势研究会，市政府副秘书长王肇赣主持，相关市直单位主要负责人及部分高等院校人口学专家教授参加。市人口计生委通报全市人口形势及工作任务。部分市直单位从各部门涉及人口相关工作落实责任的角度展开专题发言；有关大学专家学者从宏观人口的理论角度对全市人口形势展开研讨。各单位和专家学者的专题发言多层面、多角度分析了全市面临的人口形势，为促进南昌经济发展和全面建设小康社会提供了科学的人口依据。

【多种形式开展宣传活动】 一是开展纪念日宣传活动。1月5日，省委宣传部、省人口计生委、省统计局与市委宣传部、市人口计生委、市统计局在八一广场联合举办"全国13亿人口日"大型宣传活动。活动采取群众签名、售书仪式、咨询服务等形式。共免费发放宣传品1万余份，接受群众咨询500余人次。其间，市药具站与《南昌广播电视周报》联合举办"呵护生殖健康，共享美好生活"为主题的送报赠安全套活动，将1万只精美的安全套由投递员送到订户手中。7月11日(第16个世界人口日)，围绕"关注妇女，抗击艾滋"主题，以散发宣传单、倡议书，开展优生优育，法律法规、流动人口维权咨询活动和人口计生知识竞赛等形式，大力宣传新型婚育观念及预防艾滋病等生殖保健科学知识。同时开展纪念《中华人民共和国人口与计划生育法》、《江西省人口与计划生育条例》实施3周年及"9·25"公开信发表纪念活动。二是加强奖励扶助制度的宣传力度。6月1日，省委宣传部、省财政厅、省人口计生委、市委宣传部、市财政局、市人口计生委六家共同主办江西省农村部分计划生育家庭奖励扶助制度新闻发布会。在6月宣传月活动中，各县区结合各自的实际情况，采取在电视台开辟专栏、制作宣传牌、悬挂宣传条幅、组织有奖竞猜、发放宣传单等多种形式，对奖励扶助制度进行广泛宣传。据不完全统计，整个宣传月活动中，全市共计发放宣传单10万余份，书写标语2000余条，举办专栏600余期。

【扩大宣传覆盖面】 一是积极配合市委党校开展人口理论教学和科研工作。加大培训力度，强化人口理论教育，深化全市人口计生综合改革，并运用党校人口理论研究成果指导全市人口与计生工作。二是充分发挥电视、电台、报纸、刊物的作用，做好宣传报道。制订下发并实施《2005年南昌市人口与计划生育新闻宣传报道计划》。据不完全统计，全年市各级人口计生部门在省级以上新闻媒体刊发稿60余篇，市级以上新闻媒体刊发稿200余篇。市人口计生委编印工作简报45期、《人口与管理》杂志6期；向省人口计生委、市委、市政府及有关部门报送工作信息150余条。三是继续加大宣传品进村入户工作力度。集中印制一大批规范的、科技含量高、有文化品位的人口与计生宣传品发放到乡村广大群众手中。如印制并发放"十三亿人口日"、生殖健康等系列宣传品(5万份)，关爱女孩行动大型宣传流动展板(200套)，奖励扶助宣传品(60万份)，深受群众欢迎。

【深化"婚育新风进万家"活动和关爱女孩行动】 一是认真总结第二阶段婚育新风进万家活动的工作经验，做好绩效评估工作，并全面启动第三阶段的各项工作。结合实际，制定下发第三阶段婚育新风进万家活动规划，继续抓好婚育新风示范基地建设，不断拓展婚育新风进万家活动的内容、形式和渠道，推进婚育新风进万家向"住万家、兴万家"延伸。二是以婚育新风进万家活动和关爱女孩行动为切入点，加强群众对宣传教育的需求调查。三是坚持宣传先行，进一步巩固、扩大关爱女孩行动试点工作成果，确保关爱女孩行动取得成效。年初，市人口计生领导小组下发《南昌市关爱女孩行动活动实施方案》，对全市关爱女孩行动提出具体的工作要求。各县区也相继制定实施方案，积极建立和完善有利于女孩及计划生育女儿户的利益导向机制。

【编印计划生育"三服务"手册】 市政府办公厅印发《关于深入贯彻〈计划生育技术服务管理条例〉做好当前计划生育技术服务工作意见的通知》后，着力建立优质服务新的运行机制，制定《南昌市人口和计划生育"三服务"活动实施意见》，编印"三服务"(即人口与计划生育宣传服务、技术服务、政策服务)手册，全面开展宣传、技术、政策服务，最大限度地满足广大群众的需求。

【开展为部分省直单位女性干部职工生殖健康免费服务活动】 根据国家、省、市提出的人口计生委要"积极开展以技术服务为重点的优质服务"的要求，"三八"期间，省、市人口计生委联合组织开展为部分省直单位女性干部职工生殖健康免费服务活动。该服务活动以"关爱女性健康，提高生命质量"为主题，分别在市人口计生宣教服务中心、东湖区计划生育服务中心、西湖区生殖保健中心设立服务点，特聘原省妇幼保健院妇产科老专家黄占球、江西医院妇科主任医师刘江萍等省、市知名医学专家现场义诊。其间，运用红外乳腺诊断仪、阴道镜、B超、宫颈舒治疗仪等先进检查设备，为省直单位的女性干部职工免费提供妇科病、乳腺疾病、宫颈脱落细胞防癌检查，并进行女性生殖保健知识咨询指导及避孕节育、优生优育、预防艾滋病等科普知识宣传，免费发放避孕药具等服务。

【开展"10·28"男性健康日活动】 10月27日上午，省、市人口计生委，共青团南昌市委，西湖区人民政府在象山文化广场共同举办以"关注男性健康、促进家庭和谐"为主题的大型系列服务活动。其间，全市共组织300余人，开展技术服务30次，派出流动服务车下乡13次，展出宣传展板153块，接待健康咨询4790余人次，免费发放宣传品8250份、避孕药716板、安全套3.05万只，受益人数1.08万人。

【开展艾滋病防治科普知识宣传活动】 12月1日(“世界爱滋病日”),市人口计生委组织全市各县、区采取陈列宣传展板,散发宣传资料等形式开展艾滋病防治科普知识宣传活动,并现场向群众讲解艾滋病的概念、传播途径、症状特点及如何有效预防艾滋病等。据不完全统计,全市共有280余名服务人员参加宣传活动,出动流动服务车16次,展出宣传板画186块,发放宣传品2.03万份、安全套4.63万只,接受健康咨询1568人次,受益人数1.15万人。

【开展“千名计生干部下基层”活动】 为纪念《中华人民共和国人口和计划生育法》和《江西省人口与计划生育条例》实施3周年,组织开展“千名计生干部下基层”优质服务活动并取得良好的社会效应。据统计,全市11个县(区)组织4173名计生技术服务人员共开展875次服务,流动服务车下乡370次,展出宣传板画1073块,散发宣传品8.87万份,接受健康咨询13.22万人次,开展各项妇科普查1.70万例、健康检查1500例,免费治疗妇科疾病740例,免费发放避孕药3278板、安全套21.60万只、避孕药膜660袋及价值5156元的药品,受益人数19.32万人。

【开展农村部分计划生育家庭奖励扶助工作】 从2005年起,南昌市开始实行农村部分计划生育家庭奖励扶助制度,农村独生子女家庭和二女户双方,年满60周岁后可每月每人从国家领取50元养老金。市政府高度重视该项工作。市政府办公厅下发《南昌市农村部分计划生育家庭奖励扶助资格调查确认工作的实施意见》,召开计生领导小组会,对奖励扶助工作进行全面部署。为确保政策的落实到位,建立严格的奖励扶助对象确认程序,将奖励扶助政策、对象、奖励扶助标准和奖励扶助金发放情况张榜公布。6月30日在新建县举行奖励扶助首发式,全市共有2271人领取每人每年600元的奖励扶助金。

【落实农村计划生育养老保险】 截至9月底,全市办理农村计划生育养老保险对象2250人,各级政府投入保险费344万元。女到55周岁、男到60周岁的保险对象已按月领取保险金的71人。进贤县政府年初拨专款169.5万元为历年农村计划生育该保未保对象1695人全部办理养老保险,圆满地解决延续多年的遗留问题。

【启动农村独生子女健康平安保险办理工作】 根据省人口计生委、计生协、市政府办公厅分别出台的《关于为农村独生子女办理健康平安保险的指导意见》和《关于转发市人口计生委〈南昌市为农村独生子女办理健康平安保险意见的通知〉》,10月全市全面启动为农村领取独生子女光荣证的0~6周岁独生子女办理健康平安保险,每人每年32元的保险费由省、市、县、乡按比例负担。截至年底,为3430名农村独生子女办理健康平安保险。

【落实农村计生家庭子女中考加分政策】 继续落实农村独生子女、二女不再生育家庭子女中考加分政策。市计生协办公室与市中招办于4月5日联合下文,对中考优惠加分制定具体实施办法。全年全市共有1212名优待对象子女享受中考加分待遇。其中,84人经加分后录取到省、市、县重点高中,76人录取到普通高中。

【完善职工生育保险待遇】 市政府将生育保险纳入社会保险统筹。3月市劳动和社会保障局下发《关于进一步完善职工生育保险待遇的通知》,女职工在实行计划生育时可以享受生育津贴、生育医疗费、计划生育手术费等生育保险待遇项目,切实保障了生育女职工的合法权益。

【开展计划生育家庭帮扶工作】 为把计划生育与发展农村经济相结合,与帮助农民勤劳致富相结合,积极探索实施“三结合”(即计划生育与发展经济、帮助农民勤劳致富奔小康、建立文明幸福家庭相结合)帮扶措施的途径。全市上半年新建县(区)级计划生育“三结合”示范基地3个。其中,新建县铁河乡万亩珍珠养殖场、礁舍镇133公顷苗木基地规模大、效益好,共接纳24户计生户到基地就业。

【加快信息化建设】 实现信息化管理是新形势下提升人口计生工作水平的重要手段。上半年全市人口和计划生育规划统计暨育龄妇女信息化管理现场交流会召开后,各县(区)纷纷将信息化建设作为计划生育综合改革的重要内容,坚持以计算机为载体,利用现代网络技术,对人口和计划生育工作实行科学管理。同时全市认真开展信息核查、补登工作,做到不缺项、漏项,确保信息录入准确完整,保证数据的高质量,为计划生育工作提供优质的信息服务。为做好育龄妇女信息管理软件的更新换代工作,组织县区统计人员参加全省人口计生系统WIS系统软件培训班,为全面启用新版育龄妇女信息管理软件做好充分的准备工作。

【重点指导后进乡镇人口计生工作】 为解决部分乡镇人口计生工作比较落后的问题,采取实行重点管理(指导)措施,并加强跟踪督查力度。4个乡镇被列为重点管理(指导)乡镇后,工作力度明显加大,面貌均有较大改观。如进贤县把每个乡镇的3个后进村列入全年人口计生工作转化的一项重要内容进行扶持,真正实现工作重心下移。湾里区对每个乡镇、街办都确定一个村(社区)为重点管理(指导),并下发整改通知。南昌县围绕“强基固本,创建特色”的要求,将排位靠后的5个乡镇列为三类乡镇,并就如何提升三类乡镇水平进行县乡领导现场办公。在抓后进转化同时,在全县开展“百强村”争创活动,打造村级工作的亮点。

【开展党政线、计生线、部门线“三线”落实人口和计划生育职责情况考核】 11月下旬,市人口计生领导小组抽调部分成员单位有关负责同志组成考核组,对全市县区党政领导、计生部门及市直部门单位当年度落实人口和计划生育职责情况进行考核调查。考核采取听取汇报、查阅相关资料、走访基层单位等形式进行。考核工作结束后,市人口计生领导小组对考核评估结果进行审核,并形成书面意见上报市委、市政府。

【严格依法管理】 7月中旬,市人口计生领导小组从成员单位中组成4个检查组,对全市各县区人口计生系统依法行政工作进行专项检查。同时结合全市三年网络创优规划,对部分县站、乡所的建设改造、技术人员的调整配备与规范管理进行经常性指导,并有计划地逐个对机构进行审核。7月,严格按照市法制宣教领导小组的要求和部署,认真做好“四五”普法期间依法治理考核验收试点工作,并在考核验收工作动员大会暨试点工作现场会上介绍“四五”普法期间依法治理工作经验。

【加强社会抚养费的征收和管理】 为稳定低生育水平,落实生育政策的到位,全市各县(区)进一步加强社会抚养费的征收力度,尤其是工作后进的重点指导

(管理)乡镇,以依法征收社会抚养费为切入点,整顿生育秩序,取得明显成效。

【加大信访案件的查处力度】 全年共接到信访案件695件(次),先后对26起省转办或群众举报的信访件进行查实,切实维护群众的合法权益。并于6月开展委领导干部集中接访月活动。其间,制定领导接访时间安排表,领导带案下访,到实地调查处理信访事项。据不完全统计,接访月期间共接待群众来电咨询250余人次,调查了解重要信访30余件,参加市信访协调会3次。

【开展出生人口性别比升高问题的专项整治活动】 按照省、市计生领导小组有关文件要求,落实性别治理各项工作制度,加大对非法鉴定胎儿性别和选择性终止妊娠行为的联合打击和案件查处力度。印发《南昌市关爱女孩行动实施方案》,在全社会大力营造关爱女孩的氛围,同时把关爱女孩行动活动同综合治理出生人口性别(男性)比偏高相结合,使全社会产生生男生女都一样的良好氛围。

【综合治理流动人口计生工作】 市政府对流动人口计生管理高度重视,在市人口计生委增加流动人口办公室,并对部门流动人口管理职责进行完善,市人口计生领导小组下发《市直有关部门、单位流动人口计生工作职责》。同时加强有关流动人口的立法工作,10月出台《南昌市流动人口计划生育管理办法》。4月全省流动人口计划生育工作会议在南昌市召开,南昌市提交的题为《坚持属地化管理,推行市民化服务,全面提升流动人口计划生育工作水平》经验材料在会上交流。

【培训计生干部】 为适应新时期计生工作的要求,不断提高计生干部服务能力和服务水平,年初制定全市计生干部培训计划,并举办全市计生法律法规、WIS系统软件应用、政务信息、财会、科技骨干、乡级转干、计生协干部和乡镇、街办党政分管领导培训班,参训人员505人。

【举办全市人口计生党政分管领导培训班】 8月2~3日,市人口计生委在市人口计生宣教服务中心举办第一期全市乡(镇、场、街办)人口计生工作的党政分管领导培训班,来自6个县(区)的63名党政分管领导、县(区)人口计生委分管领导和宣传干部参加培训。通过集中培训,进一步提高全市计生专干对当前人口形势和任务紧迫性的认识,强化依法行政的意识。

【开展全市人口计生系统先进事迹巡回报告活动】 为纪念《中华人民共和国人口与计划生育法》颁布实施3周年,组织全市人口计生系统先进事迹巡回报告团开展巡回报告活动。9月28日上午,南昌市人口计生系统先进事迹报告会在红谷滩会展中心东厅举行。10月17日、18日,巡回报告团分成两组分别深入南昌县、进贤县和新建县(含湾里区)、安义县四个农业县(区)开展巡回演讲。全市各级党政分管领导和计生专干2000余人听取报告。报告团成员的先进事迹,引起全市广大计生干部的强烈共鸣。

(张建钧)

## 劳动和社会保障

【概况】 2005年,市劳动和社会保障局以开展保持共产党员先进性教育活动为动力,积极开发就业岗位,全面扩大"社保"基金征缴范围,稳妥协调各类劳动关系,各项工作扎实推进并取得新的进展。

【就业与再就业成效明显】 全年全市各级劳动社会保障部门认真贯彻落实全国劳动和社会保障座谈会精神,健全责任体系,落实扶持政策,全市城镇新增就业7.54万人,完成全年目标任务的111%;下岗失业人员再就业3.33万人,完成全年目标任务的107%;安置"4050"等就业困难群体0.9万人,完成全年目标任务的110%;办理城镇失业登记3.12万人,登记失业率为3.44%,控制在4.5%的失业率目标内;向省外劳务输出20.83万人,其中农村富余劳动力转移就业10万人,完成全年目标任务的104%;失业保险费当期征缴1.15亿元,完成全年目标任务的111%;新增再就业基地14个,兴办非正规就业组织136家,安置下岗失业人员811人。同时确保国有企业下岗职工基本生活费100%按时足额发放,代缴社会保险费100%到位。全年共核拨6.88万人次下岗职工的基本生活费1253万元,代缴社会保险费946万元。"并轨"(即下岗职工基本生活保障制度向失业保险制度并轨)工作进展顺利。年初进行测算,制定并下发有关文件,落实"并轨"资金1.005亿元。年内审核符合"并轨"对象的下岗失业人员2.4万人,实现"并轨"下岗人员1.5万人。

【政策扶持体系不断健全】 以主动服务,个性服务,贴心服务,高效服务为宗旨,参照有关标准,相继草拟税费减免、社保补贴、小额贷款就业援助、"优惠证"发放、就业资金筹集、社保关系接续、农民工就业登记、创业见习等一系列配套政策,初步形成促进就业和再就业的政策体系。年初全市积极开展一次以送政策、送岗位、送技能、送服务为主要内容的"再就业援助月"活动,采取多种

2005年9月27日,省委常委、市委书记余欣荣参观江西创业博览会南昌市展台

形式将“政策、岗位、技能、服务”送到企业及下岗失业人员手中,尤其是送到大龄就业困难人员手中,集中送出小额贷款100万元,岗位补贴50万元,社保补贴300万元,奖励吸纳安置就业困难人员的企业法人10万元,为100名下岗失业人员办理“再就业优惠证”,认定20家非正规就业组织。下半年,采取多项措施援助“零就业家庭”人员就业。经过认真的摸底调查,全市确定“零就业家庭”1622户,共2760人。“零就业家庭”人员确认重点就业援助对象后,免费为其提供职业介绍,技能培训,创业指导,小额贷款,社保补贴等帮助,并为他们及持有“再就业优惠证”的“4050”人员,持有“低保证”的低保家庭成员,复员退伍军人等就业困难人员提供2100个公安交通、市容、城管协管员、保洁员岗位。

【“两个确保”足额发放】 截至年底,全市离退休人员达21.71万人(市本级16.39万人),新增离退休人员1.31万人(市本级9326人)。全年发放离退休人员养老金14.26亿元(市本级11.22亿元),其中补发2004年下半年调整待遇4943万元(另补发农垦企业退休人员1075万元),比上年增加支付2.47亿元(市本级1.76亿元),增长21%。城镇企业退休人员养老金足额发放100%。并认真落实中共中央关于1953年底前参军的特困企业军转干部生活困难补助有关文件精神,共为1161名符合条件的人员代发生活困难补助138万元。在确保养老金按时足额发放的同时,为防止和减少冒领养老金情况的发生,各级社保机构全面开展退休人员生存认证工作。采取就近到社区认证,到社保经办机构认证,异地居住通过调查函认证等多种方式做好认证工作。据统计,参加生存认证的退休人员占退休人员总数的99%以上。为实现养老基金总量的增长,确保养老金的按时足额发放,各级社保机构一是认真抓好一年一度的缴费工资审核,做到职工缴费基数与全市职工社会平均工资同步增长;二是抓好基金的征缴,做到应收尽收;三是对长期欠费单位进行动态跟踪,对欠费单位逐一落实清欠计划。

【强化社会保险基金扩面征缴】 全年各项社会保险逐步扩大覆盖范围,由原来的国有企业职工向城镇集体企业职工,非公有制经济组织从业人员,灵活就业人员,进城务工人员,民办非企业单位,农垦企业和被征地农民拓展。五项保险的参保人数达到256万人。其中,养老保险60.35万人,失业保险46.5万人,医疗保险51.9万人,工伤保险57.41万人,生育保险39.41万人。基金征缴总量达到16.3亿元。其中,养老保险12.88亿元,失业保险1.15亿元,医疗保险1.7亿元,工伤保险0.38亿元,生育保险0.2亿元。

【社区平台建设步伐加快】 劳动保障社区平台作为基层的为民服务窗口,直接面向群众,服务群众,在对下岗失业人员、退休人员社会化管理服务方面发挥着重要作用。按照市、县、区两级劳动保障部门要求,对辖区下岗失业人员、退休人员、农民工、失地农民开展“串百家门、知百家情、解百家难、暖百家心”调查摸底工作,基本做到“六清”(即家庭情况清、就业愿望清、技能水平清、收入情况清、用工需求清、退休状况清)。同时帮助435名下岗失业人员重新就业,发掘社区就业岗位2.4万余个,使1.5万余名下岗失业人员重新走上工作岗位。全年新建街道(乡镇)劳动保障事务所88家,占应建总数的78.5%。其中,街道25家,乡镇63家;社区劳动保障服务室254家,占应建总数的90.4%;未建成的正在装修和建设中,基层劳动保障工作平台逐步完善。

【小额担保贷款再攀新高】 全年全市共发放小额担保贷款9388.98万元,完成确保发放2900万元计划任务的323.76%,完成力争3900万元计划任务的240.74%。其中,扶持个人创业贷款6448万元,占年发放总额的68.68%;扶持劳动密集型小企业贷款2940.98万元,占年发放总额的31.32%。全市四县五区和市本级均提前完成市政府下达的工作目标任务。全市当年新增担保基金1500万元,发放信用社区小额贷款57笔,143万元。通过小额贷款直接扶持下岗失业人员自主创业2653人,带动其他人员就业7544人。位居全省第一,在全国100个重点联系城市中位列第五。

【职业培训健康发展】 职业培训实现由直接管理实体向统筹社会资源转变,并实现“三个拓展”。一是拓展服务对象。培训范围由下岗失业职工、城镇待业青年扩大到进城务工人员、大中专毕业生、农民等;培训工种由电子、机械等36个工种拓展到农村实用技术等78个工种。全年全市共培训各类技能人才3.92万人,其中高技能人才3068人。免费培训下岗失业人员1.7万人,培训后就业1.03万人,培训后就业率为61%。二是拓展培训项目。引进整套SIYB培训教学模式和技术,实施从创业意识—项目选择—市场分析—市场营销和“创办和改善你的企业”全程培训。全年培训创业学员3013人,帮助1826人自主创业,带动就业5116人。培训中小企业主120人,企业经营状况改善率达80%。三是拓展管理范围。将全市具有职业技能培训教育职能的机构,不论是大学、中专、技校,还是公办、民办全部纳入管理服务范围,在职业培训“一站式”窗口和网站上提供信息平台和申请培训、招收学员、考核发证、职业介绍等服务。

【促进劳动关系和谐】 全年劳动关系调整机构进一步完善,并取得“四个实质性进展”。一是劳动合同制工作取得实质性进展。从维护劳动者合法权益入手,积极推进建立劳动合同和集体合同制度。市、县普遍建立三方协调机制,全市共有44.35万名企业职工签订劳动合同,占企业职工总数的91%;并为9521名职工办理劳动合同鉴证手续。劳动合同管理已由手工管理转变为计算机管理。二是解决拖欠工资取得实质性进展。与市建委联合下发《关于建设领域农民工工资支付管理暂行办法》,启动工资保障金制度,开通欠薪举报热线电话;与各建筑企业项目单位签订年度《南昌市专项治理拖欠农民工工资问题目标责任书》,检查在建项目230个,涉及农民工23万人,为3000余名农民工追回被拖欠的工资款1000余万元。三是工资收入调控取得实质性进展。完善以工资指导线、劳动力市场工资指导价位、人工成本预测预警和最低工资标准为与主要内容的企业收入宏观调控体系,发布劳动力市场工资指导价位,调整最低工资标准,并建立执行最低工资标准举报制度。四是劳动仲裁、劳动保障监察取得实质性进展。全市共处理劳动争议案392件,涉及劳动者2.36万人,接待投诉举报6000余人次;对18家拖欠职工工资的困难企业,社会保险費实行财产保全,总金额达9.25亿元;追回违法收取的押金19万元,依法查封“黑职介”23家。

【加大劳动争议处理力度】 按照以人为本的思想,加大劳动争议处理力度,加强劳动争议预防工作,积极探索企业特别是改制企业调整劳动关系和劳动争议处理的新途径。强化专、兼职劳动仲裁员素质，提高办案质量，强化劳动仲裁庭达标建设，以硬件推动软件建设。全市各级劳动争议仲裁委员会共处理劳动争议案363件，涉及劳动者2.36万人。其中，集体劳动争议案56件，涉及劳动者2.33万人；立案处理278件，案外处理85件，结案率达95.5%以上。由于企业改制而引发的集体劳动争议案件持续上升，立案处理因企业改制等历史遗留问题而引发的集体劳动争议案46件，约占处理案件数的13%，涉及劳动者2.31万人。在处理的案件中，涉及劳动关系的94件，占26%；养老保险费及待遇的98件，占27%；工伤认定、待遇支付、医疗费的76件，占21%；工资、押金、经济补偿等50件，占14%；其他劳动争议案54件，占12%。全年共有16家企业的职工代表向仲裁委提出仲裁申请，涉及劳动者2.31万人。其请求将企业多年来拖欠的工资、经济补偿金、生活费、医药费、集资款、住房公积金及欠缴养老、医疗、工伤、失业、生育保险费等，待企业资金变现后，优先偿还给职工。请求劳动仲裁和人民法院对企业现有资产进行冻结，实行财产保全，保证职工的合法权益不受侵害。在市委、市政府的关心重视下，针对职工的诉求，市仲裁委采取严密、积极的措施，依法受理职工的申请，经法院裁决后，在企业资产变现后，依法优先偿还所欠职工的经济补偿和工资、生活费、医药费、集资款、住房公积金等共计4.08亿元；补缴养老保险费3.69亿元；医疗保险费9942.32万元；工伤保险费1019.78万元；失业保险费3679.31万元；生育保险费2036.72万元；财产保全总额9亿元。这一做法，得到改制企业和职工支持，市委、市政府领导的赞扬。

【强化劳动监察执法】 2005年是党中央、国务院提出用3年时间解决拖欠农民工工资问题的关键一年。全市共为3000余名农民工追回被拖欠工资近1000万元；接待信访投诉举报者6000余人次，其中立案591件，结案580件，结案率98.1%。一季度时抽调80人，近30辆车，成立3个市级督导组和13个县(区)及开发区联合检查组，共检查155家中介机构，依法查封23家"黑职介"，责令整改15家，责令退回违规收取求职者的费用1436元。严厉打击非法使用童工行为。共检查用人单位近200家，下达"劳动保障监察咨询通知书"110份，"处罚告知书"35份，"处罚决定书"18份，查出20家用人单位非法使用童工21名，收缴罚款1.3万元。8月举办劳动保障法规知识培训班，组织用人单位的劳资人员及建筑单位、施工单位和劳务分包企业的项目经理参加培训，受训人员300余人，并在培训班上与各建筑企业项目部签订下年《南昌市专项治理拖欠农民工工资问题目标责任书》。有15个项目、30家单位缴纳农民工工资保障金近500万元。

【全省春季就业再就业招聘洽谈大会】 2月18～20日，全省春季就业再就业招聘洽谈大会召开。南昌市作为主会场，中国南昌劳动力市场、南昌农村(外来)劳动力市场和各县、区劳动力市场，各街道(乡镇)劳动保障事务所作为分会场同时举行。为筹备好这次洽谈大会。年初，省委常委、市委书记余欣荣，市长李豆罗为此写了两封信，即《致南昌籍在外务工、创业人士的一封信》、《致全市乡(镇)村干部的一封信》，为大会作了广泛动员和精心组织。此次洽谈会共有省内外用工单位3479家参加，提供岗位2.7万个；应聘人数9.3万人，当场录用1万余人，达成意向3.2万人。

【第八届全国大中城市工伤保险工作会议在南昌召开】 4月28日～5月1日，第八届全国大中城市工伤保险工作会议在南昌市召开。来自全国100余个城市的100余位代表参加大会。会议主要内容一是总结近年来全国工伤保险方面的工作经验，二是探讨有关工伤保险制度建设方面的理论问题。省长助理熊盛文出席会议并讲话，常务副市长龚建华致欢迎辞。5月1日，参加会议的大会代表参加南昌市工伤保险康复中心的开业庆典。省、市领导彭宏松、余欣荣、李豆罗、熊焕高、陈守朴、龚建华等和省劳动保障厅领导出席开业庆典仪式。国际劳工组织北京局代表张国庆发表书面讲话，热情评价南昌市在工伤康复方面所取得的成绩。

【2005年江西创业博览会】 由江西省劳动和社会保障厅和市政府联合举办，9月27～28日在南昌召开。此次创业博览会受到省内外300余商家的积极响应。省委书记孟建柱到会剪彩。会议期间有2000个项目供有志创业者挑选，2万余个项目网上查询。并现场向对接成功的创业项目提供开业办证、税费减免、贴息贷款和专家咨询，创业培训等一系列服务。

(姜公平)

**2005年全市安置就业情况一览表**

表56　　单位：万人

| 城镇新增就业人数 | 城镇累计新增就业人数 | 累计自然减员人数 | 领取"再就业优惠证"下岗失业人员再就业人数 | 其中"4050"人员再就业人数 |
|---|---|---|---|---|
| 7.5418 | 8.5482 | 1.0064 | 3.3327 | 0.9019 |

(南昌市劳动和社会保障局)

**随文资料**

### 《致南昌籍在外务工、创业人士的一封信》

在外务工、创业的各位乡亲：

每逢佳节倍思亲，值此新年之际，我们代表中共南昌市委、南昌市人民政府向大家致以亲切的慰问和良好的祝福。你们远离家乡，用自己的辛勤劳动和聪明才智在外打拼，练就了致富本领，探寻了创业门道，广交了各方朋友，熟悉了市场信息，不少乡亲还闯出一番事业，成为创业的领军人物。你们不仅为祖国各地的经济建设贡献着自己的力量，也为家乡创造了财富。在此，我们向你们道一声"辛苦了"，家乡人民想念你们！

进入新世纪以来，家乡人民紧紧围绕实现南昌快速崛起的目标，按照省委提出的"一年有个新变化、三个有个阶段性大变化"的要求，牢固树立和落实科学发展观，坚持以大开放为主战略，以打造现代制造业重要基地为核心战略，奋力推进现代区域经济中心城市和现代文明花园城市建设，经济社会发展取得了一年比一年好的成绩，全市上下呈现出经济快速增长，社会文明进步，城乡日新月异、人民生活安康的喜人局面。这些成绩的取得,是全市上下齐心协力、创造性谋发展的结果,也与南昌籍在外务工、创业人士为家乡建设作出的贡献分不开。在此,我们也代表市委、市政府,代表家乡的父老乡亲,向你们表示衷心的感谢!

我们的快速发展特别是不断优化的发展环境,发展条件,吸引了越来越多海内外投资创业者的目光,南昌已成为各路资产和人才投资的热土、创业的乐园、成功的福地。这些年来,已有一大批国内外知名企业落户南昌并不断做大做强,成为推动南昌快速崛起的一支重要力量。广大外出务工、创业人士,推动南昌经济的更快更好发展,需要全市人民的共同努力,也需要你们的共同参与,这是家乡父老乡亲的期盼,也是你们应尽的责任。水是家乡甜,月是故乡明,人是故乡亲。南昌籍在外务工,创业人士经过多年的在外闯荡和打拼,有的已经积累较丰富的创业经验和较强的创业实力,有的也具备了一技之长,正是我市打造现代制造业重要基地急需的人才,希望大家回家乡走一走,看一看,领略家乡的巨变,同时更欢迎你们能留南昌就业,返乡创业,为家乡的建设献一份情,出一份力。我市已建立农村(外来)劳动力市场,专门为农村(外来)劳动力提供就业服务,各工业园区也需要大量技术工人,我市各级政府和劳动保障部门在2005年正月还将在全市开展就业创业服务月系列活动,为大家回乡就业创业提供帮助,欢迎大家踊跃参加。

我们相信,在包括南昌籍在外务工、创业人士在内的全市人民的共同参与和努力下,南昌一定会发展得更快更好,让我们携起手来,共创南昌的美好未来!

最后,祝愿大家新年快乐,幸福美满!

中共江西省委常委、南昌市委书记　余欣荣
南昌市人民政府市长　李豆罗
二〇〇五年元月一日

## 《致全市乡(镇)村干部的一封信》

全市乡(镇)村干部同志们:

值此新年之际,我们代表中共南昌市委、南昌市人民政府向大家致以亲切的慰问和崇高的敬意。上面千条线,下面一根针。乡(镇)村是各级工作尤其是“三农”工作最后的落脚点。广大乡(镇)村干部工作在最基层,最贴近百姓尤其是广大农民,承担着农村经济发展和农村社会稳定的繁重工作压力,肩负着带领农村致富奔小康的神圣历史使命。你们以出色的工作和默默无闻的奉献,使我市农村经济一年一个新发展,农村面貌一年一个新变化,农村稳定一年一个新进步,农民生活一年一个新水平。为全市经济社会的快速、协调、持续发展作出了突出的贡献。在此,我们向每一位辛勤工作在乡(镇)村的干部同志们道一声“辛苦了”。人民感谢你们。市委、市政府感谢你们!

进入新世纪以来,全市人民以实现南昌快速崛起为目标,按照省委提出的"一年有个新变化,三年有个阶段性变化"的要求,牢固树立和落实科学发展观,以大开放为主战略,以打造现代制造业重要基地为核心战略,奋力推进现代区域经济中心城市和现代文明花园英雄城市建设。经济社会发展取得了一年比一年好的成绩,整个南昌呈现出经济快速增长、社会文明进步、城乡日新月异、人民生活安康的喜人局面。但同时我们也清醒地认识到,南昌目前的发展还只能说是刚刚有了一个好的开始,南昌的崛起事业任重而道远,特别是我市城镇的发展差别仍然很大,农民增收的路子还不宽,基础性还不实,农村富余劳动力向非农产业转移的任务还很重,实现南昌的崛起,最终要体现在民富市强上。民富很重要的就是要通过转移农民,减少农民,使占我市人口大多数的农民尽快富起来;市强很重要的就是要通过全力实施大开放主战略和打造现代制造业重要基地核心战略,使南昌的综合经济实力迅速得到提升。在我市一方面存在大量剩余农村劳动力,一方面现代制造业重要基地建设又急需大量熟练技术工人的情况下,把农村丰富的劳动力资源开发利用起来,与我市现代制造业重要基地建设和城市服务业的繁荣进行有效对接,实现城乡统筹就业,进而实现“富民”与“强市”的良性互动,这是摆在包括广大乡(镇)村干部在内的全市各级党政组织和广大干部面前的一个新课题、新任务。

实现城乡统筹就业,进而实现“富民”与“强市”的良性互动,既是我们统筹城乡发展,实现南昌快速崛起的现实要求,也是落实科学发展观,坚持以人为本抓发展的政治要求。全市各级党政组织和各级干部都要从立党为公、执政为民,加强党的执政能力建设的高度,高度重视农村的就业工作和农民的增收工作,进一步健全和完善促进农村富余劳动力转移就业的服务体系,实施农民就业技能培训工程,建立健全进城务工人员工资支付监控机制和社会保障制度,创造在外务工人员返乡就业、创业的有利环境。全市广大乡(镇)村干部更要主动与市农村(外来)劳动力市场和各工业园区联系,组织外出务工人员和农村富余劳动力参加省、市联合举办的春季就业再就业招聘洽谈大会,动员他们到园区企业就业,同时要深入了解农民的想法,努力解决在外务工、创业人员的家庭生产、生活困难,消除他们的后顾之忧。元旦、春节期间是广大在外务工人员返乡的高峰。要组织各种形式的活动,宣传家乡,介绍家乡的创业、务工环境,动员他们留下来,发挥在外打拼所学到的一技之长,尽量在家乡就业、创业和自谋职业,为南昌的经济发展作出贡献。

我们相信,只要全市上下齐心协力谋发展,只要我们把一切有利于南昌发展的力量都调动和凝聚起来,实现南昌富民强市、快速崛起的目标一定能早日实现。

最后,祝福大家新年快乐,工作顺利,合家幸福!

中共江西省委常委、南昌市委书记　余欣荣
南昌市人民政府市长　李豆罗
二00五年元月一日

## 民政事业

【概况】 2005年，市民政局坚持"以民为本、为民解困"宗旨，紧紧围绕市委、市政府中心工作，围绕构建和谐社会大局，按照健全一个体系，打造两个平台，推进三项工作，强化四个意识，实现五个方面的突破的工作思路，与时俱进，改革创新，求真务实，团结一致，扎实工作，各项民政工作得到全面推进，圆满完成年度工作任务，为顺利实现富民强市目标提供了有力的社会保障。

## 基层政权和社区建设

【村委会换届选举工作专题调研】 10月16日下午，省、市领导余欣荣、史蓉蓉、龚建华、熊全柏到新建县就村委会换届选举工作进行专题调研。余欣荣在听取新建县主要领导和部分乡镇党委书记、村支部书记工作汇报后，充分肯定新建县前一阶段工作所取得的成绩。他指出，村委会换届选举是一项涉及面广、情况复杂的工作。这次又是全市按照《中华人民共和国村委会组织法》第三次实施直接选举，搞好此次换届选举意义重大。这项工作在市选举工作领导小组的领导下，抓得很及时、很到位，各项工作都在有序地展开，发展态势良好。但任务还很重，特别是这项工作的难度及形势要求必须加强这项工作。他强调，要做到"五个到位"即认识要到位，领导要到位，科学制定方案要到位，操作过程要到位，监察惩处要到位。

【村(居)委会选举工作座谈会】 10月21日下午，全市第六届村(居)委会选举工作座谈会在市政府小礼堂召开。市委副书记、常务副市长龚建华出席并讲话。座谈会上，各县区(开发区、新区)汇报选举前一阶段工作开展情况、存在的问题和下一步工作打算。市选举办主任、市民政局局长梁礼伦传达省委常委、市委书记余欣荣在新建县调研村委会换届选举工作时的讲话精神，并就各县(区)反映的问题进行明确和解答。龚建华讲话时强调，要准确把握好加强党的领导、严格依法办事、充分发扬民主三者有机结合；要高度重视，精心组织，周密部署；要敏锐地发现并及时平稳地化解问题。

【街道社区管理体制改革试点工作现场会】 5月8日上午，在西湖区政府会议室召开。省委常委、市委书记余欣荣出席并讲话强调，西湖区街道管理体制改革试点的经验告诉我们，要站在构建和谐社会的战略高度，深刻认识推进街道社区管理体制改革的成果和意义；要迅速推广街道社区管理体制改革的经验，更新观念，整体提升南昌城市管理水平；要进一步转变管理方式，实现以管理为主向服务为主的转变，由微观管理向宏观管理的转变；要转变职能，进一步建立健全公共管理和公共服务体系，强化街道管理职能，推进"网络化、数字化、信息化、人性化"管理。要强化核心，进一步抓好社区党建工作；要切实加强领导，各级党委和政府要把街道管理改革工作摆上议事日程，力争用一个月的时间准备，两个月时间推开，达到年底验收的目的。市领导李豆罗、史蓉蓉、马承祖、龚建华、蔡社宝出席。会前与会人员先后参观西湖区广润门街道财政所、白衣庵社区楼院休闲广场、南浦街道象山社区工作站、十字街社区事务受理中心等地。

【万家社区图书室援建和万家社区读书活动成效显著】 3月1日，由国家民政部、中央文明办、国家新闻出版总署和国家广播电影电视总局举办的"全国万家社区图书室援建和万家社区读书活动表彰暨学习型社区建设经验交流会"在宁波市隆重召开。会上隆重表彰在活动中做出突出贡献的先进单位和个人，南昌市民政局等4个单位被中央文明办、民政部、新闻出版总署和广电总局评为全国万家社区图书室援建和万家社区读书活动先进单位；3个街道被评为先进街道，1个社区被评为先进社区，3个社区被评为"百佳学习型社区"；4名同志被评为先进个人。

【积极推进街道社区管理体制改革】 为进一步提高城市管理和建设水平，推进城市社区建设向纵深发展，市政府在西湖区试点的基础上，成立市街道社区管理体制改革领导小组(办公室设在市民政局)，召开动员大会并下发通知，全面推开街道社区管理体制改革工作。其主要内容是进一步转变政府职能，实行重心下移，创建"职责明确、条包块管、责权一致、依法行政、民主参与"的街道管理新机制；明确社区功能定位，逐步建立社区党支部领导下的社区居委会、社区工作站、业主委员会、物业管理单位"四位一体"的管理机制；每个社区年工作经费由平均5.2万元提高至10.5万元，每个社区干部月补贴平均提高180元，同时建立社区工作"准入"制度，构建完善"市、区、街道、社区、楼栋长、文明户"六级群众自治网络，不断推进社区的网络化、数字化、信息化、人性化建设。省委常委、市委书记余欣荣在市民政局《关于南昌市街道社区管理体制改革工作检查验收情况》的汇报材料上作出重要批示：大家做了一件功在今天，利及长远的事。同意几点意见，重点转向总结、完善、提高。

【加强社区干部培训】 4月与市委党校联合开设中共中央党校函授学院南昌学区社区管理专业本科班，择优选送31名社区工作者参加学习，将社区建设的理论学习和学历教育有机结合起来，在全省率先开创社区干部"社区管理"专业本科教育的先河。采取请进来、走出去等多种形式，大规模、多层次、宽领域、经常性地开展社区干部培训教育工作。在对全市2100名社区干部普遍进行多次轮训的基础上，选派120余名社区干部赴外地学习考察，并与省民政厅、省外国专家局联合主办"海外高层次人才系列讲座"，进一步提高社区干部的综合素质。

【省直单位与社区结成共建对子】 4月14日上午，省移动公司等8个省直单位分别与西湖区直冲巷社区结成共建对子，联合开展"建设和谐平安江西，共创富民兴赣大业"主题教育活动。省委常委、省委秘书长陈达恒出席并讲话强调，省直机关和社区党组织在"双百"共建活动中，要坚持"三个代表"重要思想这根主线，紧扣"建设和谐平安江西，共创富民兴赣大业"这个主题，按照"条块结合、资源共享、优势互补、共驻共建"的原则，充分发挥党组织的思想政治优势、组织优势和密切联系群众的优势。机关党组织要大力支持社区党组织的工作，积极组织送法律、送科技、送电教文体设施、送爱心超市物品进社区等活动，为建设和谐平安社区多办实事、多做好事。社区党组织要加强与省直机关的沟通交流，进一步做好对转入社区的离、退休党员、流动党员、改制企事业单位党员的接收、教育和管理工作，不断提高服务意识，为驻社区单位提供良好的服务。

【广泛开展机关和社区结对共建活动】 与市委宣传部、市直机关工委联合下发《关于市直机关党组织与社区党组织结对开展"建设和谐平安江西，共创富民兴赣大业，提升南昌发展水平"主题实践活动的实施意见》，本着"资源共享、优势互补、互动互助、共建共促”的原则,在112个省直机关和市112个社区结对共建的基础上,经过充分酝酿、双向选择,市84个市直机关与城区84个社区结对,并于5月25日举行结对共建签约仪式。省、市、区三级结对共建活动的开展,不仅帮助和支持社区各项建设,而且提升机关部门服务社区的意识,进一步浓厚全市社区建设的氛围。

【推进县城镇社区建设工作】 年内南昌、新建、进贤、安义四个县城镇调整划分社区37个,选聘社区干部189名,基本落实办公用房,并参照城区标准,提高社区工作经费和干部补贴待遇,县城镇社区建设面貌一新,成为全市民政工作新的亮点。

【全面铺开第六届村(居)委会选举】 10月9日,在红谷滩会展中心召开全市第六届村(居)委会选举工作会议,市、县(区)、乡(镇)、村(居)四级共1200余人参加大会,市长李豆罗出席大会并讲话。各县(区)、乡(镇)、街道分别成立指导小组召开工作会议进行布置,并举办多层次培训班培训骨干1.28万余人。同时积极创新选举模式,有3个区的3个社区居委会实行直选;有4个区的5个社区居委会实行户代表选举;有4个县区的8个村委会实行“自荐海选”,收效明显。截至年底,选举各项工作已基本完成。

【加强村务公开民主管理】 以创建121个市级村务公开民主管理示范村委会为抓手,全面加强村务公开民主管理工作。制定下发《2005年村务公开工作实施方案》,健全调整市、县(区)两级村务公开民主管理工作领导小组,落实工作人员和经费,指导各县区制定工作实施规划,推广全国村民自治模范区——青山湖区综合典型经验和新建、进贤等县双评、督查等经验。继续开展示范创建活动,新建县西山等12个乡(镇)被评为“全市村民自治模范乡(镇)”。组织各县区100余名农村基层干部参加三期中国—欧盟村务管理培训班。与市司法局共同组织全市6400名村干部参加普法考试并召开全市民主法治示范村建设现场经验交流会,认真抓好330个民主法治示范村创建工作。

【推进农村村落社区建设】 由市民政局牵头,会同市委组织部、市委政法委等十余家单位联合制定《南昌市农村村落社区星级评定考核项目及评分标准(试行)》,积极开展村落社区星级创建活动,努力探索城乡社区互动的有效机制,积极引导村落社区建设与村民自治建设相结合,共同加强农村基层工作。明确新建县、安义县、青山湖区为村落社区建设工作重点县(区),指导各县(区)新建15个村落社区建设重点乡(镇),创建市、县(区)、乡(镇)三级示范点315个(其中市级84个),初步建成村落社区1528个。并根据农村实际,把这项工作与文明村镇工程建设、农村基层党建“三培两带”、创建“文明小康示范村”、村民自治示范活动和其它各项民政工作的开展有机结合起来,同规划,同安排,资源共享,初步形成整体合力。

【“社区信息管理平台”推广演示会】 5月20日,由市科技局、市委宣传部、市民政局联合举办的“社区信息管理平台”推广演示会在市科技信息中心举行。“社区信息管理平台”是根据全市社区工作的实际设计开发,直接切入社区日常工作,易于实现社区原有数据和信息资源的整合、安装、升级,便于实现以街道为单元的局域网建设和各区政府一级的网络互联。该平台的推广将提升全市社区管理水平,推进街道社区“网络化、数字化、信息化、人性化”管理。

## 社会救助

【完善社会救助体系】 成立以市委副书记、市政府常务副市长龚建华为组长的城乡社会救助工作领导小组,出台城乡社会救助体系建设的文件,统一救助政策、救助内容、救助标准、救助行为;积极协调和配合相关部门开展教育救助、住房救助和法律援助等工作,逐步提高城市低保对象的生活质量。

【加强低保工作规范化管理】 统一印制14万张“低保审批表”、“家庭收入证明”、“回复单”、“停发通知书”、“保障金变动表”和“低保申办指南”,规范低保档案表格、文书的填写;指导县(区)设立低保资金的财政专户和民政支出专户,加强保障资金的规范管理;健全评议机构和监督员制度,坚持社区、街道(乡镇)和县级民政部门三级上门调查,集体讨论审批城市低保待遇,进一步规范低保的申请、审查、审核、审批手续。

【认真抓好动态管理下的应保尽保、应退尽退工作】 稳妥做好下岗职工基本生活保障向失业保险并轨后的低保工作,及时将符合条件的农垦森工企业困难职工和出“中心”的下岗职工纳入城市低保的保障范围,做到不漏保。同时采取定期和不定期的办法对城市低保对象进行核查,及时为不符合低保条件的对象办理退保手续,努力做到不错保。截至年底,全市共有低保对象4.84万户、10.68万人,其中常补对象2.09万户、3.51万人,非常补对象2.75万户、7.16万人;累计发放低保资金9817万

市长李豆罗、常务副市长龚建华视察敬老院工作。

元，月人均补差75.89元。全年全市新增低保对象1.03万户、1.97万人，同时为1.31万户办理退保手续，确保低保资金发放到真正困难的群众手中。

【加大业务培训力度】 加大低保业务培训力度，着力提高低保干部素质。除组织基层低保干部参加省厅举办的培训班外，市民政局组织全市200余名基层低保干部参加低保业务知识和低保软件应用知识培训。

【开展城市医疗救助试点】 东湖、西湖、青云谱3区成立区医疗救助工作领导小组，制定出台试点工作方案，并正式开展医疗救助工作，实际支出医疗救助金91.81万元，救助困难群众12625人次。

【农村敬老院建设进入新高潮】 11月4日，市长李豆罗主持召开市直有关部门和各县（区）长、民政局长、乡（镇）长参加的全市敬老院建设大会，要求全市所有敬老院建设要高起点规划、高标准设计、高水平管理。全市投资2201.94万元，新建、改（扩）建敬老院47所，其中27所农村敬老院通过省厅检查验收，新增床位3161张。

【积极开展元旦、春节期间帮困送温暖活动】 市、县共安排走访慰问组152个，走访慰问困难群众1.54万户，5.85万人次；走访慰问敬老院86所（次），7260人次；发放各类救助资金860万元，发放各类救助物资价值670万元。

【灾害救助工作及时有效】 出台《南昌市民政局应对突发性自然灾害救助工作预案》，建立机关应急救灾工作的长效机制。2005年南昌市先后遭受龙卷风、风暴、强雷电、冰雹和台风袭击，全市各县(区)不同程度受灾，受灾人口111.06万人，直接经济损失4.83亿元，其中农业经济损失3.59亿元。灾情发生后，全市各级民政部门及时、有序地指导灾区人民开展抗灾救灾工作，下拨自然灾害救济资金2905万元，保证了灾区人民的基本生活。

【加强农村特困户救助工作】 突出以户为单位救助的原则，实行全员分类分档救助，全市统一印制、核发农村特困户救助证，按特困户家庭成员年人均300元、200元、150元、100元四个档次进行救助；全年下拨农村特困户救助资金1215万元，全市共有3.50万户8.12万人得到救助。并逐步推行农村特困户救助资金社会化发放。

【建立农村大病医疗救助制度】 在试点的基础上，全市建立农村大病医疗救助制度。各县区出台有关文件、列支农村大病医疗救助资金。截至年底，共下拨农村医疗救助资金498万元，全市共有7.20万人次得到医疗救助。

【农村“五保”供养工作有新发展】 继续为条件成熟的“五保”户办理农转非户口并纳入低保，全市共有1.08万名（占87.3%）“五保”供养对象已办理农转非户口并纳入城镇低保范围，确保集中供养对象供养标准每月不低于150元，散居“五保”对象每月不低于100元，较好地保障了“五保”户的基本生活。

【慈善救助成效显著】 全市共募集善款500余万元，捐赠衣物2万余件，发放救助款400多万元，受助对象达1万余人。

## 双拥创建

【推行优待金社会化发放】 为保障优抚对象合法权益，全市认真做好优抚对象优待金的发放工作，积极推行优待金社会发放方式，保证各类优待金及时足额发放。截至年底，大部分县（区）实行银行发放，得到优抚对象的一致好评。

【充分利用社区平台开展双拥工作】 在第六届社区居委会换届选举中，通过为复退军人、军烈属提供工作岗位，重点解决军嫂就业，吸收军嫂为社区干部等措施，努力为驻南昌部队办实事，受到驻南昌部队的极大欢迎。截至年底，有100名军嫂上岗。

【做好革命伤残军人的换证、套改和提高抚恤补助标准工作】 按照《中华人民共和国国务院　中华人民共和国中央军事委员会令（第413号）军人抚恤优待条例》规定，将原残疾级别的“四等六级”套改为“一至十级”，换发伤残人员新证1502本。全市各县（区）将新抚恤补助标准张榜公布，并按新标准足额发放到优抚对象手中。

【解决重点优抚对象“住房难”问题】 投入资金30万元，为63户重点优抚对象住房进行改建和新建，全市重点优抚对象住房难问题得到明显的改善。

【加强方志敏烈士陵园的维护管理】 市政府投资110万元用于方志敏烈士陵园的维护管理，使陵园各项建筑得到维修和保护，更好地发挥爱国主义教育基地的作用。

【全面完成退役士兵安置任务】 积极安置上年城镇退役士兵1277人，分配822人，自谋职业430人，占安置总数的98%。其中，自谋职业率达35%，超过省里下达的30%目标。并如期完成2005年度退役士兵的接收、报到工作。

【加大安置工作宣传和改革力度】 根据中央和省政府关于进一步做好新形势下退役士兵安置工作的新要求，南昌市出台《关于认真做好南昌市2005年度退役士兵安置工作的意见》，大力推进退役士兵自谋职业，确保全市城镇退役士兵自谋职业率达到70%以上。并对全市历年来未安置的1085名城镇退役士兵，采取计划安置与自谋职业相结合的办法，安置1067名，共占安置总数的98%。其中，计划安置开出介绍信491人，自谋职业576人。对历年来已分配单位但未上岗且未发给生活费的1395名城镇退役士兵，采取召开有关接收单位协调会和自谋职业相结合等办法，促成464名城镇退役士兵上岗，718名自愿参加自谋职业，共占总数的85%。

【积极筹划向西军供站搬迁重建工作】 积极争取领导重视和支持，报请市政府召开向西军供站搬迁工作协调会议，并成立以常务副市长龚建华为组长的向西军供站搬迁重建领导小组。新军供站力争在2006年底启动搬迁重建工作，2007年“八一”前竣工并交付使用。

【筹备军休一所搬迁重建工作】 为解决市军休一所临近铁路，过往火车多，噪音大，严重影响军休老干部的生活问题，积极争取并得到市政府的重视和支持。年内召开军休一所搬迁工作协调会，研究确定搬迁的原则办法。该工程力争在2006年正式启动。

【做好年度军休干部接收安置工作】 克服移交时间紧，任务重等因素，积极协调有关部门，顺利完成69名军休干部移交安置工作任务。

## 社会事务管理

【依法做好民间组织注册登记和注销工作】 全市审批注册登记社团17家、民办非企业单位27家，变更登记社团23家、民办非企业单位32家，注销社团9家、民办非企业单位3家。截至年底，市属民间组织共458个（社团261个，民办非企业单位197个）。

【认真开展年度检查工作】 对民间组织的年度检查继续实行不通知年检和集中上门年检相结合的办法，并扩大集中上门年检的范围，年检率达96%。依法分别对连续两年活动不正常、又未接受年度检查的12家社会团体和20家民办非企业单位发出拟撤消登记告知书。

【开通民间组织管理局网站】 3月底利用民间组织资源制作南昌市民间组织管理局网站（该网站是全省民间组织管理首家网站），为服务对象提供便利和县（区）民间组织管理工作提供快捷的指导渠道。该网站为及时发现和查处违法的民间组织提供了监督平台，有力地促进管理工作的规范化和高效化。

【严格按程序办理行政区划调整】 加强对西湖、青山湖两区内部行政区划调整工作的指导，严格按程序报批。

【全面完成勘界和县界联检任务】 年内全面完成市辖老城区行政区划调整需勘定的8条边界线、6个三交点的勘定任务和5条县界联检任务（其中市内界线2条、跨市界线3条）实地勘查和资料上报工作。

【完成市行政区划地图的出版工作】 指导各县（区）对各类地图上行政区划、界线、地名等专题要素的审核和行政区划图的制作工作，并与省测绘局联合组织编制出南昌市行政区划地图。

【依法实施行政界线管理】 按照市政府《关于印发南昌县东新乡与新建县生米镇村民因采砂引发纠纷协调会议纪要的通知》精神，市民政局会同市国土局、公安局前往实地进行调查取证，并向市政府呈报《关于南昌县东新乡石岐村万家与新建县生米镇斗门村曾家边界走向的报告》，及时处理边界日常管理中出现的问题，维护边界地区的社会稳定。

【英雄开发区民政工作交接顺利完成】 按照市委、市政府关于接管英雄开发区的安排和部署，于元月上旬对英雄开发区的民政工作交接情况进行衔接和调查，并向市政府呈报《关于英雄开发区民政工作交接情况的汇报》。

【抓好“示范婚姻登记机关”创建活动】 指导各县（区）稳步推进示范婚姻登记机关创建活动，婚姻登记处规范化建设逐步加强。青云谱区民政局婚姻登记处率先按示范婚姻登记处的标准进行硬件和软件的改造，得到省民政厅的充分肯定。

【依法做好婚姻登记和收养登记工作】 全年全市共办理婚姻登记3.66万对。其中，结婚登记3.17万对，离婚登记4938对。严格按照《中华人民共和国收养法》依法行政，对全市的收养登记工作进行指导和监督，同时对市社会福利院的涉外送养进行认真严格的审查。在12月2日召开的全省收养管理工作会议上，南昌市为惟一作典型发言的设区市。

【救助管理工作全面加强】 认真抓好《加强流浪乞讨人员救助管理工作的意见》的贯彻落实，联合公安、城管、卫生等部门全面加强救助管理工作。全年共接待求助人员3879人次，救助3099人次。顺利开通南昌市救助管理信息系统。10月中旬，中央电视台七套《聚焦三农》栏目的记者对南昌市救助管理工作进行专题采访。市流浪儿童救助保护中心项目已列入南昌市2006年民心工程并顺利开工。

## 社会福利

【“明天计划”工作稳步推进】 对残疾孤儿进行摸底筛查，申请上报手术治疗15例、矫形康复（训练）和配置康复器具60名。年内完成手术治疗17例，矫形康复60例。在省民政厅的支持和指导下，市社会福利院投资近30万元，筹建南昌残疾儿童康复中心，为全省“明天计划”康复矫形（训练）的孤残儿童提供有效的康复训练。

【加大“三院”建设力度】 全市投入资金3000余万元用于“三院”（即敬老院、福利院、光荣院）建设，社会福利机构的基础设施建设得到加强，床位增加35[illegible]6张，比上年增长111%。全市每百名老年人拥有床位数由0.63张增至1.34张。服务对象增长52.6%。

【推进福利机构“三项制度”改革】 按照市场化运作的方式，改革管理体制，引入竞争机制，实行聘用制，改革工资分配制度，建立完善的管理制度，形成良性竞争机制，进一步提高管理水平和服务质量，取得良好的社会和经济效益。特别是区级福利院克服自身条件的不足，以优质的服务吸引老人入住，入住率均达到95%以上。

【完成福利机构年检】 10月中旬～11月上旬，组织2005年度全市社会福利机构年检，对福利机构予以综合评定。全市95家各类社会福利机构全部参加年检，合格率达100%。

【敬老助老】 广泛开展敬老助老活动，落实老年人优待政策，切实保障老年人权益。全年共办理老年优待证8400余件。

【全市农村敬老院建设现场会】 11月4日上午在新建县望城镇召开。市委副书记、市长李豆罗出席并讲话强调，全市敬老院建设要做到：高起点规划，达到或超过“八个一”（即一片绿地、一个果园、一块菜地、一口鱼塘、一栏肉猪、一笼鸡鸭、一个活动室、一支服务队）；高标准设计，在南昌市抓出精品工程；高水平管理，要选出一支好的管理人员队伍，制定出好的管理制度，让老人称心，让广大农民羡慕。

【发放安老助医金】 4月13日上午，南昌慈善总会、东湖区慈善会在胜利路步行街名秀广场联合举行安老助医金发放仪式。全市200余名孤寡老人领取首批安老助医金。市领导李豆罗、龚建华、雷武江，市慈善总会会长陈绍翔出席。

（肖远征）

# 县 区 概 况

## 南昌县

【概况】 位于南昌市南部。东邻进贤县，南接丰城市，东北濒临鄱阳湖，西和北与新建县隔赣江相望，中西部与南昌市区呈抱合之势。县政府驻地莲塘镇北距南昌市中心18千米。县内古迹众多。有莲塘镇的东汉古墓、三江镇后万村、幽兰镇东禅寺等。具有丰富的农作物和动植物资源，是著名的商品粮基地，号称“鱼米之乡”、“江南粮仓”。全县土地总面积1839平方公里，总人口91.73万人。辖9个镇、7个乡，255个村民委员会、38个居民委员会。

【经济发展概况】 2005年，南昌县地区生产总值129.13亿元，比上年增长17.27%。“十五”期间年均递增15.39%。全县财政总收入7.18亿元，增长31.6%；地方财政一般预算收入4.47亿元，比上年增长31.3%。全社会固定资产投资48亿元，比上年增长61.2%，五年累计投资99.23亿元，是“九五”期间的3倍。县域经济综合实力排名全省第一，成为全省惟一基本竞争力迈入全国A级行列的县市。经中国社会科学院等三家权威机构联合评审，南昌县位居全国最具投资潜力中小城市第15位。

工业增势强劲。以小蓝工业园和向塘开发区为龙头的工业经济发展继续提速。全年实现工业增加值57.5亿元，占全县GDP的37.97%，比上年增长25.68%，“十五”期间年均递增24.7%。其中，规模工业企业实现工业增加值23.65亿元，销售收入77.6亿元，利税5.1亿元，分别比上年增长74.3%、74.5%和40.1%。规模工业企业发展到83家。小蓝工业园区“三年大推进”工程成效显著，累计完成基础设施投入7.3亿元，引进项目385个，其中开工325个，投产191个。基本形成汽车汽配、医药医器、轻纺服装、电机电器、食品饮料等五大支柱产业。实现工业总产值60亿元，销售收入61亿元，税金3亿元，出口创汇2600万美元，解决劳动就业3万人，成为全县经济和财政收入增长的主要支撑点。尤其是小蓝汽车工业城建设的启动，极大地提升了园区的产业档次，增强了园区的发展后劲。小蓝工业园与向塘开发区成为全县工业经济增长的主力军。

农业基础夯实。全县粮食播种面积11.93万公顷，总产78.2万吨，获得全国粮食生产先进县荣誉称号。农业结构继续优化，“两带两园”初具规模。新增养鸭、网箱养鳝、无公害蔬菜和花卉苗木等规模示范基地33个。全县家禽年饲养量达3200万羽，水产品起水量9.43万吨，蔬菜1.37万公顷，花卉苗木1866.67公顷。发展国家级重点龙头企业3家，占全省1/5强；省级龙头企业7家，市级龙头企业12家；农民专业合作经济组织37个。形成省级无公害农产品生产基地19个，“一村一品”专业村77个，有机食品和绿色食品72个，农产品绿色品牌数和商标注册数列全省县（市、区）第一。完成水利土方260万立方米，改造山塘、门塘440座，改造中低产田1833.33公顷，新建沼气池1200座，完成退耕还林等国家重点工程项目133.33公顷，绿化道路17千米；实施扶贫项目55个，争取上级扶贫资金257.9万元，9个贫困重点村全面实现脱贫。全年全县农林牧渔业总产值完成40.11亿元，比上年增长19.56%。

第三产业发展迅速。第三产业实现增加值38.17亿元，比上年增长15.3%。社会消费品零售总额24.5亿元，比上年增长15.5%。房地产快速成长。新开工商品房建筑面积195.32万平方米，占全市1/3强；销售面积86.29平方米，成交额17亿元。昌南房地产板块更具竞争力和活力。商品市场繁荣活跃。维也纳购物广场建成开放，南昌百货进驻莲塘镇。年末金融机构存款余额72.4亿元，增长17.7%；贷款余额54.2亿元，增长29.1%。

对外开放成效显著。全县共引进项目113个。其中，外资项目32个，内资项目69个；超5000万元项目19个，超亿元项目5个；江铃控股、海南海胜汽车、江西纸业等一批重大项目相继落户。全年实际利用外资1.21亿美元，内资34亿元，分别比上年增长20%和36%。“十五”期间累计引进内外资项目542个。其中，世界500强、国内200强项目2个，知名品牌项目2个，投资超亿元项目45个，利用外资3.02亿美元，内资99.06亿元。完成出口创汇3200万美元，比上年增长204.8%。自营进出口企业发展到25家。个私民营企业完成总产值216.6亿元，实现增加值72.3亿元，利税14.4亿元。

城乡建设步伐加快。完成县域总体规划、县城总体规划和16个乡（镇）、90个村规划修编工作。面向国际招标，编制36平方公里昌南绿城和昌南商务区控规。投资4000万元对县城老城区10条主要道路进行全面改造；投资1.34亿元完成南高路5.8千米的沥青、排水、绿化、亮化工程；推进莲塘镇大道排水、振兴大道拓宽改造、湖西路北段延伸工程和象湖新城区路网工程。昌南新水厂竣工供水，昌南客运站建成投入使用。新增绿地面积25.8万平方米，绿化覆盖率达到14%。县城建成区面积由“九五”期末的8平方公里拓展到30平方公里，人口由7万人增加到15万人。向塘、蒋巷、三江等小城镇建设明显加快。启动10个社会主义新农村重点村建设。新建、改造电力线路88.76千米，城乡电网进一步完善。

各项改革纵深推进。县经济发展服务中心顺利通过ISO 9000政府质量体系认证，行政审批制度改革取得成效。粮食、供销、商业系统企业改制取得突破性进展，改制面达86%。县属工业企业改制不断巩固和完善。以推行部门预算、国库集中支付、政府采购和“收支两条线”为主要内容的财政管理体制改革进展顺利。投融资体制改革迈出新步伐，并成立南昌县城投公司。农村税费改革取得阶段性成果。农业税全面取消，减免农民税赋负担8195.39万元，实现农民合同内零负担。灌区末级渠系管理改革试点工作有序推进，水利工程管理体制改革全面启动，林业产权制度改革强力推进。

【社会事业发展概况】 全县社会事业取得长足发展。为构建文明社会，实现全面小康，全县扎实开展保持共产党员先进性教育活动。继续推进“文明行风、文明表彰、文明市民、文明社区、文明村镇”五大文明工程，开展声势浩大的创建全省文明县城、“建昌南绿城、创文明莲塘”活动，建立文明县城长效管理机制。荣获全省“第三届创建文明城市工作先进城市”称号；塔城北洲村、蒋巷镇被评为全国创建文明村镇工作先进村、镇。

科技教育事业取得新成就。开展防震减灾知识宣传活动，继续进行送科技下乡，组织实施第五个“科技活动周”，倡导科技创新，完善科技管理，大力推进科技成果转化。组织实施科技项目50项，专利申请18件。基础教育有新的提高。“两基”工作顺利通过省政府验收。全面实施新课题改革，启动教师考录制度。教育设施得到进一步改善，投资2.5亿元的莲塘一中新校区和投资1800万元的莲塘三小投入使用。中小学危房改造工作强力推进，36个危改项目动工，改造危房3.6万平方米；新改建面积4.5万平方米，总投资3700万元。高中入学率80.2%，高考录取率达65.8%，莲塘一中高考成绩综合排名位居全省各校前列。

文化体育卫生事业加快发展。建立健全县、乡、村三级文化网络。为搞好基层文化活动，全县举办基层群众文化活动骨干班；组织舞龙队、舞狮队，举办南昌县民间舞龙大赛。不断扩大有线电视网络覆盖范围，实现全县乡镇联网，全县有线电视用户增至5.13万户。全民健身活动深入开展。全年举行全县群体竞赛10余项次，被评为全国体育先进县。建立健全疾病预防控制、卫生监督体系，卫生服务网络进一步完善，新型农村合作医疗试点工作顺利推进，农民参加合作医疗率达81%。血吸虫病防治工作不断加强，全县农村自来水普及率达33%，食品药品放心工程和农村药品“两网”建设全面展开。

人口与环保工作得到进一步加强。实现人口控制目标，人口出生率为13.13‰。环境保护和生态建设得到重视，环保基础设施不断完善。

社会保障事业不断推进，人民生活有明显改善。全县养老保险参保人数达3.6万人，退休人员养老金及时足额发放率和社会化发放率均为100%。享受城镇低保人数达18263人，发放低保金1334万元。启动特困家庭救助工程，发放救助资金886.9万元。就业和再就业工作取得新成效，城镇登记失业率控制在4.5%以内，安置城镇新增从业人员3785人，安置国有企业下岗职工2315人，安置“4050”困难群体300人。有组织向外输出农村劳动力3.26万人次。农民年人均纯收入4008元，比上年增长14.6%，“十五”期间年均递增11.27%。

社会治安环境继续优化。全面完成“四五”普法工作，推行新的维稳措施，开展“平安昌南”创建活动，加强安全生产监督管理。县信访接待中心建成投入使用，全县信访形势平稳，信访突出问题得到及时处理。人民群众对社会治安现状满意指数明显提高。

【医药、纺织产业技改增效】 加强县内医药医器和纺织服装两大支柱产业技术改造力度，各企业陆续竣工投产，两大支柱产业的经济总量得到扩张，增长速度大幅提升。其中，汇仁集团仍然保持两位数的高速增长，全年工业总产值达20亿元，位居全县第一。江西国药厂、江西制药厂、三鑫集团通过技术改造，市场竞争力进一步增强，比上年增长均在60%以上。其中，江西国药比上年增长120%。纺织行业的江西涤纶厂、香港永通鞋业集团等企业通过更新设备、改进生产工艺、提高产品质量，生产能力进一步扩大。其中，江西涤纶厂工业总产值比上年增长105%，成为全县规模企业新的增长点。

【大力推广新型墙体材料】 为保护环境，建设节约型和环保型社会，全县大力推广新型墙体材料。一是加大墙体用材改革的宣传力度。召开县、乡墙改工作会议，落实《南昌市发展新型墙体材料法规文件汇编》精神。二是职能部门指导并帮扶新型墙体材料的科研、生产和推广应用。全县有富煌钢结构建材有限公司等8家新型墙体生产企业。县墙改办会同上级部门给予新型建材企业生产贴息，仅恒立新型建材责任有限公司便获生产贷款贴息25万元。同时积极向建设单位和施工单位推荐县内生产的新型墙材。三是开展新型墙体材料专项基金的征收工作。县墙改办在县经济发展服务中心设立收费窗口，征收新型墙体、散装水泥两项基金。全年征收两项基金599.3万元，其中墙改基金513.2万元。四是禁止大量占用农田的实心砖生产，对不占或少占农田的23家粘土实心砖生产企业实行限量生产。

【江铃控股小蓝工业园生产基地开工建设】 5月29日，江铃控股有限公司开业典礼暨小蓝工业园生产基地动工仪式在小蓝工业园隆重举行。江铃控股由江铃、长安两家汽车集团共同出资组建，首期注册资金1亿元。小蓝生产基地规划年生产汽车10万辆。省、市、县领导黄智权、余欣荣、凌成兴、李豆罗、杨伟东、张晓方，江铃集团董事长王锡高、长安汽车董事长尹家绪，中国兵器装备公司总经理徐斌，县六大家领导和全县各部门、各单位负责人及江铃集团部分员工共500余人参加庆典仪式。

【县域经济科学发展（南昌）论坛隆重举行】 6月18～19日，由市委、市政府、经济日报社主办，南昌县承办的“县域经济科学发展（南昌）论坛”在红谷滩会展中心隆重举行。该论坛以搭建沟通平台，加强县域合作为主题，邀请国务院发展研究中心副主任谢伏瞻、财政部财政科学研究所所长贾康、中央政策研究室经济局局长李连仲、北京大学经济管理学院院长刘伟等专家进行专题演讲。江苏省江阴市、湖南省长消县、浙江省富阳市、河南省巩义市、江苏省昆山市、四川省双流县、浙江省绍兴县、江苏省张家港市等中国百强县（市）的党政负责人及中共南昌县委书记杨伟东应邀作专题发言。最后，论坛发表《南昌共识》。市、县直各部门、各单位负责人，南昌县各乡镇负责人共1000余人次听取演讲和发言。

【积极创建全省文明县城】 南昌县获得创评全省文明县城的资格，是全市四县中惟一有资格创评的县。10月12日，召开全县创建文明县城动员大会，动员全县力量开展创建活动。创建期间，采取电视宣讲、宣传车广播、发放调查问卷等形式向广大市民宣传创建的重要意义，形成人人为创建的良好氛围。同时改造县城道路、架设新路灯、增加公共绿地，美化、绿化、亮化县城；重视市民文明行为的养成，提高市民文明素质，营造和谐的宜商宜住的投资环境，升华县城文明程度。

【粮食生产跃上新台阶】 全县加大粮食生产的投入。增加粮食补贴资金

43.13 万元，粮补总额 2862.95 万元。县财政预算安排支农资金增加 316 万元，达 1238 万元。为促进粮食稳定增产，全县推行水稻生产"单改双"。全年水稻播种面积达到 11.1 万公顷。大力推广超级稻生产，全县超级稻种植面积为 2.13 万公顷，平均单季每公顷产 8437.5 公斤。同时开展测土配方施肥，科学防治稻飞虱。全年全县粮食总产达到 72.92 万吨，比上年增产 1.78 万吨，再次迈上新台阶。

【推行农产品品牌战略】 为提升优质品牌形象，保障城乡人民身体健康，继续实施"放心菜"工程，推行品牌战略。年内全县有 19 个无公害农产品基地，无公害产品 13 个，新增 12 个；绿色有机食品 72 个（其中当年新增绿色食品 38 个）。品牌产品数列全省第一，树立起南昌县优质农产品供应基地的形象。县农业局等单位组织农业龙头企业参与国家农业部在北京、上海、广州、福州举办的绿色优质农产品会展及农业项目接洽推介会，将县内农产品推向国内国际市场。由于推行农产品品牌战略，县优质农产品价格得到提升。

【评选南昌县首届"十大杰出青年"】 为树立南昌县当代青年的良好形象，展现他们"与时俱进、拼争一流、创造奉献、建设家乡、报效祖国"的青年风采，激励全县广大青年刻苦学习、勤奋工作，加速南昌县各项事业实现跨越式发展，团县委、县青联会同县委组织部、宣传部、县教体局、电台等单位，于 2004 年 11 月共同发起评选南昌县首届"十大杰出青年"活动。评选活动经过宣传发动、推荐报名、评选审核等阶段，2005 年 4 月，刘春云、肖波等 10 人被评为"十大杰出青年"。10 人分别来自招商、税务、粮食、水利、医药、卫生、公安、房产等行业。

【进行县城"十路"改造】 为打造昌南绿城，改善人居环境，4 月～12 月，按照"管线统一下地、人行道统一整治铺装、沥青路面统一摊铺、交通标志统一安装、路灯照明各具特色"的要求，对县城莲塘镇的向阳路、澄湖东路、澄湖西路、农贸路、府前路、文卫路、团结路、五一路、莲西街、莲西路等十条道路进行改造。共投资 4000 万元，改造道路总长 10 千米。县城老城区道路改变了过去"路不平、灯不亮"的状况。

【新型农村合作医疗深入人心】 为进一步推行新型农村合作医疗制度，全县进行广泛而深入的合作医疗宣传活动，修改完善有关实施方案和管理办法，建立正常的筹资、报支运行机制，在县医院、县中医院设立直报员，方便农民报支医药费。由于措施有效，农民健康意识有明显增强。全县参加合作医疗的农民达 20.92 万人，参加合作医疗率为 81%。农民进行门诊和住院人数明显增长，其中住院人数增长 8%，改变过去农民有病不敢上医院的现象。

（喻德琪）

## 2005 年南昌县国民经济主要指标一览表

表 57

| 项　目 | 单位 | 2003 年 | 2004 年 | 2005 年 | 2005 年比上年增长(减少)% |
|---|---|---|---|---|---|
| 地区生产总值 | 亿元 | 73.74 | 87.09 | 129.13 | 17.27 |
| 第一产业增加值 | 亿元 | 19.89 | 20.89 | 25.11 | 3.01 |
| 第二产业增加值 | 亿元 | 25.85 | 33.11 | 72.43 | 24.58 |
| 第三产业增加值 | 亿元 | 28.00 | 33.09 | 31.60 | 15.60 |
| 全社会固定资产投资 | 亿元 | 14.76 | 23.62 | 48.03 | 61.2 |
| 社会消费品零售总额 | 亿元 | 9.93 | 11.8 | 24.59 | 12.26 |
| 实际利用外资 | 万美元 | 5368 | 10000 | 12100 | 20.73 |
| 实际利用内资 | 亿元 | 23.12 | 25 | 34.09 | 36.03 |
| 财政总收入 | 亿元 | 4.66 | 5.46 | 7.18 | 31.6 |
| 地方财政一般预算收入 | 亿元 | 2.46 | 3.32 | 4.47 | 31.3 |
| 农民年人均纯收入 | 元 | 2721 | 3511 | 4008 | 14.15 |
| 人口出生率 | ‰ | 12.34 | 12.3 | 13.79 | 1.49 |

## 2005 年南昌县社会事业发展主要指标一览表

表 58

| 项　目 | 单位 | 2003 年 | 2004 年 | 2005 年 | 2005 年比上年增长(减少)% |
|---|---|---|---|---|---|
| 科技事业财政投入 | 万元 | | | | |
| 科技培训 | 万人 | 2.6 | 2.5 | 3.2 | 30% |
| 科技成果推广 | 项 | 76 | 56 | 50 | -10% |
| 教育事业财政投入 | 万元 | 10542.8 | 12079.8 | 14860.9 | 23% |

续表 58－1

| 项　　目 | 单位 | 2003 年 | 2004 年 | 2005 年 | 2005 年比上年增长(减少)% |
|---|---|---|---|---|---|
| 中小学校 | 所 | 304 | 300 | 296 | －1 |
| 小学入学率 | % | 100 | 100 | 100 | 0 |
| 初中入学率 | % | 99.39 | 116.9 | 109.2 | －6.6 |
| 文化事业财政投入 | 万元 | 273.3 | 284.47 | 403.33 | 41 |
| 文艺演出 | 场 | 184 | 196 | 204 | 5 |
| 图书馆藏书 | 万册 | 6.3 | 6.5 | 6.8 | 4 |
| 卫生事业财政投入 | 万元 | 2825 | 3895 | 5586 | 43.4 |
| 各类卫生机构 | 个 | 26 | 26 | 26 | 0 |
| 万人拥有医护人员 | 人 | 21 | 22 | 26 | 18 |
| 万人拥有病床 | 张 | 6 | 6 | 6 | 0 |
| 体育事业财政投入 | 万元 | 210 | 270 | 450 | 33 |
| 举办大型群众性体育活动 | 次 | 5 | 8 | 9 | 12.5 |
| 参加市级体育竞赛 | 人次 | 6280 | 8300 | 9400 | 13.2 |

(南昌县史志地名办)

## 新建县

【概况】 位于南昌市西部,东邻赣江与南昌城区连为一体,北至鄱阳湖,西临西山山脉,南与丰城市、高安市接壤。县政府驻地长堎镇东距南昌市中心(红谷滩新区秋水广场)4000 米,全县区域面积 2338 平方公里。辖 10 个镇、9 个乡、286 个村民委员会、28 个居委会。总人口为 67.55 万人,其中非农业人口 15.14 万人。年内有耕地 5.18 万公顷,人均 0.1 公顷。

【经济发展概况】 2005 年,全县坚持以经济建设为中心,积极应对宏观调控政策形势,抢抓机遇,加快发展,突出重点,主攻难点,较好地完成了年初确定的各项目标任务。

农业效益不断提升。全年完成农业总产值 27.10 亿元,共发放粮食直补和良种补贴 2068 万元。粮食总产量 5.47 亿公斤,增长 11.1%。农业结构继续优化,绿色安全农业发展迅速,建设生态畜牧小区 10 个,获国家绿色食品商标 16 个;生米镇 3000 余公顷藠头基地获华夏有机食品认证中心授牌。农业龙头企业得到进一步发展,新增年销售收入 500 万元以上龙头企业 10 家,全县实力较强的农业企业达 245 家,其中市级龙头企业 6 家,部级龙头企业 1 家。村支书"双带"致富工程稳步推进,全县 191 名村支书启动"双带"致富项目,年内有农村专业合作组织 65 家。水土保持治理力度加大,治理水土流失面积 2000 余公顷。土地管理得到加强,依法查处违法用地 131 宗,复垦耕地 276 公顷,挂牌出让土地 75.73 公顷。林业制度改革工作快速推进,植树造林、退耕还林等生态工程得到强力实施。防汛抗旱、森林防火和禽流感、口蹄疫、农作物病虫害等动植物防疫防治工作扎实开展。气象业务水平和服务质量不断提升,农机化进程得到大力推进。

工业经济运行良好。全年规模以上工业企业完成总产值 39.7 亿元,比上年增长 38.6%;完成工业增加值 11.53 亿元,增长 42.1%;完成销售收入 34.55 亿元,增长 48.9%;利税总额 4.12 亿元,增长 38.39%。长堎工业区完成工业总产值 27.72 亿元,其中规模以上工业企业完成总产值 23.96 亿元,占全县规模以上工业总产值的 60.4%,比上年增长 76.9%;实现税收 8260 万元,增长 1.57 倍。全县供电总量 2 亿千瓦时,比上年增长 22.5%。

第三产业逐步繁荣。成功举办第二届旅游文化节,红色、金色等"五色"旅游资源得到进一步挖掘。商品流通日益繁荣,市场交易日益活跃,市场秩序日益规范,商业五年发展规划已经启动。房地产业健康发展,居住质量不断提高,金融保险业稳健运行,全县金融机构存款余额 46.7 亿元,比上年增长 20.3%;各项贷款余额 22.2 亿元,增长 10.5%。质量兴县取得显著成效,荣获南昌市质量兴市先进单位。商标注册工作得到高度重视,全年注册商标 176 件。粮食法规和政策得到认真落实,粮食市场管理日趋规范,全年保护价收购粮食 0.6 亿公斤,种粮农民利益得到保护。保险、邮政、电信、运输业继续保持强劲增长势头。

开放领域持续扩大。积极参加省、市组织的大型招商活动 12 次,成功地在香港、北京、福建、深圳等地组织大型招商活动 8 次,影响范围逐步扩大到欧美等国家和地区。五条战线招商取得实效,对外开放领域由一、二、三产业逐步扩大到城镇基础设施建设领域和教育、卫生等社会事业领域。争取到国家投资项目 18 个,项目总投资 3100 万元。阿尔法生物科技、华伍重工、香港禾氏美康药业、香港活力科技等一批重大项目相继落户开工,工业区实力迅速增强。

民营经济更为活跃。通过出台扶持政策,实施名牌战略,建立信用体系,加强银企合作等一系列重要举措,个私民营企业在技术和管理上得到创新,在创品牌、守信用意识上得到加强,融资难问题有所缓解,市场竞争力不断增强,规模不断壮大,效益不断提升。全年获省著名商标 6 件、市知名商标 6 件,认定 AA 级"守合同、重信用"企业 7 户。新发展个体工商户 1082 户,注册资本 8139 万元,新增私营企业 141 户,注册资本 1.87 亿元。个私经济完成总产值 55.49 亿元,比上年增长 29.8%;完成增加值 18.37 亿元,增长 30.1%;利润总额 3.22 亿元,增长 38.8%;税金 5038 万元,增长 26.0%。全县现有 500 万元规模以上个私企业 20 家,总产值 11.9 亿元,增加值 3.1 亿元,分别增长 24% 和 22%。基础建设扎实推进。工业一区配套设施建设基本完善,3.5 平方公里交通网已经形成,建成道路总长 20.1 千米,铺设自来水管网24千米，有线电视线路4千米，供电线路12.6千米，电信线路13.7千米。工业二区道路硬化12千米，平整场地233.3余公顷，完成土石方20万立方米，供水管道铺设已全面完成，3个农民安居点正在动工建设。文明村镇建设全面铺开，西山古镇、乐化新城区等样板乡镇建设正在有序推进。农村公路建设总投资1.63亿元，完成建设里程650千米。赣西联圩、廿四联圩堤顶公路总投资2718万元，完成建设里程108.7千米。全县渡船更新工作全面结束。松湖大桥工程建设招投标工作已经完成，联圩大桥选址已确定，年内进行规划设计。东外环公路（新建县段）全面建成通车，西外环公路（新建县段）年内积极实施。

【社会事业蓬勃发展】　全县坚持经济与社会发展协调同步，人与自然和谐发展，不断加大各项社会事业投入，社会事业得到稳步推进，呈现喜人景象。

科技支撑作用明显。全年安排生米蔬菜规模化栽培技术、万亩有机大米生产技术示范等科技项目21项，共增产值4363万元，增收819.2万元。

教育事业蒸蒸日上。财政总投入1.2亿元，实施县六中、特校、礼步小学教学楼建设及农村中、小学危房校舍改造等工程，全县中、小学硬件基础设施得到进一步完善，软件环境得到进一步优化，教学质量得到进一步提升。县一中跻身全省重点建设中学，县二中投资3000余万元的教学综合大楼年内紧张施工。全年全县高考一本上线人数300人，二本上线人数592人，清华大学、北京大学上线人数23人。教育"两免一补"政策得到认真落实，发放金额287万元，2万名贫困生接受减免和补助。

医疗卫生事业成绩显著。总投入2446万元，县疾病预防控制中心大楼建设工程、县传染病区建设工程在全市率先竣工，公共卫生三大体系建设不断完善。县疾病预防控制中心、县卫生监督所正式组建成立。投资300万元，启动结核病、艾滋病及血吸虫病患者免费治疗工程。投资1242万元，完成19个乡镇卫生院，近2万平方米业务用房改扩建项目工程。投资135万元，基本完成农村改厕（血防）项目工程。新建县已成为全国农村卫生适宜技术项目推广示范县、全国牙防工作先进县、全国新型农村合作医疗试点县、全省"降消"项目县。农村药品"两网"建设走在全省前列。

文化广播事业繁荣活跃。共投入3[illegible]2万元，实施文化会堂改造工程，开展"欢乐周末"、"欢乐乡村"文艺活动，公共文化服务体系建设逐步健全。有线电视网络覆盖面进一步扩大，新闻播报质量进一步提升，党和政府的喉舌作用进一步凸显。

计划生育工作扎实开展。按照人均7元的要求，县财政筹措计划生育事业经费485万元，其中100万元专门用于村级计生服务室建设。计划生育利益导向机制进一步完善，建立农村独生子女健康平安保险、纯女户养老保险工作机制，计划生育家庭奖扶金发放到位，"关爱女孩行动"走在全省前列。依法管理和服务水平不断提高，稳定低生育水平，计划生育率79.57%，人口出生率10.87‰。

保障体系日趋完善。离退休职工养老金、失业保险金按时足额发放，安置下岗再就业人员2142名。城镇职工基本医疗保险工作10月1日起全面实施，有效地保障了机关事业单位人员基本医疗的需要。城乡社会救助体系不断完善，形成以最低生活保障为基础，社会互助为补充，医疗救助、教育救助等为配套的救助体系。全县共纳入低保8318户，保障对象16212人，月保障金105.4万元，保障对象占全县非农人口的12.6%。全县发放农村特困群众救助资金273万元，救助特困户9619户、17890人。积极开展救灾工作。农村特困群众医疗救助工作全面启动，深入开展为困难职工"送温暖、心连心"活动，共筹措并发放送温暖和解困资金60万元。

城乡社会保持稳定。认真实行县级领导每日信访值班制、每周政府常务会议信访情况通报制和信访排查制，深入开展"集中办理群众来信来访月"活动，妥善解决在企业改制、拆迁安置、征地补偿、交通事故、土地流转等工作中出现的一系列热点难点问题。建立和执行安全生产例会制度，共下发安全隐患整改通知书168份，立案查处安全生产违法行为12起，安全生产形势保持平稳。社会治安综合治理强力推进，全县共破获各类刑事案件482起，抓获犯罪嫌疑人456人，查处治安案件420起，调处各类纠纷4016起。着力推进综治基层基础、基层平安建设及和谐平安指挥中心联动体系建设，人民群众安全意识明显增强。深入开展超载超速、"五车"非法营运等交通安全专项整治活动以及"六小场所"、公共聚集场所、大型商场市场等消防安全专项治理活动，积极推进安全生产"五进"、消防"四进"工作。特种设备和食品质量安全工作扎实开展。宗教场所专项治理依法开展，宗教信仰自由政策得到有效贯彻。深入开展经济秩序整顿工作，药品、医疗、食品、肉品、文化等市场日趋规范，价格水平保持平稳。

【建设省大公路】　4月底，历时7个月的省庄至大城（南昌开关厂至南昌陆军学院段）公路一期工程顺利竣工。该工程总投资1000余万元，新建道路全长2018.32米，宽40.5米，道路等级为城市1级次干道，计算行车速度为40千米/小时。

【敬老院建设】　按照"一乡一院"的布局，在全县范围内先后建设一批规划好、环境美、功能全的敬老院。截至11月底，共建成17个乡镇敬老院，总建筑面积2.32万平方米。其中，新建面积1.7万平方米，维修改建面积5480平方米，总投资达1038万元。

【乡镇卫生院改造】　加大乡镇卫生院改造力度，共投入资金1242.24万元，改扩建业务用房面积1.97万平方米，实施卫生院内绿化、硬化、美化等基础设施建设；投入资金200万元，添置了部分临床急需设备；调整补充农村卫生技术人员120人。增设床位240张，有效地缓解了乡镇卫生院业务用房、设备、技术人员缺乏等问题。

【绿色通道工程】　共投资2260万元，全面实施综合通道工程。全县共完成道路绿化217千米。其中，精品路绿化94千米，一般道路绿化123千米。昌樟高速公路新建段补植树木1.5万棵，各绿化道路以改善生态环境，提高景观品位为重点，实行山、水、田、林、路综合治理，绿化、美化、亮化同步推进，确保道路林荫化、生态化和景观化目标的实现。

【县城解放路无杆化工程建设】　在新建县城解放路实施无杆化工程。该工程一期预算投资844万元。其中，土建部分301万元，配电部分543万元。截至年底，已完成钢筋混凝土施工井22只、低压手孔井49只、挖电缆沟7783立方米、开控路面3035平方米、预埋PVC－u管2.45万米、混凝土包封；安装箱式变电站12座。其中，630千伏安/4台、500千伏安/3台、400千伏安/4台、160千伏安/1台，安装10千伏电缆分接箱9只，低压分接箱63只，敷设10千伏交联电缆3480米，400伏交联电缆4360米，接地装置21组。

【优化创业环境】　投资环境进一步改

善,县《优化投资环境工作方案》中的24项工作任务全部完成,审批办证效率不断提高。就业和创业培训力度进一步加大,培训下岗失业人员541名,发放再就业小额担保贷款289万元。投资260余万元,在各乡镇设立劳动和社会保障事务所,就业服务平台建设走在全市前列。全县创业氛围日益浓厚,金银首饰加工、厨房设备改造、厨师等驰名全国的劳动力技能品牌得到进一步发展。

【水利基础设施建设】 截至年底,总投资1.11亿元的新建县草山、夫子岗、虎庄、桐溪等19座病险水库除险加固工程和油菜基地水利项目工程相继竣工。总投资860万元,完成防汛抗旱重点项目溪霞水库除险加固一期工程建设,二期大坝加固工程已经启动,开挖山塘、门前塘450座。投资800万元的36座水库除险加固、53座机电泵站改造等工程进展顺利。大力实施人饮解困项目,投资225万元使1.8万人饮水困难得到有效缓解,完成农业开发项目31个。总投资939万元,改造中低产田933.33公顷。

(涂绥标)

## 2005年新建县国民经济主要指标一览表

表59

| 项　目 | 单位 | 2003年 | 2004年 | 2005年 | 2005年比上年增长(减少)% |
|---|---|---|---|---|---|
| 地区生产总值 | 亿元 | 59.00 | 68.49 | 81.32 | 16.6 |
| 第一产业增加值 | 亿元 | 13.22 | 14.66 | 16.81 | 11.9 |
| 第二产业增加值 | 亿元 | 25.43 | 29.50 | 35.23 | 16.0 |
| 第三产业增加值 | 亿元 | 20.35 | 24.33 | 29.28 | 20.2 |
| 全社会固定资产投资 | 亿元 | 8.32 | 12.61 | 20.00 | 58.6 |
| 社会消费品零售总额 | 亿元 | 6.71 | 15.28 | 17.21 | 12.6 |
| 实际利用外资 | 万美元 | 2675 | 4676 | 6663 | 42.5 |
| 实际利用内资 | 亿元 | 6.16 | 14.18 | 23.54 | 66.0 |
| 外贸出口总额 | 万美元 | 306 | 815 | 1514 | 85.8 |
| 财政总收入 | 亿元 | 2.22 | 3.06 | 3.6 | 17.5 |
| 地方财政一般预算收入 | 亿元 | 1.66 | 2.13 | 2.63 | 23.7 |
| 农民年人均纯收入 | 元 | 2653 | 3184 | 3665 | 15.1 |
| 城镇居民登记失业率 | % | 3.6 | 3.2 | 2.7 | -15.6 |
| 人口出生率 | ‰ | 12.82 | 11.04 | 10.87 | -0.17 |

## 2005年新建县社会事业发展主要指标一览表

表60

| 项　目 | 单位 | 2003年 | 2004年 | 2005年 | 2005年比上年增长(减少)% |
|---|---|---|---|---|---|
| 科技事业财政投入 | 万元 | 81 | 87 | 93 | 6.8 |
| 科技培训 | 人 | 647 | 856 | 1073 | 19.5 |
| 科技成果推广 | 项 | 27 | 33 | 42 | 27.2 |
| 教育事业财政投入 | 万元 | 6813 | 8259 | 12000 | 45.3 |
| 中小学校 | 所 | 334 | 331 | 333 | 0.6 |
| 小学入学率 | % | 99.9 | 99.9 | 99.9 | 0 |
| 初中入学率 | % | 99.5 | 99.5 | 99.5 | 0 |
| 文化事业财政投入 | 万元 | 58 | 76 | 332 | 336.9 |
| 文艺演出 | 场 | 42 | 68 | 86 | 26.5 |
| 图书馆藏书 | 册 | 50000 | 50000 | 52000 | 4 |
| 卫生事业财政投入 | 万元 | 1850 | 2087 | 2446 | 17.2 |
| 各类卫生机构 | 个 | 35 | 35 | 35 | 0 |
| 万人拥有医护人员 | 人 | 21 | 21 | 23 | 9.5 |
| 万人拥有病床 | 张 | 18 | 21 | 22 | 4.8 |
| 体育事业财政投入 | 万元 | 9 | 42 | 63 | 50 |

续表 60－1

| 项　　目 | 单位 | 2003 年 | 2004 年 | 2005 年 | 2005 年比上年增长(减少)% |
|---|---|---|---|---|---|
| 举办大型群众性体育活动 | 次 | 5 | 8 | 13 | 62.5 |
| 参加市级体育竞赛 | 人次 | 3 | 4 | 6 | 50 |

(新建县政府办)

## 进贤县

【概况】　地处南昌市东南部,鄱阳湖南岸,抚河和信河下游。东邻东乡县,南接临川区,西隔抚河,北与余干县毗连。县政府驻地民和镇北距南昌市60千米,总面积1955平方公里。其中,耕地面积5.51万公顷,山林地面积3.98万公顷,森林覆盖率17.54%,水面面积6.05万公顷,总人口76.01万人。辖9镇、12乡274个村民委员会、25个居民委员会。

【经济发展概况】　2005年,全县围绕"产业特色县、工业优强县、生态绿色县、和谐文明县"的战略定位,坚定不移地推进工业化、城镇化、农业产业化和经济外向化,实现地区生产总值60.02亿元,比上年增长25%;全年实现地方财政收入2.68亿元,增长22.37%。全年财政支出6.28亿元。完成全社会固定资产投资11.32亿元,增长102.87%。

农业特色产业初步形成。按照优质、高产、高效、生态、安全的要求,基本形成特种水产养殖、食用菌、果业等特色种养示范基地。优质大米、千万羽家禽、瘦肉型猪等优势农产品基地,市级以上龙头企业发展到9家。其中,省级龙头企业2家,建成绿色有机黑芝麻生产基地400公顷。全年完成农业增加值29.3亿元,比上年增长26.06%。实现农林牧渔业总产值20.6亿元。其中,实现农业总产值6.4亿元,渔业总产值9.3亿元。全年粮食总产量41.8万吨,比上年减少9486吨;油料总产量3.2万吨,增长10%;生猪出栏50.4万头,增长10.4%;家禽饲养量1188万羽,增长6%;水产品总产量8.93万吨,河蟹产量1229吨,水产品总产值9.78亿元。

工业形成五大支柱产业。全县初步形成以民和、张公、温圳、文港、李渡、长山六大工业基地,以文化用品、医疗器械、李渡酒业、烟花鞭炮、钢架结构等五大优势产业为支撑的南部"金三角"工业经济板块。其中,以文港为中心的文化用品产业占据全国文化用品市场约50%的份额,医疗器械有5家企业跻身全国百强医疗器械行列。特色支柱产业迅速成长,已经成为进贤县域经济的重要增长极,赢得"笔不到进贤不齐"、"医疗器械不到进贤不全"、"高空礼花不到进贤不美"的美誉。全年特色支柱产业实现增加值11.9亿元,利税2.5亿元,上缴利税占财政总收入的32%。全年实现工业增加值27亿元,比上年增长32.5%。其中,规模以上工业实现增加值10.1亿元,增长42.1%;销售收入31.3亿元,增长56.8%;创利税1.97亿元,增长34%。截至年末,全县个人独资企业和股份有限责任公司达714户。其中,注册资金在亿元以上的3户;1000万元以上的27户;500万～1000万元的34户;100万～500万元的12户。全年个私民营经济实现工业产值77.6亿元,占全县总产值的87.2%;实现工业增加值36.25亿元,占GDP总量的60.3%。

第三产业蓬勃发展。在做好县、乡两级商业网点调查摸底的基础上,制定"十一五"商业发展规划,并积极推进"万村千乡"市场工程,全县商贸平台不断增多,圳业·太阳城、香江商务、东方商城、汇源广场成为县城四大物流亮点,文港、李渡、温圳年内进行"万村千乡"市场工程的试点工作。全年第三产业总产值14.84亿元,比上年增长24.3%。其中,运输邮政业产值1.04亿元,比上年增长25.9%;批发和零售业2.76亿元,增长10%,住宿餐饮业4021万元,增长12%,金融保险业2.49亿元,增长24.7%,房地产业2.2亿元,增长30.4%,其他服务业5.95亿元,增长33.3%。

招商引资工作再上新台阶。引进香港世纪阳光生态科技有限公司、美国易克斯特农药有限公司、洪达医疗器械集团公司、海天电动车有限公司、南昌华工机械制造有限公司到进贤县投资落户;引进投资总额在1亿元的风力发电项目和总投资3000万美元的工业纸箱包装项目各1个;引进5000万元以下的加工制造项目8个。据统计,制造业项目引进资金总额6.4亿元。全年新签招商引资项目56个。其中,内资项目40个,实际利用内资10.8亿元,增长31.25%,完成市下达任务的130.29%;引进外资项目10个,实际利用外资3100万美元,占市下达任务的100%,增长21.52%。

小城镇建设大力推进。按照"因地制宜,突出重点,统筹规划,体现特点,分步实施,滚动发展"的指导思想,全年完成21个乡镇和146个自然村总体规划编修,并积极推进"文明村镇工程"。李渡、文港、温圳被定为市级文明示范镇;民和、张公、前坊被定为县级文明示范镇。全年新修乡村公路512千米,3年累计修建乡村公路1241千米,共投入1.9亿元。改造中小学危房11万平方米,投入510万元。用于基层站所重建改造资金660万元。新建、改造高低压输电线路5385.5千米,新增、改造配电变压器1829台,总容量8.89万千瓦,移动电话网实现无缝覆盖,有线电视南环网工程全面竣工,北环网工程年内启动。全县新增绿地面积19.48公倾,县城绿地达75万平方米,绿化覆盖率达25.2%。新增城镇就业人口3764人,安置下岗失业人员2007人,养老金发放率达100%。

【社会事业发展概况】　科技事业蓬勃发展。积极开展"科普赶大集,科技惠三农"为主题的送科技下乡活动,共散发农业科技材料5万余份,发放科技书籍8000余册。举办由计算机、新能源、新科技等方面的10余个厂家参加的全县科技新产品展示活动。引进推广先进实用的科技成果,筛选27项农业实用技术,涉及农机、水产养殖、农业、林业、牧业等领域,共推广农作物面积2.8万公顷。生猪养殖3万头,水禽养殖1.5万羽,养蟹10万公斤,当年新增产值1.24亿元,利润5500万元。做好项目申报和组织实施工作,共组织实施国家级项目2个、省级项目2个、市级项目7个、县级项目12个。

教育工作全面推进,面向社会公开招录50名高中教师和100名小学教师,组织学生参加各类竞赛活动。其中,化学有1人获全国二等奖,数学、物理各有1人获全国三等奖。推进校园建设和危房改造工作。截至年底,全县中小学校园面积288.07公顷,校舍建筑面积54.43万平方米,计算机总量达3423台。共筹措资金1415.9万元改造中小学危房3.54万平方米,新建改建校舍3.34万平方米。全民教育普及程度进一步提高,初中入学率达98.7%,青壮年文盲率降到5%以下。当年中考报名人数12749人,高考报名人数6079人,高考录取人数3895人,占高考总人数的64.07%。

文化广播事业打开新局面。成功举办第二届社区晨练文化活动展演、第八届"西山国际杯"青岚艺术节、纪念抗战胜利60周年文艺晚会和书画展览、"谷雨"诗歌朗诵会等活动。组织参加"中国第三届书法艺术节"、南昌市第三届"四进社区"文艺展演,分别获三等奖、金奖;参加南昌市第二届"家庭才艺展演",获一、二等奖,县文化馆获组织奖。开展申报国家级非物质遗产保护工作。"文港毛笔制作工艺"、"李渡烧酒酿造工艺"受到国家文化部表彰。加强文物保护,申报文物保护单位位列南昌地区第一、江西省前列,架桥镇艾溪陈家村申报江西历史文化名村是南昌地区惟一一个申报审定合格的历史文化名村。李渡桂桥桂瑞藩故居、温圳杨溪李家李瑞清故居被审定为省级名人故居。舆论引导功能增强。《进贤新闻》开辟"保持先进性,促进大发展"栏目,报道全县先进性教育活动;拍摄以工业篇、农业篇、城建篇、文明篇为内容的反映改革开放新变化的大型专题片《走进新进贤》;开辟电视专访栏目《天南地北进贤人》,反映进贤籍知名人士在外创业经验。加大文化市场监管力度,出动执法人员1620余人检查文化经营单位2980余家次,共查缴盗版音像8000多盒,盗版书刊5000余册,扣缴违禁赌博机、电脑主机及附属设备130件。

大力发展体育事业。举办各类趣味运动会,组队参加省、市举办的各类赛事,在南昌市第四届龙舟赛中,获体育道德风尚奖和优秀组织奖。开展老年体协社会体育指导员培训班,发展社会体育指导员30名,上报健身气功站点3个,完成电脑体育彩票发行总额500余万元。

医疗服务环境进一步改善。成立疾病预防控制中心、卫生监督所,提升服务水平,患者对医院综合满意度达89.6%;加大基础设施建设投入力度,兴建县医院新门诊大楼及疾病预防控制中心,建筑面积1.19万平方米,投资1070万元。完善公共卫生体系建设,建成覆盖全县的卫生信息网络,32家医疗卫生单位实行疫情网络直报,村卫生所全部配备疫情报告专用电话,每个乡镇均设立防保站。加强对重点传染病的预防和控制。全县血吸虫病疫区人口16万人,三里乡新和、光辉、爱国行政村被确定为国务院血防工作联系点。完成改水改厕、封洲禁牧、以机代牛、环境优化等工作,共查病2.69万例,治病8800例;查螺面积201万平方米,药物灭螺533.34万平方米。卫生系统实现业务收入5800万元,比上年增长24.73%。

社会保障工作进一步加强。社会保险基金征缴及社会化管理工作得到强化,共征缴社会保险费3946.2万元。其中,养老保险费3500万元、失业保险费190万元、医疗保险费220万元、工伤保险费21万元、生育保险费15.2万元。养老、失业、医疗、工伤和生育保险参保人数分别达1.7万人、1.3万人、0.2万人、1.3万人和1.2万人。全年新增参保人员700人。为78名离休干部、5917名企业退休人员调整养老金待遇;为6679名离退休人员发放基本养老金4000万元,并发放失业人员失业保险金4.08万元,退休人员养老金足额发放率和社会化发放率达100%。城乡社会保障体系进一步完善。全县有农村特困户8197户2.25万人,年救助资金313.615万元;重点优抚对象大病医疗救助278名,金额5.6万元;农村大病医疗救助89人,金额6.1万元。全年慈善救助883人,解决帮扶资金8.9万元及流浪乞讨人员生活经费1.9万元。全县有低保户5504户1.06万人,月发放保障金69.46万元,基本做到应保尽保。

城管工作卓有成效。开展对县城市容环境综合整治,清理违章占道经营摊点1200个,清除吊挂横幅500余条,拆除乱搭雨蓬、荫蓬、货棚、固定铁架、木架等400余个,清洗各类垃圾广告2200余张。拆除违法建筑6500余平方米。

社会治安综合治理坚强有力。全县无重大群体性事件,无进京上访事件、无重大恶性刑事案件和群死群伤特大治安灾害事故发生。全年共立刑案865起,破刑案680起,摧毁各类犯罪团伙25个,抓获犯罪嫌疑人490余人。共排查出各类矛盾纠纷和不稳定因素107起,全部调处成功。制止和防止群体性上访案件6起。注重发挥电子监控等技术设施的作用,县城重点单位、重点地段路口、重点部位安装了红外线监控探头,实行24小时监控。加大对公共娱乐场所的整治力度,全面清理整顿各类场所119家,对23家整改不到位的娱乐场所作出关停处理。对全县中小学、幼儿园开展校园及周边治安秩序专项整治行动,查处一批违法人员、侦破一系列抢劫中学生案件,取缔校园周边的违规摊点、网吧等场所。完善乡(镇)、村两级调解、治保组织,共建立村级调解组织276个,治保组织276个,群防群治队伍430余支,同时还组建义务巡逻、义务消防等基层综治队伍。

计划生育工作水平进一步提升。开展融宣传教育、技术服务为一体的大型集中性服务30余次,并到21个乡镇80个村委会为育龄群众生殖健康普查普治5200人次。加强基础网络建设,全县近30%的乡(镇)服务所进入全市计生优质服务所行列。加大对破坏计划生育案件查处力度,整治出生婴儿性别比偏高问题,全年人口出生性别比为100∶102(即平均每出生100名女婴相应地出生了102名男婴)。节育率为93.55%。全年共出生9944人,人口出生率为13.15‰,计划生育率为82.55%。

【建设和谐文明新农村】 进一步加大创建文明村镇工作力度,加快和谐、文明新农村的建设步伐,在全县编制村镇规划建设中,实现"建有要求、管有依据、改有标准"的工作目标。按照"统一选址、统一规划、统一配套、统一设计、统一建设、统一安置"的原则,大力推进村镇规划工作,把集镇、村庄、城乡结合部的规划列为工作重心,重点抓好中心村、城中村和县城周边村庄及铁路、高速公路、国道、省道、县道等交通干线沿线的规划工作。各地的规划与本地经济社会发展水平和总体规划相衔接,通过村镇建设的不断推进,达到改善人居环境,提升对外形象,促进经济发展的目的。

【发现黄连木树王】 7月,在观花岭林场东河垅村发现三株黄连木古树。其中,一株树高21米,胸径1米以上。据专家介绍说,黄连木生长非常缓慢,是一种慢生树种,如此大树实属罕见,可以称得上是南昌地区的"黄连木树王"。据一位年长的村民讲,三株树是明朝初年种植的,已有600余年的树龄。黄连木是一种木本燃料油树种,含油率高达56.7%。

【开展青少年网络文明活动】 为增强青少年健康成长的网络文明意识,营造有利于青少年成长的网络环境,7月,团县委、教育体育局、县预防青少年违法犯罪工作领导小组在县城各中小学校开展"青少年网络文明"倡议签名活动,号召广大青少年遵守文明公约,拒绝不良诱惑,自觉远离网吧,县城10所中小学2000余名未成年学生在远离网吧的横幅上签名承诺。

【开展"连心卡"暖人心活动】 7月下旬,全县组成农技服务队、农资保障队、支务帮工队、三支助农小分队进村入户，下到田间地头，做农民生产、生活的服务员，指导农民科学种田，帮助农民解决农资短缺和劳力不足等生产生活方面的难题。同时在全县发放6000余份农民与党员的“连心卡”，农民只要拨通“连心卡”上的电话号码，就会有人来解决生产与生活上的难题。从设立党员“连心卡”以来，共为农民排忧解难2000余个，资助困难户11.7万元。

【2005年“军山湖杯”螃蟹节】 10月21～23日，由江西省农业厅、南昌市人民政府、进贤县人民政府主办的第四届鄱阳湖螃蟹节在南昌市水产品综合批发大市场举行。举办该次螃蟹节，进一步唱响以“军山湖清水大闸蟹”为领军的鄱阳湖螃蟹品牌，向国内外展示进贤及鄱阳湖地区发展螃蟹产业的资源优势、生态优势、产业优势及品牌优势。并且评选出蟹王蟹后。获此殊荣的是进贤县军山湖特种水产养殖公司。

【东方白鹳在白岩山村筑巢】 3月，国家一级保护动物东方白鹳在三里乡白岩村筑巢，并在5月孵化出3只幼鸟。东方白鹳是世界濒危物种，全世界约3000只。东方白鹳在白岩山村筑巢，说明军山湖地区生态环境得到改善，群众爱鸟意识增强，为其生存繁殖创造了良好的条件。

【加强越冬候鸟防控工作】 进贤县成立越冬候鸟高致病性禽流感防控工作领导小组，组织林业、畜牧、卫生、防疫等部门工作人员积极开展野生动物疫源疫病的摸底调查，在易感野生动物区尤其是沿湖的民和、罗溪、七里、前坊、三阳、三里、梅庄、二塘、钟陵、南台、池溪、军山湖、青岚湖等13个鸟类栖息地及迁飞通道设立监测点，掌握重点地区、重点鸟类的迁飞觅食、栖息活动规律，明确监测人员的监测责任，实行定期汇报制度。对野生动物驯养繁殖场、市场野生动物经营户的防疫措施进行检查，做好消毒垃圾处理工作，并采取严密隔离措施，防止可能出现的疫病感染和传播。

（武中立　王　方　胡　卓）

## 2005年进贤县国民经济主要指标一览表

表61

| 项　目 | 单位 | 2003年 | 2004年 | 2005年 | 2005年比上年增长(减少)% |
|---|---|---|---|---|---|
| 地区生产总值 | 亿元 | 40.59 | 48.01 | 60.2 | 25.39 |
| 第一产业增加值 | 亿元 | 11.37 | 14.31 | 15.37 | 7.41 |
| 第二产业增加值 | 亿元 | 18.68 | 23.64 | 29.8 | 26.06 |
| 第三产业增加值 | 亿元 | 10.54 | 10.06 | 14.85 | 47.61 |
| 社会固定资产投资 | 亿元 | 4.01 | 5.58 | 11.32 | 102.87 |
| 社会消费品零售总额 | 亿元 | 10.01 | 11.26 | 15.94 | 41.56 |
| 实际利用外资 | 万美元 | 1415 | 2758 | 3217 | 16.64 |
| 实际利用内资 | 亿元 | 6.61 | 14.76 | 16.8 | 13.82 |
| 外贸出口总额 | 万美元 | 329 | 630 | | |
| 财政总收入 | 亿元 | 1.83 | 2.19 | 2.68 | 22.37 |
| 地方财政一般预算收入 | 亿元 | 1.1 | 1.45 | 1.6 | 10.35 |
| 城市居民人均可支配收入 | 元 | / | / | / | / |
| 农民人均纯收入 | 元 | 2694 | 3226 | 3712 | 15.07 |
| 城镇居民登记失业率 | % | 3.5 | 4 | 4 | / |
| 人口出生率 | ‰ | 11.22 | 11.36 | 13.19 | / |

## 2005年进贤县社会事业发展主要指标一览表

表62

| 项　目 | 单位 | 2003年 | 2004年 | 2005年 | 2005年比上年增长(减少)% |
|---|---|---|---|---|---|
| 科技事业财政投入 | 万元 | 69 | 98 | 103 | 5.10 |
| 科技培训 | 人 | | 2650 | 3650 | 37.74 |
| 科技成果推广 | 项 | 21 | 22 | 21 | -4.55 |
| 教育事业财政投入 | 万元 | 9685 | 11546 | | |
| 中小学校 | 所 | 349 | 344 | 384 | |
| 小学入学率 | % | 100 | 100 | 100 | / |
| 初中入学率 | % | 98.5 | 98.7 | 98.7 | / |

续表 62－1

| 项　　目 | 单 位 | 2003 年 | 2004 年 | 2005 年 | 2005 年比上年增长(减少)% |
|---|---|---|---|---|---|
| 文化事业财政投入 | 万元 | 9 | 10 | 33 | 230 |
| 文艺演出 | 场 | 66 | 82 | 120 | 46.34 |
| 图书馆藏书 | 万册 | 9.26 | 9.30 | 9.3 | / |
| 卫生事业财政投入 | 万元 | 1993 | 1300 | 1800 | 38.46 |
| 各类卫生机构 | 个 | 35 | 34 | 35 | 2.94 |
| 万人拥有医护人员 | 人 | 21 | 30 | 30.5 | 1.67 |
| 万人拥有病床 | 张 | 12.57 | 10.68 | 10.90 | 2.06 |
| 体育事业财政投入 | 万元 | 0.4 | 10.4 | | |
| 举办大型群众性体育活动 | 次 | 3 | 3 | 3 | |
| 参加市级体育竞赛 | 人次 | 2240/4 | 130/3 | 300/4 | / |

(进贤县史志办)

## 安义县

【概况】 位于南昌市西北部。东邻湾里区,南接高安市,东南与新建县交界,西南与奉新县相连,西北与靖安县接壤,东北与永修县毗邻,县政府驻地龙津镇东南距南昌市中心 58 千米。安义县历史悠久,文化古迹多而全。全县土地总面积 665.49 平方公里,总人口 25 万人。辖 7 镇、3 乡、1 场、109 个村民委员会、11 个居民委员会。

【经济发展概况】 2005 年,安义县全面并超额完成县十三届人大三次会议确定的各项目标任务,全县实现地区生产总值 18.7 亿元,比上年增长 16.7%。其中完成一产增加值 4.75 亿元,比上年减少 4%;二产增加值 7.05 亿元,比上年增长 28%;三产增加值 6.9 亿元,比上年增长 14%。财政总收入 1.10 亿元,比上年增长 17.6%;地方财政收入 8338 万元,增长 22.9%;社会消费品零售总额 5.42 亿元,增长 6%;年末城乡居民储蓄余额 19 亿元,增长 21.2%。在遭受百年不遇的特大洪灾和各种自然灾害的情况下,农民人均纯收入达到 3247 元。

工业经济增势强劲。大力实施主攻工业战略,出台"工业三十条"等一系列加快工业发展的政策措施,设立 100 万元工业发展基金,完成县毛纺厂、塑料厂等国有企业改制。宏达纺织、翊成化工两家企业成功申报为全省诚信企业。全县规模工业增加值 2.52 亿元,比上年增长 84%;产品销售收入 6.86 亿元,增长 52.4%;利税总额 5900 万元;增长 43.4%;规模工业用电量 3876 万度,增长 77.31%,增幅为历年最高。规模工业企业发展到 30 家,初步形成化工、建材、纺织、磨具、食品、电子六大支柱产业。

农业稳步发展。全面落实支农惠农政策,共发放粮食直补资金 349 万元,发放粮种补贴资金 313 万元。全县水稻播种面积 2.4 万公顷,比上年增长 3.7%,是全国商品粮生产基地县。生猪出栏 20 万头,比上年增长 7.8%;水产品起水量 1.79 万吨,增长 7.8%;家禽饲养量达 1 亿羽,增长 3.5%。全面推广红薯、苎麻等高效经济作物种植面积,全县红薯种植面积 666.6 公顷,苎麻种植面积 66.66 公顷,为农民直接创收 1195 万元,人均增收 80 元左右。江西现代农业科技示范园产销两旺,全年出口蔬菜 1200 吨,出口创汇 120 万美元,被内定为钓鱼台国宾馆特供蔬菜。全县建成黄洲蔬菜、新民冬瓜、乔乐茶油、鼎湖柑桔等一批示范基地,基本形成"一乡一品"特色经济板块。同时林业产权制度改革稳步推进,水利建设投资有限责任公司正式运营。投资 682 万元除险加固水库和圩堤 44 座(条),新建改造山塘、门塘 266 座。投资 1700 万元完成黄洲新陈畈配套、南潦支渠整治和从玉蔬菜配送中心建设;投资 1000 万元实施油料基地建设;投资 150 万元实施退耕还林 133.32 公顷;投资 816 万元开发整理土地 159.98 公顷。实施扶贫项目 47 个,争取上级扶贫资金 199.8 万元。

个私民营经济进一步做大做强。组建中小企业局,成立中小企业信用担保公司,掀起以发展塑钢产业为重点的全民创业热潮,累计引进塑钢企业 16 家,生产线 140 条,销售收入 7 亿元,利税 6000 万元。被国家建设部授予"中国塑钢门窗型材流通示范基地"。

第三产业快速提升。引进千年古村群深度开发、星级酒店、文群宾馆、仙游谷等项目,特别是香港恒茂集团将投资 3 亿元加盟千年古村深度开发,参照云南丽江古镇开发模式,打造成最具江南特色的古村群。南昌冰雪广场正式开工建设,并引进江西龙翔国际学校、南昌市青少年校外教育活动营地等项目。启动安义三中、宣传文化活动中心建设。全面推进金世纪嘉园、城投花园等项目建设;全面启动九洲名城、恒茂华城等精品楼盘建设,新开工商品房建筑面积 15.34 万平方米,销售面积 4.92 万平方米,成交额 5960.09 万元,房地产业已成为全县拉动消费、聚集人气的一大亮点。扩大生猪定点屠宰范围,全县定点屠宰覆盖率达 98%,居全市前列。启动粮食流通体制改革,引进鹏泰购物广场落户安义,实行一站式购物。

开放型经济突飞猛进。全县累计引进项目 68 个,实际利用外资 1608 万美元,占市计划的 107%;实际利用内资 13 亿元,占市计划的 130%;出口创汇 1420 万美元,占市计划的 100%。先后引进华银国际电工、雄鹰彩铝、江西工业经济总部城、益富实业、华宏纺织等重大项目。其中,华银国际电工项目总投资 3 亿元。与南昌高新技术产业开发区、南昌经济技术开发区、红谷滩新区、西湖区和市国资委缔结友好合作协议,加强对接互动,对省市企业退城进郊进行意向性跟踪对接。凤凰山工业开发区被明确为省级工业园区,被纳入昌九工业走廊主体板块。全年完成固定资产投入近 7000 万元,储备土地 399.96 公顷。全面启动园区二期工程、管委会大楼和全民创业园建设,完成园区 10 平方公里控制性详规和"六区一园"的产业布局规划。通过市场运作筹资 1.2 亿元完成 6

千米凤凰循环大道路基工程,启动前进路、小虑城西路、引凤路、"三化"工程、园区排洪水工程、10万平方米标准厂房等建设项目。累计完成基础设施投入9800万元。全年实现工业总产值8.4亿元,销售收入12.7亿元,税金3000万元,出口创汇1000万美元,解决劳动就业3000余人,成为全县经济和财政收入增长的主要支撑点。

城乡建设如火如荼。通过国际招投标,完成3平方公里新城区概念性规划和城市整体设计,启动7平方公里城南片区规划工作。全年共完成城建开发规划项目50余个。重点实施城建项目20余个,运用招商招标新模式,投资1600余万元开工兴建路网工程;投资2亿元的安义大酒店项目完成桩基工程;金融大厦、安置房等项目年内有序推进。投资600万元新建蔚蓝广场,为市民提供休闲、娱乐、健身场所;投资50万元的和平路改造全面竣工;投资220万元的弱电管网铺设工程即将竣工;投资300万元修缮城市道路2万余平方米;投资近4000万元的石鼻至红星、合水至宝峰出境公路年内组织施工;投资3.7亿元高标准兴建的南安一级公路正式竣工通车。文峰路"穿衣戴帽"工程年内接近尾声;东门路改造工程正式动工;投资1600余万元的潦河北岸800米景观工程、蔚蓝嘉园步行街项目开工建设;沿河西路环境整治工作全面启动。完成城南路、鼎兴路等主街道的拓宽改造工程。全年城建规划投入600余万元,是新中国成立以来的总和。县城主要街道实现美化、绿化和亮化。新农村建设取得实效。重点抓好2个市级、8个县级和16个乡镇示范点建设,完成55个行政村、62个自然村的规划,涌现出黄洲孝诵、长埠木马、鼎湖榨下、万埠小刘等一批示范典型。

各项改革不断推进。投融资体制改革迈出新步伐,在全省率先组建农村合作银行,并成立城投公司、水投公司、中小企业信用担保投资公司等投融资机构。进一步加强与浦发银行、交通银行、招商银行等金融机构的合作。全年共争取国家、省、市各类项目资金6762万元。争取市商业银行贷款8000万元,国家开发银行贷款1亿元。机构改革成效显著,乡镇由12个撤并至10个,政府部门精简18%,人员编制精减21%,清理行政审批事项301项,取消63项。农业税全面取消,减免农民税赋负担1200万元,实现农民合同内零负担。乡村中学由129所撤并至110所,撤并率达15%。基本完成国有预算内工业企业改制。政府采购阳光工程和"收支两条线"为主要内容的财政管理体制改革进展顺利。县、乡、村三级公共卫生网络得到进一步健全。

【社会事业发展概况】 全县社会事业协调发展。坚持以人为本,以建设全省一流的山水园林县城为目标,着力打造山水绿城、文化名城、现代新城。深入开展文明安义行动,全面提升城市净化、绿化、亮化、美化和文明程度。为构建文明社会,实现全面小康,全县扎实开展保持共产党员先进性教育活动。

抗洪抢险取得重大胜利。面对百年一遇的特大洪涝灾害,全县上下万众一心,众志成城,确保水库、圩堤不倒,人民生命财产安全得到保障,损失减少到最低限度。

科技教育成效明显。申报省、市科技计划项目16项,其中一泵多管式地下水采集技术被国家科技部列为重点推广项目;新民乡峤岭村被确定为全市惟一村级农业科技示范基地。继续推行送科技下乡活动,组织实施科技月活动,完善科技管理,发展壮大科技队伍。

文化体育卫生事业不断发展。建立健全县、乡、村三级文化网络。为丰富基层文化生活,组织开展送戏、送电影下乡活动。全年送戏下乡16场,放映电影350场次。组建安义凤凰艺术团,举办安义县民间唢呐大赛。投资140万元实施广播电视"村村通"工程,全县有线电视用户增至3.86万户。全民健身活动深入开展,举行全县群体竞赛5项次。社区体育设施不断完善,全县有体育设施社区增至6个,投资500万元的体育运动中心交付使用。投资1000余万元的县医院住院大楼项目年内启动建设。开展创建全省农村卫生先进县工作,推进乡镇卫生院建设,完成乡镇卫生院上划县管。组建疾病预防控制中心和卫生监督所,抓好结核病防治,禽流感防范等工作。

人口与环保工作得到加强。加强县乡计生服务所建设,持续稳定低生育水平。加强残疾人帮扶工作,东阳镇荣获全国残疾人工作先进乡镇。

社会保障健全有力。完成东阳、长均、新民、乔乐四所乡镇敬老院的建设,组建乡镇劳动保障所,推进人事劳动培训中心基地建设。全县养老保险参保人数9281万人,养老保险金总额1116万元,支付率100%,社会发放率100%。享受城镇低保人数8742人,发放低保金656万元。发放小额信贷2722万元。安置城镇新增从业人员2400余人,安置下岗职工再就业1100余人次,安置困难群体100人次,有组织劳务输出47574人次。

维稳工作取得实效。全面完成"四五"普法工作。深入开展"平安安义"创建活动,加强社区管理,重视居委会工作,加快各乡镇"和谐110"建设,信访总量和刑事犯罪率明显下降。开展安全生产专项整治,实现事故起数、死亡人数、经济损失三下项指标降目标。加强各种自然灾害的监测预报。认真办理人大代表建议和政协委员提案,办结率100%。

【安义中学喜迎60周年校庆】 2月14日,安义中学举行60华诞校庆活动。省委书记孟建柱,省委常委、宣传部长刘上洋,省委常委、市委书记余欣荣发了贺信,市长李豆罗、省教育厅厅长漆权等领导题词致贺。

该中学1944年创办,定名为"安义县临时初级中学",校址设在靖安县高湖镇。抗战胜利后返迁安义县城,更名为"安义县立初级中学"。中华人民共和国成立后,县私立仰公中学并入该校。1958年学校增办高中部,并改名为"江西省安义中学"。1979年定为江西省重点中学。2001年学校停止初中招生,为全县惟一一所高级中学。2004年学校被省教育厅确定为全省优质高中项目建设学校。截至年底,学校有52个教学班,2853名在校学生,167名教职工。其中,中学高级教师25人,中学一级教师41人。

2000年安义中学整体搬迁至城东凤凰山下,校园占地面积7.76万平方米,学校建筑面积4.58万平方米。建有逸夫科技楼、教学大楼、学生公寓、室内体育馆、标准塑胶运动场等。该校结合自身实际,确定"以人为本,注重效益"的办学理念和全面发展、培养特长的教学模式,积极探索素质教育,不断改革教学管理,教育教学质量一年一个新台阶,高考成绩历年名列南昌市前列,曾三次夺得南昌市高考理科"状元"。被授予全省现代教育技术示范学校、全省中小学信息技术教育装备先进学校、南昌市德育示范学校和市实验教学先进单位。

【安义首条步行街开工】 11月9日,安义首条步行街——蔚蓝嘉园步行街开工建设。该街位于"一河两岸"北岸中心广场北面,南北总长为270米,宽24米。设计充分考虑安义地方特色与人文特点,以现代建筑风格为主。地面铺设花岗岩,设置造型景观灯、地灯、小喷泉、小桥、休闲长廊、花池、座椅、热带树、电话亭等，街两边主要是商业店面，建筑风格为欧式建筑造型。该街建成后为人们休闲、旅游、观光、购物、娱乐提供一个整洁、干净的现代环境。

**【安义旅游业强势打造“五色”、“五区”、“五条线路”】** 全县大力实施“旅游兴县”战略，加速形成大旅游、大产业、大市场的发展格局。一是确立“五色”游。以冰雪广场为龙头的银色游；以千年古村群为龙头的古色游；以圣水堂森林公园为龙头的绿色游；以小坑游击队旧址为龙头的红色游；以西山人家为龙头的特色游。二是开发五个景区。开发东部休闲、宗教游览区；西部农业观光游览区；南部具有江南特色和赣商文化品位游览区；北部历史人文景观和绿色游览区；魅力县城游览区。三是推出五条旅游精品线路：1. 熊式辉故里—小刘村—千年古村群；2. 万场生态果园—西山人家—千年古村群；3. 千年古村群—仙游谷—农业示范园；4. 圣水堂森林公园—西山人家—千年古村群；5. 珠珞白鹭—赤家垅花果山—千年古村群。

**【全县第一个民间艺术专业演出团体成立】** 1月8日，全县第一个民间艺术专业演出团体——安义凤凰艺术团成立。该艺术团的成立，结束了全县艺术人才处于自发、散乱状态，进一步带动全县文化艺术创作、生产，进一步推进全县文化事业的发展，为打造安义“文化名县”提供了新的发展动力。

**【峤宝公路安义段奠基开工】** 峤宝（安义县峤岭至靖安县宝峰）公路安义段奠基开工。该工程起于安义县峤岭，终于安义与靖安交界处，全长约12千米。全线按三级公路标准建设，路基宽7.5米，行车道宽6.5米，路面类型为水泥混凝土、工程总造价2543.1万元。峤宝公路的贯通，将进一步促进安义经济的发展，带动当地旅游资源的开发和利用。

**【红薯种植成为农民增收的新亮点】** 红薯作为传统的旱粮作物，其营养保健和药用价值，受到消费者青睐。为充分发挥安义县旱地资源优势，调整农业产业结构，大力发展红薯种植。同时引进以红薯加工出口创汇为主业的南昌天豫食品有限公司，并以保护价收购，解除农民后顾之忧。据统计，全县红薯种植面积666.6公顷，平均每公顷产5.25万公斤~6万公斤，每公斤按合同价0.37元收购，每公顷（5.25万公斤）收入为1.94万元。除去成本3000元左右，每公顷纯收入1.64万元。比种植花生、大豆作物每公顷要增加收入6000~7500元。红薯种植成为农民增收的新亮点。

**【塑钢门窗型材产业成为安义县的特色产业】** 塑钢门窗型材经销是安义县的一大特色。安义县县委、县区政府大力实施全民创业战略，把鼓励、引导塑钢门窗型材经销人员回乡创业，发展塑钢门窗型材产业作为县域经济工作的重点。通过短短两年的努力，取得显著成效。年内实现塑钢门窗型材产业成为安义县的一大支柱产业，占全县工业经济总量的三分之一，是县域经济发展的主要驱动器。截至年底，全县累计引进塑钢企业16家，生产线140条，销售收入[illegible]亿元，利税6000万元。中国建筑材料流通协会把安义县确定为“中国塑钢门窗型材流通示范基地”。

（王　计）

## 2005年安义县国民经济主要指标一览表

表63

| 项　　目 | 单位 | 2003年 | 2004年 | 2005年 | 2005年比上年增长（减少）% |
|---|---|---|---|---|---|
| 地区生产总值 | 亿元 | 18.10 | 20.99 | 24.06 | 14.6 |
| 第一产业增加值 | 亿元 | 4.79 | 5.20 | 5 | -3.85 |
| 第二产业增加值 | 亿元 | 5.3 | 6.39 | 8.12 | 27.07 |
| 第三产业增加值 | 亿元 | 8.01 | 9.4 | 10.95 | 16.49 |
| 全社会固定资产投资 | 亿元 | 3.75 | 5.14 | 8.7 | 69.26 |
| 社会消费品零售总额 | 亿元 | 4.15 | 4.52 | 5.06 | 11.95 |
| 实际利用外资 | 万美元 | 650 | 1200 | 1608 | 34 |
| 实际利用内资 | 亿元 | 3.2 | 7 | 9.25 | 32.14 |
| 外贸出口总额 | 万美元 | 650 | 1000 | 1421 | 42.1 |
| 财政总收入 | 亿元 | 0.79 | 0.94 | 1.11 | 18.08 |
| 地方财政一般预算收入 | 亿元 | 0.57 | 0.65 | 0.83 | 27.69 |
| 农民年人均纯收入 | 元 | 2717.5 | 3247 | 3378 | 4 |
| 人口出生率 | ‰ | 11.57 | 10.72 | 9.02 | -15.86 |

## 2005年安义县社会事业发展主要指标一览表

表64

| 项　目 | 单位 | 2003年 | 2004年 | 2005年 | 2005年比上年增长(减少)% |
|---|---|---|---|---|---|
| 科技事业财政投入 | 万元 | 10 | 10 | 12 | 20 |
| 科技培训 | 人 | 4300 | 5300 | 5000 | -5.66 |
| 科技成果推广 | 项 | 29 | 32 | 26 | -18.75 |
| 教育事业财政投入 | 万元 | 3766 | 4271 | 4777 | 11.85 |
| 中小学校 | 所 | 109 | 103 | 108 | 4.85 |
| 小学入学率 | % | 100 | 100 | 100 | 0 |
| 初中入学率 | % | 97 | 98 | 98.5 | 0.5 |
| 文化事业财政投入 | 万元 | 20 | 19 | 21 | 10.5 |
| 文艺演出 | 场 | 60 | 92 | 69 | -25 |
| 图书馆藏书 | 万册 | 7.27 | 7.31 | 7.42 | 2 |
| 卫生事业财政投入 | 万元 | 20 | 39 | 42 | 8 |
| 各类卫生机构 | 个 | 60 | 92 | 69 | -25 |
| 万人拥有医护人员 | 人 | 72750 | 73100 | 74200 | 1.5 |
| 万人拥有病床 | 张 | 12 | 12 | 13 | 8.3 |
| 体育事业财政投入 | 万元 | 10.5 | 9.8 | 11 | 12.24 |
| 举办大型群众性体育活动 | 次 | 6 | 9 | 7 | -22.22 |

（安义县志办）

## 东湖区

【概况】　地处南昌市中心城区。区内名楼滕王阁，名刹佑民寺，八一起义旧址等住其蕴含着深厚的历史文化底蕴。区内驻有省和市党、政、军领导机构及中央、省、部属单位，并驻有江西师范大学、南昌大学医学院、江西中医学院等8所高等院校，是全省政治、经济、文化、教育、医疗卫生的中心。全区土地面积13.35平方公里。辖9个街道办事处和1个管理处，106个居民委员会（纯居民社区79个、单位社区27个），6个村民委员会。全区总人口44.4万人，其中农业人口0.82万人。全区人口出生率6.73‰。

【经济发展概况】　2005年，全区经济工作大力实施"三产富区、开放强区"战略，有效加快产业优化升级，不断增强创新发展能力，城区经济稳步快速发展。

区域经济保持良好发展势头。全区经济再次实现快速发展。全年实现国内生产总值147.26亿元，比上年增长17.2%。其中，三产增加值123.4亿元，增长17.7%；规模以上工业增加值4.5亿元，增长26%；实现财政总收入9.1亿元，增长45.13%，地方财政收入2.23亿元，增长20.32%；全社会固定资产投资总额21.6亿元，增长30.56%；社会消费品零售总额85.5亿元，增长15.5%。

现代服务业发展势头强劲。确立以现代服务业为核心，提升产业能级，推动全民创业，大力推行"核心城内求质量，核心城外求增量"策略，"重点打造两条路、完善提升五条街"，坚持一手抓传统服务业的转型提升，一手抓现代服务业的培育开发，全力打造商业特色街，不断提升城区商业品味。国内著名商业银行兴业银行成功落户东湖区，标志着叠山路金融服务街打造取得重大突破；引进五星电器、步步高连锁超市、新一佳连锁超市等知名企业，三产经济综合效益有效提升。胜利广场、时代广场等重点工程进展顺利，江中置业、天骥花园、中大花园、经纬府邸等一批高品质地产项目相继落户。上凤凰坡社区、新公园路社区被评为省级社区商业示范点。胜利路步行街全年举办承办各类会展及公益活动107次，营业额、税收分别增长37%和32%，被中国步行商业街工作委员会授予首批"中国最具升值前景商业街"称号，并被评为江西省"百城万店无假货示范街"。

全民创业形成浓厚氛围。围绕"干部创事业、能人创企业、百姓创家业"这一主题，提出大力营造创业氛围，积极完善服务体系，不断创新扶持办法的具体工作思路，积极为投资创业搭建培训平台、融资平台、服务平台。组织个私民营企业参加第二届中国中小企业博览会及相关经贸洽谈、招商引资、产品促销会等活动。依托区个私民营企业信用担保公司，开展商业性互助性信用担保，为9家中小企业提供2412万元的贷款担保，促进个私民营企业做强做大。全年全区新增个私企业和个体工商户5395家，新增注册资金1.3亿元，实现利润3.2亿元，税金3亿元，比上年增长55.8%和28.6%；个私民营经济总产值89亿元、增加值23.9亿元，增长55.5%和55.1%。

对外开放成效突显。坚持"楼宇里面抓经济、街道两旁做文章"的具体工作思路，进一步明确全区招商引资的工作重点，积极参加招商推介会和小分队招商活动，大力推介宣传东湖，积极推行审批办证首席代表制、行政委托制，区统一审批办证中心在全省率先通过"政府服务ISO 9001质量管理体系"认证，投资环境不断优化。精心组团参加省市在北京、香港、澳门、昆山、厦门等地举办的招商引资洽谈会，成功举办南昌（福州）东湖区招商引资推介会。组织小分队分赴全国各地招商20余次，邀请国内外知名企业来东湖区考察洽谈600余人次。在中国南昌第四届金秋经贸活动月期间,举办第四届百花洲社区文化艺术节“崛起南昌、放歌洪城”大型歌舞晚会和首届胜利路步行街时尚购物节,进一步宣传推介东湖区。全年新批外资企业14家,实际利用外资3702万美元,比上年增长40.06%,实际利用内资9.39亿元,增长73.1%,出口创汇2860万美元,增长3.2倍。

各项改革继续深化。街道社区管理体制改革扎实推进。各街道成立社会事务受理中心、街道财政所和社区工作站;各职能部门的工作重心下移和权力下放工作全部到位,并在社区开展以“信息化、数字化、网络化、人性化”为主要内容的“四化”竞赛活动,“四送”服务进社区、社区干部技能比赛等一系列活动,基层基础进一步夯实。企业改制深入推进。积极稳妥地实施27家区属工业、商业企业的资产和职工身份双置换改革,实现南昌微型电机厂与江西清华泰豪有限公司的成功重组。财政管理体制改革不断完善。全区所有行政事业单位纳入国库集中支付范围,财政资金使用得到全面监管;建立财政、纪检监察、审计等部门协作配合的政策采购监督机制。全年节约采购资金123.88万元。社会事业体制改革纵深突破。公开招聘6名副科级领导干部、60名中小学教师,进一步激活用人机制。公共卫生体制改革取得实效,撤销区卫生防疫站,组建区疾病预防控制中心和卫生监督所,为强化政府公共卫生管理和服务职能打下坚实的基础。

【城市建设管理概况】 基础设施建设进一步加强,全面完成第三轮“百路大会战”66条道路的综合改造,共改进道路总长14千米;完成马家池社区、射步亭社区等居民生活区的排污管理综合改造。顺利实施阳明路东延工程和青山湖截污西渠改造工程等7个项目的拆迁安置工作,拆迁面积17.91万平方米。完成章江路、射步亭等4231平方米危旧房改造及毛家园、下沙窝等6座公厕改造。兴建章江园休闲广场等公共休闲绿地,新增绿地面积1.6万平方米。占地面积4.46公顷的开放式精品公园贤士湖公园正式向游人开放。对后墙路、建德观路、苏圃路等42条道路进行绿化补栽。共种植乔木1321株,花灌木2.97万株,铺设草坪9703平方米,铺设护树花板399套,铺设护树花池789套;在南、北湖修复防护铁链2150米;对辖区部分行道树进行全面整形修剪及防虫害防治。完成辖区内单位附属绿地植树任务1.06万株,草坪1.5万平方米,住宅区绿化任务5.77万株,草坪5900平方米,城区绿化覆盖率达48.6%,居全省城区前列。组织辖区单位参加南昌市第八届插花艺术评比展览、国庆节门前摆花、南昌市第十七届菊花展览,共获得金奖4个,银奖4个,优秀奖3个。

创建工作成效显著。大力开展万店整治、小街巷整治、“六小”整治、集贸市场整治等专项行动,打造建德观路、保赤仓路等“六小”样板街,建立全市第一家“标准化”集贸市场——墩子塘无公害农产品专销市场。在全市市容环境质量每季度考评及全市两次创卫模拟检查中均名列第一。“城中村”改造成效明显。全年兴建农民公寓22幢,改建6座旱厕为水冲式厕所,改造村级道路2条,拆除违章农房559处。成立贤士湖管理处环卫工作站,将“城中村”环境卫生纳入到城区统一规范化管理轨道,“城中村”环卫面貌有了很大改观。

【社会事业发展概况】 大力推进“科技进社区”活动。在56个社区兴建一批科普橱窗走廊、阅览室、社区科普站。积极推进教育部《基础教育课程改革纲要(试行)》行动计划课题实验区和全国信息技术实验区工作,在“全国小学语文教师信息技术与课程整合能力竞赛”中获得优异成绩,圆满完成省“两基”复查年检工作。投资1600万元高标准、高效率地完成南京路小学异地重建工程,启动东湖青少年宫教学楼扩建工程,城北学校教学楼重建工程顺利竣工。承办全国部分城市城区第二十一届卫生改革研讨会,打响东湖卫生品牌。组团代表江西省参加2005年全国全民健身路径比赛,蝉联团体总分第一名。区培智学校智残运动员参加全国特殊奥林匹克田径赛,荣获12枚金牌、11枚银牌、12枚铜牌。举办东湖区“天天来锻炼、周周打擂台、月月有竞赛”主题活动,进一步丰富社区群众体育生活。完善计生利益导向机制,强化流动人口维权服务,被评为“全国婚育新风进万家活动先进区”、“全省计生优质服务区”。

全力抓好保就业、保困、保医、保弱、保稳“五保”工作。“保就业”即大力推进劳动就业保障工作向社区延伸,为全民创业服务。全年累计发放小额贷款462万元,直接帮助224人创业,带动700余人就业;新增从业人员7775人,占全年任务的139%。“保困”即切实加强城市最低生活保障工作动态管理,切实做到应保尽保,分类施保。“保医”即积极推进以低保救助为核心医疗救助试点工作,累计为各类困难群体发放医疗救助金100余万元。“保弱”即抓好老年人、残疾人等社会弱势群体的社会保障工作,积极开展争创全国社会养老服务示范区和全国老龄工作先进区活动。“保稳”即高度重视安全稳定工作,组织向消防隐患重点地区的豫章街道环王街居民免费发放消防灭火器材,并进行消防知识现场培训,建成全省首家安全消防自救演练培训中心,兴建三经路消防工作站和滕王阁社区、党家巷社区等8个社区消防自防自救点。

社区卫生服务事业不断完善。采取“四轮驱动”即区属公立医院筹建,辖区企事业单位职工医院、卫生所转型筹建,整顿整合社区医疗资源择优转型,面向社会公开招标设置等方式,促使社区卫生服务发展迈入健康发展“快车道”。全年共筹建社区卫生服务中心8家,社区卫生服务站51家,基本建成具有东湖特色的社区卫生服务网络,实现城区社区卫生服务机构网络覆盖率90%以上的目标,成功打造“城区15分钟社区卫生服务圈”,为社区居民提供集预防、医疗、保健、康复、健康教育、计划生育技术指导六位一体的社区卫生服务体系。当年被卫生部、民政部、国家中医药管理局评为首批“全国社区卫生服务示范区”。

群众文化生活丰富多彩。一是抓文化基础设施建设。采取“多点设阵、多点布局、多点开花”的方式,在全区9个街办和贤士湖管理处拓建30个文化广场,开辟76个文化活动室,夯实基层文化网络。区文化馆、图书馆被评为国家二级馆。二是抓群众文化建设。以社区为平台,组建腰鼓队、秧歌队、戏曲队等124支群众文化队伍,广泛开展文化“六个一百”工程、社区纳凉晚会等文化活动,并成功举办“百花洲金秋社区文化艺术节”,使群众文化生活不断丰富,荣获全国“四进社区”文艺展演节目金奖,刘将军庙社区被中央文明办、文化部授予全国文化先进社区。三是抓文化市场管理。积极开展网吧、电子游戏经营场所、音像市场等各类专项整治活动,查处各类经营场所750余家,有效地遏制了文化经营场所的违规行为。

【文明创建成效显著】 全区精神文明创建工作呈现出积极、健康、向上的发展态势,当年被省文明委授予全省“文明城区”称号。一是深化教育,整体提高市民素质。以市民学校为抓手,大力强化市民基层教育阵地建设,在全区79个社区居委会建立市民学校,并以《南昌市民文明读本》为教材,有计划、有组织地对市民进行社会公德、职业道德、家庭美德教育。开展“学理论、学知识、学科学、学技术”系列教育活动，同时十分注重未成年人的思想道德教育，构建学校、社会、家庭“三位一体”的未成年人思想道德教育网络，有力地促进了市民素质的全面提高。二是完善城市建设管理，营造优美生活环境。区财政不断提高对市政基础设施建设的投入，大力开展“百路大战”工程建设，积极推进城区环境美化、绿化、亮化和净化，年内全区绿化覆盖率达48.6%，位居全省前列。三是繁荣文化，丰富群众精神生活。健全完善区、街道、社区三级文化网络，全区文化馆、站、室达300余家；积极组织专业、业余文艺队伍深入社区演出，积极开展群众性的社区文化竞赛活动，使社区文化活动高潮迭起。四是抓好活动，创建工作全面落到实处。全区重点抓好四个关键部位，加强四个层面和四个系列的创建。〈(1)抓好四个部位，即街道抓单位和社区，社区抓家庭，行业抓“窗口”；(2)抓好四个层面，即全面推进“文明单位”、“文明街道”、“文明楼院”和“文明家庭”的创建活动；(3)抓好四个系列：“社区志愿者服务”系列；倡导尊老爱幼，男女平等，夫妻和睦，勤俭持家，邻里团结的家庭美德系列；各级文明单位的创评系列；军警民共建系列〉；构建和谐社区，大力营造安全舒适方便温馨的居民生活氛围。一抓“安全小区”工程建设。全区有380余个安全小区受到省、市表彰，筑起维护社会稳定的“第一道防线”；二抓“爱心”工程建设。全区各职能部门和社区常年开展向优抚对象和贫困对象“送温暖”活动，机关441名副科以上领导干部与区域内重残、特困、孤老结成帮扶对象，帮助解决实际生活困难280余件，建立近百万元爱心帮困基金，使全区2千余户帮困对象受益；三抓“再就业”工程建设。全区9个街道和一个管理处全部建立社区服务中心，累计发放再就业小额贷款426万元，帮扶210名下岗失业人员创业，带动571名下岗失业人员再就业；四抓“实事”工程建设，在居民集中的上营坊、二七北路、章江路建设了一批休闲广场，仅章江路社区休闲广场和贤士湖公园就投入2800余万元；五抓“细胞”工程建设。社区根据不同层次家庭的要求，组织帮困型、帮教型、互助型各种类型的家庭结对子，不断提高居民生活质量，让社区居民生活在安全、舒适、方便、温馨的环境中。

**【流动人口管理落到实处】** 把抓好流动人口计生工作作为重点，推出“四位一体”（即党政协调，部门参与，街道牵头，社区配合）的流动人口计生综合治理新机制，将流动人口计生维权服务融入全区“婚育新风进万家”活动之中，纳入社区管理和服务体系，为辖区外来人员提供全新、优质、便捷的全方位维权服务。全区外来人员“流动人口婚育证明”有效持证率达97.2%。同时为推动计划生育工作管理型向服务型转变，坚持以人为本的理念，积极打造社区计划生育“半小时服务圈”，全面深化优质服务。当年省政府授予东湖区计划生育优质服务区；中宣部、中央文明办、国家人口计生委等部委授予东湖区“全国婚育新风进万家活动先进区”。

**【普法和民事调解工作不断加强】** 围绕“四五”普法和依法治区工作，组织区卫生、人事劳动、计生、安管、城建等部门，定期开展“送法进企业”、“送法进工地”等各种宣讲咨询活动，增强群众法制观念。坚持“调防结合、以防为主”的工作方针，率先在全市成立10个街道司法所，建立以社区法律服务工作室为载体的“三站一中心”，即法制宣讲站、法律服务站、安置帮教站和民间纠纷调解中心（人民调解委员会），搭建基层法律平台。认真开展人民调解工作，在每个司法所设立调解庭，每个社区居委会设立调解室。全区共有调解庭10个，调解室116个；配备首席调解员10名，专职调解员105名。全年共调处各类民间纠纷1200余起，避免多起上访事件的发生，真正使矛盾纠纷解决在基层，消除在萌芽状态。认真落实“四定四包”责任制，用科学的发展观做好相关对象的安置帮教工作，帮教率达90%以上，就业安置率达85%以上，维护了社会的稳定。

**【低保工作扎实有效推进】** 加强低保工作制度化、规范化管理，有效完成低保调标、扩面、建档、动态微机化管理等工作。积极开展扶贫帮困工作，建立城市居民最低生活保障对象社会救助制度，实施医疗救助、住房救助、教育救助、就业帮扶、生活救助等，构筑覆盖全区范围的多层次、立体化的社会救助体系。成为全省医疗救助试点城区后，通过基本医疗救助与大病医疗救助相结合方式，切实解决以低保人员为重点救助对象的“看病难”问题，荣获全省低保工作先进区称号。

**【社区建设步伐加快】** 按照“高标准建设社区、高质量管理社区、高水平经营社区”发展思路并借助1500万元国债资金项目加快社区各项建设。全区所有社区完成办公用房达标工作，并顺利通过省、市部门验收。兴建社区服务中心，建立区、街、居三级社区信息化网络平台，完善社区服务功能，满足社区居民多层次、多样化的需要。改革社区管理体制。建立社区协调会、社区听证会、社区评议会“三会”管理制度，全面理顺社区工作运行机制。抓好街道、社区管理体制改革工作，全面理顺社区工作关系，增强居民参与社区事务的积极性和社区组织的凝聚力，不断培育社区自治能力。加大社区干部管理力度。顺利完成社区干部的公开选聘、换届、培训工作，有力地推进社区居委会干部的知识化和年轻化，强化社区组织的群众基础。荣获全省社区建设示范区称号。

**【居家养老服务网络逐步形成】** 全年以实现优质社会化养老为目标，积极探索以居家养老相结合的养老新路子。构建区服务中心、街道服务所、社区服务站三级养老服务网络86家，大力开展多样式养老服务示范活动。

**【再就业工作稳步推进】** 本着摸清资源、强化培训、搞好推介、提供服务的工作思路，稳步推进再就业工作。广泛开展“进百家门、知百家情、解百家难、暖百家心”活动。对辖区内下岗失业人员的基本情况做到全面掌握，并分类建立基本台账。开展社区劳动保障政策宣传咨询活动，在全省率先举办主题为“实施积极就业政策，构筑劳动保障服务体系”劳动保障政策进社区大型宣传咨询服务活动月活动。举办各种形式的招聘会，进一步加大职业推介力度。全年新增从业人员4.1万人，安置下岗职工1.6万人次。积极开展下岗失业人员免费技能培训活动。筹资40万元建立“东湖区下岗职工培训基地”、创业培训教室。积极为下岗失业人员办理“再就业优惠证”，认真开展再就业小额贷款工作，率先在全省开展信用社区小额贷款试点工作，发放再就业小额贷款457万元，更好地帮扶下岗失业人员自主创业。

**【义务教育取得新成效】** 坚持“一手抓薄弱，一手抓特色，整体抓规范，重点抓示范”。筹资新建南京路小学，美化、亮化一批学校，完善了一批优势学校配套设施，提高了办学效益。育新学校、豫章路小学、邮政路小学、百花洲小学、右营街小学、东湖小学、南京路小学等7所学校被江西省教育厅授予首批建设中的义务教育阶段示范学校。

【环境保护工作力度加大】 积极配合创建国家环保模范城市，以改善城市生态环境、建设生态城市为目的，全面启动“蓝天”、“碧水”、“宁静”工程。配合全市“六小”行业的达标验收工作，对辖区内“六小”行业进行全面整治，成立4支整治小组，对“六小”行业每周进行一次全面检查、摸底，共审批“六小”店1000余家；对辖区内873家小餐馆进行全面整治，对辖区内金属加工店进行大规模的整治，对渊明北路金属加工店进行彻底整改，同时加强对降尘、酸雨的监测力度。

【胜利路步行街商务活跃效益提升】 充分利用步行街这个舞台，积极开展公益活动和举办各类会展经济。全年共举办各类活动107次。其中，公益活动59次，大小商务促销活动48次。积极开展创建“百城万店无假货”示范街活动，举办以“创文明行业、建诚信商贸”为主题的2005年江西省“百城万店无假货”活动，并为获得第三批“诚信、放心”示范店的7家商户授牌，在街内取得很好的示范效应。胜利路步行街管委会被中国步行商业街工作委员会授予首批“中国最具升值前景商业街”称号，被省委宣传部等9家单位授予江西省“百城万店无假货”示范街的荣誉称号。

【企业改制成效明显】 以工业企业实现“集中归口型”管理为抓手，组建东湖区工业企业资产经营公司；以招商引资为突破口，促进企业靠强做大，增强企业的发展后劲；以产权转让为载体，千方百计变现企业资产；以企业拆迁为契机，多渠道力争补偿款；以资产出售为途径，确保企业改制资金到位；以使用权出让为平台，不拘一格筹集改制费用；以租售挂钩为切入点，借以租代卖之力盘活企业资产。全区共对27家企业实行改制，涉及职工2128人。

（徐家[illegible]）

## 2005年南昌市东湖区国民经济主要指标一览表

表65

| 项　目 | 单位 | 2003年 | 2004年 | 2005年 | 2005年比上年增长(减少)% |
|---|---|---|---|---|---|
| 地区生产总值 | 亿元 | 5.72（区属口径） | 6.86（区属口径） | 147.26（在地口径） | 19.2 |
| 第二产业增加值 | 亿元 | 1.14 | 1.23 | 23.7 | 17.2 |
| 第三产业增加值 | 亿元 | 4.58 | 5.63 | 123.4 | 17.2 |
| 全社会固定资产投资 | 亿元 | 2.6（区属口径） | 4.8（区属口径） | 25.3（在地口径） | 125.1 |
| 社会消费品零售总额 | 亿元 | 11.17 | 13.35 | 91.7 | 16.5 |
| 实际利用外资 | 万美元 | 2023 | 2643 | 3702 | 40 |
| 实际利用内资 | 亿元 | 2.69 | 5.42 | 9.44 | 74.1 |
| 财政总收入 | 亿元 | 4.13 | 6.27 | 9.1 | 45 |
| 地方财政一般预算收入 | 亿元 | 1.59 | 1.85 | 2.23 | 20.32 |
| 人口出生率 | ‰ | 6.54 | 6.39 | 6.75 | 0.36 |

## 2005年南昌市东湖区社会事业发展主要指标一览表

表66

| 项　目 | 单位 | 2003年 | 2004年 | 2005年 | 2005年比上年增长(减少)% |
|---|---|---|---|---|---|
| 科技事业财政投入 | 万元 | 52 | 65 | 80 | 23.08 |
| 科技培训 | 人 | 1800 | 2700 | 3000 | 1.1 |
| 科技成果推广 | 项 | 1 | 2 | 3 | 50 |
| 教育事业财政投入 | 万元 | 3774.1 | 4245.4 | 5937 | 39.8 |
| 中小学校 | 所 | 19 | 19 | 19 | 0 |
| 小学入学率 | % | 100 | 100 | 100 | 0 |
| 初中入学率 | % | 100 | 100 | 100 | 0 |
| 文化事业财政投入 | 万元 | 265 | 237 | 309 | 30.38 |
| 文艺演出 | 场 | 136 | 165 | 187 | 13.33 |
| 图书馆藏书 | 万册 | 7 | 7.15 | 7.3 | 2.1 |
| 卫生事业财政投入 | 万元 | 495 | 582 | 1354 | 132.65 |
| 各类卫生机构 | 个 | 197 | 189 | 178 | -5.82 |

续表 66－1

| 项　目 | 单 位 | 2003 年 | 2004 年 | 2005 年 | 2005 年比上年增长(减少)% |
|---|---|---|---|---|---|
| 万人拥有医护人员 | 人 | 1356 | 1445 | 1790 | 23.88 |
| 万人拥有病床 | 张 | 172 | 172 | 172 | 0 |
| 体育事业财政投入 | 万元 | 34.35 | 79.35 | 90 | 13.4 |
| 举办大型群众性体育活动 | 次 | 8 | 21 | 17 | －19.05 |
| 参加市级体育竞赛 | 人次 | 263 | 568 | 382 | －32.75 |

（东湖区史志办）

## 西湖区

【概况】 地处南昌市区中心。2004 年全市区划调整后，区境东起京九铁路线与青山湖区毗邻，南以洪城路东段、抚河路南段、象湖南隔堤为界，与青云谱区、南昌县接壤，西凭赣江中心线与红谷滩新区交界，北沿中山路、北京西路与东湖区相连。全区总面积 34.5 平方公里。辖 1 个镇、10 个街道、13 个村民委员会、127 个居民委员会。全区总人口 43 万人，其中，农业人口 2.47 万人。人口出生率为 7‰。具有深厚的文化底蕴，素有"千年南昌看西湖"的美誉。区内有为纪念东汉高士徐孺子而建的孺子亭；有见证千年文明的绳金古塔等一批人文景点；有南昌八一起义纪念馆、新四军军部旧址、周恩来旧居等一批革命旧址。区内有良好的生态资源，西湖镶嵌城中，抚河穿城而过，象湖飘荡城南，赣江流淌城西，构成带有显著水域特色的人居环境。历来是商贾云集之地，区内拥有各类市场 28 处，各具特色的商业街数十条（其中 4 条市级商业街），各类商业网点 6000 余个，占全市商业网点总数的 50%。

【经济发展概况】 2005 年，全区各项主要经济指标均超额完成任务，并保持两位数以上的增长。全年完成国内生产总值 198 亿元，比上年增长 19.2%，总量超过全市的五分之一，名列全省县（区）第一；完成社会消费品零售总额 95.7 亿元，增长 16.6%，总量名列全市第一；完成全社会固定资产投资 26.5 亿元，增长 57.4%；个私民营经济增加值 40 亿元，增长 58.6%，名列全市第二；实际利用外资 4212 万美元，增长 47.6%；实际利用内资 9.02 亿元，增长 67.8%。完成财政总收入 9.47 亿元，地方财政收入 2.72 亿元，分别增长 30.9%、19.6%，总量名列全市第一；海关出口创汇完成 1.3 亿美元，名列全省各县（区）第一。

招商引资成果显著。组建专业招商、社会招商、中介招商 3 支招商队伍，积极开展以商招商，楼宇招商，全年新引进招商项目 60 余个。突出招大引大，主攻重、大、强产业项目，引进江苏苏宁电器连锁集团股份有限公司等国内 200 强企业 2 家，全省第一家民营股份制银行——上海浦东发展银行落户西湖区。

个私民营经济蓬勃发展。加大政策扶持力度，通过规范执法行为、拓宽融资渠道、落实帮扶措施、兑现奖励机制，快速壮大个私民营经济规模。全年新增个体工商户 1300 户、私营企业 3799 家，其中产值超亿元、纳税超 200 万元的企业 16 家。全区个私民营企业缴纳税收 5 亿元，比上年增长 42.45%。个私民营企业从业人员 16 万余人，占全区从业人员的 60.5%。以"百路大战、百路连心、百街亮化、百路疏竣、百路整治"为重点的城市建设力度加大，投资近 8000 万元，改造市政道路 31 条，修建连心路 207 条，亮化小街巷 100 条，十字街北段等道路综合改造工程顺利竣工。疏通下水道 6.2 万米，基本解决老城区积水问题。完成全民义务植树 37 万株，新建新洲绿地广场等 18 个社区绿地、休闲广场。建设桥社区获全国绿色环保社区。拆迁工作稳步推进，完成赣抚路等一批重点工程约 16 万平方米的拆迁任务。

城市管理水平不断提高。在全市率先启动街道社区管理体制改革。通过健全机构、强化职能、充实力量、壮大财力，建立"网络化、数字化、信息化、人性化"街道社区管理新模式，逐步完善在社区党组织领导下居民委员会、社区工作站、业主委员会、物业管理单位"四位一体"的社区管理体制，有力地促进了城市管理水平进一步提升。深入推进全国文明城市、卫生城市和全省文明城区等创建工作，对 363 条小街巷、21 个集贸市场、2833 户食品生产场所及金属切割噪声问题进行集中整治，规范了 2661 户有证的"六小"企业，对无证的 577 户"六小"企业予以取缔、停业和转业处理，城市管理更加有序。

【社会事业发展概况】 教育、卫生、体育事业全面发展。广南学校全面竣工，珠市、朝阳小学改扩建工程顺利启动，区属学校现代化教学设备基本达标，建立全省首家社区培训学院，通过全省"两基"工作年检复查和国家一类城市语言文字示范区检查。大力开展群众体育活动，荣获"2001～2004 年度全国群众体育先进单位"。卫生服务体系日趋完善，被卫生部评为第一批全国社区卫生服务示范区；新建 12 个具有中医药特色的社区卫生服务站，被评为第一批全国中医药特色社区卫生服务示范区；计划生育优质服务更加深入，新建城南、城西流动人口计划生育工作服务站，被评为"全国计划生育优质服务先进区"；大力开展科普宣传活动，被评为"全国科普日先进集体"和"全省县级科协工作先进集体"。

稳定局面更加巩固。维稳工作链式管理机制全面推进，社会防控体系进一步健全，实现"五无五降"，即无重大恶性刑事案件、无重大群体性事件、无重大治安灾害和安全生产事故、无重大政治活动期间进京上访事件、无"法轮功"邪教组织人员进京赴省在当地聚集闹事或广播电视插播等非法活动，刑案总量、可防性案件总量、信访总量、群体性事件总量、涉法涉诉上访总量明显下降。狠抓安全生产和防汛排涝工作，确保无重特大事故发生。投入 250 万元，改造危旧房 1.7 万平方米；投入 180 万元，对 100 个社区消防设施进行全面维修，新建 28 个社区消防自救点和 1 座小型消防站，全区板壁房集中区消防自救点覆盖率达到 100%。

为民办实事卓有成效。区、街、居为民办实事"十百千工程"全面实施，共为民办实事 1200 件。开展 8 次"领导干部进社区"活动，解决群众实际问题 730 个，群众满意率达 96%。安置就业和再就业 7596 人，发放小额贷款 245 万元，免费为 800 名下岗失业人员和 600 名农村劳动力提供技能培训。社会保障更加有力。加大"三条保障线"和"两个确保"落实力度，确保国有企业下岗职工基本生活费和养老金社会化及时足额发放,发放率达100%;切实做好企业改制和社会保险接续工作,扩大养老保险覆盖面;全面保障困难群体基本生活,做好低保工作动态管理下的应保尽保,累计支出保障金2116万元,城镇居民最低生活保障率达100%;制定《西湖区建立健全城乡社会救助体系实施意见》,初步建立集就业、医疗、就学和住房"四位一体"的社会保障救助体系。

【实施街道社区体制改革】 坚持以加强城市管理为主题,贯彻"完善、改革、提高"的要求,率先在全市开展街道、社区管理体制改革试点。按照"人、财、物配套,责、权、利统一"的原则,改革街道社区现行管理体制和管理方式,推行管理中心下移。按照"人往社区走、钱往社区投、劲往社区使、政策往社区倾斜"的思路,设立街道社会事务受理中心,完善街道内设机构,将城建、劳动和社会保障、卫生防疫、房管、司法、执法中队等人员充实到基层。新增街道财政所,对街道实行"核定收支、比例分成、节余留用、超支不补"的财政管理新体制;组建社区工作站,实行在社区党支部领导下的"社区居委会、社区工作站、业主委员会、物业管理单位"四位一体的管理体制;提高社区居委会、社区工作站的工作效率,并将市、区两级24项管理权利下放到街道和社区。

【中国·南昌第四届绳金塔庙会】 9月15日~10月7日,举行第四届绳金塔庙会。期间,25项文化活动丰富多彩,100余万市民游客接踵而来。中央电视台、《人民日报》、新华社、香港《文汇报》、《江西日报》、江西电视台、《经济晚报》、南昌电视台等新闻媒体进行宣传报道。其中,新华社网站专门开通了《中国·南昌第四届绳金塔庙会》专题版块。中央电视台新闻频道《精彩中国》栏目播放西湖区社区居民国庆节期间在绳金塔景区举办"社区居民才艺大比拼"活动情况。此次庙会通过"文化搭台,经贸唱戏",接待来自美国和中国香港、上海、北京、广西的500余位国内外客商,共签订招商项目40个,引资总额16.1亿元。

【《绳金塔下话南昌》文化系列丛书全新登场】 9月16日,由西湖区委、区政府组织编纂的《绳金塔下话南昌》文化系列丛书在江西省民间文化艺术节及中国·南昌第四届绳金塔庙会开幕式上举行首发仪式。省委常委、南昌市委书记余欣荣,市长李豆罗分别为该书作序题名。丛书由省、市著名文化界名家联手创作,历时两年,历经10余次修改。编者强调知识性、可读性、趣味性,运用连环画艺术表现形式,生动立体地介绍南昌2200余年的历史文化。

(童国标)

## 2005年南昌市西湖区国民经济主要指标一览表

表67

| 项　　目 | 单位 | 2003年 | 2004年 | 2005年 | 2005年比上年增长% |
|---|---|---|---|---|---|
| 地区生产总值 | 亿元 | 6.09 | 7.41 | 198 | 19.2 |
| 第二产业增加值 | 亿元 | 2.31 | 2.53 | 50.2 | 18.9 |
| 第三产业增加值 | 亿元 | 3.78 | 4.88 | 147.5 | 20.3 |
| 全社会固定资产投资 | 亿元 | 3.65 | 6.58 | 27.44 | 62.79 |
| 社会消费品零售总额 | 亿元 | 11.53 | 14.06 | 95.7 | 16.6 |
| 实际利用外资 | 万美元 | 2211 | 2643 | 4212 | 31.54 |
| 实际利用内资 | 亿元 | 3.97 | 5.42 | 9.02 | 52.51 |
| 外贸出口总额 | 万美元 |  | 10237 | 13466 | 31.54 |
| 财政总收入 | 亿元 | 4.58 | 7.22 | 9.45 | 30.9 |
| 地方财政一般预算收入 | 亿元 | 1.84 | 2.19 | 2.72 | 19.6 |
| 城市居民人均可支配收入 | 元 | 7793 | 8744 | 10301 | 17.8 |
| 人口出生率 | ‰ | 7.21 | 7.0 | 7.86 | 0.86 |

## 2005年南昌市西湖区社会事业发展主要指标一览表

表68

| 项　　目 | 单位 | 2003年 | 2004年 | 2005年 | 2005年比上年增长% |
|---|---|---|---|---|---|
| 科技事业财政投入 | 万元 | 65 | 85 | 120 | 41.2 |
| 科技培训 | 人 | 70 | 160 | 340 | 112.5 |
| 科技成果推广 | 项 | 2 | 0 | 1 | 100 |
| 教育事业财政投入 | 万元 | 3027.71 | 2586.73 | 2701.75 | 4.4 |

续表 68－1

| 项　　目 | 单位 | 2003 年 | 2004 年 | 2005 年 | 2005 年比上年增长% |
|---|---|---|---|---|---|
| 中小学校 | 所 | 31 | 33 | 33 | 0 |
| 小学入学率 | % | 100 | 100 | 100 | 0 |
| 初中入学率 | % | 100 | 100 | 100 | 0 |
| 文化事业财政投入 | 万元 | 153.51 | 151.15 | 218.55 | 45 |
| 文艺演出 | 场 | 26 | 35 | 50 | 43 |
| 图书馆藏书 | 万册 | 3.25 | 3.36 | 3.50 | 4 |
| 卫生事业财政投入 | 万元 | 437.6 | 452.3 | 527.1 | 16.5 |
| 各类卫生机构 | 个 | 132 | 148 | 159 | 7.4 |
| 万人拥有医护人员 | 人 | 38.27 | 57.28 | 60.3 | 5.27 |
| 万人拥有病床 | 张 | 27.02 | 37.93 | 38.4 | 1.24 |
| 体育事业财政投入 | 万元 | 13.91 | 24.16 | 71.23 | 194.8 |
| 举办大型群众性体育活动 | 次 | 3 | 4 | 4 | |
| 参加市级体育竞赛 | 人次 | 3 | 4 | 3 | |

（西湖区政府办）

## 青云谱区

【概况】 地处南昌市区南端，北以洪城路、解放西路为界；东以罗家镇为界，南以青云谱南线为界；西以象湖西岸线为界。全区总面积 43.17 平方公里。辖 1 个镇、5 个街办、1 个农场、55 个居民委员会、12 个村民委员会。全区总人口 26.02 万人，其中农业人口 2.53 万人。

【经济发展概况】 2005 年，青云谱区实施“工业强区、三产兴区”战略和大开放主战略，以实现富民强区、快速和谐崛起为目标，以全民创业为契机，开拓进取，全区经济保持良好的发展势头。全年完成地区生产总值 89.5 亿元，比上年增长 19%；完成财政总收入 4.53 亿元，增长 65.9%；地方财政收入 1.42 亿元，增长 50.9%；规模以上工业增加值 46.75 亿元，增长 18%；社会消费品零售总额 13.1 亿元，增长 26.2%；固定资产投资 22.5 亿元，增长 61.9%；农民人均纯收入 5225 元，增长 16.1%。

依托驻区企业壮大区域经济。围绕打造现代制造业重要基地，坚持以企业为中心，努力为驻区企业搞好配套服务，充分发挥驻区大中型企业的基础、技术、资金等优势，促进产业结构调整升级，延伸产业链，做大了经济总量。

加速推进昌南工业园建设。在大力支持井冈山大道以西以江铃、江联、亚啤、阳光乳业为主的第一区域及井冈山大道以东以洪都集团为主的第二区域发展的同时，着重优化提升第三区域——昌南工业园的建设。全年引进车桥齿轮、新大泽螺旋藻等一批工业项目，年内入园企业共 56 家，建成投产 34 家，完成工业总产值 6.7 亿元，实际利用外资 1165 万美元，实际利用内资 1.79 亿元，实现利税 3062 万元。广泛开展招商引资活动。实际利用外资完成 3100 万美元，比上年增长 34.7%；实际利用内资完成 5.7 亿元，增长 23.6%；出口创汇完成 2300 万美元，增长 441.2%。与市经贸委共同承办 2005 年第二届南昌制造业博览会，与青山湖区联合举行现代服务业招商引资项目（深圳）推介会。组织参加中国广交会、厦门投资贸易洽谈会、赣台经贸合作研讨会和福州、昆山、成都、青岛、厦门投资环境说明会，并组织 30 余批招商小分队赴各地开展招商活动，并重新制作了宣传画册、招商项目册、工作手册和形象展示光盘。

大力推进城市建设。投入近 2200 万元，完成江铃西二路等 19 条道路的综合改造，共改造路面 2.9 万平方米，铺设彩色人行道板 7884 平方米，新铺设下水管道 7009 米；广州路延伸段、青山湖南大道及华东国际工业博览城市场东路和西路全面启动；投入近 500 万元新建垃圾中转站 2 座、星级公厕 7 座，改建公厕 15 座，设置和更换果壳箱 1400 只，更换垃圾运输车 300 辆。同时配合铁路部门实施三店西路、青云谱路、火电路等 3 个铁路道口立交工程建设；实施玉带河南支综合改造、胡惠元堤（昌南大道）拓宽改造、南高公路拓宽改造和京九铁路高架桥等重点工程建设。投入 1000 余万元建设八大山人广场及南苑广场；投入近 800 万元建设一条公益广告路（井冈山大道 1.5 千米）、一条绿色风光带（京九铁路青云谱辖区段 5 千米）、两条景观围墙（下尧路 1.5 千米、洪都南大道 1 千米）、两条水系（五干一分渠 4 千米、梅湖水系）、两个接点（与南昌县接点的南高公路 1.5 千米、与西湖区接点的洪城路 1 千米）等系列工程。新装路灯、景观灯 200 余盏。植树 10 万余株，绿化覆盖率达到 39.5%。

扎实推进城市管理。投入近 1000 万元全面整治小街小巷、城乡结合部和居民住宅区及楼道的环境卫生；以洪城路电动车一条街为主的“万店整治”行动成效显著，整治率达 99.8%。

【社会事业发展概况】 促进就业再就业。全区共有城镇新增从业人员 5770 人，安置下岗人员 2141 人，安置从业困难人员 416 人，完成劳务输出 1425 人；为 400 余名下岗失业人员、被征地农民提供就业培训；为 1410 名下岗失业人员提供免费职业介绍服务；发放小额担保贷款 80 笔，贷款金额 160 余万元；为企业及自主创业人员减免税费 165.5 万元；组织开展“再就业服务月”、“零就业家庭援助”、送岗位进社区和大中型招聘会活动，提供工作岗位 1.24 万个；安置下岗人员 2258 人，为下岗失业人员发放“再就业优惠证”600 份，办理“失业证”769 份，为 6000 名下岗失业人员办理失业登记。

完善社会保障体系。全区累计养老

保险参保人数 3520 人,基金收缴率达 99%;失业保险参保人数 1100 人,基金收缴率达 80%;医疗保险参保人数 1400 人,基金收缴率达 100%。离退休人员养老保险发放继续得到保证。全年共为 2598 名离退休人员发放养老金 1257 万元,社会化发放率达 100%;为 1524 名被征地农民办理养老保险。市属企业学校、新划入青云谱区学校教师和有关事业单位职工生活补贴及女教师生育保险等按有关政策兑现到位;为 407 名劳动者追回工资及押金 29.8 万元。建立健全城乡社会救助体系,全区共有 4594 户、11962 人享受城市最低生活保障,累计发放低保金 1095 万元。为全区 59 名贫困学生发放 5.1 万元助学金,为 2821 名低保户、残疾人和困难户子女减免书本费、学杂费,减免金额达 35.22 万元。

推进办公自动化建设。政府网站建设进一步加强,电子政务公文交换系统建设全面完成;以信息化建设为载体和手段,全面推进政府各职能部门和各派出机构的政务公开工作。投入 100 余万元添置多媒体、计算机等现代办公设备。

深入开展精神文明创建活动。以环境优美、秩序井然、生活便利、社会和谐为目标,广泛开展道德教育和道德实践活动。在开展科教、文体、法律、卫生“四进社区”和文化、科技、卫生“三下乡”活动的同时,不断充实精神文明创建内容,努力打造三店、黄溪文明小康示范村;以推动农村经济发展为目的,开展创评“文明信用户”活动。

推进科教文卫体工作。认真开展第五届“科技活动周”活动;三店小学新教学大楼竣工,江西中英国际双语幼儿园项目正式落户;精心编排的“踩莲船”节目在“中国江西傩文化艺术周”活动中成为亮点;举办“社区擂台”才艺大赛活动;分别在象湖公园、灌婴广场等 6 个固定地点举办集中演出活动,5000 余名演员参与演出;完成卫生监督和疾控大楼主体工程,南昌华夏医院入驻青云谱区;组队参加全国健身气功展演。

**【提出加快区域经济发展新举措】** 区委、区政府审时度势,提出“北引、东拓、南接、西优、中突”发展新举措(即从北面分流老城区密集的人口,引人才,引人气,引财气;向东面拓展,拉开城南新城建设的框架;南面在改造和完善南高公路的基础上,积极融资对南莲路及周边进行综合改造,主动与昌南区域“北进”对接,形成聚宝盆效应和链式效益,凸显区位优势;西面进一步优化象湖及梅湖的人居、旅游、休闲环境,改善城市形象,提升城区品位;中间突出抓好区域商务中心建设,打造大商贸新平台)。培育发展“五大经济板块”(即以锦城商贸广场为核心的综合商务板块,以洪都南大道为主的特色商业街板块,以新昌南城周边为主的半月型产业带板块,以象湖、梅湖和八大山人纪念馆为主的旅游经济板块,以洪城路、解放西路为主的楼宇经济板块),全力打造以产业为支撑的城市副中心。

**【第二届南昌制造业博览会】** 9 月 28 日,第二届南昌制造业博览会在青云谱区华东国际工业博览城举行。省、市领导余欣荣、胡振鹏、王言永、熊焕高、陈守朴、连樟寿、周关、王水苟、杨伟东出席开幕式。其间,省委书记孟建柱,省长黄智权先后参观华东国际博览城内设置的制造业展区,对南昌市和全省设区市打造制造业重要基地取得的成果给予充分肯定。

**【举办 2005 年南昌市青云谱区、青山湖区现代服务业项目(深圳)推介会】** 7 月,青云谱区与青山湖区本着“联合协作、优势互补、互惠互利、共同发展”的原则,联合在广东省深圳市举行 2005 年南昌市青云谱区、青山湖区现代服务业项目(深圳)推介会。邀请深圳、港澳等周边地区 280 余位客商出席,签约金额 6.5 亿元。并推动华东装潢建材博览城项目成功落户青云谱区。

**【被征地农民社会保障试点工作进展顺利】** 上年按照市委、市政府的部署,着手开展被征地农民劳动就业和社会保障试点工作。进行试点的青云谱镇下尧村 143 名村民全部实行“农转非”,办理养老保险参保手续,并足额缴纳养老保险金,68 名退休人员从 2004 年 12 月起已开始领取养老金。自 2005 年下半年开始,被征地农民社会保障工作在全区逐步推广,共有 4 个行政村 1543 名被征地农民参加社会养老保险。其中,515 名退休人员每月领取养老金 285 元。

**【区资产管理与投资评审中心成立】** 9 月,在全市各县(区)中率先成立资产管理与投资评审中心,对投资实行全程监控,严把事前控制关、事中监督关和事后审核关,并建立项目初审、项目复审、项目会审的三级审核机制。全年完成工程项目预(结)算及经费审核 116 项,送审项目总金额 2287 万元,审定金额 1652 万元,核减金额 635 万元,核减率为 27.7%,有效地提高了资金使用效益。

**【开通非公有制经济人士健康绿色通道】** 7 月,在全省率先开通非公有制经济人士健康绿色通道,为辖区内 2 万余名非公有制经济人士提供优质医疗服务。该“通道”主要是以医院为载体,通过对药品价格优惠 10%、检查及治疗费用优惠 15% ~25% 的方式,为非公有制经济人士及从业人员解决看病难问题。

**【全面完成街道社区体制改革】** 5 月~12 月,全面开展街道社区体制改革工作,建立街道财政所、社区事务受理中心,强化居民自治。举办 4 期社区干部培训班,着重提高社区干部素质;择优公开选聘 54 名社区干部。对部分家委会进行整合,扩大 3 个社区,成立 2 个新社区;顺利完成第六届社区居委会选举工作;打造象湖源、迎宾等精品社区。

**【整合教育资源】** 实行“一优、二整、三扩、四保”措施,大力推进教育事业的发展。“一优”就是优化学校的设施设备,重点启动象湖实验学校新教学楼建设工程,推进教育信息化建设,加快实施中小学“校校通”工程;“二整”就是按照“小学适度就近,初中相对集中,优化资源配置”的原则,对南通学校、构件学校、建设路学校及其他相关学校进行资源整合,改变“小而散,零而乱”的学校网点布局,避免教育资源浪费现象;“三扩”就是策应新昌南城和前万片区的规划建设,新建一所占地 5.33 公顷的高标准九年一贯制学校,异地重建占地 2 公顷的前万小学,并将曙光小学扩建成九年一贯制学校,提升教育教学质量;“四保”就是确保区财政预算内义务教育经费做到“三个增长”、确保每年列支 30 万元设立教师在职培训奖励基金。同时建立和完善教师选聘、培训培养及激励机制,给予作出特殊贡献的骨干教师、学科带头人享受一定数量的津贴。

(杨 欣)

## 2005 年南昌市青云谱区国民经济主要指标一览表

表 69

| 项　　目 | 单位 | 2003 年 | 2004 年 | 2005 年 | 2005 年比上年增长% |
|---|---|---|---|---|---|
| 地区生产总值 | 亿元 | 8. 31 | 9. 59 | 11. 45 | 19. 4 |
| 第一产业增加值 | 万元 | 0. 26 | 0. 27 | 0. 29 | 7 |
| 第二产业增加值 | 万元 | 6. 72 | 7. 68 | 9. 13 | 18. 88 |
| 第三产业增加值 | 万元 | 1. 33 | 1. 64 | 2. 03 | 23. 78 |
| 全社会固定资产投资 | 亿元 | 0. 875 | 1. 65 | 3. 5 | 112. 12 |
| 社会消费品零售总额 | 亿元 | 4. 41 | 5. 08 | 6. 1 | 20. 08 |
| 实际利用外资 | 万美元 | 892 | 1603 | 2320 | 44. 73 |
| 实际利用内资 | 万元 | 13409 | 24050 | 46123 | 91. 78 |
| 外贸出口总额 | 万美元 | 101 | 180 | 310 | 72. 22 |
| 财政总收入 | 亿元 | 2. 19 | 2. 73 | 24. 66 | |
| 地方财政一般预算收入 | 亿元 | 5545 | 8014 | 9491 | 18. 43 |
| 农民年人均纯收入 | 元 | 3767 | 4000 | 4500 | 12. 5 |
| 人口出生率 | ‰ | 8. 83 | 7. 56 | 7. 1 | －6. 08 |

## 2005 年南昌市青云谱区社会事业发展主要指标一览表

表 70

| 项　　目 | 单位 | 2003 年 | 2004 年 | 2005 年 | 2005 年比上年增长% |
|---|---|---|---|---|---|
| 科技事业财政投入 | 万元 | 1 | 1. 2 | 1. 8 | 50 |
| 科技培训 | 人 | 50 | 100 | 150 | 50 |
| 科技成果推广 | 项 | 1 | 2 | 3 | 50 |
| 教育事业财政投入 | 万元 | 1038 | 1113 | 1295 | 16. 35 |
| 中小学校 | 所 | 20 | 20 | 27 | 35 |
| 小学入学率 | % | 100 | 100 | 100 | 0 |
| 初中入学率 | % | 100 | 100 | 100 | 0 |
| 文化事业财政投入 | 万元 | 152 | 217 | 333 | 53. 46 |
| 文艺演出 | 场 | 4 | 12 | 9 | －25 |
| 图书馆藏书 | 万册 | 2. 09 | 2. 32 | 2. 72 | 17. 3 |
| 卫生事业财政投入 | 万元 | 229 | 318 | 325 | 2. 2 |
| 各类卫生机构 | 个 | 87 | 89 | 106 | 19. 1 |
| 万人拥有医护人员 | 人 | 157 | 160 | 105 | －34 |
| 万人拥有病床 | 张 | 218 | 216 | 160 | －25. 9 |
| 体育事业财政投入 | 万元 | 3. 8 | 4 | 4. 2 | 5 |
| 举办大型群众性体育活动 | 次 | 2 | 4 | 4 | 0 |
| 参加市级体育竞赛 | 人次 | 3500 | 3600 | 7500 | 108 |

（青云谱区政府办）

# 湾里区

【概况】 湾里区地处南昌市西北部的西山山脉中段，北邻永修县，西接安义县，东南邻新建县，区政府驻地湾里镇东南距南昌市区10千米，距乐化机场25千米。境内梅岭山脉，清秀静幽，空气清新，气候宜人，自古以来就为佛教、道教圣地，文人墨客隐居修身之地。岳飞、王安石、欧阳修等230多位历史名人曾到此游历，留下名诗佳作480多篇。“洪崖丹井”为黄帝乐臣伶伦炼丹之处，是中华民族音乐发祥地，南昌“洪都”称谓由此而来。“西山积翠”更是历代名人墨客吟诵不已的绝佳景致。海拔841米的洗药湖，为南昌市的最高峰，夏季平均气温只有22℃，素有“小庐山”之称。不仅有久负盛名的翠岩寺、天宁寺，还有在东南亚地区影响广泛的紫阳宫遗址。1989年江西省人民政府将梅岭批准为省级重点风景名胜区。1993年经国家林业部批准为国家森林公园。2004年“梅岭—滕王阁”经国务院批准为国家重点风景名胜区。全区土地总面积238平方公里。其中，耕地面积2473公顷。全区年末总人口8.1万人，其中非农业人口3.4万人。辖3镇、1乡、2街办；35个村民委员会，10个居民委员会。

【经济发展概况】 2005年，紧紧围绕“建设后花园、再造新湾里”目标，坚持做大总量、做强产业、做美城市、做旺旅游、做优环境，着力推进大开放主战略、城市化战略、高新技术核心战略和社会主义新农村建设，经济社会保持良好发展势头。全年地区生产总值完成10亿元，比上年增长17.0%。其中，一产增加值完成1.5亿元，增长6.5%；二产增加值完成4.82亿元，增长17.0%；三产增加值完成3.68亿元，增长20.0%。实现财政总收入1.56亿元，增长21.4%。其中，地方财政一般预算收入8000万元，增长22.3%。全社会固定资产投资5.8亿元，比上年增长52.3%；社会消费品零售总额1.94亿元，增长9.2%。

工业经济运行良好。坚持以改革促发展，以改制辟出路，以创新求效益，工业经济继续保持良好发展势头。区属工业企业改革得到稳步推进，江西电炉厂改制进展顺利，南昌起重机厂改制年内启动。加强工业经济运行调度，规模以上企业完成工业增加值1.54亿元，比上年增长22%；实现销售收入4.4亿元，增长15.5%；完成利税1460万元，增长22.0%。工业企业经济效益指数为109.6%。全民创业氛围浓厚，民营经济实力不断壮大，26家规模以上工业企业中，非国有经济占84.6%。个私民营企业完成增加值4.36亿元，比上年增长21%；利润总额8506万元，增长19%；上交税金1531万元，增长50.2%，以个私民营经济为主体的创业大军初步形成。

农业经济增势喜人。紧扣“农民增收、农业增效”目标，坚持“稳定粮食产量、做强龙头企业、发展优势产业、打造名牌产品、壮大致富带头队伍”发展思路，全面提升农业和农村经济实力。全年完成农业增加值1.5亿元，比上年增长6.5%。加大农业基础设施投入及建设力度。全年共投入水利冬修资金210万元，完成土石方16万立方米，修建水毁工程10座。投入53万元对全区机电泵站进行维修改造，修建小山塘、门塘50座，对乌井水库和罗亭水库进行除险加固工作，增强大坝抗风险能力。认真贯彻落实保护粮食和粮食直补政策，实现粮食生产面积、产量和经济效益全面增长。全年足额发放粮食直补资金93.89万元，完成播种面积2650.39公顷，比上年增长84.2公顷，全区粮食总产量1520.4万公斤，增长5.7%；坚定不移地推进农业结构战略性调整，以培育五大主导产业为重点，花卉苗木、高山茗茶、油茶、林果业、毛竹、食用菌、休闲农庄等产业保持健康发展；食用菌、毛竹深加工等新兴产业出现良好发展势头；生态旅游休闲农业得到快速发展，“农家乐”休闲旅游项目发展形势喜人，示范点辐射作用进一步显现。大力推进1个示范镇8个示范村的新农村建设，文明村镇建设步伐进一步加快。农村“双带”致富工程在资金、技术、项目三项对接上有新突破，全区40位村支书中实现“双带”致富目标的有29人，占70.2%，达标村支书年总增收425万元，比上年增收150万元，被带动农户增收413万元，增加42万元，共有5名村支书获全市表彰，其中“双带致富标兵”2名，“双带”先进个人3名。全面取消农业税，共为农民减免农业税81万元，发放粮食直补资金和良种补贴94.54万元，实现农民负担“零”上访。以明晰产权、减轻税费、搞活经营、规范流转为主要内容的林业产权制度改革进展顺利，林改面积6866公顷。大力发展劳务经济，实现劳务收入4789.9万元。全区农民人均纯收入实现3492元，比上年增长15.1%，收入增幅再创历史新高。

开放型经济上量保质。坚持把招商引资作为全区发展的生命线、经济工作的总抓手和快速崛起的突破口，实现引进外资、引进内资、出口创汇“三个增长”，形成省外项目多、重大项目多、高新项目多及投资密度高、投资附加值高、投资效益高的“三多三高”好局面。全年新批外资项目5个，合同利用外资1810万美元；实际利用外资1306万美元，增长29.6%，占年任务的100.46%；新签内资项目24个，实际利用区外资金6.89亿元，增长22.6%，占年任务的105.95%。其中，实际利用省外内资4.76亿元，增长31.58%，占年任务的105.95%。完成出口创汇880万美元，比上年增长74.3%。

第三产业快速崛起。坚持“政府引导、市场运作、旅游带动、服务配套”的发展理念，促进三产在调整中健康协调发展。传统优势旅游业发展迅速，投资1950万元的旅游环行公路全面通车，旅游基础设施进一步完善，景区景点品位全面提升，旅游收入稳步增长。全年接待游客39.38万人次，实现门票收入590.7万元，旅游综合收入2756.6万元。休闲旅游及民办学校带动的商贸业生机勃勃。全年全区社会消费品零售总额1.42亿元，比上年增长17.1%。其中，批发零售贸易业完成零售额1.16亿元，增长17.9%；餐饮业完成零售额2537万元，增长13.4%。

城市建设强力推进。紧紧围绕把湾里区打造成全省一流现代生态园林山城的定位，将塑造城市形象、树立城市品牌、全方位经营城市作为湾里区发展的突破口，将拓展城市发展空间作为“再造新湾里”的目标。梅岭国家森林公园和国家重点风景名胜区总体规划年内启动修编。城区总体规划和控制性详规进一步完善，梅岭镇、罗亭镇、太平乡总体规划基本完成。第三轮全市百路大会战湾里区改造建设项目全面完成，投资2200万元实施工农路、紫清路等9条城区道路改造。投资4500万元的红湾公路湾里段建成通车。城区新增绿地7.77万平方米、路灯87盏，铺设地下管网5500米。城市基础设施进一步完善。

环境保护成效显著。牢固树立“既要金山银山，更要绿水青山”的发展理念，加大环境保护力度，做到“建设与保护并举，经济与环境双赢”，自然资源管理进一步加强，土地、森林、矿产和水资源依法保护并合理利用，区域环境质量不断改善，有效地促进了人与自然的和谐发展。全年植树17.73万株，境内森林覆盖率稳中有升；建成区绿化覆盖率41.92%，人均公共绿地面积16.62平方米。全年治理污染源 5 个,整治排污口 30 个。

【社会事业发展概况】 教育事业稳步发展。积极推动区域经济快速持续发展,全力推动社会各项事业尤其是教育事业快速发展。通过完善体制,加大投入,严格监管,推动教育事业协调、持续发展。全年共投入 1300 余万元,新、改、扩建校舍 1.9 万平方米,有效改善了湾里一中、二中及部分农村中小学校的办学条件。湾里一中、湾里二中和湾里三小先后获“省重点建设高中”、“南昌市绿色学校”、“江西省建设中示范初级中学”、“南昌市德育示范学校”、“南昌市学习型学校”等荣誉称号。坚持“合理规划、稳步推进”的原则,进一步对全区教育资源进行优化重组。湾里二中与招贤中学成功进行合并,实现城区教育资源的有效集约利用,同时也彻底解决招贤中学硬件设施落后,学校空间小,学生活动场所不足的难题。全年区财政投入资金 263 万元,划拨 1.78 公顷土地,新建 3900 平方米的综合教学楼、300 米的跑道,使该校成为一所各类教学用房、教学辅助设施齐全的现代化初级中学。筹资 850 余万元组建占地 2.33 公顷、建筑面积 7000 平方米、可容纳 1500 名学生的太平狮峰九年一贯制寄宿学校,小学三年级以上学生可进入该校就读,既改变该乡农村小学办学条件差的现状,又有效集中全乡优质教育资源,保障了学生接受公平、优质的教育。筹集 445 万元资金新建 8100 平方米的湾里一中综合楼、学生公寓。扎实开展爱心助学工作。继上年在区内贫困乡镇实行“两免一补”政策后,当年在全区所有学校落实“两免一补”政策。全年共发放“两免一补”资金 26 万余元,惠及学生达 3000 余人次。大力开展捐资助学活动,全年共筹集并发放扶助资金 15 万元,扶助贫困学生 3000 余人次,有效地防止了贫困学生因家庭经济困难而辍学。全区年内有中小学 37 所。其中,中学 5 所,农村九年一贯制学校 1 所,小学 31 所,另有农村教学点 4 个;教职员工 733 名,在校中小学生 8695 人。全区中小学适龄儿童入学率达 100%,小学毕业升初中阶段比例达 100%,初中三年保留率达 95.8%,初中三年学生巩固率达 91.3%,三类残疾儿童少年义务教育阶段入学率达到 85.1%,全区小学辍学率为 0,初中辍学率在 1.96% 以内,教育发展水平得到全面提升。

科技事业稳步前行。强化科技创新体系建设,科技对经济发展贡献力进一步提高。全区共有科研机构 1 个,全年实施科技计划项目 23 项,投资总额 33 万元。全年登记科技成果中具有国内领先水平的有 2 项。全年技术市场签订各类技术合同 8 项,合同成交额 100 万元,比上年增长 25%。

文化体育事业繁荣规范。以丰富群众文化体育活动为目标,大力加强文化、体育基础设施建设,创新和发展基层文化、体育事业,全区文化市场秩序进一步规范,人民群众的文化生活不断丰富,群众性体育活动开展得有声有色。全区有区属文化事业机构 3 个。其中,文化馆 1 个,影剧院 1 个,图书馆 1 个。全年开展大型群众文化活动 25 项(次)。其中,参加南昌市第三届“四进社区”文艺展演获银奖,组织两户社区家庭参加第二届“家庭才艺”大赛获优秀节目奖。全区有线电视用户达 5100 户,开播电视节目频道 49 个,自制节目流动播出时间 0.75 小时/天。文化市场管理稽查覆盖率达 75%,音像制品案件查处率达 100%。成功举办省老年地掷球邀请赛和市首届老年人健步行比赛,参赛运动员达 7000 余人,全民健身计划得到全面落实,群众体育特别是老年人健身体育运动得到蓬勃发展。

卫生服务能力全面加强。以保障群众身体健康为出发点和落脚点,积极推进公共卫生服务体系建设,全区公共卫生服务能力和水平得到全面提升。为切实改变市第四医院业务用房破旧及严重不足的面貌,方便城区群众就医,区政府经多方筹集资金 1000 余万元,划拨 1.34 公顷土地,新建 5243 平方米综合医疗用房,为广大患者提供环境优美、功能齐全、设施完善和便捷、优质的医疗卫生服务。同时划拨 0.53 公顷土地,筹集 350 余万元资金新建总面积 3388 平方米的区疾控中心大楼,全面改善区内疾病预防和控制能力,公共健康教育服务水平得到大幅度提升。全面完成乡镇卫生院上划管理,实现乡镇卫生院人、财、物全区统一管理、统筹安排。筹资 50 余万元,新建 630 平方米的梅岭镇中心卫生院新业务用房,进一步完善医院硬件设施,全面提升医疗卫生服务功能。其他乡镇卫生院建设也已全面铺开。全区有各类医疗卫生机构 53 个。其中,医院 5 个,有医务工作者 296 人,医院病床 130 张。全年法定报告传染病发病率为 352.2 人/10 万人,免疫接种率 96.37%,食品卫生监督覆盖率 100%。

人民生活水平稳步提升。坚持把就业再就业工作作为“一号工程”、“头等大事”来抓,以加大资金投入为保障,切实增强对下岗失业人员特别是弱势群体的再就业援助。全年新增城镇就业人员 1615 人,落实小额担保贷款 92 万元。切实关心弱势群体,继续落实“两个确保”,国有企业下岗职工基本生活费和离退休人员养老金发放做到两个 100%。全年征收养老保险基金 1716 万元,发放 3605 万元。为切实解决区内“五保户”基本生活难题,对全区 143 名五保老人全部办理农转非,并将他们纳入低保范围,集中供养五保老人人均保障资金为 190 元/月,分散供养五保老人人均保障资金为 100 元/月,五保老人的生活得到根本保障。进一步加强城镇居民最低生活保障工作,推进分类施保和动态管理,规范各项操作程序,坚持集体审批、三榜公布,进一步巩固城市低保工作“应保尽保、应退尽退”成果。全区共有低保对象 936 户 2018 人。其中,新增低保户 238 户 381 人,依法依规退保 43 户 98 人。全年累计发放城乡低保金 196.2 万元。

和谐稳定开创新局面。坚持“稳定压倒一切”,强化信访工作和基层人民调解工作力度,建立健全矛盾纠纷排查制、矛盾纠纷化解制和矛盾纠纷责任制,坚持不稳定因素村(社区)三天一排查、乡镇(街办)一周一排查、区一月一汇总制度,实行“一个问题、一名领导、一套班子、一个方案、一抓到底”的矛盾纠纷化解方针,落实按照“属地管理”、“谁主管谁负责”的原则,及时化解人民内部矛盾和纠纷,形成全区上下和谐、稳定的发展局面。全年信访案件办结率达 92.8%。落实计生奖励扶持政策,继续稳定低生育水平,全区人口出生率 11.02‰,计划生育率 91%。落实安全生产责任制,卓有成效地开展专项整治活动。健全治安防控体系,深入开展严打专项整治斗争,全区社会治安环境良好。全面推行安全生产层级责任制,深入实施安全生产监督管理联动机制,有效防止了重、特大安全生产事故的发生。

【农村公路建设成绩斐然】 积极筹集建设资金,以服务农村经济发展和农民增收为出发点,大力推进农村交通网络建设,全面解决农村群众出行难问题。共投入 3370 万元完成 74.5 千米农村公路改造建设,34 个行政村全部修通了高质量的水泥公路,提前完成三年农村公路道路硬化任务,在全市率先完成行政村村村通公路目标。

【招贤村“一村一品”工程硕果累累】 充分利用招贤镇招贤村三面环山,一面临近市区,昌湾、红湾两条公路直通南昌市的资源、地理位置优势,在该村大力推行"公司+合作经济组织+基地+农户"的花卉苗木产业化经营模式,花卉苗木种植面积达280余公顷;种植规模3.33公顷以上的大户有36家,苗木营销经纪人68人,创办营销公司19家,取得二级园林建设资质的有3家,市级龙头企业1家;全村100%的农户、农村劳动力参与和从事花卉苗木种植与销售,全村花卉苗木产业创产值2800余万元,占全村总产值的92%,农民人均纯收入达到6900余元。

【旅游事业发展形势看好】 境内有大、小景点100余处。其中,洪崖丹井、狮子峰、望狮涧、神龙潭、长春湖等景区(点)更是美名在外。全区上下坚持做好山景文章,强化精品意识,围绕"吃、住、行、游、购、娱"6个要素,合理开发、重点宣传,加大旅游基础设施投入力度,做到旅游观光、休闲娱乐相结合,全区旅游事业发展形势喜人。注重对外宣传,境内长春湖景区、紫清山景区、跌水沟景区、洪崖丹井、狮子峰景区分别与江西假日旅行社、江西国泰旅行社、南昌亚细亚旅行社联合开通梅岭旅游直通车。狠抓以环梅岭摩托车集结赛、万人登山、大型激光森林狩猎赛、"世界第一高人"鲍喜顺"巨人行动"、"山地丛林野战"、篝火露营等"六大亮点"活动为主的"第三届梅岭旅游文化节"活动,精品旅游品牌工程效果明显,南昌城郊休闲旅游首选地效应已经形成,唱响了梅岭旅游品牌。

【生态林业建设成效突出】 始终坚持"以人为本"、"以自然为本"相结合的生态林业发展思路,加强森林生态效益补助资金试点项目管理,列入国家重点公益林面积9706.67公顷;按照"严管林、慎用钱、质为先"的要求,切实抓好400公顷退耕还林工程建设;发挥湾里毛竹立竹总量大的优势,有重点地进行200公顷高标准笋竹两用林示范基地建设;加大油茶低改力度,努力探索"集约经营、定向培育"的经营新模式。大力营造以油茶为主的防火林带,既发挥油茶的生物隔火功能,又满足林业经济发展的需要;加大梅岭板栗基地,招贤桔子、葡萄基地管护力度,主打"罗亭"脆蜜桃品牌,发展特色林业基地;结合湾里"旅游、休闲、度假"的功能定位,从国营林场实际出发,发挥城郊林业生态优势,积极探索生态旅游、"农家乐"等新型林业发展模式,逐步推进国营林场改革;完善林地征占用审核审批制度,提高征占用林地的审核率、发证率和森林植被恢复费收取率。进一步落实森林防火行政领导负责制,完善区、乡、村三级森林防火网络。及时调整检查哨所布点,投资15万元新建4个森林防火检查哨所;设立森林防火道口岗哨146个,配备专职哨卡员、巡山员、打锣员239人;成立4支专业森林消防中队,基本形成"反应及时,科学扑救"的森林防火机制;加强林业专项整治,依法严厉打击乱砍滥伐林木、乱垦滥占林地、乱捕滥猎野生动物、乱采滥挖野生植物等违法犯罪行为,生态林业建设迈上新台阶。

(杨 兵)

## 2005年南昌市湾里区国民经济主要指标一览表

表71

| 项 目 | 单位 | 2003年 | 2004年 | 2005年 | 2005年比上年增长% |
|---|---|---|---|---|---|
| 地区生产总值 | 亿元 | 7.08 | 8.43 | 10.91 | 29.42 |
| 第一产业增加值 | 亿元 | 1.24 | 1.48 | 1.75 | 18.24 |
| 第二产业增加值 | 亿元 | 3.49 | 4.03 | 5.49 | 36.22 |
| 第三产业增加值 | 亿元 | 2.35 | 2.92 | 3.68 | 26.03 |
| 全社会固定资产投资 | 亿元 | 2.68 | 3.81 | 7.43 | 95 |
| 社会消费品零售总额 | 亿元 | 1.42 | 1.66 | 1.93 | 16.26 |
| 实际利用外资 | 万美元 | 551 | 1008 | 1497 | 48.5 |
| 实际利用内资 | 亿元 | 2.43 | 5.62 | 6.89 | 22.6 |
| 外贸出口总额 | 万美元 | 55 | 505 | 880 | 74.25 |
| 财政总收入 | 万元 | 9421 | 12921 | 15687 | 21.4 |
| 地方财政一般预算收入 | 万元 | 4617 | 6543 | 8000 | 22.3 |
| 农民年人均纯收入 | 元 | 2691 | 3035 | 3492 | 15.1 |
| 城镇居民登记失业率 | % | 4.5 | 4.5 | 4.5 | 0 |
| 人口出生率 | ‰ | 9.98 | 11.02 | 11.02 | 0 |

## 2005年南昌市湾里区社会事业发展主要指标一览表

表72

| 项 目 | 单位 | 2003年 | 2004年 | 2005年 | 2005年比上年增长% |
|---|---|---|---|---|---|
| 科技事业财政投入 | 万元 | 36 | 40 | 55 | 37.5 |

续表 72－1

| 项　　目 | 单位 | 2003 年 | 2004 年 | 2005 年 | 2005 年比上年增长% |
|---|---|---|---|---|---|
| 科技培训 | 人 | 1100 | 1500 | 2020 | 34.7 |
| 科技成果推广 | 项 | 15 | 20 | 31 | 55 |
| 教育事业财政投入 | 万元 | 1228 | 1313 | 1585 | 20.72 |
| 中小学校 | 所 | 43 | 42 | 41 | －2.4 |
| 小学入学率 | % | 100 | 100 | 100 | 0 |
| 初中入学率 | % | 75.9 | 74.8 | 76.6 | 1.8 |
| 文化事业财政投入 | 万元 | 34 | 45 | 42 | －6.67 |
| 文艺演出 | 场 | 5 | 8 | 25 | 210 |
| 图书馆藏书 | 万册 | 3.95 | 3.96 | 3.98 | 0.063 |
| 卫生事业财政投入 | 万元 | 688 | 670 | 631 | －5.82 |
| 各类卫生机构 | 个 | 48 | 49 | 53 | 8.2 |
| 万人拥护医护人员 | 人 | 32.8 | 31.1 | 32.4 | |
| 万人拥有病床 | 张 | 17.6 | 17.1 | 16.1 | －5.8 |
| 体育事业财政投入 | 万元 | 3 | 8 | 6 | －25 |
| 举办大型群众性体育活动 | 次 | 5 | 5 | 6 | 20 |
| 参加市级体育竞赛 | 人次 | 2 | 4 | 5 | 25 |

（湾里区政府办）

## 青山湖区

【概况】 位于省会城市南昌市东部，地处赣江下游。全区土地面积160平方公里，户籍人口40.47万人，流动人口30余万人。辖4镇、1乡、1场、2街办，75个村民委员会，75个居民委员会（含34个家属委员会）。

【经济发展概况】 2005年，青山湖区地区生产总值完成128.57亿元，比上年增长19.2%；区属生产总值78.81亿元，增长20.9%，增幅创历史新高，高于全市4.1个百分点；全社会固定资产投资6[illegible].05亿元，增长77.6%；财政总收入完成8.45亿元，增长73.6%；地方财政一般预算收入完成2.27亿元，增长3[illegible].6%；实际利用外资1.51亿美元，实际利用内资35.6亿元，出口创汇1.35亿美元，三项指标位居全市各县（区）和开发区前列；全区第三产业增加值完成2[illegible].66亿元，增长16.5%；全社会消费品零售总额完成27.1亿元，增长21.4%，首次超过了GDP的增幅；全区个私民营经济增加值完成68.56亿元，占区属GDP的比重达到87%，比上年提高2个百分点；农民年人均纯收入达4780元，增长15%，净增624元。

对外开放水平不断提高。着力抓好“重大项目招商年”活动，先后组织或参加“加快三产发展，促进城东繁荣”主题招商会（实现签约项目25个，签约外资项目2.5亿美元，内资项目31亿元）、“天香园国际都市候鸟节”项目推介和经贸洽谈会、深圳现代服务业项目推介会（实现签约项目6个，引进合同资金7亿元）、厦门投资贸易洽谈会、全市金秋经贸活动月等一系列招商活动。全年新引进项目107个。其中，投资500万美元以上的外资项目22个，投资1000万元以上的内资项目79个。全区新开工项目35个，开工率达73%；竣工项目37个，竣工率达61%。其中，亚东水泥、雪津啤酒等一批重点工业项目相继竣工投产。

园区集约化发展水平不断提升。民营科技园完成工业总产值39.8亿元、税收2.04亿元，分别比上年增长52.4%、37.5%；昌东工业区完成工业总产值33.8亿元、税收1.45亿元，分别增长56%、56%；昌东工业区和民营科技园两个工业园区实现工业增加值19.3亿元，占区属工业增加值的35.6%，分别进入“全省十佳工业园区”第八强和第十强。

三大支柱产业优势进一步扩大。针织服装、医药化工、食品饮料是全区三大支柱产业。当年三大支柱产业不断发展壮大，结构更趋成熟，其产值占区属制造业的比重达到63%，比上年提高6个百分点。特别是针织服装产业已成为全区最大的支柱产业，占三大支柱产业比重的68%。全区共有518家针织服装企业，从业人员2.9万人，规模以上针织服装业实现销售收入17.26亿元，利税总额1.35亿元，针织服装出口占全省中小企业出口交货值的三分之一，文化衫出口占全省总量的近二分之一。

城市化进程加速推进。投入1.26亿元新改建上海南路、湖东路网工程及师大南路、青山湖小区一纬路和上海路小区中路等14条第三轮“百路大会战”道路。投资6200万元启动罗家新区建设。深入开展“文明南昌行动”和“四城”创建活动，重点对城乡结合部和“城中村”市容环境卫生、小街巷、“六小”、集贸市场、违章搭建等方面进行专项整治。完成玉带河改造及解放东路等重点市政工程的征地拆迁工作，拆迁面积4.8万平方米。投入4077万元完成辖区内7条景观道路的整治工作，其中北京东路和南京东路进入全市样板路行列。新建竣工进顺村、桃湖村等农民公寓楼，建筑面积13.2万平方米。投资2070万元，硬化乡村公路27条，总里程达40.05千米。投资922万元，改造水利设施，整治幸福渠1.5千米。加大对违法排污企业的整治力度，关停一批污染企业。开展“星级社区”创建活动，设立120万元社区建设基金，全区三星级以上社区达到10个，其中青春家园社区晋级为四星级社区。

体制改革不断深化。两次对部分乡镇、街道的行政区划进行调整,推进街道社区体制改革。进一步推进企业改制,启动南昌腐植酸厂改制工作。建立昌东工业区分税制财政管理体制,推进部门预算改革和区级财政国库管理制度改革,实现区级部门预算全覆盖,区级国库集中支付改革试点扩大到40个区直部门。实施在地经济统计改革,组织实施第一次全国经济普查。加大教育医疗体制改革力度,将1959名教师职工全部纳入医疗保险范围。

【社会事业发展概况】 开展"建设和谐平安江西,共创富民兴赣大业,提升南昌发展水平,加速青山湖区腾飞"主题教育活动,全力推进"依法治区"工作,自觉接受人大及其常委会的监督,广泛听取政协委员及各民主党派的意见和建议。

科技教育事业取得新成就。大力推进"全国科技进步示范区"建设,科技特派员工作成效明显。抓好一批示范学校和重点学校建设,启动占地4.86公顷、总投资达6000万元、可容纳中小学生4000余人的京东片新校建设,建成后将彻底改变全区无一所高标准、现代化学校的历史,成为全省一流的九年一贯制义务教育示范性学校。投入417万元,完成京东镇桃湖小学、上海路新村小学和上海路小学的新扩建。公开招聘86名中小学教师及10名教研员。

文化体育卫生事业加快发展。加快文化广播旅游事业发展,开通区有线电视网络中心。完善区、乡(镇)、村三级医疗防疫保健网络,建成区疾控中心大楼,启动罗家中心卫生院改造工程。

计划生育服务水平不断提高。为5万余名已婚育龄妇女提供免费生殖健康检查,向157位符合农村计划生育家庭奖励扶助条件的群众发放年人均600元的奖励扶助金,为232名农村0~6岁独生子女办理健康平安保险,区人口计生服务中心荣获全省"计划生育技术服务先进单位"和"六好"服务站称号。

社会稳定取得新进展。进一步完善"宝塔式"管理和服务机制,狠抓社会治安综合治理、信访等工作。全年未发生一起重大群体性事件、重特大刑事案件和重大安全生产事故。

社会保障事业不断推进。安置失业人员8600人,培训下岗失业人员600人,落实再就业资金323万元,为75名下岗失业人员发放小额担保贷款190万元,为下岗失业人员自主创业减免各项税费346万元,全年完成社保扩面征缴2500人,为2348名企业离退休人员发放养老金1260万元,为907名失业人员发放失业保险金26.9万元。特别是区划调整后,全区共划入各类民政救助对象8654人。其中,城镇低保对象2967户、8026人,优抚对象54户、117人,其他对象511人。共为全区3538户城镇低保对象发放低保金976万元。为1721户农村困难家庭发放生活救助金165万元。

【区内区划调整】 3月,为满足昌东工业区发展的需要,将罗家镇沈桥、黎明、石桥、义坊、佛塔、京川、胡家、梧岗8个行政村成建制划归昌东工业区管辖,理顺管理体制,调整和充实昌东工业区的班子成员,建立园区一级财政。12月,对湖坊镇、塘山镇、上海路街道、青山湖街道的管辖范围进行调整。调整本着"大稳定,小调整"的原则,以调整社区居委会、家委会为主,街道居民的划分主要以道路为界,行政村的隶属关系不变。

【第六届村(居)委会选举】 10月~12月,全区进行第六届村(居)委会选举。其间,全区共登记选民105566人,参加提名人数103048人,提名率97.6%;参加投票选举102852人,参选率97.4%。全区75个村民委员会,全部实行海选,其中4个村民委员会进行"自荐式"海选方式选举试点。经过投票选举,75个村民委员会共产生新一届村民委员会成员269人。其中,村民委员会主任75人,副主任87人,委员107人。在第六届居民委员会选举中,全区44个居民委员会,采取居民代表选举方式,青山路街道塘山北社区进行了"户代表"选举试点。经过投票选举,共产生新一届居民委员会成员223人。其中,居民委员会主任44人,副主任100人,委员79人。

【为民办实事】 一是建好湖坊镇进明村、李巷村,塘山镇星光村、青湖村,京东镇何兴村、桃胜村,罗家镇白兰村、观田村等村的农民公寓楼;二是改建湖坊辛家庵小学、肖坊小学、塘山中心小学、扬子洲滕洲小学;三是建好京东片区九年一贯制示范学校;四是改造40千米县乡农村公路和村级道路;五是筹建区有线电视台;六是建立青山路街办7个社区的居民健身点;七是创办上海路街办"退休人之家活动室";八是建好塘山镇南镇谢村休闲公园;九是推进罗家镇、扬子洲乡及京东镇何兴村、黄城村的自来水工程;十是实施京东镇桃竹村、联胜村和塘山镇南镇谢村下水道改造工程。

【"宝塔式"管理服务机制】 2月2日,青山湖区委书记吴志明在全国信访局长会议上,作为惟一一个县区代表,就"宝塔式"管理服务机制作典型发言,得到中央和省、市领导的充分肯定。4月,《人民日报》、《江西日报》、《南昌日报》等新闻媒体对"宝塔式"管理服务机制作了专题报道。9月7日,"宝塔式"管理服务机制在新华通讯社《内参选编》第35期被刊登。并在全省地市(县区)政法委书记培训班、全省和谐平安建设现场交流会、全市安全工作现场会、全市维稳信息督查员培训班上进行交流。

【陈勇琦工作法】 青山湖区公安分局湖坊派出所永人村驻村民警陈勇琦,经过两年的积极探索和潜心研究,总结出一套切合实际、极具实效的"社区警务工作六法",即细调研、创规范,熟悉情况得法;三举措、人头清,人口管理得法;查三症、出三招,指导防控得法;巡查访、树形象,协助破案得法;四个三、求双赢,公正执法得法;善待民、民满意,群众工作得法。11月,公安部以《和谐平安从这里起步》为题向全国大力推广。

【信访"三集中"活动月】 7月,在全市率先开展信访"三集中"活动月活动,即集中宣传《国务院信访条例》,集中接待上访群众,集中处理和解决信访问题。区委、区政府每天安排一名领导在信访接待室亮牌接访。当月共接待上访群众15批、57人次,受理信访件17件,落实解决14件。对排查出的34个信访问题,实行责任分解、包干负责,限时解决或做好工作;对可能引发上访的问题,采取主动约访的形式,把矛盾化解在萌芽状态;对已接待了的、仍有一定情绪的上访群众,选择适当时间上门回访,确保不发生赴北京上访,确保不发生赴省有关部门上访,确保无赴市重复集体访,确保排查问题处理率达90%以上。

(万 青)

## 2005 年南昌市青山湖区国民经济主要指标一览表

表 73

| 项　目 | 单位 | 2003 年 | 2004 年 | 2005 年 | 2005 年比上年增长% |
|---|---|---|---|---|---|
| 地区生产总值 | 亿元 | 87.46 | 103.37 | 128.57 | 19.2 |
| 第一产业增加值 | 亿元 | 1.69 | 1.52 | 1.36 | -9.4 |
| 第二产业增加值 | 亿元 | 64.19 | 77.03 | 99.55 | 20.8 |
| 第三产业增加值 | 亿元 | 21.58 | 24.82 | 27.66 | 11.6 |
| 全社会固定资产投资 | 亿元 | 23.05 | 43.46 | 70.46 | 62.8 |
| 社会消费品零售总额 | 亿元 | 19.92 | 23.55 | 27.74 | 17.8 |
| 实际利用外资 | 万美元 | 11014 | 12522 | 15111 | 20.7 |
| 实际利用内资 | 亿元 | 20.25 | 25.1 | 35.6 | 41.7 |
| 外贸出口总额 | 万美元 | 3002 | 5555 | 13466 | 142.4 |
| 财政总收入 | 亿元 | 4.01 | 4.87 | 8.45 | 73.6 |
| 地方财政一般预算收入 | 亿元 | 1.47 | 1.74 | 2.27 | 30.6 |
| 农民年人均纯收入 | 元 | 3829 | 4156 | 4780 | 15 |
| 城镇居民登记失业率 | % | 3.32 | 3.39 | 3.44 | 1.5 |
| 人口出生率 | ‰ | 10.98 | 10.04 | 7.56 | 7.3 |

## 2005 年南昌市青山湖区社会事业发展主要指标一览表

表 74

| 项　目 | 单位 | 2003 年 | 2004 年 | 2005 年 | 2005 年比上年增长% |
|---|---|---|---|---|---|
| 科技事业财政投入 | 万元 | 213 | 261 | 346 | 32.6 |
| 科技培训 | 人 | 1800 | 2000 | 2300 | 15 |
| 科技成果推广 | 项 | 6 | 8 | 10 | 25 |
| 教育事业财政投入 | 万元 | 2891.3 | 3802 | 4870 | 28.1 |
| 中小学校 | 所 | 59 | 57 | 61 | 7 |
| 小学入学率 | % | 100 | 100 | 100 | 0 |
| 初中入学率 | % | 99.6 | 99.4 | 99.5 | 0.1 |
| 文化事业财政投入 | 万元 | 152 | 260.2 | 288.7 | 11 |
| 文艺演出 | 场 | 80 | 120 | 150 | 25 |
| 图书馆藏书 | 万册 | 5850 | 1.10 | 3.30 | 199 |
| 卫生事业财政投入 | 万元 | 981 | 1010 | 1078 | 6 |
| 各类卫生机构 | 个 | 9 | 9 | 9 | 0 |
| 万人拥有医护人员 | 人 | 10 | 13 | 15 | 1.3 |
| 万人拥有病床 | 张 | 5 | 7 | 8 | 1.2 |
| 体育事业财政投入 | 万元 | 10 | 49.5 | 10.5 | -78.8 |
| 举办大型群众性体育活动 | 次 | 7 | 3 | 4 | 25 |
| 参加市级体育竞赛 | 人次 | 500 | 800 | 600 | -25 |

（青山湖区政府办）

# 社 情 民 意

## 加强信用建设　打造诚信南昌

### ——南昌市企业信用状况及社会信用环境的调查报告(摘要)

为全面了解和掌握南昌市企业信用现状,培育良好信用环境,促进企业改进信用管理,提高信用管理对企业发展的贡献程度,市企业调查队在全市范围内选择了138户企业开展企业信用状况及社会信用环境问卷专项调查。调查结果显示,全市信用总体状况与过去相比有所改进,但缺乏良好的信用环境,存在不同程度的信用问题。信用缺失已成为制约全市社会经济健康持续发展的主要障碍之一。因此,提高企业信用,改善社会信用环境已成为当务之急。

**一、被调查企业基本情况及对信用的认知程度**

此次专项调查获取有效调查问卷138份,调查对象涵盖工业、建筑业、交通运输、仓储和邮政业、批发和零售业、住宿和餐饮业、房地产业、信息传输、计算机和软件业、社会服务业八大行业。调查结果显示,76.8%的企业认为信用对市场经济的发展是"非常重要"的;21.7%的企业认为信用对市场经济的发展是"重要" 的,两者合计高达98.5%。95.7%的企业认为市场经济在一定意义上就是"信用经济"。在企业业务往来中,所有的企业都表示最看重的是对方的信用情况。这表明信用对企业和市场经济发展的重要性越来越受到社会各方面的重视和认同。

**二、南昌市企业信用状况**

企业信用状况是企业在持续经营期间,对外进行经济交往产生的基本信息集中的体现。他主要包括企业登记、合同履行、应收付账款、银行贷款的偿还、产品质量、企业经济合同纠纷及法定代表人的信用记录等。从此次调查结果来看,全市经过市场经济秩序整顿,企业的信用状况正在好转。但信用缺失现象依然存在。具体情况如下:

(1)多数企业主营产品质量能达到"国际水平"和"国内先进水平"。产品质量是反映企业信用的主要内容之一。在调查的企业中,主营产品质量能达到"国际水平"和"国内先进水平"的企业占66.7%。其中,主营产品质量能达到"国内先进水平"的企业占58%;主营产品属于"国内一般"水平的企业占33.3%。

(2)80%的企业参加过资信评估。据了解,工商、农业、建设等各商业银行对企业的信用评价制度和评价方法不太一致,同一企业在不同银行得到的信用等级也不完全一样。银行主要是从企业的经济实力、偿债能力、经营效益、领导者素质和企业发展前景等方面来评估企业的资信。据调查,在被调查的138家企业中,有78.3%的企业参加过这种类型的资信评价。其中,42.8%的企业达到"AAA"信用等级,21%的企业达到"AA" 级,7.2%的企业达到"A" 级,1.4%的企业达到"BBB" 级。还有21.7%的企业没有参加过资信评估。

(3)四分之三的企业能全部按时偿还银行贷款。在被调查的138家企业中,向银行贷款的有114家。其中,有75.4%的企业能"全部按期偿还"银行贷款;19.3%的企业能"部分按期偿还";另外1.8%的企业"全部不按期偿还";还有3.5%的企业"全部没有偿还"。

(4)企业间相互拖欠货款的现象仍较严重。据调查,在全

全市不断加强法制监督工作促进行政执法机关依法开展行政检查

业应收账款中，虽然半数以上的企业能全部按时收到“应收账款”，但有39.6%的企业只能按时收到“部分账款”，还有4.2%的企业“全部不能按时收到”。在企业应付账款中，70.6%的企业“能全部按时付款”，27.4%的企业“部分能按时付款”，2%的企业“全部不能按时付款”。

(5)企业信用制度不健全，管理较薄弱。从调查结果看，全市企业信用基础较薄弱，制度不健全，管理水平较低，对企业信用管理不够重视，没有真正认识到企业信用的重要性。在制度方面，只有63%的企业建立与信用管理有关的制度和办法，25.1%的企业“准备建立”，有8.7%的企业“未考虑”，另有2.2%的企业觉得“没必要”。在机构方面，“设有独立的信用管理职能部门”的企业仅有16.1%，65.5%的企业“设有非独立的信用管理部门”，有18.4%的企业“尚未设立”信用管理职能部门。企业遇到与信用有关的问题时，25.3%的企业由“营销部门”负责处理，36.8%的企业由“经理办公室”负责处理，35.9%的企业由“财务部门”负责处理。在企业领导方面，88.8%的企业由副总经理及以上的领导主管企业信用管理工作，有11.2%的企业年内由中层领导来主管企业信用管理工作。

## 三、企业对社会信用环境的评价

(1)对全市企业信用状况的总体评价。2004年以来，全市企业信用与过去比较，有40.6%的企业认为全市企业的信用状况有“很大的改进”和“较大的改进”，56.5%的企业认为“有所改进”，“无改进”的占2.9%。对目前全市企业信用状况的总体评价认为“较好”的占32.6%；认为“一般”的占59.4%；认为“较差”的占7.2%。据调查，60.1%和36.3%的企业认为中国加入WTO后所受的冲击主要表现在“企业信用”和“产品质量”方面。97.8%的企业认为加入WTO对中国企业信用建设将具有“直接的推动作用”。13%的企业认为当地政府对诚信问题“非常重视”，37%的企业认为当地政府“重视”，42%的企业认为当地政府对诚信问题采取“一般”态度，还有8%的企业认为当地政府“不重视”。

(2)南昌产品信誉总体尚好，广告宣传与产品质量基本相符。调查结果显示，认为南昌产品信誉“很好”的企业占1.4%，认为“较好”的占31.9%，认为“一般”的占62.3%，认为“差”的仅有4.4%。虚假广告是信用领域中存在的一个突出问题。这几年全市通过对市场秩序的整顿和治理，虚假广告现象得到一定程度的遏制。据调查，认为南昌产品的广告宣传与实际质量“相符”或“基本相符”的企业高达89.1%，认为“不相符”的企业有10.9%。

(3)国有企业信用较好，个体户信用较差。调查结果显示，认为国有企业信用较好的占51.5%；认为股份有限公司和外商及港、澳、台资企业信用较好的均占13.8%；认为有限责任公司信用较好的为12.3%。因个体户出售商品时缺斤短两，以次充好的现象仍较严重，所以信用较差。

(4)经济发达国家企业信用较好。大多数被调查企业认为经济发达国家的企业信用较好。其信用较好的主要原因是：1. 有关信用方面的法律较健全，企业认同率为61%；2. 便捷的信用记录和查询体系，企业认同率为18.2%；3. 公民拥有惟一的终身信用号码，企业认同率为16.9%。

(5)电力、煤气、水的生产及供应业、金融业和邮电通信业信用较好，医药制造业、食品加工和制造业、房地产业信用较差。对12个与企业关系密切的行业进行调查结果显示，信用比较好的行业有电力、煤气、水的生产及供应业和金融业，企业认同率分别为55.1%、54.3%；邮电通信业，企业认同率为40.6%；文化、教育、卫生，企业认同率为22.5%；保险业，企业认同率为19.6%；交通运输业，企业认同率为16.7%；住宿和餐饮业，企业认同率为5.1%；批发、零售业，认同率为3.6%。食品加工和制造业、房地产业、建筑业，企业认同率均为2.9%；医药制造业，企业认同率最低，仅为0.7%。

从问卷调查情况来看，当前有悖企业信用行为的表现主要集中在以下几个方面，且企业的各种不良行为在不同行业有所差异。

(1)企业间相互拖欠货款现象比较严重。企业认为“拖欠货款现象比较严重”的行业是建筑业，认同率为50%；房地产业，认同率为33.3%；食品加工和制造业，企业认同率为15.9%。由于部分企业不能按时收回和支付货款，因此造成企业的“三角债”或“多头债”，不但阻碍企业生产，同时也影响企业的技术更新改造和新项目投入，使企业的正常经营活动受到严重影响，增加交易成本，扰乱市场秩序，降低企业市场竞争力，并且提高了整个社会经济的运行成本，对整个社会贻害无穷。

(2)签约积极履约消极。企业认为“违约现象比较严重”的是房地产业和建筑业，企业认同率分别为50%和34.1%。企业反映，在确定合作意向后，甲乙双方签订合同。但在履行合同中，一方不按合同约定付款，造成另一方企业经济困难。因此，企业对“违约”问题深恶痛绝。

(3)假冒伪劣产品制售猖獗。企业认为“制假售假现象比较严重”的行业有食品加工和制造业，认同率高达70.3%；医药制造业，认同率达49.3%；批发、零售业，认同率为34.1%。企业制假售假现象屡见不鲜，而且屡禁不止，特别是与人民生命紧密相连的行业——医药制造业和食品加工制造业，制造假冒伪劣产品现象更加突出，令人触目惊心。同时有关部门执法不严，部分企业家素质不高，导致这一现象的进一步恶化，损害了全市的整体形象。

(4)质量欺诈和虚假广告等信用问题反映强烈。一些不实信息广告充斥各类媒体，令人眼花缭乱；质量欺诈的事件也屡屡发生，防不胜防。调查资料显示，认为“质量欺诈现象比较严重”的行业有：房地产业，认同率为42%；食品加工和制造业，认同率为41.3%；医药制造业，认同率为26.8%。认为“虚假广告现象比较严重”的行业有医药制造业，认同率高达68.1%，其中首选率高达56.5%；对食品加工和制造业的认同率是42%；对房地产业的认同率是39.9%。

(5)偷工减料现象仍较严重。企业对此问题反映最强烈的行业是建筑业，其次是房地产业，其次是食品加工和制造业。企业认同率为分别为54.3%、46.4%、42.8%。

(6)商标侵权及专利技术侵权等现象时有发生。商标侵权及专利技术侵权等现象比较严重的行业有食品加工和制造业，认同率为54.3%；医药制造业，认同率为42.8%；批发、零售业，认同率为20.3%。

## 四、企业信用缺失问题产生的原因

通过上述数据分析，说明南昌市的企业信用状况和信用环境正在好转，但企业间相互拖欠货款的现象仍较严重，企业信用制度不健全，管理较薄弱，尤其是房地产业、医药制造业、食品加工和制造业企业管理较差。偷工减料、虚假广告、制假售假、质量欺诈、商标侵权及专利技术侵权等现象仍比较突出，企业认同率比较高，离企业家心目中的诚信社会仍有一定距离。

造成企业信用缺失的原因是错综复杂的，既有企业内部的因素。又有企业外部环境的因素，从问卷调查结果分析，造成企业信用缺失主要有以下六个方面的原因：

(1)信用体系不健全，信用管理水平不高。据调查，83.3%的企业认为信用体系不健全，信用管理水平不高，是造

成企业信用缺失最主要的原因。具体表现在:

1. 监督管理力度不够。由于政府对信用市场的监督管理薄弱,对从事企业信息服务的中介机构(包括会计、审计、法律服务和诚信中介、资信评估等)缺乏监管,造成虚假信息盛行,社会反映强烈。

2. 信用数据的市场开放度低,缺乏企业信息的正常获取和检索途径。由于政府部门和一些专业机构掌握的可以公开的企业资讯没有开放,企业的信息被封锁在不同部门和经营单位,政府与流通企业之间、流通企业之间、企业和消费者之间的信息不对称现象严重存在,使得各交易主体很难依据真实的信用信息进行经营决策。

3. 企业信用评价制度不完善。当前涉及企业信用的评估存在不少问题,归纳起来有以下几个方面:一是公正性不够。评估者对企业信用的评价都是根据其一家之见,自己定标准,自己评价,尽管主观上没有偏颇之意,但是客观上难免有失公正。二是全面性不够。所有现行评估都是对企业某一方面信用的评价,并不能全面地反映企业整体信用水平。三是透明度不够。不少评价结果没有以适当形式及时向社会公布,使得企业信用信息传播的广泛性受到限制,从而使企业的信用逃避社会监督,降低了企业信用评估的作用。

4. 完善的信用立法和失信惩罚机制尚未建立。到目前为止,国家在立法中仍有许多不完善的地方,一些不讲信用者往往钻法律的空子,企业明明知道失信者的失信行为,但却无可奈何;另外,由于社会上失信惩罚机制尚未建立,对失信到什么程度将给予何种程度和形式的制裁没有一个衡量的标准,因此尚未达到刑事犯罪程度的失信行为得不到相应的惩罚,不讲信用的企业也不能受到社会的谴责和唾弃,同时也给有关执法部门的工作带来了难度。

(2)对失信行为监督、打击和惩处不够。78.3%的企业认为,对失信行为监督、打击和惩处不够,位居第二。这表明企业对这种现象的存在看法比较一致。一般来说,在经济转型时期,旧的秩序被打破,新的秩序又没有完全形成,国家信用管理体系不完善,相关的法律法规和失信惩罚机制不健全,不足以对社会的各种失信行为形成强有力的法律规范和约束,导致社会上信用缺失行为盛行,使得很多企业对于信用关系与其生死攸关的重要性体会不深、认识不足。不讲信用的企业照样可以生存和发展,甚至比讲信用的企业获利更多,而坑蒙诈骗者也有一定的市场。

(3)企业普遍追求短期行为。65.2%的企业认为,企业自制约束力差,急功近利,短期行为普遍是企业失信的主要内因之一,居第三位。经济体制改革后,企业与政府及社会之间的权、责、利关系产生了深刻变化,企业的中心任务就是搞好自己的生产经营。在此情况之下,众多企业把"发展企业、富裕员工"作为惟一追求。部分企业唯利是图,只顾眼前利益;还有部分国有大中型企业的领导人只考虑他在任期内的利益、政绩,不惜采取一切可用的手段(合法、非法)来达到利润最大化,而把社会利益、全局利益、长远利益放在一边,淡漠了全局观念、信用观念,造成整个社会企业信用水平下滑。

(4)部分经营者职业道德和素质低。55.1%的企业认为,部分经营者职业道德和素质低。经营者是企业的灵魂,他们的职业道德水准是左右企业信用水平的重要因素,尤其是在个人说了算的私营企业、个体户中,往往起着决定性作用。南昌市企业绝大多数是中小型企业,经营者队伍中尤其是个体经营户有相当部分没有经过严格规范的职业道德教育,部分经营者缺乏职业道德意识,法律意识淡薄,唯利是图,为了谋求自己的私利,不惜损害他人利益,不惜破坏市场规则,扰乱市场秩序。因此在经营活动中有不讲职业道德的行为,假冒伪劣、坑蒙拐骗现象在这类企业中时有发生。

(5)有关部门执法不严。37.7%的企业认为,有关部门执法不严。政府行政执法部门有监管不力,执法不严的现象存在。有些地方制假售假盛行,行政执法部门在查处时,或互相推诿,或发现问题不处理、熟视无睹、听之任之,甚至徇私枉法,侵害债权人的利益,个别执法人员在执法过程中存在不良行为。

(6)企业自我保护意识不强,缺乏维权意识。有37%的企业认为,企业自我保护意识不强,缺乏维权意识。相当一部分企业法律意识淡薄,不善于用法律来保护企业,维护企业的权利。据了解,在本企业产品质量被投诉时,只有部分的企业通过"消费者协会"和"法院"这两条途径解决;一般情况下都是采取托人找关系"私了"或用其他方式解决。

加快信用体系建设,强化国家对社会信用活动的管理、营造社会信用环境就成为当务之急。

(执笔:刘跃青　原文约8800字)

# 有了绿水青山　才有金山银山

## ——南昌市环境保护的社会调查报告(摘要)

近年来,全市居民生活水平和文化知识不断提高,逐渐认识到环境污染对自己身体健康的危害,越来越关注自己生存的环境质量。为了解城市居民对市区环境意识及环境质量的评价和意见,12月初,市城市社会经济调查队在市区开展了环境保护社会调查。

### 一、调查对象基本情况

这次环境保护社会调查,在东湖区(200份)、西湖区(200份)、青云谱区(100份)、青山湖区(100份)四个城区随机抽选600户居民,采取直接入户访问的方式进行问卷调查。据统计,问卷填写人情况:

按性别分:男性占36.7%,女性占63.3%;

按年龄分:18岁以下的占2.2%,18~25岁的占3.7%,26~35岁的占16.3%,36~45岁的占29.8%,46~55岁的占29.3%,56~65岁的占12.3%,65岁以上的占6.4%;

按文化程度分:大学本科及以上的占10.8%,大专占18.8%,中专占10.0%,高中或技校占30.2%,初中占23.3%,小学及以下的占6.9%;按职业分:公务员占3.8%,企事业管理人员占5.0%,专业/文教卫技术人员占9.5%,服务销售商贸人员占5.0%,工人占16.8%,学生占2.8%,离退休人员占20.8%,下岗及待业人员占16.7%,其它占19.6%。

## 二、调查结果

（1）市民对环境及环保工作的评价情况

在“您对南昌目前的环境质量状况是”选项中，选择“满意”的占27.8%，选择“基本满意”的占62.5%，选择“不满意”的占9.7%；

在“您对环保部门工作人员的工作是”选项中，选择“不了解”的占41.2%，选择“满意”的占34.3%，选择“不满意”的占24.5%；

在“您对政府近几年对环境保护方面的工作有何看法？”选项中，选择“非常满意”的占22.8%，选择“一般”的占71.7%，选择“不满意”的占5.5%；

在“您对身边的环境有何看法？”选项中，选择“很好”的占13.2%，选择“一般”的占68.3%，选择“差”的占10.5%，选择“较差”的占8.0%；

在“就整体而言，您是否满意城市的整体规划？”选项中，选择“非常满意”的占22.3%，选择“一般”的占69.2%，选择“不满意”的占8.5%；

在“您对市区的绿化面积（绿化率）有何看法？”选项中，选择“很好”的占20.5%，选择“一般”的占49.2%，选择“少”的占24.8%，选择“极少”的占5.5%。

调查结果显示，居民对市区环境质量总体评价为：污染情况还不很严重，对所在居住区的环境保护工作基本满意，对城市的整体规划基本满意。表明市区环境虽然受到污染，但通过政府及有关部门坚持不懈的治理，环境质量基本上得到有效保证。

（2）市民对环境科学知识的掌握情况

在“您知道6月5日是世界环境日吗？”选项中，选择“知道”的占59.7%，选择“不知道”的占40.3%；

在“您知道‘白色污染’是指弃于环境中的不可降解的塑料包装袋、发泡快餐盒、农用薄膜等塑料制品吗？”选项中，选择“知道”的占93.3%，选择“不知道”的占6.7%；

在“为保护水环境，我们应该选择使用怎样的洗衣粉时？”选项中，选择“无磷型”的占72.8%，选择“不知道”的占22.0%，选择“含磷型”的占5.2%；

在“您认为‘绿色社区’应当是”选项中（多选），选择“绿化好，有优雅的环境”的占90.7%，选择“小区内经常组织开展环保活动和宣传教育”的占47.5%，选择“居民环境意识强，日常行为符合环保规范”的占42.7%，选择“进行了垃圾分类”的占38.8%，选择“小区设施完善，住宅高档”的占24.7%，选择“其他”的占1.5%；

在“您认为有必要在幼儿园、中小学校进行环境教育吗？”选项中，选择“有必要”的占98.3%，选择“不表态”的占1.4%，选择“没必要”的占0.3%；

在“目前您家小孩所就读的中小学校是否开展了环保知识课程讲座？”选项中，选择“有”的占62.0%，选择“没有”的占38.0%；

在“您是否知道夜间建筑施工噪声污染由市城市管理执法局负责管理？”选项中，选择“知道”的占67.7%，选择“不知道”的占32.3%；

在“您是否意识到水资源短缺？”选项中，选择“知道”的占85.7%，选择“不知道”的占14.3%；

在“您是否了解‘可持续发展战略’一词？”选项中，选择“非常了解”的占22.7%，选择“一般”的占53.7%，选择“不了解”的占23.6%；

在“目前中组部已经和国家环保总局联手，在中国的部分省份进行试点，将环保方面的指标纳入干部考核体系，环保业绩将直接影响到地方官员的政绩，你认为这种考核是否有必要？”选项中，选择“有”的占93.2%，选择“没有”的占6.8%。

调查结果显示，市民对环保的有关知识还是了解的，憧憬绿化好、又优雅的“绿色社区”；对开展环保教育认为要从未成年人抓起，已意识到中国水资源的短缺，理解“可持续发展战略”这一词，认为地方官员的政绩应与环保业绩挂钩。

（3）市民获取有关环境保护信息的主要渠道情况

在“对环保的有关信息，您是从哪些途径获得的”选项中（多选），选择“广播、电视”的占94.2%，选择“报刊杂志”的占73.5%，选择“环保部门的宣传教育工作”的占29.8%，选择“所居住的小区或社区的宣传”的占17.5%，选择“户外广告宣传”的占17.3%，选择“与亲友、同事的交流”的占12.2%，选择“工作单位的普及教育活动”的占8.5%，选择“其他”的占5.3%。

调查结果显示，市民的环保有关的信息，主要是来源于广播、电视。呼吁有关部门加强宣传力度，通过媒体、社区、单位等载体广泛地宣传，使环保知识和环保信息得以普及。

（4）市民对环境现状的关注情况

在“您认为南昌目前环境污染问题主要有”选项中（多选），选择“噪声污染”的占60.3%，选择“固体废弃物污染”的占50.8%，选择“水污染”的占50.5%，选择“大气污染”的占47.8%，选择“电磁辐射、光污染等其他各种污染”的占12.8%；

在“从法律角度看，您认为造成环境污染的主要原因是”选项中，选择“政府部门执法力度不够”的占51.8%，选择“现阶段法规不健全”的占21.8%，选择“生产、经营不守法”的占13.3%，选择“群众参与度不够”的占13.1%；

在“您认为现阶段对环境污染的处罚力度是要”选项中，选择“加大”的占89.7%，选择“保持现状”的占5.2%，选择“不知道”的占4.3%，选择“缩小”的占0.8%。

在“要改善当前南昌的环境质量，您认为加强哪项措施最为重要”选项中，选择“加强环保宣传教育”的占40.3%，选择“健全环境保护法律、法规”的占24.5%，选择“加大环保执法力度”的占15.8%，选择“增加环保方面的资金投入”的占6.7%，选择“促进公民参与环保活动”的占5.5%，选择“监督企业治理污染”的占4.3%，选择“提高环保技术水平”的占2.9%。

在“您认为南昌市应当加强哪方面的环境保护投入？”选项中，选择“工业企业重点污染整治”的占54.3%，选择“污水处理厂的建设”的占45.7%。

在“您知道环保投诉电话号码：(12369)吗？”选项中，选择“不知道”的占64.0%，选择“知道”的占36.0%。

在“对媒体每天公布的南昌市区空气质量的预报、日报，您是”选项中，选择“经常看”的占37.8%，选择“偶尔看看”的占32.2%，选择“每天都关注”的占24.7%，选择“听说过，但从未收看”的占4.2%，选择“从未听说过”的占1.1%。

在“平时您对环境保护方面的新闻报道是”选项中，选择“经常关注”的占40.3%，选择“偶尔会关注”的占35.7%，选择“十分关注”的占23.0%，选择“从不关心”的占1.0%。

在“您是否知道南昌正在创建‘国家环保模范城市’”选项中，选择“知道”的占79.5%，选择“不知道”的占20.5%。

调查结果显示，市区主要环境问题是噪声污染，其次是固体废弃物污染和水污染。其污染的主要原因是政府部门执法力度不够。认为要加大处罚力度，加强环保宣传教育，重点整治工业企业污染源，经常关注媒体公布的空气质量预报和新闻报道。

(5)市民的环境道德意识情况

在“对于大自然的生态平衡问题,您的看法是”选项中,选择“自然生态是脆弱的,我们要加以保护”的占92.2%,选择“生态平衡破坏后,经过一段时间就会自然恢复”的占4.3%,选择“不知道”的占3.5%。

在“当经济发展同环境保护发生冲突时,您的态度是”选项中,选择“先保护环境,再发展经济”的占43.5%,选择“发展经济与保护环境可以同步进行”的占40.5%,选择“先发展经济,再保护环境”的占13.3%,选择“不表态”的占2.7%。

在“您对环境保护工作的态度是”选项中,选择“环境保护是一项全社会人人都要参与工作”的占85.7%,选择“环境保护是政府的事情,与我无关”的占3.0%,选择“当污染问题影响到我的利益时,我才会关注、干预”的占11.3%。

在“当您受到环境污染的侵扰时,您会”选项中,选择“向环保职能部门举报”的占45.0%,选择“找侵扰方交涉”的占29.0%,选择“设法避开”的占12.7%,选择“忍着点”的占10.5%,选择“对侵扰方提起环境侵权诉讼”的占1.2%,选择“其他”的占1.6%。

在“当您发现有人在破坏环境,但没有损害您的利益时,您会”选项中,选择“进行劝阻”的占48.5%,选择“向环保职能部门举报”的占36.3%,选择“不予理睬”的占9.8%,选择“其他”的占5.4%。

在“您购物消费时,除了考虑质量、价格品牌外,是否会考虑环保问题”选项中,选择“会考虑”的占72.2%,选择“不考虑”的占27.8%。

在“当环境保护的措施影响到您的利益时,您会”选项中,选择“服从大局尽力支持”的占77.8%,选择“不一定”的占12.2%,选择“不支持”的占10.0%。

在“当环境保护需要增加您的生产成本或生活开支时,您是”选项中,选择“服从环保需要”的占71.2%,选择“服从经济效益需要”的占16.3%,选择“不表态”的占12.5%。

在“对南昌市创建‘国家环保模范城市’活动,您的态度是”选项中,选择“非常赞成”的占69.3%,选择“比较赞成”的占27.5%,选择“无所谓”的占3.0%,选择“不赞成”的占0.2%。

调查结果显示,市民的环境道德意识很强,知道自然生态是脆弱的,要加以保护,赞成先保护环境,再发展经济,并参与环境保护工作。当环境遭到破坏和侵扰时,会向环保职能部门举报;当环境保护的措施影响到自己的利益和需要增加生产成本或生活开支时,都能服从环保的需要尽力支持。

(6)市民对环保活动的参与意识及行动情况

在“您或您的单位是否参加过与环保相关的活动”选项中,选择“参加过”的占45.3%,选择“从没有”的占43.3%,选择“忘记了”的占11.4%。

在“今后假如有与环保相关的活动您或您的单位是”选项中,选择“一定参加”的占52.3%,选择“看情况再定”的占46.5%,选择“不参加”的占1.2%。

在“南昌市开展创建‘绿色社区’活动,您愿意您所在的社区参与创建活动吗?”选项中,选择“愿意,很有意义”的占87.3%,选择“不愿意,形式主义”的占7.0%,选择“无所谓”的占5.7%。

在“你认为政府在制定环保规划和环境决策时,是否需要听取公众的意见?”选项中,选择“是”的占95.3%选择“否”的占4.7%。

调查结果显示,市民很乐意参加环保的相关活动和创建“绿色社区”活动,更愿意为政府制定环保规划和环境决策,献计献策。

切实提高市区环境质量,总的来说就是加强宣传、开展教育和强化治理。

(执笔:罗　勇　原文约7000字)

# 关于加快提升红谷滩新区人气的调研报告

## ——提升红谷滩新区人气专题调研小组(摘要)

为实现红谷滩新区“人气兴旺、经济繁荣、功能完备、特色鲜明、环境优美”的目标,根据市委、市政府领导的指示,由市委政研室、红谷滩新区管委会有关人员组成调研小组,就尽快提升红谷滩新区人气问题开展了专题调研。经过调查摸底、座谈讨论、研究分析、学习考察等四个阶段,采取网上查找资料、召开座谈会、发放调查问卷等方式,调研小组对提升红谷滩新区人气的问题进行了全面深入的调研。现将有关情况报告如下:

### 一、红谷滩新区开发建设成效显著,为提升人气创造了良好的条件

红谷滩新区的开发建设从2000年7月11日正式启动以来,在市委、市政府的正确领导和高度重视下,在全市各级、各部门的大力支持和新区全体干部职工的奋发努力下,取得了显著的成效。截至10月底,已经形成红谷滩中心区、红角洲、凤凰洲三个功能片区,初步具备了集聚人气的基础条件,主要表现为:

1. 规划布局日趋合理。红谷滩新区管委会按照规划先行和“富规划,穷建设”的理念,5年来,不断调整和完善规划编制,强化和丰富城区功能,先后完成凤凰洲、红谷滩中心区、红角洲三个片区的控制性详规,红谷滩跨江发展研究,红角洲大学园区策划,新区临江16千米天际轮廓线设计,红谷滩中央商务区控规调整,外环线以南控规初步方案和大昌北新城规划,等等。截至10月底,凤凰洲片区作为以居住为主的城市生活新区,凤凰花园等楼盘已交付使用,成为红谷滩新区入住率最高的小区之一,入住率为39.2%。红角洲片区作为教学、科研、旅游、体育和高级商住区,前湖高校园区已初具规模,南昌大学、南昌航院、南昌科大等6所大学已经入驻;赣江公园十里沿江景观带正在全面建设;世界面具公园、中国汉语文化园也落户卧龙山中。红谷滩中心区作为以行政办公和居住为主,融文化、CBD(中心商业区)为一体的城市新型中心区,随着市委、市人大、市政府、市政协四套班子的整体搬迁,已由昔日的荒郊野地变为今日的现代新城,万达星城、滨江豪园、江信国际、红

个春天、理想家园等商业楼盘鳞次栉比，广电中心、报业大厦、工人文化宫等拔地而起，世贸中心、省出版大楼正在紧张施工，处处洋溢着浓浓的现代气息。

2. *基础设施不断完善*。红谷滩新区管委会坚持基础设施先行的原则，大力推进路、水、电、气、管网等基础设施建设。5年来，累计完成基础设施建设投资29.149亿元。截至10月底，区内道路四通八达。全区完成道路总数36条共74千米，在建道路总数14条共25千米，已经形成了以“三横八纵”为主、连接东西、贯通南北的道路网络。市政公用设施日趋完善，天然气工程已经交付使用，红角洲变电站、牛行水厂、红谷滩污水处理厂等一批功能性基础设施建设正在加速推进，红谷滩国际会展中心主楼工程即将完工，将迎来2005年第四届金秋经贸活动月的闭幕式。住宅建设形势喜人。截至10月底，红谷滩新区累计完成商品房面积220万平方米，成品房近2.4万套，已交付使用11847套。由大连万达投资开发的万达星城已成为江西省最大的现代化住宅小区。广场建设进展迅速。行政中心广场、秋水广场相继建成，秋水广场更是以全亚洲最大的喷泉群之一而成为全市花园城市建设的一个亮点。绿化亮化美化成效明显。完成新区各主干道绿化75千米，绿地面积23[illegible]万平方米，人均绿地面积23.8平方米，安装路灯2000余盏，其他装饰灯1417盏。

3. *生活设施加紧配套*。为吸引业户入住、游人观光，聚集人气、提升商气，红谷滩新区管委会制定了一系列优惠政策，使新区的配套服务功能不断得到增强。仅2004年就引进生活配套项目30余个。2005年新区管委会又实施强力推进生活配套行动计划，并专门出台《关于加快生活配套服务业发展的若干措施》，从设立贷款贴息资金，减免租金、规费，简化办证手续，提供热情服务等方面，加大力度吸引商家入驻开业，加快了生活配套设施的建设。中小学校、幼儿园建设加快。截至10月底，已有中小学校15所，在校学生7426人，其中有新建的南昌五中、育新分校、南昌凤凰城上海外国语学校等；南昌二中、南[illegible]附小、红谷一中等也正在加紧建设。有幼儿园8所，其中新建的上海协和幼儿园已正式开园。卫生医疗设施引进加快。江西二附院、市第一医院年内将正式开业，红谷滩中心医院、中寰医院正在加紧建设。配套公交发展加快。新区公交从无到有，截至10月底，已有11条线路将新城区与老城区联系起来，方便了新区居民的出行。商业和餐饮类项目开办加快。已开业的有万家灯火，洪城大厦超市红谷滩连锁店已经开张，西奇国际饭店、望家欢生鲜超市、凤凰集贸市场等项目都将于年内开业。旅游项目开发加快。赣江公园、卧龙岗公园正在加紧建设。在各开发商的积极响应和大力支持下，红谷滩新区的生活配套设施不断改善，为吸引业主入住或开业创造了条件。截至[illegible]月底，红谷滩新区十个楼盘入住业主2665户，正在装修业主2024户。

4. *居住环境较为舒适*。五年来，红谷滩新区立足于高起点、高品位、高标准，坚持以人为本，实现人与自然的和谐统一，充分利用山水优势，展示“一江两岸”的都市风采和滨江城市特色魅力，营造“美的空间，人的乐园”，较好地完成现阶段新区规划、建设、管理、整治等各个方面的任务。红谷滩新区不仅道路畅通，景观优美，而且大气污染少，空气质量好，已成为全市不可多得的居住环境最好的城区之一。从调查问卷(一)反馈的情况看，在总共收回的391份问卷中，关于“您看好红谷滩新区的原因”中，认为红谷滩新区居住环境好的有320人，占81.[illegible]4%。

## 二、人气不足的状况依然存在，已成为制约新区快速发展的重要因素

尽管具有规划建设好、居住环境好、发展前景好等诸多优势，尽管政策也制定了，工作也开展了，设施也配套了，但现实的问题依然是人气不旺。主要表现为：一是购房者多，入住者少。从红谷滩新区十个楼盘的情况看，交房率普遍都比较高，丰和花园达到100%，其次是滨江豪园88.4%，红谷世纪花园85.7%，而入住率却都偏低，平均只有25.9%。其中，丰和花园44.3%，凤凰花园39.2%，万达星城31.2%。以定向商品房名义出售给省、市机关干部的红谷世纪花园的入住率仅仅只有19.3%。二是原住民多，新居民少。红谷滩新区现有常住人口5万余人。其中，原来就居住在红谷滩的“原住民”占了84.2%。入住率较高的丰和花园、凤凰花园大多都是本地拆迁户，十大楼盘中从市区及外地新搬迁入住的只有1973户约7892人，大约占8%。三是本市人多，外地人少。截至10月底，红谷滩新区的秋水场、红角洲前湖高校园区，在晚上、周末和节假日都能吸引一些游人前来游玩。但这些游人中以新区和老城区居民为多，来此洽谈生意、观光旅游的外地人少。上述情况汇集在一起，就造成了纵使道路宽阔、小区优雅，偌大的红谷滩新区不论白天还是夜晚，却难见人头攒动、万家灯火的景象。

综合分析调查情况特别是调查问卷反映的情况，调研小组认为影响新区人气提升的原因主要有：一是产业基础不强。截至10月底，支撑红谷滩新区的产业除了房地产，其它现代服务业如金融、咨询、旅游等还没有形成气候，传统服务业如商业、餐饮、娱乐等也不发达，特别是商业气氛不浓，难以聚集人气，导致“人气等商气，商气等人气”。二是生活成本偏高。在新区购房的住户，大多都在老城区有房，户主及其家庭成员无论是生活、工作或上学的重心都在老城区，如果搬迁到新区居住，势必给乘车、上班、上学、就餐等带来不便，增加生活支出，无形中降低生活水平。三是文化氛围不浓。新区管委会虽然举办了不少主题文化活动，省、市政府有关部门也有意识地将一些会展活动安排在新区，但大多不具有参与性；高档次的文艺演出、体育竞赛少，群众性的文体活动也不多，再加上书店、图书馆、歌舞厅、体育场馆等几乎没有，这对住惯了闹市的人来说，很难适应。四是配套设施不足。从调查问卷来看，这方面问题尤其突出。买菜太远，商店太小，好一点的医院、学校、酒店都没有，公交车次不多、收班较早、月票买不到。凡事要进城，进城难来回，生活很不方便。这次调查问卷(A)卷共发放3000份，收回有效问卷1394份。其中，已入住的322人，占23.1%，已经和正在装修的563人，占40.4%，不打算入住的422人，占30.3%。在回答未入住和不打算入住的原因时，73.1%是因为新区生活配套设施不完善，38.7%是因为搬迁红谷滩将会给家人带来不便；认为目前新区生活最不方便的前7位依次为：买菜81.5%、购物78.6%、就医64.1%、公交53.9%、餐饮51.4%、娱乐43.8%、就学33.1%。调查问卷(B)卷共发放8000份，收回有效卷4286份。其中，已入住的2469人，占57.6%；已经和正在装修的3258人，占76.1%；不打算入住的842人，占19.6%。在回答未入住和不打算入住的原因时，50.4%的人是因为搬迁红谷滩将会给家人带来不便，50.0%的人是因为新区生活配套设施不完善；认为目前新区生活最不方便的前7位依次为：购物57.1%、买菜53.5%、就医50.4%、餐饮46.9%、公交43,1%、娱乐39%、入托38.8%。

## 三、外地新城区提升人气的好工作法，值得我们学习和借鉴。

## 四、采取积极有效的政策措施，尽快提升新区人气。

（执笔：朱艳萍　原文约8000字）

# 人　　物

## 模范人物

### 全国劳动模范和先进工作者

任东红　女，江西省交通厅乐温高速公路建设项目办公室主任。1958 年 1 月出生，河北人，中共党员。1981 年毕业于江西省交通学校，分配到江西省公路桥梁工程局工作。1995 年 10 月调江西省交通厅昌樟高速公路建设项目指挥部工作。25 年来，她作为一名女职工，常年坚持战斗在工程建设第一线，不畏艰苦，经常放弃休息和节假日，兢兢业业地勤奋工作。她先后参与、主持江西昌樟、胡傅、昌东、乐温高速公路建设管理工作，是江西省交通系统惟一的一位常年在生产第一线从事高速公路建设项目管理的女同志，也是首位女领导人，被称为江西省交通系统的一朵奇葩。2005 年被评为全国先进工作者。

袁政海　男，江铃汽车集团公司模具厂班长。1971 年 10 月出生，江西南昌县人，中共党员。1990 年毕业于江西省机械技校，分配到江铃汽车集团公司，从事模具钳工工作。14 年来，他勤动脑、巧动手，在精心打磨每一件模具的同时，也打磨了自己的意识。1994 年，江铃集团自制 TFR 大型纵梁复合模。他凭着过硬的本领，将各种管线与全动元件巧妙地布置在模体内，为公司节约费用 20 万元。2000 年，全顺车身模具有 19 套后门内板侧围、后板管需作重大设计变更，工艺复杂、难度大。他大胆创新，采用新型的改造工艺，为公司节约模具改造费用 320 万元。他不仅精通钳工，还持有 6 项操作技能的“上岗证”。在他直接参与的 41 项技术改进项目中，有 5 项获公司技术进步奖。2005 年被评为全国劳动模范。

何长生　男，江西省南昌供电公司市中分公司线路抢修二班班长。1952 年 8 月出生，江西南昌市人，中共党员。30 年来，南昌市大街小巷留下了他坚实的足迹。1999 年 5 月的一个深夜，江印公司突然断电，《工人日报》等 4 份国家级报纸无法印刷。他率领班组成员，经过 2 个小时的紧张抢修，于凌晨 3 点恢复送电，确保报纸按时印刷。2000 年 7 月，南昌城网部分区域低压配电网故障频繁，他的班组抢修 2000 余次，平均每天只休息 4 个小时。2003 年，南昌遭遇历史罕见的酷暑天气，供电负荷攀升，配电网络故障不断，一夜之间，他带领班组成员更换了 5 台变压器，确保城市供电。除夕夜是用电高峰，为使市民过好春节，他已有 7 年没有和家人一起吃年夜饭。他所在的班组被省领导称赞为电力“110”。2005 年被评为全国劳动模范。

周　洁　女，江西华源江纺有限公司一织分厂技术员。1969 年 9 月出生，江西都昌人，中共党员。1992 年毕业于天津纺织工业学院统一系，分配到江纺有限责任公司宏华公司任技术员，1993 年任工程师。12 年来，她满怀对纺织事业的执着追求，虚心向技术前辈学习，刻苦钻研业务，不断掌握新的专业技术，指导公司技术工作，解决技术难题，开发新产品。仅 2004 年，试制品种达 446 个，品种翻改频次达 5830 次。她坚持对新品种生产过程的质量跟踪和工艺选优，严格生产工艺，进行技术攻关，使分厂的产品不断创新，向高难、高质、高档、高附加值转换，在激烈的市场竞争中，以产品的优势站稳脚跟。2005 被评为全国劳动模范。

魏牛庚　男，南昌市青山湖区湖坊镇湖坊村党支部书记。1949 年 4 月出生，江西南昌人，中共党员。他自担任湖坊村党支部书记以来，积极带领村民白手起家，艰苦创业，走工业兴村的共同富裕之路。他从 1 万元起家，把一个穷村建设成为全省闻名的富裕村，江西省首批“亿元村”、全省小康示范村。在他的努力和拼搏下，湖坊村从 20 世纪 80 年代初期固定资产不足 1 万元，年产值不

2005 年 5 月 29 日，省委常委、市委书记余欣荣出席市劳动模范表彰大会

2005年5月29日，市总工会召开劳动模范表彰大会，授予713名劳动者为“南昌市劳动模范”

上10万元，上交税金仅数千元，到2004年全村固定资产增至4.1亿元，年总产值突破10亿元，人均收入7000元。上交税金列全省村级首位。进入新世纪以来，他率领党支部“一班人”大力发展园区经济，引进企业70家，引资额达4亿元。2005年被评为全国劳动模范。

**余立生**　男，安义县第二中学校长。1962年出生，江西安义人，中共党员。1981年毕业于江西省宜春师专。他任校长期间，全面贯彻党的教育方针，积极推进素质教育，先后使鼎湖中学、安义二中、安义职校三所薄弱学校逐步成为省、市闻名的窗口学校。2004年，安义二中中考质量综合评比蝉联全县“九连冠”，高考再创辉煌。他大胆创办寄宿制教育班和大专直通班，吸纳社会闲散资金300万元，并增强学校自身造血功能，形成适应本地实际的“教育产业化”的新型办学模式。他撰写的论文《中学物理教学中求异思维的训练》荣获华东地区第七届物理教学研讨会优秀论文一等奖。先后参加编写《高中物理解题规律法技巧》等5本丛书。2005年被评为全国先进工作者。

**刘　燕**　女，江西省南昌市第一医院护理部副主任。1971年10月出生，江西南昌市人。中共党员。1987年毕业于南昌市卫生学校，分配到南昌市第一医院，从事护理工作。18年来，她始终遵循一切为了患者，一切服务患者的宗旨，爱岗敬业，任劳任怨，维护了白衣天使的圣洁。她干一行爱一行，爱一行钻一行，掌握了护理专业的一系列基本知识与技能。为更好地与病人沟通，实行人性化服务，率先开展术前访视，术后随访工作。术前一日，对要作手术的病人进行有关术前知识宣教及心理护理，减轻病人手术时的恐惧不安的心理，赢得病人的信赖与好评。她撰写的论文《消化道手术病人静脉全营养的护理》及护理技术革新《掰安瓶法的改进》获南昌市科学技术协会优秀学术论文三等奖。2005年被评为全国先进工作者。

**彭　勃**　男，江西省田径游泳运动管理中心运动员。1981年2月出生，江西南昌市人，中共党员。1991年毕业于南昌市体校，入选到原江西省体工大队跳水队，多次被单位评选为优秀运动员。因跳水成绩优秀，1998年入选中国国家跳水队。10年来，他先后参加40次国内、外重大赛事，共获得奖牌80枚，其中金牌43枚。在二十八届雅典奥运会上，他克服巨大的压力，凭借稳定的心理素质和完美无缺的动作，一次又一次征服对手和裁判，最终摘取男子三米板跳水金牌，圆了江西16年以来的第二枚奥运金牌梦，实现为祖国和江西人民争光的宿愿。2005年被评为全国先进工作者。

**邓庆茂**　男，江西省李渡烟花集团有限公司董事长兼总经理。1943年10月出生，江西进贤人，中共党员。他自担任集团公司董事长兼总经理以来，锐意改进，多谋善断，勇于开拓创新，使一个濒临倒闭的企业，成为全国最大的花炮企业。1981年企业扭亏为盈后，他提出“诚信、敬业、严谨、创新”厂训，实施“不断改革、苦练内功、力争名牌、冲出国门、走向世界、铸造辉煌”的发展战略。1985年研制开发出“礼花弹”新产品，填补江西省的一项空白。1997年秋，企业成功地实现改制，建立起现代企业制度，建立和实施ISO 9000质量管理体系，提高生产效率、产品质量和安全系数，产品95%以上出口，销往美国、意大利等60余个国家和地区。2001年上海APEC会上燃放烟花，受到俄罗斯总统普京的高度评价：这是中国人送给世界的美好礼物！在参加国际烟花赛中获奖12次，其中4次夺冠。2004年产值1.4亿元，税利2400万元，纳税连续10年进入南昌20强。2005年被评为全国劳动模范。

**卢国平**　男，江西省南昌县蒋巷镇洲头村农民。1966年2月出生，江西南昌县人，中共党员。1987年高中毕业于南昌县蒋巷中学，回家务农。1998年，他承包弃荒的湖田66.6公顷，起早摸黑，一分一厘地改造农田。喝的是沟中水，走的是烂泥路，睡的是破草棚。经过6年的艰辛努力，建成集水稻种植、鱼禽养殖于一体，占地面积733.3公顷的现代农业示范园。他坚信党的政策，大力发展粮食生产，2004年上交粮食超过5000吨，每公顷产量达8310公斤，高出当地平均水平的17.8%，创利税536万元。他“只求播种，不求收获”，把利润都投入到示范园的建设中，每当引进良种良法、农业机械设备等取得成功后，向周边推广，为周边千家万户提供技术服务，每年给特别困难的农民周转资金或生活补助金达10万元。2005年被评为全国劳动模范。

**冯县保**　男，南昌市西湖区南浦街道象山社区党支部书记。1947年12月出生，江西余江人，中共党员。他曾是南昌粮食制品总厂副厂长。1995年因企业经济效益不好，导致整个领导班子调整，他下岗了。下岗后，他转变观念，放下架子应聘居委会主任。8年来，他坚持宣传党的路线、方针、政策和国家法律法规，每天工作12小时以上，利用广播宣传1000余次，出宣传栏112期，调解纠纷116起。他帮助居民疏通下水道267次。动员居民为灾民募捐衣被6987件，现金1万元。帮助残疾人打扫卫生，送孤寡老人上医院，为特困户办低保，千方百计安置下岗职工56名。创办《象山社区月报》，出版16期，写了200余篇文章。他坚持每天写工作日记，把上为政府分忧，下为百姓解难的经过和感受记录下来，已写了21本工作日记，近300万字。他的先进事迹文章在《人民日

报》头版刊登后,引起全国各界的关注。 2005年被评为全国先进工作者。 (聂党生)

## 2005年江西省劳动模范和先进工作者

表75

| 姓　名 | 性别 | 出生年月 | 政治面貌 | 学历 | 工作单位 | 职务职称 |
|---|---|---|---|---|---|---|
| 吴世红 | 男 | 1967-11 | 中共党员 | 本科 | 新建县供电局 | 技术员 |
| 裘细金 | 女 | 1949-12 | 中共党员 | 大专 | 新建县委招待所 | 工人 |
| 王　辉 | 男 | 1954-10 | - | 大专 | 江西洪达医疗器械集团有限公司 | 董事长 |
| 艾相玉 | 女 | 1964-12 | 中共党员 | 初中 | 进贤县市容环境卫生管理所 | 工人 |
| 吴　江 | 男 | 1975-11 | 中共党员 | 初中 | 江西晶安高科技股份有限公司 | 工人 |
| 徐根明 | 男 | 1974-05 | 中共党员 | 大学 | 东湖区市容督查队 | 工人 |
| 刘仲平 | 男 | 1959-01 | 中共党员 | 大专 | 东湖区市容督查队 | 工人 |
| 熊建刚 | 男 | 1964-02 | 中共党员 | 本科 | 西湖区城市建设环境保护局环保办 | 班长 |
| 史小琴 | 女 | 1965-01 | - | 大专 | 南昌市洁佳物业实业公司 | 个体经营户 |
| 刘永青 | 男 | 1955-10 | - | 中专 | 南昌新华衬套厂 | 车间主任 |
| 陈　俊 | 男 | 1970-11 | - | 大专 | 江西捷德智能卡系统有限公司 | 销售总监 |
| 李　辉 | 男 | 1968-02 | 民建会员 | 大专 | 江西捷德智能卡系统有限公司 | 销售总监 |
| 冷文金 | 男 | 1967-02 | 中共党员 | 大学 | 南昌济生制药厂 | 室主任 |
| 刘为民 | 男 | 1969-01 | 中共党员 | 本科 | 南昌铁路建筑工程有限责任公司 | 项目经理 |
| 万济辉 | 男 | 1960-01 | 中共党员 | 初中 | 江西省煤田地质华昌基建公司 | 工人 |
| 徐建仁 | 男 | 1964-03 | 中共党员 | 大专 | 江西省电力超高压电分公司 | 工人 |
| 万志群 | 男 | 1958-03 | 中共党员 | 高中 | 江西省航务管理局南昌分局 | 工人 |
| 傅哲林 | 男 | 1970-01 | - | 大专 | 江西远洋运输公司 | 工人 |
| 刘　敏 | 男 | 1971-11 | 中共党员 | 研究生 | 交通银行股份有限公司南昌支行 | 营销员 |
| 曾晓建 | 男 | 1967-08 | - | 大专 | 江西有色地质矿产勘查开发院 | 项目负责人 |
| 杨建林 | 男 | 1960-11 | 中共党员 | 本科 | 江西省地质工程总公司 | 总工程师 |
| 詹龙和 | 男 | 1953-12 | 中共党员 | 中专 | 江西省勘查设计研究院 | 院长 |
| 熊　强 | 男 | 1958-01 | 中共党员 | 本科 | 江西大众交通运输有限公司 | 副董事长 |
| 张建国 | 男 | 1978-01 | 中共党员 | 本科 | 南昌电信分公司 | 技术员 |
| 刘伟东 | 男 | 1968-01 | - | 本科 | 江铃汽车集团公司发动机厂 | 技术员 |
| 黄昌生 | 男 | 1950-09 | - | 高中 | 江铃汽车集团设备动力部 | 工人 |
| 熊招红 | 女 | 1964-05 | 中共党员 | 初中 | 南昌凯马有限公司第五机床分公司 | 磨工 |
| 陈仲秀 | 女 | 1973-09 | 中共党员 | 初中 | 江西华源江纺有限责任公司二纺分厂 | 挡车工 |
| 熊润泉 | 男 | 1949-07 | 中共党员 | 初中 | 江西锅炉化工石油机械联合有限责任公司 | 电修工 |
| 李国华 | 男 | 1963-04 | 中共党员 | 高中 | 南昌肉联食品集团公司冷一分厂 | 工段长 |
| 张　莹 | 女 | 1961-12 | 中共党员 | 大专 | 南昌商业储运总公司洛阳路建筑材料市场经营部 | 主任 |
| 符宝根 | 男 | 1963-11 | 中共党员 | 大专 | 南昌建筑行业安全管理监督站红谷滩新区分站 | 工人 |
| 刘晓玫 | 女 | 1959-05 | 中共党员 | 大专 | 江西长运集团检测站 | 检测员 |
| 颜志刚 | 男 | 1976-05 | - | 中专 | 南昌市水利电力建设公司 | 技术员 |
| 余秋平 | 男 | 1964-10 | 中共党员 | 大学 | 南昌市良种场 | 副场长 |

续表 75－1

| 姓　名 | 性别 | 出生年月 | 政治面貌 | 学历 | 工作单位 | 职务职称 |
|---|---|---|---|---|---|---|
| 王子达 | 男 | 1950－11 | 中共党员 | 初中 | 南昌贤日印染有限公司 | 工人 |
| 蒋北泉 | 男 | 1958－04 | 中共党员 | 中专 | 南昌市第五建筑安装工程公司 | 工人 |
| 翁代洪 | 男 | 1963－06 | － | 初中 | 江西新华东方包装有限公司 | 车间主任 |
| 罗淑兰 | 女 | 1957－06 | － | 大专 | 江西淑兰窗帘厂 | 个体经营户 |
| 蔡尔萍 | 男 | 1956－08 | 民进会员 | 初中 | 江西省老蔡糖果有限公司 | 个体经营户 |
| 曾春平 | 男 | 1959－08 | 中共党员 | 初中 | 南昌正大畜禽有限公司 | 技术员 |
| 李　明 | 男 | 1962－03 | 中共党员 | 研究生 | 南昌水业集团有限责任公司 | 党委副书记 |
| 胡中华 | 男 | 1958－12 | 中共党员 | 研究生 | 江西移动通信有限责任公司 | 副总经理 |
| 吴祖讲 | 男 | 1963－08 | 中共党员 | 本科 | 南昌市邮政局 | 局长 |
| 徐　华 | 男 | 1958－08 | 中共党员 | 研究生 | 江西省新华书店 | 总经理 |
| 熊义明 | 男 | 1966－04 | 中共党员 | 大专 | 江西南方电动工具厂 | 厂长 |
| 陈肖强 | 男 | 1959－01 | 中共党员 | 研究生 | 江西省电力设计院 | 院长 |
| 王锡高 | 男 | 1950－06 | 中共党员 | 大学 | 江铃汽车集团公司 | 董事长 |
| 胡国光 | 男 | 1957－01 | 中共党员 | 研究生 | 南昌市政公用投资控股有限责任公司 | 董事长 |
| 王　立 | 男 | 1951－01 | 中共党员 | 本科 | 南昌市公共交通总公司 | 总经理 |
| 丁　杰 | 男 | 1962－10 | 中共党员 | 大学 | 江西锅炉化工石油机械联合有限责任公司 | 董事长 |
| 邓作龙 | 男 | 1958－08 | 中共党员 | 大专 | 南昌齐洛瓦电器集团公司 | 总经理 |
| 黄代放 | 男 | 1963－09 | 农工党员 | 本科 | 泰豪科技股份有限公司 | 总裁 |
| 吴冬平 | 男 | 1947－10 | 中共党员 | 初中 | 南昌县冈上镇兴农村 | 支部书记 |
| 杨月标 | 男 | 1962－09 | 中共党员 | 高中 | 南昌县向塘镇丁坊村 | 支部书记 |
| 闵雪莲 | 男 | 1948－12 | 中共党员 | 初中 | 南昌县泾口乡小莲村 | 支部书记 |
| 涂序新 | 男 | 1947－07 | 中共党员 | 初中 | 新建县联圩乡前洲村 | 支部书记 |
| 黎国水 | 男 | 1962－08 | 中共党员 | 高中 | 南昌市藠头行业协会 | 专业户 |
| 涂　敏 | 男 | 1968－04 | 中共党员 | 高中 | 新建县樵舍镇林场 | 种植户 |
| 王　兰 | 女 | 1968－10 | 中共党员 | 高中 | 进贤县文港镇中星村 | 养猪专业户 |
| 刘金水 | 男 | 1954－03 | 中共党员 | 中专 | 进贤县衙前乡贯坑村 | 种菇专业户 |
| 熊良吉 | 男 | 1963－10 | 中共党员 | 高中 | 进贤县民和镇陈家村 | 支部书记 |
| 王海水 | 男 | 1966－08 | 中共党员 | 大专 | 安义县黄洲镇新福村 | 果业专业户 |
| 周晓斌 | 男 | 1965－08 | 中共党员 | 大专 | 安义县龙津镇阳湖村 | 支部书记 |
| 熊菊根 | 男 | 1949－09 | 中共党员 | 初中 | 东湖区贤士湖管理处贤湖村 | 支部书记 |
| 李章作 | 男 | 1963－11 | － | 大专 | 江西卓茵园林景观工程有限公司 | 种植专业户 |
| 罗来昌 | 男 | 1968－10 | 中共党员 | 本科 | 南昌市青山湖区湖坊镇进顺村委会 | 党委副书记 |
| 吴国友 | 男 | 1970－01 | 中共党员 | 本科 | 南昌市青山湖区湖坊镇进顺村委会 | 主任 |
| 梁金福 | 男 | 1960－10 | 中共党员 | 初中 | 南昌市青山湖京东镇梁万村 | 主任 |
| 李满水 | 男 | 1955－08 | 中共党员 | 初中 | 南昌市青山湖塘山镇青湖村 | 支部书记 |
| 涂润水 | 男 | 1959－05 | 中共党员 | 高中 | 国营南昌市五星垦殖五分场 | 农工 |
| 余玉良 | 男 | 1955－08 | 中共党员 | 本科 | 南昌市荣昌商品房开发公司 | 支部书记 |

续表 75－2

| 姓　名 | 性别 | 出生年月 | 政治面貌 | 学历 | 工作单位 | 职务职称 |
|---|---|---|---|---|---|---|
| 桂华亮 | 男 | 1956－06 | 中共党员 | 研究生 | 江西益康医疗器械集团有限公司 | 董事长 |
| 唐其辉 | 男 | 1956－06 | － | 大专 | 南昌唐人服饰有限公司 | 总经理 |
| 涂晋华 | 男 | 1965－10 | 中共党员 | 大专 | 江西金菱差速器制造有限公司 | 总经理 |
| 湖金金 | 男 | 1962－08 | 中共党员 | 本科 | 南昌县莲塘第一中学 | 校长 |
| 黄　元 | 男 | 1964－03 | 中共党员 | 本科 | 南昌县国家税务局 | 局长 |
| 周小平 | 男 | 1962－08 | 中共党员 | 本科 | 南昌县地方税务局 | 副局长 |
| 黄志清 | 男 | 1965－01 | 中共党员 | 本科 | 南昌县蒋巷镇 | 党委书记 |
| 崇福林 | 男 | 1960－02 | 中共党员 | 大学 | 南昌县人民防空办公室 | 主任 |
| 熊全尧 | 男 | 1952－08 | 中共党员 | 大专 | 新建县总工会 | 主席 |
| 雷辕生 | 男 | 1960－01 | 中共学员 | 大专 | 新建县第二中学 | 校长 |
| 吴国庄 | 男 | 1956－02 | 中共党员 | 大专 | 进贤县财政局 | 支部书记 |
| 罗文华 | 男 | 1975－05 | 中共党员 | 大专 | 进贤县白圩乡初级中学 | 教师 |
| 刘祈虎 | 男 | 1965－07 | 中共党员 | 研究生 | 安义县鼎湖镇 | 党委书记 |
| 袁昆华 | 男 | 1951－06 | 中共党员 | 大专 | 安义县疾病预防控制中心 | 主任 |
| 储符平 | 男 | 1955－08 | 中共党员 | 大学 | 东湖区教育体育局 | 局长 |
| 徐金秀 | 女 | 1954－02 | 中共党员 | 大专 | 中共西湖区委老干部局 | 局长 |
| 欧阳雅静 | 女 | 1973－06 | 中共党员 | 本科 | 南昌市站前小学 | 教师 |
| 艾太平 | 男 | 1940－11 | 中共党员 | 中专 | 青云谱区徐坊街道锦联社区 | 支部书记 |
| 罗时林 | 男 | 1958－08 | 中共党员 | 大专 | 湾里区水务局 | 副局长 |
| 陶红红 | 男 | 1974－10 | － | 大专 | 南昌高新区王家洁纪念学校 | 教师 |
| 符师勇 | 男 | 1963－11 | 中共党员 | 大学 | 南昌市红谷滩新区红角洲管理处 | 党委书记 |
| 叶　方 | 男 | 1961－04 | 中共党员 | 本科 | 南昌市第二中学 | 教研组组长 |
| 郭爱香 | 女 | 1964－01 | 民盟盟员 | 本科 | 南昌师范附属实验小学 | 副校长 |
| 徐根保 | 男 | 1964－04 | 中共党员 | 本科 | 江西省皮肤病专科医院 | 麻防科科长 |
| 许海霞 | 女 | 1969－04 | 中共党员 | 本科 | 南昌电视台 | 制作中心主任 |
| 邱　阳 | 女 | 1956－10 | 中共党员 | 本科 | 南昌市劳动教养管理所办公室 | 主任 |
| 万　凯 | 男 | 1973－09 | 中共党员 | 研究生 | 南昌市公安局东湖分局缉毒大队 | 大队长 |
| 邱　明 | 男 | 1965－07 | 中共党员 | 本科 | 南昌市国税局青山湖区国税局 | 局长 |
| 周　云 | 男 | 1965－06 | 中共党员 | 大学 | 南昌市劳动和社会保障局职业介绍服务中心 | 主任 |
| 陈泓朴 | 男 | 1962－03 | 中共党员 | 本科 | 南昌市工商局青山湖区四交分局 | 局长 |
| 朱文保 | 男 | 1953－03 | 中共党员 | 本科 | 南昌市地方税务局 | 局长 |
| 曾光辉 | 男 | 1966－12 | 中共党员 | 研究生 | 南昌市国家税务局 | 局长 |
| 张根水 | 男 | 1958－09 | 中共党员 | 本科 | 南昌市财政局 | 局长 |
| 孙景红 | 男 | 1954－01 | 中共党员 | 大专 | 南昌市公安局刑事侦察支队 | 支队长 |
| 胡水云 | 男 | 1957－10 | 中共党员 | 大专 | 南昌市采茶剧团 | 团长 |
| 卢国平 | 男 | 1967－02 | 中共党员 | 高中 | 南昌县蒋巷镇洲头村 | 支部书记 |
| 冯县保 | 男 | 1947－12 | 中共党员 | 高中 | 西湖区南浦街道象山社区 | 支部书记 |

续表 75－3

| 姓　名 | 性别 | 出生年月 | 政治面貌 | 学历 | 工作单位 | 职务职称 |
|---|---|---|---|---|---|---|
| 任东红 | 女 | 1958－01 | 中共党员 | 大学 | 江西省交通厅 | 主任 |
| 彭发根 | 男 | 1951－06 | 中共党员 | 本科 | 江西省高等级公路管理局工程处 | 支部书记 |
| 秦忠彪 | 男 | 1971－06 | 中共党员 | 大专 | 江西省机场集团公司安全护卫部旅检二室 | 副主任 |

## 2005 年南昌市“五一劳动奖章”获得者

**南昌县**

罗　敏　张仁忠　黄志清
金玉林　周天兵　燕荷花
汪小凤　熊建军　万新民
涂平贵　肖　平　罗小敏
罗冬平　黄春保　杨月标
胡乐平　赵新国　宋蔚家
褚建庚　戴火保　孙文光
罗　松　柯小鹰　傅登海
邓文华　刘长春　黄小平
陈员根　余复查　卢国平
余国金　张会春　廖福恩
黄　元　江小勇　涂润华
陈　勇　吴志宏　徐文彬
胥美菊　陶雪莲　李学华
刘　璋　罗小平　陈小妹
胡金金　王三根　聂顺金
万　云　司　琴　罗嗣亮
钟乐明　邓小鹏

**新建县**

陶学彪　万本佳　陈禄林
赵水英　战　凯　王　华
周天其　欧阳国平　林　慧
裘细金　胡世尧　江德武
涂　敏　熊贤发　夏太志
魏叔焕　陈忠泰　黎国水
况方平　涂序新　闵尊海
袁雪仙　吴广根　胡罗汉
谢建山　熊清华　程小鹿
万红玲　游　华　朱忠林
胡文繁　肖　冰　涂继庚
熊云福　袁明逊　谭海龙
唐留市　张平凤　蔡爱东
熊　虎　张胜会

**进贤县**

李小斌　高国火　艾相玉
罗文华　涂国平　梁发水
何西安　秦建华　晏德安
李炳文　杨　勇　曹国辉
胡平印　杨文亮　吴国庄
葛　红　韩晓东　熊良吉
洪仁华　马　兰　章火仁
周春明　樊国春　李席亮
谢圳发　胡小青　李茶根
钱和平　葛　斌　刘平安
胡远高　张朝辉　蒋润生
吴建民　吴中兴　熊国栋
李堂群　樊考顺　胡桂香
梁齐家　邓庆茂　王　辉
桂华亮

**安义县**

涂绪江　刘上府　王海水
周晓斌　毛端峰　杨小武
魏信民　邓衍钰　戴征香
葛建生　吴　江　王林荣
徐治义　刘光辉　余远林
杨润芝　黄振球　熊埠华
梅　林　刘万勇　刘祈虎
占先玮　彭志雄　杨　强
王　新　黄芝健　喻子近
杨　革　邹小美

**东湖区**

熊安平　龚自江　周国良
刘仲平　徐根明　缪高群
刘秋生　刘　军　章登国
苏建华　刘佩芬　钟筱兰
陈淑华　张小玲　陈　严
罗　玲　刘　璟　胡建英
左银秋　邹小平　吴卫兵
陈明杰　储符平　彭雅琳

**西湖区**

徐金秀　欧阳雅静　黄俐文
吴　笛　卢俊辉　邱光春
徐　军　张声标　熊建刚
骆水明　邱洪玉　陶美兰
辜建强　熊春水　李动儿
吴凡云　罗　彤　刘雪英
冯县保　龚带弟　邓江龙
吴永丽　万东红　黄娟娟

**青云谱区**

王美华　卢琳琳　艾太平
汪雪明　刘建辉　王志斌
涂平华　张玉好　王水福
蔡金华　高月琴　张洪安
刘建国　魏元根　罗洪斌
章建辉　陈忠良　喻　彪
任　娟　周　文

**湾里区**

李清浬　罗时林　周风莲
夏仛仛　肖国新　许荣龙
舒宏伟　黄正南　刘永青
周红卫　邓有发　甘　斌
熊墨安　苏福江　赵爱民
李章作　李文华　胡长英
王仪金

**青山湖区**

吴国友　罗来昌　曾春平
傅小林　李满水　陶荣根
梁金福　万保水　甘　露
郭国荣　李茶花　蔡庆华
刘兰花　祝　明　翁喜香
叶　斌　白洪泉　李　伟
李建玉　秦　猛　徐远航
徐国平　唐　继　熊燕英
陈代远　熊小毛　程宁生
吴方忠　徐光荣　徐　红
陈　中　黄剑霞

**南昌高新技术产业开发区**

陶红红　刘明忠　刘西顺
黄旺保　胡晓相　闵福泉
谢美贵　杨西钊　黄代放　刘志明
万菊花　李　清　颜地平
叶建青　陈　俊　谢芳卿
王秋萍　张远来

**南昌经济技术开发区**

李任根　黄传柏　裘名桂
熊应根　罗元华　周少华
徐声安　王　励

**红谷滩新区**

熊　伟　符师勇　陶小毛

**江西桑海经济技术开发区**

张京生　王　敏　冷文金
江苏宝　顾泰文

**中央、省属企事业单位**

施焕德　张丽红　王少锋
万瑞元　杨九根　倪海涛
梁永宏　王冀湘　曾文乐
郭湖生　钟伦贵　蔡厚畋

聂凤尔 刘印根 罗　辉
唐　建 涂仁辉 万立威
衷金勇 胡火金 卢文辉
钟　虹 王爱民 李咸旺
危金生 梁仲新 熊义明
孙雪明 汪胜前 黄宁宁
陈仕平 周其华 涂　华
杨　峰 王志彬 黄文广
俞康瑛 邹国昌 王小亮
谭　勇 陈萍娜 乔东明
郝丽萍 夏卫平 熊　斌
熊郁文 刘武清 张学洪
陶大牛 彭　坚 李剑平
谌守禄 吕建华 何友农
周小平 陈　晔 李　强
陈大清 茅华美 熊　峰
曾晓建 林　刚 徐　毅
李清斋 李德文 詹龙和
程小玉 陈仲秀 丁晓东
柏先旭 杨秀英 张　伟
詹贤佑 时建军 徐小荣
王亦文

## 经贸系统

陈　文 熊贤祥 计建中
王锡高 丁　杰 王　洪
应　敏 刘仁敏 朱清玲
余良国 吴东火 巢健飞
陈凡师 于　勤 刘伟东
陈红斌 黄昌生 刘　辉
钟任保 王　海 张江霖
黄　斌 段友根 弓赣峰
周民生 李火英 张美军
邓志武 蔡先钊 黄明进
李长福 何　明 程绍华
熊招红 徐　刚 胡金海
宋立平 魏洪荣 罗世华
方法宝 蒋华昌 潘永民
边保奎 郭　军 李建生
李海顺 洪　凯 李国强
周忠文 丁世荣 罗国保
胡顺根 朱建华 罗山峰
杨　忠 汪炳生 施　武
尹　华 邹国良 徐文梅

## 商贸系统

陶晓春 万跃星 方福金
罗早华 江德校 方　宇
高念玲 段进金 程　平
李韶峰 陈奎辉 张　莹
潘国强 李国华 刘　辉
祝小红 姚绍云 黄　强
熊景星 涂也苟

## 基建交通系统

饶爱珍 李家兵 黄卫国
蒋北泉 毛新民 符宝根
章生财 王　杰 龙　羿
胡　琪 李益飞 王迪海
黄敬权 张荣辉 杜红云
周其荣 李　恒 黄浩强
胡国光 李　明 熊　强
林秀兰 涂香武 朱渺也
李建国 李　淼 刘晓玫
万正梅 熊德琛 陈振昌
杨长根 胡生华 胡冬妹
李跃华 傅龙保 万晓强
吴　俊

## 农委

叶修堂 宋建平 孙国顺
李裕卫 喻建新 余秋平
胡玉平 万方保 李浩元
李金爱 李新忠 万件根
袁建国 傅来林 魏海流
涂润水 魏掌兵 胡　强
吴爱国 肖友花 李跃红
陈文渊 李道华 涂伟建
胡家椿 丁润生 陈　鸣
颜志刚 田有华 许　彬
何国山

## 教科文卫体系统

郭爱香 胡增琪 赵　频
叶　方 王建平 丁孝松
吴　慧 谢春兰 彭　燕
江丽君 朱　晔 丁　蓉
熊翠平 胡敬辉 梅长良
胡小望 林志雄 曹　斌
许　青 郑少春 付歆山
栾利民 涂　伟 邓凯生
熊新华 法剑明 李　飞
胡水云 陈贺龙 陈海婴
邹国和 陈建建 宋南昌
赵　华 赵国金 陈家鸽
徐根保 陈桃荣 唐荔伟
袁飞锋 钟萍萍 董　军
钱　锋 廖继忠 许海霞
张铁民 魏　勇 李全荣
胡频亚 杨　健

## 政法系统

王志勤 黄淑彬 高　治
曹运革 陈　明 丁志华
万　凯 朱　梅 朱志翔
严　谨 傅三保 王水金
李曙光 夏向东 陈维平
张红斌 高长林 万文革
邱　阳 邵长春 陈小平

## 市直属机关

万新民 胡洪水 胡盛文
谢文斌 焦玉庄 余志坚
廖文生 徐水根 郭俊荣
罗小平 万会庭 欧阳建人
杨　航 陈国广 吉伟伟
胡晓林 罗三弟 刘文谦
曾学桦 姜松文 邱小花
郑晓辉 姚三毛 高泽光
宋南平 金德福 周　云
龚　甫 朱莉薇 刘思红

## 非公有制经济

吴金来 吴　惠 刘赣铭
陶春华 许庆华 王莉莉
熊迪如 黄淑琴 李　辉
杨桂花 朱星河 朱　丹
李义海 万长明 胡国华
游建平 胡九海 张晓东
邹献仁 谭立红 胡显明
喻建华 秦　香 董伟林
唐其辉 黄伟强 戎莉花
魏　斌 秦国保 聂　春
王洪伟 胡会林 胡小弟
胡根生 戴　洪 刘思康
张文斌 龚友良 王文凯
吴卫平 彭义清 潘宁华
熊狄华 祝　璇 熊顺兰
曹建荣 翁代洪 涂　凌
范旭明 万美玲 陶春华
熊洪光 王子达 李　琴
况玉兰

## 综合

徐荣生 叶莉萍 史益成
汪秋萍 王朝霞 雷丽思
龚淑兰 余雪华 王用腾
徐　波 胡中华 许叶茂
吴祖讲 包　遂 刘柏芬
刘国宏 邱　明 张治国
黄同佐 崇福林

# 大事记

## 2005 年大事记

### 1 月

**1 日**

▲ 玉带河西支暨干渠工程竣工典礼举行。

▲ 全市第一家"农改超"超市——洪客隆叠山路店开业。

**2 日**

南昌画派首届中国画展在南昌美术馆展出。

**4 日**

市妇联组织全市各界妇女举行"援助印度洋海啸灾区受难妇女儿童捐款活动"。

**5 日**

按照中共中央召开的保持共产党员先进性教育活动工作会议精神，为全面部署在全市开展先进性教育活动，全市保持共产党员先进性教育活动电视电话会议在市委第一会议室召开。

**6 日**

全市人口计划生育电视电话会议召开。

**7 日**

在全国职工技协五届一次委员会会议上，洪都集团公司工会技协部获得"全国职工技协工作先进集体"称号。技协部部长熊银凤获得"全国职工技协工作先进个人"称号。

**8 日**

▲入驻南昌县小蓝工业园的江西涤纶厂年产 18 万吨差别化聚酯项目正式投产。

▲由团市委、市少年工委、少年宫等单位联合举办的"首届中国儿童模特大赛"江西选拔赛决赛在南昌举行。

**9 日**

▲市侨商国际联合会副会长郑小爱向市社会福利院 50 名残疾人员捐赠残疾人轮椅，并向百名困难归侨侨眷发放粮油等食品。

▲落户南昌县小蓝工业园的第一家美国独资企业巴顿轴承南昌有限公司举行开工奠基仪式。

**10 日**

▲全市环保工作会召开。

▲市领导李豆罗等出席市公安交通管理局交通协管大队成立大会并为协管员颁发聘书。60 名残疾人宣誓后，成为全市首批市公安交通管理局交通协管大队协管员。

**11 日**

▲南昌市国有资产监督管理委员会成立暨揭牌仪式举行。

▲南昌市城市管理行政执法局、南昌市城市管理行政执法支队正式成立。

**13 日**

东湖区魏木金老人在首届中国"十大老年新闻人物"评选活动中当选中国十大老年新闻人物。

**14 日**

▲全市妇联十届十二次执委(扩大)会议在市妇联会议室召开。

▲南昌市代表团获省首届机关运动会"三个第一"(金牌总数第一、奖牌总数第一、团体总分第一)庆功会举行。

▲红谷滩新区发展领导小组第一次会议在红谷滩会展中心规划馆召开。会议要求从现在开始到 2005 年年底，红谷滩新区将在全区花范围内开展生活大配套大行动，并确保在 5 月底基本完成 10 个小区的社区生活配套设施建设。

**15 日**

▲全市政法工作会议召开。

▲ 由西班牙 3G 国际集团投资兴建的赛维莱国际企业城项目落户南昌经济技术开发区白水湖工业园开工奠基仪式举行。

▲ 全市城市绿化工作总结表彰暨动员大会召开。

▲ 红角洲水城中心商业区二期路网、水网开工及一期路网、水网工程竣工典礼举行。

**17 日**

▲ 江西城开投资有限公司等 7 家企业向印度洋海啸灾区捐赠仪式在市政府原第二会议室举行，此次捐赠共计 10 万元。

▲为期一周的徐放名家书画藏品展在南昌画院开展。

▲市委副书记、市长李豆罗率市直有关单位负责人及部分企业代表启程前往南非首都开普敦，参加在当地举行的第八届世界印刷大会。27 日下午，代表团返回南昌。

**18日**

由南昌市供水公司投资1000余万元兴建的扬子洲水厂正式开工建设。

**19日**

▲江西东元电机有限公司正式揭牌,并在南昌高新技术产业开发区举行项目开工奠基仪式。

▲南昌警备区党委五届二次全体(扩大)会议召开。会议传达学习中央军委、南京军区和省军区党委扩大会议精神,总结2004年工作,部署2005年主要工作。市委常委、南昌警备区政委张国华代表警备区党委作题为《坚持以军事斗争准备为牵引,大力提升部队和民兵预备役全面建设水平》的工作报告。

**21日**

南昌市第七届乡村青年文化节启动仪式在南昌县向塘镇举行。

**22日**

在由中国农民日报社组织开展的第二届中国十佳小康村活动评选中,青山湖区湖坊镇进顺村获得"全国十佳小康村"称号。

**24日**

江铃汽车集团与德国格特拉格集团汽车变速器项目合资合作意向书签字仪式在滕王阁会见厅举行。

**25日**

▲市委保持共产党员先进性教育活动领导小组会议在赣江宾馆召开。会议研究全面铺开先进性教育活动的有关问题,审议并原则通过全市第一批先进性教育活动的实施方案、市委督导组组成方案及管理规定。根据实施方案,全市第一批开展先进性教育活动从2005年1月开始至2005年6月基本结束,范围包括市、县(区)党政机关、人大机关、政协机关,法院检察院和人民团体机关;市委、市政府和县(区)委、县(区)政府直属事业单位;市、县(区)机关部门分别管理的部分事业单位;党组织关系在南昌的外地驻南昌行政事业单位,参加教育活动的对象为上述单位的全体党员。按照上述确定的范围,参加全市第一批教育活动的单位共有91个,党组织2121个,党员人数为30296人。

▲省新闻出版局(版权局)南昌市分局正式移交南昌市管辖。

**28日**

▲2005年南昌市迎春敬老座谈会召开。市老龄委公布全市获得全国"孝亲敬老之星"的名单。市公安局西湖分局副政委邱娥国获全国十大"中华孝亲敬老楷模",东湖区社会福利院院长张金陶等11人被评为全国"孝亲敬老之星"。

▲中国实验室国家认可委员会向南昌市环境监测站颁发中国实验室国家认可委员会认可证书。

▲南昌市爱心基金会举行"为了孩子,为了明天"2005年资助特困学生助学金发放仪式。

**29日**

市总工会2005年春节温暖"七送"活动发放仪式举行。活动仪式上,向100名困难职工代表送去新春慰问品和慰问金。

**31日**

西湖区在国家人口计生委召开的全国计划生育优质服务先进县(市、区)表彰电视电话会上获得"全国计划生育优质服务先进区"称号。

## 2 月

**1日**

▲全市出租汽车行业2004年度工作总结表彰暨行业作风整顿动员大会在红谷滩会展中心召开。大会表彰南昌12名四星级"的哥"、"的姐"。

▲为加快卧龙山风景区的建设进度,市政府决定向社会开展绿化认捐活动,在卧龙山风景区内的景观带和风光带建造纪念林。

**2日**

▲阳明公园、老干部活动中心、老年大学正式开放。

▲市商业银行向南昌高新技术产业开发区、南昌经济技术开发区、小蓝工业园等园区的重点工业项目授信10亿元签字仪式在凯莱大酒店举行。

**3日**

中共南昌市纪律检查委员会第五次全体会议在红谷滩会展中心召开。会议传达中纪委第五次全会和胡锦涛在这次全会上的重要讲话精神以及省纪委第六次全会和孟建柱在这次全会上的重要讲话精神。审议通过题为《服务经济建设,构建惩防体系,深入推进党风廉政建设和反腐败斗争》的工作报告。

**4日**

廉租住房实物配租钥匙发放仪式举行。

**5日**

南昌—安义一级公路竣工通车。

**6日**

▲全市统战工作会议召开。

▲全市人事编制工作会议召开。

▲香港佑威国际控股有限公司落户青山湖区民营科技园内的银志纺织服装城。

**8日**

南昌十七中举行藏历木鸡新年庆祝大会。

**9~15日**

市文化局为丰富全市农民工、低保户、残疾人、特困党员等群体的文化生活,组织36场文化娱乐活动。局属五个纪念馆、博物馆和南昌画院提供免费赠票,市图书馆开辟农民工图书阅览室。

**16日**

全市2005年综合目标管理考核动员大会召开。

**18~21日**

政协南昌市第十一届委员会第五次会议在红谷滩会展中心举行。会议听取和讨论省委常委、市委书记余欣荣所作的重要讲话,市委副书记、市长李豆罗在市人大十二届六次会议上作的政府工作报告;听取和审议市政协第十一届委员会常委员会工作报告及十一届四次会议以来提案工作情况的报告;通过市政协第十一届第五次会议决议;补选侯捷、万玉明为政协南昌市第十一届委员会副主席;表彰2003~2004年度优秀提案。

**19~22日**

南昌市第十二届人民代表大会第六次会议在红谷滩会展中心举行。会议通过了《政府工作报告》、《市人大常委会工作报告》、《关于南昌市2004年市级总预算执行情况和2005年市级总预算(草案)的报告》、《市中级人民法院工作报告》、《市人民检察院工作报告》,补选连樟寿、何友德、万先勇为市第十二届人大常委会副主任。

**20日**

著名音乐作曲家、知名爱国企业家、香港贺氏企业集团董事长、南昌市政府经济顾问贺大行在南昌逝世。

21 日

东湖区预防艾滋病宣传项目点获“中国计划生育协会先进拓展项目点”荣誉称号。

23 日

省支持南昌做强做大扩大开放平台座谈会召开。

24 日

▲全市 2005 年人口和计划生育工作会议召开。

▲全市农村工作会议召开。

25 日

▲全市开放型经济工作会议召开。

▲南昌供电公司 2005 年工作会议召开。

▲微软（中国）有限公司与省信息产业厅的合作谅解备忘录签署仪式在南昌高新技术产业开发区兴熹大酒店举行。同时微软、省信息产业厅、南昌高新技术产业开发区内金庐软件园、泰豪软件公司、思创数码公司、行知软件公司等6 家单位还共同签署“组建江西微软技术中心”的合作协议。

26 日

总投资 10 亿元的南昌卷烟厂“十五”易地技术改造项目竣工典礼在南昌高新技术产业开发区金圣工业科技园内举行。南昌卷烟厂“十五”易地技改项目占地 28.2 公顷，于 2002 年 8 月正式破土动工，2004 年 12 月工程建设全面完成。

27 日

全市召开 2005 年度创建“四城”（即创建国家卫生城市、国家文明城市、国家园林城市、国家环保模范城市）千人动员大会。

28 日

▲全市举行“我身边的共产党员”先进事迹首场报告会。

▲全市机关“效能年”活动启动。同日下午，省委常委、市委书记余欣荣在全市优化投资环境、机关“作风年”和“双评”工作总结表彰暨开展“效能年”活动动员大会上强调，各县（区）、各部门、各单位必须在总结 2004 年优化投资环境、开展机关“作风年”建设和“双评”活动的基础上，进一步转变机关工作作风，切实提高工作效率和服务水平，为增强南昌城市的综合竞争力和改善南昌在海内外投资者中的形象奠定更加坚实的基础。市委副书记史蓉蓉宣读市委、市政府《关于表彰 2004 年度“投资环境、作风行风”十佳单位和十佳个人的决定》。市地税局等 10 个单位获得“十佳单位”称号，陶勇龙等 10 人获得“十佳个人”称号。

## 3 月

1 日

▲全市司法行政工作会议召开。会议表彰 2004 年度全市司法行政系统先进集体和个人。

▲全市文化工作会议召开。

2 日

全市地税工作会议召开。

3 日

省、市领导彭崑生、龚建华出席在赣江宾馆举行的南昌市与江西国际信托投资股份公司签定战略合作框架协议仪式，并与江信公司董事长裘强在协议书上签字。

3～7 日

“我身边的共产党员”先进事迹全市巡回报告会在南昌县、新建县、进贤县、青山湖区等地举行。

4 日

▲省基层优秀共产党员先进事迹报告团报告会在红谷滩会展中心召开。

▲团市委和市志愿者协会主办的“文明新风、辉映洪城”万名志愿者行动在西湖区象山文化广场启动。

5 日

南昌教育学院与深圳华夏永康教育管理有限公司合作筹建南昌职业技术学院签约仪式举行。

8 日

▲由省妇女儿童工委和省、市妇联联合发起的“十行百岗千家万名女党员保持先进性，争当崛起先锋”活动在八一广场举行。

9 日

任长霞先进事迹报告团到南昌。10 日，任长霞先进事迹报告团在省艺术剧院举行首场报告。同日，报告团一行先后参观筷子巷派出所、八一起义纪念馆和滕王阁。11 日，报告团在江西艺术剧院为全市党员干部作专场报告。13 日，报告团一行离开南昌。

10 日

全市消防部队工作会议召开。市政府向市消防支队颁发 60 万元奖金。

11 日

▲中央纪委党风室工作联系点先进单位表彰会在南昌召开。会议表彰一批先进单位，南昌市纪委等全国 40 个单位被授予 2004 年度党风廉政室工作联系点先进单位称号。

▲南昌市工商局、南昌市个私经济协会、省农村信用社共同为个私企业授信 10 亿元创业贷款项目正式启动。

12 日

省委常委、市委书记余欣荣出席好又多象湖店开业庆典并走访上海浦东发展银行南昌分行。

15 日

▲L15 高级教练机在洪都航空工业公司初装厂房正式开铆。

▲机场路景观建设二期工程正式启动。

▲青山湖公安分局刑侦大队成功摧毁一个由 7 名犯罪嫌疑人组成的特大网吧系列抢劫犯罪团伙，破获系列抢劫案 21 起，涉案 3 万余元。

16 日

市老年体协第六届代表大会召开。

18 日

全市第一家农村合作银行——江西安义农村合作银行挂牌成立。

19 日

600 名城管队员及有关人员集体参加在南昌举行的城市管理行政执法公务员录用考试。

20 日

南昌科技大学（筹）举行揭牌仪式。

21 日

▲由市委宣传部、市文化、科技、卫生、农业、工商、司法、科协等 8 部门联合举办的 2005 年南昌市科技卫生“三下乡”活动首场仪式在南昌县塘南镇举行。

▲位于南昌经济技术开发区，总投

资4.87亿美元的江西晨鸣一期工程40万吨轻量涂布纸项目正式投产。

**24日**

市政府召开廉政工作会。

**25日**

▲全省规模最大的传染病综合大楼奠基仪式在市第九医院举行。

▲全市召开创建"中国楹联文化城市"总结表彰大会。会议授予新建县、进贤县等5单位"创建中国楹联文化城市"突出贡献奖、市楹联家协会和市书法家协会优秀创作奖,并授予中国(南昌)首届楹联文化艺术节组委会办公室优秀组织奖。

**27日**

市容环境百日整治动员大会在红谷滩会展中心召开。会议决定从即日起到6月底,重点围绕市容市貌、小街小巷卫生、市政设施维护等13项内容在全市范围内再度掀起为期100天的市容环境整治新高潮。

**28日**

▲南昌希尔顿大酒店开业。

▲江西创力广电网络科技有限公司举行开业庆典仪式。

▲市消防指挥中心奠基仪式在红谷滩新区举行。

▲红谷滩新区海航白金酒店、红谷滩国际商贸城(中国义乌小商城)等17个项目同时开工、签约。

**29日**

▲全市民政工作会议召开。

▲全市卫生工作会议召开。

**30日**

市先期启动阳明路东延工程还建房小区建设。

**31日**

▲在青山湖区与市外经贸委联合主办的"加快三产发展,促进城东繁荣"主题招商会上,青山湖区与来自国内外的25家知名企业签订合约,实际签约外资2.5亿美元,签约内资31亿元。

▲全市防汛工作会议召开。

▲ 全市制止违法建设动员大会召开。

## 4　月

**1日**

▲全市出租汽车行业"文明车、文明人、文明风"表彰大会召开。

▲英国BOC(中国)投资有限公司落户青山湖区投资合同仪式举行。

**2日**

2005年"全市建设行业工作会议暨建筑工地创建活动动员大会"召开。

**3日**

省、市领导到红角洲卧龙山,参加春季义务植树活动。

**5日**

▲中共中央政治局委员、国务院副总理回良玉到南昌县蒋巷镇国旺实业有限公司、小蓝工业园煌上煌集团、县农机大市场等地,就农业与农村工作进行调研。

▲市国资委监管企业第一次工作会议召开。江铃汽车集团、市国有工业资产经营管理公司、市政公用控股集团公司、市城投公司、市商业银行、南昌旅游集团公司等6户企业成为第一批国资委履行出资人职责的企业。

▲全市市容环境"百日会战"动员大会召开。

**6日**

▲全市创建国家环保模范城市百日整治暨赣江水环境综合整治动员会召开。

▲全市物价会议召开。

▲ 南昌高新技术产业开发区企业南昌利德丰科技有限公司与美国Cyclops公司"字元识别软件引擎"项目合作签约暨美国慧眼技术公司字元识别系统研发基地揭牌仪式在江西宾馆广博厅举行。

**7日**

▲全市信访安全稳定工作会议召开。

▲江西省首座现代化码头——江西国际集装箱码头两座巨型龙门吊顺利安装完毕。

**8日**

▲第三轮百路大会战中的141条道路改造工程正式启动。

▲全市2004年度科学技术奖励大会召开。

**9日**

▲省委常委、市委书记余欣荣率南昌市代表团离南昌前往美国进行友好访问。20日代表团回到南昌。

▲市青年企业家协会举行第二届二次会员大会。会议决定南昌市青年企业家协会正式更名为"南昌市青年商会",并对协会章程进行修改。

▲玉带河南支整治动员大会召开。

**10日**

南昌赴港澳招商团抵达香港。随后在一周时间内分别在香港、澳门展开2005年第一次境外招商活动,拉开百场招商会的序幕。13日下午,2005年南昌(香港)招商引资恳谈会在香港会议展览中心举行。在随后举行的签约仪式上,南昌招商团共签定项目12个,合同引资额2.1亿美元。15日上午,2005年南昌(澳门)现代服务业招商项目推介会在澳门金碧文娱中心举行。会上南昌招商团签订项目5个,引资额1.4亿美元。

**11日**

全市公共卫生百日整治动员大会召开。

**12日**

全市"建设和谐平安江西,共创富民兴赣大业,提升南昌发展水平"主题教育活动动员大会召开。

**13日**

南昌慈善总会、东湖区慈善会在胜利路步行街名秀广场联合举行安老助医金发放仪式。全市200余名孤寡老人领取首批安老助医金。

**14日**

▲全市依法行政工作会议召开。

▲省移动公司等8个省直单位分别与西湖区直冲巷社区等结成共建对子,联合开展"建设和谐平安江西,共创富民兴赣大业"主题教育活动。

▲全市城镇妇女"巾帼建功"工作经验交流会召开。会上,西湖区建设桥等8个社区被授予全市"巾帼社区服务工程"示范点。

**16日**

▲由市妇联主办的以"关心妇女健康,促进家庭幸福"为主题的"迎五一免

青送健康”活动在南昌华夏医院正式启动。

▲市委副书记、市长李豆罗在象湖风景管理处湖心岛召开会议。会议决定,从即日起“湖心岛”更名为“隆兴岛”。

▲ 南京路小学重建工程举行开工典礼。

▲全省县(区)第一家四星级大酒店安义环洋大酒店奠基仪式举行。

**13 日**

由中国国际广播电台、新华社、《人民日报》、《中国日报》等多家中央媒体组成的“中央对外媒体新闻记者团”到南昌访问。

**19 日**

南昌高新技术产业开发区与安义县政府专业化配套协作签约仪式在高新大厦举行。

**21 日**

由文明南昌行动委员会、市创建指挥部、市广播电视局、省电信有限公司南昌分公司主办的“整治市容环境与市民对话”活动在南昌电信大楼可视电话第一会议室举行。

**24 日**

位于江西桑海经济技术开发区内的金利科技工业园、江西中煤公司兴建基础设施、开发区供水厂、国际金融园、省新闻出版学校新校区、中心广场等项目开工典礼举行。项目总投资额 28 亿元。

**26 日**

▲南昌海关和厦门海关在厦门举行《海铁联运转关货物监管联系配合办法》签字仪式。

▲欢送全国劳模和先进工作者进京受奖仪式举行。

**28 日**

全省规模最大的专业陶瓷卖场东鹏旗舰店在南昌开业。

**29 日**

▲全市重点招商引资项目百意百货商场开业典礼举行。

▲青云水厂三期工程竣工投产仪式举行。

▲全市消防工作会议召开。

▲全市职业教育第二届校(院)企联席会暨签约仪式举行。

▲市侨商国际联合会副会长郑小爱向市一中、二中等学校的 100 名贫困学生捐赠扶贫助学奖学金仪式举行。

▲ 市委党校教学基地签约揭牌仪式在南昌经济技术开发区举行。

**30 日**

▲第五届中国(南昌)国际汽车博览会在江西国际汽车城开幕。

▲ 全市劳动模范表彰大会举行。会议授予江铃汽车集团公司董事长王锡高等全市各条战线的 713 人“南昌市劳动模范”称号。

▲青山湖区重点招商引资项目——东方家园新盛港建材店开业典礼举行。

▲南昌市科技投资经营有限公司揭牌成立。

**30 日~5 月 16 日**

南昌市连遭龙卷风、风暴、强雷电和冰雹袭击。全市 37 个乡镇不同程度受灾。全市有 52.35 万人受灾,倒塌房屋 764 间,损坏房屋 21916 间,人员伤亡 449 人(其中受伤 442 人,死亡 7 人),农作物受灾面积 1.02 万公顷,绝收面积 1638.7 公顷,损坏鸡、鸭棚舍 3672 栋,砸死鸡、鸭 6 万余只,直接经济损失 1.16 亿元(其中农业经济损失 0.67 亿元)。

## 5 月

**1 日**

▲市工伤医疗康复中心开业。

▲象湖污水处理厂和红谷滩污水处理厂一期工程同时开工奠基。

▲人民公园改建工程竣工典礼举行。

▲为期 5 天的南昌画派“象湖之春”中国画邀请展在南昌画院展出。

**4 日**

洪都集团公司团委书记彭静获得“全国优秀共青团干部”称号。

**5~6 日**

中共中央政治局委员、国务院副总理曾培炎到南昌市市政建设工地、文化教育基础设施等地进行考察。

**8 日**

全市街道社区管理体制改革试点工作现场会召开。

**10 日**

▲省、市领导吴新雄、余欣荣、李豆罗等出席 2005 年中国·南昌(青山湖)天香园国际都市侯鸟节开幕式,并参加“保护生态、热爱我们的家园”万人签名活动。

▲以全国政协副主席张思卿为团长的全国政协常委赴赣视察团一行抵达南昌,就中部地区崛起问题在南昌进行视察。

▲市体校正式挂牌为“国家高水平体育后备人才基地”。

▲南昌县荣获共青团中央命名表彰的 2004 年度“全国乡村青年文化活动先进县(市、区)”称号。

**12 日**

南昌港国际集装箱码头竣工典礼举行。

**13 日**

▲全市城乡规划和国土资源工作会议召开。

▲深圳东海狮子会医疗队“新建光明行”活动在新建县开展。新建县首批 120 名白内障患者将免费接受复明手术。

**14 日**

晶湛(南昌)科技有限公司首座工厂落成投产典礼举行。

**18 日**

2005 年中国·南昌医药保健品博览会暨同促崛起(6+2)医药发展高层论坛举行开幕式。开幕式后,举行南昌医药保健品产业投资推介会。

**21 日**

▲2005 年南昌夏季大型人才招聘会在省体育馆举行。

▲全市首次兑现 2004 年乡(镇)、街道发展经济、增强财政实力奖励会召开。全市共有 73 个乡(镇)、26 个街道办事处受到奖励。

▲由团市委和市环保局共同举办的青少年环保志愿者争创国家四城誓师大会在体育公园举行。

**22 日**

全市公安机关开展“规范执法行为,促进执法公正”专项整改活动暨深入开展大练兵工作动员大会召开。

**25 日**

南昌麦园垃圾处理场与荷兰荷隆美

(Grontmij)气候与能源公司正式签订《清洁发展机制(CDM)项目合作合同》,标志着南昌将参与抑制全球变暖行动。

**26日**

▲第二届"泛珠三角省会城市市长论坛"在福州西湖大酒店开幕。同日,泛珠三角省会城市市长论坛组委会决定,第三届泛珠三角省会城市市长论坛将在南昌举行。

▲全市建设和谐平安南昌动员暨2004年度社会治安综合治理表彰大会召开。

▲以副市长凌学仁为团长的南昌旅游招商引资团在香港开展一系列的南昌旅游招商引资活动。活动签订合作项目6个,总投资4.66亿港币。

▲市城市管理行政执法局东湖分局、西湖分局相继成立。28日,南昌市城市管理行政执法局红谷滩分局揭牌成立。

**27日**

陆风汽车公司在昌北生产基地举行发车仪式。首批出口欧洲的200辆陆风汽车正式从南昌发运,并通过上海的海通码头运往荷兰。

**28日**

市委宣传部、市文明办联合在南师附小举行《文明南昌三字经》首发式,向广大少先队员赠书。

**29日**

由长安与江铃联合成立的江铃控股有限公司开业庆典暨生产基地建设启动仪式举行。

**30日**

▲上海路综合改造工程正式启动。

▲全市2004~2005年度"十佳少先队员、十佳团员学生和十佳少先队辅导员"表彰大会暨"凤凰杯"南昌市少先队鼓号队表演大赛在省体育馆举行。

**31日**

▲全市创建文明村镇工作现场会召开。

▲南昌中小企业信用建设与融资工作会召开。市委副书记王詠、省中小企业局副局长林宗霖出席并为南昌市中小企业信用促进会及南昌市中小企业发展投资有限公司揭牌。

## 6 月

**1日**

▲南昌英雄经济技术开发区正式揭牌成立。同日,由中国康超集团投资建设的国际生物科技产业园项目、翠林山庄项目落户该区。

▲全市公文传输系统开通仪式举行。

**2日**

武警南昌市支队(旅级)成立。

**3日**

▲省市联合在市体育公园举行纪念"六·五"世界环境日暨纪念江西环保30周年、创建绿色社区启动仪式。

▲由300余辆出租车组成高考爱心车队,在全市17个高考考点等候,免费接送高考学生。

▲全国总工会授予洪都集团公司复合材料制品厂工会分会"全国模范职工小家"称号。

**5日**

▲2005年全国龙舟月南昌地区首届前湖大学生龙舟邀请赛在前湖举行,参加这次龙舟赛的12支队伍分别来自全市12所高校,最终南昌大学代表队获得冠军。

▲由市委、市政府和中央国家机关工委紫光阁画院联合主办的"崛起的南昌"全国名家笔会暨名家书画精品展在省博物馆开幕。

**6日**

▲由省、市领导余欣荣、李豆罗率领的南昌市党政代表团启程前往福州参加南昌承接沿海产业梯度转移(福州)推介会以及在苏州举办的南昌(昆山)投资环境说明会。

▲2005年"南昌居住主题公园"杯华东地区龙舟邀请赛暨南昌市第四届龙舟赛在象湖举行。

▲联合国亚太地区绿色食品有机产品发展与农民增收和扶贫开发国际研讨会在南昌开幕。

**7日**

2005年南昌承接沿海产业梯度转移(福州)推介会召开。南昌招商团签下39项大单,总引资额57亿元。

**9日**

▲上海浦东发展银行南昌分行开业暨银企合作签约仪式举行。开业仪式上,浦发银行还分别与江西铜业公司、新余钢铁厂、江铃集团汽车股份有限公司、市政公用投资控股集团有限责任公司签定银企合作协议。

▲大型文献电视片《铁军出山——新四军诞生纪实》开拍仪式举行。

**10日**

▲赣沪科技经济合作对接洽谈会召开。南昌市在此次洽谈会上,与上海市签订东华大学生物科学与技术研究所和南昌宏益科技有限公司合作的治疗艾滋病新战略创新天然药物RVE蛋白质力能抑制剂等5大项目。

▲中国傩园在红谷滩新区卧龙山景区正式动工建设。

▲红谷滩新区劳动保障中心正式启用。红谷滩新区首场就业和再就业招聘会同时在此举行。

**11日**

"2005首届中国南昌医疗器械展销会"在进贤县开幕。

**12日**

中国江西国际傩文化艺术周开幕式举行。

**13日**

全市首期领导干部出国(境)培训外语强化班在市委党校正式开班。

**14日**

由市委、市政府及新华通讯社新华音像中心共同主办的城市发展(南昌)论坛在江西宾馆开讲。

**15日**

大型民俗风情歌舞《赣傩的表情》在江西艺术剧院演出。

**16日**

▲江西微软技术中心落户南昌高新技术产业开发区金庐软件园仪式举行。

▲南昌洪城商会供应商分会在洪城大市场挂牌成立。

▲由团市委、市青年联合会共同主办的"南昌青年博士服务团"成立大会举行。

▲南昌海关驻南昌高新技术产业开发区办事处开关仪式及江西出入境检验检疫局南昌高新技术产业开发区办事处大楼奠基仪式举行。

▲市委、市政府在省体育馆举行文明南昌行动总结表彰暨再动员大会。

▲江西圳昌集团捐资20万元，建设安义县乔乐乡石湖希望小学。

17日

全国电子信息百强企业发布会暨推进公司战略工作会在南昌召开，并为百强企业授牌。江西省电子集团公司和江西清华泰豪科技集团有限公司分别名列2005年（第19届）中国电子信息百强企业排序第75位和86位。

18日

由市委、市政府和经济日报社联合主办的“和谐·创业·先进性——县域经济科学发展（南昌）论坛”在红谷滩会展中心拉开帷幕。19日，论坛闭幕。

19日

由市政府和省体育局主办的全民健身月活动暨南昌市万人健步走活动在八一广场举行。

20日

省委宣传部、市政府联合省市公安、工商、新闻出版等部门，在八一广场举行2005年打击盗版音像制品夏季行动启动仪式。决定从即日起到8月31日，在全省范围内严厉打击走私、制造盗版音像制品的行为。

22日

全市农村教育工作会议召开。

23日

收看收听中央和省委先后召开的全国、全省第二批保持共产党员先进性教育活动电视电话会议实况，在红谷滩会展中心主会场举行。之后，召开全市先进性教育活动电视电话会议，贯彻落实中央和省委的会议精神，并回顾总结全市第一批先进性教育活动的开展情况，对即将启动的第二批先进性教育活动工作进行部署。

24日

市委举行集会庆祝市关工委成立10周年，并对东湖区关工委等40个先进单位和曾玉麟等150名先进个人进行表彰。

25日

为期10天的“先锋颂”书画展在南昌美术馆展出，共展出省、市书画家最新创作的60余幅作品。

28日

▲福山110千伏变电站正式开工建设。

▲阳光乳业和世界500强企业——国际纸业集团公司正式签订合作协议，缔结“战略联盟”。

29日

市委组织部、统战部、市个私办、工商联联合在市委党校举办全市个体、私营等非公有制经济组织党组织书记、经营业主培训班。

30日

▲省、市计生、财政部门联合在新建县心怡广场举行农村部分计划生育家庭奖励扶助金首发仪式。

▲南昌市十大金牌讲解员评选活动结束，来自滕王阁的讲解员荣获冠军。

▲以市委副书记、市长李豆罗为团长的南昌市政府代表团一行启程，赴吉林省四平市进行为期4天的参观考察。

## 7　月

1日

南昌—四平两市缔结友好城市签字仪式在四平宾馆举行。

6日

全市打击“两抢一盗”犯罪第一次集中统一行动结束。统一行动期间，全局共出动警力15574人次，出动车辆2985辆次，设立卡点413个，治安防控人数8691人，破获各类案件492起。

8日

▲南昌市农业产业化经营市级龙头企业授牌大会举行。会议为荣获2005～2006年市级龙头企业称号的60家企业授牌。

▲全市经济发展表彰奖励大会召开。大会对南昌工业经济十大突出贡献企业家、南昌工业企业销售收入20强、南昌工业企业纳税20强、南昌工业企业出口创汇10强、南昌工业企业节能降耗10个先进单位等一批先进集体和先进个人进行表彰。

9日

2005·中国（南昌）地产峰会暨南昌地产市场形势与发展论坛在滨江宾馆1号楼召开。

10日

南昌江铃联成汽车零部件有限公司正式成立。该公司的成立是江铃集团零部件企业重组的重要环节。

13日

上海微迪电子网络有限公司正式落户高新技术开发区签约仪式举行。

14～15日

中国共产党南昌市第八届委员会第九次全体（扩大）会议在红谷滩会展中心召开。会议审议并原则通过了《中共南昌市委、南昌市人民政府关于推动全民创业，加快富民强市，促进快速和谐崛起的若干意见》、《中共南昌市委、南昌市人民政府关于加快现代服务业发展的决定》。省委常委、市委书记余欣荣作题为《大力推进全民创业，加速实现富民强市》的工作报告。

16日

由天狮集团捐赠20万元重建的“麻丘镇天狮博爱小学”举行奠基仪式。

19日

▲全市创建文明城市和卫生街区部署会召开。

▲玉带河南支开工典礼举行。

21～28日

主题为“构建有爱社会，创造无艾生活”的艾滋病宣传教育活动正式启动。

22日

全市公开选拔领导干部动员大会召开。会议就有关选拔工作进行动员部署。本次公开选拔的领导干部职位：副县级10名，科级6名，副科级61名。

23日

由10名优秀共产党员代表组成的先进性教育巡回报告团首场巡回报告会在红谷滩会展中心举行。

24日

市装饰行业协会成立。

26日

省市领导万学文、刘运来、史蓉蓉、罗慧芬出席在江西师大演奏厅举行的表彰会。对参加第46届国际数学奥林匹克竞赛的获奖者罗晔同学给予嘉奖。

**27 日**

▲市国家税务局被全国双拥工作领导小组、中央宣传部、中央文明办、民政部、总政治部授予全国军民共建社会主义精神文明先进单位光荣称号。

▲市委副书记、市长李豆罗在红谷滩会展中心与全市67个责任部门和单位分别签订创建文明城市目标责任状。

▲全市援疆干部座谈会在市委组织部召开。会议宣布全市第四批援疆干部的安置决定和第五批援疆党政干部任职决定。

**28 日**

▲市委副书记、市长李豆罗在红谷滩会展中心与全市231个迎检点签订创建全国文明城市目标责任状。

▲全市女企业家协会五届三次会议召开。会议选举产生新一届协会理事、常务理事和副会长。

▲省“推动全民创业,加快富民兴赣”专家宣讲团一行到进贤县、青云谱区和江铃集团等地作专题宣讲报告,30日专家宣讲团在红谷滩会展中心作宣讲报告。

▲综合性批发大市场丰源·金润广场一期正式开业。

▲生米大桥西连接线一期工程正式开工。

**29 日**

▲全市“文明行风热线”正式开通。

▲全市创建全国文明城市迎检部署会召开。

**30 日**

▲南昌八一起义纪念馆改扩建工程正式启动。

▲全市争创全国文明城市大型直播节目“携手共创文明城”在红谷滩会展中心举行。

**31 日**

▲省直单位支持南昌争创全国文明城市工作协调会在滨江宾馆举行。

▲市委、市政府在江西宾馆举行招待会,庆祝中国人民解放军建军78周年。

## 8 月

**1 日**

▲东湖区被卫生部、民政部和国家中医药管理局评为全国第一批“社区卫生服务示范区”。

▲南昌八一起义纪念馆改扩建工程建设领导小组举行捐赠仪式,向社会各界募集到近两万元的首批工程建设捐款。

**2 日**

▲ 由市委、市政府主办的“八一”主题晚会《军旗飘飘》在省体育馆举行。

▲江西中寰国际医院主体工程——住院大楼封顶,标志中寰医院的土建工程已基本完工。

▲ 方大(江西)新材料科技园一期工程竣工投产庆典仪式举行。

**4 日**

▲南昌市首期校长高级研修班正式开班。来自南昌教育系统的40名中青年校长参加研修学习。

▲市公开选拔领导干部笔试在南昌二十八中、南昌教育学院和南昌三中初中部3个考点、107个考场同时举行。

**6 日**

▲纪念方志敏英勇就义70周年座谈会在红谷滩会展中心召开。

▲中国航空工业第二集团公司授予洪都集团公司“中国航空工业第二集团公司1999年~2004年度统计工作先进单位”荣誉称号;授予洪都集团公司职工曾书荣、黄志刚“中国航空工业第二集团公司1999年~2004年度统计工作先进个人”荣誉称号。

**8 日**

江西省福建商会组织部分会员企业和企业家代表到南昌八一起义纪念馆,向改扩建工程建设领导小组捐款17万元。

**12 日**

民政部、交通部、国家工商总局、国家质检总局联合召开全国城市地名设标总结暨部署县、乡(镇)地名设标工作视频会议。南昌市被评为全国地名标志设置工作先进城市。

**13 日**

全市公开选拔领导干部面试工作在南昌外国语学校进行。

**14 日**

▲由南昌经济技术开发区和江西交远物流有限公司联合打造的南昌保税物流中心(B型)正式开工建设。

▲美国应用纳米技术集团公司落户南昌高新技术产业开发区暨南昌高新技术产业开发区与浙大科技园共建金庐软件园浙江大学科技园(江西)分园签约仪式在南昌高新技术产业开发区管委会举行。

**15 日**

▲为纪念中国人民抗日战争胜利60周年,由省新四军研究会、市委宣传部和市文化局主办的《血沃赣鄱——江西人民抗日斗争展》在南昌新四军军部旧址陈列馆开展。同期推出的还有纪念抗战胜利60周年精品书画展。该展共分六个部分,展出抗战时期历史照片170余幅,各类文物、文献50余件。

▲为期一个月的“纪念中国人民抗日战争暨世界反法西斯战争胜利60周年”大型图片展在江西省革命烈士纪念堂开展。此次展览由省委组织部、宣传部等部门和南昌市委联合主办。该展共分四个部分,展出270余幅珍贵历史图片。

▲全市钢材行业商会、昌北钢材大市场向八一起义纪念馆改扩建工程捐赠仪式在昌北钢材大市场举行。

**15~16 日**

在北京召开的第四次全国妇女儿童工作会议上,南昌市政府荣获全国实施妇女儿童发展纲要先进集体荣誉称号。

**15~19 日**

市总工会在全市工会系统开展“金秋助学”活动。

**16 日**

浙赣铁路电气化改造工程的配套建设项目梧岗220千伏变电站举行开工仪式。

**17 日**

由市文化局举办的“峥嵘岁月——纪念抗日战争暨世界反法西斯战争胜利60周年电影月”活动首映式在红谷滩广场举行。

**18 日**

▲全市创建全国文明城市千人动员大会召开。会议就进一步巩固创建成果、坚持长效管理进行再动员、再部署、再落实。

▲南昌耐林自动化有限公司和西门子(中国)自动化与驱动集团在南昌高新技术产业开发区金庐软件园举行战略合作协议书的签字仪式。

**20 日**

纪念黄庭坚诞辰 960 周年暨学术交流会在湾里区召开。

**22 日**

由市纪委、市委宣传部、市监察局、文化局、文联联合举办的“反腐倡廉”主题书画展在南昌美术馆展出。

**23 日**

▲市工商局运输市场管理分局正式成立。

▲全市老干部纪念抗日战争胜利 60 周年座谈会在市委老干部活动中心日明楼召开。

**25 日**

南昌国际商贸城举行开工典礼仪式。

**26 日**

“一佳与江西共成长”项目签约仪式暨商品采购大会举行。新一佳南昌高新店、胜利路店、广电店等 8 个项目同时签约。

**28 日**

“修百条道路、增双千队伍、整万家店面”动员大会召开。

**30 日**

▲年产 4000 万平方米三防幕栅板生产线首期工程建成投产仪式举行。

▲ 江西洪都钢厂全体职工为八一起义纪念馆改扩建工程捐款 24.28 万元。

**30～31 日**

市领导王样生、蔡社宝、卢晓健、罗为民、熊全柏、万玉明分别带队对南昌县、新建县、安义县、青云谱区、湾里区、南昌经济技术开发区的“四五”法制宣传教育和依法治理工作进行考核验收。

**31 日**

▲落户红谷滩新区的江西省档案馆举行开工仪式。

▲生米大桥连续两跨 228 米钢管砼系杆拱桥的首节钢管拱成功合龙。

▲市第八届“芙蓉学子——与希望同行”助学金发放仪式在市政府小礼堂举行。

# 9 月

**1 日**

以市委副书记、市长李豆罗为团长的市政府代表团一行前往瑞士、马其顿、英国考察访问。

**1～10 日**

市委副书记、常务副市长龚建华率团赴阿根廷、澳大利亚进行考察。青山湖区与依帕萨矿业公司签约拟建总投资达 20 亿元，年产 1500 万吨球团生产、AD 钙奶生产、葡萄酒分装、不锈钢生产等经营项目。

**2 日**

▲昌南 500 千伏输变电工程开工典礼举行。

▲市老红军公寓楼工程开工建设。

▲ 凤凰城上海外国语学校、上海实验幼儿园南昌分园举行开学典礼。

▲ 全市第五批特约“四员”（即特约监察员、特约检察员、特约审计员、特约教育督导员）颁证仪式举行。

**4 日**

由市委宣传部、市文化局、江西省新四军历史研究会联合举办的《血沃赣鄱——江西人民抗日斗争》展暨世界反法西斯战争胜利 60 周年纪念活动在八一广场举行。

**6 日**

江西长力股份汽车弹簧工程在南昌高新技术产业开发区举行开工奠基仪式。

**7 日**

凌美龙先进事迹报告会暨全市“十大爱心人物”表彰大会在红谷滩会展中心举行。评选“南昌市十大爱心人物”是市委宣传部、团市委等 6 家单位共同组织开展的。主办方在《南昌日报》和《南昌晚报》刊登 28 位候选人的资料和投票方式，并根据市民投票数来确定最后表彰名单。最后，赵凌、阎志强、李爱珍、史先凤、黄剑霞、罗淑兰、徐宁娟、张代表、张小兰、罗细妹获表彰。

**8 日**

南昌警备区官兵向八一起义纪念馆改扩建工程捐款 17.5 万元。

**10 日**

▲十运会“我们万众一心”中国石化杯火炬传递活动江西起跑仪式在省体育馆西大门举行。省委书记孟建柱点燃火炬传递的主火炬，省长黄智权致辞。

▲第 21 个教师节庆祝大会举行。会议表彰 399 名优秀教师和教育工作者。

**12 日**

▲第二届中国网络媒体江西行活动在南昌启动。

▲2005 年昌台经贸合作推介会在庐山举行。南昌签订项目 4 个，总投资额 1.1 亿美元。

**12～14 日**

中共中央政治局委员、国务院副总理吴仪到南昌等地考察内外资企业、经济技术开发区和新型农村合作医疗、血吸虫防治及社区卫生工作，并深入农村走访农户。

**13 日**

▲以“和谐社会、美好南昌”为主题的南昌市第三届“四进社区”文艺展演在八一公园举行。

▲南昌科勒有限公司在南昌高新技术产业开发区举行投产仪式。

**16 日**

▲《绳金塔下话南昌》文化系列丛书在绳金塔古戏台举行全套出版首发式。省委常委、市委书记余欣荣为该丛书作序。市委副书记、市长李豆罗为该丛书题写书名。

▲2005 年中国·南昌第四届绳金塔庙会开幕。

**17 日**

“崛起南昌、放歌洪城”中秋赏月晚会暨东湖区第四届百花洲金秋社区文化艺术节开幕式在滕王阁举行。

**18 日**

全市举行“9·18”防空警报试鸣及临战人口疏散隐蔽演习。

**20 日**

▲以“公民道德建设与构建和谐社会”为主题的第三届中国公民道德论坛在南昌举行。全国人大常委会副委员长、民革中央主席何鲁丽，全国政协副主席、致公党中央主席罗豪才等出席。同日晚，第二届中国公民道德论坛文艺晚会在省艺术剧院举行。

▲由全球最大的公话设备制造商和国内惟一的国外公用电话运营商——深圳冠日通讯科技有限公司投资兴建的税控收款机生产基地正式投产仪式举行。

21 日

▲国家文明委在南师附小召开以“公民道德建设与构建和谐社会”为主题的第二届中国公民道德论坛座谈会。

▲辽宁省公安厅刑侦总队总队长许文有先进事迹报告会在红谷滩会展中心举行。

▲南昌广播电视局与湖南经济电视台举行合作签约仪式。

▲联想集团与先锋软件学院签署战略合作协议,正式宣布打造中部地区第一所“笔记本大学”。

22 日

▲2005 年中国南昌第四届金秋经贸活动月在红谷滩行政中心广场举行开幕式。10 月 22 日,在南昌国际展览中心广场闭幕。整个活动月期间,参与人数超过 500 万人次,参会客商 1.8 万人次;签约项目 173 个,引资额 171.96 亿元。其中,外资项目 33 个,引资额 5.54 亿美元;内资项目 140 个、引资额 126.37 亿元。

▲南昌市市长李豆罗、芬兰国瓦尔济考斯基市市长马库·奥维宁代表两市续签友好协议。

▲市科协与澳大利亚国际商会在南昌签署合作备忘录。

▲中国(南昌)中部崛起与制造业重要基地建设论坛暨民营企业投资洽谈会举行。全市共签订 14 个项目,引资额 33.45 亿元。

23 日

▲2005 年中国“五会”(南昌)经贸恳谈会在红谷滩会展中心开幕。南昌市在恳谈会重大项目签约仪式上共签订项目 17 个,引进内资 15.11 亿元,外资 2.61 亿美元。

▲第二届华中国际家居建材博览会在香江家居建材城举行。

▲由省委副秘书长黎明中为组长的省“四五”普法考核验收组在南昌检查。26 日,省检查组结束对全市“四五”普法和依法治市工作的考核验收。

▲全市“四五”普法和依法治市成果展暨大型法制宣传、法律咨询活动在八一广场开幕。

24 日

▲2005 年昌台商贸服务业投资环境说明会暨台湾知名连锁品牌(南昌)推介会在滨江宾馆开幕。

▲首届中国辣文化美食节在绳金塔景区塔西路开幕。26 日晚,美食节闭幕式暨颁奖酒会在民间食府举行。

25 日

▲南昌“放心豆腐工程”自动生产流水线举行投产仪式。

▲第 26 届中国柴油车配件展示订货会、第四届全国微型车配件展示会、首届洪城(华东)汽车展示会“三会”在江西洪城汽配城举行

26 日

▲南昌首届政银企融资洽谈会在红谷滩会展中心开幕。

▲市工商局红谷滩综合执法大楼正式奠基。

27 日

▲2005 年江西省首届创业博览会在省展览中心开幕。

▲市政府、省邮政局主办的中国人民解放军大将纪念邮票首发仪式暨纪念中华人民共和国成立 56 周年全省集邮展览和第二届南昌市集邮文化节开幕式在省革命烈士纪念堂举行。

28 日

▲第二届南昌制造业博览会在华东国际工业博览城开幕。

▲牛行水厂一期工程竣工投产。

29 日

▲“推进全民创业,加快富民强市”——全市 2005 年国庆文艺晚会在红谷滩会展中心举行。

▲红谷滩新区洪城大厦时代广场超市、南昌市职工科技大学红角洲校区、南昌水利科技大楼、名门世家、中兴华庭、金沙湾餐饮城 6 个项目同时开业、开工。

▲投资 5 亿元的江西江铜龙昌精密铜管项目在南昌高新技术产业开发区举行开工仪式。

▲市商业银行新办公大楼落成典礼举行。

30 日

▲2005 年江西首届房产博览会在省博物馆开幕。

▲第六届中国(南昌)国际汽车博览会开幕。

## 10 月

1 日

▲全长 2.44 千米的青山湖区重点市政建设道路上海路综合改造工程顺利竣工并正式投入使用。

▲南昌动物园迁建工程正式开工建设。

8 日

2005 年第四届绳金塔庙会招商引资项目签约仪式在绳金塔公园举行。并为西湖区十佳餐馆文化名店授牌。

11 日

▲象湖景区标志性建筑——万寿塔主体工程封顶。

▲中国企业联合会、中国企业家协会授予洪都集团公司“2005 年度全国和谐劳动关系优秀企业”荣誉称号。

12 日

▲徐悲鸿画展南昌特展开幕式在省博物馆举行。

▲“中国·南昌中小企业创业培训工程”正式启动。

▲玉带河北支综合改造一期建设工程竣工典礼举行。

▲总投资 2300 万元,占地面积 1.33 公顷,建设规模为 12 万千伏安,使用 4 万千伏安主变 3 台的省级重点工程昌东工业区 110 千伏义生变电站工程竣工典礼举行。

13 日

豫章路小学方铭璐获共青团中央、教育部、全国少工委授予的第十届“全国十佳少先队员”称号。

15 日

▲2005 年第二届南昌服装节暨全国品牌服装服饰(南昌)博览会在省展览中心开幕。

▲江西洪达集团成立 10 周年暨新厂区竣工投产庆典

▲南昌市佑民寺开山 1500 周年庆典纪念活动暨佑民寺纯一方丈升座法会在佑民寺举行。

16 日

由市委、市政府举办的“南昌首届滕王阁文学奖”颁奖大会在市政府小礼堂举行。小说《戈乱》等 5 部作品获奖。

### 17 日

全市领导干部会议召开。会议传达学习党的十六届五中全会和全省领导干部会议精神,并结合南昌实际,对学习贯彻落实党的十六届五中全会和全省领导干部会议精神进行具体部署。

### 18 日

▲原中共中央政治局常委、国务院副总理李岚清考察红谷滩新区秋水广场及红角洲高校园区。

▲特康科技有限公司、江西万基药业一期工程、南昌新索丽科技有限公司、江西诚志日化有限公司等 8 大重点工业项目竣工投产典礼举行。

### 20 日

“煌上煌”中国・南昌第二届鸭文化食品节开幕式在南昌县澄碧湖公园举行。23 日,在“煌上煌”中国・南昌第二届鸭文化食品节举办的“煌上煌”绿色家禽产业推进大会上,江西煌上煌集团公司生产的“皇禽牌”酱鸭、麻酥鸭、鸭翅、鸭掌等 4 个产品通过国家绿色食品认证审核,获得绿色食品标志使用权。

### 21 日

▲2005 年“军山湖杯”第四届鄱阳湖螃蟹节在南昌市水产大市场开幕。

▲ 南昌“十五”科技成果展在红谷滩会展中心举行。

▲ 南昌市在红谷滩会展中心举行表彰会,表彰陶捷、庄力可、罗方承、易敏之、江风益、朱俊、许永武、马众文等 8 位全市首届科技明星,并举行“十五”科技成果展暨项目推介洽谈会。

### 22 日

市工伤医疗康复中心揭牌仪式举行。

### 26 日

总投资 13.66 亿元的江西第一高楼——泰耐克(南昌)国际金融大厦正式开工建设。同日,法国家乐福、法国欧尚、英国百安居等 8 个知名品牌生活配套项目与红谷滩新区签订协议正式入驻新区。

### 27 日

中央精神文明建设指导委员会、人事部表彰一批全国文明城市(区)、文明村镇、文明单位和全国精神文明创建工作先进单位。东湖区委宣传部副部长、区文明办主任雷丽红获“全国精神文明建设先进工作者”称号;进贤县文港镇、青山湖区湖坊镇进顺村获全国文明村镇称号;南昌铁路局(本部)、南昌供电公司、南昌市育新学校、南昌卷烟厂获“全国文明单位”称号;南昌铁路局南昌站、中国银行南昌市北湖支行分获铁道系统、金融系统全国文明单位称号。南昌国税局获得“全国精神文明创建工作先进单位”称号。

### 28 日

▲南昌——武昌城际旅客列车 K458 次冠名“滕王阁号”仪式在南昌火车站举行。

▲ 人事部、文化部在北京人民大会堂召开表彰大会。南昌市文化市场稽查支队被授予“全国文化工作先进集体”称号。

### 29 日

南昌市被国家国防动员委员会评为全国人民防空先进城市,市委副书记、市长李豆罗被国家人防办授予全国“人防工作先进个人”,市人防办、南昌县人防办被国家国防动员委员会评为全国人民防空先进单位,市人防办主任胡序环被国家人事部、国家人防办评为“人民防空先进工作者”。

## 11 月

### 1 日

▲2005 年世界经理人年会在上海召开。江铃汽车股份有限公司获得“中国 25 家最受尊敬上市公司”,“中国上市公司最佳治理 100 强”称号。

▲2005 年南昌 1% 人口抽样调查正式启动。

### 2 日

国内最大的环保研发中心——金达莱环保研发基地和中美合资南昌环保设计院落户新建县长埈工业园区庆典仪式举行。

### 3 日

南昌亚洲啤酒有限公司再次向南昌慈善总会捐款 50 万元。

### 5 日

▲南昌第 17 届菊花展在红谷滩行政广场开展。

▲市“三河”(抚河、城南护城河、玉带河)免费垂钓向市民开放。市首次在玉带河西支、北支等城内水系投放鱼苗,供市民观赏、垂钓。

### 6 日

连接东西外环线的重要通道——胡惠元堤拓宽延伸(昌南大道)暨京九高架工程正式开工。

### 7 日

▲全市防治高致病性禽流感工作会召开。

▲南昌大学中德文化艺术交流中心举行挂牌成立仪式。

### 9 日

为纪念抗日战争胜利 60 周年,赣州、宜春、萍乡、景德镇、南昌 5 市老年书画作品联展暨南昌市第二届夕阳红书画大赛入选作品展揭幕式在省文联艺术展览中心举行。

### 11 日

法国第戎市与南昌签订友好交流备忘录。双方决定今后在平等、互利的基础上,广泛开展经济、文化、教育、科技等方面的交流与合作。

### 13 日

由国家邮政部门首次推出以毛泽东同志为核心的第一代领导集体邮品珍藏册《一代伟人》在南昌首发。

### 15 日

▲中共中央政治局委员、中央军委副主席郭伯雄参观八一南昌起义纪念馆。

▲市审批办证中心行政许可“一审一核制”暂行规定开始实施。

▲全市创建国家园林城市暨城市绿化工作动员大会召开。会议提出全面推进园林创建工作,争取 2007 年正式申报“国家园林城市”。2007 年 10 月迎接国检验收。

### 16 日

▲全市会展经济专题会议在南昌国际展览中心召开。会议全面总结 2005 年以来全市会展经济的发展情况,并研究部署下一步工作。

▲国道主干线南昌绕城公路乐化至温家圳段高速公路正式竣工通车。该道路全长 71.64 千米,总投资 38.5 亿元。

### 17 日

台湾詠倡企业集团与南昌经济技术开发区、红谷滩新区签订合作协议,联手打造微电子科学园和研发中心。

**18 日**

▲省委常委、市委书记余欣荣率市代表团，前往英国、德国、土耳其三国进行为期12天的工作访问。

▲市委副书记、市长李豆罗出席在长沙市举行的武汉经济协作区第11次市长联席会，并到中国·湖南第七届(国际)农博会展销现场看望南昌的参展企业代表。

**19 日**

第21届全国省会(首府)城市发改委主任联席会在南昌召开。

**22 日**

▲“内陆湖泊暨鄱阳湖可持续发展研讨会”在南昌召开

▲南昌市与德国黑森州教育合作协议签署仪式在德国黑森州政府大楼会议厅举行。

**24 日**

▲市委办公厅、市政府办公厅发出《关于表彰2005年中国南昌第四届金秋经贸活动月先进单位的通报》，市政府办公厅等32个单位获得2005年中国南昌第四届金秋经贸活动月组织奖单位称号。市委办公厅等8个单位获2005年中国南昌第四届金秋经贸活动月服务奖单位称号。

▲市青少年法制教育基地在江铃学校正式挂牌成立。

**25 日**

▲新建县特殊教育学校举行落成典礼。

▲市政府向国家体育总局局长刘鹏一行汇报南昌市近年来的体育事业发展工作，并正式向国家体育总局提交的承办2011年第九届全国城市运动会的申请。

**26 日**

▲国家体育总局局长刘鹏，省、市领导孟建柱、黄智权、李豆罗等出席省奥林匹克体育中心奠基仪式。

▲南昌物流行业协会成立。

**28 日**

▲市环境保护局和市教育局联合发文，公布第二批市级绿色学校的评选结果。此次评选，南昌市上海路新村小学、南昌市第十九中学、进贤县第二中学、南昌市第二十三中学、南昌市继红小学、南昌市豫章路小学、南昌市邮政路小学、南昌市第二十中学、新建县百兴学校、南昌市进贤门小学、南昌县广福中心小学、南昌县黄马乡中心小学12所学校被正式评为南昌市第二批绿色学校。

▲日产10万吨的南昌县昌南水厂首期工程正式通水。

## 12 月

**2 日**

▲黄秋园艺术研究会成立。

▲市全民普法20周年纪念大会暨法制文艺演出在红谷滩会展中心举行。

**3 日**

江铃发动机厂投产10周年暨JX4D24发动机项目开工庆典仪式举行。

**4 日**

全市文明南昌行动委员会调度会召开。会议要求“万店”整治、第三轮“百路大会战”、“集贸市场宰杀间”改建工程务必在12月底竣工。

**5 日**

系马桩街道刘岳兰被中国社会工作协会、社区志愿者工作委员会授予2005年度“中国社区志愿者之星”称号。

**6 日**

▲江西国际信托投资股份有限公司与新建县政府战略合作框架协议签字仪式举行。

**7 日**

南昌市向九江地震灾区赈灾捐赠仪式举行。

**8 日**

▲市公安局指挥中心开工典礼在红谷滩新区举行。

▲南昌市换发第二代身份证首发仪式举行。

**9 日**

凌晨一辆运载桶装化学品三氯氧磷的赣M-03089大货车，在江西梨温高速公路进贤县境内225千米处，被后方行驶车辆追尾碰撞，造成3人当场死亡和部分三氯氧磷泄漏。事故发生后，省、市有关领导赶赴现场指挥抢救和疏散周边群众，处理善后事宜。

**10 日**

▲全市建立健全惩治和预防腐败体系任务分工会议召开。会议就如何更好地建立健全教育、制度、监督并重的惩治和预防腐败体系进行具体部署。

▲乐温高速塔城互通至莲塘连接线工程正式破土动工。

▲南昌十七中举行开办内地西藏班20周年庆典。

**11 日**

由中宣部、中直机关工委、中央国家机关工委、解放军总政治部等联合举办的神舟六号载人航天飞行先进事迹巡回报告团在省体育馆举行报告会。周建平、费俊龙、聂海胜等9名载人航天工程领域的功臣作报告。

**12 日**

全市妇女儿童工作会议召开。会议传达贯彻第四次全国妇女儿童工作会议和第二次全省妇女儿童工作会议精神，总结五年来全市实施《南昌市妇女发展纲要》和《南昌市儿童发展纲要》的成绩和经验，部署今后五年的实施任务。

**13 日**

▲国家一类城市·南昌语言文字工作评估汇报会在滨江宾馆举行。省人大常委会副主任、省评估团团长万学文，教育部语言文字应用管理司司长，国家语言文字工作评审组组长杨光一行听取汇报。14日，国家评审组和省评估团正式宣布：南昌市达到“普通话初步普及，汉字的社会应用基本规范”的新世纪初叶语言文字工作的目标要求。

▲洪都集团公司飞机部装厂获得团中央颁发的“全国五四红旗团委”称号。

**19 日**

▲2005年南昌投资环境(青岛)推介会在青岛香格里拉大饭店举行。推介会上共签约项目22个，引资约37亿元。其中外资项目14个，引资2.57亿美元；内资项目8个，引资额15.43亿元。

▲洪都集团公司副总经理、总会计师陶国飞获财政部颁发的“全国优秀会计工作者”称号。

**20 日**

全市安全信访稳定工作会议召开。

**21 日**

中国(南昌)中小企业服务平台(网站)试运行开通仪式在市政府小礼堂举行。

**22 日**

南昌市无党派知识分子联谊会成立大会举行。会议审议通过《南昌市无党派知识分子联谊会章程》;选举产生市无党派知识分子联谊会常务理事、会长、副会长、秘书长。

**23 日**

全市领导干部"坚持科学发展观,推动南昌和谐创业"学习研讨班正式开班。同日下午,省委常委、市委书记余欣荣结合南昌"十五"期间取得的初步成效,就如何谋划南昌"十一五"时期的发展作专题报告。

**24 日**

▲南昌市中华民族文化促进会正式宣告成立。

▲梅湖、抚河投放 25 万尾鱼,供市民垂钓。

**25 日**

南昌化工大市场开业仪式举行。

**27 日**

中国共产党南昌市第八届委员会第十次全体(扩大)会议召开。会议深入学习贯彻党的十六届五中全会、中央经济工作会和省委十一届十次全会精神;讨论审议《市委常委会 2005 年度工作报告》和《中共南昌市委关于制定南昌市国民经济和社会发展第十一个五年规划的建议》;审议并原则通过《中共南昌市委关于制定南昌市国民经济和社会发展第十一个五年规划的建议》和《市委常委会 2005 年度工作报告》;总结"十五"时期的工作;谋划"十一五"的发展;研究部署 2006 年的工作。

**28 日**

▲全市离退休干部"双先"(即先进个人和先进党支部)表彰暨形势报告电视电话会在红谷滩会展中心举行。

▲江西铜业集团 6000 吨高档铜箔暨 10 万吨铜板带项目正式开工典礼仪式举行。

▲落户南昌经济技术开发区的富昌科技有限公司正式开工建设

▲中国民主建国会成立 60 周年暨民建南昌市委会成立 50 周年纪念大会举行。

▲南昌教育学院庆典大会在红谷滩会展中心举行。

▲由香港慈济医疗投资集团投资的全省第一家女子医院——南昌仁爱女子医院开业。

▲南昌市餐饮烹饪行业协会举行成立 20 周年庆祝大会。并为荣获"全市餐饮烹饪明星企业、餐饮杰出人物、特色餐饮店、优秀餐饮连锁企业优秀厨师长"颁奖。

**29 日**

▲南昌市工会第十二次代表大会在南昌国际展览中心开幕。大会审议市总工会第十一届委员会财务工作报告、市总工会第十一届经费审查委员会工作报告;选举产生南昌市总工会第十二届委员会和经费审查委员会。31 日上午,南昌市总工会第十二届委员会第一次全体会议和第十二届经费审查委员会第一次全体会议在南昌国际展览中心召开。会议通过南昌市总工会第十二届委员会第一次全委会选举办法,分别选举产生常委、主席、副主席和经费审查委员会委员、主任。

▲南昌市科协第七次代表大会在红谷滩会展中心召开。大会审议通过南昌市科协第六届委员会《工作报告》的决议;审议讨论《南昌科学技术协会章程修正案(草案)》;选举产生南昌市科协第七届委员会。30 日下午,南昌市科协第七届委员会第一次全体会议在铁路大酒店召开。会议选举产生南昌市科协第七届委员会主席、副主席。

▲南昌市残联第三次代表大会在红谷滩会展中心召开。大会审议讨论南昌市残疾人联合会第二届主席团工作报告;选举产生南昌市残疾人联合会第三届主席团。30 日,南昌市残联第三届主席团第一次全体会议在青山湖宾馆召开。会议选举产生南昌市残联第三届主席团主席、副主席,南昌市残联执行理事会理事长、副理事长等。

▲位于解放西路与洪都中大道交汇处的隆鑫广场开工建设。

**30 日**

▲全市农村乡(镇)书记、乡(镇)长会议在南昌国际会展中心召开。会议就贯彻落实市委八届十次全会精神,谋划当前和 2006 年的农村、农业、农民"三农"工作进行专题研究部署。

▲中国(南昌)绿色·无公害食品博览会暨 2005 江西食品展销洽谈会在省展览中心开幕。

▲江铃集团陆风风尚正式下线仪式举行

▲上午共青团南昌市第十五次代表大会开幕式在滨江宾馆召开。大会审议共青团南昌市第十四届委员会工作报告、共青团南昌市第十四届委员会关于团费收缴、管理和使用情况的报告;选举产生共青团南昌市第十五届委员会。2006 年 1 月 1 日,共青团南昌市第十五届委员会第一次全体会议在滨江宾馆召开。会议讨论通过"中国共产主义青年团南昌市第十五届委员会常务委员、书记、副书记选举办法";选举产生共青团南昌市第十五届委员会常务委员会委员,共青团南昌市第十五届委员会书记、副书记。

▲下午,南昌市妇女第十一次代表大会在红谷滩会展中心举行。大会审议南昌市妇女联合会第十届执行委员会工作报告;选举产生南昌市妇女联合会第十一届执行委员会。31 日下午,南昌市妇联第十一届执委会第一次全体会议在鄱阳湖大酒店召开。会议选举产生南昌市妇联新一届领导班子。

**31 日**

▲阔步迈向 2006——迎新年长跑比赛开幕式在红谷滩新区行政中心广场举行。

▲上午南昌市第四次社会科学工作者代表大会在红谷滩会展中心召开。大会决定将"南昌市社会科学学会联合会"更名为"南昌市社会科学界联合会",并改用"市社科联"的简称,继续承袭原南昌市社会科学学会联合会的届次、组织机构、权利义务及工作职责。审议并通过南昌市社科联第三届理事会工作报告、南昌市社科联新章程;表彰近年来全市优秀社科成果和先进学会、优秀学会工作者。2006 年 1 月 1 日,南昌市社科联四届一次理事会在环湖宾馆召开。会议选举产生南昌市社科联第四届理事会主席、副主席。

▲下午市文学艺术界联合会第七次代表大会在红谷滩会展中心开幕。大会讨论并通过南昌市第六届文联委员会工作报告;修改并通过《南昌市文联章程》;选举产生南昌市文联第七届委员会。2006 年 1 月 1 日下午,南昌市文联第七届委员会第一次全体会议在红谷滩会展中心召开。会议选举产生南昌市文联第七届委员会常务委员、主席、副主席。

▲ 南昌市在市委第一会议室召开总结表彰会,表彰在海铁联运工作中提供优质服务以及作出突出贡献的单位,南昌铁路局、省外经贸厅等 5 个优质服务单位和市外经贸委、市发改委等 9 个先进单位受到大会表彰。

# 统 计 资 料

## 2005 年行政区域概览

表 76　　单位:个

| 地　　区 | 街　办 | 居委会 | 镇 | 乡 | 村委会 |
|---|---|---|---|---|---|
| 全　市 | 29 | 487 | 47 | 33 | 1143 |
| **一、市辖区** | 29 | 385 | 12 | 2 | 219 |
| 东湖区 | 9 | 105 | – | – | 6 |
| 西湖区 | 10 | 127 | 1 | – | 13 |
| 青云谱区 | 5 | 55 | 1 | – | 12 |
| 湾里区 | 2 | 10 | 3 | 1 | 35 |
| 青山湖区 | 2 | 78 | 4 | 1 | 75 |
| 红谷滩新区 | 1 | 10 | – | – | 11 |
| 高新区 | – | – | 2 | – | 48 |
| 昌北区 | – | – | 1 | – | 19 |
| **二、市辖县** | – | 102 | 35 | 31 | 924 |
| 南昌县 | – | 38 | 9 | 7 | 255 |
| 新建县 | – | 28 | 10 | 9 | 286 |
| 进贤县 | – | 25 | 9 | 12 | 274 |
| 安义县 | – | 11 | 7 | 3 | 109 |

## 2005 年土地面积概览

表 77　　单位:平方公里

| 地　　区 | 总面积 | 平　　原 | 岗地低丘 | 水　　域 |
|---|---|---|---|---|
| **全　市** | 7402.36 | 2649.72 | 2548.27 | 2204.37 |
| 市辖区 | 617.07 | 283.72 | 249.81 | 83.54 |
| 南昌县 | 1839.40 | 1071.47 | 20.70 | 747.23 |
| 新建县 | 2337.84 | 847.33 | 592.51 | 898.00 |
| 进贤县 | 1951.86 | 156.30 | 1364.87 | 430.69 |
| 安义县 | 656.19 | 292.90 | 320.38 | 44.90 |

## 2005 年与 2004 年人口情况概览

表 78

| 指　　标 | 单位 | 2004 年 | 2005 年 | 2005 年比上年增长% |
|---|---|---|---|---|
| 总户数 | 万户 | 125.65 | 127.62 | 1.57 |
| 总人口 | 万人 | 460.79 | 475.17 | 5.41 |
| #男性 | 万人 | 241.91 | 250.57 | 5.83 |
| 女性 | 万人 | 218.88 | 224.60 | 4.95 |
| #非农业人口 | 万人 | 204.91 | 219.94 | 12.52 |
| 农业人口 | 万人 | 255.88 | 255.23 | -0.25 |
| 年平均人口 | 万人 | 455.78 | 467.98 | 2.68 |
| 人口密度 | 人/平方公里 | 616 | 632 | 2.60 |

本表为公安局户籍登记数据。

# 2005 年户数和人口情况概览

表 79

| 地　　区 | 户　数<br>(万户) | 总　人　口　(万　人) | | |
|---|---|---|---|---|
| | | 合　　计 | 农业人口 | 非农业人口 |
| 总　计 | 127.62 | 475.17 | 255.23 | 219.94 |
| **一、市辖区** | 54.17 | 214.52 | 47.73 | 166.79 |
| 东湖区 | 12.35 | 44.97 | 0.80 | 44.17 |
| 西湖区 | 12.37 | 41.33 | 2.22 | 39.10 |
| 青云谱区 | 7.26 | 26.02 | 2.53 | 23.49 |
| 湾里区 | 2.83 | 8.08 | 4.71 | 3.37 |
| 青山湖区 | 11.46 | 43.31 | 14.94 | 28.37 |
| 红谷滩新区 | 1.32 | 8.67 | 2.82 | 5.85 |
| 高新区 | 4.12 | 21.50 | 16.04 | 5.46 |
| 昌　北 | 2.45 | 20.66 | 3.69 | 16.97 |
| **二、市辖县** | 73.45 | 260.65 | 207.50 | 53.15 |
| 南昌县 | 25.65 | 91.73 | 75.61 | 16.12 |
| 新建县 | 17.63 | 67.55 | 52.41 | 15.14 |
| 进贤县 | 22.00 | 76.01 | 60.53 | 15.48 |
| 安义县 | 8.18 | 25.36 | 18.95 | 6.41 |

本表为公安局户籍登记数据。

# 1978 年～2005 年部分年份国民经济主要指标及发展速度概览

表 80

| 指标＼年份 | 单位 | 1978 | 1980 | 1985 | 1990 | 1995 | 2003 | 2004 | 2005 | 2005 年比上年增长% | 平均每年递增% | | |
|---|---|---|---|---|---|---|---|---|---|---|---|---|---|
| | | | | | | | | | | | 1979～2005 年 | 1986～2005 年 | 1991～2005 年 |
| 年末总人口(户籍人口) | 万人 | 306.8 | 316.4 | 335.3 | 372.6 | 395.2 | 450.77 | 460.79 | 475.17 | 3.1 | 1.5 | 1.6 | 1.4 |
| 从业人员数 | 万人 | 131.1 | 136.0 | 165.5 | 199.0 | 211.8 | 234.69 | 239.6 | 244.28 | 2.0 | 2.3 | 1.9 | 1.2 |
| 职工人数 | 万人 | 53.1 | 58.5 | 72.2 | 82.0 | 89.0 | 69.8 | 69.8 | 70.13 | 0.5 | 1.0 | -0.2 | -1.1 |
| 生产总值 | 亿元 | 14.4 | 16.9 | 32.6 | 63.2 | 240.1 | 641.02 | 851.11 | 1007.7 | 16.8 | 12.8 | 13.2 | 15.0 |
| 第一产业 | 亿元 | 4.2 | 4.5 | 7.9 | 13.9 | 38.4 | 52.82 | 68.78 | 73.38 | 5.0 | 6.1 | 5.9 | 4.5 |
| 第二产业 | 亿元 | 7.1 | 8.2 | 17.1 | 25.1 | 110.5 | 324.16 | 429.35 | 532.13 | 21.2 | 13.6 | 13.7 | 18.2 |
| 第三产业 | 亿元 | 3.1 | 4.2 | 7.6 | 24.3 | 91.2 | 264.04 | 352.97 | 402.19 | 13.4 | 15.4 | 15.9 | 15.3 |
| 农业总产值 | 亿元 | 4.5 | 5.6 | 10.8 | 23.7 | 58.5 | 82.30 | 106.1 | 115.76 | 5.0 | 6.5 | 6.1 | 6.6 |
| 粮食总产量 | 万吨 | 117.4 | 120.2 | 160.1 | 170.8 | 153.8 | 135.53 | 188.9 | 195.16 | 3.3 | 1.8 | 0.8 | 0.7 |
| 全社会固定资产投资额 | 亿元 | 1.2 | 2.1 | 4.7 | 10.3 | 54.3 | 235 | 350.00 | 520.00 | 48.6 | 23.4 | 24.1 | 26.5 |
| 社会消费品零售总额 | 亿元 | 5.3 | 7.5 | 15.3 | 26.4 | 83.35 | 227.71 | 265.85 | 307.49 | 15.7 | 15.6 | 15.3 | 16.6 |
| 财政总收入 | 亿元 | 2.6 | 3.4 | 5.6 | 10.2 | 22.0 | 76.47 | 102.06 | 126.1 | 23.6 | 14.6 | 15.6 | 16.6 |
| 财政支出 | 亿元 | 0.9 | 1.1 | 2.4 | 5.5 | 10.2 | 35.59 | 52.23 | 75.79 | 45.1 | 16.2 | 16.7 | 16.2 |
| 在岗职工平均工资 | 元 | 577 | 732 | 1038 | 1798 | 4931 | 13914 | 15588 | 18045 | 15.8 | 13.0 | 14.5 | 15.5 |
| 城市居民人均可支配收入 | 元 | | 339 | 639 | 1349 | 3591 | 7793 | 8744 | 10301 | 17.8 | | 14.0 | 13.3 |
| 农民人均纯收入 | 元 | 121 | 184 | 421 | 721 | 1626 | 2808 | 3414 | 3879 | 13.6 | 13.2 | 11.0 | 10.9 |
| 居民储蓄存款 | 亿元 | 0.9 | 2.0 | 7.1 | 32.2 | 138.3 | 402.80 | 558.41 | 643.75 | 15.3 | 26.9 | 24.4 | 21.0 |

注：由于 2004 年度经济普查及国家统计方法制度改革的原因，2004、2005 年 GDP 及农业总产值统计口径与以前年度不同，总量指示不宜直接比较。

# 2005年三次产业占GDP的比重概览

表81

| 指　　标 | 增加值(亿元) | 比重(%) | 指　　标 | 增加值(亿元) | 比重(%) |
|---|---|---|---|---|---|
| 国内生产总值(GDP) | 1007.70 | 100 | 信息传输、计算机服务及软件业 | 18.88 | 1.9 |
| 第一产业 | 73.38 | 7.3 | 批发零售业 | 78.36 | 7.8 |
| 第二产业 | 532.13 | 52.8 | 住宿餐饮业 | 14.39 | 1.4 |
| 工　业 | 374.93 | 37.2 | 金融业 | 45.56 | 4.5 |
| 建筑业 | 157.20 | 15.6 | 房地产业 | 54.99 | 5.5 |
| 第三产业 | 402.19 | 39.9 | 其他服务业 | 135.67 | 13.4 |
| 交通运输、仓储及邮政业 | 54.34 | 5.4 | | | |

# 2005年三次产业对经济增长的贡献概览

表82

| 指　　标 | 绝对值(亿元) | 同比增长% | 贡献率% | 推动GDP增长(百分点) |
|---|---|---|---|---|
| 生产总值 | 1007.70 | 16.8 | | |
| 第一产业 | 73.38 | 5.0 | 2.5 | 0.4 |
| 第二产业 | 532.13 | 21.2 | 65.6 | 11.0 |
| #工　业 | 374.93 | 17.3 | 39.0 | 6.6 |
| 第三产业 | 402.19 | 13.4 | 31.9 | 5.4 |

# 2005年农村居民收入和支出情况概览

表83　　单位:元

| 地　　区 | 农民人均纯收入 | 可支配收　入 | 生活消费支　出 | 地　　区 | 农民人均纯收入 | 可支配收　入 | 生活消费支　出 |
|---|---|---|---|---|---|---|---|
| 全　市 | 3878.77 | 3728.39 | 2472.34 | 安义县 | 3378.37 | 3236.67 | 2713.81 |
| 南昌县 | 4008.14 | 3865.97 | 2600.36 | 湾里区 | 3491.77 | 3334.03 | 2140.83 |
| 新建县 | 3665.21 | 3475.64 | 2574.58 | 青山湖区 | 4780.35 | 4739.24 | 2816.33 |
| 进贤县 | 3711.81 | 3545.19 | 2048.09 | 西湖区 | 5847.49 | 5728.00 | 2142.79 |

# 2005年与2004年农村住户人均消费支出情况概览

表84

| 指　　标 | 金额(元) | | 构成(%) | | 指　　标 | 金额(元) | | 构成(%) | |
|---|---|---|---|---|---|---|---|---|---|
| | 2004年 | 2005年 | 2004年 | 2005年 | | 2004年 | 2005年 | 2004年 | 2005年 |
| 生活消费支出 | 2168.21 | 2472.34 | 100.00 | 100.00 | 四、家庭设备用品及服务 | 80.21 | 112.09 | 3.7 | 4.53 |
| 一、食品 | 1133.27 | 1245.81 | 52.27 | 50.39 | 五、医疗保健 | 169.58 | 234.16 | 7.82 | 9.47 |
| #食品消费 | 1027.77 | 1129.73 | 90.69 | 45.69 | 六、交通和通讯 | 151.10 | 239.51 | 6.97 | 9.68 |
| 食品消费服务 | 105.51 | 116.08 | 1.03 | 4.70 | 七、文化娱乐用品及服务 | 233.70 | 118.77 | 10.77 | 4.80 |
| 二、衣着 | 116.90 | 138.58 | 5.39 | 5.61 | 八、其他商品和服务 | 51.31 | 51.19 | 2.37 | 2.08 |
| 三、居住 | 232.14 | 332.24 | 10.71 | 13.44 | | | | | |

## 2005 年与 2004 年家庭主要消费品每百户拥有量概览

表 85

| 指标 | 单位 | 城市 | | 农村 | | 指标 | 单位 | 城市 | | 农村 | |
|---|---|---|---|---|---|---|---|---|---|---|---|
| | | 2004 年 | 2005 年 | 2004 年 | 2005 年 | | | 2004 年 | 2005 年 | 2004 年 | 2005 年 |
| 自行车 | 辆 | 130.0 | 116.7 | 133 | 128 | 空　调 | 台 | 88.7 | 103.7 | 13 | 18 |
| 摩托车 | 辆 | 11.0 | 8.3 | 31 | 35 | 录相机 | 台 | 16.7 | 15.7 | 4 | 6 |
| 电风扇 | 台 | 220.3 | 220.3 | 202 | 195 | 照相机 | 架 | 39.3 | 42.7 | 3 | 5 |
| 电冰箱 | 台 | 96.0 | 96.3 | 23 | 27 | 移动电话 | 部 | 87.3 | 105.7 | 25 | 72 |
| 洗衣机 | 台 | 96.3 | 98.3 | 13 | 14 | 家用电脑 | 台 | 20.0 | 31.7 | 1 | 3 |
| 彩色电视机 | 台 | 130.7 | 141.0 | 70 | 93 | 组合音响 | 套 | 21.0 | 18.0 | 7 | 9 |
| 热水器 | 台 | 75.0 | 79.3 | 12 | 17 | | | | | | |

## 2005 年与 2004 年在岗职工人数与工资比较

表 86

| 指标 | 单位 | 2004 年 | 2005 年 | 2005 年比上年增长% | 指标 | 单位 | 2004 年 | 2005 年 | 2005 年比上年增长% |
|---|---|---|---|---|---|---|---|---|---|
| **年末在岗职工人数** | 万人 | 51.34 | 53.56 | 4.32 | 城镇集体单位 | 亿元 | 4.27 | 5.38 | 26.09 |
| 国有单位 | 万人 | 33.89 | 34.91 | 2.98 | 其他单位 | 亿元 | 19.80 | 24.32 | 22.82 |
| 城镇集体单位 | 万人 | 4.89 | 4.97 | 1.77 | **在岗职工平均工资** | 元 | 15588 | 18045 | 15.76 |
| 其他单位 | 万人 | 12.56 | 13.68 | 8.94 | 国有单位 | 元 | 16370 | 18794 | 14.81 |
| **在岗职工工资总额** | 亿元 | 79.32 | 94.99 | 19.77 | 城镇集体单位 | 元 | 9270 | 10784 | 16.33 |
| 国有单位 | 亿元 | 55.25 | 65.29 | 18.18 | 其他单位 | 元 | 15806 | 18840 | 19.19 |

## 2005 年与 2004 年全社会固定资产投资情况概览

表 87　　单位:亿元

| | 2004 年 | | | 2005 年 | | |
|---|---|---|---|---|---|---|
| | 绝对数(亿元) | 增速(%) | 比重(%) | 绝对数(亿元) | 增速(%) | 比重(%) |
| **全社会固定资产投资** | 350 | 48.9 | 100.0 | 520 | 44.0 | 100.0 |
| 1. 按地域分 | | | | | | |
| 城镇以上固定资产投资 | 322.7 | 55.3 | 92.2 | 476.94 | 46.5 | 91.7 |
| #建设与改造 | 237.5 | 60.7 | 73.6 | 366.72 | 54.4 | 76.9 |
| 房地产开发投资 | 85.2 | 41.9 | 26.4 | 110.22 | 29.4 | 23.1 |
| #基础设施建设 | 107.3 | 50.4 | 33.3 | 158.55 | 47.8 | 33.2 |
| 农村投资 | 27.3 | 2.6 | 7.8 | 43.06 | 18.8 | 8.3 |
| #农村集体 | 19.9 | 3.0 | 72.9 | 34.85 | 75.1 | 80.9 |
| 农村私人 | 7.4 | 1.4 | 27.1 | 8.21 | 10.9 | 19.1 |
| 2. 按隶属关系分 | | | | | | |
| 中央省属 | 72.5 | 18.0 | 20.7 | 97.53 | 34.5 | 18.8 |
| 市　属 | 277.5 | 59.9 | 79.3 | 422.27 | 52.2 | 81.2 |

## 2005年与2004年城市建设情况概览

表88

| 指　　标 | 单位 | 2004年 | 2005年 | 指　　标 | 单位 | 2004年 | 2005年 |
|---|---|---|---|---|---|---|---|
| **城市面积** | 平方公里 | 617.07 | 617.07 | #工业用电 | 亿千瓦时 | 36.15 | 39.57 |
| **城市绿化(城区)** | | | | 居民生活用电 | 亿千瓦时 | 9.00 | 17.03 |
| 园林绿地面积 | 公顷 | 4858.93 | 4914 | **城市供水** | | | |
| #公共绿地 | 公顷 | 1460.43 | 1566 | 自来水厂 | 个 | 8 | 8 |
| 人均公共绿地面积 | 平方米 | 7.19 | 7.32 | 供水能力 | 万吨/日 | 134 | 151 |
| 城区绿化覆盖率 | % | 37.8 | 38.6 | 供水总量 | 亿立方米 | 3.81 | 3.61 |
| 年末公园(含动物园) | 个 | 19 | 19 | #生活用水 | – | 1.56 | 1.51 |
| 公园面积 | 公顷 | 341.08 | 341.08 | 供水管道长度 | 公里 | 1892 | 2051 |
| **城市道路** | | | | **城市供气** | | | |
| 城市道路总长度 | 公里 | 819.53 | 833.04 | 1. 液化气供应总量 | 万吨 | 7.01 | 6.30 |
| 城市道路总面积 | 万平方米 | 1520.5 | 1673 | #家庭用量 | 万吨 | 5.81 | 6.14 |
| **公共交通** | | | | 家庭用气数 | 万户 | 35.67 | 37.82 |
| 营运车辆 | 辆 | 1650 | 1824 | 用气人口 | 万人 | 142.37 | 143.7 |
| #公共汽车 | 辆 | 1558 | 1735 | 2. 煤气供应总量 | 万立方米 | 3396.97 | 4644 |
| 营运线路长度 | 公里 | 860 | 1018 | #家庭用量 | 万立方米 | 2698.44 | 3113 |
| 客运量 | 亿人次 | 3.32 | 3.63 | 家庭用气数 | 万户 | 12.01 | 13.58 |
| 年末出租汽车 | 辆 | 3539 | 3569 | 用气人口 | 万人 | 46 | 52 |
| **全市用电量** | 亿千瓦时 | 61.48 | 73.87 | | | | |

## 2005年与2004年地方财政收入与支出比较

表89　　单位:亿元

| 指　　标 | 2004年 | 2005年 | 2005年比上年增长% | 指　　标 | 2004年 | 2005年 | 2005年比上年增长% |
|---|---|---|---|---|---|---|---|
| 一、一般预算收入 | 42.19 | 58.28 | 38.1 | 挖潜改造资金 | 1.35 | 7.72 | 472.0 |
| #工商税收 | 29.02 | 34.21 | 17.9 | 支农支出 | 2.69 | 2.96 | 10 |
| 农业四税 | 4.65 | 5.07 | 9.1 | 城市维护费 | 6.66 | 9.38 | 40.9 |
| 二、财政支出 | 52.23 | 75.79 | 45.1 | 科教文卫事业费 | 11.19 | 13.00 | 16.18 |
| #基本建设拨款 | 6.08 | 7.84 | 29.0 | | | | |

## 2005年与2004年县、区财政收入与支出比较

表90　　单位:万元

| 指　　标 | 一般预算收入 | | 财　政　支　出 | | 指　　标 | 一般预算收入 | | 财　政　支　出 | |
|---|---|---|---|---|---|---|---|---|---|
| | 2005年 | 比上年增长% | 2005年 | 比上年增长% | | 2005年 | 比上年增长% | 2005年 | 比上年增长% |
| 全　　市 | 582792 | 38.1 | 757863 | 45.1 | 青山湖区 | 22713 | 30.7 | 38749 | 29.6 |
| 市 本 级 | 345095 | 48.1 | 313282 | 59.7 | 东 湖 区 | 22338 | 18.0 | 34238 | 22.1 |
| 南 昌 县 | 44671 | 34.5 | 83275 | 37.3 | 西 湖 区 | 27202 | 19.6 | 42370 | 34.0 |
| 新 建 县 | 26296 | 23.7 | 59219 | 53.0 | 青云谱区 | 11481 | 32.4 | 18303 | 34.1 |
| 进 贤 县 | 16031 | 10.4 | 47394 | 31.4 | 昌 北 区 | 17276 | 18.0 | 28221 | 25.3 |
| 安 义 县 | 7397 | 14.6 | 21621 | 20.5 | 高 新 区 | 20112 | 24.7 | 34006 | 35.6 |
| 湾 里 区 | 8000 | 22.3 | 14562 | 16.6 | 红谷滩区 | 13292 | 57.4 | 21592 | 132.1 |

## 2005 年与 2004 年金融机构存贷款情况概览

表 91　　单位:亿元

| 指　　标 | 2004 年 | 2005 年 | 指　　标 | 2004 年 | 2005 年 |
|---|---|---|---|---|---|
| 存款合计 | 1316.13 | 1556.65 | 贷款合计 | 873.07 | 1027.50 |
| #企业存款 | 511.23 | 545.13 | #短期贷款 | 361.93 | 419.74 |
| 财政存款 | 119.35 | 121.62 | 工业贷款 | 117.97 | 133.06 |
| 机关、团体、部队存款 | 32.47 | 93.37 | 商业贷款 | 88.39 | 86.49 |
| 居民储蓄存款余额 | 558.41 | 643.75 | 农业贷款 | 25.51 | 40.57 |
| 城　镇 | 475.54 | 561.67 | #中长期贷款 | 447.58 | 506.00 |
| 农　村 | 82.87 | 82.08 | 基本建设贷款 | 254.41 | 263.14 |
| | | | 技术改造贷款 | 25.32 | 17.85 |

## 2005 年与 2004 年社会消费品零售总额比较

表 92　　单位:亿元

| 指　　标 | 2004 年 | 2005 年 | 2005 年比上年增长% | 指　　标 | 2004 年 | 2005 年 | 2005 年比上年增长% |
|---|---|---|---|---|---|---|---|
| 社会消费品零售总额 | 265.85 | 307.49 | 15.7 | 二、按行业分 | | | |
| 一、按销售地区分 | | | | 批发零售贸易业 | 241.53 | 279.43 | 15.7 |
| 城　市 | 209.57 | 244.69 | 16.8 | 餐饮业 | 23.65 | 27.49 | 16.3 |
| 县　城 | 21.53 | 24.29 | 12.8 | 其　它 | 0.68 | 0.57 | -16.5 |
| 县以下 | 34.75 | 38.50 | 10.8 | | | | |

## 2005 年商品交易市场情况概览

表 93　　单位:个

| 指　　标 | 合计 | 城市 | 农村 | 指　　标 | 合计 | 城市 | 农村 |
|---|---|---|---|---|---|---|---|
| 合　　计 | 242 | 120 | 122 | 综合市场 | 4 | | 4 |
| 一、消费品市场 | 218 | 109 | 109 | 专业市场 | 7 | 6 | 1 |
| 1. 消费品综合市场 | 92 | 52 | 40 | 4. 其他 | 15 | | 15 |
| 2. 农副产品市场 | 100 | 51 | 49 | 二、生产资料市场 | 14 | 6 | 8 |
| 综合市场 | 91 | 46 | 45 | 三、生产要素市场 | 10 | 5 | 5 |
| 专业市场 | 9 | 5 | 4 | | | | |
| 3. 工业消费品市场 | 11 | 6 | 5 | | | | |

## 2005 年与 2004 年个体贸易 、餐饮业机构 、人员情况概览

表 94

| 指　　标 | 户数(万户) | | 从业人员(万人) | | 指　　标 | 户数(万户) | | 从业人员(万人) | |
|---|---|---|---|---|---|---|---|---|---|
| | 2004 年 | 2005 年 | 2004 年 | 2005 年 | | 2004 年 | 2005 年 | 2004 年 | 2005 年 |
| 合　计 | 4.84 | 5.81 | 11.721 | 14.06 | 二、个体餐饮业 | 0.49 | 0.63 | 1.63 | 2.05 |
| 一、个体批发零售贸易业 | 4.35 | 5.18 | 10.09 | 12.01 | 城　镇 | 0.39 | 0.59 | 1.34 | 1.85 |
| 城　镇 | 3.64 | 4.56 | 8.17 | 10.55 | 农　村 | 0.10 | 0.04 | 0.29 | 0.20 |
| 农　村 | 0.71 | 0.62 | 1.92 | 1.46 | | | | | |

# 2005年与2004年居民消费价格指数概览

表95　　上年价格=100

| 指　　标 | 2004年 | 2005年 | 指　　标 | 2004年 | 2005年 |
|---|---|---|---|---|---|
| 居民消费价格指数 | 103.2 | 101.0 | 医疗保健 | 91.3 | 95.5 |
| 1. 食　品 | 107.1 | 103.5 | 个人用品及服务 | 101.2 | 101.6 |
| #粮食 | 121.5 | 102.1 | 6. 交通和通信 | 97.5 | 97.9 |
| 油脂类 | 109.6 | 93.8 | #交通 | 99.4 | 100.8 |
| 肉禽及其制品 | 119.0 | 100.8 | 通信 | 96.5 | 96.3 |
| 蛋类 | 131.2 | 107.3 | 7. 娱乐教育文化用品及服务 | 102.7 | 98.3 |
| 水产品类 | 118.3 | 105.6 | #文娱用耐用消费品及服务 | 92.2 | 92.0 |
| 鲜菜 | 79.6 | 119.1 | 教育 | 105.2 | 100.0 |
| 2. 烟、酒及用品 | 100.6 | 98.7 | 文化娱乐用品 | 101.2 | 101.3 |
| 3. 衣着类 | 98.7 | 96.6 | 8. 居　住 | 105.8 | 104.7 |
| 4. 家庭设备用品及维修服务 | 101.9 | 100.8 | 租　房 | 100.0 | 100.0 |
| 5. 医疗保健和个人用品 | 94.4 | 97.6 | 水电、燃料 | 111.6 | 107.2 |

# 2005年与2004年全市工业增加值比较

表96　　单位:亿元

| 指　　标 | 2004年 | 2005年 | 2005年比上年增长% | 指　　标 | 2004年 | 2005年 | 2005年比上年增长% |
|---|---|---|---|---|---|---|---|
| 全市工业增加值 | 309.12 | 374.93 | 21.2 | 外商及港澳台商 | 39.29 | 58.66 | 49.3 |
| #规模以上 | 175.43 | 235.78 | 34.4 | 其他经济类型 | 3.89 | 5.43 | 39.59 |
| #国　有 | 39.31 | 48.71 | 23.91 | #轻工业 | 89.19 | 127.66 | 43.13 |
| 集　体 | 3.07 | 3.88 | 26.38 | 重工业 | 86.24 | 108.12 | 25.37 |
| 股份合作 | 5.61 | 8.36 | 49 | #大中型 | 129.56 | 157.43 | 21.51 |
| 股份制 | 84.26 | 110.74 | 31.43 | | | | |

注:“规模以上”,指全部独立核算国有和年销售收入500万元及以上非国有工业企业,增长速度为同口径对比数。

# 2005年与2004年规模以上工业经济效益概览

表97　　单位:亿元

| 指　　标 | 2004年 | 2005年 | 指　　标 | 2004年 | 2005年 |
|---|---|---|---|---|---|
| 工业增加值(当年价) | 175.43 | 235.78 | 流动资金周转次数(次) | 1.97 | 2.10 |
| 销售收入 | 566.34 | 733.33 | 实现利税总额 | 71.46 | 81.00 |
| 固定资产净值平均余额 | 197.10 | 240.71 | 利润总额 | 30.31 | 35.02 |
| 流动资产平均余额 | 287.91 | 348.46 | #亏损企业亏损额 | 2.68 | 2.79 |
| 产成品存货 | 32.36 | 36.73 | 盈利企业盈利额 | 32.99 | 37.81 |
| 产品销售率(%) | 98.71 | 98.93 | | | |

## 2005 年与 2004 年邮电事业比较

表 98

| 指　　标 | 单位 | 2004 年 | 2005 年 | 2005 年比上年增长% | 指　　标 | 单位 | 2004 年 | 2005 年 | 2005 年比上年增长% |
|---|---|---|---|---|---|---|---|---|---|
| 邮电业务总量（2000 年不变价） | 亿元 | 28.40 | 33.48 | 17.9 | 机要文件 | 万件 | 18.96 | 18.63 | -1.7 |
| 函　件 | 万件 | 4042.56 | 3728.1 | -7.8 | 长途电话 | 万次 | 10131 | 18741 | 85.0 |
| 包　裹 | 万件 | 62.08 | 58.72 | -5.3 | 固定电话 | 万户 | 138 | 154 | 11.6 |
| 汇　票 | 万件 | 44.31 | 45.38 | 2.4 | 移动电话 | 万户 | 164.31 | 217.68 | 32.5 |
| 报　纸 | 万份 | 7667.40 | 8364.31 | 9.1 | 小灵通用户数 | 万户 | 30.50 | 39.11 | 28.2 |
| 杂　志 | 万份 | 629.89 | 672.14 | 6.7 | 移动通信交换机容量 | 万户 | 270 | 340.44 | 26.1 |
| 特快专递 | 万件 | 98.71 | 137.7 | 39.5 | | | | | |

## 2005 年与 2004 年交通运输比较

表 99

| 指　　标 | 单位 | 2004 年 | 2005 年 | 2005 年比上年增长% | 指　　标 | 单位 | 2004 年 | 2005 年 | 2005 年比上年增长% |
|---|---|---|---|---|---|---|---|---|---|
| **货物运输量** | 万吨 | 4195.47 | 4551.67 | 8.4 | **旅客运输量** | 万人次 | 4945.65 | 5187.32 | 4.9 |
| 民　航 | 万吨 | 1.75 | 1.6 | -8.6 | 民　航 | 万人次 | 123.2 | 136.4 | 10.7 |
| 铁　路 | 万吨 | 364.62 | 391.57 | 7.4 | 铁　路 | 万人次 | 1273.65 | 1346.02 | 5.7 |
| 公　路 | 万吨 | 3624 | 3890 | 7.3 | 公　路 | 万人次 | 3522 | 3687 | 4.7 |
| 水　运 | 万吨 | 205.1 | 268.5 | 30.9 | 水　运 | 万人次 | 26.8 | 17.9 | -33.2 |
| **货物周转量** | 亿吨千米 | 109.98 | 158.77 | 44.4 | **旅客周转量** | 亿人千米 | 83.37 | 88.79 | 6.5 |
| 民　航 | 亿吨千米 | 1.02 | 1.23 | 20.6 | 民　航 | 亿人千米 | 11.40 | 13.73 | 20.4 |
| 铁　路 | 亿吨千米 | 85.48 | 128.2 | 50.0 | 铁　路 | 亿人千米 | 49.45 | 51.24 | 3.6 |
| 公　路 | 亿吨千米 | 19.23 | 21.05 | 9.5 | 公　路 | 亿人千米 | 22.46 | 23.78 | 5.9 |
| 水　运 | 亿吨千米 | 4.26 | 8.29 | 94.6 | 水　运 | 亿人千米 | 0.06 | 0.04 | -33.3 |

## 2005 年与 2004 年农林牧渔业总产值比较

（当年价）

表 100

| 指　　标 | 绝对数（亿元） | | 构　成（%） | | 指　　标 | 绝对数（亿元） | | 构　成（%） | |
|---|---|---|---|---|---|---|---|---|---|
| | 2004 年 | 2005 年 | 2004 年 | 2005 年 | | 2004 年 | 2005 年 | 2004 年 | 2005 年 |
| 农林牧渔业总产值 | 106.1 | 115.76 | 100 | 100 | 三、牧　业 | 36.9 | 38.21 | 34.8 | 33.0 |
| 一、农　业 | 42.44 | 46.31 | 40.0 | 40.0 | 四、渔　业 | 23.01 | 27.34 | 21.7 | 23.6 |
| 粮食作物 | 28.94 | 30.33 | 27.3 | 26.2 | 五、农林牧渔服务业 | 2.36 | 2.51 | 2.2 | 2.2 |
| 经济作物 | 12.35 | 13.75 | 11.6 | 11.9 | 在农业总产值中 | | | | |
| 其他作物 | 1.15 | 2.23 | 1.1 | 1.9 | 多种经营产值 | 77.16 | 85.43 | 72.7 | 73.8 |
| 二、林　业 | 1.38 | 1.39 | 1.3 | 1.2 | | | | | |

## 2005年与2004年主要农产品产量比较

表101

| 指　　标 | 单位 | 2004年 | 2005年 | 2005年比上年增长% | 指　　标 | 单位 | 2004年 | 2005年 | 2005年比上年增长% |
|---|---|---|---|---|---|---|---|---|---|
| 粮食 | 万吨 | 188.90 | 195.16 | 3.3 | 禽　蛋 | 万吨 | 10.90 | 11.58 | 6.2 |
| #早稻 | 万吨 | 72.65 | 80.47 | 10.8 | 水产品 | 万吨 | 27.28 | 28.40 | 4.1 |
| 晚稻 | 万吨 | 112.82 | 111.24 | -1.4 | #特种水产 | 万吨 | 8.96 | 9.66 | 7.9 |
| 棉花 | 万吨 | 1007 | 743 | -26.2 | 油茶籽 | 吨 | 2223 | 2578 | 16.0 |
| 油料 | 万吨 | 7.34 | 7.94 | 8.1 | 油铜籽 | 吨 | 107 | 120 | 12.1 |
| 蔬菜 | 万吨 | 94.03 | 88.33 | -6.1 | 板　栗 | 吨 | 206 | 278 | 35.0 |
| 肉类总产量 | 万吨 | 23.04 | 24.20 | 5.1 | 水果 | 吨 | 12989 | 12256 | -5.6 |
| #猪　肉 | 万吨 | 18.48 | 19.47 | 5.4 | #柑　桔 | 吨 | 10497 | 9349 | -10.9 |
| 禽　肉 | 万吨 | 3.95 | 4.03 | 1.9 | 梨 | 吨 | 595 | 597 | 0.3 |
| 牛　奶 | 万吨 | 6.14 | 6.45 | 5.1 | 茶　叶 | 吨 | 822 | 820 | -0.2 |

## 2005年与2004年林、牧、渔业生产情况比较

表102

| 指　　标 | 单位 | 2004年 | 2005年 | 2005年比上年增长% | 指　　标 | 单位 | 2004年 | 2005年 | 2005年比上年增长% |
|---|---|---|---|---|---|---|---|---|---|
| 一、当年造林面积 | 公顷 | 546 | 1533 | 180.8 | 家禽年末数 | 万羽 | 2428 | 2520 | 3.8 |
| 二、茶园面积 | 公顷 | 950 | 973 | 2.4 | 家禽出笼数 | 万羽 | 3249 | 3305 | 1.7 |
| 三、果园面积 | 公顷 | 5011 | 4971 | -0.8 | 养蜂箱数 | 箱 | 4919 | 4611 | -6.3 |
| #柑桔园 | 公顷 | 2705 | 2675 | -1.1 | 生猪年末存栏 | 万头 | 177.1 | 170.5 | -3.7 |
| 梨　园 | 公顷 | 776 | 750 | -3.4 | 生猪出栏数 | 万头 | 227.5 | 238.3 | 4.7 |
| 四、牧业生产 | | | | | 大牲畜(牛)年末存栏 | 万头 | 23.1 | 23.4 | 1.3 |
| 羊年末数 | 只 | 21350 | 20291 | -5.0 | 五、水产养殖面积 | 万公顷 | 5.32 | 5.37 | 0.9 |
| 兔年末数 | 只 | 24090 | 24287 | 0.8 | | | | | |

## 2005年与2004年实际利用外资情况概览

表103

单位:万美元

| 指　　标 | 2004年 | 2005年 | 指　　标 | 2004年 | 2005年 |
|---|---|---|---|---|---|
| 实际利用外资 | 73012 | 90865 | 二、分区域 | | |
| 一、分三次产业 | | | 台　港　澳 | 39939 | 59248 |
| 一　产 | 3910 | 5499 | 日韩东南亚 | 5680 | 14131 |
| 二　产 | 40254 | 46538 | 美　　加 | 16933 | 8768 |
| 三　产 | 28848 | 38828 | 欧洲大洋洲 | 10480 | 8718 |

## 2005 年与 2004 年对外签订利用外资协议（合同）情况概览

表 104

| 指　　标 | 2004 年 | | 2005 年 | |
|---|---|---|---|---|
| | 项目（个） | 金额（万美元） | 项目（个） | 金额（万美元） |
| 外商直接投资 | 195 | 104743 | 187 | 111473 |
| 合资企业 | 67 | 20278 | 57 | 20694 |
| 合作企业 | 9 | 8461 | 4 | 7005 |
| 独资企业 | 119 | 76004 | 126 | 83774 |

## 2005 年与 2004 年接待境外旅游者情况概览

表 105

| 指　　标 | 人数（万人次） | | 人天数 | |
|---|---|---|---|---|
| | 2004 年 | 2005 年 | 2004 年 | 2005 年 |
| 合　　计 | 5.43 | 6.52 | 12.71 | 13.81 |
| 外 国 人 | 3.49 | 5.10 | 8.23 | 11.30 |
| 港澳同胞 | 0.86 | 0.79 | 2.05 | 1.52 |
| 台湾同胞 | 1.08 | 0.63 | 2.43 | 0.99 |

注：人天数＝人数×在当地实际旅游天数。

## 1991 年～2005 年旅游外汇收入比较

表 106　　单位：万人

| 年份 | 旅游外汇收入（万美元） | 比上年增长 % | 年份 | 旅游外汇收入（万美元） | 比上年增长 % | 年份 | 旅游外汇收入（万美元） | 比上年增长 % |
|---|---|---|---|---|---|---|---|---|
| 1991 | 250 | 40.5 | 1996 | 1171 | 31.9 | 2001 | 2913 | 13.0 |
| 1992 | 405 | 62.0 | 1997 | 1478 | 26.2 | 2002 | 1643 | -43.6 |
| 1993 | 633 | 56.3 | 1998 | 1743 | 17.9 | 2003 | 1104 | -32.8 |
| 1994 | 981 | 54.9 | 1999 | 2155 | 23.6 | 2004 | 1723 | 56.8 |
| 1995 | 888 | -9.5 | 2000 | 2578 | 19.6 | 2005 | 1807 | 4.9 |

## 1991 年～2005 年境外旅游者人数比较

表 107

| 年份 | 接待境外旅游人数（万人次） | 比上年增长 % | 年份 | 接待境外旅游人数（万人次） | 比上年增长 % | 年份 | 接待境外旅游人数（万人次） | 比上年增长 % |
|---|---|---|---|---|---|---|---|---|
| 1991 | 2.13 | 19.2 | 1996 | 2.38 | 19.9 | 2001 | 4.14 | 11.9 |
| 1992 | 1.94 | -9.2 | 1997 | 3.00 | 26.0 | 2002 | 4.48 | 8.2 |
| 1993 | 1.63 | -15.9 | 1998 | 2.87 | -4.3 | 2003 | 3.45 | -23.0 |
| 1994 | 1.54 | -5.3 | 1999 | 3.41 | 18.9 | 2004 | 5.43 | 58.1 |
| 1995 | 1.99 | 28.8 | 2000 | 3.70 | 8.4 | 2005 | 6.52 | 20.0 |

## 2005年与2004年卫生机构基本情况比较

表108

| 指　　标 | 单位 | 2004年 | 2005年 | 2005年比上年增长% | 指　　标 | 单位 | 2004年 | 2005年 | 2005年比上年增长% |
|---|---|---|---|---|---|---|---|---|---|
| 一、机构 | 个 | 827 | 850 | 2.78 | 三、卫生人员 | 万人 | 2.67 | 2.53 | -5.24 |
| #医院(不含卫生院) | 个 | 83 | 85 | 2.41 | #卫生技术人员 | 万人 | 2.13 | 2.06 | -3.29 |
| 二、床位 | 万张 | 1.52 | 1.56 | 2.63 | #执业医师 | 万人 | 0.78 | 0.73 | -6.41 |
| #医院(不含卫生院) | 个 | 1.28 | 1.33 | 3.91 | 执业助理医师 | 万人 | 0.09 | 0.08 | -11.11 |

## 2005年与2004年各级各类学校数比较

表109　　单位:所

| 指　　标 | 2004年 | 2005年 | 指　　标 | 2004年 | 2005年 | 指　　标 | 2004年 | 2005年 |
|---|---|---|---|---|---|---|---|---|
| 普通高等学校 | 41 | 45 | 普通中学 | 277 | 279 | 特殊学校 | 9 | 8 |
| 普通中等专业学校 | 26 | 24 | 职业中学 | 21 | 21 | 幼儿园 | 534 | 463 |
| 技工学校 | 37 | 36 | 小　学 | 1160 | 1145 | | | |

## 2005年与2004年学校招生数和毕业生数比较

表110　　单位:万人

| 指　　标 | 招生数 | | 毕业生数 | | 指　　标 | 招生数 | | 毕业生数 | |
|---|---|---|---|---|---|---|---|---|---|
| | 2004年 | 2005年 | 2004年 | 2005年 | | 2004年 | 2005年 | 2004年 | 2005年 |
| 普通高等学校 | 11.66 | 12.27 | 3.61 | 5.33 | 高　中 | 3.21 | 3.46 | 2.13 | 2.67 |
| 普通中等专业学校 | 3.41 | 7.14 | 1.77 | 2.15 | 初　中 | 3.71 | 5.07 | 7.92 | 7.90 |
| 技工学校 | 1.88 | 2.00 | 0.82 | 1.44 | 职业中学 | 0.51 | 0.73 | 0.42 | 0.38 |
| 普通中学 | 6.92 | 8.53 | 10.05 | 10.57 | 小　学 | 7.72 | 7.62 | 3.53 | 5.06 |

## 2005年与2004年广播、电视、出版基本情况比较

表111

| 指　　标 | 单位 | 2004年 | 2005年 | 指　　标 | 单位 | 2004年 | 2005年 |
|---|---|---|---|---|---|---|---|
| 广播电视 | | | | 出版 | | | |
| 广播电台 | 座 | 2 | 2 | 图书种数 | 种 | 1977 | 2563 |
| 广播覆盖率 | % | 97.06 | 97.19 | 图书总印数 | 万册 | 17172 | 16907 |
| 电视台 | 座 | 2 | 2 | 报纸种数 | 种 | 34 | 35 |
| 电视覆盖率 | % | 98.64 | 98.73 | 报纸总印数 | 万份 | 39694 | 44993 |
| 有线电视用户 | 万户 | 55.15 | 57.39 | 杂志种数 | 种 | 130 | 135 |
| | | | | 杂志总印数 | 万册 | 5029 | 5046 |

# 文　件　索　引

## 2005 年中共南昌市委重要文件索引

表 112

| 文号 | 发文日期 | 标　　题 |
| --- | --- | --- |
| 洪发 1 号 | 2005－01－19 | 中共南昌市委 南昌市人民政府关于统筹城乡经济社会发展 进一步加快县域经济发展的若干意见 |
| 洪发 2 号 | 2005－01－14 | 中共南昌市委 南昌市人民政府关于 2005 年全市社会治安综合治理工作意见 |
| 洪发 3 号 | 2005－01－14 | 中共南昌市委 南昌市人民政府关于批转市综治委等五部委局《关于贯彻〈江西省社会治安综合治理及维护社会稳定领导责任制实施意见〉的实施细则》的通知 |
| 洪发 4 号 | 2005－01－20 | 中共南昌市委 南昌市人民政府关于 2005 年全面提升开放型经济工作效能和整体水平的若干意见 |
| 洪发 5 号 | 2005－01－20 | 中共南昌市委 南昌市人民政府关于南昌县政府部分机构调整方案的通知 |
| 洪发 6 号 | 2005－01－20 | 中共南昌市委 南昌市人民政府关于新建县政府部分机构调整方案的通知 |
| 洪发 7 号 | 2005－01－20 | 中共南昌市委 南昌市人民政府关于进贤县政府部分机构调整方案的通知 |
| 洪发 8 号 | 2005－01－20 | 中共南昌市委 南昌市人民政府关于安义县政府部分机构调整方案的通知 |
| 洪发 9 号 | 2005－01－20 | 中共南昌市委 南昌市人民政府关于东湖区政府部分机构调整方案的通知 |
| 洪发 10 号 | 2005－01－20 | 中共南昌市委 南昌市人民政府关于西湖区政府部分机构调整方案的通知 |
| 洪发 11 号 | 2005－01－20 | 中共南昌市委 南昌市人民政府关于湾里区政府部分机构调整方案的通知 |
| 洪发 12 号 | 2005－01－20 | 中共南昌市委 南昌市人民政府关于青云谱区政府部分机构调整方案的通知 |
| 洪发 13 号 | 2005－01－20 | 中共南昌市委 南昌市人民政府关于青山湖区政府部分机构调整方案的通知 |
| 洪发 14 号 | 2005－01－27 | 中共南昌市委 关于开展以实践“三个代表”重要思想为主要内容的保持共产党员先进性教育活动的实施意见 |
| 洪发 15 号 | 2005－02－02 | 中共南昌市委 南昌市人民政府关于印发《2005 年优化投资环境工作实施方案》的通知 |
| 洪发 16 号 | 2005－02－06 | 中共南昌市委 南昌市人民政府关于加快林业发展的若干意见 |
| 洪发 17 号 | 2005－02－16 | 中共南昌市委 南昌市人民政府关于表彰 2004 年度全市农业农村工作全面先进县区的决定 |
| 洪发 18 号 | 2005－02－21 | 中共南昌市委 南昌市人民政府关于表彰 2004 年度招商引资及出口创汇先进单位的决定 |
| 洪发 19 号 | 2005－02－22 | 中共南昌市委 南昌市人民政府关于表彰 2004 年度人口和计划生育工作先进县区、先进单位、先进个人的决定 |
| 洪发 20 号 | 2005－02－25 | 中共南昌市委 南昌市人民政府关于表彰 2004 年度全市开展“投资环境、作风行风”工作十佳单位和十佳个人的决定 |
| 洪发 21 号 | 2005－02－25 | 中共南昌市委 南昌市人民政府关于印发《南昌市开展机关“效能年”活动实施方案》的通知 |
| 洪发 22 号 | 2005－04－06 | 中共南昌市委 南昌市人民政府关于表彰 2004 年度全市信访工作先进单位和先进个人的决定 |
| 洪发 23 号 | 2005－04－08 | 中共南昌市委 南昌市人民政府关于印发《南昌市 2005 年民心工程项目》的通知 |
| 洪发 24 号 | 2005－05－11 | 中共南昌市委 南昌市人民政府关于建立南昌招标投标统一市场 进一步加强和规范招标投标管理工作的意见 |
| 洪发 25 号 | 2005－05－23 | 中共南昌市委 南昌市人民政府关于表彰 2004 年度全市社会治安综合治理目标管理先进县区、先进单位的决定 |

续表 112-1

| 文号 | 发文日期 | 标题 |
|---|---|---|
| 洪发 26 号 | 2005-05-23 | 中共南昌市委南昌市人民政府关于嘉奖 2004 年度全市社会治安综合治理目标管理先进县区、先进单位责任人和综治办主任的决定 |
| 洪发 27 号 | 2005-05-23 | 中共南昌市委 南昌市人民政府 南昌警备区关于实施南昌八一起义纪念馆改扩建工程的决定 |
| 洪发 28 号 | 2005-05-31 | 中共南昌市委 关于印发《涉嫌违纪违法干部停职的暂行规定》的通知 |
| 洪发 29 号 | 2005-06-16 | 中共南昌市委 南昌市人民政府关于表彰文明南昌行动先进集体和先进个人的决定 |
| 洪发 30 号 | 2005-06-20 | 中共南昌市委 南昌市人民政府关于加强"两所一庭"建设的意见 |
| 洪发 31 号 | 2005-06-20 | 中共南昌市委 南昌市人民政府关于表彰全市关心下一代工作先进单位、先进个人的决定 |
| 洪发 32 号 | 2005-06-22 | 中共南昌市委关于开展向凌美龙同志学习活动的决定 |
| 洪发 33 号 | 2005-06-23 | 中共南昌市委关于表彰先进基层党组织、优秀共产党员和优秀党务工作者的决定 |
| 洪发 34 号 | 2005-07-03 | 中共南昌市委关于加强基层党组织建设和建立党员教育管理长效机制的意见 |
| 洪发 35 号 | 2005-07-06 | 中共南昌市委 南昌市人民政府关于表彰 2004 年度工业发展先进个人和企业的决定 |
| 洪发 36 号 | 2005-07-22 | 中共南昌市委关于 2005 年南昌市市、县(区)联合公开选拔领导干部的通知 |
| 洪发 37 号 | 2005-07-22 | 中共南昌市委关于在先进性教育活动中动员和组织全市广大共产党员为和谐创业作表率的通知 |
| 洪发 38 号 | 2005-07-27 | 中共南昌市委 南昌市人民政府关于加快现代服务业发展的决定 |
| 洪发 39 号 | 2005-08-01 | 中共南昌市委 南昌市人民政府关于推动全民创业 加快富民强市 促进快速和谐崛起的若干意见 |
| 洪发 40 号 | 2005-08-15 | 中共南昌市委 南昌市人民政府关于切实加强南昌市公安特警队伍建设的意见 |
| 洪发 41 号 | 2005-09-22 | 中共南昌市委 南昌市人民政府关于做好 2005 年农村税费改革工作的意见 |
| 洪发 42 号 | 2005-11-11 | 中共南昌市委关于进一步加强和改进新时期工会工作 充分发挥工会组织重要作用的意见 |
| 洪发 43 号 | 2005-10-28 | 中共南昌市委关于印发《南昌市关于贯彻落实〈建立健全教育、制度、监督并重的惩治和预防腐败体系实施纲要〉的意见》的通知 |
| 洪发 44 号 | 2005-12-31 | 中共南昌市委关于印发《市委常委会 2005 年度工作报告》的通知 |
| 洪发 45 号 | 2005-12-31 | 中共南昌市委转发《中共南昌市人大常委会党组关于进一步加强市人大代表工作和市人大常委会制度建设的意见》的通知 |

## 2005 年南昌市人民政府重要文件索引

表 113

| 文号 | 发文日期 | 标题 |
|---|---|---|
| 洪府发 3 号 | 2005-01-04 | 关于印发《南昌市经济适用房近期建设计划和规划选址意见》的通知 |
| 洪府发 4 号 | 2005-01-04 | 转发省人民政府《关于进一步加强消防工作的意见》的通知 |
| 洪府发 5 号 | 2005-01-06 | 关于印发《南昌市廉租住房收购、出租、管理办法》的通知 |
| 洪府发 6 号 | 2005-01-25 | 南昌市人民政府贯彻赣府发〔2004〕32 号文件《关于进一步加强食品安全工作决定》的实施意见 |
| 洪府发 7 号 | 2005-02-01 | 关于印发《南昌市 2005 年扩大就业和社会保险工作意见》的通知 |
| 洪府发 8 号 | 2005-04-05 | 关于授予 2004 年度南昌市科学技术进步奖的决定 |
| 洪府发 9 号 | 2005-04-12 | 关于印发《南昌市人民政府全面推进依法行政五年规划(2004~2008)》的通知 |
| 洪府发 10 号 | 2005-04-13 | 关于印发《南昌国家半导体照明工程产业化基地发展规划》的通知 |
| 洪府发 11 号 | 2005-04-15 | 关于认真贯彻落实国办发〔2005〕15 号文件精神的通知 |
| 洪府发 12 号 | 2005-04-20 | 关于印发《南昌市 2005 年重大重点项目及政府投融资项目投资计划》的通知 |
| 洪府发 13 号 | 2005-04-20 | 关于印发《南昌市 2005 年重点工程项目》的通知 |
| 洪府发 15 号 | 2005-04-27 | 关于表彰劳动模范的决定 |
| 洪府发 16 号 | 2005-04-28 | 关于印发《江西省龙舟邀请赛暨南昌市第四届龙舟赛活动总体方案》的通知 |

续表 113－1

| 文号 | 发文日期 | 标　　　　题 |
| --- | --- | --- |
| 洪府发 17 号 | 2005－04－28 | 关于印发《南昌市工伤保险实施办法》的通知 |
| 洪府发 18 号 | 2005－04－30 | 关于 2005 年加强房地产市场调控 促进房地产市场持续健康发展的通知 |
| 洪府发 19 号 | 2005－05－09 | 关于印发"统一绿茶杯"江西省纪念《全民健身计划纲要》颁布十周年、"国际体育运动年"全国亿万群众健身走暨南昌市全民健身月开幕式组织方案的通知 |
| 洪府发 20 号 | 2005－05－13 | 关于印发《南昌市市容环境卫生"门前三包"责任制实施办法》的通知 |
| 洪府发 21 号 | 2005－05－14 | 关于收回南昌高新技术产业开发区、南昌经济技术开发区规划管理权的决定 |
| 洪府发 22 号 | 2005－05－17 | 关于进一步加强农村教育工作若干问题的决定 |
| 洪府发 23 号 | 2005－05－24 | 关于分别授予彭玲玉等五人"见义勇为模范"和帅式武等 6 人"见义勇为先进分子"荣誉称号的决定 |
| 洪府发 24 号 | 2005－06－28 | 关于印发《南昌市人民政府工作规则》的通知 |
| 洪府发 25 号 | 2005－07－01 | 关于兑现 2004 年度工业发展政策的决定 |
| 洪府发 26 号 | 2005－07－06 | 南昌市人民政府关于兑现 2004 年度加快经济发展政策的决定 |
| 洪府发 27 号 | 2005－07－13 | 转发《江西省人民政府关于推进 2005 年全省经济体制改革意见》的通知 |
| 洪府发 28 号 | 2005－07－14 | 印发《关于进一步加强南昌市农村卫生机构建设、争创农村卫生工作先进县(区)的意见》的通知 |
| 洪府发 29 号 | 2005－07－19 | 印发《南昌市关于进一步支持驻昌部队后勤保障社会化有关问题实施办法》的通知 |
| 洪府发 30 号 | 2005－08－03 | 印发《关于鼓励台商在昌投资实施意见》的通知 |
| 洪府发 32 号 | 2005－08－05 | 转发赣府发〔2005〕13 号文关于开展第二次全国农业普查的通知 |
| 洪府发 33 号 | 2005－08－08 | 转发赣府发〔2005〕14 号文关于进一步做好城镇退役士兵安置工作的通知 |
| 洪府发 34 号 | 2005－08－31 | 关于印发《南昌市水利工程管理体制改革若干意见》的通知 |
| 洪府发 35 号 | 2005－09－02 | 关于印发《南昌市行政过错责任追究暂行办法》的通知 |
| 洪府发 36 号 | 2005－09－27 | 关于批转市商贸委《南昌市商贸口国有(集体)企业改制实施办法》的通知 |
| 洪府发 37 号 | 2005－10－08 | 关于印发《纪念伟大爱国主义艺术家中国画坛巨匠徐悲鸿诞辰 110 周年徐悲鸿画展南昌特展方案》的通知 |
| 洪府发 38 号 | 2005－10－14 | 转发省人民政府关于省属国有企业改革职工安置若干问题的补充意见的通知 |
| 洪府发 39 号 | 2005－10－11 | 关于批转市中小企业局《中国·南昌中小企业创业培训工程方案》的通知 |
| 洪府发 40 号 | 2005－10－20 | 南昌市人民政府关于印发《南昌市艾滋病防治暂行办法》的通知 |
| 洪府发 41 号 | 2005－11－07 | 关于印发《南昌市滕王阁文学奖(政府奖)评奖试行办法》的通知 |
| 洪府发 42 号 | 2005－11－10 | 关于批转《南昌市审批办证中心行政许可实行一审一核制暂行规定》的通知 |
| 洪府发 43 号 | 2005－11－14 | 2005 年冬季征兵命令 |
| 洪府发 44 号 | 2005－12－02 | 关于授予南昌第十七中学"民族教育特别贡献奖"的决定 |
| 洪府发 45 号 | 2005－12－05 | 关于批转《市外经贸委 2005 年鼓励外贸出口追加奖励措施实施细则》的通知 |
| 洪府发 46 号 | 2005－12－06 | 关于印发《南昌市人民政府关于加强环境保护工作的实施意见》的通知 |
| 洪府发 47 号 | 2005－12－06 | 关于印发《市以下国土资源管理体制改革的实施意见》的通知 |
| 洪府发 48 号 | 2005－12－20 | 南昌市人民政府关于批转市商贸委《崛起的城市,繁荣的商贸——南昌现代商贸发展巡视活动实施方案》的通知 |
| 洪府发 49 号 | 2005－12－21 | 关于印发《南昌市高致病性禽流感应急预案》的通知 |
| 洪府发 50 号 | 2005－12－28 | 南昌市人民政府印发《关于实施南昌市突发公共事件总体应急预案》的决定 |
| 洪府发 51 号 | 2005－12－30 | 关于表彰在海铁联运工作中做出突出贡献单位的决定 |
| 洪府发 52 号 | 2005－12－31 | 关于表彰 2006 年南昌市外国专家"滕王阁奖"获得者的决定 |

# 第四届金秋经贸活动

2005年9月22日，中国南昌第四届金秋经贸活动月在南昌市红谷滩秋水广场正式拉开帷幕。中共江西省委常委、南昌市委书记余欣荣致辞，南昌市人民政府市长李豆罗主持开幕式并宣布活动月开幕。